# 역사
# 삼국지

# 역사
# 삼국지
## 歷史 三國志

## 군웅할거에서 통일전쟁까지 184~280

최진열 지음

## 일러두기

1. 진수가 쓴 정사 삼국지는 『삼국지』로 표기했다. 그 외에 역사서가 아닌, 작가의 창작이 가미된 삼국지를 통칭할 때는 '삼국지' 또는 '소설 삼국지'로 표기했다.

2. 『삼국지』에서 조조에 대해 다룬 '무제기'나 손견에 대해 다룬 '손파로토역전' 등은 『삼국지/위서/무제기』, 『삼국지/오서/손파로토역전』과 같이 표기했다. 이후 같은 출전이 반복될 경우 가독성을 위해 『삼국지/무제기』, 『삼국지/손파로토역전』과 같이 축약해서 표기했다.

3. 중국 인명과 지명은 한자 독음대로 표기하는 것을 원칙으로 했다. 다만 오늘날 중국 지명과 20세기 이후의 중국 인물은 국립국어원의 외래어표기법을 따르되 일부는 국내에서 통용되는 표기를 따르거나 원어에 가깝게 표기했다. 또한 독자의 편의를 위해 필요한 경우 괄호 안에 한자 독음이나 외래어표기법에 따른 한글을 표기했다. ex) 저장성(절강성), 장강(창장) 등.

4. 소설 삼국지의 회차를 표기한 경우 이는 모종강본의 회차이다. ex) 소설 삼국지는 (…) 실감나게 표현했다(12회).

5. 본문의 주는 모두 지은이 주로, * 표시를 하였다.

6. 본문의 揚州와 涼州는 모두 양주로 표기되어야 하나 구별을 위해 揚州(양주)와 涼州(량주)로 사용하였다.

7. 책에 표기된 날짜는 음력이다. 단 20세기 이후의 역사적 사건이나 지은이의 활동과 관련한 날짜는 양력이다.

아마도 초등학교 2~3학년 때 소설 삼국지를 처음 읽었던 것 같다. 다니던 회사를 그만두신 후 아버지는 동네에 조그만 구멍가게를 열었는데, 부동산중개업을 겸한 탓에 두 분 모두 안 계신 날이 많아 어릴 때부터 부모님 일을 도와야 했다. 한창 밖에 나가서 놀아야 할 나이인데도 가게에 앉아 다른 애들이 노는 모습을 부럽게 바라보았다. 그렇게 가게를 지키면서 소일거리로 보던 책이 바로 소설 삼국지였고, 그마저 싫증이 나면 공책이나 연습장에 지도를 그렸다. 그러다보니 자연스레 삼국지와 지도, 지리에 남다른 지식과 능력을 지니게 되었다.

처음 읽은 삼국지는 소설가 정비석의 삼국지였다. 이층 주인집한테서는 박종화의 삼국지를 빌려 읽었다(이 두 삼국지를 족히 수십 번은 읽었던 것 같다). 고우영 화백이 그린 만화 삼국지도 빌려서 재미있게 읽었다. 삼국지를 좋아했던 건 아니다. 삼국지 마니아였기 때문도 아니다. 그보다는 볼 책이 없었기 때문이다. 만약 그때 비디오가 있었다면 영화나 만화 비디오를 빌려와 열심히 봤을 것이고, 『드래곤볼』이나 『슬램덩크』 같은 만화가 있었다면 그 두 책을 열심히 읽었을 것이다. 요즘처럼 인터넷과 스마트폰이 있었다면 드라마를 보거나 온라인게임을 했을지도 모른다. 이후 재수와 삼수를 하면서 일요일이면 시립 도서관을 찾았는데, 스트레스를 받을 때면 여러 종류의 삼국지를 훑어보았다. 관우가 죽지 않고 촉나라가 통일하는 내용의 『반反삼국지』나, 유연劉淵이란 인물이 사마씨의 진나라를 정복하고 한 왕조를 세운다는 내용의 『삼국지평화三國志平話』를 번역하거나 번안한 삼국지들까지도.

학사 졸업논문 주제가 삼국시대, 정확히는 '삼국시대 천하관'이었다. '유아독존'. 한 사람만 있어야 할 황제가 세 사람이 되면서 정통성의 문제가 생겼다. 필자는 당시 사람들이 이 문제를 해결하기 위해 관념적인 사상뿐만 아니라 제도적인 장치를 마련하여 해결하려 했음을 밝혔다. 20년 후 필자의 논문과 똑같은 내용을 대만 출신 한 학자가 논문으로 썼는데, 그 별쇄본을 받아보고 지금까지도 필자의 것이 잘 쓴 논문이었음을 깨닫게 되었다. 대학원에 진학한 후에는 삼국시대나 위진·남조 시대를 연구하려 했으나 계획과 달리 십육국·북조 시대를 연구하게 되었다. 삼국시대를 좋아했던 것은 아니지만 미련은 남았다. 위안은 있었다. 대학원에 입학하여 논문들을 꼼꼼히 살펴보니, 삼국시대는 소설 삼국지에서 보이는 낭만과는 거리가 매우 먼, 신분제의 멍에로 가득한 암흑의 시대였다. 소위 금수저만을 위한 시대였던 것이다. 또 소설 삼국지에 등장하는 장수들은 장기의 말에 불과했고, 실제로 이 시대에 권력을 장악한 사람들은 금수저나 은수저로 변신한 지방 토호나 권모술수에 능한 사람들이었다. 말하자면 공부한들 유쾌하거나 건설적인 이야기가 나올 만한 시대가 아니었다. 또 이 책을 준비하며 알게 된 사실이지만, 진수의 『삼국지』는 사실을 그대로 기록한 책이 아니어서 논문을 쓰기에 적합한 사료가 아니었다. 다만 미련이 남았는지 술이 들어가면 동기나 후배들에게 『삼국지』 원문을 대여섯 번 읽었다는 이야기를 하곤 했다. 그러던 중 출판사에서 일하던 학과 동기가 삼국지에 관한 책을 출판하자고 제안했다. 여러 이유로 망설였지만 결국 출판하기로 했다.

처음 계획은 '지도로 보는 삼국지'였다. 결과적으로 어렸을 때 지루함을 달래기 위해 읽었던 삼국지와 지도 그리던 습관이 이 책을 쓰는 데 큰 도움이 되었다. 200장이 넘는 지도를 준비했고, 그중 절반 이상은 필자가 세계 최초로 그린 지도였다(그때로부터 10년여가 지난 지금 일부는 세계 최초가 아닐 수도 있다). 초고는 2011년에 완성했으나 여러 사정으로 이제야 출판하게 되었다. 그사이 책의 성격과 내용도 '지도와 사서로 읽는 삼국지에 관한 거의 모든 것'으로 조정되었다. 적잖은 부분을 새로 고쳤고, 특히 인물 이야기는 많은 부분 새로 집필했다. 이 과정에서 관우의 석연찮은 죽음을 둘러싼 배경과 한중 점령으로 포장된 유비의 북벌 실패, 제갈량의 북벌이 좌절된 가정街亭의 위치, 제갈량이 죽은 곳과 오장원의 위치 등 새로운 사실도 알게 되었다. 또 국제학술회의나 학술답사를 통해 삼국지의 무대 중 일부 지역을 방문하고 조사할 수 있었던 것도 이 책을 고치는 데 큰 도움이 되었다.

이 책은 단순히 정사를 바탕으로 삼국시대의 역사를 풀어쓴 책이 아니다. 소설 삼국지와 정사 삼국지를 비교해 둘의 다른 점을 소개하고, 당시 사건을 이해하기 위해 역사적 배경도 설명한, '지도와 사서로 샅샅이 살펴가며 읽는 삼국지 해설서'라고 보는 편이 더 맞다. 물론 기존 삼국지 독자들이나 이제 막 삼국지에 입문하는 독자들이 관심을 가질 만한 다양한 질문에 대해서도 두루 답하려고 노력했다. 원소와 조조는 왜 하필 관도를 건곤일척의 전장으로 택했을까? 적벽대전에서는 왜 동남풍이 필요했을까? 유비가 한중을 점령할 때 왜 관우는 형주에서 북진했을까? 중국인들은 보은과 복수에 집착한다는데, 정말 그럴까? 읍참마속의 가정은 어디이며, 왜 중요했을까? 중국인들의 인맥 만들기, 즉 '꽌시關係'는 삼국시대에 어떤 모습이었을까? 말하자면 독자들은 이 책을 통해 비단 삼국지에 관해서만이 아니라 중국과 중국인에 관해서도 보다 보편적인 지식과 영감을 얻을 수 있을 것이다.

이 책을 쓰는 과정에서 가족들, 특히 딸 유나의 도움이 절대적이었다. 유나가 색연필과 크레파스를 빌려주지 않았다면, 수백 장의 지도를 그릴 수 없었을 것이다. 책의 성격과 내용이 바뀐 후 쉽지 않았던 수정 작업을 할 수 있게끔 작업 공간과 여러 맛있는 술을 제공해준 지음 성웅에게도 감사의 뜻을 전한다.

# 정사 삼국지와 소설 삼국지를 넘어서

인천에 가면 차이나타운이 있다. 구한말부터 중국인들이 터 잡고 살아온 지역에 세워진 일종의 테마파크다. 바로 옆 옛 일본 조계지에 일본풍 주택이 있는 것과 달리 차이나타운에는 중국풍의 주택이나 건물은 없고 자신의 가게가 짜장면의 원조라고 주장하는 중국음식점들만 즐비하다. 다만 차이나타운이 음식만 파는 먹자골목으로 인식되는 건 피하고 싶었는지 중국 문화와 관련된 동상과 벽화들을 만들어놓았다. 지금은 수호지 벽화가 추가되었지만, 처음에는 공자의 동상과 삼국지벽화거리가 그나마 볼거리였다. 공자와 삼국지. 아마도 한국인들이 중국에 대해 아는 거의 전부라고 해도 과언이 아닐 것이다. 요새 대학생들은 삼국지를 읽지 않는 것 같지만 그 앞 세대, 적어도 40대 이상의 남성들은 거의 예외 없이 만화건 소설이건 삼국지를 읽었다. 1,000만 단위의 독자들이 소비하는 콘텐츠로서, 우리나라 사람들이 애호하는 중국 문화로 삼국지만 한 것이 없었다. 차이나타운의 설계자도 그런 점 때문에 주저 없이 삼국지를 선택했을 것이다.

대학에 입학한 해에 E. H. 카의 『역사란 무엇인가』를 읽었다. 100쪽도 안 되는 얇은 책이었는데, 재미도 없고 기억에 남는 내용도 없었다. 다만 카의 유명한 말은 이 책을 읽지 않은 사람들도 다 알았다. "역사는 과거와 현재의 대화이다." 그런데 이 말은 무슨 뜻일까? 우리가 역사를 접하는 매개는 사실 역사책이 거의 전부인데, 그럼 우리가 역사책을 읽으면 과거와 현재의 대화가 되는 것일까? 이 말을 삼국지에 대입하면 어떻게 될까? 우리가 삼국지를 읽으면 그 시대와 대화를 하는 것일까? 대화란 또 무슨 의미일까? 현재의 시각을 바탕으로 삼국시대(과거)를 재해석해야 한다는 걸까?

숱한 역사학자와 작가, 대중은 '과거와 현재의 대화'라는 미명 아래 현재의 지식으로 과거의 사건을 마음대로 재단하고 평가한다. 그리고 삼국지는 '마음대로 재단되고 평가된' 역사의 훌륭한 예이다. 20세기 학자인 카의 멋진 말이 유통되기 훨씬 전부터 이 작품은 그때그때 '현재의 시각'이 가미되면서 역사와 허구, 오류와 왜곡이 마구 뒤섞여왔다. 예를 들어 아무것도 몰랐던 초등학생 시절 나는 고우영의 삼국지를 읽고 중국 삼국시대에 대포와 화약, 혼자 움직이는 기계(목우와 유마)가 실제로 있는 줄 알았다. 그러나 돌아보면 모두 사람들이 삼국지를 실감나게 하기 위해 덧붙인 허구 내지 과장이었다.

비교적 쉽게 알 수 있는 이런 것들 말고 여간해서는 알기 어려운 허구들도 있다. 가장 심한 예는 일본 작가 요시카와 에이지吉川英治의 소설을 베낀 정비석의 삼국지 등에서 보이는 장면으로, 여기서 유비는 어머니에게 드릴 '차茶'를 구하기 위해 낙양까지 먼 길을 떠난다. 지금은 지구온난화 덕분(?)에 낙양에서도 차 재배가 가능할지 모르겠다. 하지만 필자가 중고등학교 지리 교과서에서 배운 바에 따르면, 중국에서 차의 북한계선은 회하(화이허)*와 진령(친링산맥)이다. 낙양은 그 북쪽에 있기 때문에 차가 생산되지 않았다. 한발 양보해서 낙양에 중국 남부에서 생산된 차를 가져다 파는 대규모 시장이 있었다고 하자. 하지만 거기에도 함정이 있다. 즉 삼국시대에는 차를 마시는 습관 자체가 거의 없었다. 차는 10세기 이후에야 지배층 일부에서 마시다가 점차 대중화되었다. 이런 생활사 지식을 무시한 채 한 일본 소설가가 날조한 일화가 사실인 양 우리나라에서 통용되었던 것이다.

중국인이라고 삼국지에 각종 MSG를 뿌리지 않은 것은 아니다. 동탁을 제거하기 위해 모인 반동탁연합군의 제후들은 전투에서 동탁군의 장수 화웅華雄을 이기지 못해서 쩔쩔 맨다. 그러자 관우가 나서서 술이 식기 전에 화웅의 목을 베어오겠다고 호언하고는 실제로 그 약속을 지킨다(5회). 그러나 삼국지 독자들에게 미안한 일이지만 실제 역사에서 화웅의 목을 벤 이는 관우가 아니라 손견이었다. 그래, 이 정도는 관우를 돋보이게 하기 위한 피치 못할 각색이었다고 이해하고 넘어가자. 그래도 오류는 또 있다. 관우가 살던 후한 말에는 데워 먹는 술, 즉 증류주가 없었던 것이다. 중국에서 증류주인 소주─중국인들은 '바이지우白酒'라고 부른다─가 등장한 것은 몽골이 지배한 다음부터다. 이는 우리도 다르지 않아서 소주 만드는 법이 우리나라에 전해진 것은 원 간섭기에 몽골인들을 통해서였다.** 안동이 소주로 유명한 것도 옛날에 몽골인들이 주둔하며 증류주 비법을 전수해준 덕분이다. 그 때문에 안동 사람들은 지금도 안동소주를 '아락주'라고 부

---

* 회수淮水라고 불리기도 한다.
** 아랍 사람들은 페르시아에서 발명된 증류 기술을 바탕으로 증류주인 아락주를 만들었다('아락'은 '농축'이라는 뜻의 아랍어이다). 이 아락주 제조 기술은 몽골제국이 서남아시아의 셀주크제국과 아바스왕조를 정복한 후 몽골을 통해 고려로 전파되었다.

르기도 한다.

그런 점에서 장비가 항아리째 말술을 마셨다는 것도 과장일지언정 사실일 수 있다. 당시 중국인들이 마시던 술은 우리나라 막걸리처럼 곡물을 발효시킨 것으로 도수가 낮았기 때문이다(혹 막걸리가 아니더라도 막걸리에서 발전한 청주를 마셨을 것이다). 하지만 관우가 증류주를 마셨을 가능성은 시쳇말로 '1도 없다'.

이런 사실을 모르는 독자들은 자신이 읽은 삼국지의 내용이 역사적 사실이라고 단정한다. 당연하다. 사람들은 처음 보거나 들은 것을 절대 진리로 간주하는 경향이 있기 때문이다. 하지만 왜곡된 삼국지를 읽으니 중국과 중국인에 대한 이해도 틀어질 수밖에 없다. 게다가 삼국지는 중국과 중국인을 이해하기 위해 우리가 애용하는 몇 안 되는 창이라는 점에서 더욱 뼈아프다.

삼국지의 수많은 저자와 2차 작가들은 '과거와 현재의 대화'라는 미명 아래 삼국지를 치장하고 역사적 사실을 왜곡한 다양한 허구를 덧붙였다. 현재의 작가들만 그런 것이 아니라 삼국시대, 위진남북조 시대, 송나라, 원나라, 명나라, 청나라 시대에 이르기까지 시대마다 작가와 이야기꾼들이 있었고, 이들은 독자와 청중의 구미에 맞게 다양한 MSG를 뿌렸다. 그러다보니 이야기의 시대적 배경은 후한 말 삼국시대이지만 온갖 시대의 음식과 옷, 무기, 지명과 관명이 등장한다. 말하자면 삼국지는 작품이 주장하는 시대적 배경과 무관하게 다양한 시대의 정치적, 문화적, 군사적 사실을 한데 버무린 짬뽕이 되었다.

나는 이 책에서 당대의 선입견들이 덕지덕지 붙은 삼국지의 군살을 걷어내고 사실을 위주로 삼국지를 풀어내려고 한다. 또한 소설 삼국지와 『삼국지』를 비교하여 무엇이 사실인지 판단하는 역할을 넘어, 기록에 보이는 행간의 뜻을 살리고 적극적으로 후한 말 삼국시대의 정치적, 문화적 배경을 설명할 것이다. 이를 위해 『삼국지』와, 『삼국지연의』로 대표되는 소설 삼국지에 대해 먼저 이야기하는 게 좋을 것 같다. 두 책을 넘어서야 진짜 삼국지가 나오기 때문이다.

## 역사가 진수 이야기 _____

진수陳壽(233~297년)는 촉나라 파서군 안한현 사람으로 본래 촉나라의 신하였다. 그는 강직한 성격 탓에 황제 유선劉禪의 총애를 받은 환관 황호黃皓에게 아부하지 않았고, 그 때문에 여러 차례 인사상의 불이익을 받았다. 그는 고향의 식자층에서도 평판을 잃었다. 아버지가 세상을 떠나 상을 치렀을 때 몸에 병이 생겨 여종을 시켜 어머니에게 탕약을 올렸다가 이 일이 세간에 알려진 탓이다. 그는 사람들 사이에서 불효자로 낙인찍혔고, 이 때문에 촉나라가 망한 후에도 여러 해 동안 발목이 잡혀 벼슬길에 나가지 못했다. 나중에야 서진의 사공司空 장화張華가 그의 글재주를 아껴 효렴으로 천거했고, 비로소 좌저작랑佐著作郎이라는 요직에 임명되었다. 좌저작랑은 당시 출세가 보장되는 관직이었으니 진수의 벼슬길은 탄탄대로처럼 보였다.

벼슬살이를 하면서 진수는 문재文才를 마음껏 펼쳤다. 촉의 승상 제갈량의 글을 모은 『제갈량집』, 한나라 신하들의 상주문을 정리한 『한명신주漢名臣奏』와 위나라 신하들의 상주문을 정리한 『위명신주사魏名臣奏事』를 편찬했다. 또한 고향 파촉의 역사와 인물을 정리한 『익부기구전益部耆舊傳』과 『고국지古國志』, 무엇보다 길이 남을 『삼국지』를 집필했다. 다만 아쉽게도 『삼국지』를 제외한 다른 책들은 현재 전해지지 않는다.

하지만 이처럼 뛰어난 저술 능력에도 예상과 달리 진수의 벼슬길은 순탄하지 않았다. 한번은 장화가 진수를 지금의 우리나라 청와대 행

정관에 해당하는 요직인 중서랑中書郞에 천거했는데, 당시 권력자인
순욱荀勖은 이를 반려하고 대신 장광태수 자리를 주었다. 오히려 지
방관으로 좌천한 것이다. 이때 진수는 연로한 어머니를 모셔야 한다
는 이유로 거부의 뜻을 밝히고 장광태수에 취임하지 않았다.

나중에 진수는 두예杜預의 천거로 다시 중용되었다. 그런데 이번에
는 모친상을 치르면서 또다시 구설에 올랐다. 어머니(계모였다)의 유
언에 따라 아버지와 합장하지 않고 낙양에 묘를 썼는데 이것이 문제
가 된 것이다. 유언을 잘 따랐다는 점에서 언뜻 아무 문제가 없어 보
이지만 오늘날 우리가 간과하기 쉬운 문화적 맥락이 숨어 있었다. 즉
진수가 살던 시대에는 부부지간이라면 응당 합장하거나 옆에 무덤을
써야 한다고 생각했다. 다시 말해 이를 어긴 진수는 졸지에 인륜을 저
버린 사람이 되고 말았다. 결국 그는 탄핵을 받아 파면되었고 벼슬길
은 다시 막혀버렸다.

부친상에 이어 모친상과 관련해 벌어진 예절 문제는 진수의 평판에
커다란 금을 내었다. 이는 이 시대가 효와 예를 제일의 덕목으로 여기
던 시대였기 때문이다. 인물에 대한 평판은 그러한 덕목을 얼마나 잘
지키느냐에 따라 정해졌고, 그 평판에 따라 승진과 좌천이 결정되었
다. 이를테면 당시 사람들에게 진수는 능력은 있지만 인간성이 나쁜
인물로 찍혔던 것이다. 이런 평판은 당시 지배층과 관료 사회에서 치
명적인 결격 사유였다. 몇 년 후 진수는 태자를 보좌하는 태자중서자
太子中庶子에 임명되었지만 벼슬길에 나가지 않았고, 원강 7년(297년)
65세의 나이로 세상을 떠났다.

지금까지 소개한 진수의 일생은 『진서/진수전』의 기록을 풀어쓴 것
이다. 그런데 파촉의 역사와 지리를 정리한 『화양국지華陽國志』에는
그의 말년이 조금 다르게 쓰여 있다. 그에 따르면, 진수는 태자중서

자를 고사하지 않고 그 벼슬을 받았으며, 이어 황제를 측근에서 모시고 간언하는 요직인 산기상시散騎常侍까지 겸임했다. 나아가 장화는 그를 오늘날의 장관급에 해당하는 구경九卿에 추천하려고까지 했다. 하지만 이 대목에서 '팔왕의 난'*이 일어나 장화가 피살되었고, 진수의 벼슬길은 다시 막히고 말았다. 벼슬길이 막혔다는 점에서 결말은 같은 셈이지만 어쨌든 『화양국지』에는 진수의 말년이 다르게 쓰여 있다.

여기서 진수의 출셋길을 막은 순욱이란 인물을 주목해볼 필요가 있다. 한자에 유의하라. 순욱荀勖은 조조의 모사였던 순욱荀彧의 재종손(6촌)으로, 진수가 활약하던 시기에 위세를 떨친 서진 최고의 권력자였다. 그는 진수의 출세를 번번이 가로막았다. 그렇다면 순욱은―편의상 재종손 순욱이라고 하자―무슨 억하심정이 있어 진수의 출셋길을 가로막은 것일까?

일단 『화양국지』에 실마리가 되는 구절이 나온다. "『삼국지』는 재종손 순욱의 뜻을 거슬렀고, 이 책을 쓴 진수는 그의 눈 밖에 나고 말았다." 더 이상의 구체적 이유는 생략되어 있다. 도대체 재종손 순욱은 『삼국지』의 어떤 부분을 문제 삼은 것일까? 혹시 진수가 순욱에 대해 무언가를 잘못 기록한 것일까?

『삼국지』에는 순욱의 독자적 전기인 「순욱전」이 있다. 하지만 이 「순욱전」을 아무리 읽어봐도 재종손 순욱의 심기를 거슬렀을 만한 내용은 나오지 않는다. 순욱이 조조의 참모로 활약했으며 나중에 조조가 위공魏公이 되려 하자 그에 반대했다가 조조의 미움을 사고 핍박을 받아 자살했다는 내용이 전부이다. 오히려 진수는 세심하게 문장을 구사해

---

* 서진 말기에 황족인 8명의 왕이 벌인 정권 쟁탈전.

순욱의 단점을 가려주었다. 이를테면 순욱의 아버지 순곤荀緄은 악명 높은 환관 당형唐衡의 딸을 순욱과 결혼시켰는데, 이는 영천군潁川郡의 명문이자 청류파*를 자임하는 순욱 집안의 오점이었다. 그런데 『삼국지』보다 늦게 저술된 『후한서/순욱전』에 실려 있는 이 기록이 『삼국지』에는 보이지 않는다. 진수가 일부러 누락시킨 것이다. 또한 청대의 역사학자 조익趙翼이 『이십이사차기二十二史箚記』에서 지적한 것처럼, 진수는 순욱이 죽은 후에야 조조가 위공에 취임했다고 씀으로써 순욱이 후한을 위해 충절을 다했으며, 조조의 위공 취임에 그의 존재가 중요한 걸림돌이었음을 암시하기도 했다. 이처럼 『삼국지/위서/순욱전』 곳곳에서 느껴지는 진수의 세심한 배려에도 불구하고 재종손 순욱이 화가 난 이유는 무엇일까?

「순욱전」 자체가 문제였다. 순욱은 후한 말에 태어나 위나라가 건국되기 전에 죽었다. 그는 한 번도 위나라 사람, 위나라의 신하인 적이 없었다. 그는 어디까지나 후한시대의 사람, 후한의 신하였다. 그런데 『삼국지』는 책 구성 자체가 『위서』, 『촉서』, 『오서』로 이루어져 있다. 그래서 독자적인 전기를 가진 인물은 예외 없이 위나라건 촉나라건 오나라건 어느 한 나라의 인물로 설정되어 기술된다. 소설 삼국지는 위, 촉, 오 삼국의 인물들이 하나의 책에 뒤섞여 등장하고 삼국의 역사도 한데 합쳐져 서술되지만 진수의 『삼국지』는 그렇지 않은 것이다. 무엇보다 진수의 『삼국지』에는 후한의 신하들만을 따로 다루는 지면이 없다. 그리고 문제의 「순욱전」 역시 『위서』 권10에 등장한다.

결국 재종손 순욱이 문제 삼은 것은 이러한 '편집'이었다. 그가 보기에 『위서』에 실은 것 자체가 순욱을 한나라 사람이 아닌 위나라 사

---

* 부패한 환관과 외척에 대항했다는 정의로운 관리와 지식인을 뜻한다.

람으로 본 것이나 마찬가지였던 것이다. 진수는 억울했을 것이다. 사실『삼국지』는 구성 방식의 문제와 별개로 어디까지나 후한 말부터 삼국시대 위나라 때까지 활동한 인물들의 전기를 실은 책이고, 따라서 진수의 입장에서는『삼국지』에 순욱의 열전을 넣어도 아무런 모순이 없었다. 예를 들어 조조도 위나라 건국 전에 죽지 않았던가? 그러나 재종손 순욱의 입장은 달랐다. 큰할아버지 순욱은 조조의 부하로 그를 도와 화북 통일을 이룬 일등공신임에 틀림없지만, 더 중요하게는 조조가 후한을 멸망시키고 황제의 자리를 찬탈하려고 하자 그에 반대한 인물이었다. 재종손 순욱이 보기에 큰할아버지는 한 치의 흐트러짐 없는, 후한의 충신이었다. 그런데 진수가 순욱의 열전을『삼국지』에 실음으로써 졸지에 위나라의 건국공신으로 둔갑하니 분통이 터졌을 것이다. 비유하자면, 한때 이성계를 지지했던 정몽주를 고려의 충신이 아닌 조선의 개국공신으로 기록한 것과 마찬가지였다. 만일 이렇게 기록했다면 이는 정몽주를 모욕하는 일이다.

원래 순씨는 영천군 출신의 명문가였다. 후한 말 일족 중에는 순욱도 있지만 환관에 맞서 싸우다가 화를 당한 다른 청류파 인물들도 있었다. 그리고 어느 쪽이든 가문의 긍지를 드높인 조상들이었다. 그런데 진수의『삼국지』는 결과적으로 순욱을 충절을 지킨 인물이 아니라 '찬탈자의 명신'으로 본다는 관점을 드러냈고, 이에 재종손 순욱은 분노할 수밖에 없었던 것이다. 이것이 진수가 당시 권력자인 재종손 순욱의 눈 밖에 나고, 결과적으로 잘나가던 벼슬길에 제동이 걸린 이유였다.

전통적으로 중국과 우리나라에서 역사는 근대 학문, '순수 학문'인 적이 없었다. 역사는 '현재'와 외부의 개입으로부터 최대한 자유로운 상태에서 과거를 연구하는 학문이 아니라, 오히려 '현재' 및 현실 정치와 떼려야 뗄 수 없는 긴밀하게 연결된 지극히 '현실적인 학문'이었다. 진수의 시대도 그랬다. 당시 역사학은 오늘날로 치면 정치학이나 행정학에 가까웠다. 통치자에게 필요한 지식과 정보를 제공하는 일종의 제왕학이기도 했다. 일례로 사마광司馬光(1019~1086년)은 전국시대부터 송나라가 건국되기 이전인 오대五代까지의 역사를 시간순으로 집대성한 『통지通志』를 저술했는데, 북송의 신종神宗은 이를 보고 감탄하여 친히 '자치통감資治通鑑'이라는 새 이름을 내려주었다. '감鑑'은 보통 '거울'을 의미하지만 '역사'라는 뜻도 있다. 즉 '자치통감'은 '정치에 도움이 되는 역사(거울)'라는 뜻이다. 당시 사람들이 역사를 어떻게 이해했는지 이보다 더 잘 보여주는 사례가 있을까? 한마디로 전근대 동아시아에서 역사는 철저하게 현실 정치에 종속된 학문이었다. 그리고 진수는 그에 맞게 역사서를 충실히 썼던 것뿐인데, 난데없이 현실 정치를 좌우하는 권력 실세의 역린을 건드린 것이다. 이는 그가 생각조차 해보지 못한 일일 것이고, 결국 그 역시 '현실'이란 지뢰밭을 피해가지 못했다는 반증이다.

## 『삼국지』, 정사가 되다 _____

사실 '삼국지'는 잘 지은 제목이 아니다. 본래 '지志'는 특정 분야의 일을 전문적으로 기록한 책들에 붙는 말로 역사서에 붙는 경우는 드물다. 예를 들어 경제와 재정을 기록한 책은 '식화지食貨志', 군사에 관한 책은 '병지兵志', 예의에 관한 책은 '예지禮志', 음악에 관한 책은 '악지樂志' 등이 되는데, 사실 진수의 『삼국지』에는 '지'에 해당하는 내용이 없다. 그럼 어쩌다 제목이 '삼국지'가 되었을까?

『삼국지』는 위나라의 역사를 기록한 『위서』, 촉나라의 역사를 기록한 『촉서』, 오나라의 역사를 기록한 『오서』로 구성되어 있다. 말하자면 '삼국지'는 '세 나라의 역사를 모은 역사책'이라는 뜻으로, 세 나라의 역사책을 모은 다음 그 묶음에 부여한 제목일 뿐이다. 구체적인 역사 서술은 하위의 『위서』, 『촉서』, 『오서』에 나온다.

이런 이유로 역대 왕조에서 발간한 책 목록집을 보면 『삼국지』를 표기하는 방식이 조금씩 다르다. 예를 들어 『수서隋書/경적지經籍志』에서는 "삼국지 65권"이라고 기록한 반면 『구당서舊唐書/경적지』와 『신당서新唐書/예문지藝文志』에서는 '삼국지' 항목이 따로 존재하지 않고 "위국지 30권", "촉국지 15권", "오국지 21권" 식으로 세 책을 별개의 사서로 취급해 기록했다. 수나라는 『삼국지』를 하나의 사서로 취급한 반면 당나라는 '삼국지'라는 범주를 벗겨버리고 위, 촉, 오의 역사를 각각의 사서로 취급한 것이다. 특히 『구당서/경적지』는 『위국지』를 정사류로 분류하고, 나머지 『촉국지』와 『오국지』를 위사류로 분류했다. '위사僞史'는 정통 왕조 외의 지방 정권의 역사를 지칭하는 말이다. 즉 당나라는 위나라의 역사를 정사로 취급하고 촉, 오의 역사는 위사로 분류한 것이다. 하지만 당나라 때를 제외하면 위, 촉, 오 삼국의 역사는 일반적으로 '삼국지'라는 이름의 한 책으로 출간되었다.

『삼국지』가 세상에 나오자 이를 본 당대 사람들은 잘 쓴 책이라고 평가했고, 진수에게 '훌륭한 역사가(良史)'의 재능이 있다고 칭찬했다. 진수와 동시대 사람인 하후담夏侯湛(243~291년)은 위나라 역사를 다룬 『위서魏書』를 공들여 써놓고도 진수의 『삼국지』를 본 뒤 자기 책을 파기했다고 한다. 사실 삼국시대를 다룬 사서는 하후담의 『위서』 외에도 여러 종이 존재했다. 위나라를 다룬 사서가 7종, 촉나라를 다룬 사서가 4종, 오나라를 다룬 사서가 3종 존재했다. 그러나 진수의 『삼국지』를 제외하고는 모두 시나브로 사라지고 말았다. 진수의 『삼국지』는 여러 사서와의 경쟁을 이겨내고 살아남아 삼국시대에 관한 대표 역사서가 된 것이다.

## 배송지주와 『삼국지』_____

그러나 현대 역사학자의 눈으로 보면, 『삼국지』는 잘 쓴 책이라는 서진시대의 평가와 달리 엉성하고 빈 부분이 많다. 본기와 열전에 정반대의 사실이 서술되어 있는가 하면 위나라를 다룬 기록과 촉나라를 다룬 기록이 서로 모순되기도 한다. 게다가 사건의 줄거리가 엉성하다. 예컨대 소설 삼국지에서 비중 있게 다루는 적벽대전이 『삼국지』에서는 거의 언급되지 않는다. 이러한 단점을 보완하고 『삼국지』를 사료로서 거듭나게 한 것이 바로 송나라 사람 배송지裴松之의 주석, 배송지주裴松之注이다.

유명한 사서에는 으레 주석이 존재한다. 예를 들어 『사기史記』와 『한서漢書』, 『후한서』 같은 책에는 어김없이 주석이 존재한다. 본래 주석은 난해한 한자와 단어를 풀이하고 인명과 지명, 관직명 등을 간단히 설명하여 독자의 독서를 돕는, 일종의 자습서 역할을 한다. 그런데 배송지주는 좀 더 특별하다. 배송지주는 『삼국지』가 누락한 사료들의 원문을 찾아 발췌, 수록하는 형식을 취하고 있는데, 그 분량과 출처가 매우 풍부하여 인용된 사서와 사료만도 무려 200여 종에 달한다. 특히 배송지주에는 『삼국지』나 현존하는 다른 사서에는 없는 내용이 원시 사료의 발췌 형태로 풍부하게 수록되어 있다. 당나라 초가 되면 이 사료들의 4분의 1이 이미 사라지고 없고, 송나라 이후에는 10분의 1도 남아 있지 않게 된다는 사실을 떠올리면 배송지주가 얼마나 가치 있는 사료인지 짐작할 수 있다.

예를 들어 역사적으로 중요한 의의가 있는 조조의 '둔전제屯田制'는 현재는 존재하지 않는 작자 미상의 『위서魏書』와 『위무고사魏武故

事』등에서 배송지가 발췌한 원문이 없었다면 개략적인 내용조차 전해지지 않았을 것이다. 물론 배송지주에는 귀신과 미신 이야기를 다룬 『수신기搜神記』 같은 진실성과 사료적 가치가 의심스러운 책들의 기록도 실려 있다. 하지만 이런 흠결에도 불구하고 배송지주의 주석 대부분은 『삼국지』의 역사적 근거를 보완해주는 매우 중요한 자료이다. 그런 의미에서 배송지주는 단순한 주석이 아니라 『삼국지』와 비슷한 비중을 지닌 또 하나의 역사책이라고 평가할 수 있다. 이 때문에 『삼국지』는 후대에 전해지면서 배송지주와 떼려야 뗄 수 없는 관계가 되었고, 이 지점에서 『삼국지』는 사실상 진수와 배송지의 공동 저작으로 이해해야 한다.

그 외에도 『삼국지』를 읽는 데 도움을 주는 중요한 책들이 있다. 진수의 『삼국지』는 사실을 왜곡하거나 간략하게 기록한 부분이 많아서 그 자체로는 사료적 가치가 낮다. 예컨대 『삼국지』에서 분량의 반 이상을 차지하는 후한 말 군웅할거시대 이야기는 차라리 『후한서』의 기록이 더 정확하고 자료도 풍부하다. 따라서 군웅에 관한 한 『후한서』의 내용을 빌려 보완하는 게 타당하며 이 책도 그런 과정을 거쳤다. 물론 『후한서』를 참고해도 해결되지 않는 문제가 있다. 특히 이 책을 집필하는 과정에서 곤혹스러웠던 점은 『삼국지』든 『후한서』든 사건의 연대나 지명의 위치를 정확히 알 수 없는 경우가 상당히 많았다는 것이다. 이 책은 후한 말 삼국시대의 주요 장면을 지도로 제공하는 것을 목표로 삼은 만큼 최대한 이를 해결해야 했다. 이 문제는 『자치통감』을 통해 상당 부분 해결할 수 있었다.

## 『삼국지』, 찬탈자를 세탁하는 지침서 ___

역사서로서 『삼국지』는 사실을 잘 기록한 책이라기보다는 당시 정치적으로 민감했던 문제를 잘 해결한 책이었다. 적어도 당대의 관점에서 이 책의 의미는 후자 쪽에 방점이 찍혀 있었다. 즉 『삼국지』는 '찬탈'이 흔하게 일어나던 위진남북조시대*의 신생 왕조 개창자들이 찬탈의 오명을 피하고 개창의 정당성을 내세울 수 있게 도와준 여러 장치를 마련해준 책이다. 어떤 점에서 그러한지 하나씩 짚어보자.

첫째, 진수는 『삼국지』에서 위, 촉, 오 군주의 호칭에 차등을 두었고, 이를 책 전체에서 관철했다. 조조의 아들 조비는 220년 위나라를 세우고 황제에 즉위하는데, 이는 삼국지의 첫 장을 장식하는 황건의 난으로부터 30여 년 후의 일로, 그 전까지 주인공은 조조이다. 그런데 조조는 후한 헌제의 신하였고, 살아생전 한 번도 황제를 자칭하거나 황제였던 적이 없다. 바로 이 때문에 조조의 호칭을 정하는 문제가 생긴다.

중국에서는 어떤 인물을 부르거나 표기할 때 본명을 쓰지 않고 자字나 호號, 관직 등 다른 명칭을 사용해 존칭을 나타냈다. 예를 들어 공자를 칭할 때, 본래 이름인 공구孔丘라 하지 않고 자를 붙여 '공중니孔仲尼'라고 하거나 훌륭한 학자의 성 뒤에 붙이는 '자子' 자를 붙여 '공자公子'라고 했다. 진수도 호칭의 문제를 이런 방식으로 해결했다. 그는 『위서』와 『촉서』, 『오서』 어디에서도 조조의 본명을 쓰지 않았다. 대신 처음에는 조조의 묘호를 가져와 '태조太祖'라고 쓰고, 그가 무평후武平侯에 봉해진 뒤에는 '공公'이라 썼으며, 위왕魏王에 봉해진 뒤에는 '왕'이라고 칭했다.

이렇게 조조에 대한 존칭 방식을 정하고 나면 남은 건 촉의 군주 유

* 여기서 '위'는 조조의 후손이 세운 위나라, '진'은 사마씨의 후손이 세운 진나라를 말하며, '남북조시대'는 북방과 남방의 왕조가 대치했던 시대를 말한다. 나중에 수나라에 의해 통일된다.

비와 오의 군주 손권에 대한 호칭이다. 진수는 두 사람에게 다른 호칭 없이 이름만 썼다. '비備'와 '권權'이라고 표기한 것이다. 조조에게는 경칭을 쓰고 유비, 손권에게는 그러지 않은 것인데, 이러한 호칭의 차등적 사용이 무엇을 의미하는지는 자명하다.

이는 실질적인 건국자나 다름없는 사마의와 사마사司馬師, 사마소司馬昭 부자에 대해서도 마찬가지다. 세 사람 역시 조조처럼 단 한 번도 황제를 자칭하거나 황제였던 적이 없다. 위나라의 신하로 남았을 뿐이다. 하지만 진수는 이 세 사람에 대해서도 조조의 경우처럼 이름을 쓰지 않고 경칭을 사용했다. 시호를 따서 각각 사마선왕司馬宣王, 사마경왕司馬景王, 사마문왕司馬文王으로 표기한 것이다. 이런 표기가 왜 중요하냐고 반문할 독자들도 있을 것이다. 하지만 이름이 있어도 이름 대신 자, 호, 관직명, 작위명으로 표기했던 분위기가 확실히 존재했다. 단순히 이름을 부르면 멸시처럼 생각하던 시대가 있었다. 조선을 상대할 때 일본이 이러한 방식을 자주 썼다. 왜인들은 조선이 예의를 중시하는 것을 알고 외교문서에 고의적으로 조선 왕의 이름을 써서 임금의 이름을 피휘하는 조선 관리들을 자극했다. 그러고는 외교문서에서 조선 왕의 이름을 빼는 조건으로 자신들의 주장과 이익을 관철하곤 했다.

둘째, 진수는 위나라를 황제국으로 서술했다. 위나라를 정통으로 생각했으니 이는 타당한 선택이라고 할 수 있다. 문제는 진수의 이러한 관점이 『위서』만이 아니라 『촉서』와 『오서』에서도 관철되었다는 점이다. 즉 『촉서』와 『오서』에서 조조나 위나라 황제가 등장할 경우 진수는 그들을 '조공曹公', '위문제', '위명제' 등으로 칭했다. 순서대로 조조, 조비, 조예를 가리킨다. 말하자면 진수는 『촉서』와 『오서』에서도 위나라를 높이고 촉나라와 오나라를 낮췄다. 나아가 그는 『위서』에 아예 촉나라와 오나라 '황제'들의 즉위 사실을 기록하지 않았다. 촉나라와 오나라의 군주는 황제가 아니니 굳이 쓸 필요가 없다는 뜻이다. 그들의 즉위 사실은 『촉서』와 『오서』에 기록되었다. 하지만 이 경우에도 진수는 위나라의 연호를 덧붙여 촉나라와 오나라의 연호는 거짓이고 위나라의 연호만이 정통성이 있음을 명백히 했다.

셋째, 진수는 새 왕조의 개창자가 구왕조의 신하였던 시절에 저지른 악행들을 누락하거나 그 내용을 달리 기록했다. 예를 들어 조조 스스로 기주목, 승상, 위공, 위왕이 되었다는 『후한서』의 기록이 『삼국지』에서는 천자(헌제)가 조조에게 그러한 벼슬과 작위를 주었다고 기록되었다. 다시 말해 『후한서』는 조조가 헌제의 재가와 상관없이 셀프 임명했다고 기록하고 있는데, 『삼국지』에는 그러한 사실이 전혀 나타나지 않는 것이다.

이처럼 진수는 여러 군데에서 조조의 행적을 실제보다 좋게 치장해 주었다. 또 다른 예로 『후한서』는 위왕 조비가 스스로 천자를 칭하고 기존 황제인 헌제를 산양공山陽公으로 봉했다고 기록한 반면, 『삼국지』는 헌제가 신하들의 마음이 위나라에 있음을 알고 신하들을 불러 스스로 옥새와 인수印綬*를 위왕 조비에게 주었다고 기록했다. 이 또한 두 기록의 차이가 현저하다. 『후한서』의 기록대로라면 조비는 황제 자리를 헌제에게서 빼앗은 것이고, 『삼국지』의 기록대로라면 헌제가 자발적으로 조비에게 넘겨준 것이다.

이러한 예는 얼마든지 있다. 그리고 중요하게는, 진수의 이러한 관점이 후한의 멸망과 위나라의 건국에 대한 기록에 머물지 않고, 위나

---

* 도장을 걸기 위해 묶는 끈. 황제나 봉직자, 관리들은 이 끈으로 도장을 매서 옷에 달고 다녔다.

라의 멸망과 진나라의 건국에 대한 서술에도 그대로 이어진다는 것이다. 후일 위나라의 신하 사마사는 3대 황제인 제왕齊王 조방曹芳을 내쫓았는데,『삼국지』는 황제 폐위의 주모자를 사마사가 아닌 태후로 바꾸었다. 태후는 사마사의 요구에 도장만 찍어줬는데, 억울하게 누명을 썼다. 고귀향공高貴鄕公 조모曹髦가 사마씨를 제거하기 위해 군대를 일으켰다가 시해된 사건도 서술은 마찬가지였다. 시해의 주모자는 사마소이고 가충賈充의 부하 성제成濟가 실행에 옮긴 이 사건에 대해 전모를 잘 알고 있었을 진수는 다만 "고귀향공이 죽었고 당시 나이는 스무 살이었다"고 썼을 뿐이다. 아니, 한술 더 떠 사마소가 올린 상주문을 실었는데, 사마소는 황제에게 조모를 시해한 범인을 "하급 장교 성제"라고 아뢴다. 진수의 붓 끝에서, 사마소는 고귀향공의 살해 주모자가 아니라 사건과 무관할 뿐 아니라 오히려 사건의 전모를 밝힌 유능한 신하이자 나아가 시해범을 체포한 정의의 사도로 바뀐 것이다.

바로 이 지점에서, 후대의 '찬탈자'들이 자신들의 행위를 정당화하는 데 쓸 중요한 무기가 이 뛰어난 역사가의 손에서 만들어졌다. 후한과 위나라, 위나라와 진나라 사이의 왕조 교체, 즉 찬탈의 역사를 긍정하는 진수의 교묘한 필법은 그러한 역사를 '정상 역사'의 범주로 끌어올리는 힘이 있었다. 『삼국지』는 새 왕조의 창업자, 즉 찬탈자의 정당성을 강조하는 한편 그의 비리와 부정을 누락하거나 달리 기록하는 서사를 완성도 있게 선보였고, 이로써 역사는 이후 찬탈자들이 애용하는 유력한 지침서가 되었다. 위나라와 진나라를 기점으로, 이어지는 남북조시대와 수당시대에는 찬탈이 만연했고, 그런 만큼 찬탈을 잘 '세탁'한 교과서인 『삼국지』에 대한 정치적 수요도 높았다. 그럴 수밖에! '선양禪讓', 신하가 전 왕조의 황제를 겁박해서 쫓아내고 자신이 황제로 즉위하는 예가 흔한 시대였던 만큼 이를 정당화하기 위해서는 공문서를 작성하든 역사책을 쓰든 지면을 채울 만한 그럴듯한 이야기, 즉 베낄 것이 필요했던 것이다.

## 소설 삼국지의 도도한 흐름 _____

예나 지금이나 독자들이 즐겨 읽는 것은 진수의 『삼국지』가 아니라 소설 삼국지이다. 소설 삼국지는 대체적인 줄거리는 사실이지만 디테일은 허구와 왜곡으로 버무려졌다. 청대의 학자 장학성章學誠은 소설 삼국지를 일컬어 7할의 사실과 3할의 허구로 이루어져 있다고 평가했다. 한마디로 사람들이 즐겨 읽는 '삼국지'는 정사와 허구를 적당히 뒤섞어 만든 '소설'이라는 것이다.

소설 삼국지는 진수의 『삼국지』와 습착치習鑿齒의 『한진춘추漢晋春秋』, 사마광의 『자치통감』 등 역사책에 바탕을 두고 있다. 장학성의 말을 빌리면 7할의 사실은 여기에 의존하고 있다. 나머지 3할에 해당하는 허구는 삼국시대의 군가, 이야기꾼의 강담과 연극, 그리고 미신과 전설 등 구비 전승된 여러 이야기가 시대를 거듭하며 한데 녹아 만들어졌다. 물론 구비문학 외에 '삼국지'에 관한 책들도 존재했다. 이 책들은 구비문학과 영향을 주고받으며 그때그때 내용이 갱신되었다.

송나라(960~1279년)에서는 이야기꾼이 이야기와 노래를 섞어 공연하는 '강창講唱'이 유행했다. 이때 이야기꾼들은 '화본話本'이라는 대본을 이용했는데, 그중에는 후한 말 삼국시대를 다룬 '설삼분說三分'도 있었다. '천하삼분에 대해 이야기한다'는 뜻의 이 설삼분은 소설 삼국지의 원형에 해당한다. 송나라에서 삼국지를 소재로 한 이러한 작품들은 꽤 인기가 있었던 것으로 보인다. 송대의 저명한 문인 소식의 『동파지림東坡志林』에는 다음과 같은 구절이 나온다.

여염집에서 아이들 때문에 골치가 아프면 이야기꾼에게 돈을 주고 아이들을 모아 앉힌 다음 옛날이야기를 듣게 한다. 삼국의 고사를 이야기할 때 아이들은 유현덕(유비)이 패한다는 말을 들으면 찡그리거나 눈물을 흘렸고, 조조가 패한다고 하면 기쁨의 탄성을 터뜨렸다.

송나라에는 돈을 받는 직업 이야기꾼이 존재했음을 알 수 있다. 여기에서 "삼국의 고사"는 물론 허구가 가미된 '소설'을 말한다. 그리고 아이들이 유비를 동정하고 조조를 미워했다는 것으로 보아 그 내용이 오늘날의 『삼국지연의』처럼 유비를 선, 조조를 악으로 묘사한 것이었음을 알 수 있다.

원나라 시대에는 '원곡元曲'이라 하여 각종 연극과 희곡이 성행했다. 그중 '잡극'에서 삼국시대의 고사를 많이 상연했는데, 잡극은 현재 파악된 것만 40여 종에 달한다. 그리고 이 원나라 시대에 소설 삼국지의 직접적인 모태가 되는 작품이 나왔다. 바로 『삼국지평화』다. 이 책은 원나라 지치 연간(1321~1323년)에 복건 지방의 우씨虞氏가 간행한 것으로 원제목은 『전상삼국지평화全相三國志平話』이다. 보통은 줄여서 『삼국지평화』라고 부른다. 이 책은 지면 상단에 그림이 있고 하단에 줄글이 있다. 오늘날로 치면 일종의 만화책이나 그림책인데, 그 덕분인지 비교적 넓은 독자층을 확보했으며, 명나라 시대까지도 인기가 있었다.

『삼국지평화』의 내용은 우리가 익히 아는 나관중의 『삼국지연의』와 비슷하다. 하지만 분량은 그 10분의 1에 불과하고, 상대적으로 미신적이고 귀신이 등장하는 괴담이 많이 담겨 있다. 특히 결말의 차이가 두드러지는데 마지막에 '유연'이라는 인물이 중요하게 등장한다.

●── 1963년 중국 쓰촨성에서 출토된 설창용說唱俑. 전한시대의
것으로 이미 그 시대에 악기를 두드리며 구연하는 이야기꾼이 있
었음을 알려준다. 쓰촨박물원 소장.

촉나라 후주 유선의 외손자로 소개되는 유연은 북방의 평양군으로 가
'한漢나라'를 세우고 종국에 사마의의 후손이 세운 서진을 멸망시킨
다. 그리하여 유연에 의해 한나라가 부흥에 성공한다는 것이 『삼국지
평화』의 결말이다. 후한의 황실 성인 유씨와 촉한의 유비 가문의 뒤를
잇는 적자가─비록 외손자이긴 하지만─조조와 사마 가문에 의해
뒤틀린 천하의 질서를 바로잡는다는 줄거리다. 이는 사마의의 손자
사마염이 진나라를 세우고 오나라를 멸망시키는 것으로 끝나는 '정
본'과는 판이하게 다른 결말이다.

　여기서 잠깐 유연에 대해 역사적 사실을 정리하고 넘어가는 게 좋

을 것 같다. 그는 실제로 존재했던 인물이다. 다만 후주 유선의 외손자가 아니라 흉노의 선우單于였다. 따라서 성은 같지만 혈통은 전혀 다른, 이민족의 지도자였다. 그는 십육국시대에 나라를 세우는데, 그 국호가 '한漢'이었던 것도 역사적 사실이다. 『삼국지평화』는 이를 각색해 완전히 새로운 결말을 만든 것으로 이해할 수 있다. 참고로 유연이 세운 한나라는 4대인 유요劉曜 대에 이르러 국호를 '조趙'로 바꾸는데, 이 때문에 보통 '전조'라고도 불린다.

한편 『삼국지평화』의 이러한 각색은 이 책이 널리 읽힌 원나라 시대의 정치적 분위기와 무관하지 않다. 원나라의 지배 민족은 몽골이었고, 이민족의 지배가 현실인 이상, '이민족에 의한 한나라 부흥'이라는 아이디어는 당시 한족들에게 흥미롭고 또 꽤나 현실적인 주제였을 것이다. "몽골인이 한족에게 살기 좋은 태평성대를 만들어줬으니 오랑캐라고 생각하지 말고 주인으로 잘 받들어라"라는 메시지를 한족에게 자연스럽게 가르친 것이다. 그런 점에서 『삼국지평화』의 사실 왜곡은 시대의 산물인 셈이다. 그러나 유연의 서사가 대미를 장식하는 판본은 한족이 천하를 되찾은 명나라 시대가 오자 유행이 저물었다. 그러다가 명나라 말기에 『삼국지후전三國志後傳』에서 다시 유연의 이야기가 비중 있게 등장하는데, 이 또한 명나라가 이민족이 세운 청나라의 공격을 받던 시대적 분위기와 무관하지 않다.

보통 소설 삼국지라고 하면 『삼국지연의』를 말한다. 이 『삼국지연의』는 명나라 시대에 유행한 작품인데, 그래서인지 이민족에 의한 한나라 부흥 내용은 삭제되고 사마씨가 세운 진나라의 삼국 통일로 이야기가 마무리된다. 『삼국지연의』의 지은이는 나관중羅貫中으로 알려져 있다. 오늘날에는 저명한 이름이 되었지만, 사실 지금까지도 그에 관해서는 알려진 게 별로 없다. 나관중은 그가 살던 시대에도 유명한 인물은 아니었던 것 같다. 대략적인 생애나 경력, 심지어 고향조차 불분명한데, 이런 예는 흔치 않기 때문이다. 이 때문에 자연스레 나관중이 한 사람이 아니라 여러 사람이라는 주장이 나왔다. 또 『삼국지연의』가 나관중의 단독 저작이 아니라 여러 문인이 살을 붙인 공동 창작이라는 학설도 제기되었다.

나관중의 생몰 연도를 추정할 수 없는 것처럼 『삼국지연의』가 언제 쓰였는지도 불분명하다. 다만 전하는 판본으로 창작 시기를 가늠할 따름인데, 홍치 7년(1494년)과 가정 원년(1522년)의 서문이 실린 '가정본'이 가장 오래된 판본으로 지금까지 남아 있다. 가정본의 정식 제목은 『삼국지통속연의』다.

나관중의 『삼국지연의』도 이야기꾼들의 강담과 밀접한 관련이 있었다. 『삼국지연의』는 100여 개의 장章 또는 회回로 구성되어 있는데, 이러한 장회소설 형식이 그 증거이다. 이야기꾼들은 사람이 많이 모이는 도시의 저잣거리 등에서 삼국지나 수호지 같은 소설들의 대목을 구연하고 관객들에게 돈을 받아 생계를 유지했다. 소설 전체를 하루 만에 다 이야기할 수는 없는 노릇이었기에, 그들은 소설을 여러 부분으로 나누어 구연했다. 그러다보니 하나의 작품은 대본 같은 형식의 수십 혹은 수백의 장, 회로 구성되었고, 이를 정리한 것이 바로 장회소설이다. 『삼국지연의』도 그중 하나였다. 따라서 『삼국지연의』는 명목상 저자인 나관중의 존재와 별개로 사실상 여러 사람이 창작에 기여한 공동 작품이었다.

나관중과 전후대의 이야기꾼들만이 아니라 명청시대의 출판업자들도 작품 완성에 기여했다. 그들은 소설 삼국지를 책으로 만들어 파는 과정에서 원고 수정과 오탈자 교정 등에 참여했고, 이 때문에 판본에 따라 내용이 조금씩 달라졌다. 그러던 중 청나라 강희 연간

(1662~1722년)에 모종강毛宗崗이 『삼국지연의』를 개작하고 비평을 가한 120회짜리 새 판본을 내놓았다. 이를 '모종강본' 또는 '모본毛本'이라고 한다. '모종강본'은 다른 판본들이 점차 사라지는 동안에도 꿋꿋하게 자리를 지키며 중국의 삼국지 시장을 평정했다. 우리나라에서 출판된 삼국지도 대부분 이 모종강본을 저본으로 하여 번역하거나 옮긴이가 견해를 덧붙인 것들이다.

현재의 소설 삼국지는 삼국시대 이야기를 명청시대 사람들이 자신들의 입맛에 맞게 각색한 작품이다. 삼국지의 시대적 배경인 후한 말과 위진시대는 신분(계급)이 점차 엄격해지던 시기였다. 이를 세습계급이 없던 명청시대 분위기에 맞게 바꿔서 마치 능력만 있으면 출세할 수 있는 시대처럼 묘사했다. 관직과 지명도 명청시대 중국인들이 알아들을 수 있게 명청시대의 것을 섞어 썼다. 예컨대 손책이 점령한 땅을 '강동 6군 81주'라고 기록했는데, 후한 말 삼국시대에는 주가 군보다 상위의 지방 행정구역이었고, 명청시대에 군은 부府의 별칭으로 사용되었으므로, 81주는 명청시대 강동 지역의 행정구역 수를 따 붙인 것이다.

전쟁 장면에 자주 등장하는 화포도 삼국시대에는 존재하지 않았다. 화웅의 목을 벤 관우가 아직 식지 않은 더운 술을 마실 수도 없었다. 장비가 마신 술도 배갈이 아니라 도수 낮은 막걸리 같은 술이었다. 이런 구체적인 팩트를 모르면 장비의 주량이 '엄청' 세고, 삼국시대에도 대포와 총을 쏘면서 싸운 걸로 착각한다. 소설 삼국지는 이처럼 후한 말 삼국시대를 배경으로 하지만 명청시대 중국인들의 입맛에 맞게 바꾸고 재해석된 것이었다.

## 우리나라와 소설 삼국지 _____

『삼국지연의』는 한국의 소설문학에도 적잖은 영향을 미쳤다. 사람들에게 입신과 처세의 방법을 가르쳐주는 윤리 교과서 역할도 했고, 역사 교재로 사용되기도 했다. 비록 허구이긴 하지만 다양한 전략과 전술을 담고 있어 무장들이 병법서로 읽기도 했다.

우리나라 사람들이 삼국지를 얼마나 좋아했는지 이야기하기 전에, 먼저 역관들의 중국어 학습 교재 『노걸대老乞大』의 한 대목을 보자. 고려 상인이 원나라 수도인 대도大都에서 중국 상인을 상대로 물건을 사는 장면이다.

> 굵은 무명 100필과 순금을 넣어 짠 무늬 없는 비단 100필, 그리고 질 나쁜 금을 넣어 짠 비단 100필을 사겠소. 또 어린아이들이 갖고 노는 작은 방울 100개, 말의 턱 아래 가슴걸이 100개, 허리띠에 매다는 감철減鐵 고리 100개를 사겠소. 그리고 책을 사렵니다. 사서四書는 모두 회암 주희의 집주본集註本으로 사겠소. 거기에다『모시毛詩』,『상서尙書』,『주역』,『예기』,『오자서五子書』, 한유韓愈와 유종원柳宗元의 문집,『동파시東坡詩』,『연원시학압운淵源詩學押韻』,『군신고사君臣故事』,『자치통감』,『한원신서翰院新書』,『표제소학標題小學』,『정관정요貞觀政要』,『삼국지평화』를 1부씩 주시오.*

고려 상인은 이런저런 물건을 산 다음 여러 책을 주문한다. 대부분 유가儒家 경전과 주요 사상가의 저서, 문집, 역사서, 정치 관련 책으로

---

* 정광 역주·해제,『原本 노걸대』(김영사, 2004), 409~413쪽에서 재인용. 일부 단어는 필자가 수정했다.

모두 지배층이나 지식인을 위한 주문으로 보인다. 그런데 마지막에 『삼국지평화』가 나온다. 이 책은 앞서 주문한 책들과 성격이 전혀 다르다. 유일한 소설류이기 때문이다. 책의 성격상 『노걸대』의 위 대화문은 상인들이 실제로 구입한 주요 품목을 사실 그대로 적었을 것이다. 이는 원 간섭기 고려 말 지배층과 지식인들이 소설 삼국지를 즐겨 읽었다는 사실을 암시한다.

명나라 시대에 들어서는 『삼국지평화』의 인기가 없어지고 대신 『삼국지연의』가 보급되었다. 그에 따라 명청시대에 대응하는 조선시대에는 『삼국지연의』가 널리 읽혔다. 『삼국지연의』가 정확히 언제 우리나라에 들어왔는지는 알 수 없다. 다만 1569년(선조 2년) 시독관侍讀官 기대승이 올린 상소문에 『삼국지연의』가 언급된다.

(전하께서) 지난번 장필무張弼武를 인견하고 내리신 전교에 장비의 대갈일성에 천군만마가 달아났다는 구절이 있습니다. 이는 정사에 나오지 않고 『삼국지연의』에 나온다고 들었습니다. 이 책이 나온 지 얼마 되지 않아 신은 아직 보지 못했습니다만 간혹 친구들의 말을 듣건대 심히 황당무계하여 천문지리의 책과 같다고 합니다. (…) 신이 나중에 그 책을 훑어보니 영락없는 무뢰배의 잡언을 고담古談이랍시고 모아놓은 것으로 잡박해 무익할 뿐만 아니라 의리를 해치는 것이었습니다. 그런데 전하께서 이를 보신다고 하니 매우 걱정스럽습니다. (…) 『삼국지연의』도 괴이하고 헛됨이 이와 같은데 출판까지 되었으니 사람들이 무식한 소치가 아니겠습니까? 그 문장을 보건대 하나같이 상스러운 말로 괴이하기 짝이 없습니다.

기대승은 선조에게 『삼국지연의』를 읽지 말 것을 간언했다. 하지만 상소문에도 나와 있듯이 『삼국지연의』가 출간된 지 얼마 되지 않은 1569년에 선조는 이미 『삼국지연의』를 읽었다. 『삼국지연의』를 비판한 기대승도 그의 진의가 뭐건 간에 『삼국지연의』를 읽었다. 확실한 것은 『삼국지연의』는 1569년 이전에 수입되었고, 지배층이 널리 읽었으며, 왕실도 예외가 아니었다는 사실이다.* 그로부터 100여 년 후 김만중(1637~1692년)이 쓴 『서포만필』에는 다음과 같은 이야기가 나온다.

흔히 말하는 『삼국지연의』는 원나라 시대 사람인 나관중의 작품인데, 임진왜란 이후 우리나라에서 성행해 부녀자나 어린아이들까지 외워 말할 정도였다.

18세기에 활동한 이익(1681~1763년)의 『성호사설』에도 삼국지에 관한 이야기가 나온다.

지금은 『삼국지연의』가 인쇄되어 널리 보급된 탓에 집집마다 이를 암송하고, 심지어 과거장의 시험 제목으로 그 대목이 나붙는데도 부끄러운 줄 모르니 세태가 변했음을 볼 수 있다.

기대승과 김만중, 이익은 성리학을 중시한 유학자였기 때문에 『삼

---

* 참고로 2010년에 '그림과책'이라는 고서적 연구자 모임이 국내에서 가장 오래된 『삼국지연의』 금속활자본을 발견했다는 언론 보도가 있었다("국내 최초 '삼국지연의' 나왔다", 『한겨레신문』 인터넷판, 2010년 1월 18일). 박재연 교수에 따르면, 해당 판본은 조선 명종 때인 1552~1560에 간행된 것이다. 만약 이것이 사실이라면 이 금속활자본은 한중일 삼국을 통틀어 지금까지 발견된 가장 오래된 활자본이다. 또한 늦어도 명종 시기에는 『삼국지연의』가 간행되어 일반인들에게 널리 보급되었다는 것을 말해준다.

국지연의』 같은 소설의 유행을 바람직하지 않다고 생각했다. 하지만 그들의 바람과 반대로 소설은 신분과 계층을 막론하고 널리 퍼졌다. 그 정도가 어찌나 심했던지 소설을 모방한 문체가 유행하자 1787년 정조는 어명을 내려 이를 규제하기 시작했다. 이것이 '문체반정文體反正'이다. 또한 정조는 1792년 북경에 파견되는 사신들에게 중국산 서적의 반입을 금지하는 명령을 내리기도 했다. 그러나 이러한 탄압에도 식자층인 양반들부터 소설에 탐닉했고, 『삼국지연의』는 그중 하나였다.

임금과 양반들은 한자로 쓴 『삼국지연의』를 읽었겠지만 한문을 해독할 능력이 부족한 여성들은 한글 번역본을 구해다가 읽었다. 한글 번역본은 특히 궁중에서 유행했다. 이처럼 삼국지가 한글로도 소개되어 독자층이 넓어지는 흐름 속에서, 임진왜란 이후에는 『관운장실기』, 『조자룡실기』, 『화용도실기』 등 『삼국지연의』의 일부 장면을 한글로 번역한 소설들이 나타나기도 했다.

조선시대에 삼국지는 소설뿐 아니라 이야기꾼의 구연이나 소리꾼의 판소리 공연을 통해서도 향유되었다. 조수삼趙秀三(1762~1849년)의 『추재집』에는 한성 동대문 밖에 사는 전기수傳奇叟(이야기꾼)의 이야기가 나온다. 그는 6일 주기로 하루는 청계천 첫 번째 다리에서, 다음 날은 두 번째 다리, 그다음 날엔 이현, 이어 교동 입구, 대사동 입구, 종루 앞에서 매일 자리를 옮겨가며 구연했다. 그가 구연한 소설 중에는 『삼국지연의』도 포함되었을 것이다. 그 외에도 판소리다섯마당(심청가, 춘향가, 적벽가, 수궁가, 흥보가)에 '적벽가'가 있는 것으로 미루어 평민이든 양반이든 판소리를 즐기는 사람들은 『삼국지연의』를 일부나마 접할 수 있었다.

『삼국지연의』는 조선 학자들에게도 영향을 주었다. 안정복(1712~

1791년)은『삼국지연의』의 문체에서 글쓰기의 새로운 형태를 배웠다고 고백한 바 있다. 또『임진록』과『구운몽』,『옥루몽』등 전근대에 쓰인 여러 소설이『삼국지연의』의 일부 내용을 차용했는데, 오늘날로 치면 일종의 '오마주'가 있었다고 이해할 수 있다.

삼국지의 근대적 판본은 1904년 박문서관에서 처음 간행되었다. 일제강점기에도 삼국지는 여러 작가에 의해 꾸준히 대중 앞에 소개되었는데, 양백화는 1929년『매일신보』에 삼국지를 연재했고, 만해 한용운은 1939~1940년『조선일보』에, 박태원은 1941~1943년 월간지『신시대』에 연재했다(박태원은 나중에 북한에서 6권짜리 삼국지를 출간했다). 한국전쟁 이후에는 박종화와 김구용, 정비석, 양주동, 이문열, 황석영 등 한국 문학사에 이름을 올린 문인들이 삼국지를 베끼거나 옮겼다. 대부분『삼국지연의』에 기반한 판본이었고 일부는 일본의 요시카와 에이지의 소설을 베끼거나 참조한 책이었다. 하지만 앞서 이야기했듯 유비의 촉한이 삼국을 통일한다는 결말의『반삼국지』가 나오기도 했고,『삼국지평화』처럼 유비의 혈통을 이어받은 유연과 그 후손이 서진을 멸망시킨다는 결말의 삼국지가 번역 출판되기도 했다. 비록 대중의 관심을 끌지 못해 점차 시장에서 밀려났지만 말이다.

지금까지 삼국지의 내용을 살펴보기 앞서 역사책인 진수의『삼국지』와 소설 삼국지에 대해 설명했다. 이 책의 내용을 이해하기 위해서는 중국의 역사와 지리 등의 배경 지식이 필요하다. 이것만도 책 몇 권 분량인데 이 책에 모두 실을 수는 없다. 다만 삼국지와 삼국시대를 이해하기 위한 몇 가지 지식을 도입부에서 서술하려고 한다.

1장에서는 대략적인 중국의 지리와 중국인의 성격, 중국의 통일과 분열, 후한시대 주변국과 이민족 문제를 간단히 설명한다. 2장에서는 군웅할거 이전인 후한 중기의 정치사, 영제 시기의 내란 등을 살펴본다. 이어서 3장부터 본격적인 군웅할거와 영웅들의 활약이 펼쳐진다. 이제 삼국지의 무대인 중국으로 가서 군웅과 모사들, 기타 다양한 사람들의 이야기 속으로 들어가보자.

# 삼국지의
# 무대

## 중국, 중국인 _____

중국은 땅도 넓고 사람도 많다. 한때 15억 명을 바라본다던 중국의 인구는, 2021년 5월에 발표한 인구조사에 따르면 14억 명을 '겨우' 넘겼다. 신생아 수가 줄어들고 인구의 고령화 현상이 지속되는 탓이다. 특히 생산 가능 인구(15~59살)가 줄어들자 중국 정부는 한 가구 한 자녀 정책을 완화하여 두 자녀를 허용했던 정책(한족 기준)에서 자녀 수 제한을 아예 없애기로 했다. 14억 명이 사는데도 인구가 적다며 인구 증가 정책을 펼치는 나라가 바로 중국이다.

그런데 옛날에도 중국은 인구가 많았을까? 많기는 했다. 하지만 지금처럼 많지는 않았다. 중국 인구를 연구하는 학자들은 역대 중국 왕조들의 인구통계가 부정확하다고 말한다. 그러나 과거 2,000년 동안 동서양을 통틀어 전근대국가가 인구통계를 제대로 낸 경우는 많지 않다. 우리나라도 전근대시대에는 제대로 된 인구통계가 없었다.[*]

중국 인구는 전한부터 당나라 때까지 5,000~6,000만 명이었다. 당나라를 뒤이은 북송 때에 이르러서야 1억 명이 넘었다(1-1 그래프에서는 북송시대 중국 인구가 5,000만 명이 되지 않는 것으로 나오지만 1100년경이 되면 1억 명으로 증가한다). 중국에 많은 사람들이 산다는 사실이 실감나는 시기는 1억 명을 넘긴 송나라 때부터이다. 그에 비해 후한 말 삼국시대 인구는 5,000만 명 정도거나 그 이하였다. 당나라 이전까지 중국 인구는 줄곧 5,000만 명 전후였으니 넓은 영토에 비하면 인구가 많았다고 할 수 없다.

후한과 위진 시대로 좁혀 인구 변화를 살펴보자. 후한 초기인 57년(광무제 중원 2년)의 인구는 약 2,100만 명으로 전한시대의 절반 이하다. 하지만 약 50년 후에는 5,300만 명, 100년 후에는 5,600만 명으로 늘어나 전한시대의 인구를 거의 회복한다. 따라서 후한 초의 인구 감소는 사람들이 죽어 사라진 결과라기보다는 신나라 말 왕망王莽의 경제 실정, 신말과 후한 초의 군웅할거시대에 생긴 일시적 현상, 통계 누락에 의한 것임을 생각해볼 수 있다.

후한의 인구가 정점을 찍은 것은 환제 때인 157년이다. 하지만 이 5,600만이라는 숫자를 이해할 때 주의가 필요하다. 이때 후한은 외척과 환관의 발호가 장기간 누적되고 극심해져 농촌이 피폐해지고 유민이 대량으로 발생한 시기였다. 다시 말해 환제 때의 수치는 당시 사회의 안정이나 융성, 번영을 나타내는 게 아니다. 그럼에도 호수와 인구

---

＊『삼국유사』와 『구당서』, 『신당서』, 당평백제비 등에 고구려와 백제의 인구가 기록되어 있지만 현재 학자들은 이를 인정하지 않고 있다. 특히 백제가 망했을 때 76만 호, 고구려가 69만 호인데, 1호(가구)에 5인이 산다고 계산하면 백제와 고구려에 해당하는 조선시대 지역의 인구보다 많다. 따라서 이러한 인구통계를 인정하지 않는 것이 한국 고대사 학계의 실정이다. 조선시대에는 실록 등에 인구 수치가 일부 기록되어 있지만 성인 남성을 뜻하는 정(丁)의 수로 기록되어 정확한 인구를 알기는 어렵다.

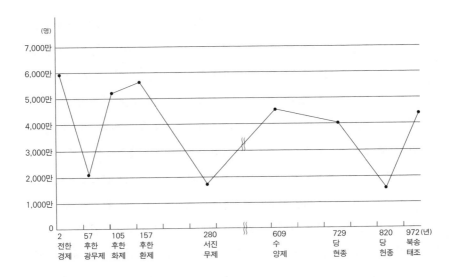

1-1 1~10세기 중국의 인구 변화.

가 정점을 찍은 배경에는 '향거리선鄕擧里選'이라는 관리 임용 제도가 있던 것으로 보인다. 인구 20만 명당 1명의 인재를 중앙에 천거하는 이 제도 때문에 지방에서는 중앙정부를 속이기 위한 호구 누락을 무작정 하기 어려웠을 것이다.

그다음 시기, 즉 157년부터 서진이 중국을 통일하는 280년까지 인구는 대폭 감소했다. 이러한 양상은 비단 이 120여 년 동안만이 아니라 이후 이어지는 '분열의 시기' 내내, 즉 수나라와 당나라에 의한 천하통일이 있기 전까지, 위진남북조시대 내내 이어졌다.

위나라가 촉나라를 병합한 263년 위나라의 인구는 약 443만 명, 촉나라의 인구는 약 94만 명이었다. 촉나라의 영토 대부분은 익주였는데, 후한시대 익주의 인구는 약 724만 명이었다. 통계대로라면 익주의 인구는 후한 말 삼국시대를 거치면서 8분의 1 수준으로 줄어든 것이다. 정도의 차이가 있을 뿐 이러한 현상은 위나라와 오나라에서도 일어났다. 280년 멸망 당시 오나라의 인구는 약 230만 명이었다. 그에 반해 후한시대에는 오나라가 차지한 양주 4군(단양, 회계, 오, 예장)만도 약 341만 명이었다. 이 숫자는 오나라가 차지한 형주 일부와 교지交趾 인구를 제외한 것이니만큼 오나라 땅의 후한시대 인구는 341만 명보다 훨씬 많았을 것이다(촉나라든 오나라든, 나중에 다시 살펴보겠지만, 두 나라의 통계상 인구는 후한시대의 일개 주 또는 군보다도 적었다).

이러한 인구 격감은 황건의 난과 군웅할거, 이어진 위, 촉, 오 삼국의 항쟁 등 후한 말 이래 전쟁이 끊이지 않았던 데 그 원인이 있다. 하지만 전쟁이 모든 원인은 아니다. 십육국시대와 남북조시대에는 수십 호戶가 1호로 등록되었다는 기록이 보인다. 달리 말해 1호만 기록되고 나머지는 통계에 잡히지 않았다는 것이다. 이는 중앙정부의 권력이 약화되고 지방 세력이 대두하는 가운데 나타난 현상일 것이다. 지방의 호족들은 상당한 수의 가구(호)를 직접 지배하며 독자적으로 세금을 거두고 요역을 부과하면서 자기 재산과 다름없는 가구에 대한 중앙정부의 통제를 거부했을 것이다. 그러다보니 사람에게 부과하는 인두세를 거둘 수 없었다. 조조가 나중에 호(가구)마다 세금을 부과하는 징세 방식인 호조戶調를 도입한 배경도 호구 파악의 부실 때문이다. 대략 한 가구의 구성원 수와 소득원을 파악한 후 적당히 어림으로 계산하여 세금을 매겼다. 이는 위진남북조시대에도 계속되었다. 그런 점에서 조조가 100만 병력을 이끌고 적벽대전에 나섰다는 소설 삼국지의 이야기(42~44회)는 당시 인구로 미루어볼 때 지나친 과장이었다.

중국은 땅도 넓다. 약 960만km²로 세계 4위에 해당한다. 미국(약 980만km²)과 거의 비슷하고 유럽 대륙(약 1,018만km²)보다 약간 작다.

한반도가 약 22만km²이니 중국은 한반도 44개를 합친 것과 비슷한 크기이다. 그 자체로 하나의 대륙이라고 할 수 있다. 게다가 이처럼 엄청난 크기의 영토를 단 하나의 국가가 차지하고 있다는 것도 놀라운 일이다. 단적인 예로 중국보다 약간 더 클 뿐인 유럽 대륙에는 약 50개의 나라가 존재한다.

'중국'과 '중국인'이라는 단어는 문맥에 따라 여러 다른 의미를 가진다. 우리나라 사람들이 생각하는 전통적인 의미의 중국中國은 '한족漢族이 세운 나라'를 뜻하고, 이때 중국인은 '한족'이다. 그러나 현대적인 의미에서 중국은 공산당이 지배하는 '중화인민공화국'의 약칭이고, 이때 중국인은 그 국민을 말한다. 한족이 여전히 인구의 95%를 차지하고 있지만 현대적 의미의 중국인은 한족 외에도 여러 소수민족을 포함한다. 오늘날 우리는 중국과 중국인을 언급할 때 이 두 가지 개념을 혼용하고 있다. 평소에는 알아차리지 못하지만 잘 따져보면 그때그때 다른 정의로 두 단어를 사용하고 있다.

이 책에서 이야기의 배경이 될 중국은 한족이 사는 땅, 한족의 나라이다. 오늘날 중화인민공화국의 영토 가운데 소수민족의 자치구와 만주 일부를 제외한 지역을 '좁은 의미의 중국'이라고 할 때, 이 공간의 대부분이 삼국지의 공간인 것이다.

**북방과 남방** _____

삼국지에는 북방과 남방의 차이를 논하는 대목이 적지 않다. 도대체 북방과 남방은 어디를 가리키는 것이고 또 무엇이, 어떻게 달랐던 것일까?

지도 1-2에서 가운데 굵은 점선은 오늘날 농사 작물의 북한계선이다. 이 선은 동쪽으로 회수淮水(화이허강), 서쪽으로는 진령秦嶺(친링산

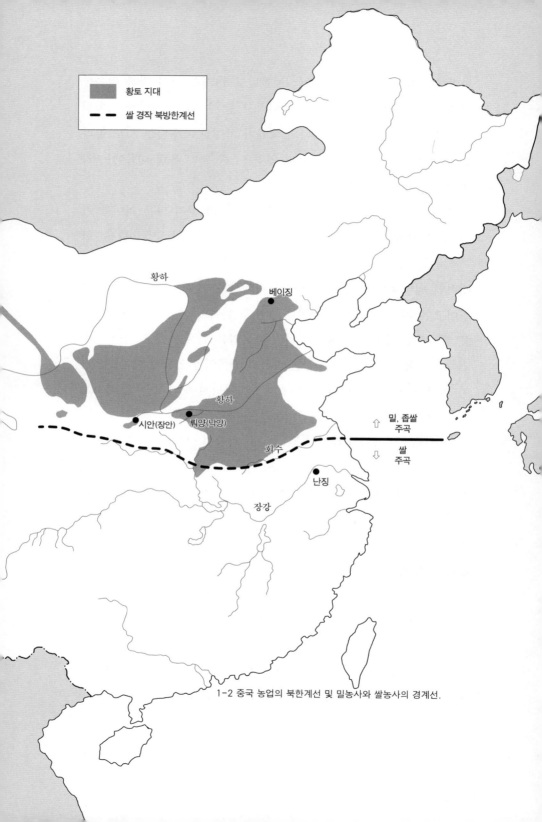

황토 지대

쌀 경작 북방한계선

황하

베이징

황하

시안(장안)

뤼양(낙양)

회수

밀, 좁쌀
주곡

쌀
주곡

난징

장강

1-2 중국 농업의 북한계선 및 밀농사와 쌀농사의 경계선.

맥)에 걸쳐 있다. 이 선은 공교롭게도 여진족이 세운 금나라와 남송의 국경선이기도 한데, 바로 이 선을 중심으로 이른바 북방과 남방을 나눌 수 있다.

북방의 중심은 황하 유역이다. 북방은 건조하고 비가 많이 내리지 않기 때문에 물이 덜 필요한 밀과 보리, 수수 등을 주로 재배한다. 음식도 밀가루를 이용한 만두와 빵, 국수 등을 주로 먹는다. 그에 비해 남방의 중심은 장강 유역으로, 북방에 비해 비가 많이 오고 강과 호수, 늪지대가 많다. 또한 기후도 황하보다 따뜻해 1년에 두세 번 벼를 재배할 수 있다. 전근대 유럽에서는 밀알 1알을 심으면 많아야 10알을 수확할 수 있었다고 한다. 이는 중국이라고 해서 크게 다르지 않았을 것이다. 반면 쌀은 1알을 심으면 100알 이상 얻을 수 있었다. 생산력에서 비교가 안 되었다. 그러니 벼를 재배하는 지역에는 그만큼 사람이 많이 살았다. 물론 쌀로 만든 음식도 발달했다.

북방과 남방을 나누는 경계선인 '회수'는 중국을 남북으로 나누는 자연 경계로서만이 아니라 인문지리적 경계로도 작용했다. 조선 성종 때 사람인 최부(1454~1504년)의 『표해록』에는 이에 관한 증언이 풍부하게 담겨 있다.*

최부는 『표해록』에서 회수 남쪽에는 논이 많고 땅이 기름져서 쌀이 흔하지만 북쪽에는 논이 없다고 썼다. 그뿐 아니라 남방과 북방 사람들의 성격도 다르다고 했다. 강남 사람들은 성품이 온화해서 형제나 사촌, 육촌끼리도 한 집에서 화목하게 살지만, 강북 사람들은 집안이 화목하지 못해 다투는 소리가 도처에서 요란했다는 것이다. 또 강남

---

* 『표해록』은 최부가 풍랑을 만나 명나라 해안에 표류해 중국에서 온갖 고난을 겪고 반년 만에 조선으로 돌아온 뒤 쓴 견문록(여행기)이다.

에서는 여성들이 집 밖에서 일하는 경우가 없지만, 강북에서는 여성들이 밭을 매고 배의 노를 젓는 등 훨씬 적극적으로 바깥 활동을 한다고 썼다. 이 기록에서 주의할 점은 최부가 본 중국은 명나라 중기 사회의 모습이라는 것이다. 강남이 경제적으로 북방을 압도하던 시대의 모습을 묘사한 것으로, 후한 말 삼국시대의 모습과는 차이가 있다.

중국 역사를 보는 한 시각으로 남북 대립의 관점도 존재한다. 그에 따르면, 중국 역사는 주로 황하 유역의 북방 사람들이 장강 유역의 남방 사람들을 정복하고 지배한 역사이다. 장강 유역에서 생겨난 지방정권이 중국을 통일한 예는 명나라뿐이다. 광둥성(광동성)을 중심으로 여러 군벌을 타도하고 한편으로는 연합해 중국을 통일한 국민당 정권을 포함해도 2번밖에 없다. 그 외에는 모두 북방에 기반한 왕조가 중국을 지배했다. 이처럼 북방이 군사적으로 우세했던 것은 상대적으로 거친 기후에 사는 북방 사람들이 골격도 크고 싸움도 더 잘했기 때문이라고 한다.

또 하나, 북방과 남방의 중요한 차이는 '남선북마南船北馬'로 요약된다. '남방에서는 배를 타고 북방에서는 말을 탄다'는 뜻이다. 북방에서는 말과 수레를 이용해 사람과 물자를 실어 날랐고 이를 통해 대규모 전쟁도 치러냈다. 하지만 강과 호수, 늪이 많은 장강 유역에서는 말과 수레가 제 기능을 발휘할 수 없었고, 배가 중요한 교통수단이었다.『표해록』에는 최부가 절강성(저장성)에서 북경으로 호송되는 이야기가 나오는데, 그때 이용된 교통수단이 배였다. 남방에서 배를 타고 대운하를 따라 북경까지 갔던 것이다.

중국 역사에 여러 이민족 왕조가 있었지만 그중 회수 이남을 지배한 왕조는 몇 안 된다. 이 또한 두 지역의 자연환경 때문이다. 기병 위주의 유목민 군대가 호수와 늪이 많은 남방에서 전투력을 제대로 발휘하기란 쉽지 않았다. 예외가 있다면 원나라를 세운 몽골인과 청나라를 세운 만주인인데, 그들은 기마군단만으로 장강 이남 정복에 나서지 않았다. 그것은 불가능했다. 그들은 항복한 한족 무장과 병사들을 앞세워 진격하는 전략을 써서 단점을 만회했다. 조조가 형주를 점령한 후 강동(강남)의 지배자 손권을 공격했으나 성공하지 못한 것도 남방 공략에 필요한 배와 수전에 익숙한 병사가 적었기 때문이다. 조조는 병사들의 뱃멀미를 진정시키기 위해 배들을 사슬로 묶어 연결했다. 이로써 배들이 거친 물결에 흔들리지 않아 뱃멀미를 줄일 수 있었다. 하지만 그로 인해 그의 선단은 화공에 취약해졌고, 주유는 이를 이용해 적벽에서 조조의 수군을 궤멸할 수 있었다.

강남의 군사들도 약점이 있었다. 남방의 오나라 역시 장강 유역을 벗어나면 위나라 군대를 이기기 어려웠다. 이는 수전에 강한 대신 육전에 약한 남방 사람들의 한계였다. 북방 사람들은 남방에서 이기려면 수전을 익혀야 했고, 남방 사람들은 반대로 육지에서 이기기 위해 기병과 보병을 확충해야 했다. 그러나 중국 역사에서 수전과 육전을 동시에 잘한 장군은 거의 없다. 예외가 있다면 동진東晉 말기의 명장 유유劉裕가 있을 뿐이다. 그는 수전과 육전을 적절히 구사하여 유목민들과 싸워 늘 이겼고, 티베트계 유목민인 강인이 세운 후진과 선비 모용부가 세운 남연을 정복해 황하까지 영토를 확대했다. 그는 훗날 송나라(조광윤의 송나라와 구별하기 위해 '유송'이라고도 한다)를 세웠으니, 곧 무제武帝이다. 화려한 무공을 쌓은 황제라는 뜻의 시호를 받을 정도로 훌륭한 장군이었다.

명나라 이래로 오늘날에는 장강(창장)과 주강(주장)을 낀 남방의 경제력이 북방을 압도한다. 상하이와 홍콩이 남방의 대표적인 도시다. 그러나 후한 말 삼국시대에는 황하 유역의 화북이 정치, 군사, 경제,

문화 모든 방면에서 중심지이자 선진 지역이었다. 그런 이유로 오늘날의 지리적 선입견에 근거하여 삼국지를 읽는 사람과, 시간을 거슬러 당시 사람들의 인문지리적 감각을 공유하며 읽는 사람 사이에는 독서의 이해와 깊이에서 큰 차이가 있을 수밖에 없다.

## 중국의 통일과 분열 ＿＿＿＿＿

중국에는 '일치일란一治一亂'이라는 말이 있다. 통일왕조가 수립되어 태평성대를 구가하다가 왕조 말기가 되면 부패와 지배층의 정권 다툼, 농민반란, 자연재해 등 다양한 원인이 결합되어 혼란이 생기고 심지어 군웅 혹은 독립적인 군벌들이 생겨나고 여러 나라로 갈라진다. 하지만 혼란이 계속되지는 않으며, 그중 한 세력이 통일하여 다시 혼란을 수습하고 태평성대를 이끈다는 것이다. 혹자는 단순히 '일치一治'를 통일왕조, '일란一亂'을 분열의 시기로 해석하기도 한다. 어쨌든 전자의 시기가 후자의 시기보다 길다는 점은 같다.

중국 역사의 특징 가운데 하나는 중앙정부가 중국 전역에 대한 지배를 관철한 기간, 즉 통일의 기간이 길다는 점이다. 진 시황제가 최초로 중국을 통일한 기원전 221년 이래로 청나라가 망한 1911년까지의 기간 동안 중국은 무려 1,605년간 통일 상태였다. 분열의 기간은 537년이다. 통일의 기간이 분열의 기간보다 3배 더 길다. 최초의 통일 이후 1945년까지 줄곧 통일을 유지한 우리나라 사람들 눈에는 중국의 통일 기간이 그다지 놀랍지 않을 수도 있다. 게다가 2개(고려와 조선) 혹은 3개(신라 포함)의 통일왕조가 있었던 우리나라와 달리 중국의 통일왕조는 11개(진, 전한, 신, 후한, 서진, 수, 당, 송, 원, 명, 청)나 된다. 통일왕조의 수가 우리보다 최소 4배 가까이 많다. 우리 시선에선 허다하게 분열했고 매번 통일로 귀결됐다고 평할 수도 있겠다. 그러나 세계사의 관점에서 보면 한반도보다 몇십 배나 큰 영토를 1,600여 년 동안이나 통일 상태로 유지했다는 것은 기적에 가까운 일이다.

중국의 통일왕조 가운데 영토가 가장 작은 나라는 송나라(북송)이다. 송나라 다음으로 중국을 통일한 나라는 몽골제국(원나라)이고, 그 다음은 명나라이다. 송나라와 명나라의 영토를 비교하면 송나라가 얼마나 작았는지 한눈에 알 수 있다. 한족이 세운 송나라를 시작으로 한족과 이민족은 번갈아가며 중원의 주인이 되었다. 한족 왕조(북송)→이민족 왕조(몽골제국)→한족 왕조(명나라)→이민족 왕조(청나라)→한족 공화국(중화민국과 중화인민공화국) 순서로 통일왕조(국가)가 성립한 것이다. 그리고 흥미롭게도 이민족에 의한 통일 시기를 거칠 때마다 영토가 커졌다. 원나라 다음에 등장한 명나라는 송나라 때만 해도 영토 바깥이었던 오늘날의 베이징 일대와 윈난성(운남성), 구이저우성(귀주성), 간쑤성(감숙성)을 지배하에 두었다. 이 영토는 명나라가 원나라를 잇는 왕조로서 어부지리 격으로 손에 넣은 것이다. 현재의 중국도 마찬가지로 만주족이 세운 청나라 덕을 보았다. 청나라가 망하면서 티베트와 내몽골, 만주를 물려주었기 때문이다.

인도의 역사를 살펴보면 중국의 통일 기간이 얼마나 길었는지 좀 더 실감이 난다. 후한 영화 5년(기원후 140년) 당시 '중국 본토'의 면적(후한 영토에서 베트남과 한반도에 설치된 군현 지역을 뺀 면적)은 약 421만km²였다. 오늘날 인도아대륙의 다섯 나라, 인도와 파키스탄, 방글라데시, 네팔, 부탄을 합한 면적이 약 443만km²이므로, 당시의 후한과 거의 비슷하다고 할 수 있다. 하지만 인도아대륙의 역사를 보면, 인도아대륙 전체를 통일한 왕조는 아예 없다. 다만 '거의 통일한' 두 시기가 있는데, 마우리아왕조의 아소카 왕 시기와 무굴제국의 아우랑제브 황제 시기이다. 하지만 이 두 시기를 합한다 해도 100년이 채 되

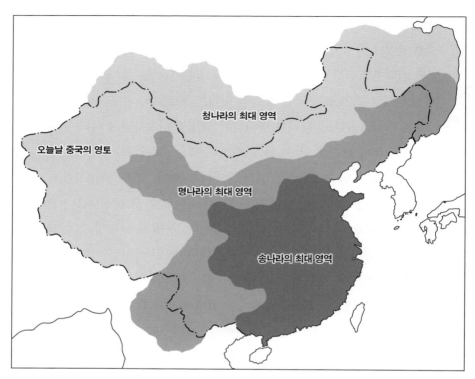

1-3 중국 역대 주요 왕조의 강역.

지 않았다. 이 두 시기를 인도의 통일 기간으로 인정한다고 해도 중국의 통일 기간에는 비할 바가 못 되는 것이다.

### 군현 지배 체제: 강력한 중앙집권의 전통 _____

중국 왕조들은 어떻게 이처럼 넓은 영토를 오랫동안 통일 상태로 유지할 수 있었을까? 여러 이유가 있지만 그중 가장 중요한 비결을 꼽으라면 진 시황제가 채택한 군현 지배 체제일 것이다.

군현 지배 체제는 정책 목표 자체가 오로지 중앙집권을 실현하는 것이었다. 그 제도로 무엇이, 어떻게 바뀐 것일까? 첫째, 중앙정부에서 직접 지방관을 임명해 파견했다. 오늘날로 치면 각 지방정부의 장관과 차관을 중앙에서 임명해 내려보낸 것이다. 이 지방관들은 중앙정부의 명령을 자기 임지에서 실행했고, 지방의 정보를 중앙정부에 보고했다. 너무나 당연한 것처럼 보이지만 그 전까지 중앙정부가 각 지역에 지방관을 파견한 예는 별로 없었다. 대부분 지방의 우두머리에게 지배를 맡기고 대신 세금을 거두는 '간접 지배'가 일반적이었다. 춘추시대까지 그랬다. 지방의 우두머리에게 해당 지역의 통치를 맡기고 필요한 세금이나 노동력, 군대를 징발하는 것이 비용도 적게 드는 방법이었다. 물론 지방의 우두머리가 충성스러워야 했다.

우리나라 역사에서 조정이 처음으로 직접 지방관을 파견한 때는 983년 고려 6대 성종이 12목을 설치하면서부터이다. 중국보다 훨씬 늦었고, 게다가 모든 지역에 파견한 것도 아니었다. 조선시대에 이르러서야 모든 지역에 지방관을 파견했다. 중국 역사의 기준에서 보면 가장 진보한 형태의 지방 지배 체제가 우리 역사에서는 조선시대에야 갖추어진 것이다.

사실 중국에서는 이미 전국시대부터 중앙정부가 지방관을 직접 임명하여 임지로 파견했다. 진 시황제가 한 일은 통일 이후 이를 중국 전역으로 확대한 것이다. 나중에는 제도가 더 정교해져서 지방관의 전횡을 막기 위해 일정한 임기를 채우면(시대마다 다르지만 위진남북조시대에는 6년, 수당 이후에는 보통 3년) 지방관을 교체했다.

둘째, 조정은 본적지 회피의 원칙에 따라 지방관을 임명했다. 지방관은 타지 출신이어야 했다. 부임할 고장 출신의 인물을 지방관으로 임명하면 그가 고향에서 거의 왕처럼 군림하거나 토착 세력과 유착해 조정의 명령이 제대로 관철되지 않을 수 있었다. 따라서 중앙정부는 부임지와 이해관계가 없는 타지 출신의 인물을 골라 지방관에 임명했다. 이 때문에 타지 출신의 지방관은 중앙정부에 의지해야 했고, 그런 한에서 성실한 명령의 집행자가 될 수 있었다.

그런데 지방관을 중앙정부가 직접 임명하고 또 제어한다고 해서 지방이 완전하게 중앙에 통제되는 것은 아니었다. 예컨대, 진한시대에—위진남북조시대에도—지방 장관과 차관은 조정이 임명했지만 그 외 실무진은 각 지방의 토착민들로 채워졌다. 지방 장관은 토착민들을 관리로 임명할 수밖에 없었고, 따라서 지방 장관이 토착민 관료들을 어떻게 통제하느냐에 따라 조정의 명령이 제대로 집행될 수도, 안 될 수도 있었다. 조정이 지방의 장차관뿐만 아니라 9품관 이상의 실무 관료들에 대해서도 인사권을 행사한 것은 수나라 때부터였다. 이때가 되면 토착민 관료는 서리의 지위로 격하되고, 적어도 제도상으로는 중앙정부가 인사권을 쥐고 지방을 좀 더 강하게 장악한다.

셋째, 조정은 지방관의 힘을 한 번 더 쪼개서 지방 행정을 민정民政과 군정軍政으로 나누었다. 진한시대에 군郡에는 군수郡守 또는 태수太守가 장관으로 파견되었고, 현縣에는 현령縣令 또는 현장縣長이 파견되었다. 그런데 모든 권한을 지방 장관에게 몰아주면 설령 타지 출신일지라도 그가 임지에서 절대적인 권력을 형성하고, 심한 경우 중앙정부에 대항할 수도 있었다. 이를 미연에 방지하기 위해 일반적인 행정 업무는 군수(전한에서는 태수)와 현령에게 위임하고, 평상시 치안과 군무는 군위郡尉(전한에서는 도위)와 현위縣尉에게 담당하도록 했다. 다만 변방은 예외였는데, 군사권도 군수가 장악했다.

군사와 치안을 담당하는 군위(도위)나 현위에 대해서도 그들이 자의적으로 군대를 동원하거나 반란을 일으키지 못하도록 장치를 마련했다. 황제와 군수(태수)는 군대를 동원하는 표지인 병부兵符를 둘로 쪼개어 하나씩 나눠 가졌다. 황제는 지방에서 병력을 동원할 때 황제의 병부를 사자 편에 같이 보냈다. 그러면 군수(태수)는 자신의 병부와 사자가 가져온 황제의 병부를 맞춰본 후 그제야 병력을 동원할 수 있었다.

중국 역사에서 분열의 시기를 보면 대개 지방 장관이 군사와 일반 행정을 독점한 시기와 일치한다. 위진남북조시대나 당나라의 번진할거 시기, 오대십국시대가 대표적인 예인데, 이들 시기에 지방 장관은 독자적으로 군대를 동원할 수 있는 권한을 갖고 스스로 군벌이 되거나, 그에 준하는 막강한 권한을 지방에서 행사했다. 혹은 무장이 지방관을 겸해 지방 행정까지 장악하여 군벌로 군림하고 군정을 행했다. 달리 말해, 조정은 지방을 복종시킬 만한 힘을 갖지 못했다. 그리하여 한참 뒤에 이런 분열을 수습하고 등장한 송나라는 지방관의 권력을 제어할 목적으로 일반 행정에서 감찰권을 떼어내 독립시켰다. 나중에 명나라와 청나라는 과거와 교육을 담당하는 학정學政을 따로 두었다. 이처럼 후대로 갈수록 조정은 지방관의 권력을 분산했는데, 그 핵심은 지방관의 역할 가운데 분리 가능한 직능을 따로 떼어내어, 지방관과 동격의 관직을 새로 만들거나 조정의 새로운 관청으로 역할을 이전함으로써, 지방관의 권력을 견제하고 약화시키는 것이었다.

넷째, 지방 장관의 전횡을 감시하기 위해 중앙에서 감찰관을 파견했다. 진나라는 가장 큰 행정구역인 '군'에 감어사監御史를 보내 행정을 감시했다. 전한시대에는 '자사刺史'가 몇 개의 군을 맡아서 감찰했다. 당나라 조정도 감찰어사, 채방처치사, 관찰사 등 다양한 명칭의 감찰관을 두었고, 이들이 각자 도독부都督府와 주州를 감찰했다. 그런데 이런 감찰 조직(감찰 단위)이 그 목적에 충실하지 않고, 군과 현 같은 또 하나의 지방 행정조직으로 바뀌는 일이 종종 일어났다. 그리고 일단 그러한 제도의 질적 변화가 일어나면, 감찰관들은 지방 행정조직의 장관으로 바뀌었다. 조금 어려운 이야기 같지만 독자 여러분은 이미 삼국지에서 그러한 예를 숱하게 보았다. 후한시대에 '자사부刺史部' 혹은 '주州'는 본래 여러 군을 묶어 감찰하는 단위이고, 그 최고 책임자인 자사는 태수나 현령과는 성격이 전혀 다른, 어디까지나 감찰관일 뿐이었다. 말 그대로 지방을 직접 통치하는 주체가 아니라 '감독하고 살피는' 관리였던 것이다. 그러나 통설에 따르면 후한 말에 자사는 지방 장관의 권한을 가지게 되었다. 그리고 곧 다시 이야기하겠지만, 여러 군을 묶은 감찰 단위가 '자사부, 즉 '주'였던 만큼 자사는 태수의 상관인 경우가 있었다. 하지만 꼭 그랬던 것은 아니어서, 태수와 동격의 지방관으로 보이는 경우도 많았다.

## 중국의 바깥 ＿＿＿＿

### 흉노

흉노는 몽골고원을 중심으로 북아시아 초원지대를 최초로 통일한 유목민 집단으로 그 국가도 흉노라고 부른다. 이미 전국시대부터 흉노에 대한 기록이 보이며, 이들은 중국의 여러 나라(전국시대) 혹은 왕조(진, 전한, 신, 후한)와 전쟁을 반복했다.

흉노는 북아시아 초원지대의 여러 유목민 집단 중 하나에 불과했으나 묵특冒頓(모둔 또는 묵돌이라고도 한다)이 선우로 즉위하면서부터 동호를 정복하는 등 영토를 넓혔다. 한고조 유방은 흉노가 한나라의 변방을 자주 침입하여 약탈을 일삼자 기원전 200년, 30여만 명의 병력을 동원해 토벌에 나섰다. 그러나 한고조는 대패해 오히려 백등산白登山에서 흉노의 군대에 포위되었다. 『사기』에 따르면, 이때 한고조는 묵특 선우의 연지閼氏(아내)에게 뇌물을 바쳐 그녀가 남편을 설득해 포위망을 풀게 했다. 혹자는 묵특 선우가 아내의 말을 잘 듣는 사람이었다고 생각할지도 모르겠다. 그랬을지도 모르지만, 아마도 묵특 선우는 정주 농경사회를 전혀 이해하지 못하는 자신들이 설령 한고조와 그의 군대를 전멸시키고 황하 유역을 점령한들 별 의미가 없다고 판단했을 것이다. 실제로 묵특 선우는 한고조를 풀어주는 대신 항복에 가까운 조약을 받아내고 막대한 물자를 뜯어내는 선택을 했다.

그리하여 기원전 198년, 한나라는 명목상으로는 화친이지만 사실상 흉노의 속국이 되는 내용의 굴욕적인 조약을 체결했다. 화친의 주요 조건은 다음과 같았다.

첫째, 한나라 황실의 여인을 선우의 연지로 바친다.
둘째, 한나라는 매년 흉노에 솜, 비단, 술, 쌀 등을 바친다.
셋째, 한나라의 황제와 흉노의 선우는 형제의 맹약을 맺어 화친한다.

여기서 핵심은 두 번째 조항이다. 이로써 흉노는 매년 한나라로부터 원하는 물자를 제공받게 되었다. 세 번째 조항은 한나라의 체면을 고려한 형식적인 내용이었다. 원문에는 누가 형인지 기록되지 않는데, 대부분의 학자들은 한나라가 형이라고 해석한다. 한편 첫 번째 조항의 경우, 한고조는 원래 친딸인 노원공주魯元公主를 묵특 선우에게 바치려고 했다. 하지만 아내 여후呂后와 신하들이 만류하자 궁녀를 친딸이라고 속여 묵특 선우에게 보냈다. 이후 한나라부터 당나라까지 중국의 황제들은 변방의 평화를 위해 황실의 먼 친척이나 궁녀들을 공주라고 속여 흉노와 돌궐 등 유목국가의 군주에게 시집보냈다. 학자들은 이를 '화친공주和親公主' 또는 '화번공주和蕃公主'라고 부른다.

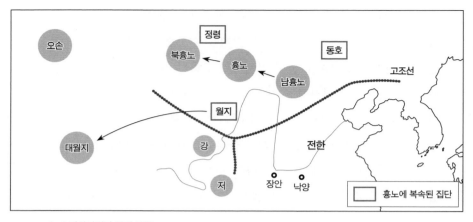

1-4 전한시대의 북방 민족.

말 그대로 번蕃, 북방 유목민과 화친하기 위해 보내는 공주라는 뜻이다. 그러나 조약 이후에도 묵특 선우는 한나라 황제와 조정을 농락하면서 약탈과 협박을 일삼으며 원하는 것을 얻어냈다. 그러면서 흉노는 주변의 유목민 집단을 합병해 영토를 넓혔다.

흉노의 전성기 영토는 광활했다. 몽골고원을 중심으로 한 유라시아 초원지대와 오늘날 신장웨이우얼(신강 위구르)자치구에 속하는 중앙아시아 오아시스지대, 그리고 하서회랑河西回廊이 흉노의 지배를 받았다.

흉노의 본거지는 본래 고비사막 남쪽에 있었다. 하지만 한무제의 공격을 받은 뒤 북쪽으로 옮겨 현재의 오르콘강 유역에 새롭게 자리를 잡았다. 이곳에 소위 선우정單于庭이 있었다. 오르콘강 유역은 흉노뿐만 아니라 역대 유목국가의 정치적 중심지가 되었는데, 돌궐의 가한정可汗庭과 위구르의 수도인 오르두 발리크Ordu Baliq*, 몽골제국의 수도 카라코룸도 이곳에 있었다. 선우정이나 가한정 같은 명칭은

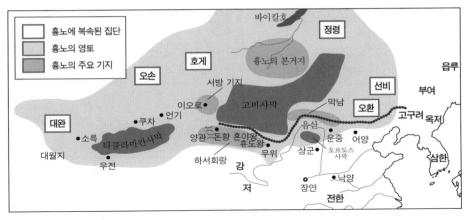

1-5 흉노의 전성기 지배 영역.

중국의 기록에 있는 것으로, 군주의 칭호인 '선우'와 '카간可汗' 뒤에
'정庭' 자를 붙인 것이다. 유목국가의 군주들은 정주 성곽 도시를 만
들지 않고 이동식 텐트(특히 군주의 텐트를 따로 일러 오르두Ordu라고 했
다)를 치고 살면서 계절마다 이동했기에, 성곽 도시 같은 점이 아닌
넓은 지역 전체가 수도에 해당했고, 이 때문에 '뜰'을 뜻하는 정庭 자
를 사용했다.

 기원전 129년부터는 상황이 크게 달라졌다. 한무제는 온 국력을 다
해 흉노 공격에 나섰고, 결국 흉노를 압도하기 시작했다. 한무제는 영
토를 대대적으로 확장했는데, 흉노의 근거지인 하서회랑(간쑤성 서부)
과 중앙아시아 오아시스 지역(서역)도 여기에 포함되었다. 나중에 한
나라는 막대한 재정을 흉노 공격에 쏟아부은 대가로 많은 문제를 떠

---

\* '카간의 도시'라는 뜻으로, 현지의 몽골인들은 '폐허의 땅'이란 뜻을 지닌 카라발가순
Karabalghasun이라고 부른다.

안게 되지만, 일단은 흉노로부터 많은 영토를 빼앗고 큰 승리를 거두었다.

이후 흉노에서는 선우 자리를 두고 내분이 일어났다. 싸움에서 패배한 호한야呼韓邪 선우는 무리를 이끌고 남쪽으로 내려와 한나라에 항복했다. 이 때문에 한동안 흉노는 몽골고원에 자리잡은 질지 선우 세력과 한나라에 귀부한 호한야 선우 세력으로 양분되었다. 한나라 선제宣帝는 호한야 선우의 항복을 받아주고 그를 극진히 대접했다. 호한야 선우는 처음에는 한나라 황제에게 신하의 예를 취하는 것을 굴욕으로 생각했으나 극진한 대접을 받은 뒤 오히려 한나라에 적극 협조하고 의지했다. 그는 한나라로부터 물자와 군자금을 얻어 세력을 회복하고, 마침내 질지 선우를 격파하고 다시 흉노를 통일했다. 하지만 이후에도 흉노는 선우 자리를 놓고 여러 차례 계승 분쟁을 벌였다.

결국 기원후 48년, 다시 남흉노와 북흉노로 분열되었다. 북흉노는 원래 근거지인 몽골고원을 지배했고, 남흉노는 북흉노에 밀려 남쪽으로 내려갔다. 후한은 남흉노 세력을 받아들여 북쪽 변경에 거주하도록 했다. 이후 남흉노 세력은 북흉노와 오환, 선비 등 북방 유목민들이 한나라 변경을 침략해올 때마다 화살받이 또는 용병부대로 활용되었다. 남흉노는 점차 북쪽 변경에서 남쪽으로 거주 지역을 넓혀나갔지만 후한의 지배에서 벗어나지는 못했다.

북흉노는 기원후 91년의 금미산 전투로 큰 타격을 입었다. 그리고 중요하게는, 이후로 역사책에서 자취를 감추었다. 사라진 그들의 행방에 대해서는 이런저런 가설이 존재하는데, 4세기 무렵 갑자기 유럽에 출현해 게르만족의 대이동을 야기한 훈족이 바로 북흉노라는 주장이 광범위한 지지를 얻고 있다. 이를 '흉노와 훈 동족설'이라고 한다. 이 학설에 따르면, 중국 사서에서 사라진 북흉노는 대거 서쪽으로 이

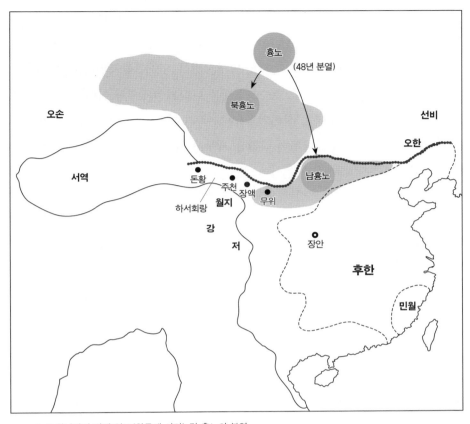

1-6 한나라의 최대 영토(한무제 시기) 및 흉노의 분열.

동했으며, 기원후 158년 무렵 중앙아시아에 이르렀고, 350년 이후 어느 시점에 흑해와 카스피해 북쪽, 즉 러시아 초원에 도착했다.

후한 말에는 남흉노 선우 어부라於扶羅와 좌현왕 거비去卑가 황건의 난으로 혼란한 사이 이름을 드러냈다. 이들은 황건적의 잔여 세력과 연합하여 각지를 약탈하기도 하고, 일부는 장안을 탈출해 낙양으로 향하는 헌제를 호종하는 데 참여하기도 했다. 하지만 정사건 소설이건 삼국지에서 이들은 엑스트라나 다름없다.

그러나 국경 안쪽에 살면서 점점 중국 내지로 거주지를 확대해간 흉노는 이후 '한漢'이라는 나라를 세우고, 낙양까지 쳐들어가 황제를 생포하고 사마씨가 세운 서진을 멸망시켰다. 앞서『삼국지평화』의 결말을 이야기하며 소개한 '유연'이 세운 나라가 바로 '한'이다. 이를 시작으로 중국 화북에는 선비의 여러 부족과 저, 강 등 각기 다른 북방 민족이 몰려들어 앞다투어 나라를 세우고 싸우는, 이른바 십육국시대가 열렸다.

## 오환

오환烏桓/烏丸과 선비鮮卑는 모두 동호東胡의 후예이다. 한때 동호는 흉노보다도 강성했던 듯하다. 묵특은 아버지 두만 선우의 명령으로 동호의 인질이 되기도 했다. 묵특 선우가 동호를 안심시키기 위해 그들의 요구에 응해 말과 자신이 사랑한 미인을 주었다는 기록도 있다. 그러나 최종 승자는 흉노였다. 묵특 선우는 고분고분한 자세를 취해 동호를 방심하게 만든 다음, 동호를 기습해 멸망시켰다.

동호가 멸망한 뒤 유민들은 두 갈래로 나뉘어 한 무리는 오환산, 다른 한 무리는 선비산으로 이동해 각각 본거지로 삼았다. '오환'과 '선비'라는 명칭은 바로 두 집단의 본거지에서 따왔다. 두 산의 위치에 대해서는 여러 설이 있으나 정확한 위치는 알 수 없다. 다만 1979년에 북위 태무제 때의 제문祭文이 네이멍구(내몽골)자치구에 있는 알선동嘎仙洞에서 발견되었는데, 그에 따르면 선비산은 대흥안령의 일부였을 것으로 생각된다. 북위는 선비가 세운 나라이다.

오환과 선비는 흉노의 지배를 받았지만 자기 조상들을 멸망시킨 원한을 잊지 않았다. 기원전 1세기 무렵, 오환은 흉노 선우의 무덤을 파헤쳐서 옛 원한을 갚으려고 했다. 그러나 이 사실을 알고 공격해온 흉노에 패배했고, 계속해서 그들의 지배를 받았다. 하지만 기원후 46년, 흉노가 가뭄과 질병, 기아, 해충 피해로 큰 타격을 받고 궁핍한 처지에 빠지자 오환은 이를 노려 흉노를 공격했다. 오환은 결국 복수에 성공했고, 패한 흉노는 북쪽으로 수천 리나 도망쳤다.

그러나 여러 부족으로 이루어진 오환에는 그들을 통일할 만한 강력한 세력이 나타나지 않았다. 대부분 부족 단위로 움직였고, 이는 한나라와 교역을 하거나 변경을 약탈할 때도 마찬가지였다. 한나라는 '어양오환漁陽烏桓', '요서오환遼西烏桓'처럼 북쪽 변경 군 이름에 '오환'을 붙여 각 부족을 구별했다. 오환의 일부 부족은 후한에 항복한 뒤 북쪽 변경에 이주하여 살았다. 후한은 남흉노의 경우처럼 이들을 북흉노와 오환, 선비 등 북방 유목민의 침입을 막는 방패막이 또는 용병으로 활용했다. 또한 영토 내 오환인들을 통제할 목적으로 호오환교위護烏桓校尉를 두었다.

후한 말 중원에서 군웅이 대결하던 시기에 오환에서는 답돈蹋頓의 세력이 가장 강했다. 그러나 답돈은 한 가지 잘못된 선택을 함으로써 망하고 말았다. 바로 원소의 아들 원상袁尚과 원희袁熙 형제를 받아들인 것이다. 원씨 형제는 답돈의 군대를 빌려 조조에게 빼앗긴 하북을 되찾을 요량이었는데, 이를 알아차린 조조가 답돈을 급습하여 그 세력을 괴멸시켜버렸다. 오환은 평정되어 일부 집단은 중원으로 강제 이주되고, 일부는 북쪽 변경에 머물면서 용병으로 활동했다. 『삼국지』에 따르면, 오환 기병은 전투에 능하고 용맹하여 전장에서 이름을 떨쳤다.

한편, 오환 기병들은 후한 말 공손찬, 유비 등 일부 군웅 밑에서 활약했다. 유비가 도겸을 구하기 위해 서주로 갔을 때 오환 기병이 종군했으며, 조운도 오환 기병을 거느렸다. 오환인도 삼국지의 조연으로 활약했던 것이다.

## 선비

선비는 본래 오환과 한 집단이었기에 서로 풍속과 언어가 비슷했다. 다만 오환은 중국과 가까워서 교류가 많았던 데 비해 선비는 멀리 떨어져 있어 중국 왕조와 교류가 적었다. 이 때문에 선비에 관한 초기 기록은 거의 남아 있지 않다.

선비는 기원후 87년에 북흉노를 공격하여 큰 승리를 거두었다. 후한 두헌의 부하 경기가 북흉노를 격파한 것은 그 뒤의 일이다. 선비와 후한 군대에 패한 북흉노의 선우는 근거지를 버리고 도망쳤다. 그러자 선비는 북흉노의 땅을 차지하고 근거지로 삼는 한편, 투항해온 흉노의 무리 10여만 락*을 받아들였다. 이때부터 선비의 세력이 강해졌다.

전한시대에는 흉노가 몽골고원의 주인이었지만 후한시대에는 선비가 그 자리를 대신했다. 하지만 옛 흉노의 근거지를 차지하고 북방 유목민 가운데 가장 강성한 세력을 자랑했음에도 선비는 흉노와 달리 강력한 국가를 만들지 못했다. 흉노가 선우 씨족을 중심으로 강력한 통일국가를 만든 데 반해 선비 사회에는 전체 부족을 지배하는 세습 권력이 존재하지 않았기 때문이다. 선비인들은 흉노 공격 같은 공동의 목표가 생길 때에만 한시적으로 단결해 싸울 뿐이었다. 미국의 인류학자 바필드Thomas J. Barfield는 후한 조정이 선비의 개별 부족과 교섭하여 국경 무역을 열거나 재물을 하사했기 때문에 각 부족의 우두머

---

* 유목민의 이동식 천막을 세는 단위. '락'은 이동식 천막을 번역한 단어로 보이며, 중국의 호戶와 유사하고 가구, 세대와 유사하다.

리들은 굳이 단결하거나 통일을 이룰 만한 권력을 만들 필요가 없었다고 설명한다. 다시 말해 개별 부족의 우두머리들은 후한 조정과의 교섭에 직접 나섬으로써 개인적, 경제적 이익을 얻을 수 있었고, 그러한 질서를 바꿀 이유가 없었다는 것이다. 그에 반해 흉노의 경우에는 선우가 집단의 지도자로 중국 왕조와 단독으로 대화하고, 중국에서 수취한 물자의 독점과 이를 분배하는 역할을 맡음으로써 흉노 전체에 대한 강한 지배력을 유지했다.

특이하게도, 선비는 선비 전체의 권력자뿐 아니라 부족(부락)의 우두머리도 특정 집안에서 세습하는 것이 아니라 집단의 필요에 따라 선출하는 방식을 고수했다. 이 우두머리는 부족 구성원들에게 세금이나 노동력을 제공받지 않았고, 주로 재판 등 간단한 업무를 처리했으며 권력도 강하지 않았다. 말하자면 선비는 같은 유목민 집단인 흉노보다 사회발전단계가 낮았다. 하지만 단석괴檀石槐라는 걸출한 인물이 등장하면서 모든 게 바뀌었다. 단석괴는 소속 부족민의 인심을 얻어 우두머리가 되었고, 나중에는 여러 부족을 규합해 선비 전체의 지도자가 되었다. 이후 그는 북쪽으로는 정령丁零, 동쪽으로는 부여夫餘, 서쪽으로 오손烏孫을 공격해 흉노 전성기 시절의 옛 땅을 모두 점령했다. 그리하여 선비는 동서로 1만 4,000여 리, 남북으로 7,000여 리에 달하는 넓은 지역을 지배하기에 이르렀다.

후한에는 다행스럽게도, 단석괴는 광화 연간(178~183년)에 죽었다. 단석괴의 아들이 대인의 지위를 세습했으나 무능했고, 내분이 일어났다. 선비는 다시 분열되었다. 선비는 나중에 다시 세력을 회복하는데, 바로 위나라가 세워진 무렵이었다. 이번에는 가비능軻比能이라는 인물이 나타나 단석괴의 후손들을 제거하고 여러 부족을 통합하여 강성한 세력을 이루었다.

촉한의 승상 제갈량은 위나라를 공략하기 위해 가비능과의 연합을 고려했다. 소설 삼국지에는 223년 유비가 죽고 유선이 즉위하자 조비(위문제)가 사마의의 계략을 받아들여 손권, 가비능 등과 함께 촉나라를 다섯 갈래로 공격한다는 대목이 있다(85회). 이는 사실이 아니지만 소설에 등장할 정도로 가비능은 삼국시대에도 영향을 준 인물이었다. 그러나 위나라가 아주 비용이 적게 드는 '암살'로 가비능 제거에 성공하면서 촉나라와 선비의 연합은 성사되지 않았다. 가비능이 죽은 뒤, 선비는 다시 분열했다.

선비는 흉노나 돌궐, 몽골과 달리 강력하고 통일된 유목국가를 만들지 못했다. 따라서 북아시아 유목국가의 역사에서 선비는 유연과 함께 존재감이 없다. 그러나 중국 역사에서 선비가 차지하는 비중은 어느 유목민 집단보다도 컸다. 십육국시대에 선비 계열 부족이 세운 나라만도 자그마치 7개국이었고, 십육국으로 인정되는 나라만 따져도 5개국이나 되었다. 선비의 모용부慕容部는 전연, 후연, 서연, 남연을 세웠다. 걸복부乞伏部는 서진을, 독발부禿跋部는 북량을, 탁발부拓跋部는 북위(대代)를 세웠다. 특히 탁발부가 세운 북위는 나중에 화북을 통일한다. 북위가 망한 뒤 세워진 나라들, 즉 북주北周와 북제北齊, 수나라와 당나라의 지배층 주류도 선비인이거나 선비의 피가 섞인 혼혈이었다. 선비인은 십육국·북조 시대의 어엿한 주인공이었고, 이는 수당시대에도 마찬가지였다.

## 강

강羌은 중국 본토의 서쪽, 황하 상류에 살던 유목민 집단이다. 진한시대에는 황하와 황수湟水, 조수洮水 등지에서 살았다. 사료에는 기원전 1세기에 강인이 한나라를 상대로 반란을 일으켰다는 기록이 있다. 강인은 한족에 밀려 점차 황하 상류와 변두리 지역으로 밀려났다. '강' 도 오환, 선비와 마찬가지로 하나로 통일되지 못하고 부족이나 지역 단위로 흩어져 살았다.

전한은 강인의 거주지가 자신들의 수도인 장안과 가까웠기 때문에 전력을 다해 강을 토벌했다. 하지만 낙양에 수도를 정한 후한은 전한에 비해 강인의 거주지와 멀었고, 그래서 강인이 항복해오거나 포로로 잡혀오면 그들을 관중에 살게 해 부족한 인구를 채웠다. 후한 조정은 이처럼 영토 안으로 이주한 강인은 '동강東羌'이라 하고, 국경 밖 청해와 황수 등에 거주하는 강인은 '서강西羌'이라 하여 서로 구별했다.

강은 단 한 번도 몽골고원에 근거지를 둔 흉노나 선비만큼 큰 세력을 이루지 못했다. 하지만 후한에는 어떤 의미로 더 큰 골칫거리였다. 흉노와 선비는 변경을 약탈하는 데 그쳤지만 강은 내지까지 들어와 반란을 일으켰기 때문이다. 강인의 반란은 주로 서북 변경에서 일어났다. 하지만 그 여파는 경기 지방인 사예司隸와 병주幷州까지 미쳤다. 강의 반란을 진압하는 일은 두더지 게임과 비슷한 데가 있어서, 후한이 아무리 군대를 동원해도 완전한 진압이 불가능했다.

무엇보다 후한은 강의 반란을 진압하기 위해 막대한 재정을 쏟아부어야 했다. 2세기에만도 세 차례에 걸쳐 대대적인 진압에 나섰다. 각각 10년 이상이 걸린 대규모 전쟁이었다. 거기에 든 돈만 약 364억 전에 달했다. 이게 얼마나 큰 규모인지 감을 잡기 위해 한 가지 사례를 소개한다. 환제가 외척 양기梁冀를 주살하고 몰수한 재산이 약 30억 전이었는데, 사료에서는 이 금액이 조정의 연간 조세수입의 절반에 해당한다고 했다. 이를 근거로 후한 조정의 1년 조세수입을 60억 전이라고 가정해보면, 후한이 12년에 걸쳐 수행한 첫 번째 강인 진압

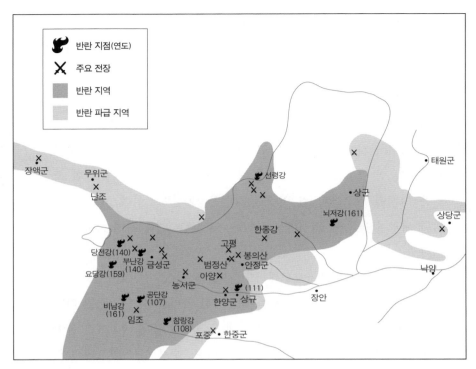

1-7 후한시대 강의 반란.

(107~118년)에 지출한 비용은 약 240억 전으로, 한 해 정부 예산의 4배였다. 순제와 충제 때(136~145년)의 두 번째 강인 진압에 지출한 비용은 약 80억 전으로 한 해 정부 예산의 1.3배였다. 환제와 영제 때(159~169년) 지출한 비용은 주로 단경段潁이 180차례에 걸쳐 강인들과 전쟁을 치르면서 소모한 비용이었다. 단 한 명의 장수 단경의 군사 작전에 소요된 비용은 44억 전. 한 해 정부 예산의 약 73%였다.

한마디로 군사비 지출이 지나치게 많았다. 후한 초기에 조정은 북쪽 변경을 괴롭히는 선비 부족을 회유하기 위해 항복해온 선비인들에게 재물을 하사했는데 이때 쓴 비용이 2억 7,000만 전이었다. 이 돈으로 후한은 명제와 장제 시기에 북쪽 변경을 평화롭게 유지할 수 있었다. 강의 반란을 진압하느라 많게는 연간 20억 전, 적게는 4억 전의 군사비를 쏟아부은 것에 비하면 무척이나 저렴한 비용이었다.

강의 반란은 막대한 지출에도 완전히 진압되지 않았다. 이는 결국 후한 말 정국에 큰 영향을 주었다. 184년 황건의 난이 발생하자 강인들은 기다렸다는 듯 10여 년의 침묵을 깨고 다시 반란을 일으켰다. 황보숭皇甫嵩과 동탁 등이 강인들을 진압하기 위해 나섰지만 완전히 소탕하지는 못했다. 그리고 그와 별개로 여기서 이후 정국을 좌우할 중요한 변수가 만들어졌다. 변경의 반란을 진압하는 동안 동탁은 후한의 정예부대를 지휘했는데, 이 부대가 나중에 그가 권력을 잡는 데 중요한 기반이 된 것이다. 후한 말 강인들의 반란이 포학한 권력자 동탁의 정치적 부상으로 이어지는 중요한 역사적 배경이었던 것이다. 후한 조정은 강인의 반란을 막으려다 더 무서운 권력자를 초대하고 말았다.

강인은 전투에 능했던 것으로 보인다. 후한 말 군벌인 동탁과 마등, 한수는 다수의 강인을 군대에 편입시켜 군사력을 확충했다. 만약 강인이 없었다면 삼국지에 이 세 사람이 등장하는 일도 없었을 것이다.

# 2장

# 후한 붕괴의
# 정치사

| | |
|---|---|
| 147년 | 외척 양기, 질제를 살해하고 11대 환제를 옹립하다. |
| 159년 | 환제, 환관 단초 등과 손잡고 외척 양기를 살해하다. |
| 166년 | 1차 당고의 화가 일어나 이응 등 200여 명이 체포되다. |
| 168년 | 환제가 사망하고, 12대 영제가 즉위하다. |
| | 환관 조절이 청류파인 진번과 두무 등을 살해하다. |
| 169년 | 2차 당고의 화가 일어나 청류파 100여 명이 체포 및 피살되다. |
| 184년 | 황건의 난, 변장과 한수의 난, 선령강의 반란, 한중군 장수의 반란이 일어나다. |
| 185년 | 장우각의 난, 장연의 흑산적 봉기가 일어나다. |
| 186년 | 선비가 유주와 병주를 침입하다. |
| 187년 | 장순의 난이 일어나 우북평태수와 요동태수가 피살되다. |
| | 하남군 형양현의 도적이 중모현령을 살해하다. |
| 188년 | 영제, 유언의 건의를 받아들여 조정의 중신들을 주목에 임명해 지방으로 파견하다. |
| | 곽대현의 난, 남흉노 선우와 백파적의 하동군 침략, 왕국과 한수의 난, 여남과 청주, 서주의 황건 잔당 봉기가 일어나다. 익주의 마상과 조지가 거병하다. |

소설 삼국지의 첫 장면은 황건의 난이 장식한다. 환관들이 나라를 망쳐놓았다는 짧은 서술 후 황건적이 난을 일으키고 관군이 이를 토벌하는 장면으로 이어진다. 후한의 붕괴는 간단히 환관과 '역도' 황건적의 잘못인 것으로 묘사된다. 이 점에서는 중국사 개설서의 서술도 별반 다르지 않다. 외척과 환관의 권력투쟁이 정치와 경제를 붕괴시켰고, 이 와중에 태평도가 백성들을 돌보며 세력을 확장했고, 결국 교주 장각張角이 일으킨 황건의 난이 후한 붕괴의 원인이 되었다는 것이다.

외척과 환관의 다툼, 황건의 난, 강(서강)의 반란 등이 후한을 내우외란에 빠뜨린 것은 맞다. 그러나 후한 말 군웅할거시대가 출현한 결정적인 계기는 동탁의 집권이었다. 동탁이 권력을 잡자 반동탁 세력은 군대를 일으켜 대항했다. 그 전까지 후한에서는 외척이나 환관들이 악행을 저지른다고 해도 지방관이 군대를 일으키거나 토착 호족들이 사병을 동원해 맞선 적은 거의 없었다. 하지만 반동탁 세력은 달랐고, 반동탁연합군이 해체되고 자기 임지로 돌아간 뒤에도 지방관과 토착 호족들은 동탁이 장악한 조정의 말을 듣지 않았다. 이것이 군웅할거시대이다.

## 어린 황제들의 단명 _____

후한의 황제 세계世系표에는 후한 황실이 겪은 어려움이 고스란히 담겨 있다. 유수劉秀(광무제)가 왕망에게 빼앗긴 왕조를 되찾아 후한을 세운 이후, 조정은 초대 황제 광무제부터 5대 황제 상제까지 부자 세습에 성공했다. 하지만 상제는 돌을 채 넘기지 못하고 죽었고, 이후 안정적인 제위 세습이 이루어지지 못했다. 비록 6대 황제 안제부터 3대에 걸쳐 다시 부자 세습에 성공했지만, 9대 충제는 겨우 두 살의 나이로 제위에 올랐다가 이듬해 죽었다. 그 후로는 황제 즉위의 규칙성이 아예 사라졌다.

후한으로서는 불운하게도 대부분의 황제가 단명했다. 초대 황제인 광무제가 63세에 죽고, 2대 황제인 명제가 49세에 죽은 것을 제외하면 마지막 황제인 헌제 이전까지 11명의 황제가 죄다 마흔을 넘기지 못하고 죽었다(헌제는 55세에 죽었다). 10대의 나이에 즉위해 30대에 죽은 황제들이 많았다. 장제와 안제, 순제, 환제, 영제 등 5명의 황제가 그랬다. 또한 4대 화제 이후 예외 없이 모두 어린 나이에 즉위했다. 열 살을 넘겨 황제가 되면 그나마 양호한 편이었다. 5대 상제는 겨우 생후 100일 남짓한 나이에 즉위하여 다음 해 죽었다. 충제는 두 살, 질제는 여덟 살, 헌제는 아홉 살에 즉위했다. 그나마 아들이라도 둘 이상 낳았으면 설사 일찍 죽어도 다행이었지만 그러지도 못했다. 그러자 외척과 환관이 그 틈을 비집고 들어왔다.

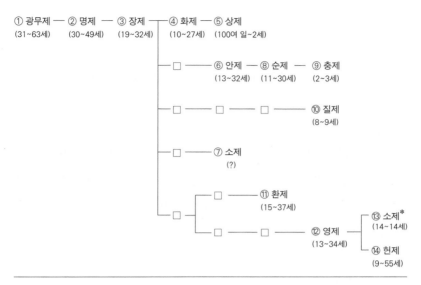

2-1 후한의 황제 세계표.

황제가 사망했을 때의 나이와 재위 기간, 낳은 아들의 수는 왕조의 성쇠와 매우 밀접하다. 황제가 젊은 나이에 죽어 오랫동안 나라를 직접 다스리지 못하거나, 태자가 너무 어리거나 일찍 죽어버리는 일이 흔하게 일어나는 나라는 강성해질 수가 없었다. 부자 세습에 실패하면, 조정은 방계에서 새 황제를 찾아야 했다. 이때 조정 대신들이 사심 없이 어질고 현명한 인물을 찾아야 했지만 대부분의 새 황태후와 외척들은 주로 자신들이 통제하기 좋은 어린아이들을 골랐다. 똑똑하기보다 오히려 명청한 게 더 나았다. 죽은 황제와 촌수가 멀면 멀수록 좋았다. 피가 정통성이었으니 촌수가 멀면 왠지 정통성에 흠이 있어

---

\* 『후한서』는 18세, 『자치통감』은 14세에 즉위한 것으로 기록했다. 『자치통감』의 유권해석을 따라 14세로 보았다.

보이고 자신들이 마음대로 주무를 수 있으니 말이다. 따라서 방계에서 황제가 나온 시기는 대체로 정치가 불안정했다.

중앙 정치의 불안정은 조정과 지방 관리들의 기강을 흩뜨려놓고, 궁극적으로는 백성들의 고통으로 귀결되었다. 이런 사정은 어느 나라건, 그게 후한이건 청나라건, 심지어 조선이건 다르지 않았다. 형제 세습은 차라리 전 황제가 아들을 낳지 못한 경우라서 문제가 간단하다. 늘 황제 발치에 존재하는 동생이 이어받으면 되는 것이다. 하지만 방계 세습은 누가 차기 황제가 될지 예측이 어려운 상황을 동반했고, 이는 야심가들이 정치적 음모를 꾸미기 딱 좋은 조건이었다.

## 외척과 환관 _____

4대 화제를 포함해 다음 황제들은 하나같이 너무 어렸다. 그 때문에 어린 황제를 대신하여 태후가 친정 사람들과 함께 권력을 휘둘렀다. 이를 '외척 정치'라고 한다. 그러나 어린 황제도 세월이 흘러 나이를 먹으면 자신이 직접 권력을 휘두르며 정사를 처리하고 싶어했다. 그러면 자연스레 황제의 권력을 제 것인 양 휘두르며 부정부패를 일삼는 외척을 제거해야겠다는 데까지 생각이 미친다. 그러나 황제가 마주하는 현실은 그리 녹록하지 않았다. 황제를 둘러싼 신하들 대부분이 외척 편이기 마련이었다. 외척들이 추천해 임명되었기 때문이다. 주위를 둘러보았을 때 황제가 믿고 도움받을 수 있는 신하는 측근에서 수발을 드는 환관들밖에 없었다. 황제들은 신임하는 환관들과 은밀히 모의해, 친위부대를 동원한 정변을 일으켜 외척을 제거했다. 그렇게 권력을 되찾은 황제는 환관을 중용했다. 10대에 즉위하여 30대에 죽은 후한의 황제 대부분이 공식처럼 이런 과정을 거쳤다.

물론 앞서 보았듯 그보다 짧은 생을 살다간 황제도 있다. 10대가 되기 전에 즉위해 1~2년 만에 죽은 황제들은 대부분 어린 나이에 병에 걸려 죽었다. 그와 달리 너무 똑똑해서(?) 일찍 죽은 황제도 있다. 질제는 외척 양기를 '발호장군'이라 말했다고 한다. 권력을 제멋대로 휘두르며 나라를 망치는 인물이라는 뜻이다. 이에 양기는 질제가 성인이 되면 자신을 제거할 것이라고 생각하여 황제를 독살했다. 흔히 학자들은 질제가 총명했다고 말한다. 하지만 진짜 똑똑했다면 그런 말을 하는 대신 오히려 멍청한 척을 해서라도 기회를 엿보지 않았을까 싶다.

그간 수많은 학자들은 후한 중기 이후 나타난 정치적 폐단의 책임을 외척과 환관에게 돌려왔다. 특히 환관에 대한 책임론은 거의 증오에 가깝다. 하지만 종종 간과되는 사실 하나가 왕조시대의 역사 기록은 대개 지식인 관료들의 시각이 반영된 것이라는 점이다. 그들의 기록에는 황제의 생각이나 의중이 배제된 경우가 많다. 분명 환관들은 황제의 비호를 받았고, 자신들의 성적 콤플렉스를 과도한 재물 수집으로 해소했으며, 실제로 부정부패의 온상이었다(중국인들이 남긴 기록에 따르면, 환관은 성행위를 못했기 때문에 대신 재물 모으기에 집착했다).

환관은 황제의 사적 공간에 들어갈 수 있는 남자 아닌 남자였다. 중국을 비롯한 대부분의 나라에서 황제나 왕이 후궁과 궁녀를 많이 거느린 경우, 궁전에 드나드는 남성들이 황제나 왕의 소유인 후궁·궁녀들과 통정하고 애를 낳을 가능성이 있었다. 이를 막기 위해 황제의 사적 공간에는 원칙적으로 성기능이 멀쩡한 남성들은 출입하지 못하도록 했다. 그러나 경호, 물건 들기, 요리 등 힘쓰는 일을 해야 하는 사람이 필요하다보니 남자의 생식기를 제거한 남성 아닌 남성이 황제나 왕의 시중을 들었다. 황후나 왕후, 후궁들의 시중을 들기도 했다. 황제의 입장에서 보면, 가장 신뢰할 수 있는 신하는 외척이나 일반 대신이 아닌 환관들이었을 게 분명하다. 늘 보기에 인간성과 됨됨이를 파악할 수 있고, 성불구이기에 적어도 황제 자리를 넘보는 존재는 아니었기 때문이다. 유일한 예외는 진나라의 조고趙高인데, 이세황제를 죽인 후 스스로 황제가 될 뜻을 품었던 그조차 궁전이 무너지는 것을 보고는 하늘의 뜻을 직감하고 야심을 포기했다고 한다.

물론 이는 백성들의 사정과는 별 상관이 없었다. 외척이건 환관이건 권력을 잡은 뒤에는 누가 더 낫다고 할 것 없이 인사권을 장악해 매관매직을 일삼았고 권력을 휘둘러 백성의 재물을 빼앗았다. 환제와 영제 시기에는 권력자들의 가렴주구가 더 심했는데, 특히 4명의 황제를 보좌한 외척 양기의 집안은 부정부패로 악명이 높았다. 결국 환제가 양기를 제거하고 그 재산을 몰수했는데, 헐값에 처분했음에도 그 금액이 30억 전이 넘었다. 30억 전은 전국의 한 해 조세 절반을 경감해도 될 정도의 거액이었으니, 얼마나 착취가 심했는지 알 수 있다. 게다가 양기 외에도 부정부패로 축재한 인물은 얼마든지 있었다. 환관 후람侯覽은 남의 집 381채와 농토 118경頃*을 빼앗아 궁궐에 버금가는 초호화 주택을 지었고, 다른 사람의 집을 부수는가 하면 무덤을 파헤쳐 부장품을 가로챘으며, 백성과 부녀자를 사로잡아 노비로 삼았다. 후람은 당시 권력자들의 부정부패와 횡포가 극에 달했음을 보여주는 대표적인 예이다.

관리가 되기 위해서도 권력의 정점에 있는 외척이나 환관에게 막대한 뇌물을 바쳐야 했다. 그렇게 돈을 바치고 관리가 된 사람은 본전 생각이 나지 않을 수 없었고, 그들은 투자금을 회수하고 이익을 내기

---

* 당시 기준으로 농민 한 가구가 경작하는 표준 토지 면적이 1경이었다. 후람이 어림잡아 118개 농민 가구의 땅을 빼앗았다는 뜻이다.

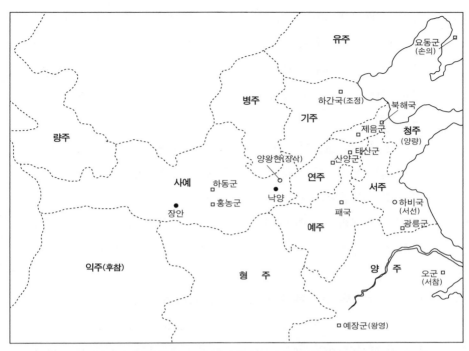

2-2 후한 말 환관 친인척 지방관들의 부정부패 상황. 괄호 안의 이름은 부정부패에 연루된 인물들이다.

위해 수단과 방법을 가리지 않았다. 역사를 보면, 중국이든 우리나라든 왕조 초기에는 중앙 관직이 인기가 높고, 말기에는 지방관의 인기가 높았다. 왕조 초기에는 중앙에 권력이 집중되기 마련이므로 당연히 중앙 조정의 벼슬을 선호했다. 반대로 왕조 말기가 되면, 중앙정부의 힘이 점점 약해지고 지방에 대한 감찰과 통제가 느슨해진다. 다시 말해 지방관이 백성을 수탈하기에 좋은 상황이 된다.

후한 중기 이후도 마찬가지였다. 외척과 환관뿐 아니라 그들의 친인척, 나아가 그들에게 줄을 대어 태수와 현령 벼슬을 산 사람들이 일종의 부정부패 연대를 형성하여 본전을 뽑고도 모자라 3대가 놀고먹을 만큼 백성을 쥐어짜며 치부했다. 이 때문에 재산을 빼앗기고 고향을 떠나는 유민들이 늘어났다. 더 큰 문제는 유민이 늘어나면 고향에 남아 있는 사람들에게 전가되는 세금이 늘어난다는 것이었다. 그러면 이를 견디지 못한 사람들이 다시 고향을 떠났다. 이러한 악순환이 계속되었다.

한편 환관의 친인척들은 주로 인구가 많고 부유한 수도 인근의 사예와 예주, 서주, 기주, 청주, 연주 등 관동의 지방관으로 재직하며 백성의 고혈을 빨았다. 곧 보겠지만 이들의 임지는 태평도 신자(황건적)의 분포 지역과 상당히 일치한다. 관리들의 가렴주구가 백성들을 '사이비 종교' 태평도로 내몬 중요한 원인이었음을 짐작할 수 있다.

## 당고의 화: 부패한 환관이 정적을 숙청하다 _____

그런 가운데 식자층에서도 권력층의 부패에 분개하는 이들과, 반칙과 부조리 때문에 벼슬길이 막힌 사람들이 모여 저항을 시작했다. 환제 때의 관료 진번陳蕃과 이응李膺은 자신들을 응원하는 태학생(오늘날의 국립대학교 학생)들과 연합해 환관들을 공격했다. 관리들은 환관 친척들의 비리를 고발하거나 처벌했고, 학생들도 상소문을 올리거나 시위에 참가했다.

환관들은 이들의 공세를 두고 보지만 않았다. 그들은 165년과 169년 두 차례에 걸쳐 일부 관리와 지식인들에게 당파를 만들었다는 죄를 뒤집어씌워 체포한 뒤 고향으로 낙향시켰다. 이를 '당고의 화(黨錮之禍)'라고 한다. '당고黨錮'는 '당黨을 만든 죄로 금고에 처한다'는 뜻이다.

황제 지배 체제에서 가장 큰 금기는 관리들이 수평적인 인간관계를 맺는 것이었다. 관리들은 황제와의 수직 관계만 맺을 수 있을 뿐 자기들끼리 파당을 만들어서는 안 되었다. 파당을 만드는 것은 황제의 권력을 침해하는 행위로 받아들여졌다. 그러나 이는 어디까지나 이상적이고 피상적인 원칙일 뿐이었다. 황제가 어떻게 신하들을 속속들이 알 수 있다는 말인가? 관리들은 출세하기 위해 학연과 지연을 동원해 줄을 대야 했고, 자연히 이해관계에 따라 뭉칠 수밖에 없었다.

이런 맥락에서 당고의 화는 이전까지 묵인되어온 '파당'에 대한 전례 없는 공식적인 탄압이었다. 하지만 환관의 말을 들은 황제가 칼을 빼든 이상 청류파淸流派라고 불린 반환관파는 정치적 보복을 당할 수밖에 없었다. '금고'의 현대적 뜻풀이는 '감옥에 가둔다'지만 전근대 시대에 이 말은 '벼슬길을 평생 봉쇄한다'는 뜻이었다. 벼슬살이를 하며 특권을 누리는 것 외에 다른 삶의 경로가 거의 존재하지 않은 사람들에게 벼슬길이 막힌다는 것은 죽는 것보다 가혹한 형벌이었다.

청류파 인물들이 당고의 화로 쫓겨난 이후 환관 세력은 더욱 부패했고, 가렴주구로 백성을 괴롭혔다. 이에 백성들은 자신들을 거두어주고 또 병도 치료해주는 '사이비 교주'들에게 빠져들었다. 태평도를 창시한 장각과 오두미도五斗米道를 창시한 장릉張陵이 그 대표적인 인물이었다.


## 황건의 난 _____

태평도를 창시한 장각은 거록군 사람이다. 그는 대현양사大賢良師를 자칭하고 '황로黃老의 도'를 받들었다. '황로의 도'는 한족의 선조인 황제黃帝와 노자의 도가 사상에서 따온 말이지만, 실제로는 불로장생술과 부적을 이용한 치료법, 그 외 여러 미신을 뒤섞어 만든 일종의 민간 종교였다. 장각은 부적을 만들어 병을 치료했는데 그 효험이 알려져 사람들이 모여들었다. 그는 무리 가운데 제자들을 두었고, 그중

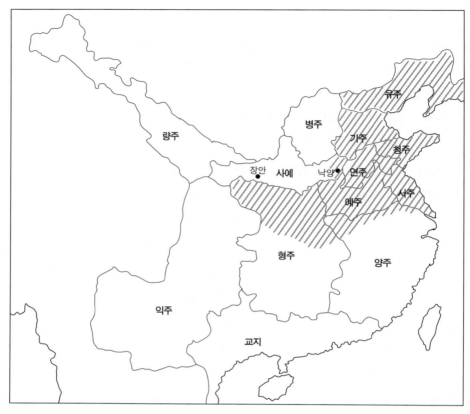

2-3 태평도 신자(황건적)의 분포.

여덟 제자를 사방으로 보내 태평도를 전파하고 더 많은 사람들을 모 았다. 10년이 안 되어 무리는 수십만에 이르렀고, 그 세력이 청주와 서주, 유주, 기주, 형주, 양주, 연주, 예주에 미쳤다.

태평도 신자들은 주로 중원의 중심인 낙양과 황하 중하류인 관동에 널리 분포했다. 이들은 변방과 장강 이남을 제외한 거의 전역에서 세 력을 형성했다. 다만 이들의 세력에 대한 과장된 이해는 경계할 필요 가 있는데, 사서에서는 태평도 신자들의 활동 무대로 '주' 단위가 언급될 뿐 '군' 단위는 나오지 않는다. 즉 여러 '주'에서 황건적이 출현한 건 사실이지만 예하의 모든 '군'에서 그랬다고 보기는 어렵다. 만약 군 단위까지 황건적의 분포를 알 수 있다면 그 세력 범위는 좀 더 좁게 나타날 것이다.

백성들이 태평도로 몰려든 까닭은 태평도가 그들에게 정신적, 물질적 안식처를 어느 정도 제공했기 때문이다. 관리들이 백성들을 보호해주기는커녕 무소불위로 괴롭히는 데 반해 태평도는 그들을 받아들이고 피난처를 제공했다. 가렴주구와 무거운 세금을 견디다 못해 떠돌던 유민과 빈민들에게 장각과 태평도는 실로 '구세주'였다. 하지만 지방관들은 태평도에 열광하는 백성들의 움직임이 무엇을 의미하는지 꽤 오랫동안 파악하지 못했다. 그들은 장각이 올바른 도로써 백성을 교화하고 있다고 조정에 보고했다.

장각은 교세가 커지자 딴마음을 품기 시작했다. '한나라(후한)를 뒤엎고 내가 직접 나라를 만들면 어떨까?' 그는 교단 조직을 새로 편성해 36개의 '방方'으로 나누었다. '방'은 조직 단위의 이름이자 직위상 장군에 해당하는 그 우두머리의 명칭이기도 했다. 이는 장각이 태평도 집단을 군사 조직으로 재편했음을 뜻한다. 장각은 '대방'에게는 1만여 명, '소방'에게는 6,000~7,000명을 거느리게 했다. 그리고 "푸른 하늘(蒼天)은 이미 죽었으니 누런 하늘(黃天)이 대신 들어서리라. 갑자년甲子年이 되면 천하가 크게 길할 것이다"라는 말을 지어 전국 각지의 관청에 써붙였다.

장각은 황색을 태평도의 상징색으로 정했다. 황색은 오행설五行說에 따라 중앙을 상징하는 색이다. 중국 사람들은 예로부터 황하와 황토 고원 때문에 누런 흙에 익숙했고, 자연스레 누런색이 세계의 중심, 중앙을 상징하는 색이 되었다. 장각이 퍼뜨린 유언비어는 결국 태평도가 후한을 대신해 중국을 지배할 것이라는 뜻이었다. 게다가 갑자년은 10간과 12지를 짝 지워 만든 60년 주기(육십갑자)의 첫 번째 해이다. 즉 '새로운 시작'을 뜻한다. 한마디로 새로운 해에 새로운 왕조가 시작될 것이라는 의미였다.

야심은 구체적인 행동으로 이어졌다. 장각이 거사를 일으키기로 결정하자 우두머리 가운데 특히 대방 마원의馬元義가 자주 낙양에 드나들며 환관 봉서封諝와 서봉徐奉 등과 내통했고 그들을 끌어들였다. 안과 밖에서 동시에 거사를 일으키려는 것이었다. 마원의 등은 거사에 앞서 형주와 양주의 무리 수만 명을 규합해 업현鄴縣에서 모이기로 했다. 거사는 184년 3월에 하기로 정해졌다.

그런데 그만 반란 계획이 누설되었다. 장각의 제자인 제남군 사람 당주唐周가 조정에 일러바친 것이다. 조정은 급히 마원의를 체포하여 거열형에 처하고, 발본색원에 나서 낙양 일대에서 장각을 따르는 관리와 병사, 백성 수천 명을 체포해 주살했다. 또한 장각의 근거지가 있는 기주冀州에 명해 장각을 체포하고 그 무리를 소탕하도록 했다. 이로써 장각의 무리는 공식적으로 반란 집단이 되었다.

장각의 무리는 반란 모의가 탄로 났음을 알고 각 방에 연락해 곧 군대를 일으켰다(184년 2월). 이들은 아군을 식별하기 위해 노란색 두건을 썼는데, 사람들은 이를 보고 '황건黃巾'이라고 칭했다.*

장각은 스스로를 천공장군天公將軍이라고 칭했고, 동생 장보張寶는 지공장군地公將軍, 장량張梁은 인공장군人公將軍이라고 칭했다. 열흘에서 한 달 정도의 짧은 기간에 황건의 무리는 수도 낙양을 비롯해 온

---

* 혹자는 이들을 '의적蟻賊'이라고 불렀다. 『후한서』의 장회태자주章懷太子注에 따르면, '의蟻'는 '의蟻(개미떼)'와 같으며 황건의 무리가 많은 모양을 비유적으로 표기한 것이다.

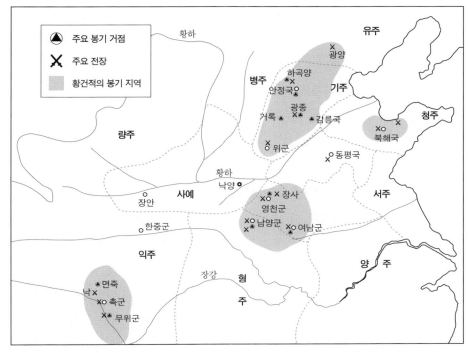

2-4 황건의 난 발생 지역.

천하를 뒤흔들었다. 황건의 난은 태평도 신자가 보고된 지방뿐만 아니라 그렇지 않은 병주와 사예, 익주에서도 일어났다.

### 184년, 황건적 토벌의 해 _____

황건의 난이 일어났다는 소식을 들은 영제는 발 빠르게 대처했다. 우선 3월에 황후의 오빠인 하진何進을 대장군에 임명해 친위부대를 거느리고 낙양을 지키게 했다. 이어서 낙양 주변에 함곡, 대곡, 광성, 이궐, 환원, 선문, 맹진, 소평진 등 8개 관을 설치하고 각 관에 도위를 두어 방어를 맡겼다.

황보숭과 환관 여강呂强은 청류파 지식인들이 황건적과 손을 잡을 우려가 있으므로 이를 미연에 차단하려면 '당고'를 해제해야 한다고 영제에게 진언했다. 양사楊賜는 황건적의 즉각적인 토벌 대신 유민들을 고향으로 돌아가게 하고 그들의 인심을 얻은 후 황건적의 우두머리들을 제거해야 한다는 반란군 평정 대책을 내놓았다. 그러나 영제는 어느 것도 듣지 않았다. 대신 북중랑장 노식盧植에게 기주에 있는 장각을 토벌하라고 명하고, 좌중랑장 황보숭과 우중랑장 주준朱儁에게는 영천군의 황건적을 토벌하게 했다.

처음에는 황건적이 우세했다. 184년 3월, 남양군의 황건적 우두머리 장만성張曼成은 남양태수 저공褚貢을 살해했고, 4월에는 또 다른 우두머리 파재波才가 우중랑장 주준의 군대를 격파했다. 같은 달, 여남군의 황건적은 소릉邵陵에서 여남태수 조겸趙謙의 군대를 격파했다. 또 광양군의 황건적은 유주자사 유훈劉勳과 광양태수 유위劉衛를 살해했다. 하지만 2월부터 이어지던 황건적의 기세는 5월부터 꺾였다. 황보숭과 주준은 5월에 영천군 장사현에서 파재의 횡건군과 격돌해 크게 승리했다. 6월에는 남양태수 진힐秦頡이 황건적과 싸워 장만성을 참하는 전과를 올렸다. 황보숭과 주준은 같은 달 서화현에서 여남군의 황건적을 격파했다. 관동의 승전보를 들은 영제는 이후 군대를 둘로 나누어 황보숭에게는 동군東郡의 황건적을 토벌하게 하고, 주준에게는 남양군의 황건적 토벌을 맡겼다.

기주에서는 노식이 분전하고 있었다. 그는 황건적을 연달아 격파하고 광종현廣宗縣에서 장각을 포위하기에 이르렀다. 그런데 이 결정적인 순간에, 그는 환관 좌풍左豊의 모함을 받고 전공에 대한 포상은커녕 관직을 삭탈당하고 감옥에 갇히는 신세가 되었다. 죄목은 장각을 토벌하지 않고 진지 안에 틀어박혀 휴식을 취했다는 것이었다. 강직

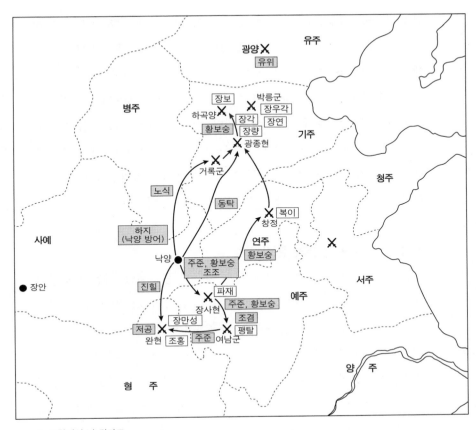

2-5 황건의 난 경과도.

한 노식이 물러난 자리에는 동탁이 새로운 사령관으로 부임했다. 하지만 동탁은 장각을 이기지 못했다.

　다른 곳에서는 낭보가 이어졌다. 일등공신은 황보숭이었다. 황보숭은 8월에 동군 창정倉亭에서 황건적을 격파하고 그 우두머리 복이卜己*를 사로잡았다. 10월에는 광종현에서 황건적을 물리치고 장각의

---

*『자치통감』의 표기이다. 『후한서』에는 '복기卜己'로 표기되어 있다.

동생 장량을 붙잡았다. 장각은 앞서 병사해 그곳에 묻혔는데, 황보숭은 무덤에서 시신을 꺼내 그 목을 잘라 낙양으로 보냈다. 조정은 낙양에 장각의 머리를 내걸어 사람들이 볼 수 있게 전시했다.

　황보숭의 토벌은 계속되었다. 11월에는 하곡양下曲陽에서 황건적을 격파하고 장각의 아우 장보를 참했다. 이로써 황건적의 구심점은 모두 제거되었다. 같은 달, 영제의 명을 받고 남양군으로 향했던 주준은 남양군의 치소 완현宛縣을 되찾고 황건적의 우두머리 손하孫夏를 참했다. 이리하여 황건의 난은 '공식적'으로 막을 내렸다.

## 변방으로 퍼진 반란의 불길 ____

황건적 지도부를 제거했지만 민심은 여전히 흉흉했다. 황건적 토벌이 한창이던 184년 7월에는 '요사스러운 무당' 장수張脩가 반란을 일으켜 한중군 일대를 공격했다(장수는 『후한서/영제기』의 표기처럼 단순한 무당이 아니라 '오두미도'의 교주였다). 이듬해 2월에는 박릉博陵의 장우각張牛角과 상산의 저비연褚飛燕을 비롯하여 황룡黃龍, 좌교左校, 우저근于氐根, 장백기張白騎, 유석劉石 등 10여 개 집단이 동시다발적으로 반란을 일으켜 각지에서 관군을 공격하고 약탈했다. 여기에 강과 저 등 변방의 이민족마저 반란을 일으켰다.

　그 가운데 강羌의 반란이 규모가 컸다. 강인들은 황건의 난이 발생하자 기다렸다는 듯이 10여 년의 침묵을 깨고 다시 반란을 일으켰다. 184년 10월, 황중湟中의 북궁백옥北宮伯玉이 선령강先零羌과 손잡고 반란을 일으켰다. 북궁백옥의 정체는 분명하지 않다. 다만 『후한서』는 그를 '의종호義從胡'라고 기록하고 있는데, 한자를 풀이하면 후한에 귀순한 이민족으로 추정된다. 반란이 일어난 황중 일대가 강인의 거주지였으니, 그는 강인이었을 가능성이 높다. 여기에 금성군金城郡

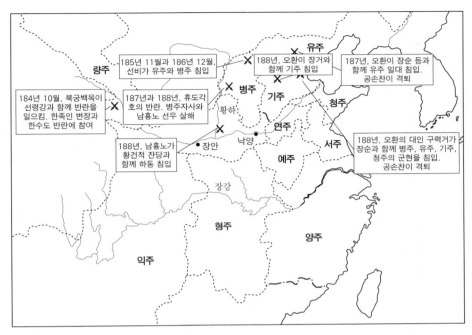

2-6 184~188년 이민족의 침입과 반란.

의 토호인 변장邊章과 한수가 반란군에 합세하면서 북궁백옥의 세력은 더 커졌다. 이들 반란군은 호강교위護羌校尉 영징伶徵과 금성태수 진의陳懿를 공격해 죽였다. 185년 3월에는 북궁백옥의 무리가 관중의 삼보(경조윤과 좌부풍, 우풍익 3군)에 침입하기에 이르렀다. 조정은 좌거기장군左車騎將軍 황보숭을 사령관으로 임명하여 북궁백옥의 토벌을 맡겼다. 하지만 황보숭은 북궁백옥의 군대를 이기지 못했다. 이에 조정은 황보숭을 해임하고 사공 장온張溫을 토벌군 사령관에 임명했다.

장온은 185년 11월 미양현美陽縣에서 북궁백옥의 군대를 격파했다. 북궁백옥의 군대가 도망치자 장온은 탕구장군盪寇將軍 주신周愼에게 명해 그들을 끝까지 추격하도록 했다. 주신은 결국 유중楡中에서 북궁백옥을 포위하는 데 성공했다. 이때 중랑장 동탁도 참전했다. 그는 북궁백옥의 연합군 가운데 선령강 공격을 맡았다. 그러나 주신과 동탁은 북궁백옥의 무리를 좀처럼 평정하지 못했고 교착상태에 빠졌다. 그렇게 시간이 흐르는 가운데 187년, 설상가상으로 부풍군 사람 마등과 한양군 사람 왕국王國이 반란을 일으켰다. 그리고 이때부터 주로 한수가 반란을 이끌었다.

한수가 사서에 처음 등장한 것은 184년 북궁백옥의 난 때이다. 184년 10월 북지군北地郡의 선령강과 포한枹罕, 하관河關의 도적 무리가 황중의 북궁백옥과 이문후李文侯를 장군으로 추대해 반란을 일으켰을 때, 금성군 사람 변장과 함께 도적들의 협박 때문에 얼떨결에 주모자에 끼게 되었다. 이후 한수와 변장은 금성태수 진의를 살해하고 주와 군을 공격하는 데 앞장섰다. 185년 9월, 두 사람은 사예 우부풍의 속현인 미양현에서 10여만 병력을 거느린 장온을 공격했으나 이기지 못했고, 11월에는 동탁과 우부풍 포홍蒲洪의 군대와 싸웠으나 패하고 유중으로 도망갔다.

그 후 한수는 187년 2월 변장과 북궁백옥, 이문후를 살해하고 직접 10여만 대군을 거느렸다. 그는 농서군과 한양군을 공격했다. 후에 량주사마涼州司馬 마등이 반란을 일으켜 한수에 동조하자 왕국을 우두머리로 추대하고 관중의 삼보를 공격했다. 그러나 왕국은 189년 2월 진창陳倉에서 황보숭의 군대에 패했다. 이에 한수 등은 왕국을 내치고 신도현령信都縣令을 지냈던 한양군 사람 염충閻忠을 우두머리로 추대했다. 그런데 얼마 후 염충이 죽자 내분이 일어났다. 한수 등은 우두머리가 되기 위해 다투어 서로 죽이는 데까지 이르렀고 그제야 반란군은 약해졌다.

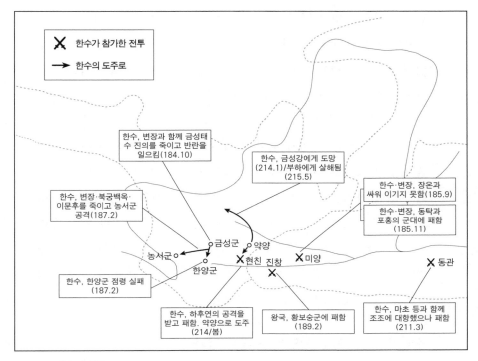

**한수, 변장과 함께 금성태
수 진의를 죽이고 반란을
일으킴(184.10)**

**한수, 금성강에게 도망
(214.1)/부하에게 살해됨
(215.5)**

**한수·변장, 장온과
싸워 이기지 못함(185.9)**

**한수, 변장·북궁백옥·
이문후를 죽이고 농서군
공격(187.2)**

**한수·변장, 동탁과
포홍의 군대에 패함
(185.11)**

X 한수가 참가한 전투

→ 한수의 도주로

○금성군   ○약양

농서군 ○        X현친 진창   X미양          X동관

○ 한양군

**한수, 한양군 점령 실패
(187.2)**

X

**한수, 하후연의 공격을
받고 패함. 약양으로 도주
(214/봄)**

**왕국, 황보숭군에 패함
(189.2)**

**한수, 마초 등과 함께
조조에 대항했으나 패함
(211.3)**

2-7 한수의 활동.

북방의 유목 세력인 선비도 국경을 넘었다. 하지만 선비를 통일했던 단석괴는 이미 광화 연간(178~183년)에 죽고 없었다. 단석괴의 아들이 대인의 지위를 세습했지만 무능하여 내분이 일어났고 선비는 다시 분열되었다. 그렇기에 선비는 하나의 세력으로서가 아닌 분열된 상태의 부족 단위로 후한의 북쪽 변경을 침입했다. 185년 11월 유주와 병주를 침입했고, 이듬해 12월에도 같은 지역을 침입했다.

후한 조정을 괴롭힌 외침은 이것이 끝이 아니었다. 187년과 188년에는 서북 변방의 휴도각호休屠各胡가 반란을 일으켜 서하군을 공격하고 병주자사 장의張懿를 살해했다. 휴도각호는 남흉노의 일파와 손잡고 후한의 우방 세력인 남흉노의 선우를 살해하기도 했다.

요컨대 황건의 난이 진압된 후에도 후한은 내우외환에 시달렸다. 뒤에서 다시 살펴보겠지만 영제가 낙양궁 화재를 빌미로 백성들을 수탈하고 지배층에 관직을 팔았기 때문에 참다못한 백성들이 일어선 것이다. 사방에서 반란과 외침이 일어나 걷잡을 수 없는 지경이었다. 특히 조정은 북방의 선비와 오환, 서북방의 강을 진압하기 위해 토벌군을 보냈는데, 그 과정에서 군벌로 성장하는 이들이 나타났다. 강의 반란 진압에 참전한 동탁과, 오환을 물리치는 데 공을 세운 공손찬이 바로 그들이었다. 동탁은 전투에서 좀처럼 이기지 못했지만 가장 혼란한 때에 가장 전쟁 경험이 풍부한 정예군을 지휘하고 있었다. 외적을 방어하는 데는 별 도움이 안 되었던 그의 군대였지만 장차 그가 권력을 장악하는 데는 크게 기여할 터였다.

## 유언의 건의, 지방 이탈의 시대를 열다 _____

이처럼 안과 밖에서 동시다발적으로 반란과 외침이 일어나자 후한 조정은 정신을 차리지 못할 정도가 되었다. 이에 태상太常* 유언劉焉은 188년 내우외란을 타개할 방책을 조정에 건의했다. 내용인즉, 지방 감찰을 수행하는 '자사'의 명칭을 '주목州牧'으로 변경하고, 주목에게 행정과 군사 지휘권 등 강력한 권한을 부여해 각 지방 단위에서부터 반란과 외침에 강력하게 대응하자는 것이었다. 여기서 잠시 유언의 제안이 무엇을 의미하는지 확인하기 위해 후한시대 지방 행정제도를 살펴보자.

2-8의 표에서 볼 수 있듯 후한에는 자사부와 군, 현 외에도 여러 행

---

* 제사와 예악 등을 관장하는 관청의 장관.

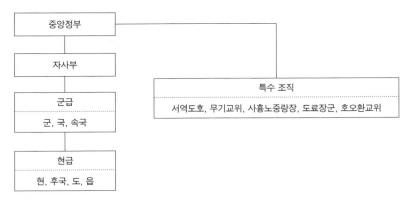

```
┌─────────────┐
│   중앙정부    │────────────────────────────┐
└─────────────┘                             │
       │                                    │
┌─────────────┐                             │
│    자사부     │                             │
└─────────────┘              ┌──────────────────────────────────────────┐
       │                     │               특수 조직                     │
┌─────────────┐              ├──────────────────────────────────────────┤
│     군급      │              │ 서역도호, 무기교위, 사흉노중랑장, 도료장군, 호오환교위 │
├─────────────┤              └──────────────────────────────────────────┘
│  군, 국, 속국   │
└─────────────┘
       │
┌─────────────┐
│     현급      │
├─────────────┤
│  현, 후국, 도, 읍 │
└─────────────┘
```

2-8 후한시대의 행정구역 편제.

정구역이 존재했다. 하지만 후한의 기본적인 지방 행정구역 편제는 '3급제'로, 가장 큰 '자사부'가 있고, 그 아래에 '군급' 행정조직, 다시 그 아래에 '현급' 행정조직이 있었다.

먼저 가장 큰 행정구역인 자사부를 보자. 진나라와 한나라 초기의 지방 행정구역은 군현 2급제였다. 이때는 조정의 승상이 주어진 권한으로 관할 속리인 승상사丞相史를 지방에 파견해 그들에게 군국郡國의 행정과 비리를 조사하는 감찰 업무를 맡겼다. 그러나 점차로 군국의 수가 증가해 100여 개에 이르자 조정이 이를 직접 관할하거나 감찰하는 것이 어려워졌다. 그래서 한무제는 몇 개의 군을 묶어 새로운 감찰 구역을 만들었다. 그리고 자사를 파견해 각 구역의 지방관과 호족을 감찰하게 했다. 이 감찰 구역을 사서에서는 '부部'라고 표기했다. 이 '부'는 삼국지 독자들이 흔히 '주'로 이해하는 행정구역과 같다. 변방에 설치한 '삭방'과 '교지', 경기 지방인 '사예'를 제외한 감찰 구역들은 대개 연주나 청주처럼 '-주'로 끝나는 이름이었고, 이 때문에 흔히 '주州'라고도 부른다. 학자들은 '자사'가 관할하는 구역이라는 의미에서 이 '부'를 '자사부'라고 한다.

따라서 본래 자사는 별다른 실권 없이 지방을 감찰하는 관직에 불과했다. 하지만 후한 중기 이후 감찰 업무에 더해 군대를 지휘하는 권한과 '수재秀才'*, 즉 인재를 조정에 천거하는 권한을 갖게 되었다. 일부 학자들은 자사가 군과 현의 행정에 간여하면서 최고 지방 장관이 되었다고 하지만, 이때까지는 아니었다. 자사의 직급은 육백석六百石으로 이천석二千石의 태수와 상相보다 한참 낮았다(전한과 후한에서는 곡물로 표시되는 관리의 봉록으로 그 높낮음을 구분했다). 또한 후한 말의 관리들을 보면 자사를 역임한 후 태수로 승진하는 예가 많았다. 자사가 태수의 상관이라면 있을 수 없는 일이다.

자사부(주)의 하위 행정구역은 군郡과 국國, 속국屬國 등 '군급' 행정구역이다. 군의 장관은 태수, 차관은 군승郡丞이라고 불렀다. '국'은 제후왕의 식읍인데, 후한시대에는 군보다 규모가 작았다. 황제의 아들과 가까운 친척들이 왕으로 봉해져 해당 지역에 가서 살았다. 그러나 식읍인 국의 행정에는 간여하지 못했고, 중앙정부에서 임명한 상이 도맡아 처리했다. 일례로 유비가 임명된 평원상은 평원왕의 식읍인 평원국의 재상이란 뜻이다. 한편 속국은 중국 영토 안의 이민족이 사는 행정구역으로 속국도위가 이민족을 다스렸다. 상은 태수와 동급(이천석)이었고, 속국도위는 그보다 한 단계 낮았다(비이천석).

마지막으로 현급 행정조직이 있다. '현縣'은 가장 오래된 행정구역 단위이고, 수적으로도 많았다. 춘추시대 중기 이후에 진晉나라와 초楚나라 등이 이미 현을 설치한 기록이 보이지만 직접적인 기원은 전국시대 초기 진秦나라의 상앙商鞅이 개혁의 일환으로 실시한 현의 설치

---

* 후한시대에는 광무제의 이름(유수)을 피휘해 무재茂才라고 했다.

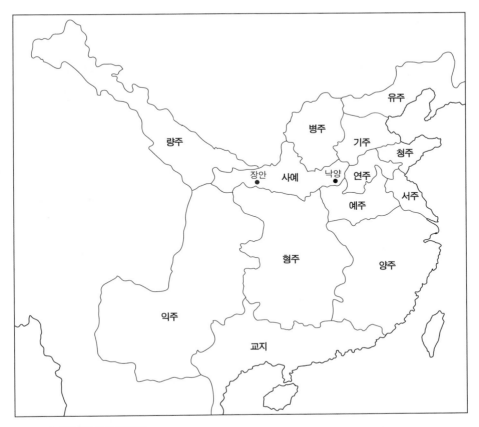

2-9 후한시대의 자사부(주).

이다. 상앙은 진나라 각지의 성읍城邑과 촌락을 31개 현으로 편제했다. 이어 각 현에 지방관을 파견하여 관할구역을 통치하게 함으로써 조정의 명령이 관철되도록 했다. 원칙상 1만 호 이상인 현의 장관은 현령縣令, 1만 호 미만인 현의 장관은 현장縣長이라고 불렀다. 현령과 현장 밑에는 차관인 현승縣丞과 치안과 군무를 담당하는 현위가 있었다. 유비가 황건적을 토벌한 후 처음 얻은 관직이 바로 안희현의 현위였다. 현재 우리나라 특별시나 광역시의 구 혹은 시·군의 경찰서장급이었다.

진나라는 현과 더불어 '도道'라는 행정구역도 만들었다. 도는 현과 동급으로 이민족 거주 지역에 설치한 행정구역이었다. 서북 변경과 파촉, 남군 등 주로 통일 이전의 영토에 설치되었다. '후국侯國'은 '후侯'에 봉해진 사람에게 주어지는 식읍이었다. 현보다는 규모가 작은 후국에 조정은 '상相'을 보내 다스리게 했다. '읍邑'은 '탕목읍湯沐邑'이라고도 하며 황후와 공주에게 주어지는 식읍이었다. 때로 황제의 개인적인 비용을 충당하는 지역도 읍이라고 불렀다. 읍 역시 현보다는 규모가 작았다.

지방 행정구역 가운데 군사력의 중심은 군이었다. 전한시대에는 군마다 군무와 치안을 담당하는 도위都尉가 있었으나 후한 초에 조정은 내군內郡(변방이 아닌 내지의 군들)에서 도위를 없앴다. 또한 태수, 도위 등 지방관들이 군사들의 훈련을 점검하는 도시都試도 없앴다. 이 두 조치로 내지 군국에는 치안 유지와 반란 진압을 위한 군대가 없었다고 보는 것이 통설이다. 그러나 필자의 연구에 따르면 도위와 도시 폐지 이후에도 군병郡兵, 즉 군의 병사들은 있었다. 일단 반란이 터지거나 외적이 침입하면 조정에서 무장, 황제의 측근, 감찰관 등을 파견했는데, 강한 상대인 흉노·오환·선비·강과 싸울 때는 주로 무장이, 내군의 반란 토벌에는 주로 황제의 측근이나 감찰관, 자사가 군대를 지휘했다.

동탁이 정권을 잡았을 때, 원소를 비롯한 여러 지방관이 힘을 모아 반동탁연합군을 결성했으나 동탁의 군대를 이길 수 없었던 이유 중 하나도 바로 직전 시기까지 내지에 잘 훈련된 정규군이 별로 없었기 때문이다. 반면 변방에는 국경 방어를 위해 잘 훈련된 군대가 배치되어 있었고, 동탁은 바로 그러한 군대의 지휘관 출신이었다. 확고한 지역 기반이 없었으나 동탁 다음으로 군사력이 강했던 공손찬도 선비와 오환의 군대를 막기 위해 파견된 변방의 무관이었다.

영제가 유언의 건의가 가져올 정치적 파장을 얼마나 심각하게 고려했는지는 알 수 없다. 하지만 결국 그는 건의를 수용하고 구경九卿과 상서尙書 등 조정 중신들을 새로 '주목'에 임명하여 주요 지방에 파견했다. 이때 태상 유언은 익주목이 되었고, 태복 황완黃琬은 예주목, 종정 유우劉虞는 유주목이 되었다. 그리고 일부 주목과 자사의 직급을 중이천석中二千石으로 올렸다. 이처럼 조정 중신을 임명하고 직급을 중이천석으로 올리니 원래 현령과 동급이었던 자사는 구경, 즉 장관급으로 격상되었다(중이천석은 구경의 등급이었다). 그러나 『후한서』와 『삼국지』를 읽어보면 유언의 건의 이후 모든 주에 주목을 임명한 것은 아니었다. 해당 인물의 중량감과 능력 등에 따라서 장관급인 주목에 임명되기도 했지만 여전히 서열이 낮은 자사에 임명되는 사람들도 있었다.

본래 유언은 '국가와 민족을 위해' 건의를 한 것이 아니었다. 오히려 그 반대다. 그는 내심 가장 남쪽 변방인 교지의 지방관(交趾牧)을 맡아 혼탁한 정국에서 벗어나길 원했다. 그런데 어느 날 광한군 출신의 동부董扶에게서 익주에 천자의 기운이 있다는 말을 듣고 마음을 바꾸었다. 교지목 대신 익주목이 되기로 한 것이다. 이때부터 유언은 천자가 될 야심을 품었다.

유언이 내놓은 방책은 광무제 이래 이어져온 중앙집권체제의 근간을 바꾸자는 이야기와 다름없었다. 자사부는 군현과 달리 여러 군과 국을 묶어 설정한 하나의 감찰 단위에 지나지 않았고, 자사가 군대를 지휘하는 경우가 없진 않았지만 그것은 주로 외침과 반란 등을 막기 위해 일시적으로 부여되는 권한에 불과했다. 그런데 주목(자사)에게

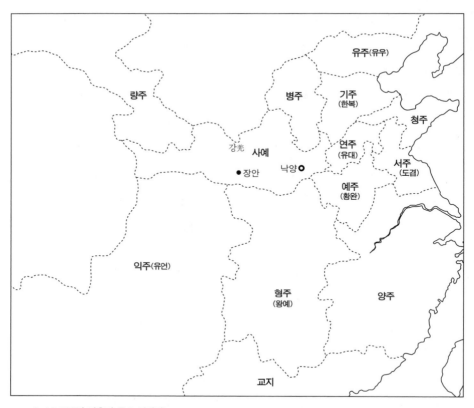

강주

유주(유우)

량주

병주

기주
(한복)

청주

강羌 사예

연주
(유대)

서주
(도겸)

●장안

낙양〇

예주
(황완)

익주(유언)

형주
(왕예)

양주

교지

2-10 188년 전후의 주요 지방관.

행정과 군사 권력을 대폭 이양하는 조치가 취해짐으로써, 주목(자사)
은 감찰관에서 지방 행정장관으로 그 성격이 변했다. 이제 주목(자사)
은 스스로 군대를 거느리고 키울 수 있었으며, 군벌이 될 수도 있었
다. 세력이 약한 인물도 일단 주목(자사)이 되면 손쉽게 군벌로 거듭
날 수 있었다. 원소는 기주목에서 시작해 결국 하북 4주를 지배하는
군벌로 성장하고, 조조도 연주목을 기반으로 황하 이남을 제패한다.
따라서 삼국지 전반부에서 가장 중요한 대목인 조조와 원소의 전쟁도

이러한 역사적 흐름과 매우 밀접한 관계가 있다. 물론 영제가 죽기 전까지는 중앙정부의 힘이 강했기 때문에 반란을 일으키거나 조정의 명령을 거역하는 간 큰 주목이나 자사는 없었다.

대부분의 중국사 책에서는 황건의 봉기가 후한 멸망의 계기가 되었다고 서술한다. 그러나 『후한서』를 꼼꼼히 읽어보면 감찰관에 불과했던 자사 또는 주목에게 행정과 군사의 지휘권을 부여한 유언의 건의, 동탁의 권력 장악과 반동탁파의 중앙정부 이탈이 결정적인 계기였다. 그런데 이 세 사건에 영향을 준 사건은 황건의 봉기 다음해인 185년에 발생한 낙양궁 화재와 이를 빌미로 백성들을 쥐어짠 영제의 폭정이었다.

### 영제는 제2의 호해인가? 후한 멸망은 영제 때문?

개설서나 통사를 보면 후한 말의 멸망 원인을 외척과 환관의 부패와 폭정, 특히 환제와 영제 시기의 말세 현상으로 돌린다. 이는 현재의 학자들뿐 아니라 당시 사람들도 그렇게 생각했다. 헌제 초기인 190년 신하들은 화제·안제·순제·환제가 공덕功德이 없기 때문에 사후 명명하는 묘호를 없애자고 주청해 헌제의 허락을 얻었다. 묘호는 태조나 세종처럼, 즉 '~조', '~종'처럼 황제나 왕(고려, 조선의 경우)에게 붙이는 호칭이다. 효무황제, 장헌대왕처럼 '~(황)제', '~(대)왕'으로 끝나는 시호와 함께 황제나 왕의 호칭으로 사용된다. 『후한기』를 보면 화제는 목종穆宗, 안제는 공종恭宗, 순제는 효종孝宗, 환제는 위종威宗이라는 묘호가 바쳐졌다. 다만 10살 이전에 죽은 상제·소제·충제·질제는 묘호를 받지 못했다.

화제부터 환제까지는 외척과 환관의 농간이 있던 시기이다. 화제·안제·순제·환제의 묘호를 박탈하자는 주장은 이 4명이 공이나 덕을 쌓지 못한 무능한 황제라고 낙인을 찍는 행위였다. 죽은 지 얼마 되지 않은 영제 역시 묘호를 받지 못한 상황이었던 점을 고려하면 신하들은 화제부터 헌제의 아버지인 영제 시기까지 난세 혹은 말세라고 낙인찍은 것이다. 힘이 없는 헌제는 가까운 조상과 아버지가 도매금으로 무능한 황제로 매도되는 걸 지켜봐야 했다. 삼국시대 촉나라의 승상 제갈량도 북벌을 허락받기 위해 쓴 출사표에서 나라를 말아먹었다는 투로 환제와 영제를 비난했다. 사실 필자도 그런 줄 알았다. 환관과 외척이 정치를 망친 것은 부인할 수 없는 사실이기 때문이다. 그러나 『후한서』 전체를 읽으면서 생각이 바뀌었다. 이미 4대 화제 시기부터 가뭄, 홍수, 지진, 메뚜기떼의 확산 등 다양한 자연재해가 일어났고, 강의 침입을 막기 위해 막대한 군사비를 지출했다. 따라서 재정 악화는 만성화되었고, 환제와 영제 시기에 심각한 자연재해와 낙양궁 화재가 터졌을 때는 워낙 재정 상태가 좋지 않아 사태가 더욱 악화될 수밖에 없었다. 환제와 영제 두 사람만의 책임으로 돌릴 수 없는 일인 것이다.

환제 시기에 외척 양기가 날뛰며 정치를 어지럽혔고 매관매직이 횡행했으며, 양기를 타도한 이후에는 환관들이 그에 못지않게 부패와 착취를 일삼았음은 부인할 수 없다. 그런데 환제 시기에 가뭄, 홍수, 메뚜기떼의 피해, 지진 등 다양한 자연재해가 발생했다. 중국은 땅이 넓으니 매년 자연재해가 일어나기 때문에 새삼스러운 일은 아니다. 그리고 자연재해는 천재天災이기도 하지만 인재人災이기도 하다. 시대를 막론하고 중국사 연구자들은 자연재해가 관리들의 부패와 농간, 무능 때문에 발생했다고 지적한다. 뿐만 아니라 자신들의 인사고과 때문에 상관이나 중앙정부에 자연재해로 인한 피해(흉년) 등을 숨기기까지 하는 예가 다반사다.

하지만 『후한서/환제기』의 자연재해 기록은 단순히 지방 관리들이 치수 사업을 못해서 일어났다고 보기 어려울 정도로 처참하다. 155년에는 수도 낙양이 있는 사예와 기주에서 흉년으로 기근이 발생해 "사람들이 사람 고기를 먹었다(人相食)"고 기록할 정도였다. 조정에서 지방에 가난한 노약자들에게 물자를 나눠주도록 명령했고, 지배층에게 대규모로 저장한 곡식의 10분의 1을 백성들에게 대여하도록 했다. 사유재산을 국가가 빌리는 형식이므로 관리들과 백성들이 바친 곡식은 동전 가격으로 환산해서 보상해주고 제후왕과 열후들은 다음 해 재정수입으로 보상할 것을 약속했다. 후한시대에 자연재해에 대비해 저축한 물자의 양이 적었는지 아니면 피해가 너무 컸기 때문인지는 알 수 없지만 국가가 민간에 도움을 요청할 정도였다.

162년 8월에는 무능력한 호분·우림의 봉록을 절반으로 깎고 겨울옷을 주지 않았다. 또 일반 관리들에게는 겨울옷을 절반만 지급했다.『동관한기』에 따르면, 이때 낙양과 인근 지역의 홍수와 가뭄, 역병이 심해 국고가 고갈되어 황제를 호위하는 친위병인 우림·호분의 봉록을 삭감하고 겨울옷을 지급하지 못했던 것이다. 같은 해 10월에는 무릉군의 만蠻이라는 이민족이 남군을 공격하자 이를 토벌하는 비용을 관리들의 봉록과 제후왕·열후의 수입을 빌려 충당했다. 황제의 사금고에서 보상하는 대가로 말이다. 재정 악화는 그 정도로 심각했다. 165년에는 재해가 발생하거나 도적이 들끓는 군에 전조를 거두지 않고 나머지 군에는 절반만 징수하도록 하는 명령을 내렸다. 백성들은 일종의 소득세인 전조를 납부하지 않으니 좋았지만 그만큼 재정수입은 줄어들었다.

자연재해뿐 아니라 낙양과 장안 주변에서는 화재도 자주 일어났다. 161년부터 낙양의 궁전과 무고, 관청, 황제릉 등의 화재가 17회 발생했고, 궁전과 부속 시설의 화재는 8회에 달했다. 전근대 중국에서는 궁전을 주로 나무로 만들었으므로 화재가 발생하면 그 피해는 커질 수밖에 없었다. 그러나 161년부터 환제가 죽은 167년까지 낙양의 궁전에서만 8회의 화재가 발생했다는 것은 좀 이상하다. 이는 사람의 실수나 부주의 탓도 있지만 화재를 진압하는데 사용된 물이 적었기 때문에 「환제기」에 기록될 만큼 큰 화재로 번졌을 것이다. 그리고 물 부족은 잦은 가뭄 때문이었을 것이다. 161년 대신들의 봉록과 제후왕과 열후들의 수입 절반을 빌렸으며 관내후·호분·우림·제기영사·오대부 등의 관직을 돈 받고 팔았는데, 그 이유를 설명하지 않았지만, 그해 발생한 사건 기록을 보면 불탄 궁전과 무고, 관청을 재건하는 데 사용하기 위한 조치였다. 165년에도 남궁 장추화환전 등이 불탔는데 8월에 농토 1무畝당 10전을 징수했다. 이 역시 궁전 개축 비용 때문이었다.

여기에 각지에서 반란이 일어났다. 특히 태산군과 낭야군의 도적들은 진압되었다고 안심한 순간 다시 반란을 일으켰다. 이 때문에 광무제가 30년에 내군에서 폐지한 도위를 태산·낭야 2군에 다시 설치했다. 낭야도위와 태산도위는 각각 162년과 165년 다시 폐지되었다. 이는 낭야국의 도적을 평정하는데 7~8년, 태산군의 도적을 평정하는 데 10~11년 걸렸음을 뜻한다. 여기에 '만'이라는 이민족이 장강 일대의 형주 지역에서 자주 반란을 일으키고, 오환과 선비가 북쪽 변경을 침입했다.

여러분이 환제라면 어떤 생각이 들겠는가? 정치를 잘하고 싶은데 자연재해와 화재, 반란, 이민족의 침입이 끊이지 않았다. 이를 해결하는 데 돈(물자)이 필요했다. 특히 황제가 사는 궁전에 화재가 발생하면 무엇보다 재빨리 궁전을 복구해야 했다. 골치 아픈 일만 계속 일어났다. 아마도 환제는 종교에 기대고 싶었던 것 같다. 관리들을 노자의 사당에 제사 지내러 파견하는 기록이 자주 보이기 때문이다. 『후한서/환제기/논왈論曰』은 환제가 별궁을 화려하게 장식하고 불교와 노자에 제사 지내기 위해 금으로 만든 그릇과 천악天樂을 연주하는 도구를 동원했다고 비난한다. 국가에서 무시하는 이단 종교인 불교와 노자 사당(훗날 도교)에 제사 지내는 것도 달갑지 않은데 국가 의례에 사용하는 기물을 동원했으니, 사관들은 마음껏 환제를 비난했다. 그러나 절망적인 상황에 빠진 환제의 입장에서 생각하면 종교나 미신에 의지해서라도 나라를 바로잡고 싶은 생각이 들 것이다. 물에 빠진 사람 지푸라기 잡는 심정으로.

영제는 재정이 바닥난 환제의 유산을 이어받아 즉위했다. 그러나 정치적인 여건은 좋았다. 외척인 두무竇武는 당고의 화를 당한 3대 인물 중 한 사람으로, 손꼽힐 정도로 '착하고' 반환관파 관리 및 지식인들에게 호의적이었다. 두무는 1차 당고의 화 때 피해를 입은 사람들을 사면하고 다시 관리로 등용하는 등 선정을 폈다. 그러나 환관 조절曹節 등은 168년 진번陳蕃과 두무 등을 제거하고 황태후 두씨를 남궁으로 내쫓은 다음 권력을 독점했다. 기세 싸움에서 이긴 환관들은 다음 해 2차 당고의 화를 일으켜 남아 있는 반환관파 관리들을 내쫓고 100여 명을 죽였으며, 가족들까지 금고형, 즉 관리 임용 금지의 형벌을 내리고 지방의 호걸과 유학자들까지도 당인으로 몰아 처벌했다. 영제를 위해 변명하자면, 13살에 즉위해 14~15살 때 발생한 정변을 직접 주도하지 않았고, 환관들이 제멋대로 저지른 일이었다고 할 수 있다.

이후 외척 하진이 대장군에 임명되었지만 외척의 전횡과 부패는 없었다. 영제는 화제 이후 외척의 화가 없었던 첫 황제였다. 그리고 다행스럽게도 지방에서 반란이 일어나고 선비가 변경을 약탈했지만 즉위했던 167년부터 173년까지 환제 시대 같은 대규모 자연재해는 없었다. 그러나 174년부터 홍수, 가뭄, 전염병 등 자연재해와 화재 기사가 빈번히 보이기 시작한다. 이를 수습하기 위해 여러 가지 방법을 동원해야 했다. 175년 7개 군국에서 홍수 피해를 입었으며 홍농·삼보 등 낙양 서쪽의 4군에서 해충의 피해가 있었다. 조정에서는 재해가 발생한 군국에 전조의 절반만 징수하도록 했으며, 피해가 40% 이상이면 아예 면제했다. 10월에는 재판이 끝나지 않은 경우 비단을 납부하면 죄를 면해주는 조치를 취했다. 이는 부족해진 전조 수입을 충당하기 위한 것으로 추정된다.

이처럼 영제도 구멍 난 재정수입을 메우기 위해 다양한 방법을 강구했다. 비단을 납부하면 형벌을 면해주는 조치는 175년 처음 시도되어 영제 재위 시기에 7회나 실행되었다. 이를 통해 재판 중인 죄인들은 판사에 해당하는 지방관이나 중앙의 정위 등에게 뇌물을 바치는 대신 당시 화폐처럼 사용되던 비단을 국가에 내고 석방되었다. 나쁘게 말하면 악행을 저질러도 돈이나 재물만 바치면 무죄 석방된다는 국가의 '보증'이었다. 더 나쁘게 말하면, 실적을 채워야 하는 중앙과 지방의 관리들이 죄 없는 백성들, 특히 부자들을 죄인으로 몰아 재물을 갈취할 수 있는 길을 열어준 것이었다. 영제는 한술 더 떠 178년 서저西邸에서 공개적으로 매관매직했다. 관리가 되려면, 이천석의 관직은 2,000만 전, 사백석의 관직은 400만 전, 삼공은 1,000만 전, 구경은 500만 전을 바치도록 공개적으로 규정했다. 중국보다 세금 징수 체계와 관료제가 확립되지 못했던 고대 로마나 중세 여러 나라에서 관직을 팔거나 세금 청부업자들에게 미리 어떤 지역의 세금을 받은 후 그들에게 세금 징수 권한을 주기도 했지만 중국에서 국가가 공식적으로 매관매직을 시도한 적은 드물었다. 필자는 처음 이 기사를 접했을 때는 영제와 환관들의 탐욕 때문이라고 생각했다. 그러나 『후한서/영제기』를 보고 나니 반드시 사욕 때문에 발생한 일은 아니라는 생각이 들었다.

그러나 의도야 어떻든, 국가가 고위직부터 하위직까지 벼슬을 팔게 되면 부작용이 발생하기 마련이다. 삼공은 연봉의 42배, 태수와 상은 48배, 현령과 현장은 67배에 해당하는 돈이나 재물을 주고 벼슬을 샀다. 최소 1년 봉록의 40배 이상을 바치고 벼슬을 얻으니 본전 생각이 날 수밖에 없는 구조였다. 그러니 태수가 되면 2,000만 전의 본전에 이자까지 뽑으려면 백성들을 쥐어짤 수밖에 없었다. 본의 아닌 탐관오리와 가렴주구가 전국에 퍼질 수밖에 없었다. 이 조치를 취하고 6년 뒤인 184년에 황건의 난이 일어난 것은 우연이 아니다.

황건의 난은 이러한 국가의 공식적이고 무자비한 착취와 자연재해, 전염병 등으로 신음하던 일부 백성이 태평도라는 도교 교단에 결집하여 일으킨 반란이었다. 영제는 1년도 안 되어 황건적의 수뇌부를 제거하고 황건의 난을 진압했다. 그는 일단 반란의 원인을 파악하고 자신의 잘못을 고쳐야 했지만 그러지 않았다. 아니 할 수 없었다. 황건적의 반란을 평정하고 한숨을 돌리려던 순간 나라 재정을 파탄으로 이끄는 사건이 발생한 것이다. 바로 궁전의 화재다.

185년(중평中平 2년) 남궁에 화재가 발생했다. 당시 낙양에는 북궁과 남궁 두 개의 궁전이 있었다. 궁전이 두 개니 하나가 불타도 남은 하나로 버틸 만도 했지만 영제는 궁전 재건을 선택했다. 그러고는 농토 1무당 10전의 세금을 더 부과해 궁전 개축 자금으로 사용하려고 했다. 당시에는 농민 한 가구(호)가 100무의 토지를 경작하는 것이 이상적이고 평균적인 상황이었는데, 그렇다면 농민 한 가구당 1,000전의 세금을 더 내야 했다. 당시 1석의 곡물을 100전이라고 하면, 백성들은 곡식 10석을 세금으로 더 부담해야 했던 것이다. 영제 시기 전국의 농토 면적은 알 수 없지만 응소應劭의 『한관의漢官儀』에 따르면, 가장 가까운 본초本初 원년元年(146년)에 경작 중인 농토는 6,930,123경 38무였다. 1경頃이 100무이므로 693,012,338무, 1무마다 10전을 징수했으니 6,930,123,380전이다. 당시 중앙정부 1년 수입이 70억 5,126만 전이었으므로 6,930,123,380전은 당시 중앙정부의 1년 수입(혹은 지출)에 해당하는 돈이었다. 다만 『한관의』에 인용된 호구와 경작 중인 농토는 후한 중기와 말기로 갈수록 감소하는 추세였으므로 중평 2년에 거둔 세금은 6,930,123,380전보다는 적었을 것이다.

이렇게 거둔 세금을 건축 자재의 구매와 운반을 책임지던 환관들이 착복하여 궁전 재건의 재원이 부족하자 영제는 다른 방법을 강구했다. 이미 이전에 써먹은 매관매직이다. 185년에도 군태수에 임명되려면 2,000만 혹은 3,000만 전을 바쳐야 했던 것으로 보아 178년의 벼슬 가격을 기준으로 삼았던 것 같다. 한편 태수나 상에 임명되고도 이 돈을 내지 못해 자살하는 사람이 생겼고, 돈을 낼 수 없는 사람이 벼슬살이하지 않게 해달라고 애걸할 정도로 문제가 심각했다. 정가보다 싸게 벼슬을 산 사람도 있었다. 정위廷尉 최열崔烈은

185년 500만 전을 바치고 사도司徒 관직을 샀다. 정가의 절반만 내고 폼나는 삼공의 관직을 얻은 것이다. 그는 2년 후 태위로 승진했는데, 이때도 거액을 주고 벼슬을 샀을 것이다. 187년 태위에 임명된 조조의 아버지 조숭은 1억 전을 주고 태위 벼슬을 샀다. 정가인 1,000만 전의 10배 가격이다. 『속한지』에 따르면, 그는 이전의 벼슬인 대사농과 대홍려(모두 구경의 하나이며, 지금의 장관에 해당한다)도 재물을 바치고 샀다. 그런데 태위, 사도, 대사농 같은 조정의 고관보다 지방 장관인 태수와 상이 되기 위해 더 많은 2,000만 혹은 3,000만 전을 바쳐야 했던 이유는 무엇일까. 지방관들은 백성들로부터 직접 세금을 거두기 때문에 횡령하기 쉽기 때문이다. 만약 2,000만 전을 주고 태수로 부임한 사람이 있다면 그는 1년 연봉의 48배가 되는 본전을 만회하기 위해 최소 2,000만 전을 백성들로부터 더 거둬들여야 했다. 정규적인 세금 외에 말이다. 게다가 승진이나 다른 관직으로 옮기기 위해서는 돈이 더 필요했으니 백성들을 더 쥐어짜야 했다. 양심적인 지방관이라면 본전만 거뒀겠지만 욕심 많은 관리라면 더 거두어 착복할 것이 자명했다. 이런 부패 구조를 황제가 조장한 것이다!

백성들은 이중의 고통을 감내해야 했다. 법률에 규정된 세금 외에 궁전을 짓느라 1무당 10전, 1경을 경작할 경우 1,000전의 세금을 추가로 내야 했고, 본전을 뽑으려는 태수와 현령, 현장들에게 별도의 세금을 바쳐야 했다. 그러니 더욱 가난해지고 고단한 삶을 살 수밖에 없었다. 궁전이 불타고 1무당 10전의 세금을 부과하자마자 흑산적의 반란이 일어났다. 187년에는 낙양 동쪽 형양현의 도적이 중모현령을 죽이고 반란을 일으켰다. 188년에는 여남군의 갈피 황건이 반란을 일으켰고, 이후 익주·청주·서주 등지에서도 황건적이 다시 반란을 일으켰다. 익주 황건적은 곧바로 진압되었지만 청주와 서주 황건적은 영제가 죽은 뒤에도 기승을 부렸다. 황건적들이 다시 반란을 일으킨 이유도 영제가 부과한 1무당 10전의 세금과 공식적인 매관매직으로 인한 관리들의 가렴주구 때문일 것이다. 이러한 가렴주구가 없었다면 백성들이 황건 잔당들에게 가담할 이유가 없기 때문이다. 여러 지역에서 일어난 황건 잔당들의 반란은 이미 변경에서 발생한 강과 한수·마등 등의 반란과 함께 후한을 더욱 파국으로 몰고 갔다.

필자는 영제를 탐관오리의 수괴나 가렴주구의 주모자로 매도할 생각은 없

다. 영제를 위해 변호하자면, 운이 나빴다. 하필이면 왜 막대한 전비가 소모
된 황건의 난을 평정한 후 수리비가 많이 드는 궁전의 화재가 일어났을까?
홍선대원군의 '개혁 정책'이 재건 중이던 경복궁의 화재 때문에 실패하기 시
작했던 예가 떠오른다. 영제가 백성들로부터 거둔 1무당 10전의 세금과 매관
매직으로 거둬들인 수입으로 궁전 증축에 성공했는지는 기록이 없어 알 수
없다. 문제의 심각성은, 궁전을 재건하기 위해 기존의 재정수입이 아닌 별도
의 세금을 징수해야 할 정도로 재정 상태가 악화되었다는 것이다. 황건의 난
을 진압하는 데 추가 비용이 지출된 데다 궁전 재건에도 지출해야 했으니 국
가 재정이 파탄 날 수밖에 없었다. 게다가 더 많은 세금을 견디지 못한 백성
들이 고향을 떠나거나 반란에 동참하니 반란이 끊이지 않았다. 이에 반란을
토벌하기 위한 군사비 지출은 더욱 늘어날 수밖에 없었다. 악순환의 연속이
었다. 그리고 불운하게도 그 출발점은 낙양궁의 화재였다. 사실 황건의 난보
다 그 이후 발생한 재정지출의 급증과 이를 해결하기 위한 착취가 후한을 붕
괴의 절벽으로 밀어넣었다.

　　과정이나 동기와 상관없이 영제는 결과적으로 포악하고 무능한 황제였다.
필자가 아무리 영제의 입장에서 변호하고 싶어도 『후한서』의 편찬자인 범엽
은 준엄한 심판을 내렸다.

　　『사기/진본기』에서는 조고趙高가 이세황제(호해)를 속여 사슴을 가리키며
　　말이라고 했다(지록위마). 조충趙忠과 장양張讓도 영제를 속여 영안永安이
　　라는 후대候臺에 올라 낙양 시내를 보지 못하게 했기 때문에 환관들의 폐
　　단을 알지 못하고 이세황제와 같은 상황에 처했다.

　　말로만 듣던 사자성어 '지록위마'를 사료에서 볼 줄 몰랐다. 위의 인용문
은 영제가 높은 곳에 오를 경우 궁전에 맞먹을 정도로 크게 지은 환관들의
집을 발견해서 그들의 비리와 부정 축재가 발각될 것을 두려워한 환관들이
조충을 시켜 후대에 오르지 못하게 한 일화를 말하는 것이다. 영제가 환관이
라는 인의 장막에 가로막혀 세상 물정을 제대로 파악하지 못하고 호해처럼
환관들에게 놀아나다가 나라를 망쳤음을 신랄하게 비난한 것이다. 이세황제
호해는 환관 조고에게 놀아나다가 그에게 암살되었지만 영제는 살 만큼 살

다 제 명에 죽었다는 점에서 위안을 얻어야 할까?

범엽은 영제가 호해처럼 무능한 바보일 뿐만 아니라 기행을 일삼았음을 밝히는 일화를 첨가했다. 181년 영제는 후궁들 앞에 가게를 늘어놓고 후궁들에게 사고파는 놀이를 시키고, 심지어 서로 물건을 훔쳐 다투게 했다. 그는 상인 복장을 하고 옷값을 지불했으며 술 마시는 것을 낙으로 삼았다. 서원의 개에게 문관이 쓰는 관(모자)과 허리띠를 착용시켰을 뿐만 아니라 야인, 즉 시골의 촌사람들이 타고 다니는 4마리 노새로 모는 수레를 직접 타고 다녔고, 낙양 사람들은 이를 모방했다고 한다. 범엽은 지체 높은 황제가 평민 코스프레를 했다고 지탄한 것이다. 『속한서/오행지』*에는 영제가 서역, 즉 중앙아시아의 문화를 좋아했던 일화가 서술되어 있다.

영제는 호복胡服, 호장胡帳, 호좌胡坐, 호반胡飯, 호공후胡箜篌, 호적胡笛, 호무胡舞를 좋아했다. 수도의 그의 인척들은 모두 다투어 영제처럼 서역 문물을 좋아했다.

이는 후한시대 서역 문화가 중국의 지배층 사이에 퍼졌음을 알려주는 구절로 중국과 중앙아시아의 교류를 다루는 개설서에 자주 등장한다. 그런데 이 구절 다음에 "이는 복요服妖이다. 그 후 동탁이 호병胡兵을 많이 데리고 있었고, 낙양의 거리를 가득 메웠으며, 궁전을 노략질하고 황제와 황실 일족의 무덤을 파헤쳤다"는 문장이 있다(앞에서 언급한 영제의 기행, 즉 궁녀들에게 상거래를 하게 하거나 개에게 문관의 옷을 입히거나 평민이 타는 수레를 타는 일화도 『속한서/오행지』에 기록되었다). '복요'는 기이한 복장이란 뜻이며, 당시 사람들은 정상적인 복장이 아닌 이상한 옷과 신발을 착용하면 나쁜 일이 생긴다고 믿었다. 영제 생전에 발생한 황건의 난이나 사후 군웅할거로 중국이 분열된 이유가 모두 영제의 '기행' 때문이라는 것이다.

---

* 범엽이 편찬한 『후한서』는 황제의 기록을 다룬 본기와 여러 사람들의 일대기를 다룬 열전만으로 구성되었고, 분야사에 해당하는 지志가 없다. 송나라 때 서진의 사마표가 지은 『속한서』 가운데 지 8권을 『후한서』에 붙여 한 책처럼 묶었는데, 이후 『후한서』에 지가 있는 것처럼 인식되었다. 그러나 학자들은 『후한서』의 지를 인용할 때 '후한서'가 아닌 원래 책 이름인 『속한서』라고 표기한다.

영제의 '기행'을 긍정적으로 해석하면, 그는 백성들의 삶에 관심이 많았고, 직접 체험해보는 것을 좋아했다고도 할 수 있다. 즉 호기심이 많은 황제였던 것이다. 사관들은 황제들의 기행을 모두 사서에 적는 것이 아니라 일부 황제의 기행만 기록했다. 기자나 검사처럼 들춰내는 것보다 덮는 것이 더 큰 권력이었고, 대부분 황제들의 기행은 덮었다. 북주 무제武帝는 북제를 정복한 후 북제의 마지막 임금 고위의 기행과 북제가 망한 이유를 알려주면 벼슬을 주고 현상금을 준다고 선언했다. 당태종도 수양제의 만행을 알려주면 벼슬이나 재물을 준다고 했다. 주로 망국의 군주들이 패륜으로 기록된 이유다. 따라서 필자는 영제의 기행을 액면 그대로 믿지 않는다. 그러나 『후한서』를 편찬한 범엽은 영제 때문에 후한이 망했다고 생각하여 영제의 기행을 노골적으로 그의 본기에 삽입했다. 영제를 매도하고 저주한 것이다. 게다가 영제와 이세황제 호해를 동급으로 취급했다. "진나라를 망하게 할 자는 호이다(亡秦者胡也)"라 했으니('호胡'는 호해), 한나라를 망하게 한 이는 영제라는 뜻일까?

# 3장

# 동탁,
# 천하를 찢어놓다

189년    영제가 사망하고, 외척 하진이 13대 소제를 옹립하다.
        환관들이 하진을 암살하고, 원소 등이 환관들을 도륙하다.
        동탁, 소제를 폐위하고 14대 헌제를 옹립하다.
        여포, 정원을 암살하고 동탁에게 항복하다.
190년    정월 원소, 한복, 교모 등 지방관들이 동탁에 대항하여 군대를 일으키
        다.
        2월 동탁, 장안으로 천도하다.
        4월 반동탁연합군, 진류군에 집결하다.
191년    손견, 낙양에 입성하다.
        원소, 기주목 한복을 내쫓고 기주를 점령하다.
192년    4월 동탁, 여포에게 암살되다.
        이각과 곽사, 장안을 점령하다. 왕윤 등이 피살되다.
        장로, 한중군에 오두미도의 종교 왕국을 건설하다.

황건의 난은 후한 조정이 빠르게 지휘부를 제거함으로써 1년 만에 진압되었다. 황실은 아직 건재했다. 따라서 황건의 난이 후한 붕괴의 도화선이 되었다고 보기는 어렵다. 오히려 낙양궁의 화재와 복구 비용 수탈로 인한 민심 이반이 후한을 붕괴로 몰아넣었다. 외형상으로는 영제가 유언의 제안을 수용하여 주목과 자사의 권한을 확대한 조치와 이민족들의 침입이 후한 붕괴에 더 큰 영향을 주었다고도 할 수 있다. 하지만 그보다도 중요한 것은 환관과 외척 하진의 권력투쟁, 그리고 동탁의 어부지리 권력 장악, 뒤이은 반동탁연합군의 결성이라는 사건이다.

## 환관과 하진 일당의 살육전 _____

영제는 슬하에 두 아들을 두었다. 하황후가 낳은 첫째아들 유변劉辯과 왕미인이 낳은 둘째아들 유협劉協이다. 영제는 내심 가볍고 위엄이 없는 유변을 탐탁지 않게 생각하여 유협을 태자로 책봉하려고 했다. 하지만 황후가 낳은 아들을 후계자로 삼지 않을 명분이 없었다. 영제는 결국 태자를 정하지 못하고 189년에 세상을 떠나고 말았다. 죽음을 앞둔 영제는 총애하는 환관 건석蹇碩을 불러 후사를 부탁했다. 유협을 황제로 옹립하라는 것이었다.

살아생전에 영제도 섣불리 행동에 옮기지 못한 일을 환관들이라고 쉽게 해낼 리 없었다. 게다가 하황후 곁에는 오빠인 대장군 하진이 있었다. 낙양의 군대를 장악한 그가 조카 유변이 아닌 유협이 황제 자리에 오르는 것을 가만히 두고 볼 리 없었다. 이는 곧 유협을 옹립하기 위해선 먼저 하진을 제거해야 한다는 뜻이었다. 환관 건석은 하진을 궁전으로 불러들여 암살하려고 시도했다. 하지만 도리어 반격을 받고 속절없이 죽고 말았다.

결국 유변이 14세의 나이로 황제가 되었다. 그러나 권력투쟁은 건석이 죽고 유변이 황제가 되었다고 해서 끝난 것이 아니었다. 진류왕 유협의 어머니 왕씨는 영제의 황후 하씨의 질투로 이미 훨씬 전에 암살되었다. 그 때문에 유협은 영제의 어머니 동태후가 길렀다. 이는 단순히 유변과 유협 형제 중 누가 황제가 되느냐의 문제가 아니라는 의미였고, 유변의 생모인 하씨와 유협의 후견인인 동태후의 권력 다툼으로까지 이어졌다. 권력투쟁에 고부간의 갈등까지 겹치니 막장 드라마가 펼쳐졌다.

동태후는 유협을 황제로 내세우려다 하진의 선수에 밀려 실패했다. 하진에게 위협을 느낀 환관들 일부가 동태후 편에 섰다. 하태후의 오빠 하진은 대장군으로 병권과 행정권을 장악했지만, 동태후의 오빠 동중董重도 거기장군車騎將軍이었기 때문에 하진만큼은 아니지만 동원할 수 있는 병력이 있었다. 그러나 동태후가 말 한마디 잘못하는 바람에 동중은 저승으로 가게 되었다. 동태후는 하태후에게 "내 거기장 군(동중)에게 명령을 내려 하진의 목을 베게 하겠소. 그 일은 손바닥 뒤집는 것보다 쉬울 것이오"라고 말했다. 홧김에 한 말이겠지만, 하태 후는 이를 하진에게 알렸다. 하진은 바로 군대를 동원해 동중을 자살 하게 하고 동태후를 유폐했다. 일설에는 하진이 동태후도 독살했다고 한다.

외척 하씨(영제의 황후)와 외척 동씨(영제의 생모)의 권력투쟁이 끝 나자 조정의 정치판은 당연하게도 환관들과 외척 하진의 대결 구도가 되었다. 환관들이 하진을 제거할 생각을 품었다는 것을 안 이상, 건석 을 제거했어도 하진도 결코 안심할 수 없는 노릇이었다. 원소를 비롯 한 여러 부하들은 하진에게 조정을 어지럽히는 암적 존재인 환관들을 제거해야 한다고 조언했다. 하진은 부하들의 조언에 따르기로 마음먹 었다.

환관들은 장양張讓과 단규段珪를 중심으로 똘똘 뭉쳐 있었다. 다행 히도 그들에게는 매우 든든한 후원자가 있었으니, 아이러니하게도 하 태후였다. 하진은 거사에 앞서 여동생 하태후를 만나 환관을 제거해 야 한다고 주장했다. 하지만 그 말을 들은 하태후는 선뜻 대답하지 못 하고 주저했다. 그녀는 하진과 입장이 달랐다. 후한의 황제들은 대개 젊어서 죽었고, 그 때문에 외척들이 정권을 잡았다. 그러면 태후가 수 렴청정을 하는데, 일부 태후들은 자신이 직접 권력을 쥐고 휘두르기 위해 외척들을 권력의 중심에서 떼어놓았다.

하태후는 오빠에게 권력을 넘기기보다 자기가 권력을 행사하고 싶 었다. 이 경우 태후에게는 수렴청정을 도와줄, 외척 이외의 누군가가 필요했다. 그리고 그 누군가는 궁중을 드나들 수 있는 남자 아닌 남 자, 바로 환관이었다. 만약 그들이 사라진다면 그녀는 누구에게 의존해야 하는가? 권력을 행사하려는 하태후는 환관이 필요했다. 반면 하진은 환관을 죽여야 자신의 권력을 강화할 수 있었다. 한마디로 하씨 남매의 정치적 이해관계는 달랐던 것이다. 결국 하태후는 하진의 환관 제거 계획을 거부했다. 게다가 하태후의 어머니와 동생 하묘도 환관으로부터 뇌물을 받은 터라 하태후 편을 들었다. 환관 문제에 관한 한 하진은 하씨 일족들로부터 소외되었다.

하진은 일단 부하들과 함께 제 스스로 일을 꾸며나갔다. 그는 동탁과 정원丁原 등 변방의 유력 무장들을 낙양으로 소집했다. 또 심복 부하들을 지방으로 보내 병사들을 모아오라고 지시했다. 동군태수 교모橋瑁에게는 군대를 이끌고 낙양 발치의 성고成皐에서 대기하라고 명령했다. 이 모든 조치는 하태후를 압박하기 위한 포석이기도 했다. 이때 조조는 "환관은 옛날부터 있었던 제도이다. 그들에게 권력을 주지 않으면 그것으로 족하다. 환관들의 원흉을 주살하는 일은 일개 옥리로서도 충분한 일이거늘 무엇 때문에 여기저기에서 군사들을 모은단 말인가?"라며 냉소적으로 말하고 하진의 실패를 예언했다고 한다. 그의 말대로 된 것으로 보아 이는 조조를 미화하기 위해 만들어낸 이야기일지도 모른다.

한편 장양과 단규 등 환관들은 하진이 자신들을 제거하려고 군대를 동원하고 있다는 사실을 파악했다. 가만히 있다가는 목숨이 남아나지 않을 게 분명했다. 결국 환관들이 선수를 쳤다. 189년 8월, 장양은 궁궐에 미리 병사들을 배치해두었다가 하진이 입궐하는 틈을 노려 그를 살해했다.

보통은 여기서 모든 것이 끝난다. 신하들은 궁궐 안에 들어갈 때 무기를 소지할 수 없기 때문에 비무장상태인 신하들을 죽이는 정변은 궁궐 안에서 일어났다. 예컨대 이세민이 자신의 형인 황태자 건성과 동생 원길을 죽였던 당나라 '현무문의 난' 때도 그랬다. 자신의 주인인 이건성과 이원길이 죽었다는 사실을 안 부하들이 이세민의 군사들과 싸웠지만, 싸움을 그치라는 당고조 이연의 명령에 따라 무기를 버렸다. 그런데 예상 밖의 사태가 뒤따랐다. 원소를 비롯한 하진의 부하들이 상관의 암살 소식에 광분하여 그 길로 궁궐 안으로 난입한 것이다. 그들은 원소의 주도 아래 사방에 불을 지르고 닥치는 대로 환관들을 베어 죽였다. 순식간에 2,000명에 달하는 환관들이 죽임을 당했다.

일대 혼란이 펼쳐지는 와중에, 장양과 단규는 소제와 진류왕 유협을 데리고 낙양성 북문을 통해 밖으로 빠져나갔다. 그리고 무작정 소평진까지 도망갔다. 소평진은 낙양에서 황하를 건너 북쪽으로 가려면 거쳐야 하는 주요 나루터 중 하나였다. 황제와 도망자들 앞에는 황하가 도도히 흐르고 있었다. 그들 뒤로는 상서 노식과 하남윤의 중부연* 민공이 추격해오고 있었다. 결국 장양과 단규는 갈 곳이 없음을 깨닫고 도주를 포기했다. 두 사람은 소제에게 작별을 고한 뒤 스스로 황하에 몸을 던졌다.

곧 소제 형제 앞에 노식과 민공이 나타났다. 황제는 그들의 호위 아래 발길을 돌려 다시 낙양으로 향했다. 그런데 불안한 마음으로 발길을 옮기는 그들 앞에 누군가 나타났으니, 바로 동탁이었다.

## 무능한 동탁의 부상 _____

동탁의 본적인 농서군隴西郡은 본래 강인 등 이민족이 사는 곳이다. 그런 이유로 동탁은 한족이 아닌 강족 출신이라는 의심을 받곤 한다.

---

* 하남윤은 수도 낙양과 그 주변 지역을 가리키는 행정구역의 명칭일 뿐 아니라 그곳을 다스리던 지방 장관을 가리키는 용어이다. 중부연은 오늘날의 구청장에 해당하는 벼슬이다.

『후한서/열녀전』에는 동탁에 관한 흥미로운 기록이 하나 나온다. 후한의 무장인 황보규皇甫規의 아내(이때는 과부였다)가 동탁을 꾸짖는 대목인데, 그녀는 다음과 같이 말한다. "너는 강호羌胡의 종자인 주제에 천하에 해를 입히는 것이 어찌 이토록 끝이 없단 말이냐!" 여기서 황보규의 아내가 말한 '강호'가 종족을 표현한 말이라면 동탁은 혈통상 강인이라는 뜻이 된다. 그녀가 동탁의 출신을 약점 잡아 그를 경멸한 것으로 이해할 수 있는 것이다.

게다가 『후한서/동탁전』에는 동탁과 강인 추장들이 서로 각별한 우의를 나눴다는 기록이 있다. 동탁은 젊어서 강인들의 거주지에 가서 살았고 강인 추장들과 친하게 지냈는데, 한번은 강인들이 집에 놀러 오자 농사짓는 소를 죽여 그들을 대접했다. 그러자 강인들은 동탁의 호의에 감동해 나중에 가축 1,000여 마리를 선물로 주었다는 것이다. 이 일화는 동탁이 강인과 의사소통이 가능할 정도로 강의 언어에 능통했고 뛰어난 처세술을 갖고 있었으며, 그와 강인의 우의가 결코 가벼운 것이 아니었음을 짐작케 한다. 이런 기록들은 분명 동탁의 혈통이 강인이 아닌지 고민하게 만든다.

그러나 역사의 기록을 해석할 때는 신중할 필요가 있다. 나무를 보느냐 숲을 보느냐에 따라 그 해석이 달라지기 때문이다. 황보규 아내의 말도 그러하다. 욕과 멸칭은 우리 언어생활에서 적잖은 비중을 차지한다. 어휘도 많고 어원도 다채롭다. 멸칭 중에는 외국인이나 타민족을 경멸하는 의미의 것들도 있다. 되놈, 왜놈, 쪽발이, 양키 등이 그렇다. 후레자식이라는 멸칭도 그 어원이 '호로胡虜(오랑캐)'라는 설이 있다. 그리고 우리는 이러한 욕을 외국인뿐만 아니라 한국인들에게도 쓴다. 우리끼리 서로에게 되놈이니 왜놈이니 하면서 욕하는 것이다. 다시 말해, 황보규의 처가 동탁을 '강호'라고 칭한 것이 그의 혈통상의 비밀을 들춰낸 것인지, 아니면 같은 한족이지만 그와 상관없이 동탁을 모욕하기 위해 사용한 건지는 판단할 수 없다. 사실 동탁처럼 혈통에 관한 '의심'을 사는 인물이 역사에서 흔하지는 않다. 진짜 '강호'일 수도 있고 어쩌다 '강호'라고 욕을 얻어먹은 것일 수도 있지만, 동탁의 경우에는 동시대 사람들에게도 그 출신을 의심받았으니, 어쩌면 지금 우리가 사료를 앞에 두고 겪는 이러한 모호함은 당연한 것일지도 모르겠다.

환제 치세(146~168년)가 끝나갈 무렵, 동탁은 6군 '양가자良家子' 자격으로 우림랑羽林郎에 임명되었다. 『한서/지리지』에 따르면, 6군은 관중의 서쪽과 북쪽에 위치한 농서군과 천수군, 안정군, 북지군, 상군, 서하군을 말하는데, 이 지역은 관중과 수도 장안을 방어하는 요충지였다. 변경지대였던 만큼 이 지역에는 말타기와 활쏘기 등 무예에 능한 사람들이 많았다. 그래서 국가 차원에서 이곳 인재들을 군인이나 장교로 충당하는 관례가 생겨났는데, '양가자' 제도는 그중 하나였다. 이 관례는 후한시대에도 계속되었고, 농서군 임조현 출신의 동탁은 이 제도를 통해 무장으로 출세할 기회를 잡았다.

소설 삼국지에서 동탁은 황건적과 싸워서 일방적으로 패주하는 무능한 장수로 첫선을 보인다. 중랑장 노식의 인품과 억울한 처지와 대비되어 동탁의 무능은 더욱 도드라진다(1회). 그런데 그렇게 전투에 무능한 동탁이 어떻게 권력을 잡을 수 있었을까? 이는 삼국지 독자들의 뇌리를 한 번쯤 스친 질문일 것이다.

『후한서』와 『삼국지』를 분석하면, 동탁은 정권을 잡기 전에 모두 여섯 번의 전투에 출전했다. 그 가운데 두 번은 동탁 자신이 총사령관으로 임한 전투이고, 나머지 네 번은 황보숭과 장온의 부하로 출전한 전투였다. 우선 동탁은 자신이 총사령관으로 나선 전투에서 1무 1패를

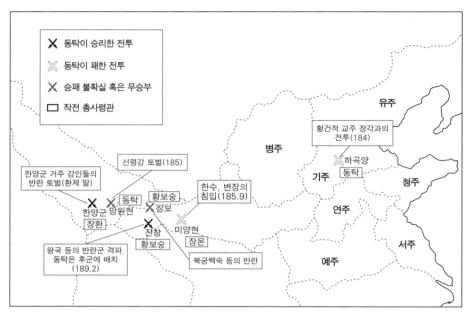

| | |
|---|---|
| ✕ | 동탁이 승리한 전투 |
| ✕ | 동탁이 패한 전투 |
| ✕ | 승패 불확실 혹은 무승부 |
| ☐ | 작전 총사령관 |

유주

황건적 교주 장각과의
전투(184)

병주

✕하곡양

기주    동탁    청주

연주

서주

예주

선령강 토벌(185)

한양군 거주 강인들의
반란 토벌(환제 말)

동탁    황보숭

한수, 변장의
침입(185.9)

한양군 망원현    장보

장환

장창    미양현

황보숭    장온

왕국 등의 반란군 격파.
동탁은 후군에 배치
(189.2)

북궁백숙 등의 반란

3-1 동탁이 참여한 전투.

기록했다. 1패는 장각과의 싸움에서 얻었고, 1무는 185년 선령강과의 싸움에서 얻은 전과이다. 하지만 동탁은 황보숭과 장온의 휘하로 종군해서는 2승 1무 1패라는 괜찮은 전적을 얻었다. 황보숭은 황건적 토벌의 일등공신이고, 장온도 훌륭한 전공을 세운 장수였다. 이들 밑에서 얻은 동탁의 전적은 아무래도 황보숭과 장온의 뛰어난 지휘에 힘입은 것으로 이해해야 할 것이다. 그리하여 동탁은 직접 출전한 전투에서 도합 2승 2무 2패를 거두었다. 썩 뛰어난 무장은 아니었던 셈이다.

동탁은 중랑장 장환張奐 휘하의 군사마軍司馬로 반란을 일으킨 강인을 토벌하기 위해 출전하기도 했다. 사료에 기록된 그의 첫 공식 전투이다. 이때 그는 한양군(전한시대에는 천수군)에서 강인을 진압하는 전공을 세우고 낭중으로 임명되었다. 이후 동탁은 중앙아시아 주둔군을 지휘하는 서역무기교위西域戊己校尉에 임명되었다가 곧 해임되었다. 하지만 병주자사와 하동태수를 역임했다. 관운은 좋은 편이었다. 그러다가 184년, 노식이 장각을 추격하던 중 환관의 모함을 받아 실권하자 그를 대신하여 장각과의 싸움에 나섰다. 하지만 동탁은 하곡양下曲陽에서 장각의 군대에 대패했다. 이것이 그의 두 번째 공식 전투였다. 그럼에도 불구하고 동탁은 재기에 성공했는데, 이로 미루어 그는 처세에도 능했던 것으로 보인다.

내지에서는 황건의 난이 일어나고 변경에서는 강인과 한족 토호들의 반란이 일어나는 등 정세가 혼란했지만 오히려 이는 동탁이 군벌로 성장하는 중요한 배경이 되었다. 그는 이어진 4차례 전투에서 1승 2무 1패를 거두는 등 지휘관으로서 그다지 인상적인 면모를 보이지 못했지만 그와 별개로 잦은 전투 덕에 잘 단련된 정예부대를 거느리게 되었다.

당시 이런 동탁을 의심스러운 눈길로 쳐다본 사람이 적지 않았던 것 같다. 황보숭의 조카 황보역皇甫酈도 삼촌에게 "대인(황보숭)과 동탁이 (천하의) 병권을 장악하고 있습니다"며 동탁의 제거를 권했다. 황보역의 말은 당시 황보숭과 동탁이 가장 강력한 무력을 손에 쥐고 있다는 뜻이었다. 하지만 황보숭은 조카의 권유를 따르지 않았다.

영제도 생전에 동탁의 병권을 회수하려고 했다. 189년, 그는 동탁을 소부로 임명해 낙양으로 불러들였다. 소부는 황실에 필요한 물건을 만들고 주치의, 요리사, 환관, 후궁, 비서 등을 관리하는 관직이었다. 오늘날로 치면 장관직인 구경의 하나로 동탁에게 소부 취임은 승진을 의미했다. 그러나 이 자리를 받으면 대신 병권을 내놓아야 했다. 결국 동탁은 이민족 병사들이 자신의 이임을 반대한다고 둘러대며 소부 취임을 거부했다. 무엄한 불충이자 항명이었다. 영제는 병이 깊어가는 가운데 한 번 더 동탁의 병권 회수를 꾀했다. 그는 동탁을 병주목*에 임명하고 군대를 황보숭에게 넘기라고 명령했다. 그러나 동탁은 상소를 올려 이마저도 거부했다. 오히려 그는 군대를 낙양 북쪽의 하동군으로 옮겨 주둔하며 정국을 살폈다. 황하를 건너면 낙양으로 진출할 수 있는 곳이었다. 결국 그는 기회를 잡았다.

## 동탁, 어부지리로 정권을 잡다 _____

하진의 부하들이 궁궐에 불을 지르고 환관들을 무자비하게 학살하던 그때, 동탁은 하진의 명령을 받들어 하동군에서 나온 다음, 낙양 발치의 석양정夕陽亭까지 진군해 있었다. 원래 하진이 동탁과 정원을 불러들인 것은 무력시위를 벌여 하태후를 협박하기 위함이었으나 호랑이를 집 안에 불러들인 격이었다. 하진도 아차 싶었는지 동탁이 민지현에 이르렀을 때 충소种邵를 보내어 진군을 멈추고 대기하라고 명령했다. 그러나 동탁은 이를 무시하고 낙양 서쪽의 하남현까지 진군했다. 충소가 재차 지적하자 그제야 군대를 조금 뒤로 물러 석양정으로 옮겼다.

석양정에 있던 동탁은 낙양에서 불이 난 것을 보고 난리가 일어났음을 알아채고 낙양 서쪽의 현양원으로 이동했다. 그러다 소제 일행이 소평진 쪽으로 도망갔다는 정보를 입수했다. 이에 그는 북망산**으로 향했다. 북망산은 소평진과 낙양 사이를 잇는 길목이었다. 아니

* 병주의 군현을 감찰하는 직책.
** 『후한서』에는 북망판北邙阪으로 기록되어 있다. 낙양성의 북쪽에 있는 야트막한 산으로 황제나 지배층이 이곳에 묻혔다. 그래서 중국과 우리나라에서 무덤 또는 죽음을 가리키는 말로 사용되었다.

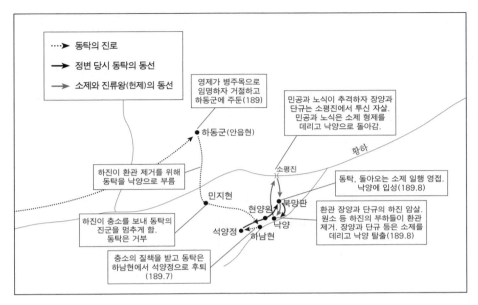

3-2 동탁의 낙양 입성 과정.

나 다를까, 소제 일행은 그리로 굴러들어왔다. 소제는 동탁의 군대를
보고 무서워서 눈물을 흘렸고, 동탁에게 말조차 제대로 건네지 못했
다. 그에 반해 진류왕 유협은 동탁의 위세에도 움츠러듦 없이 당당하
게 행동했는데, 이것이 동탁의 마음을 사로잡았다. 동탁은 소제와 진
류왕을 호위해 낙양에 입성했다.

낙양은 완전히 다른 세상이 되어 있었다. 그의 병권을 해제하려고
한 영제는 진즉에 죽고 없었고, 며칠 사이에 그를 불러들인 하진도,
환관들도 모두 사라지고 없었다. 그야말로 동탁에게는 거칠 것이 없
었다. 동탁은 소제 유변을 폐위하고 이복동생인 진류왕 유협을 황제
로 세웠다. 그리고 스스로 상국相國에 취임했다.

상국과 승상은 원래 진나라와 전한시대 재상의 벼슬로, 후한 조정은 통치상의 이유로 한 명만 임명되는 상국과 승상직을 폐지하고 3명의 재상, 즉 삼공(태위·사도·사공)을 두어 서로 견제하게 해 재상의 권력을 약화시켰다. 재상이 한 명일 때보다 세 명일 때 권력이 줄어드는 것은 당연한 이치였다. 그런데 동탁은 스스로 상국이 되었고, 이로써 '일인지하 만인지상'의 최고 권력자로 부상했다. 아마 동탁은 전혀 깨닫지 못했겠지만, 그의 이 행위로 위진남북조시대 내내 관찰되는 '찬탈'의 조건 하나가 마련되었다. 이후 숱하게 벌어지는 찬탈의 과정에서, 신하된 자의 상국 또는 승상 취임은 그가 황제가 되기 위해 거치는 첫 번째 혹은 두 번째 단계로 자리매김한다. 조조도 동탁의 선례를 따라 승상이 되었다. 동탁이 후한에서 사라진 관명을 부활시키고 스스로 그 벼슬자리에 앉은 것은 그런 점에서 주변 사람들에게는 이례적인 일, 찬탈의 야심을 드러낸 일로 여겨졌을 것이다.

결과론이지만 동탁은 정말 운이 좋았다. 사실 낙양에 입성할 때 그의 군대는 보병과 기병을 합해 3,000명도 채 되지 않았다. 당시 낙양에 다른 군대가 얼마나 있었는지는 알 수 없지만* 동탁이 상대적으로 적은 수의 병력만으로 권력을 잡은 것은 분명하다. 이 순간은 그의 인생에서 매우 중요한 분기점이었다. 동탁은 병력 수를 들키지 않기 위해 연극을 벌였다. 그의 병사들은 밤에 몰래 낙양성 밖으로 나갔다가 다음 날 아침 군악대와 함께 떠들썩하게 재입성했다. 그러면서 온 성안에 다 들리도록 "서쪽에서 온 동탁의 군대가 낙양에 도착했다"고 선전했다. 이런 연극이 여러 번 되풀이되니, 낙양 사람들은 처음 들어온 군대는 선봉대이고 계속해서 동탁군의 후발대가 새로 입성한다고

---

* 중국의 역사책에서는 왕조 전체의 병력 규모나 수도에 배치된 군사 수를 명확히 기록하지 않았다. 군대의 수나 배치를 기록하는 것은 일종의 금기였기 때문이다.

생각했다. 자연스레 동탁의 병력이 상당히 많다고 생각했고, 동탁에 대항할 생각을 처음부터 포기했다.

이때 기도위騎都尉 포신鮑信은 하진의 명령으로 고향인 태산군泰山郡에 병사를 모으러 갔다가 돌아왔는데, 그사이 하진은 죽고 낙양은 동탁의 세상이 되어 있었다. 그는 원소를 찾아가 군사를 일으켜 동탁을 제거하자고 권했다. "동탁은 강한 군대를 가지고 있고 장차 다른 뜻을 품을 것입니다. 지금 먼저 그를 도모하지 않으면 후일 공을 포함한 많은 이들이 그에게 제어되는 처지가 되고 말 것입니다. 동탁의 군대는 지금 막 낙양에 도착해 몹시 피로할 터이니 급습하면 그를 사로잡을 수 있습니다."** 포신이 동탁의 군세를 정확히 파악하고 이런 말을 했는지는 알 수 없다. 하지만 조정의 정예부대를 지휘하는 기도위였던 포신과 원소가 거느린 병력은 동탁보다 많았을 것이다. 그럼에도 원소는 동탁을 두려워하여 군대를 일으킬 생각을 하지 못했다. 동탁으로서는 원소의 우유부단이 다행이었다.

그러자 시간은 동탁의 편이 되었다. 동탁은 병력을 늘리는 작업에 착수했다. 우선 하진과 하묘 형제의 군대를 흡수했다. 그리고 여포와 결탁해, 수도 치안을 담당하는 집금오에 막 임명된 정원의 군대를 가로챘다. 여포는 상관인 정원을 죽이고 그 길로 동탁의 수하가 되었다. 이렇듯 동탁이 수도에 남아 있는 군대들을 흡수해 병력을 늘리니 이제는 그에게 대항할 사람이 없어졌다. 가장 큰 수확은 용장 여포였다.

## 여포, 양아버지 정원을 죽이고 동탁에 투항하다 _____

여포는 오원군五原郡 구원현九原縣 사람이다. 오원군 구원현은 황하

---

** 『후한서/원소전』.

와 음산陰山(인산산맥) 사이에 위치한 북쪽 변경이다.『한서/지리지』에는 정양군定襄郡과 운중군雲中郡, 오원군 3군은 본래 융적戎狄의 땅으로 이곳 사람들은 질박하여 예禮와 문文을 아는 자가 적고 활쏘기와 사냥을 좋아한다고 기록되어 있다. 여포는 이 기록에 잘 부합하는 인물이었다. 그의 조상이 융적, 즉 이민족인지는 알 수 없으나 활쏘기와 말 타기 등 무예에 능했고, 이를 이용해 병주에서 무장으로 활동하며 출세할 수 있었다.

병주자사 정원은 여포를 눈여겨보았는지 그를 기도위에 임명했다. 나중에 정원은 하내군에 주둔하게 되었는데 여포도 주부主簿로 임명되어 그를 따라갔다.『자치통감』은 이때 정원의 벼슬이 무맹도위武猛都尉, 여포의 벼슬은 별부사마別部司馬였다고 기록한다. 사마는 장군이나 교위, 도위 등 무장의 부관에 해당하는 벼슬이었다. 별부는 상관이 지휘하는 부대와 별도로 독립된 부대를 가리킨다. 즉 여포가 임명된 별부사마는 독립 부대를 지휘하는 장교였다. 이는 여포가 승진 일로에 있었으며 정원의 측근으로서 신임과 우대를 받았음을 보여준다. 189년, 대장군 하진이 환관들을 없앨 요량으로 각지의 무장들을 불러들일 때 정원도 군대를 이끌고 낙양으로 향했다. 하진은 정원을 집금오에 임명했는데, 집금오는 낙양 일대의 치안을 담당하는 벼슬이었다. 그러나 하진은 곧 죽어버렸고 동탁이 정권을 잡았다.

동탁은 낙양에 입성할 때 데려온 병력이 적었기에 정권을 공고히 하려면 직계 군대의 수를 늘릴 필요가 있었다. 그는 정원의 군대를 탐냈다.『자치통감』에 따르면, 정원은 하내군에 주둔할 때 수천 명의 군대를 이끌었다. 아마 집금오가 된 후에도 그는 이 부대를 지휘했을 것이다. 동탁은 정원을 제거하기 위해 우선 그의 부하인 여포를 포섭했다(소설 삼국지에서는 동탁이 이숙을 보내 여포에게 적토마와 황금 등 보석을 주고 자신의 부하가 될 것을 회유했다고 서술한다(3회)). 그리고 여포의 손을 빌려 정원을 죽였다. 상관을 죽인 여포는 동탁에게 항복했다. 이로써 동탁은 정원의 군대를 흡수해 병력을 늘릴 수 있었다.

여포는 이 공으로 기도위에 임명되었다가 곧 중랑장으로 승진하고* 도정후都亭侯에 봉해졌다. 기도위나 중랑장은 궁궐이나 중앙의 정예부대를 지휘하는 비이천석의 무관이었다. 지위는 장관급인 구경보다 낮지만 정예 친위부대를 지휘하기 때문에 힘 있는 벼슬이었다. 게다가 도정후는 비록 현에 봉해지는 열후보다 낮은 등급의 작위였으나 특별한 전공을 세우지 않은 여포가 받기에는 과분한 작위였다. 이처럼 동탁은 여포를 신임했고, 여포도 동탁을 아버지로 모시겠다고 맹세했다. 소설 삼국지에는 여포가 상관 정원을 죽이기 전에 "내 당당한 사내대장부로서 네 아들이라니, 당치도 않다"고 말하는 대목이 있다(3회). 정사에서는 정원과 여포가 단순히 상관과 부하 관계지만, 소설에서는 둘을 부자 관계로 만들어놓았다. 이러한 각색은 여포가 '아버지' 정원을 죽인 것처럼 새 양아버지 동탁도 죽인다는 복선을 깔기 위함이 아니었을지. 여포는 동탁의 신임 아래 그를 지근거리에서 지키는 호위 무사가 되었다.

## 용두사미로 끝난 동탁의 선정 _____

동탁은 인심을 얻기 위해 여러 조치를 단행했다. 먼저 당고의 화로 피해를 입은 지식인들을 사면복권하고 관리로 등용했다. 이로써 파당을 만들었다는 죄목으로 투옥된 사람들과, 종신토록 관리가 될 자격을 박탈당한 사람들이 동탁에 의해 구제를 받았다. 또 동탁은 환관과 싸

---

* 두 벼슬은 같은 등급이지만 중랑장의 서열이 더 높다.

우다가 죽은 진번과 두무竇武를 비롯한 '당인'들의 벼슬과 작위도 회복해주고, 제사를 지내주었으며, 그들의 자손을 관리로 발탁했다. 사실 이러한 조치는 황건의 난이 발생했을 때 신하들이 영제에게 올린 진언과 흡사한 것이었다. 그들은 영제에게 당고의 화를 당한 지식인들이 황건적에 합류해 반한反漢 세력으로 거듭나는 사태를 미연에 방지하기 위해 '당고'를 해제해달라고 청한 바 있다. 영제는 이를 듣지 않았지만 동탁은 받아들였다. 동탁이 이들을 체제 내로 흡수한 것은 국가를 위해서도 바람직한 조치였다.

동탁은 그 외에도 주비周毖와 오경伍瓊, 정태鄭泰, 하옹何顒, 순상荀爽, 진기陳紀, 한융韓融 등 조야의 명망 있는 인물을 대거 발탁했다. 그러면서 직속 부하나 총애하는 무장들의 벼슬을 중랑장과 교위校尉에 묶어두는 지혜도 발휘했다. 이렇듯 집권 직후 동탁이 보인 행보는 적어도 외형상 공평무사한 것이었다. 전자의 인물들이 고위직이나 힘 있는 자리를 차지했기 때문이다. 결코 쉽지 않은, 권력자로서 과감한 행보를 보여준 것이었다.

새로 발탁된 주비와 오경은 변경을 전전하며 정치를 잘 모르던 동탁에게 더 많은 인재를 소개했다. 동탁은 그들의 의견을 받아들여 환제와 영제의 잘못된 정치를 바로잡는 개혁 조치를 시행했다. 동탁의 광폭 행보는 계속되어, 자신에게 노골적인 적대감을 드러냈다가 도망친 원소조차 발해태수에 임명했다. 또 상서 한복韓馥을 기주목, 시중 유대劉岱를 연주자사, 공주孔伷를 예주자사에 임명하고, 장막張邈을 진류태수, 장자張咨를 남양태수로 삼았다. 조정의 주요 대신들을 지방관으로 임명해 황건 잔당을 토벌하고 각 지방을 안정시키도록 한 것이다.

만일 동탁이 이후 본성을 드러내지 않고 이대로 생을 마감했다면,

그는 정적까지 포용한 대인배로 기록되었을 것이다. 그러나 동탁의 선정은 여기까지였다. 사실 동탁의 부하들에게 '감투'는 얼마든지 양보할 수 있는 것이었다. 왜냐하면 그들은 그보다 더 위급인 '점령군'이었기 때문이다. 동탁의 부하들은 낙양 사람들의 재산을 빼앗는 것은 물론이요, 눈에 띄는 부녀자가 있으면 아무렇지 않게 강간하고 희롱했다. 동탁 또한 하태후가 죽어 영제와 합장할 때 능陵에 부장했던 보물들을 끄집어내 챙겼으며, 공주를 능욕하고 궁녀들을 멋대로 자기 소유로 삼았다.

특히 동탁은 가혹한 형벌을 남발하며 공포정치를 폈다. 그중 가장 포악한 짓은 무고한 백성들을 죽이고 역적 누명을 뒤집어씌운 일이었다. 어느 날 축제가 벌어지는 양성현에 동탁의 군대가 들이닥쳤다. 그들은 아무 이유 없이 남자들을 모조리 죽이더니 목을 베어 수레에 매달고는 여자들과 재물을 노략질해 가득 싣고 낙양으로 돌아왔다. 이에 대해 동탁은 낙양 사람들에게 적들을 크게 격파하고 전리품을 얻어왔다고 선전했으며, 베어온 머리는 불사르고 여자들은 병사들에게 나누어주었다.

패자인 동탁에 대한 기록이기에 신뢰성에 의문이 들기는 하지만 남아 있는 기록이 맞다면 동탁과 부하들은 악인이었다. 외척과 환관들이 아무리 나라를 망쳤어도 지방관이 군대를 일으킨 적은 없었다. 그러나 동탁이 권력을 잡자 여러 지역의 지방관들이 실정을 이유로 반기를 들었다.

## 반동탁연합군이 결성되다 _____

'믿는 도끼에 발등 찍힌다'는 속담은 동탁에게 잘 어울렸다. 동탁이 아량을 베풀어 자기 손으로 임명한 각지의 주목(자사)과 태수들이 도

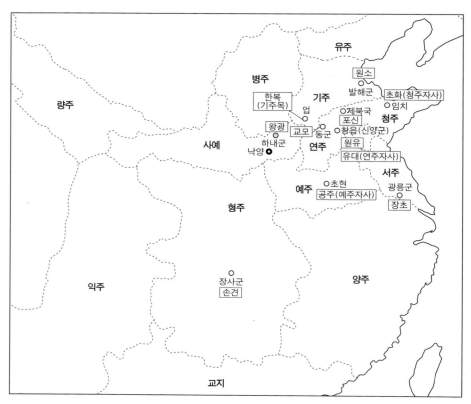

3-3 반동탁연합군에 참여한 지방관.

리어 그를 토벌하기 위해 연합군을 결성한 것이다. 190년 정월, 발해 태수 원소와 기주목 한복, 동군태수 교모 등이 가장 먼저 군대를 일으 켰다. 이후 관동, 즉 낙양 동쪽의 지방관들이 연합해 동탁을 토벌하기 로 합의했고, 원소를 맹주로 추대했다. 원소는 스스로 거기장군이라 고 칭했다.

반동탁연합군은 수도 낙양과 가까운 지역의 주목(자사)과 태수가 주축이 되었다. 기주목 한복과 연주자사 유대, 예주자사 공주가 참여했고, 특히 연주에서는 교모와 장막, 원유, 포신 등 태수와 상相도 대거 참여했다. 또 사예교위부에 속하는 하내태수 왕광도 동참했다. 이때 조조도 진류군 동남쪽 기오현己吾縣에서 5,000명의 군사를 이끌고 연합군에 합류했다. 기주와 하내군은 낙양의 북쪽에, 연주는 낙양의 동쪽에, 예주는 낙양의 동남쪽에 있던 곳이었으니, 낙양은 삼면이 포위된 형세였다.

반동탁연합군은 4곳에 집결했다. 총사령관 원소와 왕광은 황하 이북에 위치한 하내군에 자리잡았다. 유대와 장막·장초 형제, 교모, 원유, 포신, 조조 등은 진류군 산조현에 자리잡았다. 예주자사 공주는 낙양 동남쪽의 영천군에 포진했고, 후장군 원술은 낙양 남쪽의 남양군 노양현에 주둔했다. 장사태수 손견은 조금 늦게 군대를 이끌고 올라와 노양현의 원술 진영에 합류했다. 기주목 한복은 연합군의 군량 보급 임무를 맡았다.

소설 삼국지에서는 원소를 비롯한 여러 지방관과 무장들이 한곳에 모여 진을 친 것처럼 묘사한다(5~6회). 그러다보니 말단의 마궁수 관우가 원소를 비롯한 까마득히 높은 관리들이 모인 자리에 동석해서 화웅을 처리하겠다고 말하는 장면까지 나온다. 참모총장부터 일개 소위까지 모든 지휘관이 모였다는 건데, 물리적으로 불가능했다. 군웅이 모여 있는 것이 흩어져 있는 것보다는 대화체로 이야기를 풀어나가기에 쉽지 않겠는가? 당시 지명을 잘 모르면 각지에 흩어져 주둔했던 군웅이 한 진영에 모여 회의하고 술 마시는 일이 불가능했다는 사실을 알 수 없을 것이다.

처음에는 낙양을 빙 둘러싸듯 포진한 반동탁연합군이 유리해 보였다. 그러나 막상 뚜껑을 열고 보니 연합군의 사정은 썩 좋지 못했다. 이를테면 동탁과의 전쟁은 고양이 목에 방울 달기와 비슷한 데가 있

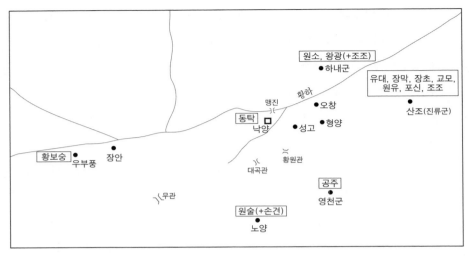

3-4 동탁과 반동탁연합군의 대치 상황.

었다. 기세 좋게 동탁 토벌의 기치를 올리고 모였지만 동탁의 군대를 두려워해 누구도 먼저 나가 싸우려 하지 않았던 것이다. 근심하는 동탁에게 상서 정태鄭泰는 "관동 사람들은 평화가 유지된 지 오래라서 전쟁과 전술에 익숙하지 않습니다"고 말했는데, 정확한 지적이었다. 관서 사람들, 즉 관중과 량주涼州(서량) 일대 사람들은 강인들의 반란을 오랫동안 겪은 탓에, 조금 과장하면, 부녀자도 활을 쏘고 싸울 줄 알았다. 반면 관동 사람들은 황건의 난과 잔당의 전란에 시달렸지만 관서 사람들에 비해 전투 경험이 없었다. 이런 사정을 아는 군웅은 비록 동시에 군대를 일으켜 한데 힘을 모았지만, 자신들의 군대로 동탁군과 싸워 이기기란 매우 어렵다고 판단했을 것이다.

**첫 번째로 나선 조조, 동탁의 군대에 패하다** _____

이때 고양이 목에 방울을 달려고 한 사람이 있었으니, 바로 조조다.

조조의 본적은 패국沛國 초현譙縣이다. 조조의 자字는 맹덕孟德이며, 오나라의 신원 미상의 인물이 쓴『조만전曹瞞傳』에 따르면 일명 길리吉利, 어릴 때 이름은 아만阿瞞이었다.

『삼국지』에 따르면, 조조는 상국을 역임한 전한의 건국공신 조참曹參의 후예이다. 조참과 한고조 유방, 명재상 소하, 번쾌는 모두 패현沛縣 출신으로, 패현은 조조의 본적인 초현과 가깝다. 이 때문에 혹자는 조조 일가가 계보를 조작해 조참의 후예를 자처했다고 보기도 한다. 하지만 그 전에 일러둘 것이 사실 조조는 조씨 혈통이 아니라는 점이다.『삼국지』에도 그에 관한 기록이 나오는데, 조조의 아버지인 조숭曹嵩은 환제를 섬긴 환관 조등曹騰의 양자로 입적된 사람이다. 진수는 조숭의 출생에 대해 아는 사람이 없다며 더 이상의 자세한 언급을 회피했지만, 사실 이 기록은 조숭이 원래 조씨가 아니었으나 조등의 양자가 되면서 그 성을 따랐음을 말해준다.

한편 배송지주에 인용된『조만전』에 따르면, 조숭은 본래 하후씨夏侯氏의 아들이며 하후돈夏侯惇의 숙부이다. 그렇다면 조조와 하후돈은 성은 다르지만 혈연상 사촌지간이 된다. 이 내용은『삼국지』원문에는 없고 배송지가 인용한 문헌에만 보이기 때문에 어느 기록을 믿어야 할지 망설여진다. 그러나『삼국지 권9/위서/제하후조전諸夏侯曹傳』의 존재로 미루어, 조숭이 원래 하후씨라는 주장은 신빙성이 있다. 사서의 '권卷'은 유사한 인물들을 모아놓는 범주가 되곤 한다.『삼국지/제하후조전』에는 하후돈과 하후연夏侯淵, 조홍曹洪, 조인曹仁, 조휴曹休, 조진曹眞, 하후상夏侯尙 등이 함께 실려 있다. 조홍과 조인, 조휴는 조조와 같은 항렬의 동생들로, 이들은 나중에 조조의 아들 조비가 황제가 되면서 황실 일족이 된다. 즉 이 '특별한 조씨'들과 하후씨가 함께 실린 것은 후자도 황실 일족 혹은 그에 준하는 대우를 받았음을 암시한다. 즉 조씨와 하후씨는 사실상 동족으로 볼 수 있다.

조조는 젊어서 꾀가 많고 임협, 나쁘게 말하면 깡패의 기질이 있었으며, 행실이 좋지 않아서 평판이 나빴다. 이를 보여주는 일화가 『세설신어世說新語』에 보인다.

어느 날 조조와 원소는 결혼식장에서 갓 결혼한 신부를 훔치기로 했다. 두 사람이 갑자기 "도적이야, 도적이야!" 하고 크게 소리치자 신부를 보호하고 있던 사람들이 뿔뿔이 흩어져 달아났다. 그 틈을 타 이들은 신부를 훔쳐 달아나다가, 원소가 갑자기 가시덤불에 빠져 꼼짝 못하게 되었다. 이때 조조가 또 큰 소리로 "도적이야, 도적!" 하고 외쳤다. 그러자 원소가 당황하여 가시덤불에서 뛰쳐나왔고, 둘은 함께 도망쳤다.

중국문학자들은 『세설신어』를 허구라고 보지만 역사학자들은 풍속사를 반영한 중요한 사료로 본다. 일화에서 볼 수 있듯 조조와 원소는 결혼한 신부를 납치해 아마 강간이라도 하려 했을 정도로 안하무인의 개차반이었다. 그런데 이런 개차반도 악행이 묻히고 정치적 영향력이 있는 사람들의 좋은 평판을 받으면 좋은 인물로 둔갑한다. 예컨대 훗날 삼공의 자리에 오른 교현橋玄과 하옹何顒은 일찍부터 조조를 높이 평가했다. 특히 교현은 조조에게 "장차 천하에 난이 일어나면 뛰어난 인재가 아니고서는 능히 세상을 구제할 수 없을 것이네. 천하를 능히 안정시킬 수 있는 사람이 있다면 그건 바로 자네라네"라는 평을 해주었다. 그는 조조에게 "자네는 아직 명성이 없으니 허자장許子將과 교제해보게"라는 충고까지 해주었다.

교현의 말은 『삼국지/위서/무제기武帝紀』의 내용을 거의 그대로 옮긴 것이다. 그런데 교현의 이 말에는 겉으로 드러난 것 이상의 의미가 담겨 있다. 간단히 말하면 다음과 같다. 후한시대에는 출세를 하려면 평판이 좋아야 했다. 특히 관리가 되려면 남들의 추천이 있어야 했다. 이를 '타천他薦'이라고 한다. 후한에는 '향거리선'이라는 관리 등용 제도가 있었다. 군국의 태수와 상은 인구 20만 명당 1명을 '효렴'으로 조정에 추천할 권한이 있었다. 그러면 조정의 사도와 상서가 이들을 시험한 후 관직을 주었다. 그 외에 '관리 아버지'를 둔 덕으로 벼슬을 얻는 '임자제任子制'와, 부서의 장이 추천해 사실상 사후에 중앙 정부로부터 임명받는 '벽소제辟召制'가 있었지만, 주된 출세 코스는 효렴으로 추천을 받는 것이었다.

그런데 효렴으로 추천을 받으려면 지방(고향)에서 평판이 좋아야 했다. 그리고 이 평판이란 '효렴'이라는 명칭에서 보이듯이 주로 효심이나 덕망에 관한 것이었다. 이 때문에 어떤 이는 자신이 효자임을 입증하기 위해 삼년상도 모자라 10년 이상 상을 치른 사람도 있었다. 또 어떤 태수는 상중에 애를 얻은 사람에게 위선적인 행동을 했다며 벌을 주기도 했다. 3년 이상 부모의 상을 치르면서 여자를 가까이 할 수 없는 법인데 그사이에 애가 생긴 것은 할 짓 못할 짓 다 하면서 남들에게는 효자로 보이기 위해 위선적인 행동을 했다는 것이다. 이런 사회 분위기에서 남들에게 좋은 평을 듣는다면 그 자체로 출세의 발판이 될 수 있었다.

앞서 말한 대로 교현은 훗날 삼공까지 지낸 존경받는 위인이었다. 그런 그가 껄렁껄렁하고 깡패처럼 행동하는 조조를 높이 평가한 덕에 조조를 보는 사람들의 시각이 변할 수 있었다. 현재의 부족한 자료로 교현이 왜 조조를 높이 평가했는지는 알 수 없다. 우리가 모르는 조조의 외모와 체격, 말씨, 기품에 반했을 수도 있다. 결과적으로 조조는 뛰어난 장군이었고, 문학과 예술에 심취한 다재다능한 사람이었다. 교현은 이런 조조의 진면목을 알고 있었는지도 모르겠다.

한편 후한 말에는 남들을 평가하는 데 재주가 있어 이를 토대로 재야에서 영향력을 행사하는 사람들이 있었다. 태원군의 곽태郭太와 여남군의 허소許邵, 허정許靖(둘은 사촌형제였다)이 대표적이었다. 교현이 조조에게 허자장(허소)과 교유하라고 충고했던 것도 그에게서 좋은 평판을 얻으면 출세하는 데 도움이 된다는 의미였다.

배송지주에 인용된 『위서魏書』에 따르면, 조조는 교현의 충고대로 허소를 찾아가서 인간관계를 맺었고, 이후 그의 이름이 세상에 더 널리 알려졌다. 또 손성孫盛의 『이동잡어異同雜語』에 따르면, 허소는 조조에게 "그대는 태평한 시대에는 유능한 신하(能臣)가 되겠지만, 난세에는 간사한 영웅(姦雄)이 될 것"이라는 평을 해주었다. 조조는 이 말을 듣고 크게 웃었다고 한다. 이 일화는 소설 삼국지에도 등장하기 때문에 사람들에게 잘 알려져 있다. 그리고 아마 대부분의 독자는, 삼국지의 전개로 보나 조조의 일대기로 보나 그가 난세의 영웅으로 활약했기 때문에, 허소의 말을 '조조가 난세의 간웅이 될 것'이라고 예언한 것으로 기억할 것이다. 아마 조조가 웃은 이유에 대해서도 '난세의 간웅이 된다'는 말에 그가 흡족해한 것으로 이해하고 그의 품성―야심 많고 교활한 데가 있는 성격―을 짐작하는 근거로 삼았을 것이다.

그러나 시대적 맥락을 고려하면 허소의 평은 조조에 대한 빈정거림이 아니라 찬사였다. 이 말을 들은 시점에 조조는 새파란 청년에 불과했고, 무엇보다 아직 황건의 난이 일어나기 전이었다. 세상이 어지럽긴 했지만 장차 천하가 분열되고 군웅이 할거하는 시대가 올 것이라고 예상하기는 어려운 시기였다. 적어도 분열의 시대는 아니었으므로 난세라고 보기 어렵고, 차라리 태평한 시대에 가까웠다. 따라서 둘의 대화는, 허소가 조조에게 당신은 태평한 시대에 유능한 신하가 될 것이라는 덕담을 했고, 조조 또한 그렇게 받아들였다고 보는 것이 당시 상황에 부합할 것이다. 그러나 대부분의 사람들은 후한을 사실상 빼앗은 역적의 이미지 때문에 조조를 유능한 신하가 아닌 간사한 영웅으로 오해한다.

조조는 20세에 효렴으로 천거되어 랑郎에 임명되었고, 낙양의 치안을 담당하는 낙양북부위洛陽北部尉와 돈구현령頓丘縣令(천석), 의랑議郎(육백석) 등을 지냈다. 조조가 효렴으로 천거되고 랑에 임명된 것을 보면 환관인 할아버지 조등의 후광도 작용한 것 같다. 조조는 원소만큼은 아니지만 관운이 좋은 편이었다. 원소가 금수저라면, 조조는 은수저나 구리수저는 되었다.

조조는 황건의 난이 일어나자 기도위(비이천석)에 임명되어 황보숭과 주준 밑에서 종군하며 영천군의 황건적을 토벌했다. 그러고 나서 제남상濟南相(이천석)으로 승진하는데, 이로 미루어 황보숭과 주준만큼은 아니지만 조조도 공을 인정받은 것으로 보인다.

제남국濟南國에 부임한 조조는 권력자와 결탁한 관리들을 처벌하고 나라에서 인정하지 않는 제사인 음사淫祀를 없애는 등 엄격한 정치를 행했다. 나중에 그는 동군태수에 임명되었는데, 이때는 병을 핑계로 취임을 거부하고 고향으로 돌아가 독서와 사냥을 즐기며 한가한 시간을 보냈다. 『삼국지』 원문에는 없지만 배송지가 인용한 『위서』에 따르면, 이때 조조가 벼슬을 마다하고 낙향한 것은 권신과 외척들의 전횡을 피하고 또 화가 자신과 집안에 미치는 것을 피하기 위해서였다.

조조가 전군교위典軍校尉*에 임명되어 다시 벼슬길에 나설 무렵, 하진이 환관들을 제거하려다 오히려 죽임을 당하고 원소 등이 환관들을 몰살시키는 정변이 일어났다. 이 혼란 통 끝에 승자가 된 동탁은 조조를 효기교위驍騎校尉에 임명하여 자신의 부하로 두려고 했다. 그러나 조조는 이를 거부했고, 기존의 벼슬마저 내던지고 도망갔다. 동탁과 어울리면 화가 자신에게 미친다고 생각했기 때문이다. 배송지주에 인용된 『세어世語』에서는, 조조는 동탁이 실패할 것이라고 생각해 벼슬을 버리고 다시 고향으로 돌아갔다고 서술했다. 소설 삼국지에서는 이러한 내용이 너무 심심하다고 생각했는지, 조조가 사도 왕윤王允에게서 받은 칼로 동탁을 암살하려다가 여포가 옆에 서 있는 것을 보고 여의치 않자 도망갔다는 허구를 집어넣었다(4회).

도망가던 조조는 중모현中牟縣을 지나는 중에 치안을 담당하는 정장亭長에게 붙잡혀 현에 보내졌다. 그런데 현에서 인사를 담당하는 벼슬아치인 공조功曹가 조조를 알아보았다. 그는 현령에게 조조의 석방을 요청했다. 결국 조조는 현령과 공조 덕분에 풀려나 진류군으로 도망갈 수 있었다.

이때 조조는 사람을 죽였다. 소설 삼국지는 이 부분을 다음과 같이 각색했다. 도망치다가 붙잡힌 조조를 구해준 이는 진궁陳宮이었고, 두 사람은 함께 도망쳐서 조조의 지인인 여백사呂伯奢를 찾아가 그의 집에 기거했다. 그런데 조조가 여백사 가족을 살피더니 자신을 죽이려는 것으로 오인하여 그들을 몰살시켰고, 이에 질려버린 진궁은 다음날 새벽 조조를 떠난다(4회). 하지만 이러한 내용은 조조의 잔인함과 배은망덕함을 강조하기 위한 허구이다. 분명 배송지주에는 조조가 여백사의 아들을 죽였다는 기록이 있지만 자세한 자초지종은 알 길이 없으며, 진궁에 대한 언급은 아예 나오지도 않는다.

---

* 영제가 관직을 팔아 모은 재물을 쌓아둔 서원西園을 관리하는 4인의 교위 가운데 하나이다.

어쨌든 조조는 진류군에 도착한 후 재산을 풀어 병사를 모았고, 모두 5,000명을 모을 수 있었다. 이때 조조가 병사를 모은 이유는 명백하다. 바로 동탁을 토벌하기 위해서였다.

황보숭과 개훈이 동탁 토벌을 포기하고 군웅이 서로 눈치만 보면서 한 발짝도 나서지 않는 가운데, 190년 3월 조조는 홀로 군대를 이끌고 성고를 공략하러 나섰다. 이때 조조와 친분이 있던 장막은 장수 위자衛玆에게 군사를 주어 조조 편에 가담해 싸우라고 지시했다. 이들은 호기롭게 형양현을 흐르는 변수汴水로 진격했다. 그리고 거기서 동탁의 장수 서영徐榮을 만나 싸웠다. 결과는 조조의 대패. 조조는 어디선가 날아온 화살에 맞은 데다 말도 부상을 입어 제대로 거동하지 못하는 위태로운 처지가 되었다. 다행히도 사촌동생 조홍이 자신의 말을 넘겨준 덕분에 그는 겨우 살아 돌아올 수 있었다. 호기롭게 동탁군을 상대하러 나섰지만 결과는 완패였다. 그러나 비록 전투에서는 패했지만 조조는 용기 있는 모습을 드러내어 정치적 명분을 얻었고, 한편으로 식견 있는 지배층의 신망도 얻었다. 이는 이후 군웅할거시대에 그의 중요한 정치적 자산이 되었다.

조조가 천신만고 끝에 산조현으로 돌아와보니 한심한 광경이 눈앞에 펼쳐져 있었다. 산조현에 주둔한 연합군은 모두 합쳐 10여만 명이나 되었다. 그런데 군웅은 날마다 술판을 벌이고 사교 모임을 열 뿐 전투를 치를 생각조차 하지 않았다. 이에 조조는 소심하게 서로 눈치만 보는 자사와 태수, 장수들을 훈계하며, 계책 하나를 내놓았다.

조조의 생각은 이러했다. 우선 원소 등 하내군의 군웅은 황하 북편의 나루터인 맹진孟津으로 진격한다. 거기서 포진한 후 동탁군을 견제하면서 기회를 틈 타 황하를 건넌다. 일단 황하를 건너면 낙양은 코앞이었다. 둘째, 산조현의 군웅은 성고현을 점령한 후 주둔한다. 그곳을 지키면서 오창을 점거하고, 환원관과 대곡관을 막아 낙양으로 통하는 교통로를 끊는다. 마지막으로 노양현의 원술 등은 무관을 돌파해 낙양 서쪽의 장안으로 향한다.

한마디로 하내군과 산조현, 남양군의 연합군을 각각 진격시켜 3면에서 공세를 취하자는 것이었다. 그렇게 되면 낙양 북쪽은 원소, 동쪽은 유대 등의 군웅, 서쪽은 원술이 맡을 것이었다. 이 계책에서 중요한 것은 오창을 점거하고 낙양의 교통로를 차단하는 것이었다. 오창은 원래 진나라 때부터 관동(산동)의 곡물을 모아 저장하는 대규모 창고였다. 과거에 유방과 항우는 형양현에 있는 오창과 형양현의 이웃인 성고의 전략적 이점을 차지하기 위해 이곳을 두고 일진일퇴의 공방전을 벌였고, 전한 오초칠국의 난 당시에도 총사령관 주아부周亞夫는 오창을 사수하며 반란군의 군량이 떨어지기를 기다려 승리를 거두었다. 그런 점을 감안하면 후한시대에도 오창은 중요한 곡물 창고였을 것이다. 따라서 조조가 오창을 지목한 것은 군량을 확보하는 한편 동탁의 경제적 숨통을 옥죄는 절묘한 수였다.

그러나 아무도 조조의 말을 듣지 않았다. 앞서 조조에게 병력을 내어준 장막도 그중 한 명이었다. 조조는 190년 3월 하후돈과 함께 병력을 모으러 양주揚州로 떠났다. 최초 5,000명을 이끌고 연합군에 합류했지만 서영이 지휘한 동탁군과의 전투에서 상당수가 죽거나 다쳐 병력이 부족했기 때문이다.

양주로 온 조조는 일부 지방관에게 좋은 인상을 주었던 것으로 보인다. 양주자사 진온陳溫과 단양태수 주흔周昕은 병사 4,000여 명을 조조에게 내어주었다. 그러나 불운하게도 돌아오는 길에 패국 용항현龍亢縣에서 사졸 다수가 반란을 일으켰다. 배송지주에 인용된 『위서』에 따르면, 모반을 일으킨 병사들이 밤에 조조가 거처하는 장막에 불

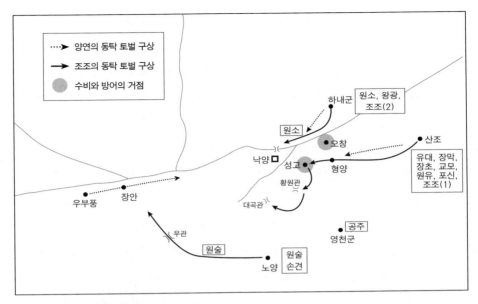

양연의 동탁 토벌 구상
조조의 동탁 토벌 구상
수비와 방어의 거점

하내군

원소, 왕광,
조조(2)

원소

오창

산조

낙양

성고

형양

유대, 장막,
장초, 교모,
원유, 포신,
조조(1)

우부풍

장안

황원관

대곡관

무관

공주
영천군

원술

노양

원술
손견

3-5 조조의 동탁 토벌 계획.

을 지르고 난동을 부렸다. 조조는 직접 수십 명을 죽이며 분전한 끝에 겨우 살아났다. 이때 반란에 가담하지 않은 병사는 500여 명에 불과했다. 순식간에 전력의 태반을 잃은 조조는 패국의 질현銍縣과 건평현建平縣에서 다시 군사 1,000여 명을 모아 반동탁연합군에 재합류했다. 하지만 이번에는 산조현이 아니라 원소와 왕광이 주둔한 하내군으로 갔다.

## 손견, 유일하게 동탁의 군대에 승리하다 _____

반동탁연합군에서 조조만이 동탁에 맞서 싸운 것은 아니다. 동탁의 군대에 패한 조조와 달리 손견은 동탁의 군대를 물리친 유일한 인물이었다. 손견은 어떤 사람이었나?

손견은 오군吳郡 부춘현富春縣 사람으로 자는 문대文臺이다.『삼국지/오서/손파로토역전孫破虜討逆傳』에서는 그를 춘추전국시대의 유명한 병법가이자『손자병법』을 쓴 손무孫武의 후손일 것이라고 기록했다. 하지만 원문에 '개蓋' 자가 붙은 것으로 보아 진수도 이를 전적으로 믿은 것 같지는 않은 뉘앙스를 풍긴다.

손견은 회계군의 도적을 무찌르고, 회계군에서 일어난 반란을 평정하여 현승에 임명되었다. 일개 현승으로 끝날 수 있었던 손견이 출세하게 된 계기는 황건의 난이었다. 황건의 난이 발생하자 조정에서는 노식과 주준, 황보숭을 보내 토벌하게 했는데, 184년 3월 주준이 손견을 좌군사마佐軍司馬로 천거해 자기 부관으로 삼았다. 주준이 손견을 천거한 이유는 사서에 기록되지 않았다. 실마리가 있다면 주준이 회계군 사람이라는 점인데, 손견의 고향인 오군은 전한시대에 회계군에 속했다가 후한시대에 하나의 군으로 분리되었다. 게다가 손견의 고향인 부춘현은 회계군과 맞닿은 지역이었다. 따라서 회계군과 오군은 '우리가 남이가' 할 수도 있었을 것이다. 특히 회계군과 가까운 부춘현은 말이다. 이런 점들을 고려하면 주준은 사실상 동향 사람이라 믿을 수 있고 용맹하다는 소문이 돌던 손견을 무장으로 쓸 만하다고 판단했을 수 있다.

당시 하비현승이던 손견에게 더 고무적이었던 일은 하비현에 살던 향리의 소년들이 모두 자원해 그를 따라 종군하겠다고 한 것이다. 여기서 '소년'은 어린아이들이란 뜻이 아니라 깡패 혹은 무뢰배들을 가리킨다. 힘깨나 쓰는 건달들이 전쟁터에 따라나선다고 한 것이다. 배송지주에 인용된『강표전江表傳』에 따르면, 손견은 향리의 건달들과 사귀고 잘 대해주면서 형님 아우 하며 지냈다. 이처럼 친분관계가 있었기에 이들은 기꺼이 손견을 따라나선 것이다. 손견은 상인들과 회수, 사수泗水 일대에 사는 정병精兵들을 모병하여 1,000여 명을 모아 주준의 군대에 합류해 황건적 진압에 함께했다.

손견은 상관인 주준을 따라 여러 전장에 나아가 싸웠다. 배송지주에 인용된 『오서吳書』*에는 손견이 위기 상황에서 기지를 발휘한 내용이 나온다. 손견은 여남군 서화현에서 황건적과 싸울 때 전투에서 불리한 상황에 몰렸고 부상까지 당해 말에서 떨어져 풀 속에 숨었다. 손견의 군사들이 흩어졌으나 상관인 그의 소재를 파악하지 못했다. 움직일 수 없게 된 손견은 자기 말을 군영으로 달려가게 했고, 말이 군사들을 손견이 있는 곳으로 인도해 겨우 구출될 수 있었다. 기지를 발휘해 군영으로 돌아온 손견은 10여 일을 보낸 후 상처가 조금 아물자 다시 나가서 싸웠다.

영천군과 여남군, 진국 등지의 황건적을 격파한 주준은 184년 11월 남양군의 황건적 우두머리 손하孫夏를 공격하고 완현성宛縣城(완성)으로 진격했다. 이때 손견은 군대를 이끌고 공성전에 나서 가장 먼저 완현성에 올랐다. 『삼국지/손파로토역전』은 손견이 먼저 오르자 무리가 뒤따라 성에 올랐다고 기록한다. 사실이라면 손견은 용맹하고 공성전에도 뛰어났음을 알 수 있다. 손견의 분전에 힘입어 주준의 군대는 결국 완현성을 점령했다. 성이 함락되어 손하가 도망가자 주준의 군대는 서악현西鄂縣 정산精山까지 추격해 격파했다. 황보숭과 함께 황건적 토벌에 공을 세워 승진한 주준은 표를 올려 손견을 별부사마別部司馬로 추천했다.

손견은 다음 해인 185년 량주 일대의 변장과 한수가 반란을 일으키자 토벌군에 합류했다. 사공 장온이 거기장군을 겸임하면서 손견을

---

* 삼국시대 오吳나라의 위소韋昭가 쓴 오나라의 역사책.

자신의 참군參軍에 임명했다. 손견은 상관인 장온을 따라 변장과 한수의 반란을 진압하기 위해 장안에 주둔했다. 그는 황건의 난 때 이기지 못했던 무능한 동탁이 상관인 장온에게 오만하게 굴자 참해야 한다고 진언했다. 그러나 장온은 손견의 말을 듣지 않았다. 동탁은 자신을 구해준 장온에 대해 고마워하기는커녕 권력을 잡은 후 살해했다. 아마도 손견과 동탁의 악연은 이때 시작되었을 것이다. 손견은 회군한 뒤 의랑에 임명되었다. 의랑은 황제의 측근으로 등급은 육백석에 불과하지만 고관으로 승진하는 요직이었다. 이는 비록 전쟁에서 이기지는 못했지만 전공을 인정받았음을 의미한다.

187년 10월에는 손견을 의랑에서 태수로 승진시킨 사건이 일어났다. 장사군長沙郡의 도적 구성區星이 장군將軍을 자칭하며 1만여 명을 거느리고 장사군의 성읍을 공격해온 것이다. 조정은 손견을 반란을 평정할 적임자라고 판단하고 장사태수에 임명했다. 손견은 장사군에 부임한 지 불과 열흘에서 한 달 사이에 구성의 반란군을 격파했다. 이때 주조周朝와 곽석郭石 또한 무리를 이끌고 영릉零陵과 계양桂陽에서 행패를 부리자 손견은 형주자사 왕예王叡와 함께 영릉군과 계양군으로 군대를 보내 이들을 토벌했다. 조정에서는 손견의 공을 인정해 오정후烏程侯에 봉했다. 태수로 승진하고 열후에 봉해졌으니 강동의 촌놈인 손견으로선 출세한 셈이었다. 그러나 거기서 끝이 아니었다. 변방의 태수로 전전하며 벼슬살이를 마감할 뻔했던 손견이 중앙 무대로 진출하는 계기가 된 사건이 일어났다. 동탁이 189년 권력을 장악하자 이에 반대하는 지방관과 관리들이 반동탁연합군을 결성한 것이다. 이미 185년에 동탁을 죽이라고 진언했던 손견이었던 만큼 당연히 반동탁연합군에 합류하기로 결심했다.

손견은 190년 3월 반동탁연합군에 합류하기 위해 군사를 일으켜 북상했다. 그는 북상하는 도중에 형주자사와 남양태수를 죽였다. 배송지주에 인용된 『오록吳錄』에 따르면, 손견이 영릉과 계양 두 군의 도적들을 토벌할 때 형주자사 왕예가 그를 무관이라는 이유로 무시하는 말을 내뱉자 손견은 왕예에 대해 좋지 않은 감정을 가지게 되었다. 손견은 무릉태수 조인曹寅이 형주자사 왕예와 사이가 좋지 않았고, 왕예 역시 동탁 토벌을 명분으로 군사를 일으키면서 먼저 조인을 죽일 것이라는 소식을 들었다. 이때 조인이 '왕예를 죽이라는' 위조된 사자의 격문을 손견에게 보냈다. 손견은 격문대로 왕예를 체포했다. 왕예는 깎은 금속을 마시고 죽었다.

왕예를 죽인 손견은 형주자사의 치소였던 한수현漢壽縣을 떠나 남군을 거쳐 남양군에 도착했다. 이때 손견을 따르는 무리가 수만 명에 달했다. 남양태수 장자가 손견의 군영을 찾아오자 그는 술과 고기를 대접했다. 이때 손견의 부하가 이전에 남양군에 부탁했던 도로 보수와 군량, 무기 등이 제대로 준비되지 않았기 때문에 남양군 관리를 취조해야 한다고 보고했다. 손견은 장자를 구금했고, 다음 날 군대의 진군을 막았다는 죄명을 제시하며 그를 군문으로 끌고 가서 참했다. 배송지주에 인용된 『헌제춘추獻帝春秋』에 따르면, 손견은 남양태수 장자에게 군량을 요구했으나 장자는 부하들의 말을 듣고 이를 거부했다. 부하들은 장자에게 장사태수 손견은 이웃 군의 태수이므로 군량을 제공할 의무가 없다는 이유를 댔다. 반면 배송지주에 인용된 『오력吳歷』에 따르면, 장자는 손견에게 군량을 주지도 않고 그를 만나려고도 하지 않았다. 손견은 남양군을 떠날 때 장자가 후환이 될 것이라고 판단해 자신이 아프다는 소문을 퍼뜨린 후 장자가 위문하러 온 틈을 타 검을 꺼내 그에게 욕설을 퍼부은 뒤 사로잡아 참했다.

손견이 남양태수 장자를 죽이는 과정은 여러 사료에서 다소 차이를

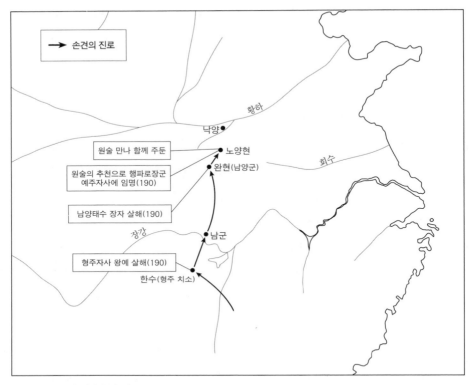

3-6 손견의 북상 경로.

보이지만 동료 지방관을 살해했다는 점은 분명한 사실이다. 조정의
기강이 땅에 떨어지고, 손견은 조정의 명령을 듣지 않는 고삐 풀린 망
아지가 되어 형주자사와 남양태수를 함부로 죽인 것이다. 장자를 살
해한 후 손견은 남양군의 치소인 완현에서 북쪽 접경 지역인 노양현
으로 진격했다. 그리고 그곳에서 원술을 만났다. 원술은 표를 올려 손
견을 행파로장군行破虜將軍 예주자사로 추천했다. 하지만 말이 표를
올려 추천한 것이지, 사실상 원술이 손견을 파로장군과 예주자사로
임명한 것이었다. 대신 원술은 남양군을 넘겨받았다. 관직과 땅을 주

고받은 두 사람의 거래는 서로에게 이익이었다. 막장은 동탁만 저지른 것이 아니었다.

장사태수 손견이 반동탁연합군에 합류하면서 전세가 바뀌었다. 손견과 동탁군의 첫 만남은 손견의 주둔지인 노양현에서 이루어졌다.

190년 겨울, 손견은 예주장사豫州長史 공구칭公仇稱을 예주로 보내 군량을 구해오게 했다. 장사는 자사의 최고위 보좌관이었으므로 예주로 출발하기 전에 손견은 예를 갖추어 공구칭을 위해 환송연을 베풀었다. 그런데 환송연 도중 동탁의 기병들이 그곳에 들이닥쳤다. 동탁은 노양군에 있는 원술과 손견을 공격하기 위해 보병과 기병 수만 명을 보냈는데, 그중 경무장한 기병(輕騎) 수십 기가 먼저 도착한 것이다. 잔치 분위기 속에 손견의 군대는 제대로 무장을 하지 않고 있었고, 자칫 소수의 적군의 기습에도 유린당할 수 있는 상황이었다. 그런데도 손견은 다만 술을 마시고 담소하면서 부하 장병들에게 진영을 정돈하고 경거망동하지 말라고 일렀다. 그러고는 태연하게 천천히 무리를 정렬하여 노양성으로 들어갔다. 동탁의 기병들은 그 모든 광경을 지켜보았다. 그들은 손견군이 질서정연하게 성안으로 들어가 수비 태세를 갖추는 모습을 보고 복병이 있다고 생각하여 감히 공격하지 못했다. 결국 동탁의 기병들은 아무런 전과도 얻지 못하고 돌아갔다. 손견의 위기관리 능력이 빛을 발한 순간이었다. 그는 눈앞의 적에 당황해 허둥지둥 서둘렀다면 서로 밟고 밀치느라 적잖은 군사들이 성안에 들어가지 못하는 사태가 벌어졌을 거라고 술회했다.

노양현에서 위기를 모면한 손견은 다음 해인 191년부터 본격적으로 낙양을 공략하기 위해 나섰다. 그해 2월, 손견은 양현梁縣의 동쪽에 주둔했는데, 서영이 이끄는 동탁군을 만나 대패했다. 서영은 1년 전에도 조조의 군대를 물리친 용장이었다. 손견은 부하 수십 기와 함께 동탁군의 포위망을 뚫고 달아났다. 하지만 적의 추격군이 계속해서 따라왔다. 이에 손견은 자신의 모자를 부하 장수 조무祖茂에게 주어 쓰도록 했다. 그러자 동탁의 기병들은 손견의 모자에 정신이 팔려 조무를 뒤쫓았다. 그리하여 손견에게 활로가 열렸다. 조무는 동탁의 기병에게 쫓겨 위태롭게 되자 말에서 내린 다음, 어느 무덤가의 불탄 기둥에 모자를 올려놓고 풀숲에 몸을 숨겼다. 곧 동탁의 기병들이 손견의 모자를 발견하고 기둥을 에워쌌으나 아무도 없었다. 자신들이 속았다는 것을 깨달은 동탁의 기병들은 곧 달아났다.

자신과 조무의 기지 덕분에 살아난 손견은 군대를 수습해 양현의 한 고장인 양인陽人으로 이동했다. 손견의 숨통을 끊어놓기를 원했던 동탁은 동군태수 호진胡軫과 여포를 출진시켰다. 5,000명 규모의 병력이었는데, 여포는 기병 지휘를 맡았다. 그런데 사령관 호진과 부관 여포 사이가 좋지 않았다. 두 사람은 반목했고, 그런 와중에 진영 내에 "적이 온다"는 유언비어가 퍼졌다. 그러자 병사들이 여기에 속아 앞다투어 달아나버렸다. 유언비어를 퍼뜨린 이는 다름 아닌 여포였다. 손견은 적전 분열이라는 어부지리로 동탁군을 대파하고 도독 화웅을 참하는 전과를 올렸다. 궁지에 내몰렸던 손견이 기사회생하는 순간이었다.

이 장면에서 소설 삼국지를 읽은 독자들은 눈치챘을 것이다. 설마 관우가 화웅을 죽인 게 아니란 말인가? 소설에서 관우는 조조가 준 술이 식기도 전에 화웅의 목을 베었다(5회). 그러나 이는 소설의 작가들이 관우의 용맹을 강조하기 위해 사실을 각색한 것이다. 사실 유비는 반동탁연합군에 참가한 적이 없다. 당시 유비의 상관인 공손찬도 마찬가지다. 소설 삼국지의 작가들은 중요한 전투에 유비와 관우, 장비가 빠지면 안 된다고 생각해 이들이 공손찬을 따라 반동탁연합군

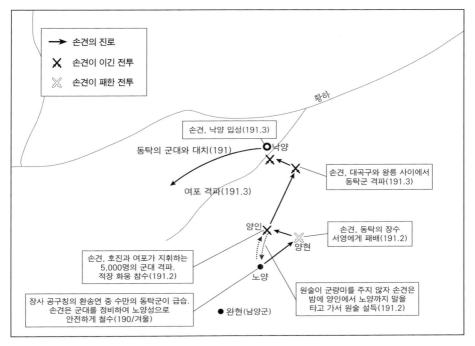

3-7 손견과 동탁의 전투.

에 참가했다는 허구를 집어넣었다. 그리고 관우가 화웅을 죽이고 맹
장 여포와 막상막하의 일대일 개인전을 벌였다고 묘사했다. 관우와
여포의 싸움은 장비와 유비까지 끼어들어 일대삼의 싸움으로 바뀌었
지만 말이다(5회). 모두 관우의 용맹을 돋보이게 하기 위한 허구였던
것이다.

한편 승장 손견에게 나쁜 소식이 전해졌다. 원술이 손견의 배후를
맡아 군량을 제공하고 있었는데, 어떤 사람이 둘의 사이를 이간질해
원술이 군량 공급을 중지한 것이다. 이 사람이 누구인지는 알 수 없
다. 다만 배송지주에 인용된 『강표전』에 따르면, 그는 원술에게 "손견

이 낙양을 점령하면 제어하기 어려운 상황이 다시 초래될 것입니다. 이리를 제거한 자리에 호랑이가 들어앉는 격이기 때문입니다"라고 말했다.

전쟁에서 군대의 전투력만큼이나 중요한 게 군량 보급이다. 손견은 군량 보급 문제로 시비가 붙어 이미 남양태수를 죽인 적이 있을 정도로 이 문제에 민감했다. 당시 손견이 주둔한 양인과 원술이 있는 노양현은 100여 리(약 41.4km) 거리였는데, 마음이 급한 손견은 어두컴컴한 야밤에 직접 말을 타고 달려가 원술을 만났다. 그는 앞서 살해한 두 지방관의 경우와 달리 진득하게 설득하여 원술의 의심을 풀었다. 원술은 그제야 군량 공급을 재개했다.

한편 손견의 실력을 확인한 동탁은 그를 회유할 생각을 품었다. 동탁은 급히 손견에게 이각을 보내 그의 자제子弟들을 등용하겠다며 당근책을 내놓았다. 그러나 손견은 단칼에 제안을 거부하고 다음과 같이 말했다.

동탁은 하늘을 거스른 무도한 인물로서 황실을 뒤집었으니, 내 오늘 너(동탁)의 삼족을 멸해 사해에 보이지 않으면 죽어도 편히 눈감지 못할 것이다. 어찌 장차 동탁과 화친할 수 있다는 말인가?

한마디로 동탁을 상대로 결사항전을 천명한 것이다. 손견은 군대를 이끌고 대곡大谷으로 향했다. 대곡은 낙양에서 90리 떨어진 곳으로 낙양의 8개 관소 중 하나였다. 이번에는 동탁이 친히 군대를 이끌고 나와, 대곡과 여러 황제의 능이 있는 지역 사이의 전장에서 손견과 싸웠으나 패하고 말았다. 이에 동탁은 민지현澠池縣으로 물러났다가 다시 섬현陝縣으로 군대를 옮겼다.

승세를 탄 손견은 계속 진군하여 191년 3월, 낙양성 선양문에서 여포의 군대마저 격파하고 군웅 가운데 가장 먼저 낙양 입성에 성공했다. 하지만 동탁이 이미 낙양을 불살라버리고 장안으로 달아난 뒤였다. 손견이 낙양에 입성했을 때 남은 것은 폐허뿐이었다. 그런데 동탁이 온갖 재물, 심지어 역대 황제들의 능까지 파헤쳐 부장품을 몽땅 긁어간 그곳에 아직 보물 하나가 남아 있었다. 바로 전국새傳國璽였다. 낙양성 남쪽 견관甄官의 우물에서 발견된 전국새는 진시황이 춘추전국시대에 가장 뛰어난 옥이라는 화씨和氏의 벽璧으로 만든 옥새였다. 황제의 도장인 옥새를 확보했다는 것은 손견 자신이 황제가 될 수 있다는 뜻이었다. 배송지주에 인용된 『강표전』에 따르면, 이 옥새는 하진이 암살된 직후 원소 등이 환관들을 닥치는 대로 죽이자 장양 등이 소제와 진류왕을 데리고 도망쳤는데 그때 한 환관이 우물에 던진 것이다. 『산양공재기山陽公載記』에 따르면, 손견이 죽고 난 뒤로 그의 부인 오씨가 이 옥새를 보관했으나 나중에 원술에게 빼앗겼다. 옥새를 손에 넣은 원술은 황제를 참칭한다.

손견은 종묘를 청소하고 태뢰太牢\*로 제사를 지냈다. 후한의 신하로서 후한의 옛 황제들에게 경의와 예를 표한 것이다. 이어서 손견은 한 무리의 군대를 보내어 낙양 서쪽의 신안현新安縣과 민지현 사이 지점에서 동탁군과 대치했다.

동탁은 191년 4월 장안에 도착했는데, 그는 군대를 물리면서 손견 등 반동탁연합군의 진격을 막기 위해 동중랑장 동월에게는 민지현을, 중랑장 단외에게는 화음현華陰縣을, 중랑장 우보에게는 안읍현安邑縣을 각각 지키게 했다. 또한 다른 중랑장과 교위들을 주변의 여러 현에

---

\* 소, 양, 돼지를 함께 제물로 바치는 것을 말한다.

배치해 반동탁연합군의 진격을 막도록 했다. 손견은 동탁이 장안으로 도망가자 더 이상의 추격을 포기했다. 그는 여러 황제의 능을 보수한 다음 군대를 돌려 원술이 주둔한 노양현으로 퇴각했다.

손견은 왜 애써 점령한 낙양을 포기한 것일까? 당시 낙양은 말 그대로 폐허였고, 군대를 부양할 만한 식량과 물자가 전무했기 때문이다. 낙양 바깥에서 군량을 조달할 수 있느냐 하면 이 또한 녹록지 않았다. 손견을 견제한 원술이나 다른 반동탁연합군이 군량을 보급해줬는지도 불확실하다. 낙양은 후한의 수도였다는 정치적 상징성을 제외하면, 경제적으로 아무 의미가 없는 땅이었다. 이후에 낙양에 깃발을 꽂았던 이들도 하나같이 발걸음을 돌려 낙양을 벗어났다. 손견은 노양현으로 돌아갔고, 주준은 중모로 근거지를 옮겼으며, 훗날 장안을 탈출해 낙양을 찾은 헌제 또한 머물지 못하고 조조의 영향력 아래 있는 허(허창)로 이동했다.

## 서쪽으로 도망간 동탁과 반동탁연합군의 해체 _____

동탁은 반동탁연합군이 결성된 직후부터 장안 천도를 준비하고 있었다. 190년 2월, 동탁은 장안 천도를 공론에 붙이고 반대파를 제거했다. 그러고는 일단 헌제와 신하들, 수백만 명의 백성을 강제로 장안으로 옮기고 낙양은 파괴했다. 헌제는 약 1년 뒤인 191년 3월 장안에 도착했다. 그동안에 동탁은 낙양 필규원畢圭苑에 주둔하면서 궁전과 종묘, 관청 건물, 주민들의 집을 불사르고, 여포를 시켜 역대 황제의 능과 신하들의 묘를 도굴하여 보물을 챙겼다. 그런데 동탁은 왜 장안으로 천도한 것일까? 반동탁연합군은 그를 두려워해 감히 진군하지 못하고 있었는데 말이다.

낙양 주변에는 8개의 관이 있었다. 전한시대에 함곡, 이궐, 선문, 맹진 등 4관이 낙양 주변에 설치되었고, 후한 중기인 안제(재위 106~125년) 때 대곡과 환원 2관이 설치되었으며, 후한 말에 광성과 소평진이 추가로 설치되어 모두 8관이 되었다. 그런 점에서 "황건의 난을 당해 영제가 8관을 설치했다"는 사료의 기록은 기존의 6관에 새로 2관을 설치하고 방어를 강화했다는 뜻일 것이다.

낙양 분지 주변의 8관 가운데 광성관을 제외한 7관은 산과 산 사이에 위치한 교통로로서, 낙양을 관중과 여타 외부로부터 차단하는 천연의 요새였다. 하지만 그렇다고 해도 낙양 주변의 산과 구릉이 험한 편은 아니어서 방어의 이점이 관중에 비할 바는 아니었다. 낙양에 주둔 병력이 충분히 많다면 8관에 군대를 배치해 동쪽에서 진군해오는 세력을 막을 수 있겠지만 후한시대에는 조정 휘하에 수천 명으로 이루어진 소수의 정예부대만이 존재했다. 즉 모두 합쳐봐야 수천에서 수만 명 정도의 군대로 지방을 통제한 것이다. 그에 비해 반동탁연합군은 3개 주의 주목·자사와 7개 군의 태수가 거느린 군대들의 연합이었다. 이 지방관들의 군대는 동탁의 군대보다 잘 훈련된 군대는 아니었지만, 적어도 수적으로는 동탁군보다 많았을 것이다. 즉 '인해전술'이 가능했다.

정확한 숫자를 제시할 수 있다면 양측의 군세를 쉽게 비교할 수 있겠지만 아쉽게도 자료가 없다. 중국 정사의 편찬자들은 군사 관련 정보를 상세히 기록하기를 기피했다. 군사비밀이 일반인이나 적국에 알려져봤자 좋을 게 없기 때문이다. 따라서 추정할 따름인데, 동탁이 장안 천도를 감행한 데는 전세에 대한 판단이 중요하게 작용했을 것이고, 그는 분명 불리하다고 느꼈을 것이다. 특히 남쪽에서 진격해오는 손견의 군대를 위협적이라고 생각했을 것이다.

동탁의 장안 천도는 반동탁연합군에 큰 영향을 주었다. 본래 반동탁연합군은 동탁 타도를 목적으로 결성되었으나 서로의 이해관계가 워낙 복잡하게 얽혀 있었고, 일사분란하게 움직이지도 않았다. 군웅은 일단 동탁이 장안으로 달아나자 '타도'의 목표가 흐릿해졌고 더 이상 같이 행동할 필요가 없어졌다. 그와 동시에 봉합되어 있던 구성원들의 갈등이 가시적으로 터져나오기 시작했다. 결국 어제의 동료들 사이에서 내분이 발생했다. 연주자사 유대는 동군태수 교모를 살해하고 왕굉王肱을 동군태수에 임명했다. 청주자사 초화焦和는 동탁을 토벌한다며 황하를 건넜지만 황건적이 청주를 침입하자 도망가다 죽었다. 원소는 한복을 내쫓고 기주를 차지했다. 원술은 유표를 공격했다.

## 동탁, 양아들 손에 죽다 _____

사라진 관명이던 상국을 부활시킨 동탁은 장안으로 천도한 후에는 태사太師가 되어 제후왕보다 높은 반열에 올랐다. 문자 그대로 만인지상萬人之上 일인지하一人之下의 자리에 오른 것이다. 동탁보다 높은 존재는 황제밖에 없었다. 물론 그런 건 어차피 중요하지 않았다. 동탁이 가진 권력은 황제를 능가했고 또 거리낌 없이 황제가 사용하는 수레와 의복 등을 자신을 위해 사용했으니까. 그의 일족도 호사를 누렸다. 동탁은 친척들을 중용했고, 자손들을 후侯에 봉하고 딸들을 읍군邑君에 봉했다.

　동탁은 장안성 동쪽에 누壘를 만들어놓고 그곳에 기거했다. '누'란 장벽이 있는 군영 또는 성채를 말한다. 그는 또 장안 서쪽 260리 떨어진 미현에 오塢를 만들었다. 원래 '오'는 내란이나 전쟁에 대비해 백성들이 자신들을 지키기 위해 만든 방어 시설을 말하는데, 동탁의 오는 좀 더 특별했다. 미오郿塢 혹은 만세오萬歲塢라고 불린 이곳에 동탁은 30년은 견딜 수 있을 만큼의 곡식과 재물을 저장하고, 노모를 비롯한 일족을 데려다가 그곳에서 살게 했다(금 2~3만 근과 은 8~9만 근, 그 외 구슬과 옥, 비단 등 보물과 귀중품이 산더미처럼 쌓여 있어 그 가치를 헤아릴 수 없을 정도였다). 그는 '미오'가 몹시 든든했던 것 같다. "일이 잘되면 천하를 지배할 것이고, 그러지 못하더라도 이곳(미오)을 지키면 능히 죽을 때까지 살 수 있을 것이다"고 말했을 정도니까.

동탁은 장안에서도 사람들을 마구 죽이며 공포정치를 펼쳤다. 관중의 한 지방 세력을 역모를 꾸몄다는 허위 죄명으로 몰살시키는가 하면, 한때 그의 상관이었던 장온을 저잣거리에서 매질한 후 살해하기도 했다. 조정의 신하든 지방의 토호든 일반 백성이든 동탁의 공포정치로부터 안전을 장담할 수 있는 사람은 없었다.

당시 동탁은 개인의 욕심을 채우는 데 골몰하면서 정사 대부분은 사도 왕윤에게 맡기고 있었다. 그런 왕윤이 동탁을 처단하기로 결심하고 은밀히 모의를 꾸몄다. 이를 위해 그는 상서복야 사손서士孫瑞와 여포를 끌어들였다. 여기서 눈여겨봐야 할 인물은 역시 여포다. 평소 암살을 두려워한 동탁은 무예가 뛰어난 여포를 항상 곁에 두고 자신을 지키게 했을 정도로 여포를 총애했다. 하지만 여포를 너무 신뢰했던 것일까? 그는 여포에게 친근감을 표현하는 수준을 넘어 함부로 대했다.

한번은 여포가 하찮은 일로 동탁의 노여움을 사서 그의 창에 맞을 뻔한 일이 있었다. 여포는 동탁이 창을 던지자 그것을 쳐낸 다음 그 자리에서 용서를 빌었다. 이로써 이 사건은 일단 무마되었다. 그런데 동탁은 뒤끝이 없었는지 몰라도 여포는 그렇지 않았다. 또 한번은 여포가 동탁의 명으로 중각을 지키다가 그의 시비侍婢와 정을 통한 일이 있었다. 여포는 이 사실이 동탁에게 알려질까봐 두려워했다. 하지만 이미 엎질러진 물이었다.

왕윤은 여포의 근심을 알고 그에게 접근했다. 그는 자신이 상서복야 사손서와 함께 동탁을 죽이기 위해 모의 중이라며 여포에게 거사에 참여할지 물었다. 그러자 여포는 "나는 동태사(동탁)와 부자 사이인데 어찌 그럴 수 있단 말이오?" 하고 반문했다. 이에 왕윤은 "당신의 성은 여몸이고 본래 같은 핏줄은 아니지 않소? 또 그대는 지금 죽임을 당할까봐 걱정하고 있으면서 어찌 부자 관계를 운운한단 말이오? 또한 자식에게 창을 던지는 아비에게 어찌 부자의 정이 있다고 하겠소?" 하고 설득했다. 결국 여포는 거사에 동참하기로 결심했다. 그의 두 번째 배신이었다.

소설 삼국지에서 이 대목은 사도 왕윤이 절세미녀인 수양딸 초선을 여포에게 아내로 주기로 약속하고 미인계와 이간계를 행한 것으로 각색되었다. 왕윤이 여포에게 초선의 얼굴만 보여주어 여포의 마음을 홀린 다음, 초선을 몰래 동탁에게 보내어 삼각관계를 만들고, 결국 이간계에 성공한다는 내용이다. 동탁이 여포에게 창을 던진 일화도 그가 여포와 초선의 관계를 의심하여 던진 것으로 바뀌었다(8~9회). 사실 초선은 여포가 동탁의 시비와 사통한 데서 모티브를 따온 허구의 인물이다. 정사의 단편적인 에피소드 2개를 엮어 동탁과 여포의 사이가 틀어졌음을 나름대로 논리적으로 풀어간 소설 삼국지가 더 재미있다. 양자라고 해도 한 여성을 두고 부자가 싸우는 것은 사람이 할 짓이 아니니 두 사람 모두 패륜으로 몰아 비난한 것이다.

192년 4월 어느 날, 병에서 쾌차한 헌제는 신하들을 미앙전에 불러 모았다. 여포가 조서를 가지고 있었다는 기록으로 미루어 헌제도 동탁 암살 계획을 미리 알고 있었던 것 같다. 왕윤은 여포와 이숙李肅 등 10여 명을 대기시켜놓고 동탁이 입궁하기를 기다렸다. 그리고 동탁이 입궁하는 순간 기회를 노려 그를 살해했다. 거사에 성공한 왕윤은 일각의 지체도 없이 황보숭에게 군대를 이끌고 동탁 일족이 거주하는 미오로 쳐들어가 동탁의 아우 동민董旻과 나머지 일족을 모조리 죽이게 했다.

이때 동탁의 시신을 지키던 한 관리가 그의 배꼽에 심지를 놓고 불을 붙였는데 워낙 몸이 비대해서 하루 동안 밝게 탔다고 한다. 원씨 문생門生들도 가만있지 않았다. 동탁은 앞서 원소가 반동탁연합군을 만들었다는 소식을 듣고 그의 일족을 모두 주륙한 바 있는데, 그 때문이었을까, 원씨 문생들은 동씨 일족의 시신을 모아 불태운 뒤 그 재를 길가에 버렸다. 자신들의 정치적 상관이자 은인들을 위해 원수를 갚은 것이다.

폭정에 시달린 사람들에게 동탁의 죽음은 어둠 속 한줄기 빛과 같았다. 왕윤은 공을 세운 여포를 분위장군奮威將軍 의동삼사儀同三司에 임명하고 온후溫侯에 봉했다. 의동삼사는 삼사三司와 똑같이 대우한다는 뜻으로 당시의 관직명은 아니었다. 결국 삼사는 삼공三公이므로, 의동삼사는 삼공과 의전을 똑같이 한다는 뜻이었다. 또한 온후의 '온'은 하내군의 온현으로, 현 하나를 식읍으로 받았으니 여포에게는 과분한 상이었다. 이때가 여포의 전성기였다.

여기서 소설 속 허구 인물인 초선에 대해 잠깐 살펴보자. '초선貂蟬'은 본래 모자의 이름이었다. 정사에는 초선이란 이름의 여성이 보이지 않지만 각종 문학과 야사에 언급되며, 원나라 시대의 잡곡雜曲 『연환계連環計』에서는 해당 인물의 이름이 임홍창任紅昌이고 산서성 출신이라고 기록하기도 했다. 이후 『삼국지연의』에서 초선이라는 인물이 창조되었다. 이후 가공의 인물임에도 인기가 대단해서 서시, 왕소군, 양귀비와 함께 중국의 4대 미인으로 꼽힐 정도가 되었다.

소설 삼국지에는 초선이 두 번 등장한다. 한 번은 왕윤이 동탁과 여포를 이간질하는 미인계를 꾀할 때 등장하여 동탁이 피살되기 직전 인사하는 장면을 마지막으로 사라진다(9회). 그러다가 나중에 여포가 서주를 지배할 때 여포의 첫째 첩으로 다시 등장한다(16회). 양자가 동일인인지는 소설에서 언급하지 않지만 다른 사람이라고 볼 근거도 없다. 독자들은 보통 동일 인물로 이해할 것이다. 어쨌든 재등장한 초선은 동탁에 이어 여포의 앞길도 막는다. 조조의 군대에 포위된 상황에서 진궁은 여포에게 조조의 군량이 도착하기 전에 그의 군대를 습격하자고 조언하지만 여포는 결심을 하지 못한다. 이때 초선이 여포에게 "가볍게 말 타고 나가서 싸우지 마세요" 하고 간청하자 여포는 조조군을 공격할 뜻을 접는다. 그러고는 부인 엄씨, 초선과 함께 술을 마시며 하릴없이 시간만 보내다가 최후를 맞는다(19회).

　반면 요시카와 에이지의 삼국지와 이를 베낀 국내 일부 삼국지에서는 초선이 동탁과 양아들 여포를 이간질하는 임무를 충실히 마친 후 자살한 것으로 소개한다. 특히 요시카와 에이지는, 여포가 자살한 초선이 남긴 시를 읽고 뒤늦게 그녀가 자신을 사랑한 것이 아니었음을 깨닫고 시를 우물에 버렸다고 썼다. 그러고는 나중에 여포가 서주의 주인이 되고 나서 잊지 못한 그녀의 이름을 붙인 동명이인의 첩을 두었다고 설명했다. 구차한 변명과 빈곤한 상상력의 발로가 아닐 수 없다.

### 운 좋은 무능한 야심가 동탁, 배신으로 망하다

동탁은 189년 8월부터 192년 4월까지 만 3년이 안 되는 기간 동안 후한 조정을 지배했다. 하지만 후한 전체를 지배하지는 못했다. 그가 권력을 잡은 후 반동탁연합군이 만들어지면서 각지의 지방관들이 사실상 중앙의 명령을 듣지 않는 반독립 상태로 떨어져나갔기 때문이다. 동탁 정권의 등장은 결과적으로 후한이 분열되어 본격적인 군웅할거시대가 열리는 계기가 되었다.

둘째, 동탁은 왜 실패했을까? 무엇보다 최측근이었던 여포의 배신을 꼽을 수 있을 것이다. 여포에게 암살되는 운명을 피할 수 있었다면—물론 그랬더라도 천하를 제패하는 일은 없었겠지만—적어도 그는 장안에서 오랫동안 정권의 명맥을 유지하며 잘살 수 있었을 것이다. 동탁이 여포를 지나치게 신뢰했다고도 말할 수 있을 것이다. 오늘날 독자들이야 여포의 배신 행적을 모두 알고 있지만, 동탁은 그렇지 않았다. 정원을 배신한 것 외에 다른 사례는 알지 못했고, 죽는 순간까지도 자신이 두 번째 배신의 제물이 되리라곤 생각지 못했을 것이다. 사소한 다툼이 신뢰에 금을 내고, 그것을 알아차리지 못하는 동안 여포가 시비와 통정한 일이 생겨 변심을 낳고, 결국 왕윤의 도구가 되어 자기 목을 겨눌 줄은 꿈에도 몰랐을 것이다.

둘째, 동탁은 정권을 잡은 후 소제 유변을 폐하고 진류왕 유협을 옹립했는데 이 또한 실책이었다. 하진은 영제가 후계자로 염두에 둔 진류왕 유협 대신 조카 유변을 황제로 옹립하는 과정에서, 유협을 양육한 동태후와 외척 동중을 제거했다. 동태후와 동탁은 같은 동씨로, 이는 동탁이 하씨何氏를 증오하는 한 원인이 되었다. 동탁은 농서군 출신인 반면 동태후 일족은 하간국 출신이었기 때문에 양자는 혈연관계가 없었던 것으로 보인다. 그러나 꽌시를 중시했던 중국인들의 생존 방식을 생각하면 동탁과 동태후 일족은 같은 성이라는 이유로 '우리가 남이가'를 외치며 정치적으로 끌어주고 밀어주는 관계였을 것이다. 피가 섞이진 않았지만 같은 집안 사람으로서 말이다. 따라서 동탁은 하진의 행동을 동족 탄압으로 간주했다. 그랬던 만큼 그는 동태후가 양육한 유협에게 호감을 느꼈을 것이다. 그래서 정권을 잡자마자 하씨가 옹립한 소제를 폐하고 하태후를 죽이는 보복을 감행했다. 게다가 영제가 그러했듯 동탁이 보기에도 헌제 유협이 훨씬 유능했다. 하지만 이유가 무엇이든 이미 즉위한 황제를 내치는 것은 정치적 명분을 잃는 일이었다. 황제와 황후가 낳은 적정자라면 더욱 그렇다. 소제가 아둔하건 아니건 반동탁파들에게 그것은 중요한 문제가 아니었고, 그들 눈에는 어디까지나 소제에게 정통성이 있었다. 하지만 동탁은 원소의 주도 아래 반동탁연합군이 결성되자 아예 소제를 죽여버렸다. 반동탁연합군이 소제 복위를 모색하지 못하도록 화근을 없애버린 것이다.

셋째, 동탁은 강력한 군사력에 의지한 채 지나치게 공포정치에만 의존했다. "말 위에서 천하를 정복할 수는 있어도 천하를 다스리기는 어렵다"는 중국 격언은 동탁에게 딱 어울리는 말이었다. 그는 외척 하진과 환관들의 권력투쟁 와중에 손쉽게 권력을 차지했지만 국정을 처리할 능력과 자질, 도덕성, 윤리, 양심이 부족했다. 그는 학살과 폭정, 약탈을 일삼았고, 이는 민심 이반으로 이어졌다.

넷째, 동탁은 중앙 정계의 인재들이 쳐놓은 덫에 걸리고 말았다. 그가 통치자로서 자신의 자질 부족을 몰랐던 건 아닌 것 같다. 그래서 낙양 정권 시기에는 주필과 오경을 신임했고, 장안 정권 시기에는 왕윤을 중용했다. 그러나 동탁에 의해 발탁된 주필과 오경은 일찍부터 그를 제거할 요량으로 먼날을 내다보며 반동탁 성향의 인물을 낙양 가까운 곳의 지방관들로 천거했다. 과연 이들 대다수는 나중에 동탁 타도의 기치를 내걸고 그 앞에 나타났다. 주필과 오경은 한걸음 더 나아가 반동탁연합군과 내통하면서 동탁을 제거하려는 음모도 꾸몄다. 나중에 동탁이 이를 깨닫고 두 사람을 죽였지만 이미 엎질러진 물이었다. 왕윤도 앞서 살펴본 것처럼 겉으로는 동탁에게 순종했지만 실제로는 그를 암살하는 데 앞장선 한나라의 충신이었다. 동탁은 인복이 너무도 부족했다.

다섯째, 사료에는 잘 드러나지 않지만, 동부(관동)와 서부(관중)의 지역감정이 동탁과 반동탁파의 대립 구도를 만드는 데 일조했다. 동탁은 장안 서쪽에 위치한 농서군 임조현 출신이다. 서쪽 혹은 서북쪽 변방 출신의 무장으로 입신한 인물이었다. 반면 반동탁연합군에 가담한 인물 대부분은 기주와 예주 등 낙양이나 관동(산동) 출신이었다. 전한시대부터 사람들 사이에는 "관서(산서)에서는 무장이, 관동(산동)에서는 문신이 나온다"는 말이 있었다. 그런데 후한의 수도로 낙점된 낙양은 전통적으로 관동의 정치적 중심지였다. 게다가 후한은 '무'를 버리고 '문', 즉 문치주의를 채택했다. 당연하게도 관동 출신의 인물들이 정치적으로 대거 부상했다. 한때 두씨竇氏와 마씨馬氏, 염씨閻氏, 양씨梁氏 등 관서 출신의 외척들이 권세를 갖고 발호했지만 대개 제거되었다. 결국 삼공을 비롯한 요직은 관동 출신들에게 돌아갔고, 후한 말이 되면 관동 출신이 지배층의 주류를 형성했다. 그런 가운데 동탁이 등장하자, 무식하고 포악한 관서 출신의 일개 무인이 벼락출세하여 정권을 잡은 사태가 이들에게는 몹시 못마땅했을 것이다. 사료의 기록에는 이런 내용이 나오지 않는다. 그러나 일부 학자들이 동탁을 정점으로 한 '량주涼州 군벌'이란 용어를 사용할 정도로 동과 서를 나누는 지역 정서에 큰 간극이 있었다는 것은 아는 사람은 다 아는 내용이다. 서쪽 변방 출신의 무장과 동쪽 명문 출신의 대립, 그리고 양자의 갈등. 이것이 반동탁연합군이 결성된 원인의 하나이다.

## 이각과 곽사, 정권을 장악하다 _____

'인생지사 새옹지마'라고 했던가? 좋은 일이 있으면 궂은 일이 뒤따르게 마련이다. 동탁이 죽임을 당하던 때, 그의 수하인 이각과 곽사 등은 영천군과 진류군 등을 공격하기 위해 수만의 군대를 이끌고 장안 밖에 있었다. 이들은 사태가 터진 후 왕윤에게 사면을 요청했으나 거절당했다. 동탁이 죽은 지 1년도 안 되어 그들을 사면해줄 수는 없다는 게 그 이유였다. 그러자 궁지에 몰린 쥐가 고양이를 문다고, 이각 일당은 이판사판으로 군대를 이끌고 장안으로 진격했다. 호진과 서영이 군대를 이끌고 저지에 나섰지만 패하고 말았다.

이윽고 장안은 이각 일당에 포위되었다. 배송지주에서 인용한 『영웅기』에 따르면, 이때 여포는 장안성 북문에서 곽사에게 일대일 결투를 청했다. 곽사가 이에 응하자 여포는 장안성 밖으로 나와 한판 대결을 벌였다. 여포는 곽사를 창으로 찔러 승리했다. 곽사는 그의 부하가 뒤에서 황급히 뛰쳐나와 보호해준 덕분에 간신히 목숨을 건졌다. 하지만 여포의 일대일 대결 승리에도 불구하고 장안성 포위는 풀리지 않았다.

그러다가 사달이 났다. 여포의 부하 가운데 수叟, 즉 파촉의 이민족 출신 병사가 이각의 군대와 내통하여 성문을 열어준 것이다. 그리하여 192년 5월 이각 일당은 장안성을 점령했다. 배신을 밥 먹듯이 한 여포가 부하에게 뒤통수를 맞은 것이다. 결국 잠깐 동안의 천국은 다시 지옥으로 바뀌었다. 여포로서는 도망치는 것 외에 달리 방법이 없었다. 이때부터 여포의 방랑이 시작된다.

이각과 곽사는 장안 조정의 새로운 권력자가 되었다. 이각은 거기장군으로 승진하고 사예교위를 겸했으며, 곽사는 후장군後將軍, 번조樊稠는 우장군右將軍, 장제張濟는 진동장군鎭東將軍에 임명되었다. 이네 사람은 모두 열후에 봉해졌다. 이각과 곽사, 번조가 조정의 정치를 좌우했고, 장제는 홍농군에 주둔하며 장안을 지켰다. 그리고 가후賈詡는 상서에 임명되어 인사 문제를 관장했다. 이각, 곽사, 번조는 삼공과 함께 정사를 처리하며 인사 문제를 주물러 6부六府라고 불렸다. '부府'는 스스로 속리를 임명할 권한(이를 벽소권이라 한다)을 가진 조직 또는 관청을 지칭하는데, 보통 삼공과 대장군, 거기장군 등 중앙의 장군만이 부를 개설할 수 있었다. 이 세 사람은 지위는 삼공의 아래였지만 실제 권력은 삼공보다 셌다. 그래서 실제 지위도 삼공과 동등하다는 의미로 '6부'라고 불린 것이다. 이들은 한때 마등과 한수, 시중 마우馬宇, 우중랑장 유범劉範, 전 량주자사 충소种劭, 중랑장 두품杜稟 등으로 구성된 연합군의 공격을 막아내고 권력을 유지했다.

그러나 이들의 연합정권은 2년 만에 붕괴했다. 이각이 193년 무리의 신망을 얻고 있던 번조를 암살하자 장수들이 서로 반목하며 의심하는 가운데 이각과 곽사가 군사를 동원해 시가전을 벌인 것이다. 원굉袁宏이 쓴 『후한기後漢紀』와 어환魚豢의 『전략典略』 따르면, 이각은 자주 곽사를 불러 함께 잔치를 벌이고 술을 마셨으며, 술에 취한 곽사는 이각의 집에서 잤다. 곽사의 아내는 곽사가 이각의 비첩婢妾과 사통해 자신을 멀리할까 두려워하여 이각과 곽사를 이간질할 음모를 꾸몄다. 기록대로라면 이각은 곽사에게 술과 음식뿐만 아니라 잠자리

시중을 들 여성을 제공했던 것 같다. 결국 곽사 아내의 질투심이 둘을 갈라놓았다. 그녀는 이각이 약이라고 보낸 메주에 독약을 섞은 뒤 이를 먹으려는 곽사에게 메주에서 독약을 긁어 보여주었다. 이에 곽사는 이각에 대해 의심을 품게 되었고, 결국 서로 싸우게 되었다.

먼저 곽사가 헌제를 자기 군영으로 데려가려고 하자 이각이 선수를 쳐 수천 명의 군사를 보내 궁궐을 포위하고 헌제와 황후, 태위 양표 楊彪 등을 납치해 자기 군영으로 데려갔다. 물론 궁궐의 궁녀들과 물자도 노략질했고 궁궐과 관청을 불 질렀다. 헌제가 태위 양표와 사공 장희張喜 등 10여 인을 보내 이각과 곽사를 화해시키려 했으나 곽사는 이를 무시하고 공경들을 인질로 잡았다. 곽사와 이각은 시가전을 벌이며 임시 수도 장안을 쑥대밭으로 만들었다. 두 사람의 싸움은 홍농군에 주둔하던 장제가 장안으로 돌아와 화해시킬 때까지 계속되었다. 장제는 헌제를 자신의 근거지인 홍농군으로 옮기려고 했다. 헌제도 낙양으로 돌아가고 싶었다. 헌제는 10번의 요청 끝에 이각으로부터 허락을 얻고 동쪽으로 떠났다. 황제가 신하에게 허락을 구해야 하는 치욕과 비루함을 무릅쓸 만큼, 헌제는 이각과 곽사로부터 벗어나고 싶은 마음이 간절했다. 곽사는 헌제를 모시고 동쪽으로 가던 중에 양봉, 동승과 불화하자 이각에게 투신했다. 어제의 원수인 이각과 곽사는 다시 힘을 합쳐 헌제의 행렬을 추격했다.

이각과 곽사는 헌제의 추격에 실패한 후 비참한 최후를 맞았다. 곽사는 부하에게 암살되었고, 이각은 조정에서 보낸 군대에 토벌되고 일족이 모두 주살되었다. 삼족이 멸족된 것이다. 한편 이각과 곽사가 장안에서 막장 드라마를 연출하는 동안 유명무실하던 조정의 권위는 더욱 바닥으로 떨어졌다. 그와 함께 여러 지방관이 조정의 말을 듣지 않고 영토 확장에 나서면서 군웅할거시대가 도래했다.

## 충신 왕윤의 비참한 최후 _____

지방관과 군웅이 각기 한 지역씩 차지해 군림하며 동탁을 반대하던 시기에 동탁 가까이에서 그를 노리던 인물들이 있었다. 특히 왕윤은 동탁의 신임을 받았지만 도리어 그를 죽이는 데 앞장섰던 인물이다.

왕윤은 태원군 기현祁縣 사람이다. 그의 집안은 원소의 집안처럼 중앙 고관을 지낸 전국적인 명문 가문은 아니었고, 병주와 태원군의 지방 관리를 배출하는 지역 유지 수준이었다. 하지만 왕윤은 좀 남달랐는지 동향 사람이자 당시 인물 평가의 최고 전문가였던 곽태는 "왕윤이 왕을 보좌할 인재"라고 평가했다. 이것만으로도 출세가 보장되었다.

155년 왕윤은 19세의 나이로 군의 관리가 되었다. 이때 환관 조진趙津이 고향인 진양현晉陽縣에서 악행을 저지르자 왕윤은 그를 체포해 처형했다. 그러자 조진의 형제가 환관들에게 그를 모함했고, 그 말이 환제의 귀에 들어갔다. 환제는 노하여 왕윤 대신 그의 상관인 태수 유질劉瓆을 낙양으로 소환했고, 결국 유질은 감옥에서 죽었다. 왕윤은 유질의 시신을 수습해 관을 그의 고향인 평원군까지 모셨고 삼년상을 치른 후 집으로 돌아왔다. 이때는 군의 하급 관리들이 상관인 태수의 죽음을 맞았을 때 태수의 고향에 가서 부모상처럼 삼년상을 지내는 일이 흔한 풍습이었다. 그렇다고 해도 왕윤은 자신 때문에 태수가 죽었으니 속죄의 감정이 있었을 것이다.

왕윤은 다시 군의 관리가 되었다. 그는 어느 날 태수 왕구王球가 무능하고 평판이 나쁜 노불路佛을 관리로 임명하려고 하자 그에 반대했다. 왕윤의 간언에 화가 난 왕구는 그를 죽이려고 했다. 이 소식을 듣고 병주자사 등성鄧盛이 왕윤을 구하기 위해 직접 태원군 관아를 찾았다. 그러고는 왕윤을 자기 부하로 거두고 별가종사別駕從事에 임명했다. 이 사건 이후 왕윤은 전국에서 유명해졌다.

두 일화에서 알 수 있듯이 왕윤은 강직했고 권력자들에게 아부하는 인물이 아니었다. 사서에서는 가려졌지만 왕윤은 황건의 난 때 황보숭, 주준과 함께 난을 토벌하는 데도 공을 세웠다. 그런데 그는 이 시기에 한 번 더 사고를 쳤다.

어느 날 왕윤은 적진에서 중상시 장양의 빈객이 보낸 편지와 문서를 발견했다. 장양이 누구인가? 당시 황제인 영제의 총애를 받던 최고의 권력자인 환관이 아닌가? 장양의 빈객이 황건적의 우두머리에게 편지를 보냈다는 것은 장양이 황건적과 내통했다는 뜻이었다. 실제로 태평도의 교주 장각이 반란을 모의했을 때 낙양의 일부 환관이 가담했다가 발각되어 처형당한 적도 있었다. 강직한 왕윤은 가만있지 않았다. 그는 영제에게 이 사실을 알렸다. 그러나 영제는 화가 나서 장양을 질책했지만 그뿐이었다. 장양이 사과하자 불문에 부친 것이다. 오히려 장양의 내통을 고발한 왕윤이 장양의 모함을 받아 옥에 갇혔다. 반란의 우두머리는 살려주고 이를 고발한 충신은 처벌했으니 막장도 이런 막장이 없었다. 왕윤은 풀려난 후 예주자사에 임명되었지만 열흘 후에는 또 다른 죄로 체포되었다. 이때 대장군 하진과 태위 원외袁隗, 사도 양사楊賜 등 최고위 중신들이 모두 그를 변호했다. 그 덕에 감형되는 줄 알았으나 사면 대상에서 제외되었다. 다시 삼공들이 상소를 올리자 다음 해에 겨우 풀려났다. 장양의 뒤끝 때문이었다. 왕윤은 환관들이 권력을 장악하고 뇌물을 받는 등 악행을 저지르는 상황에서는 화를 면하기 어렵다고 생각하고 이름을 바꾸고 도망갔다.

왕윤에게는 다행이라고 해야 할까? 영제가 죽자 대장군 하진이 그를 참모인 종사중랑從事中郎(육백석)에 임명했다. 환관을 죽이려는 하진에게 환관 장양에게 대항한 왕윤은 모사로서 적격이라고 생각했던 것 같다. 189년 헌제 즉위 이후에는 구경의 하나인 태복(중이천석)에 임명되고 상서령(천석)을 겸했다. 다음 해인 190년에는 양표를 대신해 사도司徒(만석)에 임명되었고, 여전히 상서령을 겸했다. 갑자기 구경을 거쳐 삼공에 임명되고 실질적인 권한을 행사하는 상서령에 임명된 것인데, 이는 누가 봐도 벼락출세였다. 헌제를 옹립한 인물이 동탁이었으니 따지고 보면 모두 동탁 덕분이었다.

낙양에서 장안으로 천도할 때 동탁이 궁중과 황제 무덤 속의 재물을 약탈하느라 분주한 동안, 왕윤은 황실과 조정의 문서고에 있던 서류와 책들을 챙겼다. 그 덕에 문서와 책을 장안까지 제대로 가져갈 수 있었다. 만약 왕윤이 아니었다면, 지금 전한과 후한 시대의 역사와 사회를 제대로 알 수 없었을지도 모른다. 과장하면 왕윤이 중국의 문화와 역사를 살렸다고 할까?

동탁은 왕윤을 신임하여 모든 정사를 그에게 맡겼다. 천도한 후에도 동탁은 반동탁연합군과 싸우느라 다음 해까지 낙양에 머물렀는데 그만큼 왕윤을 신임했기에 가능한 일이었다. 그리고 동탁이 그를 신임한 이유는 그가 동탁에게 속내를 감추고 머리를 숙이며 철저히 복종했기 때문이다.

젊은 시절 왕윤은 권력자들에게 대드는 강직한 인물이었다. 삼공이라는 높은 벼슬에 앉아보니 생각과 행동이 바뀐 것일까? 그건 아니었다. 왕윤은 동탁을 섬기면서 그를 제거하기 위한 음모를 꾸몄다. 사예교위 황완黃琬과 상서 정태鄭泰가 그를 도왔다. 세 사람은 호강교위護羌校尉 양찬楊瓚을 좌장군 대행, 집금오 사손서를 남양태수에 임명하고 남양군에 있는 원술을 토벌한다는 명목으로 두 사람에게 군대를 지휘할 권한을 주었다. 하지만 이는 동탁을 공격하려는 포석이었다.

이때 동탁은 반동탁연합군을 막기 위해 낙양에 있었다. 이 두 사람이 군대를 이끌고 동탁을 공격한다면 동탁을 이길지도 몰랐다. 동쪽에는 반동탁연합군이 있으니, 동탁은 그야말로 사면초가에 빠지는 형국이기도 했다. 그러나 동탁도 바보는 아니었다. 그는 위험을 눈치채고 두 사람에게 장안에 머무르도록 했다. 이에 왕윤은 사손서를 상서복야, 양찬을 상서로 다시 임명했다. 두 사람의 병권을 해제하여 동탁의 의심을 피한 것이다.

미수에 그친 왕윤은 191년 사손서의 진언을 받아들여 이젠 장안에 있는 동탁의 암살을 다시 계획했다. 여포를 끌어들여 동탁을 죽이려고 한 것이다. 앞서 본 것처럼 여포는 동탁이 던진 창에 맞아 죽을 뻔한지라 왕윤의 제안을 받아들였다. 결국 왕윤은 과업을 성공리에 마쳤다. 하지만 동탁을 죽인 후 방심한 것일까? 처음에 그는 동탁만 죽이고 그 부하들은 살려줄 생각이었다. 그런데 여포가 이에 찬성하자 그 의도를 의심했다. 나아가 여포가 동탁의 재물을 신하들과 무장들에게 나눠주자고 제안하자 이마저 거부했다. 평소 여포를 가볍게 보았던 왕윤은 그의 제안을 두 차례 무시했을 뿐만 아니라 검객의 손을 빌려 암살하려고 했다. 하지만 이는 실패하거나 무위로 돌아간 것 같다. 여포는 '역적' 동탁을 죽인 공을 인정받지 못하고 자신의 제안이 잇따라 묵살되자 실망하여 왕윤에게 불평했다.

당시 관동에 있던 동탁의 부하 이각과 곽사는 왕윤이 자신들을 사면해주지 않자 군대를 이끌고 장안으로 쳐들어왔다. 이때 한 사람이 황보숭을 장군으로 임명해 섬현에 주둔하도록 하여 이각과 곽사의 군대를 막고 동시에 그들을 상대로 회유책을 강구하라고 진언했지만, 왕윤은 무시했다. 그런 와중에 백성들 사이에 량주 사람들은 전부 죽임을 당할 것이라는 유언비어가 퍼졌다. 동탁의 부하 대부분이 량주 출신이었다. '량주 군벌'이라는 학술 용어가 괜히 생긴 것이 아니었다. "우리를 사면하지 않는다는 것은 우리의 병권을 빼앗고 우리를 죽이겠다는 것이다." 장안을 지키던 장교들은 장안으로 진격한 이각, 곽사의 군대와 내통했다.

결국 이각과 곽사는 장안성을 함락했다. 이때 여포는 청쇄문青瑣門에 있다가 왕윤에게 같이 도망가자고 했다. 하지만 왕윤은 거부했다. "나는 사직의 영혼에 의지하여 국가를 평안하게 하기를 원했다. 적들에게 잡히지 않는다면 몸을 바쳐 죽을 때까지 싸울 것이다. 황제가 어려서 나를 믿었는데 난이 발생했다고 구차하게 면하려는 행동을 할 수는 없다."* 결국 왕윤은 이각의 군대에 체포된 뒤 피살되었다. 이때 아들과 집안사람 10여 명도 함께 피살되었다. 소설 삼국지에서는 왕윤이 헌제를 모시고 선평문 위에 있다가 이각과 곽사에게 끌려나가 피살되었다고 서술한다(9회). 이 최후의 순간에 굳이 헌제를 출연시킨 것은 왕윤의 충성심을 강조하기 위함이리라.

결과는 좋지 않았지만 왕윤은 황실의 부흥을 위해 동탁을 죽이는 데 성공했다. 하지만 『후한서/왕윤전』의 기록을 그대로 믿는다면, 동탁을 죽인 후 그는 실수를 연발했다. 결과적으로 왕윤은 동탁을 죽인 후 뒷수습을 제대로 하지 못했다. 그가 뒷수습마저 잘했다면 정국은 다시 통일과 평화로 전환되어 삼국지 자체가 탄생하지 못했을지도 모른다. 그러나 이는 왕윤에게 너무 많은 것을 요구하는 것일 수도 있다. 천하의 명장 황보숭과 개훈도 동탁을 공격하려다가 오히려 동탁의 수하로 들어갔다. 원소와 한복, 원술 등 반동탁연합군도 군대를 일으켰지만 동탁이 무서워 싸울 생각조차 못했다. 이들도 죽이지

---

* 『후한서/왕윤전』.

못한 동탁을 죽인 이가 바로 왕윤이었다. 동탁의 발탁으로 벼락출세한 왕윤. 동탁에게 아부하며 편안한 삶을 살 수 있었지만 그는 헌제를 위해 자신과 집안사람들의 목숨도 내놓았다. 쉽지 않은 결단과 행동이었다.

## 충신 유우, 유주에서 황실의 버팀목이 되다 _____

장안 조정에 왕윤이라는 충신이 있었다면 동북 변경에는 유우劉虞라는 충신이 있었다. 유우는 동해군 담현郯縣 사람으로 후한 황실의 먼 친척이었다. 할아버지 유가劉嘉는 광록훈光祿勳**, 아버지 유서劉舒는 단양태수를 지냈다. 할아버지가 장관급인 광록훈, 아버지가 차관급인 지방의 태수를 지냈으니 명문가였다. 그는 출세를 보장하는 첫 단계인 효렴으로 천거되었고, 유주자사, 감릉상甘陵相, 종정宗正*** 등을 지냈다. 황건의 난 당시 기주의 감릉상에 임명되었는데, 기주를 침입한 황건적 무리를 평화롭게 항복시키는 공적을 세웠다.

188년 유언은 조정의 중신들을 지방관인 주목이나 자사에 임명하고 그들에게 권한을 주어 각 지역을 안정시키자고 건의했다. 그에 따라 유우도 188년 3월 유주목에 임명되었다. 유우가 부임할 당시 유주는 내지의 여러 주군보다 경제적으로 빈약한 곳이었다. 게다가 선비와 오환 등 유목민들이 유주에 쳐들어와 자주 약탈을 일삼았다. 여기에 후한 말에 이르면, 한족 출신의 전직 지방관인 장순張純과 장거張舉가 오환과 선비의 여러 부족과 결탁해 유주와 기주, 청주, 서주 4주를 침입하여 백성들을 괴롭혔다. 장순은 황제를 자칭한 데다 전투에

---

** 구경의 하나로 궁실 호위와 황제의 자문을 관장한 관청의 장관이었다.
*** 황실 일족을 관리하는 관청의 장관을 말한다.

능한 유목민 기병을 이끌고 나라의 동쪽 지역을 유린하니 위험한 존재였다. 유우는 나라를 망하게 할 수 있는 반란 세력을 막아야 하는 중대한 임무를 띠고 피폐할 대로 피폐한 유주에 부임했다.

유우는 예전에도 유주에서 많은 치적을 쌓았다. 그는 과거에 이미 한 차례 유주자사를 지내면서 변경의 치안을 유지하고 주변 이민족을 덕으로 감화해 오히려 조공하게 만드는 공을 세운 바 있다. 조정은 유우를 다시 유주목에 임명하면서 그의 능력이 다시 발휘되기를 바랐을 것이다. 과연 유우는 차근차근 유주를 안정시켰다. 그는 무력보다 회유를 통해 사태를 수습하는 타입의 지도자였는데, 그 일환으로 변경에 주둔한 군사들을 모두 없애고 공손찬에게만 1만 명을 주어 우북평군에 주둔하도록 했다. 평화적인 방법으로 해결하겠지만 여차하면 무력을 쓸 수도 있다는 의지를 내보였던 것이다. 이미 유우의 명성을 듣고 그를 두려워했던 오환인들은 유우의 회유를 받아들였다. 유우는 이민족을 다스리면서 장순과 장거의 목에 현상금을 내걸었다. 상황이 불리해졌음을 직감한 두 사람은 국경 밖으로 달아났는데, 장순의 문객 왕정王政이 주인 장순을 죽이고 그 수급을 유우에게 바쳤다. 이처럼 유우는 무력을 사용하지 않고도 유목민과 한족 관료 출신이 결탁한 반란을 쉽게 제압했다.

소설에서는 유우가 대주代州 출신인 유회劉恢의 추천을 받아 유비劉備를 도위에 임명하여 장순과 오환 세력을 격파했다고 썼다. 이에 유비는 유우의 추천으로 하밀현승, 고당현위에 임명되었다. 유비는 안희현위로 근무할 때 군의 감찰을 맡은 독우督郵를 매질하고 도망간 죄를 저질렀으나 이때의 전공으로 이전의 죄는 불문에 붙여졌다(2회).* 하지만 유비가 장순과 오환을 격파한 대목은 『삼국지』에 보이지 않는다. 유비가 안희현위를 그만둔 후 현승과 현위에 임명된 기록이 나오는데, 소설에서는 유우 대신 장순 일당을 격파해 받은 벼슬이라고 윤색한 것이다. 게다가 도위는 비이천석으로 현의 차관급인 현승이나 현위보다 훨씬 높은 직급이었다. 승전을 이끈 유비를 도위보다 6, 7등급 강등한 말단 지방관에 임명했다는 것도 옥의 티다. 대주 역시 당시에는 존재하지 않은 지명이었다. 실제와 역사와 달리 소설 삼국지는 유우를 '나약한' 지방관으로 각색하여 유비의 화려한 데뷔를 빛낸 조연으로 전락시켰던 것이다.

다른 지역들이 전란을 겪으며 인구와 경제력을 상실하는 동안, 변방에 불과했던 유주는 유우의 뛰어난 치안 관리와 선정 덕분에 비교적 살기 좋은 땅으로 바뀌었다. 그 효과는 작지 않았다. 황건의 난을 피해 청주와 서주에서 100만여 명에 달하는 사람들이 유주로 피란을 올 정도였다. 유우는 이들을 받아들여 잘 보살피고 농사를 짓도록 지도했다. 또 북쪽의 상곡군에 시장을 열어 유목민들이 물건을 사고팔고 교환할 수 있게 한 한편, 어양군에서 생산된 소금과 철을 판매해 재정 수입을 늘리고, 백성들에게도 혜택을 주었다.

이처럼 선정을 베푼 유우는 당시 전국에서 가장 명망 있는 인물이었다. 영제는 유우의 여러 치적과 오환, 선비의 외침을 막은 공로를 인정해 그를 태위로 승진시키고 용구후容丘侯에 봉했다. 지방관이 삼공의 벼슬을 받는 것은 이례적인 일로, 이는 유우가 영제에게 얼마나 각별한 예우를 받았는지 보여준다. 헌제 즉위 후에 유우는 대사마에 임명되었고, 양분후襄賁侯에 봉해졌다. 190년에는 삼공보다 높은 명예직인 태부太傅에 임명되었으나 황제의 명령이 전달되지 못해 낙양에 가지는 못했다. 이처럼 일개 지방관임에도 유우의 정치적 위상은

---

\* 소설에서는 장비가 매질한 것으로 각색되었다.

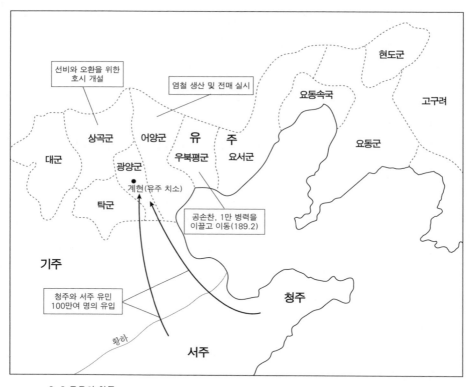

선비와 오환을 위한
호시 개설

염철 생산 및 전매 실시

현도군

고구려

요동속국

상곡군    어양군    유    주

대군

유주        우북평군    요서군    요동군

광양군

계현(유주 치소)

탁군

공손찬, 1만 병력을
이끌고 이동(189.2)

기주

청주

청주와 서주 유민
100만여 명의 유입

황하

서주

3-8 유우의 활동.

나날이 높아졌다.

　사실 그 때문에 190년에 결성된 반동탁연합군의 맹주 원소와 기주
목 한복, 기타 지방관들은 유우를 황제로 옹립하려고 그에게 의사를
타진하기도 했다. 원소의 이 구상이 터무니없는 것은 아니었다. 헌제
와 촌수가 매우 멀긴 하지만 유우도 황제의 친척이었기 때문이다. 만
약 야심가라면 떨치기 힘든 제안이었을 것이다. 하지만 유우는 거절
했다. 그에게는 후한 황실과 조정에 대한 충성심이 남아 있었기 때문
이다. 이에 한복은 유우를 영상서사로 추대했다. 영상서사는 상서대

를 관장하는 벼슬로, 후한시대 상서대는 실질적인 권력을 행사하는 최고 권력기관이었다. 하지만 이에 대해서도 유우는 크게 분노하고, 한복이 보낸 사자를 죽여버렸다.

유우는 오히려 장안으로 끌려간 헌제에 충성을 다했다. 그는 부하 전주田疇와 선우은鮮于銀을 헌제가 있는 장안으로 보냈다. 헌제는 낙양으로 돌아가고 싶었는데 뜻밖에 유우가 사자를 보내자 기뻐했다. 이때 유우의 아들 유화劉和가 헌제 밑에서 시중*으로 근무했다. 헌제는 유화를 유우에게 보냈다. 유우에게 군대를 거느리고 와서 자신을 낙양으로 호종하라는 임무를 내린 것이다. 그러나 유화는 장안에서 무관武關을 거쳐 남양군을 지나다가 원술에게 억류되었다. 사정을 전해들은 원술은 유우에게 사신을 보내 함께 군대를 보내 헌제를 낙양으로 모시자고 제안했다. 유우는 수천 명의 군사를 아들 유화가 있는 남양군으로 보내 천자를 낙양으로 호종해 오도록 했다. 성공했다면 군웅할거는 종식되었을 것이다. 그러나 원술은 유우가 보낸 군대를 가로챘다. 가정은 부질없지만, 이때 유우의 군대가 헌제를 무사히 낙양으로 호종했다면, 후한은 더 오래 존속했을 것이고 원소나 조조도 더 이상 도발하지 못했을 것이다.

설상가상으로, 하늘은 유우의 충성을 알아주지 않았나보다. 유우는 자기 말을 듣지 않은 공손찬과 싸우다 체포되었다. 이때 조정에서는 단훈段訓을 보내 유우의 식읍을 늘리고 6주를 거느리게 했다. 하지만 유주의 치소 계현에 도착한 단훈은 공손찬의 협박을 받고 '천자를 참칭한 죄'로 유우를 처형했다. 황제가 파견한 사자는 황제의 명령을

---

* 황제 곁에서 자문하는 벼슬. 형식상 구경의 하나인 소부少府에 속했으며 등급은 비이천석이다.

전할 뿐만 아니라 직권으로 명령을 내릴 수 있었는데, 공손찬이 이를 악용한 것이다. 유우는 사형당하기 전에 "만약 내가 천자가 되려고 했다면, 하늘은 바람과 비를 내려 나를 구하려고 할 것이다"라고 말했다.* 하지만 그의 말과 반대로 사형당하는 날은 가물고 무척 더웠다고 한다. 선정을 베풀던 유우의 죽음에 백성들은 모두 애통해했다고 한다.

우리는 유우를 다른 군벌들과는 다른 잣대로 평가할 필요가 있다. 군웅할거 상황을 설명한 여러 책과 지도에서, 유우는 여타 군웅과 구별되지 않은 채 그중 한 명이었던 것처럼 설명되곤 한다. 하지만 유우는 엄밀한 의미에서 단 한 번도 군웅의 한 사람이었던 적이 없다. 군웅은 중앙정부의 통제로부터 벗어나 한 지역에 군림하며 '국가 안의 국가' 또는 '소왕국'을 거느린 야심가들을 말한다. 하지만 유우는 어디까지나 후한 조정에 충성하는 지방관으로 남았고 단 한 번도 '할거'의 주체가 된 적이 없었다. 그의 선조인 동해공왕東海恭王 유강劉疆은 광무제의 황태자였으나 어머니 곽씨郭氏가 황후에서 폐위되자 그 자리를 내놓았다. 그 때문에 후한의 2대 황제가 아니라 제후왕으로 생을 마감했다. 유우는 이런 혈통을 들이대며 황제 자리를 노릴 수도 있었다. 그러나 그의 집안은 대대로 황실에 충성했다. 유강의 손자 동해경왕東海頃王 유숙劉肅은 안제 시기 강의 반란 토벌에 써달라며 두 차례에 걸쳐 각각 2,000만 전과 비단 1만 필을 나라에 헌납했다. 억울하게 황제 자리를 빼앗겼지만 나라에 충성한 집안 내력은 유우에게도 이어졌다. 왕윤에 이은 유우의 죽음은 후한이 혼란을 수습하고 다시 통일을 유지할 수 있는 마지막 기회를 앗아갔다.

---

* 『후한서/유우전』.

## 군웅이 되기를 거부한 명장 황보숭 _____

『후한서』와 『삼국지』를 보면, 소설 삼국지에는 나오지 않는 의아한 사실을 만나는 경우가 많다. 대표적인 예가 소설 삼국지에서는 거의 다뤄지지 않지만 실제로는 중요한 인물이었던 명장 황보숭과 주준에 대한 기록이다.

황보숭은 황건의 난을 평정하는 데 큰 공을 세웠다. 그는 처음에는 황하 이남의 황건적을 상대했지만 나중에는 하북으로 건너가 황건의 주력부대를 격파했고, 반란 평정의 마침표를 찍었다. 이 공로로 황보숭은 좌거기장군에 임명되고, 기주목을 겸했으며, 괴리후槐里侯에 봉해져 괴리현과 미향현의 식읍 8,000호를 받았다. 그러나 황보숭은 북궁백옥이 이끄는 강인의 난을 진압하지 못하고 환관 장양이 요구한 5,000만 전의 뇌물을 주지 않아 모함을 당했다. 그리하여 좌거기장군에서 해임되고 식읍이 깎이는 수모를 당했다. 하지만 188년 왕국王國의 반란을 진압하는 전쟁에 참여해 다시 큰 공을 세우면서 명예 회복에 성공했다.

사실 황보숭이 딴마음을 먹을 수 있는 기회가 세 번 있었다. 첫 번째는 황건의 난 평정 이후 기주목에 임명되어 선정을 베풀고 있을 때였다. 그는 기주의 1년 치 토지세를 굶주린 백성들에게 나눠주자고 조정에 건의해 백성들의 인심을 얻었다. 이에 당시 백성들이 "천하에 큰 난리가 났네. 시장이 폐허가 되었다네. 어머니는 자식들을 돌보지 못하고 아내는 지아비를 잃었다네. 황보皇甫(황보숭을 지칭)를 얻어 의지할 수 있구나! 다시 편안히 살겠네" 하고 노래할 정도였다. 이때 신도현信都縣 현령을 지낸 염충閻忠이 황보숭을 찾아가 후한을 뒤엎고 새 나라를 세우라고 부추겼다. 그러나 황보숭은 염충의 말을 듣지 않았다. 그는 황제가 될 야심을 키우기보다 후한의 충신으로 남고 싶었던 것 같다.

두 번째는 영제가 죽기 직전의 일이다. 영제는 동탁을 병주목에 임명하고 그의 병권을 회수해 황보숭에게 정예부대를 지휘하도록 했는데, 동탁이 이를 거부했다. 이에 황보숭의 조카 황보역이 그에게 군대를 동원해 동탁을 칠 것을 청했다. 그러나 황보숭은 "먼저 황제에게 아뢴 후에 조정의 결정을 따르겠다"고 말했다. 결국 영제가 조서를 내려 동탁을 꾸짖는 것으로 사태는 봉합되었지만, 이를 계기로 동탁은 황보숭에게 더욱 원한을 품었다.

세 번째는 동탁이 반동탁연합군과 싸울 때였다. 연주와 기주, 예주 일대의 지방관들이 동탁을 토벌하기 위해 군사를 일으킨 그때, 황보숭은 강을 토벌하기 위해 부풍군에 머물고 있었다. 이때 장사長史 양연梁衍이 황보숭에게 동쪽의 반동탁연합군과 힘을 합쳐 황보숭이 거느린 3만 대군을 이끌고 서쪽에서 공격하면 동탁을 물리칠 수 있다고 주장했다. 당시 낙양의 동탁군 규모가 얼마나 되는지 정확히 알 수는 없으나, 전쟁 경험이 있는 3만 대군이면 동탁의 군대와 맞설 만했다. 마침 장안에 있던 경조윤 개훈도 동탁에 대항하자는 제안을 해왔다. 그러나 개훈과 황보숭은 간이 작았는지 끝내 결단을 내리지 못하고, 오히려 동탁이 내린 벼슬을 받는 형식으로 투항하고 말았다.

나중에 동탁은 황보숭을 살해하려고 했다. 다행히 황보숭의 아들 황보견수皇甫堅壽가 동탁과 친해 두 사람의 사이를 좋게 만들었다. 그리하여 황보숭은 죽음을 면하고 의랑議郎(육백석)과 어사중승御史中丞(천석)이라는 벼슬까지 할 수 있었다. 황보숭은 동탁이 피살된 후 최고 벼슬인 태위에 임명되는 등 승승장구하다가 생을 마감했다.

## 군웅이 되기를 거부한 또 다른 명장 주준 _____

황보숭과 함께 황건의 난을 평정한 2대 명장 주준은 회계군 상우현 출신으로 '사실상 동향'인 손견의 출셋길을 열어준 인물이다. 그는 어려서 아버지를 여의었고, 어머니가 비단을 짜서 팔아 집안의 생계를 유지했다. 젊은 시절에는 회계군의 속리로 일하다가 효렴으로 천거되어 난릉현蘭陵縣 현령(천석)이 되었다. 그 시대에 드물게 아버지가 없는 흙수저 출신이라는 한계를 딛고 출세한 인물이었다.

주준이 두각을 나타낸 것은 교지에서 일어난 반란을 평정하면서였다. 178년 그가 교지자사(육백석)에 부임할 무렵, 교지는 도적들이 반란을 일으켜 자사부 전체가 통제 불능에 빠져 있었다. 특히 양룡梁龍 등 1만여 명은 남해태수 공지孔芝와 손잡고 반란을 일으켜 각지의 군현을 공격했다. 교지자사가 된 주준은 조정의 명령을 받들어 고향인 회계군에서 가병家兵과 백성들을 징발하여 5,000명의 군사를 모은 다음, 두 갈래로 교지로 진격했다. 그는 먼저 민심을 수습해 자기편으로 만들었다. 그리고 교지자사부에 속한 7군의 병사들과 함께 양룡을 공격해 그를 참하고 수만 명을 항복시켰다. 주준은 이 공으로 간의대부諫議大夫에 임명되었고, 도정후에 봉해져 1,500호의 식읍과 황금 50근(약 12킬로그램)을 받았다.

황건의 난 이전 주준의 과거사를 자세히 설명한 것은 그가 다른 무장들과 달리 생소한 지역 출신이기 때문이다. 황보숭은 무장을 다수 배출한 서북 변경 6군의 하나인 안정군 출신이고, 동탁도 6군 중 하나인 농서군 출신이다. 서북 변경 출신들은 상대적으로 무장으로 출세하기가 쉬웠다. 앞서 동탁의 경우에서 본 것처럼 서북 변경 6군을 대상으로 한 양가자 제도 덕분에 무예에 재능이 있으면 랑郞이나 장교에 쉽게 발탁되었기 때문이다. 그에 비해 회계군과 그 주변은 서북 6

군처럼 무장을 배출하는 곳이 아니었다. 그런데 후한 말에 회계군 출신의 주준이 명성을 떨친 데 이어 오군 출신의 손견이 두각을 나타낸 것이다. 특히 군사적으로 중요하지 않은 남방 지역 출신으로서 화북의 전장에서 두각을 나타낸 인물들이 나온 것은 기적처럼 보인다. 개천에서 용이 나왔다고나 할까? 말하자면 주준의 초기 경력만으로도 우리는 그의 노력과 무장으로서의 자질을 어느 정도 가늠할 수 있다.

이후 주준은 중앙으로 올라와서 주로 영천군과 여남군, 남양군에서 황건적을 격파했다. 이 공으로 그는 우거기장군에 임명되었다가 낙양으로 돌아온 후 광록대부光祿大夫(비이천석)에 임명되었고, 전당후錢塘侯에 봉해졌다.

황건의 난 이후 주준은 흑산적 장연張燕을 격파하고, 여러 벼슬을 거쳐 하남윤*에 임명되었다. 동탁은 반동탁연합군을 피해 장안으로 천도를 준비하면서 주준에게 태복太僕(중이천석)이라는 벼슬을 주었다. 황제의 탈것과 가축을 관리하는 관직이었다. 황제의 측근이 될 수 있으니 좋은 자리로 볼 수 있다. 그러나 주준은 거부했다. 소극적으로나마 동탁에게 저항한 것이다. 동탁은 장안으로 천도하면서 주준에게 낙양을 지키라는 명령을 내렸다. 하지만 그는 동탁의 희망과는 반대로 반동탁연합군과 내응하려고 모의했다. 그러나 조금은 새가슴이었는지, 모의가 누설되자 동탁에게 공격받을 것이 두려워 벼슬을 버리고 남쪽의 형주로 도망쳤다.

동탁은 양의楊懿를 하남윤에 임명하여 낙양을 지키게 했다. 그러자 주준은 다시 군대를 돌려 낙양을 점령했다. 그사이 낙양은 폐허가 되

---

* 수도 낙양의 장관으로, 우리나라 서울시장에 해당한다. 질은 중이천석으로 장관급인 구경과 같은 등급이다.

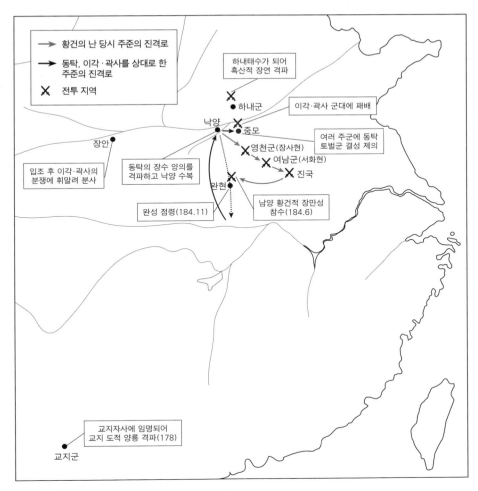

3-9 주준의 활동도.

어 군량과 군비를 조달할 경제력을 완전히 상실한 상태였다. 일단 그
는 낙양 동쪽 중모현으로 군대를 옮긴 뒤, 여러 군현에 통문을 돌려
함께 힘을 합쳐 동탁을 토벌하자고 제의했다. 이때 서주자사 도겸이
정병 3,000명을 보내왔고, 다른 지방관들도 십시일반 군대를 보내주

었다. 주준은 하남을 지키는 이각과 곽사를 공격했지만 패배했고, 그 뒤로는 공격을 포기하고 수비에 전념했다.

동탁이 죽고 부하 이각이 권력을 잡자 서주자사 도겸은 이각을 만만하게 보았던 모양이다. 그 또한 여러 주군에 통문을 돌려 주준을 맹주로 삼아 동탁 잔당을 무찌르자고 제의했다. 이에 서주와 청주, 연주, 예주의 지방관들이 호응했다. 이때 태위 주충周忠과 상서 가후賈詡가 곽사에게 계책을 내놓았다. 내용인즉 맹주로 추대된 주준에게 칙서를 보내 벼슬을 내리면 그가 차마 거절하지 못하리라는 것이었다. 곽사는 그 계책을 따라 주준에게 헌제의 칙서를 보내 장안으로 입조할 것을 명했다. 그러자 과연 부하들의 만류에도 불구하고 주준은 그에 응해 장안으로 갔다. 그는 황보숭처럼 태위를 비롯한 고위직에 올랐다. 하지만 편안하게 생을 마감한 황보숭과 달리, 그의 말년은 좋지 않았다. 몇 년 후 이각과 곽사가 서로 반목하여 전쟁을 벌일 때 주준이 헌제의 명령을 받들어 두 사람을 화해시키러 갔다가 도리어 인질이 되어 곽사의 군영에 감금되는 신세가 되었고, 이에 분노한 주준은 그날로 병들어 죽고 말았다. 시쳇말로 열받아 화병으로 죽은 것이다.

명장의 자질을 갖춘 황보숭과 주준이 자신의 처세보다 국가와 대의를 더 생각했더라면, 후한 말의 혼란은 어쩌면 일찍 종식되었을지도 모른다. 만약 그랬다면, 동탁 집권 이후 조정이 급속한 권력 쇠퇴를 겪은 것과는 정반대로 다시 권력과 위엄을 되찾고 지방 세력을 복종시켜 좀 더 오래 황실이 보전되었을지도 모른다. 그러나 그들은 조연을 연기하는 데 만족했다. 문신인 왕윤과 유우가 나라를 바로 세우기 위해 자기 목숨을 던진 반면, 무장인 황보숭과 주준은 역적 동탁을 제거할 기회도 버리고 자신의 영달을 꾀했다. 그들의 선택은 당시 중국인들에게는 뼈아픈 것이었다.

# 4장

# 군웅할거시대가
# 열리다

| | |
|---|---|
| 190년 | 동탁과 반동탁연합군의 전쟁(~191년). |
| 191년 | 정월 유우가 원소와 한복의 황제 즉위 권유를 거절하다. |
| 192년 | 정월 손견, 양양에서 유표군과 싸우다 전사하다. |
| | 4월 신사일 동탁, 주살되다. |
| | 5월 동탁의 부하 이각과 곽사가 장안을 점령하고 권력을 장악하다. |
| 196년 | 6월 조조, 조정의 권력을 장악하고 허로 천도하다. |
| 197년 | 봄, 원술이 황제를 참칭하다. |
| 199년 | 2월 조조, 여포군을 격파하고 여포를 죽이다. |
| | 3월 원소, 공손찬을 죽이고 공손찬 세력을 멸하다. |
| 200년 | 9월 관도의 전투. |
| 204년 | 8월 조조, 기주를 평정하고 기주목이 되다. |
| 207년 | 8월 조조, 오환을 격파하고 답돈을 죽이다. |
| | 11월 요동태수 공손강, 원상과 원희를 죽이다. 원소정권 공식적으로 망하다. |
| 208년 | 10월 적벽대전(『삼국지』에서는 12월). |
| 211년 | 9월 경술일 조조, 한수와 마초를 격파하고 관서를 평정하다. |
| 214년 | 유비, 파촉(익주)을 점령하다. |
| 215년 | 7월 장로, 조조에 항복하다. |
| 219년 | 11월 손권, 형주를 점령하고 관우를 죽이다. |

4장에서는 군웅할거시대를 개괄적으로 살펴보고 군웅할거의 지역적 기반이 되었던 주와 군의 지방 행정조직과 관계, 하북(원소), 유주(공손찬), 연주(조조), 서주(도겸·유비·여포), 강동(손책·손권 형제), 형주(유표), 익주(유언·유장과 유비) 등의 호구와 경제 등을 살펴본다. 군웅과 지방관의 지역 기반 및 군사력에 대해서도 간략히 설명한다.

## 군웅할거시대의 개막 _____

동탁과 반동탁연합군의 전투는 동탁이 도망가고 연합군이 해체되면서 무승부로 끝났다. 하지만 해체 이후에도 군대를 일으켰던 지방관들은 동탁과 조정의 명령을 더 이상 들으려 하지 않았다. 한마디로 이제 조정의 힘은 더는 지방에 미치지 않게 되었다. 이는 자연스럽게 각 지방의 지방관들이 관할 지역을 근거지로 세력을 확대하여 군웅으로 부상하는 계기가 되었다.

군웅할거시대의 상황은 조조의 아들 조비曹丕(훗날 위문제)가 쓴
『전론典論』에 잘 나타나 있다.

　　초평初平 원년(190년)에 동탁이 황제를 살해하고 태후를 독살했
　　으며 황실을 전복했다. 당시 사해의 백성들은 이미 중평中平 연간
　　(184~189년)의 정치로 고통을 겪었고 동탁의 흉악함에 증오를 금치
　　못해 집집마다 반란을 생각했으며 사람마다 모두 위기감을 느꼈다.
　　산동山東의 주목과 태수들은 모두 춘추의 의義를 내세우며 누구나
　　도적을 토벌할 수 있다고 말했고, 이에 의병이 크게 일어나 이름 있
　　는 대협객과 부유하고 강한 토호 세력이 바람처럼 일어나고 구름처
　　럼 모였다. (…) 산동의 큰 세력은 여러 군국을 지배했고, 중간 세
　　력은 성읍을 점령했으며, 작은 세력은 논밭을 점거했다. 이들은 서
　　로 다른 세력을 쳐서 멸하거나 힘으로 합친 다음 제 것으로 삼았다.
　　당시 해대海岱(산동과 강소 일대)에서는 황건이 기세를 떨치고 있었
　　고, 병주와 기주에서는 산적이 포악을 부리고 있었다. 사람들은 멀
　　리서 연기만 보여도 도망갔으며, 성곽城郭의 주민도 다르지 않아
　　먼지만 보여도 흩어져 달아났다. 죽은 백성들의 해골이 버려져 마
　　치 잡초처럼 무수히 널려 있었다.*

　　이 글은 냉철한 사실의 기록이라기보다 시대상을 회고한, 문학적
인 글에 가깝다. 그래서 소략할뿐더러 약간의 과장과 거짓이 가미되
어 있다. 하지만 삼국지에 관한 중요한 오해를 바로잡기에는 충분하
다. 후한 말 삼국시대는 결코 영웅호걸들이 말을 타고 달리며 일대일

---

*『삼국지/위서/문제기』에 인용된 『전론』.

로 승부를 겨루고, 책사들이 역사에 남을 지모 대결을 펼치며, 지도자들이 세력을 경영해 대업을 꿈꾸는 이야기의 시대, '낭만적인' 전쟁의 시대가 아니었던 것이다. 그보다는 서로 죽고 죽이며, 재산을 빼앗고 빼앗기는 지옥 같은 시대였다.

군웅할거는 반동탁연합군의 해체 이후 본격적으로 시작되었다. 그런데 어떤 이들이 군웅인가? 후한 말 삼국시대를 다룬 많은 역사책과 관련 서적을 보면, 주의 장관인 자사나 주목에 임명된 사람들을 기계적으로 군웅처럼 취급한다. 하지만 유우, 도겸, 유대, 유요劉繇 등은 조정을 위해 싸운 지방관에 지나지 않았다. 이를테면 한 지방에 웅거하며 천하를 통일하려는 야심가는 아니었다. 동탁과의 전쟁에서 가장 뛰어난 무용과 전공을 거둔 손견도 원술의 부하처럼 활동했고, 독자적인 군벌이 되기 전에 전사했다. 그런가 하면 공손찬은 초기에는 지역 기반이 없었고 나중에도 지방관이 된 적은 없으나, 군대를 보유하고 영토 확장에 힘써 원소 등의 군웅과 자웅을 겨뤘으므로 군웅의 한 사람으로 간주할 수 있다. 하북의 원소, 원술, 조조, 공손찬, 강동의 손책과 손권 형제, 익주의 유언, 형주의 유표, 유비, 여포가 대표적인 군웅 혹은 독립적인 군벌들이다.

『후한서』를 편찬한 범엽도 필자와 똑같이 생각했다. 청대 사가 조익의 『이십이사차기』에 따르면, 범엽은 『후한서/헌제기』를 공자의 춘추필법에 따라 옳고 그름을 가려 썼다. 「헌제기」를 꼼꼼히 읽어보면 군웅, 나쁜 말로 역적들은 관직명 없이 이름만 썼다. 그에 반해 필자가 단순 지방관으로 분류한 유우, 유대, 유요의 이름 앞에는 관직명을 썼다. 범엽은 이들이 단순한 지방관이고 조정에 반역한 인물들, 즉 군웅은 아니라고 본 것이다. 도겸은 유우와 같은 권의 열전에 등재되었다. 같은 권에 있다는 것은 해당 권의 인물이 비슷한 특징을 가지고 있다는 뜻이니, 도겸도 유우처럼 후한 조정에 충성한 인물이란 뜻을 내포하고 있다. 그런 점에서 아쉬운 인물이 있다. 바로 유비다. 범엽은 유비 앞에 벼슬 이름을 표기하지 않았다. 유비가 먼 황실 일족이지만 황제 자리를 노린 동탁, 원소, 조조, 원술 같은 인물 중 하나로 평가한 것이다. 소설 삼국지에서 '유황숙', 즉 헌제의 작은아버지라고 불린 유비는 체제 전복 세력 중 한 사람에 불과했다. 적어도 범엽의 생각으로는.

193년 전후로 군웅의 갈등은 실질적으로 형제이지만 법적으로 사촌 관계인 원소와 원술의 대립을 중심으로 확대되었다. 원소가 연합군의 맹주가 되더니 세력을 얻은 것을 보고 시기한 원술은 원소를 비난하며 공손찬과 결탁해 원소를 남북에서 협공하는 구도를 만들었다. 이에 원소는 원술의 근거지인 남양군 남쪽에 있는 형주자사 유표劉表와 화친을 맺어 원술을 견제했다. 원술은 동군과 연주에 웅거한 조조와도 적대 관계였다. 반동탁연합군의 해체 직후에는 형주의 지배권을 두고 유표와도 싸웠다. 그러나 그 과정에서 손견이 전사하자 삼면에 적을 둔 원술은 더 이상 버티지 못했고, 근거지인 남양군에서 쫓겨났다.

192년부터 196년까지 군웅 가운데 넓은 영토를 지배하는 유력 세력은 아직 나타나지 않았다. 훗날 하북 4주를 차지하는 원소는 당시만 해도 기주를 겨우 차지하고 있었다. 하지만 모든 군현을 장악한 것은 아니었고 각지의 반란을 진압하는 데 급급한 처지였다. 후일 화북을 통일하는 조조 역시 동군태수에 임명되었다가 연주자사 유대가 황건 잔당들과의 싸움에서 패해 죽자 포신의 천거와 도움으로 막 연주를 차지한 상황이었다. 여기에 아버지를 죽인 서주자사 도겸과 싸우고, 그사이 연주를 강탈한 여포와도 싸우는 등 조조 또한 순탄치 않은

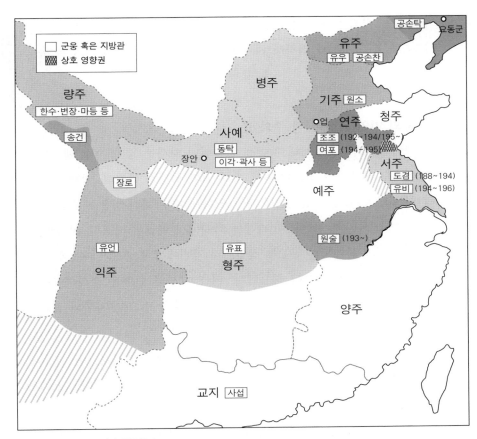

4-1 192~196년의 군웅할거.

날들의 연속이었다. 이때 유비는 도겸과 인연을 맺었는데, 그의 유언
으로 예주와 서주 일부에 둥지를 틀었다. 유비로서는 첫 번째로 맞이
한 기회였다. 한편 남양군에서 쫓겨난 원술은 연주에서 조조에게 패
한 뒤 회수를 건너 회남 지역에 자리를 잡았다.

전체 판세에 영향을 주지는 못했지만 변경에서도 여러 세력이 일어
났다. 공손탁은 요동군을, 송건宋建은 서쪽 변경인 황중을, 유언과 장

로張魯는 각각 익주와 한중을, 유표는 형주를 차지했다. 이들 세력은 조조가 원소 부자를 격파해 하북을 점령한 후에도 여전히 독립을 유지했다.

## 군웅의 지역 기반이 된 주와 군 _____

통설에 따르면, 후한시대 지방을 감찰했던 자사는 점차 지방 행정에 참여하고 군대를 지휘하게 됨에 따라 권한이 점점 커졌다. 영제는 황건의 난을 손쉽게 평정했으나 낙양궁 화재 이후 재건 비용 갹출을 이유로 백성들을 쥐어짰다. 이 때문에 각지에서 반란이 터졌다. 이 반란은 황건적의 봉기보다 규모는 작았으나 각지에서 발생했기 때문에 중앙군보다 지방의 역할이 중요했다. 이때 자사의 권한을 강화하자는 유언의 건의가 수용되었다. 이후 주의 장관인 주목 또는 자사의 권한이 커졌고 주가 자립할 수 있는 제도적 기반이 되었다. 그러나 필자의 연구에 따르면 주는 군현 위에 군림하는 지방 행정 조직이 되지 못했고, 주목과 자사도 태수 등을 장악하지 못했다. 통설과 달리 주가 군웅, 즉 독립적인 군벌들의 지역 기반이 될 정도의 자립성을 지녔다고 단정할 수 없는 것이다. 그래도 주는 중요했다. 이제 군웅의 지역 기반이 될 주와 군(군국)의 상황을 구체적으로 살펴보자.

먼저 자사의 권한 변화를 살펴보자. 원래 자사는 예하에 여러 군국郡國을 두고 두루 감찰했지만 등급은 육백석에 불과했다. 반면 감찰 대상인 태수와 상은 이천석이었다. 전한시대에 들어 관리의 등급은 녹봉으로 받는 곡물의 양, 즉 석石으로 구분되었다. 높은 순으로 만석, 이천석, 천석, 팔백석, 육백석, 사백석, 이백석 등이 존재했다. 그리고 각각은 다시 2~3개의 등급으로 세분되는데, 예를 들어 이천석은 중이천석, 이천석, 비이천석 등으로 나뉘었다.* 그에 따르면, 육백석의 자사보다 이천석의 태수와 상의 등급이 높았다. 이를테면 자사는 현령보다 등급이 낮았다.

자사의 권한 변화는 후한시대에 나타났다. 자사들이 군대를 통솔하는 예가 이미 자주 있었다. 그러다가 188년 각 지방의 반란 평정을 이유로 주목과 자사들은 이제 공식적으로 군대를 지휘할 수 있게 되었다. 그러나 주목 혹은 자사에 임명되었다고 모든 것이 해결되는 것은 아니었다. 영제가 유언의 건의로 주목과 자사를 임명했지만, 아직 각급 지방관들 사이에 상하 관계가 확립된 것은 아니었다. 게다가 주목과 자사, 태수와 현령은 관할 지역에서 인사권을 갖지 못했고, 그 권한은 여전히 황제와 중앙 조정에 있었다. 당장에 주목과 자사는 예하 군현의 태수나 현령을 임명할 권한이 없었기 때문에 태수나 현령 입장에서는 자신들의 정치적 생명을 걸고 조정에서 독립하려는 주목이나 자사의 말을 들을 이유가 없었다.

또한 군이나 현의 군대를 징발하고 지휘하는 권한도 황제에게 있었다. 황제가 주목이나 자사, 태수에게 군대를 지휘해 전쟁터에 나가라는 옥새가 찍힌 명령서와 함께 동호부銅虎符를 보내면 해당 지방관이나 무장이 그 명령에 따라 군대를 움직였다. 동호부는 호랑이 모양으로 생긴 병부兵符이며, 반으로 나누어 절반은 황제가 다른 절반은 지방관이나 해당 무장이 가지고 있었다. 군대 출동 명령서와 함께 황제가 보낸 동호부와 지방관이나 무장이 지닌 동호부를 맞춰봐서 하나의

---

* 대체로 구경(장관급)은 중이천석, 지방관인 태수·상은 이천석, 도위, 기타 무장은 비이천석이었다. 전한시대 묘지에서 출토된 죽간인 『장가산한간張家山漢簡』에서는 중이천석, 이천석, 비이천석의 구분이 없었으나, 후에 중앙정부의 이천석 관리는 중이천석으로 등급이 승격되었고, 태수와 상 같은 군급 행정구역의 지방관 등을 제외한 관직은 비이천석으로 낮춰서 이천석의 등급은 세 등급으로 나뉘었다. 또 이 세 등급의 월봉도 달랐는데, 후한 초에 각각 180석, 120석, 100석이었다.

호랑이 모형임이 확인되면 그제야 군대를 움직일 수 있었다. 아무리 황제의 옥새가 찍힌 명령서가 있어도 이 동호부가 없으면, 또는 두 조각이 정확히 들어맞지 않으면 출병할 수 없었다. '부합符合'한다는 말이 여기서 나왔다. 그런 점에서 주목이나 자사는 군의 태수나 상, 현령과 현장처럼 동호부(병부)의 절반을 가진 수동적인 존재이지, 태수나 현령에게 군사동원 명령을 내리고 이를 증명하는 절반의 동호부를 가진 황제는 아니었다. 바꿔 말하면, 주목이나 자사가 군대를 동원하려고 해도 태수나 현령이 거부하면 그만이었다.

게다가 당시 주목이나 자사가 지방재정을 관리했다는 기록도 없다. 후한시대에 백성으로부터 직접 세금을 걷는 지방 행정단위는 현이었다. 군은 현에서 거둔 세금을 모아 한곳에 보관하거나 호적과 재정 관련 문서를 정리하고 관리했으며, 중앙정부에 보고했다. 그에 비해 자사는 군과 현이 세금을 제대로 거두었는지, 혹시 착복하지 않았는지 회계감사만 할 뿐 군과 현의 재정에 직접적으로 관여할 수 없었다. 자기 지역에서 군림하며 독립적인 군벌이 되려는 주목과 자사는 활동비조차 자신이 마련해야 했다.

요컨대 상급 행정구역의 장관은 조정의 명령을 받들고 권한을 위임받아 명령을 전달하는 존재였지 하급 행정구역 관리들의 충성 대상은 아니었다. 어떤 주의 주목이나 자사에 임명되었다고 해서 그 주의 군현 지방관들이 그의 명령에 절대적으로 따른 것은 아니었던 것이다. 그래서 자사와 태수 사이에 일어난 싸움이 전쟁과 살인으로 확대된 예가 부지기수였다. 조정에서 독립하여 군웅의 한 사람이 되려는 주목과 자사들은 태수나 현령들을 복종시키기 위해 이들을 압도하는 강력한 군사력과 인사권, 행정 능력, 위엄(카리스마) 등이 필요했다. 이런 능력을 가져야 조정이 파견한 지방관들이 군웅에게 복종하는 부하로 바뀌게 된다.

유표, 유언 등을 제외하면 이런 권력을 가진 주목이나 자사는 적었다. 주목이나 자사에 임명되면 지방 군벌이 되기 쉬웠지만 모두가 성공하지는 못했다. 우선 일부 인물들은 앞에서 제시한 능력을 가지지 못했다. 이보다 황당한 예는 하나의 주에 여러 명의 자사가 존재하여 지방관의 능력을 발휘하기 어려운 경우였다. 한 예로, 하북 패권을 두고 경쟁한 원소와 공손찬은 각각 청주에 자사를 파견했다. 원소는 그의 장남인 원담袁譚을 보냈고, 공손찬은 그의 부하인 전해를 파견했다. 1주에 2명의 자사가 존재했던 것이다. 당연히 원담도 전해도 청주 전체를 지배하지 못했고, 따라서 서로 일부 군현만 관할하면서 지배권 싸움을 벌였다. 게다가 북해상 공융까지 유비의 추대로 청주자사에 취임하니 청주에만 3명의 자사가 존재하는 웃지 못할 일이 벌어졌다. 공손찬은 한술 더 떠 기주목 원소와 연주목 조조를 무시하고, 다른 인물을 기주자사와 연주자사에 임명하기도 했다. 여기에 장안의 조정에서 파견한 기주목과 연주자사도 있었다. 이는 군 단위에서도 다르지 않아, 하나의 군에 여러 명의 태수가 존재한 예가 보인다. 원소는 조정에서 임명한 태수를 무시하고 조조와 한 명의 부하를 각각 동군태수와 하동태수에 임명했다. 결국 이러한 난맥상은 당시 조정과 지방정부의 권위 및 권력이 약화되어 나타난 현상이었다. 그러다보니 하위 지방 행정구역의 관리들은 누구의 말을 들어야 할지 모르는 웃지 못할 상황이 되었다.

또한 기주를 지배했다는 원소도 공손찬의 아우 공손범에게 발해태수의 자리를 내주었고, 도적들도 그의 지배에서 벗어나 있었다. 원소는 장연 등 흑산적을 완전히 격파할 때까지는 기주의 서쪽 지역을 완전히 장악하지 못했다(장연은 원소의 아들들이 조조에게 하북을 빼앗긴 이후에야 항복했다). 결국 원소는 기주 전체를 통치한 것이 아니었다.

공손찬도 유주목 유우를 제거하고 유주를 차지하는 데 성공했으나 어양군漁陽郡과 대군, 광양군, 상곡군, 우북평군이 반란을 일으켜 연합하자 이를 제어하지 못하고 그대로 둘 수밖에 없었다. 도겸의 유언 덕분에 서주를 차지했다고는 하나 유비 역시 사실상 서주의 몇 개 군과 예주의 1, 2개 군밖에 통치하지 못했다. 유비에게 서주를 빼앗은 여포도 상황은 마찬가지였다.

외형상 주목이나 자사가 되면 해당 주 전체를 차지할 수 있을 것처럼 보였지만 여러 제약으로 쉽지 않았고, 성공한 군웅도 많지 않았다. 이 때문에 군웅의 세력권을 지도에 정확하게 표시하기란 사실 쉽지 않다. 사료의 임명 기록과 지방관 직함을 무작정 신뢰하다가는 실제 역사적 현실과는 판이하게 다른 그림을 그리기 십상이기 때문이다. 이 책에 실린 지도들은 그러한 어려움을 최대한 해결한 결과라 할 수 있다.

1개 주에 비할 훌륭한 세력 기반은 아닐지라도 1개 군 역시 독립적인 군벌이 세력 기반으로 삼을 만한 충분한 단위였다. 전한시대에 연주에 속한 동군東郡은 재정 흑자로 1,000만 전 이상의 재원을 쌓은 부유한 군이었고, 후한 초기 사예의 하내군 또한 1년에 400만 석의 전조 수입을 내는 군이었다. 이게 어느 정도의 경제력인지 감을 잡을 겸 좀 더 자세히 살펴보자.

전한 성제(기원전 33~기원전 7년) 말년의 문서로 보이는 『윤만한간尹灣漢簡』에 따르면, 전한 중기에 서주의 동해군東海郡은 조세수입이 동전 2억 6,000만 전과 곡식 50만 6,000석이었고, 재정지출은 동전 1억 4,000만 전과 곡물 41만 2,000석이었다. 이에 따르면, 동해군의 재정 흑자는 동전 1억 2,000만 전과 곡식 9만 4,000석이 된다. 100전의 동전으로 곡식 1석을 살 수 있었다고 가정하면,* 동해군의 동전 흑자분은 곡식 약 120만 석으로 환산 가능하고, 그렇다면 동해군은 전한 중기에 매년 약 130만 석의 곡물을 창고에 비축하고 있었다. 사서와 출토 문헌 등에 따르면, 병사들의 한 달 평균 곡물 소비량은 2.66석 정도였으므로 약 4만 명의 군사들이 1년 동안 먹을 수 있는 식량 또는 식량 구입 비용을 가지고 있는 셈이다.

후한시대에 인구 100만 명 이상의 군국은 11개가 존재했다. 수도 낙양이 위치한 하남윤을 제외하고 말이다. 그중에는 인구 200만 명 이상의 큰 군도 있었다. 바로 남양군(약 53만 호, 244만 명)과 여남군(약 40만 호, 210만 명)이다. 이런 군이라면 군 하나만으로도 변방의 어지간한 주보다 인구가 많았고, 1개 주에 버금가는 지역 기반이 될 수 있었다. 원술과 장수가 바로 남양군에서 활동했고, 유비도 한때 여남군에서 암약하며 조조에게 대항했다(『삼국지』에서는 모호하게 기술했지만, 유비는 유표에게 투항한 후 남양군에서 활동했다). 원소가 동탁을 피해 도망갔다가 태수로 임명된 발해군도 인구 100만 명이 넘는 큰 군이었다. 따라서 자사가 주를 제대로 장악하지 못한 경우, 일부 태수와 상은 자신이 관할하는 군국의 경제력과 인구를 바탕으로 충분한 자신감을 갖고 자사에 맞설 수 있었다. 그뿐 아니라 주변 군국을 점령해 세력을 확장할 수도 있었다.

조조는 동군태수 자리를 차지한 후 연주자사 유대가 황건적과 싸우다 전사하자 연주목에 임명되었다. 무력으로 동군에서 연주 전체로 영토를 확장한 것은 아니었지만 장안 조정에서 파견한 연주자사를 내

---

* 전한과 후한의 곡물 가격은 흉년과 풍년의 편차가 심하다. 따라서 학자들마다 곡물 1석의 가격을 100전, 120전, 200전으로 다르게 가정하여 계산한다. 이 책에서는 중국 학자들이 주로 사용하는 가격인 '1석=100전'으로 계산한다.

쫓고 부하인 하후돈을 동군태수에, 정욱을 수장령壽張令과 동평상東
平相에, 여건呂虔을 태산태수에 임명하며 인사권을 행사하여 점차적
으로 연주를 장악했다.

　남양군에 있다가 형주의 유표에게 밀려난 원술은 조조의 연주를 노
리다가 그에게 패한 후 회남으로 쫓겨났다. 원술은 우선 구강군을 차
지한 뒤 세력을 확장했다. 그의 영토는 기록이 모호한데, 최소 구강·
여강 2군, 최대는 양주揚州 전체로 확대되었다(손책이 점령한 강동 4군
을 원술의 영토로 간주한다면 원술의 영토는 양주 전체이다). 한편 원술에
게 독립한 손책은 장강을 넘어 단양군을 점령한 후 이를 기반으로 세
력을 오군·회계군·예장군으로 확장했다. 그러나 장강 북쪽의 양주 2
군(구강군, 여강군)을 지배하지 못해 그곳을 세력 기반으로 하지는 못
했다.

　유비는 조조가 형주를 공격할 때 쫓겨나 유표의 아들 유기에게 의
탁하고, 유기의 부임지인 강하군江夏郡을 기반으로 동정호 남쪽의 장
사·계양·영릉·무릉 4군을 점령하고 재기에 성공했다. 장사태수 장선
은 약 26만 호, 106만 인구의 장사군을 기반으로 동정호 남쪽의 계양
과 영릉 2군을 점령했다. 영릉군은 약 21만 호와 약 100만 명, 계양군
은 13만 5,000호와 약 50만 명을 보유했으니, 장선은 3군의 약 61만
호와 256만 명을 거느렸다. 호수로는 형주의 43%, 인구수로는 40.9%
에 해당했다. 당시 유표가 확고한 영향력을 행사한 지역은 최대한으
로 보아도 남군과 강하군, 무릉군 3군에 불과했고, 이는 도합 약 26만
8,000호와 126만 명으로, 호수는 형주 전체의 19.1%, 인구수는 20.2%
에 불과했다. 즉 명목상 상관인 유표보다 장사태수 장선이 더 많은 호
와 인구를 거느렸던 것이다. 만약 유표가 남양군에도 영향력을 행사
했다면, 호수와 인구수가 각각 40%포인트씩 증가하여 장선의 지배

호수와 인구수를 넘어서지만, 어쨌든 장사태수 장선은 상관인 형주목 유표도 건드리지 못할 정도의 경제력과 군사력을 가진 지역 기반을 확보한 것이었다. 실제로 그는 이를 바탕으로 유표를 상대로 몇 년간 대항했다.

급박하게 찾아온 혼란의 시대에 군벌과 야심가들은 주든 군이든 확고한 지역 기반을 가지고 있어야 동시대의 다른 군벌들을 압도하며 빠르게 두각을 나타낼 수 있었다. 그에 반해 군웅할거 초기에 공손찬은 강력한 군사력을 가졌지만 지역 기반이 없었다. 여포 역시 동탁 사후에 줄곧 용병대장으로 떠돌다가 연주와 서주를 약 4년간 점령했지만 이를 유지하지 못하고 쫓겨났다. 유비도 우여곡절 끝에 예주·서주를 얻었지만 여포에게 서주를 빼앗겼고 그 때문에 오래도록 떠돌이 생활을 해야만 했다. 이 셋은 원소나 조조, 손책과 손권 형제에 비해 불리할 수밖에 없었다.

지금부터는 각 군벌 혹은 지방관들이 다스렸던 지역의 호수와 인구, 경제력 등을 살펴보자.

## 하북(원소)

표 4-2는 후한시대의 인구통계 가운데 원소가 지배한 4주의 통계를 따로 떼어내 정리한 것이다. 다만 앞서 말했듯이 기주와 유주의 여러 군이 원소의 지배 밖에 있었던 것으로 추정되므로, 실제 원소 치하의 호수와 인구는 제시된 수치보다 적었을 것이다.

통계에 따르면, 기주는 전국 호수의 9.7%, 인구의 12.4%를 가진 주였다. 당시 13개 자사부가 있었으니, 산술적으로 1개 주가 차지하는 호수와 인구수의 평균 기댓값은 7.7%이다. 이를 감안하면 기주는 평균을 상회하는 주였음을 알 수 있다. 그에 비해 청주와 병주, 유주 3개

| 주명 | 군국수 | 현수 | 호수 | | 인구수 | | 면적 |
|---|---|---|---|---|---|---|---|
| 기주 | 9 | 100 | 908,005호 | 9.7% | 5,931,919명 | 12.4% | 87,217km² |
| 청주 | 6 | 65 | 635,885호 | 6.8% | 3,709,803명 | 7.7% | 60,014km² |
| 병주 | 9 | 98 | 115,011호 | 1.2% | 696,765명 | 1.5% | 323,840km² |
| 유주 | 11 | 84 | 396,263호 | 4.2% | 2,044,602명 | 4.3% | 385,844km² |
| 합계 | 35 | 347 | 2,055,164호 | 22% | 12,383,089명 | 25.9% | 856,915km² |

4-2 원소 치하 4주의 호수와 인구.

주는 평균에 미달하는 주였다.

또한 4주의 총 호수는 약 205만 호로 전체의 22%, 인구는 약 1,238만 명으로 전체의 25.9%에 달했다. 하지만 이는 최댓값일 뿐이고 원소의 지배를 받지 않은 군·국·현의 호수와 인구는 빼야 타당하다. 원소가 한복으로부터 기주를 빼앗으려고 할 때, 한복의 부하인 경무耿武, 민순閔純, 저수沮授는 기주에 갑옷 입은 군사가 100만 명이 있고 식량은 10년 동안 지탱할 분량이 있다며 원소에게 기주를 넘기지 말라고 한복에 간언했다. 군사 수가 100만 명이라는 것은 과장이지만 이를 성인 남성의 수로 바꿔 읽으면 이 수치는 표 4-2의 기주 인구와 비슷할 것이다. 원술은 원소에게 편지를 보내면서 원소가 4주와 민호民戶 100만 호를 지배한다고 쓴 적이 있다. 만약 이것이 사실이라면 원소가 지배한 호수는 205만 호의 절반에 불과하다. 그러나 설령 원소가 지배한 호수가 100만 호라고 가정하더라도 후한의 인구통계와 후한 말의 인구통계 사이에 격변이 존재했고, 특히 기주는 황건의 난으로 극심한 인구 손실이 발생한 주라는 점, 덧붙여 하북 4주의 일부가 원소의 지배에서 벗어나 있었던 점을 감안하면, 결코 무시할 만한 수치가 아니었다. 지형도로 보면 기주와 유주, 청주는 각각 서쪽과 북쪽, 남쪽 경계에 산지가 있지만 대부분 평원이다. 농민들이 제대로 경작한다면 엄청난 수확량을 올릴 수 있는 농토가 많다. 원소는 경제적으로 아주 중요한 지역을 차지했던 것이다. 게다가 후한을 세운 유수(광무제)도 하북을 지역 기반으로 삼아 여러 군웅을 제거하고 중국을 다시 재통일한 바 있다. 적어도 원소는 광무제의 전례를 따라 하북을 차지한 자신이 중국 전체를 통일할 수 있다고 생각했을 것이다.

나중에 조조가 화북을 통일하고 나서, 순욱은 조조 치하의 전체 인구가 전한과 후한 시대의 여남군 수준이라고 기록했다. 여남군은 전한과 후한 시대에 인구가 가장 많았던 군으로, 후한시대 통계에 따르면 약 40만 호, 210만 명이었다. 순욱의 기록은 화북 전체를 통일한 조조 치하의 인구가 겨우 여남군 전성기 때의 인구에 불과했다는 뜻인데, 만일 그렇다면 원소가 지배한 호수의 최솟값인 100만 호는 후일 조조가 통일한 화북 전체 호수보다도 많았다고 추정할 수 있다.

### 유주(유우·공손찬)

앞서 보았듯 유주는 유우가 유주목으로 부임하여 많은 치적을 쌓았던 곳이다. 공손찬은 그런 유우를 죽이고 유주를 차지했다. 이후 원소가 공손찬에 승리하며 유주의 주인이 되었다.

유주는 오늘날 허베이성 북부와 동부, 즉 중국의 수도 베이징과 그 주변의 수도권에 해당하는 지역으로 당시에는 그저 일개 변경에 불과했다. 10개 군과 1개의 속국을 합해 11개의 군급 행정구역이 있었다. 또한 대군과 상곡군 사이에 오환의 여러 부족을 관리, 감독하는 호오환교위護烏桓校尉가 주둔했다.

유주의 서남쪽 군들은 대개 면적이 좁은 반면 동쪽 변경의 군들은 면적이 넓었다. 사실 면적보다 더 중요한 건 인구인데, 이 시대에 대

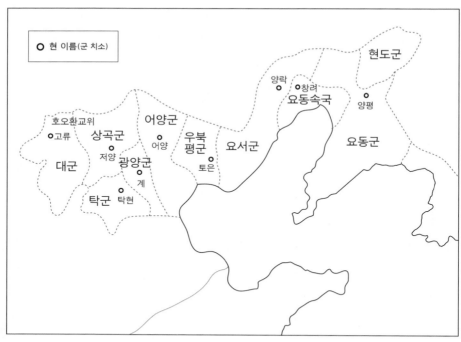

4-3 후한시대 유주의 행정구역(군과 치소).

개 면적이 좁은 군은 인구가 많았고, 넓은 군은 인구가 적었다. 요서
군과 요동군은 면적이 넓지만 인구는 8만여 명에 불과했고, 탁군과
광양군은 면적이 좁지만 인구는 많았다. 유주는 84개 현을 거느렸는
데, 이는 전국 1,160개 현의 7.2%에 해당했다. 또 유주의 호수는 전
체의 4.2%, 인구수는 4.3%를 차지했다. 전국 평균 호수와 인구수가
7.7%이므로 유주는 평균에 미달했다. 현의 숫자만 평균에 가까웠다.
이는 량주와 병주 등 북쪽 변경 자사부의 공통된 특징이기도 했다. 하
지만 량주와 병주보다는 유주의 인구가 더 많았다.

　사정이 이렇다보니 유주는 비교적 가난하여 군현에서 거둔 조세수
입만으로는 선비와 오환 등 유목민들을 방비하기 위한 군사비를 제

| 군명 | 치소 | 현수 | 호수 | 인구수 | 면적 |
|---|---|---|---|---|---|
| 탁군 | 탁현 | 7 | 102,218호 | 633,754명 | 9,900km$^2$ |
| 광양군 | 계현 | 5 | 44,550호 | 28,600명 | 3,600km$^2$ |
| 대군 | 고류현 | 11 | 20,123호 | 126,188명 | 22,000km$^2$ |
| 상곡군 | 저양현 | 8 | 10,352호 | 51,204명 | 31,250km$^2$ |
| 어양군 | 어양현 | 9 | 68,456호 | 435,740명 | 37,900km$^2$ |
| 우북평군 | 토은현 | 4 | 9,170호 | 53,475명 | 36,750km$^2$ |
| 요서군 | 양락현 | 5 | 14,150호 | 81,714명 | 21,930km$^2$ |
| 요동군 | 양평현 | 11 | 64,158호 | 81,714명 | 69,750km$^2$ |
| 요동속국 | 창려현 | - | - | - | 57,510km$^2$ |
| 현도군 | 고구려현 | 6 | 1,594호 | 43,163명 | 73,654km$^2$ |
| 낙랑군 | 조선현 | 18 | 61,492호 | 257,050명 | 21,600km$^2$ |
| 유주 | 계현(광양군) | 84 | 396,263호 | 2,044,602명 | 385,844km$^2$ |

4-4 후한시대 유주의 호수와 인구.

대로 충당하기 어려웠다. 그래서 경제적으로 선진 지역이자 남쪽 후
방에 있는 청주와 기주에서 매년 2억여 전어치의 각종 물자를 지원받
았다. 당시 곡물 1석을 100전이라고 가정하면, 유주는 곡물 약 200만
석 규모의 지원을 받은 것으로 이해할 수 있다. 당시 성인 1명이 1년
에 18석의 곡물을 소비했다고 하니 이는 111,111명분의 1년 치 식량
에 해당한다. 『후한서/오환선비전』에 따르면, 후한 초인 59년 이후 선
비인들이 후한에 귀부하면 요동군은 그 대가로 그들에게 상과 재물을
내렸다. 이때 비용은 요동군이 속한 유주가 아닌 서주와 청주에서 갹
출했는데, 약 2억 7,000만 전 규모였다. 이렇듯 경제적으로 낙후된 지
역을 부유한 곳으로 바꿔놓은 이가 바로 유우였다. 또 유주에 오환 등
유목민 기병이 주둔한 것도 유주의 장점이었다. 유수(광무제)도 유주

일대에 주둔한 오환 등 기병을 확보하고 하북의 경제력을 바탕으로 전국을 다시 통일할 수 있었다. 유주의 기병과 하북(기주)의 경제력이 결합된다면 재통일의 조건이 만들어질 수 있었던 것이다.

### 연주(조조·여포)

연주는 조조의 지역 기반이었다. 북쪽은 기주, 동북쪽은 청주, 동쪽과 동남쪽은 서주, 남쪽은 예주, 서쪽은 사예로 둘러싸인 곳이다. 즉 바다와 접한 지역이 없는 내륙이었다.

표 4-6은 후한시대 연주에 속한 군국의 호구를 표로 정리한 것이다. 연주에는 8개 군국(5개 군과 3개 국), 80개 현, 약 73만 호가 있었으며, 인구는 405만 명에 달했다. 연주의 인구는 13개 주 가운데 여섯 번째로 많았다. 100만 명 이상의 군국은 없었지만 동평국과 임성국은 인구밀도가 각각 km²당 146.5명과 184.4명에 달할 정도로 많았다. 후한시대에 인구밀도가 km²당 100명을 넘은 군국은 8개에 불과했는데 그중 2개가 연주에 속해 있었다. 그 밖에 제북국은 92.3명, 제음군은 93.3명, 산양군은 83.3명으로, 인구밀도가 높은 군국이 5개나 되었다. 대체로 연주는 다른 주(자사부)보다 면적은 작지만 인구밀도가 높은 지역에 속했다(연주 전체는 km²당 약 75명).

그러나 후한 말 황건의 난이 진압된 이후에도 황건 잔당이 활동하고 여러 도적 집단이 활개를 치며 노략질하고 인명을 살상한 지역이었기 때문에, 연주 인구가 그대로 유지됐다고 보기는 어렵다. 즉 조조가 이곳을 차지했을 당시에는 인구가 상당히 감소한 상태였을 것이다. 한편으로 연주는 황하 하류에 위치했기 때문에 정치적 중심지인 낙양과 가깝다는 지리적 이점이 있었다. 반면 내륙이기 때문에 사방으로 적에 둘러싸일 가능성이 높았다. 즉 지리적으로 장점과 단점을

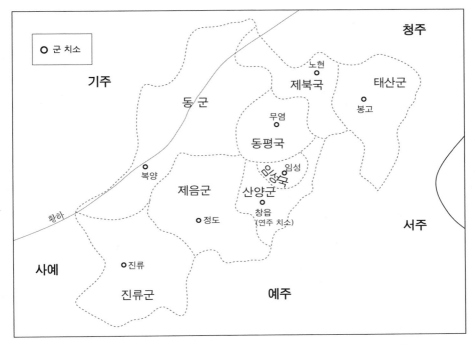

4-5 후한시대 연주의 행정구역(군과 치소).

모두 가진 곳이었다.

연주를 차지한 조조는 기주와 청주의 원소, 서주의 도겸(유비·여포), 예주 남부의 원술 등에 의해 삼면이 포위된 형세였다. 그나마 원소와는 사이가 좋았다. 그러나 나중에 조조의 세력이 커지면서 원소와의 사이도 틀어졌다. 한편 도겸 이후 지배자가 자주 바뀐 서주 세력은 스스로를 지키기에 급급해서 연주를 공격할 가능성이 없었다. 연주를 막 차지한 시점에 조조 주위 군벌들의 이와 같은 상황, 특히 그들이 동시에 연주를 공격할 가능성이 없다는 점은 조조에게 다행이었다. 연주 동북쪽의 청주 역시 원소의 아들 원담과 공손찬의 부하 전해

| 군국명 | 치소 | 현수 | 호수 | 인구수 | 면적 |
|---|---|---|---|---|---|
| 진류군 | 진류현 | 17 | 177,529호 | 869,433명 | 9,036km² |
| 동군 | 복양현 | 15 | 136,088호 | 603,393명 | 10,719km² |
| 동평국 | 무염현 | 7 | 79,012호 | 448,270명 | 3,060km² |
| 임성국 | 임성현 | 3 | 36,442호 | 194,156명 | 1,053km² |
| 태산군 | 봉고현 | 12 | 8,929호<br>(혹은 80,929호) | 437,317명 | 13,320km² |
| 제북국 | 노현 | 5 | 45,689호 | 235,897명 | 2,555km² |
| 산양군 | 창읍현 | 10 | 109,898호 | 606,091명 | 7,272km² |
| 제음군 | 정도현 | 11 | 133,715호 | 657,554명 | 7,047km² |
| 연주 | 창읍현(산양군) | 80 | 727,302호 | 4,052,111명 | 54,062km² |

4-6 후한시대 연주의 호수와 인구.


가 싸우고 있는 상태라서 연주를 엿볼 수 없었다. 사면이 적들로 둘러싸일 수 있었지만, 각각의 이유로 다들 연주를 엿볼 만큼 한가한 상황이 아니라는 게 조조에게는 큰 행운이었다.

### 서주(도겸·유비·여포)

서주는 황건적을 평정한 도겸의 뒤를 이어 유비와 여포가 자리잡은 곳으로, 오군과 함께 동초東楚라고 불리던 지역이다. 표 4-7은 후한시대 서주에 속한 군국의 호구를 정리한 것이다.

전한시대의 서주는 낭야·동해·임회 3군과 사수·광릉·초·노 4국, 모두 7군국으로 구성되었으나, 후한시대 노국이 연주에 소속되고 임회·사수·초 3군국이 통폐합되면서 5개 군국으로 줄어들었다.

인구가 가장 많은 곳은 동해군이었다. 이 때문에 동해군의 치소는 서주자사의 치소도 겸했다. 앞에서 전한시대 동해군의 재정 상태

| 군국명 | 치소 | 현수 | 호수 | 인구수 | 면적 |
|---|---|---|---|---|---|
| 동해군 | 담현 | 13 | 138,784호 | 706,416명 | 21,744km$^2$ |
| 낭야국 | 개양현 | 13 | 20,804호 | 570,967명 | 18,965km$^2$ |
| 팽성국 | 팽성현 | 8 | 86,170호 | 493,027명 | 4,419km$^2$ |
| 광릉군 | 광릉현 | 11 | 83,907호 | 410,190명 | 36,000km$^2$ |
| 하비국 | 하비현 | 17 | 136,389호 | 611,083명 | 22,500km$^2$ |
| 서주 | 담현(동해군) | 62 | 476,054호 | 2,791,683명 | 103,628km$^2$ |

4-7 후한시대 서주의 호수와 인구.

를 간략하게 살펴보았는데, 후한시대 동해군의 호수는 전한시대의 38.7%, 인구수는 45.3%에 불과했다. 따라서 후한시대 동해군의 조세 수입은 대폭 줄었을 것으로 보인다. 『후한서/오환선비전』에 따르면, 후한 초인 59년 이후 선비인들이 후한에 귀부하면 요동군은 그 대가로 그들에게 상과 재물을 내렸고, 그 비용은 요동군이 속한 유주가 아닌 서주와 청주에서 약 2억 7,000만 전을 갹출했다. 서주와 청주가 절반씩 부담했다고 하면 서주는 약 1억 3,000만 전 상당의 현물을 요동군으로 보낸 것이다. 동해군이 보유한 동전으로 절반에 가까운 양을 부담할 수 있었다. 동해군의 호수가 서주 전체의 29.1%, 인구수의 25.3%였으므로 서주는 1억 3,000만 전 상당의 물자를 공급할 만한 경제적 역량을 가졌을 것으로 보인다.

후한 말 전란이 발생하자 황하 이남의 유민들이 서주에 몰려들어 인구가 늘어났다. 그러나 조조가 아버지를 죽인 도겸을 징벌하며 두 차례에 걸쳐 서주로 진격해 도륙하는 바람에 인구가 대폭 감소되었다. 조조는 1차 서주 원정 때 서주 백성 수십만 명을 사수泗水가에 파묻어 죽였고, 동해군의 취려·수릉·하구 3현을 닭도 개도 모두 없어지고 성읍이 완전히 파괴되어 이후로 인적이 끊길 정도로 도륙했다. 2차 원정에서도 담현과 양분현 일대를 잔혹하게 파괴하고 살육했다. 이를 통해 동해·팽성·낭야 3군의 인구가 대폭 감소하고 폐허로 전락했음을 알 수 있다. 이 때문인지 도겸의 뒤를 이어 서주를 차지한 유비와 여포는 주로 하비를 중심으로 활동했다. 동해·팽성 2군의 인구가 대폭 감소하여 정치적·군사적 거점으로 삼기 불가능했을 것이다. 그나마 하비국은 서주에서 호수와 인구가 두 번째로 많은 군국이었기 때문에 유비와 여포의 비빌 언덕이 되어주었다.

### 강동(손책·손권)

'강남'은 우리나라나 중국이나 뜨거운 감자이다. 두 나라에서 강남은 경제의 중심지이고, 정치에도 큰 영향을 미치고 있다. 하지만 우리나라에서 강남이 오늘날처럼 발전한 것은 1970년대 박정희 정권의 강남 개발 이후부터이니 불과 40여 년에 걸쳐 일어난 일이다. 그 전까지 강남은 서울 바깥의 오지에 불과했다. 중국에서도 강남은 오랜 기간 중원 바깥의 오지에 불과했다. 중국의 경제와 문화의 중심지가 된 지 이제 1,000년이 넘었지만 유구한 중국 역사에 비춰보면 그 기간은 짧았다. 말하자면 손권이 오나라를 세우던 시절에 강남은 아직 중원 사람들에게는 오지였던 것이다.

현재 중국에서는 고대 유물 발굴이 진행됨에 따라 장강 하류의 청련강靑連崗 문화, 중류의 굴가령屈家嶺 문화, 상류의 대계大溪 문화, 절강성 유역의 하모도河姆渡 문화, 양저良渚 문화 등 황하 문명 못지 않은 문화권이 장강과 그 이남 지역에 존재했음을 인정하는 분위기이다. 혹자는 이를 장강 문명이라고 부르기도 하는데, 오히려 황하와 장강 유역의 여러 문화권을 합쳐 중국 문명으로 부르는 것이 일반적이다. 하지만 현재의 고대 유물 발굴 성과와 무관하게 『사기』를 비롯한 고대 문헌에서는 장강 유역과 그 이남을 만이蠻夷 혹은 남만南蠻이라고 부른 오랑캐들이 사는 낙후된 오지로 묘사했다. 이렇듯 낙후된 지역을 바꾼 이가 신공申公 무신巫臣이다. 『사기』 및 여러 기록을 종합하면 신공 무신이 오吳나라에 선진 기술을 전수한 것은 한 미녀를 둘러싼 치정 싸움 때문이었다.

춘추시대 진陳나라의 영공靈公은 하징서夏徵舒라는 신하의 홀어머니 하희夏姬와 정을 통했다. 문제는 저 혼자 정을 통한 것이 아니라 다른 두 신하도 그녀와 통정했던 것이다. 게다가 진영공은 하징서의 집에서 두 신하와 술을 마시며 "하징서는 누구를 닮았냐?"고 질문했다. 이에 두 신하는 "폐하를 닮았습니다"하고 농담으로 대답했다. 이 말은 하징서의 비위를 건드렸다. 자존심이 상한 하징서는 군대를 일으켜 영공과 두 신하를 죽였다. 초나라 장왕莊王은 이를 빌미로 기원전 599년 진나라를 침입하여 하징서를 죽이고 진나라를 멸망시켜 초나라의 영토로 편입했다.

미녀 하희를 둘러싼 싸움은 여기서 그치지 않았다. 초장왕과 재상 자반子反이 하희에게 눈독을 들였던 것이다. 하지만 신공 무신이 만류하여 그만두었는데, 정작 무신 자신이 외교 사신으로 나가는 틈을 이용하여 하희를 가로챘다. 그러나 그 대가는 가혹했다. 분노한 재상 자반이 남아 있던 무신의 가족을 도륙하여 복수했고, 이 때문에 무신은 기원전 584년 진晉나라로 도망가야 했다. 여자 때문에 조국을 버린 신공 무신은 어제의 조국 초나라에 복수하기 위해 초나라 동쪽에 위치한 오나라를 키워 초나라를 견제하는 전략을 진나라 조정에 제안했다. 그리고 직접 오나라에 가서 군주인 수몽壽夢에게 초나라에 대항할 것을 권하고, 오나라 사람들에게 활쏘기와 말타기, 진법을 가르

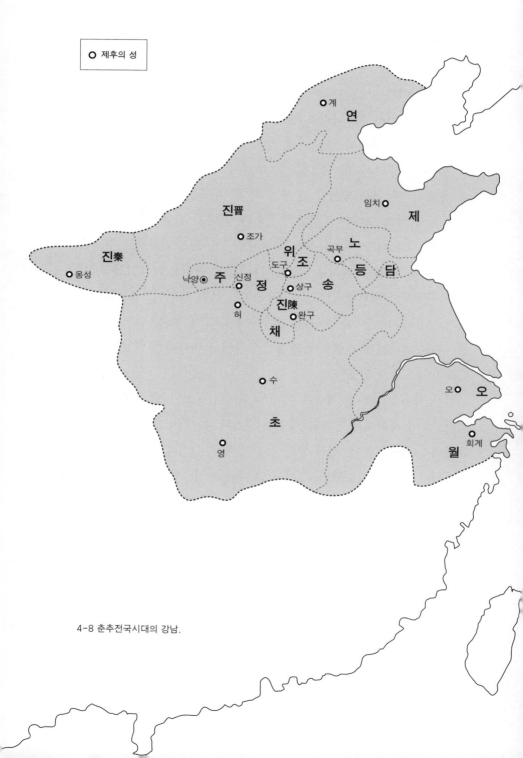

연

계

제

임치 ○

진晉

진秦

옹성 ○

조가 ○

곡부 ○ 노

위 조

도구

낙양 ◉ 주

신정 ○ 정

상구 ○ 송

등 담

허 ○

진陳

완구 ○

채

수 ○

오 ○ 오

초

월

영 ○

회계 ○

4-8 춘추전국시대의 강남.

쳤다. 덕분에 오나라는 군사력이 강해져서 춘추시대 말기에 강대국으로 발전했다. 오왕 합려闔閭는 초나라의 수도 영郢을 함락하여 초나라에 큰 타격을 주었다. 또한 그의 아들 부차夫差도 월越나라의 구천句踐을 굴복시키고 기원전 482년 황지黃池에서 제후들과 회맹했다.

오나라와 오나라의 남쪽, 그러니까 오늘날의 저장성(절강성)에 자리했던 월나라는 앙숙 사이였다. 합려가 초나라를 공격할 때도 월나라는 오나라의 배후를 공격했다. 이에 화가 난 합려가 월나라를 공격했으나 기원전 496년의 전투에서 입은 부상으로 그만 죽고 말았다. 합려의 아들 부차는 불편한 땔감 위에서 자며(이를 와신臥薪이라고 한다) 복수를 다짐하다가 기원전 494년에 월나라의 구천과 싸워 이김으로써 아버지의 원수를 갚았다. 부차에게 패한 구천은 부차에게 납작 엎드리며 충성을 맹세했다. 하지만 구천은 속으로 복수를 맹세하며 의지가 약해질 때마다 곰쓸개를 맛보며(이를 상담嘗膽이라고 한다) 복수를 준비했다. 결국 구천은 부차가 기원전 482년 북쪽으로 군대를 이끌고 간 사이 오나라의 수도를 급습했다. 기원전 473년, 구천이 결정적인 승리를 거두자 부차는 자살하고 오나라도 멸망했다. 이것이 와신상담의 고사다. 오나라를 멸한 월나라는 춘추 5패의 마지막 패자가 되었다. 하지만 강성했던 월나라도 전국시대 중기에 초나라에 의해 멸망했다.

강남 혹은 강동(고대에는 강남보다 강동이라는 표현이 더 많이 쓰였다)은 오나라와 월나라의 땅에 해당했기 때문에 '오월吳越'이라고도 불렸다. 진秦나라는 초나라를 멸망시킨 후 오나라와 월나라의 중심부에 회계군을 설치했다. 진시황이 죽은 후 항량項梁과 항우는 바로 이 회계군의 군수를 죽이고 회계군을 기반으로 삼아 진나라에 반기를 들었다. 항량이 죽은 후 항우는 진나라의 수도 함양咸陽을 점령하며 한

때 서초西楚의 패왕霸王을 자칭할 정도로 강성했다. 그러나 유방과의 전쟁에서 패하고 원래의 본거지 강동, 즉 회계군으로 돌아가다가 자살했다. 당나라의 시인 두목은 항우가 강동으로 돌아가 재기를 노리라는 오강 정장의 말을 듣지 않았음을 아쉬워하며 〈제오강정題烏江亭〉이란 시를 지었다. 이 시에서 재기를 꾀한다는 뜻의 '권토중래'라는 사자성어가 생겨났다. 이처럼 강남 혹은 강동 지역은 중국 고대사에서 변방이긴 하지만 많은 이야깃거리를 만들어낸 지역이었다.

전한과 후한 시대에 강동은 양주揚州에 속했다. 양주는 회수 이남부터 장강 하류에 걸친 지역으로, 춘추전국시대 오나라 및 월나라의 영역과 대체로 일치한다. 무엇보다 장강의 북쪽과 남쪽에 걸쳐 있음을 눈여겨봐둘 필요가 있다.

후한시대에 양주에는 많은 변화가 생겼다. 전한시대의 육안국六安國이 여강군에 통합되었고, 후한 순제 때인 129년에는 오군이 회계군에서 분할되어 새로 설치되었다.

후한시대 양주의 전체 인구는 약 434만 명이었다. 양주는 인구가 적은 편에 속했다. 장강 이북의 구강군과 여강군의 호수는 약 19만호, 인구 86만 명, 장강 이남 4군의 호수는 약 83만 호, 인구 348만 명이었다. 둘의 호수 비율은 1 대 4.4, 인구수 비율은 1 대 4.1이다. 다시 말해 장강 남쪽의 인구가 4배 더 많았고, 그만큼 인구 밀집 지역이었음을 알 수 있다.

이 가운데 강남(강동)에 해당하는 단양군과 오군, 회계군 3군의 호수는 도합 약 42만 호, 인구는 181만 명으로 양주 전체 호수와 인구의 약 41%를 차지했다. 그리고 바로 이 3군이 손책의 주요 지역 기반이었다.

전한과 후한 시대에 양주의 군 개수에는 변동이 없었다. 그러나 장

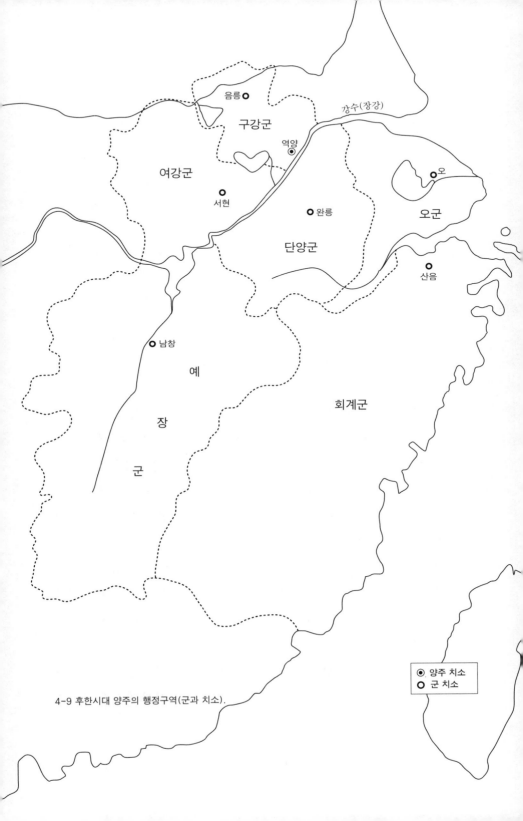

음릉○

구강군

강수(장강)

여강군

역양◉

오○

○서현

완릉○

오군

단양군

산음○

○남창

예

회계군

장

군

◉ 양주 치소
○ 군 치소

4-9 후한시대 양주의 행정구역(군과 치소).

| 군명 | 치소 | 현수 | 호수 | 인구수 | 면적 |
|------|------|------|------|--------|------|
| 구강군 | 음릉현 | 14 | 89,436호 | 432,426명 | 37,710km² |
| 여강군 | 서현 | 14 | 101,392호 | 424,683명 | 42,300km² |
| 단양군 | 완릉현 | 16 | 136,518호 | 630,545명 | 56,875km² |
| 회계군 | 산음현 | 14 | 123,090호 | 481,196명 | 68,670km² |
| 오군 | 오현 | 13 | 164,164호 | 700,782명 | 38,790km² |
| 예장군 | 남창현 | 21 | 406,496호 | 1,668,906명 | 174,960km² |
| 양주 | 역양현(구강군) | 92 | 1,021,096호 | 4,338,538명 | 419,305km² |

4-10 후한시대 양주의 호수와 인구.

강 이북과 이남의 군 비율은 전한시대 3 대 3에서 후한시대에는 2 대 4로 바뀌었다. 장강 이북에서 군 하나가 없어지고 이남에 군 하나가 새로 설치된 것이다. 왜 그렇게 된 것일까?

전한 무제(한무제漢武帝) 시기의 역사가 사마천은 『사기』에서 장강 이남을 땅은 많으나 인구는 적고, 쌀밥과 생선국을 먹으며, 과일과 수산물이 풍족한 지역이라고 했다. 또한 먹거리가 풍부하여 사람들이 기근에 대비해 저축하지 않기 때문에 아주 빈곤한 사람도 아주 부자도 없는 곳이라고 했다. 어떻게 보면 살기 좋은 곳처럼 보이지만, 기록에 따르면, 화경수누火耕水耨라 하여 추수하고 남은 작물을 불태우고 물을 대어 농사짓는 원시적인 농업이 존재하던 지역이었다. 또 전한과 후한 시대에 장강 이남에는 철관鐵官이 한 곳에 불과했다. 철관이 있어야 철제 농기구나 무기를 만들 수 있었으므로, 당시 첨단 농법으로 각광을 받던 철제 농기구를 이용한 심경(깊이갈이)은 불가능했다. 또 제철소가 적으니 무기를 만들기 어려워 반란을 일으키기도 쉽지 않은 상황이었을 것이다. 이처럼 전한과 후한 시대에 장강 유역을 낙후된 지역으로 방치한 것은 어쩌면 춘추시대와 전국시대에 이 지역을 지배했던 초나라나 오나라, 월나라를 의식한 조치였을지도 모른다. 초나라처럼 장강 유역을 지배하는 강한 세력이 출현하는 것을 막기 위해서라도 굳이 열성적으로 개발할 필요가 없었던 것이다. 그럼에도 불구하고 이 지역에는 인구 변화가 보인다.

지도 4-11에서 볼 수 있듯 황하 유역에서 기주를 제외한 나머지 주들은 전한시대보다 후한시대에 인구가 감소했다. 회수 유역의 서주와 예주도 인구가 감소했음을 알 수 있다. 반면 장강 상류의 익주, 중류의 형주, 하류의 양주는 인구가 증가했다. 익주는 약 59%, 형주는 74%, 양주는 43%가 증가했다. '강남'을 포함한 양주는 형주와 익주보다 인구 증가율이 낮았고, 인구도 적었다. 4-12 지도에서 볼 수 있듯 단양군은 56%, 회계군은 14%, 예장군은 374% 증가했다. 반면 형주의 장사군은 인구가 349%, 계양군桂陽郡은 221%, 영릉군은 621%로 대폭 증가했고, 무릉군만 35% 증가하여 오름폭이 적었다.

지도 4-11과 4-12를 비교해보면 장강 하류에 해당하는 강남의 인구 증가율이 장강 중류의 형주보다 낮았다. 경제력이 노동력에 비례했던 당시 시대상을 감안하면 강남이 형주보다 경제적으로 낙후되어 있었다고 이해할 수 있다.

요컨대 전한시대와 후한시대의 인구를 비교하면, 장강 일대는 중하류를 막론하고 인구가 증가하는 추세였다. 신新나라가 망하고 여러 지역에서 반란이 일어나 후한이 통일하기까지 수십 년 동안 황하 유역의 사람들이 장강 유역으로 이주한 것이 중요한 원인이었을 것이다.『후한서』등에 이를 뒷받침하는 기록들이 보인다. 그 외에도 중국사를 보면 신나라와 후한 교체기, 후한 말과 삼국시대, 십육국, 황소의 난과 번진할거, 북송의 멸망과 금의 지배(정강의 변) 등 내란과 이

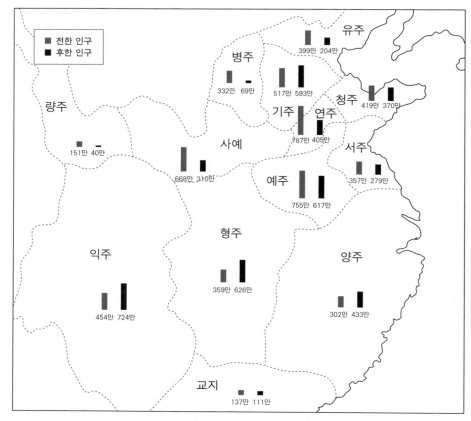

4-11 전한과 후한 시대의 주별 인구 변화.

민족의 침입으로 북방이 정치적, 군사적으로 혼란스러워지면 황하 유역의 사람들이 장강 이남으로 대규모 피란한 것을 알 수 있다.

장강 이남의 인구가 증가했다고 해서 이곳이 대대적으로 개발되거나 갑자기 경제적으로 선진 지역이 된 것은 아니다. 그러나 후한 말황건의 난과 군웅할거 시기를 거치는 동안 사람들은 끊임없이 장강연안으로 이주했을 것이고, 그 때문에 장강 유역은 인구가 더욱 늘어

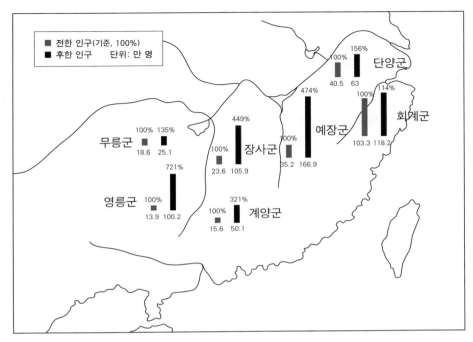

4-12 전한과 후한 시대 장강 이남의 군별 인구 변화. 회계군의 경우, 후한시대 오군, 회계군 2군의 인구를 합해 전한시대의 회계군과 비교했기 때문에 오차가 있을 수 있다.

낮을 것이다. 이는 강남의 손책 형제, 형주의 유표 부자, 익주의 유언 부자가 자신들의 근거지에서 경제력과 군사력을 확충하는 기반이 되었을 것이다.

### 형주(유표·유비)

후한의 형주는 오늘날의 후베이성(호북성)과 후난성(호남성) 전체 그리고 허난성(하남성) 남부, 구이저우성(귀주성) 동부, 광둥성(광동성)과 광시성(광서성) 북부에 해당한다. 춘추전국시대 이 지역을 지배한 초나라는 '형荊'이라고도 불렸는데 전한시대에 이 '형' 자를 붙여 '형주'

라고 이름을 붙였다. 형주의 '형' 자와 초나라의 '초' 자를 합쳐 '형초荊楚'라고도 불린다.

후한시대 형주에는 7개 군이 있었다. 형주 가운데에 위치한 동정호洞庭湖를 중심으로 그 북쪽에는 남양군과 남군, 강하군이 있고, 남쪽에는 장사군과 영릉군, 계양군이 있었다. 무릉군은 그 가운데에 위치했다. 그 때문인지 형주자사의 치소는 무릉군의 치소인 임원현臨沅縣 동쪽에 있는 한수현漢壽縣이었다. 나중에 유표는 남군 북쪽 끝에 있는 양양현襄陽縣에 주둔하면서 형주의 치소를 이곳으로 옮겼다.

7군 117현으로 이루어진 후한시대의 형주는 호수 약 140만 호, 인구 627만 명으로, 두 항목 모두 전체 자사부 가운데 두 번째로 많았다. 형주의 군 가운데 면적이 가장 작은 남양군이 인구는 가장 많았다. 남양군은 후한시대에 형주뿐만 아니라 전국을 통틀어 가장 인구가 많은 군이었다. 전한시대의 역사서인 『사기』와 『한서』에 따르면, 남양군의 치소인 완현은 서쪽으로는 관중의 관문인 무관으로 이어지고 동쪽으로는 장강 및 회수 일대와 통하는 교통의 요지로서 교역이 활발한 상업도시였다. 완현의 경제적 번영은 후한시대에도 지속되었을 것이다.

남양군과 남군 일대에는 평지가 많았다. 따라서 개간된 농지가 많았고, 그랬던 만큼 농경에 종사하는 사람들이 많이 모여 살았을 거라고 이해할 수 있다. 그런데 산지가 많은 장사군과 영릉군도 100만 명이 넘을 정도로 인구가 많았다. 장사군은 형주에서 두 번째, 영릉군은 세 번째로 인구가 많은 군이었다. 그에 비해 남군은 네 번째로 인구가 많았다(전한시대에는 두 번째로 인구가 많았다). 장사군은 가운데를 흐르는 상수湘水를 중심으로 어느 정도 평지가 넓게 분포해 있어 인구가 많은 이유를 짐작할 수 있지만, 영릉군은 그렇지 않고 산지가 많은 땅

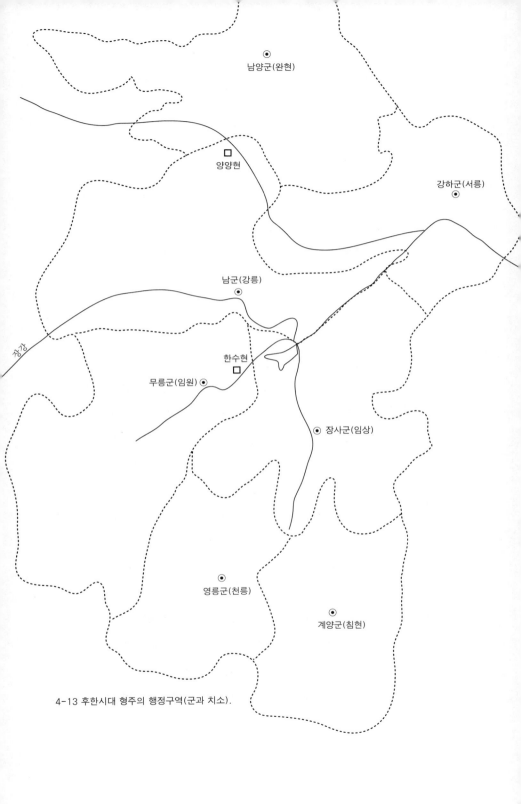

남양군(완현)

양양현

강하군(서릉)

남군(강릉)

한수현

무릉군(임원)

장사군(임상)

장강

영릉군(천릉)

계양군(침현)

4-13 후한시대 형주의 행정구역(군과 치소).

| 군명 | 치소 | 현수 | 호수 | 인구수 | 면적 |
|------|------|------|------|--------|------|
| 남양군 | 완현 | 37 | 528,551호 | 2,439,618명 | 49,958km² |
| 남군 | 강릉현 | 17 | 162,570호 | 747,604명 | 75,897km² |
| 강하군 | 서릉현 | 14 | 58,434호 | 265,464명 | 76,518km² |
| 영릉군 | 천릉현 | 13 | 212,284호 | 1,001,578명 | 59,778km² |
| 계양군 | 침현 | 11 | 135,029호 | 501,403명 | 51,390km² |
| 장사군 | 임상현 | 13 | 255,854호 | 1,059,372명 | 75,510km² |
| 무릉군 | 임원현 | 12 | 46,672호 | 250,913명 | 114,530km² |
| 형주 | 한수현(무릉군) | 117 | 1,399,394호 | 6,265,952명 | 503,581km² |

4-14 후한시대 형주의 호수와 인구.

이어서 지형에만 의존해서는 인구가 많은 이유를 파악하기가 어렵다.

전한시대만 해도 인구가 적었던 장사군과 영릉군, 계양군, 무릉군은 후한시대에 들어 인구가 급증했다. 전한시대의 인구를 1이라고 할 때, 후한시대의 영릉군은 7.2배, 장사군 4.5배, 계양군 3.2배, 무릉군은 1.35배 늘어났다. 장사태수 장선은 형주에서 인구가 두 번째로 많은 장사군을 기반으로 하여 양양현에 치소를 둔 형주목 유표에 대항했다. 이웃한 영릉과 계양 2군을 병합하여 동정호 남쪽 3군을 지배했다. 이 3군의 호수는 형주 전체의 43%, 인구는 40.9%에 달했다. 인구와 호수가 유표의 배나 많았기 때문에 장선은 유표와 당당히 맞설 수 있었다.

신나라와 후한 초기 동란기에 중원의 많은 이들이 장강 이남으로 이주했다. 학자들은 이것이 4군의 인구가 증가한 가장 큰 원인이라고 추정한다. 그 밖에 수리 시설이 확충되면서 경작지가 증가했고 그에 따라 부양 가능한 인구가 증가했을 것이다. 그러나 이러한 인구 동향은 후한 말의 혼란한 시기가 도래하기 전의 일이므로 후한 말 상황과 완전히 같다고 할 수 없다. 후한 말 익주의 상황을 보면, 남양군 사람들이 대거 익주로 이주해 외지인 집단인 '동주사東州士'의 한 축을 형성한다. 이 기록은 후한 말에 남양군에서 심각한 인구 유출이 있었음을 뜻한다. 그러나 독자들의 신중한 판단을 돕기 위해 첨언하자면, 후한 말 동란 중에 중원 사람들이 동서남북으로 흩어지고 변경으로 이주하는 와중에도 형주는 다른 지역의 사람들이 난을 피해 몰려들어 인구가 증가했다. 인구 증가는 농업생산량의 증가를 뜻했으니, 형주는 경제적으로 중요한 지역이 되었을 것이다.

### 파촉(익주〔유언·유장·유비〕)

기원전 316년 진秦나라에 망한 파국巴國과 촉국蜀國을 합친 단어인 파촉은 전한과 후한 시대 익주益州를 가리킨다. '익주'라는 이름이 처음 등장한 것은 전한 무제 때였다. '익주자사부'가 설치된 것은 기원전 106년의 일이고, 그보다 먼저 기원전 109년에 익주군益州郡이 설치되었다. 익주군은 오늘날의 윈난성(운남성)에 존재했던 전滇나라를 정복한 후 설치한 군이었다.

그런데 익주가 익주군을 모방한 지명이냐 하면 그렇지는 않다. 본래 이 지역에는 한중군漢中郡과 파군巴郡, 촉군蜀郡의 3개 군이 있었으나, 전한 무제 시기에 서남이西南夷라는 이민족을 정복하고 영토를 오늘날의 윈난성과 구이저우성 일대로 확대하면서 기존의 영토에 '새로 영토를 덧붙이고 넓혔다(益廣)'는 뜻에서 '익益' 자를 따와 익주라고 불렀던 것이다.

전설상의 기록이긴 하지만 우禹 임금이 천하(중국)를 9개의 주로 나누었다는 우공구주禹貢九州에서는 이 지역을 양주梁州라고 불렀다.

오늘날 이 지역을 지칭하는 '쓰촨四川'은 4개의 지역이란 뜻으로, 북송시대에는 서천동로西川東路(재주로梓州路라고도 한다), 서천서로西川西路(익주로益州路라고도 한다), 이주로利州路, 기주로夔州路라는 4개의 로路라는 행정구역을 지칭했다. 이후 이 네 지역을 묶어 '사천'이라고 불렀고, 원나라 시대에 이곳을 관할하는 사천행성四川行省이 설치된 후 지금까지 쓰촨성四川省으로 불린다.

파촉 사람들은 자신들의 지역을 파巴, 한중漢中, 촉蜀, 남중南中 네 지역으로 구분했다. 이 네 지역은 차례대로 『화양국지』의 권1부터 권4까지의 편명이기도 하다. 외지인의 입장에서 보면 이러한 지역 구분이 이 지역의 지형과 부합하는지 의문이다.

지형상 '한중'은 북쪽으로 진령秦嶺, 남쪽으로 검각劍閣이라는 두 개의 험한 산맥 사이에 있는 분지 지형으로 파촉 지역과 지리적으로 구분된다. 그러나 '파군'과 '촉군'은 당시 사람들이 구분 짓긴 했지만 주름처럼 야트막하게 존재하는 산맥들을 제외하면 사실상 평지이다. 오늘날 쓰촨분지는 '육해陸海'라고 불릴 정도로 평탄하고 광활하다. 이 거대한 분지를 왜 두 개의 지방 행정구역으로 나누었는지는 잘 모르겠다. 한편 거대한 평원지대인 쓰촨분지의 서남쪽에는 쭈글쭈글하게 산맥들이 펼쳐지는 가운데 그 사이사이로 좁은 평지가 산재해 있다. 쓰촨분지와 확연히 구별되는 지역이다. 산맥들 때문에 하나로 묶기 어렵지만 어쨌든 파촉 사람들은 이 지역을 아울러 '남중'이라고 불렀다. 바로 제갈량이 대규모 정벌에 나섰던 남만인, 즉 남쪽 오랑캐들이 살던 땅이다.

오늘날 쓰촨분지는 아열대 계절풍의 온난 습윤 기후지대로 아열대 상록활엽수림이 분포한다. 따뜻하고 풍부한 강수량 덕분에 벼의 이모작 혹은 삼모작이 가능하다. 1년에 2, 3회의 쌀농사가 가능하다는 뜻

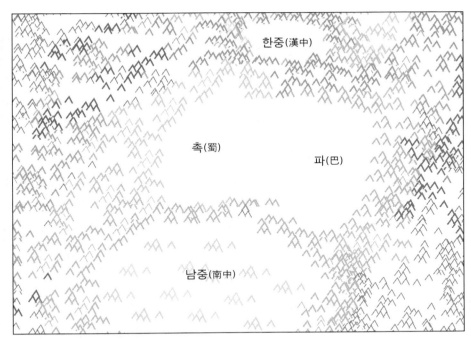

한중(漢中)

촉(蜀)

파(巴)

남중(南中)

4-15 파촉의 지형 및 『화양국지』의 파촉 지역 구분.

이다. 또 전통적으로 소금과 철광석이 풍부했으며, 비단과 칠기가 유명했다. 진秦의 촉군수蜀郡守 이빙李氷이 도강언都江堰이라고 불리는 제방을 쌓은 치수 사업을 성공한 이후 쓰촨분지의 많은 땅이 옥토로 바뀌었다. 요컨대 예로부터 파촉은 외부로부터 폐쇄적인 지역이었고, 기후가 따뜻하고 각종 물산이 풍부해 많은 사람들이 모여 사는 지역이었다.

후한시대 익주에는 9개 군과 3개 속국, 118개 현과 도道가 있었다. 여기서 속국과 도는 이민족 거주 지역에 설치된 행정조직으로, 속국은 군급, 도는 현급이었다. 호수와 인구수가 가장 많은 곳은 남쪽 변방의 영창군이었다. 그 뒤를 인구 100만 명 이상의 촉군과 파군이 이었다. 한중군의 경우에는 전한시대와 비교하여 인구가 감소했고, 그에 반해 남방의 여러 군은 인구가 증가했다.

전한시대의 익주는 호수 약 102만 호, 인구 478만 명으로 전국 대비 공히 8.3%였다. 그에 비해 후한시대의 익주는 호수 약 153만 호, 인구 724만 명으로 전체 호수의 16.3%, 인구의 15.1%를 차지했다. 후한시대에 들어 익주의 호수와 인구가 크게 증가했음을 알 수 있다.

배송지주에서 인용한 『구주춘추九州春秋』에 방통이 유비에게 당시 익주의 호수가 약 100만 호라고 말하는 장면이 나온다. 아마 당시 사람들이 생각한 익주의 호수일 것이다. 이는 후한시대의 호수보다 적어진 것이지만, 뒤에서 설명하는 것처럼 황건적 마상의 봉기나, 토착민과 외지인 사이의 내전이 인구 감소에 영향을 주지 않았음을 보여준다. 요컨대 익주는 인구가 많고, 인구에 비례하여 경제력이 뒷받침되는 지역이었음을 수치로 확인할 수 있다.

야심이 없는 사람에게 파촉은 외부로 향하는 교통로를 차단한 후 왕으로 군림하기에 딱 좋은 지역이었다. 후한 말 군웅 가운데 야심이 없다는 이미지를 지닌 유표가 이 지역을 차지했다면 아주 적당했을 것이다. 그런데 후한 말 파촉의 지배자로 떠오른 유언과 유비는 이 지역만으로 만족하지 못하고 천하를 제패하려는 야심을 가진 인물들이었다. 하지만 두 사람 모두 험한 지형이라는 제약을 이겨내지 못했다. 애초에 지역을 잘못 차지한 것이다.

파촉은 원래부터 인구 밀집 지역은 아니었다. 진나라의 지배를 받기 시작한 기원전 316년 이후 관중 및 기타 지역에서 많은 사람들이 이 지역으로 강제 이주되었다. 후한 말 이후에는 중원의 정치적, 사회적 혼란을 피해 중원 각지에서 파촉으로 들어온 사람들의 수도 많았

| 군국명 | 치소 | 현수 | 호수 | 인구수 | 면적 |
|---|---|---|---|---|---|
| 한중군 | 남정현 | 9 | 57,344호 | 267,402명 | 69,930km² |
| 파군 | 강주현 | 14 | 310,691호 | 1,086,049명 | 135,900km² |
| 광한군 | 낙현 | 11 | 139,865호 | 509,438명 | 55,980km² |
| 광한속국 | 음평도 | 3 | 37,110호 | 205,652명 | 16,840km² |
| 촉군 | 성도현 | 11 | 300,452호 | 1,350,476명 | 24,210km² |
| 촉군속국 | 사현 | 4 | 111,568호 | 475,629명 | 53,200km² |
| 건위군 | 무양현 | 9 | 137,713호 | 411,378명 | 129,930km² |
| 건위속국 | 주제현 | 2 | 7,938호 | 37,187명 | 66,960km² |
| 장가군 | 고차란현 | 16 | 31,523호 | 267,253명 | 183,960km² |
| 월수군 | 공도현 | 14 | 130,120호 | 623,418명 | 108,720km² |
| 익주군 | 전지현 | 17 | 29,036호 | 110,802명 | 159,500km² |
| 영창군 | 불위현 | 8 | 231,897호 | 1,897,344명 | 98,820km² |
| 익주 | 낙현(광한군) | 118 | 1,525,257호 | 7,036,581명 | 1,103,950km² |

4-16 후한시대 익주의 호수와 인구.

다. 이처럼 외지인들이 파촉으로 이주하면서 인구가 증가하고 경제가 발전한 것이다.

외지인이 늘어나면서 토착민과의 다툼도 늘었다. 필자가 후한 말부터 동진시대까지 분석한 결과, 파촉(익주)은 외지인과 토착민의 갈등이 심했고, 지방 정권이나 왕조 가운데 토착민이 세운 정권은 별로 없었다. 유언 정권은 신나라 말기에 있었던 공손술公孫述의 성가成家 이후 두 번째로 세워진 외지인 정권이었다. 이곳의 외지인과 토착민 간의 갈등과 권력 관계에 대해서는 뒤에서 다시 다루도록 하겠다.

## 어떤 이들이 군웅이 되는가: 군웅의 집안과 출신 지역 _____

군웅은 어떤 배경을 가진 사람들이었을까? 앞서 필자는 군웅을 단순한 지방관(주목, 자사, 태수, 상)이 아니라 자립 혹은 독립 의지가 있었거나 황제가 될 야심이 있었던 인물들, 즉 동탁, 원소, 원술, 조조, 공손찬, 손책과 손권 형제, 유언, 유표, 유비, 여포, 한수, 마등과 마초 부자, 장로, 공손탁 일가, 송건, 장순, 사섭土燮 등으로 한정했다.

먼저 군웅의 고향을 살펴보자. 동탁은 농서군, 원소와 원술 형제는 여남군 여양현閭陽縣, 조조는 패국 초현, 공손찬은 요서군 영지현令支縣, 손책과 손권 형제는 오군 부춘현, 유언은 강하군 경릉현竟陵縣, 유표는 산양군 고평현高平縣, 유비는 탁군 탁현, 여포는 오원군 구원현, 한수는 금성군, 마등과 마초 부자는 우부풍 무릉현茂陵縣이다. 뭔가 이상하지 않은가? 겹치는 지역이 하나도 없다. 원소와 원술 형제를 별개의 군벌로 취급하면 여남군이 2회 언급될 뿐이다. 이는 무엇을 뜻할까? 땅이 워낙 넓어 특정 지역 사람들이 계속 권력을 잡을 수 없었던 당대의 정치적 상황을 반영한다. 앞서 보았듯이 후한시대에는 군국마다 20만 명당 1인의 효렴을 천거하는 향거리선제가 있었다. 그 때문에 기본적으로는 인구가 많은 지역에서 더 많은 관리를 배출했지만 그렇지 않은 지역에서도 관리를 배출할 수 있었다. 말하자면 지역 할당의 관행이 있었으며 이는 명청시대 과거제도에도 이어졌다. 특정 지역 출신들이 두각을 나타낼 수 있으나 독점할 수 없는 구조였던 것이다.

군웅을 배출한 지역 가운데 여남군과 패국, 산양군, 우부풍은 경제와 문화가 발전한 곳이었다. 원소와 원술, 조조, 유표가 이런 지역 출신이었다(마등은 우부풍 출신이지만 어려서 농서군에서 성장했다). 후한시대 삼공과 구경 등 고위 관료를 가장 많이 배출한 지역이 수도인 하남윤과 남양군, 영천군, 여남군이었다. 이 가운데 후한시대에는 여남군과 영천군이 인재를 배출하는 최고의 지역이었다. 그래서 두 지역을 '여영汝潁'이라 통칭하며 한 지역처럼 간주했다. 하지만 여남군 출신의 원소와 원술이 군웅의 반열에 오른 반면 영천군 출신의 인물들은 군웅 밑에서 모사나 관리로 일하는 데 만족했다. 원소 집안이 여남군을 대표하는 명문이라면, 영천군을 대표하는 명문은 순욱의 집안이었다. 원소 가문과 마찬가지로 대대로 삼공을 배출한 영천 순씨의 대표적 인물인 순욱은 충분한 재능이 있었음에도 조조의 참모로 만족했다.

다음으로 군웅을 많이 배출한 곳은 변경 지역이다. 후한 말 군벌들 중에는 변경 출신이 많았다! 독자들도 그 이유를 짐작할 수 있을 것이다. 변경에 사는 사람들은 지역의 특성상 무예에 능하거나 관심이 많을 가능성이 컸다. 개중에는 자수성가와 출세를 꿈꾸는 인물들이 있었을 것이다. 동탁, 공손찬, 손견과 손책 부자, 마등과 마초 부자, 여포, 한수 등이 여기에 해당한다. 그런데 앞서 소개했듯이 변경 중에서도 6군(농서군·천수군·안정군·북지군·상군·서하군)에는 지역민 출신을 무관으로 임용하는 제도가 있었다. 하지만 의외로 이 지역 출신 가운데 군벌이 된 이는 동탁밖에 없다. 동탁만이 무관의 엘리트 코스를 밟은 셈이다.

군웅이 지배한 지역과 그들의 고향을 겹쳐보면 일치하지 않는 경우가 많다. 즉 대부분은 자기 고향이 아닌 타향에 가서 그 지역을 점령하고 우두머리 노릇을 한 것이다. 자기 고향에서 많은 땅과 노비, 소작인을 거느리거나 동료 호족들을 동원해 자기 고향을 지역 기반으로 삼았을 것 같지만 그렇게 하지 않았다. 예컨대 원소는 영향력을 미칠 수 있는 고향 여남군 대신 연고가 별로 없는 기주를 기반으로 영토를 확장했다. 조조 역시 초창기에 태수에 임명된 적이 있지만, 별다른 직책 없이 동군에 들어가 그곳을 기반 삼아 장차 연주목이 되고 세력을 키웠다. 이처럼 군벌들이 타향에서 자리잡았던 이유는 아마도 중국에 존재했던 지방관의 본적지 회피 관행 때문일 것이다. 자기 고향의 지방 장관과 차관에 임명될 수 없다는 원칙 말이다. 그렇다보니 다른 곳의 지방관으로 부임하거나 군대를 지휘하다가 기회를 얻어 군벌로 발돋움한 것이다.

물론 고향을 기반으로 하여 군벌로 성장한 인물들도 있다. 손책, 한수와 송건, 공손탁, 사섭이 그들이며, 이들은 모두 변경 출신이라는 공통점이 있다. 물론 손책은 조금 다른 경우라고 볼 수 있다. 결과적으로 고향인 오군을 지배했지만 처음부터 그랬던 것은 아니었고, 원술을 떠나 장강을 건너 먼저 단양군을 점령한 후 주변 지역을 점령하면서 고향인 오군도 차지한 것이다. 당시 손책이 웅거하며 독립을 꾀할 수 있는 땅이 오군을 비롯한 강동밖에 없었던 것도 한 이유였다.

지금까지 군웅의 출신 지역을 분석했는데, 문관이나 무관을 다수 배출한 지역 출신의 군웅은 그 수가 적었다. 그러면 가문으로 따져보면 어떨까? 군웅 가운데 최고의 문벌 출신은 역시 원소와 원술이다. 그들의 집안은 4대에 걸쳐 5명의 삼공을 배출한 최고의 정치 명문가였다. 원씨 가문과 비교할 만한 가문은 4대에 걸쳐 삼공 중 서열이 가장 높은 태위를 3명이나 배출한 홍농군의 양씨 정도이다. 삼국지에 나오는 조조의 정적 양표楊彪와 양수楊脩 부자가 이 집안 출신이다. 양표는 결과적으로 조조의 정적이 되었지만 독립적인 군벌이 되려고 한 적은 없었고, 조조를 제거하려는 쿠데타를 모의하거나 가담한 적도 없었다. 최고 문벌인 여남 원씨 가문이 군벌이 되어 천하를 엿본 반면 그와 쌍벽을 이루던 홍농 양씨 가문은 후한의 충신으로 남으려고 했다.

그 밖의 여러 세대에 걸쳐 삼공과 구경 등 고관을 여럿 배출한 집안 출신 가운데 군벌이 된 사람은 조조 정도이다. 사실 조조의 아버지 조숭은 환관 조등의 양자였고 또 1억만 전을 주고 태위 벼슬을 산 것이니, 능력으로 벼슬한 인물은 아니었다. 유표와 유언 두 사람도 평탄했던 벼슬길로 미루어 잘나가는 집안 출신이었을 가능성이 있다. 하지만 『후한서』와 『삼국지』 열전에 조상들의 관직이 기록되지 않아 짐작만 할 따름이다.

군웅의 한 사람은 아니지만 적벽대전에서 조조를 꺾은 주유周瑜도 큰할아버지 주경周景과 그의 아들 주충周忠이 태위를 지내고 아버지 주이周異가 낙양령을 지낸 명문 집안 출신이다. 직계가족은 아니지만 2대에 걸쳐 태위를 배출한 여강군의 명문 출신이고 문무에 재능이 있었던 주유는 스스로 독립적인 군벌이 되기보다 손책과 손권 형제를 돕는 조연에 만족했다.

이처럼 후한 말 상황을 보면 명문가 출신의 인물들과, 황보숭과 주준처럼 이미 명장 혹은 명신 반열에 오른 인물들은 군벌이 되기를 꺼렸다. 손책에게 쫓겨난 왕랑과 화흠은 좋은 집안 출신임에도 지방관에 머물렀을 뿐 독립할 생각은 꿈도 꾸지 않았다. 그러다가 손책에게 당한 것인데, 그렇다고 두 사람이 인생에 실패한 건 아니었다. 둘 다 나중에 위나라에서 삼공의 지위에 오르기 때문이다.

그렇다면 집안 좋고 부와 정치적 자산을 물려받은 명문가 출신들이 닭의 머리가 되기보다 소의 꼬리가 되기를 원한 이유는 무엇일까? 이는 아마도 앞에 나서지 않아야 집안을 지킬 수 있다는 '보신가'의 처세 때문일 것이다. 원소가 반동탁연합군의 총사령관이 되자 동탁은 원소의 일가 50여 명을 죽였다. 속된 말로 씨를 말려버렸다. 당시 세상물정을 아는 이라면 하나의 가문이 아주 쉽게 파리 목숨처럼 날아가는 이런 현실을 잘 알고 있었을 것이다. 한편으로는 명문가로 남거나 명문가가 되기 위해 체제 순응적일 필요도 있었다. 왕조나 정권에 충성할수록 명문가의 필요조건인 권력과 벼슬, 부를 얻을 수 있었기 때문이다. 이처럼 『삼국지』의 행간에는 명문가 출신들이 난세에서 실천한 생존의 비결이 담겨 있다.

이러한 상황을 이해하면 군웅 가운데 정치 명문이 드물다는 것도 납득이 된다. 『후한서』와 『삼국지』에 조상들의 관직이 기록되지 않은 예가 많아 단정하기 어렵지만 유표나 유언처럼 '적당히 잘나가는' 집안 출신의 인물들이 오히려 진취적이고 야심이 있었을 것이다.

군웅의 덕목으로 무엇보다 중요한 것이 군대 지휘와 정치력 등의 능력뿐 아니라 충만한 권력욕 혹은 권력의지다. 집안이 좋고 인맥이 두텁더라도 자신이 황제가 될 생각이 없으면 벼슬아치에 만족한다. 황보숭과 주준, 양표 등이 그렇게 처신했다. 예외가 있다면 원소와 원술인데, 그들은 최고의 정치 명문 출신이면서도 권력의지를 지녔다. 다른 집안 출신들은 그렇지 않았다. 대신 누군가가 두각을 나타내면 주변의 지방 호족이나 정치 명문들이 달라붙었다. 군웅의 한 사람이 되는 것보다 그 밑에서 벼슬하는 것이 적성이나 체질에 맞았으리라. 잘못되었을 경우 주모자로 몰려 처형되는 것도 두려웠을 것이다. 중국 역사를 살펴보면, 반란군을 평정하더라도 우두머리 몇 사람을 제외한 나머지 '단순' 가담자는 용서를 받았고, 능력이 있으면 관리로 등용되었다. 그래서 대부분의 사람들은 스스로 나서기보다 성공할 수 있는 사람을 찾았고, 눈치를 보다가 구심점이 생기면 그를 중심으로 뭉쳤다. 순욱이 대표적인 예다. 그것도 싫다면 주준과 황보숭처럼 동탁이나 이각, 곽사가 지배하는 조정일지라도 그 밑에서 벼슬하며 사는 것을 택했다.

## 승률로 본 군웅의 전투력 _____

『삼국지』의 기록에 불분명한 점이 있긴 하지만, 후한 말 당시 군벌 또는 지방관으로 활약한 인물들의 전투력을 승률로 정리해보았다.

표 4-17의 기록은 『후한서』와 『삼국지』의 열전, 그리고 각종 기록을 바탕으로 작성한 전적과 승률이다. 기록이 모호해 승패를 기록하지 않았거나, 전투 횟수를 정확히 기록하지 않고 "여러 차례 싸워 이겼다(졌다)"고 기록하기도 해 실제 승률과 다를 수 있다. 독자 여러분은 이를 감안하여 봐주셨으면 한다. 표 4-17의 승률에서 또 하나 유의할 점은 동탁, 손견, 공손찬 등 일부 무장은 군웅할거 이전에 이민족 또는 황건적 토벌 전적도 포함되었다는 점이다.

먼저 손견과 손책 부자의 승률이 상당히 높은 것을 알 수 있다. 특히 손견은 강적 동탁의 군사들과 싸워 10승 1패를 거두었으니 후한 말 최고의 명장이라고 할 만하다. 그러나 불행하게도 원술의 행동대장이었고, 지역 기반을 가지지 못해 군웅의 한 명이라고 보기는 어렵다. 부질없는 가정이지만, 손견이 원술의 명령을 받고 유표를 공격하다가 죽지 않았다면 맹장 손견을 거느린 원술이 천하를 통일했을지도 모를 일이다. 혹은 손견이 아들 손책처럼 원술에 등을 돌리고 한 지역을 차지했다면, 그가 중원을 통일했을 것이라는 쓸데없는 상상도 해본다.

손견의 아들 손책도 16승 1무 1패로 88.9%의 승률을 올렸다. 주로 강동의 약한 상대들한테 거둔 전적이라 승률 자체를 맹신할 수는 없지만 대단한 기록인 것만은 사실이다. 손책은 보병 1,000여 명과 기병 수십 명을 거느리고 강동 정복에 나섰고, 장강을 건너기 전에 5,000~6,000명 규모의 군대를 보유했다. 당시 강동을 정복하기에 충분한 군사력이었다. 21세의 손책이 화려한 전공을 올린 배경에는 정

| 인명 | 전적 | 승률 | 비고 |
|---|---|---|---|
| 동탁 | 5승 2무 5패 | 41.6% | |
| 여포 | 6승 11패 | 35.3% | |
| 손견 | 10승 1패 | 90.9% | |
| 공손찬 | 8승 4무 6패 | 44.4% | 오환·선비와의 2승 1무 1패 제외 시 6승 3무 5패(42.9%). |
| 원소 | 15승 2무 8패 | 60% | |
| 조조 | 59승 8무 7패 | 79.7% | |
| 원술 | 2승 1무 6패 | 22.2% | |
| 손책 | 16승 1무 1패 | 88.9% | |
| 손권 | 4승 14패 | 22.2% | |
| 유비 | 18승 3무 15패 | 50% | |
| | (9승 3무 14패) | 34.6% | 공손찬 부하일 때 거둔 9승 1패 제외 시. |
| 도겸 | 2승 2패 | 50% | |
| 이각 | 2승 2무 | 50% | |
| 마등 | 1승 1패 | 50% | |
| 마초 | 2승 5패 | 28.6% | |
| 유우 | 1패 | 0% | |
| 곽사 | 2승 2무 1패 | 40% | |
| 한수 | 1무 3패 | 0% | |
| 유표 | 5승 1무 4패 | 50% | |
| 장수 | 2승 1무 3패 | 33.3% | |
| 장선 | 3승 | 100% | |
| 유언 | 1승 1패 | 50% | |
| 유장 | 2승 5패 | 28.6% | |

4-17 후한 말 군웅과 지방관의 전적과 승률.

보, 황개, 한당 등 손견의 옛 부하들의 도움이 컸다. 정보는 우북평군, 한당은 요서군 출신으로* 자신들의 고향과 전혀 관계없는 손책의 강동 정복에 앞장섰다. 이 세 장수는 손견과 함께 여러 전쟁에 참전해 전투 경험이 충분했고, 이는 애송이 손책이 강동을 정복하는 데 큰 도움이 되었을 것이다. 동생 손권과 달리 손책 생전에는 역전의 명장 주유와 여몽이 아직 활약하기 전이었으니 손책의 높은 승률은 더욱 값지고도 놀랍다.

세 번째로 높은 승률을 거둔 이는 조조다. 조조는 유비와 손권을 제외한 군웅과 지방관들을 평정하며 59승 8무 7패, 승률 79.7%의 전적을 거뒀다. 배송지 역시 조조가 80%의 승률을 거뒀다고 기록했다(배송지 덕분에 필자의 계산이 정확했음이 입증되었다). 동탁과 싸워 패하고, 강동을 정복하려다가 손권에게 막혀 무승부와 패배가 많아진 것이 옥의 티지만, 이 정도 실력이 있었으니 사실상 천하를 평정할 수 있었던 것이다.

조조는 처음에 진류군에서 자기 재산을 털어 병사들을 모아 동탁과 싸웠으나 패했다. 이후 하후돈과 함께 양주揚州로 가서 군사들을 모집했는데, 이때 양주자사 진온과 단양태수 주흔이 4,000여 명의 군사를 주었다. 이 군사를 제대로 유지하지 못했는지 동군태수가 되었을 때는 청주 황건적과 고작 1,000여 명으로 싸웠는데, 대부분 훈련이 안 된 신병이었다. 이런 상황이었으니 조조의 초기 승률은 좋지 않았다. 다행히 반전의 기회가 생겼다. 청주 황건적 30여만 병졸의 항복을 받은 후 그중 싸움 잘하는 이들을 군사로 충원했는데, 이들이 바로 '청주병青州兵'이다. 청주병은 나중에 군기가 문란해져 여러 차례 문제를 일으켰고, 명령을 어기고 전투에서 물러나 패배의 위기에 몰아넣기도 했다. 그럼에도 이들을 군인으로 편성해 수를 늘릴 수 있다는 자체가—정확한 규모는 알 수 없지만—심리적으로도 안정감을 주었

---

* 모두 당시 유주에 속한 지역이며, 오늘날의 허베이성 북동부에 해당한다.

다. 이후 장요·장합·서황 등 항복한 장수들과 병사들을 편제하고, 여러 차례 전투를 통해 실전 경험이 쌓이면서 조조의 군대는 싸우면 이기는 무적의 부대로 거듭났다.

원소는 네 번째로 승률이 높았다. 15승 2무 8패로 비록 패가 많지만, 15승을 거둘 정도의 실력이 있었으니 하북의 4주를 차지할 수 있었다. 원소에게 패배를 안긴 상대는 대개 공손찬과 조조였다. 특히 오환·선비로 구성된 최강의 기병을 거느린 공손찬과 사투를 벌여 이긴 만큼 지기도 많이 졌다. 비록 손견 부자와 조조보다는 승률이 낮았지만 가장 넓고 인구가 많은 하북을 지배했으니 원소 또한 대단하다는 생각이 든다. 여기에는 국의麴義라는 장수가 크게 공헌했다.

국의는 영제 말기 강 등의 이민족 반란 진압에 참전하여 전투 경험이 풍부했다. 그는 기주목 한복 밑에서 활동하다가 한복과 사이가 틀어져 원소 편에 섰다. 원소의 부하가 된 후 여러 차례 승리를 거둔 그는 남흉노 선우 어부라의 군대를 업현의 남쪽에서 격파한 후 공손찬과 싸워 여러 차례 이겼다. 특히 계교界橋 전투에서는 공손찬이 유리한 상황이었지만, 800명의 정예 병사와 1,000장의 쇠뇌*로 최소 4만의 공손찬 군대를 격파했다. 일반적으로 유목민 기병이 중국의 보병보다 강했지만, 국의는 이전에 강, 남흉노 등의 유목민 기병들과 싸워 이긴 경험을 바탕으로 기병을 이길 전략을 갖추고 있었던 것이다. 하지만 현재 사료에서는 쇠뇌부대를 활용한 점만 부각되고 있다. 이후 국의는 유주를 차지한 공손찬군을 격파하고 코너에 몰아넣었다. 하지만 원소는 큰 전공을 세운 국의를 죽였다. 이때가 정확히 원소가 공손찬을 멸망시키기 전인지 후인지는 알 수 없으나, 이후 원소의 전투를

---

* '장'이라고 표현했지만 1,000명의 쇠뇌부대일 것으로 판단된다.

보면 국의의 처형은 결과적으로 그에게 불리했다. 국의가 죽은 이후 원소가 조조와의 싸움에서 거의 졌기 때문이다.

소설 삼국지에서 국의는 공손찬과 원소가 싸운 계교 전투에서 딱 한 번 등장한다. 국의는 조운(조자룡)의 창에 찔려 말에서 떨어지고, 공손찬군은 원소군을 대파한다(7회). 그러나 이는 『후한서』와 『삼국지』의 내용과는 다르다. 한편 소설 삼국지에서 조운이 처음 등장한 전투가 바로 이 계교 전투였다. 공손찬의 부하로 출전한 조운은 첫 전투에서 용맹을 과시하며 원소의 군대를 격파했다. 첫 상대가 국의인 것도 의미심장하다. 소설에서 안량과 문추에 가렸지만 원소 최고의 맹장 국의와 싸워 창으로 찔러 부상을 입힌 것은 무명의 장수 조운의 화려한 데뷔를 암시한다. 물론 소설 속 이야기일 뿐이고 실제와는 아무 상관없다.

사실상 최강의 기병을 보유했던 공손찬의 승률은 의외로 8승 4무 6패를 기록해 44.4%에 불과했다. 오환·선비와의 2승 1무 1패를 제외해도 42.9%의 승률이니 별 차이가 없다. 공손찬은 중원의 다른 군벌이나 지방관에게 부족한 정예 기병들을 거느렸다. 특히 수천 필의 백마 위에서 활을 잘 쏴 백마의종白馬義從이라고 불린 정예 기병이 공손찬의 강력한 무기였다. 유수(광무제)가 유주 변경에 주둔한 오환 등 유목민 기병의 활약 덕분에 천하를 평정할 수 있었던 것처럼 공손찬도 막강한 기병을 보유했기 때문에 다른 군벌들보다 훨씬 유리했다. 공손찬은 청주·서주 황건적을 격파하고 기세등등하게 원소군과 계교에서 보병 3만 명과 기병 1만 명 이상을 동원해 싸웠다. 그는 중앙에 보병 3만 명을 방진으로 배치하고, 좌우에 각각 기병 5,000여 명을, 그리고 중앙의 선봉에 수천여 명의 백마의종을 배치했다. 원소는 수만 명의 군대를 거느리고 국의의 군대 뒤에 숨었다. 공손찬은 국의의 병력이 적다고 얕보고 기병으로 공격하다가 오히려 쇠뇌 공격을 받고 무너졌다. 자신의 군대가 강하다고 함부로 덤비다가 크게 패한 것이다.

최강의 군대를 거느렸음을 감안하면 공손찬은 패장에 가깝다. 그는 원소와 주로 전투를 벌였는데, 일진일퇴를 거듭하다가 결정적인 한방을 맞고 원소에 패했다. 계교 전투에서 패한 이후 국의의 군대에 계속 패한 것을 보면, 공손찬은 패전에서 교훈을 얻지 못하는 아둔한 장수였던 것 같다.

유비는 18승 3무 15패로 승률이 50%였다. 그런데 공손찬의 수하로 있을 때 거둔 9승 1패를 제외하면 9승 3무 14패로 34.6%에 불과하다. 이는 다른 군벌들과 싸울 때 거둔 승률이다. 그는 무려 14패나 기록했으면서도 결국 파촉을 지배하며 최후의 승자 3인 중 한 사람이 되었다. 유비에게 패배를 가장 많이 안겨준 사람은 조조였다. 유비는 조조와 싸우며 거의 전패하다시피 했고 마지막에 겨우 한 번 이겼을 뿐이다(조조가 지휘한 경우만 계산).

한편 유비가 도겸을 도우러 서주로 갔을 때 그는 군사 1,000여 명과 유주 오환 기병(병력 수는 기록 없음), 굶주린 백성 수천 명을 거느렸다. 여기에 도겸이 보태준 단양군의 병사 4,000명이 있었다. 그는 최소 5,000명 이상의 군대를 거느리고 처음으로 군웅의 반열에 이름을 올렸다. 유비의 군대에 오환 등 유목민 기병이 있었던 것으로 보아 수는 적어도 전투력은 강했을 것이다. 하지만 여포에게 서주를 빼앗긴 후 군대는 1만여 명으로 늘어났음에도 여포, 원술, 조조와 싸워 늘졌다. 그럼에도 원소가 관도 전투 직전에 벌어진 연진 전투에 문추와 함께 선봉으로 참전시킨 것을 보면, 원소는 유비가 싸움을 잘하는 장수의 자질이 있었다고 평가한 모양이다. 이는 유표도 마찬가지여서,

그는 지역 기반을 잃은 유비를 용병대장으로 활용했다. 그럼에도 불구하고 시행착오를 겪으며 독립적인 군벌로 데뷔한 후 거둔 승률이 겨우 30%대인 유비가 최후까지 살아남았다는 것은 기적이다. 99승을 거두더라도 마지막 전투에서 결정적으로 패한다면 나라를 망치거나 전사할 수도 있는 것이 전쟁이기 때문이다.

유목민의 입장에서 보면 조금 다르다. 유목민들의 역사를 보면, 최악의 순간에서 재기한 군주들이 많았다. 대표적인 인물이 칭기스칸이다. 부족장이었던 아버지 예수게이가 타타르 부족 사람들에게 살해된 후, 부족민들이 떠나 칭기스칸 가족은 풀뿌리와 물고기로 끼니를 때울 정도로 비참하게 살았다. 사냥물을 두고 다투어 이복형제를 죽이기도 했으며 타타르 부족에 패해 아내 보르테를 빼앗기기도 했다. 절망의 구렁텅이에 빠졌지만, 칭기스칸은 온갖 역경을 이기고 재기에 성공했다. 그는 몽골고원을 통일하고 유라시아대륙을 지배하는 몽골제국의 초석을 닦았다. 칭기스칸처럼 유명하지 않지만, 후연을 세운 모용수慕容垂, 북위를 재건한 탁발규拓跋珪(북위 도무제), 유연을 세운 사륜社崙 카간, 북위에 항복했다가 다시 독립해 유연을 재건한 아나괴阿那瓌 카간, 당나라로부터 독립해 돌궐제국을 재건한 묵철 카간(카파간카간) 등도 밑바닥에서 재기하여 유라시아대륙을 호령했다. 유비의 재건은 밑바닥에서 시작해 온갖 고초를 겪다가 최후에 승자가 된다는 점에서 왠지 유목민 군주들의 성공 스토리와 유사하다. 하긴 유비는 오환 등 유목민 기병을 거느렸으며, 공손찬을 형으로 섬기고 유봉을 양자로 두는 등 순수 중국인으로 보기에는 문화적으로 좀 달랐고 중국인이 아닌 것처럼 행동했던 적이 많았다.

손권은 18번의 전투에서 겨우 4번만 이겨 22.2%의 승률을 거두었다. 북벌을 감행하며 중원을 정복할 꿈을 꾸었으나 조조와 그의 부하 장수 장요에게 번번이 가로막혔다. '수성의 군주'라는 달갑지 않은 칭호가 붙은 이유다.

나머지 군웅은 싸운 횟수가 적으므로 승률이 별 의미가 없다. 소설 삼국지에서 맹장으로 묘사된 여포와 마초의 승률도 35.3%와 28.6%에 불과하다. 특히 여포는 지나치게 과대 포장되었다. 가장 이상한 건 마초의 승률이다. 『삼국지/위서』와 『삼국지/촉서/마초전』을 보면 마초의 승률이 그다지 높지 않았다. 소설과 달리 말이다. 그래서 필자뿐만 아니라 독자들도 고개를 갸웃거릴 것이다.

군웅의 지휘 스타일을 보면 전장에서 직접 군사들을 지휘하는 유형과 부하 장수에게 싸움을 맡기는 유형, 두 가지로 나눌 수 있다. 손견, 손책, 조조, 공손찬, 원소, 유비 등은 직접 전쟁터에서 군사를 지휘하고 싸우는 스타일이고, 유표, 원술, 도겸, 유언, 유장은 후자의 스타일이다. 손권은 그 중간에 속한다. 손권은 부하인 주유·여몽·육손이 참전했을 때는 거의 전승이었지만, 그가 직접 지휘한 전투에서는 별다른 전공을 세우지 못했다. 이렇듯 지휘 유형을 통해 보면 주요 군웅은 직접 참전해 지휘하는 것을 선호했음을 알 수 있다. 물론 실제 전투는 부하 장수들과 병사들이 했겠지만 이들의 승률은 지휘력을 그대로 반영한다. 따라서 손견, 손책, 조조, 원소가 그나마 군사를 지휘할 능력이 있었음을 알 수 있다. 반면 한때 원소와 반동탁연합군에 의해 황제로 추대된 유주목 유우는 군사령관이라기보다 유능한 행정가에 가깝다. 10만 대군을 거느리고도 어설픈 전술로 최강의 기병을 가진 공손찬과 싸우다 처참하게 대패했으니 말이다.

## 군웅의 지역 기반과 군사력 비교 _____

본격적으로 군웅의 이합집산과 전투 이야기를 다루기에 앞서 그들이 지배한 지역과 대략의 호구, 군사력 등에 대해 간략하게 살펴보자. 표 4-18은 그에 대한 내용을 정리한 것이다. 다만 몇 가지 아쉬운 점과 주의할 점이 있음을 미리 밝힌다. 먼저 군웅이 다스린 지역을 정확히 알 수 없다는 어려움이 있다. 각 인물들에 대해 상세히 설명할 때 다시 말하겠지만, 어떤 인물이 어떤 주의 장관으로 임명되었거나 장악했다고 해도 그 주 전체를 지배한 것은 아니었다. 예컨대 원소는 한복으로부터 기주를 넘겨받았지만, 기주에서 원소의 명령을 듣지 않고 독립적으로 활동했던 장연 등의 흑산적 무리가 있었다. 이들의 활동 무대를 보면 원소는 기주의 절반 정도밖에 장악하지 못한 듯하다. 공손찬 역시 유우를 제거하고 유주를 차지했지만 친유우 세력이 공손찬에 대항하고 독립하여 그가 실제로 지배한 지역은 유주의 일부에 불과했다. 즉 유주에는 공손탁 일족이 지배한 요동 일대를 제외하고도 5개 군이 더 있었지만 실제로 공손찬은 탁군 정도밖에 지배하지 못했던 것이다. 유비도 도겸으로부터 서주를 물려받았지만 낭야국은 장패 臧霸 등이 장악했고, 치소가 있던 동해군도 유비의 영향력 아래 있었는지 불분명하다. 고작 3군 정도밖에 장악하기 못하고도 서주목이란 직함을 가졌던 것이다. 따라서 표 4-18에서는 이런 점을 감안해 해당 인물들의 영토를 '최소 지배 영역'과 '최대 장악 영토'의 경우를 따져 인구와 면적 등을 계산했다.

다음으로 군웅이 지배한 지역의 호수와 인구수는 『속한서/군국지』의 통계를 따랐다. 황건의 난부터 군웅할거 시기까지 잦은 전쟁과 반란, 자연재해 등으로 많은 사람들이 죽었다. 또한 국가의 통제력이 약해짐에 따라 호구 파악이 철저하지 않았고, 지방 세력과 백성들은 호구조사에 정직하게 응하지 않았다. 따라서 조조가 화북을 통일한 이후 전체 호구가 겨우 후한에서 가장 인구가 많았던 군 정도에 불과하

| 인명 | 지역 기반 | | | 군사력 |
|---|---|---|---|---|
| | 지역 | 주군현 및 호구 | 면적 | |
| 동탁 | 조정 | | | 3,000명 이하(낙양 입성 당시) |
| 공손찬 | 하북(기주·청주·연주(?)) | | 15,907km² | 2만 명(황건적 토벌)/최소 보병 2만 명, 기병 1만 명(하북 공략) |
| | 유주(?) | 탁군(유주)과 하간(기주) 2군 18현, 195,972호, 1,268,175명 | | |
| 원소 | 기주 | 9군 100현, 908,005호, 5,931,919명(최대) | 87,217km² | 보졸 5만 명, 기병 8,000명(최소)/보병 10만 명과 기병 1만 명(최대) |
| | 하북 4주(기주·병주 전부, 청주의 평원군과 유주의 탁군) | 1,279,621호, 7,926,991명(최소) | 426,964km² | |
| | | 2,055,164호, 12,383,089명(최대) | 856,915km² | |
| | | 100만 호(원술의 말) | | |
| 조조 | 동군 | 15현, 136,088호, 603,393명 | 10,719km² | 5,000명(동탁 토벌 당시)/1,000명(동군 주둔 당시) |
| | 연주 | 8군 80현, 727,302호, 4,052,111명 | 54,062km² | 30여만 명 이상(청주 황건적 항복) |
| | 연주·사예 | 15군 206현, 1,343,657호, 7,158,272명 | 212,550km² | |
| | 화북 9주(사예·연주·기주·병주·청주·유주·예주·서주·량주)와 형주 2군, 양주 2군 | | 2,476,599km² | 22~24만 명(적벽대전) |
| 원술 | 남양군 | 37개 현, 528,551호, 2,439,618명 | 49,958km² | |
| | 회남 2군(구강·여강) | 28현, 190,828호, 857,109명 | 80,010km² | 최소 3만 명 |

| | | | | |
|---|---|---|---|---|
| | 양주 4군과 예주 3군 | 구강·여강·단양·예장(양주), 진국·패국, 여남 일부(예주), 7군 1,271,438호, 7,956,313명 | 387,265km$^2$ | 최소 3만 명 |
| 손견 | 없음(예주〔?〕) | | | |
| 손책 | 강동 3군(단양·오군·회계) | 43현, 423,773호, 1,245,032명 | 164,335km$^2$ | 1,000여 명과 기병 수십 명(강동 정복 이전)/5,000~6,000명(역양 진격)/2만 명(환성 점령) |
| | 강동 4군(단양·오군·회계·예장) | 4군 74현, 830,268호, 3,661,429명 | 339,295km$^2$ | |
| 손권 | 양주 4군, 형주 6군, 교지(교주) | 17군 200현, 1,593,582호, 7,602,207명 | 866,027km$^2$ | 최소 3만 명, 최대 5만 명(적벽대전 당시)/3만 명(형주 분할 직전)/5만 명(이릉 전투) |
| 유우 | 유주 7~8군 | 269,019호, 1,662,675명(최소) 254,869호, 1,580,961명(최대) | | 최소 10만 명 |
| 도겸 | 서주 | 5군 62현, 476,054호, 2,791,683명 | 212,550km$^2$ | |
| 유비 | (공손찬 부하) | | 503,581km$^2$ | 최소 10만 명 |
| | 예주·서주 | 2주 4군 57현, 506,961호, 1,714,795명(예주 패국과 서주의 팽성·하비·광릉(최소) | 92,889km$^2$ | 1~2만 명 |
| | | 2주 13군 237현, 1,142,783호, 6,458,322명(최대) | 663,790km$^2$ | |
| | 여남군 | 37현, 404,448호, 2,100,788명 | 34,470km$^2$ | |
| | 형주 강남 5군(강하·영릉·계양·장사·무릉) | 63현, 708,273호, 3,078,730명(최대) | 377,726km$^2$ | 최소 2,000명, 최대 2만 명(적벽대전 직전) |
| | 형주(남군·영릉·계양·장사·무릉) | 5군 66현, 812,409호, 3,560,870명(최대) | 377,105km$^2$ | 최소 3만 명(익주 정복 당시) |

| | | | | |
|---|---|---|---|---|
| | 형주·익주 | 17군 175현, 2,337,666호, 19,802,898명(최대) | 1,491,055km$^2$ | 3~8만(형주 분할 직전) |
| | 익주 | 12군 109현, 1,525,257호, 7,242,028명 | 1,103,950km$^2$ | 8만 명(이릉 전투) |
| 이각 | 조정(관중 일대) | | | |
| 곽사 | | | | |
| 여포 | 서주 | 8군 80현, 727,302호, 405,2,111명 | 54,062km$^2$ | 3,000명, 말 400필 |
| | | 팽성·하비·광릉 3군 35현 306,466호, 1,514,300명(최소) | 62,919km$^2$ | |
| | | 팽성·하비·광릉·동해 4군 48현, 455,250호, 2,220,716명(최대) | 84,663km$^2$ | |
| 마등 | 량주 일대 | | | |
| 마초 | | | | |
| 한수 | 량주 일대 | | | |
| 유표 | 형주 | 7군 117현, 1,399,394호, 6,265,952명 | 503,581km$^2$ | 최소 7~8만 명(적벽대전 직전, 주유의 말), 최대 10여만 명 |
| | 형주·교지, 예장군(양주) | 15군 194현, 2,076,659호, 9,049,302명 | 1,090,311km$^2$ | |
| 장수 | 남양군 | 37개 현, 528,551호, 2,439,618명 | 49,958km$^2$ | |
| 장선 | 장사·영릉·계양 | 3군 37현, 603,167호, 2,562,353명 | 186,678km$^2$ | |
| 유언 | 익주 | 12군 118현, 1,525,257호, 7,036,581명 | 1,103,950km$^2$ | |
| 유장 | 익주(한중군 제외) | 11군 109현, 1,467,913호, 6,769,179명 | 1,034,020km$^2$ | 3만 명(유비의 성도성 진격 당시) |
| 장로 | 한중군(최소) | 9현, 57,344호, 267,402명 | 69,930km$^2$ | |
| | | 10만 호(염포의 말) | | |

| | 한중·파 2군(최대) | 2군 23현, 368,035호, 1,353,451명 | 205,830km² | |
|---|---|---|---|---|
| 공손탁 일가 | 4군(요동·요동속국·현도·낙랑), 혹은 6군 (요서·대방 추가) | 4군, 127,244호, 381,927명(최소) 6군, 141,394호, 463,641명(최대) | 197,570km² | |
| 사섭 | 교지(교주) 4군 | 29현, 141,111호, 546,793명 | 197,540km² | |

4-18 군웅과 지방관들의 지역 기반 및 군사력.

다는 관리들의 한탄이 자주 발견된다. 조조는 이 때문에 경작한 농토 면적에 따라 부과하는, 일종의 소득세에 해당하는 토지세(전조)나 사람별로 거두는 인두세(산부) 대신 가구당 동일한 세율의 곡물과 직물을 납부하는 호조戶調*를 새로 만들 수밖에 없었다. 따라서 표 4-18의 호수와 인구수는 과장된 것이고, 실제 인구로 믿을 수 없음을 미리 밝힌다. 그래서 필요한 경우 당시 사람들이 말한 해당 인물이 지배하는 지역의 호구 내용도 같이 기록했다.

한 인물의 지배 지역이 여러 곳인 경우는 해당 인물이 영토를 확장하거나 해당 영토의 최솟값과 최댓값을 따로 제시하기 위한 설정이다. 예컨대 조조는 처음에 동군태수로 겨우 지역 기반을 마련한 후 연주목이 되었고, 후에는 다른 군벌들을 평정하고 영토를 넓혔다. 따라서 해당 시기마다 지배하는 지역의 면적과 호수, 인구수가 달라질 수밖에 없다. 원소와 손책, 손권도 마찬가지다. 유비 또한 한 지역에 정착한 것이 아니라 전쟁에서 패해 도망다니는 바람에 지배 지역이 예

---

* 일반 백성들은 경지 1무畝당 4되(升)의 토지세를 납부하고, 호마다 비단(絹) 2필, 면綿 2근을 납부했다.

주·서주, 여남군, 신야(남양군), 형주, 형주·익주, 익주로 바뀌었다. 이처럼 자주 바뀌는 영토에 따라 일일이 호수와 인구, 면적을 따로 표기했다.

마지막으로 지역이 명확히 명시되어 있지 않거나 호구 내용이 빈칸으로 되어 있는 것은 해당 인물의 지배 지역을 정확히 알 수 없는 경우이다. 동탁을 비롯해 이각, 곽사, 마등, 한수 등이 이에 해당한다.

표 4-18에는 약 5만km²의 남양군처럼 남한의 절반 크기에 불과한 영토를 차지했던 원술·장수도 있지만, 남한의 2배 이상 되는 영토를 지배한 인물들도 많다. 그만큼 중국의 땅이 넓다는 의미이다. 중국인들이 스케일이 크다는 이야기는 허언이 아니다.

원소는 최소 426,964km², 최대 856,915km²나 되는 영토를 통치했다. 헌제를 받아들여 정통성을 확보한 조조의 영역은 불확실한데, 연주와 사예(경기) 지역만 통치했다고 해도 212,550km²이다. 강동을 정복한 손책은 339,295km²의 영토를 지배했다. 회남으로 쫓겨간 원술은 지배 영역이 들쑥날쑥한데 최소 80,010km², 최대 387,265km²의 영토를 다스렸다. 유비의 첫 지역 기반이었던 예주·서주는 최소 92,889km², 최대 663,790km²에 달했다. 대부분이 평지였으니 이 지역을 제대로 다스리고 세금을 거두며 군대를 육성했으면 부강한 군벌로 부상할 수도 있었겠지만 여포와 조조에게 짓밟혔다. 유표가 지배했던 형주는 503,581km², 유언·유장 부자가 지배했던 익주는 1,103,950km² 혹은 1,034,020km²에 달했다. 단순히 면적만 보면 누가 최강인지 알기 어렵다. 또 영토에는 산과 호수, 강 등이 포함되므로 산악지역이 많은 형주와 익주는 과대 포장되기 쉽다. 따라서 인구도 살펴봐야 한다.

전란 전의 통계라 당시 실제 호수와 큰 차이가 있겠지만, 원소가 지배한 하북 지역의 최소 호수와 인구수는 1,279,621호, 7,926,991명, 최대는 2,055,164호, 12,383,089명이었다. 조조가 지배한 사예·예주 15군 206현의 호구가 1,343,657호, 7,158,272명이었으므로, 원소가 지배한 지역의 최소 호구는 조조가 다스린 후한 조정의 호구와 거의 비슷했다. 손책이 정복한 강동 4군 74현은 830,268호, 3,661,429명이었다. 유표는 형주만 다스린 것으로 알려졌는데, 1,399,394호, 6,265,952명이었다. 만약 교지(교주)까지 영향력을 행사했다면 그가 관리했던 최대 호구는 3주 15군 194현 2,076,659호, 9,049,302명에 달한다. 『후한서』의 기록을 신뢰한다면, 후자의 통치 영역과 인구가 실제로 유표가 통치한 지역이었을 것이다. 익주의 유언도 1,525,257호, 7,036,581명을 관할했다. 단순히 호구만 비교하면 원소가 앞서지만 다른 군벌들도 크게 뒤처지는 것은 아니었음을 알 수 있다. 유표와 유언이 지리적으로 중원에서 먼 곳에 있어서 그렇지, 만약 중원과 가까운 지역에 있었다면 원소나 조조에 필적하는 군벌이 되었을 것이다. 사실 두 사람은 이 때문에 과소 평가되었다. 특히 유표가 그렇다(유표의 지배 영역에 대한 수수께끼는 6장에서 자세히 다룬다).

여기서 해석하기 어려운 인물이 유비다. 유비가 통치한 예주·서주의 정확한 영역은 알 수 없지만 최소 2주 4군 57현 506,961호, 1,714,795명(예주 패국과 서주의 팽성·하비·광릉), 최대 2주 13군 237현 1,142,783호, 6,458,322명을 관할했다. 전자의 인구를 관할했다면 유비는 조조와 싸워 도저히 이길 수 없는 경제력과 군사력을 가졌을 것이다. 하지만 만약 유비가 예주와 서주 전체에 영향력을 미쳤다면 조조에 필적하는 강대한 군벌이 될 수 있었다. 『삼국지』를 보면, 유비는 예주·서주·형주에서 조조에게 허무하다 할 만큼 일방적으로 졌다. 유비가 무능한 건지, 실제 지배했던 지역이 좁아서 경제적·군사적 한계가 있었던 것인지 그 실체가 궁금하다.

　전란 이전의 호구만 보면 군벌들의 경제력이 비슷하고 압도적으로 우세한 인물은 없는 것처럼 보인다. 그러나 당시 사람들이 말한 실제 호구나 인구 유출입을 살펴보면 사정은 좀 달라진다. 일례로 황제를 자칭하다 몰락한 원술이 원소에게 투항하려고 할 때 그는 원소가 100만 호를 거느렸다고 말했다. 또한 조조가 원소의 아들들(하북), 여포(서주)·유비(예주·서주), 마초·한수 등 관롱(관중과 농서)의 군웅을 모두 평정한 후, 즉 화북을 통일한 후 조조가 다스린 지역의 호구 수가 후한에서 인구가 가장 많았던 군의 호구수와 비슷하다는 글도 자주 보인다. 후한시대에 가장 많은 호구를 기록한 군은 남양군으로 528,551호, 2,439,618명이었다. 단순히 계산하면, 원소는 화북 전체보다 작은 하북 4주의 인구만으로도 조조가 가장 많은 인구를 보유했을 때보다 2배가 넘는 인구를 다스렸다.

　한편 중국인들은 전란 때문에 변방 지역으로 피란했는데, 이 때문에 전란 이전에도 많았던 익주와 형주의 인구는 더욱 늘어났을 것이다. 『후한서/유표전』에는 당시 사예의 동부(삼국시대 옹주), 량주에 해당하는 관서와 연주·예주의 학사 1,000여 명이 유표에게 의탁했다는 기록이 나온다. 학사는 지식인을 지칭하며, 사실상 해당 지역의 유지 혹은 토착 호족이었을 것이다. 이들이 이끌고 간 가족과 친척, 동향 사람들을 포함하면 형주에 많은 사람들이 몰려들었음을 알 수 있다. 원술의 말을 따르면 원소는 약 100만 호와 최소 11만 명의 군대를 보유했다. 유표 역시 10여만 명에 달하는 무장한 군사를 거느렸다. 숫자만 가지고 말하면 유표는 원소에 필적할 만했다.

　『삼국지』에서는 유표가 동탁·원소·원술과 함께 같은 권에 수록되어 있다. 『후한서』에는 원소와 함께 같은 권에 열전이 배치되었다. 기 전체 사서에서 열전을 편찬할 때, 비슷한 성격의 사람들끼리 묶어서 같은 권에 나열한다.『삼국지』에서 유표가 동탁·원소·원술과 같은 권에 배치된 것은 동탁·원소·원술과 동급의 인물이라는 뜻이다. 그런데 『후한서』에서는 원소와 같이 배치되었다. 이는 유표가 최강의 군벌이었던 원소에 필적할 만한 강한 인물이었다는 말이다. 이 열전 앞의 권에는 동탁(권72), 그다음에 유우·공손찬·도겸의 열전(권73)이 있다. 유표와 원소의 열전 다음 권에는 유언·원술·여포(권75)가 배열되었다. 유표를 유언·원술·여포와 동일한 권에 넣지 않고 원소와 같은 권에 배치한 의도는 동탁이 피살된 후 원소와 유표가 군웅 가운데 최강이었다는 뜻이다. 군웅에 대한 열전은 이 3권뿐이니, 유표의 실제 평가가 높았음을 알 수 있다. 원소와 유표의 열전 뒤에는 찬贊이라는 인물 평가가 있는데, "원소는 하외河外에서 영웅이라고 칭했고, 유표는 남하南夏를 마음대로 다스렸다"고 평했다. '하외'는 본래 황하 이남 지역을 지칭하는데, 이 대목에서는 원소의 지배 지역이었던 황하 이북, 즉 하북을 가리킨다. '남하'는 남중국이라는 뜻이다. 만약 유표가 형주만을 지배했다면 남하라는 단어를 쓰지 않았을 것이다.『후한서/유표전』에는 유표가 남하를 통치했을 것임을 시사하는 구절이 있다.

이때 영토를 더욱 넓혔으니 남쪽으로 오령五嶺에 접하고, 북쪽으로 한천漢川을 차지했으며, 땅이 사방으로 수천 리였고, 갑옷을 입고 무장한 군사가 10여만 명이었다.

『후한서』의 주석인 장회태자주에서는 배씨裴氏의『광주기廣州記』를 인용해 '오령'이 대유大庾, 시안始安, 임하臨夏, 계양桂陽, 계양揭陽을 지칭한다고 했다. 현재의 오령은 광둥성과 장시성, 광둥성과 후난성,

후난성과 광시좡족자치구 등의 경계가 되는 산맥이지만, 『광주기』의 해설에 따르면 시안은 형주 영릉군 시안현, 임하는 교지(교주) 창오군 임하현, 계양은 형주 계양군, 계양은 남해군 남쪽의 계양현에 있는 산줄기를 각각 지칭한다. 그 가운데 임하와 계양이 교지 내에 있었다. 장회태자주에서는 등덕명鄧德明의 『남강기南康記』의 대유, 계양군의 갑기甲騎, 구진군의 도방都龐, 임하현의 맹저萌渚, 시안현의 월성越城은 다섯 개의 산줄기를 지칭한다고 했다. 이 중 구진군은 지금의 베트남 북부에 있던 군 이름이었다.

이 두 기록을 종합하면 오령 중 일부는 당시 형주와 교지의 경계선에 있는 산줄기였지만, 임하와 계양, 구진의 도방은 교지의 영역 안에 있는 지형이었다. 따라서 '오령과 접한다'는 표현은 교지의 일부에까지 유표의 영향력이 미쳤다고 해석할 수 있다. 실제로 유표는 뇌공賴恭을 교지자사에, 오거吳巨를 창오태수에 임명하여 파견했다. 이는 교지 일대에 인사권을 가지고 있었다는 의미이므로 이 지역을 장악했다고 봐도 좋을 것이다.

그런데 『삼국지/유표전』에서는 "남쪽으로 영릉군과 계양군을 거두었고, 북쪽으로 한천을 점령했다"고 기술했다. '오령'이 영릉군과 계양군으로 바뀐 것이다. 어떤 사료를 믿느냐에 따라 달라지는데, 『삼국지』가 유표의 장점을 기록하지 않았음을 고려하면 『후한서』의 기록이 더 사실에 가깝다고 하겠다. 『삼국지』에는 관서·연주·예주의 지식인들이 형주로 몰려들었고, 학교를 세우고 오경장구五經章句를 편찬했다는 『후한서』의 기록도 삭제되어 있다. 유표가 헌제에게 물자를 보내고, 낙양궁 개보수를 위해 군인과 인부를 보냈다는 기록도 쓰지 않았다. 『삼국지』의 유표 무시, 이는 의도적인 것이다. 유표가 원소와 달리 영토 확장을 위한 전쟁을 거의 하지 않았다는 이유로 『삼국지』 저자인 진수가 유표를 무시하고 깎아내려도 전쟁사에만 몰두하는 독자들을 속일 수 있었다. 하지만 사료들은 유표의 재발견을 요구한다. 요컨대 당시 유표가 지배한 영역의 호구, 면적, 군사 수나 『후한서』의 평가를 봐도 그는 원소에 필적하는 남방 최강의 군벌이었다. 이러한 '유표의 재평가'는 6장에서 자세히 다룰 예정이다.

반면 조조가 통치한 사예와 연주 일대는 인구 유출이 심한 지역이었다. 수도 낙양과 그 주변인 사예는 동탁과 반동탁연합군의 전쟁터가 되었고, 동탁이 장안으로 천도한 후 완전히 폐허가 되었다. 그 때문에 낙양으로 진격한 손견과 주준은 군량 부족을 버티지 못하고 후퇴했다. 연주 역시 청주 황건적과 흑산적이 침입했다. 유표의 형주에 모여든 지식인들의 본적이 관서·연주·예주였다. 관서와 연주는 조조와 후한 조정의 영향력이 미치는 지역이었다. 예주는 예주자사 유비가 통치한 지역인데, 조조의 영향력 아래 있었는지는 불분명하다. 설사 예주가 조조의 영역이었다고 해도 이 세 지역은 모두 인구 유출 지역이었다. 따라서 표 4-18의 호구와 달리 실제 조조가 장악한 인구는 훨씬 적었을 것이다.

조조는 원소나 유표보다 적은 인구를 지배하는 불리함을 선택과 집중으로 해결했다. 사예와 연주·예주 일대에 둔전을 설치하고 중앙정부가 직접 관리하여 재정수입을 늘렸다. 또한 사가士家라고 불리는 세습 군인을 편성해 일정 수 이상의 병력을 준비했다. 그는 부족한 인력과 경제력을 최대한 집중하여 군사력 확충에 노력했다. 이러한 노력과 원소의 실책과 우유부단, 유표의 실기와 현상유지 등의 외교적 호재(원소와 유표는 모두 조조를 공격할 기회를 놓쳤다)와 전쟁의 승리 덕분에 조조는 불리한 여건을 딛고 최후의 승자가 될 수 있었다.

# 5장

# 최강 군벌의 혈투:
## 원소와 공손찬

| 189년 | 원소, 동탁에 의해 발해태수에 임명되다. |
|---|---|
| 191년 | 7월 원소, 기주목 한복을 내쫓고 기주를 차지하다. 조조를 동군태수에 추천·임명하다. |
| | 같은 달 공손찬, 2만 병력을 이끌고 청주와 서주의 황건 잔당 30여만 명을 격파하다. |
| 192년 | 정월 공손찬과 원소의 계교 전투에서 원소군이 승리하다. |
| | 같은 달 손견, 유표의 부하 황조와 싸우다 전사하다. |
| | 12월 공손찬, 거마수에서 원소군 최거업을 격파했으나 평원군 용주에서 원소군과 싸워 패하다. |
| 193년 | 6월 원소, 장연의 흑산적 평정에 나섰으나 승부를 가리지 못하다. |
| | 공손찬, 유주목 유우를 죽이고 유주의 일부를 차지하다. 유우 지지 세력이 자립하다. |
| 194년 | 봄, 조조가 여포를 상대로 연주 수복에 나서다. |
| | 12월 도겸이 죽고 유비가 서주를 차지하다. |
| 195년 | 7월 헌제, 장안을 탈출하다. |
| | 여름, 여포, 조조에 패해 서주의 유비에게 의탁하다. |
| | 손책, 원술로부터 자립해 단양군을 점령하다(『후한서』에 따르면 194년). |
| 199년 | 3월 원소, 공손찬을 멸하다. |

소설 삼국지에서는 화북의 지배를 놓고 주로 원소와 조조가 자웅을 가리는 것으로 서술했지만, 실제로는 최강의 군대를 보유한 공손찬과 기주를 통치한 원소의 싸움이 정국의 운명을 가른 첫 명승부였다. 5장에서는 최강 군벌이었던 공손찬과 원소의 쟁투를 중심으로 이야기를 풀어보자.

## 원소, 한복의 기주를 빼앗다 _____

반동탁연합군의 총사령관이었던 원소는 군웅할거의 첫 단추도 열었다. 반동탁연합군의 총사령관으로 추대되고 손쉽게 기주를 차지해 최강의 군벌이 된 원소의 비결은 무엇일까? 먼저 원소의 개인사부터 살펴보자.

원소는 여남군 여양현 사람이다. 그의 부친인 원성袁成은 좌중랑장을 역임했으나 일찍 죽었다. 배송지주에 인용된 『위서』와 『원산송서

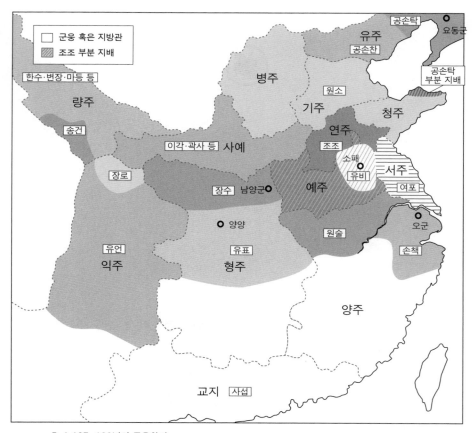

5-1 197~199년의 군웅할거.

袁山松書』에 따르면, 원소는 사공 원봉袁逢의 서자였으나 후에 큰아버지 원성의 양자로 입적되었다. 그러나 배송지는 다른 주장을 내놓았다. 원소가 모친상과 부친상을 연달아 당해 6년 동안 무덤 곁에서 지냈다는 『영웅기英雄記』의 기록을 근거로 그를 양자가 아닌 친아들이라고 본 것이다. 하지만 일반적으로는 양자설이 유력하다. 통설에 따르면 원소는 또 다른 군벌인 원술과 형제 사이면서 사촌이다. 5-2 가계도는 이 통설에 따라 표기한 것이다.

원소의 가문은 고조인 원안袁安부터 4대에 걸쳐 최고 명예직인 삼공(태위, 사도, 사공)을 5명이나 배출했다. 여기에 원소도 태위에 임명된 적이 있으니(원소는 태위 벼슬에 만족하지 못해 조조를 협박하여 더 높은 대장군의 벼슬을 받았다), 그의 가문은 5대에 걸쳐 6명의 삼공을 배출한 셈이 된다. 조선 말기의 몇몇 세도정치 가문을 제외하고 5세대에 걸쳐 삼정승을 배출한 가문을 찾기란 우리 역사에서도 어려운 일이다. 세도정치와 달리 황제가 관리의 임명권을 제대로 행사한 경우 대부분 골고루 등용하기 때문에 더욱 쉽지 않은 인선이었다. 그만큼 원소 가문은 덕을 많이 쌓았거나 운이 좋았다. 후한시대에는 원소의 가문처럼 정치 명문이 꽤 많았지만 그중에서도 양진楊震부터 4대에 걸쳐 태위를 역임한 홍농 양씨와 원소의 가문인 여남 원씨가 쌍벽을 이루었다.

정치 명문 출신이라는 배경은 원소에게 큰 자산이었다. 후한시대에 중앙 관직인 구경과 지방 장관인 태수는 속리를 임명할 권한을 가지고 있었다. 이때 상관과 그가 뽑은 부하 사이에는 밀어주고 끌어주는 관계가 생기는데, 이를 '좌주문생座主門生 관계'라고 한다. 이렇게 속리로 발탁된 인재는 발탁자에게 그 은혜를 죽을 때까지 갚고, 심지어 대를 이어 갚기도 했다. 원씨 가문 주변에서도 이런 관계를 확인할 수 있다.

동탁은 장안으로 천도한 이후 조정에 남아 있던 원소 일족을 죽였다. 동탁이 여포에 의해 암살되자, 원씨의 문생들은 동탁의 거처인 미오로 달려가 동탁 일족을 전부 죽임으로써 주군의 원수를 갚았다. 또 다른 예로 원소가 조조에게 패하자 원소의 문생고리들은 그의 고향 여남군에서 조조를 상대로 저항했다. 이처럼 좌주문생 관계는 질기고

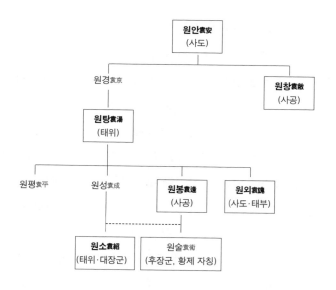

원안袁安
(사도)

원경袁京

원창袁敞
(사공)

원탕袁湯
(태위)

원평袁平

원성袁成

원봉袁逢
(사공)

원외袁隗
(사도·태부)

원소袁紹
(태위·대장군)

원술袁術
(후장군, 황제 자칭)

5-2 원소의 가계도. 원소는 본래 원봉의 아들(서자)이었으나 원성의 양자로 입적되었다. 굵은 글씨로 표기된 인명은 삼공에 임명된 사람들이다.

도 질겼다.

원소의 가문처럼 몇 대에 걸쳐 삼공이나 구경, 태수나 상 등을 배출하면 문생고리로 엮인 사람들의 수도 늘어난다. 이는 그들의 후손이 벼슬길에 나설 때 큰 자산이 된다. 조상에게 신세 진 사람들이 고관으로 있으면서 그 자손들을 벼슬자리로 끌어주기 때문이다. 덕분에 원소는 지방의 현장을 거쳐, 최고 권력자인 대장군의 부하인 대장군연大將軍掾, 시어사侍御史(육백석), 중군교위中軍校尉, 사예교위* 등의 벼슬을 역임하며 탄탄대로를 달렸다.

원소는 영제가 죽고 하진이 환관들과 대립할 때, 하진에게 환관들

* 우리나라의 경기도지사에 해당하는 관직으로 질은 비이천석이다.

을 제거해야 한다고 강력하게 주장했다. 작금의 정치 문란의 책임이 그들에게 있다는 게 그 이유였다. 그런데 하진이 오히려 환관들의 손에 암살되자 이에 분개한 원소는 하진의 다른 부하들과 함께 궁으로 난입해 닥치는 대로 환관들을 죽였다. 잘 알려지지 않았지만, 환관들을 죽여 정치에 간여하지 못하게 한 것은 원소의 업적이라 할 수 있다. 그러나 거기까지였다.

동탁의 집권 직후, 포신이 원소에게 동탁에 맞서 싸우기를 권했으나 소심하고 겁 많은 원소는 간언을 뿌리치고 동탁의 전횡을 지켜보았다. 그러다가 동탁이 소제를 폐하고 진류왕을 황제로 옹립하자 그제야 참을 수 없었는지 동탁의 전횡에 반대하고 나섰다. 하지만 이내 후환이 두려워 기주로 도망쳤다. 동탁은 원소를 잡으려고 현상금을 내걸었다. 그러나 오경 등이 그의 죄를 면제하고 차라리 태수로 임명하여 아량을 베푸는 게 낫다고 간언하자 동탁은 원소를 그가 도망가 있는 발해군의 태수로 임명했다.

그러나 원소는 동탁이 내민 화해의 손길을 뿌리쳤다. 오히려 동탁 토벌의 기치를 내걸고 군대를 일으켰다. 심지어 반동탁연합군의 맹주가 되었고 스스로 거기장군이라고 칭했다. 하지만 그가 이끄는 반동탁연합군은 동탁을 두려워해 제대로 싸워보지도 못했다. 게다가 연합군 내부는 반목과 질시로 분열했다. 연합군의 군량을 책임지기로 한 기주목 한복이 원소에게 의심을 품고 군량 공급을 줄여 원소와 연합군을 곤경에 빠뜨렸고, 연주자사 유대는 동군태수 교모를 살해했다. 결국 연합군은 오래가지 못하고 해체되었다. 군웅은 각기 임지로 흩어졌다.

원소도 임지인 발해군으로 돌아가려고 했다. 그런데 식객 봉기逢紀가 솔깃한 조언을 올렸다. "장차 큰일을 도모하려면 한복이 차지하고

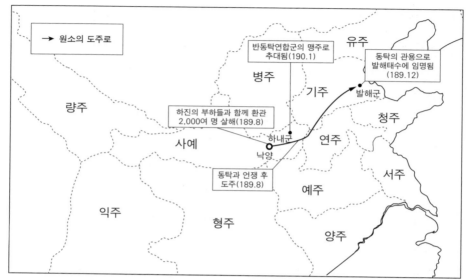

5-3 기주 점령 이전의 원소의 활동.

있는 기주를 **빼앗아야** 합니다." 이를 위해 봉기가 내놓은 계책은 이러했다. "먼저 공손찬에게 사람을 보내 기주를 공격하게 하십시오. 그가 군대를 일으켜 기주를 치면 한복은 당황할 것입니다. 이때 언변이 좋은 사람을 한복에게 보내 기주를 넘기라고 설득하면, 한복은 끝내 버티지 못할 것입니다."

원소는 봉기의 계책대로 유주의 공손찬에게 편지를 보냈다. 과연 공손찬은 한복을 공격했다. 아마도 공손찬은 한복을 우습게 보고 기주를 차지하려는 속셈이 있었던 것 같다. 공손찬이 기주를 치자, 원소는 외조카 고간高幹과 영천군 출신의 순심荀諶을 한복에게 보내 기주를 내놓으라고 설득했다. 한복은 같은 영천군 출신 동향 사람의 설득에 넘어갔을까? 한복의 부하들은 모든 게 다 원소의 정치 공작이라며 제안을 받아들여선 안 된다고 주장했다. 맹진에 주둔한 무장들은 명령만 내리면 원소와 싸우겠다고까지 말했다. 그러나 한복은 듣지 않았다. 결국 그는 원소에게 기주목 자리를 넘겨주고 한직으로 물러났다.

한편 앞서도 이야기했듯, 어떤 인물이 주목이나 자사에 임명된 사실이 사료에 나온다고 해도 그가 관할지를 실질적으로 완전히 장악했다는 의미는 아니다. 그들은 관할지에 대한 지배권을 온전히 관철하기 위한 전쟁, 군소 세력을 병합하거나 물리치고 반란 세력을 제압하는 과정을 거쳐야 했다. 원소도 예외는 아니었다. 그는 기주목이 된 후 기주를 지키기 위해 공손찬과 싸워야 했고, 그 외 여러 도적을 평정해야 했다.

### 좌주문생: 고대 중국인의 인맥 만들기

중국인의 인맥을 '꽌시'라고 한다. '관계關係'의 중국어 발음이다. 중국인들은 인맥을 만들기 위해 모든 줄을 댄다. 그건 우리도 마찬가지지만 전근대시대에 중국인들은 관리가 되기 위해 혹은 승진을 위해 온갖 연줄을 만들었다. 학연과 지연은 기본이고, 상관과 부하의 관계도 중요한 인맥 만들기의 한 방법이었다.

전한과 후한 시대에 중앙과 지방의 관청을 책임지는 장관들은 부하들을 스스로 임명할 수 있었다. 이를 '벽소'라고 한다. 삼공이나 구경, 군현의 장관에게 발탁되어(벽소) 속리가 된 사람들은 자신을 등용해준 사람을 스승이나 부모처럼 받들었다. 전자를 '문생고리門生故吏'라고 한다. '문생'은 학생 혹은 제자라는 뜻이고, '고리'는 옛 부하라는 뜻이다. 후자는 '좌주座主'라고 한다. 그리고 양자의 관계를 '좌주문생座主門生' 관계라고 한다. 상관과 부하의 관계가 스승과 제자의 관계처럼 평생 이어지는 인연이라는 뜻이다. 이 좌주문생 관계는 과거제도가 정착한 송나라 시대 이후로 의미가 바뀐다. 즉 과거 시험에 합격한 수험생들이 시험 감독관을 스승으로 받들며 시험 감독관(좌주)

과 수험생(문생)의 끈끈한 인맥이라는 뜻으로 바뀌었다. 혹자는 등용자와 피등용자 사이에 일종의 군신 관계가 있었다고 보기도 한다.

『삼국지/공손찬전』에는 다음과 같은 이야기가 나온다. 공손찬이 군대 장교로 복무하던 시절 그가 모시던 태수가 죄를 지어 멀리 일남군日南郡(오늘날 베트남의 중부 지역)으로 유배된 적이 있었다. 이때 공손찬은 쌀과 고기를 가지고 낙양 북쪽의 북망산 위에 올라 돌아가신 아버지에게 제사를 지내며 다음과 같이 말했다.

소자는 옛날에는 아버지의 아들이었으나 지금은 다른 사람의 신하이니 마땅히 일남군으로 가야 합니다. 일남군은 축축하고 더운 땅에서 독기가 올라오는 곳이라 제가 다시 돌아올 수 없을지도 모릅니다. 이에 아버지께 여기에서 인사드리고자 합니다.

공손찬은 말을 마치고 나서 두 번 절하고, 슬퍼하고 한탄하며 일어났다. 이 장면을 보는 다른 이들도 함께 흐느꼈다. 모시는 태수를 따라 죽을 가능성이 높은 곳을 따라가야 하는데, 자신이 죽으면 아버지의 제사를 지낼 수 없기 때문에 불효라고 생각했을 것이다. 하지만 다행히도 공손찬의 상관은 일남군으로 귀양 가는 도중에 사면을 받았고 모두 제자리로 돌아올 수 있었다. 우리는 이 일화에서 모시던 태수가 귀양을 가게 되자 공손찬이 끝까지 따랐음을 알 수 있다.

『후한서』에는 문생고리의 사례가 즐비하다. 부섭傅燮, 순상荀爽, 환란桓鸞, 이순李恂, 환전桓典, 왕윤 등은 자신을 추천해준 고관이나 태수가 죽자 삼년 상을 치렀다. 삼공을 모두 역임하고 가장 높은 태부까지 거친 원로 호광이 82세로 죽자 그의 옛 부하였던 삼공과 구경, 대부, 박사, 의랑 등 고관과 핵심 보직을 맡은 수백 명이 상복을 입고 장사를 지냈다. 당시 조정의 상당수가 그와 이런저런 인연을 맺은 사람들이었다는 뜻이다. 그러니 인신(문생고리)의 성대함이 호광만 한 사람이 없었다고 『후한서』에 기록되었을 것이다.

『삼국지』에서도 이러한 예가 보인다. 사도 왕윤이 동탁을 제거하자 명문 원씨의 고리들은 동탁에게 피살된 원씨의 원수를 갚고자 그의 시체에 불을 질렀다. 또 사도 왕윤이 동탁의 부하 이각과 곽사에게 피살되자, 뭇 사람들이 이각과 곽사를 두려워해 그의 시신을 거두려하지 않았는데, 왕윤의 옛 부하(고리)인 평릉현령平陵縣令 조전趙戩이 벼슬을 버리고 나타나 그의 시신을 수습하고 상을 치렀다. 또 유우가 공손찬에게 피살되고 나서 그의 수급이 장안으로 운반될 때, 유우의 옛 부하인 미돈尾敦은 길가에서 그 수급을 탈취한 뒤 유우의 고향으로 가 장사를 지냈다. 또한 원술이 죽자 그의 가족들은 여강태수 유훈劉勳에게 의탁했는데, 이 또한 그냥 찾아간 것이 아니라 유훈이 원술 생전에 많은 은혜를 입은 옛 부하였기 때문이다. 특히 유훈은 원술이 뒤를 봐준 덕분에 손책을 밀어내고 여강태수가 되었으니 당연히 원술의 가족들을 돌봐줬을 것이다.

한 인물이 중앙과 지방을 오가며 여러 관청의 장관직을 역임하다보면, 여러 사람들을 부하로 거두게 되고, 이들은 숙명적으로 서로 밀어주고 끌어주는 관계가 된다. 당고의 화 때 화를 당한 사람들은 당사자뿐만 아니라 그들의 부자, 형제는 물론이고 문생고리까지 포함되었다. 조정은 이들을 삭탈관직하고 금고(종신토록 벼슬할 기회를 박탈)에 처했는데, 물론 이는 매우 가혹한 처분이었지만, 한편으로는 좌주문생 관계가 얼마만큼 강고한 결속이었는지를 보여주는 것이었다. 추천자가 권력을 잃거나 피살되면 추천을 받았던 고리들도 벼슬을 잃는다. 이들은 문자 그대로 한 배를 탄 동지였고, 조정과 사회에서 그렇게 간주하였다.

동탁이 자신을 피해 달아난 원소를 잡아 죽이려고 하자, 오경은 원소를 살려줘야 한다고 주장했다. 이때 오경이 내세운 근거는 원씨 가문은 4대에 걸쳐 은혜를 베풀어 문생고리가 천하에 퍼져 있으니 원소가 이들을 규합하면 산동을 잃을 수 있다는 것이었다. 원소의 조상들이 4대에 걸쳐 삼공을 비롯해 중앙의 구경과 지방의 태수 자리를 역임했기 때문에 원씨와 밀접한 관계를 맺은 사람들, 즉 문생고리가 많으니 그를 함부로 다루어서는 안 된다는 뜻이었다. 원소와 원술이 순조로운 벼슬살이를 했던 것도 대를 이어 내려온 연줄 덕이었다. 두 사람이 초창기 군웅 가운데 두각을 나타낸 배경에는 이러한 인맥도 무시할 수 없었다.

## 공손찬, 원소의 하북을 공격하다 _____

반동탁연합군이 해체되고 군웅할거가 시작될 무렵에는 손견과 공손찬이 최강의 군사력을 보유하고 있었다. 하지만 손견은 독자적인 군벌이 되기보다 원술의 부하가 되기를 자청했기에 독자적인 세력들, 즉 군웅 가운데는 공손찬이 거느린 군대가 최강이었다. 그런 점에서 공손찬이 영토 확장을 노린 것은 어찌 보면 당연한 수순이었다.

먼저 공손찬이 어떤 인물이었는지 살펴본 다음, 그와 원소의 싸움에 대해 살펴보도록 하자. 공손찬은 요서군 영지현 사람이다. 요서군의 문하서좌門下書佐가 되어 근무하던 그는 태수에게 잘 보여 그의 사위가 되었다. 후에는 탁군 출신의 유명한 유학자 노식 밑에서 공부했다. 앞서 보았듯 노식은 황건의 난 때 장각을 토벌하러 갔다가 환관들의 모함으로 쫓겨났던 인물이다. 유비도 노식의 문하에 있었기 때문에 공손찬과 유비는 동문수학한 선후배 사이였다. 이는 유비의 출세에 도움이 되었다.

공손찬은 승진 코스인 효렴과 랑郎을 거쳐 요동속국遼東屬國 장사長史에 임명되었다. 이때 변방을 순찰하다가 고작 수십 명의 기병으로 선비 기병 100여 명과 싸워 수십 명을 살상하고 부하 절반을 잃은 일이 있었다. 공손찬은 이처럼 용맹하지만 무모했다. 이 일이 있은 후로 선비는 감히 후한 땅을 침입하지 못했다고 한다.

후에 량주에서 일어난 반란을 진압하기 위해 유주의 오환돌기烏丸突騎* 3,000명이 징발되었다. 공손찬이 부대의 지휘를 맡았는데 마침 지방관 출신의 장순과 요서오환의 우두머리 구력거丘力居 등이 반란을 일으켜 청주·서주·유주·기주 4주를 노략질하자 공손찬이 이를 막기 위해 파견되었다. 188년 11월 요동속국의 석문산石門山에서 공손찬은 장순과 구력거의 군대를 대파했다. 장순 일당이 도망가자 그는 계속 추격했지만 지원 병력이 부족하여 관자성管子城에서 도리어 포위되고 말았다. 약 200일 동안 버텼으나 식량이 부족해 병사의 5~6할을 잃었다. 이것이 승리인지 모르겠으나 공손찬은 이때 세운 공으로 기도위騎都尉에 임명되었다.

188년, 유우가 신임 유주목으로 부임하자 공손찬은 그의 지휘를 받았다. 그는 유우의 명령에 따라 1만 병력을 이끌고 우북평군으로 가 주둔했다. 그런데 유우가 장순과 장거, 오환을 상대로 회유와 설득에 나서서 그들의 반란을 종식시켰다. 싸우지 않고 큰 공을 세운 것이다. 이 소식을 들은 공손찬의 마음은 편치 않았다. 군공을 세울 기회가 날아가버렸다고 느꼈기 때문이다. 그래서 그는 유우에게 원한을 품었다. 그리고 이후로는 유우의 지휘에 구애받지 않고 제멋대로 군대를 이끌고 나가 싸웠다.

191년 7월, 공손찬은 유주에서 2만 병력을 이끌고 출진해 청주와 서주의 황건 잔당 30여만 명과 싸워 승리했다. 하지만 황건 잔당을 토벌한다는 것은 명분이었고, 사실 자신의 영향력 혹은 지배 지역을 남쪽으로 확대하기 위해 군대를 동원한 것이었다. 그런데 이때 공손찬의 창끝이 원소로 향하는 사건이 발생한다.

같은 달 영천군 양성현에서 원술 수하인 손견과 원소 측 주앙 간에 싸움이 벌어졌고, 손견 측 공손월이 주앙군의 화살에 맞아 전사했다. 공손월은 공손찬의 사촌동생으로 손견을 도와 참전한 것이었다. 이에

---

* 돌기突騎는 적진으로 돌격하는 정예 기병을 뜻한다. '돌기'라는 용어는 전한 문제 시기 조조晁錯의 상소문에 처음 보이며, 주로 흉노를 방어하기 위해 북쪽 변경에 배치되었다. 오환烏丸은 내몽골 동쪽에 거주한 유목민 집단으로 전한 무제가 흉노를 공격할 때 생포되어 북쪽 변경에 이주하였는데, 흉노의 동정을 정탐하거나 흉노의 침입을 막는 역할을 했다. 후한 시대에도 일부 오환은 후한의 기병으로 활용되어 '오환돌기'라고 불렸다. 공손찬뿐만 아니라 원소도 정예의 오환돌기를 보유했다.

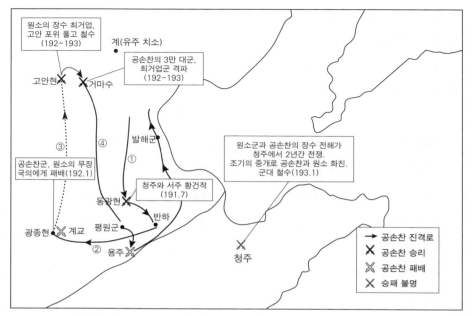

원소의 장수 최거업, 고안 포위 풀고 철수 (192~193)

계(유주 치소)

공손찬의 3만 대군, 최거업군 격파 (192~193)

고안현

거마수

발해군

원소군과 공손찬의 장수 전해가 청주에서 2년간 전쟁. 조기의 중개로 공손찬과 원소 화친. 군대 철수(193.1)

③

④

①

공손찬군, 원소의 무장 국의에게 패배(192.1)

청주와 서주 황건적 (191.7)

동광현

반하

광종현

계교

평원군

② 용주

청주

→ 공손찬 진격로

✕ 공손찬 승리

✕ 공손찬 패배

✕ 승패 불명

5-4 공손찬과 원소의 전투(191~193년).

공손찬은 원소를 공격해 사촌동생의 원수를 갚고자 했다. 하지만 원소는 강력한 군대를 보유한 공손찬과 싸우고 싶지 않았다. 결국 그는 공손찬의 보복을 막기 위해 자신이 차고 있던 발해태수의 인수를 내놓았다. 공손찬의 또 다른 사촌동생인 공손범에게 인수를 넘겨주고 그를 발해태수에 임명한 것이다. 발해태수가 된 공손범은 발해군의 병사들을 이끌고 공손찬의 군대에 합류해 청주와 서주의 황건적을 격파하는 데 일조했다.

청주와 서주의 황건적을 격파한 공손찬은 군대를 이끌고 반하繁河로 진격했다가 거록군 광종현으로 들어가 주둔했다. 거록군은 위군의 바로 북쪽으로, 위군에는 원소의 본거지인 업현이 있었다. 말하자면 공손찬은 원소의 심장부를 겨누는 곳에 군대를 이끌고 와 주둔한 것이다. 기록마다 시기에 차이가 있지만, 이때를 전후해 공손찬은 부하 엄강嚴綱을 기주자사, 전해를 청주자사, 단경單經을 연주자사에 각각 임명했다. 물론 이 임명 사실을 근거로 해당 자사부가 공손찬의 지배 영역이었다고 이해할 수는 없다. 당시 공손찬은 기주와 청주 일부를 점령했을 뿐이다. 반대로 원소 역시 기주와 청주 전역을 지배한 것이 아니었다.

## 원소, 계교에서 최강 공손찬군을 이기다 _____

최강의 기병부대를 가진 공손찬의 군대와 상대적으로 약체로 평가되던 원소의 군대가 계교에서 맞붙었다. 공손찬의 군대는 보병 3만 명과 기병 1만 명이었다. 원소는 이에 맞서기 위해 국의에게 전투 경험이 많은 정병 800명과 강노強弩로 무장한 1,000명을 주어 선두를 맡겼다. 공손찬은 기병을 앞세워 공격했다. 하지만 국의의 강노수들이 날리는 쇠뇌의 위력 앞에 무력해졌고, 결국 패했다. 계교의 남쪽 20리(약 8.28km) 지점에서 시작된 이 전투는 '계교 전투'(192년 정월)라고 불린다.

진수가 『삼국지』에서 자세한 서술을 남긴 전투는 별로 없다. 계교 전투 역시 배송지주가 인용한 『영웅기』에 기병과 보병, 쇠뇌 부대 등이 어떻게 배치되었는지 비교적 상세한 기술이 남아 있을 뿐이다. 이 기록을 바탕으로 당시 전투 상황을 상세히 살펴보자.

먼저 공손찬군의 포진을 살펴보면, 보병 3만 명을 중앙에 배치하고 좌우에 각각 5,000명의 기병을 배치했다. 중앙의 선봉에는 '백마의종' 부대를 배치했다. 백마의종은 좌우로 나뉘어 배치되었으며, 기동력을 활용하여 적군에 활을 쏘는 역할을 맡았다.

반면 원소는 국의가 이끄는 방패 든 보병 800명을 선봉에 배치했

5-5 계교 전투 당시 원소군과 공손찬군의 배치 상황.

다. 그 뒤에는 1,000명의 쇠뇌부대를 두었다. 다시 그 뒤로 수만 명의 보병이 배치되었다. 공손찬의 군대처럼 원소군의 보병 좌우에는 기병이 있었을 것으로 추정된다.

공손찬은 국의가 지휘하는 선봉부대의 병력(보병)이 적은 것을 보고 먼저 기병을 보내어 섬멸을 시도했다. 하지만 역전의 용사 국의가 이끄는 보병들은 동요하지 않고 방패 뒤에 숨어 상대를 기다렸다. 그리고 공손찬의 기병들이 가까이 다가오자 다 같이 일어나 먼지를 일으키고 큰 소리를 지르며 앞으로 돌진했다. 동시에 보병 바로 뒤의 쇠뇌부대가 쇠뇌를 퍼부었다. 공손찬의 기병들은 쇠뇌를 맞고 쓰러졌다. 국의의 보병들은 공손찬의 기병 1,000여 명을 참했다. 공손찬군이 후퇴하자 국의의 보병들은 계교까지 추격해 거기서 다시 한 번 그들을 격파했다. 공손찬군은 전열을 추슬렀지만 원소군을 당해내지 못했다. 국의는 계교 건너에 있던 공손찬의 본영마저 점령했고, 공손찬군은 달아났다.

이 전투가 공손찬의 일방적인 패배로 끝났다면 너무 재미없다. 한번의 반전은 있었다. 후방에 있던 원소는 국의의 군대가 계교까지 진

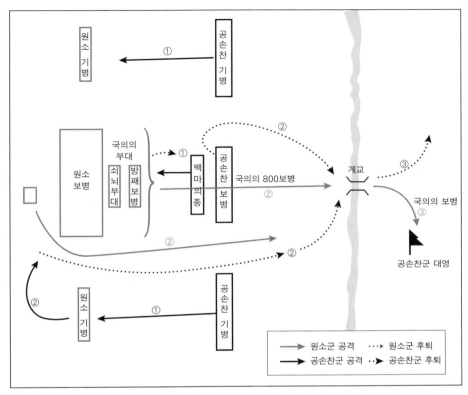

5-6 계교 전투도.

격했을 때 역시 추격하였다. 그러나 계교까지 10여 리 지점에 이르러
서 말에서 내려 안장을 벗기고 말을 쉬도록 했다. 그리고 장막을 치고
원소 자신도 휴식을 취했다. 이때 갑자기 공손찬의 2,000여 기병이 원
소의 장막 앞에 나타나 원소 일행을 겹겹이 에워쌌다. 이때 원소를 지
키는 군사는 쇠뇌로 무장한 수십 명의 보병과 큰 극戟*으로 무장한 군
사 100여 명 뿐이었다. 공손찬의 기병들이 일제히 원소와 호위병들에

_____
* 찌르기와 베기가 가능한 창.

게 화살을 퍼부었다. 말 그대로 비오듯 화살이 쏟아졌다. 원소의 목숨을 구한 것은 전풍과 담벽이었다. 전풍이 얼빠진 원소를 부축해 옆에 있던 담벽으로 피하니 그제야 화살 세례를 막을 수 있었다. 겨우 목숨을 건진 원소는 한숨을 돌리고 투구를 벗은 후 땅에 엎드렸다. 그리고 "대장부는 마땅히 앞으로 나아가 싸워야 하는데 반대로 담벼락에 숨는단 말이냐!"라고 말하고 쇠뇌수들에게 쇠뇌를 쏘도록 명령했다. 쇠뇌를 맞은 공손찬의 기병들이 픽픽 쓰러지고 다쳤다. 기습적인 쇠뇌 공격을 받은 공손찬의 기병들은 갑자기 사기가 꺾였다. 공손찬의 군사들은 자신들이 공격했던 사람이 원소인 줄 몰랐기 때문에 쇠뇌 공격을 무릅쓰고 목숨을 걸면서까지 싸울 생각은 하지 않았다. 때마침 이 사실을 안 국의의 군사들이 원소를 구하기 위해 몰려들었다. 공손찬의 기병들은 공격을 완전히 포기하고 흩어져 달아났다. 원소는 겨우 살아날 수 있었다. 만일 공손찬의 기병들이 원소의 얼굴을 알았다면 끝까지 싸웠을 것이고, 전투는 원소의 죽음과 함께 반전이 일어났을지도 모른다. 이 에피소드는 『삼국지』 원문에 없고 배송지주에 인용된 『영웅기』에 있다. 배송지주와 비슷한 시기에 편찬된 범엽의 『후한서/원소전』에는 이 에피소드가 적혀 있다. 거듭 말하지만 『삼국지』는 사실을 기록한 것이 아니라 사실을 은폐한 역사책이다. 범엽이 『후한서』에 이 사실을 굳이 기록한 이유는 원소를 칭찬할 필요가 없어서 원소와 관계된 사실을 담담히 적었기 때문이다.

계교 전투에서 승리한 원소는 기세를 몰아 장수 최거업崔巨業에게 수만 병력을 주어 유주의 탁군 고안현故安縣을 공격하게 했다. 그러나 최거업은 고안현을 점령하지 못하고 후퇴했다. 최거업이 후퇴하자 오히려 공손찬이 3만 명을 이끌고 추격에 나섰다. 결국 공손찬은 거마수巨馬水에서 최거업이 이끄는 원소군 7,000~8,000명을 죽이는 전과를 올렸다. 그는 공세로 나서 다시 남하했다. 기주의 군현들이 공손찬의 손에 차례로 공략되었다. 공손찬은 평원군에 이르자 그곳에 주둔하면서 앞서 자신이 임명한 청주자사 전해를 보내 청주 공략을 맡겼다. 그러나 그해 12월, 공손찬은 평원군 용주龍湊에서 원소군과 싸워 패배했다. 공손찬은 다시 수세에 몰려 북쪽으로 도망갔고, 사료마다 기록은 다르지만, 이후 남진 정책을 포기했다.

한편 전해는 여전히 청주에 남아 그곳의 지배권을 두고 2년 동안 원소와 싸웠으나 승부를 가리지 못했다. 나중에 조정에서 온 조기趙岐가 양측의 화해를 주선하자 군량도 떨어지고 군사들이 피로하여 더 이상 전투할 상황이 아니었던 공손찬과 원소는 이를 받아들이고 회군했다.

전후 사정을 살펴보면 원소가 공손찬과 휴전한 이유는 내부의 반란과 흑산적의 침입 때문이었다. 193년 3월 원소가 박락진에서 주둔하고 있을 때 흑산적 우독于毒 등 수만 명이 반란을 일으킨 위군의 군사들과 함께 업성을 점령하고 위군태수를 죽였다. 『후한서』와 배송지주에 인용된 『영웅기』에는 위군의 병사들이 왜 반란을 일으켰는지 기록이 없다. 이전에 흑산적은 조조가 차지한 동군을 침입했다가 조조에게 패해 달아났다. 그 후 행적이 없다가 느닷없이 업성에 나타났다. 아마도 동군에서 쫓겨난 우독 등 흑산적은 원소가 공손찬과 싸우느라 본거지가 빈 허점을 노렸을 것이다. 원소는 6월 반격에 나서 기주 밖 남쪽의 하내군 조가현朝歌縣 녹장산鹿腸山에서 도적들과 싸워 우두머리 우독과 부하 1만 명을 참했다. 그러고는 북쪽으로 가서 좌자장팔과 유석劉石, 청우각靑牛角, 황룡좌교黃龍左校, 곽대현郭大賢, 이대목李大目, 우저근于氐根 등을 공격하여 수만 명을 참했으며 그들의 근거지를 소탕했다. 『후한서』와 『삼국지』는 이들의 근거지를 기록하지 않았지만 『자치통감』의 호삼성주에 따르면 그곳은 기주 서쪽에 있는 태항산맥 주변 지역이었다. 이들이 광대한 하북 평원에서 숨어 지내며 원소군을 공격하기란 어렵기 때문에 호삼성의 주장은 맞는 것처럼 보인다.

원소와 흑산적의 전투에 숨겨진 사실이 있다. 배송지주에 인용된 『영웅기』에 따르면, 이때 우독과 함께 살해된 인물이 있었는데 바로 호수壺壽이다. 그는 장안의 조정에서 임명한 기주목이었다. 더 이상의 기록은 없지만 전후 사정을 살펴보면 위군의 병사들과 흑산적이 본거지인 업성을 공격한 것은 기주목 호수와 관련이 있을 것이다. 호수가 장안에서 임명한 정통성 있는 지방관임을 널리 알리자 위군의 병사들과 흑산적이 이에 호응하여 역적 원소를 몰아내고 호수를 정식 기주목으로 모시려고 한 것이다. 원소는 단순히 도적과 반란군을 토벌한 것이 아니라 장안 조정에서 보낸 기주목을 내쫓은 '불충'을 저지른 것이다. 이미 무정부 상태였으니 거리낌이 없었다. 도적 섬멸에 재미를 붙인 원소는 같은 달 흑산적의 우두머리 장연을 토벌하러 나섰다. 장연은 흉노계 유목민인 도각屠各의 4영營, 안문군鴈門郡의 오환과 결탁하여 세력을 형성하고 있었다. 그가 지휘하는 정병 수만 명과 기병 수천 명은 병력 구성이나 질적 측면에서 원소군보다 나은 데가 있었다. 하지만 이 무렵 원소 휘하에는 왕년의 맹장 여포가 있었다. 양측의 군대는 10여 일 동안 계속 싸웠다. 그러나 성과 없이 사상자만 늘어나자 결국 원소는 군대를 돌렸다. 무승부라기보다 실제로는 패배에 가까웠다.

원소는 하북 도적들의 토벌에 나서 소기의 성과를 거두었지만 흑산적 장연을 섬멸하지 못해 절반의 성공으로 끝났다. 원소가 기주를 지배한 것은 분명하다. 하지만 장연이 다스린 태항산맥 주변에는 그의 지배력이 미치지 못했다.

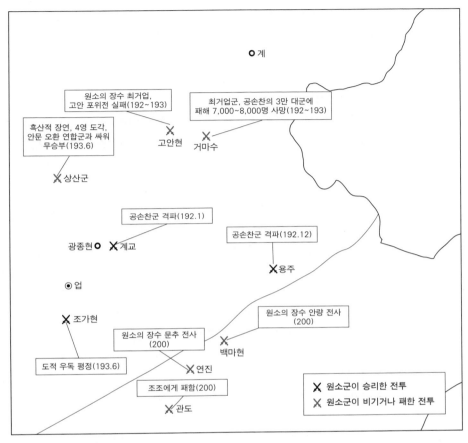

5-7 원소군의 주요 전투.

**고대의 무기들: 쇠뇌, 탄환, 창과 칼**

계교 전투에서 원소군은 쇠뇌(弩)를 활용하는 전법을 구사했다. 쇠뇌가 이때
처음 사용된 것은 아니다. 쇠뇌는 전국시대 오나라와 월나라에서 사용되었
다고 전해지며, 진한시대에 들어서는 좀 더 보편적인 무기가 되었다. 흉노를
막는 최전선이었던 거연居延 지역(네이멍구자치구 에지나기)에서 출토된 간독
簡牘을 보면 쇠뇌에 관한 기록이 많다. 기록(『거연한간』)에 따르면, 쇠뇌는 '석

石'으로 위력을 구분했으며 1, 3, 4, 5, 6, 7, 8, 10석의 여덟 등급이 존재했다. 일반적으로 많이 사용된 것은 6석 쇠뇌였다. 미터법으로 환산하면 사거리가 260미터인 쇠뇌였다.

쇠뇌는 살상력이 뛰어났으므로 방어하는 측은 그에 대한 대비를 해야 했다. 그래서 병사들이 입는 갑옷과 투구의 재질이 바뀌었다. 쇠뇌가 사용되기 전까지 방어 용구는 가죽으로 만든 투구와 갑옷이 일반적이었으나 쇠뇌가 등장한 후에는 철제 투구와 갑옷, 방패로 바뀌었다. 진시황릉의 병마용 병사들은 돌이나 옥 조각을 엮은 갑옷을 입었으나, 전한시대 무덤들에서 발견된 병사들은 '어린魚鱗'이라고 불리는 쇳조각을 엮은 갑옷을 입었다. 이런 갑옷은 오늘날의 방탄조끼처럼 쇠뇌의 공격으로부터 병사들을 어느 정도 보호했을 것이다. 하지만 공손찬의 기병들은 원소군의 쇠뇌부대에 속수무책으로 당한 것으로 보아 아마도 쇠뇌를 막을 수 있는 방어구를 착용하지 않았던 것 같다.

그렇다면 쇠뇌가 최고의 무기였을까? 적 진영에 쇠뇌부대가 있다는 것을 알고 있다면 이를 막을 수 있는 방법은 존재했다. 원소는 조조와 맞붙은 관도 전투에서도 쇠뇌부대를 동원했다. 하지만 조조를 상대로는 별다른 재미를 보지 못했다. 오히려 군영 안에 꽁꽁 숨은 조조군을 쇠뇌로 공격하기 위해 망루와 토산을 만들었다가 조조군이 만든 벽력거霹靂車의 공격을 받아 이러지도 저러지도 못했다. 다시 말해 쇠뇌의 파괴력은 방어술로 위력을 줄일 수 있었다.

『삼국지』에는 보이지 않으나 쇠뇌처럼 발사하는 무기로 '탄환彈丸'이 있다. 탄환에 대한 예는 삼국시대보다 훗날인 서진시대에 보인다. 선비 탁발부 군장인 역미力微의 아들 사막한沙漠汗은 서진의 인질이 되었다가 돌아왔다. 부족장들이 음관까지 나가 사막한을 마중하고 술을 마셨는데, 이때 사막한이 날아다니는 새를 보고 탄환을 당겨 쏴 맞혔다. 당시 탁발부에는 탄환이 없었다는 기록으로 보아 탄환은 사막한이 서진에서 배운 중국 고유의 무기였던 것 같다.

탁발부가 세운 나라인 북위 시대에 편찬된 『장구건산경張丘建算經』에는 탄환과 관련된 산수 문제가 나온다. "지금 정육각형 진흙 1자(尺)로 1치(寸)짜리 탄환 몇 개를 만들 수 있는가?" 답은 1,777매와 2/9매. 여기에서 탄환은 진흙

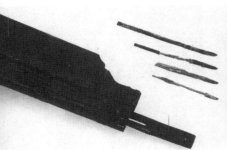

5-8 왼쪽의 쇠뇌는 허난성 난양시에서 출토된 구리로 만든 노(銅弩機)이다. 오른쪽 사진은 요동에서 발견된 제갈연노諸葛連弩이다(무후사武侯祠의 전시실 전시). 쇠뇌는 노궁弩弓과 노비弩臂, 노기弩機로 나뉜다. 노궁은 대나무, 노비는 나무, 노기는 구리 혹은 철로 만들었다고 한다. 오른쪽 사진의 제갈연노는 활처럼 나무와 줄을 사용했지만 손잡이와 화살을 장전하는 몸체는 금속으로 되어 있다. 모양은 서양의 석궁과 비슷하며, 위력은 활에서 쏜 화살보다 셌을 것이다.

으로 만든 작은 알갱이였음을 알 수 있다. 하지만 진흙으로 만든다고 해서 무시하지 마시라. 중국의 황토와 물을 섞어 뭉쳐 말리면 시멘트만큼 단단해진다. 이것을 새총이나 기타 무기에 넣어 쏜다면 사람에게 큰 피해를 줄 수 있다. 5-9 사진은 전국시대 중산국에서 출토된 탄환이다. 이는 이미 전국시대에 탄환이 무기로 사용되었음을 뜻한다. 사서의 기록에 없지만 이 시기에도 공격용 무기로 사용되었을 것이다.

여러 가지 창에 대해서도 살펴보자. 조조와 마초가 싸울 때 조조의 부하들은 "관서 지역 군사들은 장모長矛를 다루는 데 능하니 정예로 선발된 선봉부대가 아니면 관서 군사들을 당할 수 없을 것입니다"라고 말했다. 조조는 "전쟁의 승패는 우리 자신에게 달려 있는 것이지 적들에게 달려 있는 것이 아니다. 적들이 비록 장모에 능하다고 해도 장차 장모로 찌르지 못하도록 할 테니, 여러분은 다만 지켜보도록 하라"라고 말했다(『삼국지/무제기』). 실제 전투에서 조조가 관서 군사들이 장모를 사용하지 못하도록 하는 전법을 구사했는지는 현재의 사료로 확인이 되지 않는다. 그러나 적어도 우린 이 구절에서 마초와 한수 등 관서 지역의 군사들이 장모를 잘 사용했다는 것을 알 수 있다. 199년 12월에 형주목 유표가 부하인 강하태수 황조를 손책이 공격하자 조카 유호劉虎와 한희韓晞에게 장모로 무장한 5,000명을 지휘해 황조를 구원

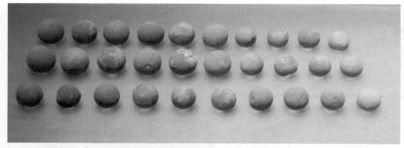

5-9 중산왕의 무덤에서 출토된 탄환. 진흙으로 만드는 것이 일반적이었지만 중산왕의 무덤에서는 은과 유성의 물질로 만든 탄환도 출토되었다. 허베이성박물관 전시.

하게 한 기록도 있다.

　한편 우리나라, 중국, 일본의 사극에서 칼을 들고 싸우는 전투 장면이 많아 옛날에는 칼을 들고 싸웠다고 생각하는 사람들이 많다. 필자도 그렇게 생각했다. 그러나 출토 유물뿐 아니라 실제 상황을 보더라도 칼보다 창이 전쟁의 주요 무기였다. 고대 그리스와 알렉산드로스 대왕의 마케도니아 팔랑크스 전법도 긴 창과 방패로 무장한 군인이 싸우는 전법이었다. 중세와 근세 유럽의 군대도 마찬가지다. 중국이라고 다르지 않다. 전한시대의 전쟁 장면을 표현한 5-10의 화상석에서는 보병이건 기병이건 대부분 창으로 싸운다.

　『삼국지』와 『후한서』, 『자치통감』 등의 정사에서는 전투에서 사용된 무기에 대해 구체적으로 언급하는 일이 적다. 장모를 언급한 『삼국지/무제기』의 기록은 드문 예였다. 실제로 후한 말 삼국시대 무기와 관련된 출토 유물도 적다. 그런 어려움이 있다는 걸 감안하면서 춘추전국시대와 전한시대의 출토

5-10 창을 사용한 전투 장면. 한나라 시대에는 종교와 신화, 일상생활을 주제로 한 그림을 돌에 새겼다. 이를 화상석이라고 한다. 현재의 산둥성, 허난성 남부, 쓰촨성에서 주로 발견된다. 위의 화상석에 새겨진 전투 장면은 한나라 군대와 흉노 등 유목민(호)의 전투 장면인데, 대부분 창을 들고 싸우고 있다. 산둥성박물관 전시.

유물을 바탕으로 당시 무기의 종류를 살펴보도록 하자.

5-11은 과戈이다. 아랫부분을 나무나 쇠로 만든 긴 자루에 꽂아 사용했다. 과는 ㄱ자로 생긴 부분으로 상대방을 베어 죽이는 무기였다. 사진을 보아도 이 부분이 날카롭게 생겼음을 알 수 있다. 아마도 적군의 목이나 다른 신체 부위에 과를 걸친 뒤 잡아당겨 베었을 것이다.

5-12는 모矛이다. 모는 아랫부분에 긴 자루를 꽂아 사용했다. 마초 등의 관서 군사들과 유표의 군사들이 사용한 장모는 모의 길이가 길거나 자루가 길어서 붙은 이름일 것이다. 모는 날카로운 끝부분으로 상대를 찌르는 무기였다. 당연히 날카로움의 정도에 따라 살상력의 차이가 생겼다. 날카로울수록 깊숙이 찌를 수 있기 때문이다. 군사들은 모로 적군을 찌른 후 비틀어 빼냈다. 그러면 모와 함께 살점이 떨어져나왔고, 모에 찔린 적군은 쇠 때문에 파상풍에 걸리거나 과다 출혈로 죽었다. 최근 출토된 은(상)나라와 주나

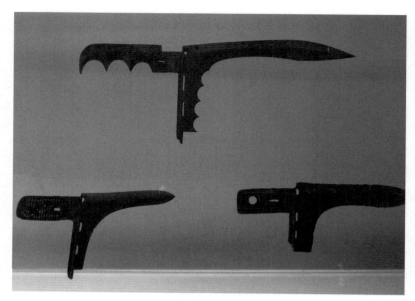

5-11 과戈. 상하이박물관 소장.

5-12 모矛. 모의 표면에 무늬가 새겨져 있다. 상하이박물관 소장.

5-13 피鈹. 산시역사박물관 소장.

5-14 극戟(가운데). 긴 자루에 끼워 원형처럼 복원한 것이다. 왼쪽에는 자루를 끼운 모, 오른쪽에는 자루를 단 과 2개가 있다. 이 창들로 어떻게 적군을 찌르거나 벨 수 있었는지 상상하는 것은 그렇게 어렵지 않다. 또한 자루의 길이에 따라 칼(검이나 도)보다 위력적인 무기였음을 실감할 수 있을 것이다. 허난성박물원 소장.

라의 무기 가운데에도 모가 발견되는데, 후자 쪽이 훨씬 날카롭고 잘 만들었다. 주나라의 군사들은 재질이 좋고 날카로운 모로 은나라 군사들과 싸워 더 많은 적군을 살상한 것으로 보인다. 청동기 등 문화적 낙후성에도 불구하고 주나라가 은나라를 이길 수 있었던 것은 무기의 뛰어난 살상력 덕분으로 보인다.

5-13의 피鈹는 전국시대부터 사용된 무기로, 모양이 모와 비슷하지만 날 부분이 더 길다. 즉 피 역시 모처럼 긴 자루에 끼워 상대방을 찌르는 무기였다. 날 부분이 길고 날카로운 것으로 보아 찌르기뿐 아니라 베는 용도로도 사용한 것 같다. 다만 한나라 시대 이후에는 잘 사용되지 않았고, 주로 모가 사용되었다. 참고로 한자성어로 즐겨 쓰는 '모순(矛盾)'의 '모'가 바로 찌르기용 창을 가리키는 단어다.

5-14의 가운데 있는 것이 극의 모형이다. 위에는 구리합금으로 만든 동모銅矛를 달고, 오른쪽에는 동과銅戈 3개를 달았다. 전차 위에서 사용한 무기였다고 한다. 이처럼 극은 모와 과를 한 자루에 모아놓은 무기이다. 극의 장점은 찌르기와 베기가 모두 가능하다는 것이다.

다음은 칼이다. 우리나라에서는 검劍과 도刀를 '칼'로 번역해 같은 무기로 오해하기 쉽다. 사진을 보면서 양자의 차이점을 알아보자.

5-15는 오왕吳王 광光, 즉 오왕 합려闔閭의 검이다. 검은 양날이 날카로우며 찌르기와 베기를 동시에 할 수 있는 무기이다. 그에 비해 5-16처럼 도는

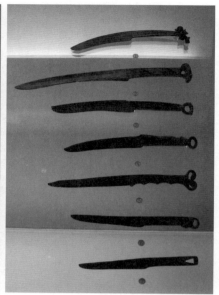

5-15 오왕 광의 검. 상하이박물관 소장.

5-16 춘추 초의 도. 도의 날에 각종 무늬가 새겨져 있다. 상하이박물관 소장.

한쪽의 날만 날카롭게 만든 칼이다. 대체적으로 유럽에서는 검, 우리나라와 일본, 아라비아 등지에서는 도를 사용했다. 또한 5-16에서도 볼 수 있듯 도는 검과 달리 모양이 직선이 아니라 곡선이다. 이는 한쪽으로만 벨 수 있도록 만들었기 때문이다.

지금까지 후한 말과 삼국시대의 출토 무기가 없어 춘추전국시대와 전한시대까지의 출토 유물들로 고대의 무기들을 살펴보았다. 이러한 무기들은 재질이 구리합금에서 철합금으로 바뀌고, 일부 성능이 향상되었을 것으로 보이지만 후한 말 삼국시대에도 대체적인 모양이나 사용 방법은 비슷했을 것이다. 중고등학교 한국사와 세계사 수업에서 우리는 구리합금 무기가 철기보다 약하다고 배웠다. 하지만 이는 잘못된 설명이다. 첫째, 앞에서도 말했듯이 전쟁의 주요 무기는 창이었으므로 청동으로 만든 창날이 철로 만든 창날과 부딪쳐 쪼개질 염려는 없었다. 둘째, 구리로 만든 칼은 상대방의 칼과 부딪쳐 구부러질지언정 부러지지는 않았다. 반면 철로 만든 칼은 쉽게 부러졌다. 철의 제련 기술이 발달한 후에야 철제 칼이 잘 부러지지 않았지만 그렇지 않았던 고대에는 청동으로 만든 칼과 창을 선호했다. 구부러지면 다시 펴서 사용할 수 있었기 때문이다. 철이 구리보다 흔하고 매장량이 많지만, 구리의 녹는점 (1,085℃)이 철의 녹는점(1,538℃)보다 낮았다. 이는 철보다 구리를 녹이고 제련하기가 수월했다는 뜻이다. 또 구리의 양이 적었기 때문에 소수의 지배층인 전사계급만이 독점할 수 있었다. 반면 철은 양이 많아 무기를 대량으로 생산할 수 있었다. 군인 수의 증가는 인구 증가뿐만 아니라 철제 무기의 대량 생산 및 대중화 덕분이었다.

조선의 실학자 이수광李睟光은 『지봉유설芝峰類說』에서 조선의 활, 중국의 창, 일본의 조총을 각각 최고의 무기라고 기록했다. 이는 조선시대, 즉 중국의 명청시대, 일본의 전국시대와 도쿠가와 막부德川幕府 시대의 무기를 비교한 것이다. 현재 남아 있는 무기를 보면 일본도가 상당히 날카롭고, 조총이 도입되기 전에는 우수한 무기였던 것으로 보인다. 그러나 이는 일본에 한했을 경우이고 분명 칼보다는 창이 더 위력적인 무기였다. 일본도를 휘두르는 왜군을 향해 3미터짜리 창을 찌르면 칼이 닿기도 전에 왜군을 죽일 수 있었다.

## 공손찬, 유우를 죽이고 유주를 차지하다

유주에는 유우와 공손찬 두 사람이 있었다. 유우는 유주의 최고 지방관인 유주목이었다. 하지만 유우가 가지지 못한 강력한 군사력을 공손찬은 가지고 있었다. 군대를 장악한 공손찬이 명목상 상관인 유우의 말을 잘 듣지 않으니 두 사람의 관계는 더욱 틀어졌다. 첫 번째 계기는 유우가 헌제의 명령을 받고 원술에게 억류된 아들 유화에게 기병 수천 명을 보냈다가 원술에게 빼앗긴 일이다. 이때 공손찬은 유우가 자신의 간언을 듣지 않자 원술에게 편지를 보내 유우가 보낸 기병을 빼앗도록 부추겼다. 두 번째 계기는 공손찬과 원소의 전쟁이었다. 유우는 공손찬이 원소와 싸우지 못하게 막았다. 그러나 공손찬은 그

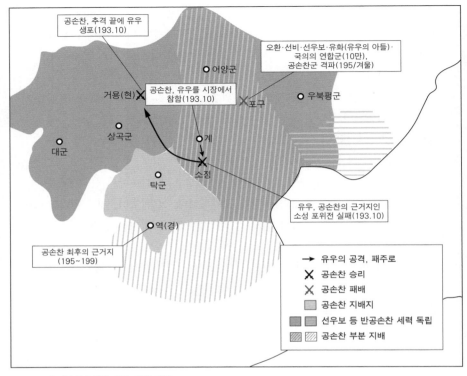

5-17 공손찬의 유주 지배 과정.

의 명령을 듣지 않고 계속해서 원소와 싸웠고 이에 유우는 군량과 보급 물자를 줄였다. 결과적으로 유우는 공손찬을 제어하지 못했고 양자 사이에 감정의 골만 깊어졌다. 공손찬은 유우의 명령을 어겼을 뿐만 아니라 여러모로 백성을 괴롭혔다. 그는 유우를 무시하고 유주와 광양군의 치소인 계현薊縣(오늘날 베이징) 동남쪽에 소성小城을 쌓았다. 유우는 여러 차례 공손찬과의 만남을 시도했지만 공손찬은 병을 핑계로 그를 만나주지 않았다. 유우는 점차 공손찬이 반란을 일으킬까 두려워하게 되었다.

먼저 칼을 빼든 것은 유우였다. 그는 193년 10월 무렵 10만 대군을 이끌고 선제공격에 나섰다. 그러나 유우군은 전쟁 경험이 부족했다. 게다가 유우는 지나치게 이상주의적이었다. 그는 피해를 최소화하기 위해 병사들에게 백성들의 여사廬舍(야외에 있던 임시 집 혹은 창고)를 불태우지 못하게 했다. 싸우다보면 본의 아니게 백성들에게 피해를 줄 수 있는데 이를 금지시켰다. 어떻게 싸우란 말인가? 심지어 적군인 공손찬의 군사들에 대해서도 가능한 한 살상을 하지 말라고 명령을 내렸다. 병사들에게 적군을 함부로 죽이지 말라는 말은 싸우지 말라는 말이나 다름없지 않은가? 이렇게 되자 유우군은 효과적으로 전투를 할 수가 없게 되었다. 유우가 유능한 지방관이었음은 분명하지만 군사령관으로서는 무능했다는 것을 보여주는 대목이다.

아니나 다를까, 유우는 전투에서 공손찬에게 패했다. 그는 부하들을 이끌고 상곡군 거용현居庸縣으로 달아났다. 그러나 뒤쫓아온 공손찬의 병사들에게 사로잡혀 계현으로 끌려온 뒤 저잣거리에서 참수당했다. 이때 헌제가 보낸 사자 단훈段訓은 유우의 식읍을 늘리고 그에게 동쪽의 6주(천하의 절반)를 관할하도록 명령하는 조서를 가지고 있었다. 장안에 있던 헌제는 여러 지방관 사이에서 명망이 높던 유우에게 6주를 관리하도록 해 그를 통해 영향력을 확대하려고 했던 것이다. 하지만 어이없게도 단훈은 공손찬의 협박을 받아 유우의 처형에 동의하고 자기 손으로 집행했다. 공손찬은 여기에 한술 더 떠 단훈을 유주자사로 임명했다. 그는 다른 군벌들과 달리 직접 지방관을 겸직하지 않았다. 다만 군사를 지휘하며 지방관들을 배후 조종하는 데 만족했다. 지방관의 벼슬 없이 지방관을 배후에서 조종할 정도이니 사실상의 군주나 다름 없었다.

유우를 제거한 공손찬은 유주의 지배자가 되었다. 하지만 그도 유주 전체를 지배하지는 못했다. 사실 유우도 요동군과 현도군, 낙랑군 등을 지배한 공손씨 정권 때문에 11개의 군급 행정구역 가운데 7~8군밖에 다스리지 못했다. 이는 공손찬이 유주를 차지한 뒤에도 마찬가지였다. 무엇보다 유우의 옛 부하들이 공손찬에게 반기를 들었다. 유우의 부하 관리였던 어양군 사람 선우보는 유주의 병사들을 모아 공손찬에게 복수하려고 했다. 그는 연국燕國 사람 염유閻柔를 오환사마烏桓司馬로 추대했다. 염유를 지도자로 삼아 군대를 지휘하도록 한 것이다. 염유는 오환과 선비 그리고 내지인들까지 도합 수만 명의 군대를 이끌고 노수(또는 노현潞縣 북쪽)에서 공손찬이 임명한 어양태수 추단鄒丹과 싸워 승리했다.

그 후 이들은 유우의 아들 유화와 원소의 군대를 불러들이고 오환과 선비의 7,000여 기병을 모아 도합 10만 명의 군대로 공격에 나섰다. 그리하여 195년 겨울, 공손찬군을 포구鮑丘에서 격파하고 2만여 명을 참하는 전과를 올렸다. 이 전투는 즉각 주변 군현에 영향을 미쳤다. 사태를 주시하던 대군과 광양군, 상곡군, 우북평군 등 4군은 공손찬이 임명한 관리들을 죽이고 선우보, 유화의 군대와 연합했다. 그리고 공손찬과 싸워 여러 차례 이겼다.

따라서 공손찬이 실제로 지배한 지역은 탁군과 기주 하간군 일대에 불과했다. 선우보 등 반反공손찬 세력이 장악한 4~5개 군은 공손찬의 지배에서 벗어나 있었다. 유우를 죽이고 유주를 차지했지만 공손찬에게 남은 건 상처뿐인 영광이었던 셈이다.

## 원소, 숙적 공손찬을 멸망시키다 _____

공손찬은 한때 원소와 하북의 지배권을 다투었지만 192년 12월 용주 전투에서 패한 이후에는 사실상 남진을 단념했다. 대신 유주목 유우를 제거하고 유주를 차지했으나 이마저도 유우의 아들과 부하들이 그의 지배를 거부하고 저항하는 바람에 유주의 7~8할은 독립 상태나 다름없었다. 사실상 공손찬은 유주의 탁군과 기주의 하간군을 지배하는 소군벌로 몰락한 것이다.

이처럼 수세에 몰리자 공손찬은 전의를 상실했다. 그는 195년 근거지를 계현에서 역현易縣으로 옮겼다. 그는 '역경易京'이라고 불린 이곳에 10겹의 참호를 둘렀다. 큰 참호에는 높이 5~6장丈*의 언덕과 누각을 만들고, 중참中塹에는 높이 10장의 토산을 쌓았다. 그러고는 그곳에 머물렀다. 공손찬은 철통같은 방어벽을 쌓아놓고 이곳에 곡식 300만 석을 저장했다. 그는 병사들이 휴식을 취하고 백성들이 경제적 안정을 누려야 한다면서, 역경에 저장한 곡물로 먹고사는 문제를 해결할 수 있다고 말했다. 어디서 들어본 말 같지 않은가? 동탁도 죽기 전에 미오에 30년 치 곡식과 재물을 저장한 후 비슷한 말을 했다.

원소는 공손찬이 역경에 눌러앉아 버티기에 들어가는 것을 보고 해마다 공격에 나섰으나 성공하지 못했다. 그렇게 해를 거듭하며 원소는 199년에도 공격에 나섰다. 공손찬은 그사이 원소를 견제하기 위해 흑산적 장연과 동맹을 맺고 있었다. 그는 199년 원소가 쳐들어오자 아들 공손속公孫續을 장연에게 보내 구원을 요청했다. 이에 장연은 구원병을 보내기로 약조하고 10만 대군을 이끌고 세 방향으로 나누어 진격했다.

공손찬은 원소군을 치기에 앞서 장연과 계획을 공유하기 위해 장연 진영에 있는 아들에게 편지를 보냈다. 그런데 이 편지가 그만 원소의 척후병 손에 넘어갔다. 그리하여 원소는 상황을 훤히 들여다보며 전

---

* 후한시대 1장은 약 2.36미터에 해당한다.

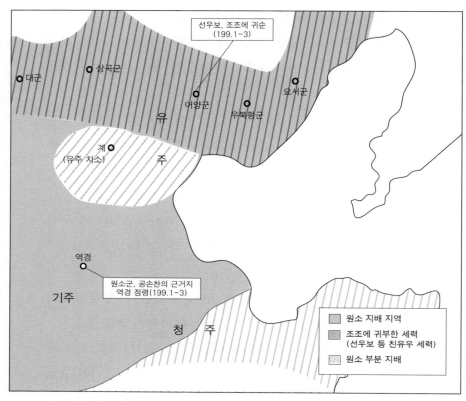

5-18 원소의 공손찬 세력 병합과 유주 지배.

투에 임했다.

　편지에서 약속한 대로 멀리서 불이 오르자, 공손찬은 신호에 따라 군대를 이끌고 역경 밖으로 나왔다. 그러나 그를 기다린 것은 원소의 복병이었다. 원소군은 공손찬군을 들이쳐 격파했다.

　일격을 얻어맞은 공손찬은 가장 안쪽의 성으로 들어가 굳게 지킬 뿐 나오지 않았다. 그러자 원소는 공손찬의 방어벽 아래로 땅굴을 팠고, 그곳으로 병력을 투입해 공손찬이 있는 중경中京*까지 압박해 들어갔다. 공손찬은 패배를 예감했다. 『삼국지』에 따르면, 그는 먼저 처자를 죽인 후 불을 질러 자살했다. 반면 『후한서』에서는 원소군이 공손찬을 사로잡은 뒤 대臺 위에서 그를 참했다고 기록했다.

이로써 한때 동탁보다 강한 군대를 보유했던 공손찬은 멸망했다. 원소는 하북을 제패했다. 그러나 원소의 유주 지배 또한 공손찬의 지배만큼이나 불완전했다. 당시 선우보는 공손찬이 망하자 동향 사람 전예田豫의 간언대로 허(허현)에 있는 조조에게 사신을 보내 귀순을 타진했다. 그러자 후한 조정(실제로는 조조)은 선우보에게 건충장군建忠將軍의 벼슬과 함께 6개 군을 관할하라는 명을 내렸다. 6군이 구체적으로 어느 곳인지는 알 수 없으나, 선우보를 중심으로 일찍부터 공손찬의 지배에서 벗어나 있던 군들이었을 것이다. 그 외에도 유주의 치소가 있던 광양군과 남쪽의 탁군 외의 다른 군들 역시 원소의 지배를 받지 않았을 것으로 추정된다. 다만 원소는 선비와 오환의 여러 부족을 회유해 우군으로 삼았고, 이 때문에 그에게 선우보 등의 존재는 위협이 되지 않았을 것이다.

### 최강의 군대를 거느린 무능한 장수 공손찬

공손찬도 동탁처럼 변경 방어에 종사하며 군벌로 성장한 인물이다. 그의 군대에는 오환돌기 등 유목민 출신의 용맹한 기마부대도 있었고, 여러 차례 전쟁을 경험한 단련된 병사들도 있었다. 그러나 192년 정월 계교와 12월 용주에서 원소군에 패한 이후 공손찬의 군대는 더 이상 무적이 아니었다.

앞서 살펴본 계교 전투를 보면, 공손찬의 군대는 지나치게 기병에 의존했다. 그의 4만 병력은 보병 3만 명, 기병 1만 명으로 이루어져 있었다. 중국의

---

* '경'은 언덕을 뜻하며, 참호를 파서 높게 쌓은 토산을 가리킨다.

사서에서는 병력을 표시할 때 '보기步騎 3만'처럼 보병과 기병을 구분하지 않고 합쳐서 수치를 제시하기 때문에 보병과 기병의 비율을 알 수 있는 자료가 적다. 『사기/소진열전蘇秦列傳』에 따르면, 전국시대 위魏나라는 보병 70만 명, 전차 600대, 기병 5,000필(명)을, 초楚나라는 보병 100만 명과 전차 1,000대, 기병 1만 필(명)을 보유했다. 위나라의 보병과 기병 비율은 140 대 1, 초나라의 보병과 기병 비율은 100 대 1이었다.

사실 비슷한 시대 전 세계의 어떤 나라도 기병의 수는 1만 명을 넘지 않았다. 페르시아전쟁(기원전 492~449년) 당시 아테네 육군 3만 2,000명 가운데 기마궁병을 포함한 기병의 수는 1,200명이었다. 보병과 기병의 비율이 약 25.7 대 1이었다. 성 수비병 1만 6,000명을 제외한 육군의 수는 1만 6,000명이었는데, 이 경우 보병과 기병의 비율은 12.3 대 1이 된다. 포에니전쟁 이전 기원전 3세기에 로마군단은 보병 4,200명과 기병 300명으로 구성되어 있었다. 보병과 기병의 비율은 14 대 1. 다시 말해 동서고금을 막론하고 보병과 기병의 비율은, 공통적으로 기병보다 보병의 비중이 높았다.

그렇다면 공손찬은 어떻게 기병의 수가 압도적으로 많은 군대를 편성하게 된 것일까? 진나라와 한나라(후한 포함)는 흉노와 선비, 오환 등 말을 타는 유목민들과 전쟁을 거듭했는데, 이 과정에서 기병의 수가 증가했으리라는 것은 쉽게 추측할 수 있다. 그러나 공손찬이 막 입신하던 시기라면 모르겠으나 군웅할거시대에 들어 그는 유목민이 아니라 한족(중국인)을 상대로 전쟁을 하는 입장이었고, 따라서 3 대 1의 보병과 기병 비율은 지나치게 과도했다.

하지만 한편으로 총과 대포가 전쟁의 주요 무기로 등장하기 전까지, 유라시아대륙을 군사적으로 지배하거나 압도한 세력은 기마부대를 운용하던 유목민 부족 가운데서 나왔다. 중국의 고대 병법서인 『육도六韜』에서도 기병 1명이 평지에서는 보병 8명, 산지에서는 보병 4명을 대적할 수 있다고 기록했다. 따라서 공손찬처럼 군대에 기병이 많다는 것은 공성전에서는 불리할지 몰라도 그 자체로 약점이라고 할 수는 없었다.

오히려 공손찬이 맞닥뜨린 문제는 원소가 그를 상대로 준비한 전술에 있다. 전한 문제와 경제 시기의 관료인 조조鼂錯는 유목민으로 구성된 흉노의 기마군단을 물리칠 무기로 유목민들의 활보다 사정거리가 긴 쇠뇌와 긴 창을 언급했다(다만 조조가 고안한 이 전법이 흉노와의 전투에 얼마나 도움이 되었는지는 알기 어렵다. 실전에 사용되어 효과를 거두었다는 기록이 없기 때문이다). 원소는 이를 공손찬의 기병을 막는 데 사용했다. 유목민인 강과의 싸움에서 기병을 상대했던 국의가 쇠뇌부대와 장창병을 효과적으로 사용하여 기병을 이길 수 있었던 경험이 큰 도움이 되었다. 과연 공손찬의 기병은 원소군의 쇠뇌 앞에서 속수무책이었다. 상대방의 전술과 전략을 미리 알고 대비한 원소와 달리 공손찬은 적군의 전술과 전략에 대비하지 못했다. 당연히 질 수밖에 없었다. 적군에 대한 정보가 부족했으니 대처 방법을 마련할 수 없었던 것이다.

무엇보다 공손찬이 저지른 가장 큰 실책은 다른 군웅에게 신망을 얻은 유우를 죽인 것이다. 공손찬은 유주를 차지한 뒤에도 본인이 구태여 유주목이 되려고 하지 않았는데, 이 말은 굳이 유우를 죽일 필요가 없었다는 뜻이기도 하다. 차라리 유우의 모든 권력을 빼앗는 대신 유주목의 자리를 지켜주고 배후에서 그를 조종하는 것이 나았을 것이다. 게다가 공손찬의 유주 지배는 선우보 등 유우의 옛 부하들이 반기를 들고 사실상 독립함으로써 반쪽짜리로 전락했다. 아무리 군사력이 강하다고 해도 정복(점령)과 통치는 다르다. 공손찬은 정복에는 성공했지만 유우의 옛 부하들을 체제 내로 포용하지 못했고, 결과적으로 유주 전체를 지배할 수 없었다.

공손찬의 또 다른 실책은 당시 지배층이라고 할 수 있는 관리 집안과 지식인을 홀대하고 오히려 탄압했다는 것이다. 대신 점쟁이 유위대劉緯臺, 비단장수 이이자李移子, 상인 악하당樂何當 등을 중용했다. 당연히 유주 일대 지배층은 공손찬을 돕지 않았고, 그러니 유주 통치가 쉽지 않았을 것이다.

마지막으로 공손찬의 패망을 부추긴 것은 그의 의욕 상실이다. 192년 원소와 하북의 패권을 두고 일진일퇴의 공방전을 벌이다가 패한 이후 하북으로 진출하겠다는 그의 의지가 꺾여버렸다. 193년 유우를 죽이고 유주를 접수했으나 유우의 아들과 부하들이 연합해 195년에 승리를 거두고 유주의 4~5개 군이 사실상 통제에서 벗어나자 그는 수세로 전환했다. 그는 연나라의 남쪽과 조나라의 북쪽 사이의 중간 지역에 있으면 난세를 피할 수 있다는 동요童謠를 믿고 유주와 기주의 경계선에 해당하는 역현으로 근거지를 옮겼다. 그리고 곡식과 재물을 잔뜩 비축하고 방어 시설을 만들어 수비와 지구전에 대비했다. 이 역경의 정확한 위치를 알 수 없지만 주변에 산이 없는 광활한 평원에 위치했음은 분명하다. 비록 주변에 하천이 있다고 해도 폭이 좁아서 자연적인 방어막이 없는 지역이었다. 공손찬은 방어에 불리한 지역에 들어가 수비에 전념한 최악의 수를 두었던 것이다. 그는 이런 생각에 지나치게 매몰된 것인지 각 전선에서 원소와 싸우는 부하들이 위기에 처해도 구해줄 생각을 하지 않았다. 성 밖에서의 구원전마저 거부한 극단적인 수비 전략이었던 것이다. 전세는 점점 공손찬에게 불리해졌고, 결과는 파멸이었다.

공손찬은 원소에 의해 패망하며 군웅할거 초반에 탈락했다. 하지만 그는 중요한 유산인 유비를 남겼다. 유비는 상관이었던 공손찬의 도움이 없었다면 군웅의 한 사람으로 등장조차 할 수 없었을 것이다. 유비는 하급 지방관으로 전전하다가 고당현의 현령으로 근무할 때 도적을 막지 못해 도망친 적이 있었다. 그때 유비를 거두어준 사람이 공손찬이었다. 유비는 공손찬의 부하로 활동하면서 나중에 그에 의해 평원상에 임명되었고, 평원상으로 재직하면서부터 두각을 나타냈다. 유비는 공손찬이 임명한 청주자사 전해와 함께 남하해서, 서주의 도겸과 인연을 맺게 되어 마침내 자기 기반을 가진 군벌로 발돋움할 수 있었다. 맹장 조운도 원래는 공손찬의 부하였으나 나중에 유비 밑으로 들어왔다. 공손찬의 도움 아래 성장했던 유비는 도겸을 도우면서 그로부터 독립했다.

## 원소, 최강의 군벌이 되다 _____

191년 기주를 점령해 지역 기반을 확보한 원소는 청주와 병주까지 차지하여 영토를 더욱 넓혔다. 원소가 언제 청주와 병주를 점령했는지에 대해서는 『후한서』와 『삼국지』를 뒤져봐도 정확한 연대가 나오지 않는다. 다만 192년과 197년 사이인 것은 분명하다. 그리고 199년, 원소는 숙적 공손찬을 여러 차례 공격한 끝에 그의 본거지인 역경을 함락하고 유주마저 차지하기에 이른다.

결국 원소는 하북 4주의 지배자가 되어 약 100만 호(혹은 200만 호)의 주민을 다스리게 되었다. 4장에서 살펴본 것처럼 명목상 원소가 지배한 4주의 총 호수는 약 205만 호로 전체의 22%, 인구는 약 1,238

만 명으로 전체의 25.9%에 달했다. 하지만 이는 최댓값일 뿐이고 원소의 지배를 받지 않은 군·국·현의 호수와 인구는 빼야 타당하다. 원술이 원소에게 보낸 편지 내용대로 원소가 실제 지배한 민호民戶가 100만 호라면 통계의 절반에 불과하다. 그러나 설령 원소가 지배한 호수가 100만 호라고 가정하더라도, 후한의 인구통계와 후한 말의 인구통계 사이에 격변이 존재했고, 특히 기주는 황건의 난으로 극심한 인구 손실이 발생한 주라는 점, 덧붙여 하북 4주의 일부가 원소의 지배에서 벗어나 있었다는 점을 감안하면, 결코 무시할 만한 수치가 아니었다.

다시 말하지만, 하북 4주의 모든 땅이 원소의 지배를 받은 건 아니었다. 태항산太行山 기슭에 해당하는 기주의 서쪽 일부가 장연의 손아귀에 있었고, 공손찬의 지배에 반기를 들었던 선우보가 어양군과 인근 군에 영향력을 행사하며 여전히 원소의 지배에서 벗어나 있었다. 또한 유주의 여러 세력이 나중에 원상과 원희 형제를 토벌하러 온 조조에게 항복하는데, 이는 다시 말해 그때까지 원소의 지배를 받지 않았다는 의미이다. 원소는 유주의 북쪽과 동쪽 지역을 제대로 장악하지 못한 것으로 보인다. 사실상 유주의 탁군 정도만 지배한 것이다. 또 원담이 관리한 청주의 일부 군현도 원소의 지배를 받지 않았을 가능성이 있다. 『속한서/군국지』에 따르면 청주의 치소는 제국齊國 임치현臨淄縣이었는데, 원담은 제국의 서북쪽에 위치한 평원군에 머물렀기 때문이다. 처음에 원담은 청주 가운데 황하 이북 지역만 지배했다. 북해상 공융은 원소와 조조가 대치하는 상황에서 양쪽에 협력하지도, 줄을 대지도 않았다. 이후 공융은 유비의 추천으로 청주자사에 임명되었으나 196년 원담에게 쫓겨났다. 이때에 가서야 적어도 북해국은 원소의 땅이 되었을 것이다. 그런데 198년 조조가 여포를 격

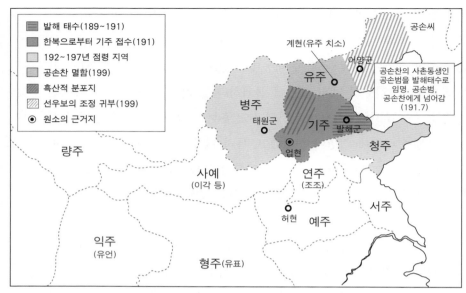

발해 태수(189~191)

한복으로부터 기주 접수(191)

192~197년 점령 지역

공손찬 멸함(199)

흑산적 분포지

선우보의 조정 귀부(199)

원소의 근거지

공손씨

계현(유주 치소)

어양군

유주

공손찬의 사촌동생인
공손범을 발해태수로
임명. 공손범,
공손찬에게 넘어감
(191.7)

병주

태원군

기주 발해군

청주

량주

사예
(이각 등)

업현

연주
(조조)

서주

익주
(유언)

허현 예주

형주(유표)

5-19 원소의 지배 지역.

파하고 장패 등 태산 일대의 도적들을 생포한 뒤 장패에게 청주와 서
주를 다스리도록 위임했다. 그리고 낭야·동해·북해 3군을 나누어 성
양·이성·창려 3군을 설치했다. 낭야군과 동해군은 서주, 북해군은 청
주에 속했다. 장패에게 청주의 관리권을 부여한 것을 보면 조조가 청
주 전체는 아니더라도 일부를 지배하거나 영향력을 행사했음을 알 수
있다. 한편 원소도 왕수王脩를 즉묵현령에 임명했는데, 즉묵현은 북
해군 동쪽의 현이었다. 조조의 조치대로라면 북해군은 조조의 영토인
데, 원소는 조조가 지배하거나 영향력을 미치는 즉묵현에 지방관을
파견한 것이다. 이런 모순 때문에 북해군이 누구의 영토였는지 판단
하기 어렵다. 그러니 북해군 동쪽의 동래군이 누구의 땅인지도 알 수
없다.

원소는 자신이 지배하지 못하는 지역에도 영향력을 미치려고 했다. 초창기에 그는 조정에 추천하는 형식을 통해 조조를 동군태수에 임명했다. 조조가 연주목이 된 후에는 곽조 등에게 중랑장 등의 관직을 주었다. 이에 원소 편에 선 곽조와 공손독 등 수십 명이 태산을 근거지로 조조에 대항했다. 이들은 태산태수 여건呂虔에게 항복했다. 심지어 원소는 주흔*을 예주자사에 임명했다. 또 회계군 사람 주앙周昂을 회수 남쪽에 있는 구강군의 태수로 임명했다(193년 회남으로 달아난 원술은 주앙을 내쫓았다). 『삼국지』에는 이런 내용이 하도 많아서 필자의 머리를 아프게 할 정도다. 지방관을 임명하는 권한은 황제와 중앙정부에 있는데도 조정은 그 권위를 상실하여 힘 있는 군벌이 지방관 임명장을 공수표처럼 남발했다. 따라서 지방관 임명 자체만으로 해당 군벌이 그 지역을 다스렸는지 단정하기는 어려운 일이다.

이런 한계, 즉 명목상 4주를 지배했지만 실제로 유주와 청주는 몇 개 군만 지배하여 원소가 실제 장악한 호구는 『속한서/군국지』의 하북 4주 호구보다 적었을 것이다. 그럼에도 『후한서』와 『삼국지』는 원소가 수십만 명의 군대를 보유했다고 기록했는데, 이는 전성기의 최대 수치일 것이다. 한 가지 확실한 건, 그럼에도 원소가 보유한 인구와 군사력은 여타 군웅을 압도하는 수준이었다는 것이다.

* 주앙이라고 표기하는 기록도 있다.

# 황하 이남
# 군웅의 혼전

5장에서는 최강 군벌인 원소와 공손찬의 쟁투를 중심으로 살펴보았다. 6장에서는 비슷한 시기 황하 이남 군벌들의 각축을 다루며, 특히 연주와 서주, 회남 일대에서 발생한 사건들을 중심으로 살펴본다. 나중에 화북을 통일하는 조조는 이 당시에는 아직 별볼일없던 군웅 중 하나였다.

## 조조, 고생 끝에 연주를 얻다 _____

190년에 결성된 반동탁연합군은 다음 해 사실상 해체되었다. 연합군에 참가한 인물들은 대부분 주목이나 자사, 태수였기 때문에 연합군이 해체된 후에도 돌아갈 임지가 있었다. 그렇기에 전쟁이 끝나도 별 문제가 되지 않았다. 그러나 군웅 가운데는 돌아갈 곳조차 없는 사람도 있었다. 그중 하나였던 후장군 원술은 휘하의 손견 덕분에 남양군을 얻었다. 손견이 남양태수를 살해하고 남양군을 그에게 바친 것이다. 형주자사 유표가 남양태수로 추천했으니, 동탁의 수리 여부와 상관없이 '법적으로' 남양태수 자리를 인정받았다. 상황이 이렇자 분무장군奮武將軍이라는 허울뿐인 관직을 가진 조조만 갈 곳이 없는 상태가 되었다. 이때 제북상 포신이 조조에게 황하 이남에 가서 기회를 엿보라고 조언했다. 조조는 포신의 말을 따랐다. 그리고 기회는 생각보다 빨리 찾아왔다. 흑산적이 연주를 침입한 것이다.

흑산적 우독과 휴고 등은 10여만 명을 거느리고 191년 7월 위군과 동군을 침입했다. 동군태수 왕굉은 흑산적의 침입을 방어하지 못했고, 이에 조조는 군대를 이끌고 동군으로 진격했다. 사료에는 왕굉이 조조에게 도움을 청했다는 기록이 없다. 『삼국지』의 저자 진수는 숨겼지만, 당시 상황을 보면, 조조가 동군태수 왕굉의 관할 지역에 침입했다고밖에 볼 수 없다. 조조는 복양현濮陽縣에서 흑산적 우두머리 백요의 군대를 격파했다. 이에 원소는 조정에 표를 올려 조조를 동군태수로 임명하고 동군의 치소를 복양현에서 동무양현東武陽縣으로 옮기도록 상주했다. 헌제에게 표를 올리는 형식을 취하긴 했지만, 사실원소가 자기 멋대로 조조를 동군태수에 임명한 것이다. 『삼국지』에서는 은폐했지만 이때까지 조조는 원소의 부하에 불과했거나 최소한 원소의 영향력 아래에 있었던 것이다. 앞서 연주자사 유대는 자신과 사이가 나빴던 동군태수 교모를 살해하고 왕굉을 동군태수에 임명했다. 그러니 동군에는 유대와 원소가 각각 임명한 두 명의 동군태수가 존재한 셈이었다. 새로 동군태수에 임명된 조조의 치소가 복양현이 아닌 동무양현인 점도 수상하다. 동군태수 왕굉은 규정에 따라 동군의 치소인 복양현에 주둔했을 것이기 때문이다.

상황이야 어떻든 동군태수가 된 조조는 처음으로 지역 기반을 가지게 되었다. 그러나 일개 군을 차지했다고 기뻐할 틈은 없었

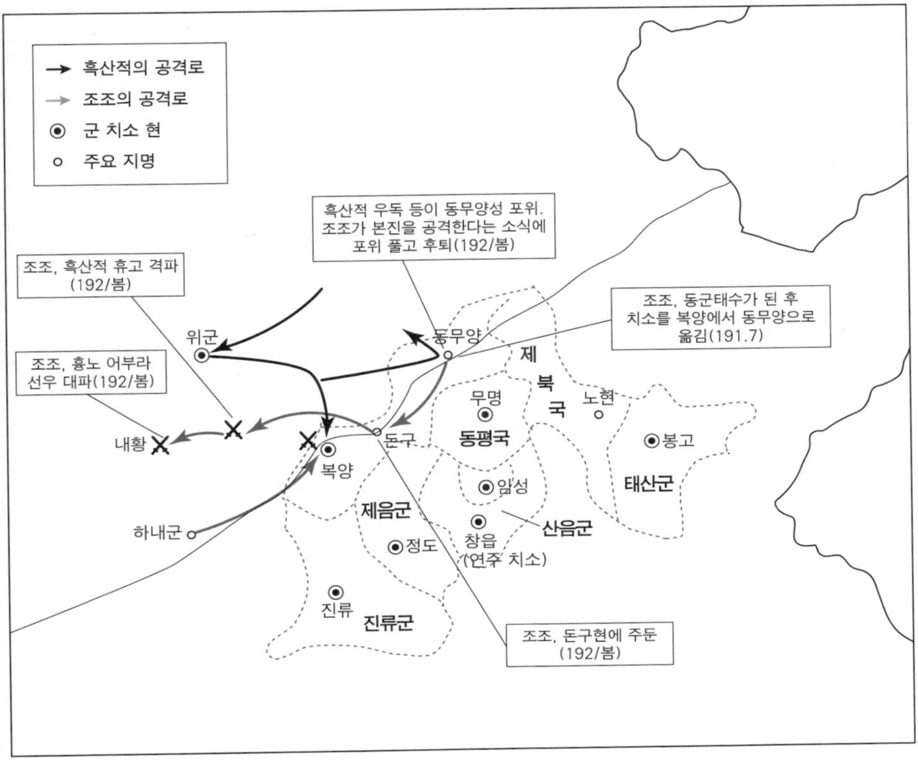

흑산적의 공격로
조조의 공격로
군 치소 현
주요 지명
흑산적 우독 등이 동무양성 포위. 조조가 본진을 공격한다는 소식에 포위 풀고 후퇴(192/봄)
조조, 흑산적 휴고 격파 (192/봄)
조조, 동군태수가 된 후 치소를 복양에서 동무양으로 옮김(191.7)
조조, 흉노 어부라 선우 대파(192/봄)
위군
동무양
제북국
무명
노현
동평국
봉고
내황
돈구
복양
암성
태산군
제음군
창읍 (연주 치소)
산음군
하내군
정도
진류
진류군
조조, 돈구현에 주둔 (192/봄)


6-1 연주목 취임 이전 조조의 활동.

다. 흑산적 일부를 격파하긴 했지만 그들의 주력이 아직 건재했기 때문이다. 게다가 흑산적의 주된 공략 대상이 바로 조조의 관할지인 동군이었다. 흑산적의 또 다른 주요 침입지로는 기주의 위군이 있었는데, 위군 또한 주는 다르지만 동군과 이웃한 군이었다. 동군은 위군 방면으로도 흑산적의 출몰을 경계해야 하는 상황이었다.

아니나 다를까, 흑산적이 위군을 거쳐 동군을 공격해왔다. 192년 봄, 조조가 치소인 동무양현을 비우고 돈구현頓丘縣에 주둔해 있는 사이 흑산적의 두목 우독 등이 동무양현을 공격한 것이다. 여러 장수가 조조에게 동무양현으로 돌아가 우독과 싸워야 한다고 건의했다. 그러나 조조는 그들의 의견을 물리치고 우독의 본거지를 공격하기로 결정했다. 상대방의 허점을 노리겠다는 것이었다. 사서에는 우독의 근거지가 명시되어 있지 않다. 어쨌든 허점을 찔린 우독은 동무양현성의 포위를 풀고 근거지로 돌아갈 수밖에 없었다. 조조는 군대를 이끌고 동군 밖으로 나가 휴고를 격파하고, 위군 내황현內黃縣에서 남흉노의 선우 어부라於扶羅도 대파했다.

그런데 조조의 동선을 주의해서 보면 이 모든 것이 그의 계획 아래 진행된 것처럼 보인다. 본거지인 동무양현을 비워 흑산적에게 미끼를 던져 유인하고, 방심한 상대방의 본거지를 공격하는, 미리 계획한 대로 허를 찌른 듯해 보이기 때문이다. 어쨌든 조조는 여러 도적을 물리쳐 한숨 돌릴 수 있었다. 그러나 그것도 잠시, 흑산적보다 더 강한 적이 연주로 몰려들었다. 연주 동쪽의 청주에서 황건적 100만 명이 192년 4월에 연주를 침입한 것이다.

청주 황건적은 191년 태산군을 공격했다가 태산태수 응소에게 패한 후 방향을 바꾸어 기주 발해군을 침입했다. 여기서 또다시 공손찬 군에게 패했다. 이에 그들은 다시 연주로 발길을 돌렸다. 청주 황건적은 임성국任城國을 공격해 임성상 정수鄭遂를 죽이고 동평국東平國을 침입했다. 이때 연주자사 유대가 직접 나아가 싸우려 하자 포신이 그를 눌러 앉히며 다음과 같이 간언했다. "황건의 무리가 100만이나 되어 백성들은 공포에 떨고 군사들은 싸울 생각이 없습니다. 그러니 직접 맞서기보다는 지키면서 기회를 엿봐야 합니다."* 그러나 유대는 포신의 간언을 무시하고 직접 전투에 나섰다가 전사했다. 청주 황건

---

*『삼국지/무제기』.

적은 기세를 올렸고, 졸지에 연주자사를 잃은 관리들은 순식간에 심리적 공황 상태에 빠졌다. 이때 조조의 부장部將 진궁이 조조에게 간언했다.

연주에는 지금 주인이 없고 왕명은 이미 끊어졌습니다. 제가 주의 고위 관리들을 설득해 당신을 연주목으로 추대하도록 하겠습니다. 당신은 연주를 기반으로 하여 천하를 거두어들일 수 있으니 이는 패왕霸王의 업적입니다.**

그러고 나서 진궁은 연주자사를 보좌하는 별가別駕와 치중治中을 찾아갔다.

지금 천하는 분열되었고 연주에는 주인이 없습니다. 조조는 세상을 구할 수 있는 인재입니다. 만약 그를 받아들여 연주목으로 삼는다면 반드시 백성들을 편안하게 할 것입니다.***

포신 등은 진궁의 말에 일리가 있다고 생각했다. 포신은 연주의 관리 만잠萬潛 등과 함께 동군을 방문해 조조를 연주자사로 추대했다. 조조는 졸지에 동군태수에서 8개 군국을 거느린 연주자사가 되었다. 소설 삼국지에서 진궁은 조조가 여백사를 죽인 후 그를 떠났다가(4~5회), 장막에게 의탁 중인 여포를 만나 그에게 서주를 공격하느라 조조가 자리를 비운 틈을 노려 연주를 점령하라고 부추긴다(11회). 그러나 정사 기록에 따르면, 진궁은 조조가 여백사를 죽인 이후 이때까지도

---

**,*** 『삼국지/무제기』의 배송지주에 인용된 『세어』.

조조 밑에서 일했음을 알 수 있다. 진궁은 조조가 연주자사가 되는 데 큰 공을 세웠다. 만약 끝까지 조조를 배신하지 않았다면 그는 일등공신이 되었을 것이다.

출세를 기뻐할 법도 하건만, 조조는 곧장 군대를 이끌고 동평국의 수장현壽張縣으로 향했다. 황건적을 치기 위해서였다. 배송지주에 인용된 『세어』에 따르면, 이때 조조가 거느린 병력은 보병과 기병을 합해 1,000여 명에 불과했다. 그나마도 처음에는 전세가 불리해 수백 명이 죽고 후퇴했다. 그러나 이어진 전투에서 조조는 복병을 두고 밤낮으로 싸워 전세를 역전시켰다. 하지만 그 과정에서 조조를 옹립하는 데 주도적인 역할을 했던 포신이 죽고 말았다. 조조는 포신의 시체를 찾으려고 현상금까지 내걸었으나 결국 찾지 못했고, 이에 나무로 포신의 조각상을 만들어 장사 지내며 통곡했다. 그런데 조조가 연주를 지키기 위해 분투하던 이 시기에 경조윤(장안 일대) 출신의 금상金尙이란 자가 조정의 임명장을 받고 연주자사로 부임해왔다. 황건적으로부터 연주를 지키고 한숨을 돌리려던 차에 동탁이 보낸 낙하산이 꽂혔으니 조조의 기분이 좋을 리 없었다. 그는 아랑곳 않고 금상을 공격해 연주에서 내쫓았다. 이 사건은 『삼국지/무제기』에는 나오지 않으며 『자치통감』에 기록되어 있다.

천하가 혼란하여 유명무실하다고 해도 조정이 임명한 지방관을 군대를 동원해 쫓아낸 것은 엄연한 불충이었다. 하지만 조조로서는 밥그릇 싸움인지라 도저히 받아들일 수 없었을 테고, 결국 실력행사를 통해서라도 자기 이익을 지키겠다는 의지를 드러낸 것이었다. 이를 아는 진수로서는 『삼국지』에 조조의 불충 기사를 당연히 뺐다. 하지만 『후한서』는 달랐다. 조조의 청주 황건적 격파 기사에 그의 직함을 연주목이 아닌 "동군태수"로 표기한 것이다. 청대 역사가 조익은 『후

한서/헌제기』가 공자의 춘추필법에 따라 시시비비를 가려 쓰였다고
했다. 즉『삼국지』나 기타 기록이 찬탈자의 이름 대신 '조공曹公', '태
조'처럼 해당 인물을 높여 표기하거나 시호로 표기한 것과 달리 '조
조'라고 기록했던 것이다. 사실을 고증한『후한서』의 편찬자 범엽은
'연주목'은 조조의 자칭이며, 조정의 허락을 받은 것이 아님을 명백히
했다. 그에 비해 진수는 거짓말하기는 어려웠던지 조조가 연주를 엿
본 여포를 격파하고 장초를 죽이기 위해 진류군 옹구현으로 진격했을
때 조정으로부터 정식으로 연주목에 임명되었다고『삼국지』에 기록
했다. 명백한 역사 왜곡이었다.

금상을 내쫓은 뒤, 조조는 앞서 패퇴시킨 청주 황건적을 제북국까
지 추격했다. 궁지에 몰린 청주 황건적은 항복했다. 그리하여 192년
겨울, 조조는 항복해온 황건적 군사 30여만 명과 남녀 100여만 명을
받아들였다. 그는 이들 가운데서 정예를 골라 군인으로 충원했는데,
이들을 청주병이라고 불렀다.

후한시대의 통계에 따르면, 연주의 공식적인 호수는 약 73만 호,
405만 명이었다. 그러나 황건의 난 이후 전란이 계속되었고, 특히 연
주는 전란의 피해가 큰 곳이어서 통계보다 인구가 상당히 줄어든 상
태였을 것이다. 그렇기에 이때 조조가 약 130만 명을 새로 받아들였
다는 것은 군사적, 경제적으로 큰 의미가 있었다.

당시 조조군의 규모를 정확히 알 수 없지만,『세어』에 따르면, 1,000
여 명에 불과했다. 조조가 동탁을 공격하려고 군사를 일으켰을 때 그
의 병력은 5,000명이었다. 나중에 형양현에서 패하고 양주로 모병하
러 갔다가 반란이 일어나 군사를 잃고 나서 다시 수습했을 때는 1,000
명이었다. 이 수치가 반란에 가담하지 않은 병사 500명을 포함한 것
인지는 알 수 없다. 따라서 조조가 처음 동군에 왔을 때 그의 병력은

1,000~1,500명이었을 것이다. 물론 『삼국지』에 기록되지 않은 병력 충원이 중간에 있었을지도 모르므로 이를 감안해 그보다는 조금 더 많았을 거라고 추측할 수 있다. 조조는 이 병력으로 청주 황건적을 물리치고 그들을 전력으로 흡수함으로써 병력을 대거 늘렸다. 이는 조조가 날개를 단 격이었다.

하지만 안도의 한숨을 쉴 시간이 없었다. 192년 겨울, 공손찬이 연주를 공격하기 위해 군대를 동원한 것이다. 당시 군웅의 합종연횡을 살펴보면, 조조는 원소와 동맹을 맺었고, 공손찬은 원술과 손을 잡고 있었다. 공손찬은 원술의 구원 요청을 받고 유비를 고당현에, 자신이 임명한 연주자사 단경을 평원군에 보냈다. 또 자기 세력에 해당하는 도겸을 발간현發干縣에 주둔시켜 원소를 압박하려고 했다. 그런데 유비, 단경, 도겸의 포진을 보면(지도 6-2) 공손찬의 이 조치는 원소를 노린 것이라기보다 조조의 연주를 겨냥한 것으로 보인다. 하지만 이는 당연한 것이 당시 조조는 원소의 부하였기 때문이다. 『삼국지』에서는 당시 조조와 원소를 동등한 군벌인 것처럼 기록했지만 『후한서』와 기타 자료를 보면 이때 조조는 원소의 영향력 아래에 있었다. 공손찬의 눈에는 원소의 본거지인 기주를 치든 연주의 동군을 치든 원소를 공격한다는 점에서는 동일했다. 특히 도겸이 주둔한 발간현은 동군의 속현이었으므로 이미 연주를 침범한 상태였다.

동탁이 보낸 연주자사를 내쫓고 자기 밥그릇을 지킨 조조로서는 공손찬이 보낸 연주자사가 자기 땅을 노리니 더욱 분발했다. 그는 원소와 힘을 합쳐 유비와 단경, 도겸을 공격하여 모두 격파했다. 하지만 이는 『삼국지/무제기』의 기록이고, 실제로는 원소의 도움을 받아 공손찬 군대를 격파한 것이다.

조조를 기다리는 다음 적은 원술이었다. 193년 봄에 조조가 견성현

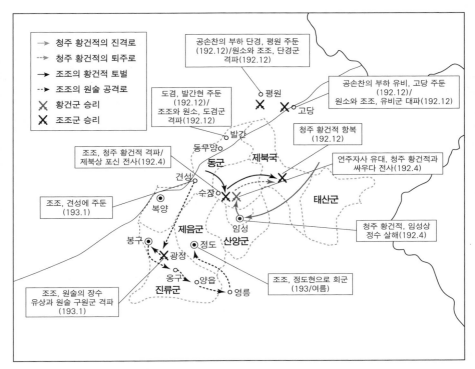

지도 내 텍스트:

청주 황건적의 진격로
청주 황건적의 퇴주로
조조의 황건적 토벌
조조의 원술 공격로
X 황건군 승리
X 조조군 승리

공손찬의 부하 단경, 평원 주둔
(192.12)/원소와 조조, 단경군
격파(192.12)

공손찬의 부하 유비, 고당 주둔
(192.12)/
원소와 조조, 유비군 대파(192.12)

도겸, 발간현 주둔
(192.12)/
조조와 원소, 도겸군
격파(192.12)

평원

고당

발간

동무양

청주 황건적 항복
(192.12)

조조, 청주 황건적 격파/
제북상 포신 전사(192.4)

동군

제북국

연주자사 유대, 청주 황건적과
싸우다 전사(192.4)

견성

수장

태산군

조조, 견성에 주둔
(193.1)

복양

제음군

임성

청주 황건적, 임성상
정수 살해(192.4)

봉구

정도

산양군

옹구

광정

양읍

영릉

진류군

조조, 정도현으로 회군
(193/여름)

조조, 원술의 장수
유상과 원술 구원군 격파
(193.1)

6-2 조조와 황건·원술의 전투.

에 주둔하고 있을 무렵, 원래 남양군에 있던 원술은 유표에게 밀려 진류군으로 도망가 봉구현에 주둔하고 있었다. 진류군은 연주에 속한 군이었다. 연주가 만만해 보였는지 금상, 단경에 이어 원술마저 연주를 엿보자 조조는 광정匡亭에 주둔한 원술의 장수 유상劉詳을 공격했다. 이때 원술이 봉구현에서 군대를 이끌고 유상을 구원하러 나왔으나 조조는 이마저 대파했다. 조조는 태수太壽까지 추격하여 성을 물바다로 만들었다.

조조는 광정에서 대승을 거둔 후에도 패주하는 원술을 계속해서 추격했다. 원술이 옹구현雍丘縣을 거쳐 예주의 양국梁國 영릉현寧陵縣으로 도망가자 그도 추격의 고삐를 늦추지 않고 그곳으로 향했다. 조조는 원술이 회수淮水를 건너 구강군九江郡으로 도망가자 그제야 추격을 멈추었다. 조조는 원술과의 싸움에서 승리를 거둔 뒤 193년 여름, 제음군濟陰郡의 치소인 정도현定陶縣으로 돌아갔다. 『후한서』보다 일찍 편찬된 원굉의 『후한기』에서는, 조조가 원술을 공격할 때 원소군도 토벌에 참전했다고 기록했다. 당시 원소와 원술의 사이가 나빴으므로 원소군의 참전은 이해가 간다. 오히려 『삼국지』에서 이를 숨긴 것이 수상하다. 당시 조조가 원소의 부하였다는 사실을 숨기기 위한 진수의 속임수가 아닐까?

조조는 연주자사 자리를 쉽게 얻은 편이었다. 하지만 연주를 지키고 지배권을 관철하기 위한 싸움은 결코 쉽지 않았다. 그는 주변의 적들과 쉼 없이 싸웠다. 192년부터 193년까지 불과 1년 반 동안 흑산적과 청주 황건적, 공손찬, 원술 등과 싸워 모두 승리하고서야 연주를 완전히 지배할 수 있었다.

조조가 언제 원소로부터 독립했는지는 분명하지 않다. 여포에게 연주를 빼앗겨 좌절하던 194년, 조조는 원소로부터 가족들을 업으로 보내라는 제안을 받는다. 원소가 조조의 가족을 인질로 삼겠다는 뜻이고, 조조를 부하로 간주한다는 뜻이었다. 조조는 정욱의 간언을 듣고 결국 거부하지만, 처음에는 제안에 응할 생각을 할 정도로 세력이 미약했고, 아직 원소의 세력권에서 벗어나지 못하고 있었다. 하지만 독립된 하나의 군벌이 될 지역 기반을 마련한 것은 확실하다.

## 원술, 회수 이남으로 밀려나다 _____

원술은 군웅 중 한 명이라고 하기엔 모순덩어리 인물이었다. 제대로 된 지역 기반을 차지하지도 못하고, 사촌형(실제로는 형) 원소보다 설쳐대며 황제를 자칭했지만 흉년으로 경제가 파탄되면서 자멸했다. 이런 별볼일없는 인물이었지만 초기에는 최강의 무장 손견을 부하로 두어 두각을 나타냈다. 그러나 손견이 전사한 후 원술은 몰락했다.

어떻게 원술은 남양군과 연주에서 쫓겨나 회남으로 밀려났을까? 유비, 여포처럼 지역 기반을 찾아 떠돌아다닌 원술의 회남 정착 과정을 살펴보자. 원술은 사공을 지낸 원봉의 아들이다. 앞에서 언급했듯이 혈연상 원소의 아우였으나 원소가 원성袁成의 양자가 되어 법적으로는 사촌지간이었다. 즉 원술과 원소는 같은 집안이다. 그러니 4대에 걸쳐 5명의 삼공을 배출한 명문가 출신인 점도 같다. 협객 기질이 있던 원술은 집안 배경을 바탕으로 출세 코스인 효렴으로 천거되어 낭중(비삼백석)에 임명된 후 출세 가도를 달려 우리나라의 서울시장 격인 하남윤(중이천석)과 황제의 친위부대를 지휘하는 호분중랑장(비이천석)이라는 요직을 역임했다.

189년 권력을 잡은 동탁은 원술을 후장군에 임명했다. 당시에는 평상시에 외척을 제외하고 장군으로 임명하지 않았으니, 동탁은 후장군이란 높은 관직을 내림으로써 원술을 자신의 파트너로 예우한 것이다. 그러나 원술은 동탁의 호의를 뿌리치고 동탁을 피해 남양군으로 도망갔다. 그러다가 190년 반동탁연합군이 결성되자 남양군의 북쪽 경계에 있는 노양현에 주둔했다. 여기서 원술은 그의 돌격대장이 될 손견을 만났다. 장사태수 손견은 반동탁연합군에 가담하기 위해 임지인 장사군을 떠나 계속 북진하여 노양현에서 원술의 진영에 합류했다.

원술은 손견이 남양태수 장자를 살해한 덕분에 남양군을 손에 넣었다. 『후한서/원술전』에 따르면 유표는 장자의 후임으로 원술을 천거했다. 손견이 반동탁연합군에 합류하기 위해 북진하는 과정에서 두 지방관을 죽이는 바람에 공석이 된 형주자사 자리는 유표가, 남양태수 자리는 원술이 차지한 것이다. 손견의 불만을 알아챈 원술은 표를 올려 그를 예주자사로 추천했다. 이는 태수가 태수를 감찰하는 자사를 추천한 것인데, 조직의 위계상 이런 막장도 없다. 물론 원술은 변명할 것이다. 남양군은 형주이고, 자신이 추천한 손견의 임지는 예주라서 별 문제 없다고.

이어서 원술은 손견에게 형주와 예주의 군대를 이끌고 동탁을 공격하도록 명령했다. 손견이 반동탁연합군 가운데 유일하게 동탁의 군대를 격파하고 낙양에 입성했다가 노양현으로 돌아온 이야기는 앞서 언급한 바 있다. 이때 반동탁연합군은 서로 반목하며 심한 내홍을 겪었는데, 원술도 사촌형인 원소와 사이가 틀어졌다. 여기에는 두 가지 이유가 있었다. 첫째, 원소가 주흔을 예주자사로 임명해 원술의 심기를 거슬렀다. 이미 원술이 자신의 '충복' 손견을 예주자사로 임명했기 때문이다. 원술은 공손찬의 아우 공손월과 손견을 보내어 주흔을 공격해 내쫓았다.

둘째, 원술은 반동탁연합군에 몸담았던 동안 천하 호걸들이 자신이 아닌 원소에게 붙는 것을 보았다. 이는 능력과 덕망이 부족한 원술 자신의 탓이라고 할 수 있었는데도 원술은 원소를 탓했다. 심지어 그는 군웅 앞에서 "너희들은 나를 따르지 않고 우리 집 노비를 따른단 말이냐!" 하며 화를 내기도 했다.* 여기서 '우리 집 노비(家奴)'는 물론 원소를 가리키는 말로, 서자인 원소를 비하한 말이다. 또 공손찬에게 보낸 편지에서 원술은 원소가 원씨의 자식이 아니라고 쓰기도 했다. 원소가 이 사실을 알고 원술에게 분노한 것은 당연한 일이었다.

---

* 『후한서/원술전』.

게다가 원술은 지리적으로 가까운 군벌들과 적대적인 관계를 형성했다. 대신 먼 곳의 공손찬과는 우호관계를 맺었다. 좋게 말하면 원교근공遠交近攻 전략을 구사한 것이다. 그에 비해 원소는 조조, 유표와 동맹을 맺고 원술을 북쪽과 동쪽, 남쪽에서 포위했다.

원술이 이 포위망을 뚫기 위해 가장 먼저 선택한 목표는 만만해 보이는 유표였다. 원술은 그의 '칼' 손견에게 유표를 토벌하라고 명령했고, 손견은 191년 형주의 치소인 양양성을 공격했다. 그러나 손견은 정찰하기 위해 부근의 현산峴山에 올랐다가 적의 매복에 당하고 말았다. 유표의 장수 황조의 부하가 쏜 화살을 맞고 죽은 것이다. 손견의 죽음은 그의 무력에 크게 의지하던 원술에게 큰 타격이었다. 게다가 원술은 인구 수백만에 달하는 남양군을 제대로 다스리지 못하고 가렴주구를 일삼았다. 이에 고통을 견디지 못한 백성들은 형편이 되면 다른 곳으로 도망갔다. 안으로 실정을 거듭하고 자신을 보호해줄 손견마저 잃은 원술은 고립무원의 처지가 되었다.

결국 원술은 유표에게 밀려 남양군을 버리고 진류군의 봉구현으로 달아났다. 『삼국지/무제기』에 따르면, 유표가 원술의 양도糧道(군량 보급로)를 차단하자 원술은 진류군으로 갔다. 사서에는 더 이상의 설명이 없지만 원술이 봉구현으로 간 까닭은 그곳을 거점으로 진류군과 연주를 차지하려던 전략으로 보인다. 그나마 원술에게 다행인 것은 흑산적의 잔여 세력과 남흉노의 선우 어부라가 봉구현에서 원술의 군대에 합류한 것이다. 흉노의 기마부대는 원술의 전력을 크게 보강했을 것이다. 이때 원소가 당시만 해도 부하였던 조조에게 원술을 공격할 것을 명령했다. 그리하여 당시 제음군 견성현鄄城縣에 주둔하고 있던 조조는 봉구현의 원술을 공격했다. 원술의 부하인 유상이 광정에서 조조군을 맞아 싸웠다. 하지만 원술이 유상을 구원하러 갔음에

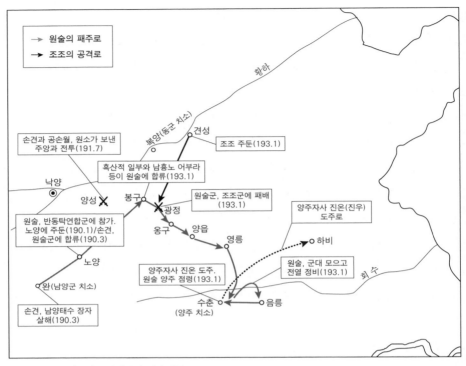

원술의 패주로

조조의 공격로

황하

복양(동군 치소)

견성

조조 주둔(193.1)

손견과 공손월, 원소가 보낸
주앙과 전투(191.7)

흑산적 일부와 남흉노 어부라
등이 원술에 합류(193.1)

낙양

양성 ✕    봉구

원군, 조조군에 패배
(193.1)

광정

양주자사 진온(진우)
도주로

원술, 반동탁연합군에 참가.
노양에 주둔(190.1)/손견,
원술군에 합류(190.3)

옹구    양읍

영릉

하비

노양

양주자사 진온 도주.
원술 양주 점령(193.1)

원술, 군대 모으고
전열 정비(193.1)

회수

완(남양군 치소)

수춘
(양주 치소)

음릉

손견, 남양태수 장자
살해(190.3)

6-3 원술의 초기 활동과 회남 패주로.

도 조조의 군대에 대패하고 말았다. 『삼국지』에서는 상세한 설명 없
이 간단히 원술이 패했다고 기록했는데, 아쉬움이 크다. 흉노의 기마
부대가 원술군에 도움이 안 된 건지, 원술의 지휘력이 부족했던 건지
많은 궁금증이 남기 때문이다.

　이후 원술은 진류군 옹구현과 양읍현, 예주 양국 영릉현 등을 거쳐
도망갔다. 잇따라 패한 원술에게 결단의 시간이 왔다. 조조와 끝까지
싸워 연주를 빼앗을 것이냐, 아니면 아예 쫓아오지 못할 곳으로 도망
칠 것이냐? 원술은 후자를 선택했다. 조조와 싸워 이길 수 없다고 생
각한 것이다. 결국 원술은 회수를 넘어 구강군으로 향했다.

원술의 이 결정은 그가 천하 패권 경쟁에서 탈락하는 중요한 분기점이었다. 구강군은 양주의 치소가 있는 곳이었다. 원술은 양주자사 진온陳溫에게 양주를 내놓으라고 협박했으나 통하지 않자, 다시 회수 이북(당시 행정구역으로 예주 여남군 일대)으로 건너가 군사를 정비한 후 구강군의 치소인 음릉현陰陵縣을 점령하고, 이어 양주자사 진온이 있는 수춘현壽春縣으로 진격했다. 그러자 진온은 원술의 공세를 이겨내지 못하고 서주의 하비국으로 도망갔다(이때 원술이 진온을 죽였다는 기록도 있다). 원술은 자신이 양주자사가 되는 대신 진우陳瑀를 그 자리에 앉혔다.

원술이 회남으로 밀려난 것은 능력 부족 때문이지만 결과적으로도 좋지 않은 지역을 차지한 것이었다. 원술이 처음 차지한 남양군은 37개 현을 거느린 큰 군이었다. 후한 말 기록에 의하면 남양군은 호수가 528,551호, 인구는 2,439,618명이나 되었다. 일개 군임에도 량주나 병주, 유주, 교지 등의 주보다 인구가 많았고, 서주와 거의 비슷했다. 황건의 난 이후 익주 등 주변 지역으로 피란을 간 사람들이 많아서 인구가 줄었지만 여전히 많은 인구를 보유한 군이었다. 또 남양군은 후한의 옛 수도 낙양과 가까워 위치도 좋았다. 따라서 원술이 남양군에서 성공하지 못한 것은 지역 기반이 1개 군밖에 없어서가 아니라 남양군의 전략적 이점을 제대로 활용할 만한 역량을 갖추지 못한 데서 찾아야 한다. 그는 폭정을 저질러 민심을 잃었으며, 손견 외에는 믿을 만한 장수 하나 얻지 못했고, 군사력도 갖추지 못했다.

대개 역사지도책들은 원술의 지배지를 양주 구강군과 여강군으로 본다. 이 경우 28현, 190,828호, 857,109명을 관할한 셈이 된다. 하지만 원술이 진우라는 허수아비를 양주자사로 임명한 것을 고려하면 그가 명목상으로나마 양주 전체를 지배했다고도 볼 수 있다. 6-4 지도

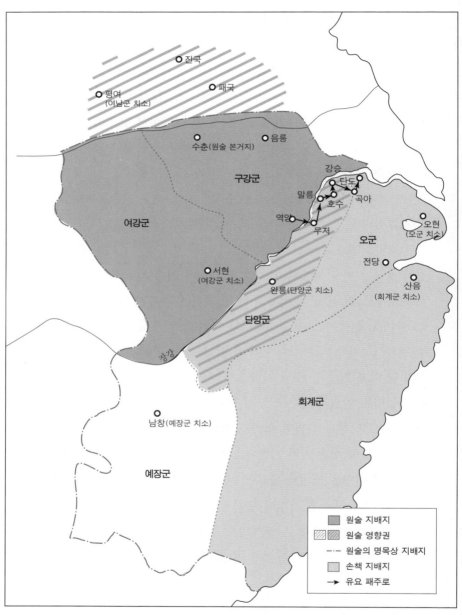

○ 진국

○ 평여
(여남군 치소)

○ 패국

○ 수춘(원술 본거지)   ○ 음릉

강승

구강군

○ 탄도
말릉 ○
호수 ○   ○ 곡아

여강군

역양 ○
우저 ○

○ 오현
(오군 치소)

오군

전당 ○

서현
(여강군 치소) ○

완릉(단양군 치소) ○

○ 산음
(회계군 치소)

단양군

장강

회계군

○ 남창(예장군 치소)

예장군

■ 원술 지배지

▨ 원술 영향권

-·- 원술의 명목상 지배지

■ 손책 지배지

→ 유요 패주로

6-4 회남으로 도망간 후 원술의 지배 지역. 회수 이북 지역 가운데 원술의 영토로 추정되는 곳은 빗금으로 표시했다. 한편 예장군과 단양군은 196년을 전후하여 원술에게서 독립한 손책에게 넘어갔다.

에서는 양주 전체가 점선(---)으로 표시되어 있는데, 이는 추정 가능한 원술의 최대 영역을 표시한 것이다. 후한 말의 호구 기록에 따르면, 양주의 호수는 1,021,096호, 인구는 4,338,538명이었다. 인구가 남양군보다 약 1.8배 많았다. 그러나 좀 더 꼼꼼히 따져보면 현실은 조금 달랐다. 당시 회계군은 태수 왕랑王朗이 다스리고 있었는데, 원술이 그를 복속시켰는지가 확실하지 않다. 왕랑이 장안의 조정을 장악한 이각에게 아부하여 태수 자리를 받았음을 고려하면, 반동탁파였던 원술에 호의적이지는 않았을 것이다. 오군도 마찬가지로 원술의 지배를 받았는지 알 수 없다. 다만 원술은 여강군에 부하 유훈劉勳, 단양군에 오경, 예장군豫章郡에 제갈현諸葛玄을 태수로 임명했는데, 이로 미루어 적어도 구강군을 포함한 3군은 원술의 통제 아래에 있었음이 확실하다. 『삼국지/촉서/제갈량전』에 따르면 제갈량의 삼촌 제갈현은 원술이 임명하여 예장태수가 되었다고 기록되어 있으나 배송지주에 인용된 『헌제춘추』에서는 유표가 임명했다고 기록하였다. 임명 주체가 엇갈려 예장군이 원술의 지배 아래에 있었는지는 모호하다.

원술 왕국의 북쪽 경계는 불명확하다. 『후한서』에 패상 서중응舒仲應이 원술의 부하로 나오는 것으로 보아 패국 전체는 아니더라도 일부를 원술이 장악했다고 볼 수 있다. 또한 말년에 원술이 예주의 진국陳國을 공격했다는 기사로 보아, 원술의 지배 지역과 진국 사이에 위치한 여남군 일부도 원술의 지배를 받았을 가능성이 있다. 왜냐하면 여남군을 지나야 진국을 공격할 수 있기 때문이다. 게다가 여남군은 원술의 고향이었기 때문에 원술의 영향력이 미쳤다고 볼 수 있다. 또 『삼국지/무제기』에는 196년 정월에 원술이 임명한 진상陳相 원사袁嗣가 조조에게 항복했다는 기록이 나온다. 그렇다면 진국도 196년 초까지는 원술의 영향권에 있었을 것이다. 이 경우 원술은 최대 7군과

387,265km²의 면적, 1,271,438호와 7,956,313명의 인구를 보유했을 것이다(『속한서/군국지』에 따른 수치).

그러나 원술이 회남의 2군(구강군과 여강군)만 지배했건 장강 이남과 회수 이북의 몇 개 군국을 지배했건 간에, 중요한 사실은 원술의 지역 기반이 여러모로 불리한 곳이었다는 점이다. 후한시대의 양주는 오늘날의 안후이성(안휘성)과 장시성(강서성), 저장성(절강성) 전체와 장쑤성(강소성) 남부에 해당한다. 지금이야 중국에서 인구밀도가 가장 높고 경제도 가장 발달한 지역이지만, 당시에는 경제적으로 낙후된 곳이었다. 게다가 회수 유역은 역대로 홍수와 기근이 가장 심한 지역이었다. 한마디로 회남은 빛 좋은 개살구였다. 원술은 더 좋은 곳을 노리다 쫓겨나 가장 좋지 않은 지역을 차지했다. 자업자득이었다(다만 원술이 예주 남쪽의 군현을 점령했다면 해석이 달라진다. 예주의 여남군 등지는 인구수나 경제력 면에서 회남 지역보다 나은 지역이기 때문이다).

## 조조, 아버지를 죽인 서주의 도겸을 공격하다 _____

연주를 엿보던 원술을 내쫓은 조조는 193년과 194년에 서주의 도겸을 공격했다. 연주의 지배를 굳혔다고 판단하고 다음 단계로 영토 확장에 나선 것일까? 속내는 그럴지 몰라도 발단은 조조의 아버지 조숭이 피살된 사건이었다.

조조의 아버지 조숭曹嵩은 당시 전란을 피해 낭야국琅邪國으로 피란길에 올랐다. 아들 조조가 막 자리잡은 연주를 떠나 서주로 가는 것이었는데, 조조는 연주 주변의 적들을 평정한 후 아버지를 다시 모셔 올 생각이었다. 조조는 태산태수 응소應劭에게 아버지와 가족들을 호위하라고 명령했다.

조숭은 엄청난 부자였다. 1억 전(대략 곡물 100만 석에 해당)을 주고 삼공 가운데 지위가 가장 높은 '태위' 벼슬을 산 적이 있을 정도로 그는 양아버지 조등에게서 물려받은 재산이 많았다. 그래서 각종 재물을 실은 수레를 100여 대나 동원했는데, 오늘날로 치면 1톤 트럭 100여 대를 동원한 셈이다. 수레를 끄는 사람들까지 수백 명이 움직였다. 누구나 그 부의 규모를 짐작할 수 있을 정도였고, 몰래 이동할 수 없는 탐낼 만한 표적이었다. 결국 사달이 났다. 조숭 일행이 태산군의 화현華縣과 비현費縣 사이를 지날 때, 동해군 음평현陰平縣에 있던 도겸 병사들이 재물을 탐내어 조숭과 막내아들 조덕추曹德秋를 살해한 것이다. 이는 『자치통감』의 기록이다.

배송지가 인용한 『세설』의 내용은 이와 다르다. 응소가 조조의 명령을 받고 조숭 일행을 호위하러 가기 전에, 도겸은 몰래 수천 기를 보내어 조숭 일행을 사로잡으려고 했다. 하지만 조숭은 도겸의 병사들을 자신을 호위하러 온 응소의 군대로 착각하고 아무런 방비를 하지 않았다. 그렇게 도착한 도겸의 병사들은 조조의 아우 조덕曹德(『자치통감』에 기록된 이름 '조덕추'와 한 글자 다르다)을 먼저 살해했다. 뒤늦게 사태를 파악한 조숭은 뒷담에 구멍을 뚫어 도망가려고 했으나, 첩을 먼저 내보낸 후 뒤따라 피신하려던 것이 그만 첩이 비대하여 나가지 못하게 되었다. 이에 측간으로 도망갔으나 도겸의 병사들에게 붙잡혔고, 결국 첩과 함께 피살되었다.

배송지는 위요韋曜(위소)의 『오서吳書』 기록도 같이 실었다. 그에 따르면, 도겸은 도위 장개張闓에게 200명을 내어주며 조숭 일행을 호위하게 했다. 그러나 장개는 태산군의 화현과 비현 사이를 지날 때 조숭을 살해하고 재물을 빼앗아 회남으로 달아났다. 이에 조조가 부친이 죽은 책임을 도겸에게 물으며 군대를 일으켰다.

『삼국지/무제기』의 기록은 이와 또 다르다. 그에 따르면, 서주목 도겸은 193년 여름에 수천 명을 모아 천자天子를 자칭한 하비국 출신의 궐선闕宣과 손을 잡고 태산군의 화현과 비현을 점령했으며 임성국任城國을 공략했다. 다시 말해 진수는 도겸을 황제를 자칭한 도적과 손 잡은 역적이라고 서술했다. 그러나 이에 대해『자치통감고이資治通鑑考異』는 도겸이 근왕군을 일으킬 정도로 충성스러운 인물이기 때문에 천자를 자칭한 궐선의 무리와 연합했을 가능성이 없다고 서술했다. 덧붙여 도겸의 '별장'과 궐선이 손을 잡고 조숭을 습격했으며, 조조는 이를 도겸의 죄로 뒤집어씌워 서주 침략의 구실로 삼았다고 보았다.

사료마다 조숭을 죽인 원인, 조숭의 살해자 등이 엇갈려 어느 기록이 진실에 가까운지 알 수 없다. 그러나 확고부동한 단 하나의 사실이 있으니 그것은 조조의 아버지 조숭이 피살되었다는 것이다. 그리고 이것이 중요했다. 중국인들은 옛부터 복수에 익숙했다. 무협 소설의 흔한 모티브가 바로 아버지의 원수를 갚기 위해 평생 무술을 연마하여 결국 원수를 갚는다는 것 아닌가! 조조는 젊은 시절부터 의협심이 많고 깡패 기질이 있었다. 그는 아버지를 죽인 원수를 그냥 살려둘 위인이 아니었다. 게다가 도겸은 조조의 땅인 연주를 여러 차례 공격했던 놈이 아닌가! 조조의 가려운 곳을 긁어준 꼴이었다. 조조는 아버지의 원수를 갚는다는 효성스러운 명분 아래 도겸의 서주를 공격했다.

193년 가을, 조조는 서주 공격에 나섰다.『삼국지/무제기』에서는 조조가 도겸을 정벌해 10여 개 성을 함락했다고 기록했다.『자치통감』에 따르면, 이때 조조는 팽성국에서 도겸의 군대를 대파한 후 서주 백성 수십만 명을 사수泗水가에 파묻어 죽였는데, 그 수가 너무 많아 사수의 물이 흐르지 않을 정도였다.

조조는 도겸이 서주의 치소인 동해군 담현郯縣으로 도망가자 그 뒤를 쫓았다. 그러나 담현성은 쉽사리 함락되지 않았다. 이에 조조는 담

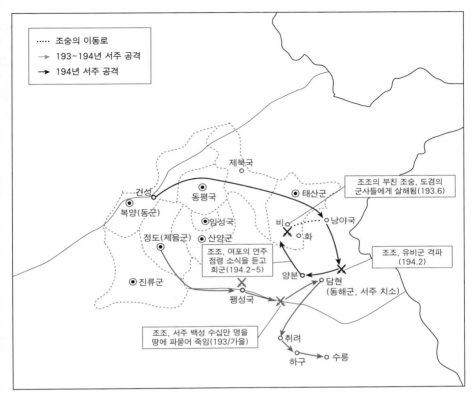

제북국

건성

동평국

★태산군

복양(동군)

임성국

조조의 부친 조숭, 도겸의
군사들에게 살해됨(193.6)

비

정도(제음군)

산양군

화

낭야국

조조, 여포의 연주
점령 소식을 듣고
회군(194.2~5)

양분

조조, 유비군 격파
(194.2)

진류군

담현
(동해군, 서주 치소)

팽성국

조조, 서주 백성 수십만 명을
땅에 파묻어 죽임(193/가을)

취려

하구

수릉

6-5 조조의 서주 공격.

현의 남쪽 하비국의 취려현取慮縣과 하구현夏丘縣, 수릉현睢陵縣을 점
령한 다음, 초토화했다. 어느 정도냐 하면, 닭도 개도 모두 없어지고
성읍이 완전히 파괴되어 이후로 인적이 끊겼다고 한다. 조조는 아버
지의 원수를 좀처럼 잡아 죽일 수 없자 대신 서주 백성들을 잔인하게
죽였던 것이다.

194년 여름, 조조는 2차 서주 공격에 나섰다. 『삼국지/무제기』에 따
르면, 조조는 순욱과 정욱程昱에게 견성鄄城을 맡긴 뒤 다시 서주 원
정을 떠났다. 그리하여 다섯 성을 점령하고 동해군까지 진격했다(『자

치통감』에 따르면 낭야국과 동해군으로 진격했다). 조조는 담현으로 진격하는 길에 담현 동쪽에 주둔하고 있던 도겸의 장수 조표曹豹와 유비의 공격을 막아내고 이들 부대를 격파했다. 이어 조조는 동해군의 양분현襄賁縣을 점령했다. 『삼국지/무제기』는 1차 서주 공격에 대한 서술과 달리 2차 서주 공격에 대해, 조조가 가는 곳마다 잔혹하게 파괴하고 살육했다고 '사실대로' 기록했다.

동진시대의 역사학자 손성孫盛은 조조가 도겸이 아닌 서주 백성을 잔혹하게 학살한 것은 지나치다고 평가했다. 하지만 중국인들은 부모의 원수를 갚는 것, 즉 복수를 나쁘게 보지 않았다. 복수는 한 인물이 끝까지 그 행위의 정당성을 주장할 수 있는 '대의'로 여겨졌다. 심지어 장가산에서 발견된 전한 초기의 율령에는, 부모의 원수를 갚지 않고 놔두면 처벌하는 조항이 있을 정도이다. 조조가 수십만 명의 서주 백성을 죽이고 여러 현을 도륙한 잔학 행위는, 당시 조조에게나 동시대 사람들의 눈에나 그의 효심을 증명하는 행위로 해석될 여지가 있었다. 그러나 조조는 곧 '악행의 대가'를 받았다. 그가 서주에서 아버지의 복수에 온 신경을 쏟는 사이, 과거 그를 연주자사로 만든 진궁이 장막·장초 형제와 결탁하여 여포를 연주의 새 주인으로 불러들인 것이다. 게다가 연주의 여러 군현도 조조에게 등을 돌리고 여포에게 항복했다. 졸지에 본거지를 잃은 조조는 복수를 그만두고 연주로 돌아가 강적 여포와 싸워야 하는 신세가 되었다.

## 떠돌이 여포, 조조가 비운 연주를 점령하다 _____

조조의 서주 공격은 도우러 왔다가 도겸에게 서주를 물려받은 유비뿐만 아니라 여포에게도 영향을 주었다. 조조의 서주 공격 때 잠깐이지만 여포가 연주를 차지한 것이다. 그 과정을 살펴보자.

이각과 곽사 등은 여포를 물리친 후 192년 5월 장안성을 점령했다. 이들은 왕윤을 죽이고 정권을 잡았다. 패장 여포는 동탁의 머리를 안장에 내건 채 수백 기를 거느리고 무관武關을 넘어 남양군의 원술에게 도망갔다.

과거 동탁은 원소, 원술 형제가 반동탁연합군을 결성하자 낙양에 남아 있던 태부 원외袁隗와 태복 원기袁基 등 원씨 일족 50여 명을 살해하여 원씨의 불구대천의 원수가 되었다. 여포는 동탁을 죽인 자신이 원씨들의 은인, 그들의 원수를 대신 갚아주었다고 생각했다. 그래서 의탁한 처지임에도 원술에게 자못 방자하게 굴었다. 여포만 그런 것이 아니라 그의 기병들도 남양군에서 노략질을 일삼았다. 이에 원술이 못마땅한 기색을 드러내자 여포는 불안해져서 원술을 떠나 하내군의 장양張楊에게 가서 몸을 의탁했다. 두 번째 망명이었다.

하지만 장양도 안전한 품은 아니었다. 장안의 권력자 이각 등이 자신들의 상관이었던 동탁의 살해범인 여포에게 현상금을 걸었는데, 장양의 부하들이 현상금을 탐내어 여포를 체포하려고 한 것이다. 여포는 이를 알아차리고 장양에게 "나를 죽이면 공이 크지 않소. 차라리 나를 잡아 이각에게 보내면 그에게 작위와 큰 상을 받을 것이오"라고 말해 그를 안심시킨 뒤 몰래 도망쳤다. 그에 대해 다른 기록도 있다. 배송지주에서는 장양이 이각과 곽사에게 여포를 사로잡아 보낼 것처럼 위장하고 실제로는 그를 보호했다고 기록했다. 무엇이 진실인지 알 수 없지만 어쨌든 여포는 장양을 떠났다. 그가 다음으로 향한 곳은 원소의 진영이었다. 여포가 언제 이 세 번째 망명을 단행했는지 정확히 알 수 없지만 『자치통감』의 기록으로 미루어 192년 5월과 7월 사이의 일이다.

여포는 원소 밑에서 1년 가까이 있었다. 그동안에 원소는 황건 잔

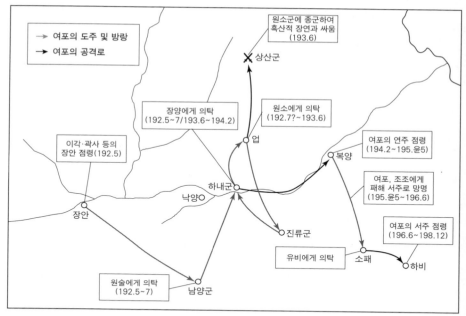

6-6 여포의 망명과 활동.

당으로 이루어진 흑산적의 우두머리 장연을 토벌했다. 여포는 이 전투에 참전하여 상산군常山郡에서 장연의 군대와 싸웠다. 그는 적토赤兎라 불린 좋은 말을 타고 장연의 성으로 달려가 해자를 넘었다. 소설삼국지에서 동탁에게 받았다고 한 바로 그 명마다(3회). 그는 부하 성렴成廉과 위월魏越을 비롯한 수십 명의 기병과 함께 장연의 진영으로 돌진해 적들의 목을 베고 돌아왔다. 열흘 정도 계속된 이 전투에서 여포는 이름값을 했다.

여포는 공을 믿고 원소에게 병사를 달라고 청했다. 그러나 원소는 거절했다. 사실 여포는 원소 진영에서 골칫거리가 되고 있었다. 그는 오만한 태도로 원소의 여러 장수들을 대했고, 그 부하들도 자기들의 공을 과신해 점령군처럼 굴었다. 결국 원소는 여포와 군사들의 만행을 견디지 못했고 여포를 제거할 생각을 품었다. 여포는 이 사실을 알고 고민에 빠졌다가 원소의 곁을 떠나기로 결심했다. 그리하여 193년 6월, 그는 원소에게 낙양으로 가겠다고 말했다. 원소는 이를 허락하고 군사들을 보내어 여포를 환송하도록 했다. 원래 원소가 보낸 군사들은 기회를 엿봐서 여포를 죽일 작정이었다. 배송지주에 인용된 『영웅기』에 따르면, 원소는 여포를 사예교위에 임명하고 여포가 임지로 부임할 때 그를 호위하는 자신의 군사들로 하여금 여포를 죽일 계획이었다. 과정은 다르지만 두 사료 모두 결론은 똑같다. 여포 암살 계획! 하지만 여포는 이를 눈치채고 밤중에 몰래 도망갔다. 그러고는 다시 장양에게로 갔다. 네 번째 망명이었다. 그런데 네 번째 망명 과정에서 이해되지 않는 점이 있다. 여포는 원소의 근거지인 업현에서 장양이 있는 하내군까지 최단거리로 이동한 것이 아니라 황하를 건너 진류군으로 갔다가 다시 황하를 건너 하내군으로 간 것이다. 어쨌든, 여포는 하내군의 장양에게 두 번째 의탁을 하기 전에 진류군에서 태수 장막張邈의 환대를 받고 의기투합했다. 이는 이후 여포에게 기회가 되었다.

조조가 아버지의 원수 도겸을 공격하러 서주로 출병하여 연주의 방비가 허술한 상황이 되자 연주 동군에 주둔하고 있던 조조의 부하 진궁이 장막·장초 형제와 상의하여 여포를 연주목으로 영입했다. 여포는 이 기회를 붙잡았다. 그는 연주로 쳐들어가 194년 2월부터 195년 윤5월(음력의 윤달이 5월 다음에 오면 윤5월이라고 부른다)까지 약 1년 반 동안 그곳을 지배했다. 여포가 방랑 끝에 처음으로 지역 기반을 가지는 순간이었다.

여포는 조조의 부하 진궁, 진류태수 장막과 장초 형제 덕분에 연주를 쉽게 점령할 수 있었다. 그런데 진궁은 왜 조조를 배반한 것일까? 그에 대해 장회태자주에서 인용한 『전략典略』은, 진궁이 조조를 따라 다니다가 후에 "의심이 생겨" 여포를 따르게 되었다고 기록하고 있다. 하지만 그 '의심'이 무엇인지에 대해서는 더 이상의 언급이 없다.

  소설 삼국지에서는 조조와 진궁이 동탁의 추격을 피해 여백사의 집을 찾아갔는데 환대를 받는 중에 그들을 오해하여 조조가 여백사 일가를 몰살시키자 진궁이 환멸을 느껴 다른 길을 간다고 서술한다(4~5회). 실제 사료의 기록은 어떨까? 배송지주에서는 조조가 여백사의 가족을 죽인 기록들을 나열하고 있지만 이때 조조가 진궁과 같이 있었다는 기록은 없다. 그러나 진궁이 조조에게 환멸을 느끼게 된 계기나 사건이 있었음은 분명한 것 같으며, 소설 삼국지는 약간의 허구를 보태어, 즉 여백사 사건에 진궁이 같이 있었다고 기술했다. 조조가 여백사를 죽인 장면을 목격한 진궁은 조조를 떠나기로 결심했다. 심지어 그는 조조를 죽이려고 했으나 차마 죽이지는 못하고 혼자 동군 방향으로 도망간다(5회). 또 소설 삼국지에서는 동군종사東郡從事였던 진궁이 아버지의 죽음을 이유로 조조가 서주를 초토화하자 그에게 항의했고, 받아들여지지 않으니 진류태수 장막에게 망명했다고 서술했다(10회). 진궁은 진류군에서 장막과 상의하여 여포에게 연주를 공격하도록 계략을 꾸몄다(11회). 소설에서는 진궁이 여포에게 연주를 넘겼음을 논리적으로 풀어내기 위해 없는 허구를 만들어내느라 수고했다. 이 역시 명분이 중요한 성리학의 영향일까? 그러나 옥의 티가 있었다. 조조에게서 도망간 진궁이 여포의 부하가 된 이후는 어물쩍 넘어갔다.

  여포는 194년 2월 진궁과 장막·장초 형제의 영접을 받아 연주로 들어가 동군의 치소 복양현濮陽縣을 점령했다. 이때 연주의 여러 군현이 내응해 여포의 편에 붙었다. 그러나 6-7의 지도에서 볼 수 있듯이 3현은 여포에게 항복하지 않았다. 현령 조지棗祗와 근윤靳允이 수비하던 동아현東阿縣과 범현范縣, 순욱과 정욱程昱이 있던 견성이 바로 그곳이었다. 이 현들은 동군의 중앙부와 제음군의 북쪽 모퉁이에 위치했다.

여포가 연주를 접수하고 연주목이 되었다고 표현하지만, 실상 그지배 영역을 살펴보면, 그는 복양현을 벗어나지 못했던 것으로 보인다. 조조는 견성으로 돌아와 "여포는 하루아침에 연주를 얻었다. 하지만 동평국東平國을 점거하여 항보亢父와 태산泰山의 길을 끊고 험한곳에 의지해 우리 군대를 막지 않고 복양현에 주둔한 것을 보고, 나는그가 무능하다는 것을 알았다"고 했다.* 연주의 동쪽인 태산군, 제북국, 동평국, 임성국 일대는 태산이 걸쳐 있기 때문에 험한 지형이 많았다. 조조는 만약 여포가 이러한 험한 지형을 점거하고 자신을 기다렸다면, 서주에서 돌아오는 그의 군대가 진격할 수 없었음을 지적한것이다.

## 조조, 연주를 되찾다 _____

조조가 서주를 공격하는 동안 다른 군현들이 모두 여포에게 항복한가운데 오로지 동군의 3현, 즉 견성현과 범현, 동아현만이 조조에게충성하며 여포에 대항했다. 동군태수 하후돈은 원래 복양현에 주둔하고 있었는데 순욱과 정욱이 그를 견성으로 불러들였다. 아마도 하후돈의 도움 없이는 견성을 지키기 어렵다고 생각한 것 같다. 견성은 연주의 조조군 잔여 세력의 거점이었다. 여포는 견성을 점령하려고 성

---

* 『삼국지/무제기』.

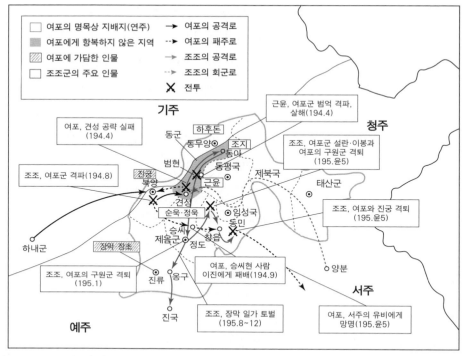

6-7 여포의 연주 점령과 조조의 연주 탈환.

을 포위했으나 끝내 함락하지 못하고, 결국 194년 4월 복양현으로 되돌아갔다. 이때 예주자사 곽공郭貢이 여포 편에 가담해 수만 명의 병력을 이끌고 견성으로 향하다가, 중간에 견성을 함락하기 어려울 것이라는 순욱의 설득을 듣고 되돌아갔다. 이리하여 순욱은 두 번의 위기를 넘겼다.

같은 해 4월, 순욱은 정욱을 그의 고향인 동아현과 범현에 보내 민심을 다독였다. 정욱은 동아현과 범현의 현령 조지와 근윤靳允에게 조조가 올 때까지 성을 군게 지킬 것을 당부하고, 기병을 보내 창정진倉亭津을 차지하고 길목을 차단했다. 나루터를 점거하여 적군의 도강을 막으려는 조치였다. 진궁이 군사를 이끌고 황하 북안에 도착했지만 정욱의 발 빠른 조치 때문에 강을 건너지 못했다. 정욱의 기지 덕분에 조조군은 시간을 벌었다.

그런 사이에 마침내 조조가 돌아왔다. 조조는 돌아오자마자 동군 복양현에서 여포와 전투를 벌였다. 처음에는 여포가 기세를 올렸다. 여포가 기병을 이끌고 조조의 진영을 들이치자 청주병들이 도망가고 조조의 진영이 혼란해졌다. 진영 곳곳에서 불길이 올랐다. 이때 조조는 말에서 떨어져 왼쪽 손바닥에 화상을 입었는데, 사마 누이樓異가 조조를 부축해 말에 태워 돌아갔다. 『삼국지/무제기』에는 이 전투에서 조조가 '패배했다'는 표현이 나오지 않는다. 하지만 내용을 따져보면 사실상 패배였다. 반면 『자치통감』에서는 조조가 194년 8월에 복양현 서쪽에서 주둔 중인 여포의 별동부대를 야습해 승리를 거두었으며, 돌아오는 길에도 여포의 본대와 만나 치열한 전투 끝에 간신히 적들을 물리쳤다고 기록했다. 이보다 실감난 기록은 배송지주에 인용되었다.

원위袁暐가 쓴 『헌제춘추』에 따르면, 복양현의 대성大姓인 전씨田氏는 반간계를 써서 조조를 성안으로 불러들인 다음 그의 군대를 급습했다. 갑작스러운 공격에 조조의 군대가 흩어져 패주하는 와중에, 여포의 기병이 조조를 생포했다. 그러나 그는 조조를 알아보지 못하고 "조조는 어디에 있느냐?"고 물었다. 이에 조조는 "저기 누런 말에 타고 도망가는 자가 바로 조조입니다" 하고 대답했다. 그러자 기병은 조조를 풀어주고 누런 말을 탄 사람을 쫓아갔다. 기지를 발휘해 위기를 넘긴 조조는 불타는 성문을 돌파하여 전장에서 탈출했다. 소설 삼국지는 여기에 더 살을 붙여 조조가 도망가는 장면을 실감나게 표현했다(12회).

본진으로 돌아온 조조는 군대를 수습한 뒤 다시 여포를 공격했다. 그러나 양군은 100여 일 동안 대치했으나 승패를 가리지 못했다. 전투가 지구전으로 접어드는 가운데 메뚜기떼 피해로 흉년이 들어 백성들이 굶주렸다. 당연히 군사들의 식량도 바닥났다. 이에 조조는 동아현으로, 여포는 승씨현으로 후퇴했다. 그런데 여포는 승씨현에서 토착민 이진李進의 공격을 받아 맞서 싸웠으나 패했고, 산양군으로 도망갔다.

다음 해인 195년 정월, 조조는 제음군 정도현定陶縣을 공격했으나 제음태수 오자吳資가 굳게 저항하자 성을 함락하지 못했다. 산양군으로 물러났던 여포는 이때 오자를 구원하기 위해 출병했으나 정도현에서 조조의 군대에 패했다. 이 전투를 고비로 이후 전황은 조조에게 기울어, 조조군이 일방적으로 연주의 군현을 수복하면서 여포군을 쫓는 형세가 되었다. 동년 윤5월 조조는 설란薛蘭과 이봉李封의 군대를 거야현鉅野縣에서 공격했다. 여포가 직접 이들을 구원하러 나섰으나 또다시 패했고, 조조는 설란 등을 참하는 전과를 올렸다. 같은 달, 여포와 진궁은 동민東緡에서도 조조의 군대에 패했고, 이에 여포는 전의를 상실했다.

전투에서 연달아 승리한 조조는 때마침 서주의 도겸이 죽었다는 소식을 들었다. 조조는 이를 기회라고 여기고 다시 서주로 출병하려고 했다. 그런데 순욱이 반대하고 나섰다.

옛날 한고조는 관중을 기반으로 천하를 차지했고, 광무제는 하내군을 근거로 군웅을 평정했는데, 두 사람 모두 근본을 튼튼하게 하여 천하를 제압했습니다. 그리하여 두 사람은 나아가면 적을 이길 수 있었고, 물러나면 견고하게 지킬 수 있었습니다. 비록 한때 고난을 겪고 패하기도 했지만 결국 대업을 성취했습니다. 장군께서는 본래 연주를 근거지로 하여 산동山東의 난을 평정하니 백성들 가운데 마음을 돌리고 기쁘게 복종하지 않는 이들이 없습니다. 황하와 제수濟水 주변은 천하의 요지입니다. 지금은 비록 파괴되어 황폐하게 변했지만 여전히 스스로 지키기 쉬운 곳이니, 이곳이 바로 장군에게 관중과 하내군에 해당하는 곳이며 먼저 평정하지 않을 수 없습니다. 지금 이봉과 설란을 격파한 상태이니 군대를 나누어 동쪽으로 진궁을 공격하면 진궁은 반드시 서쪽을 돌아볼 수 없을 것입니다. 그사이에 익은 보리를 수확하고 먹을것을 절약하여 곡식을 저축한다면 한번에 여포를 격파할 수 있습니다. 여포를 격파한 후 남쪽으로 양주의 세력과 연합해 함께 원술을 토벌하면 회수와 사수까지 진격할 수 있습니다. 만약 여포를 공격하지 않고 동쪽의 서주로 향한다면 병사들을 많이 남겨둔다고 해도 쓸 수 없고, 적게 남겨두면 백성들은 모두 성을 지키기에 급급해 땔나무를 캘 수도 없습니다. 그러면 여포는 허점을 틈타 노략질하고 포악한 짓을 벌일 것이니 백성들의 마음은 더욱 위태롭게 될 것입니다. 또 그렇게 되면 오직 견성과 범, 위(복양)만을 보전하고 나머지 군현은 우리의 소유가 아니게 되니, 이는 연주를 잃는 것입니다. 만약 서주를 평정하지 못한다면 장군은 돌아갈 곳이 어디에 있겠습니까? 도겸이 비록 죽었다고 하지만 서주는 쉽게 망하지 않습니다. 저들은 작년의 패배를 거울삼아 두려워하고 서로 단결하여 표리를 이루었습니다. 지금 동쪽에서는 이미 모두 보리를 수확했으니, 반드시 성을 굳게 지키고 들에 먹을것을 남기지 않는 전략을 구사하며 장군의 군대를 기다릴 것입니다. 서주의 성을 공격해 함락하지 못하고 노략질했으나 얻는 것이 없으면 열흘을 넘기지 못해 10만 대군이 싸우지도 못하고 먼저 곤궁하게 될 것입니다. 전에 서주를 토벌할 때 위엄과 벌을 행했으니, 그 자제들은 부형의 치욕을 생각하여 반드시 자기 목숨을 보전하기 위해 필사적으로 지킬 것이고, 항복할 마음 또한 없을 것입니다. 다시 말해 그들을 격파한다고 하더라도 소유할 수 없습니다.[*]

순욱은 한고조와 광무제가 본거지를 잘 간수해 영토를 확장했으며 끝내 천하통일을 이루었다는 이야기를 꺼내놓았다. 그러면서 조조에게 권하기를, 우선 연주를 수복해 흔들림 없는 본거지로 삼고, 그런 후에 원술 등 주변의 세력들을 하나하나 공략해야 한다는 전략을 제시했다. 특히 서주를 공격한다고 해도 농성전의 장기화 가능성, 과거 서주 공격으로 인한 민심의 이반과 적대적인 감정 때문에 도겸의 군사를 이기거나 서주를 점령하기 쉽지 않다는 것을 일깨워주었다. 최악의 경우 연주를 잃고 서주마저 얻지 못하면 조조는 존립 기반을 완전히 잃게 된다는 지적도 빠뜨리지 않았다.

순욱의 조언을 듣고 조조는 마음을 고쳐먹었다. 그는 연주의 수복을 최우선 과제로 삼고 계속해서 여포의 패잔병들을 추격했다. 조조는 정도현에서 여포를 상대로 승리한 후에도 도망가는 여포를 집요하게 추적했다. 조조의 군대는 같은 달 산양군의 동민東緡현에서도 여포와 진궁의 군대를 격파했다. 사실 이때 조조의 군사들은 보리를 수확하느라 바빴고 겨우 1,000명도 안 되는 군사들이 무장하고 있었을 뿐인데, 조조는 군대를 반으로 나누어 제방에 복병을 두고 기습하는 방식으로 여포의 군대를 대파했다. 또다시 패한 여포는 전의를 상실

* 『삼국지/순욱전』.

하고 결국 서주로 달아났다. 조조는 다시 정도성을 점령하고 이어 군사들을 나누어 여러 현을 수복했다. 이로써 조조는 여포로부터 연주를 되찾았다. 그러나 전쟁이 완전히 끝난 것은 아니었다. 배신자의 처단이 남아 있던 것이다.

6-7의 지도를 보면, 조조가 다소 뜬금없이 군대를 연주 서남쪽으로 돌려 진류군을 공격한 것을 볼 수 있다. 당시 진류태수 장막은 여포를 따라 서주로 도주하고 없었는데, 조조에게 이는 별 상관이 없는 문제였다. 조조의 목표는 장막 일족이었고, 그들을 도륙하기 위해 군대를 진류군으로 돌렸던 것이다. 젊은 시절 장막은 유협游俠을 좋아했고, 비슷한 기질을 가진 원소, 조조와 친하게 지냈다. 나중에 세 사람은 반동탁연합군의 깃발 아래 다시 만났는데, 원소가 맹주가 되어 교만하게 굴자 장막이 원소를 질책했다. 그러자 원소는 옛 친구의 조언을 달게 받아들이기는커녕 군웅 중 한 사람에게 장막을 죽이라고 명령했는데, 그게 바로 조조였다. 하지만 조조는 장막이 옛 친구임을 들어 원소의 명령을 거부했다. 이 일로 조조는 내심 자신이 장막의 생명의 은인이라고도 생각했다. 심지어 그는 서주를 공격하러 가면서 가족들에게, "내가 만약 돌아오지 못하면 장막에게 의탁하라. 그가 잘 돌봐줄 것이다"라고 당부할 정도로 장막을 신뢰했다.** 둘은 나중에 적이 되어 전장에서 만났을 때도 서로 눈물을 흘릴 정도로 친했다.

하지만 아무리 친했다고 해도 조조 입장에서 배은망덕한 장막과 장초를 가만 놔둘 수는 없었다. 장막의 동생 장초는 여포가 도망간 지 두 달이 지난 195년 8월 가족들을 이끌고 옹구현으로 피신했다. 조조를 맞아 결사항전할 각오였다. 조조는 같은 달 도착하여 옹구성을 포

---

** 『삼국지/여포전』.

위했다. 장초는 넉 달을 버텼다. 하지만 그해 12월, 결국 옹구성은 함락되었다. 장초는 이미 자살한 뒤였으나, 조조는 주저 없이 장막 일족을 모두 죽였다. 소위 삼족을 멸했는데, 이는 전근대시대의 가장 심한 형벌 또는 보복에 해당했다. 가족과 친인척들까지 모두 죽여 씨를 말림으로써 당시 사람들이 가장 두려워하던, 제삿밥도 못 얻어먹게 하는 가장 잔인한 처벌이었다. 조조는 적들을 자기편으로 끌어들이는 아량을 가진 인물이었다. 조조 자신과 그의 할아버지, 아버지를 욕한 진림을 포용했을 정도다. 그러나 은혜를 저버리고 배신한 사람들에 대해서는 가차 없이 보복했다. 이는 비단 감정 때문만이 아니라 딴마음을 먹을 수도 있는 부하들에 대한 경고이기도 했을 것이다.

조조는 연주를 되찾았고 지배를 공고히 했다. 하지만 그 과정이 결코 순탄하지는 않았다. 흑산적과 황건적 등의 외침을 막아야 했고, 특히 여포에게 연주를 빼앗겨 되찾느라 고생했다. 이때는 조조도 좌절했다. 일례로 194년 10월, 조조가 여포를 공격하기 위해 동아현에 도착했을 때 원소는 조조에게 가족들을 자신의 근거지인 업으로 옮기라고 권했다. 조조는 연주도 빼앗기고 군량도 거의 남아 있지 않았던지라 이를 받아들이려고 했다. 그때 정욱이 나서 결사적으로 반대했다.

장군은 사건이 터지면 두려워한다고 의심하는 사람도 있는데, 그렇지 않습니다. 왜 깊이 생각하지 않으십니까? 원소는 천하를 병탄할 야심이 있지만 지혜는 부족합니다. 장군은 스스로 원소 아래에 있을 수 있다고 생각하십니까? 장군은 용과 호랑이의 위엄을 가지고도 한신과 팽월이 되려고 하십니까? 비록 연주를 빼앗겼지만, 여전히 세 성이 있고 전투에 능한 군사가 1만이 되지 않지만, 장군의 뛰어난 무용과 순욱 및 저의 계략을 합하면 가히 패왕의 업적을 이룰 수 있습니다. 장군께서는 다시 생각해보십시오.*

　정욱은 자포자기하며 약한 모습을 보이는 조조를 다그쳤다. 조조가 원소에게 가족을 보낸다는 것은 원소를 상관으로 받들겠다는 확증이었다. 가족은 인질이었기 때문이다. 우리나라 역사를 공부한 독자들은 고려시대 기인제도를 기억할 것이다. 지방관을 파견하지 못한 고려 조정은 지방 호족들에게 해당 지역의 지배권과 기득권을 보장하는 대신 충성의 대가로 인질을 바칠 것을 요구했다. 이 인질이 기인이다. 인질을 확보한 중앙정부는 지방 호족들이 명령을 어기거나 반란을 일으키면 인질을 죽였다. 인질은 양자 간의 충성과 복종의 담보물이었다. 이는 고려뿐만 아니라 유목국가와 중세 유럽 등 지방관을 파견하지 않는 정치체제를 취한 국가에서 자주 발견된다. 중국처럼 중앙정부가 지방관을 파견하더라도 지방관을 믿을 수 없다면 가족을 인질로 삼는 왕조도 있었다. 그전에 조조는 원소의 부하였고, 원소가 그를 동군태수에 임명했다. 연주를 차지한 후 원소로부터 벗어나는 듯했는데, 가족을 인질로 바치는 것은 다시 원소의 부하가 됨을 만천하에 알리는 꼴이었다. 그렇게 되면 조조는 군웅의 한 사람, 즉 독립적인 군벌이 아니라 원소의 명령을 받드는 일개 지방관으로 전락하게 된다. 그래서 정욱은 조조가 지략과 무용을 갖췄음에도 한고조의 신하로 남다가 제거된 한신과 팽월이 될 거냐고 비난한 것이다. 정욱은 인생의 밑바닥이라는 수렁에 빠진 조조에게 최후의 승자가 될 수 있다고 최고의 자신감을 불어넣어주었다. 이 말을 들은 조조는 자포자기에서 벗어나 다시 투지를 다졌다. 조조가 오뚝이처럼 재기할 수 있었던 것

───────────
*『삼국지/정욱전』.

은 정욱의 말 한마디 덕분이었다.

아무런 어려움도 겪지 않은 영웅이란 존재하지 않는다. 조조는 숱한 전쟁을 치르는 동안 8할 이상의 승률을 기록할 정도로 뛰어난 지휘관이었고, 그에 걸맞게 『삼국지』에서 그는 대체로 승승장구하는 인물로 그려진다. 그 때문인지 많은 독자들은 조조를 완성형 영웅으로 이해하면서 그가 얼마나 많은 어려움을 겪었는지 알지 못한다. 특히 조조가 독자적인 군벌로서 첫발을 내딛었던 연주 지배 시기에 말이다. 사실 『후한서』, 『후한기』, 『삼국지』 등의 기록을 꼼꼼히 읽고 검토하면 연주를 되찾기 전에 조조가 연주 전체를 장악했는지 불명확하다. 연주목을 자칭하건 임명받았건 간에 조조의 세력 범위가 동군을 넘지 않은 것처럼 보이기 때문이다. 여포가 동군을 침입하자 연주의 군현이 조조를 배반하고 여포에 붙었다는 기사가 사실이라면, 연주 군현의 지방관들은 조조를 '주군'으로 생각하지 않았음을 알 수 있다. 그러나 여포와 싸우며 여러 군현을 공략했고, 진류태수 장막을 내쫓고 가족들을 죽여버림으로써 조조는 반대 세력을 일소했다. 이로써 그는 연주를 확실히 장악했다. 명령을 어기면 장막·장초 형제처럼 일족을 전부 죽인다는 경고와 함께. 성장통을 잘 이겨낸 조조는 가장 일찍부터 치열하게 역경을 헤쳐나간 군웅 가운데 하나였고, 차근차근 경쟁자들을 탈락시키며 천하통일을 향해 나아갔다.

## 충신 도겸의 비참한 최후 _____

『삼국지』에서 도겸은 조조에게 일방적으로 당하다가 죽은 인물로 기록된다. 하지만 소설 삼국지를 읽은 독자들은 도겸에게 비교적 호의적인데, 죽을 때 서주를 유비에게 넘겨 유비가 독자적인 군벌로 등장하는 데 기여했기 때문이다. 『후한서/도겸전』과 『삼국지/도겸전』 기록만 보면 도겸의 삶은 아래와 같이 요약되는데, 『삼국지』에서는 도겸의 충성심을 철저히 지웠다.

도겸은 자가 공조恭祖이며, 단양군丹陽郡 단양현丹陽縣 사람이다. 『후한서/도겸전』에서는 지방 주군에서 벼슬한 뒤 네 번 인사이동 후 거기장군 장온張溫의 사마가 되어 변장邊章 토벌에 종군했다고 기록하고 있다. 반면 『삼국지/도겸전』은 주군에서 벼슬하다 무재로 천거되어 노현령盧縣令(천석), 유주자사幽州刺史(육백석), 의랑議郎(육백석), 거기장군 장온의 참군參軍을 거쳐 서주자사에 임명되었다고 기록했다. 그런데 『후한서』와 『삼국지』에 도겸의 벼슬이 달리 기록된 것이 이상하다. 여기에 장회태자주와 배송지주에 인용된 『오서』에 따르면, 그는 지방 주군에서 벼슬하다 효렴으로 천거되어 상서랑尙書郎(천석)을 거쳐 서현령舒縣令에 임명되었다. 의랑도 황제의 측근이었다. 효렴과 상서랑, 의랑은 후한시대 요직으로 나아가는 코스였다. 참군과 사마라는 벼슬이 다르고 토벌 대상이 다르지만, 도겸이 무관직인 참군 혹은 사마에 임명된 것을 보면 무장의 재능을 인정받은 것 같다. 이 때문에 서주 황건적이 반란을 일으키자 반란군 토벌을 위해 도겸은 서주자사에 임명되어 황건적을 격파하는 공을 세웠다.

도겸이 서주자사에 임명된 시기는 두 사서에 기록되지 않았으나 『후한서/영제기』에서 188년 10월 청주와 서주의 황건적이 다시 봉기했다고 기록한 것으로 보아 188년 무렵이었음을 알 수 있다. 굳이 도겸이 서주자사에 임명된 연도를 따지는 이유는 1년 후인 189년 12월 반동탁연합군이 결성되기 때문이다. 『후한서』와 『삼국지』에는 도겸이 반동탁연합군에 참여했다는 기록이 없다. 과연 사실일까? 이를 밝히기는 쉽지 않다. 소설 삼국지의 작가들도 이 점이 아쉬웠는지 반동탁연합군 17진鎭의 명단에 도겸을 집어넣었다(5회). 하지만 『후한서』, 『삼국지』와 비교하면 도겸과 공융, 마등, 공손찬 등은 실제로 반동탁연합군에 참가하지 않았다. 북해상 공융孔融은 청주 황건적을 격파하느라 반동탁연합군에 참가할 겨를이 없었고, 마등은 반란을 일으킨 인물이므로 반동탁연합군과 함께할 처지가 아니었으며, 공손찬도 유주에서 오환과 선비를 막느라 바빴다. 「도겸전」에도 서주 황건적을 격파했다는 기록만 보이는 것을 보면 공융처럼 황건적 토벌 때문에 반동탁연합군에 참여하지 않았을 수 있다. 하지만 전후 사정을 살펴보면 뭔가 미심쩍다.

동탁은 반동탁연합군을 피해 장안으로 천도했다. 이때 그는 주준에게 낙양을 지키라고 명령했다. 주준은 반동탁연합군과 내응하려고 모의했으나, 모의가 누설되어 동탁의 공격을 받게 될 것을 두려워해 낙양에서 형주로 도망쳤다. 이에 동탁이 양의楊懿를 하남윤에 임명하여 낙양을 지키도록 하자 주준은 군대를 돌려 낙양을 점령했다. 하지만 식량과 무기 등이 부족해 낙양을 포기하고 낙양 동쪽 중모현으로 군대를 옮겼다. 그리고 여러 군현에 통문을 돌려 함께 힘을 합쳐 동탁을 토벌하자고 제의했다. 이때 서주자사 도겸이 정병 3,000명을 보냈고, 다른 지방관들도 십시일반으로 군대를 보내주었다. 그런데 유독 도겸이 보낸 군사 수만 언급한 것을 보면 그가 보낸 군사가 가장 많았던 것 같다. 도겸은 반동탁연합군이 해체되어 파장 분위기로 바뀐 이후에도 동탁 타도의 기치를 내걸었다. 그는 조정에 표를 올려 주준을 행거기장군으로 추대했다. 그러나 왕년의 맹장 주준은 동탁의 부하 장수 이각과 곽사가 지휘하는 수만의 군대와 싸워 패했다. 동탁의 군대가 강함을 깨달은 주준은 더 이상 진격하려고 하지 않았다.

192년 동탁이 죽자 하남 일대에 주둔하던 이각과 곽사는 장안의 왕윤과 여포를 토벌하러 돌아갔다. 이때 주준은 하남윤 중모현에 주둔했는데, 도겸은 동탁의 죽음을 반전의 기회라고 생각했다. 그는 중모현에 주둔한 주준을 중심으로 동탁의 잔여 세력을 무찌를 수 있다고 여겼다. 주준이 왕년의 명장이라는 점도 작용했다. 그는 여러 호걸과 함께 주준을 태사太師로 추대하고 주군의 지방관들에게 격문을 돌려 이각 등을 주살하고 천자를 받들 것을 호소했다. 이때 주준에게 보낸 편지를 보면 도겸 이외에도 전 양주자사 주건, 낭야상 음덕, 동해상 유규, 팽성상 급겸, 북해상 공융, 패상 원충, 태산태수 응소, 여남태수 서구, 전 구강태수 복건, 박사 정현 등이 가담했다. 낭야·동해·팽성은 서주, 북해는 청주, 패와 여남은 예주, 태산은 연주에 속한 군이었다. 4주의 지방관 8명과 전직 지방관 2명, 전직 조정의 관리 등이 동탁 잔여 세력의 토벌에 응한 것이다. 189년 결성된 반동탁연합군의 구성과 비교하면 주목과 자사의 수가 적고 태수의 수가 많았다.

도겸은 이 편지에서 주준에게 장안으로 진격할 임무를 맡아달라고 간청했다. 이를 통해 반동탁연합군에 참여한 여러 지방관이 동탁 사후에 모른 체하고 영토 확장에 혈안이었을 때 도겸이 동탁의 잔여 세력 제거를 위해 총대를 멨음을 알 수 있다. 도겸은 나름 군공을 세운 무장이었지만 개인 욕심을 버리고 가장 신망이 높은 주준을 총사령관으로 추대한 뒤 그 밑에서 종군할 생각이었다. 그러나 주준은 우유부단했고 보신주의로 처신했다.

주준은 태위 주충과 상서 가후의 계책에 따라 곽사가 헌제의 칙서를 보내 장안으로 입조할 것을 명하자 부하 장수들의 만류에도 불구하고 장안으로 갔다. 이에 동탁 잔여 세력을 토벌하려는 모의는 실패했다. 총사령관으로 추대하려는 주준이 배신하자 도겸은 동탁 부하들의 제거를 실행에 옮길 수 없었다.

도겸은 주준을 배신자라고 비난할 수 없었다. 그는 조정에 사신을 보내 공물을 바쳤다. 왜 갑자기 도겸의 태도가 바뀐 것일까? 도겸의 부하였던 서주치중 왕랑王朗과 별가 조욱趙昱이 "제후가 되기 위해 근왕勤王만 한 것이 없습니다. 현재 천자는 멀리 서경(장안)에 있으니 마땅히 사신을 보내 공물을 바치옵소서"라고 권하자 도겸은 조욱을 장안으로 보냈다. 두 사람의 말을 따른 것을 보면 도겸은 제후, 즉 서주를 차지한 군벌이 되고 싶었던 것일까? 이각과 곽사는 어제의 적 도겸과 타협했다. 자기 말 듣는 지방관 한 사람이 아쉬운 때였기 때문이다. 조정에서는 도겸을 서주목으로 승진시키고 안동장군安東將軍에 임명했으며 율양후溧陽侯에 봉했다. 서주자사는 육백석, 서주목은 이천석이었으므로 단순히 직함이 자사에서 주목으로 바뀐 것이 아니라 등급이 상승했기 때문에 그야말로 승진이었다. 이때 조정에 사신을 보내라고 도겸을 부추긴 조욱은 광릉태수, 왕랑은 회계태수에 임명되었다.

이후 도겸은 원소와 공손찬의 분쟁에 말려들었다. 도겸은 원소가 아닌 공손찬의 편을 들었다. 하북 각지를 공격하며 영역을 확장하던 공손찬은 192년 겨울 연주를 공격했다. 연주는 조조가 다스리고 있었다. 당시 조조는 명목상 원소의 부하, 즉 원소계의 중간 보스였고, 공손찬은 원술과 손을 잡고 있었다. 공손찬은 원술의 구원 요청을 받고 유비를 고당현에, 자신이 임명한 연주자사 단경을 평원군에 보냈다. 이때 도겸은 공손찬의 명령대로 발간현發干縣에 주둔했다. 발간현은 연주 동군의 속현으로 이미 연주를 침범한 상태였다. 연주목으로 추대된 지 1년도 되지 않아 동탁이 보낸 연주자사를 내쫓은 조조는 공손찬이 연주를 침공하자 원소와 힘을 합쳐 공손찬의 부하 유비와 단경, 도겸을 모두 격파했다. 공연스레 공손찬에 줄을 댄 꼴이 되어버린 도겸은 이로 인해 이웃 지역의 지방관인 조조와 틀어진 사이가 되었다.

　조조와의 악연은 이에 그치지 않았다. 앞서 보았듯이 도겸은 조조의 철천지원수가 되었다. 무엇보다도 도겸의 부하들이 조조의 아버지 조숭 일행을 죽이고 재산을 가로챈 사건이 결정타였다. 도겸은 분노에 찬 조조의 도륙 행위를 속수무책으로 지켜볼 수밖에 없었다. 그는 공손찬의 부하인 청주자사 전해에게 도움을 청했고, 전해는 유비를 보내주었다. 도겸은 194년 2월 유비를 예주자사에 추천했다. 다행히 조조가 연주를 점령한 여포를 토벌하러 돌아간 이후 도겸은 간신히 한숨을 돌릴 수 있었다.

　도겸에 대한 기록은 이상할 만큼 『후한서』와 『삼국지』가 유사하다. 도겸이 처음 벼슬한 부분만 다르고 나머지는 판박이라고 할 정도다. 도겸이 다스릴 때 서주는 부유하고 곡식이 풍부해 많은 유민들이 몰려들었다. 그러나 도겸은 지식인들을 제대로 대우해주지 않았다. 후한 최고의 유학자인 정현도 잠깐 그의 곁에 머물렀지만 금방 떠났다. 월단평月旦評이라는 인물 평가로 유명한 허소許劭도 도겸의 인물됨을 미리 간파하고 양주자사 유요에게 의탁했다. 도겸이 간언하는 인물을 멀리하고 소인을 등용했으며 정치를 제대로 못하자 서주는 점차 혼란스럽게 되었다고 한다.

　게다가 두 사서 모두 도겸이 하비의 궐선闕宣이 천자라고 자칭하자 그와 연합하여 노략질을 하다가 나중에 궐선을 죽이고 무리를 합쳤다고 기록했다. 그러나 도겸은 시종일관 황제를 위해 충성했다. 비록 이각이 정권을 잡은 시기에 장안 조정에 사신을 보내고 벼슬과 작위를 받은 사실을 달리 해석할 수 있을지는 모르지만 그렇다고 그가 천자를 자칭한 역적 도당과 손을 잡았다? 너무 이상하다. 『자치통감』을 편찬한 사마광은 "하비 궐선이 무리 수천 인을 모아 천자를 자칭하자 도겸이 공격해 살해했다"고 기록했다. 『후한서』와 『삼국지』에서 기록한, 도겸이 궐선과 손잡았다는 내용을 거짓으로 본 것이다.

도겸을 위해 변명하자면, 그는 일생을 나라와 황제에 충성했다. 고래 싸움에 새우 등 터진다고, 원소와 공손찬이 싸울 때 공손찬에 줄을 잘못 대어 조조와 사이가 틀어지고, 조조의 아버지가 피살되자 비참하고 불운한 결말을 맞이했을 뿐이다. 도겸의 불행은 아들들에게도 이어졌다. 그의 두 아들은 벼슬하지 못했다. 너무도 당연하다. 조조가 화북을 통일한 이후 자기 아버지를 죽인 원수의 아들에게 벼슬을 줄 리가 없지 않은가? 사다리를 잘못 선택한 아버지 때문에 도겸의 아들들도 비참한 생애를 보낼 수밖에 없었다. 전근대 중국에서 관리가 되지 못하면 지배층이 되지 못하기 때문이다.

『삼국지』에서 도겸은 공손찬, 공손탁, 장양, 장연, 장수, 장로와 같은 열전에 실렸다. 후한의 충신인 도겸을 사리사욕에 사로잡힌 군웅과 같은 반열에 놓은 것이다. 이는 도겸이 불충한 군웅 중 한 명이라는 신랄한 비난이다. 반면 본문 내용은 거의 같지만 『후한서』에서는 유우, 공손찬과 같은 권에 나열했다. 원수와도 같은 유우와 공손찬을 같은 권에 배치한 점이 조금 의아하다. 유우와 도겸은 후한의 충신이었던 반면 공손찬은 천하 제패를 노린 군벌이었기 때문이다. 이는 찬왈에서 배열의 의도를 읽을 수 있다. 찬왈에서는 유우와 공손찬이 협력했다면 어지러운 천하를 바로잡을 수 있었다며 아쉬움을 토로했다. 공손찬의 단점을 가려주면서 역사에서 금기시하는 가정과 희망을 섞어 평가한 것이다. 결국 도겸이 유우와 같은 권에 배치된 것은 무능하지만 후한을 위해 충성했다는 복선을 깐 것이다.

도겸은 중요한 유산을 남겼다. 바로 유비다. 도겸은 194년 자신을 도와준 유비를 예주자사로 추천했다. 유비는 소패, 즉 패국 패현에 주둔했고, 도겸에게서 4,000명의 군사를 지원받았다. 이어서 같은 해 도겸이 죽자 서주목의 자리를 물려받았다. 자기 아들에게 물려줄 법도 하지만 "서주를 지킬 수 있는 사람은 유비뿐이다"라고 말하며 아들과 친척 대신 아무런 혈연 관계가 없는 유비를 후계자로 낙점했다. 유비는 철저히 도겸이 키운 군벌이었다. 유비가 군웅의 한 사람으로 명함을 내밀 수 있었던 것은 모두 도겸의 도움 덕분이었다. 하지만 미담은 거기까지다. 만약 유비가 예주와 서주를 기반으로 조조 등의 군웅과 싸워 승리했다면 유비는 도겸의 아들들도 잘 챙겨주고 자기에게 물심양면으로 지원한 미축에게도 크게 보답했을 것이다. 그러나 유비는 서주를 두 번이나 빼앗기고 결국 예주에서도 밀려나 유표에게 의탁하는 용병대장으로 전락했다. 천하의 3분의 2 이상이 조조와 손권의 차지가 된 이후에야 정신 차린 유비는 형주와 익주를 차지하고 잠깐 반짝했지만 은인 도겸의 후손들을 도울 방법은 없었을 것이다.

### 유비, 예주·서주를 차지하다 _____

나중에 조조, 손권과 함께 천하를 삼분한 유비가 이때부터 『삼국지』에 본격적으로 이름을 드러냈다. 조조가 서주를 공격한 덕분이다. 초기부터 두각을 나타낸 동탁과 원소, 원술, 조조는 가문 혹은 지역을 배경으로 순탄하게 벼슬살이를 하여 황건의 난 이후 군웅이 경쟁할 때 이미 남들보다 앞서나갔다. 그에 비해 유비는 소설 삼국지의 기록(5회)과 달리 반동탁연합군에 참여하지 않았고, 현의 관리가 되어 여러 지방으로 근무지를 옮겨 다녔다. 그들과 비교하면 유비는 사실 개천에서 용 난 경우였다. 그나마 유비가 벼슬로 명함을 내밀 정도가 된 것은 군웅할거시대의 선두주자 중 하나인 공손찬과의 학연 덕분이었다. 두 사람은 탁군 출신의 유학자 노식의 제자였다.

유비는 영제 말기에 교위 추정鄒靖의 밑에서 종군하며 황건의 난 토벌에 나섰고, 이때 세운 공으로 안희위安喜尉에 임명되었다. '위'는 현위縣尉의 약칭으로, 앞서 이야기했듯 현의 치안과 군무를 담당하는 관직이었다.* 소설 삼국지에서는 유비의 부임지를 '정주定州 중산부中 山府 안희현安喜縣'이라고 했으나(2회) 이는 북송시대 개칭된 지명이 고, 당시에는 기주 중산국中山國의 안희현이었다.

『삼국지』에는 어느 날 독우가 공무 차 안희현에 도착하자 유비가 그 소식을 듣고 만나 뵙기를 청하는 내용이 나온다. 그러나 독우는 병 을 핑계로 청을 거절했고, 이에 화가 난 유비는 곧바로 독우의 거처에 들어가 그를 묶어놓고 200대를 매질한 다음, 그의 목에 현위의 인수 를 걸고 도망쳤다. 여기서 '독우'를 사람 이름으로 아는 독자가 많은 데 그렇지 않다. 독우는 군郡의 감찰을 맡은 관리로, 한나라 시대에는 군을 3~5개의 감찰 구역으로 나누고 독우를 파견하여 현령 이하 관 리들과 행정을 감찰하도록 했다.

이 기록만 보면 유비가 잘못한 것처럼 보인다. 그러나 배송지주에 인용된 『전략典略』을 보면, 당시 후한 조정은 전공을 세워 벼슬을 얻 은 사람들을 대거 정리하고 있었다. 황건 잔당과 각지에서 일어난 반 란을 평정한 공신들을 '구조조정'한 것이다. 후한 조정이 이들을 일회 용 소모품처럼 사용한 후 버렸다는 뜻이다. 그런 시대적 분위기 속에 서 유비는 자신이 '해고' 명단에 있을 것이라고 생각하고 독우를 만 나 자초지종을 들어보려고 했을 것이다. 그러나 독우가 만나주지 않 자 그를 찾아가 폭력을 쓴 것이다. 진수는 이를 알고 있었을 것이다. 하지만 『삼국지』에는 이런 이야기가 나오지 않는다. 이런 사실을 숨

---

* 현위와 현승은 현의 등급에 따라 질이 달랐으며 이백석과 사백석 사이였다.

긴 의도는 물론 유비를 악인으로 몰아가기 위해서이다. 다행히 배송지가 관련 자료를 모아 주석을 달아놓은 덕분에 유비는 다짜고짜 폭력을 휘두른 사람이 될 뻔했다가 적어도 반쯤은 누명을 풀 수 있었다. 소설 삼국지는 유비 대신 술취한 장비가 독우를 팼다고 묘사했으나(2회), 위에서 보듯 그것은 사실이 아니다. 소설 삼국지의 작가들은 유비의 단점을 덮어주기 위해 '술 먹고 사고를 많이 치는' 이미지의 장비 소행으로 바꾼 것이다.

유비로서는 억울했을 것이다. 황건적 토벌에 나서서 고생 끝에 겨우 말단 벼슬을 하나 얻었는데 도로 빼앗아가는 격이니 말이다. 하지만 관리를 폭행한 것은 엄연한 범법 행위였다. 유비도 이를 알았는지 관직을 버리고 도망갔다. 다행히도 그는 나중에 대장군 하진에게 줄을 대어, 하진이 교위 관구의毌丘毅를 모병 차 단양군丹楊郡에 파견할 때 동행했다. 관구의 일행은 하비下邳에서 도적을 만나 물리쳤는데, 유비는 이때 세운 공으로 하밀현下密縣(청주 북해국의 속현)의 현승縣丞에 임명되었다. 좀 더 나중에는 고당현高唐縣(청주 평원군의 속현)의 현위와 현령(천석)으로 승진했다. 그러나 유비는 도적에게 패해 자리를 지키지 못하고 쫓겨나는 신세가 되었다.

아무것도 없는 유비가 찾아간 곳은 공손찬이었다. 당시 공손찬은 기주를 지배하는 원소와 싸우고 있었다. 그는 유비를 부하인 청주자사 전해에게 보내어 원소의 침입을 함께 막도록 했다. 여기서 유비는 여러 차례 전공을 세워 평원상**에 임명되었다. 고생 끝에 그나마 괜찮은 벼슬을 얻는 순간이었다. 한편 앞서 보았듯 당시 원술과 결탁한 공손찬은 원술의 구원 요청을 받고 192년 유비를 고당현, 자신이 임

---

** 상은 군의 장관인 태수와 동급이었다.

명한 연주자사 단경은 평원군, 도겸은 발간현發干縣에 주둔하도록 하여 원소를 압박했는데, 이때까지 유비는 공손찬 밑에 있던 중견 장교에 불과했다.

공손찬의 부하로 평생을 마칠 것 같았던 유비에게 군벌로 성장할 기회가 찾아왔다. 유비에게 기회를 부여한 사람은 서주의 도겸이었다. 앞에서 살펴본 것처럼 193년 가을, 도겸의 군사들이 조숭 일행을 죽이고 재물을 탈취한 사건의 발단과 살해 주체, 동기에 대해서는 서로 다른 기록이 존재한다. 어떤 기록이 옳은지 판단하기는 어렵지만, 도겸의 군사들이 살인과 강도짓을 저지른 것만은 확실하다. 그리하여 졸지에 조조의 불구대천의 원수가 된 도겸은 이웃한 청주자사 전해에게 도움을 청했고, 이에 유비는 전해와 함께 서주로 건너갔다.

이때 유비는 1,000여 명의 군사와 유주 오환 등 유목민 기병, 굶주린 백성 수천 명을 거느리고 있었다. 도겸은 그에게 단양군 출신의 병사 4,000명을 붙여주었다. 유비는 도겸의 호의에 감동해 전해를 떠나 도겸에게 귀의했고, 이에 도겸은 유비를 예주자사로 추천하고 예주 패국沛國에 있는 소패小沛에 주둔하도록 했다. 자사는 태수나 상보다 제도상 등급은 낮았지만 주 전체를 장악할 수 있는 벼슬이니 유비는 꽤 출세한 셈이었다. 그러나 지도를 보면 사정은 다르다.

유비가 주둔한 소패, 즉 패현沛縣은 서주 바로 옆에 위치했다. 말하자면, 연주와 서주 경계에 위치했다. 유비를 이런 곳에 주둔시킨 서주목 도겸의 의도는 무엇일까? 6-8의 지도가 극명하게 보여주는데, 도겸의 의도는 결국 유비를 조조의 공격으로부터 방어하는 방패막이로 쓰려는 것이었다. 4,000명의 병사를 나누어준 것도 호의를 넘어 유비 세력을 쓸 만한 방패로 삼기 위한 방편이었다고 이해할 수 있다. 이를테면 유비는 서주를 지키는 용병대장이 된 것이다. 그런데 유비가 진

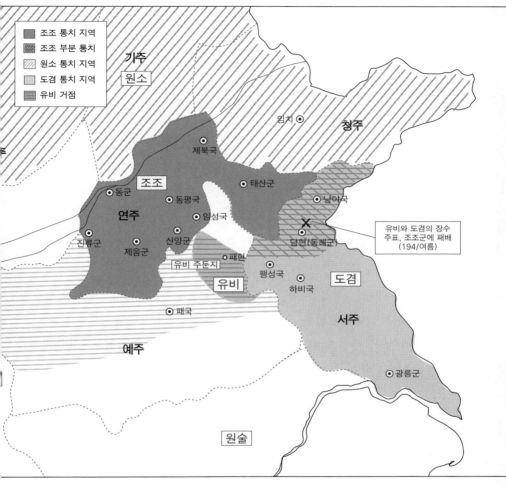

**범례**
- 조조 통치 지역
- 조조 부분 통치
- 원소 통치 지역
- 도겸 통치 지역
- 유비 거점

기주
원소

임치 ⊙

청주

제북국

조조

동군 ⊙    동평국

연주

⊙ 태산군

⊙ 낭야국

진류군 ⊙    산양군 ⊙

암성국

제음군 ⊙

유비 주둔지

패현 ⊙

유비

⊙ 패국

예주

담현(동해군)

팽성국 ⊙

하비국 ⊙

도겸

서주

유비와 도겸의 장수
주표, 조조군에 패배
(194/여름)

⊙ 광릉군

원술

6-8 유비의 활동 지역(도겸의 서주 통치 시기).

국陳國 출신 원환과 여남군 출신 원소의 아들 원담을 각각 무재와 효
렴으로 추천하고, 영천군 출신인 진군陳羣을 별가종사別駕從事에 임
명했던 것으로 보아, 도겸은 예주 전체는 아니더라도 소패가 있었던
패국뿐 아니라 진국·여남군·영천군 등 일부 지역에 영향력을 행사했

던 것으로 보인다.

194년, 조조의 2차 서주 공격이 시작되었다. 하지만 도겸 입장에서는 실망스럽게도 유비는 조조에게 패해 '용병대장' 구실을 제대로 하지 못했다. 그런데 그 와중에 도겸이 병을 얻어 죽음을 눈앞에 두게 되었다. 도겸은 죽기 전에 별가 미축麋竺을 불러 "유비가 아니면 서주를 안정시킬 사람이 없다"는 유언을 남겼다. 즉 유비를 후계자로 정한 것이다. 사족을 덧붙이면, 도겸은 아들들에게 벼슬하지 말라는 유언을 남겼다. 벼슬살이가 고단했기 때문일까? 도겸의 유언을 받든 미축은 사람을 보내어 유비를 불러들였다.

하비국 출신의 진등과 북해상 공융이 유비에게 서주를 장악하라고 부추겼다. 유비는 겸손하게 서주목은 사세오공을 지낸 원술에게 넘기는 게 좋겠다는 의견을 피력했다. 그러자 공융은 그까짓 가문이 뭐가 중요하냐며 별볼일없는 유비의 기를 살려주었다. 공융은 이전에 황건적 토벌에 애를 먹자 평원상 유비에게 도움을 청한 인연이 있었다. 유비는 "공융과 같은 천하의 유명 인사가 유비를 안단 말인가?" 하며 공융을 도와주었고, 그를 청주자사에 추천했다. 공융은 공자의 20세손으로 명문가 출신이었고 당고의 화 당시에 장검張儉을 숨겨주었다가 발각되었지만 형 대신 벌을 받겠다고 하여 전국적으로 알려졌다. 유비는 전국적인 명사였던 공융과 친해진다면, 자신의 명성도 높아질 것이라는 사실을 알았기 때문에 공융을 적극적으로 도왔던 것이다. 이런 인연 때문에 천하의 명사인 공융은 유비에 호감을 가지고 조언을 해주었다. 결국 이들은 유비에게 서주목 취임을 제안했고, 유비는 받아들였다. 결과적으로 조조 덕분에 유비는 서주를 얻었고, 그제야 비로소 군웅 사이에 명함을 내밀게 되었다.*

그러나 유비가 서주 전체를 차지한 것은 아니었다. 후한시대 서주의 치소는 동해군 담현이었는데, 관우가 하비국에 주둔했던 것을 보면 동해군은 조조의 영토였거나 조조의 공격으로 피폐해져 하비국으로 치소를 옮겼을 것이다. 소건蕭建이 지배한 낭야국은 유비의 영향력이 미치지 못했다. 따라서 유비는 팽성국과 하비국, 광릉군 3군(국)을 겨우 장악했고, 동해군의 일부도 통치했을 가능성이 있다. 즉 서주목이었다고 해도 확실히 통치했다고 말할 수 있는 지역은 서주 5개 군국 가운데 3군(국)에 불과했다. 대신 소패가 있는 패국 등 예주의 일부를 통치했다. 즉 이 당시 유비의 지배 지역은 예주의 동쪽인 패국 일대와 서주의 중부·남부인 팽성·하비·광릉 3군(국)이었을 것으로 추정된다. 최소 2주 4군(국), 최대 2주 5군이다. 이때 유비가 서주만을 지배했다는 기존의 설명이나 지도 표현은 사실이 아닌 것이다. 다만 유비가 서주만 지배한 것처럼 인식된 이유는 명청시대 행정구역 때문이다. 명대 서주는 패·풍·소 등 후한시대 패국 지역 일부도 관할했다. 청대 서주부徐州府도 마찬가지였다. 후한시대 서주는 명청시대의 서주부·회안부·양주부 등에 해당되는데, 그 가운데 서주(부)에 후한시대 패국이 포함되니 당시 사람들은 유비가 주둔했던 소패(패현)도 후한시대의 서주로 오해했을 것이다. 이런 이미지 때문에 유비는 서주만 지배한 군벌로 인식되고, '예주자사'는 명예직이라고 오해하게 되었다.

5장에서 살펴본 것처럼 유비가 통치한 지역은 최소 예주·서주 2주 4군 57현이었고 506,961호, 1,714,795명이었다(예주 패국과 서주의 팽성·하비·광릉). 만약 예주와 서주 전체를 통치했다면 13군 237현과 663,790km²의 영토, 1,142,783호, 6,458,322명을 관할했을 것이다. 그

---

*『후한서/공융전』.

러나 이때 유비가 거느린 군사 수가 1~2만 명에 불과했던 사실을 보면 유비가 통치했던 지역은 전자, 즉 2개 주 4개 군에 불과했을 것으로 보인다. 하지만 유비가 차지한 예주와 서주는 인구와 지리적 측면에서 좋은 곳이었고 특히 낙양과 가까운 곳이었다. 그러나 그는 좋은 기회를 살리지 못했다.

## 서주 부자 미축의 선택 _____

사람에 대한 투자가 최고의 투자라고 한다. 오늘날 여러 기업의 광고에서 이와 유사한 문구를 흔히 볼 수 있는데, 사실 이에 대한 인식은 예나 지금이나 그 내용에서 큰 차이 없다.

중국사에서 사람에게 투자하여 최고의 수익을 거둔 이로는 여불위 呂不韋를 꼽을 수 있다. 여불위는 천금千金을 축적한 양책현陽翟縣 출신의 대상인이었다. 그는 장사를 하러 조趙나라의 수도 한단邯鄲에 갔다가 진나라의 공자 자초子楚(진 시황제의 아버지)를 만났다. 여불위는 자초를 보고 나서 "투자할 만하다"고 평했다.

젊은 시절 여불위는 아버지에게 "농사를 지으면 몇 배의 이익이 있습니까?" 하고 물은 적이 있다. 아버지는 "10배의 이익이 있다"고 했다. 이에 여불위는 "구슬과 옥을 매매하면 몇 배의 이익이 있습니까?" 하고 물었다. 그러자 아버지는 "100배의 이익이 있다"고 했다. 다시 여불위가 물었다. "임금을 세워 국가를 안정시키면 몇 배의 이익이 있습니까?" 그러자 아버지는 "셀 수 없이 많으니라" 했다. 이 말 때문이었을까? 여불위는 인질로 조나라에 와 있는 자초에게 투자하기로 결심했다. 자초가 왕위에 오르도록 공작했고, 과연 뜻을 이루었다. 그 결과 여불위는 재상이 되고 열후에 봉해졌으며 부귀영화를 누렸다. 그의 말년이 좋진 않았다는 사실을 덧붙여야겠지만 말이다.

난세에 유비 또한 시작은 초라했지만 뭇 사람 사이에서 유망주로 보였던 것 같다. 유비에게 투자한 상인과 부자들이 있었다. 황건의 난이 일어나기 전, 재산이 천금이나 되는 중산국 출신의 대상인 장세평張世平과 소쌍蘇雙은 말을 팔러 탁군에 왔다가 유비를 만나본 뒤 그 인상이 좋았는지 유비에게 금과 재물을 주었다. 이 돈으로 유비는 무리를 모을 수 있었다(장세평과 소쌍은 이후 사료에 이름이 나오지 않는다. 두 사람이 유비에게 보답을 받았는지는 알 수가 없다).

　장세평과 소쌍 외에도 유비에게 투자한 대표적 인물로는 미축이 있다. 미축은 동해군 구현胊縣 사람으로, 조상 대대로 재산을 잃지 않고 잘 모아서 노비와 소작인이 1만 명에 이르고 재산이 셀 수 없이 많았다. 또 서해의 섬 울주鬱州에 장원을 소유했는데, 농업과 목축에 종사하는 장원의 사람들은 미축이 죽은 뒤 300년이 지나도록 그를 섬기며 제사를 지냈다고 한다. 미축의 부와 영향력을 알 수 있는 대목이다.

　미축은 서주목 도겸의 추천으로 별가종사가 되었다. 나중에 도겸이 죽자 그는 도겸의 유언을 받들어 유비를 서주목으로 모셨다. 196년, 유비가 원술과 싸우는 동안 여포가 하비를 점령하고 유비의 처자를 붙잡은 일이 있었다(이전에 유비는 결혼했으나 첫 번째 아내는 『삼국지』에 성조차 기록되지 않았다). 이때 미축은 광릉군 해서현海西縣에 주둔한 유비에게 자신의 여동생을 부인으로 바쳤다. 처도 아닌 첩으로. 아울러 노비 등 2,000명과 금은보화를 바쳐 군자금으로 사용하도록 했다. 유비는 미축이 준 군자금 덕분에 곤궁함에서 벗어나 군세를 다시 떨칠 수 있었다.

　나중에 조조는 미축과 미방 형제에게 각각 영군태수嬴郡太守와 팽성상彭城相 자리를 주고 회유했으나 미축 형제는 벼슬을 버리고 유비를 따라갔다. 말하자면 미축은 유비의 성공 가능성을 보고 그에게 자기 재산과 여동생을 투자한 것이다. 그뿐 아니라 유비가 조조에게 패해 서주에서 쫓겨나자, 조조가 준 벼슬까지 뿌리치고 유비를 따라나섰다. 태수와 상은 차관급 벼슬이라 뿌리치기 쉽지 않은 유혹이었다. 유비가 불리한 상황에서 두 차례나 유비를 선택한 것이다. 유비는 그런 미축을 신임했다.

유비는 익주를 정복하고 미축을 안한장군安漢將軍에 임명했다. 실권을 가진 벼슬은 아니지만 제갈량에게 수여된 군사장군軍師將軍보다도 높은 서열이었다. 유비는 자신이 가장 어려운 때 도와준 미축의 은혜를 잊지 않고 그를 우대했던 것이다. 뿐만 아니라 미축은 유비에게서 가장 많은 상과 재물을 하사받은 인물이었다.

하지만 이렇게 총애를 받은 미축이 죄인이 된 일이 있었다. 동생인 남군태수 미방이 관우와 사이가 틀어져 있다가 손권이 형주를 공격해오자 항복한 것이다. 이 때문에 관우는 형주를 빼앗기고 손권군에 사로잡혀 죽임을 당했다. 이 소식을 들은 미축은 스스로 두 손을 등 뒤로 묶고 유비 앞에 나아가 처벌을 자청했다. 동생이 반역죄를 저질렀으니 삼족을 멸하는 것이 당연한 조치였지만 유비는 형제의 잘못으로 그를 벌할 수는 없다며, 오히려 미축을 위로하고 예전처럼 대우했다. 하지만 미축은 스스로 분을 이기지 못하고 화병을 얻어 1년을 넘기지 못하고 죽었다.

자초를 진나라의 왕으로 만든 여불위는 그의 아들이라는 소문이 떠돌았던 정政도 진나라 왕으로 옹립했다. 『사기』에 따르면, 진 시황제는 여불위의 애첩이었다가 뒤에 자초의 아내—태후—가 된 여성이 낳은 아들이다. 여불위는 옛 애인인 태후와의 관계를 청산하기 위해 노애嫪毐라는 정력 좋은 남성을 바쳤는데 나중에 노애가 반란을 일으키자 몰락의 길을 걸었다. 시황제는 노애의 반란을 평정한 후 노애를 천거한 죄를 물어 여불위를 숙청했다. 여불위는 귀양길 중에 자살했다. 사족을 덧붙이면, 여불위 사후 진나라는 여씨 일족을 파촉으로 옮겼는데, 전한 무제가 서남이를 정복한 후 군현을 설치할 때 여씨를 이주시키면서 영창군에 불위현이라는 곳이 생겼다. 제갈량의 남중(남만) 정벌 때 촉군에 대항한 여개呂凱는 여불위의 후손 또는 친척이었다.

미축을 여불위와 비교하면, 미축은 여불위처럼 막대한 투자 수익을 거두는 데는 실패했다. 여불위는 진나라의 재상이 되어 『여씨춘추呂氏春秋』를 남겼고, 비교적 유명한 인물이 되어 역사에도 이름을 남겼다. 그에 비해 미축이 투자한 유비는 성공하긴 했으나 자초나 진 시황제처럼 넓은 영토를 지배하지는 못했다. 지방 정권의 주인이었을 뿐이다. 다만 친아들일 수도 있는 시황제에게 버림을 받은 여불위와 달리 미축은 유비의 버림을 받지는 않았다. 재물이나 식읍 등 수치로 환산 가능한 수익이야 미축이 여불위보다 못했지만, 진실로 자신을 생각해주는 주인을 만났다는 점에서는 미축이 더 나은 수익을 거둔 것일지도 모르겠다.

## 배신자 여포, 유비로부터 서주를 빼앗다 ____

유비는 서주·예주 2주의 지방관을 겸하면서 군웅의 대열에 끼어들었다. 유비가 이 지역을 잘 지키고 세력을 키웠더라면 강한 군벌로 부상했을 것이다. 하지만 그런 일은 일어나지 않았다. 유비의 성공을 가로막은 사람은 여포였다.

여포는 연주 탈환에 혈안이 된 조조에게 시종 공격을 받다가 결국 연주에서 쫓겨났다. 유비는 그런 여포의 다섯 번째 망명을 받아주었다. 그는 여포를 환대했다. 하지만 여포는 그에 대한 고마움은커녕 처음부터 유비를 깔보았다. 그는 유비에게 이렇게 말했다. "나와 경은 모두 변경 출신이오. 나 여포는 관동關東에서 군대가 일어나 동탁을 주살하려는 것을 보고 그를 죽인 후 동쪽으로 나왔소. 그러나 관동의 여러 장군들은 나를 편안하게 해주지 못했고 모두 나를 죽이려고 했소."* 그리고는 유비를 동생이라고 칭했다. 두 명의 양아버지를 만들더니 멋대로 의형제를 맺어 동생을 만든 것이다. 유비는 겉으로 내색하지 않았지만 여포의 언행을 좋아하지 않았다. 그런 사람을 받아들인 건 유비의 실수였다.

한편 회남으로 밀려난 원술은 전열을 정비한 후 북진해 영토를 넓히려고 했다. 공교롭게 회남 북쪽의 지역이 예주와 서주였는데, 2주의 명목상 지방관은 바로 유비였다. 따라서 유비는 원술의 공격 대상이 되었다. 원술은 서주의 새 주인이 된 유비를 만만한 상대라고 생각했다. 결국 196년 6월, 회남에 머문 지 3년째 되던 해에 원술은 군대를 일으켜 서주 공격에 나섰다. 이에 유비는 원술을 막기 위해 군대를 이끌고 남쪽으로 향했다.

196년 6월, 서주 하비국의 우이盱眙와 회음淮陰에서 원술과 유비는 싸웠다. 하지만 일거에 유비의 땅을 차지할 수 있을 것이라는 원술의 생각과 달리, 두 군대는 일진일퇴의 공방전을 되풀이했고 전투는 이내 교착상태가 되었다. 원술은 지리멸렬한 대치 상태를 깨기 위해 유비의 후방을 노렸다. 그가 주목한 것은 유비에게 의탁하고 있던 여포였다. 원술은 여포에게 사람을 보내어 군량미 20만 석을 대줄 테니 하비를 공격하라고 부추겼다. 연주에서 쫓겨난 뒤 망명객으로 살고 있던 여포에게는 솔깃한 제안이었다.

당시 하비는 장비가 지키고 있었는데 그는 도겸의 옛 부하 조표曹

---

*『삼국지/여포전』.

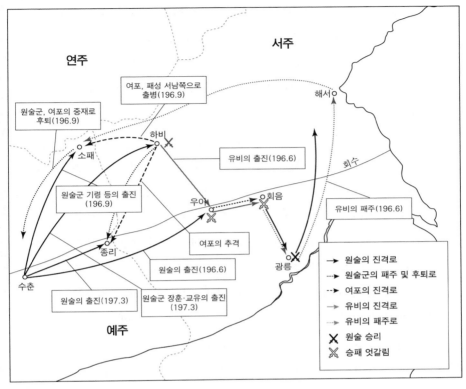

6-9 원술의 서주 공격.

豹와 다투었다. 배송지주에서 인용한 『영웅기』를 보면 장비와 조표
는 하비국에 따로 주둔하고 있었는데, 장비가 조표를 공격했다. 여포
는 이 틈을 노려 조표와 손잡고 쉽게 하비를 점령했다. 소설 삼국지
에서는 장비가 자신이 준 술을 마시기를 거부한 조표를 매질하자 조
표가 앙심을 품고 사위 여포와 내통했고, 여포가 기습해 하비성을 점
령한다(14회). 배송지주의 사료에서도 밝히지 못한 조표의 반란 원인
을 장비의 술버릇으로 돌린 것이다. 독우 매질에 이은 장비의 두 번
째 사고로 묘사한 것이다. 하비 점령은 여포 인생의 세 번째 배신이

기도 했다. 장비는 조표와 싸우다 여포의 협공을 받고 패주했다. 한참 잘 싸우다 본거지나 다름없는 하비성이 함락되었다는 보고를 접한 유비는 광릉군으로 피했으나 뒤쫓아온 원술군에 대패했다. 이에 유비는 광릉군 북쪽 끝의 해서현으로 도망갔다가 어쩔 수 없이 여포에게 항복했다.

원술이 여포를 끌어들여 유비를 곤경에 빠뜨린 후 유비의 군대를 격파한 것까지는 좋았다. 그러나 그는 여포에게 약속한 군량을 보내지 않았다. 이에 여포는 화를 내며 유비를 협공하기로 한 원술과의 약속을 파기하고 다시 유비를 받아들였다. 다만 유비에게 서주를 다시 내놓은 것은 아니었고 그를 소패로 보내 원술과 조조의 공격을 방어하는 화살받이로 삼았다. 2주를 지배하던 유비는 예주 일부를 지배하는 소군벌로 전락했다. 원술도 남 좋은 일만 한 셈이 되었다. 재주는 자신이 부렸건만 서주는 여포에게 넘어갔고, 여포와 유비가 손잡고 반원술 전선을 구축하는 결과가 빚어진 것이다.

여포는 비록 유비로부터 서주를 빼앗았지만 서주의 5개 군국을 모두 지배한 것은 아니었다. 이는 유비가 서주의 주인이던 시절도 마찬가지였다. 앞서 서주를 침공했던 조조는 낭야국과 동해군, 팽성군을 쑥대밭으로 만든 바 있다. 유비와 여포가 원래 서주의 치소인 동해군 담현 대신 하비에 근거지를 둔 것으로 보아 동해군은 조조의 수중에 넘어갔거나 그의 침입으로 엄청난 경제적 타격을 받았던 것 같다.

서주 동북쪽에 위치한 낭야국은 197년 5월까지 소건이 지방관으로 통치했는데 그는 여포의 지배를 받지 않았다. 나중에 소건을 제거하고 낭야국을 차지한 장패 또한 여포로부터 자유로웠다. 또 명목상 여포를 받들었지만 은밀히 조조를 섬겼던 광릉군의 태수 진등陳登 역시 유사시 여포를 배신할 수 있는 인물이었다. 이렇게 보면 서주의 새 주인 여포는 최소 3개 군국(팽성국과 하비국, 광릉군)을 장악했으며, 동해군을 지배하에 두었을 가능성이 있다. 그러나 완전하게 지배한 지역은 하비과 팽성 2군에 불과했을 것이다(조조가 여포를 생포하여 죽이기 전 공격한 지역이 바로 팽성과 하비 2군이었다).

한편 같은 시기에 태산적泰山賊의 우두머리 장패 등이 낭야국을 공격해 낭야상琅邪相 소건을 거현莒縣에서 격파했다. 장패는 여포에게 전리품을 준다고 약속했지만 보내지 않았다. 여포는 군대를 이끌고 전리품을 받으러 거현까지 갔지만 장패는 성문을 걸어 잠그고 여포에게 대항했다. 여포는 헛물만 켜고 돌아올 수밖에 없었다.

어쨌거나 이후 여포는 약 2년 6개월 동안 서주의 몇 개 군국을 지배했다. 그동안 여포의 위협 세력은 원술과 조조였다. 초반에는 조조보다 오히려 원술이 문제였다. 하지만 여포는 원술과의 전투에서 승리하며 유비와 원술의 위협을 제거하는 데 성공했다.

## 서주를 둘러싼 여포, 원술, 유비의 삼파전 _____

남 좋은 일 하며 여포가 서주를 차지하는 것을 보고도 원술은 감히 여포를 공격할 생각을 하지 못했다. 만만한 건 유비라고 생각했는지 원술은 먼저 유비를 공격할 계획을 세웠다.

196년 9월, 원술의 부하 기령紀靈 등은 보병과 기병 3만 명을 이끌고 유비가 있는 소패를 공격했다. 이 소식을 들은 유비는 여포에게 구원을 요청했다. 이때 여포의 부하 장수들은 여포에게 "장군께서는 늘 유비를 죽이려고 하셨습니다. 지금 원술의 손을 빌려 유비를 처치하십시오"라고 말했다. 그러나 여포는 오히려 유비 편을 들었다. "그렇지 않다. 만약 원술이 유비를 격파한다면 북쪽으로 태산의 도적들과 연합할 것이니, 그러면 나는 원술의 포위망 속에 빠질 것이다. 그러므로 유비를 구하지 않을 수 없다."* 만약 원술이 소패를 차지하고 태산의 장패 등과 연합하면, 서주에 있는 여포는 북쪽과 서쪽, 남쪽의 포위망에 갇혀 고립무원에 빠진다는 것이었다. 태산은 연주 동쪽의 군이었다. 여포는 고작 보병 1,000명과 기병 200명을 거느리고 소패로 향했다. 그는 군대를 패성沛城 서남쪽에 주둔한 채 유비와 기령을 불러 술자리를 마련하고 종전을 권했다.『삼국지/여포전』의 기록을 그대로 옮기면 이때 상황은 다음과 같다.

여포는 기령에게 "현덕(유비의 자)은 내 아우요. 여러분에게 곤란을 당했기 때문에 구하러 온 것이오. 이 여포는 성격상 싸움을 좋아하지 않소. 다만 싸움을 중지시키는 것을 좋아할 뿐이오" 하고 말했다. 그러고는 부하에게 영문轅門에 창을 걸어놓도록 명령한 후 활을 당기며 주위를 돌아보고는 "여러분은 여포가 창의 작은 가지를 맞히는 것을 보시오. 만약 내가 작은 가지를 맞히면 양쪽의 군대는 싸움을 중지하시오. 만약 맞히지 못하면 머물러 계속 싸우시오"라고 말했다. 여포가 쏜 한 발의 화살은 창의 가지를 맞혔다. 기령 등은 모두 놀라 "장군의 무용은 놀랍습니다"라고 말했다. 다음 날 다시 잔치를 벌인 후 각자 군대를 물렀다.

당시 유비의 군사는 1만 명이 채 안 되었고, 여포가 거느린 군대도 고작 1,000여 명이었다. 두 사람의 군대를 합쳐봐야 기령의 3만 대군보다 훨씬 적었다. 기령이 단순히 여포의 활솜씨 때문에 후퇴했는지는 알 수 없으나, 여포의 과감한 행동에 영향을 받았다고 보는 게 타

---

*『삼국지/여포전』.

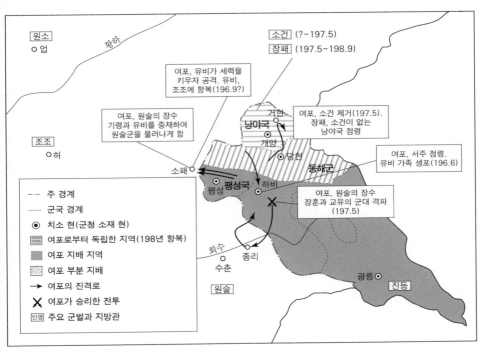

원소
〇 업

황하

소건 (?~197.5)
장패 (197.5~198.9)

여포, 유비가 세력을
키우자 공격. 유비,
조조에 항복(196.9?)

여포, 원술의 장수
기령과 유비를 중재하여
원술군을 물러나게 함

여포, 소건 제거(197.5).
장패, 소건이 없는
낭야국 점령

조조
〇 허

거현

낭야국

개양

담현

동해군

여포, 서주 점령.
유비 가족 생포(196.6)

소패 〇

팽성 팽성국

하비

여포, 원술의 장수
장훈과 교유의 군대 격파
(197.5)

-·- 주 경계

······ 군국 경계

◉ 치소 현(군청 소재 현)

▤ 여포로부터 독립한 지역(198년 항복)

▓ 여포 지배 지역

▨ 여포 부분 지배

➝ 여포의 진격로

✕ 여포가 승리한 전투

인명 주요 군벌과 지방관

회수

종리

수춘

원술

광릉 ◉

진등

6-10 여포의 서주 지배 과정.

당할 것이다. 유비의 속마음이 어땠는지는 모르겠지만, 어쨌든 여포
로서는 유비에게 서주를 빼앗은 마음의 빚을 갚은 셈이었다. 그러나
여포의 공치사는 오래가지 않았다. 그는 유비가 군사를 모아 1만여
명을 얻었다는 소식을 듣고 마음에 의심이 일어나 유비를 공격했다.
여포에게 패한 유비는 조조에게 항복했다. 모사 곽가郭嘉는 조조에게
유비를 제거하라고 권했는데, 조조는 듣지 않았다. 조조는 오히려 유
비를 예주자사로 임명하고 병사와 군량을 주어 다시 소패(패성)로 가
서 여포와 싸우도록 했다. 이에 유비는 소패로 가서 흩어진 군사들을
모아 전열을 정비했다.

여포의 훼방으로 번번이 서주 공략이 실패했지만 원술은 여포와는

사이좋게 지내려고 했다. 그는 197년 스스로 황제의 자리에 오른 후 한윤韓胤을 사신으로 보내 여포에게 혼인동맹을 제안했다. 여포의 딸과 자신의 아들을 결혼시키자는 것이었다. 이에 여포는 한윤에게 딸을 건네주며 원술에게 돌아가도록 했다. 그런데 방해자가 나타났다. 패상 진규는 원술과 여포의 혼인동맹이 성공하여 서주와 양주가 연합하면, 세상이 계속 어지러울 것이라고 생각했다. 그는 여포를 종용해 혼인동맹을 파기하라고 공작했다. 여포는 원래 원술에게 원한이 있었던지라 진규가 설득하자 수긍했다. 그는 회남으로 향하는 딸 일행을 추격하여 그 자리에서 혼인을 파기한 뒤 딸을 데리고 돌아왔다. 그리고 한윤을 조조에게 보냈는데, 조조는 한윤을 죽였다.

화가 난 원술은 여포를 치기 위해 군대를 일으켰다. 197년 3월 원술의 대장 장훈張勳과 교유橋蕤는 보병과 기병 수만 명을 이끌고 여포의 본거지인 하비를 공격했다. 원술의 군대가 황건의 잔당 한섬, 양봉과 힘을 합쳐 일곱 길로 공격해오자 여포는 정신을 차리지 못했다. 여포의 군대는 병사 3,000명, 말 400필에 불과했다. 이 초라한 병력으로 원술의 대군에 맞설 수는 없었다. 이에 여포가 진규를 나무라자 그는 계책을 내놓았다. 원술군과 한섬, 양봉 세력을 이간질할 수 있다는 것이었다. 한섬과 양봉은 본래 백파적의 잔당으로 헌제 일행을 낙양으로 호종하는 공을 세웠으나 조조와의 권력투쟁에서 밀려난 뒤 회수 일대를 전전하는 나날을 보내고 있었다. 그러던 중 원술 측의 제안이 오자 덜컥 응한 것이었다. 여포는 진규의 말에 따라 한섬과 양봉에게 편지를 보내어 원술의 군대와 이간질했다. 그러면서 오히려 원술의 군대를 협공하자고 제안했다. 대신 원술군을 격파하고 나서 물자를 나누어주기로 약속했다. 이에 한섬과 양봉은 크게 기뻐하며 여포를 따르기로 했다.

하비에서 여포가 장훈의 군영 100보 앞까지 진격하자 한섬과 양봉의 군사들이 이에 호응해 장훈의 군영을 공격했다. 교유는 여포 측에 생포되었고 장훈은 패주했다. 여포와 한섬, 양봉은 끝까지 원술군을 추격하여 원술의 본거지인 수춘으로 향했다. 이들은 회수마저 건넜고 수춘현과 불과 200여 리밖에 떨어져 있지 않은 종리현鍾離縣까지 진격했다. 하지만 원술로서는 다행스럽게도, 그들은 더 이상 진격하지 않았고 다만 노략질을 한 후 회수를 건너 돌아갔다. 이때 여포는 원술에게 모욕적인 편지를 보냈는데, 원술은 뒤늦게 보병과 기병 5,000명을 거느리고 회수로 진격했으나 여포의 기병들은 강 건너편에서 그를 비웃으며 돌아갔다.

결국 원술은 세 차례에 걸쳐 서주 공격에 나섰지만 모두 실패했다. 특히 세 번째 전투에서는 주력부대의 상당수를 잃었다. 원술의 서주 공격에는 나름대로 타당한 전술적 고려가 있었다. 만약 원술이 서주 점령에 성공했다면, 조조는 남쪽의 원술과 북쪽의 원소 사이에서 '샌드위치' 신세가 되었을 것이다. 그러나 현실은 원술의 뜻대로 되지 않았다. 원술은 막대한 인적, 물적 피해만 입고 영토를 넓히는 데 실패했다.

## 양주를 둘러싼 원술과 유요의 다툼: 손책의 강동 정복? _____

오나라를 세운 것은 손권이지만 강동 4군을 점령해 실질적인 정권을 세운 창업 군주는 손책이다. 손책의 창업도 유비만큼은 아니지만 쉽지 않았다. 손책이 아버지 손견을 여읜 다음부터 원술의 명령으로 강동을 공격할 때까지의 이야기를 살펴보자.

손책은 손견의 맏아들이다. 손견이 군대를 일으키자 손책은 어머니 오씨吳氏와 함께 여강군의 치소인 서현舒縣으로 이주했다. 손책은 그곳에서 나이가 같은 주유周瑜를 만났다. 여강군 서현은 주유의 고향이었고, 주유는 2대에 걸쳐 2명의 삼공을 배출한 집안 출신이었으므로 손책은 정치적으로 영향력 있는 중요한 인물을 사귄 셈이다. 주유는 손책을 만나 우정을 나누었고 서현성 안 남쪽의 큰 저택을 손책에게 주었으며, 손책의 어머니 오씨를 친모처럼 예우했다.

손책은 당시 10여 세에 불과했지만 장강과 회수 일대의 여러 인물과 사귀며 인심을 모았다. 그는 191년에 아버지 손견이 양양 부근에서 전사하자 오군 곡아현曲阿縣에서 장사 지낸 뒤 장강을 건너 광릉군 강도현江都縣에서 거주했다.

손책은 193년 양주 일대를 지배하던 원술을 찾아갔다. 배송지주에 인용된 『강표전』에 따르면 손책은 수춘을 방문해 원술에게 다음과 같이 말했다.

> 돌아가신 제 아버지가 옛날에 장사군에서 동탁을 토벌하러 가다가 사군使君(자사를 지칭하는 용어로 여기서는 원술을 가리킨다)을 남양군에서 만나 동맹을 맺었습니다. 그러나 불행하게 난을 만나 공적을 세우지 못했습니다. 저 손책은 돌아가신 아버지의 옛 은혜를 느끼고 스스로 사군에게 의지하려고 하니 사군께서는 제 성의를 살펴주시기 바랍니다.

원술의 부하가 되기를 자청한 것이다. 이때 원술은 손책에게 손견의 군사들을 돌려주지 않고 외삼촌과 삼촌이 태수와 도위로 근무하던 단양군으로 돌아가 군사들을 모집하도록 명령했다. 손책은 모병하고 돌아오다가 경현涇縣의 도적 우두머리 조랑祖郞에게 습격을 받아 위태로운 상황에 몰렸다. 손책이 겨우 살아 돌아와 원술을 만나니 그는 손견의 옛 병사 1,000여 명을 돌려주었고, 조정에 표를 올려 회의교위懷義校尉로 추천했다. 교위는 장군 휘하의 무장 벼슬로, 손책은 명목상 원술의 부하였지만 병사를 거느린 중견 장교로서 군사적 기반을 마련할 수 있었다.

손책이 싹이 있었는지 원술의 대장 교유橋蕤와 장훈은 마음을 기울여 손책을 존경했다. 원술도 늘 한탄하며 "내 아들 가운데 손책 같은 아이가 있으면 죽어도 어찌 한이 있겠는가?" 하고 말했다.[*] 이 일화는 손책이 뛰어난 인물이 될 자질이 있었음을 보여준다.

하지만 원술과 손책의 관계는 점차 멀어졌다. 인사 문제 때문이었다. 원술은 손책을 구강태수로 임명하겠다고 약속했으나 정작 단양군 사람인 진기陳紀를 임명했다. 또 여강태수 자리가 생겼을 때도 손책은 또다시 밀렸다. 후자의 상황을 살펴보면, 원술이 서주를 공격하려고 했으나 여강태수 육강陸康이 곡식 3만 석을 주지 않자 원술은 육강을 공격했다. 이때 손책이 육강 토벌에서 큰 공을 세웠고, 원술도 처음에는 손책을 여강태수로 임명하려고 했다. 그러나 마음이 바뀌어 대신 자신의 옛 부하 유훈을 여강태수로 임명했다. 이에 손책은 더욱 실망했고, 결국 원술에게서 독립하기로 마음먹었다. 그때 기회가 찾아왔다. 원술이 명목상 주인을 자처하는 양주에 경쟁자 유요가 등장한 것이다.

유요는 동래군東萊郡 모평현牟平縣 사람이며, 반동탁연합군에 참여했던 연주자사 유대의 동생이다. 황실의 먼 친척이며, 큰아버지가 태위에 임명될 정도로 잘나가는 집안이었다. 그는 19세에 삼촌 유위劉韙가 도적에게 잡혀 인질이 되자 직접 도적 소굴로 들어가 유위를 데려

---

[*] 『삼국지/손파로토역전(손책전)』.

왔을 정도로 대담했다. 효렴으로 천거되어 낭중郎中에 임명되었고, 하읍현장下邑縣長을 역임했다. 후에 태수의 인사 청탁을 거절하고 벼슬을 때려치운 뒤 고향으로 돌아갔다. 후에 사공연司空掾에 천거되고 시어사侍御史에 제수되었지만 벼슬길에 나가지 않았다. 그는 동탁의 집권과 반동탁연합군의 전쟁 등 난리를 피해 하비국 회포현淮浦縣으로 옮겨갔다. 이때 조정에서 유요를 양주자사로 임명했다. 벼슬을 사양했던 전과 달리 유요는 양주자사에 취임했다. 그러나 당시 양주는 원술이 지배하고 있었다.

양주자사에 임명된 유요는 양주의 치소인 수춘현을 원술이 차지하고 있어 다른 곳을 치소로 삼아야 했다. 그는 장강을 건너 강동(강남)에 치소를 두려고 했다. 이때 단양태수 오경과 손책의 사촌형 단양도위 손분孫賁은 유요를 정통성 있는 양주자사로 받아들여 오군 북쪽에 있던 곡아현으로 모셨다. 그러나 유요는 자신을 도와준 오경과 손분을 내쳤다. 손책이 여강태수 육강을 공격한다는 소문을 듣고 원술과 손책에게 양주를 빼앗길 수 있다는 의구심이 생긴 것이다. 자신에게 호의적인 오경과 손분이 원술이 임명한 인사들이라는 점도 고려했다. 내쫓긴 오경과 손분은 장강 북쪽의 역양현까지 밀려났다. 유요는 장수 번능樊能과 우미于麋에게 횡강橫江을 지키도록 하고, 장영張英에게는 당리구當利口를 지키게 하여 오경과 손분의 공격에 대비했다. 횡강과 당리구는 역양현에 있었다. 오경과 손분이 장강을 넘어 돌아오는 것을 차단하겠다는 의지였다. 일종의 배수진이었다. 원술은 부하인 낭야국 사람 혜구惠衢를 양주자사, 오경을 독군중랑장督軍中郞將으로 임명해 손분과 함께 장영 등을 공격하도록 명령했다.

이러한 상황에서 손견 밑에서 교위 벼슬을 했던 단양군 사람 주치朱治가 손책을 찾아가 강동을 차지할 것을 권했다. 손책은 주치의 계

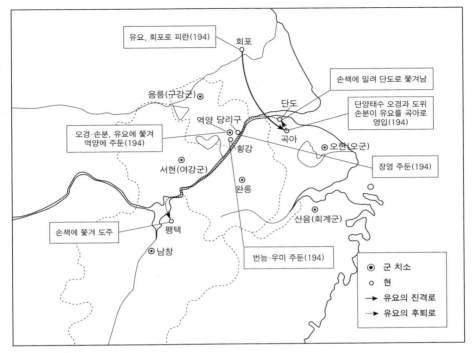

유요, 회포로 피란(194)
회포
손책에 밀려 단도로 쫓겨남
음릉(구강군)
단도
단양태수 오경과 도위
손분이 유요를 곡아로
영입(194)
역양 당리구
오경·손분, 유요에 쫓겨
역양에 주둔(194)
곡아
횡강
오현(오군)
서현(여강군)
장영 주둔(194)
완릉
손책에 쫓겨 도주
팽택
산음(회계군)
남창
번능·우미 주둔(194)
◉ 군 치소
○ 현
→ 유요의 진격로
┅► 유요의 후퇴로

6-11 양주자사 유요의 활동.

책을 받아들였다. 그는 원술에게 장강을 건너 강동으로 가서 3만 명
을 모아 돌아와서 원술을 돕겠다고 말했다. 원술에게서 벗어나기 위
해 짜낸 계략이었다. 원술도 손책이 자신을 벗어나 자립하려는 의도
임을 알았다. 하지만 유요가 곡아현에 있고, 회계태수 왕랑이 회계군
에 자리잡고 있기 때문에 손책이 쉽게 강동을 평정하지는 못할 것이
라고 생각했다. 원술은 조정에 표를 올려 손책을 절충도위折衝都尉로
추천하고 그의 요청을 들어주었다. 손책은 1,000여 명과 기병 수십 명
을 거느리고 강동을 향해 진격했다. 사소한 일일지는 모르겠으나 원
술이 손책의 공격을 허락한 연도가 사서마다 다르다. 『삼국지/위서』

와 『후한기』는 193년(초평 4년), 『후한서/헌제기』와 『삼국지/오서』는 194년(흥평 원년), 『강표전江表傳』에서는 196년(흥평 3년)으로 기술했다. 사마광의 『자치통감고이』에서는 193년이 원술이 막 수춘을 점령한 이후이고, 오경과 유요의 전투가 흥평 원년까지 지속되었으므로 194년도 아니라고 보았다. 배송지주에나 인용되는 『강표전』의 기록처럼 196년에야 손책이 강동으로 진격했다고 고증한 것이다. 필자는 『자치통감』 편찬진의 고증과 유권해석을 전적으로 따른다.*

6-12의 지도는 이후 손책의 강동 정복 과정을 정리한 것이다.

손책이 장강 북안에 위치한 역양에 이르자 군사들이 1,000명에서 5,000~6,000명으로 늘어났다. 여기에 도우미까지 등장했다. 당시 단양태수인 삼촌 주상周尙에게 의탁하고 있던 주유가 군사를 이끌고 손책을 찾아와 군량을 건네주었다. 손책은 옛 친구를 만난 데다 군수물자까지 얻자 무척 기뻐했다. 그는 횡강과 당리구를 공격하여 이곳을 지키던 번능과 우미, 장영을 격퇴하고 중요한 군사 요지를 점령했다.

이어 장강을 건넌 손책은 승승장구했다. 당시 강동의 백성들은 손책이 온다는 말만 듣고도 혼백을 잃었다고 할 정도로 그를 두려워했다. 그러나 손책은 백성들의 재물을 건드리지 않고 엄격한 군기를 유지했다. 그러자 백성들이 크게 기뻐하며 다투어 고기와 술을 바쳐 손책의 군사들을 위로했다. 강동 사람들의 민심이 손책에게 기운 것이다. 손책은 강동 사람들의 민심과 지지를 얻으며 강동 지배를 굳혔다.

손책은 말릉현 남쪽에 위치한 우저영牛渚營을 공격했다. 유요는 당시 우저영에 군량과 무기를 저장해두고 있었는데, 손책은 우저영을

---

* 6-12 지도에서 표기한 연월은 『자치통감』의 내용에 근거하여 구성했다. 그러나 『자치통감』 편찬진은 이 시기보다 조금 늦게 손책이 강동을 정복했을 것이라고 비평했다.

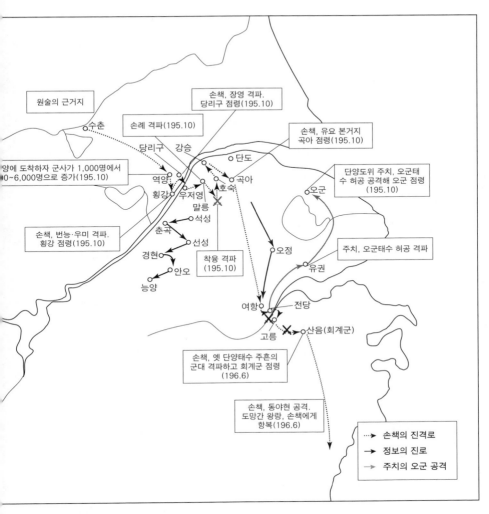

원술의 근거지

손책, 장영 격파.
당리구 점령(195.10)

손례 격파(195.10)

손책, 유요 본거지
곡아 점령(195.10)

수춘

당리구 강승

양에 도착하자 군사가 1,000명에서
0~6,000명으로 증가(195.10)

역양

단도

곡아

단양도위 주치, 오군태
수 허공 공격해 오군 점령
(195.10)

횡강 우저영

호숙

오군

말릉

손책, 번능·우미 격파.
횡강 점령(195.10)

춘곡

석성

선성

오정

주치, 오군태수 허공 격파

경현

착융 격파
(195.10)

유권

안오

능양

여항

전당

산음(회계군)

고릉

손책, 옛 단양태수 주흔의
군대 격파하고 회계군 점령
(196.6)

손책, 동야현 공격.
도망간 왕랑, 손책에게
항복(196.6)

⋯→ 손책의 진격로
━→ 정보의 진로
━→ 주치의 오군 공격

6-12 손책의 강동 정복 과정.

점령한 후 군량과 무기를 획득해 군대를 무장하고 먹여 살릴 경제적
기반을 확보했다. 당시 전 팽성상 손례孫禮와 하비상 착융笮融이 각각
말릉성과 말릉현 남쪽에 거주하며 손책에게 대항했지만 손책은 이들

을 어렵지 않게 격파했다. 이어 손책은 매릉梅陵에서 유요의 무장이 이끄는 군대를 물리쳤고, 말릉 동쪽의 호숙湖熟과 강승江乘 2현도 점령한 뒤 유요의 본거지가 있는 곡아현으로 진격했다.

유요는 곡아현 북쪽의 단도현丹徒縣으로 도망한 뒤 배를 타고 상류의 예장군 팽택현彭澤縣으로 달아났다. 양주 6군 가운데 예장군의 인구가 가장 많았는데, 아마도 예장군에서 재기를 도모하려고 했던 것 같다. 유요는 같이 도망온 착융을 보내 예장태수豫章太守 주호朱晧와 함께 유표가 임명한 또 다른 예장태수 제갈현을 공격하게 했다(제갈현은 제갈량의 숙부이다). 하지만 착융은 주호를 살해했고, 유요는 그런 착융을 공격하여 예장군을 장악하려 했으나 병들어 죽고 말았다.

한편 손책의 부하 정보程普도 오정烏程, 석목石木, 파문波門, 능전陵傳, 여항餘亢 등지를 점령했다. 또한 주치 역시 유권현由拳縣에서 오군태수 허공許貢의 군대를 격파했고, 오군의 치소인 오현을 점령했다. 손책은 주치를 오군태수에 임명했다. 단양군에 이어 오군을 점령한 손책의 다음 목표는 회계군이었다. 회계태수 왕랑은 본래 도겸의 부하로, 도겸에게 이각·곽사가 장악한 장안 조정에 사신을 보내자고 했던 인물이다. 덕분에 그는 회계태수 자리를 얻었다. 형식적으로 이각·곽사 쪽 인물이었고, 헌제를 지지하는 인물로도 볼 수 있다. 어쨌든 원술·손책과는 상극인 인물이었다.

196년 6월 오경이 1만여 명을 거느리고 있던 도적 두목 엄백호嚴白虎를 공격했으나 성공하지 못했다. 이에 휘하 장수들이 엄백호를 공격하자고 진언했으나 손책은 이를 물리치고 먼저 회계군을 공격했다. 손책의 군대는 절강浙江을 건너 왕랑의 군대를 공격했으나 이기지 못했다. 손책의 군대는 밤에 불을 지르고 가짜 병사들을 만들어 왕랑의 군사들을 불이 난 쪽으로 시선을 돌렸다. 그러고는 사독도査瀆道로 진격해 고천둔高遷屯을 습격했다. 왕랑은 크게 놀라 옛 단양태수 주흔에게 손책의 군사들을 공격하게 했다. 하지만 손책은 도리어 고릉固陵에서 주흔 등을 격파하고 참했다. 이에 저항할 생각을 포기한 왕랑은 배를 타고 바다로 나가 동야현東冶縣으로 도망갔지만 손책이 추격하여 대파하니 결국 항복했다.

한편 왕랑이 동야현으로 도망가자 후관장候官長 상승商升이 왕랑을 돕기 위해 군사를 일으켰다. 손책은 영녕현장永寧縣長 한안韓晏을 남부도위南部都尉에 임명하여 상승을 토벌하게 했으나 패하고 말았다. 이에 한안 대신 하제賀齊를 영녕현장과 남부도위에 임명하자 하제의 위세를 두려워한 상승이 항복하려 했다. 그러자 항복에 반대하는 장아張雅와 첨강詹疆 등이 상승을 죽이고 반란을 일으켰다. 그러나 하제가 장아를 격파하니 첨강은 항복했다. 이로써 회계군은 완전히 손책의 수중에 들어왔다.

여기까지가 『삼국지/손파로토역전』의 기록을 요약한 것이다. 이 열전은 원술로부터 벗어나 손책이 장강을 건널 때 이미 원술로부터 독립했다고 서술했다. 필자도 처음에는 이 기사를 믿었다. 하지만 『후한기』와 『후한서』 기록을 보고 생각이 바뀌었다. 두 기록은 공통적으로 원술이 손책을 보내 강동을 공략하도록 했다고 적었다. 앞에서 언급한 대로 범엽은 공자의 춘추필법에 의거해 『후한서/헌제기』를 기록했다. 조정에 반기를 들고 독립한 군웅은 벼슬이름 없이 이름만 적었다. 중국에서 벼슬이름 없이 이름만 적는 것은 멸시의 표현이었다. 그런 『후한서』에서 강동 정복의 주체를 손책이 아닌 원술이라고 적시했다. 이러한 점을 감안하면 원술은 조정이 임명한 양주자사 유요를 제거하고 양주 전체를 차지하기 위해 손책에게 강동 정복을 명령한 것으로 보인다. 즉 이때 손책은 원술의 부하에 불과했다는 것이다. 『자치통감』에 따르면, 손책이 단양군을 점령한 195년 원술은 주유의 삼촌인 주상 대신 원윤을 단양태수에 임명했다. 이때 주상과 주유는 원술이 있던 수춘으로 돌아갔다. 이는 원술이 단양군의 인사권을 장악했기 때문에 가능한 일이다. 그리고 손책의 정치적 동반자인 주유도 이때까지 원술의 부하였다.

그렇다면 손책이 정식으로 원술로부터 독립한 시기는 언제일까? 『자치통감』에 따르면 196년, 『삼국지』에 따르면 원술이 황제를 지칭한 197년이다. 연도는 다르지만, 두 책 모두 손책이 원술의 황제 자칭에 항의하는 편지를 보냈고, 원술이 손책의 간언을 거절하자 인연을 끊었다고 했다. 이것이 손책이 원술로부터 독립한 계기다. 『후한서/헌제기』에는 손책의 이름이 세 번 등장하는데, 두 번째 등장에서 손책은 197년 사신을 보내 조정에 조공했다. 이에 조조는 같은 해 5월 의랑 왕포王誧를 보냈다. 손책을 자기편으로 끌어들이기 위한 조치였다. 조조는 손책을 기도위에 임명하고, 손견의 작위인 오정후烏程侯를 이어받게 했으며, 회계태수를 겸임하게 했다. 이전에는 회계태수를 자칭했으나 이때 조정으로부터 정식 임명장을 받은 것이다.

조조가 손책에게 벼슬과 작위를 준 것은 여포 및 오군태수 진우陳瑀와 함께 황제를 참칭한 원술을 토벌하는 군사동맹을 맺기 위한 포석이었다. 즉 남북에서 원술을 포위하려는 시도였다. 하지만 손책은 기도위에 만족하지 않았다. 그는 장군의 자리를 원하며 불만을 드러냈다. 기도위는 비이천석으로 이천석인 회계태수보다 등급이 낮았다. 여러 군을 장악한 자신이 차관급도 못한 벼슬을 받았으니 좋아할 수 없었다. 반면 장군은 최소 장관급인 중이천석 이상의 대우를 받았으니 손책이 장군 벼슬을 원하는 것은 당연했다. 이에 왕포는 임기응변으로 손책에게 명한장군明漢將軍의 벼슬을 주었다. 당시 지방으로 파견된 사자는 재량권을 가졌기 때문에 손책에게 다른 벼슬을 줄 수 있었던 것 같다.

한편 『삼국지/오서』에서는 원술이 황제를 자칭할 무렵 이미 자신과 친인척을 단양·예장·오·회계 4군의 태수에 임명했다고 기록했다. 그러나 197년에는 오군태수 진우가 존재했다. 필자는 『삼국지/오서』와 『후한서』, 『자치통감』의 기록에서 연도 등이 다른 이유가 무엇일까 곰곰이 생각해보았다. 그 결과 오나라의 역사책을 참조한 『삼국지/오서』에서는 원술의 명령을 받고 강동을 공격했을 때부터 손책이 이미 독립된 군벌이었고, 원술이 황제를 자칭하던 197년 무렵에는 점령하지도 않은 오·회계·예장 3군을 점령한 것처럼 포장했음을 발견했다. 그 때문에 『삼국지/오서』에서는 손책이 단양·오·회계 3군을 점령한 날짜를 전혀 기록하지 않은 것이다. 그러나 『삼국지』보다 나중에 씌어진 『후한서』와 『후한기』, 『자치통감』은 여러 자료를 바탕으로 손책이 원술로부터 독립한 해나 3군을 점령한 날짜까지 고증해놓았다.

오나라 사람들은 어차피 원술이 황제를 자칭해 한나라를 배신했으니, 손책이 미리 원술을 배신했다고 기록해도 무방하다는 논리를 들이대며 손책이 원술을 '배신'한 연도를 의도적으로 2~3년 앞당겼다. 그리고 그 배신의 이유도 원술이 손책을 태수로 임명한다는 약속을 두 차례나 어겼다는 점을 제시했다. 책임이 원술에게 있다는 논리다. 그러나 당시 상황을 객관적으로 살펴보면, 손책은 원술을 위해 싸우는 젊은 애송이 장교에 불과했다. 손책보다 벼슬살이 경력이 화려한 인물들도 많은데 손책을 태수에 임명할 이유가 없었다. 『삼국지/오서』는 배신의 원인을 원술에게 돌려 손책의 허물을 감췄다. 그 배신도 원술이 황제를 자칭한 것이 이유였으니, 손책은 도덕적으로 아무 문제가 없었다. 어차피 원술이 나쁜 놈이었으므로 모든 책임을 원술에게 전가하면 되었다.

이상의 내용을 정리하면, 전투 장면을 위해 『삼국지/오서』의 내용을 옮겨 손책이 강동을 평정하는 과정을 기술했지만, 객관적으로 보면 손책은 원술의 명령에 따라 이각과 곽사가 통치하는 장안 조정에서 보낸 양주자사 유요를 몰아내기 위해 싸운 것이다. 유요의 입장에서 보면, 조정의 기강을 세우고 양주에서 원술의 세력을 몰아내기 위해 분전했으나, 손책에게 밀려난 것이다. 유대·유요 형제는 후한을 위해 충성했으나, 공교롭게 그들의 자리를 차지한 조조와 손책의 군웅 데뷔에 한몫한 셈이 되었다. 그리고 그 두 영웅을 빛내기 위해 평가절하되어야 했다.

## 소리 없이 강한 유표의 형주 통치 _____

형주가 처음부터 『삼국지』의 주 무대는 아니었다. 유표가 터를 닦고 죽은 후 조조, 손권, 유비가 노리는 곳이 되면서 역사의 무대에 등장했다. 유표의 전임자는 반동탁연합군 결성 당시 손견에게 죽은 왕예로 졸지에 공석이 된 자리를 유표가 차지했다. 유표는 연주 산양군 고평현 사람으로, 그의 선조는 전한 경제景帝의 아들 노공왕魯恭王 유여劉餘였다. 당고의 화 때 환관들에게 대항한 대표적 인물 중 한 명이었던 그를 당시 사람들은 8준八儁 혹은 8고八顧의 한 사람으로 꼽았다. 그는 형주자사에 임명되기 전 대장군연大將軍掾에 임명되어 대장군 하진의 부하가 되었다가 친위부대를 지휘하는 요직인 북군중후北軍中候를 거쳤다. 유표는 친위부대의 우두머리가 될 정도로 조정의 신임이 두터웠다.

190년 3월 유표가 형주자사에 부임할 무렵, 형주는 난장판이었다. 장사군의 신임 태수 소대蘇代가 반란을 일으켰고, 남군 화용현華容縣

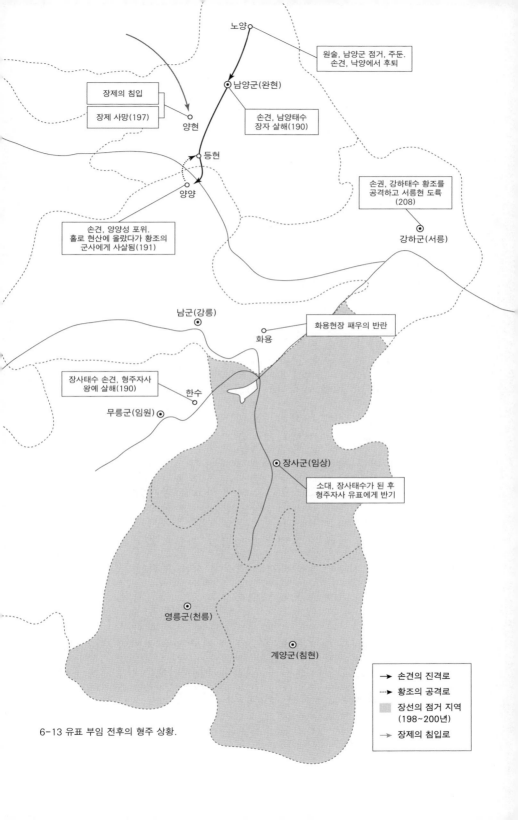

노양

원술, 남양군 점거, 주둔.
손견, 낙양에서 후퇴

남양군(완현)

장제의 침입

장제 사망(197)

양현

손견, 남양태수
장자 살해(190)

등현

손권, 강하태수 황조를
공격하고 서릉현 도륙
(208)

양양

강하군(서릉)

손견, 양양성 포위.
홀로 현산에 올랐다가 황조의
군사에게 사살됨(191)

남군(강릉)

화용

화용현장 패우의 반란

장사태수 손견, 형주자사
왕예 살해(190)

한수

무릉군(임원)

장사군(임상)

소대, 장사태수가 된 후
형주자사 유표에게 반기

영릉군(천릉)

계양군(침현)

→ 손견의 진격로

⋯▶ 황조의 공격로

장선의 점거 지역
(198~200년)

→ 장제의 침입로

6-13 유표 부임 전후의 형주 상황.

에서도 신임 현장 패우貝羽가 반란을 일으켰다. 또 북쪽에서는 남양군을 점거한 원술이 유표를 괴롭혔다. 장강 이남에서는 이민족 혹은 도적떼인 종적宗賊의 세력이 강했는데, 이들은 좀처럼 지방관들의 말을 듣지 않았다(종적의 반란은 구체적인 지명을 알 수 없어 6-13 지도에서는 생략했다). 사서에서는 '종적'의 정체를 구체적으로 서술하지 않았는데, 학자들은 산적 혹은 이민족 출신의 도적으로 보고 있다.

유표는 남군 중려국中廬國 사람인 괴량蒯良과 괴월蒯越, 양양현 사람인 채모蔡瑁를 초빙해 대책을 물었다. 이에 괴월은 북쪽으로 양양, 남쪽으로 남군을 지킨 후에 각 군현에 격문을 보내면 각 군현이 복종할 것이라고 조언했다. 그는 특히 원술에 대해서는 무능하기 때문에 걱정할 필요가 없다고 했다.

유표의 명령을 받은 괴월은 종적의 우두머리 55인을 유인해 참수한 뒤 나머지 무리를 습격하고 병합했다. 끝까지 항복하지 않는 무리가 있었는데, 괴월과 방계龐季는 강하군의 도적 장호張虎와 진생陳生을 설득해 항복을 받아냈다. 이로써 강남의 종적은 모두 평정되었다.

191년, 반동탁연합군이 해체된 후 남양군 노양현에 머물던 원술은 형주를 차지할 목적으로 손견을 보내 유표를 공격했다. 손견은 군대를 이끌고 남양군과 남군의 경계선인 양현穰縣과 번성樊城 사이의 지역에서 유표가 보낸 장수 황조와 싸웠다. 손견은 황조의 군대를 격파하고 형주의 치소인 양양까지 진격하여 성을 포위했다. 양양성이 함락될 경우 자칫 형주 전체를 내어줄 수도 있는 위기였다. 그런데 반전이 일어났다. 손견이 혼자 말을 타고 현산峴山에 올랐다가 황조의 병사들이 쏜 화살을 맞고 죽은 것이다. 손견이 죽고 손견의 군대마저 물러나자 유표는 한숨을 돌릴 수 있었다. 이후 원술은 남양군에서 가렴주구를 일삼다가 동북쪽의 진류군으로 이동했다.

유표는 유언이 죽고 유장이 익주목이 되자 토착민과 외지인의 내전에 개입했다. 당시 장안 조정에서는 194년 유언이 죽자 호모扈瑁를 익주자사에 임명하여 한중을 거쳐 익주의 치소에 부임하도록 했다. 이에 호응한 형주별가 유합劉闔과 유장의 무장 심미沈彌, 누발婁發, 감녕甘寧 등도 유장을 공격했다. 하지만 이들은 유장을 이기지 못하고 형주로 달아났다(유합이 익주가 아닌 형주의 별가였던 점으로 보아 유표가 파촉의 토착민인 심미, 누발, 감녕과 함께 익주를 점령하기 위해 군대를 보냈음을 알 수 있다). 유장은 조위를 보내 형주를 공격했다. 하지만 조위는 익주의 토착 세력과 함께 오히려 유장을 공격하기 위해 군대를 돌렸다. 그 덕에 유표는 형주가 전쟁터가 될 뻔한 위기를 모면했다.

잘 알려지지 않은 사실이지만, 유표는 낙양으로 돌아온 헌제를 도왔다. 『후한서/조기전』에 따르면, 헌제가 낙양으로 돌아온 후 동승에게 황폐한 궁전을 수리하라고 했다. 이때 조기趙岐가 동승에게 "지금 천하가 분열되었지만 오직 형주는 땅이 넓고 해마다 풍년이 들었으며 병사들이 온존합니다. 제가 유표를 설득해서 군사들을 데리고 와서 장군과 힘을 합치면 황실을 구할 수 있습니다" 하고 말하고는 형주에 가서 유표를 설득했다. 유표는 궁실의 수리를 위해 군사를 보낸 데 이어 식량과 무기를 낙양으로 보냈다. 헌제가 낙양으로 돌아왔을 때, 원소는 구원의 손길을 외면했고 조조가 헌제를 허로 데려와 권력을 장악했다고 알려졌지만 실상 불쌍한 헌제를 처음으로 도와준 지방관은 유표였다.

하지만 『삼국지/유표전』에는 이 대목이 전혀 나오지 않는다. 헌제를 차지한 조조가 그 전에 유표가 헌제를 도와준 기록을 말살했거나, 진수가 조조를 돋보이게 하기 위해 일부러 기록하지 않았을 것이다. 만약 유표가 낙양으로 가서 헌제를 직접 만나거나 형주의 양양으로

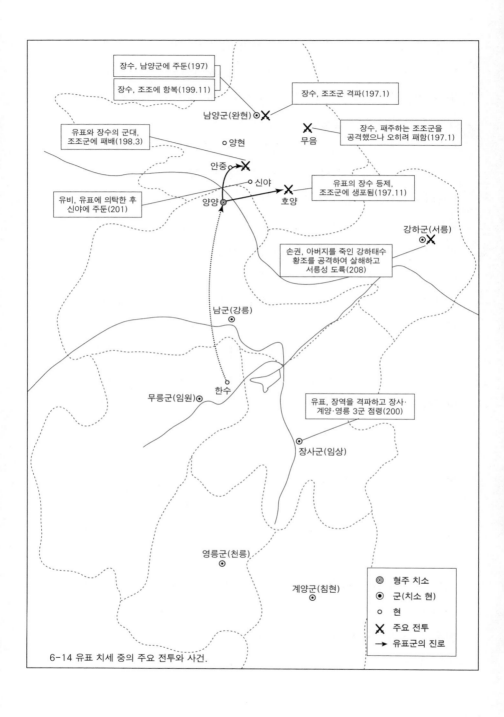

장수, 남양군에 주둔(197)

장수, 조조에 항복(199.11)

장수, 조조군 격파(197.1)

남양군(완현) ◉✗

유표와 장수의 군대,
조조군에 패배(198.3)

○ 양현

✗
무음

장수, 패주하는 조조군을
공격했으나 오히려 패함(197.1)

안중 ✗

○ 신야

유표의 장수 등제,
조조군에 생포됨(197.11)

유비, 유표에 의탁한 후
신야에 주둔(201)

양양 ◎

✗
호양

강하군(서릉)
◉✗

손권, 아버지를 죽인 강하태수
황조를 공격하여 살해하고
서릉성 도륙(208)

남군(강릉)
◉

무릉군(임원) ◉

○ 한수

유표, 장역을 격파하고 장사·
계양·영릉 3군 점령(200)

장사군(임상)
◎

영릉군(천릉)
◉

계양군(침현)
◉

◎  형주 치소
◉  군(치소 현)
○  현
✗  주요 전투
→  유표군의 진로

6-14 유표 치세 중의 주요 전투와 사건.

데려왔다면 유표가 헌제를 끼고 권력을 장악했을 것이다. 그리고 조조 대신 유표가 화북을 통일했을지 모를 일이다. 유표는 자신이 직접 가지 않고 일부 병사와 군량, 무기를 보낸 반면 조조는 모든 군대를 거느리고 헌제 주변에서 얼쩡거렸고, 결국 헌제를 차지했다. 이것이 두 사람의 운명을 갈랐다.

197년에는 과거 동탁의 부하이자 이각·곽사의 무리였던 장제가 남양군을 침입했다. 표기장군驃騎將軍으로 임명되고 평양후平陽侯에 봉해진 후 홍농군에 주둔하던 장제가 홍농군에 기근이 들어 먹고살기 어렵게 되자 물자가 풍부한 남양군을 침입한 것이다. 하지만 그는 양현까지 쳐들어와 공성전을 벌이다가 화살에 맞아 죽고 말았다. 이때 유표의 부하들이 적장 장제가 죽었다는 소식을 듣고 유표에게 축하해 주었으나 유표는 사양했다. 대신 장제 진영에 사람을 보내, 장제의 조카 장수張繡에게 장제의 군대를 그대로 통솔하여 남양군을 지키는 게 어떻겠느냐고 제안했다. 장수는 이에 응했고, 이로써 유표는 북방의 불을 끄고 한숨 돌릴 수 있게 되었다고 생각했다. 그러나 조조가 197년과 198년에 남양군을 공격하여 장수와 일진일퇴의 공방을 벌이자 유표도 여기에 개입하지 않을 수 없었다.

197년, 조조는 장수가 항복을 번복하고 공격하는 바람에 큰아들 조앙과 조카 조안민, 부하 전위를 잃었다. 조조가 장수의 항복을 받은 후 장수의 숙모(장제의 아내)와 성관계를 맺고 장수의 부하 장교 호차아를 매수하려 했는데, 이에 수치심과 배신감을 느낀 장수가 조조를 공격한 것이다. 전적으로 조조의 잘못이었다. 장수가 승리의 기세를 몰아 남양군 동쪽의 무음현舞陰縣까지 조조를 추격했으나 패하고 돌아갔다. 198년에도 조조는 남양군 공격에 나서 3월에는 양현에서 장수를 포위했다. 그러자 동년 5월, 유표가 군대를 보내어 장수를 구원하고 조조군의 후방을 차단했다. 『헌제춘추』에 따르면, 이때 항복한 원소 군사들이 원소가 허를 점령하고 헌제를 빼앗아가려고 한다는 소문을 전하자 조조는 수도인 허를 지키기 위해 회군했다. 이에 유표와 장수가 안중현安衆縣에서 조조의 군대를 협공했으나 조조의 뛰어난 계략에 속아 엉뚱한 곳을 공격하다가 조조의 복병에 당해 크게 패했다. 결국 장수는 다음 해인 199년 모사 가후의 조언을 받아들여 조조에게 항복했다. 하지만 장수가 항복했다고 해서 그의 관할지인 남양군이 완전히 조조에게 넘어간 것은 아니었다. 유비가 유표의 세력에 합류해 남양군 신야현에 주둔했기 때문이다.

한편 198년 장사태수 장선이 사실상 독립하여 계양과 영릉 2군을 점령했다. 199년에는 남양군의 장수가 조조에게 항복했다. 그로 인해 남양군 전체 혹은 일부가 조조의 손에 넘어간 것처럼 보였다. 하지만 유비의 신야현 주둔에서 볼 수 있듯 남양군은 여전히 유표의 영향력 아래에 있었고, 따라서 199년에 유표는 남군, 강하, 무릉, 남양 4군을 지배하고 있었다. 형주의 절반도 장악하지 못한 셈이다.

상황은 200년에 반전되었다. 장선이 죽고 그의 아들 장역張懌이 뒤를 잇자 유표는 만만하다고 판단한 장역을 공격하여 장사, 계양, 영릉 3군을 수복했다. 그는 다시 형주 7군을 지배하게 되었다. 한편 조조에게 패한 유비는 201년 유표에게 망명했는데, 유표는 유비에게 신야현을 주고 관리를 맡겼다. 따라서 장수가 조조에게 항복했음에도 남양군에서 유표는 최소한 신야현 또는 그 북쪽 지역에서 영향력을 행사했음을 알 수 있다.

형주 바깥으로도 유표의 힘이 미치는 지역이 있었다. 『삼국지/오서/사섭전士燮傳』에는 유표가 교지자사와 교지 예하 창오군의 태수를 임명한 내용이 나온다. 203년 조정에서 교지자사로 임명한 장진張津

이 부하에게 피살되자 유표는 영릉군 사람 뇌공賴恭을 뽑아 교지자사에 앉혔다. 또 창오태수 사황史璜이 죽자 오거吳巨를 창오태수에 임명해 파견했다. 당시 교지자사의 치소는 창오군의 치소이기도 한 광신현廣信縣이었다. 두 사람이 언제 자사와 태수로 임명되었는지는 확실하지 않으나, 후일 사섭이 교지 4군을 장악하는 210년 이전까지는 유표가 보낸 뇌공과 오거가 교지와 창오군을 다스렸다. 그 밖의 『헌제춘추』에 따르면, 유표는 제갈량의 작은아버지 제갈현을 예장태수에 임명했다. 『삼국지/제갈량전』에서는 제갈현이 원술에 의해 임명되었다고 해 양자의 기록이 어긋난다. 『삼국지』와는 다르게 배송지주에 인용된 『헌제춘추』에서는 두 차례나 유표가 임명했음을 기록하였다. 제갈현이 예장군에서 쫓겨난 후 형주의 유표에게 의탁했음을 보면 둘 사이의 관계가 좋았음을 알 수 있다. 그런데 원술과 유표가 형주를 두고 싸웠던 사실을 보면 유표가 원수인 원술이 임명한 관리를 받아들였을 가능성이 적다. 따라서 제갈현을 예장태수에 임명한 주체를 유표라고 보아야 한다. 삼국시대 오나라의 원엽袁曄이 편찬한 『헌제춘추』가 있었음에도 불구하고 진수가 이 기록을 무시하고 제갈현의 임명 주체를 원술이라 표기한 것은 제갈량을 폄하하려는 복선이 깔려 있다. 물론 진수가 제갈량의 아들 제갈첨에게 나쁜 감정을 가졌기 때문에 악의적으로 기록한 것으로 볼 수밖에 없다. 따라서 한때 유표는 예장군의 인사권을 행사할 정도로 예장군을 장악했거나 영향력을 행사했음을 알 수 있다.

　필자의 고증에 부합하는 사료가 『후한서』에 있다. 『후한서』 원소와 유표의 열전 뒤에 찬贊이라는 인물 평가가 있다.

　원소는 하외河外에서 영웅이라고 칭했고, 유표는 남하南夏를 마음대로 다스렸다.

위의 인용문에서 '남하'는 남중국이라는 뜻이다. 만약 유표가 형주만을 지배했다면 '남하'라는 단어를 쓰지 않았을 것이다. 앞에서 살펴본 것처럼 유표는 교지자사부와 그 아래의 창오군, 양주 예장군의 지방관을 임명하여 파견했다. 위의 인용문은 유표의 임명권 행사를 뒷받침한다. 『후한서/유표전』에도 유표가 다스린 영역을 알 수 있는 대목이 있다.

이때 영토를 더욱 넓혔으니 남쪽으로 오령五嶺에 접하고 북쪽으로 한천漢川을 차지했으며, 땅이 사방으로 수천 리였고, 갑옷을 입고 무장한 군사가 10여만 명이었다.

장회태자주에서 인용한 배씨裴氏의 『광주기廣州記』에 따르면, '오령'은 대유大庾, 시안始安, 임하臨賀, 계양桂陽, 게양揭陽이다. 『광주기』의 해설에 의하면 시안은 형주 영릉군 시안현, 임하는 교지(교주) 창오군 임하현, 계양은 형주 계양군, 게양은 남해군 남쪽의 게양현에 있는 산줄기를 각각 지칭한다. 이 가운데 임하와 게양이 교지자사부 관할 구역에 있었다. 장회태자주에서는 등덕명鄧德明의 『남강기南康記』를 인용하여 '오령'은 대유, 계양군의 갑기甲騎, 구진군의 도방都龐, 임하현의 맹저萌渚, 시안현의 월성越城 등 다섯 개의 산줄기를 지칭한다고 했다. 계양 대신 구진군의 도방이 추가되었다. 그런데 구진군은 현재의 베트남 북부에 있던 군 이름이었다. 이 해석이 옳다면 오령의 하나인 구진 도방에까지 접한다는 기록은 유표가 베트남 북부 지역까지 영향력을 미쳤다는 뜻이다.

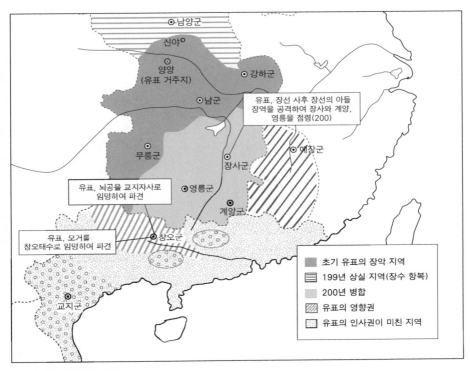

6-15 유표의 지배 영역.

이 두 기록을 보면 '오령' 중 일부는 당시 형주와 교지의 경계선에 있는 산줄기였지만, 임하와 계양, 구진의 도방은 교지의 영역 안에 있는 지형이었다. 따라서 '오령'과 접한다는 표현은 교지의 일부에까지 유표의 영향력이 미쳤다는 의미라고 해석할 수 있다. 우리가 알고 있는 상식과는 다른 '불편한' 사실이다.

지배의 개념이 명확하지 않지만, 유표가 교지자사와 창오태수를 임명한 것을 보면, 최소한 창오군, 최대로는 교지 7군이 208년 이전까지 유표의 지배 혹은 영향력 아래에 있었다. 208년이라는 특정한 해를 언급하는 이유는, 사섭이 권력을 장악하는 210년보다 2년 앞서 유표의 아들 유종이 조조에게 항복했기 때문이다. 즉 208년이 유표의 교지 지배 하한선일 것이다. 바꿔 말하면 유표의 지지를 상실한 뇌공과 오거는 사섭에게 밀려날 수밖에 없었다.

요컨대 유표는 형주 7군을 지배했고, 교지의 창오군 혹은 교지 7군 전체 혹은 일부를 죽을 때(208년)까지 영향력 아래에 두었다. 그리고 한때 양주 예장군에도 영향력을 미쳤다. 유표가 지배한 지역은 수천 리에 달했고, 그의 밑에는 10여만 명에 달하는 무장한 군사가 있었다. 소설 삼국지에서는 유표의 아들 유종이 조조에게 항복했을 당시 기병이 5만, 보병이 15만, 수군이 8만, 총 28만 명의 군대와 전선 7,000척을 보유했다고 서술했다(41회). 정사와 비교해보면 지나치게 과장된 수치로 보인다.

이처럼 유표는 형주뿐 아니라 형주 주변 지역에도 영향력을 행사했다. 정사와 소설 삼국지가 형주에만 안주한 수성守成의 인물이란 프레임을 유표에게 씌운 것과는 달리 실제 유표의 활동은 능동적이고 폭이 넓었다. 게다가 유표는 북쪽으로 팽창하려고 했다. 조조가 원상·원희 형제와 오환을 토벌하러 자리를 비운 사이 유비는 유표에게 북벌을 권했으나 유표는 거부했다. 이 기사 때문에 유표는 북벌을 포기했다는 이미지가 덧씌워졌다. 그러나 『삼국지/위지/이전전』과 『삼국지/촉서/선주전先主傳』, 『자치통감』에 따르면 유표는 202년 유비를 보내 북벌하게 했다. 유비는 조조의 장수 하후돈·우금·이전과 박망현과 엽현에서 싸웠다. 『삼국지/선주전』을 제외한 두 기록에서 유비가 퇴각했다고 기록했는데, 누가 이겼는지 불분명하지만 유비에게 호의적으로 해석해도 유비는 북벌에서 큰 성과를 거두지 못한 것으로 보인다. 이 일화에서 유표는 202년 북벌을 시도했고 성공하지 못하자 북벌을 단념한 것 같다. 결과적으로 힘이 부족해 북벌에 실패한 것이지 유표가 중원에는 관심이 없고 형주에만 안주한 것은 아니었던 것이다.

유표의 전성기는 208년에 마침표를 찍었다. 그 해에 유표에게 중요한 사건들이 잇따라 터졌다. 손권이 유표의 부하 장수 황조를 살해하고 강하군을 쑥대밭으로 만들었다. 이에 유표는 큰아들 유기를 강하태수에 임명해 뒷수습에 나섰다. 이때 조조군이 남하했고, 조조와 자웅을 겨루기도 전에 병으로 죽었다. 유표의 뒤를 이은 둘째아들 유종은 조조에게 항복했고, 신야을 지키던 유비는 도망가서 손권과 힘을 합쳐 조조에 대항하게 된다.

# 7장

# 조조,
# 헌제를 끼고
# 천하를 호령하다

| 195년 | 헌제, 장안을 탈출하다. |
|---|---|
| 196년 | 6월 유비와 원술이 전쟁을 벌이는 동안, 여포가 서주를 점령하다. |
| | 7월 헌제 일행, 낙양에 도착하다(환도). 조조, 예주를 평정하고 낙양에 입성하다. |
| | 9월 조조, 허로 천도하다. |
| | 10월 조조, 사공 행거기장군에 취임하다. |
| | 조조, 조지의 건의를 받아들여 둔전제를 실시하다. |
| 197년 | 정월 원술, 황제를 자칭하다. 조조, 장수를 공격하다(1차). |
| | 9월 조조, 원술의 군대를 대파하다. 허저가 항복해오다. |
| | 12월 조조, 장수를 공격하다(2차). |
| 198년 | 3월 조조, 장수를 공격하다(3차). |
| | 4월 조조, 무장을 보내 이각을 토벌하고 삼족을 멸하다. |
| | 9월 조조, 여포를 공격하여 생포하다. 장패 등에게 청주와 서주의 해안 지방 지배를 맡기다. |
| 199년 | 11월 장수가 조조에게 항복하다. |
| | 조조, 사예교위의 치소를 낙양에서 홍농으로 옮기고 종요를 사예교위에 임명해 관중의 군웅을 복종시키다. |
| | 12월 유비와 주령이 원술의 도망을 차단하다. 원술은 수춘으로 돌아와 사망하다. |
| | 유비는 서주자사 차주를 죽이고 패沛에 주둔하다. |
| 200년 | 정월 동승 등, 조조 제거 음모가 누설되어 피살되다. 조조, 유비를 공격해 서주에서 몰아내다. |

연주를 통치하던 조조가 일개 군벌에서 조정의 우두머리가 된 계기는 장안에서 탈출한 헌제를 모시면서부터다. 7장에서는 조조가 허로 천도한 후 황하 이남과 회수 사이의 군웅인 여포·원술·유비·장수 등을 평정하고 서주·예주·회남 일대를 점령하는 '북수남공' 전략의 성공 과정을 살펴본다.

### 헌제의 험난한 장안 탈출 _____

헌제와 조정의 신하들은 동탁에 의해 장안으로 옮겨진 후 정치적, 경제적 고난의 시기를 보내야 했다. 동탁의 암살, 이각과 곽사의 집권 그리고 두 사람의 내전으로 정국은 늘 불안했다. 게다가 이각과 곽사는 헌제를 '인질'로 보았다. 두 사람이 싸울 때 이곳저곳을 인질로 오가야 했다. 『후한기』에 따르면 조정은 195년 원소에게 후장군 기주목에 임명하고 항향후郕鄕侯에 봉했다. '후장군'은 원소가 자칭한 거기장군보다 훨씬 낮은 벼슬이었다. 이때 저수는 원소에게 헌제를 업으로 데려와 천자를 끼고 제후에게 명령을 내리면 천하를 제패할 수 있다고 간언했다. 하지만 생각이 그에 미치지 못한 원소는 곽도와 순우경의 반론을 듣고 저수의 간언을 묵살했다. 저수의 간언을 받아들였다면 천하를 통일할 수 있는 유리한 상황을 점했을 텐데 말이다.

하필 이 시기에 관중 일대에는 자연재해가 빈발해 190년부터 195년까지 6년 동안 지진, 서리, 폭우, 가뭄 등의 자연재해가 20여 회나 일어났다. 192년 봄에는 폭우가 60여 일 동안 지속되었고, 193년 여름에도 20여 일 동안 폭우가 내렸다. 194년 4~7월에는 가뭄이 넉 달 동안 지속되었다. 장안과 관중의 인구는 이러한 자연재해 와중에 대거 감소했을 것이다. 인재와 자연재해가 겹쳐 백성들은 죽거나 다른 곳으로 도망갔다. 게다가 관동의 지방관들이 조정의 명령을 듣지 않아 조세도 제대로 걷히지 않았다. 장안과 관중의 이러한 경제적 피폐는 조정에도 치명적인 타격을 주었을 것이다. 배송지주에 인용된 『헌제기』에 따르면, 관리들에게 줄 봉록이 없어서 황제의 말 100여 필을 판 돈과 대사농이 가지고 있던 비단 2만 필을 관리들과 백성들에게 나눠줘야 할 정도였다.

강제로 장안에 끌려온 처지였던 헌제는 상황이 이렇다보니 더더욱 자신이 태어난 낙양으로 돌아가고 싶었다. 헌제는 장제와 양정楊定, 양봉, 동승의 도움을 받아 이성을 상실한 것 같은 이각에게서 장안을 떠나도 좋다는 허락을 받았다. 황제가 신하의 허락을 구하는 해괴한 모습이었지만, 뭐 어떠랴? 헌제는 허락을 받고 분명 기뻐했을 것이다.

헌제가 낙양으로 귀환하는 과정은 한 편의 드라마였다. 195년 7월부터 196년 7월까지 정확히 361일이 걸린 장도였다. 처음에 헌제를 호종한 인물들이 일편단심으로 헌제의 곁을 지킨 것은 아니었다. 그들은 서로 반목했다. 그 과정에서 양정은 곽사에게 쫓겨 형주로 도망 갔고, 장제는 양봉, 동승과 사이가 틀어져서 다시 이각, 곽사에게 돌아간 다음 도리어 그들과 함께 헌제 일행을 공격했다. 처음에 이각과 곽사는 힘없는 헌제가 거추장스러워 장안을 떠나도 좋다고 '허락'했다. 그러나 헌제의 정치적 중요성을 깨닫고 다시 데려가려 했다. 헌제를 품고 있어야 자신들이 정통성을 가진 관군이 되기 때문이다. 이들의 변심으로 인해 헌제의 탈출은 쉽지 않았다.

헌제의 호위군은 195년 8월 신풍현新豐縣에서 곽사의 추격군을 격파했다. 다행히 동승과 양봉이 '백파白波'라고 불리는 도적들의 우두머리 이락李樂과 한섬韓暹, 호재胡才, 남흉노의 좌현왕 거비去卑 등을 끌어들여 궁지에 몰린 헌제의 호위군을 늘릴 수 있었다. 특히 남흉노 좌현왕 거비가 이끄는 흉노군은 정예 기병이었으므로 호위군의 전투력 향상에 도움이 되었을 것이다. 195년 11월, 호위군은 이각의 군대를 격파했다. 헌제는 이들의 호위 덕분에 계속 전진할 수 있었다.

그러나 홍농군 동간東澗에서 이각 등의 군대에 대패했고 일행과 물자 대부분을 잃었다. 『후한서/헌제기』에서는 이때 죽은 고위 관료들의 이름을 나열했다. 광록훈 등천鄧泉, 위위 사손서土孫瑞, 정위 선파宣播, 대장추 묘사苗祀, 보병교위 위걸魏桀, 시중 주전朱展, 사성교위 저준沮儁이 그들이다. 범엽이 팔 아프게 이들의 이름을 굳이 기록한 이유는 분명하다(『후한기』에는 광록훈 등연鄧淵, 정위 선번宣璠, 소부 전분田芬, 어사 등빙鄧聘, 대사농 장의張義라고 적었다). 헌제를 모시고 역적들과 싸우다 죽은 그들의 충성을 기리기 위함이다. 『후한기』에 따르면, 사도 조온趙溫, 태상 왕강王絳, 위위 주충周忠, 사예교위 관합管郃이 이각에게 사로잡혔다. 삼공 1명과 구경 2명, 경기의 지방관 1명이 잡힐 정도로 헌제의 호위군은 약했던 것이다.

섬현陝縣에 이르러 헌제는 황하를 건너기 위해 높이 10여 장(30여 미터)이나 되는 절벽을 비단으로 만든 밧줄에 의지해 내려간 뒤 배를 이용하여 강을 건넜다. 하지만 강을 건넌 사람은 수십 명에 불과했다. 『후한기』에 따르면 이때 황후와 귀인, 2명의 궁인, 태위 양표楊彪, 종정 유애劉艾, 집금오 복완伏完, 시중 충집种輯과 나소羅邵, 상서 문정文禎과 곽포郭浦, 중승 양중楊眾, 시랑 조영趙泳, 상서랑 풍석馮碩, 중관 복야 복덕伏德, 시랑 왕주王稠, 우림랑 후절侯折, 위장군 동승董承, 남군태수 좌령左靈, 하급 관리(府史) 수십 명이 배를 타고 목숨을 건졌다. 『후한서』나 『삼국지』와 달리 동승한 사람을 일일이 기록했다. 명단을 보니 짠해진다. 배를 타지 못한 궁녀들은 모두 이각의 병사들에게 붙잡혔고, 나머지는 얼어 죽거나 물에 빠져 죽었다.

황하를 건넌 헌제 일행은 하동군의 대양현大陽縣에 머물렀다. 이때 굶주린 헌제 일행을 구한 것이 하내태수 장양이다. 그는 수천 명의 병력과 곡식을 헌제에게 보내주었다. 헌제는 195년 12월 하동군의 치소인 안읍현安邑縣으로 갔다. 하동태수 왕읍王邑이 비단을 바치니 헌제는 신하들에게 나누어주도록 했다. 헌제는 여기서 비로소 한숨을 돌렸다. 그는 이각과 곽사에게 태복 한융韓融을 사신으로 보내 이들이 약탈한 궁녀와 관리, 황제의 수레를 돌려 받았다. 헌제는 196년 정월 안읍에서 제사를 지낸 후 6월, 안읍 북쪽의 문희현聞喜縣으로 행차했다가 7월에 마침내 고향인 낙양으로 귀환했다.

『후한서/헌제기』에서는 헌제가 하동군에서 낙양으로 돌아온 이유를 제시하지 않았다. 그런데 『후한기』에서는 그 이유를 흉년이라고 기록했다. 메뚜기떼와 가뭄 때문에 흉년이 들어 식량이 없어 황후와 후궁, 궁녀들이 대추와 채소를 먹어야 했고 여러 장수들이 통솔하지 못해 상하가 어지러워 식량이 모두 없어졌다고 했다. 이 기사를 보고

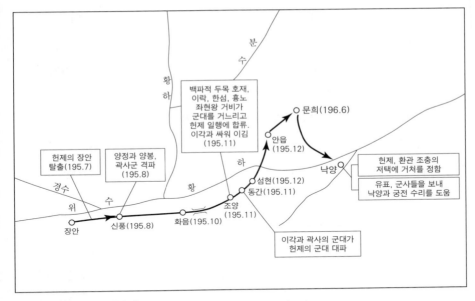

백파적 두목 호재,
이락, 한섬, 흉노
좌현왕 거비가
군대를 거느리고
헌제 일행에 합류.
이각과 싸워 이김
(195.11)

문희(196.6)

안읍
(195.12)

낙양

헌제, 환관 조충의
저택에 거처를 정함

유표, 군사들을 보내
낙양과 궁전 수리를 도움

섬현(195.12)
동간(195.11)

조양
(195.11)

이각과 곽사의 군대가
헌제의 군대 대파

헌제의 장안
탈출(195.7)

양정과 양봉,
곽사군 격파
(195.8)

분
수

황
하

황
하

하

경수

위

수

장안

신풍(195.8)

화음(195.10)

7-1 헌제의 낙양 귀환 경로.

하동태수 왕읍이 곡식이 아닌 비단을 바쳤다는 기사가 이해되었다. 당시에 비단은 화폐로 사용되었는데, 하동군에 저축된 식량은 부족하고 비단만 많았던 것으로 보인다. 식량이 부족해 장안을 벗어났는데 하동군마저 흉년으로 곡식이 없으니 헌제 일행은 크게 당황했을 것이다. 이 점을 보면, 헌제가 196년 안읍에서 지낸 제사는 풍년을 기원하는 기우제였을 것이다.

동탁에 의해 초토화되었던 낙양은 헌제의 낙양 귀환에 발맞추어, 장양과 동승 등 여러 신하들이 병사들을 동원하여 낙양의 궁전을 개보수하고 물자를 실어 나르는 등 열심히 준비했다. 그럼에도 막상 헌제가 낙양에 돌아와보니 너무나 한심한 상황이 펼쳐져 있었다. 궁전의 수리가 끝나지 않아 아무 데도 머무를 곳이 없었다. 헌제는 어쩔 수 없이 환관인 중상시 조충趙忠의 저택에 가서 머물러야 했다. 이때 유표가 보내준 군사들이 궁전과 황릉 수리를 도왔고, 그가 보낸 물자로 그럭저럭 버틸 수 있었다. 『후한기』에 따르면, 장양도 야왕현에서 달려와 백관들에게 물자를 하사하고 직접 궁전 건축을 지휘했다. 8월에 이르러 궁전이 수리되자, 헌제는 남궁南宮 양안전楊安殿으로 옮겼다(장양은 자신이 궁전을 수리했다고 공치사하며 자기의 이름인 '양' 자를 붙여 궁전 이름을 명명했다). 헌제는 비로소 한숨을 돌릴 수 있었다.

## 조조, 조정의 권력을 장악하다

우여곡절 끝에 낙양으로 돌아왔지만 헌제는 아무런 힘을 쓸 수 없었다. 사람도 없고 물자도 없는 데다 일행의 호위를 맡았던 양봉과 한섬 등은 헌제가 통제할 수 있는 인물이 아니었다. 헌제는 여전히 허수아비 신세였다. 그런 헌제에게 더 큰 위엄과 보호를 제공하는 인물이 등장했으니 바로 조조였다. 적어도 당시에는 그랬다. 결과적으로는 양봉과 한섬보다 더 무서운 인물이었지만.

195년 12월 진국으로 향했던 조조는 이듬해인 196년 정월 진국 동쪽의 무평현武平縣에 다다랐다. 여기서 그는 원술이 임명한 진상 원사袁嗣의 항복을 받았다. 이어 예주 동북쪽에 위치한 영천군의 허현으로 진격했다.

같은 해 2월, 조조는 여남군과 영천군의 황건 잔당들인 하의何儀, 유벽劉辟, 황소黃邵, 하만何曼 등을 공격하여 격파하고, 그중 유벽과 황소 등을 참했다(청대 사학자 조익에 따르면 유벽은 여러 차례 등장하고 여러 차례 피살되었다. 『삼국지』의 오류인지 동명이인인지 알 수 없다). 그러자 하의와 남은 무리가 모두 항복했다. 조조는 이 공으로 건덕장군建德將軍에 임명되었다.

조조는 헌제가 낙양으로 향하고 있다는 소식을 들었지만 한동안은 사태를 관망하다가 순욱과 정욱이 헌제를 맞아들여야 한다고 간언하자 의견을 받아들였다. 이에 조홍이 군사를 이끌고 서쪽으로 가 헌제를 맞으려고 했다. 그러나 위장군 동승과, 원술 휘하의 장노萇奴가 험한 곳에 의지하여 조홍의 군대에 항거했다. 이에 조홍은 더 이상 진격하지 못하고 돌아왔다. 이때 동승은 조조를 경계했다.*

동승과 양봉, 한섬, 장양은 공히 헌제의 낙양 환궁에 공을 세운 인물들이지만 사실 그 외에는 공통점이 별로 없는 이질적인 인물들이었다. 헌제가 성공적으로 낙양으로 귀환한 다음 이들은 권력을 나누어 가졌다. 그리고 장양은 자신의 근거지인 하내군으로 돌아갔고, 양봉은 낙양 동남쪽에 있는 예주의 양국을 차지하고는 군대를 데리고 가 그곳에 주둔했다. 한섬과 동승은 낙양에 남아 헌제를 보좌했다. 한섬은 대장군에 임명되고 사예교위를 겸했는데, 도적의 우두머리로서는 대단한 출세를 한 것이었다. 대장군은 태부를 제외하면 사실상 최고 벼슬이었고, 군대를 지휘해 권력도 강했다. 사예교위는 우리나라의 경기도지사에 해당하는 벼슬이었다. 둘 다 권력이 있고 실속 있는 관직이었다. 그는 헌제 곁에 머물며 권력을 휘둘렀다. 동승은 한섬이 낙양 환궁의 공을 내세워 권력을 마음대로 휘두르자 비밀리에 조조를 불러들였다. 그는 앞서 조조가 헌제에게 접근하지 못하도록 차단했지만 눈앞의 한섬을 제거하기 위해 조조와 결탁했다.

동승의 명령을 받은 조조는 곧장 출병하여 낙양을 장악했다. 그러고는 헌제를 알현해 한섬과 장양의 죄를 상주했다. 그러자 한섬은 주

---

* 『삼국지/무제기』에는 이 일이 196년 1월에 발생했다고 기록되어 있으나 헌제가 낙양으로 돌아온 것은 196년 7월이므로 7월 이후의 일로 봐야 할 것이다.

살될 것을 두려워해 양봉에게 도망갔다. 하지만 헌제는 한섬과 장양이 자신을 낙양까지 호종한 공을 고려해 불문에 부쳤다.

헌제는 8월 신해일에 조조에게 군권의 상징인 도끼(절월)를 주고 사예교위에 임명했다. 또 녹상서사를 겸하게 했다. 녹상서사는 당시 실세 기관인 상서(상서대)를 총괄하는 자리였다. 오늘날 우리나라의 청와대 비서실장과 정책실장을 합한 직책이다. 다시 말해, 헌제는 조조에게 모든 권력을 몰아주었다. 이처럼 조정의 정치가 재편되는 가운데, 동소董昭 등은 낙양이 폐허가 되어 수도로 적합하지 않다고 지적하며 조조에게 허로 천도할 것을 간언했다. 조조는 동소의 간언을 받아들여 천도를 결정했다.

헌제와 조조는 196년 9월 낙양을 출발해 동남쪽의 환원관을 나와 허로 향했다. 이때 양봉은 주둔지인 양국에서 조조를 공격하려 했으나 성공하지 못했다. 헌제와 함께 허에 도착한 조조는 허에 종묘와 사직을 세워 수도로서의 면모를 갖추었다. 그러고 나서 196년 10월, 양봉의 근거지인 양국을 공격하여 점령했다. 양봉은 원술에게 달아났다.

지금까지 『삼국지/무제기』 등 여러 사료들을 바탕으로 조조가 헌제를 받아들인 과정을 정리했다. 그런데 필자는 이 과정에서 이해할 수 없는 기사나 사건을 많이 접했다. 조조의 동선을 보면, 그는 헌제 일행이 낙양으로 오는 것을 알고 군대를 이끌고 가 헌제 일행에게 무력 시위를 한 것 같은 느낌을 준다. 뜬금없이 예주 일대의 황건적을 토벌한 것도 그렇다. 연주목 조조가 관할구역이 아닌 예주의 반란을 토벌할 권한이나 의무는 없기 때문이다. 이는 명백한 월권이었으며, 오히려 침입이나 영토 확장으로 해석할 수도 있는 행위였다. 그러나 사료는 모호하게 기록했고, 조조의 행동을 정당화하고 있어 의혹 제기 이

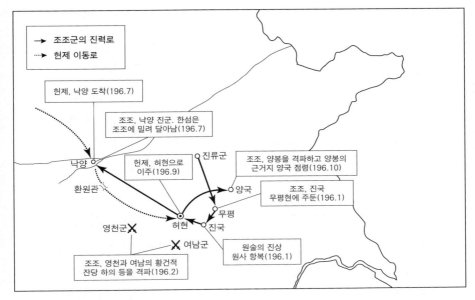

조조군의 진력로
헌제 이동로

헌제, 낙양 도착(196.7)

조조, 낙양 진군. 한섬은
조조에 밀려 달아남(196.7)

진류군

조조, 양봉을 격파하고 양봉의
근거지 양국 점령(196.10)

낙양

헌제, 허현으로
이주(196.9)

양국

조조, 진국
무평현에 주둔(196.1)

환원관

무평

허현

진국

영천군✕

여남군✕

원술의 진상
원사 항복(196.1)

조조, 영천과 여남의 황건적
잔당 하의 등을 격파(196.2)

7-2 헌제의 허 천도.

상의 논리 전개는 불가능하다. 조조를 악역으로 묘사하는 소설 삼국
지조차 헌제가 태위 양표의 간언을 받아들여 조조에게 조서를 보내
헌제 일행을 돕도록 했다고 '미화해' 서술했다. 헌제의 부탁으로 조조
가 헌제를 호위하고 이각, 곽사, 양봉, 한섬 등 나쁜 무리를 소탕했다
고 줄거리를 짠 것이다(14회). 이 장면에서 이각과 곽사를 등장시킨
것은 역사적 사실과 다르지만 말이다. 반면 『삼국지』는 형주의 유표
가 헌제를 도운 기록을 아예 누락했다. 양봉과 한섬, 장양 등을 악인
으로 묘사한 것은 물론이다. 헌제를 도운 공은 조조만이 독점해야 했
기 때문이다.

필자는 혹시나 해서 『후한서/헌제기』의 기록을 살펴보았다.

팔월 신해일, 진동장군 조조가 스스로 사예교위 녹상서사를 자칭했다. 조조는 시중 대숭, 상서 풍석 등을 죽였다(殺). 위장군 동승을 보국장군으로 임명하고 복완 등 13명을 열후로 봉했으며 죽은 저준*을 홍농태수로 추증했다. 경신일, 허로 천도했다. 기사일, 헌제가 조조의 군영으로 갔다. 구월, 태위 양표와 사공 장희張喜가 벼슬에서 물러났다. 십일월 병술일 조조는 스스로 사공이 되고 거기장군을 겸임했으며 모든 관리를 총괄했다.**

이전과 달리 조조 앞에 '진동장군'이란 벼슬을 쓴 것은 조조를 높인 것처럼 보이지만 그 이후 조조가 스스로 사예교위 녹상서사, 사공 거기장군 대행을 자칭했음을 그대로 기록했다. 조조가 대숭과 풍석 등을 죽인 행위도 죽일 '살殺'로 표기했다. 죄 없는 사람을 죽였다는 뜻이다. 이들이 역적이었다면 '주誅' 혹은 '복주伏誅'라고 표기했을 것이다. 권력을 잡은 조조가 자기 멋대로 관리들을 죽였다는 복선을 깔았다. 또 허로 천도한 후 헌제가 조조의 군영으로 갔다는 기록은 헌제가 조조의 포로로 전락했음을 보여준다. 『후한기』에는 헌제가 조조의 군영으로 가기 전에 양봉이 양국에서 헌제 일행을 추격했으나 미치지 못했다고 기록했다. 헌제가 조조의 군영으로 갔다는 표현은 사실상 조조의 납치와 구금을 완곡하게 서술한 것이다. 조조가 헌제를 안전하게 지켜 양봉이나 다른 군웅에게 빼앗기지 않겠다는 의지를 드러낸 것이다. 낙양으로 왔지만, 헌제 입장에서는 장안에서 이각과 곽사 등의 군영을 전전했던 때와 변한 것이 없었다.

---

* 저준은 1년 전 홍농군 동간에서 이각의 군사들에게 살해되었다.
** 조조가 사공 행거기장군에 취임한 날짜를 『후한서』에서는 11월로 기록하고 있으나 『삼국지』와 『자치통감』에서는 10월로 기록하고 있다.

9월에는 태위 양표와 사공 장희가 물러났다. 두 달 후 조조가 스스로 사공에 취임했다. 태위 양표는 원소·원술을 배출한 여남 원씨와 쌍벽을 이루는 홍농 양씨 출신이다. 정치 명문일 뿐만 아니라 유서 깊은 유학자 가문이었고, 동탁의 위협에 헌제와 함께 장안으로 끌려가 모욕과 수모를 당하면서도 헌제를 모셨고, 낙양 귀환 때도 함께했다. 양표와 장희의 퇴진으로 삼공 가운데 사도 조온趙溫만 자리를 지켰다. 그는 194년부터 208년까지 15년 동안 자리를 지켰다. 『후한서』와 『삼국지』에는 그의 열전이 없다. 아마도 존재감이 없는 인물로 조조는 그를 허수아비로 세워둔 것 같다. 한편 장희 역시 열전에 이름이 없는데, 조조는 양표만 물러나면 표적 해임이라는 비난을 들을 것을 두려워해 두 명을 낙마시킨 것으로 보인다. 조조는 사도보다 낮은 사공에 취임해 외형상 조정 서열 2위의 겸손한 자세를 취했다. 이후 그는 원소에게 태위와 대장군의 벼슬을 주었는데, 두 벼슬 모두 사도보다 높았다. 그러나 원소가 조정에 없었기에 조정의 명목상 서열 1위는 사도 조온이었다. 조조는 사도 조온을 방패 삼아 2인자인 척 행세하며 실제 권력을 휘두른 것이다. 조온이 물러난 208년 삼공이 없어지고 승상과 어사대부가 설치되었다. 조조는 승상에 취임했다. 결국 조온은 조조를 위한 얼굴마담에 불과했다. 조조가 최고 자리에 오르기 전까지 허수아비 역할을 한 것이다.

범엽은 짧은 기사에 이렇게 함축된 의미를 담았다. 범엽이 특히 「헌제기」를 춘추필법에 따라 기록했음을 감안하면, 범엽은 조조의 무례한 행위를 준엄하게 꾸짖은 것이다. 하지만 범엽의 준엄한 비판과 별도로, 조조에게 196년은 의미 있는 해였다. 그는 헌제를 품음으로써 황제의 명령을 통해 제후들을 호령할 수 있는 정치적 입지를 얻었다. 이는 장차 조조가 군웅을 제압하는 데 큰 힘이 될 것이었다. 사실 앞서도 살펴보았듯 헌제를 차지할 기회는 먼저 원소에게 있었다. 헌제가 하동군에 도착했을 때 원소는 곽도郭圖를 사신으로 보냈고, 돌아온 곽도는 헌제를 원소의 본거지인 업으로 모시라고 간언했다. 그러나 원소는 거절했다. 원소는 헌제의 형 소제(유변)를 끼고 환관을 제거하려고 한 하진의 부하였다. 게다가 헌제는 동탁이 옹립했기에 그에 대한 애착이 없었다. 그러니 유주목 유우를 황제로 옹립하려는 짓까지 하지 않았던가?

원소는 나중에 자신의 선택을 후회했다. 반면 조조는 주어진 기회를 확실하게 붙잡았다. 그리고 이것이 원소와 조조의 운명을 갈라놓는 중요한 분기가 되었다. 그러나 그렇다고 해도 이 시점에서 조조의 힘은 미약했다. 조조는 9월 대장군에 임명되었으나 곧 이 벼슬을 원소에게 내놓아야 했다. 태위에 임명된 원소가 자기 부하나 다름없던 조조가 더 높은 벼슬을 받자 반발했던 것이다. 적을 만들 필요가 없다고 생각한 조조는 10월 대장군의 자리를 원소에게 넘겨주고, 대신 사공 행거기장군에 취임했다. 사공은 삼공의 하나이므로 태위와 동급인 높은 벼슬이지만 대장군보다는 급이 낮았다. 거기장군 앞에 '행行' 자를 붙인 것은 행수법*에 따른 것으로 보인다. 당시 행수법이 정착된 것은 아니지만 겸임하는 벼슬이 원래의 벼슬보다 낮으면 '행' 자를 붙였다. 거기장군이 사공보다 직급이 낮기 때문에 '행' 자를 붙인 것이다. 재상인 사공은 행정 사무를 처리하지만 군사 지휘권이 없었으므로 군대를 지휘하기 위해 거기장군을 겸했던 것이다.

소설 삼국지에서는 조조가 헌제를 받아들인 다음 '승상'이 되었다

---

* 관직을 2개 이상 겸직할 때, 겸직하는 관직이 본관보다 높으면 겸직하는 관명 앞에 '수守' 자를 붙이고, 낮으면 '행行' 자를 붙였다. 이를 행수법이라 한다.

고 기록했다(14회). 그러나 조조가 승상으로 취임한 것은 원소 세력을 소탕하여 황하 중하류 지역을 장악하고 난 다음인 208년 6월의 일이다. 그럼에도 소설 삼국지에서 조조가 이 시점에 승상에 취임했다고 쓴 것은 아마도 독자들을 위한 일종의 안배로 이해된다. 조조가 헌제를 손아귀에 넣은 뒤 실권을 장악한 권력자가 되었음을 독자들에게 각인시킬 필요가 있는데, '승상 취임'보다 더 적절한 허구는 많지 않았을 것이다. 혹은 신하 된 자가 찬탈을 하기 전 단계에서 밟는 단계가 승상 취임이라는 것을 옛 중국인들은 잘 알고 있었고, 아마도 각색자는 조조가 헌제를 품은 이 단계에서 나중의 이야기를 위한 '복선'을 이렇게나마 깔고 싶었는지도 모르겠다.

조조의 권력 장악은 원소와 원술 형제에게도 영향을 주었다. 『후한서/헌제기』에 따르면, 원술은 다음 해 황제를 참칭했고 원소는 대장군을 자칭했다. 원술은 환관의 손자인 '졸부' 조조가 조정을 장악하자 못마땅했을 것이다. 그에게 후한 조정은 없는 것이나 마찬가지였다. 이런 심정 때문에 스스로 황제에 즉위한다는 무엄하고도 패륜적인 짓을 저질렀을 것이다. 원소도 조조에게 헌제를 빼앗긴 후 잘못된 자기 선택을 후회했을 것이다.

## 헌제를 도운 도적 백파 집단 _____

백파白波, 즉 백파적白波賊은 후한 헌제의 운명을 좌우했던 집단이다. 백파는 백파곡白波谷에서 유래한 명칭이며, 이들은 하동군 임분현臨汾縣에 백파루白波壘를 쌓고 그곳에 주둔했다. 백파 집단은 호족 곽태郭泰(곽대현이라고도 한다)의 지도 아래 후한 정부에 귀순한 후에도 병주에 주둔했다.

백파 집단은 동탁이 권력을 잡은 후 하동군을 공격했으나 동탁의 부하 조겸趙謙에게 패한 이후 동탁 또는 그 후계자들과 친하게 지냈다. 백파 집단의 한 우두머리인 양봉楊奉도 동탁의 부하 이각 밑에서 무장으로 활동했다.

헌제가 장안을 탈출했을 때 백파의 우두머리였던 양봉은 헌제를 모시고 장제, 곽사와 함께 홍농군으로 떠났다. 중간에 곽사가 이각, 장제와 연합해 헌제를 공격했을 때도 양봉과 동승董承은 백파의 또 다른 우두머리인 이락과 한섬, 호재, 남흉노 좌현왕 거비 등의 도움을 받아 추격을 뿌리치고 도망갔다. 헌제는 홍농군에서 황하를 건너 하동군 대양현으로 갔는데, 이곳은 백파의 수령 이락의 군영이 있는 곳이었다. 이렇듯 헌제의 장안 탈출 과정에서 백파 집단의 도움은 절대적이었다.

이후 백파 집단은 둘로 갈라졌다. 이탈파와 잔류파다. 이락은 하동군에 잔류했으나 양봉과 한섬, 장양 등은 헌제를 모시고 낙양으로 갔다. 후에 장양은 하내군으로 되돌아가고 양봉과 한섬이 낙양의 안팎에 주둔해 헌제를 지켰다. 그러나 조정의 신하가 아닌 지방 세력인 양봉과 한섬을 도적으로 간주하고 자신의 정적으로 생각한 동승은 이들을 제거하기 위해 조조를 불러들였다. 조조는 196년 낙양으로 진격, 양봉과 한섬을 제거하고 헌제와 후한 조정의 관리들을 허로 옮겨 권력을 완전히 장악했다. 이후 하동군에 잔류했던 이락이 병들어 죽고, 호재도 원수에게 암살되었다. 장양 또한 198년 조조가 여포를 공격할 때 여포를 도우러 출정했다가 부하에게 피살되었다. 이로써 백파 집단의 우두머리와 친백파 세력은 역사의 기록에서 사라졌다. 일부 학자들은 이후에도 백파 집단이 하동군을 실질적으로 지배 혹은 통제했다고 주장한다.

백파 집단이 헌제의 낙양 환도 과정에서 공을 세웠다는 것은 부정할 수 없는 사실이다. 그러나 사서에서는 이들을 '백파적', 즉 도적으로 폄하했다. 도적이란 이미지를 거두고 당시의 판세를 생각해보면, 이들은 조조에게 헌제를 내주고 패하여 소멸했기 때문에 역사의 죄인, 즉 한갓 도적으로 낙인찍힌 것이라고 볼 수 있다. 만약 조조의 공격을 막아냈다면, 이들이 오히려 헌제를 허수아비로 삼아 조조 대신 천하를 호령했을지도 모를 일이다.

하지만 최후의 승자는 조조였다. 일부 백파 집단의 우두머리들은 여러 어려움을 극복하고 헌제를 장안에서 낙양으로 모셔오는 데는 성공했지만 정치적 과실을 조조에게 빼앗겼다. 여기서 생각나는 속담이 있다. "재주는 곰이 부리고 돈은 되놈이 번다." 조조는 힘을 적게 들이고 헌제를 차지하고 권력을 장악했다. 그리고 당연하게도 자신의 정당성을 부각시키기 위해 백파 집단의 공을 폄하했다.『삼국지』등 정사에서는 헌제가 장안을 탈출해 하동군을 거쳐 낙양으로 환도하는 과정과 조조가 권력을 장악하는 과정이 모호하게 기록되어 있다. 특히 조조가 낙양으로 진격하고 헌제를 데리고 허로 가는 과정이 명확하게 서술되지 않았다. 그러나 백파 집단의 활약에 주목하면 왜 모호하게 기록되었는지 알 수 있다.

역사는 승자의 편이다. 조조의 입장에서 이들은 일개 도적으로 매도되었고, 활약상은『삼국지』에서 흩어졌으며 주인공이 아닌 엑스트라로 치부되었다. 즉 양봉과 한섬, 이락 등은 잠깐 헌제를 도왔던 도적으로 매도되었다. 그러나 백파 집단의 활동을 우호적으로 해석하면, 이들은 동탁과 동탁 부하들에게 시달리던 헌제를 도왔던 충신이었다. 또한 동탁의 부하 이각과 곽사 등으로부터 벗어나고 싶어했던 헌제를 도와 낙양으로 환도하는 데 큰 공을 세웠다. 그러나 조조에게 헌제를 빼앗긴 뒤 권력의 정상에서 내쫓기고 불운한 최후를 맞이했다. 일부 학자들의 고증이 아니었다면, 이러한 공로는 무시된 채 일개 도적 집단으로 폄하되었을 것이다. 이러한 이유로 백파 집단이 후한 말 각축을 벌였던 군웅의 하나로 자리매김되지 못한 점이 아쉽다. 민중의 봉기와 활약을 터부시한 소설 삼국지에서도 당연히 이들은 한낱 도적떼로 매도되었다.

## 허는 어떻게 수도가 되었나? _____

조조는 왜 허(허현)로 천도를 결정한 것일까? 먼저 생각할 수 있는 이유는 유표에 대한 견제 심리다. 유표는 사람을 보내 낙양궁과 황제릉의 수리를 도왔다. 덕분에 헌제가 양안전에 거처할 수 있었다. 남이 만들어놓은 궁전에 헌제를 두는 게 싫었을 수 있다. 두 번째로 경제적 문제다. 낙양은 지방에서 바친 물자로 유지되고 있었다. 그런데 각 지역의 지방관 중 다수가 징수한 조세를 조정에 보내지 않고 자신들이 착복하여 정작 낙양은 물자가 부족했다. 당시 경제적 상황을 보면 낙양이 수도가 될 수 없음은 분명하다. 그러므로 천도의 필요성에 대해서는 수긍할 수 있는데, 문제는 영천군의 일개 현에 불과한 허현이 무슨 이유로 수도로 선택되었는가 하는 점이다. 실제로 천도하기 전만 해도 허현은 정치적, 경제적으로 전혀 존재감이 없는 곳이었다. 춘추시대 소국 허許가 있던 곳으로 조조가 천도하지 않았다면 역사책에 전혀 등장하지 않았을 지역이었다. 다만 조조의 결정도 그렇고, 허현이 지리적으로 수도에 적합하다는 학자들의 연구도 있기 때문에, 천도 결정을 터무니없는 것으로 여기기보다는 그 타당성을 따져보는 게 좋을 것 같다.

소설 삼국지를 읽은 독자들에게는 '허'현보다 '허창'이 익숙할 것이다. '허'현이 위나라가 들어선 후 허창으로 바뀌었다. 이 책에서는 위

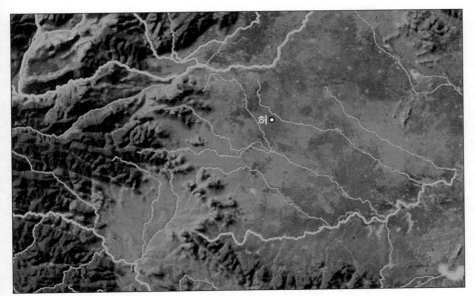

7-3 허 주변의 지형.

나라 건국 이전에는 허 또는 허현으로 위 건국 이후에는 허창으로 표기한다.

허현, 즉 허의 서쪽과 서북쪽은 낮은 구릉 지형이다. 중앙과 동쪽은 평원이다. 또 영하穎河와 쌍계하雙洎河 등의 하천이 흘렀다. 허는 온난한 계절풍 기후에 속해 비교적 따뜻했고, 일조량과 강우량이 많아 농업에 유리했다. 그런데 이런 조건을 가진 곳은 사실 허 외에도 얼마든지 있었다.

조금 더 살펴보자. 허의 주변은 높은 산지가 없고 평지만 많다. 특히 허의 북쪽과 동쪽, 남쪽은 개방된 평지만 있다. 수도의 입지 조건 가운데 가장 중요한 것 하나가 방어에 유리한 지형인가이다. 그런데 허의 경우는 서북쪽에 산지가 있기는 하지만 험한 산세가 아니어서 딱히 방어에 유리한 지형이라고 말하기 어렵다. 그렇다면 조조가 허를 택한 까닭은 이곳이 방어에 유리한 지형이었기 때문은 아닐 것이다.

오히려 허 주변에 평지가 많다는 점에 주목할 필요가 있다.[*] 결국 방어 목적이 아니라면 경제적 조건이 만족스러워야 말이 되는 상황인 것이다. 실제로 조조는 천도를 단행한 196년에 둔전제를 실시했는데, 그 대상 지역이 바로 허였다. 『진서/식화지』에 따르면, 조조는 양민을 모집해 그들로 하여금 허 일대에서 둔전을 경작하게 했다. 그리고 수리 시설을 확충해 영수潁水의 지류인 이수灑水와 육수湑水 등을 끌어들여 토지를 관개했다. 그 결과 곡식 100만 석을 얻을 수 있었다.

또한 조조는 운하를 만드는 등 수륙 교통로를 확충해 허와 주변 지역의 수운에 이용했다. 훗날 위나라의 장군 등애鄧艾는 당시 둔전을 실시하여 허도에 곡식을 저축한 덕분에 이를 토대로 사방을 제압할 수 있었다고 평가했다. 등애의 이러한 평가는 당시 사람들이 허를 둔전 경작과 아울러 수운을 통한 교통의 이점을 동시에 지닌 지역으로 이해하고 있었음을 잘 보여준다.

조조는 허를 수도로 삼으면서 둔전 경작으로 물자 수송 없이 자급자족하려고 했다. 또한 운하망을 통해 허에서 다른 지역으로 물자를 운반하는 유통의 이점을 누릴 수 있다고 판단했을 것이다. 그러나 아무리 장점을 열거한다 하더라도, 어떤 의미로 허는 사방이 평탄한 평지이고 수운이 가능한 교통의 요지인 만큼 적들의 공격에 취약한 땅이었다. 조조가 이러한 단점을 몰랐을 리 없다. 그는 아마 위험을 각

---

[*] 이를 확인하기 위해 필자는 허난성 성회(도청 소재지)인 정저우에서 쉬창(허창)을 지나 코로나 사태의 근원지인 후베이성의 우한까지 고속철을 타고 여행했다. 신양과 우한 사이의 다바산을 제외하면 모두 평지밖에 없었다.

7-4 운량하運糧河. 조조가 곡식을 실어 나르기 위해 만든 운하. 쉬창시 곳곳에서 볼 수 있다.

오했을 것이다. 나아가 조조는 허를 소극적으로 방어하기보다 주변 지역을 공격적으로 정복하겠다는 전략을 세웠기 때문에 허를 수도로 결정할 수 있었을 것이다. 결과적으로 조조의 선택은 옳았다.

## 둔전제의 실시 ____

조조는 식량 문제를 해결하기 위해 조지와 한호韓浩 등의 건의를 받아들여 둔전屯田을 실시했다. 둔전은 본래 변경에 주둔한 군사들이 현지에서 농사를 지어 직접 식량을 충당하는 것을 이르는 말로, 원래 중국 내지 지역의 경작 방식은 아니었다. 또한 조조는 군사들을 동원한 것이 아니라 백성들에게 허 일대에서 둔전 경작에 종사하게 해 곡식 100만 석을 얻었다. 또 각 지방에 전관田官을 설치해 둔전에서 얻은 곡식을 비축하게 했다. 『진서/식화지』에 따르면, 각 주군에 설치된 전관에서 해마다 거둔 곡식이 수천만 석에 달했다. 이 곡식들은 전쟁 비용으로 사용되었다.

이처럼 둔전제는 기존의 경제력에 추가적인 군량 생산을 가능케 하고, 군량 수송 부담을 줄임으로써 조조가 화북을 통일하는 데 크게 기여했다. 이상은 사료에 나오는 조조의 둔전 실시에 대한 평가이다. 그런데 과연 그럴까?

7-5 지도에는 한 논문에서 기술한 조조 생전에 설치된 둔전, 특히 민둔이 설치된 지역이 표시되어 있다. 앞서 말했듯 둔전은 본래 군인들이 농경에 종사하는 경작 방식을 말한다. 그러나 이 시기에는 국가가 일반 백성들에게 강제로 경작시킨 토지도 둔전이라고 불렀다. 그래서 학자들은 경작 주체가 군인이면 군둔軍屯, 백성(농민)이면 민둔民屯이라고 불러 구분했다. 군 단위에는 전농중랑장典農中郞將 혹은 전농교위典農校尉를 두었고, 현에는 전농도위典農都尉를 두어 둔전을 관할하게 했다. 따라서 『삼국지』와 『진서』, 당시 지리 정보를 담은 『수경주』에서 위 세 관직이 언급된 지명을 찾으면 둔전의 분포를 확인할 수 있다.

당시 조조는 명목상 연주, 예주, 사예 3주를 지배했지만 사실 예주의 동부는 유비가, 남부는 원술이 차지하고 있었고, 사예의 서부, 즉 관중(경조윤과 좌부풍, 우풍익 3군으로 구성된 삼보)은 한수와 마등, 그밖의 다양한 군벌이 점거하고 있었다. 이를 이해하고 민둔이 설치된 곳을 보면 영천군(허현과 양성현 포함)과 패국, 홍농군이 해당된다. 그런데 이 중 패국과 홍농군은 당시 조조 지배하에 있었는지 확실하지 않아 조조 지배 영역의 둔전이 아닐 가능성도 있다. 또 진류군에는 조

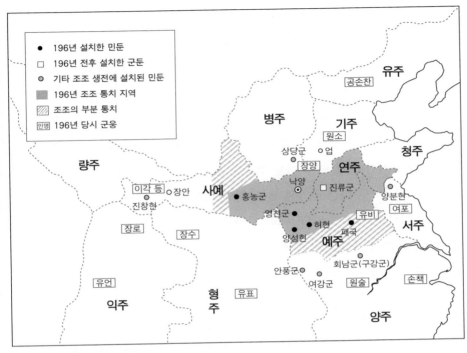

조가 연주를 수복한 후 군둔이 설치되었다. 어떤 학자는 연주의 동군과 진류군, 제음군에도 민둔이 있었다고 주장한다. 그런데 진류군과 제음군의 둔전은 조조가 헌제를 받아들이기 전, 연주목을 지낸 시기에 이미 설치했다. 즉 196년의 둔전 실시보다 이전의 것이고, 이곳에 전농중랑장이나 전농도위가 파견되었다는 증거는 없다. 동군의 경우에도 205년 무렵에 민둔이 설치되었다고 하지만 역시 감독 관원이 파견되었다는 기록은 없다. 이처럼 동군과 진류군, 제음군의 경우에는 재검토의 여지가 있어 7-5 지도에서는 생략되었다.

　민둔의 분포를 보면, 사서의 호평처럼 전쟁이 발생했을 때 군량의 수송 비용을 줄일 만한 곳에 있던 것은 아니었다. 일례로 영천군의 민둔은 바로 서쪽에 위치한 남양군의 장수를 정벌할 때는 군량을 빨리 동원할 수 있는 지역이라고 할 수 있지만, 서주의 여포나 유비, 회남의 원술, 특히 기주의 원소를 공격할 때는 군량을 운송하기에 먼 곳이었다. 물론 현재 남아 있는 사료에 누락된 다른 곳들이 있을 수 있다. 그러나 현재 남아 있는 기록에 의존할 때 가능한 해석은 둔전(민둔) 경작이 군량 수송 비용 절감과 신속한 수송을 위해서라기보다 수도 허에 거주하는 황제와 관료, 군인들을 위한 식량 확보가 주요 목적이었던 것으로 보인다. 여러 사서의 기록에서 허에 군량을 저장했다는 표현이 나오는 것도 이러한 추측을 가능케 한다. 허는 정치적 상징성이나 방어상의 편리함보다 경제 때문에 선택되었다.

조조가 실시한 둔전제는 위나라 시대까지 계속된다. 경작 주체에 따라 군둔과 민둔으로 나뉜다는 것은 앞에서 말한 바 있는데, 사실 국가의 토지(公田)를 백성들에게 빌려주어 경작하게 하는 방식은 이미 전한시대에도 존재했다. 그렇다면 이 시기 민둔은 국가의 토지를 빌려서 경작하는 방식 이외에 무엇이 달랐던 것일까?

앞서 이야기했듯 '둔전'은 본래 '군대의 일'에 해당하는 것이었다. 그래서 경작 주체가 백성이어도 운영에 관한 전반적인 사무는 군인들이 관리했다. 민둔을 감독하는 관리들은 '전농-'이 접두어처럼 붙은 관명(버슬 이름)을 지녔다. 그리고 전농 뒤에 붙은 중랑장이나 교위, 도위는 본래 무관의 명칭이다. 이렇듯 감독기관의 이름이자 동시에 우두머리의 명칭이야말로 사실 '민둔'의 성격을 잘 말해주는데, 한마디로 군대가 백성들을 조직하여 농경에 종사하게 한 것이다. 실제로 군대는 경작 백성들을 군대 조직처럼 편제하여 관리했다. 7-6의 표는 민둔의 조직 구성이 어떠했는지 한눈에 보여준다.

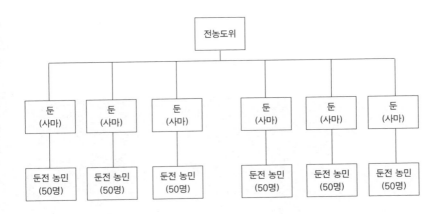

```
                          ┌──────────┐
                          │  전농도위  │
                          └──────────┘
      ┌──────┬──────┬───────┴───────┬──────┬──────┐
  ┌───┴──┐┌──┴───┐┌──┴───┐    ┌──┴───┐┌──┴───┐┌──┴───┐
  │  둔  ││  둔  ││  둔  │    │  둔  ││  둔  ││  둔  │
  │(사마) ││(사마) ││(사마) │    │(사마) ││(사마) ││(사마) │
  └───┬──┘└──┬───┘└──┬───┘    └──┬───┘└──┬───┘└──┬───┘
  ┌───┴──┐┌──┴───┐┌──┴───┐    ┌──┴───┐┌──┴───┐┌──┴───┐
  │둔전 농민││둔전 농민││둔전 농민│    │둔전 농민││둔전 농민││둔전 농민│
  │(50명) ││(50명) ││(50명) │    │(50명) ││(50명) ││(50명) │
  └──────┘└──────┘└──────┘    └──────┘└──────┘└──────┘
```

7-6 전농도위의 조직 구성.

전농도위는 6개의 '둔屯'을 관리했다. 각 둔에는 사마司馬라는 관리가 임명되었고, 사마는 50명의 둔전 농민을 감독했다. 그리하여 전농도위는 모두 6개의 둔과 300명의 둔전 농민을 관리했다. 전농도위는 현급의 최고 감독기관(감독자)이었다. 그보다 높은 군급 감독기관은 전농중랑장이었는데, 전농중랑장의 조직 구성에 대한 기록은 존재하지 않는다. 아마도 전농도위와 유사한 구성이었을 것이다. 전농중랑장과 전농교위, 전농도위는 군현의 장관인 태수와 상, 현령과 현장의 관리 감독을 받지 않았다.

민둔에 소속되어 농사를 짓는 사람들, 즉 둔전 농민은 전객田客 혹은 전농부민典農部民이라고 불렸다. 이들은 전농관에서 빌려준 토지를 경작하고 대신 일종의 소작료를 냈다. 자신이 소를 보유하고 경작하는 경우에는 수확량의 5할을 납부했고, 국가로부터 소를 빌린 경우에는 6할을 납부했다. 언뜻 엄청난 착취처럼 보일지도 모르겠다. 실제로 사서에도 여러 관리들이 고율의 소작료 때문에 둔전제가 백성들에

7-7 농사를 짓는 모습. 위쪽은 여러 농민이 함께 농사짓는 모습(쓰촨박물원 소장 화상석 탁본), 아래쪽은 소를 이용하여 농사짓는 모습을 그린 화상전이다(쓰촨성 청두시 무후사의 전시실 전시).

게 도움이 안 될 것이라며 그 실시를 반대했다는 기록이 보인다. 국가 재정에 도움이 될 거라며 둔전제를 찬성한 관리들은 조지를 포함해 오히려 소수파에 해당했다.

그러나 이 같은 세율도 시대상에 비추어보면 터무니없는 착취는 아니었다. 『한서/식화지』에 따르면, 전한시대에 남의 농지를 경작하는 소작인은 5할의 소작료를 냈다. 전한과 후한 시대에 농민들은 수확량의 30분의 1에 해당하는 전조田租, 국가가 사육하는 말과 소의 사료비 명목의 추고세芻稿稅, 그리고 한 사람당 120전씩 할당된 인두세(나이와 성별, 직업에 따라 금액이 달랐다)를 내야 했다. 각지에서 출토된 죽간 자료를 보면, 이러한 정규 세금 외에 다른 잡세가 더 존재한 예가 있지만, 그것들은 어디까지나 지방관들이 임의로 거둔 세금들이었다. 정규 세금은 결코 많은 수준은 아니었다. 문제는 이러한 세율이 자기 토지를 경작하는 자영농에게만 해당한다는 것이었다. 국가의 공전이나 남의 토지를 경작하는 소작농들은 5할가량의 소작료를 내야 했다. 자료의 부족으로 이 소작료에 지주의 세금까지 포함되었는지는 밝히지 못했다.

덧붙이면, 둔전 농민의 부담은 수확량의 5할 내지 6할을 납부하는 데 그치지 않았다. 이들은 창고와 도로 수리, 조세로 걷은 곡물 등의 운송, 그리고 수리 시설 확충과 개보수 작업 등에도 동원되었다. 그런데 한 학자는 이런 작업들은 일반 농민들이라면 다 부담했던 것들로 둔전 농민들에게만 특별히 부과된 것은 아니었다고 지적한다. 다시 말해 농민들은 조세를 관청 혹은 창고까지 직접 가서 납부해야 했고, 그러므로 그런 것들은 추가적인 요역이 아니라 일상적인 활동으로 볼 수 있다는 것이다. 만약 그렇다면, 둔전 농민들은 당시 소작농과 비슷한 부담과 의무를 진 것이 된다. 위나라가 건국된 이후 둔전 농민들 가운데 일부가 상업에 종사했다는 기록이 있지만, 이는 관리자인 전농중랑장이나 전농도위 등의 사적인 요구 때문에 행해진 것으로 '정규적인 부담'은 아니었다. 또한 일부 학자들의 주장에 따르면, 반란 평정 등 비상시에는 전투에 동원되기도 했다. 그러나 일반적으로 둔전 농민들은 농사와 그에 관련된 노동에만 종사하면 되었다. 농민들은 고율의 소작료로 착취당했다기보다는 원래 생활하던 만큼 부담했고 다른 잡역이 없다면 차라리 나은 삶을 살 수 있었다.

## 조조, 남양군을 지키던 장수의 항복을 받다 _____

헌제를 허에 모신 조조는 주변의 군웅과 싸우며 영토를 확장했다. 조조의 공격 동선을 보면 북쪽을 지키고 남쪽을 공격하는 전략을 취했다. 즉 하북의 원소에게는 대장군을 넘겨주고 낮은 자세로 엎드리면서 먼저 황하 이남의 서주와 회남, 남양군 일대의 군웅 공략에 나선 것이다.

조조는 허로 천도한 뒤 그다음 해 가장 먼저 남양군의 장수를 겨냥했다. 그는 모두 네 차례에 걸쳐 장수를 공격했다. 그렇다면 조조는 왜 가장 먼저 장수를 공격했을까?

헌제가 새로 거주하게 된 허는 장수가 지배하는 남양군의 동쪽에 위치했다. 허가 속한 영천군은 예주, 남양군은 형주에 속해 있었지만 두 군은 경계선을 맞댄 이웃한 군이었다. 또 당시 허의 동쪽과 동북쪽, 서남쪽은 조조 땅이거나 영향권 안에 있던 반면 서쪽은 그렇지 않았다. 조조로서는 허의 안전을 확보하기 위해 서쪽에 주둔한 군벌들을 무릎 꿇릴 필요가 있었다. 게다가 남양군이 가장 가까웠다.

장수는 원래 남양군의 주인이 아니었다. 남양군은 원술이 190년부터 193년까지 지배하다가 형주자사 유표에게 밀려 쫓겨난 후 유표의

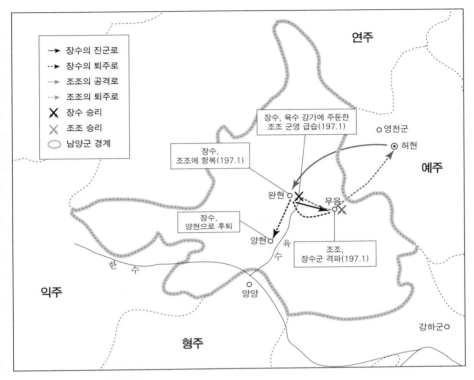

도표 범례:
- → 장수의 진군로
- ⇢ 장수의 퇴주로
- → 조조의 공격로
- ⇢ 조조의 퇴주로
- ✕ 장수 승리
- ✕ 조조 승리
- ◯ 남양군 경계

연주

영천군

예주

허현

장수, 육수 강가에 주둔한
조조 군영 급습(197.1)

장수,
조조에 항복(197.1)

완현

무음

장수,
양현으로 후퇴

양현

조조,
장수군 격파(197.1)

한　수

육
수

양양

익주

강하군

형주

7-8 조조의 1차 장수 공격.

영토가 되었다가 장제의 손에 넘어갔다. 무위군 출신의 장제는 동탁
의 부하로 입신한 뒤 동탁 사후 이각, 곽사와 함께 장안으로 진격해
권력을 잡은 인물이기도 했다. 하지만 그는 이각, 곽사와 달리 헌제에
게 동정적이어서 헌제가 장안에서 빠져나갈 때 호종을 맡았다. 그러
나 도중에 양봉, 동승과 사이가 틀어져 헌제의 환궁 일행에서 이탈했
고, 오히려 이각, 곽사와 함께 헌제 일행을 추격한 바 있다. 그렇다고
이후 장제가 이각, 곽사와 잘 지낸 것은 아니었다. 그는 다시 한 번 그
들의 싸움에 넌더리가 나 관중에서 나와 형주로 향했다. 그리고 196

년 9월 남양군 공략에 나섰다. 하지만 완현(남양군의 치소) 남쪽의 양현穰縣을 공격하다가 유시에 맞아 사망했다. 이때 형주자사 유표는 장제의 군사들을 공격하지 않았다. 오히려 사람을 보내어 장제의 군사들을 받아들였다. 대신 장제의 조카인 건충장군建忠將軍 장수에게 장제의 병사들을 거느리고 완현에 주둔하게 했다. 완현은 남양군의 치소이니 남양군을 맡긴 것이나 다름없었다. 이는 유표가 관용을 보인 것이기도 하지만 한편으로 조조를 막기 위해 장수를 용병대장으로 고용한 것으로 이해할 수도 있다. 유표는 나중에 조조에게 패해 형주를 찾은 유비를 상대로도 이와 같은 용인술을 보여준다.

197년 정월, 조조는 장수의 주둔지인 완현을 치기 위해 진격하여 육수淯水에 주둔했다. 그런데 장수가 제대로 된 저항 한 번 하지 않고 조조에게 항복했다. 남양군 접수가 싱겁게 끝난 듯한 상황이었다. 그런데 항복했던 장수가 자신의 말을 뒤집고 조조를 공격하는 사태가 벌어졌다. 이는 조조가 장수의 신뢰를 잃었기 때문인데, 소설 삼국지에도 나오지만, 조조는 장수의 항복을 받은 후 장제의 아내, 다시 말해 장수의 숙모와 동침했다. 장수는 이 소식을 들었고 조조에게 원한을 품었다. 그 외에도 장수의 심기에 거슬리는 일이 있었다. 조조는 장수의 부하 중에 호차아胡車兒가 용맹하다는 소문을 듣고 그에게 금을 주었는데, 장수가 이 소식을 들었던 것이다. 장수는 조조가 자기 부하를 매수한 것으로 이해했고, 나아가 자신을 신뢰하지 않거나 제거하려고 한다는 인상을 받았을 것이다. 하지만 소설 삼국지에서는 조조가 장제의 처 추씨와 성관계를 맺은 것만을 장수가 조조를 공격한 원인이라고 했다. 조조에게 금을 받은 호차아는 소설 삼국지에서는 장수의 명령을 받고 조조를 공격한 것으로 바꾸었다(16회). 모든 것이 조조의 간통 때문이었다는 것이다.

한편 조조도 장수가 일을 꾸민다는 것을 알아차리고 그를 죽일 계책을 세웠다. 하지만 조조의 움직임에 관한 정보를 입수한 장수가 조조보다 한발 더 빠르게 움직였다. 갑자기 기습을 받자 조조의 군대는 순식간에 무너졌다. 조조의 맏아들 조앙曹昻과 조안민曹安民이 장수의 병사들 손에 피살되었다. 조조도 어디선가 날아온 화살에 맞았고, 목숨을 부지할 수 있을지 장담할 수 없는 상황이었다. 조조가 정신없이 달아나는 가운데 교위 전위典韋가 수십 군데 상처를 입으며 그를 호위했다. 분전 끝에 적군 두 사람을 팔에 끼고 죽인 뒤 전위는 눈을 부릅뜨고 큰 소리를 지르며 죽었다. 조조의 초대 호위대장이자 최고의 호위대장이었던 전위의 장렬한 최후였다. 조조는 군사들을 수습해 완현 동쪽의 무음현으로 후퇴했다. 그리고 그곳에서 추격해오는 장수의 군사들을 격퇴했다. 장수는 양현으로 물러났다.

같은 해 11월, 조조는 다시 장수를 공격하기 위해 군대를 이끌고 완현에 도착했다. 그는 우선 호양현湖陽縣에서 유표의 장수 등제鄧濟를 공격해 생포하고, 무음현에 주둔했다. 그러고 나서 조조는 호양현의 군대도 무음현으로 물렀다. 사료에 그 이유는 나오지 않는데, 조조군의 진로로 미루어 짐작하면, 장수와 유표 군대의 저항 때문에 진격을 포기하고 후퇴한 것으로 보인다. 조조는 조금 더 주둔하다가 다음 해 정월에 허로 돌아갔다.

허에서 두 달을 보낸 후 198년 3월, 조조는 다시 남양군으로 향했다. 그리고 같은 달 양현에서 장수를 포위했다. 그러나 조조는 도망온 원소의 군사가 전해준 정보를 듣고 회군을 결정할 수밖에 없었다. 내용인즉 원소의 모사 전풍田豐이 원소에게 조조가 장수를 공격하러 간 틈을 타서 허를 습격하라고 했다는 것이었다. 이에 조조는 양현성의 포위를 풀고 후퇴했다. 그러자 장수가 군대를 이끌고 추격에 나섰

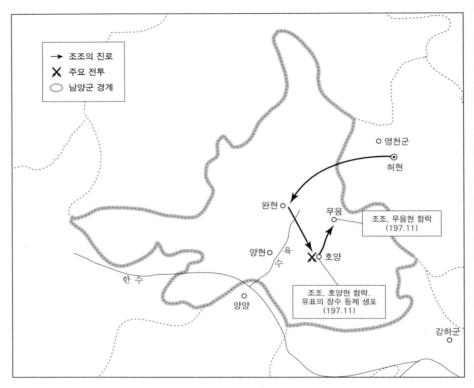

7-9 조조의 2차 장수 공격(197년 11월~198년 1월).

다. 유표도 5월에 장수를 구원하기 위해 군사를 보냈다. 유표의 군대
는 안중현安衆縣에서 험한 지세를 지키며 조조의 후방을 끊었다.

　유표의 군사들이 주둔한 안중현은 양현의 동쪽으로, 조조의 군사들
이 허로 돌아가기 위해서는 반드시 지나야 하는 곳이었다. 그리하여
조조의 군대는 양현과 안중현 사이에서 장수와 유표에 의해 앞뒤로
공격을 받았다. 조조는 협공을 당하는 가운데 안중현에 이르렀다. 그
는 한밤에 험한 곳을 뚫고 도망가는 척하며 장수와 유표의 군대를 유
인했다. 그러고는 매복해두었던 복병으로 장수와 유표의 군대를 대파

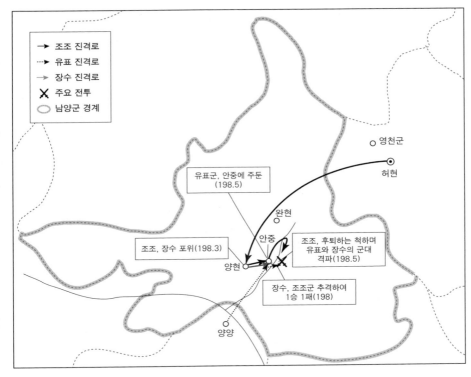

조조 진격로
유표 진격로
장수 진격로
X 주요 전투
남양군 경계

영천군
허현

유표군, 안중에 주둔
(198.5)

완현

안중

조조, 장수 포위(198.3)

조조, 후퇴하는 척하며
유표와 장수의 군대
격파(198.5)

양현

장수, 조조군 추격하여
1승 1패(198)

양양

7-10 조조의 3차 장수 공격.

했다.

사실 그보다 앞서 장수의 모사 가후는 장수가 조조군을 추격하려
고 하자 그를 만류했다. 하지만 말을 듣지 않고 추격에 나섰다가 대패
한 것인데, 패장이 되어 돌아오는 장수에게 가후가 성 위에서 외쳤다.
"급히 다시 추격하십시오. 다시 싸우면 반드시 이길 것입니다." 이에
장수는 "공의 말을 듣지 않아 이에 이르렀소. 지금 이미 패했는데 어
찌 다시 추격한단 말이오?" 하고 되물었다. 가후는 다만 "병세兵勢는
변하기 마련이니 급히 추격하십시오!" 하고 말할 뿐이었다. 장수는

가후의 말을 믿고 패잔병을 수습해 다시 추격에 나섰고, 과연 이기고 돌아왔다. 장수는 가후에게 다시 싸우라고 한 이유를 물었다. 이에 가후는 답했다.

이는 쉽게 알 수 있습니다. 장군이 비록 용병에 능하지만 조조를 대적할 수준은 아닙니다. 처음에 조조의 군대가 퇴각할 때, 조조는 반드시 스스로 후방에 남아 장군의 추격을 대비할 것이니 장군께서 질 것을 알았습니다. 조조가 장군을 공격하다가 실책도 없었고 힘이 다하지 않았는데 하루아침에 퇴각한 것은 반드시 나라 안에 무슨 일이 생긴 것입니다. 그러므로 한번 장군을 격파한 다음에는 군대를 이끌고 속히 물러날 생각일 뿐이니 조조 자신을 대신해 다른 장수들로 하여금 후방을 지키게 할 것입니다. 후방에 남은 여러 장수들은 비록 용맹하더라도 장군을 대적할 수준은 아닙니다. 따라서 비록 패한 군사들을 데리고 싸우더라도 반드시 이길 것임을 알았습니다.*

결국 조조는 세 차례에 걸쳐 공격했지만 장수를 굴복시키지 못했다. 그러나 199년 11월에 이르러 장수는 스스로 조조에게 항복했다. 원래 장수는 원소에게 투항할 생각이었다. 원소가 사람을 보내 자기에게 항복하라고 권했던 것이다. 그러나 가후는 세 가지 이유를 들어 오히려 조조에게 항복할 것을 권했다. 첫째, 조조는 천자를 받들고 천하에 명령을 내리는 명분을 가지고 있다. 둘째, 원소의 군대는 강하기 때문에 장수가 적은 수의 군대를 이끌고 항복한다고 한들 좋은 대

* 『삼국지/가후전』.

우를 받을 수 없다. 반면 조조의 군대는 약하기 때문에 적은 수의 군대도 전력에 보태고자 할 것이므로 장수의 항복을 반길 것이다. 셋째, 조조는 패왕이 될 뜻을 지닌 인물이므로 사적인 원한에 구애받지 않을 것이다. 장수는 가후의 말을 듣고 조조에게 항복했다.

과연 조조는 장수의 손을 잡고 환영연을 열어주었다. 그리고 자신의 아들 조균曹均과 장수의 딸을 결혼시키고, 장수를 양무장군揚武將軍에 임명했다. 그 후 장수는 관도 전투에 참전해 전공을 세워 파강장군破羌將軍에 임명되었고, 조조를 따라 발해군 남피현에서 원담을 공격할 때 공을 세웠다. 장수는 나중에 조조가 원희, 원상 형제와 오환을 공격할 때도 참전했다가 병으로 죽었다.

한편 조조는 장수의 모사 가후를 집금오에 임명했다. 가후는 나중에 조비가 후계자로 옹립되는 과정에서 큰 공을 세운다. 그리하여 그가 황제에 즉위하자 삼공의 자리에 오른다.

독자들에게 불편한 진실을 사족처럼 밝힌다. 『삼국지』에서는 조조가 장수의 항복을 받은 후 남양군이 조조의 땅이 된 것처럼 기술했지만 이는 사실이 아니다. 그 이유는 다음과 같다. 첫째, 조조와 싸우다 형주의 유표에게 망명한 유비가 주둔한 곳이 신야현이었다. 신야현은 남양군 남쪽의 현이었다. 남양군이 조조의 땅이었다면 유비는 조조의 땅에 주둔한 셈이 된다. 둘째, 『삼국지/위서/조홍전』에서는 조홍이 유표를 공격하여 무양·음섭·도양·박망 4현에서 승리했다고 기록했는데, '무양·음섭'은 무음현과 섭현의 오기로 보이며 두 현 모두 남양군의 동북쪽에 있었다. 도양과 박망 2현 역시 남양군의 북쪽에 위치했다. 이는 조조가 장수의 항복을 받았지만 남양군이 여전히 유표의 땅이었다는 뜻이다. 따라서 장수의 항복으로 조조가 남양군을 점령한 것은 아니었다. 다만 장수의 군대와 명참모 가후 등 사람들을 얻었을 뿐이었다.

## 조조, 여포를 평정하다 _____

조조는 서주와 질긴 악연이 있었다. 아버지의 죽음을 구실 삼아 193년과 194년에 서주의 도겸을 공격하러 나섰다가 망명자인 여포에게 본거지인 연주를 빼앗기고 천신만고 끝에 되찾았다. 연주에서 쫓겨난 여포는 원술을 공격하기 위해 유비가 자리를 비운 사이 서주를 차지했다. 서주를 빼앗긴 유비는 어쩔 수 없이 여포에게 돌아와서 소패에 작으나마 둥지를 틀었지만 여포와 원술 양쪽으로부터 시달리고 있었다.

조조는 서주를 공격해도 좋을지 고민하지 않을 수 없었다. 연주목 시절에는 거칠 것이 없었지만 이제는 헌제를 받아들이고 허로 천도한 후 존재감이 커져 있었다. 주변의 군웅이 조조를 견제할 것은 당연했다. 다시 말해 조조가 자리를 비운다면 그들이 과거 여포처럼 행동하지 않는다고 누가 장담할 수 있는가? 또 하나의 문제는 이를 무릅쓰고 원정에 나선다고 할 때, 사방이 적들로 둘러싸인 상황에서 누구를 먼저 쳐야 하는가였다.

197년 정월에 조조는 원소가 보내온 무례한 편지를 받고 의기소침해 있었다. 원소는 헌제를 허와 업 사이에 있는 견성鄄城으로 옮기자고 제안했다. 조조는 거부했지만 강적 원소의 말을 일방적으로 묵살할 수도 없었다. 이때 곽가와 순욱이 조조를 위로할 겸 새로운 전략을 제시했다.

곽가: 원소가 북쪽으로 공손찬을 공격하느라 멀리 원정을 나갔으니 그동안에 우리는 동쪽으로 여포를 공격해 취할 수 있습니다. 그

러지 않고 나중에 원소가 일을 마치고 돌아와 우리 경내로 침입하고, 때를 같이해 여포가 원소를 구원한다면, 이는 우리에게 큰 해가 될 것입니다.

순욱: 먼저 여포를 취하지 않으면 하북을 쉽게 도모할 수 없습니다.

조조: 그렇다고 해도 의심스러운 점이 있다. 만약 원소가 직접 관중을 공격하고, 서쪽으로 강羌과 호胡를 어지럽히고, 남쪽으로 촉한蜀漢(익주를 말한다)을 유린한다면, 나는 겨우 연주와 예주만 가지고 어떻게 천하의 6분의 5를 상대하겠는가?

순욱: 관중의 군벌들은 10여 명을 헤아리지만 누구도 통일하거나 지도자가 될 수 없습니다. 한수와 마등이 가장 강하지만, 저들은 산동의 다툼을 보더라도 움직이지 못하고 분명 각자 군사들을 거느리고 스스로를 지키기에 바쁠 것입니다. 지금 은덕을 베풀어 그들을 어루만지고 사자를 보내 화해하고 연합하십시오. 비록 오래가지는 못하더라도 공이 산동을 안정시키기에는 충분한 시간일 것입니다. 일단 산동을 안정시킨다면, 그들은 움직이지 않을 것입니다. 시중 상서복야 종요鍾繇는 지모를 지니고 있으니 그에게 서쪽의 일을 맡긴다면 공은 걱정할 필요가 없습니다.*

곽가는 강한 원소와 싸우기보다 먼저 여포를 공격해 원소와 여포가 협공하는 경우의 수를 차단해야 한다고 주장했다. 순욱도 먼저 여포를 공격해야 한다고 주장했다. 그러나 조조는 만약 원소가 관중 및 익주와 연합해 북쪽과 서쪽에서 조조를 에워싸는 형세를 만들면 어떻

---

* 『자치통감』 권62 「한기」54 헌제건안 이년 정월조.

게 대응해야 하는지 의심했다. 그러자 순욱은 관중의 여러 장수들은 서로 반목하고 제 밥그릇 챙기기에 바쁘기 때문에 조조를 공격하려는 인물은 없을 것이며, 오히려 먼저 그들에게 손을 내밀어 회유하면 그들이 쉽사리 원소 편에 서지 않을 것이라고 내다봤다. 무엇보다 종요를 파견해 관중의 제어를 맡기면 능히 해낼 수 있다고 했다.

결국 순욱과 곽가는 북수남공北守南攻, 즉 북쪽의 원소를 상대로는 수비적인 전략을 취하고 우선 남쪽을 평정해야 한다는 전략을 주장했다. 전체적으로 보면 조조는 둘의 견해를 따랐다. 하지만 남쪽을 먼저 평정한다는 전략을 실행하는 데 있어서도 딜레마가 뒤따랐다. 198년 5월 조조는 직접 여포 공격에 나서려고 했는데, 여러 장수가 반대 의견을 내놓았다.

장수들: 유표와 장수가 뒤에 있으니 멀리 여포를 습격하면 반드시 위태롭게 될 것입니다.
순유: 유표와 장수는 막 패했으니 감히 군사를 움직이지 않을 것입니다. 여포는 건장하고 날래며 원술을 믿고 있습니다. 만약 회수와 사수 사이의 세력이 연합한다면 호걸들은 반드시 이에 응할 것이고, 그때 가서 우리가 대응하면 이미 늦습니다. 하지만 여포는 지금 막 반란을 일으킨 상황이니, 이 틈을 노려 공격하면 적들의 무리가 미처 하나로 뭉치기 전에 이길 수 있습니다.*

무장들은 조조가 서주의 여포를 공격하는 동안 남쪽의 유표와 장수가 본거지인 허를 공격할 것을 우려했다. 그러나 순유는 유표와 장수

---

* 『삼국지/순유전』의 배송지주에 인용된 『위서』.

가 뒤통수를 칠 가능성은 적고 오히려 시간을 끌어 여포와 원술이 연합하는 사태가 벌어지면 그것이 더 위험하다고 보았다. 따라서 이들이 연합하기 전에 여포를 공격해야 한다고 주장했다.

조조는 순욱과 순유, 곽가 등의 조언을 들으면서 이전의 악몽을 떨쳐버렸다. 그는 서주를 공격하기로 결정했다. 초반에는 여포에게 유리했다. 그는 조조에게 맞서기 위해 다시 원술과 화친했다. 그리고 원술의 제안을 받아들여 198년 4월부터 9월 사이에 고순高順과 장요張遼를 보내 유비를 공격했다. 조조의 명을 받고 하후돈이 유비를 도우러 왔으나 하후돈은 여포의 군대에 패했다. 9월에 이르러, 고순과 장요는 유비의 본거지인 패성을 점령하고 유비의 처자를 생포했다.

이에 조조는 몸소 여포 공격에 나서 10월 팽성彭城을 도륙하고 하비성으로 진격했다. 조조는 편지를 보내어 여포에게 항복을 권유했다. 이에 여포는 항복하려고 했으나 진궁 등 여러 부하가 항복을 거부했다. 진궁은 군대를 둘로 나누어 여포가 그중 한 무리를 이끌고 성 밖에서 주둔하다가, 조조의 군대가 하비성을 포위하면, 후방의 치중부대를 공격하여 보급선을 끊자는 계책을 내놓았다. 그러나 여포는 밖으로 나가지 말라고 아내가 애원하자 진궁의 계책을 따르지 않았다.

그렇다고 다른 수를 궁리하지 않은 것은 아니었다. 여포는 몰래 원술에게 사신을 보내어 구원병을 요청했다. 원술은 일전에 여포가 일방적으로 혼담을 파기한 것을 언급하며 먼저 약속을 지키라고 요구했다가 사신들의 말을 듣고 마음을 바꿔 군대를 보내기로 약속했다. 여포는 원술의 구원병이 오지 않자 자기가 딸을 보내지 않았기 때문이라고 생각했다. 이에 딸을 자기 말에 태운 후 조조군의 포위망을 뚫고 원술에게 가려고 했으나 여의치 않아 되돌아왔다.

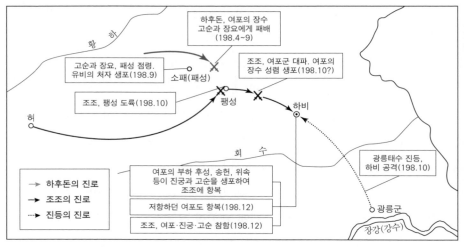

7-11 조조의 여포 정벌.

조조는 하비성을 포위한 후 시간이 지나 군사들이 피로하자 회군을
고려했다. 그러자 순유와 곽가가 나서 만류했다. 이에 조조는 기수沂
水와 사수의 물길을 돌려 하비성을 물바다로 만들었다. 여포의 진영
은 어수선해졌지만 그래도 그럭저럭 버텼다. 그러다 돌발 상황이 발
생했다. 여포의 장수 후성侯成과 송헌宋憲, 위속魏續 등이 진궁과 고순
을 사로잡아 조조에게 항복한 것이다.

후성은 부하가 훔쳐 달아난 명마 15필을 되찾아 이를 축하하기 위
해 동료 장수들과 술자리를 벌였다. 그러면서도 예를 차리기 위해 먼
저 여포에게 술과 고기를 보냈는데, 그만 불호령이 떨어졌다. 금주령
을 어겼다는 것이었다. 이에 놀란 후성 등은 여포를 배신하고 조조에
게 항복했다.

여포는 부하들과 함께 하비성의 남문인 백문루白門樓에 올라 결전
을 다짐했으나 조조의 군대가 포위망을 좁혀오자 부하들에게 자기 목

을 가지고 조조에게 항복하라고 명령했다. 그러나 부하들이 아무도 명령을 따르지 않자 직접 조조에게 항복했다. 소설 삼국지의 작가들은 여포가 조조 군사에 포위된 후 항복했다는 정사의 기록이 마음에 들지 않았는지 여포의 생포 과정을 바꾸었다. 즉 여포의 부하 송헌이 자고 있는 여포를 결박한 후 성문을 열어 조조군을 맞아들였다고 한 것이다(19회). 배신자 여포가 부하에게 배신당했다고 설정하여 배신자의 비참한 말로는 보여주되 싸우지 않고 사로잡힌 것으로 처리하여 그의 용맹함도 보존시킨 것이다.

하지만 여포는 조조에게 목숨을 구걸했다. 소설 삼국지는 살려달라고 애원하는 여포와 죽여달라고 말하는 진궁을 대비시켜 여포를 그야말로 천박한 인간으로 묘사한다(19회). 사서의 기록도 다르지 않다. 여포는 조조에게 "명공(조조)이 두려워하는 근심은 여포밖에 없습니다. 지금 여포는 이미 굴복했습니다. 여포가 기병을 거느리고 명공께서 보병을 거느린다면 천하는 평정되지 않겠습니까?"하며 목숨을 대가로 기꺼이 조조의 수하가 되겠다고 암시한다.* 그런데 조조 옆에서 그 꼴을 보고 있던 유비가 조조에게 과거 여포가 정원과 동탁을 배반한 일을 상기시켰다. 반면 진궁은 목숨을 구걸하지 않고 가족들을 조조에게 부탁한 후 의연히 형벌을 받으러 나갔다. 조조는 진궁을 위해서 눈물을 흘리고는 이내 여포와 진궁, 고순을 목 졸라 죽였다. 그리고는 세 사람의 목을 허의 저잣거리에 두어 모두가 보게 했다. 이로써 배신으로 점철된 여포의 삶은 끝났다.

조조는 막판에 서주를 쉽게 평정했지만 서주 전체를 실질적으로 지배하는 것은 다른 문제였다. 장패 등의 도적들이 서주 북서부의 낭야

---

* 『삼국지/여포전』.

국과 동쪽의 동해군에서 활개치고 다녔기 때문에 이들을 굴복시킬 필요가 있었다. 이에 조조는 장패 등을 사면하고 청주와 서주의 해안 지방을 이들에게 맡겼다. 정확히 말하자면, 조조는 서주와 청주의 해안 지역에 해당하는 낭야와 동해, 북해를 나눠 성양城陽, 이성利城, 창려昌慮 3군을 새로 만들어 장패 등에게 맡겼다. 사실상 장패 등의 지분을 인정하고 권력을 분할해준 조치였는데, 대신 조조는 장패 등 전직 도적들의 지지를 얻어낼 수 있었다. 조조는 서주를 완전히 자기 마음대로 하지는 못했지만 일단 명목상으로 자신의 영향력 아래에 두었다는 점에서 만족했다.

### 용맹하나 싸우면 지는 배신자 여포

여포의 이미지는 뭘까? 사서에서 여포가 곽사와 싸워 창으로 찌른 장면이나 원소의 용병대장으로 흑산적 장연과 싸울 때 적진을 돌파하여 적군의 목을 베어오는 장면을 기록한 것을 보면, 소설 삼국지에 묘사된 여포의 용맹과 무용이 과장은 아닌 듯하다. 그러나 여포는 자신이 참전한 전투에서 반드시 이기는 장수는 아니었다.

그는 손견과의 전투에서 3패, 이각과 곽사의 장안 공격 때 1패, 장연과의 싸움에서 1승(사실상 무승부), 조조와 연주를 두고 벌인 싸움에서 1승 5패, 서주에서 유비와 원술을 상대로 4승, 조조를 상대로는 2패를 거두었다. 모두 합하면 6승 11패이다. 계속해서 다른 군웅의 전적을 살펴보겠지만, 여포의 전적은 어느 누구와 비교해도 결코 좋은 편이 아니다. 게다가 여포의 승리 가운데 2승은 조조와 유비가 근거지를 비운 틈을 노려 얻은 것이었다. 또 손견과 조조에게 각각 3패와 7패를 당했는데, 강한 상대에게 약한 면모가 적나라하게 드러난다. 무장으로서 여포 개인의 기량은 뛰어났는지 모르나 지휘관으로서는 승률이 35%에 불과한 별볼일없는 무장이었다. 그가 모신 동탁도 5승 2무 5패의 전적을 기록했는데, 한때 조정을 휘어잡은 이들이 실상 전공은 평범한 무장들이었던 셈이다. 혹 정치는 야전에 능한 장군들보다는 정치군인

쪽이 잘하기 때문인 것일까?

하지만 여포에게도 변명의 여지는 있다. 그는 시종일관 병력이 적었다. 장안에서 이각과 곽사에게 패해 도망갈 때 여포가 거느린 병력은 기병 수백 기에 불과했다. 원술이 수만 명을 이끌고 서주로 쳐들어왔을 때도 여포에게는 병력 3,000명과 말 400필이 전부였다. 사료에 기록된 이 숫자는 '보병 3,000명과 기병 400명'으로 해석할 수도 있고, '기병과 보병을 다 합해 3,000명'으로 해석할 수도 있다. 하지만 어떤 경우이건 적은 병력이었다. 여포의 병사들이 전투에 능한 정예부대라고 해도 이 정도 규모의 군대로 수만 명 혹은 수십만 명의 군대를 가진 군벌들과 대적한다는 것은 무리였다. 한편으로 이런 적은 병력으로 서주에서 2년 6개월을 버틴 걸 보면 오히려 그것이 기적처럼 보인다.

여포가 전투에서 두각을 나타내지 못한 또 다른 이유는 본인에게 있었다. 그는 지략이 부족했다. 앞에서 조조가 말한 것처럼, 만약 여포가 태산 주변의 험한 지형을 점령해 조조의 귀환을 차단했다면, 조조의 연주 수복은 다른 양상으로 전개되었을 가능성이 높다. 지략 없이 용맹만으로 전투에서 이기기 어려운 것은 당연하다. 여포가 죽기 전에 자신을 기병대의 장교로 격하시킨 표현은 자신의 능력을 제대로 파악한 진심이었을 것이다.

진궁이라는 뛰어난 모사가 있었음에도 여포는 그의 간언을 제대로 듣지 않았다. 특히 앞서 이야기했듯 조조가 하비성으로 진격해올 때, 진궁이 여포에게 군대를 둘로 나누어 여포는 바깥에 주둔하고 진궁과 고순은 하비성을 지키다가 조조의 군대가 하비성을 포위하면 여포가 뒤에서 조조군을 치고, 조조의 군사들이 여포의 군사들을 공격하면 진궁과 고순이 조조의 뒤를 치는 전략을 제안했지만 여포는 듣지 않았다. 다른 사서*에서는 진궁이 여포로 하여금 군대를 거느리고 밖으로 나가 조조의 병참선을 끊는 전략을 제시했다고 썼다. 어느 경우든 결론적으로 여포는 진궁의 말을 듣지 않았고 제대로 된 저항 한번 하지 못하고 패했다.

군웅의 하나로 여포가 성공하지 못한 또 다른 이유는 그가 확고한 지역 기반을 갖지 못했다는 데서도 찾을 수 있다. 사실 여포에게는 독립적인 군벌이

---

* 『후한서』와 『삼국지/여포전』의 배송지주에 인용된 『위씨춘추魏氏春秋』.

되겠다는 야심이 없었다. 그저 동탁과 왕윤 같은 권력자 밑에서 무장으로 활약하는 데 만족했다. 그러나 이각과 곽사에게 패해 정처 없이 떠나야 했고 이후 다섯 번이나 망명했다. 잦은 망명은 생애 내내 제대로 된 지역 기반을 갖지 못한 여포의 처지를 잘 말해준다. 물론 당시에는 이미 군웅이 한 지역씩 차지했기 때문에 여포가 차지할 땅도 없었다. 그래서 여포는 용병대장으로 활동하는 데 만족해야 했다.

그러나 여포에게도 2번의 기회가 있었다. 그리고 여포는 이 기회를 잡았다. 첫 번째 기회는 연주를 차지한 것이다. 그러나 조조는 너무나 강했고, 여포는 약 1년 6개월 만에 연주에서 쫓겨났다. 두 번째 기회는 서주를 점거한 것이다. 당시 유비는 세력이 약했고, 그래서 여포는 2년 6개월간 버틸 수 있었다. 기록이 부족하여 당시 여포의 관할지(연주와 서주) 통치가 어떠했는지 실상을 이해하는 데 어려움이 있으나, 현지인들을 포섭하는 데 성공하지는 못한 것 같다. 연주에서 승씨현으로 도망갈 때 그는 토착민 이진의 공격을 받았는데, 이는 그가 토착민들에게 환영받지 못했음을 보여준다. 또 서주에서 그와 원술의 연합을 훼방 놓은 패상 진규도 하비국 출신의 토호였다. 진규·진등 부자는 겉으로는 여포를 옹호하는 척했지만 실제로는 그의 발목을 잡은 인물들이었다.

배신자의 이미지가 강한 여포지만 그 자신도 여러 차례 배신을 당했다. 그는 평생 세 번 배신했고, 두 번 혹은 세 번의 배신을 당했다. 그는 상관인 정원을 죽이고 동탁에게 항복했고, 왕윤과 결탁해 동탁을 죽였다. 또한 유비가 원술과 싸우는 동안 조조에게 패해 도망온 자신을 받아줬던 은혜를 저버리고 서주를 점령했다. 그러나 그 또한 인생의 고비마다 배신을 당함으로써 죗값을 치렀다. 이각, 곽사와의 장안성 전투에서 부하의 배신으로 장안성을 빼앗겼고(수睡라는 파촉 이민족 출신 부하가 성문을 열어줬다), 조조와의 하비 전투에서는 금주령을 어긴 부하 후성을 호되게 몰아세웠다가 그의 배신으로 전황을 완전히 망치고 말았다. 그 외에도 여포가 철석같이 자기편인 줄 알았던 진규가 사실은 원술과 여포의 연합을 분쇄하는 역할을 한 일이나, 광릉태수 진등이 조조의 군대에 호응하여 조조의 선봉을 자임한 일도 배신당한 것으로 볼 수 있다. 어떻게 보면 인과응보라는 말이 여포에게는 잘 어울린다.

하지만 여포에게 충성을 다한 부하들도 있었다. 진궁이 대표적이다. 순간의 판단 실수로 조조를 버리고 여포를 따른 그는 여포에게 연주를 지배할 기회를 마련해주었을 뿐 아니라 자신의 간언을 받아들이지 않았음에도 죽을 때까지 여포 곁에 남았다. 여포의 장수 가운데 가장 뛰어났던 고순도 충직한 간언을 많이 했고 끝까지 그와 함께했다. 또 하비성 백문루에서 조조의 군대에 포위되었을 때 최후까지 함께 있던 이름 모를 부하들도 여포의 목을 베어 투항할 수 있었지만 여포를 따랐다. 배신을 밥 먹듯이 한 여포에게도 충성스러운 부하들이 있었던 것이다. 여포에게 우리가 모르는 인간적인 매력이 있었는지도 모르겠다.

## 황제를 자칭한 원술의 비참한 최후 _____

남양군과 연주에서 쫓겨나 겨우 회남에 머무른 원술은 분수에 넘치게 황제가 될 야심을 가졌다. 후한시대에는 참위설이 유행했다. 참위설은 쉽게 말하면 미래에 벌어질 일들을 적어놓은 예언서를 믿는 것을 말한다. 대개 '누가 뭐가 된다'더라 하는 내용을 담고 있었다. 왕망은 이를 이용해 사람들을 속여 황제의 자리에 올랐다. 유명한 학자이자 저술가인 유향劉向의 아들 유흠劉歆은 "유수劉秀가 천자가 된다"는 참위설을 믿고 이름을 '수'로 바꾸기도 했다. 고려시대에 퍼진, 십팔자 혹은 목자, 즉 이씨(十八子나 木子를 합하면 '李'가 된다)가 임금이 된다는 낭설도 참위설의 일종이다. '과학' 만능 사회에 살고 있는 지금 보면, 어처구니없는 사기지만, 당시 사람들은 믿었다. 당시에는 "한漢나라를 대신할 자는 당도고當塗高이다"라는 참언讖言이 유행했다. 당도고는 '높은 자리에 오른다'는 뜻을 지니고 있다. 원술은 자기 이름인 '술術'과 자字인 공로公路의 '로路'가 '길'이라는 뜻을 가지는데 이것이 '당도고'의 '도塗' 자와 같다고 착각했다. 즉 참언의 뜻을 원술 자신이 황제가 될 징조라고 해석한 것이다. 한편으로 원씨는 전설상의 성군인 순舜의 후예로 여겨지는 성씨였고, 요堯의 후예로 여겨지는 한나라를 대신한다는 명분 또한 성립이 가능했다. 옥새도 있겠다, 정체불명의 예언서에 자신이 황제가 된다는 계시도 있겠다, 유가의 선양과 음양오행설까지 뒷받침하니 황제가 될 조건을 모두 갖추고 있지 않은가!

결국 원술은 197년 1월 제위에 올랐다. 근거지인 수춘에서 즉위식을 거행하고 국호는 중가仲家라고 칭했다. 원술의 국호인 '중가'는 두 글자라는 점에서 중국의 국호와 다르다. 대개 '가家'는 각종 문서에서 '한가漢家', '위가魏家', '당가唐家'처럼 국호 뒤에 붙여 사용했다. 따라서 실제 국호는 중仲이었을 것이다. 다른 문헌에서는 충沖이라고도 한다. 당시 국명은 자신의 봉호에 포함된 지명이나 출신지의 글자를 따서 지었다. 한漢을 세운 유방은 항우에 의해 파, 촉, 한중 3군을 영토로 하는 한왕漢王에 봉해졌기 때문에 항우를 물리친 이후에도 이를 국호로 삼았다. '한漢'은 한중군에 있는 한수漢水를 지칭하는 단어이기도 했다. 전한의 마지막 황제로부터 그 자리를 물려받은 후 외척 왕망 역시 그의 예전 작위인 신도후新都侯의 '신新' 자를 따서 국호를 정했다. 그러나 원술이 취한 '중' 혹은 '충'은 지명처럼 보이지 않는데, 그가 왜 이런 국명을 택했는지는 알려진 것이 없다. 혹여 '중'과 '충'의 사람인변(亻)과 물수변(氵)을 빼면 가운데 중中 자가 되는데, 원술은 자신이 천하의 중심이라고 생각해 가운데 '중' 자를 국호로 정했을지도 모르겠다.

즉위식을 올린 원술은 관제를 황제국 체제에 맞춰 바꾸었다. 구강태수를 회남윤淮南尹으로 바꾸고 삼공 이하 공경백관을 설치했다. 또한 황제만 지낼 수 있는 제사를 거행했다. 이어 연주자사를 지냈던 금상金尚을 삼공 가운데 가장 높은 서열인 태위로 임명했는데, 금상이 이를 거절하고 도망가자 체포하여 죽였다.

원술은 원소처럼 하북을 지배한 것도 아니고 1개의 주도 제대로 차지하지 못한 변방의 군벌에 지나지 않았다. 그런 원술이 황제를 자칭한 것은 소도 웃을 일이었다. 그는 여포에게 사신을 보내 자신이 황제가 된 사실을 알렸다. 하지만 여포는 이를 무시하고 사신을 조조에게 보내 그의 손으로 원술의 사신을 죽이게 했다.

황제를 자칭하며 내리막길을 걷던 원술은 결국 조조를 건드렸다가 정치적 생명을 단축시켰다. 발단은 원술의 진국 공격이었다.

원술이 예주 북쪽에 있는 진국에 식량을 달라고 요구했으나 진상 낙준駱俊은 이를 거절했다. 당시 진왕 유총劉寵은 쇠뇌를 다루는 데 능하고 용맹했다. 그는 황건의 난이 발생하자 군대를 훈련시키고 자신의 봉지인 진국陳國을 지켰다. 이에 백성들이 그를 두려워해 감히 배반할 생각을 못했다. 진상 낙준도 정치를 잘했다. 그 덕에 진국은 당시 혼란 가운데에서도 부강했으며, 이웃 군에서 진국으로 이주하는 사람들이 많았고, 10여만의 군대를 거느렸다. 진왕 유총은 양하현陽夏縣에 군대를 주둔시키고 스스로를 보한대장군輔漢大將軍이라고 칭했다. 원래 한대의 제후왕은 전한시대 오초칠국의 난 이후 자기 왕국의 정치에 간여하거나 군대를 지휘할 수 없었다. 그러나 후한 말 전란의 상황이다보니 진왕 유총은 자신과 가족, 재산을 지키기 위해 무장하고 군사들을 지휘했던 것 같다.

이처럼 진왕 유총과 진상 낙준은 자신들의 강성함을 믿고 원술의 요구를 거절한 것이었다. 이에 원술은 197년 7~8월 무렵에 자객을 보내 낙준과 유총을 죽였다. 그러고는 군대를 보내 진국을 공격했다. 이때까지는 원술의 계획대로 되었다. 하지만 조조가 다스리던 허와 진국 사이의 거리가 너무 가까웠다. 담기양의 『중국역사지도집』에 따르면 허는 진국의 경계에서 30킬로미터도 안 되는 거리에 있었다. 진국의 치소인 진현陳縣에서도 약 100킬로미터 떨어진 곳이었다. 당연히 조조는 원술이 진국을 점령한 후 허까지 공격할 가능성이 있다고 보았다. 조조는 원술의 도발을 그냥 지켜보지 않았다. 그는 진국을 원술에게 넘겨줄 생각이 없었고, 이에 곧장 군대를 진국으로 보냈다.

197년 9월 조조는 원술의 군대를 공격했다. 조조와 원술의 두 번째 전투였다. 원술은 조조의 군대가 온다는 말을 듣자 군대를 버리고 달아났으며, 장수 장훈과 교모(혹은 교유橋蕤), 이풍李豐, 양강梁綱, 악취樂就에게 기양(패국 기현蘄縣에 해당)에 머무르며 조조의 군대를 막도록 했다. 조조는 총사령관이 도망간 원술군을 몰아붙여 기양(기현)을 함락하고 교유를 참했다. 그러나 원술의 본거지까지 공격하지는 못했다.

원술은 조조에게 패하고 흉년이 들어 백성들이 굶어 죽는 사태에 이르자 경제적으로 완전히 파산했다. 사서에서는 원술이 197년 이후 세력을 잃고 쇠퇴했다고 기록할 정도였다. 회남 일대는 역사적으로 흉년이 많은 지역이었다. 명청시대에조차 식량이 부족해 허다한 사람들이 장강을 건너 원정 구걸을 떠났다는 기록이 있을 정도이다. 중국이 남북으로 분단되었던 동진·남조와 남송 시대에 회남은 남방 세력의 영토였다. 이 두 시대에는 대체로 회수가 국경선이었는데 남방의 여러 왕조(동진, 송, 제, 양, 남송)는 이 지역에 사람들을 이주시키고 농업에 종사하게 하여 군량을 자급자족할 수 있도록 한 것이 아니라 사실상 빈 땅으로 방치한 후 장강 이남에서 식량을 운반했다. 이는 회남의 인구를 늘리고 농업 개발을 촉진시키면 북방 세력에게 약탈을 당할 수 있다는 우려와 함께 농사짓기에 적합하지 않은 토양과 기후 등이 중요한 이유였을 것이다.

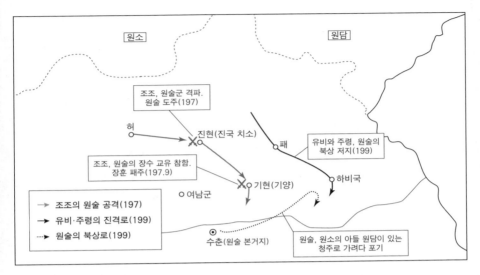

7-12 조조의 원술 공격.

　지정학적으로 중요하고 인구가 많았던 남양군과 연주에서 쫓겨나 척박한 지역을 차지한 원술은 흉년과 파산 앞에 어떻게 할 수 없는 상황이 되었다. 결국 원술은 황제 자리를 포기하고 원소에게 의탁하려고 생각했다. 그래서 원술은 원소에게 편지를 보내면서 손견에게서 입수한 전국새, 즉 황제의 옥새를 넘겨주는 대가로 신변의 안전을 보장받으려고 했다. 그러나 회남에 있는 원술이 원소에게 가려면 회수 이북, 황하 이남을 지배하는 조조의 영토를 지나가야 했다. 그리하여 조조와 원술의 세 번째 전투가 벌어졌다.

　사실 전투라기보다 원술의 북상을 조조가 막은 것이었다. 조조는 유비와 주령朱靈을 서주로 보내어 원술을 공격하게 했다. 유비와 주령은 원술을 공격해 그가 북쪽으로 가는 길목을 차단했다. 이에 원술은 방향을 틀어 조카 원담이 있는 청주로 가려 했으나 이마저도 뜻을 이루지 못했다. 청주로 가기 위해 거쳐야 하는 연주도 조조 땅이었다. 원술은 어쩔 수 없이 본거지인 수춘으로 되돌아가야 했다. 원술은 199년 6월 강정江亭에 이르러 탄식하며 "원술이 여기에 이르렀단 말인가?"라고 말하고는 피를 토하고 죽었다.

조조는 승리했지만 원술의 본거지인 회남까지 진격하지는 않았다. 원술이 죽어 정권이 와해된 후 원술의 측근인 구강태수 유훈이 조조에게 항복했다. 서주에서 장패 등의 반독립을 인정한 것처럼 조조는 유훈을 그대로 구강태수로 임명하고 열후로 봉해 환대했다. 그는 직접 구강군 일대를 지배하기보다는 배신이나 반란이 일어나지 않는 선에서 관리하는 간접 지배에 만족했다.

유훈이 항복한 다음 해인 200년 10월 조조는 유복劉馥을 양주자사로 임명했다. 이때 양주는 구강군만 조조의 수중에 있었을 뿐 나머지는 손권의 땅이었다. 유복은 합비에 치소를 만들고 유민 1만여 명을 받아들여 둔전을 설치했다. 유복의 활약으로 회남은 명실상부한 조조의 영토로 굳어졌다.

### 무능한 탐욕자 원술

전근대시대에도 대개 총사령관은 후방에서 지휘했기 때문에 장군들에게 중요한 자질은 뛰어난 무예라기보다 작전 능력과 지휘 능력, 판단력, 순발력이었을 것이다. 원술은 절충교위折衝校尉와 호분중랑장, 후장군 등 무관직을 역임했지만 무예가 뛰어나거나 큰 전공을 세운 인물은 아닌 것 같다. 원술이 그나마 두각을 나타낸 것은 손견, 손책 부자 덕분이었다. 초창기 2년 동안(190~191년) 원술이 큰소리칠 수 있던 것도 당시 강력한 군대를 가지고 각종 전투에서 승리를 거둔 손견 덕분이었다. 하지만 손견이 죽자 원술은 형주의 지배권을 다투던 유표에게 밀려 연주로 도망갔고, 거기서도 조조에게 밀렸다. 원술은 회남으로 도주한 후 그나마 숨을 돌릴 수 있었는데, 이 역시 손책의 활약 덕분이었다. 손책은 원술이 여강군을 점령하는 과정에서 공을 세웠고, 동탁이 보낸 양주자사 유요劉繇를 물리쳐 양주의 지배권을 살려놓기도 했다. 그러나 손책이 독립하자 원술의 군사력은 다시 약해졌다.

원술은 군웅에게서 신뢰를 얻지 못했다. 그는 196년 유비를 공격할 때 일진일퇴의 공방전을 벌이며 교착상태에 빠지자 여포를 끌어들이면서 후방에서 유비를 공격해주면 군량을 제공하겠다고 약속했다. 이에 여포가 실행에 옮겨 하비를 점령했지만 원술은 약속한 군량을 주지 않았다. 그러자 여포는 유비의 항복을 받아들이고 원술과의 약속을 파기했다.

이보다 더 심각한 것은 손책의 신뢰를 상실한 대목이다. 당시 여강태수 육강陸康이 원술이 요구한 곡식을 주지 않고 비협조적으로 나오자 원술은 손책을 시켜 육강을 공격했다. 그러면서 육강 대신 손책에게 여강태수 자리를 주겠다고 약속했다. 그러나 손책이 여강군에서 육강을 몰아내자 원술은 자기 부하인 유훈을 여강태수로 임명했다. 이러한 거짓말이 여러 차례 계속되니, 손책이 원술을 떠날 생각을 하는 것은 당연했다.

또한 원술은 남양군이라는 좋은 지정학적 기반을 제대로 활용하지 못했다. 원술이 처음 웅거했던 남양군은 일개 군이지만 변방의 주에 맞먹는 인구를 가진 부유한 땅이었다. 게다가 낙양 남쪽에 있어서 중원으로 진출하는 교통의 요지에 해당하여 지정학적으로도 가치가 높았다. 하지만 원술은 남양군에서 경제력과 군사력을 키우지 못하고 오히려 폭정을 일삼았다. 게다가 유표에게 밀려 스스로 남양군을 떠났다. 한때 조조의 연주를 엿보았지만 그에게 패해 결국 원술의 마지막 보금자리는 회남이 되었다. 중원에서 보면 남쪽 변방인지라 조조나 여타 군웅의 관심이 덜 가는 지역이었기 때문에 공격을 받을 가능성은 적었다. 그러나 이곳은 다른 지역에 비해 경제적으로 낙후된 지역이었다. 결국 식량 부족으로 고생하던 원술은 197년 가뭄과 흉년으로 결정적인 타격을 입는다.

여기에 외교에도 어두웠는지 원술은 주변 세력을 모두 적으로 만들었다. 사실 전국시대 진秦의 재상 범수范雎가 주창했다는 원교근공책은 영토를 확장하기 위해 효율적인 외교 정책이다. 그러나 주변의 군웅보다 강하지도 않은 상태에서 사방의 군웅을 모두 적으로 만든 것은 큰 잘못이었다. 결과적으로 원술은 군사적 전략, 전술 부문만큼이나 외교적 전략 부문에서도 미숙했다.

마지막으로 원술의 가장 큰 잘못은 황제의 자리에 오른 것이다. 원술을 비롯한 군웅이 등장하게 된 결정적인 배경은 동탁의 폭정이었다. 동탁은 소제를 폐하고 진류왕을 황제(헌제)로 세웠으며, 포악한 정치로 악명을 떨쳤다. 따라서 동탁 제거라는 명분은 원술을 비롯한 군웅이 중앙의 권력에 대항하고, 독립하는 명분이 되었다. 하지만 이때 군웅은 주와 군을 차지하고 사실상 독립했지만, 명목상으로는 여전히 헌제에게 충성을 다하는 신하들이었다. 원술도 처음에는 그런 군웅 가운데 하나였다. 그러나 그는 손견의 아내로부터 옥새를 입수한 이후 황제가 될 야심을 구체화하기 시작했다. 원술은 동탁 토벌군에 참가할 당시부터 황제가 될 야심을 품었다. 원소가 유주목 유우를 황제로 추대하려고 했을 때 원술은 반대했다.* 나이 들고 현명한 사람이 황제가 되면 자신의 야심을 실현하는 데 걸림돌이 될 수 있기 때문이 아니었을까?

힘이 없는 군벌일수록 자세를 낮추고 힘을 키워 기회를 엿보아야 하는데 원술은 쓸데없이 황제를 자칭해 잠재적인 우호 세력도 적으로 만들었고, 나아가 군웅의 공적公敵으로 내몰렸다. 결국 전쟁에서 잇달아 패하고 잦은 흉년으로 사실상 존립 기반을 상실한 후 원술은 '황제 자리'를 미끼로 원소에게 의탁하려 했으나 이마저 실패하고 말았다. 야심만 있고 무능력했던 원술은 황제병에 걸려 폼만 잡다가 결국 화병이 도져 피를 토하고 죽은 것이다.

## 황제를 자칭한 군웅

한 지역씩 차지한 후한 말 군웅은 천하를 통일할 생각을 가졌을 것이다. 또한 그중에는 황제 자리를 넘본 사람도 있을 것이고 그렇지 않은 사람도 있을 것이다. 황제를 자칭했다고 볼 수 있는 기준은 실제로 황제를 자칭하거나, 스스로 왕이 되거나, 그러지 않았더라도 황제의 의복과 음악, 수레 등을 사용하는 것 세 가지다. 그중 하나만 해당되어도 황제를 참칭했다고 볼 수 있다.

참칭한 인물로 가장 먼저 떠오르는 사람은 역시 원술을 들 수 있다. 그는 황제를 자칭했으며, 국호도 정하고 후한 황실처럼 태위 등의 관제도 두었다. 하지만 그에 대한 이야기는 앞서 충분히 살펴보았으니 그 외 다른 참칭 인물

---

* 『삼국지/원술전』의 배송지주에 인용된 『오서吳書』.

들에 대해 알아보자. 먼저 황제를 자칭하지는 않았지만 왕을 자칭했던 전직 중산태수(중산상으로 표기하기도 한다) 장순張純을 들 수 있다. 그는 미천안정 왕彌天安定王이라고 자칭하고 여러 오환 세력을 이끌고 청주, 서주, 유주, 기주 일대를 노략질했다. 그가 활동했던 시기는 영제 말기였고, 아직 군웅이 등장하기 전이었다.

농서군 포한현枹罕縣과 그 일대를 지배했던 송건宋建도 하수평한왕河首平漢王이라고 자칭했다. 왕은 황제보다 한 단계 낮은 등급의 작위였지만 평시에는 황실 일족이 아닌 이성異姓의 신하에게 주어지지 않았다. 게다가 송건은 헌제에게 동의를 구하지도 않았다. 칭호만 왕이었을 뿐 송건은 독자적인 연호를 사용했으며, 후한의 관제와 동일한 관제를 채택했다. 중국의 황제는 하늘로부터 천하를 통치하라는 명령(천명)을 받은 천자로서 우주와 시간의 질서를 주재했다. 따라서 달력은 천자만이 만들 수 있었고, 시간의 흐름을 나타내는 연호도 천자만이 가질 수 있었다. 송건은 사실상 황제를 자칭한 셈이다.

동탁은 황제나 왕을 자칭하지는 않았지만 황제처럼 행동했다. 그는 후한에 존재하지 않는 상국 벼슬에 올랐고, 장안 천도 후에는 태사가 되었으며, 조정 의례를 거행할 때 서열이 제후왕보다 높았다. 정치권력은 없어도 조회나 의전은 왕과 후 같은 작위를 가진 사람이 최고위 관리들보다 높은 것이 원칙이었지만 동탁은 이를 깨버렸다. 의전상 황제 다음 서열이었던 동탁은 황제가 사용하는 수레와 의복 등을 사용했다. 사실상 황제로 행세한 것이다.

원소도 한때 황제 자리를 탐내어 신하 한 명에게 운을 띄우게 했다가 모사들이 전부 반대하자 그 신하를 죽여 자기 책임을 모면하기도 했다.

황건의 난 전후 구경 가운데 최고 서열이었던 태상太常 유언은 익주 출신의 동부가 천자의 기운이 익주에 있다고 말하자 익주목이 되어 익주로 향했다. 그는 조정과의 연락을 끊은 후 군대를 확대 개편하고 황제(천자)가 사용하는 의복과 탈것을 만들어 사용했다. 그에 대한 하늘의 벌이었을까? 두 아들은 죽고, 유언이 사용하던 황제용 수레와 탈것도 벼락을 맞아 불타 없어졌다.

소설 삼국지에서 야심이 없는 인물로 그려진 유표도 황제에 대한 미련은 있었다. 유표는 아악雅樂을 정비하고, 연주하는 것을 보려고 했다. 아악은 황제만이 각종 의례에 사용하거나 들을 수 있는 음악이었으므로 유표는 황제와 동급이 되려고 한 것이다. 당연히 두기杜夔가 이를 비판했다. 하지만 유표는 유언처럼 황제가 사용하는 의복과 기물, 탈것을 사용했다. 유표의 이러한 행동을 보면 비록 힘이 없어 천하통일을 단념하고 팽창정책 대신 형주를 지켰지만, 황제처럼 살고 싶은 욕망은 있었던 것 같다. 다만 한편으로 이러한 내용이 유표를 악의적으로 묘사한 『삼국지』의 기록이라는 점을 감안하면 그에 대한 사실성에 의문이 들기도 한다.

요동군 일대를 지배한 공손탁도 자기 땅에서 황제처럼 군림했다. 그는 천지에 제사를 지내고 자전籍田 의식을 행했다. 둘 다 황제만이 할 수 있는 일이었다. 황제가 사용하는 탈것과 황제의 호위병인 우림 기병을 두었다. 황제와 다름없는 생활을 누린 것이다. 그의 손자 공손연은 연왕燕王을 자칭했다.

후한 말 군웅 가운데 왕이나 황제를 자칭한 인물들은 비교적 일찍 죽거나 망했다. 오히려 최후까지 살아남은 조조와 유비, 손권은 비교적 '겸손했다'. 조조는 196년 헌제를 품고 수도를 허로 옮기면서 권력을 장악했다. 소설 삼국지에서는 권력을 장악한 조조가 처음부터 승상이 된 것처럼 기술했지만, 그는 대장군 자리를 한 달 만에 원소에게 넘겨주고 사공 행거기장군의 직함으로 통치했다. 조정의 일인자였지만 벼슬상으로는 삼공 가운데 세 번째인 사공에 불과했다. 조조가 찬탈의 첫 단계인 승상이 된 것은 원소의 잔당과 오환을 격파한 208년이었다. 권력을 잡은 지 12년 만이었다. 213년에 위공魏公이 되고 216년에 위왕魏王이 되었으니, 승상이 된 후 5년과 8년 후였다. 정권을 잡은 지 17년과 20년이 지난 후였다. 동탁이 권력을 잡은 다음 해에 태사라는 최고위직에 올랐던 것과 비교하면 얼마나 겸손한 처신인가?

유비는 214년에 익주를 점령하고 조조와 싸워 한중군을 차지한 후인 219년 한중왕漢中王의 자리에 올랐다. 헌제의 허락을 받은 것은 아니지만 조조가 위왕이 된 지 3년이 지난 후 왕이 되었다. 조조가 왕이 되지 않았다면 유비도 왕을 자칭할 수 없었을 것이다.

손권은 스스로 왕이 된 적이 없고, 유비가 형주와 관우를 잃고 복수를 위해 손권을 공격한 211년에 위나라 조비(문제)에 의해 오왕吳王에 봉해졌다. 조비는 손권을 오왕에 봉해 우대했지만, 손권이 원한 군사동맹 체결에는 소극적이었고, 다만 유비와 손권이 싸우는 것을 지켜보았다. 손권은 조비가 220년, 유비가 221년 황제의 자리에 올랐던 데 비해 229년에야 황제가 되었다. 물론 222년에 '황무黃武'라는 연호를 사용했기 때문에 사실상 황제가 된 시점을 222년으로 볼 수 있을 것이다. 대부분의 개설서에서는 오나라의 건국 연도를 손권이 황제가 된 시기가 아니라 '황무' 연호를 사용한 222년으로 보고 있다. 위나라, 촉나라, 오나라가 각각 1년 단위로 건국했다고 하는 것이 연도 외우기도 쉽지 않은가?

과거 일본 기업의 실태 조사 결과 중에 어떤 조직에 들어가서 처음에 두각을 나타낸 사람들이 나중에는 뒤처진다는 내용이 있었다. 말단이었을 때 두각을 나타내면 주위에서 견제하고 밟는다고 한다. 그래서 처음에 두각을 나타내면 끝이 좋지 못한 예가 많다. 이는 후한 말 군웅에게도 적용 가능할 것 같다. 서북 변방에서 폼을 잡아도 남들이 알아주지 않았던 송건을 제외하더라도 황제를 자칭하거나 황제의 의전을 갖추었던 원술과 동탁, 유언은 먼저 도태되었다. 먼저 황제를 참칭하여 주변의 적을 만드는 것보다 야심을 숨기고 자신이 확실하게 권력을 장악하기까지 기다리는 자세가 중요하지 않았을까? 조조와 유비, 손권에게 배우는 교훈이다.

## 관중과 량주 무장들의 자립과 복속 _____

장안 조정을 장악한 이각과 곽사의 반목은 수십만 명의 삼보三輔(경조윤, 좌풍익, 우부풍) 사람들이 군사들에게 노략질을 당하거나 굶어 죽거나 서로 잡아먹게 만들었고, 인구를 크게 감소시켰다. 헌제가 낙양으로 환궁한 뒤에도 관중의 혼란은 지속되었다.

197년 정월, 순욱이 조조에게 관중의 장수들은 걱정할 필요가 없다면서 시중 상서복야 종요에게 "서쪽의 일"을 맡기라고 조언했다. 조조는 순욱의 조언대로 종요를 사예교위에 임명했다. 종요는 절월을 가지고 관중의 군대를 지휘했고, 법률상 재량권도 가졌다. 그는 197년 정월 장안에 도착해 마등과 한수 등 관중의 장수들에게 편지를 보내 설득했다. 마등과 한수는 아들을 보내 입시入侍하도록 했다. 사실상 복종의 의미로 조조에게 인질을 바친 것이다.

헌제는 198년 4월 알자복야謁者僕射 배무裴茂에게 관중의 장수 단외段煨 등을 지휘해 이각을 토벌하고 삼족을 멸하도록 지시했다. 이 때 곽사도 부하 오습伍習('五習'으로도 표기한다)에게 피살되었다. 이각과 곽사의 무리는 제거되었다. 하지만 아직 마등과 한수 등은 항복하지 않은 상태였다.

199년 11월 당시 관중의 여러 장수들은 원소와 조조 사이에서 중립을 지키거나 관망했다. 조조의 명령을 받고 관중을 진무하고 온 치서시어사治書侍御史 위개衛覬가 순욱에게 관중의 치안을 유지하기 위한 조언을 했다.

기름진 땅인 관중이지만 근래에 거친 반란이 일어나자 형주로 흘러 들어간 백성들이 10여만 가구입니다. 이들은 본토(관중)가 편안하다는 소식을 들으면 모두 돌아가고 싶어할 것입니다. 그러나 돌아온 사람들은 스스로 경작할 수 없고 여러 장수들은 각자 경쟁적으로 이들을 불러모아 부곡部曲(예속민)으로 삼았으니, 군현은 가난하고 약해져 더불어 다툴 수 없고, 병가는 결국 강해지니 하루아침에 바뀌어 움직이면 반드시 후에 근심이 생길 것입니다. 무릇 소금은 국가의 큰 보배입니다. 난이 발생한 이후 각각 흩어졌으니 마땅히 전처럼 사자를 보내 소금 판매를 감독하고 그 돈으로 소를 사서 돌아온 백성들에게 소를 공급하여 농경에 힘써 곡식을 저축해 관중을 풍성하게 하면 멀리 있는 백성들이 이를 듣고 반드시 밤낮으로 다투어 돌아올 것입니다. 또 사예교위의 치소를 관중에 두어 다스리게 하면 여러 장수들은 나날이 약해지고 관과 백성들은 나날이 번성할 것입니다. 이는 조정을 강하게 하고 적을 약하게 하는 이익이 있습니다.*

순욱이 위개의 조언을 조조에게 알리니 조조는 이 제안을 따랐다. 조조는 알자복야를 보내 소금 생산을 감독하는 염관鹽官을 관리하게 했다. 당시 사예교위의 관할을 받는 7군 가운데 염관이 있는 곳은 지도 7-13에서 알 수 있듯 하동군의 치소인 안읍현이었다. 조조 정권은 소금의 생산과 판매를 장악해 재정수입을 늘릴 수 있었다. 소금은 사람들이 반드시 섭취해야 하는 필수품이었기 때문에 안정적인 판매와 수입이 보장되었다. 『자치통감』을 주해한 호삼성은 소금의 생산과 판매는 이익이 많기 때문에 춘추시대 제나라의 관중이 소금을 팔아 제환공齊桓公을 패자覇者로 만들었고, 전한 무제는 소금을 관리해 대외 원정의 군자금으로 사용했으며, 당나라 안사의 난이 발생했을 때 제오기第五琦는 소금을 팔아 재정수입을 늘렸다고 기록했다. 즉 염관의 장악이 획기적인 재정 확보책이었음을 알 수 있다.

이어 조조는 사예교위부 치소를 홍농군으로 옮겼다. 사예교위부 치소는 원래 후한의 수도 낙양에 있었다. 위개는 관중으로 옮겨야 한다고 주장했으나 관중 3군(삼보)의 치안이 불안하여 차마 장안으로 옮기지는 못하고 대신 장안과 낙양 사이의 홍농군에 치소를 정한 것이다. 본래 홍농군은 전한 무제 때 수도 장안이 속한 경조윤과 하남군의 일부를 떼어 만든 군이었다. 따라서 홍농군을 관중이라고 볼 수도 있었다. 어쨌든 사예교위부를 홍농군으로 옮긴 이후 관중의 장수들이 위협을 느꼈는지 여러 명이 복종했다. 사예교위가 거느린 군대가 이전보다 자신들의 근거지와 가까워졌기 때문일 것이다.

한편 후한에 항복한 뒤 서하군西河郡 미직현美稷縣에 머물렀던 남흉노의 선우는 후한 말의 혼란을 틈타 남하하여 당시 하동군 평양현

*『삼국지/위개전』.

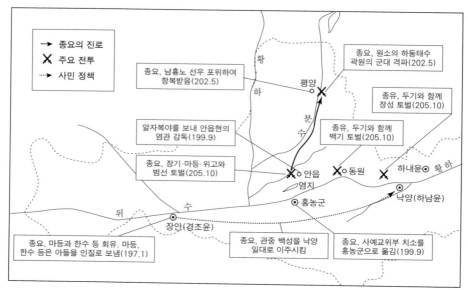

종요의 진로
주요 전투
사민 정책

종요, 원소의 하동태수
곽원의 군대 격파(202.5)

종요, 남흉노 선우 포위하여
항복받음(202.5)

종유, 두기와 함께
장성 토벌(205.10)

황 하

평양

분 수

알자복야를 보내 안읍현의
염관 감독(199.9)

종유, 두기와 함께
백기 토벌(205.10)

종요, 장기·마등·위고와
범선 토벌(205.10)

안읍
염지

동원

하내윤 황 하

낙양(하남윤)

위 수

장안(경조윤)

홍농군

종요, 마등과 한수 등 회유. 마등,
한수 등은 아들을 인질로 보냄(197.1)

종요, 관중 백성을 낙양
일대로 이주시킴

종요, 사예교위부 치소를
홍농군으로 옮김(199.9)

7-13 종요의 관중과 하동 통치.

平陽縣에 머무르고 있었다. 조조는 종요에게 남흉노 선우를 공격하게 했다. 종요는 202년 평양을 포위했다. 그러자 원상이 곽원郭援을 하동태수로 임명하여 종요의 군대를 공격하게 했다. 이에 종요가 마등에게 군대를 보내달라고 요청하자 마등은 마초에게 1만여 명을 주어 보냈다. 종요는 마초의 지원병을 받아 곽원의 군대를 분수汾水가에서 격파했다. 또한 구원병이 올 가능성이 사라진 남흉노 선우의 항복도 받아냈다. 한편 하동태수 왕읍이 두기杜畿로 바뀌고 원소의 외조카 병주자사 고간高幹이 하동군을 침입하자 하동군의 관리 위고衛固와 범선范先, 도적 백기白騎와 장성張晟 등이 반란을 일으켰다. 종요는 두기와 함께 하동군에서 발생한 반란을 진압했다. 이처럼 종요의 관내 치안 유지는 성공적이었다.

7-13 지도의 점선 화살표는 백성들을 이주시킨 조치를 표시한 것

이다. 『삼국지/위서/종요전』에서는 정확한 날짜를 기록하지 않았지만, 종요는 폐허가 된 낙양의 인구를 늘리기 위해 관중의 백성들을 낙양으로 이주시켰다. 또 도망가거나 배반한 사람들을 받아들여 낙양의 인구를 늘렸다. 이는 장안과 관중의 번영을 도모하기보다 관중의 피폐함을 의도한 정책으로 읽힌다. 당시 수도였던 허에서 먼 관중 지역의 인구를 감소시키고 가까운 낙양의 인구를 늘려 조조 정권의 통제를 강화한 것이다. 물론 관중 일대에 여러 장수들이 조정의 명령을 듣지 않아 장안 일대에 백성들을 그대로 두어봤자 위개의 말처럼 장수들에게 백성들을 빼앗길 위험이 있었던 점도 고려되었을 것이다.

그 밖에 조조는 관중의 장수 가운데 한 명인 마등을 회유하는 데 성공했다. 마등은 의형제를 맺은 한수와 사이가 틀어져 서로 싸웠지만 패해 수세에 몰려 있었다. 이에 조조는 사예교위 종요와 량주자사 위단韋端을 보내 둘을 화해시키고 마등을 괴리현槐里縣에 주둔하게 했다. 이어 조조는 208년 장기張旣를 보내 마등에게 조정으로 들어오라고 설득했다. 마등은 업으로 가서 조조를 만났고, 위위衛尉에 임명되었다. 이때 마초 등 소수를 제외한 마등의 가족들이 업으로 이주했다. 조조는 일단 관중의 주요 군벌인 마등을 회유해 관중의 평화를 유지하는 데 성공했다. 그러나 여전히 한수와 마등의 아들 마초 등 무장들이 관중과 량주에 남아 있었다. 이들은 잠시 조정과 조조의 위세에 눌렸지만 딴마음을 먹을 수도 있었다. 이들을 제거하고 관중과 량주 지역을 완전히 지배하기 위해서는 아직 더 많은 시간이 필요했다. 조조가 마초와 한수 등 관중의 장수 10명이 211년에 일으킨 반란을 평정할 때까지 말이다.

## 조조, 예주·서주와 여남군에서 유비를 내쫓다 ____

앞서 보았듯 유비는 원술을 공격하기 위해 성을 비웠다가 196년 6월 여포의 배신으로 서주를 잃었다. 다행히 여포가 '관용'을 베풀어 유비는 소패(패현)에 머물며 목숨을 부지할 수 있었다. 소패는 유비가 서주를 차지하기 전에 있던 곳이다. 여포는 나중에 원술이 유비를 공격해오자 중재에 나서 원술군을 물러나도록 해 유비에게 진 빚을 갚았다. 물론 여포 입장에서 그랬다는 이야기다. 하지만 유비가 힘을 기르자 여포는 경계심이 생겨 유비를 공격했다. 이에 조조는 198년 서주를 공격해 여포를 멸했고, 유비는 조조에게 항복해 환대를 받았다. 조조는 유비를 예주목에 임명했다.

조조는 "현재 천하의 영웅은 사군使君(유비)과 조조밖에 없소"라고 말할 정도로 유비를 높이 평가했다. 그러나 유비는 조조의 호의를 저버렸다. 헌제의 장인인 동승 등이 조조를 제거하려고 모의하고 있었는데, 유비도 여기에 가담한 것이다. 한편으로 유비는 조조에게 벗어나기 위한 방책으로 지방 파견을 자청했다. 그러다가 원술이 군대를 이끌고 북상하자 조조는 유비에게 주령과 함께 서주로 가서 원술을 공격하라는 임무를 주었다.

유비는 주어진 임무대로 원술을 격파했다. 그러나 그는 조조에게 돌아가지 않고 그 길로 서주자사 차주를 죽인 다음 자신이 서주를 차지했다. 한편 조조는 그동안 동승의 모반을 발각했고 유비 또한 연루된 사실을 확인했다. 유비의 서주 강탈은 그의 배신을 재차 확인시켜주었다. 이에 조조가 유대劉岱*와 왕충王忠을 보내어 유비를 공격하게

----

* 반동탁연합군에 참가한 연주자사 유대와 동명이인. 연주자사 유대는 흑산적과 싸우다 전사했다.

7-14 조조의 말에 젓가락을 떨어뜨리는 유비.

했으나 두 사람은 유비를 이기지 못했다.

　이에 조조가 직접 나섰는데, 전투는 성겁게 끝이 났다. 조조는 소패 (패현)에서 유비의 군대를 격파하고 유비의 장수 하후박夏侯博을 사로 잡고 유비의 처자까지 생포했다. 완패를 당한 유비는 청주의 원담에 게 망명했다. 이전에 유비가 원담을 무재(수재)로 추천한 일로 원담은 유비를 스승의 예로 모셨다. 조조는 서주 공략을 계속하여 하비를 지 키던 관우의 항복을 받았고, 동해군 일대의 도적인 창희昌豨도 격파 했다. 이때 원소의 모사 전풍이 원소에게 조조가 예주와 서주를 공격 하는 틈을 타서 허를 급습하자고 진언했는데, 원소는 아들의 병을 핑 계로 듣지 않았다. 조조로서는 다행이었다. 원소가 전풍의 말을 들어 군대를 움직였다면 허와 헌제를 빼앗겼을 가능성이 컸기 때문이다.

　이후 유비는 원소 진영에 있으면서 조조를 끈질기게 괴롭혔다. 그

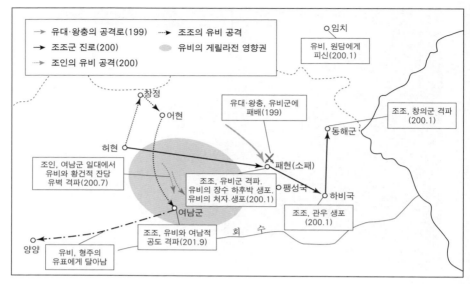

유대·왕충의 공격로(199)
조조군 진로(200)
조인의 유비 공격(200)
조조의 유비 공격
유비의 게릴라전 영향권

임치
유비, 원담에게
피신(200.1)

창정
어현
유대·왕충, 유비군에
패배(199)

조조, 창의군 격파
(200.1)

동해군

허현

조인, 여남군 일대에서
유비와 황건적 잔당
유벽 격파(200.7)

조조, 유비군 격파.
유비의 장수 하후박 생포.
유비의 처자 생포(200.1)

패현(소패)

팽성국

하비국

조조, 관우 생포
(200.1)

여남군

조조, 유비와 여남적
공도 격파(201.9)

회    수

양양
유비, 형주의
유표에게 달아남

7-15 조조의 유비 공격.

는 200년 7월 허의 남쪽 여남군에서 활동하는 여남 황건적을 돕는 게릴라 활동에 개입했다. 원소의 땅인 하북에서 원소의 고향인 여남군으로 가려면 조조의 땅인 연주와 예주를 통과해야 하는데, 유비가 조조군의 감시망을 피해 어떻게 여남군까지 갔는지 궁금하지만 알려진 게 없어 아쉽다. 어쨌든 유비는 여남군으로 가서 여남 황건적의 우두머리인 유벽劉辟과 연합하여 여수汝水, 영수潁水 지역에서 활동하며 허 이남의 치안을 불안하게 하는 등 후방에서 조조를 괴롭혔다(청대 역사가 조익에 따르면, 유벽은 여러 번 죽고도 살아난 불가사의한 인물이다).

조조는 유비의 게릴라전 토벌에 나섰다. 조인曹仁이 유비를 토벌하겠다고 청하자 조조는 그에게 군사를 내주었다. 조인은 유비를 격파하고 반란을 일으킨 현들을 수복했다. 하지만 유비는 여전히 여남군에 남았으며, 여남적汝南賊 공도共都와 연합하여 계속해서 조조를 괴롭혔다.

조조는 201년 4월 황하가에서 창정倉亭에 주둔한 원소의 군대를 격파한 뒤 9월 문득 군대를 돌려 어현圉縣으로 남하했다. 조조가 원소 공격을 중지하고 남쪽의 어현으로 군대를 돌린 것은 유비를 공격하기 위해서였다. 조조는 여남군으로 진격하여 유비의 군대를 공격해 승리를 거두었고, 비로소 유비는 여남군을 떠나 형주의 유표에게 도망갔다.

# 8장

# 하북의 원소와
# 하남의 조조,
# 자웅을 가리다

| | |
|---|---|
| 200년 | 2월 원소, 곽도와 순우경, 안량을 보내 백마현에서 동군태수 유연을 공격하다. |
| | 4월 조조군의 장요와 관우가 원소군을 격파하고 안량을 참하다. 백마현의 포위가 풀리다. 원소는 문추와 유비를 보냈으나 조조의 군대에 패하다. |
| | 7월 원소, 유비를 보내 여남 황건적 유벽을 돕게 하다. |
| | 조인, 여남군 일대에서 활동하는 유비의 군대를 격파하다. |
| | 10월 조조, 관도 전투에서 승리하다. |
| 201년 | 4월 조조군, 창정에 주둔한 원소의 군대를 격파하다. |
| | 9월 조조, 여남군에서 게릴라전을 벌이던 유비를 공격하다. 유비, 형주의 유표에게 도망가다. |
| 202년 | 5월 경술일 원소가 사망하다. |
| 203년 | 3월 조조, 여양을 공격하여 원담·원상 형제를 대파하고 4월에 업으로 진군하다. |
| | 8월 원담과 원상이 전쟁을 벌이다. |
| 204년 | 2월 원상이 원담을 공격하자 조조는 업 공격에 나서다. |
| | 8월 조조, 원소의 본거지 업을 함락시키다. |
| 205년 | 정월 조조, 원담을 공격하여 격파하고 참하다. 기주를 평정하다. |
| | 4월 흑산적 장연이 10여만 명을 이끌고 항복하다. |
| 206년 | 정월 조조, 병주자사 고간의 정벌에 나서다. 고간, 형주로 도망가다가 상락도위 왕염에게 사로잡혀 죽임을 당하다. |
| 207년 | 조조, 오환을 정벌하다. |
| | 8월 백랑산白狼山으로 진격, 답돈 등을 참하고 호胡, 한漢 20만여 명을 항복시키다. |
| | 9월 조조, 유성柳城에서 돌아오다. 요동의 공손강이 원상과 원희의 목을 베어 바치다. |
| 208년 | 6월 조조, 승상에 임명되다. |

200년 전후에는 원소와 조조의 대립 구도가 군웅의 외교와 각축의 중심이 되었다. 조조는 사예와 연주의 일부를 지배했고, 원소는 공손찬을 격파한 뒤 기주와 청주, 유주, 병주를 지배했다. 원소는 이전 시기부터 조조의 후방인 형주자사 유표와 동맹 관계였고, 아직 확고한 근거지를 갖지 못한 유비의 후견자이기도 했다. 여기에 사이가 나빴던 원술도 패망 상황에 몰리면서 원소에게 손을 내밀었다. 반면 조조는 여포, 원술과 적대적 관계였다. 원술은 여포, 손책, 조조와 3면에서 대립 관계에 있었다. 비록 전체 판세에 영향을 주지 않았지만, 익주에서는 유장과 장로가 대립했다.

200년 이후에는 여포와 원술이 군웅의 각축장에서 사라지고(여포 198년 사망, 원술 199년 사망), 잠깐 서주와 예주의 일부를 지배했던 유비는 조조에게 패해 유표에게 망명한다. 결국 황하 이북과 이남은 원소와 조조의 2파전으로 좁혀진다. 조조는 여포와 원술, 유비, 장수 등

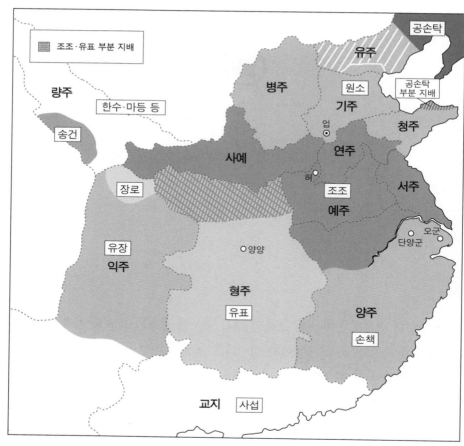

8-1 200~206년의 군웅할거.

을 물리치고 영토를 확대하여 황하 이남 지역의 대부분을 지배했다. 관중에 남아 있던 동탁 부하들도 물리쳐 영토를 넓혔다. 비록 장강 유역에 유장, 유표, 손책이 있었지만 조조에게 위협적인 세력은 아니었다. 결국 당시 상황으로는 원소와 조조 가운데 승자가 천하를 차지할 분위기였다. 원소가 이길 수밖에 없는 우세한 구도였으나 최후의 승자는 그가 아니었다. 원소와 조조는 여러 차례 싸웠으나 관도官渡 전투를 고비로 대세는 조조에게 기울었다.

## 백마 전투와 연진 전투 _____

동탁 사후 군웅이 각축을 벌이는 가운데 가장 먼저 두각을 나타낸 이는 원소였다. 원소는 한복에게서 기주를 빼앗고 공손찬을 멸해 기주와 청주, 병주, 유주 4주를 지배했다. 조조가 그보다 늦게 연주와 예주, 사예를 지배하에 두었지만 원소와 비교하면 열세였다. 하지만 조조가 그 힘의 차이를 뒤엎는 상황이 벌어졌으니, 바로 관도 전투였다.

관도 전투는 넓은 의미로 200년 2월부터 10월까지 일어난 일련의 전투를 총칭한다. 여기에는 백마 전투, 연진 전투, 관도 전투가 포함된다. 하나씩 살펴보기로 하자.

200년 2월에 원소는 보병 10만 명과 기병 1만 명을 이끌고 조조 정벌에 나섰다. 간신 조조를 토벌한다는 명분이었지만 실상은 조조를 격파하고 자신이 천하를 지배하겠다는 야심 때문이었다.

우선 원소는 부하 곽도郭圖와 순우경淳于瓊, 안량顔良을 보내 백마현白馬縣에서 동군태수 유연劉延을 공격했다. 그리고 자신은 여양현黎陽縣으로 이동했다. 황하를 건너기 위함이었다. 여양현에서 황하를 건너려면 나루터인 백마진白馬津을 거쳐야 했다. 백마진은 백마현 북쪽에 있었다. 후속 부대가 안전하게 황하를 건너기 위해서는 백마성을 점령해야 했는데, 그런 점에서 백마성은 조조와 싸우기 위한 교두보에 해당했다.

같은 해 4월, 조조는 유연을 구하기 위해 북쪽 백마성으로 향했다. 이때 백마성 동쪽의 견성에는 정욱이 주둔하고 있었는데 그에게는 고작 700명의 병사가 전부였다. 조조는 견성의 병력을 증원할 필요를 느끼고 2,000명의 병력을 견성에 보내려고 했다. 그런데 정욱은 조조의 증원 병력을 거절했다. 견성의 병력이 늘어나면 요주의 대상이 되어 오히려 공격을 당할 것이라는 게 이유였다. 정욱의 생각은 옳았다. 원소의 군대는 고작 병력 700명이 전부인 견성을 구태여 건드리지 않았다.

순유는 조조에게 계책을 내놓았다. "우리 군이 백마진 상류(서남쪽)의 연진延津에서 도강할 것처럼 위장하면 원소군이 이를 막기 위해 연진으로 올 것입니다. 이를 기다렸다가 우리 본대가 백마성으로 향하면 그곳의 포위를 풀 수 있습니다."* 순유는 백마성을 포위한 원소군이 방심하고 있으리라는 지적도 빼놓지 않았다. 성동격서 전략이었다. 조조는 순유의 말을 따라 병력을 연진으로 진격시켜 원소군을 유인했다. 과연 원소군은 미끼를 물고 연진으로 이동해왔다. 그사이 조조군의 본대는 백마성으로 향했다. 조조군이 얼마나 기민하게 움직였는지, 원소군은 조조군이 불과 10여 리(약 4.1km) 밖에 이르러서야 습격 사실을 알았다.

안량은 크게 놀라 조조군을 맞아 싸우러 나왔다. 조조는 장요와 관우를 선봉에 내세워 원소의 군대를 격파했다. 관우는 원소군 진영으로 달려가 맹장 안량을 참하고 돌아왔다. 이때 원소군 병사들은 관우의 모습을 보고만 있었다고 한다. 이리하여 백마성은 해방되었다. 조조는 백마성의 백성을 후방으로 옮긴 뒤 연진 남쪽으로 후퇴했다.

원소는 황하를 건너 연진으로 진격했다. 조조와 원소의 군사들은 연진에서 다시 맞붙었다. 200년 4월 무렵 원소는 연진에 주둔하며 문추文醜와 유비를 보내 조조군을 공격하게 했다.

조조는 연진 남쪽의 제방에 주둔하고 있었다. 그는 군사들에게 누

---

* 『삼국지/무제기』.

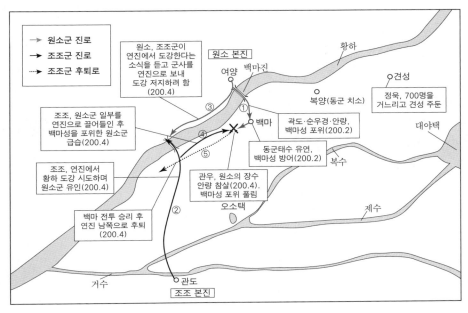

8-2 백마 전투(200년 4월).

櫓에 올라 망을 보게 했다. 원소의 군대는 처음에는 기병 500~600명에 불과했으나 점차 기병과 보병의 수가 증가했다. 조조는 기병들에게 안장을 풀고 대기하도록 했다. 병사들이 말에 올라 공격 명령을 기다렸으나 조조는 만류했다. 문추와 유비가 이끄는 5,000~6,000명의 기병이 백마성에서 조조의 군영으로 들어가는 군량 운반 행렬을 보고 이를 공격했다. 이때 원소군의 전열이 흐트러졌다. 아마도 전리품을 차지하기 위해 눈을 부릅떴으리라. 조조는 그 틈을 노려 600명도 안되는 기병들에게 진격 명령을 내렸다. 조조군은 수가 적었지만 치중부대를 공격하느라 정신이 팔린 원소군을 대파하고, 특히 문추를 참했다. 소설 삼국지에서는 관우가 문추를 참했다고 묘사했지만(26회), 『삼국지』와 『자치통감』에서는 문추를 참한 장수가 누구인지 밝히지

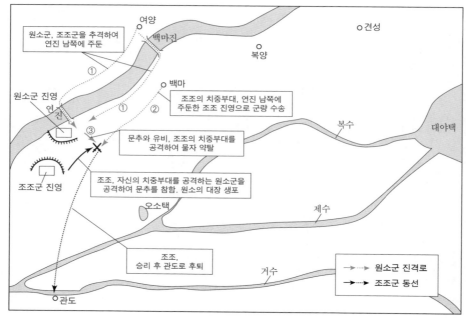

8-3 연진 전투.

않았다. 조조는 원소의 군대를 격파하고 관도로 후퇴했다.

### 결전! 관도 전투 _____

백마성과 연진에서 내리 진 원소는 200년 7월 유비를 허(허현) 남쪽
의 여남군으로 보내 여남 황건적 유벽을 돕게 했다. 유벽은 여남군에
서 조조에게 반기를 들고 원소 편에 서 있었다. 원소가 유비를 보낸
것은 조조군의 후방을 교란하기 위함이었다. 유비는 유벽과 함께 후
방에서 게릴라전을 벌였다.

원소는 같은 달 양무현陽武縣으로 진군했다. 원소와 조조는 양무현
과 관도 사이에서 대치했다. 그리고 8월, 원소는 진영을 전진시켜 동

서 수십 리에 걸쳐 군영을 배치했다. 조조도 원소군과 대응이 되도록 군영을 늘어놓고 대치했다. 조조군과 원소군은 관도 전투가 일어나는 10월까지 대치 상태를 유지하며 전투를 벌였다.

조조와 원소의 군사들은 오랜 대치 상태를 끝내고 전투를 벌였으나 결과를 내지 못했다. 조조는 본영으로 돌아가 진지를 굳게 지켰다. 그러자 원소는 토산을 쌓고 망루를 세워 높은 곳에서 조조의 군영으로 화살과 쇠뇌를 쏘았다. 조조의 군사들은 방패로 가리고 움직이며 이에 맞섰다. 그러나 방패로는 이길 수 없었다. 조조는 어떻게 대응했을까? 그는 벽력거라 불리는 투석기를 만들어 원소 진영에 돌을 쏘아 나무로 만든 망루를 파괴했다. 망루가 파괴된 토산은 별 소용이 없게 되었고, 이로 인해 원소군의 장기인 쇠뇌와 화살 공격은 그 위력을 상실했다.

이에 원소는 다음 작전에 돌입했다. 그는 돌파하기 어려운 조조 군영의 벽을 우회하여 땅굴을 파서 조조의 군영 안으로 들어가려고 했다. 땅굴 파기는 원소가 공손찬의 근거지인 역경을 함락할 때 사용했던 작전이었다. 당시 공손찬이 역경 주변에 여러 겹의 해자를 만들어 원소군을 저지하자, 원소군은 땅굴을 파서 해자들을 무력화하고 결국 성을 함락하는 데 성공했다. 그러나 조조는 달랐다. 그는 긴 구덩이를 파서 땅굴 파기 작전에 대항했다. 고려시대에 적군의 땅굴에 쇳물이나 물을 넣어 대항했다는 기록이 있는데, 이때도 그랬을 법하지만 소설 삼국지도 그에 관해서는 별말이 없다(30회).

한편 조조는 원소의 공격을 막아냈지만 식량 부족이라는 문제에 봉착했다. 군사들은 군량 부족으로 피폐했고, 백성들은 전쟁 물자를 대느라 고통을 겪었으며, 대부분 반란을 일으켜 원소에게 항복했다. 조조는 허로 돌아가려는 마음이 들어 허에 남아 있던 순욱에게 편지를

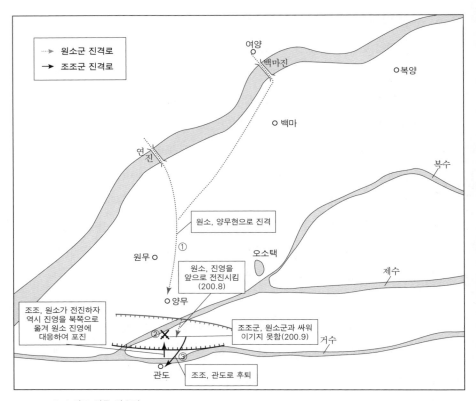


···▶ 원소군 진격로
━▶ 조조군 진격로

여양
백마진
O 복양

O 백마

연진

복수

원소, 양무현으로 진격

①
원무 O
원소, 진영을
앞으로 전진시킴
(200.8)

오소택

제수

조조, 원소가 전진하자
역시 진영을 북쪽으로
옮겨 원소 진영에
대응하여 포진

O 양무

② X
조조군, 원소군과 싸워
이기지 못함(200.9)

③
O
관도

거수

조조, 관도로 후퇴

8-4 관도 전투 전초전.

써서 의견을 물었다. 그러자 순욱은 군영을 지키면서 적의 허점이 생길 때까지 기다리다가 기회를 노려 기습하면 승리할 것이라고 답장했다. 순욱의 답장을 받은 조조는 기운을 내어 수비에 만전을 기했다.

200년 10월, 드디어 관도 전투가 벌어졌다. 한편 관도 전투가 벌어지기 전 9월의 어느 날, 조조는 원소의 군량을 운송하는 부대를 공격했다. 순유는 정찰병이 가져온 정보를 바탕으로 한맹韓猛이 지휘하는 치중부대를 기습 공격하자는 계책을 내놓았다. 조조가 누구를 보낼 것인지 묻자 순유는 서황을 추천했다. 편장군 서황은 사환史渙과 함께 한맹을 공격하여 승리를 거두었고, 군량을 실은 수레를 불태웠다.

원소는 또다시 수레를 보내 군량을 실어 날랐다. 그리고 순우경에게 1만여 명을 거느리고 수송부대를 지키도록 했다. 저수는 장기蔣奇를 보내 순우경과 함께 표리를 이루어 조조의 기습 공격에 대비하자고 조언했다. 하지만 원소는 이를 무시했다.

이때 전투의 승패를 좌우할 만한 사건이 일어났다. 원소의 부하 허유許攸가 조조에게 망명한 것이다. 허유의 집안에서 법을 어기자 심배審配가 허유의 집안사람을 체포해 가두었는데 이에 화가 난 허유가 조조를 찾아가 항복한 것이다.

조조는 허유가 온다는 말을 듣자 마중을 나가 손을 잡고 그의 손바닥을 어루만지며 "자경(허유의 자)이 멀리서 온다고 하니 우리가 이기겠구나!"라고 말했다. 조조를 만난 허유는 대뜸 식량이 얼마나 되느냐고 물었다. 조조는 "1년을 지탱할 정도의 식량이 있지요" 하고 답했다. 그러자 허유는 "공은 나를 속이려 들지 마시오. 그러지 말고 사실대로 말해보시오" 하고 다그쳤다. 이에 조조는 "반년 치 식량이 있소"라고 답했다. 허유가 재차 "원소를 이기고 싶다면 거짓말하지 마시오" 하고 엄포를 놓자 그제야 조조는 식량이 한 달 치밖에 없다고 실토했다. 조조의 대답을 들은 허유는 원소군의 군량을 실은 수레 1만여 대가 현재 오소烏巢와 고시故市에 있다는 정보를 주었다. 그리고 덧붙이길 원소의 치중부대를 습격해 군량을 불사르면 원소는 사흘도 버티지 못할 것이라고 했다.*

조조는 허유의 말을 듣고 뛸 듯이 기뻐하며 원소의 치중부대를

---

* 『삼국지/무제기』의 배송지주에 인용된 『조만전曹瞞傳』.

공격하기로 했다. 그는 조홍과 순유에게 본영을 지키게 한 후 군사 5,000명을 거느리고 원소의 깃발을 사용하여 위장하고는 말에 재갈을 물려 조용하게 만든 다음 밤에 사잇길로 나가서 오소의 치중부대를 급습했다. 동시에 서황과 사환은 고시에 있는 원소의 치중부대를 공격했다. 밤중에 조조군이 군영을 포위하고 불을 지르자 순우경의 군대는 놀라서 혼란에 빠졌다. 날이 밝은 뒤 조조의 병력이 적은 것을 본 순우경은 진문 밖으로 나가 싸웠다. 하지만 조조가 반격하자 곧 물러나 군영을 지켰다.

한편 그 시각, 원소는 순우경의 부대가 공격을 받는다는 소식을 듣고 고람高覽과 장합張郃에게 조조의 본영을 공격하라고 명령을 내렸다. 그러자 장합이 간언했다. "조조의 정병이 갔으니 반드시 순우경 등을 격파할 것입니다. 순우경의 군사가 패하면 일이 틀어질 것이니, 먼저 순우경을 구해야 합니다." 그러자 곽도가 반대하며 조조의 본영을 공격해야 한다고 주장했다. 장합은 이에 대해서도 "조조의 군사들이 본영을 굳게 지키면 공격한다고 해도 본영을 격파할 수 있다고 장담하기 어렵습니다. 순우경이 패해 사로잡히면, 곧 우리 모두 사로잡힐 것입니다" 하고 말했다.*

이에 원소는 두 의견을 절충해 경무장한 기병을 순우경에게 보내는 한편, 대다수의 군대로 조조의 본영을 공격했다. 그러나 조조의 본영은 함락되지 않았다. 그 사이 조조의 군사들은 순우경의 군대를 격파하고 순우경을 참했다.

사실상 곽도의 계책이 실패로 판가름 난 셈이었다. 이에 곽도는 책임을 모면하기 위해 원소에게 장합이 일부러 패했다고 모함했다. 장

---

* 『후한서/원소전』 장회태자주에서 인용한 『위지魏志』.

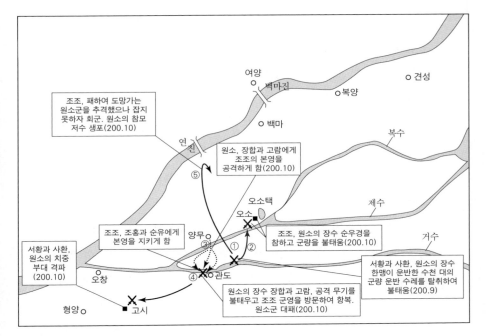

8-5 관도 전투.

합은 이 소식을 듣고 화가 나서 고람과 함께 공격용 무기를 불살라버
리고는 그 길로 조조를 찾아가 투항했다. 이에 원소 진영은 군사들이
크게 동요해 붕괴되었다.** 원소는 아들 원담과 함께 800기만을 거느
린 채 황하를 건너 도망갔다. 조조는 원소를 추격했으나 미치지 못했
고, 다만 원소군이 남긴 물자와 도서圖書, 진보珍寶 등 전리품을 획득
했다.

　이때 조조는 항복한 원소군 7만여 명을 땅에 파묻어 죽였다. 『자치
통감고이』에서는 『후한서/원소전』을 인용해 8만 명을 죽였다고 했다.

---

** 『자치통감』 권63 「한기」55 헌제건안 사년조.

원소가 이끌고 간 병사가 11만 명이었으니 그중 대략 7할의 병사들이 조조에 의해 생매장된 것이다. 이에 대해 독자들은 조조를 무자비한 냉혈한이라고 할지도 모르겠다. 포로를 인도적으로 다뤄야 한다는 제네바협약을 들먹일 수도 있겠다. 하지만 당시 조조군의 상황을 보면, 식량이 너무도 부족했다. 사서에 공식적으로 기록된 바에 따르면, 당시 조조의 군사는 모두 1만 명이었다. 허유와의 대화를 보면 조조에게는 최대 한 달을 버틸 정도의 식량밖에 없었다. 항복한 7~8만 명을 수용할 경우 자칫 아군이 굶어 죽을 수도 있는 상황이었다. 조조를 위해 변명을 해보면, 그의 무자비한 처사는 자신의 군사들이라도 살리기 위한 어쩔 수 없는 선택이었다. 자기 군사들을 굶겨가면서 항복한 적군을 먹여 살릴 수는 없지 않은가? 한편으로 영리한 조조는 이 대량 살육이 원소 세력에 미칠 심리적 영향도 헤아렸을 것이다.

원소가 겨우 목숨을 건져 도망치자, 기주의 여러 군현이 원소를 배신하고 조조에게 항복했다. 원소는 여양현에 이르러 군대를 수습한 후 반란을 평정하여 겨우 체제를 안정시켰다.

관도 전투는 원소의 몰락과 조조의 중원 제패를 상징하는 전투였다.

## 최강 군벌 원소가 패한 이유 _____

관도 전투는 조조와 원소의 운명을 바꿔놓은 전투였다. 이 전투에서 원소가 패하긴 했지만 조조를 없애지 못했을 뿐 세력권을 상실한 것도 아닌데 왜 관도의 전투가 중요한가? 일단 독자들께서는 8-6 지도를 주의 깊게 봐주시길 바란다.

8-6 지도를 보면 관도가 왜 중요한지 한눈에 알 수 있다. 관도에 앞서 전투가 벌어진 백마와 연진은 모두 황하를 건너는 나루터였다.

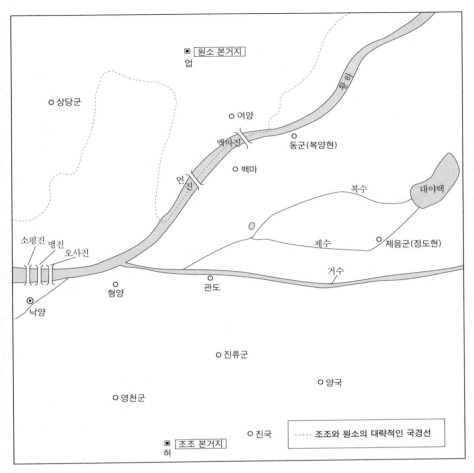

8-6 관도의 지정학적 위치.

『중국역사지도집』에서 후한시대 황하의 나루터를 살펴보면 낙양 주
변의 소평진과 맹진, 오사진五社津이 주요 나루터였다. 그 외에는 연
진과 백마진밖에 없었다. 다시 말해 헌제가 있는 허를 취하려면 원소
는 반드시 백마진과 연진을 거쳐야 했다. 8-6 지도를 보면 원소의 군
대가 주둔한 여양현은 그의 본거지인 업현에서 백마진으로 가는 길목

에 위치해 있다. 원소는 본진을 여양에 두고 선봉부대를 먼저 도강시켜 조조군과 싸웠던 것이다(백마 전투).

'관도官渡'는 『중국역사지도집』의 후한시대 부분에는 표기되어 있지 않다. 아마 거수渠水를 건너는 나루터 이름이었던 것 같다. 당시 거수라는 하천의 폭과 너비가 어땠는지 구체적으로 알 수 없으나 황하처럼 폭이 넓은 강은 아니었을 것이다. 그리고 관도는 허로 가는 길목에 위치했다. 당시 관도에서 허로 가는 경로에는 약간의 냇가가 있을 뿐 대부분 평지였다. 일단 원소가 조조의 군대를 격파하고 관도를 돌파할 수만 있다면 그다음부터 허까지는 파죽지세로 진격할 수 있었다. 또 원소 입장에서 보면 관도에서 패배하여 후퇴하더라도 황하라는 최후의 마지노선이 존재했지만, 조조는 그렇지 않았다.

필자는 2014년 8월 2일 쉬창시(허창)에서 관도 서쪽에 해당하는 정저우鄭州시까지 고속버스를 타고 이동했다. 옛 관도는 오늘날 중무中牟현으로 정저우시에 속해 있다. 쉬창시와 정저우시를 잇는 고속도로를 달려보면 그 주위로 산이 보이지 않는다. 2019년 정저우시에서 쉬창시까지 고속철을 타고 갈 때도 똑같은 풍경을 목격했다. 한마디로 산세가 거의 없이 드넓은 화북평원이 쉬창시에서 황하까지 쭉 펼쳐져 있다. 만약 원소가 관도에서 이겼다면 기세를 몰아 거칠 것 없이 조조의 본거지인 허까지 밀고 내려갈 수 있었을 것이다.

관도 전투 당시 원소의 병력은 10~11만 명이었다. 『후한서/원소전』과 『삼국지/위서/원소전』에는 원소가 '정예 군졸' 10만 명과 기병 1만 명을 뽑아 조조를 공격했다고 기록되어 있다. 사서상의 표기 때문에, 기병 1만 필이 '정예 군졸' 10만 명에 포함되었다고 이해하면 전체 병력은 10만 명이 되고, '정예 군졸'이 보병만을 의미한다면 보병 10만 명과 기병 1만 명, 도합 11만 명이었던 것으로 이해할 수 있다. 한편 배송지주에서 인용한 『세어』에서는 원소의 군사가 보졸 5만 명, 기병 8,000명이라고 기록했는데, 이는 관도 전투에 차출된 병력의 기록이 아니라 원소군의 규모에 관한 기록이다. 덧붙여 이 수치가 원소의 본거지인 기주의 병력인지, 하북 4주의 병력을 합친 것인지는 불확실하다. 소설 삼국지에서는 관도 전투에 참전한 원소의 군대가 70여만 명이라고 했는데(29~30회), 이는 당시 원소가 지배한 지역의 인구수를 감안하면 터무니없이 많은 숫자다.

그에 비해 조조의 병력은 1만 명도 채 되지 않았다. 원소의 10분의 1 수준이었다. 게다가 백마 전투와 연진 전투에서 병력 2~3할의 사상자를 냈다는 기록이 존재하므로 관도 전투 당시 조조의 병력은 7,000~8,000명이었을 것이다. 이에 대해 배송지는 조조의 병력이 과소하게 기록되었다고 주장했는데 그 근거는 다음과 같다.

첫째, 조조는 처음 군사를 일으켰을 때 군사가 이미 5,000명이었고, 청주 황건적을 격파한 후 항졸 30여만 명을 얻었다. 그 후 조조는 전쟁을 거듭했는데 전쟁에서 이길 때마다 새로 흡수한 병사들이 많았을 것이다. 관도에서 원소와 대치할 때도, 원소가 동서로 수십 리에 걸쳐 군영을 배치하자 조조도 이에 대응해 군대와 군영을 배치했다. 배송지는 이에 주목해 만약 조조가 원소의 10분의 1 수준의 병력만을 보유했다면, 원소의 포진에 상응하는 군대 배치를 할 수 없었으리라고 지적한다.

둘째, 관도 전투 당시 조조는 원소의 치중부대가 있는 고안과 오소를 동시에 공격했다. 그런데 원소 측이 이를 제어하지 못했는데, 배송지는 이 또한 조조의 군대가 꽤 많았다는 증거라고 주장했다.

셋째, 배송지는 관도 전투가 끝난 후 조조가 파묻어 죽인 원소군의 수가 7~8만 명에 달했다는 점에 주목해, 고작 8,000명의 병사들로는 이들을 묶고 처형하기 어렵다고 지적했다.

이 밖에도 『삼국지/종요전』에는 종요가 말 2,000필을 조조에게 보냈다는 기록이 나오는데, 배송지는 이를 '기병을 보낸 것'으로 해석해 연진 전투 당시 조조의 기병이 600명 이하였다는 기록 또한 잘못된 것으로 보았다.

조조의 병력이 원소군의 10분의 1에 불과했다는 기록을 그대로 받아들이기 어렵다는 배송지의 주장에 공감할 수밖에 없다. 다시 말해 조조의 병력이 원소보다 많지는 않았겠지만 그렇다고 조조가 겨우 10분의 1에 불과한 1만 병력으로 10만 이상의 군대와 싸웠다고 믿기는 어렵다. 소설 삼국지의 작가들은 조조군의 포진을 자세히 묘사하면서도 조조군의 정확한 숫자를 언급하지 않았다(30회). 그들도 정확히 몰랐던 것 같다.

관도 전투가 있기 전까지만 해도 군사 수로 보나 외교 관계로 보나, 또는 전쟁 초반의 전황으로 보아도 모든 것이 원소에게 유리했다. 군사 수는 위에서 설명했으므로 후자를 살펴보자.

조조는 원소의 습격 위험을 무릅쓰고 200년 정월 유비를 공격하러 서주로 진격했는데, 이때 전풍은 원소에게 조조가 자리를 비운 틈을 이용해 허를 쳐야 한다고 조언했다. 그러나 원소는 아들이 아프다는 이유로 거부했다. 그러고는 조조가 서주를 점령하고 전열을 갖추고 난 후 그제야 조조와 싸우겠다고 군대를 일으켰는데, 이는 명백한 실기였다. 조조로서는 운이 좋았다고도 할 수 있는데, 사실 조조가 서주를 공격하려고 할 때 조조의 여러 장수들도 원소가 위협이 될 수 있다고 지적했다. 하지만 곽가는 다른 의견을 내놓았다.

원소는 성질이 느리고 의심이 많으니 진격해온다고 해도 결코 빠르게 오지는 않을 것입니다. 유비는 새로 반기를 든 참이어서 무리의 마음이 아직 유비에게 모이지 않았으니, 급히 습격하면 반드시 이길 수 있습니다.[*]

곽가는 원소가 딱히 조조의 허점을 이용하려 들거나 급습하지 않을 것을 예견했다. 조조는 곽가의 판세 분석을 믿고 마음 놓고 유비를 공격할 수 있었던 것이다.

조조가 200년 2월 본거지로 돌아오자 원소는 그제야 허를 공격하려고 했다. 그런데 이때는 전풍이 앞서와 달리 반대 의견을 내놓았다.

조조가 이미 유비를 격파했으니 허 일대는 전과 달리 비어 있지 않습니다. 조조는 용병에 능하고 변화에 일정한 방향이 없으니 군사의 수가 적더라도 가볍게 여길 수 없습니다. 현재 조조를 공격하는 것은 지구전을 펴는 것만 못합니다. 장군은 산과 황하의 공고한 땅을 지배하고 4주의 군사들을 가지고 있습니다. 그러니 밖으로는 영웅들과 연합하고 안으로는 농경과 전쟁 준비에 힘쓴 연후, 정예 군사들을 뽑아서 가리고 나누어 기병奇兵으로 삼으십시오. 그리고 조조의 허점을 노려 번갈아 황하 이남의 땅(조조의 영토)을 소란스럽게 하십시오. 조조가 오른쪽(서쪽)을 구원하면 우리는 왼쪽(동쪽)을 공격하고, 조조가 왼쪽(동쪽)을 공격하면 오른쪽(서쪽)을 공격하십시오. 그러면 적들은 전쟁에 피로해지고 백성들은 편안히 생업에 종사하지 못하게 될 것입니다. 그리하여 우리는 피로하지 않고 적들은 우리 군대를 막느라고 노곤한 형세가 되면 3년이 되지 않아

---

[*] 『삼국지/곽가전』의 배송지주에 인용된 『부자傅子』.

가히 앉아서 이길 수 있습니다. 멀리서 승리할 수 있는 전략을 버리고 한 번의 전투로 승패를 가리려고 하시니 만약 뜻대로 되지 않으면 후회해도 되돌릴 수 없습니다.*

결국 전풍의 말은 조조의 지략이 뛰어나니 일대일 전면전을 피하고 파상 공격과 지구전을 펼치자는 것이었다. 전성기에 원소는 수십만 명의 병력을 보유했다. 수십 만 병력을 몇 개로 나누어 교대로 조조의 영토를 침입하고 동서로 두들기면, 조조는 원소의 군대를 막는 데 전력을 다할 것이므로 쉽게 피로해질 것이고 백성들도 전쟁 준비로 피폐해진다는 것이다. 반면 원소의 군대와 백성들은 조조 측에 비해 피해가 적으니, 그렇게 3년 정도 시간을 보낸 다음 힘을 집중해 조조를 치면 쉽게 이길 수 있다는 말이었다. 축구 명문 바르셀로나와 스페인 대표팀이 재미를 본 티키타카 전법과 유사하다. 공격수들이 서로 공을 돌리면서 상대 수비수를 지치게 하다가 허점을 발견한 후 기습해 골 찬스를 노리는 전략 말이다. 실제로 주도권은 원소에게 있었고, 그는 얼마든지 이러한 힘 빼기 전략을 구사할 수 있었다. 그리고 만약 이런 장기 전략이 실행되었다면 분명 원소에게 유리한 전황이 마련되었을 것이다. 그러나 원소는 이 전략의 가치를 헤아리지 못했고, 오히려 잦은 간언이 거슬린다며 전풍을 감옥에 가두었다.

백마 전투와 연진 전투에서 패한 후 모사 저수가 다시 원소에게 천금 같은 조언을 주었다. 200년 7월 무렵으로, 원소는 양무현에, 조조는 관도에 주둔한 상태로 대치하고 있을 때였다.

---

* 『후한서/원소전』.

우리의 군대는 수는 많으나 그 단단함과 과단성이 조조의 군대에 미치지 못합니다. 반면 조조의 군대는 곡식이 적고 저장한 재물 또한 그러하여 우리만 못합니다. 조조의 군대는 급히 싸우는 것이 유리하지만 우리는 지구전이 유리합니다. 그러므로 마땅히 천천히 지구전을 펴서 시간을 끄는 것이 낫습니다.**

현재 남아 있는 자료를 봐도 조조의 군량이 적었던 것은 사실이다. 저수는 당시 정확한 정보를 바탕으로 원소가 이길 수 있는 최선의 방책을 제시했다. 그러나 이미 두 번 조조에게 진 원소는 약이 올랐는지 지구전 대신 속전속결을 택했다. 이때도 여전히 주도권은 원소에게 있었고, 저수의 전략을 따랐다면 원소가 이길 수 있었을 것이다.

모사로 종군한 허유도 원소에게 전략을 제시했다.

조조는 군대의 수가 적어서 모든 군대를 거느리고 나와 우리 군대를 막고 있습니다. 허에는 나머지 군사들이 지키고 있는데 필시 군세가 약할 것입니다. 만약 경무장한 군사들을 보내 허를 급습한다면 점령할 수 있습니다. 허를 함락시킨 후에 천자를 받들고서 조조를 토벌하면 그를 사로잡을 수 있을 것입니다.***

원소의 군사 수가 조조보다 많았다는 것을 감안하면, 허유의 전략은 약간의 모험수지만 시도할 만한 것이었다. 허유가 마지막에 덧붙인 "천자를 받들고서 조조를 토벌"하라는 말은 허를 점령한 후 일단

---

** 『삼국지/원소전』.
*** 『후한서/원소전』.

헌제를 모시면, 정통성이 원소에게 있기 때문에 조조 진영은 황제를 공격한다는 생각에 사기가 떨어지고 일부는 원소 쪽에 항복해올 것을 내다본 말이었다. 그러나 원소는 허유의 말도 듣지 않았다.

원소는 경제적, 군사적 우세를 이용해 조조를 무력화시킬 수 있는 전략과 전술이 존재했다. 그러나 그는 이를 전혀 활용하지 못했다. 그렇다면 모사들에게 의존하는 용인술을 발휘해야 했는데, 그마저도 거부하고 자기 고집대로 결정하여 싸우다가 패했다. 그리고 종국에는 최악의 모사인 곽도의 말을 듣고 순우경을 구원하는 일보다 조조 본영 공략을 우선시하다가 실패했고, 설상가상으로 곽도가 책임을 회피하기 위해 패전의 책임을 장합과 고람에게 돌리면서 원소 진영에는 돌이킬 수 없는 균열이 나버렸다. 모함을 받은 장합과 고람이 조조에게 항복하면서 이후 승패는 너무나도 쉽게 갈렸다. 장합은 나중에 제갈량을 두고두고 괴롭히게 될 유능한 용장이었다.

반면 조조는 유능한 모사들의 조언을 귀담아 듣고 있었다. 물론 순욱과 순유, 곽가, 정욱, 가후, 사마의 등등 조조 진영의 참모와 모사들이 뛰어난 것은 사실이었다. 그러나 지금 남아 있는 기록을 보면, 원소의 모사인 저수와 전풍도 조조의 모사들 못지않은 능력을 가지고 있었다. 원소와 조조의 중요한 차이는, 원소는 모사들의 간언을 듣지 않았던 데 반해 조조는 귀 기울여 들었다는 데 있었다. 게다가 원소는 모사들을 제대로 지켜주지도 못했다. 관도 전투가 벌어지기 전, 저수는 지휘하던 군대를 빼앗겼고, 관도 전투의 패전 당시 미처 황하를 건너지 못해 조조에게 사로잡혔다. 조조는 저수를 중용하려 했으나 원소를 향한 저수의 일편단심은 변하지 않았고 결국 모반을 꾀하다가 죽었다. 저수는 원소의 박대에도 불구하고 그에 충성했던 것이다. 한편 전풍은 원소가 관도 전투에서 패한 후 자신이 죽을 것을 예언했다.

아니나 다를까, 원소는 봉기逢紀의 모함을 듣고 전풍을 살해했다. 원소의 군사들은 "전풍이 전장에 있었다면 우리가 패하는 지경에는 이르지 않았을 것이다"라고 말했는데, 이것이 원소의 질투심을 자극해 결국 전풍을 죽게 만들었다.* 이들을 잃은 원소는 두 팔을 잃은 것이나 다름없었다.

마지막으로 전쟁에서 가장 중요한 치중부대의 보호와 적군 보급부대의 공격 여부가 두 사람의 승패를 갈랐다. 원소의 치중부대는 허유의 기밀 누설로 조조군의 공격을 받아 파괴되었다. 게다가 원소는 치중부대의 중요성을 간과해 순우경의 부대를 구원하지 않았다. 반면 조조군은 치중부대를 철통같이 보호했다. 당시 무기와 식량의 보급을 맡은 조조의 부하 임준任峻은 수레 1,000대를 한 무리로 조직해 가로로 10대씩 직사각형 형태로 대오를 만들어 전진했으며, 바깥으로 이중으로 진을 쳐 호위하게 했다. 이에 원소의 군사들은 접근하지 못했다. 또 하후연은 독군교위督軍校尉에 임명되어 연주와 예주, 서주의 군량 수송을 감독했다. 하후연이 실어온 군량 덕분에 조조의 군사들은 식량 부족에서 벗어날 수 있었다. 양쪽 모두 상대방의 치중부대를 공격했지만 조조의 군사들은 이를 막아내고 보급선을 지킨 반면 원소는 그러지 못했다. 생각해보면 전쟁에서는 전장에서 발휘되는 전투력도 중요하지만, 결국 전쟁을 지탱하는 것은 병참과 위생이다. 원래 전쟁에서 싸우다 죽는 병사들보다 병이나 부상으로 죽거나 굶어 죽는 병사들 수가 더 많다. 조조는 관도 전투에서 교훈을 얻었는지 이후로는 전쟁 전에 반드시 보급로부터 점검했다.

원소는 악수만 두다가 질 수 없는 전쟁에서 패했다. 조조가 잘한 것

---

* 『삼국지/원소전』의 배송지주에 인용된 『선현행장先賢行狀』.

도 있지만, 실수를 연발하며 최악의 결정을 내리고 최악의 상황을 초래한 것은 결국 원소 자신이었다. 실력이 우세한 쪽이 실수만 하는 반면, 상대방은 실수를 하지 않고 버틴다면 후자가 이길 기회가 오는 법이다. 한 번의 기회를 살린 것이 조조의 능력이었다면 모든 기회를 걸어차고 패한 것도 원소의 능력이었다. 게다가 원소는 관도 전투 이후에, 어쩌면 이전까지의 실수들보다 더 큰 실수를 저질렀다. 바로 후계자를 결정하는 문제였다. 원소의 잘못된 결정은 원소 정권의 멸망으로 이어지게 된다.

### 조조의 하북 평정: '형제의 난'으로 인한 어부지리 _____

원소도 영제처럼 후계자를 정하지 못하고 죽었다. 원소의 후처 유씨劉氏는 셋째아들 원상을 사랑해 남편에게도 좋게 말했다. 이에 원소도 원상을 점찍고 맏아들인 원담을 죽은 형의 양자로 삼아 청주자사로 보냈다. 이에 저수는 맏아들을 바깥에 두면 화가 생길 것이라고 간언했다. 원소는 "나는 여러 아들에게 각각 주를 통치하도록 하여 아들들의 능력을 보려고 하는 것이오"라고 말했다. 실제로 원소는 둘째아들 원희를 유주자사에 임명하고, 외조카 고간을 병주자사에 임명했다. 중앙의 기주를 중심으로 원담은 동쪽, 원희는 북쪽, 외조카는 서쪽에 포진시킨 것이다. 원소의 셋째아들 원상은 업에 남았다. 원소가 죽으면 기주를 누가 물려받을지 뻔한 배치였다.

관도 패배 이후 기주의 여러 지역에서 반란이 일어났다. 원소는 반란을 토벌하느라 바빴다. 그러다가 202년 5월 경술일, 원소는 조조에게 패한 분노 때문에 병이 생겼고, 피를 토하다가 죽었다.* 원소가 죽은 뒤 원소 부하들은 분열했다. 평소 원담의 질시를 받았던 봉기와 심배는 원상을 지지했고, 원담과 친한 신평辛評과 곽도는 원담을 지지

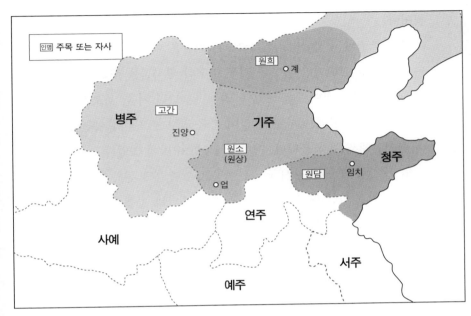

8-7 원소 사망 전후 자사 배치.

했다. 원소의 여러 신하들은 맏아들인 원담을 후계자로 세우려 했으나 봉기와 심배 등은 원소의 유언을 날조해 원상을 후계자로 세우는 데 성공했다.

장남 원담은 아버지의 상을 치르기 위해 업에 왔다가 이 사실을 알고 스스로 '거기장군'이라고 칭했다. 이후 원담과 원상은 사이가 벌어졌다. 그 이유는 무엇일까? 원담이 자칭한 거기장군은 원소가 반동탁 연합군의 맹주로 추대되었을 때 쓴 장군의 호칭이다. 원담은 '거기장군'을 자칭함으로써 원씨 집안의 정통성이 자신에게 있음을 과시한

---

＊『후한서』와『삼국지』에는 원소가 죽은 날짜를 기록하지 않았지만『자치통감』에서는 5월이라고 기록하였다. 반면『후한기』에서는 5월 경술일에 죽었다고 표기했다. 필자는 본문에서『후한기』의 기록을 따랐다.

것이다.

이후 조조의 군사들이 침입했을 때 원담은 여양에 주둔했다. 원담이 구원병을 청했지만 원상은 겨우 소수의 병사들을 주었고 이로 인해 둘 사이에 긴장이 고조되었다. 하지만 202년 겨울, 조조가 원담을 공격하자 원씨 형제는 어쩔 수 없이 손을 잡고 조조군과 싸웠다. 그러나 연전연패해 결국 물러나 수비에 치중할 수밖에 없었다.

203년 2월 조조는 다시 한 번 여양으로 출병해 원담과 원상 형제를 격파했다. 원담 형제는 업으로 물러나 수비에 치중했다. 이에 조조는 업까지 추격하여 그 일대의 보리를 베어가지고 돌아갔다. 이때 조조의 여러 장수들은 승세를 타고 계속 공격하자고 주장했으나 조조의 모사 곽가는 회군을 주장했다.

원소는 원상을 사랑해 맏아들을 후계자로 세우지 않았습니다. 현재 두 사람은 권력을 서로 나누어 가졌고 지지 세력 또한 각자 나누어 가졌습니다. 이에 급하게 공격하면 서로 뭉칠 것이고, 느슨하게 풀어주면 서로 패권을 차지하기 위해 다툴 것입니다. 차라리 군사를 형주로 돌려서 유표를 공격하는 척하면서 원담과 원상의 분열과 내전을 기다리십시오. 그런 연후에 공격하면 한 번에 멸망시킬 수 있습니다.*

조조는 곽가의 조언을 받아들여 회군했다. 그리고 203년 8월 형주의 유표를 공격한다며 허의 남쪽인 여남군 서평현西平縣에 주둔했다.

과연 상황은 곽가의 말처럼 진행되었다. 조조가 물러가자 203년 4

---

* 『삼국지/곽가전』.

월, 원담은 원상을 공격했다. 그러나 원담은 패해 발해군의 치소인 남피현南皮縣으로 도망갔다. 원상은 남피현까지 쫓아가 원담과 싸운 끝에 그해 8월 원담의 군대를 물리쳤다. 원담은 다시 평원군으로 도망갔으나 성을 방어하기에 급급했다. 설상가상으로 관할지인 청주에서 장수 유순劉詢이 반란을 일으키자 각지의 군현이 이에 가담해, 원담이 지배하는 지역은 2~3개 군에 불과한 상태가 되었다. 이처럼 안팎으로 수세에 몰리자 원담은 아버지의 숙적 조조에게 손을 내밀었다. 원담은 부하 신비辛毗를 여남군 서평현에 주둔 중인 조조에게 보냈다.

이에 조조는 군사를 돌려 10월 여양으로 진군했다. 조조가 황하를 건넜다는 소식을 들은 원상은 평원성(평원군의 치소)의 포위를 풀고 업으로 회군했다. 이때 원상의 장수 여광呂曠과 고상高翔이 조조에게 항복했다.

원상은 204년 2월 다시 평원으로 진격해 원담을 공격했는데, 조조는 이 기회를 놓치지 않고 업으로 진격해 결국 함락시켰다. 원상이 업으로 물러나 조조에게 패전을 거듭하는 동안, 원담은 기주의 감릉甘陵과 안평安平, 하간河間, 발해 4개 군국을 점령했다. 그리고 특히 업성을 빼앗기고 도망가는 원상을 중산에서 공격해 크게 이겼다. 원담은 원상의 군사들을 받아들여 세력을 키웠다. 아마 이때가 원담의 최전성기였을 것이다. 그러나 업성을 점령한 조조가 원담을 토벌하기 위해 원담의 본거지인 남피현으로 진격하자 짧았던 전성기도 막을 내렸다. 결국 205년 원담은 조조에게 패했고, 잡혀 죽었다.

앞서 본 것처럼 원상은 형 원담과 싸우는 데 정신이 팔려 자멸했다. 시간을 조금 뒤로 돌려 204년 2월 원상이 원담을 포위한 순간부터 살펴보자. 원상은 조조의 공격을 대비해 심배와 소유에게 업의 수비를

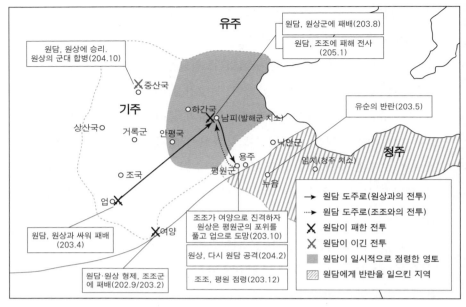

유주

원담, 원상군에 패배(203.8)

원담, 조조에 패해 전사
(205.1)

원담, 원상에 승리.
원상의 군대 합병(204.10)

✕중산국

기주

○하간국
✕남피(발해군 치소)

유순의 반란(203.5)

상산국○
거록군
○안평국

○낙안군
임치(청주 치소)
청주

○조국

용주

평원군

○뉴읍

업○✕

원담, 원상과 싸워 패배
(203.4)

✕여양

조조가 여양으로 진격하자
원상은 평원군의 포위를
풀고 업으로 도망(203.10)

원상, 다시 원담 공격(204.2)

→ 원담 도주로(원상과의 전투)

⋯▶ 원담 도주로(조조와의 전투)

✕ 원담이 패한 전투

✕ 원담이 이긴 전투

원담이 일시적으로 점령한 영토

원담에게 반란을 일으킨 지역

원담·원상 형제, 조조군
에 패배(202.9/203.2)

조조, 평원 점령(203.12)

8-8 원담의 패망로.

맡겼다. 그런데 소유는 조조와 내통해 조조의 군대를 업성 안으로 끌
어들이려 했다. 심배가 이를 알고 소유를 공격하자 소유는 그 길로 조
조에게 항복했다.

조조는 병주의 상당군上黨郡에서 업으로 이어지는 수송로를 방어
하고 있던 무안현장武安縣長 윤해尹楷를 공격해 격파했다. 그리고 5월
에는 업 주변을 흐르는 장수漳水의 물길을 돌려 업성을 물바다로 만
들었다. 원래 중국의 성은 워낙 튼튼해서 공략이 어려웠다. 그럴 때
자주 사용하는 작전 중 하나가 강물을 돌려 성안을 물바다로 만드는
것이었다. 춘추시대 말기 진晉나라의 지백智伯이 이끄는 연합군이 조
씨趙氏의 근거지인 진양晉陽성을 물바다로 만든 작전이 가장 오래된
기록이다. 16국시대 후기 후연後燕의 모용수慕容垂도 업성을 물바다로

만드는 작전을 썼다. 바꿔 말하면, 물의 힘을 빌리지 않으면 함락하기 어려울 정도로 업성은 튼튼한 요새였다.

조조가 업성을 공격한다는 소식을 들은 원상은 군대를 돌려 업 동쪽의 양평정陽平亭에 주둔했다가 기산祁山(남구濫口라고도 한다)에서 조조의 군대와 싸웠으나 대패했다. 원상은 업성을 포기하고 북쪽으로 도망가는 수밖에 없었다. 이후 원상의 앞길은 그저 도망이었다. 204년 10월 중산에서 원담과 싸워 처음으로 졌는데, 병력 대부분을 잃은 대패였다. 이에 원상은 둘째형 원희가 있는 유주로 향했다. 그런데 205년 1월 유주에서 부하 초촉焦觸과 장남張南이 원씨를 배신하고 반란을 일으켰다. 초촉과 장남의 공격을 받은 원상, 원희 형제는 요서오환으로 도망갔다.

한숨 돌리는가 싶었지만, 207년 2월 조조가 유성柳城을 급습해 요서오환의 우두머리 답돈을 죽이고 큰 승리를 거두자 상황은 다시 급박하게 바뀌었다. 원상과 원희는 어쩔 수 없이 또다시 도망길에 올랐다. 이번에 찾은 곳은 공손강公孫康 치하의 요동군이었다. 하지만 공손강은 원씨 형제에게 호의적이지 않았다. 공손강은 원희, 원상 형제를 죽이고 그 목을 조조에게 바쳤다.

이리하여 한때 4주를 지배하며 하북을 제패했던 원소의 '왕국'은 아들들의 분열과 내분으로 자멸했다. 이후 태항산맥 일대를 누비던 장연이 항복했다. 장연은 조조가 기주를 공격하자 204년 2월 조조에게 사신을 파견하여 조조의 군대를 돕겠다는 의향을 전달했다. 이어 205년 4월, 흑산적 장연이 10만여 명을 이끌고 항복했다. 이로써 청주와 기주는 조조의 지배하에 놓였다.

조조가 다음으로 정복한 곳은 병주였다. 원소의 외조카 고간은 202년 5월 병주자사에 임명되었다. 고간은 조조가 업성을 점령한

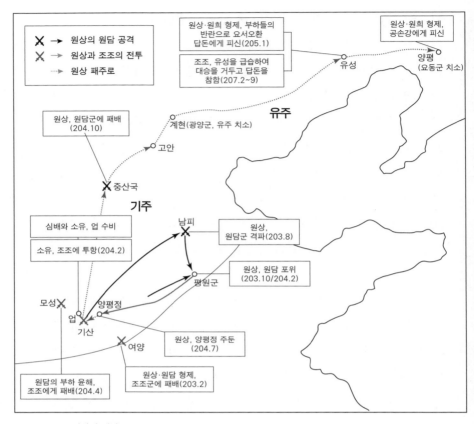

X → 원상의 원담 공격
X → 원상과 조조의 전투
⋯⋯→ 원상 패주로

원상·원희 형제, 부하들의 반란으로 요서오환 답돈에게 피신(205.1)

조조, 유성을 급습하여 대승을 거두고 답돈을 참함(207.2~9)

원상·원희 형제, 공손강에게 피신

유성

양평 (요동군 치소)

유주

원상, 원담군에 패배 (204.10)

계현(광양군, 유주 치소)

고안

중산국

기주

심배와 소유, 업 수비

소유, 조조에 투항(204.2)

남피

원상, 원담군 격파(203.8)

원상, 원담 포위 (203.10/204.2)

평원군

모성

업

양평정

기산

여양

원상, 양평정 주둔 (204.7)

원담의 부하 윤해, 조조에게 패배(204.4)

원상·원담 형제, 조조군에 패배(203.2)

8-9 원상의 패망로.

지 3달 후인 204년 10월 항복했다. 조조는 고간을 병주자사에 유임시켰다. 하지만 고간은 조조의 호의를 무시하고 1년 후 조조에게 반기를 들었다.

병주는 동쪽에 태항산맥이 있는 폐쇄적인 지형이었다. 고간의 입장에서는 이러한 지리적 이점을 이용하면 기주 등지를 점령하지는 못하더라도 조조로부터 자립할 수 있다고 판단했다. 그는 205년 10월 조조가 오환을 토벌하러 갔다는 소식을 듣고 상당태수를 사로잡고 호관구호關口를 막아 반란을 일으켰다. 뒤에서 언급하겠지만, 원상 형제와 결탁해 기주를 협공하려는 의도가 있었는지도 모르겠다.

호관구는 태항산을 넘어 둔류현과 호관현으로 진격하는 입구였다. 둔류현 지역을 인공위성 사진으로 보면 호관구는 산지 사이에 있는 계곡에 위치했다. 조조의 군사들이 태항산을 넘어오면 이곳을 지키면서 진격을 막겠다는 전략이었다. 조조는 악진樂進과 이전李典을 보내 공격했다. 고간은 군대를 남겨 호관 일대를 지키게 한 후 상당군에서 하동군으로 진격해 호택濩澤을 점령했다. 당시 하동태수 왕읍王邑이 물러나고 신임 태수인 두기杜畿가 부임하는 틈을 타서 하동군을 공격한 것이다. 이때 하내군의 장성張晟과 홍농군의 장염張琰이 고간의 반란에 호응했고, 하동군의 군리인 위고衛固와 범선范先은 고간과 통모했다. 그러나 두기는 사력을 다해 고간과 반란군의 공격을 막아냈다.

해를 넘겨 조조는 206년 정월 고간을 정벌하러 친히 군대를 이끌고 병주로 향했다. 고간은 이 소식을 듣고 남흉노로 달아났으나 선우가 고간의 구원 요청을 거부했다. 후한시대 남흉노 선우의 근거지는 서하군의 미직현이었으나 당시 남흉노의 선우는 선우정에서 쫓겨나 하동군 평양현平陽縣에 있었다. 고간은 남흉노 선우가 거절하자 전의를 상실했다. 설상가상으로 조조의 군사들이 호관을 3개월간 포위하다 3월에 점령했다. 전세가 완전히 기울자 고간은 형주의 유표에게 의탁하려 했다. 그러나 형주에 닿기 직전에 상락현上洛縣에서 상락도위 왕염王琰에게 잡혀 죽고 말았다. 이로써 조조는 병주도 손에 넣었다.

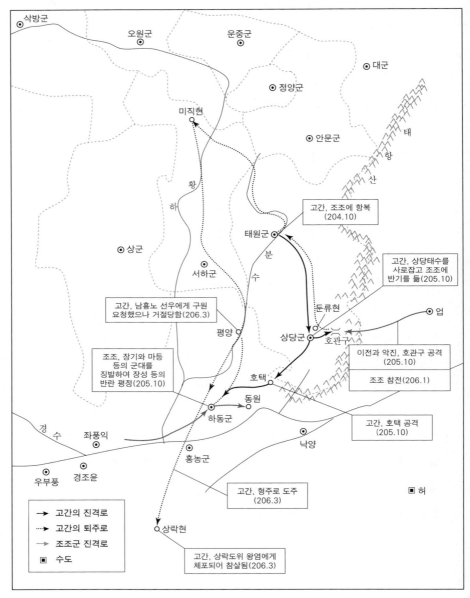

삭방군

오원군

운중군

대군

정양군

미직현

안문군

태

황

하

항

산

상군

분

서하군

수

고간, 조조에 항복
(204.10)

태원군

고간, 상당태수를
사로잡고 조조에
반기를 듦(205.10)

고간, 남흉노 선우에게 구원
요청했으나 거절당함(206.3)

둔류현

업

평양

상당군

호관구

조조, 장기와 마등
등의 군대를
징발하여 장성 등의
반란 평정(205.10)

이전과 악진, 호관구 공격
(205.10)

조조 참전(206.1)

호택

고간, 호택 공격
(205.10)

동원

경

수

하동군

좌풍익

낙양

우부풍

경조윤

홍농군

고간, 형주로 도주
(206.3)

허

고간의 진격로

고간의 퇴주로

조조군 진격로

수도

상락현

고간, 상락도위 왕염에게
체포되어 참살됨(206.3)

8-10  고간의 반란과 조조의 병주 평정.

## 최강 금수저 원소의 멍청한 자멸

원소는 정치 명문가에서 태어나 출세할 수밖에 없는 인맥과 정치적 자산을 가진 인물이었다. 금수저 중의 금수저였다. 그래서 반동탁연합군의 맹주로 추대되기도 했다. 그는 한때 연합군의 일원이었던 한복을 속여 기주를 차지한 후 영토를 넓혀 기주와 청주, 병주, 유주를 지배했다. 후한시대에 이 4주의 호수와 인구는 중국 전체의 4분의 1에 달했다. 후한 말 황건의 난이 일어난 본거지가 포함되어 있어 인구가 줄어들긴 했지만, 원술의 표현에 따르면 하북 4주의 호수는 100만 호가 넘었다. 수치상으로 원소는 조조를 포함한 어떤 군웅보다 우세한 상황이었다. 그럼에도 불구하고 원소가 실패한 이유는 무엇일까?

먼저, 주어진 기회를 잘 활용하지 못했다. 190년 반동탁연합군의 맹주 추대, 196년 7월 낙양으로 귀환한 헌제의 마중 및 보호, 200년 정월 전풍의 허급습 제안이 대표적인 예이다.

원소는 가문의 후광과 정치적 자산 덕분에 반동탁연합군의 총사령관이 되었지만 연합군을 제대로 통솔하지 못했다. 그리고 명색이 총사령관이었음에도 그는 전쟁터에 나가 싸우지도 않았고, 동탁이 무서워 소극적으로 대응했다. 게다가 동탁 타도라는 반동탁연합군의 명분은 그가 유우를 황제로 추대하려고 하면서 빛이 다소 바랬다. 반면 이때 조조는 비록 패했지만 두려움 없이 동탁의 군대와 싸워 어느 정도의 명분과 명성을 얻었다. 원소는 정치적 자산을 잃었고, 조조는 얻었다.

헌제는 동탁 사후 이각과 곽사 등이 서로 전쟁을 벌이는 장안을 빠져나와 고생 끝에 195년 12월 하동군에 도달했다. 이때 원소는 곽도를 사신으로 보냈는데, 곽도는 돌아와서 헌제를 업으로 모셔올 것을 권했다. 배송지주에 인용된 『헌제전』의 기록은 이와 달리 저수가 헌제 옹위를 주장했고 곽도와 순우경은 이에 반대했다고 하는데, 어쨌든 원소는 이를 거절했다. 원소는 사실 하진의 편에 섰던 인물로 동탁의 헌제 옹립을 반대했다. 그는 동탁이 세운 헌제를 황제로 인정하기 싫었을 것이다. 소위 '천자를 끼고 제후에게 명령을 내린다(挾天子而令諸侯)'는 말이 있었다. 황제를 장악하고 있으면 그만큼 정통성과 명분을 가지게 되므로 다른 군웅과의 경쟁에서 유리했다. 인재들도 황제가 있는 조정에 벼슬하려고 모여든다. 결국 원소 대신 조조가 헌제를 받아들였는데, 그는 '천자를 끼고' 황하 이남과 관중까지 세력하에 두게 되었다. 나중에는 원소도 자신의 선택을 후회해 조조에게 헌제를 업과 가까운 견성鄄城으로 옮기자고 제안하기도 했다. 자신과 좀 더 가까운 곳에 헌제를 옮기라는 사실상의 협박으로 자신의 영향력 아래 두기 위함이었음은 물론이다. 원소의 속셈을 간파한 조조는 당연히 거절했다.

원소가 놓친 또 다른 기회는 200년 정월 조조가 유비를 치러 허를 비운 사이 이를 공격하자는 전풍의 조언을 거부한 것이다. 한때 유비는 여포에게 서주를 빼앗기고 조조에게 의탁한 신세였으나, 나중에 원술군의 북상을 차단한다는 명목으로 출병하여 서주자사 차주를 죽이고 아예 서주에 눌러 앉았다. 조조가 '배은망덕'한 유비를 공격하려 하자 조조의 장수들은 강력한 원소를 뒤에 두고 유비를 공격하는 것은 무모한 구상이라며 반대했다. 그러나 조조는 곽가의 조언대로 유비를 공격하러 떠났다. 아니나 다를까 원소 진영의 전풍은 조조의 허실을 간파해 원소에게 허를 칠 좋은 기회가 왔다고 간언했으나 원소는 아들이 병에 걸렸다는 이유로 거부했다. 나중에 후회하고 10여만의 대군을 거느리고 전투에 나섰지만 이미 조조는 유비를 격파한 후였다. 조조가 전력을 다해 싸운 관도 전투에서 원소는 그를 이기지 못했다.

어른들의 말씀을 들어보면 일생에 돈을 벌거나 출세할 기회가 두세 번은 있다고 한다. 원소는 천하를 차지할 수 있는 좋은 기회를 모두 놓쳤다. 그는 죽을 때까지 자신에게 기회가 있었음을 알기는 했을까?

다음으로 발견되듯이 원소의 판단력 부족과 모사들의 간언을 제대로 수용하지 않은 것이 패인의 하나였다. 순욱과 순유, 곽가 등 모사들의 조언은 조조가 화북을 통일하는 데 결정적인 역할을 했다. 원소에게도 저수와 전풍처럼 지략이 뛰어난 모사들이 있었다. 그러나 원소는 모사들의 진언을 제대로 듣지 않았다. 앞에서 예를 들었던 것처럼 원소가 놓친 기회 가운데 2번은 모사들이 원소에게 제안한 것을 무시한 것이다. 원소도 결과가 그들의 조언대로 되자 후회했다. 그 유명한 관도 전투에서도 저수가 결정적인 전략을 여러 차례 내놓았지만 원소는 하나도 듣지 않았다. 저수의 말에 한 번이라도 귀를 기울였다면 원소는 조조의 군대를 격파했을 것이고 모사 저수가 조조에게 생포당하는 꼴을 보지 않았을 것이다. 또 원소가 맏아들 원담을 청주자사로 임명하자 저수가 맏아들을 외지로 내보내는 경우는 없다며 만류했을 때 듣지 않은 것을 원소는 저승에서 후회했을 것이다. 아들들의 내분 때문에 망했으니 말이다. 어떤 학자는 원소가 완고하고 독재적이며 전횡하고 자기와 다른 의견을 듣지 않은 데 비해 조조는 현실을 직시하고 다른 의견도 경청했다며 두 사람의 차이를 지적했다. 여러 가지 사례를 보면 이 지적은 옳은 것 같다.

가족 사이의 불화도 패인의 하나이다. 군웅할거시대에 유독 원씨 가문만 두 사람의 야심가를 배출했다. 바로 원소와 원술이다. 두 사람은 원래 배다른 형제였으나 원소가 양자로 입적되며 사촌지간이 되었다. 이 둘이 힘을 합쳤다면 원소가 더 빨리 화북을 통일할 수 있었겠지만 두 사람은 반목했다. 오히려 서로의 적과 동맹을 맺어 형제끼리 싸웠다. 원술은 원소의 적인 공손찬과 힘을 합쳐 원소에 반항했고, 원소는 조조, 유표와 동맹을 맺어 원술을 견제했다. 결국 원소와 원술의 경쟁은 원술이 조조에게 패해 남양군에서 회남으로 쫓겨남으로써 원소의 승리로 끝났다.

형제들의 다툼보다 더 심한 것은 원소 아들들의 내분이었다. 원소의 자식 교육이 실패한 것일까? 아니면 후처 유씨의 베갯밑송사에 원소가 넘어갔기 때문일까? 아니면 형제간의 우애보다 권력욕에 사로잡혔거나 주변 사람들의 이간질 때문에 원소의 아들들이 이성을 잃은 것일까? 사료의 부족으로 정확한 이유는 알 수 없지만 결과적으로 가족 사이의 불화는 원소 정권의 붕괴를 초래했다.

마지막으로 후계자 선정의 잘못이다. 이는 형제의 내분을 초래한 원인이기도 했다. 물론 원소도 공식적으로는 영제처럼 후계자를 정하지 못하고 죽었지만, 비공식적으로 원상을 마음에 두었다. 현재의 자료로는 맏아들 원담과 막내 원상 가운데 누가 더 뛰어난지 알 수 없다. 그러나 중국 정치에서, 적어도 한인 왕조에서는 적장자 혹은 장자 상속이 기본적인 계승 원칙이었다. 왕조는 아니지만, 자식들에게 정권을 물려주려면 적장자 혹은 장자 상속을 따라야 했다. 아니면 화근을 없애기 위해 맏아들 원담을 죽이는 것이 차라리 나았을지 모른다. 결국 원소는 기본적인 계승 원칙을 무시하고 막내아들을 위한 조치도 취하지 않은 채 죽었고, 그 대가는 파국이었다.

반면 이 지점에서 조조는 공짜로 좋은 교훈을 얻었다. 조조에게도 조식曹

植이라는 사랑하는 아들이 있었고, 조창曹彰이라는 무예에 뛰어난 아들도 있었다. 처음에 조조가 조식에게 마음이 있었던 것은 사실인 것 같다. 하지만 그는 모사 가후의 말을 듣고 조식을 후계자로 세울 뜻을 접었다. 가후는 조조에게 원소와 유표의 예를 한번 생각해보라는 말만 했을 뿐이다. 두 사람은 맏아들을 무시하고 다른 아들에게 권력을 물려주었고, 그 아들들은 모두 조조에 의해 망했다는 공통점이 있었다. 이를 반면교사로 삼은 조조는 조앙이 장수와의 전쟁에서 죽어 사실상 맏아들이 된 조비를 후계자로 삼았다.

확실히 이 정책은 원소나 유표에 비하면 성공적이었다. 그러나 멀리 내다보면 이 또한 실패였다. 조비는 경쟁자였던 조식과 조창을 가혹하게 다루었고, 그 외에도 가까운 친척들을 정치에서 소외시켰는데, 이는 나중에 조씨가 사마씨司馬氏에게 왕조를 빼앗긴 중요한 배경으로 거론된다.

## 군웅이 되기를 거부한 도적 우두머리 장연 _____

원소가 황하 이북의 4주를 차지한 최강의 군벌이 되었다고 하지만 실제로 4주 전체를 지배한 것은 아니었다. 장연이 이끄는 흑산적 무리는 끝까지 제압되지 않고 명목상 원소의 영토인 병주와 기주 사이 태항산 주변에서 활동하며 독자적인 세력으로 남았다.

황건의 난이 발생한 뒤 185년 2월 무렵부터 각지에서 도적들이 설치기 시작했다. 사서에 이름이 기록된 사람들만 봐도 박릉군博陵郡 사람 장우각張牛角, 상산국常山國 사람 저비연褚飛燕, 황룡黃龍, 좌교左校, 우저근, 장백기張白騎, 유석, 좌자문팔左髭文八, 평한대계平漢大計, 사예연성司隸緣城, 뇌공雷公, 부운浮雲, 백작白雀, 양봉楊鳳, 우독, 오록五鹿, 이대목, 백요白繞, 휴고眭固, 고추苦蝤 등이 있었다. 규모도 큰 무리는 2~3만 명, 작은 무리는 6,000~7,000명에 달했다.

장연도 이런 도적의 우두머리 중 한 사람이었다. 장연의 원래 성은 저褚이고, 날래다는 이유로 비연飛燕이라고 불렀다. 장연은 상산국 진정현眞定縣 사람이었다. 황건의 난이 일어나자 장연은 사람들을 모아 도적이 되었고 1만여 명을 모았다. 후에 장우각의 무리와 합치면서 장우각을 우두머리로 추대하고 185년 2월, 거록군의 치소 영도현을 공격했다. 이때 장우각이 화살에 맞아 죽자 무리는 장연을 우두머리로 추대했다. 이에 그는 성을 장씨로 바꾸었다. 장연이 이끄는 흑산적은 기주의 상산국과 중산국中山國, 조국趙國 및 병주의 상당군上黨郡, 그리고 사예의 하내군에서 활동했다. 『자치통감』을 주해한 호삼성은 "중산中山 서북쪽 200리에 낭산狼山이 있고, (태항산맥이) 낭산에서 서쪽까지 이어지고, 남쪽으로는 상산常山과 이어지며, 산과 골짜기가 매우 험했으니 후한 말 흑산적 장연과 오대시대 손방간孫方簡 형제가 이 땅에 의지하여 활동했다"고 했다. 그들의 활동 지역이 관의 손길이 미치지 않는 험한 산세 사이에 있었을 뿐만 아니라 기주와 병주, 사예의 경계선이 만나는 지역에 있어서 지방관들은 치안의 책임을 다른 지방관에게 떠넘기기 좋았다. 게다가 태항산(태항산맥)의 험한 지세는 관군의 수색을 피해 숨어 다니기 쉽게 해주었다.

장연은 중소 규모의 도적떼들을 통합했으며 무리의 수가 100만 명이 넘었다. 사서에서는 장연의 집단을 흑산적이라고 불렀다. 그러나 장연은 자립하기보다 조정에 사신을 보내 항복하는 길을 택했다. 이에 조정에서는 장연을 평난중랑장平難中郎將에 임명하고 하북 산곡山谷의 사무를 처리하도록 했다. 또 그에게 인사권도 주어서 해마다 효렴을 천거하고, 상계리上計吏*를 조정에 파견하도록 했다. 효렴은 본래 군국의 지방 장관(태수와 상)이 해마다 관할구역 내의 인물을 뽑아

---

* 상계리는 지방의 호구와 재정 상태, 군현에 대한 기타 정보를 보고하러 파견되는 지방관의 부하 관리였다.

중앙정부에 추천했으며, 출세의 지름길이었다. 중앙정부에 호구를 보고한다면 세금도 바쳤을까? 사서에는 이에 대한 언급이 없다. 조정에서 이 두 가지를 요구했던 것을 보면 장연을 군을 다스리는 태수 정도로 간주했던 것 같다.

동탁이 권력을 잡았던 189년 이후 조정의 권위가 땅에 떨어지고 각지에서 군웅이 주·군을 차지하며 할거하기 시작했을 때 흑산적도 활동 범위를 넓혔다. 191년에는 흑산적과 우독, 백요, 휴고 등 10여만 명이 동군을 침입했다. 동군태수 왕굉王肱이 막아내지 못했으나 조조가 대신 이들의 침입을 잘 막아냈다. 흑산적의 일부는 193년 1월 진류군 봉구현에서 원술의 군대에 합류했다.

미수에 그쳤지만 중요한 사건으로 청주와 서주의 황건 잔당 30여만 명이 191년 7월에 흑산적과 합류하기 위해 발해군을 침입한 일이 있었다. 이때 공손찬이 2만 명의 군사를 이끌고 이들을 격파했다. 8-11 지도에서 청주와 서주의 황건 잔당의 진로를 보면 발해군과 하간국을 통과해 장연의 흑산적과 합류하려고 했던 것 같다. 만약 공손찬이 이들을 격파하지 않았다면 장연의 세력은 더욱 커졌을지 모른다.

기주를 차지한 원소는 각 지방에 창궐하는 도적들을 평정했다. 당연히 장연도 원소 군대의 토벌 대상이었다. 원소와 여포가 이끄는 군대는 정병 수만과 기병 수천 필을 거느리고 흉노의 부족인 도각屠各 4영營, 안문오환鴈門烏桓과 연합한 장연을 상대로 193년 6월에 열흘이 넘는 사투를 벌였다. 비겼다는 기록도 있고 원소의 군대가 이겼다는 기록도 있지만, 어쨌든 양쪽 모두 피해가 심했다. 이 전투는 장연에게 매우 중요한 전투였다. 이 전투에서 패했다면 장연도 우독 등 다른 도적의 우두머리처럼 원소에게 피살되었을 것이며, 흑산적도 완전히 섬멸되었을 것이다.

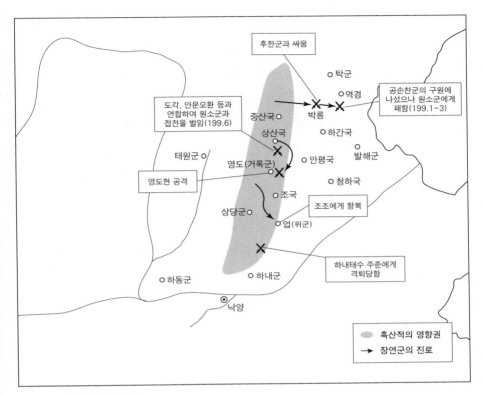

후한군과 싸움

○ 탁군

○ 역경

공손찬군의 구원에
나섰으나 원소군에게
패함(199.1~3)

도각, 안문오환 등과
연합하여 원소군과
접전을 벌임(199.6)

중산국 ○     박릉

상산국
○

영도(거록군)
○

영도현 공격

태원군 ○

○ 하간국

○ 안평국     발해군
              ○

○ 청하국

상당군 ○

○ 조국

조조에게 항복

○ 업(위군)

하내태수 주준에게
격퇴당함

○ 하동군     ○ 하내군

⊙ 낙양

흑산적의 영향권

→ 장연군의 진로

8-11 흑산적 장연의 활동.

199년 초 원소가 공손찬의 본거지 역경을 공격하자 공손찬은 아들 공손속을 장연에게 보내 구원병을 청했다. 이에 장연은 두장杜長 등 10만 명을 보내 공손찬을 돕게 했다. 그러나 두장과 공손속은 원소에게 패했다. 장연이 공손찬에게 구원병을 파견한 이유는 이전에 원소와 싸웠던 사적인 감정도 있었지만, 공손찬이 원소에게 망하는 것을 막아 세력균형을 유지하려는 전략에서였다. 그러나 장연의 희망과 달리 원소는 공손찬을 멸망시켰다.

장연은 조조가 기주를 공격하자 204년 2월 조조에게 사신을 파견해 조조의 군대를 돕겠다는 의향을 전달했다. 이에 조조는 장연을 평북장군平北將軍에 임명했다. 장연은 205년 4월 무리 10여만 명을 이끌고 업으로 가서 조조에게 항복했다. 당시 조조는 기주를 점령했고, 원소의 맏아들 원담을 살해했으며 원상과 원희 형제를 오환으로 내쫓았다. 따라서 장연은 강력한 조조를 상대로 고립무원의 상태에서 싸우는 것이 의미없다고 판단했을 것이다. 조조는 장연을 안국정후安國亭侯에 봉하고 식읍 500호를 주었다. 장연이 죽은 후에는 손자까지 작위를 세습했다.

장연은 21년 동안 세력을 유지하며 주변의 공격을 막아내고 버텼다. 장연과 흑산적에 대한 자세한 기록이 없기 때문에 섣부른 예단은 삼가야겠지만, 장연은 야심가라기보다 자신과 집단의 안전을 지키는 데 노력했던 인물로 보인다. 또한 이 시기 도적의 우두머리 가운데 별탈 없이 생애를 마친 매우 드문 인물이었다.

## 조조, 오환을 정벌하고 유주를 평정하다 _____

조조는 205년 유주에서 반란을 일으킨 조독趙犢과 곽노霍奴, 오환을 공격했다. 205년 4월 고안현故安縣의 조독과 곽노 등이 유주자사와 탁군태수를 살해했다. 비슷한 시기에 삼군오환, 즉 요서오환 답돈과 요동오환 소복연蘇僕延, 우북평오환 오연烏延도 선우보를 어양군의 광평현獷平縣에서 공격했다.

본래 유우의 부하였던 선우보는 유주목 유우가 공손찬에게 피살되자 195년 공손찬에게 저항했다. 대군, 광양, 상곡, 우북평 등 4군도 공손찬이 임명한 관리들을 죽이고 선우보와 연합해 공손찬의 지배에서 벗어났다. 원소가 공손찬을 멸하고 유주를 점령한 후에도 선우보 등의 반독립 상황은 변하지 않았다. 선우보는 어양군 사람 전예의 충고를 받아들여 199년 조조에게 항복하고 건충장군建忠將軍에 임명되었고 유주의 6군을 지휘하게 되었다. 선우보는 200년에 조조가 관도에 주둔했을 때는 몸소 그를 찾아갔다. 이에 조조는 선우보를 우도료장군右度遼將軍에 임명하고 유주를 지키게 했다. 이러한 과거사와 더불어 205년 정월 원상과 원희가 요서오환에게 도망간 사실을 결합해보면, 요서오환을 포함한 삼군오환이 선우보를 공격한 배후에는 원상 형제가 있었음을 추측할 수 있다. 조조가 직접 군대를 이끌고 이들을 토벌하러 간 것을 보면 이들의 반란과 침입을 변경 지역의 단순한 반란과 약탈이 아니라고 본 것 같다. 고간이 조조의 부재를 틈타 반란을 일으킨 것도 이와 관련 있을지 모른다.

조조는 205년 8월 조독과 오환 등을 정벌했다. 그는 조독을 참하고 노하潞河를 건너 광평현에서 농성 중인 선우보를 구원했다. 조조의 무서운 기세를 목격한 오환은 달아났고 조조는 일단 업현으로 돌아갔다.

조조는 요서로 망명한 원상 형제와 요서오환의 우두머리를 공격할 계획을 세웠다. 그는 사전 작업으로 206년 평로거平虜渠와 천주거泉州渠를 만들었다. 군량과 무기를 운반하기 위한 수로를 미리 준비한 것이다. 조조는 207년 3월 오환 정벌을 계획했다. 이때 여러 장수들이 조조가 오환을 정벌하러 간 사이 형주로 망명한 유비가 유표를 설득해서 허를 습격할 우려가 있다고 말했다. 그러나 곽가는 "오환이 대비하지 않을 것이기 때문에 기습하면 오환을 격파해 멸망시킬 수 있습니다. 만약 우리 군대가 남쪽으로 진군하면 원상이 오환의 군대와 함께 하북으로 진격하고 원소의 옛 부하들과 백성들이 내응하면 기주와 청주를 빼앗길 수 있습니다. 유표는 유비를 제어할 수 없기 때문에 유비의 조언을 잘 듣지 않을 것이므로 유표가 허점을 찔러 허를 공격할 가능성은 없습니다"라고 말하며 오환 공격을 주장했다.* 음력 3월이면 봄인데, 농민들처럼 유목민들도 생업에 종사하느라 바빴다. 즉 오환의 유목민들은 봄부터 가을까지 가축을 살찌워야 했다. 곽가는 유목민들의 이러한 삶을 알았기 때문에 오환 사람들이 적들의 침입에 대비하지 않을 것이라고 판단했을 것이다.

조조는 오환 정벌에 나서 5월에 우북평군 무종현無終縣에 도착했다. 이때 장맛비와 함께 오환이 요로를 봉쇄하자 조조의 군대는 전진할 수 없었다. 조조는 7월에 무종현의 토착 세력인 전주田疇를 향도로 삼았다. 전주는 노룡새盧龍塞를 출발해 옛 북평군의 치소였던 평강현平岡縣을 거쳐 유성柳城**으로 가는 길로 진격하면 요서오환의 본거지에 도달할 수 있다고 조언했다. 조조는 전주를 길잡이로 삼아 진군했다. 8-12 지도에서 볼 수 있듯 무종에서 출발해 서무산, 노룡구盧龍口를 지나 북서쪽의 백단白檀과 평강을 거쳐 백랑산白狼山으로 진격하는 길이 백랑산이나 유성으로 가는 직선 노선이 아니라 상당히 돌아가는 길이었던 것은 다 이유가 있었다.

그러나 조조의 군사들이 유성에서 200리 떨어진 곳에 도착했을 때 원상 형제와 삼군오환(요서오환 답돈과 요동오환 누반樓班, 우북평오환 능신저지能臣氐之)은 조조 군대의 진격을 파악하고 1만 명의 기병을 이끌고 조조를 공격했다. 조조의 군사들이 8월에 백랑산에 올랐을 때 오환의 군대를 만나자 조조는 장요를 선봉으로 삼아 오환 군대를 공격했다. 조조의 군대는 답돈과 명왕名王 등을 참하고 오환과 한인 20만여 명을 항복시켰다. 『삼국지/위서/오환전』은 요서오환의 우두머

---

* 『삼국지/곽가전』.
** 오늘날 랴오닝(요녕)성 차오양시. 십육국시대 전연과 후연의 수도.

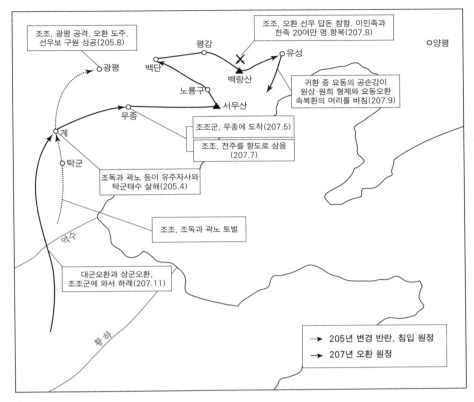

조조, 광평 공격. 오환 도주.
선우보 구원 성공(205.8)

조조, 오환 선우 답돈 참함. 이민족과
한족 20여만 명 항복(207.8)

○양평

평강

○광평

백단

유성

노룡구

백랑산

귀환 중 요동의 공손강이
원상·원희 형제와 요동오환
속복환의 머리를 바침(207.9)

서무산

○무종

조조군, 무종에 도착(207.5)

○계

조조, 전주를 향도로 삼음
(207.7)

○탁군

조독과 곽노 등이 유주자사와
탁군태수 살해(205.4)

조조, 조독과 곽노 토벌

역수

대군오환과 상군오환,
조조군에 와서 하례(207.11)

황하

----> 205년 변경 반란, 침입 원정
→ 207년 오환 원정

8-12 조조의 오환 정벌과 유주 평정.

리 답돈이 조조의 군대가 유성으로부터 100리 가까이까지 진격할 때
에야 이를 알아서 깜짝 놀랐고, 조조가 범성에서 오환의 군대를 격파
했다고 적었다. 여기서는 『자치통감』의 기록에 따라 서술했다.

원상 형제는 요동군의 공손강에게 도망갔다. 조조의 군대는 207년
9월 유성에서 귀환했다. 조조가 귀환하던 도중 공손강이 원상과 원희
의 목을 베어 바쳤다. 조조는 요동군으로 쳐들어갈 경우 공손강과 원
상·원희 형제가 단합해 맞설 것이라고 예견했다. 원담·원상 형제를

다룰 때와 똑같았다. 돌아가는 척하면 공손강과 원상·원희 형제가 반목이 생겨 서로 싸울 것이라고 보았던 것이다. 공손강의 입장에서 보면, 원상·원희 형제를 죽이고 요동군의 자치권을 보장받는 편이 나았다. 조조와 공손강의 암묵적인 계약이 맺어진 결과는 원상·원희의 처형이었다. 이로써 원소 정권은 공식적으로 역사의 무대에서 사라졌다. 조조는 오환교위 염유閻柔가 거느린 오환 1만여 락을 중국 내지로 옮기고, 항복한 삼군오환은 군대에 편입시켰다. 삼군오환은 '명기名騎'로 이름을 떨쳤다. 오환의 기병들은 '돌기突騎' 혹은 '오환돌기烏丸突騎'라고 불렸으며, 용맹함과 막강한 전투력으로 유명했다.

후한시대에도 굴복시키지 못한 오환을 정복한 조조는 역사에 길이 남는 업적을 세웠다. 그러나 귀환하는 길은 편안하지 못했다. 조조의 모사 곽가는 돌아오던 도중 병에 걸려 38세의 젊은 나이에 죽었다. 또 회군 도중 물과 식량이 부족해 말 수천 필을 죽여 식량으로 사용했고, 물을 얻기 위해 땅을 약 90미터나 파서 갈증을 해소했다. 그런 어려움을 무릅쓰고 회군한 조조의 군사들에게 낭보가 찾아왔다. 조조의 군대가 역수易水에 다다른 207년 11월 대군오환代郡烏桓과 상군오환上郡烏桓이 조조를 찾아와 항복의 예를 올린 것이다. 조조는 오환 정벌을 해피엔드로 끝낼 수 있었다.

### 상승장군 조조의 승리 비결

조조는 명장인가?『삼국지』의 기록을 그대로 믿을 수 있다면, 답은 '그렇다'이다. 조조의 전투를 통계적으로 살펴보고 조조가 이긴 이유를 분석해보자.

8-13 지도에는 조조가 직접 출정에 나선 전투들이 표시되어 있다. 참고로 연주목 시기의 군사 활동은 생략했다. 그럼에도 불구하고 지도 8-13을 보면 조조는 말 그대로 사방팔방으로 전쟁터를 누비고 다녔다. 유비는 지역 기반

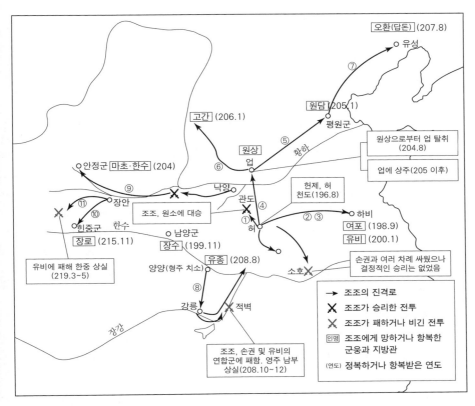

오환(답돈) (207.8)

유성 ⑦

고간 (206.1)

원담 (205.1)
평원군 ⑤ 황하

원상 ⑥
업

원상으로부터 업 탈취
(204.8)

업에 상주(205 이후)

안정군 마초·한수 (204)
⑨

낙양

장안 ⑩
⑪

한중군
장로 (215.11)

유비에 패해 한중 상실
(219.3~5)

조조, 원소에 대승

관도
① ④
허

헌제, 허
천도(196.8)

남양군

장수 (199.11)

양양(형주 치소)

감릉 ⑧

장강

적벽

하비
② ③

여포 (198.9)
유비 (200.1)

소호

손권과 여러 차례 싸웠으나
결정적인 승리는 없었음

유종 (208.8)

조조, 손권 및 유비의
연합군에 패함. 영주 남부
상실(208.10~12)

→ 조조의 진격로
✕ 조조가 승리한 전투
✕ 조조가 패하거나 비긴 전투
인명 조조에게 망하거나 항복한
군웅과 지방관
(연도) 정복하거나 항복받은 연도

8-13 조조가 출전한 전투.

을 잃고 새로운 곳을 차지하기 위해 유랑하느라 많은 지역을 돌아다녔던 데
반해 조조는 정복을 위해 여러 지역으로 진격했다. 조조는 유비보다도 더 긴
거리를 행군했고, 더 많은 그리고 더 넓은 지역으로 진격했다.

조조가 직접 나서서 싸운 전투와 그가 총사령관으로 있을 때 그의 부하들
이 싸운 전투의 승패를 계산해보면 59승 8무 7패였다. 그는 190년 3월 동탁
의 장수 서영과 싸운 첫 전투에서 패했고, 마지막 전투인 219년 3월과 5월
사이 유비와 한중군을 상대로 한중의 지배권을 두고 싸운 전투에서 사실상
패하고 돌아갔다. 처음과 마지막 전투에서 패했지만 대부분의 전투에서는 승
리했다. 원소와의 경쟁에서 우위를 점하게 된 관도 전투(200년 10월)가 대표

적인 승리였다. 반면 208년의 적벽대전 패배는 삼국 분립의 계기가 되었으므로 조조에게 큰 타격이었다.

조조가 패한 5개의 전투 가운데 무승부로 볼 수 있는 전투도 있으므로 무승부와 패배의 숫자는 달라질 수 있다. 그렇다고 해도 승리와 승리하지 못한 경우로 나누면 조조의 승률은 약 79.7%에 달한다. 배송지도 배송지주에서 조조가 전투에서 백전백승이었고, 진 전투는 10 중 2~3에 불과했다고 적었다. 이를 승률로 환산하면 70~80%이므로 필자가 계산한 수치와 대략 비슷하다. 상당히 높은 승률이었다.

8-13 지도에서 볼 수 있듯 조조가 패하거나 이기지 못한 싸움은 대개 남방의 전투였다. 주로 손권과의 전투에서 지거나 이기지 못한 경우가 많았던 것이다. 이는 여러 가지로 분석할 수 있다. 조조가 손권과 전투를 했던 시기는 이미 조조가 늙었기 때문에 정신적으로나 육체적으로 제 기량을 발휘하지 못했을 수도 있다. 한편으로 손권과 싸웠던 지역은 황하 유역이 아니라 장강이거나 장강과 가까운 지역이었다. 북방 출신인 조조나 조조의 군사들이 낯선 장강 연안에서 싸우는 것은 익숙하지 않았을 것이다. 황하를 중심으로 한 북방과 장강을 중심으로 한 남방의 차이는 확연했다. '남선북마南船北馬'라고 하여 남방의 주요 교통수단이 배였던 반면 북방은 말과 나귀 같은 가축이었다. 수전水戰에 약하고 말 타기에 능한 북방 사람들이 강과 호수, 늪이 많아 기병과 보병들이 활동하기 어려운 환경에서 이러한 지형에 익숙한 손권의 군대를 이기기는 쉽지 않았을 것이다. 게다가 패하면 망하는 손권의 절박함과 투지도 영향을 주었을 것이다.

비록 생전에 황제의 자리에 오르지는 않았지만 사실상 창업 군주나 마찬가지였던 조조는 자신이 직접 전쟁터에 나가는 것을 즐겼다. 중국 역대 왕조(한족이 세운 왕조에 한함)의 창업 군주들을 보면 직접 전쟁에 참전한 경우와 그렇지 않은 경우로 나뉜다. 전자에 해당하는 군주는 한고조 유방과 조조이고 후자는 진 시황제, 후한 광무제, 명태조 주원장朱元璋이다. 사실 중국에서는 군주들이 직접 친정親征하는 것을 꺼려했기 때문에 군주가 직접 전쟁터에 나가는 예가 적었다. 물론 이민족 왕조라면 사정이 달라지지만 말이다.

한고조 유방의 경우 파촉에서 나와 관중을 정복하는 과정에서는 명장 한신韓信이 군대를 지휘했다. 유방이 직접 군대를 이끌고 참전한 것은 그 이후

이며, 항우와 접전을 펼치며 일진일퇴의 공방전을 벌였다. 그사이 위魏, 조趙, 제齊를 멸망시키고 항우와의 최종 전투에서 승리를 거둔 것은 명장 한신의 군사적 재능과 지휘 덕분이었다. 황제의 자리에 오른 유방은 제후왕들의 반란을 토벌하거나 흉노와 싸우는 전투에 직접 군대를 이끌고 출전했다. 반면 조조는 주요 전투에 스스로 군대를 이끌고 참전했다. 그가 직접 나서지 않은 전투는 원소에게 투항하려는 원술의 북상을 막기 위해 유비와 주령朱靈을 보내고, 서쪽 변방에서 농서군의 일부를 차지하고 황제를 자칭했던 송건宋建의 정벌을 하후연에게 맡겼으며, 관우의 북상을 막기 위해 구원병을 파견한 정도였다.

스스로 지략이 뛰어나고 훌륭한 지휘관이었기 때문에 조조는 유방처럼 여러 장군에 의존하지 않았다. 유방은 스스로 자신이 항우를 이기는 데 한신과 팽월彭越, 영포英布 같은 장군들의 활약이 있었다고 말할 정도로 명장들의 도움을 받았다. 이들은 독자적인 작전으로 전공을 세웠다. 조조에게도 우금, 장요, 서황, 장합 등 전공을 세운 용장들이 있었지만 대부분 조조의 지휘를 받았기 때문에 장기말에 가까웠다. 이들의 열전을 보면, 이들은 총사령관 조조를 따라 전쟁터에 나갔고, 원소·원상 등 군웅을 공격할 때 소부대를 거느리고 적의 부하 장수들과 싸워 이기거나 군현을 점령했을 뿐이다. 후에 장요와 장합이 각각 오나라와 촉나라의 공격을 막아내는 데 탁월한 공을 세웠지만 이는 변경 지역에 주둔하여 변경 수비 임무를 맡은 이후의 일이고, 적을 정복한 공세적인 전투는 아니었다.

조조는 자신이 총사령관이 되어 여러 장군을 지휘함으로써 군인들 가운데 2인자가 나타나는 것을 막았다. 그리고 여러 장군을 경쟁시켜 견제하는 한편 충성심을 확보할 수 있었다. 조조는 전투에 참전한 장군과 모사들의 의견뿐만 아니라 후방의 수도 허(허도)를 지키던 순욱의 의견도 귀담아들어 중지를 모아 최선의 전략을 도출했기 때문에 승리할 수 있었다. 자신의 군사적 재능에 덧붙여 부하들의 지혜를 최대로 이끌어냈고, 그 결과는 승리였다.

『삼국지』를 비롯한 역사서의 기록이 옳다면 조조가 화북을 통일하고 군웅을 물리친 것은 어쩌면 너무도 당연한 일일지 모른다. 조조 자신이 뛰어난 지략과 행정 능력, 인물을 보는 안목, 간언을 받아들이는 아량, 적을 포섭하는 포용력을 두루 갖추었기 때문이다.

조조의 지략은 반동탁연합군의 우두머리들에게 동탁을 제압할 수 있는 전략을 제시한 부분에서도 잘 드러난다. 또한 조조가 서주를 공격하다가 여포에게 연주를 빼앗기자 되돌아오면서 여포가 조조의 퇴로를 차단했다면 자신이 연주를 되찾을 기회조차 박탈당했을 것이라고 말하며 여포의 무능을 지적했던 예에서도 조조의 지략을 엿볼 수 있다.

지략과 실무 능력은 참모에게 적합한 능력일 것이다. 일단 지도자 혹은 관리자가 되면 자신이 전략이나 전술을 제시하는 것도 중요하지만 거시적인 안목을 갖추고 부하들의 조언을 듣고 판단해 옳다고 생각하면 수용하는 자세도 필요하다. 원소는 저수와 전풍 같은 훌륭한 모사를 두었지만 그들의 말을 대부분 듣지 않았다. 심지어 전풍을 죽이는 자멸 행위까지 저질렀다. 그러나 조조는 순욱, 순유, 정욱, 곽가 등의 조언과 전략, 조언을 대부분 수용했다. 순욱은 7회나 걸쳐 기묘한 계책을 내놓았고(한 학자는 칠출기계七出奇計라고 표현했다), 순유도 12개의 계책을 진언했다. 곽가는 조조의 여포 토멸과 유비 격파, 원소·원술과의 전투 승리, 오환 토벌 등에 관한 계책을 내놓아 조조의 화북 통일에 공헌했다. 정욱은 조조가 여포에게 연주를 빼앗겼다가 되찾았을 때 결정적인 공헌을 했고, 관도 전투에서도 큰 역할을 했다.

소설 삼국지에서도 활약상을 보인 4명의 모사 외에도 조조의 거시적인 전략을 입안한 사람이 있으니, 바로 모개毛玠였다. 한 학자는 조조에게 가장 큰 영향을 준 진언은 연주목 당시 부하 모개의 전략이었다고 주장한다. 모개는 "마땅히 천자를 받들고 복속하지 않는 군웅에게 명령을 내리고 농경에 힘써 군량을 저축하면 패왕霸王의 대업을 이룰 수 있습니다"라고 말했다. 천자를 받든다는 주장은 순욱과 정욱이, 농경에 힘쓴다는 주장은 조지棗祗와 한호韓浩, 임준任峻 등도 건의했다. 그러나 모개는 조조에게 승리를 가져다준 가장 중요한 두 가지 전략을 건의했다. 무엇보다 이를 수용한 조조의 안목도 뛰어나다.

조조가 승리한 원동력 중 하나로 순욱을 참모로 등용한 점도 들 수 있다. 정확히 말하면 순욱이 스스로 조조를 찾아간 것이지만. 소설 삼국지에서 순욱의 활약상은 정욱과 곽가 같은 참모와 비교하면 그다지 뚜렷하게 부각되지 않았다. 처음에는 조조의 참모로 여러 전쟁에 따라다녔지만 정권이 안정된 이후에는 후방에서 행정 실무를 총괄하며 급한 일이 있으면 조조의 연락을 받고 자신의 견해를 밝히는 역할을 맡았기 때문이다.

순욱은 원소만큼은 아니지만 대대로 고관을 배출한 가문 출신이었다. 후한 말부터 위진시대까지 6명의 삼공을 배출할 정도였다. 그의 삼촌인 순상荀爽도 삼공의 하나인 사공司空에 임명되었다. 정치적으로 명망 있는 가문이었던 데다 영천군 출신이라는 점도 순욱의 권력 기반이었다. 후한시대, 특히 중기 이후에는 영천군과 여남군 출신이 관료사회를 장악했다. 원소의 가문 역시 여남군의 대표적인 정치 명문이었다. 순욱은 동향인 순유·곽가 등 영천군 사람들을 조조에게 추천했고, 이들은 실제로 유능했다. 당시 여론과 명망을 좌우하던 영천군 사람들의 영수처럼 활동했던 순욱은 배후에서 인사권을 장악하고 다양한 지역의 재능 있는 인물들을 추천하며 영향력을 행사했다.

순욱은 훌륭한 정치가이자 행정가였지만 동시에 뛰어난 전략가이기도 했다. 조조가 사방의 적들로 둘러싸인 연주에서 군웅을 물리칠 수 있었던 것도 순욱의 계책 덕분이었다. 연주의 북쪽에는 원소가, 남쪽에는 서주의 도겸·유비·여포와 원술, 장수 등이 포위한 형세였다. 아버지의 원수를 갚는다고 서주의 도겸을 공격하러 갔다가 여포에게 연주를 빼앗긴 경험이 있는 조조는 누구를 먼저 공격해야 할지 고민할 수밖에 없었다. 순욱은 원소가 결단력이 없는 인물임을 꿰뚫어보고 원소와는 나중에 싸우고 남쪽의 군웅을 먼저 제압해야 한다고 조언했다. 과연 원소는 여러 차례 조조가 남쪽으로 군대를 이끌고 나간 허점을 이용해 급습하는 전략을 실행에 옮기지 못했다.

이보다 중요한 조언은 장안에서 낙양으로 돌아온 헌제를 맞아들이라는 것이었다. 이각과 곽사 싸움에 등 터지는 신세였던 헌제는 이들의 등쌀을 피해 낙양으로 돌아왔지만 호종했던 황건 잔당과 오합지졸 사이에서 또다시 시달리는 처량한 신세였다. 그런 헌제를 받아들여 정통성과 명분을 가지자고 조언한 모사가 바로 순욱이었다. 원소에게도 이런 조언을 한 모사가 있었지만 원소는 감정적으로 거부했다가 후에 후회했다. 조조는 순욱의 조언을 받아들여 헌제를 허에 모셔 권력을 독점하고, 황제의 명령을 칭해 지방관들에게 자기 목소리를 낼 수 있었다. 소위 '천자를 끼고 천하에 명령을 내린다'는 성공 비결 제1조다. 분열의 시대에 황제를 끼고 있다는 것은 정통성과 명분뿐만 아니라 인재 수용에도 유리하다는 점을 원소는 몰랐고 조조는 알았다.

유비나 다른 군웅도 마찬가지겠지만 인재에 목마른 조조 역시 인재 발탁에 적극적이었다. 특히 자신의 적에게 벼슬했던 인물들도 과감하게 등용했다. 말은 쉽지만 실제로는 어려운 일이다. 원소의 부하였던 진림陳琳은 관도 전투 직전 군웅에게 조조를 토벌하자는 격문을 작성했던 인물이다. 이 격문에는 조조가 무덤을 파헤쳐 부장품을 빼내 군자금으로 사용했던 비리부터 할아버지 조등이 환제와 영제 시기 권력을 잡았던 환관이었으며, 아버지 조숭이 1억 전의 돈을 내고 태위 벼슬을 샀던 사실까지 적었다. 조조로서는 낯뜨거운 내용이었다. 하북을 평정한 후 조조는 곽가의 진언을 받아들여 원소의 옛 부하들을 등용했다. 이때 자신과 가문을 비난한 진림도 포함되었다. 조조는 진림에게 "죄상을 물으려면 내 욕만 하면 되지 왜 할아버지와 아버지까지 들먹거렸냐?"고 불만을 토로했지만 진림에게 벼슬을 주었다. 아버지 조숭을 죽인 도겸의 병사들 때문에 서주의 여러 군현을 도륙했던 복수심과 대비된다. 개인의 감정을 앞세울 때에는 원수에게 철저하게 복수했지만, 정치적으로 상대방을 포용할 필요가 있다고 생각하면 사적인 감정이나 원한에 치우치지 않았던 조조의 냉철한 이성은 사실 보통 사람들이 쉽게 본받기 어려운 점이었다.

### 조조의 장군들

조조가 문과 무를 겸비한 인물임은 부인할 수 없다. 『삼국지』의 기록이 맞다면 조조는 대부분의 전투를 직접 지휘했다. 따라서 소설 삼국지에서 화려한 개인기로 상대방을 죽이던 맹장들은 조연에 불과할 수밖에 없다. 하지만 실상이 그렇다 해도 장수들의 역할이 없었다면 조조의 전략과 전술도 빛을 바랬을 거란 점에서 주요 장수들의 승패를 검색하고 승률을 계산해봤다(표 8-14).

주로 조조가 생존했을 때 활약한 장수들을 대상으로 했으며, 장합처럼 조조 사후에도 오랫동안 활동했던 장수들도 포함했다. 다만 조조의 최측근 심복인 전위와 허저는 집계 대상에서 제외했다. 이 집계에서 조심할 점은 조조의 부하 장수들이 조조가 원소나 여포, 유표 등을 공격할 때 따라가서 별도의 군대를 이끌고 군현을 점령한 경우도 승리로 간주했다는 것이다. 그러다보니 승수가 지나치게 많다. 다만 조조의 지휘하에 싸운 전투는 승패에서 제외했다. 이들의 총사령관인 조조가 59승 8무 7패로 79.7%의 승률을 거뒀는데, 하

| 장수 | 전적 | 승률 |
|---|---|---|
| 장요 | 10승 1무 | 90.9% |
| 악진 | 24승 2무 | 92.3% |
| 우금 | 12승 3패 | 80% |
| 장합 | 16승 3패 | 84.2% |
| 서황 | 24승 | 100% |
| 하후돈 | 1승 2패 | 33.3% |
| 하후연 | 16승 2패 | 88.9% |
| 조인 | 13승 1패 | 92.9% |
| 조홍 | 2승 | 100% |
| 조휴 | 4승 1패 | 80% |
| 이전 | 4승 | 100% |
| 이통 | 5승 | 100% |
| 장패 | 5승 | 100% |
| 문빙 | 4승 | 100% |
| 여건 | 4승 | 100% |
| 방덕 | 1승 1패 | 50% |

8-14 조조 휘하 장수들의 전적.

후돈을 제외하면 모두 조조보다 높은 승률을 기록했다. 이는 이들이 모두 조조의 전쟁 때마다 따라다닌 것이 아니라 여러 군데 분산 배치되어 변방에 주둔했기 때문이다.

10번 이상 전투에 참여하고 승률 80% 이상인 장수는 장요, 악진, 우금, 장합, 서황, 하후연, 조인 등이다. 이 가운데 조조의 친인척인 하후연과 조인을 제외한 5인은 공교롭게도『삼국지』권17에 배치되었고, 다섯 장수를 모두 명장이라고 못 박았다. 여기에 주령이란 장수도 서황 등에 필적한다고 했지만 기록은 지나치게 짧다. 소설 삼국지를 읽은 독자들은 이전과 악진이 한 세트처럼 붙어다니는 장면을 많이 보았을 것이다. 그러나 두 사람은 사이가 나빴고, 장요가 손권과의 국경인 합비에 주둔할 때 함께 근무했을 뿐 별다른 인연이 없었다. 그래서 이전은 악진과 달리 권18에 배치되었다. 하후연이 16승 2패, 88.9%의 승률을 기록한 점도 의아할 것이다. 소설 삼국지에서는 하후연을 황충의 단칼에 피살된 무능한 장수로 묘사했기 때문이다. 필자도 『삼국지/위서/하후연전』을 읽으면서 평소 알고 있던 내용과 달라 상당히 난감해했다. 『삼국지/하후연전』을 보면 하후연의 아내는 조조의 여동생이었기 때문에 조조와 가까운 인척이란 인연 덕에 하후연이 중용된 것처럼 보이지만, 그는 일찍이 청주·연주·서주 일대의 반란을 평정해 공을 세웠고, 조조의 근심거리였던 양주 일대의 군웅 평정에 결정적인 공을 세웠다. 이 때문에 조조는 유비를 막는 중요한 임무를 하후연에게 맡겼다. 『삼국지/하후연전』의 기록이 옳다면 그는 유비가 장합의 군대를 공격하자 자신이 거느린 군사의 절반을 보내 장합을 돕다가 유비군의 기습을 받고 전사했다. 하후연이 상관이었으므로 부하들을 먼저 생각한 지휘관이었다는 해석이 가능하다.

조조의 5대 맹장 이외에 『삼국지』 권18에는 이전, 이통, 장패, 문빙, 여건, 방덕 등의 열전이 있다. 방덕을 제외하면 모두 전승을 기록했다. 이쯤 되면 『삼국지/위서』의 열전 기록이 옳은지 의심스럽다. 『삼국지/촉서』와 비교하면 같은 전쟁에서 승패가 엇갈리게 기록된 경우도 많으니 말이다. 일단 『삼국지』의 기록이 옳다고 간주하면 조조의 5대 명장뿐만 아니라 중하위급 장수들도 싸우면 이기는 능력을 가졌다. 그리고 5대 명장에 끼지 못했지만 이전과 장패, 문빙, 방덕은 조조의 묘정에 배향되는 영광을 누렸다. 관우에게 패한 후 항복을 거부하고 죽은 방덕을 제외한 세 사람이 배향된 이유는 잘 모르겠지만 말이다.

장요, 악진, 우금, 장합, 서황 등 명장의 수가 공교롭게도 다섯이다. 소설 삼국지에서는 유비의 부하 장수 관우, 장비, 조운, 황충, 마초를 오호대장군五虎大將軍이라고 칭했다(73회). 『삼국지』에는 이 용어가 보이지 않지만 이 5명은 같은 권에 묶였다. 두 나라 맹장이 모두 5명인 것이 우연인지, 음행오행설의 '5'라는 숫자를 따른 건지 자못 궁금하다.

조조의 다섯 맹장 가운데 우금과 악진은 조조가 연주에서 활동할 때부터 따라다녔고 나머지 세 사람은 다른 군웅의 부하였다. 장요는 여포, 장합은 원소, 서황은 양봉의 부하였다가 조조에게 항복한 후 활약했다. 이는 조조가 적군 가운데서도 인재를 발굴해 자기 수족으로 부리는 데 능했음을 알 수 있다. 또 다섯 사람의 본적을 살펴보면, 북쪽 변경인 안문군 마읍현 출신의 장요를 제외하면 네 사람 모두 산동이라고 불리는 화북의 동쪽 지역 출신이다. 전한과 후한 시대에는 산서(관서)에서 무장이, 산동(관동)에서 문신이 배출된다는 말이 있을 정도로 산동 지역은 문관이 압도적으로 많았다. 관중의 서북쪽에 위치한 6군 출신들이 주로 무장으로 중용되었고, 동탁도 그중 한 사람이었다. 그런데 조조의 맹장 4명이 지역적으로 모두 화북의 동쪽 사람이고, 변경이 아니라 내지 출신임은 이례적이다.

한편 우금을 제외한 네 사람이 243년 20명의 명신에 포함되면서 조조의 묘정에 배향되어 위나라 조정이 직접 제사 지내는 영광을 누렸다. 우금이 제외된 이유는 그가 관우에게 생포되었다가 관우가 손권에게 생포된 후 위나라에 귀환되어 조비(위문제)에게 나쁜 인상을 주었기 때문이다. 조비는 우금을 위로하는 척하면서 조조의 무덤인 고릉을 방문하라고 명령했다. 우금은 조조의 무덤 안에 그려진 그림에서 자신이 관우에게 항복하는 모습을 발견하고 화병으로 죽었다. 조비는 우금을 철저히 조롱한 것이다. 조조의 최고 맹장이었던 우금은 그렇게 내쳐졌다. 대신 서황 열전 뒤에 간략하게 기록을 남긴 주령은 이 20인의 명신에 포함되었다.

한편 관우가 대단한 점은 마지막 전투인 북벌에서 승률 높은 장수들과 싸웠다는 사실이다. 관우가 양양을 공격했을 때 승률 92.9%의 조인이 그곳을 지켰다. 여기에 조인을 돕기 위해 파견된 우금은 관우에게 항복하기 전까지 12승 2패, 85.7%의 승률을 거두고 있던 맹장이었다. 그럼에도 관우는 우금을 생포했다. 『삼국지/위서/우금전』이나 『삼국지/촉서/관우전』 모두 한수의 물이 불어나 조조군 진영을 덮치는 바람에 관우군에 패했다고 기록했지만, 이를 있는 그대로 믿을 수는 없다. 이후 승률 92.3%의 악진과 100%의 서황, 90.9%의 장요가 관우와 싸우기 위해 출동했다. 유비의 공격을 막기 위해 진창에 주둔하고 있던 장합을 제외한 조조 최고의 맹장 5인 중 4명이 관우와의 전투에 투입된 것이다. 이는 당시 관우의 북벌군이 무서운 기세로 진격하고 있었고, 조조의 두려움이 그만큼 컸음을 입증한다. 아니라면 최고의 맹장 4명을 동시에 투입할 이유가 없지 않은가? 이런 상황에서 관우는 최고의 맹장 우금을 생포했다. 관우의 무공이 얼마나 뛰어난지 알 수 있는 대목이다. 그는 아직 장요가 도착하지 않은 상황에서 2명의 맹장과 싸웠다. 이것만 해도 기적이다. 부질없는 가정이지만, 손권의 장수 여몽이 형주를 습격하지 않았더라면 관우는 조조의 맹장 3명과 최고의 명승부를 펼쳤을 것이다.

소설 삼국지를 읽어본 독자라면 위에 나열한 조조의 장수 명단에 2명이 빠졌음을 알아챘을 것이다. 바로 전위와 허저이다. 전위는 조조의 첫 번째 호위대장이었다. 「전위전」에서는 전위가 여러 차례 참전했던 무용담을 자세히 묘사하고 있지만 승패를 계산하기 모호한 기록이다. 전위는 여포군과 싸울 때 혼자 창을 들고 앞장서서 여포군을 물리쳤다. 이 용맹을 인정받아 조조를 호위했다. 그는 전쟁마다 선봉이 되어 적진을 함락시켰다. 하지만 용맹하고 충성스러운 전위는 어이없는 최후를 맞는다. 장수의 항복을 받은 조조는 장수의 숙모와 성관계를 맺고 장수의 장수를 매수했다. 이에 분노한 장수가 조조의 군영을 기습했고, 조조는 기병을 거느리고 도망갔다. 전위는 군문에 서서 장수의 군대와 싸워 여러 명을 죽이는 등 분전했으나 수십 군데의 상처 때문에 눈을 부릅뜨고 큰 소리를 지르고 죽었다. 적군은 전위가 죽었는데도 전진하지 못했다. 전위는 조조의 큰아들 조앙과 함께 조조의 목숨을 구했다. 이 때문에 그는 243년 조조의 묘정에 배향된 20명의 명신에 속하게 되었다.

조조의 두 번째 호위대장은 허저였다. 허저의 고향은 초국(패국) 초현으로 조조·하후돈과 동향이었다. 그는 황건의 난이 발생하자 종족(친척) 수천 가구를 거느리고 방어 시설을 만들어 적들의 침입을 막았다. 그는 여남 갈피적葛陂賊의 공격을 받자 혼자 적들을 물리쳐 그 용맹이 알려졌다. 허저는 조조가 동탁과 싸우다 패한 후 회수·여수 일대에서 군사를 모집할 때 무리를 이끌고 조조군에 합류했다. 조조는 그를 보고 "이 사람은 나의 번쾌다"라고 말하며 도위로 임명하고 호위 임무를 맡겼다. 사실 조조와 허저의 관계는 한고조 유방과 번쾌의 관계와 유사했다. 조조와 허저가 동향이었던 것처럼 유방과 번쾌도 동향에 가까웠다. 유방은 사수군 풍현, 번쾌는 같은 군 패현이 고향이었다. 현은 다르지만 풍현과 패현은 이웃했으니 사실상 동향 사람이나 마찬가지였다. 번쾌가 유방의 최측근 호위대장이었던 것처럼 허저도 조조의 최측근 호위대장이었다. 물론 전위가 죽은 다음이지만 말이다.

번쾌는 홍문에서 열린 술자리에서 항우의 모사 범증과 항장項莊이 유방을 죽이려고 하자 유방을 살리는 데 결정적인 역할을 했다. 번쾌가 항우가 주는 고기를 방패 위에 놓고 칼로 썰어 먹으며 항우가 권하는 술을 마시던 장면은 최고의 명장면이다. 허저 또한 조조가 마초와 싸울 때 그를 구했다. 조조는 동관을 우회하기 위해 황하를 건넜는데, 먼저 군사들에게 도강을 명령하고 자신은 호위부대 100명과 후방을 지키며 나중에 강을 건너려고 했다. 이때 마초가 1만 대군을 이끌고 공격하자 허저는 조조를 배에 태운 후 배에 올라타려는 마초 군사들을 죽이고 말안장으로 조조를 가려 보호했다. 사공들이 적군의 화살에 맞아 죽자 그는 혼자 오른손으로 노를 저어 결국 강을 건넜다. 『삼국지/위서/허저전』은 "이날 허저가 아니었으면 거의 위태로울 뻔했다"고 기록했다. 돌려서 말했지만 조조가 죽을 뻔했다는 뜻이다. 또 마초는 조조에게 돌진하려다가 옆에 허저가 있는 것을 알자 감히 움직이지 못했다고 한다. 차이점이 있다면 유방과 번쾌는 여씨 자매와 결혼한 인척 관계였고, 조조와 허저는 철저한 군신 관계였다는 점이다.

허저뿐만 아니라 허저의 부하들도 용맹했다. 이들은 호사虎士, 즉 호랑이처럼 용맹한 군사들이라고 불렸는데, 모두 검객이었다. 무술에 능한 군인이었다는 뜻이다. 그중 수십 명은 장군에 임명되고 열후에 봉해졌으며, 100여 명이 도위·교위라는 중급 무관에 임명되었다. 그런데 전위는 조조의 묘정에 배향된 데 반해 허저는 제외된 점이 이상하다. 조조의 유명한 부하 장수 가운데 배향에서 제외된 인물은 우금과 허저뿐이다. 우금은 관우와 싸우다 패해 포로가 되었기 때문에 제외되었다고 해도 조조의 목숨을 구한 허저가 제외된 이유를 허저의 열전에서 발견하지 못했다. 하지만 진수는 전위와 허저를 번쾌에 비유하며 그들의 용맹을 찬양했다.

# 9장

# 손책과 손권,
# 강동을 지배하다

| | |
|---|---|
| 191년 | 손견, 전사하다. |
| 194년 | 손책, 원술에게 의탁하다. |
| 196년 | 손책, 1,000여 명과 기병 수십 필을 거느리고 역양歷陽으로 진격하다. 주유가 합류하다. 단양과 오, 회계 3군의 일부를 점령하고 회계 태수를 자칭하다. |
| 197년 | 오군을 점령하다. |
| 198년 | 손책, 장굉을 통해 조정에 방물을 보내다. 조조가 손책을 토역장군에 임명하고 오후吳侯에 봉하다. 조조와 손책 가문이 통혼하다. |
| 199년 | 손책, 여강군과 예장군을 점령하다. |
| 200년 | 조조와 원소가 관도에서 싸우자 손책이 허를 습격하기 위해 먼저 광릉태수 진등을 공격하려고 준비하다. 손책, 사냥 중 허공의 부하가 쏜 화살을 맞다. 손책, 손권에게 권력을 넘겨주다. |
| 202년 | 조조, 손권에게 인질을 바치라고 요구하다. 주유가 반대하다. |
| 208년 | 손권, 아버지 손견을 죽인 황조를 참하다. 손권, 유비와 연합해 적벽(오림)에서 조조군을 격파하다(적벽대전). 손권군, 남군을 점령하다. 손권이 합비를, 장소가 당도를 공격했으나 실패하다. |
| 209년 | 주유, 강릉을 점령하다. 손권, 주유를 남군태수에 임명하다. |
| 210년 | 손권, 보즐을 교주자사에 임명하고 교지 지배를 시작하다. |
| 211년 | 9월 손권, 치소를 말릉으로 옮기다. |

9장에서는 반동탁연합군에서 가장 잘 싸웠던 손견의 아들 손책과 손권 형제가 강동(강남) 지방에 자리잡는 과정을 다룬다. 손책이 단양·오·회계 3군을 정복하는 이야기는 6장에서 다루었다. 9장에서는 손책이 이 3군을 바탕으로 영토를 확장해 강동의 강자로 부상하고, 손권이 그 뒤를 이어받아 벌이는 사건과 이야기를 소개한다.

## 손책의 독립과 영토 확장 _____

6장에서 살펴본 것처럼 손책은 196년 혹은 197년에 원술로부터 독립했다. 이때 손책이 실제로 점령한 지역이 어디인지는 불확실하다. 『자치통감』에 따르면 손책의 부하 주치가 195년 오군태수 허공을 내쫓았고, 196년에는 손책이 회계태수 왕랑을 내쫓고 스스로 회계태수가 되었다. 하지만 당시에는 단양·오·회계 3군의 각각 일부만 지배했던 것으로 보인다. 손책이 조조에게 회계태수의 임명장을 받았던 197

년에도 오군태수 진우陳瑀가 건재했고, 회계군에도 엄백호 등이 건재했다.

조조는 197년 사신을 보내 손책을 회계태수에 임명했다. 조조는 여포, 오군태수 진우, 손책과 함께 원술을 동쪽과 남쪽에서 협공하려고 했으나 손책은 그 기대를 저버렸다. 오히려 오군 남쪽에 머물렀던 진우를 내쫓았다. 자신을 태수에 임명한 조조의 명령을 듣지 않은 데다 진우마저 내쫓은 것은 오군을 완전히 차지했을 뿐만 아니라 손책이 아무의 명령도 듣지 않는 독립 군벌이 되었다는 선언이기도 했다. 일거양득이었다. 이어 198년 그는 단양군의 서쪽 지역을 차지했다. 당시 유요의 부하였던 태사자는 무호蕪湖로 도망쳐서 단양태수를 자칭하고 있었고, 원술은 단양군의 토호인 조랑祖郞에게 지방관의 자리를 주고 산월과 연합하여 손책을 공격하도록 부추겼다. 하지만 손책은 조랑과 태사자의 군대를 물리치고 단양군의 거의 대부분을 차지했다.

단양군과 오군을 완전 정복하고 회계군의 일부를 점령했으며, 각지의 반란을 평정하는 데 주력한 손책은 내부가 안정되자 서쪽으로 눈을 돌렸다. 여강군과 예장군이 거기 있었다. 여강군은 원래 원술의 땅이었다. 하지만 원술은 황제를 참칭했다가 기근이 들고 조조와의 전쟁에서마저 패하자 사실상 자멸했다. 원술은 자포자기 상태로 원소에게 투항하려고 했으나 유비의 군대에 막혀 실패한 후 결국 199년 6월 피를 토하고 죽었다. 혈연상 형이자 족보상 사촌형인 원소의 죽은 날짜는『후한기』에 기록되었으나 원술의 죽은 날짜는 어떤 사서에도 기록되지 않았다. 황제를 참칭한 원술에 대한 역사가들의 소소한 복수다. 손책 입장에서는 원술이 죽었으니, 강 건너 북쪽에서 자신을 위협할 세력이 사라졌다. 게다가 여강태수 유훈은 만만한 존재였다.

손책은 유훈에게 속임수를 썼다. 199년 8월, 그는 유훈에게 상요上繞에 있는 종민宗民을 공격하면 자신도 출병하여 돕겠다고 제안했다. 그와 함께 보물과 각종 재물을 보냈다. 뇌물을 받고 기뻐한 유훈은 종민을 공격하기 위해 예장군의 해혼현海昏縣으로 진격했다. 그러나 종민의 우두머리들은 이를 알고 본거지를 버리고 피했다.*

이때 손책은 황조를 공격한다는 명목으로 단양군 석성현石城縣으로 진격했다. 손책은 사촌형 손분과 그의 동생 손보孫輔에게 8,000명을 이끌고 팽택현彭澤縣에 주둔하여 해혼현의 유훈이 여강군으로 돌아오는 길을 차단하도록 했다. 이어 손책은 주유와 함께 2만 명을 이끌고 여강군의 치소가 있는 환성皖城을 습격해 점령했다(원래 치소는 서현舒縣이었으나 이때는 환현으로 옮긴 상태였다). 이때 손책은 원술과 유훈의 처자 및 부곡** 3만여 명을 생포했다. 그는 이술李術을 여강태수로 임명한 뒤 3,000명을 주어 환성을 지키게 하고 생포한 무리를 오군으로 데려갔다.

이 소식을 들은 유훈은 급히 회군했으나 팽택현에 이르러 미리 기다리고 있던 손분과 손보에 의해 요격당했다. 유훈은 강하군 유기流沂로 도망가서 유표의 부하 강하태수 황조에게 구원병을 요청했다. 황조는 구원병을 보냈으나 이것이 자신에게 화근이 될 줄은 몰랐다.

손책은 성과에 만족하지 않고 아버지의 원수 황조를 공격하려고 했

* '종민' 혹은 '종부宗部'는 지방 관부의 지배를 받지 않고 산속에 숨어 사는 사람을 지칭한다는 설과 당시 소수민족인 산월山越이라는 설이 있다. 유훈은 종민들을 복속시켜 인구를 늘리고 이들을 군사로 확충하려고 했던 것이다.
** 부곡部曲은 장군이 지휘하는 부대의 편성 단위인 '부部'와 '곡曲'을 합한 말이다. 본래 부곡은 부와 곡이라는 부대에 속한 군인을 가리켰다. 이후 위진남북조시대에 지주나 토호 밑에서 일하던 사속민을 지칭했고, 당나라 때에는 노비보다 법률적으로 위에 있는 천민을 가리켰다.

다. 그는 유훈의 군사 2,000여 명과 배 1,000척을 거두어 유훈이 도망간 유기로 진격했다. 손책은 유훈과 그를 도우러 온 황조의 아들 황사黃射가 거느린 수군 5,000명을 대파했다. 전의를 상실한 유훈은 조조에게 항복했고, 황사는 달아났다. 손책은 199년 12월 사선현으로 진격했다. 이때 유표는 조카 유호劉虎와 한희韓晞에게 긴 창으로 무장한 5,000명의 군사를 거느리고 황조를 도우라고 명령했다. 손책은 이들을 사선현에서 대파하고 한희를 참했다. 황조는 겨우 탈출해 달아났고, 손책은 황조의 처자와 배 6,000척을 노획했다. 피살되거나 익사한 황조의 군사가 수만 명에 이르렀다.

손책은 황조를 격파하고 돌아오는 길에 예장군으로 진격해 199년 12월 예장군의 치소인 남창현 남쪽의 초구椒丘까지 진격했다. 그는 공조功曹* 우번虞翻을 보내어 예장태수 화흠華歆에게 항복하도록 설득했다. 본래 예장태수는 제갈량의 숙부 제갈현이었으나 그사이 조정은 화흠을 새 태수로 임명했다. 중과부적인 화흠은 항복했다. 손책은 무력을 사용하지 않고 예장군을 접수했다. 앞서 항복한 회계태수 왕랑과 예장태수 화흠은 후에 조조에게 가서 벼슬을 했고 삼공의 지위에 오른다. 전화위복이라고나 할까? 두 사람은 군웅이 아니라 벼슬아치 재목이었다.

여강군과 예장군을 점령한 손책은 선무 공작에 착수했다. 그는 199년 8월 환성을 점령한 후 원술의 처자를 거두어 잘 대해주었다. 원술이 패망한 뒤 그의 가족들은 여강군에 와 있었다. 또한 예장군을 점령한 후에는 과거 자신의 적이었던 양주자사 유요의 초상을 치러주고 유족을 잘 대해주었다. 이에 사대부들의 칭송이 자자했다. 기쁜 일보

---

* 태수나 현령, 현장 밑에서 인사행정을 총괄하던 별정직 관리.

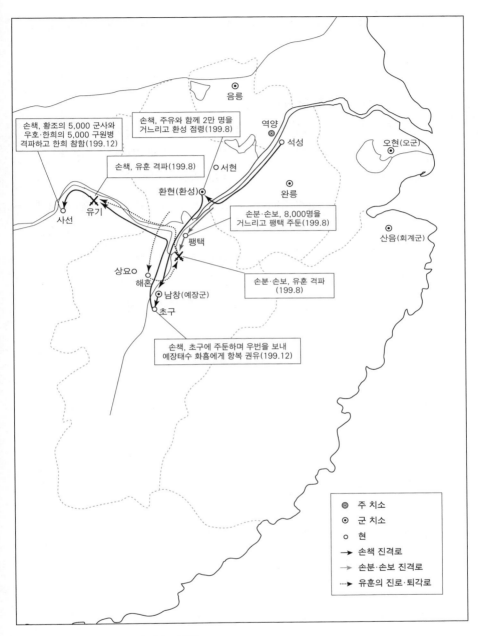

음릉

역양

석성

오현(오군)

손책, 황조의 5,000 군사와
우호·한희의 5,000 구원병
격파하고 한희 참함(199.12)

손책, 주유와 함께 2만 명을
거느리고 환성 점령(199.8)

손책, 유훈 격파(199.8)

서현

환현(환성)

완릉

사선

유기

손분·손보, 8,000명을
거느리고 팽택 주둔(199.8)

산음(회계군)

팽택

상요

해혼

손분·손보, 유훈 격파
(199.8)

남창(예장군)

초구

손책, 초구에 주둔하며 우번을 보내
예장태수 화흠에게 항복 권유(199.12)

◎　주 치소

◉　군 치소

○　현

→　손책 진격로

→　손분·손보 진격로

┄►　유훈의 진로·퇴각로

9-1 손책의 서진(여강군과 예장군 점령).

다 궂은일에 나서주면 더 고마워하는 것이 인지상정 아닌가? 손책은 처세에도 능했다.

## 손책, 지역 기반을 다지다 ____

199년에 여강군과 예장군을 점령함으로써 25세의 손책은 양주 6군 가운데 5군을 점령했다. 젊은 나이에 자수성가한 것이다. 그러나 9-2 지도에서 보면 알 수 있듯이 실제 상황은 약간 달랐다.

손책은 3단계에 걸쳐 영토를 확장했다. 본격적으로 강동을 공격했던 195년에는 단양군과 오군의 일부를 점령했다. 다음 해에는 회계군의 일부를 점령했다. 이 3군이 좁은 의미의 강동 혹은 강남이다. 지도 9-2의 회계군 ▉ 지역은 명목상 손책의 지배지였으나 실제 지배 여부가 불투명한 지역이다. 전한과 후한 시대 회계군 지도를 보면 ▉에 해당하는 지역, 즉 오늘날 푸젠성(복건성) 내륙 지역에는 현이 설치되지 않았다. 따라서 회계군의 관할 지역이었지만 오늘날 푸젠성에 해당하는 넓은 지역에 동야현만 설치되었다. 즉 동야현 치소 부근만 지배하고 푸젠성의 내륙 부분은 정부의 입김이 미치지 않는 지역이었던 것으로 보인다.

손책은 199년 여강군과 예장군을 점령하며 영토를 서쪽으로 확장했다. 하지만 9-2 지도에서 볼 수 있듯 여강군 전체는 아니었다. 즉 손책이 실제로 점령한 지역은 장강 연안의 여강군 일부였으며, 이마저도 손책이 죽은 후 여강태수 이술이 조조에 항복함으로써 상실했다.

손책은 양주의 5군을 점령했고, 199년 8월에는 예장군의 일부를 나누어 여릉군廬陵郡을 만들었다. 모두 6군을 지배한 것이다. 지도 9-2에서 확인할 수 있듯 손책은 스스로 회계태수를 겸임했고, 외삼촌 오경을 단양태수, 사촌형 손분을 예장태수, 손분의 아우 손보를 여릉태

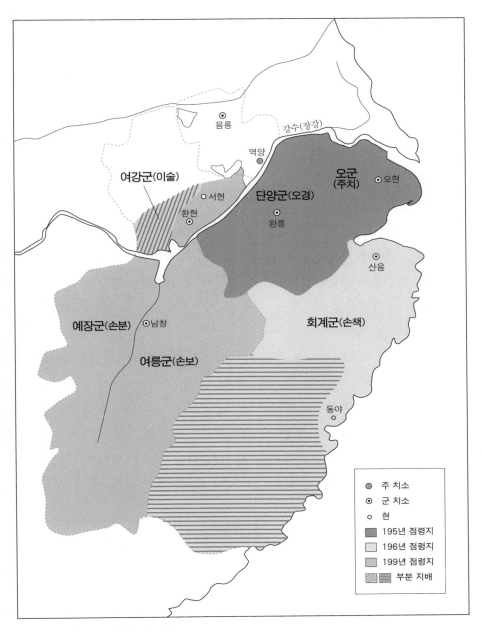

음릉

강수(장강)

역양

여강군(이술)

단양군(오경)

오군
(주치)

오현

서현

환현

완릉

산음

예장군(손분)

남창

회계군(손책)

여릉군(손보)

동야

| | |
|---|---|
| ◎ | 주 치소 |
| ◉ | 군 치소 |
| ○ | 현 |
| ▦ | 195년 점령지 |
| ▦ | 196년 점령지 |
| ▦ | 199년 점령지 |
| ▨▤ | 부분 지배 |

9-2 손책의 영토 확장과 태수 임명.

수, 주치를 오군태수, 이술을 여강태수로 임명했다. 6명의 태수 가운데 3명은 손책의 일족이고, 여기에 외삼촌 오경을 포함하면 손책의 친인척 4명이 4군의 태수가 되어 통치했다. 오군태수에 임명된 주치는 손견 시절부터 따라다니던 부하였으므로 원로에 대한 우대책이었다. 주치는 기대했던 대로 손책에게 충성을 다했다. 이술에 대해서는 기록이 적어 손책과의 관계를 알 수 없다. 그러나 앞에서 언급한 것처럼 손권이 정권을 잡은 후 손씨 가문을 배신한 것으로 보아 밀접한 관계는 아니었던 것으로 보인다.

손책이 지배했던 6개 군은 치안이 불안했다. 게다가 일부 반란 세력과 지배에 불응하는 토착 세력이 있었다. 따라서 손책은 친인척들을 중용하고 태수로 임명하여 각 지역의 배반을 막을 뿐만 아니라 지배를 강화하려고 시도했다. 재벌 총수가 친인척과 심복에게 계열사 경영을 맡기는 것과 유사하다.

손책은 정권을 공고히 하기 위해 각지의 인재를 발탁했다. 그는 장소를 장사長史, 장굉을 정의교위正義校尉에 임명했다. 전쟁터에 나갈 때 한 사람은 본거지에 남기고 한 사람은 데리고 다닐 정도로 손책은 두 사람을 신임했다. 또한 진송秦松과 진단陳端을 참모로 기용했다. 이 네 사람은 강동 출신이 아닌 외지인이었다. 장소는 팽성국, 나머지 세 사람은 광릉군 출신이었다. 손책은 전란을 피해 강동으로 온 타지의 지식인들을 중용한 것이다.

손책이 중용한 외지인은 이 네 사람에 그치지 않는다. 손책과 막역한 사이인 주유는 195년 원술의 부름을 받아 종부 주상과 함께 손책을 잠깐 떠났다. 그사이 원술은 황제를 참칭했다(197년). 원술은 주유를 장군으로 임명하려고 했으나 주유는 원술이 성공하지 못할 위인이라고 생각하고 거절했다. 대신 거소현장居巢縣長이라는 지방관 자리를 달라고 했다. 거소현은 여강군에 속한 현으로 장강 바로 북쪽에 있었기 때문에 여차하면 손책에게 도망가기에 좋은 지역이었다. 결국 주유는 거소현장으로 부임하자마자 손책에게 귀순했다. 손책은 몸소 주유를 맞이하러 갔으며 주유를 건위중랑장建威中郎將으로 임명하고 군사 2,000명과 기병 50명을 주었다. 후에 손책과 주유는 미인으로 소문난 교공橋公의 두 딸과 결혼했다. 손책이 큰딸 대교大橋와 결혼하고, 주유는 작은딸 소교小橋와 결혼했다. 두 사람은 친구일 뿐만 아니라 동서지간이 된 것이다. 얼마 후 손책이 죽었지만 주유는 조조의 침입 때 결사항전을 주장했고, 적벽대전에서 승리하여 손씨 정권을 살렸다. 손책 형제가 주유를 극진히 대우한 것은 당연한 일이었다.

그 밖의 동성현장東城縣長이었던 임회군臨淮郡 사람 노숙魯肅 역시 원술을 버리고 손책에게 귀부한 인물이었다. 그는 곡아현에 거주했고, 손권 시기에 중용되었다.

당시 외교 관계를 살펴보면, 손책은 아버지의 원수 황조 때문에 서쪽에 있는 형주자사 유표와 사이가 좋지 않았다. 반면 북방에 있는 조조와는 동맹 관계를 유지했다. 앞서 언급한 것처럼 손책은 197년 조조가 보낸 사신을 통해 조조가 수여한 벼슬과 작위를 받았다. 손책은 198년 4월 이후 정의교위 장굉을 통해 조정에 방물을 보냈다. 조조는 손책을 회유하기 위해 그에게 토역장군討逆將軍이라는 벼슬을 주고 오후吳侯에 봉했다. 그러고는 자신의 조카딸과 손책의 아우 손광孫匡을, 아들 조창과 손분의 딸을 결혼시키기로 합의했다. 그뿐 아니라 조조는 손책의 아우 손권과 손익孫翊을 예를 갖추어 자신의 부하로 임명했다. 그리고 장굉에게는 시어사의 벼슬을 주어 조정에 머무르게 했다.

조조가 손책과 결혼 동맹, 그것도 이중 결혼을 계획한 것을 보면 조조가 손책을 높이 평가했음을 알 수 있다. 또 조조가 손책의 아우 손권과 손익을 자신의 속관으로 벽소*한 것 역시 극진한 예우였다. 당시에는 첫 벼슬을 누구 밑에서 했는가가 중요했다. 이후 경력에 영원히 남기 때문에 권력자인 조조의 속관으로 추천된 것은 출세가 보장되는 것이었다. 조조가 지배하는 후한 조정에서 벼슬살이하는 한 말이다.

**야심만만한 손책의 죽음, 좌절된 북벌** _____

강동을 지배하며 평탄한 삶을 살 수 있었던 손책은 진취적인 에너지가 너무 넘쳤다. 『삼국지/손파로토역전』에 따르면 손책은 200년에 조조와 원소가 관도에서 싸우자 조조가 수도에 없는 틈을 타 허를 습격하여 헌제를 강동으로 데려오려는 계획을 세웠다. 원굉의 『후한기』에도 같은 내용이 보인다. 반면 배송지주에 인용된 『강표전』과 『자치통감』을 보면 손책이 공격하려는 목표는 조조의 본거지인 허가 아니라 광릉군이었다.

조조의 본거지이건 광릉군이건 손책이 장강을 넘어 북벌을 감행할 자신감은 어디에서 생겼을까? 손책은 단양·오군·회계·예장 4군을 점령했다. 『속한서/군국지』에 따르면, 손책의 지배 지역은 4군 74현이었고, 830,268호와 3,661,429명의 인구를 보유했다. 황건의 난과 군웅할거의 혼란을 피해 장강 이남으로 이주했던 유민들이 증가했던 추세를 감안하면 실제로 더 많은 인구를 차지했을 것이다. 인구가 경제력, 나아가 국력으로 인식되던 시절이니 손책은 늘어난 인구로 강남을 개발해 착실히 전쟁을 위한 물자를 축적할 수 있었다. 게다가 원

---

* '벽소辟召'란 벼슬을 내린다는 뜻이다(開府辟召). 앞서 3장에서 '부府'에 관해 언급할 때 설명했듯이 일부 최고위직 관리는 스스로 속리를 임명할 수 있는 권한이 있었다.

술로부터 벗어나 강동을 정복하려고 했을 무렵에 1,000여 명과 기병 수십 명에 불과했던 군사는 양주자사의 치소인 역양을 공격할 때는 5,000~6,000명으로 늘었고, 강동을 평정하고 환성을 공격할 때는 2만 명을 동원할 정도였다. 원소가 11만 명, 유표가 10여만 명의 군사를 거느린 것을 보면, 손책이 보유한 2만 명의 군사는 객관적으로 많은 숫자는 아니었다. 그러나 손책의 군대는 강동 정복으로 전쟁 경험이 풍부한 정예군이었고, 자신이 유능한 지휘관이었기 때문에 북벌을 감행할 물적 기반은 충분했다. 조조의 본거지 허가 아니더라도 광릉군 정도는 충분히 점령할 수 있는 군사력과 경제력이었다.

당시 광릉태수 진등은 강동을 정복하려는 야심이 있었다(진등은 손책에게 패한 진우의 친척이었기 때문에 손책에게 복수하려는 마음도 있었다). 그는 회계군의 도적 엄백호의 잔당에게 지방관의 상징인 인수를 주며 손책의 지배로부터 벗어날 것을 선동했다. 손책도 이 사실을 알고 200년 정월 진등을 공격하기 위해 단도현에 주둔하며 군량 수송을 기다렸다. 그는 그 틈을 이용해 여가 겸 무예 수련을 위해 사냥을 나갔다. 그러나 사냥 도중 전에 그가 죽인 오군태수 허공의 빈객들이 쏜 화살에 뺨을 맞고 말았다. 세 사람의 객은 주인의 원수를 갚기 위해 민간에 숨어 기회를 노리다가 손책이 사냥을 나간 틈을 타서 손책을 살해하려 한 것이다. 그러나 너무 급하게 쏘다보니 정확히 맞히지 못했다. 손책의 뒤를 쫓아온 기병들이 암살범 일당을 척살했다.

그러나 손책은 이때의 상처 때문에 죽었다. 손책이 죽었을 때 그의 나이는 고작 26세였다. 귀신과 기괴한 이야기를 다룬 『수신기』에는 손책이 우길于吉을 죽여 해꼬지를 당한 것이라고 기록했다. 손책이 부상을 당해 거울을 보자 거울 속에 우길의 얼굴이 보여 그에 놀란 손책의 상처가 터져 죽었다는 것이다. 이 이야기는 소설 삼국지에서도 무섭고도 실감 난 귀신 이야기로 둔갑했다(29회).

부상을 당한 손책은 장소 등 부하들에게 손권을 잘 보필할 것을 당부하고 죽기 전 손권에게 차고 있던 인수를 주며 다음과 같이 말했다고 전해진다.

강동의 무리를 이끌고 두 군대의 진영 사이에서 싸울 계책을 결정하며 천하와 더불어 각축을 벌이는 일은 네가 나보다 못하다. 그러나 현명하고 능력 있는 사람들을 임용하며 각자 그들의 충성심을 이끌어내고 강동을 보존하는 것은 내가 너보다 못하다.[*]

이 말은 결국 손책은 창업, 손권은 수성守成에 적합한 지도자라는 뜻이다. 손책이 남긴 유언 아닌 유언은 결국 실행되었다. 손권은 비록 형주를 점령해 영토를 넓혔지만 조조와의 전쟁에서 승리하지 못하면서 수성의 이미지가 강해졌다.

필자는 대부분 『자치통감』의 유권해석을 존중하지만 손책이 직접 허를 공격하려고 했다는 기록 역시 신빙성이 있다고 생각한다. 이때 원소와 조조는 관도 전투에 앞서 전초전 성격의 백마 전투를 치른 상황이었다. 둘이 피 터지게 싸우는 모습을 본 유비는 여남군으로 달아나 재기를 꿈꿨다. 조조가 원소의 군사를 막기 위해 전력을 다하는 상황이 재기의 기회라고 본 것이다. 손책이 북벌을 시도한 시점이 이때다. 물론 광릉군의 진등을 먼저 격파해야 했지만 충분히 승산이 있었다. 당시 강동의 인구와 경제력을 보면 손책이 조조와 전면전을 벌여 승리하기는 쉽지 않았겠지만 기습공격으로 이길 수는 있었을 것이다. 그러나

---

[*] 『삼국지/손파로토역전』.

손책이 허공의 빈객들에게 불의의 습격을 받아 죽게 되면서 모든 것이 물거품이 되었다. 제갈량이 첫 북벌에서 실패한 후 계속 고전했던 것처럼 손책·손권 정권도 가장 좋은 기회를 놓쳤고, 특히 손권이 북벌에 실패하면서 강동의 지역 정권이란 이미지가 굳어졌다.

## 손씨 정권의 성격 _____

손권 정권의 성격을 부하들의 본적을 분석해 살펴보자. 9-3의 지도는 손견부터 손권 시기까지의 부하들 본적 분포를 나타낸 것이다.

손씨 정권은 강동(강남)을 지배했지만 장강 이북 출신들을 대거 등용했다. 손씨 정권의 지배층 본적을 분석한 한 학자의 통계를 살펴보면, 손견이 활약할 때 손견의 부하들은 장강 이북 출신이 2명(정보와 한당)인 데 비해 장강 이남 출신은 6명이었다. 이는 손견이 반동탁연합군에 참가해 중앙 무대에 뛰어들기 전에 장강 이남에 위치한 장사군의 태수를 역임했기 때문인 것으로 보인다. 오히려 북쪽 변방 출신인 정보와 한당이 포함된 사실이 이채롭다.

손책과 손권 초기의 인물들을 살펴보면 장강 이북 출신은 17명, 장강 이남 출신은 16명이었다. 이 시기 손씨 정권에 합류한 대표적인 인물이 주유, 태사자, 여몽 같은 명장과 장소, 장굉 등의 참모였다. 다음으로 손권 통치 시기를 살펴보면, 장강 이북 출신이 63명, 장강 이남 출신이 68명이었다. 이때 등용된 대표적인 인물로는 노숙, 제갈근, 감녕, 육손 등이 있고, 손책 통치 시기에 등용된 인물들이 본격적으로 활약했다.

지도 9-3을 보면, 손견 시기에는 장강 이북 출신이 소수였으나 손책 시기와 손권 초기에는 과반수가 넘었고, 손권 중기 이후에는 48%로 약간 줄어들었지만 거의 절반에 달했다. 이는 손권 통치 시기에 장

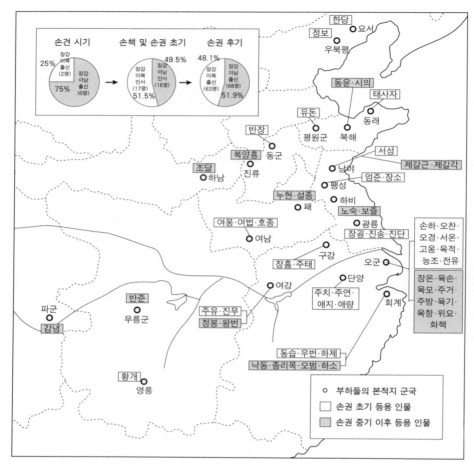

**손견 시기**

25% 장강 이북 출신 (2명)

75% 장강 이남 출신 (6명)

**손책 및 손권 초기**

49.5% 장강 이남 인사 (16명)

51.5% 장강 이북 인사 (17명)

**손권 후기**

48.1% 장강 이북 출신 (63명)

51.9% 장강 이남 출신 (68명)

한당

정보

요서

우북평

동윤·시의

태사자

동래

유돈

평원군   북해

서성

반장

동군

제갈근·제갈각

복양흥

진류

낭야

엄준·장소

조달

하남

팽성

누현·설종

하비

패

노숙·보즐

여몽·여법·호종

광릉

장굉·진송·진단

손하·오찬·
오경·서온·
고옹·육적·
능조·전유

여남

구강

장흠·주태

오군

여강

단양

오군

주치·주연·
애지·애량

회계

장온·육손·
육모·주거·
주방·육기·
육항·위요·
화핵

파군

반준

무릉군

주유·진무
정봉·왕번

감녕

동습·우번·하제

낙동·종리목·오범·하소

황개

영릉

○  부하들의 본적지 군국

□  손권 초기 등용 인물

■  손권 중기 이후 등용 인물

9-3 손씨 정권 시기별 부하들의 본적 분포.

강 이북과 이남 출신들이 균형을 이루었음을 보여준다.

　이처럼 손권 정권은 장강 이북의 무뢰, 임협 집단의 군사력과, 강동의 오군, 회계군에 군림하는 토착 호족 세력의 합작으로 세워졌다. 무뢰와 임협은 오늘날의 표현으로는 깡패와 건달이다. 강북의 무뢰와 임협들은 손견이 황건의 난을 토벌할 때 종군하며 손견의 활약에 공헌했고, 손책이 강동을 정복할 때 군사적 기반이 되었다. 그에 반해 강남 토착 호족들은 2대를 이어 충성하고 손책에게 강동 정복을 권유하며 도왔던 주치朱治 이외에는 손책의 강동 정복이 이루어진 후에야 점차적으로 손씨 정권에 협력했다.

지도 9-3의 통계를 달리 해석하면, 장강 이북 출신들은 고향을 떠나 강남으로 이주한 외지인이었다. 즉 촉한 정권과 마찬가지로 손권 정권, 즉 오나라는 외지인과 토착민이 함께 지배층의 주류를 이루었다. 통계 수치상으로도 손권 정권은 유비의 촉한 정권처럼 강북의 외지인과 강남의 토착 세력이 거의 5 대 5로 균형을 유지했다. 전체적으로 보면 손권 정권은 임협적 인간관계를 축으로 형성된 군사 집단으로 평가되기도 한다. 즉 손권과의 개인적인 친분과 의리, 혼인 관계로 이어진 인맥과, 통치 중기 이후 개인적인 카리스마에 의해 손권이 부하들 위에 군림했다는 뜻이다. 이 두 가지 특징은 유비 시기의 촉한 정권과 비슷하다. 그러나 촉한 정권은 외지인이 정권을 지배한 데 반해 손권 정권은 외지인과 토착 세력이 균형을 이루다가 점차 토착 세력이 우세해진 것으로 보인다.

## 산월과 산적 토벌 _____

『삼국지/오서』에는 산월 토벌 기사가 자주 나온다. 산월은 후한 말 삼국시대에 장강 남쪽의 산간 지역에 살았던 종족의 명칭이며, 전한시대 백월百越의 후예들을 통칭한다. 사료에 보이는 산적山賊, 산구山寇, 적적賊, 종부宗部, 종수宗帥 등을 일부 학자들은 모두 산월로 간주한다. 이들의 활동 영역이 겹치기 때문에 동일한 집단이라는 주장이 제기되는 것인데, 단정하기는 어렵다. 따라서 여기서는 산적 이하 여러 집단을 별도의 집단으로 구분하려고 한다.

학자들은 손권과 수성의 이미지를 결합시키는 중요한 근거로 산월 토벌을 제시한다. 손권은 형식적으로 지배한 강동 6군에서 복종하지 않는 산월과 산적, 토착 세력을 토벌하느라 외부로 눈을 돌리지 못했는데, 산월과 여러 도적을 평정한 후에는 조조가 이미 변경 수비를 강화하는 상황이었고, 따라서 영토 확장이 어려웠다는 것이다. 『삼국지/오서/오주전吳主傳』에 따르면, 처음으로 산월이 등장하는 시기는 203년이다. 손권은 203년 황조를 공격하고 돌아오다 산구가 움직이자 예장군으로 돌아가 여범에게 파양현, 정보에게는 낙안현樂安縣, 태사자에게 해혼현을 평정하도록 했다. 또한 황개, 한당, 주태, 여몽 등을 현령과 현장으로 임명해 산월을 토벌하게 하여 모두 평정했다. 9-4 지도에서 볼 수 있듯 손권의 장수들은 단양군, 회계군, 예장군, 파양군, 신도군, 임천군, 여릉군 등지에서 산월과 산적 등을 토벌했다. 이는 손권이 황제로 즉위한 이후에도 242년까지 지속되었다. 약 40년 동안이나 이들은 손권과 오나라의 지배를 받지 않고 각지에 살아남아 있었던 것이다.

9-4 지도에서 알 수 있는 것처럼 산월은 오군, 회계, 신도, 파양, 단양, 동양, 예장, 임천, 여릉, 형양, 장사, 시안, 계양, 건안 등지에 분포했다. 대부분 양주에 속하지만 장사, 형양, 계양은 형주에 속한 군이었다. 그렇다면 이처럼 산월과 산적 등이 40년 동안이나 손권 정권에 저항할 수 있었던 힘은 어디에 있을까?

예장, 여릉, 파양의 일부 지역이 평지이기는 하지만 산월과 산적들이 분포한 지역은 대부분 산지였다. 20세기 전반기에 총과 대포, 비행기로 무장한 장제스의 국민당 군대가 마오쩌둥의 공산당 군대를 끝내 섬멸하지 못한 것도 그들이 의지한 험한 산세 때문이었다. 프로펠러가 달린 비행기는커녕 기껏해야 돛과 노로 움직이는 배와 말, 활과

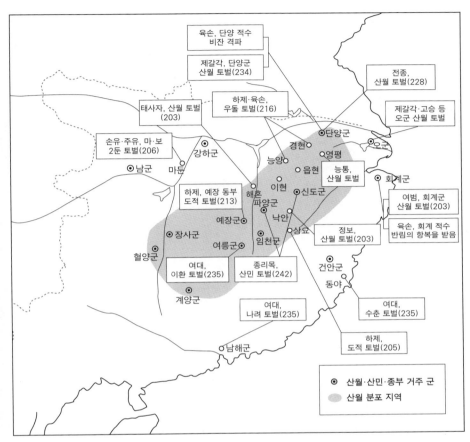

9-4 손권의 산월과 산적 토벌.

칼로 무장한 손권의 군대가 산월과 산적, 혹은 지방의 토착 세력을 완전히 격파하기란 쉽지 않았을 것은 쉽게 이해할 수 있다. 게다가 장강이남에서는 평지마저도 하천과 호수, 연못, 늪지대가 많아서 손권의 군대가 기동력을 발휘하기 어려웠을 것이다.

그런데 손권은 왜 산지에 숨은 산월과 도적들을 무리하게 토벌하려고 애썼을까? 산월을 토벌한 후 취한 조치를 보면 그 이유를 짐작

9-5 장강 이남 중하류 지형도.

할 수 있다. 손권과 부하 장수들은 산월과 산적을 평정하고 생포한 후 강건한 자는 군인으로, 그렇지 않는 자는 호구로 편입했다. 예컨대 육손은 단양군의 산월을 토벌하고 나서 정예 병졸 수만 명을 얻었다. 한 학자가 이런 기록들을 종합한 바에 따르면, 손권 정권이 군인으로 충원한 산월과 산적들의 수는 10여만 명에 달했고, 이는 전체 병력 20여만 명의 절반에 해당했다. 따라서 손권 정권은 산월과 산적을 토벌하여 10여만 명의 군인들을 얻어 국방력을 확충했을 뿐 아니라 이들을 둔전 경작에 종사시켜 그만큼의 노동력을 확보할 수 있었다. 또 다른 학자들의 추계에 따르면, 생포한 산월과 남만, 교주의 이민족을 합하면 최소 16만 명이다. 학자들마다 추산한 포로 또는 군인 수가 다르지만, 손권이 이민족과 한족 출신의 산적, 도적들을 토벌한 후 생포해 군인들로 충원하는 정책을 추진했던 것은 확실해 보인다.

앞서 설명한 것처럼 손권 정권은 외지인과 토착 호족 세력의 연합 정권이었다. 양자 가운데 상당수는 대토지를 소유하거나 부계 혈통의 친족 집단(종족), 노비, 소작인 등 대규모 노동력을 가진 사람들이었다. 예컨대 노숙은 부곡 300여 명을 거느렸으며, 창고에 쌀 6,000석을 저장할 정도로 부자였다. 주유가 원술의 부하로 있을 때 노숙에게 군량을 요구하자 3,000석이 저장된 쌀 창고 두 채 가운데 하나를 골라 주유에게 내어주었다고 한다. 손권의 중신 여범도 100명, 감녕은 800명의 노비 혹은 소작인 등을 거느린 대세력이었다. 손견의 아우 손정孫靜은 손견 생전에 고향 사람과 일가친척 600명을 동원할 수 있었다. 그 밖의 육손으로 대표되는 오군의 4대 세력, 즉 육씨陸氏, 고씨顧氏, 장씨張氏, 주씨朱氏 등 강동의 토착 세력들도 분명 대토지와 많은 수의 노비, 소작인 등의 노동력을 거느렸을 것이다. 손권은 이들의 지지를 얻기 위해 이들이 가진 대토지와 노동력을 눈감아줘야 했다. 다시 말해, 대토지 소유자들은 자신들이 부려먹는 노동력을 정부의 호구조사 때 제대로 신고하지 않았다. 혹은 조사의 주체들이 그러한 집안 출신이었기 때문에 호구 파악을 제대로 하지 않았을 것이다. 이는 육씨의 장원과 농장이 도망친 군인들과 유망 농민들을 받아들였다가 적발되자 육손이 나서서 선처를 구한 예에서도 확인된다. 따라서 세금을 부과하기 위해 파악된 호수와 인구수가 후한 말보다 적었다. 이는 손권 정권만의 문제는 아니었다. 조조 정권과 위나라, 유비 정권과 촉나라에서도 공통적으로 나타나는 현상이었다.

한마디로 손권 정권은 공식 통계에 잡히지 않아 부족해진 인구, 세원을 보충하는 방법으로 사람 사냥에 나섰던 것이다. 조조가 농민을 상대로 둔전제를 실시하고 세습 군호를 두어 군사 수를 유지했던 조치와 비교된다. 손권 정권은 산월과 산적 등 자신들의 지배를 거부하는 집단들을 공격하여 이들을 생포한 후 군인으로 충원하고 남은 사람들은 호구에 편입시켰다. 손권의 군인들 중 상당수는 각지에 주둔하며 경작과 전투 훈련을 병행했으므로 앞서 말한 것처럼 군인으로 편입된 산월과 산적, 각종 반항 세력들은 손권 정권에 중요한 군사력이자 노동력을 제공하는 귀중한 자원이었다. 이처럼 이민족을 포함한 반대 세력을 토벌해 생포한 후 군인으로 충원하는 정책은 오나라뿐만 아니라 남조시대에도 지속되었다. 아마도 강남의 대토지 소유자들에게 조세와 요역을 부과하지 못하는 국가권력의 약화 현상이 남조시대에도 지속되었기 때문일 것이다.

## 아무도 모르는 교지의 지배자 사섭 _____

사섭은 창오군 광신현 사람이었다. 그의 선조는 본래 노국魯國 문양현汶陽縣 사람이었으나 왕망이 세운 신新 말년에 전란이 발생하고 군웅이 할거하는 상황에 이르자 교지로 피란을 왔다. 사섭의 아버지는 지금의 베트남 중부 지역의 지방관인 일남태수日南太守에 임명되었다. 사섭은 젊어서 낙양으로 유학을 가서 유자기劉子奇에게 『좌씨춘추左氏春秋』를 배웠고, 효렴으로 천거되었으며, 상서랑에 임명되었다. 부친상을 마친 후 다시 무재로 천거되었고, 무현령巫縣令을 거쳐 교지태수에 임명되었다.

사섭이 교지를 지배하게 된 것은 교주자사 주부朱符가 210년 이민족 도적들에게 피살되고 후임 자사 역시 부하들에게 피살되면서 생긴 공백 때문이다. 사섭은 표를 올려 동생 사일士壹을 합포태수合浦太守로, 사이士䵋를 구진태수九眞太守로, 사무士武를 남해태수南海太守로 추천했다. 형식상 추천이었지만 사실상 사섭이 임명한 것이었다.

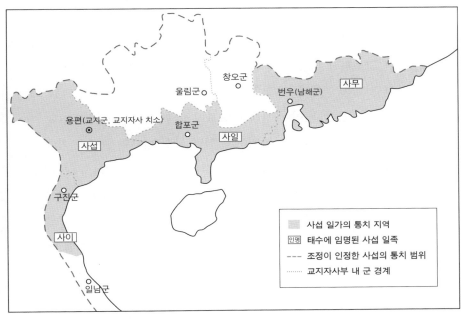

9-6 교지의 지배자 사섭의 통치 범위.

지도 9-6에서 볼 수 있듯 교지자사부 7개 군 가운데 4개 군을 사섭 형제가 차지했다. 이 4군은 현재 중국의 광둥성과 광시성, 베트남 북부에 해당한다.

후한 조정에서는 장진을 교주자사로 임명했지만 그는 부하 구경區景에게 피살되었다. 후한 조정은 이에 사섭에게 수남중랑장綏南中郎將의 벼슬을 주고 교지자사부의 7군을 감독하게 했다. 사실상 교지 7군의 지배권을 인정한 것이었다. 그러나 사섭의 시대도 저물어가고 있었다. 장강 중하류를 장악한 손권은 210년 보즐步騭을 교주자사로 임명했고, 이때부터 손권은 교지를 장악하기 위한 조치를 조금씩 추진했다.

보즐은 유표가 임명한 창오태수 오거가 딴마음을 먹고 상관인 자신에게 복종하지 않자 제거하기로 마음먹었다. 오거는 예전에 유표가 임명한 교주자사 뇌공을 내쫓은 전력이 있었으니 보즐이 제거하려고 생각한 것도 당연했다. 보즐은 오거를 불러내어 그 자리에서 그를 죽여 본보기로 삼았다. 이에 여러 지방관이 보즐에게 복종했다.

교지 7군 가운데 4군을 차지하고 있던 사섭 형제는 보즐을 찾아가 손권과 보즐에 대한 복종 의사를 표했다. 그 증거로 아들 사흠士廞을 손권에게 인질로 보냈다. 또 익주군의 호족인 옹개雍闓를 회유하는 데 앞장섰다. 이에 옹개 등은 촉에서 임명한 태수를 살해하고 보즐에게 항복했다. 그러자 보즐도 옹개에게 사신을 보내 회유 공작을 벌였다(옹개가 실제로 손권과 보즐의 지배를 받았는지는 확신할 수 없다). 사섭은 손권에게 명주와 조개, 비취, 물소 뿔, 상아 등 특산물과 보물을 바치는 등 충성을 다했다. 손권의 교지 지배는 이렇듯 압도적인 군사력을 바탕으로 토착 세력인 사섭 일가와 타협한 방식이었다.

손권은 220년 보즐의 후임으로 여대呂岱를 임명했다. 여대의 최대 업적은 교지의 가장 큰 토착 세력인 사섭 일가를 제거한 것이다.

사섭은 226년 90세의 나이로 사망했다. 40여 년 동안 교지군을 다스린 사섭이 죽자 손권은 사섭의 아들 사휘士徽를 안원장군安遠將軍 구진태수에 임명하고 교위 진시陳時를 원래 사섭의 자리였던 교지태수에 임명했다. 이와 더불어 교주를 둘로 분할해 교지, 구진, 일남 3군에 교주를, 울림과 남해, 창호, 합포 4군에는 광주廣州를 각각 설치했다. 그리고 여대를 광주자사, 대량戴良을 교주자사에 임명했다. 이 두 조치는 별도의 것으로 보이지만 나중에 사휘 일가가 제거된 후 다시 광주와 교주를 합친 것으로 미루어 사휘를 겨냥한 조치였던 것 같다. 지금의 베트남 북부에 해당하는 구진군은 교지군의 남쪽 군으로 구진

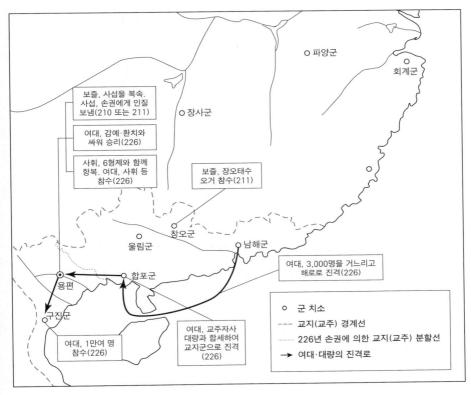

9-7 보즐과 여대의 교지(교주) 점령.

태수가 된 사휘는 아버지의 근거지인 교지군에서 밀려났기 때문에 이를 좌천이라고 생각했다. 이에 사휘는 손권의 명령을 거부하고 해구海口에 군대를 주둔시켜 신임 교주자사인 대량의 부임을 막았다.

사휘가 반란을 일으키자 여대는 손권에게 토벌을 주청해 3,000명을 거느리고 해로로 진격했다. 그는 합포군에 머무르고 있던 대량과 합류하여 교지군을 공격했다. 사휘는 여대와 대량의 대군이 진격해오자 이내 두려워져서 저항을 포기하고 6명의 형제들과 함께 항복했다. 그러나 여대는 사휘를 살려주지 않고 참했다. 사휘의 장수 감예甘醴와 환치桓治가 무리를 이끌고 여대에게 대항했으나 여대는 이들 세력마저 대파했다. 사휘 일가가 완전히 숙청된 후 교주와 광주는 다시 통합되었고, 여대는 교주자사에 임명되었다. 손권의 교지(교주) 지배는 여대를 통해 사휘 일가로 대표되는 토착 세력을 제거함으로써 탄탄대로를 달리게 되었다.

## 정치적 중심지의 이동과 건업 건설 _____

『삼국지/오주전』과 부하들의 열전을 보면 손권은 자주 근거지를 옮겼다. 9-8의 지도는 손권이 직접 군사들을 이끌고 전쟁터에 나선 경우를 빼고 적어도 1년 이상 거주한 지역들을 순서대로 정리한 것이다. 손권은 손책의 자리를 계승한 후 적벽대전이 일어나기 전해인 207년까지 오현에 머물렀다. 그 뒤로 오현을 떠나 적벽대전이 벌어진 208년까지 장강 중류 시상柴桑에 주둔했다. 손권이 시상에 주둔한 것은 아버지의 원수 황조를 공격하기 위한 포석이었다. 황조가 있는 강하군은 시상의 북서쪽에 있었다. 이후 조조가 형주를 공격하는 동안에도 손권은 시상에 머물며 상황을 관망했다. 주유가 적벽대전에서 승리하자 손권은 조조의 영토를 점령하기 위해 하비성으로 진격했다가 다음 해 초 퇴각했는데, 208년부터 211년까지 경京(경구京口 또는 경성京城이라고도 한다)에서 3~4년 머물렀다.

이후 손권은 211년 말릉현에 도읍을 정하고 형주를 점령하는 219년까지 8년간 머물렀다. 물론 유비와 형주 반환을 두고 분쟁을 벌였던 215년에는 잠깐 육구陸口에 주둔해 여몽 등의 군대를 배후에서 감독했다. 그사이 손권은 형주 점령 이후 형주 지역의 민심을 안정시키기 위해 219년부터 221년까지 2년간 공안公安에 머물렀고, 이후 229년까지 9년 동안은 무창武昌에 머물렀다. 그리고 무창에서 황제에 즉

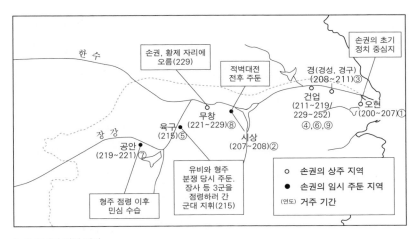

9-8 손권의 거처 변화.

위했다. 이후 손권은 천도를 단행해 229년부터 죽을 때까지 24년 동안 수도 건업建業에 있었다.

손권은 통치 기간 동안 적어도 9회나 근거지를 옮겼다. 그 이유는 무엇일까? 결국 손권은 형주, 즉 장강 중류에서 발생한 군사적 대립과 전쟁에 대처하기 위해 장강 중류의 시상, 무창, 육구, 공안에 잠깐씩 주둔한 것이다. 또 이때 손권은 벼슬이 장군이었기 때문에 궁전이나 많은 생활공간이 필요하지 않았을 것이다. 강동을 정복한 후 손책은 조조로부터 토역장군에 임명되었고 손권은 조조로부터 200년에 토로장군討虜將軍, 219년 표기장군驃騎將軍에 임명되었다. 장군으로서 손권에게 필요한 공간은 지휘부와 군영, 자신과 부하들의 가족들이 살 생활공간이었다. 군대의 성격상 이러한 공간은 이동하기 쉬운 막사와 일부 건물이면 충분했을 것이다. 따라서 이곳저곳 움직이는 것이 어렵지는 않았을 것이다.

일반적으로 오나라의 수도를 건업이라고 생각하지만 9-8 지도에

서 알 수 있듯 손권은 219∼229년 무창과 다른 지역에 머물렀다. 손
호 또한 265∼266년 무창에 머물렀다. 따라서 오나라의 수도는 건업
이지만 다른 곳도 잠깐잠깐 수도 역할을 했음을 알 수 있다.

손권이 여러 곳을 전전하다가 건업에 정착한 이유는 무엇일까? 『삼
국지』와 『자치통감』에 따르면 유비의 권유가 있었다. 유비는 형주를
장악한 후 210년 경(頃)에 있는 손권을 방문했을 때 말릉현을 지나다가
지형을 살펴보고 손권에게 그곳을 도읍으로 정할 것을 권했다. 사실 유
비보다 앞서 장굉도 말릉의 산천 지세가 뛰어나므로 손권에게 그곳을
치소로 삼기를 권한 바 있다. 호삼성의 『자치통감』 주해와 배송지주에
인용된 『강표전』에 따르면, 말릉현의 본래 이름은 금릉金陵이었으나 진
시황제 시기에 바뀌었다고 한다. 진 시황제가 장강 유역을 순행하며
금릉을 방문했을 때, 어떤 사람이 금릉에 제왕이 도읍으로 정할 기운
이 있다고 말했다. 이 말을 들은 시황제는 산과 언덕을 파고 절단하여
제왕의 지기地氣를 없애고 지명을 말릉秣陵으로 바꾸었다는 것이다.

말릉(건업)은 오늘날의 난징南京이다. 난징 일대의 지형을 살펴보
면 서북쪽과 북쪽은 바다처럼 넓은 장강이 흘러가고, 서쪽에는 석두
산石頭山(현재는 청량산淸凉山이라 한다), 동북쪽과 동쪽은 산맥이 있어
방어에 유리한 곳이다. 장굉과 유비가 도읍지로 적합하다고 본 이유
도 방어에 유리한 지형 때문이었을 것이다. 2019년 12월 난징을 답사
한 필자 역시 난징이 수도로 적합한 이유를 현장에서 확인할 수 있었
다. 난징 북쪽의 현무호玄武湖와 진회하秦淮河의 위치가 현재와 다를
수 있지만 장강과 산, 호수, 운하에 둘러싸여 방어에 쉽고 그 사이에
넓은 평지가 있어서 궁전과 관청, 주택지 등 시가지뿐만 아니라 교외
의 농토까지 충분한 곳이었다. 당연히 필자보다 이곳을 먼저 방문한
진 시황제, 장굉, 유비는 본능적으로 이곳이 수도로 적합했음을 알아

챌 수밖에 없었다.

또 다른 이유는 배송지주에 인용된 『헌제춘추』에서 살펴볼 수 있다. 그에 따르면 손권은 "말릉에는 작은 하천이 100여 리나 흘러가기 때문에 가히 큰 배들이 안전히 드나들 수 있다. 나는 수군을 훈련시켜야 하니 마땅히 이곳으로 이동해야겠다"고 말했다. 다시 말해 말릉은 수운에 유리한 곳이라는 뜻이다. 손권은 진회수를 수리하고 파강독破崗瀆을 뚫어 강남의 여러 수로와 오군의 태호太湖까지 연결하여 수상 교통을 더욱 편리하게 만들었다. 따라서 이러한 수로를 통해 강남 지역의 물자가 황궁의 창성(창고를 지키기 위해 쌓은 성)까지 운반될 수 있었다.

마지막으로 손권 정권의 주축인 오군과 회계군의 토착 세력들이 자신들의 고향과 멀지 않은 곳을 수도로 선호했다는 주장이 있다. 이는 후한을 건국한 남양군의 호족들이 남양군과 가까운 낙양을 수도로 선호했던 것과 일치한다. "건업의 물을 마실지언정 무창의 물고기는 먹지 않겠다. 건업으로 돌아가 죽을지언정 무창에 가서 살지 않겠다"라는 민요는 장강 하류에 거주하던 백성들의 심정을 그대로 표출한 것이다. 따라서 손권과 손호는 잠깐 무창에 머물렀지만 어쩔 수 없이 건업으로 되돌아가야 했다.

**강남 개발** _____

손권의 큰 업적 가운데 하나가 강남 개발이다. 현재의 '개발'은 콘크리트 건물들을 잔뜩 세우는 것을 뜻하지만 당시에는 황무지를 농토로 개간하는 것을 뜻했다. 조조가 둔전제를 실시한 것처럼 손권도 둔전을 실시했다. 손권이 언제 둔전을 실시했는지는 기록이 없지만 어떤 학자는 203년 혹은 204년에 시작되었다고 추정한다. 조조의 둔전이 민둔의 비중이 큰 반면 오나라의 둔전은 군둔이 많았다. 9-9의 지도는 손권 시기 이래의 둔전 분포를 표시한 것이다.

둔전의 분포 상황을 살펴보면, 강승현과 호숙현에서 오군으로 이어지는 장강 하류 지역과 시상에서 금성까지 이어지는 장강 중류 지역이 둔전의 밀집 지역이었으며, 회계군의 상우현上虞縣과 해창, 무호와 자기성, 환성, 강릉, 이릉 등도 둔전 지역이었다. 둔전 지역은 해창과 상우를 제외하면 대개 장강 연안에 띠처럼 길게 이어졌음을 알 수 있다. 이는 9-5 지도와 비교해서 보면 그 이유를 알 수 있다. 장강 유역에는 산지가 많아 강 주변으로 넓은 평지가 없었기 때문이다.

학자들의 분석에 따르면 지도 9-9의 둔전 지역은 군대의 주둔 지역과 대체로 일치한다. 이는 군사들이 주둔하면서 농경에 종사함과 동시에 군사 훈련과 방어에 힘썼음을 시사한다. 전문적인 용어로는 '도독구都督區'라고 한다. 도독구에 주둔한 지휘관들은 지휘관직을 세습하여 고정된 지역에 주둔했으며, 군인들을 사병처럼 부려먹었다. 이를 세습영병제世襲領兵制 혹은 세병제世兵制라고 한다.

또 장강 하류의 일부 지역을 제외하면 둔전 지역은 대체로 낙후된 지역이었다. 즉 손권은 아직 개발이 덜 된 지역을 농토로 개간해 농업 생산력을 높이고 군량 문제를 해결했다. 손권의 둔전 개발이 강남 개발에 크게 공헌했다는 뜻이다. 앞에서 설명한 대로 오나라는 대토지 소유자가 지배층의 주류였던 탓에 조세와 요역을 부담하는 백성의 수가 적었다. 따라서 둔전은 농토 개간뿐만 아니라 오나라의 군사력과 경제력 확충에 도움이 되었다.

한편 대부분의 학자들은 손권의 둔전이 세습영병제, 봉읍제封邑制, 복객제復客制 등과 관련 있다고 본다. 이러한 주장을 검증하기 위해 손권 통치 시기 봉읍의 분포를 지도로 표시해보았다.

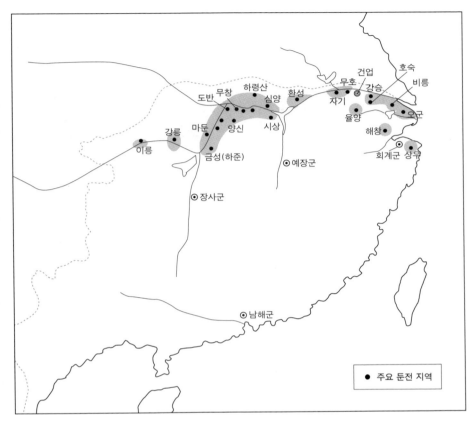

9-9 오나라의 둔전 분포.

지도 9-10은 손권 통치 시기 봉읍奉邑의 분포를 표시한 것이다. 봉읍은 태수와 현령, 현장, 혹은 지방에 주둔한 군사령관에게 봉록 대신 주어진 땅이다. 예컨대 적벽대전 승리의 일등공신인 주유는 남군태수에 임명되어 주릉州陵, 하준下雋, 한창漢昌, 유양劉陽 4현을 봉읍으로 받았다. 또 손교孫皎는 지방관이 아닌 도호都護 정로장군征虜將軍의 직함으로 하구에 주둔하며 사선沙羡, 운사雲社, 남신시南新市, 경릉景陵 4현을 봉읍으로 받았다. 주유, 노숙, 여몽이 봉읍으로 받은 주릉 등

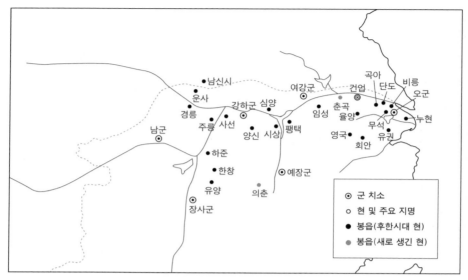

9-10 손권 초기 봉읍 분포 상황.

4현과 손교의 봉읍 4현 가운데 일부는 당시 손권의 지배지가 아니었
기 때문에 실제 지배한 지역만을 봉읍으로 준 것은 아닌 것 같다.

　봉록이 돈이나 물자가 아니라 땅으로, 그것도 1개 현 이상에 걸쳐
있다는 점은 문제이다. 또 지도 9-9와 9-10을 비교하면, 둔전 지역과
봉읍의 일부가 일치하지만 모두 그런 것은 아니라는 걸 알 수 있다.
적어도 '둔전=봉읍제'의 등식은 성립하지 않는다.

　지도 9-10에는 경구經拘나 소양昭陽처럼 지명의 위치를 확인하지
못해 표시하지 못한 지역도 있지만, 봉읍으로 거론된 지명들을 보면
후한시대 현이 아닌 지역들도 보인다. 장강 중류의 한창, 유양, 양신
陽新, 임성臨城, 영국寧國, 회안懷安 등의 현은 손권 통치 이후 새로 설
치된 곳이다. 물론 현 아래의 향鄕과 리里를 나누어 새로운 현을 설치
했겠지만, 당시 강남 일대의 인구가 희박했음을 상기하면, 해당 지역

을 봉읍으로 받은 사람은 자신이 직접 개간해서 먹고살아야 했을 것
이다. 물론 지방관이나 무장이 직접 경작하는 것이 아니라 지휘를 받
는 군인들을 농경에 종사시켜 농산물의 일부를 취했다. 외형상 국가
의 군인이지만, 이들은 동시에 사적인 목적으로 부림을 받는 사병 같
은 존재였다.

봉읍제는 당시 상황에서 보면 낙후된 제도였다. 관리에게 돈이나
현물 대신 땅을 준다는 것은 국가가 국토와 백성을 제대로 관리하지
못하고 조세를 거두어 국가 재정으로 확충하는 수취 체계와 이를 지
출 항목에 따라 분배하는 재정 관리 체계가 갖춰지지 않았음을 뜻한
다. 전한과 후한 시대에는 관리들에게 돈이나 곡식을 봉록으로 주는
제도가 이미 존재했다. 따라서 손권 통치 시기 봉읍제가 실시되었다
는 것은 강남 지역이 수취 체계가 잘 작동하지 않은 낙후된 지역이었
음을 여실히 보여주는 증거다.

한편 주유와 노숙, 여몽이 주릉, 하준, 한창, 유양을 봉읍으로 받은
것처럼 3~4현을 봉읍으로 받거나 주태처럼 1현을 봉읍으로 받은 지
방관이나 장수들이 막대한 수입을 보장받은 것처럼 이해하기 십상인
데, 사실 이들은 수입을 가지고 자신들이 지휘하는 군대를 먹여 살려
야 했다. 따라서 관리와 무장 개인의 수입은 아니었다.

한 학자의 주장에 따르면, 국가의 행정 시스템이 보다 공고해지는
손권 통치 후기에는 봉읍이 없어지고 지방관과 무장을 열후로 봉하고
식읍을 주는 제도로 바뀐다. 이후의 사정을 자세히 알 수 없으나 외형
상으로는 국가의 수취 체계가 확립되고, 이를 바탕으로 한 재정지출
이 가능해졌음을 보여준다.

## 중국인의 보은과 복수: 손씨 부자와 황조의 질긴 악연 ___

중국의 역사 기록을 보면 중국 사람들은 보은과 복수를 중히 여긴다는 것을 알 수 있다. 오죽하면 죽어서도 은혜를 갚는다는 뜻의 '결초보은'이란 사자성어까지 나왔겠는가?

춘추시대 진晉나라의 대부大夫 위주魏犨는 아들 위과魏顆에게 자신이 죽으면 후처를 순장하지 말고 개가시키라고 신신당부했다. 그러나 병석에 누워 사경을 헤매며 정신이 혼미해지자 후처를 순장시키라고 말을 번복했다. 하지만 위과는 아버지가 평소에 부탁했던 대로 계모를 순장하지 않고 개가시켰다. 훗날 위과는 전쟁터에서 진秦나라의 두회杜回와 싸우다 불리한 상황에 처했는데, 이때 계모 아버지의 망혼亡魂이 두회가 탄 말의 다리를 풀로 감아 넘어뜨렸다. 그 덕분에 위과는 목숨을 건졌을 뿐만 아니라 적장을 사로잡는 공을 세울 수 있었다. 전국시대 위나라 안리왕의 후궁은 자기 아버지의 원수를 갚아준 안리왕의 동생 신릉군 무기를 위해 처벌을 감수하며 군대를 동원하는 징표인 병부를 훔쳐 신릉군에게 주기까지 했다. 자기 목숨을 걸고 은혜를 갚은 것이다. 조선에도 중국인의 보은과 관련한 많은 이야기가 전해진다. 그중 홍순언의 이야기를 소개한다. 선조 때의 역관 홍순언은 명나라의 수도 북경으로 가는 관문인 통주通州에서 아버지의 장례 때문에 몸을 팔아야 했던 중국인 기녀에게 거액의 돈을 주었다. 기녀는 이후 예부시랑 석성石星의 후처가 되었는데, 그녀와 석성의 도움으로 홍순언은 이성계의 선조 기록을 바로잡는 종계변무宗系辨誣 문제를 해결했다. 뿐만 아니라 임진왜란 때는 명나라의 파병까지 성공시킬 수 있었다. 그녀는 홍순언에게 '보은'이라고 수놓은 비단 100필을 선물로 주었다고 한다. 과장해서 말하면, 홍순언의 선행은 조선왕조를 왜란에서 구했다.

중국인들은 보은뿐만 아니라 복수도 잘한다. 사드 사태 때문에 한국의 일반인에게도 알려진 말이 "군자의 복수는 10년 후에 해도 늦지 않다"이다. 복수의 미학을 잘 보여주는 작품이 사마천이 쓴 『사기/자객열전』이다. 「자객열전」은 자신의 원수를 죽이거나 부탁을 받고 남의 원수를 죽이기 위해 활동한 조말, 전저, 예양, 섭정, 형가 다섯 사람의 이야기를 다루었다. 형가의 친구 고점리를 포함하면 여섯 사람으로 볼 수도 있겠다. 이들 가운데 조말과 예양은 자신이 섬기던 주군의 수치와 원수를 갚기 위해 활동했고, 나머지 사람들은 청부 살인을 부탁받았다. 이들뿐만 아니라 춘추시대 말기에 활동한 오자서는 자신의 아버지와 형을 죽인 초나라 평왕을 죽이기 위해 오나라로 망명했다. 오나라의 공자 광을 왕으로 옹립하기 위해 앞에서 언급한 전저를 자객으로 고용해 오왕 료를 죽였다. 그리고 오왕 합려를 도와 오나라를 강국으로 만들었고, 초나라의 수도인 영郢(삼국지에서는 남군의 강릉현이다)을 점령했다. 이후 오자서는 초평왕의 무덤을 파헤쳐 그의 시신에 매질을 가해 아버지와 형의 원수를 갚았다.

역시 춘추시대 말기에 활동한 예양은 주군인 지백智伯의 원수를 갚기 위해 숯을 먹어 벙어리가 되고 옻을 칠해 문둥병자가 되었다. 자신의 외모를 감춰 원수 조양자趙襄子에게 접근하기 위해 자기 몸을 학대한 것이다. 비록 조양자를 살해하는 것은 실패했지만 말이다.

『삼국지』에도 복수극은 계속된다. 양양에서 우금의 군대를 격파한 관우는 우금을 살려주고 부장인 방덕을 죽였다. 방덕의 아들 방회龐會는 위나라가 촉나라를 정복할 때 종군하고, 성도로 들어가 관우의 자손들을 전부 도륙했다. 배송지주에 인용된 『촉기蜀記』의 기사를 읽고 중국인의 잔인함과 복수심에 치를 떨었던 기억이 있다. 조조도 아버지 조숭을 죽였다는 이유로 서주목 도겸을 공격해 서주의 여러 군 백성들을 도륙했다. 복수하느라 한눈팔던 조조는 한때 여포에게 근거지 연주를 빼앗겨 패가망신할 뻔했다. 후한의 충신 유우의 아들 유화도 원소의 군대를 따라 아버지를 죽인 공손찬 공격에 종군했다고 한다.

관우와 방덕 일가, 조조와 도겸보다 더 질긴 인연도 있다. 바로 손견 부자와 황조의 악연이다. 손견은 191년 원술의 명령으로 유표를 공격했다. 이에 유표는 장수 황조를 보내 손견의 군대와 싸웠다. 이때 황조가 패해 현산峴山으로 달아나자 손견이 추격했는데, 황조의 군사들이 대나무 사이에 매복하고 있다가 추격에 여념이 없던 손견을 발견하고 사살했다.

이후 손견의 아들 손책과 손권은 아버지의 원수를 죽이려고 온갖 노력을 기울였다. 그러다가 기회가 왔다. 황조가 형주의 동쪽에 있던 강하군의 태수로 임명된 것이다. 강하군은 강동과 가까웠기 때문에 소위 사정거리 안이었다. 손책은 199년 12월 사선沙羨에 도착하여 황조를 공격했다. 패한 황조는 도망갔고, 손책은 황조의 처자와 배 6,000척 포획했다. 이때 황조의 군사 수만 명이 익사했다.

손권은 203년에도 황조를 공격하여 황조의 수군을 격파했으나 성은 점령하지 못했다. 이때 후방에서 산월이 반란을 일으키자 예장군으로 돌아가 산월을 평정했다. 손권은 207년에도 황조 정벌에 나서 인민을 노략질해 돌아왔다.

손책과 손권 형제가 네 차례의 승리를 거두었지만 황조는 여전히 살아 있었다. 마지막 일격은 손권이 날렸다. 적벽대전이 있던 208년의 일이다. 손권이 황조를 공격하자 황조는 몽충蒙衝이라는 돌격선 두 척을 가로로 이어서 배치해 손권 군대의 전진을 막고 면구沔口를 지켰다. 그리고 노弩를 쏘는 군사 1,000명에게 교대로 쏘게 하니 화살이 비처럼 떨어져 손권의 군사들이 전진할 수 없었다. 이때 손권의 편장군 동습董襲과 별부사마 능통凌統이 선봉이 되어 각자 두 겹의 갑옷을 입고 대가大舸라는 큰 배를 탄 결사대 100명씩을 이끌고 몽충으로 돌진했다. 동습이 칼로 두 배(몽충)를 묶은 줄을 끊어내자 몽충은 떠내려갔다. 몽충이 사라지자 손권의 군사들은 진격할 수 있었다. 황조는 도독 진취陳就에게 수군을 이끌고 대적하도록 명령했으나 평북도위平北都尉 여몽呂蒙이 선봉이 되어 진취를 참했다. 사기가 충천한 손권의 군사들은 물과 육지에서 나란히 진격하여 성을 점령했고 기사騎士 풍칙馮則이 혼자 도망가던 황조를 추격해 참수했다. 이 전투에서 손권의 군대는 남녀 수만 명을 노획했다.

황조는 손견 부자와 모두 6차례 싸워 1승 5패를 거두고 결국 손권의 군사에게 죽었다. 전쟁을 하다보면 죽고 죽이는 일이 다반사인데, 이처럼 원수를 갚겠다고 집요하게 달려들면 세상이 어떻게 될까? 복수는 되풀이된다.

역사에 기록되지 않아서 그렇지 집안과 집안 사이의 복수는 계속되었다. 『삼국지』와 『진서』에서는 이러한 복수의 흔적을 발견할 수 있다. 관우는 하동군河東郡 해현解縣에 살다가 사람을 죽이고 유비의 고향인 탁현까지 도망쳤다. 자세한 사정은 관우의 열전에 기록되지 않았지만 복수를 피하기 위해서 도망친 것은 분명하다. 조조의 경제적 기반을 마련한 둔전제를 건의한 조지棗祗의 본래 성은 극棘이었다. 조지의 조상이 난을 피해 도망쳤고 가시 '극' 자의 왼쪽과 오른쪽을 위아래로 바꿔 대추나무 '조' 자로 성을 바꾼 것이다. 죽림칠현의 한 사람으로 유명한 혜강嵇康의 선조도 본래 성은 해奚였으나 원한을 피하기 위해 고향인 회계군에서 초국 질현銍縣으로 이주한 후 성을 혜嵇로 바꾸었다고 한다. 배송지주에 인용된 우예虞預의 『진서晉書』에 따르면, 새로 옮긴 질현의 혜산嵇山의 '혜' 자를 따서 성으로 삼았다고 한다. 또 다른 설에 따르면, 고향인 회계군 출신임을 잊지 않기 위해 회계의 '계稽' 자에서 '위 상上' 자와 '날 일日' 자를 빼고 '뫼 산山' 자를 넣어 '혜嵇'라는 성을 만들었다고 한다.

관우는 자신이 저지른 일 때문에 고향에서 도망쳐야 했고, 조지와 혜강의 선조는 원수를 피해 고향을 떠나 다른 곳으로 옮겨야 했다. 자세한 사정은 생략되었지만 당시 중국의 법률을 보면 그 이유를 알 수 있다. 한 마을에서 두 사람이 싸우면 개인의 다툼에서 두 집안의 보복전으로 확대된다. 특히 살인이라도 하면 일은 더욱 커진다. 진나라가 통일한 이후 사적인 복수가 사라졌다고 하지만 '정상 참작'은 여전히 남아 있었다. 재판에서도 부모나 친척의 원수를 죽인 경우에는 정상을 참작해 처벌하지 않았다. 그러나 상대방이 다시 원수를 갚으려 하면 두 가문 또는 집단 사이에 상호 복수전이 벌어지게 되므로, 한 가문이나 집단을 다른 지역으로 옮기는 조치를 취했다. 이를 어려운 한자로 '이향피구移鄕避仇'라고 한다. 일부 독자들은 벌써 눈치챘을 것이다. 관우와 조지·혜강의 선조들은 원수를 갚고 나라의 중재로 집안 전체가 다른 지역으로 옮겨진 것이다. 문득 『사기/백기왕전열전』의 구절이 생각난다.

진秦 이세황제二世皇帝 시기에 왕전王翦(진 시황제의 통일에 결정적인 공을 세운 장군)과 아들 왕분은 이미 죽었고 또 이세황제는 몽씨蒙氏를 멸했다. 진승이 진나라에 반기를 들자 진나라는 왕전의 손자 왕리王離에게 조趙나라를 공격하게 해 조왕趙王과 장이張耳를 거록성鉅鹿城에서 포위했다. 혹자는 "왕리는 진나라의 명장입니다. 지금 강한 진나라의 병사를 이끌고 새로 만들어진 조나라를 공격하니 반드시 승리할 것입니다"라고 말했다. 이에 객客은 "그렇지 않습니다. 무릇 장군 3대면 반드시 패합니다. 왜 반드시 패할까요? 조상 때부터 죽이고 정벌한 것이 많기 때문에 후손들이 상서롭지 못한 것을 받게 됩니다. 지금 왕리는 이미 3대에 걸쳐 장군이 되었습니다"라고 대답했다.

얼마 후 항우가 조나라를 구했고 왕리를 사로잡았다. 객의 말은 일종의 미신일지 몰라도 장군이 되어 많은 사람을 죽이면 업을 쌓아 보복을 당한다는 것으로, 일종의 인과응보와 유사한 철학을 담고 있다. 그러다보니 공자와 같은 성인도 보은과 재앙에 대한 지혜를 남겼다. 공자는 일찍이 "착한 일을 하는 사람은 하늘이 복으로 갚아주고, 나쁜 일을 하는 사람은 재앙으로 갚아준다"고 말했다. 유비도 죽기 전 아들 유선에게 다음과 같은 유언을 남겼다. "작은 선일지라도 행하지 않으면 안 되고, 작은 악일지라도 행해서는 안 된다." 송나라의 유명한 문장가이자 정치가인 사마광은 "돈을 모아 자손에게 남겨주더라도 자손이 반드시 다 지킬 수 없고, 책을 모아 자손에게 남겨주더라도 자손이 반드시 다 읽을 수 없다. 남모르게 덕을 쌓는 것만이 자손을 위해 할 수 있는 가장 좋은 방법이다"라고 말했다. 특히 공자와 사마광의 말은 선행과 악행은 반드시 그만큼의 보답을 받는 것을 강조한다. 중국인들의 보은과 보복을 일상생활에서 실감한 사람들이 남긴 명언이다.

# 10장

# 적벽대전과
# 유비의 기사회생

| 190년 | 3월 유표, 형주자사에 부임하다. |
|---|---|
| 191년 | 원술의 부하 손견, 형주의 유표를 공격하다 황조의 군대에 피살되다. |
| 197년 | 장제, 남양군을 침입, 전사하다. 유표, 장제의 조카 장수에게 남양군을 지키게 하다. |
| 198년 | 장사태수 장선, 유표를 배반하고 3개 군을 점령하다. 조조에게 항복하다. |
| 199년 | 남양군의 장수, 조조에게 항복하다. |
| 200년 | 장선이 사망하다. 유표, 장선의 아들 장역을 공격하여 장사와 계양, 영릉 3군을 수복하다. |
| 201년 | 유비, 조조에 패한 뒤 유표에게 의탁하다. |
| 203년 | 유표, 뇌공을 교지자사, 오거를 창오태수에 임명하다. |
| 208년 | 6월 조조가 승상에 임명되다. |
| | 7월 조조, 유표 정벌을 시작하다. |
| | 8월 유표가 사망하고, 둘째아들 유종이 형주자사를 세습하다. |
| | 9월 유종, 조조에게 항복하다. |
| | 12월 유비와 손권 연합군이 적벽(오림)에서 조조군을 격파하다(『후한서』에 따르면 10월, 『자치통감』에 따르면 10월 또는 11월). 주유는 장강 북쪽에 있는 남군의 치소인 강릉현을 공격, 유비는 장강 이남의 무릉, 장사, 계양, 영릉 4개 군을 점령하다. |
| 209년 | 주유, 강릉을 점령하다. 손권, 주유를 남군태수에 임명하다. |
| | 유비는 손권을 서주목에 추천하고, 손권은 유비를 형주목에 추천하다. |
| 210년 | 유비가 경京에 와서 손권에게 형주를 요구하다(오나라 기록). |
| | 손권, 유비에게 형주를 빌려주자는 노숙의 주장을 받아들이다. |

원소 부자와의 전쟁에서 승리해 사실상 화북을 통일한(관롱 지역에
마초와 한수 등 소규모 군벌이 있었지만 명목상 조정의 통치 아래 있었다)
조조는 남아 있는 남방의 군웅을 제거하기 위해 군대를 일으켰다. 정
복 대상은 형주의 유표와 강동(강남)의 손권이었다. 조조의 군대가 형
주로 진격했을 때 유표는 사망하고 둘째아들 유종劉琮이 뒤를 이었
다. 유종은 싸워보지도 않고 조조에게 형주를 내주었다. 이때 유비는
형주의 북쪽 신야현新野縣 일대에 주둔했다가 조조의 군대에 패하고
남쪽으로 도망갔다. 유표의 첫째아들 강하태수 유기劉琦의 도움으로
한숨을 돌린 유비는 손권과 힘을 합쳐 조조에 대항했다. 조조의 군대
와 손권·유비 연합군은 적벽에서 마주쳤다. 적벽대전으로 알려진 유
명한 전투에서 손권과 유비의 연합군이 승리함으로써 유비는 기사회
생했을 뿐만 아니라 형주를 손에 넣어 자립할 기반을 마련했다.

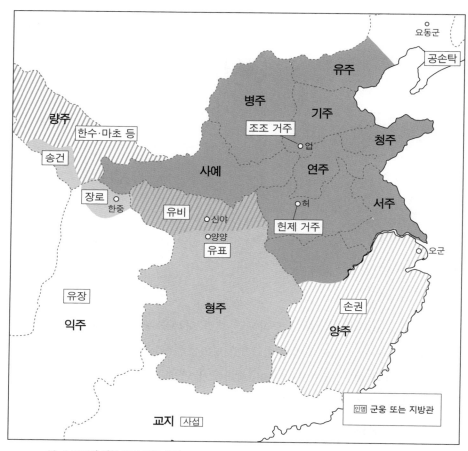

10-1 조조의 화북 통일 이후 상황.

## 삼고초려: 제갈량과 유비의 만남 _____

유비는 여남군에서 조조에게 쫓겨난 후 갈 곳을 형주로 정했다. 먼저 부하인 미축과 손건孫乾을 유표에게 보내 의탁하고 싶다는 의사를 전했다. 지도를 보면 여남군의 서쪽에 남양군이 있다. 유표의 허락이 있으면 바로 갈 수 있는 곳이었다. 흔쾌히 승낙한 유표는 양양의 교외까지 나와 유비를 환대했다. 유표는 유비에게 군사를 주어 남양군 신야현에 주둔하도록 했다.

유표의 이러한 조치는 유비를 조조의 공격에 대비한 방패막이로 사용하기 위한 것이었다. 신야현은 유표의 본거지인 양양현의 북쪽에 위치했으며, 남양군의 치소인 완현의 남쪽에 있었다. 따라서 신야현은 양양을 지키는 북쪽의 관문이라고 할 수 있다. 동시에 북벌을 시도한다면 신야는 전초기지 역할을 하게 된다. 유표 입장에서 보면, 유비는 장수에 이어 두 번째로 남양군 일대를 지키는 용병대장이었던 것이다.

용병대장 유비는 202년 남양군에서 조조의 군대와 한판 싸움을 벌였다. 『삼국지/선주전』에는 조조가, 『삼국지/조홍전』과 『삼국지/이전전』에는 유표가 먼저 침입했다고 기록하였다. 전투를 시작한 주체의 기록이 다른 것처럼 승패 역시 기록이 달라 이 전투의 진상을 제대로 알기는 어렵다. 그러나 전투가 벌어진 곳이 무음·섭현·도양·박망 등 남양군의 동북쪽 지역이자 조조 영토인 예주의 경계와 가까운 지역이었음을 고려하면, 유표의 용병대장 유비가 이겼다고 볼 수 있다. 그러나 유표의 북벌군은 남양군을 넘어 다른 지역으로 진출한 것 같지는 않다. 유표의 입장에서 보면 전투에서 이겼으나 전쟁에서는 이기지 못했다고 할까? 이때의 경험 때문에 유표는 신중해졌다.

207년, 유비는 조조가 북쪽의 오환을 공격하러 떠났다는 소식을 듣고 유표에게 그 틈을 노려 헌제가 있는 허를 습격하자고 했다. 그러나 유표는 유비의 말을 듣지 않았다. 5년 전 성과 없이 끝난 북벌이 마음에 걸렸을 것이다. 유비는 계속해서 군웅의 한 사람이 아니라 견제받는 용병대장으로 우울한 생활을 보내야 했다. 하지만 의외의 소득이 있었다. 바로 명참모 제갈량을 만난 것이다.

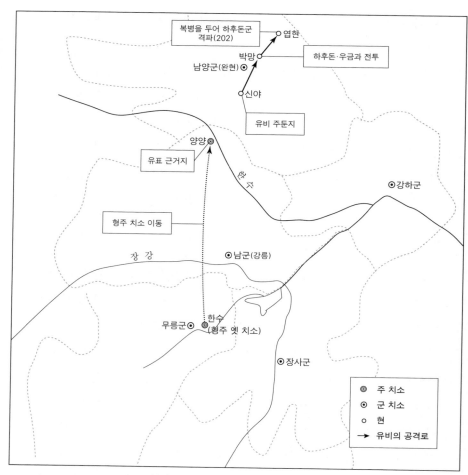

복병을 두어 하후돈군
격파(202)

○엽현

박망
○

하후돈·우금과 전투

남양군(완현) ◉

○신야

유비 주둔지

양양 ◎

유표 근거지

한수

◉강하군

형주 치소 이동

장 강

◉남군(강릉)

무릉군 ◉    ◎한수
        (형주 옛 치소)

◉장사군

| | |
|---|---|
| ◎ | 주 치소 |
| ◉ | 군 치소 |
| ○ | 현 |
| → | 유비의 공격로 |

10-2 유비의 신야 주둔과 북벌.

　'삼고초려三顧草廬'의 사전적 의미는 유비가 융중隆中에 기거하던 제갈량을 얻기 위해 몸소 그의 초가집을 3번이나 찾았다는 것이다. 이 고사는 최고의 인재를 얻기 위해 최선을 다하는 유비의 모습을 부각하고, 한편으로는 오랫동안 별볼일없이 전전하던 유비가 드디어 적벽대전에서 기적 같은 승리를 거두고 형주와 익주를 탈취해 급속하게 세력을 불리는 상황을 설명하기 위한 포석으로서 제갈량이란 인물을 독자들에게 소개하는 데 그 목적이 있었다. 그런데 삼고초려가 사실이 아니라는 주장이 존재한다면? 모든 삼국지 독자들이 당연하게 여기는 삼고초려의 일화는 진실일까?

우선 기존 상식의 근거를 살펴보자. '삼고초려'는 제갈량이 위나라를 공격하러 출전하기 전 후주 유선에게 올린 출사표에 등장한다.

선제께선 신을 비천하다 여기지 않으시고 스스로 몸을 낮추시어 세 번이나 초옥 안으로 신을 찾으시고 당세의 일을 물으시니 이로 말미암아 신은 감격하여 마침내 선제를 위해 몸을 아끼지 않으리라 결심하고 응했습니다.

이와 비슷한 내용은 『삼국지/제갈량전』에도 보인다.

유비는 형주에 있으면서 양양 출신의 사마휘司馬徽에게 인재에 대해 물었다. 그러자 사마휘는 복룡과 봉추가 있다고 했다. 유비가 그게 누구냐고 물으니 "제갈공명과 방사원입니다"라고 대답했다. 서서는 신야현에서 유비를 만났다. 유비는 서서를 인재라고 생각했다. 서서는 유비에게 "제갈공명은 와룡입니다. 장군께서는 그를 만나보지 않으시겠습니까?"라고 말했다. 그러자 유비는 "공이 한번 데려와보시오"라고 말했다. 이에 서서는 "이 사람은 만나러 가셔야 합니다. 억지로 오게 할 수 없습니다. 장군께서 굽히시고 찾아가십시오"라고 했다. 이에 유비는 양양 교외의 융중을 모두 3번 방문해 제갈량을 만났다.

이 인용문에는 삼고초려 이야기가 나오지 않지만, 유비가 제갈량을 3번 찾아간 사실은 확인된다. 따라서 제갈량의 출사표와 『삼국지』의 기록을 종합하면 삼고초려는 기정사실로 보인다. 그런데 왜 일부 학자들은 딴지를 거는 것일까? 배송지주에 이와 반대되는 기록이 있기 때문이다.

유비가 번성에 주둔하고 있을 무렵, 조조는 하북을 평정했다. 제갈량은 형주가 다음 차례임을 알 수 있었다. 그러나 유표는 성격이 느긋하고 군사에 능하지 못했기 때문에 제갈량은 북쪽으로 가서 유비를 만났다. 유비는 제갈량과는 아는 사이도 아니었고 나이 차도 있어서 서먹서먹하게 대했다. 자리가 끝나 손님들이 모두 돌아가는데 제갈량만 혼자 남았다. 유비는 아무 말도 하지 않았다. 유비는 소털로 매듭을 묶는 습관이 있었다. 이때도 누군가가 소털을 가져다주자 손으로 매듭을 꼬고 있었다. 그런데 제갈량이 "총명한 장군께선 분명 큰 뜻을 가지고 있으실 텐데 어찌 매듭 꼬는 일이나 하고 계십니까?"라고 말을 건넸다. 그가 보통 사람이 아님을 눈치챈 유비는 매듭을 치우고는 "무슨 말씀을 하십니까? 나는 그저 심심풀이로 근심을 달래고자 했을 뿐입니다"라고 말했다. 제갈량은 "장군께서는 조조와 유표 가운데 누가 더 낫다고 생각하십니까?"라고 물었다. 이에 유비는 "유표가 조조만 못하오"라고 대답했다. 그러자 제갈량은 "그러면 장군은 어떻습니까?"라고 물었다. 유비는 "나 역시 조조만 못하오"라고 대답했다. 이에 제갈량은 "지금 누구도 조조에게 미치지 못하고 장군의 무리는 수천 명에 불과합니다. 이 적은 군대로 적을 상대해야 하는데 계책이 없어서야 되겠습니까?"라고 말했다. 그러자 유비는 "나 역시 그 점이 걱정이오. 어찌하면 좋겠소?"라고 되물었다.

이는 배송지주의 『위략魏略』에 실려 있는 이야기이다. 배송지주에 인용된 『구주춘추九州春秋』에도 이와 비슷한 기록이 있다. 두 기록은 공히 유비가 제갈량을 찾아간 것이 아니라 제갈량이 유비를 찾아왔다고 쓰고 있다.

삼고초려가 허구라고 주장하는 학자들은 배송지가 인용한 『위략』과 『구주춘추』의 기록을 절대적으로 신뢰한다. 사실 『삼국지』는 배송지주에서 인용한 다양한 역사책의 기록에 의존해서 비로소 제구실을 하는 사서인데, 배송지는 삼고초려에 대한 자신의 견해도 직접 남겨놓았다.

신 배송지는 아룁니다. 출사표에서 제갈량은 "선제(유비)께서 미천한 신을 천하게 여기지 아니하시고 외람되게 귀한 몸을 낮추어 세 번이나 신의 초가를 찾아주시어 신에게 현실에서 당면해야 할 일들을 물으셨습니다"라고 말했습니다. 이 말대로라면 제갈량이 먼저 유비를 찾아가지 않았다는 것입니다. 보고 듣는 것이 각자 다를 수 있지만, 이 경우 그 어긋남이 너무 괴이합니다.

배송지는 삼고초려를 허구라고 못 박았다. 한마디로 출사표와 여타 사료 사이에서 사료의 손을 들어준 것이다. 그렇다면 삼고초려는 거짓인 걸까?

일찍이 필자는 율곡 이이가 임진왜란 전에 십만양병설을 주장한 적이 없다는 이덕일과 이성무의 글을 읽고 상식과 너무 달라 무척 혼란스러웠던 적이 있다. 요점인즉 율곡의 십만양병설은 후대 서인 집권기에 정권의 정당성 확보를 위해 창조된 '가공의 사실'에 불과하다는 것이다. 그 근거는 이렇다. 당사자인 율곡 이이와 유성룡의 문집인 『율곡전서』와 『서애집』에는 십만양병설의 근거가 없고, 1814년(순조 14년)에 간행된 『율곡전서』의 부록인 『김장생행장』과 송시열의 『율곡연보』, 이정구의 『율곡시장』, 이항복의 『신도비명』, 서인이 집권한 후 편찬한 『선조수정실록』 등 후세 사람들의 기록에만 그 사실이 보인다는 것이다. 물론 이에 대한 반론도 제기된다. 그러나 광해군 때 편찬된 『선조실록』에는 십만양병설이 없고 서인이 세운 인조 때의 『선조수정실록』에 십만양병설이 첨가되었다는 점을 보면 십만양병설이 가짜라는 주장을 허위라고 단정하기 어렵다.

삼국시대의 분열을 통일했던 서진 말에도 비슷한 현상이 있었다. 중국에서 최초로 이민족이 화북 지방을 지배한 십육국시대가 도래하기 전 이민족을 경계하자고 주장한 관리가 있었다. 등애, 강통과 곽흠이다. 강통은 이민족들이 후세에 화근이 될 것이라고 생각해 당시 서진의 변방과 내지에 거주하던 이민족을 국경 밖으로 내쫓아야 한다는 '사융론徙戎論'을 주장했다. 서진의 지배층은 강통의 말을 귀담아듣지 않았는데, 결국 서진은 이민족의 침입으로 망했다. 당시 서진의 수도 낙양이 함락되고 많은 책들이 불에 타 없어졌지만, 강통과 곽흠의 주장은 『진서晉書』라는 역사책에 기록되어 지금까지 전해진다. 등애의 주장은 영가의 난이 발생하기 이전인 서진 초에 쓰여진 진수의 『삼국지』에 실렸다. 후세에 교훈을 남기기 위함이다. 그런데 조선시대의 가장 중요한 사건 중 하나인 임진왜란을 미리 예견했다는 이이의 십만양병설이 『선조실록』에 없다면 말이 되는가? 이덕일은 이러한 점에 착안해 율곡 이이의 십만양병설이 후세의 조작이라고 본 것이다. 그렇다면 삼고초려의 경우는 어떨까?

먼저 받아들인 지식은, 사실 여부와 상관없이, 종종 사람들의 뇌리에 깊이 뿌리박혀 절대 진리의 자리를 차지하는 경향이 있다. 그렇게 자리잡은 '선입견'은 도리어 다른 지식의 참과 거짓을 판단하는 기준이 된다. 다른 지식들이 보편적 진리에 가깝든 아니든, 선입견에 대해 도전자 입장이 되는 것이다. 소설 삼국지에서 삼고초려 이야기를 읽고 감동하여 이를 사실이라고 믿게 된 사람들에게 '삼고초려 거짓설'은 청천벽력과도 같은 이야기일 것이다.

필자에게 서로 다른 견해 가운데 어떤 것이 옳으냐고 물으면 과장은 있을망정 삼고초려가 사실일 가능성이 높다는 데 한 표를 던지겠다. 배송지가 인용한 사료 내용이 반드시 옳지는 않다. 예를 들어 배송지가 인용한 기록들 가운데, 조조가 형주를 공격할 때 유선이 유비와 헤어졌다가 나중에 다시 그를 찾아왔다는 것이 있다. 하지만 유선의 어린 시절에 관한 여러 기록으로 미루어, 해당 인용문은 사실로 보기 어렵다.

이처럼 배송지주에 인용된 사료 또한 반드시 옳은 것은 아니다. 필자는 이 책을 쓰면서 판단하기 어려운 경우 사마광의 『자치통감』에 유권해석을 맡겼다. 송나라 사람인 사마광은 배송지만큼 다양한 자료를 입수할 수는 없었지만 당시 남아 있던 자료들을 참고하면서 시시비비를 가린 후 기록했다. 사마광은 이 장면에서 『삼국지/제갈량전』의 기록을 그대로 인용했다. 그는 분명 배송지가 인용한 자료도 검토했을 것이다. 하지만 시시비비를 대조한 후 진수가 남긴 기록이 옳다고 판단하고 이를 『자치통감』에 실었다.

게다가 유비의 성품을 보면 평소 손님이나 아랫사람에게 잘 대했다. 그런 유비가 제갈량을 푸대접했을 리 없다. 유비의 성격상 먼저 제갈량을 찾아갔을 것이다. 또 조비가 헌제로부터 황제의 자리를 물려받을 때 3번 사양했다는 대목에서 알 수 있듯이, 당시에는 초빙을 받는 사람이 3번 사양하는 관례가 있었을지도 모른다.

무엇보다 진수의 『삼국지』, 즉 유비가 먼저 제갈량을 찾아갔다고 기록한 역사책은 조조 혹은 위나라의 입장에서 기술된 것이다. 제갈량에 대해 호의적으로 기록했을 리 없다. 이 또한 필자가 삼고초려가 사실이라고 생각하는 하나의 근거이다.

사실 삼고초려가 진실이냐 아니냐보다는 제갈량이 유비에게 어떤 방략을 제안했느냐가 더 중요할 것이다. 제갈량은 당시 별볼일없던 유비에게 형주와 익주를 차지해 조조, 손권과 함께 자웅을 겨루어야 한다고 주장했다. 이를 '천하삼분지계天下三分之計'라고 한다. 또는 제갈량의 거처인 융중에서 열린 전략회의라는 의미에서 '융중대隆中對'라고도 한다. 그런데 제갈량의 전략은 천하를 셋으로 나눠 유비가 그 중 한 지역을 차지해야 한다는 데 그치지 않는다.

제갈량이 제안한 한 가지 전략은 10-3 지도에 표시된 화살표들로 요약할 수 있다. 먼저 익주와 형주를 점령한 후 손권과 화친한다. 그 다음 주변의 이민족들을 복속시킨다. 이후 천하에 변란이 생기길 기다렸다가(예컨대 조조가 외부의 공격을 받거나 내분에 휩싸였을 때) 유비가 익주에서 진천秦川(관중)으로 진격하고 다른 '1명의 상장上將'이 형주에서 완현(남양군 치소)을 거쳐 낙양으로 진격하면 천하를 통일할 수 있다. '1명의 상장'은 당연히 유비 집단의 2인자인 관우일 것이다. 10-3 지도를 통해서도 확인할 수 있지만 그럴듯한 구상이었다. 게다가 유비의 먼 조상인 한고조 유방이 익주에 해당하는 파촉으로 쫓겨났다가 한신의 기습 전략으로 관중을 점령하고 결국 항우와 일진일퇴의 공방전을 벌여 승리한 역사가 이미 존재했다. 그런 역사까지 떠올리면, 반드시 성공할 것처럼 보였을 것이다.

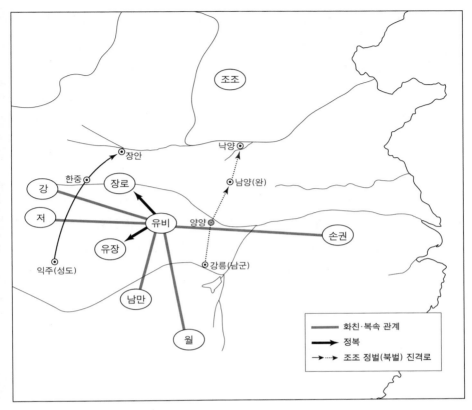

10-3 제갈량의 삼분지계와 북벌 개념도.

소설 삼국지에서 제갈량은 적벽대전과 유비의 형주 점령 과정에서 큰 공을 세운다. 약간의 과장은 있지만 『삼국지/제갈량전』과도 크게 다르지 않다. 유비는 제갈량과 자신의 관계를 '수어지교水魚之交'라는 말로 표현했는데 이는 결코 빈말이 아니었다. 제갈량은 유비를 빈털 터리에서 형주와 익주의 통치자로 거듭나게 한 일등공신이었다. 무에 서 유를 창조했다고 해도 과언이 아니다. 그러나 소설에서 묘사한 것 처럼 제갈량이 유비의 영입을 거절할 처지는 아니었다. 자기의 재주가 아무리 좋아도 연줄이 없으면 출세가 힘들기 때문이다. 훗날 제갈량은 자기만큼 뛰어난 서서와 석도石稻가 위나라에서 출세하지 못하자 위나라에 인재가 많다고 오해했지만, 사실 그보다는 두 사람에게 연줄이 없어서였다. 제갈량 역시 아주 잘나가는 가문이 아니었기 때문에 학연과 지연 모두 부족했다. 조조에게 가봤자 현령 자리 하나 얻기 힘든 상황이었다. 따라서 제갈량이 유비의 부하가 되는 것이 당시 현실에서는 출세할 수 있는 거의 유일한 길이었다. 다만 제갈량의 능력을 알고 중용한 유비의 안목이 뛰어난 점은 인정하자.

유비의 인생은 제갈량 영입 이전과 이후로 나눌 수 있을 만큼 확연히 달라졌다. 제갈량이 유비와 유비 부하들의 인생을 바꾸었다고 해도 과언이 아니다. 그러나 제갈량의 업적은 거기까지였다. 융중대에서 말한 천하삼분은 실현했으나 천하통일은 성공하지 못했다. 차차 이야기하겠지만 천하통일의 실패를 제갈량의 탓으로 돌리기는 힘들다. 북벌의 실패, 관우의 죽음과 유비의 무모한 복수전 등 아마 융중대 당시에는 생각하지 못한 변수가 너무 많았기 때문이다.

## 조조의 형주 점령과 유비의 도주 _____

이처럼 유비가 제갈량이라는 최고의 인재를 얻었지만 유비의 삶을 보면 좋은 일이 생긴 후 나쁜 일이 따라왔다. 이번에는 조조의 남방 정벌 시작과 형주의 점령이었다.

유표는 조조가 형주 공략에 나선 208년 무렵 사망했다. 유표가 죽은 뒤 둘째아들 유종이 형주자사를 이어받았으나 그는 조조와 싸울 의사가 없었다. 물론 싸울 의사가 있었더라도 수십만 대군을 이끌고 짧은 시간에 양양에 도착한 조조의 군대를 막아내기란 쉽지 않았을 것이다. 유비도 조조가 완현에 이르러서야 소식을 듣고 대책을 강구했으나 도망치는 것 외에는 달리 도리가 없었다. 하물며 그보다 늦게 소식을 들은 유종은 양양의 북쪽을 지키라고 임무를 맡긴 유비가 도망가 방어의 최전선이 뚫렸으니 더더욱 뾰족한 수가 없었다.

결국 조조에게 항복한 유종은 청주자사에 임명되었고 열후에 봉해졌다. 소설 삼국지에서는 조조가 우금을 보내 청주로 부임하는 유종과 어머니 채씨를 살해했다고 썼다(41회). 『삼국지』에는 그러한 기록이 존재하지 않는다. 그러나 진수의 서술 태도를 생각하면, 침묵이 의미하는 바가 무엇인지 알 듯하다.

조조는 항복한 형주의 관리들을 중용했다. 괴월 등 15인이 후侯에 봉해졌고, 특히 괴월은 구경의 하나인 광록훈光祿勳에 임명되었다. 유표에게 항복을 권했던 한숭韓嵩과 유선劉先 역시 각각 대홍려*와 상서령으로 중용되었다. 정복한 지역의 사람들을 관대하게 대했던 조조의 개방적인 인사 정책을 엿볼 수 있는 또 하나의 예이다.

유표의 용병대장으로 전락한 유비에게 조조의 형주 정벌과 유종의 항복은 큰 시련이었다. 당시 번성樊城에 주둔하고 있던 유비는 조조의 군대가 남하한다는 소식을 듣고 아예 싸울 생각을 접고 남쪽으로 도망갔다. 양양을 지날 때는 제갈량이 유비에게 유종을 공격해 형주를 점령하자고 진언했지만 유비는 "나는 차마 그렇게 할 수 없다"고 말하고 계속해서 남쪽으로 도망갔다.

유비가 당양현當陽縣에 이르렀을 때 유비의 무리는 10여만 명이었고 수레는 수천 대였다. 이런 대규모 행렬이 빨리 도망간다는 것은 무리였다. 하루에 겨우 10여 리밖에 가지 못했다. 이에 유비는 관우에게

---

* 대홍려大鴻臚는 구경의 하나로 주변국과 이민족, 제후왕과 관련된 일을 처리한 부서의 장관이다.

수백 척의 배를 이끌고 먼저 목적지이자 남군의 치소인 강릉현에 가 있도록 했다.

한편 조조는 유비의 도망이 지지부진하다는 사실을 알고 5,000명의 정예 기병을 보내 유비의 행렬을 추격하도록 했다. 조조의 군대는 밤낮으로 300여 리씩 추격해 드디어 당양현 장판長坂에서 유비의 행렬을 만났다. 유비는 처자를 버리고 제갈량과 장비, 조운 등 장병 수십 기만을 데리고 달아났다. 『삼국지/촉서/장비전』에 따르면, 장비는 단 20여 명의 기병만을 거느리고 유비가 도망갈 시간을 벌어주기 위해 추격하는 조조군을 막아섰다. 이때 장비가 다리를 끊고 "나는 장익덕이다. 감히 와서 죽고 싶으냐!"라고 말하자 조조의 군사들은 그 기세에 눌려 접근하지 못했다. 덕분에 유비 일행은 무사히 도망칠 수 있었다. 「조운전」에 따르면, 이때 조운은 유비가 버리고 간 아들 유선을 품에 안은 채 감부인을 데리고 탈출하는 데 성공했다.

소설 삼국지에서는 조자룡(조운)이 미부인과 감부인, 아두(유선)를 데리고 도망가려고 했으나 부상당한 미부인이 아두를 맡기고 우물에 몸을 던져 자살했다고 썼다. 또 장비가 조조 군사들의 진격을 저지한 후 장판교를 끊었다고 했다(40~41회). 그러나 『삼국지』에는 이때 미부인이 죽었다는 기록이 없으며, 장비가 장판의 다리를 끊은 것은 조조의 군사들이 들이닥치기 전이었다고 기록했다. 이 대목에는 배송지의 주석이 없다. 배송지도 정사 기록을 그대로 믿었던 듯하다. 그러나 소설에서는 조자룡의 충성과 용맹은 실감나게 묘사한 반면, 조조의 군사들이 물러간 다음 다리를 끊어 추격의 빌미를 제공한 장비는 지략이 모자란 장수로 서술했다. 정사와 소설이 다른 부분이다.

유비는 한진漢津에서 관우의 배를 만나 면수沔水(한수의 다른 이름)를 건넜다. 이어 유표의 장남인 강하태수 유기를 만나 하구夏口로 도

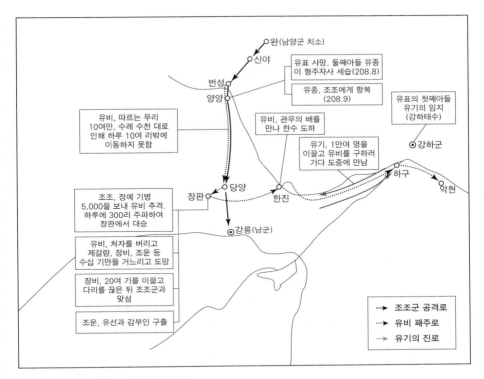

10-4 조조의 형주 점령과 유비의 패주.

망쳤다. 그리고 여기서 유비는 승부수를 띄웠다. 제갈량을 손권에게 보내 조조를 상대로 한 군사동맹을 제안한 것이다.

## 유비와 손권, 조조에 맞서 힘을 합하다 _____

손쉽게 형주를 손에 넣은 조조는 내친김에 손권이 웅거한 강동을 노렸다. 한편 당시 손권도 당연히 조조의 동향에 민감하지 않을 수 없었다. 노숙은 유표가 죽었다는 소식을 듣고 손권에게 유비와 연합해 조조에게 대항할 것을 건의했다. 노숙은 유표의 문상을 핑계로 형주로 향했다.

노숙은 하구에 이르러 조조가 형주로 향했다는 말을 들었다. 남군에 도착해서는 유표의 아들 유종이 이미 조조에게 항복했으며 유비는 달아났다는 소식을 들었다. 208년 10월, 노숙은 당양현 장판에서 유비를 만나 손권의 뜻을 전하고 힘을 합쳐 조조에게 대항하자고 제안했다.

노숙의 제안을 수락한 유비는 하구에 도착한 후 제갈량을 손권에게 보냈다. 제갈량은 손권을 만나 유비와 손권이 군사동맹을 맺어 조조의 침입에 공동으로 대처할 것을 주장했고, 손권도 기뻐하며 조조에게 대항하기로 결심했다. 여기 기술한 노숙과 유비의 만남, 군사동맹의 과정은 『삼국지/오서/노숙전』을 토대로 한 것이다. 노숙이 유비와 손권의 군사동맹을 처음 주창한 인물로 기록되어 있음을 알 수 있다.

그런데 배송지는 『삼국지/촉서』의 내용을 근거로 유비와 손권의 군사동맹을 주창한 최초의 인물은 제갈량이라고 주장했다. 나중에 촉나라와 오나라는 군사동맹의 발안자가 자기 나라의 신하이며, 따라서 적벽대전의 승리도 자신들 덕분이라고 주장하며 이를 역사의 기록에 남겼다고 한다. 진수는 『삼국지』에 서로 엇갈리는 두 주장 가운데 하나를 택해 기술해야 했음에도 『촉서』와 『오서』에 각각의 주장을 그대로 기술했다. 이는 필자의 독창적인 지적이 아니고 배송지 또한 진수의 무성의를 비판했다. 참고로 사마광은 『자치통감』에서 오나라의 시각에 동조했다.

어쨌든 양쪽의 참모들이 주장한 군사동맹이 맺어지고, 그리하여 조조에 맞서 싸우게 되었지만 눈앞의 현실은 녹록지 않았다. 어느 시점엔가 조조가 손권에게 항복을 권하는 편지를 보냈다. 이에 손권의 부하 대부분이 주군에게 항복을 권했다. 무엇보다 편지의 한 구절, "지

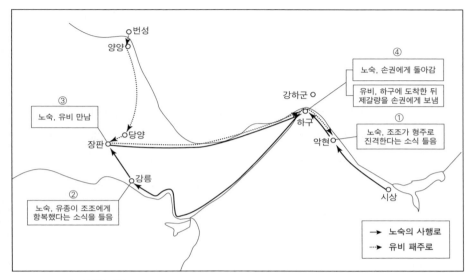

10-5 노숙의 형주 사행로使行路.

금 수군 80만 명을 훈련시켜 장군(손권을 지칭)과 오군에서 함께 사냥
을 하겠다"는 협박성 구절이 손권 부하들을 자극했다.[*] '사냥을 하겠
다'는 말은 수사적 표현으로 80만 대군을 거느리고 강동을 유린하겠
다는 뜻이었으니 손권의 부하들은 동요하지 않을 수 없었다.

  항복파의 대표적 인물은 손책의 정치적 멘토이기도 했던 장소였다.

  장군(손권)이 조조를 막을 수 있는 것은 장강뿐입니다. 지금 조조는
  형주를 얻고 민심을 수습했습니다. 유표는 수군을 조련했으며 몽충
  과 투함鬪艦은 1,000척을 헤아립니다. 조조는 그 배를 띄워 보병과

---

[*]『삼국지/오주전』의 배송지주에 인용된『강표전』에 실린「조조가 손권에게 보낸 편지曹公
與權書」.

함께 수륙으로 전진해 내려올 것입니다. 이는 장강의 험한 지형을 우리와 함께 공유하는 것입니다. 세력의 중과衆寡는 논할 필요도 없습니다. 조조에게 항복해 맞아들이는 것이 대계大計입니다.*

장소를 필두로 한 항복파들은 만약 조조군이 장강 북쪽에서 장강을 건너 공격해온다면 장강을 방어선으로 삼아 막을 수 있다고 보았다. 그러나 지금 전쟁을 벌인다면 조조군은 장강 상류에서부터 배를 띄워 물길을 따라 내려올 것이고, 보병이 함께 뭍으로 진군해올 것이니 이길 수 없다고 주장했다. 말하자면 아군의 방어선인 장강이 적군을 실어나르는 교통로가 되어 그 전략적 이점이 사라지므로, 아군에게 불리하다는 것이었다. 항복파들의 지적은 정확했다.

독자들은 보통 손권의 부하들 가운데 장소 등의 문신들은 항복을 주장하고 무신들은 전쟁을 주장했다고 알고 있을 것이다. 그러나 『삼국지/노숙전』에 따르면, 항복파에는 '제장諸將', 즉 무신들도 포함되어 있었다. 문신이건 무장이건 손권이 조조에게 항복한다 해도 출세에 아무 지장이 없는 이들에게는 항복도 나쁘지 않은 선택이었을 것이다. 그렇기에 주저 없이 손권에게 항복을 권유했을 것이다.

그러나 노숙은 여러 동료의 주장을 듣고 있다가 손권이 옷을 갈아입기 위해 밖으로 나가자 그 틈을 이용해 손권을 따라가 결사항전을 주장했다. 노숙은 손권에게 파양鄱陽에 나가 있는 주유를 불러들여 의견을 들어볼 것을 청했다. 주유 역시 노숙과 마찬가지로 결사항전을 주장했다. 소설 삼국지에서는 제갈량이 주유에게 조조가 지은 '동작대부'라는 문학 작품을 왜곡하여 조조의 진의는 두 명의 교씨二喬,

―――――
* 『삼국지/오서/주유전』.

즉 미인으로 유명한 교씨 자매를 얻는 것이라며 이를 내어주면 조조가 물러날 것이라고 도발한다(44회).

조조가 말하기를, "내게 두 가지 소원이 있으니, 하나는 사해를 평정해 제업帝業을 이루는 것이오. 또 하나는 강동의 미녀인 두 명의 교씨二喬를 얻어 동작대에 두고 만년을 즐기는 것이다. 그렇게 되면 죽어도 여한이 없다"고 했다지요. 지금 조조가 백만 대군을 이끌고 강남을 엿보고 있지만, 실상은 대교와 소교를 얻기 위함이니, 장군은 속히 교공을 찾아서 천금을 주고라도 교공의 두 딸을 사서 조조에게 보내도록 하십시오. 조조가 두 미인을 얻고 나면 더없이 흡족해 필시 군사를 거두어 돌아갈 게 분명합니다(44회).

앞서 말한 것처럼 주유는 소교와 결혼했다. 대교는 손책의 부인이었다. 소설 삼국지에서 주유는 조조가 자기 아내를 넘보고 있다는 제갈량의 부추김에 넘어가 조조와 싸울 뜻을 굳힌다(44회). 정사에는 이런 대목이 없다. 『삼국지/제갈량전』에 따르면, 제갈량은 손권을 만나 조조와 싸워야 한다고 설득하고 부추겼을 따름이다. 이에 관해 소설에서는 제갈량이 손권 부하들과 말싸움하며 하나하나 설득한 것으로 묘사한다. 심지어 주전파인 노숙과 주유까지도(43~44회). 주유의 말을 듣고 힘을 얻은 손권은 칼을 꺼내어 책상을 반토막낸 후 "여러 장수와 관리들은 다시는 조조에게 항복하자는 말을 하지 말도록 하라. 그렇지 않으면 이 책상처럼 될 것이다"라고 말했다. 주유는 그날 밤 다시 손권을 만나서 쐐기를 박았다.

여러 사람이 단지 수군과 보병 80만 대군을 동원할 것이라는 조조의 편지를 보고 두려워하며 조조 군대의 허실을 살펴볼 생각을 하지 않고 항복하자고 주장하니 참으로 쓸데없는 말입니다. 지금 실제로 조조의 군대를 살펴보니 그가 중원에서 데려온 군인들은 15~16만 명을 넘지 못하고 이미 피로합니다. 또 형주를 점령한 후 접수한 유표의 병사들은 많아봐야 7~8만 명일 뿐이니, 이 또한 편지의 주장이 의심스러운 이유입니다. 나아가 피로하고 병에 걸린 병졸들과 막 항복하여 충성심이 없는 유표의 군사들을 거느렸다고 한들 숫자만 많을 뿐이니 두려워할 이유가 없습니다. 이 주유가 정병 5만 명을 거느리면 조조의 군대를 제압할 수 있사오니, 장군께서는 걱정할 필요가 없습니다.*

손권은 주유의 말을 듣고 나서 그의 등을 어루만지며 말했다. "장소와 진송은 처자를 생각하고 개인적인 야심 때문에 항복을 주장하오. 오직 경(주유)과 노숙만이 조조에게 대항하자는 내 주장에 찬성하는 구료!" 손권은 주유가 달라던 군사보다 2만 명이 적은 3만 명을 주유에게 주어 하구로 진격하도록 했다. 유비의 군사가 2만 명이었기 때문일까?

주유의 정보대로라면, 적벽대전에 참전한 조조군은 최대 22~24만 명이었다. 조조는 이를 80만 대군으로 부풀린 것이다. 당시 조조가 통치하는 화북 지역에서 정부가 세금을 거두기 위해 파악한 인구가 100~200만 명이라고 하니 80만 대군은 분명히 과장된 수치였다. 그렇다고 해도 20여만의 병력도 인구 대비 적은 수는 아니었다. 한편 주유가 지휘하는 손권의 군사는 3만 명, 유비의 군사는 최대 2만 명이

---

* 『삼국지/오주전』의 배송지주에 인용된 『강표전』.

었다. 그리하여 최대 약 5만 명의 손권과 유비 연합군 병력이 조조군 22~24만 명을 맞아 싸우게 되었다. 조조군이 4배 이상 많았다.

한편 한 학자는 배송지주에 인용된 『강표전』을 바탕으로 적벽대전에 참전한 유비의 군대가 겨우 2,000명에 불과했다고 보았다. '강표'는 강남, 강동이란 뜻이니, '강표전'은 오나라의 역사를 기록한 책이라는 뜻이다. 오나라의 입장에서는 적벽대전의 승리가 자신들의 공이라고 생각하니 이 기록을 액면 그대로 믿을 수는 없다. 그러나 만약이것이 사실이라면, 손권과 유비 연합군은 겨우 3만 2,000명에 불과했다. 그 경우라면 조조군이 7배 정도 많았다. 수치상 손권과 유비의 연합군이 불리한 것은 사실이었지만 그래도 해볼 만한 싸움이었다.

### 『삼국지』는 왜 유표의 선행에 침묵했나?

유표가 형주자사 또는 형주목으로서 무사태평하게 시간만 보낸 것이 아니라 주변 세력과 자주 전투를 벌이며 형주 내외로 지배력을 확립했음은 이미 살펴본 바 있다. 그래도 외지 사람들에게는 유표가 다스리는 형주가 평화로운 땅으로 비쳤던 것 같다. 『자치통감』에 따르면, 196년 무렵 유표가 형주를 잘 다스리자 관서關西와 연주, 예주의 지식인 1,000여 명이 형주로 몰려들었다. 유표는 학교를 세우고 유학을 가르쳤다. 적어도 지식인들에게 형주는 낙원이었다. 말하자면 지방관으로서 유표의 능력은 탁월했다.

한 일본 학자(미쓰다 다카시滿田剛)는 유표에 대한 이미지가 조작되었다고 주장했다. 『삼국지』와 배송지주에 실린 여러 기록에 따르면, 유표는 형주만 지키는 그저 그런 인물로 나타나는데 이는 승자의 기록일 뿐이라는 것이다. 유표가 낙양으로 귀환한 헌제를 물심양면으로 도왔다는 내용이나 익주 문제에 관여했던 기록이 『삼국지』에서는 보이지 않는데 이는 우연이 아니다. 『후한서/조기전趙岐傳』과 『화양국지』에 따르면, 유표는 군사들을 보내 낙양의 궁전 수리 등을 돕고 헌제에게 식량과 공물을 보냈다. 지방 각지에서 할거한 군웅이 영토 확장과 정복 전쟁에 전념하는 사이 유표는 낙양으로 돌아온 헌제를 경제적으로 도와주었다. 또한 헌제를 제거하려고 한 익주목 유언의 아들 유장을 제거하려고 시도했다. 이 논문을 읽은 후 『후한서』와 『삼국지』에 실린 '유표 열전'의 분량을 비교해보니 『후한서』 쪽이 훨씬 많다. 하지만 유표의 선정 때문에 지식인들이 형주로 몰려들었다는 대목을 제외하면 실제 내용에서 별 차이가 없다. 다만 『삼국지』에 없는 유표의 선정을 『후한서』에 기록한 것을 보면, 『삼국지』는 유표의 좋은 점을 무조건 덮으려고 했음을 알 수 있다. 따라서 이 주장은 신빙성이 있다.

'유표 열전'을 제외한 다른 기록을 비교하면 『후한서』는 유표의 좋은 점도 기록한 반면 『삼국지』는 비난으로 일관했다. 만일 유표가 낙양에 막 도착한 헌제를 경제적으로 도왔다는 『후한서/조기전』의 기록이 없었다면, 군웅 가운데 헌제를 도운 인물은 조조가 유일했다고 알고 있었을 것이다. 조조가 헌제를 데려가기 전에 낙양 궁전 건설에 기여한 장양도 있었는데 말이다. 소설 삼국지나 개설서를 보면 조조 이름만 나오므로 독자들은 조조만 기억하게 된다. 『삼국지』는 유표의 선정을 「유표전」에 기록하지 않았고, 「두기전」에 그가 한때 황제만이 사용하는 아악雅樂을 정비하여 연주를 보려 했다고 기록했다. 두기가 유표에게 그런 행위는 황제를 참칭하는 짓이라고 간언하자 그제야 아악 연주 관람을 그만두었다는 것이다. 『삼국지/위서/두기전』에는 유표도 유언처럼 황제가 사용하는 의복과 기물, 탈것을 사용했다고 전한다. 그러나 『후한서』에는 이 기사가 보이지 않는다. 『삼국지』는 유표도 황제 놀이에 심취한 많은 '역적' 가운데 한 사람이라고 기록했지만 『삼국지』보다 『후한서』를 더 신뢰하는 지금은 유표는 황제 놀이를 하며 지낸 사람이 아니라는 심증이 더 강하다.

『삼국지』와 『후한서』의 유표 관련 기록을 비교하면, 전자는 유표를 평범하면서도 관도 전투 때 원소와 조조 사이에서 간을 본 기회주의자이자 황제 놀이를 했던 역적으로 묘사한 반면, 후자는 유표가 형주에서 선정을 베풀고 헌제를 돕고 조세를 낙양 조정에 보낸 충신으로 기록했다. 『삼국지』는 유표가 먼저 헌제를 도왔다는 기록을 누락함으로써 조조만이 헌제를 도운 유일한 군벌이라고 부각시킬 수 있었다. 불쌍한 헌제를 도운 조조는 당연히 정통성을 지녔고, 이 공 때문에 조조와 조비 부자는 찬탈을 정당화할 수 있었다. 한편으로 『삼국지』에서 조조가 헌제를 모실 때 기록이 모호한 점도 이러한 맥락을 고려하면 충분히 이해할 수 있다. 앞에서 언급한 것처럼 조조는 평화적으로 헌제를 모신 것이 아니라 군대를 협박하여 동승 등으로부터 빼앗은 것이다. 조조의 허 천도도 유표를 의식한 행동으로 보인다. 유표가 보내준 군사들이 궁전과 황릉 수리를 도왔고, 그가 보낸 물자로 그럭저럭 버틸 수 있었다. 8월에 이르러 궁전이 수리되자 헌제는 남궁南宮 양안전楊安殿으로 옮겼다. 낙양궁의 전부가 복원되지는 않았지만 헌제가 거처할 궁전이 수리되었음에도 조조는 헌제를 허로 옮겼다. 낙양의 궁전과 낙양성이 갖춰지지 않았다는 이유였는데, 이 기사를 보면 유표가 수리한 궁전에 헌제가 머무르면 유표의 공적이 드러나기 때문이었던 것으로 보인다. 정적이 만든 궁전이 아닌 자신이 만든 궁전에 헌제를 모셔야 자기의 충성심과 공적을 온 천하에 알리고 생색을 낼 수 있다는 조조의 의도를 알 수 있다.

『삼국지』는 유표를 대외 팽창에 관심 없고 현상유지에 급급한 인물처럼 기술했다. 그러나 유표는 형주에만 관심을 가진 것이 아니었다. 한때 교지를 지배했고, 익주 문제에도 간섭했으며, 더 중요한 것은 헌제를 도우려고 했다. 다만 조조와 달리 직접 군대를 이끌고 헌제를 만나지 않았다는 게 아쉬운 점이다. 이 점이 조조와 유표의 운명을 갈랐다. 한 사람은 후한 조정을 지배한 재상이 되었고, 그러지 않은 사람은 형주의 지방관으로 인생을 마쳤을 뿐이다.

유표가 북벌과 중원 진출에도 관심을 가졌다는 증거가 바로 형주의 치소이다. 본래 형주자사의 치소는 무릉군의 치소인 임원현臨沅縣 동쪽에 위치한 한수현漢壽縣이었다. 하지만 유표는 나중에 남군 북쪽 끝에 위치한 양양현에 주둔하면서 형주의 치소를 이곳으로 옮겼다. 형주가 본래 춘추시대 초나라의 영토와 거의 비슷하기 때문에 초나라의 수도 영郢이 있었던 남군의 강릉현(남군의 치소)이 형주를 통치하기 적합했다. 지리적으로 형주의 중앙에 위치했고 주변에 평지가 많은 곡창지대에 있었기 때문이다. 그런데도 유표는 남군과 남양군 경계에 있는 양양을 치소로 택했다. 유표의 치소 양양과 조조가 천도한 허는 직선거리로 400킬로미터도 안 된다. 두 곳 사이에는 얕은 산도 있지만 대부분 평지다. 한쪽이 마음 먹고 공격하면 일거에 정복할 수도 있는 거리이다. 실제로 조조는 형주를 쉽게 점령했다. 만일 유표가 형주를 지키는 데 급급했다면 조조의 거점인 허와 그토록 가까운 양양을 통치의 중심지로 두었을까? 북쪽인 양양을 치소로 정한 것은 중원 진출을 고려한 결정이었다. 치소인 양양에 식량과 무기 등 물자와 인력을 집중한 다음 기회를 노려 조조의 거점 허나 중원의 상징인 낙양으로 진격하려는 목적이 없었다면 양양은 치소로서 부적합했다. 『삼국지』에서는 침묵하고 있지만, 양양의 지리적 위치는 유표의 중원 진출이라는 야심을 잘 설명해준다.

역사는 승자의 기록이고 이긴 사람의 관점에서 서술된다. 이 당연한 진실이 유표에게 적용되니 유표는 무능하고 '야심 없는' 평범한 지방관에 불과했다고 기록되었다. 게다가 「유표전」의 상당 부분을 조조에게 항복하라는 한숭韓嵩과 유선劉先의 조언에 할애해 조조에게 병합될 운명이었다는 복선을 깔았다. 패자인 유표의 말은 역사책에 기록되지 않았다. 유표의 해명과 변명은 무엇일까? 유표의 선정을 역사의 기록에서 지워버린 『삼국지』를 보면서, 역사라는 이름으로 자행된 테러의 신랄함을 절실히 느낀다. 로마에서 가장 심한 형벌은 사형이나 재산 몰수가 아니라 역사와 기록에서 이름을 지우는 것이었다는 사실이 이해가 된다.

## 적벽대전 1 : 『삼국지』 이야기 _____

『삼국지』에 기록된 적벽대전의 내용은 지극히 간단하다. 하나씩 짚어보자. 적벽대전이 벌어지기 전, 조조와 주유의 군대는 한 차례 전투를 벌였고 주유군이 승리했다. 이후 조조군은 장강 북쪽에 주둔했고, 주유와 유비의 연합군은 장강 남쪽에 주둔했다.

주유는 황개에게 "지금 적들은 많고 우리 군대의 숫자가 적으니 지구전을 펴기 어렵다. 조조의 군함은 이물과 고물이 서로 접하고 있으니 화공으로 공격할 만하다"라고 말했다. 그러고는 황개에게 몽충과 투함 수십 척(『자치통감』에서는 10척)에 마른 갈잎, 땔감과 풀을 싣고 그 위에 기름을 부어 불타기 좋게 만든 다음 조조에게 항복하는 척하며 배에 불을 지른 후 조조의 함대로 돌진하는 임무를 맡겼다. 물론

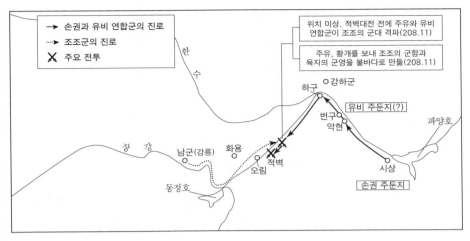

→ 손권과 유비 연합군의 진로
····▶ 조조군의 진로
✕ 주요 전투

위치 미상. 적벽대전 전에 주유와 유비 연합군이 조조의 군대 격파(208.11)

주유, 황개를 보내 조조의 군함과 육지의 군영을 불바다로 만듦(208.11)

한 수

장 강

남군(강릉)  화용

강하군

하구

번구
악현

유비 주둔지(?)

파양호

동정호

오림
적벽

시상

손권 주둔지

10-6 적벽대전 상황도.

주유가 황개에게 자살 공격을 명령한 것은 아니었다. 불태우는 배 뒤에 주가走舸라는 쾌속선을 묶어두었다가 배에 불을 지른 다음 주가에 옮겨 타고 탈출하도록 했다.

황개는 미리 조조에게 항복한다는 편지를 보냈다. 이때 동남풍이 불자 그는 10척의 배를 가장 앞에 배치하고 장강 가운데에서 돛을 올렸다. 나머지 배는 뒤에서 함께 전진하도록 했다. 조조의 군사들은 모두 군영 밖으로 나와 구경하며 "황개의 군사들이 항복한다"고 신나서 떠들어댔다. 황개는 조조의 군대가 있는 곳으로부터 2리(약 800미터)쯤 되는 지점에 이르자 문득 배들을 흩어놓고 동시에 불을 질렀다. 불은 맹렬히 타올랐다. 배들은 거센 바람에 의지해 화살처럼 빠르게 조조의 함대로 돌진했다. 황개의 배들은 조조의 군함들을 거의 대부분 불살랐고, 심지어 장강 연안에 세워둔 조조 군영의 막사에도 불이 옮겨 붙었다. 조조군의 많은 병사와 말들이 혼란한 와중에 불타 죽고 물에 빠져 죽었다.

뒤이어 주유 등이 정예부대를 거느리고 크게 북을 울리며 돌진하니 조조군은 대패했다. 사서의 기록에 따르면, 조조의 군사들은 적벽대전 이전에 이미 전염병에 걸려 있었다고 한다. 그리하여 적벽대전을 통해 기아와 전염병, 적군의 공격으로 많은 병사들이 죽었으니 전 병력의 3분의 2에 달할 정도였다고 한다. 조조의 참패였다. 조조는 군대를 이끌고 화용현을 거쳐 남군으로 도망갔다. 그는 조인과 서황에게 강릉을, 악진에게 양양을 지키게 한 후 북쪽으로 돌아갔다.

지금까지의 기록은 오나라 측 기록이고 위나라 측 기록에는 유비와 싸워 불리했고(패했다는 말을 완곡히 표현한 것으로 보인다), 많은 군사들이 병에 걸리자 어쩔 수 없이 후퇴했다고 썼다. 한편 배송지주에 인용된 『산양공재기山陽公載記』에는 조조의 군사들이 유비군의 화공을 받았다고 기록했다. 적벽대전의 기록도 적지만 사서에 따라 내용도 다르다.

주유가 적벽대전에서 승리한 가장 큰 이유는 화공 전술의 적절한 사용에 있었다. 이 화공 전술은 동남풍의 도움이 없었다면 성공을 장담하기 어려웠다. 이는 소설 삼국지에서 보이는 '동남풍'에 대한 강조가 사실에 근거하고 있다는 의미이기도 하다. 그런데 왜 하필이면 동남풍일까?

적벽대전의 전장은 적벽과 오림 사이의 지역인데, 이곳에서 장강은 서남쪽에서 동북쪽으로 흐른다. 여기서 조조의 군대는 강의 북안에, 주유와 유비의 군대는 강의 남안에 포진했다. 좀 더 정확히 표현하면, 장강이 서남-동북 방향으로 흘렀기 때문에 조조의 군대는 장강의 서북쪽, 주유와 유비의 군대는 동남쪽에 포진한 형세가 되었다. 따라서 황개가 각종 발화 물질을 싣고 배에 불을 질러 조조의 군대로 돌진하기 위한 최적의 바람은 동남쪽에서 서북쪽으로 부는 바람, 즉 동남풍

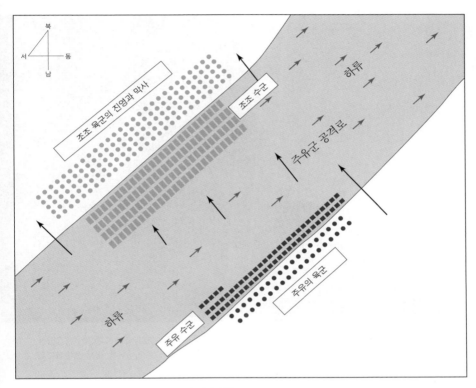

10-7 적벽대전 당시 조조군과 주유군의 배치 상황.

이었다.

　문제는 적벽대전이 발생한 시점이 『자치통감』에 따르면 음력 10월 또는 11월이고 『삼국지/무제기』에 따르면 12월, 즉 겨울이었다는 점이다(『후한서』에는 10월). 중국도 우리나라처럼 계절풍 기후대에 속하기 때문에 겨울에는 주로 시베리아에서 내륙으로 불어오는 바람, 북서풍이 분다. 따라서 평상시 같으면 오히려 조조 측에서 화공 전술을 구사하여 주유 군영으로 돌진하면 주유 진영이 불바다가 될 판이었다. 그러나 조조는 화공법을 사용하지 않았고 주유는 사용했다. 만약

10-8 적벽대전이 벌어졌던 적벽. 적벽은 적벽대전이 벌어진 무적벽, 소동파의 「적벽부」로 유명한 문적벽 등 여러 개의 지명이 존재한다. 적벽대전이 일어났다고 알려진 절벽에는 현재 붉은색으로 '적벽'이라고 쓰여 있으며, 그 위에 이상한 부호가 새겨져 있다.

동남풍이 불지 않았다면 조조의 함대가 아니라 주유의 함대가 불탔을 것이다. 결과적으로 성공하긴 했지만 이치를 따져보면 무모한 전략이었다. 하늘이 도왔다고나 할까?

동남풍은 적벽대전을 완성하는 중요한 요소였고, 실제로 불었을 것이며, 결과적으로 조조와 손권, 유비의 운명을 바꾸어놓았다. 소설 삼국지에서는 제갈량이 제단 위에 올라 동남풍을 불게 해달라고 하늘에 기도하는 장면이 나온다(49회). 하지만 『삼국지』와 『자치통감』에는 눈을 씻고 찾아봐도 이러한 기록이 보이지 않는다. 당연하다. 제갈량은 날씨를 움직일 수 있는 능력을 가진 신이나 무당이 아니었기 때문이다.

　한편으로 지적할 것은 이상하리만치 중국 정사에는 적벽대전과 관련된 기록이 적다는 점이다. 『삼국지/오서/주유전』과 『자치통감』의 한 단락이 전부라고 할 수 있다. 한 중국 학자는 적벽대전과 관련된 자료 33개를 모은 바 있는데, 아무개가 적벽 혹은 오림 전투에 참전했다는 짧은 기록들이 대부분이다. 기록에 따라 양다리를 걸쳐 적벽과 오림 사이에서 싸웠다고 기록한 회색분자도 있다. 다만 앞서 소개한 황개의 화공은 『삼국지』의 기록이 아니다. 배송지주에 인용된 『강표전』의 기록이다. 이 책이 그나마 적벽대전의 과정을 『삼국지』보다 상세히 서술하고 있고, 고스란히 『자치통감』에 수록되어 있을 뿐이다. 게다가 우리는 이 전투를 '적벽대전'이라고 알고 있지만 전투가 일어난 곳이 구체적으로 기록되어 있지 않다. 단순히 횟수만 따지면 오림에서 전투했다는 기록이 더 많다. 따라서 오림 전투 또는 오림대전이라 불러야 하지만 어색하지 않은가? 사람들이 이미 '적벽대전'이라고 알고 있거나 부르고 있기 때문이다.

　진수는 위나라를 계승한 진나라(서진)의 신하이다. 진나라를 세운 사마씨가 섬겼던 조조와 그 후손들에 대해, 진수는 『삼국지』 전체에 걸쳐 나쁜 기록들을 없애거나 에둘러 기록했다. 조조가 당한 가장 치욕적인 패배가 적벽대전이었고, 『삼국지』에서 적벽대전의 기록이 적은 것은 아마 이 때문일 것이다. 그나마 『강표전』이 배송지가 살았던 남조 송나라(유송) 시대까지 남아 있은 덕분에 간략하게나마 황개의 무용담을 알 수 있다. 그런 이유로 『삼국지』의 적벽대전은 재미도 없고, 내용도 없다.

## 적벽대전 2: 소설 삼국지 이야기 _____

정사와 달리 소설 삼국지에서는 적벽대전 과정이 상세히 다루어졌다
(43~50회). 『삼국지』의 매우 간소한 분량을 무려 8회짜리 이야기로 만
들어낸 것이다. 정사와 소설의 분량 차이는 고스란히 나관중을 비롯
한 창작자들의 풍부한 상상력과 고민의 산물이다.

소설 삼국지에서는 제갈량이 주유 진영에 머물며 각종 에피소드를
만든다. 가장 인상적인 장면 중 하나는 제갈량이 조조 진영으로 쳐들
어가 공짜로 화살 10만 대를 얻어내는 46회의 장면이다. 46회에서 주
유는 제갈량을 시험할 요량으로 사흘 동안 화살 10만 대를 만들어달
라고 요청한다. 제갈량이 중벌을 받겠다는 군령장을 썼으니, 사실 요
청이 아니라 명령이었다. 제갈량은 노숙에게 배 20척을 빌려 푸른 휘
장을 배 위에 둘러치고 풀더미 1,000여 개씩을 배 양편에 쌓아 올렸
다. 그리고 안개가 짙게 긴 날 30명씩 병사들을 배에 태우고 조조의
군영 앞으로 가더니 북소리를 올렸다. 그러자 안개 때문에 앞이 보이
지 않은 조조군 1만 여 명이 적군이 침입한 줄 알고 북소리가 나는 쪽
으로 일제히 화살을 쏘았다. 제갈량이 주유 진영에 돌아와 세어보니
배 한 척당 조조의 군사들이 쏜 화살이 5,000~6,000대씩 꽂혀 있었
다. 이는 고스란히 주유의 군사들의 무기가 되었다.

적벽대전의 일화로 각색된 이 이야기는 사실 213년 조조가 유수濡
須를 공격할 때 발생한 사건을 모티브로 한 것이다. 배송지주에 인용
된 『위략』에 따르면, 손권이 배를 타고 조조 군영으로 잠입하자 조조
는 화살과 쇠뇌를 쐈다. 손권은 이를 대비한 장치를 만들어놨기 때문
에 화살을 공짜로 얻어 돌아왔다. 소설 삼국지에서는 손권의 일화를
좀 더 스케일을 키우고 주인공을 제갈량으로 바꾸어 새로운 이야기로
만든 것이다. 손권만 억울하다.

소설 삼국지 47회에서는 방통이 조조 군영으로 가서 조조의 전함들을 쇠고리로 묶어놓는 연환책을 사용했다고 서술했다. 북방의 군사들이 장강 유역의 풍토에 적응하지 못하고 뱃멀미를 하자 배들을 묶어 파도에도 배가 기울지 않게 하니 군사들의 뱃멀미가 줄어드는 효과를 냈다고 한다.

이 부분은 『삼국지』에도 유관한 내용이 없지 않은데, 방통의 이 일화와 부합하는지는 다소 불분명하다. 『삼국지/주유전』에는 "조조군의 전함 가운데 앞 배의 뒷부분과 뒤 배의 앞부분이 서로 이어졌다"는 기록이 나온다. 배송지주의 『강표전』을 그대로 인용한 『자치통감』에서는 "조조군은 전함을 연결해 앞뒤가 서로 이어졌다"고 기록했다. 원문의 '방方' 자의 해석에 따라 직사각형 모양으로 전함을 배치했다는 뜻으로 해석할 수도 있다. 이 구절만 보면 소설 삼국지처럼 배를 서로 이었는지 아니면 단순히 밀집 배치를 한 것인지 단언하기는 어렵다. 그런데 왕준이 오나라를 정복할 때 배 두 개를 이어 하나의 배(舫)*로 만들었다는 기록에서도 '이을 련連' 자를 쓴 것을 보면, 실제로 배와 배 사이를 묶었던 것 같다. 조조가 배와 배를 연결한 연환계를 사용하지 않았다고 해도 조조군은 당할 수밖에 없었다. 정사와 소설에 기록된 적벽대전의 상황을 보면 조조의 수군은 수전을 벌이는 상황에서 화공에 당한 것이 아니라 강가에 정박해둔 상태에서 화공을 당했다. 좁은 공간에 수백 척의 배를 정박해두었으니 배들은 서로 닿을 정도로 촘촘하게 들어서 있었을 것이다. 따라서 굳이 배를 묶어놓지 않았다고 해도 황개의 군사들이 불을 질러 조조의 전함으로 돌진하고 바람까지 불면 밀집한 배들에 불이 옮겨 붙기 쉬웠을 것이다.

---

\* 舫(방)은 두 개의 배를 묶어 하나로 만든 배를 뜻하는 단어이다.

적벽대전의 백미는 제갈량이 동남풍을 만들어내는 장면이다. 49회에서 제갈량은 주유의 부탁을 받고 남병산南屏山에 칠성단七星壇을 쌓은 후 하루 3번 기도를 드려 동남풍이 불도록 했다. 이는 소설 삼국지에서 제갈량이 자신의 수명을 늘려달라고 비는 장면과 함께 '마술사' 제갈량의 신통력을 강조하는 부분이다. 『삼국지』에는 제갈량이 동남풍을 불게 해달라고 빌었다는 기록 자체가 없다. 그러나 송나라와 원나라 이후 제갈량이 동남풍을 만들었다는 소문이 민간에 퍼졌고, 이것이 이 시기에 만들어진 『삼국지평화』에 반영되었다.

중국인들은 문학 작품에 마술과 귀신 등이 등장하는 것을 좋아하는 듯하다. 1990년대 방영되어 당시 야당의 서울시장 후보가 당선되는 데 기여하며 부패한 한국 사회에 큰 충격을 주었던 《판관 포청천》이라는 드라마가 있다. 이 드라마는 처음에 히트했다가 나중에는 인기가 식었는데 후반부에 등장하는 귀신, 마술, 둔갑 등의 기괴한 이야기가 한국인들의 정서에 맞지 않았기 때문이다. 소설 삼국지에서도 제갈량이 마술을 부리고, 죽은 우번이 손책을, 죽은 관우가 조조를 괴롭히는 장면은 보는 이와 듣는 이를 통쾌하게도 하지만 사실성을 떨어뜨리는 역할도 한다. 겨울철에는 중국에서도 시베리아의 북서계절풍이 분다. 그러나 이는 대체적인 경향이고 국지적으로 혹은 때때로 반대 방향에서 바람이 불었을 것이다. 주유가 이 사실을 알고 있었든 아니든, 혹은 단순히 운이 좋았던 것이든 간에 결과적으로 동남풍을 이용해 조조의 수군과 육군까지 섬멸한 것은 역사의 진실이다.

그 밖에 적벽대전 전후에 등장하는 인물들과 여러 장면이 정사에는 대부분 보이지 않는다. 다만 정사와 비교할 수 있는 부분들은 있다. 예컨대 소설 삼국지 49회와 50회의 이야기를 보자. 황개는 조조를 향해 돌진했으나 장요가 조조를 호위해 배에 태워 도망가자 황개가 뒤를 쫓았다. 이때 황개는 장요의 화살에 맞고 물속으로 빠졌다. 한당이 조조의 군영을 공격하고 있다가 자신의 이름을 부르는 것을 듣고 황개를 구해주었다. 실제로 『삼국지/오서/황개전』과 배송지주에 인용된 『오서』에 따르면, 황개는 화살에 맞아 물에 빠졌다. 주유의 병사가 그를 건져 올렸으나 황개인 줄 모르고 화장실에 놓아두었다. 나중에 황개는 의식을 회복해 한당을 불렀고, 한당이 황개의 목소리를 듣고 찾아와서 옷을 갈아 입혀 살아났다고 한다. 적벽대전의 공신인 황개가 화장실에서 구출되었다는 이야기보다는 전쟁터에서 부상을 입고 물에 빠진 걸 구했다는 것이 더 우아하지 않을까?

무엇보다 소설 삼국지는 정사에서는 거의 언급되지 않은 유비 군사들의 활동을 강조하기 위해 제갈량의 신출귀몰한 전략을 유독 강조하여 주유의 활약과 균형을 맞췄다.

지도 10-9는 소설 삼국지의 내용을 압축한 것이다. 주유는 휘하 장수들을 총동원해 공격했다. 그는 황개에게 화공으로 조조의 함대를 불사르게 한 후 한당과 장흠은 왼쪽, 주태와 진무는 오른쪽에서 공격하도록 한 후 자신은 정보, 서성, 정봉과 함께 중앙에서 공격했다. 감녕, 여몽, 반장, 동습, 능통도 패주하는 조조의 군대를 공격했다.

적벽대전 당시 유비와 제갈량의 활약을 강조하기 위해 소설 삼국지 49회에서 제갈량은 동남풍을 불도록 마법을 부리고 유비의 진영으로 돌아와 여러 장수에게 조조군을 공격하라고 명령을 내린다. 10-9 지도에서 볼 수 있듯 주로 패배한 조조 군사들을 공격하는 것이었다. 제갈량과 유비는 악현(훗날의 무창현) 북서쪽에 있는 번구에서 적벽대전과 유비의 군사들이 조조 군사들을 쫓는 광경을 구경하기도 했다. 하지만 10-9 지도에서 보듯 번구가 적벽과 형주의 전투를 구경할 정도로 가까운 곳은 아니었다.

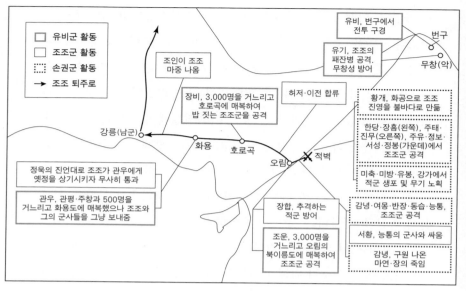

10-9 소설 삼국지의 적벽대전 상황도.

소설 삼국지 50회에서는 제갈량의 지시대로 여러 장수가 조조의 군
사들을 뒤쫓는 장면이 나온다. 조운은 3,000명의 군사를 거느리고 조
조가 상륙한 오림에서 화용현으로 가는 북이릉도에 먼저 가서 대기하
고 있다가 그곳으로 후퇴하는 조조의 군사들을 공격했다. 장비는 제
갈량의 명령을 받고 3,000명을 거느리고 호로곡(혹은 호로구라고도 한
다)에 매복해 있다가 이곳에서 밥을 지어 먹는 조조의 군사들을 공격
해 승리했다.

소설 삼국지에 서술된 적벽대전의 백미는 화용도華容道에서 발생
한다. 제갈량의 작전대로라면, 관우는 관평과 주창 등 500명을 거느
리고 화용현에 있는 화용도에 매복해 있다가 장비에게 패해 쫓겨온
조조의 군사들을 공격했어야 했다. 그러나 관우는 자신이 항복했을

때 자신과 유비의 부인들을 잘 대접해주었던 사실을 상기시키는 조조를 차마 죽일 수 없어 놓아주었다. 이때의 장면을 소설 삼국지에서는 다음과 같이 묘사했다.

> 조조는 정욱의 말대로 말을 몰아 앞으로 나서며 관운장에게 몸을 굽혀 인사한다. (…) 관운장이 길을 터줄 뜻임을 알고 조조는 급히 장수들과 수하 군졸을 거느리고 달아나기 시작했다.(50회)

의리 빼면 시체인 관우는 조조의 군사와 싸우지 않고 무사히 퇴각할 수 있도록 길을 터줘 사형당할 뻔했으나 유비의 만류로 살아난다. 이는 관우의 성품을 강조하기 위해 만든 픽션이다. 중국인들은 보은과 복수에 민감했다. 관우는 유비가 서주에서 조조에게 패해 원소에게 도망갔을 때 하비성을 지키다가 조조에게 항복했다. 조조는 관우를 잘 대해주었을 뿐만 아니라 나중에 유비를 찾아 떠날 때 추격하려는 부하들을 만류했다. "관우는 자신의 주인을 찾아간 것이니 추격하지 말라"고 말하면서. 배송지는 이 부분에서 조조의 관용을 찬미했다. 이처럼 관우는 조조에게 목숨을 빚진 적이 있었고, 그래서 소설 삼국지에서는 관우가 자기 목숨까지 걸고 과거의 은인인 조조를 살려주는 장면을 만들어, 관우에게 빚을 갚게 만든 것이다. 당시 이미 신으로 추앙받던 관우가 찌질하게 한낱 인간에 불과한 조조를 죽이거나 조조의 군사들을 공격하면 신으로서 체면이 깎이지 않겠는가?

『삼국지』에서 적벽대전 관련 기록은 전체의 0.1%도 채 되지 않는다. 그러나 소설 삼국지에서는 발단 부분과 적벽대전 이후 유비의 형주 점령까지 40회부터 53회까지 14회나 할애했다. 전체 120회의 12%에 달한다. 진수가 적벽대전의 중요성을 몰랐을 리는 없다. 아마

의도적으로 외면한 결과일 것이다. 그러나 소설 삼국지를 쓴 후대의 나관중과 여러 작가들은 후한 말 삼국시대의 역사 가운데 적벽대전이 얼마나 중요한지 알아차렸고, 그리하여 때로는 독자들의 반응에 의지해, 적은 양의 사료일지언정 정사를 바탕으로 다양한 이야기를 살붙여 역사적 비중을 되살려냈다. 이들의 창작력에 경의를 표해도 지나치지 않을 것이다. 역사적 사실과 별개로, 적벽대전의 의미와 이미지만은 소설 삼국지가 놓치지 않았던 것이다.

## 당시의 전함들

선행 연구에 따르면, 후한시대부터 위진시대까지 선봉에 서는 배라는 뜻의 선등先登, 충돌용 배인 몽충, 가볍고 빠른 배인 적마주赤馬舟, 위아래 두 겹의 판이 있는 함艦, 적군의 동태를 살피는 척후斥候, 한두 사람이 타는 정艇 등 다양한 명칭의 배가 있었다는 것을 알 수 있다. 이보다 앞선 진한시대에는 과선戈船, 누선樓船, 선등, 몽충, 적마赤馬, 척후, 함艦 등이 있었다. 가장 큰 배는 3,000명을 태울 수 있었는데, 손권이 만들어 탔다.

이렇듯 다양한 전함 가운데 적벽대전에 동원된 전함은 투함과 몽충, 주가였다(그림 10-10은 명나라 때 출간된 서적에 있는 것으로 실제와 외형이 다를 수 있다).

육지 전투에서 보병과 기병, 쇠뇌병, 궁수 등 다양한 병종이 존재하는 것처럼 수군도 다양한 작전을 구사하기 위해 여러 가지 전함이 존재했다. 지금의 해군에도 구축함, 순양함, 이지스함, 항공모함, 잠수함 등 다양한 전함이 있는 것과 같다. 그런데 당시 수전은 어떤 방식으로 진행되었을까?

전국시대의 수전水戰을 묘사한 그림을 보면 군사들이 배 위에서 창을 들고 싸우는 동안 일부는 잠수하여 적의 배로 침투한다. 다소 의아한 점은 화살이나 불화살을 사용하는 모습이 보이지 않는다는 것이다. 전국시대의 수전은 상대방의 배에 올라 적군을 죽인 후 적선을 탈취하는 형태의 전쟁이었음

10-10 왼쪽부터 순서대로 투함, 몽충, 주가.

을 추측할 수 있다. 사실 이는 대부분의 수전 혹은 해전의 기본적인 형태였다. 유럽의 예를 들면 포에니전쟁 당시 해전에 약한 로마군은 상대방 배에 접근하여 적선을 붙들어 맨 다음 보병이 적선에 올라 적의 수병을 죽이고 배를 점령하는 전술을 구사해 카르타고의 수군을 격파했다. 무적함대(아르마다)로 유명한 에스파냐(스페인) 해군의 장기이기도 했다. 하지만 이 전술은 대포가 해전에 사용되기 시작하면서 무용지물이 되었다.

다음으로 들이받기 전술이다. 이 전술은 고대 이집트와 그리스, 카르타고에서 주로 사용했다. 특히 지중해 서부를 지배한 해상제국 카르타고 해군의 주특기였다. 이 밖에 들이받기용 전함을 배치한 전술을 사용한 나라도 많았다. 배의 앞을 날카롭게 만들고 적선을 공격해 파괴하거나 적선을 받아 뒤집히도록 충격을 가하는 방법이다.

불화살이나 대포로 적선을 격침시키는 전술도 있었다. 이는 임진왜란 당시 해전을 묘사한 TV 드라마나 영화에서 확인할 수 있다. 유럽에서는 해적까지 동원한 잉글랜드(영국) 해군이 에스파냐의 무적함대를 사거리가 긴 대포로 쏘아 무찔렀다. 에스파냐의 함대는 로마군처럼 적의 배에 상륙해 싸우는 전법에 능했으나 근접전을 벌이기도 전에 잉글랜드 해군의 대포에 맞아 속수무책이었다. 게다가 잔잔한 호수 같은 지중해에 익숙한 배들은 험한 북해에서 힘을 쓰지 못했다. 대포가 발명된 후 불화살보다 대포가 널리 사용되었다. 임진왜란 때 이순신 장군이 일본 해군을 격파한 방법이기도 하다.

그러나 여러 나라의 해군은 위에서 소개한 세 가지 전술 가운데 한 가지만 사용하기보다 두 가지 이상을 병용했을 것이다. 전술이 단순하면 적군이 그 전술에 대처하는 방법을 찾으면 고전하게 된다. 에스파냐의 무적함대가 백병전을 고집하다가 잉글랜드 해군의 대포 공격에 속수무책으로 당한 것이 대표적인 예이다. 중국에서 다양한 목적을 가진 전함이 제작된 것도 다양한 전술을 구사하려는 목적이었다.

장소의 말에 따르면 조조의 군함들은 몽충과 투함으로 구성되었다. 몽충蒙衝은 몽충艨衝 혹은 몽동艨艟이라고도 하며 소가죽으로 선체를 싸서 적의 화살과 돌을 막으며 전진해 적함을 들이받아 파괴하는 좁고 긴 병선을 지칭한다. 이 몽충의 양쪽에는 쇠뇌를 쏘고 창을 찔러넣을 수 있는 구멍을 뚫어 적의 접근을 막았다. 투함은 전투용 선박, 즉 전함이었다. 이 두 가지 전함으로 적들을 어떻게 공격했을까? 독자 여러분이 작전을 세워보기 바란다.

소설 삼국지에서 조조가 방통의 말을 듣고 배와 배를 연결하니 군사들의 뱃멀미를 막을 수 있었다고 했다. 앞서 필자는 방통의 말처럼 배와 배를 쇠고리나 줄로 연결하는 연환계를 실제로 사용했는지 현재의 기록만으로는 알 수 없다고 했다. 그러나 나중에 서진의 왕준이 오나라를 정벌하기 위해 수군을 만들었는데, 그가 "큰 배를 만들어 서로 연결시켰다(大船連舫)"는 것은 기록으로 확인된다. 왕준이 만든 배는 가로세로 120보였으며 2,000여 명을 태울 수 있었다. 이 배는 나무로 성과 누각을 만들고 네 개의 문을 만들어 배 위에서 말을 타고 왕래할 수 있었다. 왕준이 이런 큰 배를 몇 척이나 만들었는지는 알 수 없지만 확실한 건 수전보다는 육군이 사용하기에 유리한 배였던 것 같다. 이 기록을 보면 조조도 육군의 장점을 이용하기 위해 골몰했을 것이며, 여러 척의 배를 연결해 병사들의 상태를 양호하게 유지하고 상대방의 배에 올라 백병전을 펴는 전술을 실제로 구사했을지도 모르겠다는 생각이 든다. 결국 사료의 부족으로 확신할 수는 없지만 말이다.

## 유비의 형주(강남 4군) 점령 _____

208년 겨울 조조의 군대와 손권, 유비의 군대가 장강 중류 적벽에서 벌인 전투는 유비에게 기사회생의 기회였다. 조조는 전쟁에서 패한 후 업성으로 되돌아가면서 조인에게 형주의 방어를 맡겼다. 전쟁에서 이긴 유비와, 손권의 총사령관 주유는 먼저 형주 땅에 깃발을 꽂기 위해 분주히 움직였다.

먼저 손권은 직접 군대를 이끌고 회남의 군사적 요충지인 합비合肥를 공격했고, 장소로 하여금 구강군의 당도현當塗縣을 공격하게 했다. 조조가 달아나는 틈을 타서 북벌을 시도한 것이다. 만약 손권이 합비를 점령했다면 헌제와 조정이 있던 허나 조조가 주둔했던 업까지, 산이 거의 없고 호수와 강만 있는 거대한 황회해黃淮海 대평원(화북평원)을 파죽지세로 진격할 수 있었을 것이다. 총공격을 받다가 한 번의 패스로 역습이 가능한 축구 경기 장면을 떠올리면 이해하기 쉬울 것이다. 그러나 장소의 군대는 이기지 못했고, 손권도 한 달 넘게 합비성을 공격했으나 함락하지 못했다. 나중에 조조가 장희張喜를 보내 합비를 구원하자 손권은 후퇴했다.* 같은 달 주유는 장강 북쪽에 있는 남군의 치소 강릉현을 공격했다(『삼국지/위서』의 다른 기록에 따르면 이때 유비의 군대도 남군 공격에 참전했다).

유비는 장강 이남의 4개 군을 공격했다. 전략적으로는 남양군·낙양 등지로 진격할 수 있는 남군이 중요했지만, 후한시대 호구를 보면, 많은 사람들이 사는 동정호와 장강 이남의 4군이 경제적으로 중요했다. 이미 유기(유표의 장남)가 차지한 강하군에 장사·영릉·무릉·계양 4군을 합하면 유비는 5군 63현(약 377,726km²)과 708,273호, 3,078,730명의 인구를 보유할 터였다. 이 호구는 『속한서/군국지』의 통계인데, 당시 전란 때문에 이 지역으로 모여든 유민의 수를 더한다면, 이 수치보다 훨씬 많았을 것이다. 소속이 불확실한 여강군을 제외하면, 당

---

*『삼국지/위서』에서는 손권의 합비 공격을 적벽대전 이전이라고 기록했다. 배송지주에 인용된 손성의 『위씨춘추이동魏氏春秋異同』에서는 『삼국지/위서』의 기록이 잘못되었고 『삼국지/오서』의 기록이 맞다고 평했다.

시 손권이 지배한 강동 4군의 면적은 339,295km², 호구는 830,268호, 3,661,429명이었으므로 유비가 장악한 지역의 인구로 대변되는 경제력은 벌써 손권에 필적하는 수준이었다. 손권군과 남군을 점령하기 위해 다투지 않고 알짜배기 땅을 점령하자는 전략은 당시 상황을 정확히 알고 있던 참모, 아마도 제갈량의 머리에서 나왔을 것이다. 게다가 유비가 남군의 장강 이남 지역인 공안에 머물렀던 것을 보면, 남군의 일부도 점령했던 것으로 보인다.

손권은 북벌을 위한 교두보를 택한 반면 유비는 실리를 취했다고 해석할 수도 있지만, 손권이 남군 전체를 차지한 것도 아니었고 반격 또한 조조군에 막혔다. 반면 유비는 알짜배기 강남 4군을 점령하여 재기의 발판을 마련했다.

결과적으로 형주는 어느 한 세력이 지배한 것이 아니라 조조, 유비, 손권이 사이좋게 나눠 먹었다. 물론 세 진영 모두 그럴 의도는 없었지만 말이다. 10-11 지도의 굵은 점선(--)은 당시 세 세력이 형주에 그어놓은 국경선이다.

조조는 원래 장악했던 남양군 이외에 남군의 북부와 강하군의 북부를 차지했다. 남군의 북부에는 새로 양양군襄陽郡을 설치했고, 강하군의 북부는 계속해서 강하군이라고 불렀다. 조조는 208년 8월 유종의 항복을 받고 유표의 장수였던 문빙文聘을 강하태수로 임명했다. 문빙은 관우의 군대와 치중부대를 공격해 공을 세웠고, 이후 죽을 때까지 수십 년 동안 손권의 침입으로부터 강하군을 지켜냈다.

『삼국지』를 보면 설명하기 어려운 부분이 많다. 여기서도 이미 눈치 빠른 독자는 알아챘겠지만 유표의 첫째아들 유기가 이미 강하태수로 부임한 상황에서 문빙이 강하태수가 되었는데 이는 그대로 믿기 어렵다. 2명의 강하태수가 동시에 존재했다는 뜻이기 때문이다. 아마

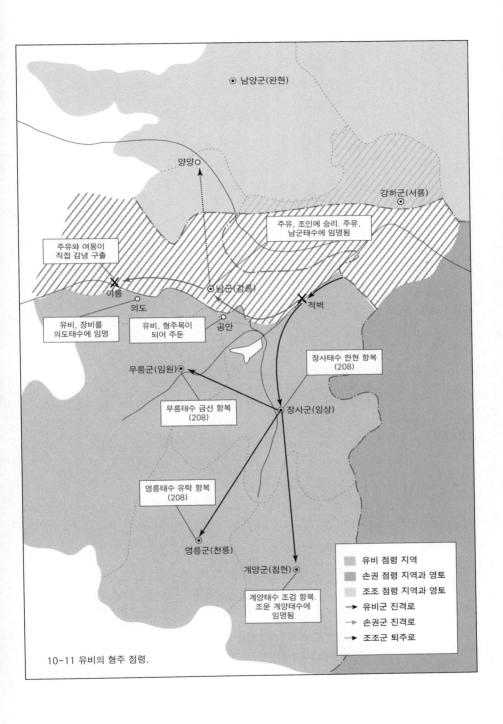

남양군(완현)

양양

강하군(서릉)

주유, 조인에 승리. 주유, 남군태수에 임명됨

주유와 여몽이 직접 감녕 구출

이릉

의도

남군(강릉)

적벽

유비, 장비를 의도태수에 임명

유비, 형주목이 되어 주둔

공안

장사태수 한현 항복 (208)

무릉군(임원)

무릉태수 금선 항복 (208)

장사군(임상)

영릉태수 유탁 항복 (208)

영릉군(천릉)

계양군(침현)

계양태수 조검 항복. 조운 계양태수에 임명됨

유비 점령 지역

손권 점령 지역과 영토

조조 점령 지역과 영토

→ 유비군 진격로

→ 손권군 진격로

⋯⋯ 조조군 퇴주로

10-11 유비의 형주 점령.

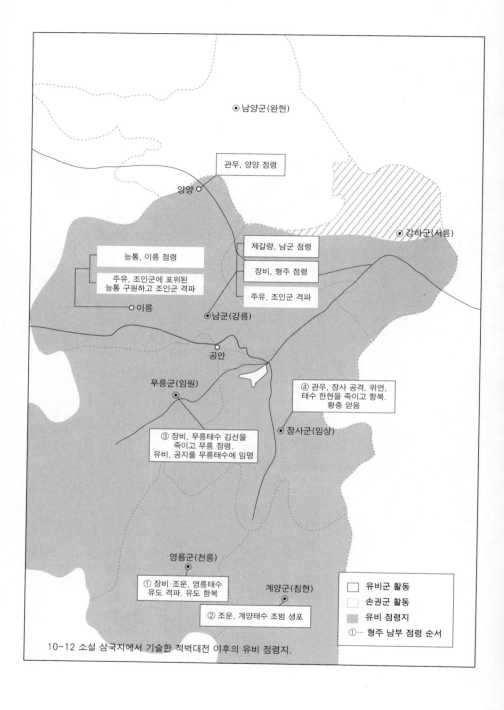

⊙ 남양군(완현)

관우, 양양 점령

양양 ○

제갈량, 남군 점령

능통, 이릉 점령

장비, 형주 점령

주유, 조인군에 포위된
능통 구원하고 조인군 격파

주유, 조인군 격파

⊙ 강하군(서릉)

○ 이릉

◉ 남군(강릉)

○ 공안

무릉군(임원) ◉

④ 관우, 장사 공격. 위연,
태수 한현을 죽이고 항복.
황충 얻음

③ 장비, 무릉태수 김선을
죽이고 무릉 점령.
유비, 공지를 무릉태수에 임명

◉ 장사군(임상)

영릉군(천릉) ○

① 장비·조운, 영릉태수
유도 격파. 유도 항복

계양군(침현) ◉

② 조운, 계양태수 조범 생포

유비군 활동

손권군 활동

유비 점령지

① … 형주 남부 점령 순서

10-12 소설 삼국지에서 기술한 적벽대전 이후의 유비 점령지.

조조는 강하군의 일부를 점령한 후 문빙을 강하태수로 임명했을 것이다. 10-11 지도에서 강하군 북부를 ▨로 표시한 것도 본래 유비의 땅이었다가 조조의 손에 넘어갔다는 것을 나타내기 위해서이다.

강하군에 대한 미스터리는 또 있다. 유비는 조조의 군대에 쫓겨 도망치다가 겨우 유기의 관할 지역인 강하군에 이르러 한숨을 돌렸고, 이후 손권과 연합하여 조조의 군대를 물리쳤다. 그러고는 유기를 형주자사로 추대했다. 『삼국지』를 뒤져봐도 이때 유비가 강하군을 빼앗겠다는 구절은 없다. 하지만 당시 정황을 보면 강하군은 손권에게 넘어간 듯하다. 10-11 지도에서 강하군 남부를 ▨로 표시한 것도 이곳이 처음에는 유비의 땅이었으나 후에 손권에게 빼앗겼음을 나타내기 위해서다.

이처럼 정사의 기록은 유비의 점령지를 동정호 남쪽 4군에 한정한다. 하지만 소설 삼국지에서는 형주 대부분을 차지한 것처럼 묘사하는데, 10-12의 지도는 소설 삼국지에서 적벽대전 이후 유비가 차지했다고 기술한 지역을 나타낸 것이다.

10-11과 10-12의 지도를 비교하면 몇 가지 차이점이 보인다. 첫째, 소설 삼국지에 따르면 유비는 형주 7군 가운데 남양군을 제외한 6군의 대부분을 차지했으나 『삼국지』는 유비가 차지한 지역을 동정호 남쪽 4군과 남군의 남부에 한정한다.

둘째, 동정호 남쪽 4군의 점령 과정에 대한 설명도 다르다. 소설 삼국지에서는 조운과 장비, 관우가 각각 군대를 이끌고 1개 군씩을 점령했다고 서술한다. 지도 10-12에서 보이는 숫자는 동정호 남쪽 4군의 점령 순서를 표시한 것으로, 소설 삼국지에서는 ①제갈량과 유비가 장비와 조운을 앞세워 직접 영릉군을 점령했고, 이후 ②조운이 계양군을, ③장비가 무릉군을, ④관우가 장사군을 차례로 점령한 것으로 묘사한다. 점령 순서도 마량馬良의 계책에 따라 강의 상류인 영릉군과 계양군을 먼저 점령하고 하류인 무릉군과 장사군을 나중에 점령한다(52~53회). 그러나 당시 유비는 강하군과 남군 일대에 있었기 때문에 이러한 점령 순서는 나올 수가 없다. 오히려 동정호 남쪽 지역부터 상수의 상류로 거슬러 올라가는 순서가 지리적으로 맞다.

그에 비해 『삼국지』에는 조운이 계양군을 공략했다는 기록밖에 없다. 그나마 배송지주에서 『조운별전趙雲別傳』을 인용해 이때의 사실을 짧게나마 다루고 있다. 그에 따르면, 조운은 계양군을 평정한 후 편장군偏將軍과 계양태수에 임명되었다. 소설 삼국지에서처럼 조범은 조운에게 과부가 된 형수 번씨樊氏와 결혼할 것을 권유하나 조운은 자신과 조범이 동성同姓임을 들어 "그대의 형수는 나에게도 형수뻘이다"라고 말하며 거절한다. 주변 사람들도 번씨가 국색國色, 즉 최고의 미인임을 들어 조운에게 결혼을 권했다. 그러자 조운은 "조범은 우리의 군대가 오자 급작스레 항복한 것이니 마음속을 헤아리기 어렵다. 천하에 여자는 많다"며 거절의 이유를 밝혔다. 문맥상 조범이 자발적으로 항복한 것이 아니라 조운의 군대에 억지로 굴복한 것이기에 미인계를 사용하려는 딴마음을 품었을지도 모른다는 뜻이다. 과연 조범은 달아났다. 소설 삼국지는 조범이 조운에게 거절을 당하자 반란을 일으켰고, 조운이 이를 다시 평정했다고 이야기를 풀어나간다(52회).

셋째, 주유가 남군 일대를 점령했다는 『삼국지』의 해당 대목에 대해 소설 삼국지는 주유가 조인의 군대를 격파하는 사이 유비가 그 틈을 노려 남군과 양양을 점령했다고 묘사한다(51회). 유비가 관우를 양양태수에 임명한 역사적 사실로 미루어 그렇게 생각할 여지가 없지 않으나, 이때 관우가 받은 관직은 요령遙領인 것으로 보인다. '요령'은 한 지역의 지방관으로 임명되었으나 실제로는 해당 임지로 부임하지 않는 것 또는 실효 지배 영토가 아닌 지역의 지방관으로 임명된 것을 말한다. 한마디로 임지 부임과 상관없는 이름뿐인 지방관을 가리킨다. 요령은 동진, 십육국, 남북조 시대에 자주 등장하는 것으로 알려져 있지만 『삼국지』를 보면 후한 말과 삼국시대에도 그 사례가 다수 존재했음을 알 수 있다. 이를테면 어떤 인물이 주, 군, 현의 지방 장관에 임명되었다는 기사가 존재하더라도 이를 근거로 해당 지역을 실제로 지배했다고 말하기는 어렵다. 필자가 앞서 원술이 회수 이북을 실제로 지배했는지 정확히 설명할 수 없었던 것도 바로 이 때문이다. 이때 실제 관우가 양양을 점령했다면, 후에 양양과 번성을 공격했다가 비명횡사하는 일 따위는 벌어지지 않았을 것이다.

기록이 모호하긴 하지만 『삼국지』를 보면, 주유는 남군 일부를 점령한 것으로 보인다. 배송지주에 인용된 『강표전』에도 주유가 남군태수가 되었으며 이후 장강 남쪽의 땅을 유비에게 주었다는 기록이 나온다. 이를 곧이곧대로 믿으면 남군 중 장강 이남은 유비가 차지한 것이 된다. 나아가 유비가 남군에 속하는 땅이자 장강 이남에 속하는 공안公安에 주둔했으며 장비를 장강 이남의 의도군宜都郡 태수에 임명한 사실을 보면, 실제로 유비와 손권은 남군을 둘로 나눠 가진 것으로 보인다. 10-11 지도에서 조조가 차지한 지역을 제외한 남군 전체를 ▨로 표시한 것도 남군의 지배권이 손권에서 유비로 바뀌었음을 나타내기 위해서이다.

남군의 지배권에 대해 『삼국지/촉서』와 『삼국지/오서』의 기록이 다르다. 『촉서』에는 단순히 주유가 곧 남군에서 물러났다고 기록되어 있으나, 『오서』에는 210년 유비가 직접 경구京口로 손권을 찾아와 남군을 빌려달라고 요청했고 노숙이 이에 동조하자 비로소 손권이 유비에게 형주를 빌려주었다고 기록되어 있다. 청대 역사가 조익은 『이십이사차기』에서 오나라 사람들은 유비에게 형주를 빌려준 것이라고 주장하지만 이는 후일 형주를 차지한 뒤 이를 정당화하기 위해 만든 사후 기록이며, 이러한 주장은 오나라의 기록에만 보인다고 지적했다. 필자도 이 주장에 동의한다.

유비가 이미 형주 관할 4군을 점령했기 때문에 실제로 빌린 땅은—'형주'가 아닌—'남군'에 불과했다는 주장도 있다. 사실 남조 이후 형주는—우리가 지금까지 이 책에서 보아온 '형주'가 아니라—대략 후한시대 남군 지역으로 축소된다. 명청시대에는 후한시대의 남군에 해당하는 지역이 '형주부'가 되었다. 따라서 후세의 관념으로는 '형주=후한의 남군' 도식이 통용되었으리란 걸 어렵지 않게 짐작할 수 있다. 물론 우리는 그렇게 이해해선 곤란하다.

어쨌든, 유비가 남군을 언제 점령했는지는 불명확하다. 오나라 사람들의 주장에만 시기가 등장하는데, 그에 따르면 손권은 210년 유비에게 남군을 빌려주었다.

한편 정사와 비교해 소설 삼국지에서 가장 왜곡된 인물이 노숙이다. 소설 삼국지에서 노숙은 찌질하고 매번 제갈량의 작전에 속아 넘어가는 어리숙한 인물로 묘사된다. 그러나 『삼국지』에서 그는 제갈량 못지않은 지략가로 기술되어 있다. 주유가 죽자 노숙은 분무교위奮武校尉가 되어 주유 병사들의 지휘를 맡았다(주유의 남군태수 벼슬은 정보가 차지했다). 노숙은 손권에게 조조와 맞서려면 유비와 손을 잡아야 하며 이를 위해 형주를 빌려주자고 건의했다. 그는 유비가 경(경구)을 찾아왔을 때도 손권에게 같은 주장을 했다. 결국 손권은 노숙의 진언을 받아들여 유비에게 형주를 빌려주기로 결심했다.

그런데 노숙은 왜 유비에게 형주를 빌려주자고 했을까? 한마디로 그는 형주를 유비에게 준 후 세력을 키워 함께 조조에게 맞서는 전략을 세운 것이다. 일반적으로 천하삼분론은 제갈량이 제기한 것으로 알려져 있지만 노숙 역시 천하삼분론을 제기했다. 제갈량의 천하삼분론이 유비가 익주와 형주를 얻어 조조, 손권과 함께 천하를 셋으로 나누는 주장이라면, 노숙의 천하삼분론은 형주를 조조와 손권의 완충지대로 설정했다는 차이가 있을 뿐이다.

## 손권의 북벌 실패와 형주(남군) 점령 _____

재주는 곰이 부리고 돈은 되놈이 차지한다고 했던가? 앞에서 살펴본 것처럼 적벽대전에서 이긴 건 주유의 군대였지만 두둑한 전리품을 챙긴 이는 유비였다.

적벽대전이 발생한 후 손권은 군대를 세 갈래로 나누어 조조의 영토를 침입했다. 주유와 정보는 형주로 진격했고, 손권 자신은 합비성을 공격했다. 장소는 구강군 당도현을 공격했다. 그러나 장소는 208년 12월 당도현을 점령하지 못하고 회군했고, 손권도 같은 달 합비를 점령하지 못하고 후퇴했다.

손권은 합비성을 오랫동안 포위하고도 좀처럼 승기를 잡을 수 없자 초조해져서 몸소 경무장한 기병을 이끌고 적군에게 돌격하려고 했다. 그러나 장굉이 만류했다. 직접 나가서 싸우는 것은 하급 무장들이 하는 일이라는 게 이유였다. 손권은 장굉의 간언을 듣고 그만두었다.

한편 조조는 손권이 합비를 공격한다는 소식을 듣고 장군 장희를 보내 합비성을 구원하게 했다. 그러나 구원병이 오려면 시간이 필요했기 때문에 양주별가揚州別駕 장제蔣濟는 몰래 상관인 자사에게 아뢰어 심리전을 폈다. 그는 장희의 편지를 위조해 마치 그의 4만 대군이 여강군의 우루현雩婁縣에 도착한 것처럼 소문을 냈다. 또 실제로 부하를 보내어 장희의 군대를 영접하는 시늉을 했다. 장제의 의도대로 이 소식은 손권의 귀에 들어갔다. 손권은 장희의 구원병이 합비와 가까운 곳에 도착했다는 정보를 믿고 합비 공격이 여의치 않다고 생각하고 회군했다.

손권이 합비와 당도를 공격했던 것을 보면 그는 적벽대전의 승세를 이어나가 조조를 완전히 멸망시키거나 적어도 양주 북부와 예주, 서주 등지를 점령하려는 의도가 있었던 것으로 보인다. 소설 삼국지에서는 조조가 적벽대전에서 패한 후 합비로 가려고 했으나 손권에 의해 도로를 차단당했다고 했는데(50회), 이는 지리적으로 가능한 이야기가 아니다. 조조가 허나 업으로 가려면 합비가 아닌 양양과 남양군을 거쳐 가는 것이 빨랐기 때문이다.

주유와 유비의 공격 방향은 달랐다. 지도 10-13에서 알 수 있듯이 주유는 남군으로 진격한 반면 유비는 동정호 남쪽의 장사, 계양, 영릉, 무릉 4군을 점령했다. 또한 남군의 장강 이남 지역도 점령했다. 유비가 불과 한 달도 되지 않아 4군을 점령한 데 반해 주유는 남군을 점령하는 데 1년이나 걸렸다.

주유는 정보와 함께 남군을 공격하면서 군대를 둘로 나눠 감녕에게 서쪽의 이릉현夷陵縣을 공격하게 했다. 이에 조인은 구원병을 보내 오히려 이릉현을 점령한 감녕의 군대를 포위했다. 감녕이 주유에게 구원병을 요청하자, 장수들은 병력이 적어 구원병을 파견하기 어렵다고 주장했다. 그러자 여몽이 나서 조언하길 능통凌統이 강릉의 군대를 이끌고 열흘 동안 시간을 끌 수 있을 것이니 그동안 주유가 직접 이릉으로 가면 적군의 포위를 풀 수 있을 것이라고 했다. 이에 주유는 여몽의 계책을 따라 능통에게 본진을 지키라고 지시한 후 여몽과 함께 이릉으로 향했고, 결국 조인의 군대를 격파하고 말 300필까지 얻어 돌아왔다.

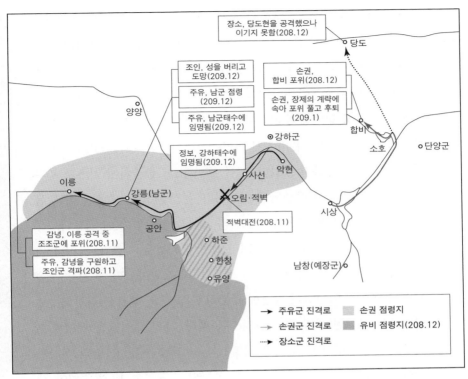

10-13 손권과 유비의 형주 진격로.

이때 주유는 본진을 장강 남쪽에 두고 장강을 건너 조인의 군대와 접전을 벌였다. 그는 친히 말을 타고 진두지휘하다가 갑자기 상대방이 쏜 화살에 오른쪽 옆구리를 맞았다. 상처가 심해서 결국 회군할 수밖에 없었는데 이번에는 조인이 주유가 병상에 누워 일어나지 못한다는 말을 듣고 군대를 이끌고 주유의 군영으로 진격했다. 이에 주유는 스스로 일어나 군영을 돌아다니며 병사들의 사기를 돋웠고, 허를 찔린 조인의 군사는 패해 물러났다. 소설 삼국지에서는 이 대목에서 주유가 거짓으로 죽은 척해 조인을 기만했다고 서술했다. 내용인즉, 주유가 상처 입은 것을 안 조인의 군사들은 주유의 화를 돋우어 상처가 터져 죽도록 일부러 욕지거리를 해댄다. 그런데 주유는 오히려 이를 역이용해 스스로 화를 못 이겨 쓰러진 것처럼 연기한다. 그러고는 총사령관을 잃은 오군이 돌아간다는 소문을 내고, 이에 조인이 승리를 확신하고 급히 공격해오자 이를 격파한다(51회). 배송지는 이 전투에 대해 군사 2,000명을 유비에게 빌려주었다는 『오록吳錄』의 기록 외에 다른 사료를 인용하지 않았다. 이를 보면 소설 삼국지에 기록된 주유의 계략은 나관중이 만들어낸 허구이다. 부상을 입은 주유가 아픈 몸을 이끌고 군사들을 지휘하여 조인의 군사를 물리친 것이 팩트다.

조인은 1년 동안 남군의 치소(군청)인 강릉성을 지켰다. 그러나 다수의 군사들이 죽고 다치자 결국 성을 버리고 달아났다. 손권은 주유를 남군태수로 임명하여 강릉에 주둔하도록 하고, 정보를 강하태수로 임명하여 사선현沙羨縣에 주둔하도록 했다. 그리고 여범을 팽택태수, 여몽을 심양현령尋陽縣令으로 임명했다. 손권과 주유는 1년의 시간과 군사들의 희생에도 불구하고 겨우 남군만 점령하는 데 만족해야 했다. 결국 적벽대전의 최고 수혜자는 유비였다.

한편 10-13 지도를 보아도 강하군을 어떻게 처리했는지 여전히 의문이 든다. 오나라 측의 주장을 반영한 『삼국지/오서』에 따르면, 정보가 강하군에 속하는 사선현에 주둔한 것으로 보아 유표의 장남 유기가 장악했던 강하군의 전부 혹은 일부를 손권에게 넘긴 것 같다. 그러나 유비 쪽의 기록을 보면 뭔가 이상하다. 또 하나의 문제는 손권이 유비가 점령한 4군 가운데 하나인 장사군의 일부를 지배했느냐의 문제이다. 앞서 이야기했듯 손권은 주유를 남군태수에 임명하면서 하준, 한창, 유양, 주릉 4현을 봉읍으로 주었다. 후한시대까지 관리들의 봉록은 국가가 곡물 혹은 동전으로 지급했으나 손권은 일부 지방관에게 봉록을 주는 대신 봉읍을 주어 자체적으로 조달하도록 했다. 이는 이전의 급료 지급 제도보다 후퇴한 후진적인 제도이다. 하지만 그보다 중요한 사실은 이 4현 가운데 주릉현만 남군에 속했을 뿐, 나머지 3현은 장사군에 속했다는 것이다. 사실 후한시대에는 장사군 3현 가운데 하준현만 존재했던 것으로 보아 한창, 유양은 손권이 새로 만든 현으로 보인다. 지도 10-13의 빗금 친 부분(▨)이 장사군에 해당하는 3현이다. 이 3현은 장사군의 상당 부분을 차지했다. 하지만 손권이 이 지역을 점령했다는 기록은 없어 손권이 이 3현을 실제로 지배했는지는 확실하지 않다.

### 주유, 손권 정권의 정치·군사적 기둥

『삼국지』를 읽으면서 가장 이해할 수 없는 인물이 주유였다. 주유의 가계를 보면 손책과 손권 밑에서 일할 인물이 아니라고 생각했기 때문이다. 주유는 여강군 서현 사람이다. 그의 종조할아버지 주경周景과 그의 아들(오촌 당숙) 주충은 후한의 태위를 역임했다. 원소의 여남 원씨와 쌍벽을 이룬다는 홍농 양씨가 4세대에 걸쳐 태위를 배출했으니, 주유의 가문은 홍농 양씨보다는 못하지만 열 손가락 안에 꼽힐 수 있는 가문이었다. 배송지가 인용한 장번張璠의 『한기漢紀』에 따르면 주경의 아버지 주영周榮은 장제·화제 시기에 상서령尚書令과 태수를 역임했다. 상서령은 천석에 불과해 현령과 동급이지만 지금의 청와대 비서실장처럼 권력이 막강한 관직이었다. 주영의 아들 주경도 상서령을 역임했다. 2대에 걸쳐 상서령을 배출한 것도 대단한 일이었다. 게다가 주경은 진번陳蕃을 예주의 별가別駕로, 이응, 순곤, 두밀, 주우 등을 종사從事로 임명했다. 이들은 나중에 당고의 화의 주역이 되었고, 천하에서 인정받는 인재였으니, 정치적 인맥도 탄탄했다. 주유의 아버지 주이周異도 낙양령洛陽令을 역임했다. 수도의 현령이니 출세한 셈이다. 삼촌인 주상周尚도 단양태수丹楊太守에 임명되었다. 자수성가한 아버지 손견을 둔 손책은 졸부에 가까웠으니, 명문가 출신의 주유와는 상대가 되지 않았다. 만약 후한 말의 내란과 혼란의 시기가 아니라 태평한 시대였다면 주유도 구경이나 삼공에 임명되어 평탄하고 부귀영화를 누리는 삶을 살았을 것이다.

그러나 주유는 서현에 살게 된 손책과 친하게 지냈고, 손책의 어머니를 자기 어머니처럼 예우했다. 서현의 큰 저택을 손책에게 선물하기도 했고, 손책이 원술의 용병대장이었을 무렵 그의 강동 공격에도 동참했다. 앞에서 언급한 것처럼 『삼국지/오서』는 손책이 원술로부터 독립해 독자적인 정권을 만들기 위해 강동을 정복한 것처럼 묘사했지만, 사실은 다르다. 손책이 단양군의 북쪽 지역을 점령했을 무렵 원술은 사촌동생 원윤袁胤을 단양태수에 임명했다. 졸지에 주유의 삼촌인 주상이 실직자가 되었다. 주유는 주상과 함께 원술의 수도 수춘으로 돌아갔다. 이때까지 손책과 주유 모두 원술의 부하였다는 뜻이다. 이후 주유는 원술 밑에서 거소장居巢長의 자리를 꿰찼다. 거소는 여강군 남쪽의 현으로 항우의 명참모 범증의 고향이기도 했다. 현령이 아닌 현장으로 임명된 것을 보면 거소현은 인구 1만 호 미만의 작은 현이었다. 『삼국지/주유전』에서는 주유가 거소현장을 자원했다고 한다. 원술이 잘되지 않을 경우 손책에게 도망가기 쉬운 곳을 골랐다는 것이다. 결국 주유는 198년 손책에게 왔다. 이때는 원술이 황제를 자칭한 다음 해로 조조에게 패하고 원소에게 의탁하는 것도 실패해 그의 종말이 뻔히 보이던 때였다. 주유는 원술보다 원술로부터 막 독립한 손책에게 붙는 것이 유리하다고 생각했을 것이다. 손책은 주유에게 건위중랑장의 벼슬과 함께 보병 2,000명과 기병 50명을 주었다. 주유는 손책과 함께 여강·예장·강하 공격에 참전하여 공을 세웠다. 그러고는 손책과 함께 국색國色으로 소문난 미녀 교씨橋氏 자매와 결혼했다. 주유는 손책과 동료였을 뿐만 아니라 동서지간이기도 했다.

손책이 죽고 손권이 19세의 나이로 정권을 물려받았다. 나이나 실력, 집안 모두 주유가 손책 정권의 부하들 가운데 가장 나으므로 자신이 권력을 차지할 법도 했지만 주유는 나이 어린 손권을 우두머리로 받들었다. 그리고 손책의 참모였던 장소張昭와 함께 모든 일을 처리했다. 그는 유표의 부하 황조를 공격하기 위해 궁정宮亭에 주둔하여 장소와 함께 문(행정)과 무(군대 지휘)를 나눠 다스린 것 같지만, 정치적으로도 영향력을 행사했다.

조조는 원소 세력을 일소하고 하북을 점령한 후 202년 손권에게 인질을 바치라고 통보했다. 인질을 바친다는 것은 상대에게 복종하겠다는 뜻이다. 더 이상 독립된 정권이 아니라 조조의 신하가 되라는 암묵적인 협박이었다. 손권은 부하들과 회의를 열었으나 장소, 진송 등은 결정을 미루고 미적거렸다. 이때 주유는 인질을 바치자는 주장에 반대했다. "장군은 6군을 거느리고 정예 군사와 많은 식량을 보유하고 있습니다. 장교들과 사병들은 장군의 명을 받들고 있고 구리를 캐고 바닷물을 끓여 소금을 만들 수 있으니 강동이 부유하고 사람들이 반란을 꾀하지 않는데 왜 인질을 바쳐야 합니까?" 주유의 말에서 강동이 경제적으로 부유하고 조조와 한판 겨룰 만한 지역 기반임을 알 수 있다. 손권의 어머니 오씨도 주유의 말에 찬성하여 조조에게 인질을 보내는 문제는 없는 일이 되었다. 만약 이때 조조에게 인질을 보냈다면 손권은 조조의 일개 지방관으로 삶을 마쳤을 것이다. 또는 조조에 의해 조용히 처단되었을 것이다.

6년 후 유표가 죽어 어수선한 형주를 조조가 점령하고 강동을 공격하려 했을 때도 장소 등 문관과 상당수 장수들이 조조에게 항복하자고 했다. 이때도 주유는 노숙과 함께 조조에 맞서 싸우자고 주장했고 이를 관철시켰다. 그는 유비와 연합해 조조의 군대를 적벽에서 대파했다. 유명한 적벽대전을 승리로 이끈 것이다. 만약 이때도 조조에게 항복했으면 어땠을까? 항복하자고 했던 장소나 다른 장수들보다 집안이 좋았기 때문에 주유는 고관대작이 되어 잘살았을 것이다.

주유는 장군의 자질도 뛰어났다. 손책과 함께 강동 지역을 평정하는 데 큰 공을 세웠고, 5~6배나 많은 조조의 군대를 적벽에서 대파했다. 황개에게 수십 척의 배를 불질러 조조의 군함이 있는 곳으로 돌진시켜 조조의 군영을 불바다로 만든 명장면도 연출했다. 그러나 적벽대전 이후 주유의 전공은 남군을 점령하는 데 그쳤다. 자신에게 빌붙던 유비가 동정호 이남의 4군을 점령한 것과 비교하면 초라한 성과였다. 그런 점에서 주유의 자질도 좀 의심스럽다. 손책·손권의 다른 장수들처럼 수비에만 강한 장수는 아닌지?

여러 전쟁에서 이기고도 유비보다 적은 영토를 점령한 손권군의 총사령관 주유는 몹시 화가 났을 것이다. 유비가 형주 남부의 4군을 점령한 후 경(경구)을 방문해 손권을 만났을 때 그는 여범과 함께 유비의 귀환을 막자고 주장했다. 유비에게 궁전을 지어주고 미녀와 재물로 구워삶아 유비를 억류하고 유비의 땅을 차지하자는 뜻이었다. 그러나 손권은 듣지 않았다. 유비를 제거하면 조조와 일대일로 싸워야 하는데 이길 자신이 없었기 때문이다. 손권은 적어도 유비라는 방패막이 필요하다고 생각했다. 손권은 처음으로 주유의 말을 듣지 않았다. 결론적으로 유비는 손권의 방패막이 아니라 파촉(익주)을 점령해 손권보다 큰 군벌로 거듭났다. 주유의 말이 옳았을까?

주유는 익주를 점령하자는 주장을 내놓고 전쟁을 준비하러 갔다가 병으로 죽었다. 소설 삼국지에서는 주유가 형주를 차지하기 위해 미인계(유비와 손권 여동생의 결혼), 익주 공격 등 온갖 계획을 동원했지만 제갈량에게 속고 병이 도졌다고 썼다(54~56회). 그는 하늘을 우러러 "아아 하늘이여, 이미 주유를 세상에 내고서 어찌하여 또 제갈량을 내었단 말입니까?"라고 말하며 혼절하고는 결국 죽었다(57회). 정사에서 주유의 죽음은 제갈량과 무관하다고 서술했지만 소설에서는 주유가 제갈량에게 속기만 하다가 화병으로 죽었다고 묘사했다. 소설에서 그는 제갈량의 첫 번째 호적수이지만 결국 제갈량의 지모에 놀아난 하수라는 이미지를 벗지 못했다. 손권 진영에서 가장 집안이 좋고 지위가 높은 주유가 제갈량의 첫 번째 노리갯감이 되어야 제갈량의 위상이 높아지기 때문이다.

주유가 손책·손권 정권에서 사실상 2인자로 군림한 것은 그의 뛰어난 지략과 용맹, 군사 지휘 능력 때문이다. 그러나 그가 자신보다 나이 많은 참모인 장소, 장굉, 또 손견의 부하였던 역전의 용사 정보, 한당보다 높은 위치에 서고 영향력을 행사할 수 있었던 이유는 그런 개인적인 능력만으로 설명되지 않는다. 주유의 집안은 앞에서 언급한 사람들보다 훨씬 좋았다. 가문이 좋은 데다 능력까지 갖추었으니 나이 많은 손권의 부하들도 복종하지 않을 수 없었다.

주유는 집안이 좋고 능력이 있었지만 독자적인 군벌이 되지 않고 손책·손권 형제의 부하로 만족했다. 이미 밝힌 것처럼 후한의 명문 집안 출신 가운데 군벌을 배출한 집안은 원소·원술 가문밖에 없다. 다들 힘센 군벌 밑에서 한 자리할 생각뿐이었다. 주유도 그런 사람의 하나였고, 원술 밑에서도 부하로 있었다. 주변 지역은 원술과 손책이 지배하고 있으니 차지할 땅도 없었기 때문에 힘센 군벌 밑에서 일하는 것이 주유가 선택할 수 있는 최고의 선택이었다. 자신보다 능력과 가문이 좋은 주유가 손책·손권에게 복종하니 다른 강동의 토착 세력도 손책 형제에게 머리를 굽히지 않을 수 없었다. 『삼국지』에서 알려주지 않는 주유의 영향력과 힘이었다. 전쟁에서 이기기는 쉽지만 점령한 땅을 다스리는 것은 힘들다. 손책과 손권보다 잘났다고 거들먹거리는 강동의 토착 호족들을 복종시키기 위해서는 고도의 정치적 술수가 필요했다. 자신보다 훨씬 잘난 주유가 손책·손권을 섬기는 이상, 다른 강동의 토착 세력도 주유를 따를 수밖에 없었다.

게다가 주유는 자신의 사욕보다 정권 자체의 이익을 중시했다. 조조에게 인질을 바치고 조조의 부하가 되는 일이나, 적벽대전 직전 조조에게 항복하는 것 모두 자신에게 불리하지 않았다. 명문가 출신이기 때문에 조조 밑에서도 출세가 가능했다. 하지만 그는 그러지 않았다. 오히려 그 반대로 행동했다. 반대파들에게도 그의 주장이 먹힌 것은 소위 노블리스 오블리제 때문이다. 최고 실세인 주유가 앞장서서 정권(혹은 나라)을 지킨다는데 누가 반대하겠는가? 조조에게 항복하면 항복파의 어떤 신하보다도 훨씬 나은 대접을 받을 수 있는 주유가 항복하기 싫다는데? 자기보다 손권 혹은 정권 자체를 위해 희생하겠다는데 누가 대놓고 반대하겠는가? 이런 솔선수범의 자세가 있었기 때문에 주유는 손권 정권 최고의 실세가 될 수 있었다.

주유는 단순히 적벽대전에서 이긴 무장이 아니라 손권 정권을 정치와 군사 양면에서 떠받치는 거인이었다. 손권은 황제가 된 다음 "공근(주유)이 없었으면 짐이 황제의 자리에 오르는 일이 없었을 것이다"라고 말했다. 이는 겸손의 말이 아니라 사실이었다. 그 정도로 주유의 존재감은 대단했다. 불행한 것은 주유가 일찍 죽었다는 사실이다. 주유 이후 노숙, 정보, 여몽, 육손이 주유의 역할을 맡았다고 하지만 주유만큼 영향력 있는 인물은 없었다. 주유의 죽음은 손권에게 큰 손실이었다.

# 11장

# 대기만성 유비,
# 드디어 인생 역전

| 188년 | 유언, 익주목에 임명되다. |
|---|---|
| 194년 | 유언이 죽고 아들 유장이 익주목을 세습하다. 장안 조정에서 호모를 자사에 임명, 형주별가 유벽과 유장의 무장 심미, 누발, 감녕이 반란을 일으켜 유장과 싸웠으나 이기지 못하고 형주로 달아나다. |
| 200년 | 파촉(익주)의 토착민들이 조위를 중심으로 뭉쳐 유장을 상대로 반란을 일으키다. |
| 201년 | 외지인으로 구성된 동주병이 토착민들의 반란을 평정하다. |
| | 9월 조조, 마초를 격파하다. |
| | 10월 조조, 양추를 정벌하다. |
| 211년 | 유장, 유비에게 구원을 청하고, 유비는 가맹에 도착하다. |
| 212년 | 유비, 유장을 공격하다. |
| 214년 | 여름, 유비군, 낙성을 함락하고 성도를 포위하다. 수십 일 후 유장이 항복하고, 이로써 유비는 익주를 손에 넣다. |
| 215년 | 3월 조조, 장로 정벌을 시작하다. |
| | 4월 유비와 손권, 영토 분쟁을 벌이고 영토 분할을 합의하다. 형주의 강하, 장사, 계양은 손권, 남군, 영릉, 무릉은 유비의 차지가 되다. |
| | 7월 조조, 한중을 점령하다. |
| | 11월 장로, 조조에 항복하다. |
| 219년 | 유비, 정군산에서 조조의 장군 하후연을 참하다. 대치 끝에 조조는 회군하고, 유비는 한중군을 점령하다. |
| | 가을, 유비, 한중왕으로 즉위하다. |
| | 손권, 형주를 점령하고 그 과정에서 관우를 살해하다. |

조조가 적벽대전에서 패하고 유비가 형주의 일부를 차지해 재기에
성공함으로써 사실상 삼국 정립鼎立의 국면이 확립되었다. '정鼎'은
'세 다리의 솥'이란 뜻이니 '정립'은 세 세력, 즉 세 나라가 세워졌다
는 뜻이다. 조조는 화북, 손권은 강동(강남)을 이미 차지하고 있던 상
황에서 형주의 일부를 겨우 얻은 유비가 익주를 차지하면서 중국은
삼분된다. 11장에서는 유비가 마지막으로 나라의 기틀을 다지는 과정
을 살펴본다.

## 야심가 유언의 치세 _____

후한 말 황건의 난이 발생한 이후 중국 각지가 무척 혼란스러웠다. 파
촉도 마찬가지였다. 황건적 마상의 반란이 파촉의 여러 지역에 영향
을 주었기 때문이다. 『화양국지』에 따르면, 184년에 량주의 황건적 마
상(『삼국지』에서는 익주 출신이라고 기록되어 있다)과 조지趙祇 등이 무

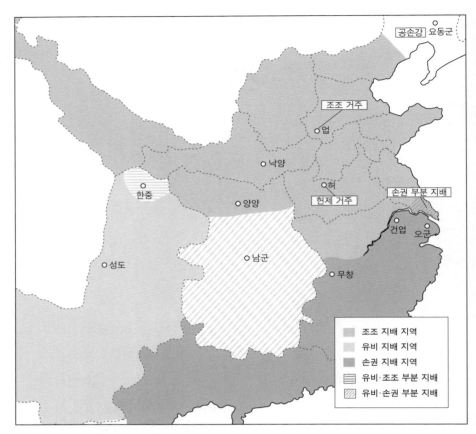

11-1 삼국 정립.

리를 모아 면죽현령 이승李升을 죽이고 요역 징발로 고통받던 백성 수천 명을 규합해 봉기했다. 그들은 왕요王饒와 조파趙播 등을 보내어 낙성雒城을 공격해 익주자사 극검郤儉을 죽이고 촉군과 건위군犍爲郡을 점령했다. 이어서 마상은 천자를 자칭했으며 파군을 공격해 태수 조부趙部를 살해했다.

중국 학자 고민高敏은 178년부터 187년까지 량주와 삼보(관중)에서

6차례의 반란(兵災)과 곤충의 습격(蟲災), 수재 등이 발생해 이 두 지역의 유민流民이 익주로 흘러들어왔을 것이라고 추론했다. 또 마상이 원래 량주 출신이었으나 익주로 이주하여 익주 황건적의 우두머리가 되었으며, 익주 황건적은 주로 량주와 삼보 지역 유민들이 주축을 이루었다고 주장했다.

이러한 혼란한 지역에 관심을 가지고 눈여겨본 사람이 있었다. 바로 유언이다. 유언은 강하군 경릉현竟陵縣 사람으로 전한 경제의 아들인 노공왕魯恭王 유여劉餘의 후예였다. 후한 광무제의 선조 장사정왕 유발과 유비의 선조인 중산정왕 유승도 공교롭게 노공왕 유여처럼 전한 경제의 아들이었다. 유언은 낙양령洛陽令(천석), 기주자사(육백석), 남양태수(이천석) 등 중요한 지역의 지방관을 역임하고 구경에 해당하는 종정(중이천석)과 태상(중이천석)을 역임했다. 유언은 황건의 난이 발생해 전국이 어수선해지자 조정의 중신을 주목으로 임명해 지방의 통제를 강화하자는 주장을 폈다. 영제는 유언의 진언을 받아들여 각 지역에 조정의 중신들을 파견했다(실제 임명 사례를 보면 모든 자사를 주목으로 바꾼 것이 아니라 중신이 파견된 일부 주의 책임자를 주목으로 바꾸고 그렇지 않은 주에는 여전히 자사를 임명하였다). 주목과 자사는 모두 자사부 혹은 주의 지방 장관 명칭이었지만 전자가 후자보다 등급이 높았다. 지방을 안정시키고 조정의 통제를 강화시키려는 이 조치는 도리어 주목에 임명된 사람들이 한 지역을 차지하며 군벌로 발전하는 정치적 기반을 제공하는 역효과를 낳았다. 유언이 마음속으로 기대했던 상황인지도 모르겠다. 익주 광한군 출신인 동부는 유언에게 "경사京師(수도 낙양)에 장차 난이 발생할 것이고, 익주의 분야分野에는 천자의 기운이 있습니다"라고 말했기 때문이다.

'분야'는 성점星占, 즉 별자리점으로 별자리와 중국의 각 지역을 대응시켰다. 중국 사람들은 어떤 별자리에서 유성이 떨어지거나 천체의 움직임이 있으면 그 별자리에 해당하는 지역에서 큰일이 발생한다고 믿었다. 소설 삼국지에서 사마의는 죽음을 상징하는 유성이 익주 분야에 떨어지는 것을 보고 제갈량의 죽음을 예언한다(104회). 사실 미신이나 우연에 불과하지만 당시 중국 사람들은 이를 진실이라고 믿었다.

유언은 야심을 품고 익주자사 극검이 실정하는 것을 빌미로 익주목이 되어 파촉으로 향했다. 전한 경제의 아들 노공왕의 후손이었던 유언은, 장사정왕 유발의 후손 유수(후한 광무제)처럼 자신도 황제가 될 자격이 있다고 스스로 믿었다. 장사정왕 유발도 경제의 아들이었는데 그 후손인 광무제가 후한 왕조를 열었던 것처럼 자기도 그러지 못할 이유가 없다고 생각한 것이다. 유언에게 파촉행을 권한 동부도 촉군서부속국도위蜀郡西部屬國都尉의 자리를 얻어 유언과 동행했다. 이때 파촉 호족들은 처음에는 마상이 이끄는 삼보와 량주 출신 유민들의 봉기를 막아내지 못했다. 그런 가운데 익주종사 가룡賈龍이 가병家兵 수백 명을 거느리고 건위군 동쪽 경계에 있다가 관리와 백성 1,000여 명을 규합해 마상을 공격하여 죽였다. 이에 유언이 임지로 부임할 때 익주는 전란이 평정된 상태였다.

유언이 도착하자 파촉의 호족들은 전국에서 명망이 높은 그의 권위를 빌려 익주를 안정시키려고 했다. 하지만 유언은 파촉 호족들의 꼭두각시 노릇을 할 생각이 없었다. 유언은 파촉에서 자립하려는 계획을 하나하나 실천에 옮겼다.

먼저 익주의 치소를 면죽현으로 옮긴 후 혼란을 수습했다. 그러고는 장로를 한중으로 보내 산골짜기 사이의 잔도棧道*를 끊고 조정에서 보낸 사자를 살해했다. 다른 기록에 따르면, 유언은 장로와 별부

사마 장수張脩를 보내 한중태수 소고蘇固를 공격했으며, 조정에 미적 米賊**이 잔도를 끊어 익주와 관중의 교통로가 막혔다고 거짓 보고를 올렸다. 이처럼 유언은 교통을 차단해 조정의 간섭을 막고 익주에서 왕처럼 군림할 조건을 만들었다.

다음으로 유언은 자신의 권력을 강화하기 위해 걸림돌인 파촉의 호 족들을 제거했다. 예컨대 그는 파촉의 대표적인 호족인 파군태수 왕 함王咸과 이권李權 등 10여 명을 죽여 파촉의 토착 세력을 약화시켰 다. 이에 토착 호족인 건위태수 임기任岐와 전직 익주종사 가룡이 유 언의 토착 호족 탄압 정책에 반기를 들고 유언을 공격했다. 그러나 유 언은 오히려 역공하여 두 사람을 죽였다.

유력한 토착 호족들을 제거하면서 파촉의 토착 호족들을 '잠재적인 적'으로 만든 유언은 우군이 필요했다. 그런 유언의 눈에 외지인들이 들어왔다. 그는 외지인들을 모아 파촉의 토착민들을 견제하고 지배 해야겠다고 생각했다. 그는 남양군과 삼보(관중)에서 온 유민 수만 가 구를 받아들이고 후대하여 자기편으로 만들었다. 이들을 '동주사東州 士' 또는 '동주병東州兵'이라고 한다. 당시 파촉 사람들은 파촉(익주) 을 '서주西州'라고 불렀는데, 말하자면 '동주東州'는 파촉 이외의 지역 을 뜻했고, 동주사 또는 동주병은 파촉 이외의 외지인으로 구성된 군 대라는 의미였다. 유언은 이들을 군대로 편입하는 한편 군 조직을 전 후좌우 4부部로 확대 개편하고, 등급 이천석의 사마司馬를 두었다. 이 천석은 군태수의 등급이었으므로 익주목의 부하라고 하기에는 사마 의 직급이 너무 높았다. 장군 휘하에 4부를 두고 교위를 임명한 것과

---

* 험한 절벽에 나무를 박아 만든 길.
** '오두미도를 믿는 도적'이란 뜻으로 장로를 가리킨다.

유사했다. 유언은 장군이 지휘하는 군대를 가진 것이다.

이어서 유언은 황제(천자)가 사용하는 의복과 탈것을 만들었다. 황제 자리에 대한 야욕을 공공연히 드러낸 것이다. 이때 헌제는 동탁의 강요로 장안으로 천도했다. 헌제는 유언의 변심을 알고 그의 아들 유장을 보내 유언을 설득했으나 유언은 아들을 익주에 붙들어두고 조정으로 돌려보내지 않았다. 유언은 조정에서 좌중랑장으로 근무 중인 아들 유범劉範과 모의해 당시 장안 서쪽에 주둔하던 마등과 연합하여 장안을 습격하려고 했다. 배송지주에서 인용한 『영웅기』에 따르면, 유범은 아버지에게 도움을 요청했고 유언은 교위 손조孫肇에게 군사를 주어 돕도록 했으나 패했다. 이때 유범과 또 다른 아들 유탄劉誕이 살해되었다.

헌제를 제거하고 황제가 되려는 음모가 물거품이 되고 아들 둘을 잃은 데 이어 유언은 하늘에서 벼락이 떨어져 성이 불타고 애써 만든 수레와 탈것이 불타 없어지는 일을 겪었다. 이것은 누가 봐도 불길한 징조였다. 당시 사람들은 천인상관설天人相關說(천인감응天人感應이라고도 한다)이라는 재이설災異說을 믿었다. 한마디로 사람들이 하는 행동은 하늘에 알려지는데, 만약 사람들이 악한 행동을 하거나 하늘의 뜻을 거스를 경우 하늘이 자연재해를 통해 벌을 주거나 벌을 내리겠다고 미리 암시한다는 설이다. 전한 말부터 후한시대에는 자연재해가 일어나면, 이는 황제를 보좌하는 삼공(태위, 사도, 사공)이 정치를 잘못했기 때문이라고 생각했다. 따라서 황제들은 이들에게 책임을 돌려 삼공의 자리에서 물러나게 하거나 심한 경우 죽이기도 했다. 일반적으로 자연재해가 발생하면 황제는 자신의 부덕을 깨닫고 음식의 가짓수를 줄이거나 술과 여색을 잠깐 멀리하고 억울한 죄인들을 풀어주는 등 선정을 베풀었다. 가뭄의 경우에는 황제가 직접 비가 올 때까지 기우제를 지내기도 했다.

재이설에 따르면, 황제와 동격으로 만든 의복과 수레, 탈것이 불에 타 없어진 것은 신하인 유언의 터무니없는 야심을 하늘이 미리 경계하거나 황제 참칭의 죄를 물은 것이었다. 이미 두 아들을 잃은 유언이 하늘이 내린 징조에 얼마나 상심했을지 짐작할 수 있다. 결국 유언은 194년 병들어 죽었다. 익주를 기반으로 황제가 되려 했던 그의 야심도 함께 사라졌다.

이상의 내용은 『삼국지/유언전』과 『화양국지』의 내용을 정리한 것이다. 특히 『화양국지』는 황제를 자칭한 유언의 면모를 자세히 설명하였다. 『후한서/유언전』에도 천자의 기물을 사용했음을 기록했지만, 유언이 노골적으로 후한을 배신했다고 기록하지는 않았다. 『후한서/유언전』의 내용 중 『삼국지/유언전』, 『화양국지』와 다른 점은 유언이 이각을 죽이려고 한 마등 및 유범의 모의에 참여했다는 기록이다. 『후한서/유언전』에 따르면, 유언은 이때 이민족인 수叟의 군사 5,000명을 보냈다. "장안을 습격했다"와 "이각을 공격했다"는 말은 그 의미가 다르다. 전자는 유언이 헌제가 있는 장안을 점령하려는 역모를 꾀했다는 뜻인 반면, 후자는 헌제를 허수아비로 삼고 국정을 농단하는 역적을 제거하기 위한 의거라는 뜻을 담고 있다. 어느 쪽이 옳을까? 두 책이 전자, 하나의 책이 후자를 지지하기 때문에 단순한 다수결로는 전자의 주장이 옳은 것처럼 보인다. 여러 차례 언급한 것처럼 『후한서』가 후한 말 군웅의 이야기를 시시비비를 가려 기록했기 때문에 필자는 『후한서/유언전』의 기사가 사실이라고 믿고 싶다. 유언은 후한으로부터 독립하고 황제가 되려는 야심을 가진 군웅의 하나였지만, 한편으로 여전히 충성심을 지닌 모순적인 인물이었을 것이다.

## 유장의 치세: 교구 내전과 후유증 ___

유장은 아버지 유언과 달리 야심이 없거나 무능한 인물이었다. 익주의 고관 조위趙暐는 유언의 아들 유장이 온화하고 인자한 성품을 가졌다는 이유로 후계자로 옹립했다. 조정에서는 유장을 감군사자監軍使者 익주목에, 조위를 정동중랑장征東中郞將에 각각 임명하여 형주의 유표를 공격하라고 명령했다.

배송지주에 인용된 『영웅기』의 기록을 바탕으로 사건을 재구성해보자. 형주별가 유합劉闔과 유장의 장수 심미, 누발, 감녕이 반란을 일으켜 유장을 공격했다. 하지만 그들은 이기지 못하고 형주로 달아났다. 유장은 조위를 보내 형주를 공격하게 했고, 조위는 구인현朐腮縣에 주둔했다. 소설 삼국지의 독자들을 위해 부연하면, 이때 감녕은 유표에게 의탁했으나 등용되지 못했고, 이에 유표의 부하인 강하태수 황조를 찾아갔으나 황조 또한 그를 평범한 인재라고 생각했는지 등용하지 않았다. 나중에 감녕은 손권을 찾아가서 오나라의 장수로 활약한다.

한편 유장은 장로가 자기 말을 듣지 않자 장로의 어머니와 아우를 죽여 그와 원수가 되었다. 그는 방희龐羲를 보내 장로를 공격했으나 도리어 패했다. 이때 방희는 파서태수에 임명되어 장로를 방어하는 임무를 맡았으나 나중에 유장과 사이가 틀어지면서 오히려 유장의 지배에서 이탈했다. 유장은 유언이 물려준 영토를 지키기는커녕 하나하나 까먹었다.

영토의 상실보다 더 큰 문제는 당시 외지인인 동주인과 파촉의 토착 호족인 서주인의 갈등이었다. 결국 이들의 갈등은 내전으로 발전했다. 배송지주에 인용된 『영웅기』의 내용을 통해 이 내란을 재구성해보자.

먼저 익주의 치소가 있는 촉군 인근의 광한군과 건위군에서 토착민들이 들고일어났다. 앞서 본 것처럼 유언은 남양군과 삼보 출신의 외지인 수만 명을 모아 군인으로 편성했다. 그런데 이 외지인인 동주병들이 점령군 행세를 하며 토착민들을 괴롭혔다. 문제는 익주목인 유장이 이를 제지하거나 범법행위를 저지른 동주병들을 처벌해야 함에도 수수방관했다는 점이다. 이에 파촉의 토착민들은 유장에게 실망했고, 그의 거듭된 실정에 파촉 사람들의 실망감은 더욱 커졌다.

그 와중에 그간 유언과 유장 부자를 섬겨온 조위가 딴마음을 품었다. 파촉 토착민의 인심을 얻고 있던 조위는 유장의 인기가 떨어지자 모반을 계획했다. 이에 자신의 출병 목적이었던 형주 공격을 중지하고, 유표에게는 후한 뇌물을 주어 휴전을 청했다. 그는 파촉의 유력 호족들과 결탁해 군사를 모아 유장을 공격했다. 사태가 커지자 촉군과 광한군, 건위군의 토착 세력이 조위 세력에 합세했다. 유장은 급히 성도성 안으로 들어가 지키는 데 급급했다. 아마도 조위와 이에 호응한 파촉의 호족들은 교인僑人, 즉 외지인인 유장과 동주인을 몰아내고 파촉 호족의 이해를 대변하는 토착민 정권을 세우려고 했을 것이다.

동주인들은 토착민을 괴롭혔을 뿐만 아니라 자기들끼리도 반목했다. 하지만 토착민들이 단결해 유장을 공격하자 위기감을 느꼈다. 유장을 제거하면 창 끝이 자신들을 향할 것임은 너무나 분명했다. 이에 동주인들은 단결하여 유장을 도와 반란군을 공격했고, 결국 토착민들을 물리쳤다. 반란군을 격파한 동주인들은 승승장구해 조위가 주둔한 파군 강주江州로 진격했다. 그러자 사태가 불리하다고 느낀 방락龐樂과 이이李異는 상관 조위를 배신하고 그의 군대를 공격하여 끝내 조위를 참했다. 이로써 유장과 외지인인 동주인들은 토착 세력을 완전히 제압하고 계속해서 익주에서 점령군으로 군림할 수 있었다.

요컨대 유장 정권은 바깥의 조조나 유표, 장로의 세력을 물리치기도 벅찬 상황에서 토착민과 외지인 사이에 내분이 발생하여 사실상 자멸 지경에 빠졌다. 하지만 동주인이 유장을 중심으로 결속해 결국 토착 세력의 반란을 진압하고 그들의 구심점인 조위를 제거하면서 유장 정권을 지켜냈다. 내전을 통해 외지인들이 우세한 무력을 확인하고 힘으로 토착민과 외지인 사이의 갈등을 봉합한 것이다. 하지만 두 집단의 근본적인 갈등이 치유된 것은 아니었다.

촉군 사람인 장송張松의 행동은 파촉 토착 세력의 마음이 어디에 있는지 보여준다. 그는 유장의 명령으로 조조를 찾아갔다. 당시에는 지방관의 부하 관리가 상계리 자격으로 조정에 파견되었다가 조정의 신임을 받고 능력을 인정받아 승진하는 예가 많았다. 그의 형 장숙張肅이 조조에게 파견되어 광한태수라는 폼나는 벼슬을 받자 장송도 사자로 파견되는 기회를 이용해 한자리 얻을 것을 기대했다. 그러나 조조는 이미 형주와 한중을 평정한 뒤여서 파촉을 경시했고, 이 때문에 장송은 푸대접을 받았다. 이에 분개한 장송은 돌아와서 유장에게 조조를 비방했으며, 그와의 관계를 단절하자고 진언했다. 그러고는 유비와 연합하자고 건의했고, 훗날 장로의 침입을 막기 위해 유비에게 원병을 청하자고 했다. 장송이 유비를 끌어들인 것은 유비와 모의해 유장을 제거하려는 속셈이었다. 소설 삼국지를 읽은 독자라면 장송이 익주의 정보를 담은 지도를 가지고 처음에는 조조에게 바치려 했으나 조조의 냉담한 반응에 실망하여 결국 유비에게 바쳤다는 장면(60회)을 기억할 것이다. 소설과 정사의 내용에 조금 차이가 있지만 장송이 자신의 상관인 유장보다 자신의 이익을 우선했다는 점은 같다.

군대의 무력이 강했던 덕분에 유비는 익주를 점령할 수 있었다. 그러나 그 내막을 자세히 들여다보면 유장 정권은 자멸했으며, 심지어

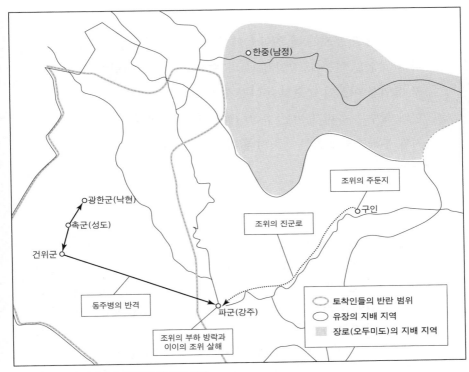

11-2 유장 치세기의 지배 지역과 교구 내전.

지배층조차 분열되어 자기 이익을 도모했기 때문에 유비의 공격에 쉽게 당한 것이다. 게다가 유장은 군량이 부족한 유비를 상대로 견벽청야堅壁淸野작전*을 벌이자는 부하의 건의를 묵살했다. 이 계책이 받아들여졌다면 유비의 군대는 굶어 죽었을지도 모른다. 유장은 지략도 없었을 뿐만 아니라 부하들의 현명한 계책을 받아들이는 판단력마저

---

* 성을 군게 지키면서 적군에게 군량과 물자를 주지 않도록 성 밖 마을을 불태우고 논밭의 곡식을 거둬들이는 지구전을 말한다.

부족했다.

유언, 유장 부자가 파촉(익주)에서 할거하던 상황을 지켜보면서 몇 가지 교훈을 얻는다. 창업創業보다 수성守成이 더 어렵다. 황제를 꿈 꾼 유언의 야심이 수포로 돌아갔지만 유장이 익주를 잘 지켰다면 촉 한의 군주는 유비가 아닌 유장이었을 것이다. 유장은 착하고 인자했 지만 부하들을 통솔할 능력이 없었고, 결국 자기 땅을 유비에게 넘겨 주었다.

### 외지인이 지배하는 파촉?

필자가 보기에 파촉은 좀 이상한 지역이다. 전국시대 진秦나라에게 정복당한 이후 파촉은 진나라의 본거지인 관중과 기타 지역에서 사람들을 이주시키는 이민의 공간이 되었다. 또 후한 말 이후 중원이 정치적으로 혼란할 때마다 파 촉으로 피란 오는 사람들이 많았다. 그런데 후한 말부터 동진이 멸망할 때까 지 초종譙縱 정권을 제외하면 유언 정권, 촉한蜀漢, 조흠 정권趙廞政權, 성한成 漢 등 파촉 지역에 세워진 국가나 지방 정권은 모두 외지인이 세웠다. 심지어 후한 초에 파촉을 지배했던 공손술公孫述도 우부풍 무릉현 출신의 외지인이 었다.

어떻게 보면 파촉의 토착민들이 멍청하거나 바보처럼 보인다. 왜 자신들 만의 정권이나 국가를 세우지 못하는가? 여러 이유가 있지만 세 가지만 살펴 보자.

먼저 중국의 지방관 임명 원칙이다. 중국은 세계 다른 어떤 나라와 비교해 도 중앙의 지방 통제력이 강한 나라였다. 그 핵심은 지방관을 조정에서 임명 한다는 원칙이었다. 너무나 당연한 것처럼 보일 수 있지만 중국을 제외한 대 부분의 지역에서는 중앙정부가 지방관 임명권을 가지지 못했다. 우리나라의 삼국시대나 고려 초에도 각 지방은 지방의 유력자들을 지배자로 인정하며 조세를 거둬들이거나 노동력을 징발하는 수준이었다. 고려 성종이 12목을 설 치한 것이 왕실이 지방관을 임명한 고려시대 최초의 사례라니 말 다했지 않은가? 장원과 영지를 지배하는 영주와 귀족들이 있었던 중세 유럽에도 지방 관이 아닌 지방 세력이 존재했을 뿐이다. 한편 중국에서 지방관을 임명할 때 는 대개 본적지 회피라는 원칙을 따랐다. 해당 지역의 인물을 태수나 현령으로 임명하면 당연히 토착 세력과 유착하거나, 고향을 통치하는 소왕국의 왕처럼 행사할 수 있기 때문이다. 중국사를 보면 십육국·북조 시대 등 일부 시대를 제외하면 본적지 회피 원칙이 잘 지켜졌다. 따라서 외지인인 지방관이 왕조 말기에 야심이 있으면 자기 관할 지역을 지역 기반으로 삼게 되므로 외지인들의 국가나 지방 정권이 나타날 수밖에 없다. 파촉을 지배했던 공손술과 유언 부자, 조흠 등이 이러한 경우이다.

다음은 파촉으로 유입된 외지인들의 파촉 정복이다. 가장 전형적인 예가 십육국 가운데 가장 먼저 건국된 성한成漢이다. 성한은 관롱 지역의 기근을 피해 파촉으로 유입된 이민족 파저巴氐와 관롱의 한족이 연합해 세운 나라였다. 이들은 처음에 토착민들에게 괴롭힘을 당했으나 나중에 파저 출신의 이씨 세력을 중심으로 단결해 토착민들을 정복하고 나라를 세웠다. 유언도 지방관으로 시작했으나 토착 세력들과 싸워 권력을 공고히 했다는 점에서 이러한 유형으로 볼 수도 있다. 유언의 아들 유장 시기에는 외지인 세력과 토착민 세력이 내전을 벌였으나 전자의 승리로 끝났다. 유비도 형주에서 익주로 진격해 파촉을 정복했다. 이때 유비를 따라다니던 다양한 지역의 사람들이 파촉으로 유입되었는데 특히 형주 사람들이 파촉으로 이주했다. 그 때문에 형주 사람들이 촉나라의 지배층에서 차지하는 비중이 커졌다.

마지막으로 파촉 사람들의 나약함과 무능이다. 국가권력을 배경으로 한 지방관들이야 어쩔 수 없다고 해도 외지인들에게 일방적으로 정복되는 것은 파촉 사람들이 무력에 능하지 못했다는 말밖에 안 된다. 필자는 그 이유를 사료에서 찾아보려고 했으나 파촉 사람들이 나약하다는 구절밖에 발견하지 못했다. 예전에 쓰촨성 사람들이 키가 작고 왜소하다는 글을 읽은 적은 있다. 작은 거인 덩샤오핑의 모습을 생각하면 그럴듯하다. 하지만 토착민 정권 부재의 근거로 삼기엔 부족해 보인다.

## 유비, 익주로 향하다 _____

유비가 형주에서 막 자리를 잡을 무렵, 유장이 유비에게 원병을 요청했다. 유장은 왜 갑자기 유비에게 도와달라고 했을까?

우선 지금까지 본 것처럼 유장은 안으로는 토착민과 외지인의 대립으로 큰 어려움을 겪고 바깥으로는 오두미도의 교주 장로가 자립하는 등 내우외환에 휩싸여 있었다. 이때 파촉 토착민인 익주별가 장송이 유장에게 유비를 끌어들이라고 조언했다. 장송의 논리는 이러했다. 조조가 장로를 쳐서 일단 한중을 차지하면 한중의 물자를 기반으로 익주를 공격해올 것인데, 만약 유비를 끌어들이면 조조의 침입을 막을 수 있으리란 것이었다. 이에 유장은 법정法正과 4,000명의 군대를 유비에게 보내어 그를 익주로 초대했다.

그런데 이 부분에 대해 『삼국지』 내에서 서술이 엇갈린다. 「제갈량전」 등의 기록에 따르면, 유장은 조조의 침입이 아니라 장로의 침입을 두려워해 유비에게 원병을 청했다. 또 『삼국지』 원문에는 장송이 유비를 방문한 기록이 없지만, 배송지주에서 인용한 『오서』에 따르면 장송은 그 전에 유비를 만난 적이 있다. 또 『오서』에서는 장송인지 법정인지 그 주체가 모호하지만 유비가 누군가로부터 익주의 병력과 무기, 창고, 요해지, 각 지역의 거리 등의 정보를 담은 지도를 입수했다고 기록했다. 이와 관련해 소설 삼국지에서는 장송이 조조를 찾아갔다가 푸대접을 받은 뒤 발길을 돌려 유비에게 갔는데 '칙사 대접'을 받고 감동하여 익주의 정보가 담긴 지도를 넘겨준다고 서술한다(60회).

파병 요청을 받은 유비는 방통을 모사로 삼아 수만 명을 이끌고 익주로 향했다. 제갈량과 관우, 장비, 조운 등은 형주에 남았다.

유비는 장강을 따라 어복현魚復縣에서 파군의 치소인 강주현(오늘

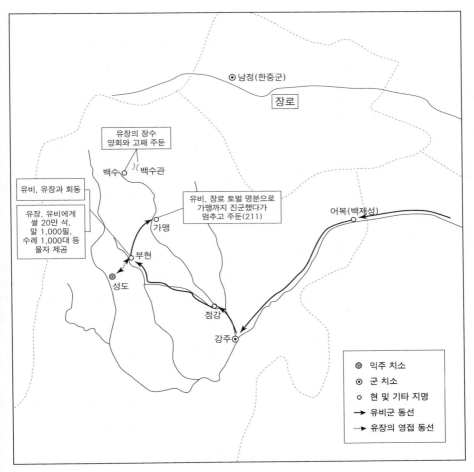

11-3 유비의 익주 파병.

날 충칭)을 거쳐 점강현墊江縣에 이르렀다. 점강현은 여러 지류가 만
나는 곳인데 유비는 그중 서쪽의 부수涪水 상류로 거슬러 올라가 부
현涪縣에 도착했다. 유장은 익주의 치소인 성도현에서 보병과 기병
3만여 명을 이끌고 호화로운 수레로 부현까지 이동하여 유비를 만
났다.

유장은 유비에게 군사를 보태주었다. 처음 형주를 출발할 때 보병 수만 명을 데리고 간 유비는 유장의 군사를 합쳐 모두 3만여 명을 거느리게 되었다. 또 유장은 장로와의 접경지대에 있는 백수현白水縣의 수비군을 지휘할 권한도 유비에게 주었다. 배송지주에 인용된 『오서』에 따르면, 이때 유장은 쌀 20만 석과 말 1,000필, 수레 1,000대, 각종 비단도 유비에게 주었다. 한마디로 유비는 장로 토벌이라는 명분을 내세워 피 한 방울 흘리지 않고 파촉의 험한 지세를 통과하여 그 심장부에 섰을 뿐만 아니라 막대한 물자까지 얻었다. 이것만으로도 남는 장사였다.

유장은 유비를 환대한 후 성도로 되돌아갔다. 유비는 장로를 공격하기 위해 부현에서 북쪽의 가맹현까지 진군했다. 그러나 장로 공격에 나서지 않고 가맹현에 머무르면서 부하들과 백성들에게 덕을 베풀고 잘 대해주면서 인심을 얻는 데 주력했다. 이때 참모 방통은 유비에게 익주를 점령하기 위한 세 가지 계책을 제시하고 그중 하나를 택하라고 조언했다.

11-4는 방통이 세운 상책, 중책, 하책을 지도에 표시한 것이다. 상책은 당시 머물고 있던 가맹현에서 밤낮으로 빠르게 행군해 유장의 본거지인 성도현을 습격, 점령하는 기습 전략이었다. 중책은 당시 유비에게 적대적인 백수군독白水軍督 양회楊懷와 고패高沛를 우선 제거한 후 주변의 군현을 하나하나 접수하며 성도로 진격하는 방법이었다. 하책은 익주 점령을 포기하고 일단 형주로 철수한 후 훗날을 도모하는 것이었다. 유비는 중책을 선택했다. 『자치통감』에 따르면, 방통이 제안하고 유비가 선택하는 이 모든 과정은 212년의 일이었다.

한편 같은 해 조조가 손권을 공격하자 손권도 유비에게 구원을 요청했다. 이에 유비는 손권을 돕는다는 명목으로 유장에게 군사 1만

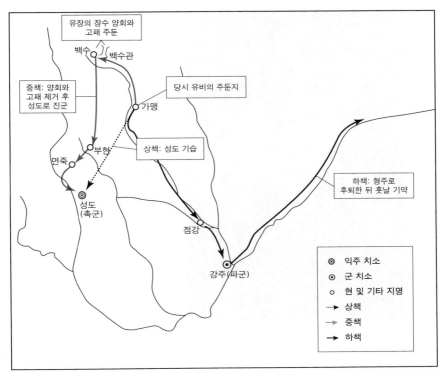

11-4 방통이 제시한 익주 점령 대책.

<!-- Labels within the map -->
유장의 장수 양회와
고패 주둔

백수   백수관

중책: 양회와
고패 제거 후
성도로 진군

당시 유비의 주둔지

가맹

부현

면죽

상책: 성도 기습

성도
(촉군)

점강

하책: 형주로
후퇴한 뒤 훗날 기약

강주(파군)

◎  익주 치소
◉  군 치소
○  현 및 기타 지명
┈┈▶  상책
──▶  중책
━━▶  하책

명과 물자를 청했다. 이에 유장은 군사 4,000명과 유비가 요구한 물자의 절반을 주었다. 유비가 형주로 돌아간다는 소식을 들은 장송은 유비와 법정에게 편지를 보냈다. 그런데 불행히도 장숙이 동생 장송과 유비의 내통을 알게 되었다. 그는 자신에게 화가 미칠 것을 두려워하여 유장에게 이 사실을 알렸다. 결국 장송은 죽음을 당했고, 유장은 각 군현의 장수들에게 유비의 관소 통과를 막으라고 지시했다.

이 이야기는 『삼국지/선주전』의 기록을 옮긴 것이다. 유장 부자의 일대기를 다룬 『삼국지/촉서/유이목전劉二牧傳』에는 전후 설명이 나

11-5 쓰촨성 청두시에 있는 제갈량 사당 무후사武侯祠
의 한소열묘漢昭烈廟, 즉 유비의 사당에 있는 방통의 조
상이다. 청나라 때 만들어진 것이다.

와 있지 않고 다만 유비가 가맹현에서 군대를 남쪽으로 돌렸다고 기
록했다. 『삼국지』를 읽다보면 이처럼 같은 사건을 서로 다르게 기술
해놓은 기록을 종종 발견할 수 있는데, 이 경우 사실 확인이 어렵다.
「선주전」의 기록이 옳다면, 유비와의 동맹을 깬 것은 유장이었다. 반
면 「유이목전」의 기록이 옳다면 동맹을 깬 것은 유비였다. 이럴 때면
『자치통감』에 유권해석을 맡기는 수밖에 없는데, 『자치통감』은 전자
의 기록을 사실로 인정했다.

 어쨌든 유비는 이 사태에 어떻게 대응했을까?

## 유비, 유장을 몰아내고 익주를 차지하다 ____

방통의 계책 가운데 중책을 택한 유비는 먼저 백수군독 양회와 고패를 불러들인 다음 무례함을 꾸짖고 처형했다. 그리고 황충黃忠과 탁응卓膺을 보내 유장을 공격하게 한 후 자신은 관두關頭를 공격했다. 관두는 백수현에 있는 백수관白水關을 말한다.

유비는 관두를 점령한 후 장수와 사졸들의 처자를 인질로 삼았다. 위魏나라와 진晉나라에서는 지방관이나 지방에 주둔한 무장들의 가족을 수도에 잔류시켜 조정의 감시를 받도록 했다. 이들이 적국에 투항하면 가족들을 죽이겠다는 무언의 협박이었다. 이전의 기록에는 없지만 이 예로 보아 후한 말 군웅은 부하 장수들의 배신을 막기 위해 가족들을 인질로 삼았음을 알 수 있다. 여기서 유비가 인질로 삼은 가족이 백수관 혹은 백수현에만 있는 장수와 군사들의 가족인지 혹은 다른 지역에 파견된 군사들의 가족인지는 기록에 남아 있지 않다. 만일 후자도 포함되었다고 한다면 군사들은 가족의 안전 때문에 유비와 싸울 생각을 가지지 않았을 것이다. 아마 유비가 노린 것도 이러한 심리였던 것 같다.

유비는 백수관을 점령하고 남쪽으로 향해 황충, 탁응의 군사와 합류했다. 그리고 213년 부성涪城으로 진격했다. 부성, 즉 부현은 성도에서 360리(약 144킬로미터) 거리에 있는 군사적 요충지이자 곡창지대였다. 유장은 유괴劉璝와 냉포冷苞, 장임張任, 등현鄧賢 등을 보내 부현에서 유비와 싸우도록 했다. 그러나 유비는 이들을 모두 격파했고, 패배한 유장의 장수들은 면죽현으로 후퇴했다.

유장은 이엄李嚴과 비관費觀을 면죽현으로 보내 그곳의 군사들을 총지휘하도록 했다. 그러나 두 사람은 군대를 이끌고 유비에게 항복했다. 유비는 면죽현에 무혈 입성했을 뿐만 아니라 이엄 등이 거느린 군대까지 공짜로 얻었다.

유괴와 장임, 유장의 아들인 유순劉循은 남은 병사들을 이끌고 낙현雒縣으로 물러나 낙성雒城을 지켰다. 낙현은 광한군의 치소이자 앞선 시기에는 익주의 치소까지 겸한 행정의 중심지로, 성도와도 무척 가까웠다. 이곳을 점령하면 성도는 바람 앞의 등불이나 마찬가지였다. 유비는 낙성을 포위한 뒤 군대를 나누어 광한군의 여러 현을 점령하도록 했다. 이때 장임이 안교鴈橋에서 유비의 군대와 싸우다 사로잡혔다. 유비는 장임을 살려주려고 했으나 장임이 항복을 거부해 결국 죽였다. 유비는 장임을 살리지 못해 안타까워했다.

이때 제갈량과 장비, 조운 등은 214년 형주에서 군대를 이끌고 유비를 돕기 위해 익주로 향했다. 먼저 장비는 파군을 점령하고 파군태수 엄안嚴顔을 생포했다. 이어 덕양현德陽縣을 취하고 파서군을 점령했다. 조운은 파군의 서남쪽에 위치한 강양현江陽縣을 취하고 성도 남쪽의 건위군을 점령했다. 남은 사람은 제갈량인데, 『삼국지』와 『자치통감』에는 제갈량의 동선이 기록되어 있지 않다. 필자는 세 사람이 다른 길로 진격했다는 『삼국지』의 기록에 따라 제갈량은 두 사람이 진격하지 않은 길, 즉 강양현에서 전수涪水의 상류로 거슬러 올라가는 진격로를 택했을 것이라고 추정한다. 『삼국지』의 기록은 세 사람이 각각의 군대를 이끌고 진군한 것으로 읽히기 때문에 제갈량이 진군할 노선은 이 길밖에 없다.

응원군이 익주의 여러 군현을 점령하며 기세를 올리는 동안 유비는 낙성에서 1년 가까이 지체했다. 유장의 군사들이 낙성을 철통같이 방어해 성을 함락할 방법이 없었던 것이다. 그 와중에 방통이 낙성 공격을 지휘하다가 214년 적군의 화살을 맞고 전사했다. 바로 낙현에서. 소설 삼국지에서는 유비와 방통이 두 개의 길로 군대를 나누어 진격

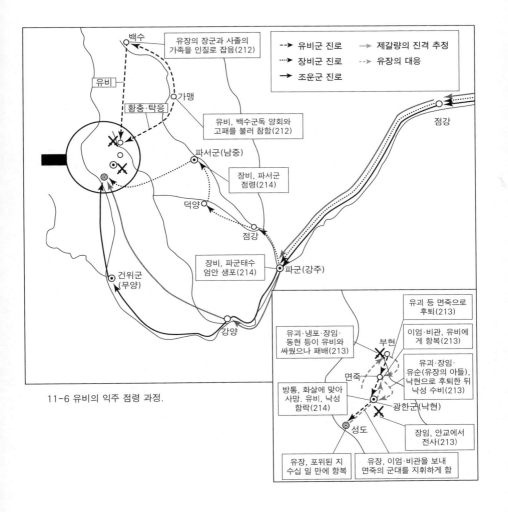

11-6 유비의 익주 점령 과정.

하는데, 방통은 유비의 백마를 타고 낙봉파落鳳坡를 지나다가 유비로 오인한 복병의 화살을 맞고 죽는 것으로 서술한다(63회). '낙봉파'는 봉황이 떨어져 죽는 곳이라는 뜻을 가지고 있는데, 방통의 별명이 봉추였으므로 방통의 죽음을 예언한 것처럼 보인다. 한 학자에 따르면, 낙봉파에서 '봉추' 방통이 전사하는 광경은 후세 소설가들이 첨가한 허구이다. 소설과 사료를 비교하면, 소설에서는 제갈량과 쌍벽을 이루는 방통을 돋보이게 하기 위해 방통이 죽기 전에 이미 제갈량과 장비, 조운의 군대가 익주로 진격했다는 사실을 방통의 전사 이후로 바꾸어 서술했다. 하지만 실제는 자신이 이끌고 간 군사만으로는 익주를 점령하기 어렵다는 판단이 서자 유비가 관우를 제외한 거의 대부분의 장수와 군인을 동원하여 파촉 정벌에 올인한 것이다. 이들의 출동은 방통의 죽음과는 상관없었던 것이다. 유비는 결국 214년 낙성을 함락하고 성도로 진격했다. 이때 제갈량과 장비, 조운도 군사들을 이끌고 성도로 향했다.

당시 성도성에는 정예 군사 3만 명과 1년을 지탱할 수 있는 곡식과 비단이 비축되어 있었을 뿐 아니라 군사들과 백성들도 결사항전의 태세를 잘 갖추고 있었다. 그러나 유장은 포위된 지 수십 일 만에 항복했다. 유장은 항복하기 전에 "우리 부자가 익주를 지배한 지 20여 년이 지났다. 그런데 백성에게 은덕을 베풀지 못하고 백성들은 전쟁에 시달린 지 3년이나 지났고 사람들의 시체와 뼈가 풀이 무성한 들에 널려 있는 것은 나의 잘못이다. 내가 어찌 마음이 편안하겠는가"라고 말했다고 한다.* 틀린 말은 아니었다. 하지만 유장은 토착민과 외지인의 내전이 벌어져 수많은 사람들이 죽었을 때는 위와 같은 말을 하지 않았다. 물러나려면 그때 물러났어야 했다.

유비는 항복한 유장에게 진위장군振威將軍의 벼슬을 내리고 그를 형주 남군南郡의 공안公安으로 보냈다. 그리고 잔치를 크게 베풀어 장수들과 군사들을 대접했다. 성도성 안에 있는 정부와 개인들의 금과 은을 압수해 장수들에게 나눠주고 곡식과 비단은 주인에게 돌려주었다. 이는 『자치통감』의 기록이다. 『삼국지/장비전』에서는 유비가 익

---

* 『삼국지/유이목전』.

11-7 낙성. 광한시에 있다. 낙현은 후한시대 익주자사와 광한군의 치소였다. 지금의 낙성은 청대에
재건한 것이며, 성문, 성벽, 해자, 문묘 등의 유적이 남아 있다. 안쪽은 공원이다.

주 평정의 일등공신인 제갈량, 법정, 관우, 장비에게 각각 금 500근과
은 1,000근, 동전 5,000만 전, 비단 1,000필을 하사하고 나머지 장수
와 관리, 병사들에게도 차등해 지급했다고 기록했다. 또 여러 부하가
성도성 안에 있던 집과 성 밖의 논밭, 과수원, 채소밭 등을 장수들에
게 나눠주자고 건의했지만 유비가 조운의 진언을 듣고 생각을 바꿨다
고 하는데, 배송지주에 인용된 『조운별전』의 이 기록대로라면 유비의
군대는 성도의 재산을 탈취하고 자신들이 차지하려고 한 도적과 다름
없는 존재였다.

  스스로 익주목에 취임한 유비는 논공행상을 단행했다. 군사중랑장
軍師中郞將 제갈량을 군사장군軍師將軍으로 승진시키고 장군중랑장掌

軍中郞將에 임명된 동화董和와 함께 장군부의 일을 처리하도록 했다. 또 법정을 촉군태수 양무장군揚武將軍에 임명했다. 법정은 벼슬이 태수였지만 사실상 최고 실력자로 군림했고, 당시 제갈량보다도 유비의 신임이 두터웠다. 익주의 치소 성도가 촉군의 치소이기도 했으니, 법정은 우리로 치면 서울시장인 셈이었다. 그 밖에 마초와 황충, 미축, 간옹, 손건, 황권이 장군에 임명되었고, 허정許靖과 방희, 이엄, 비관, 이적伊籍, 유파劉巴, 팽양彭羕도 태수나 참모로 임명되었다. 이들의 면면을 분석하면 제갈량, 황충, 미축, 간옹, 손건 등은 형주에서 따라온 유비의 부하들이고, 나머지는 유장의 옛 부하들이었다. 이들은 출신 지역에 따라 익주 토착민과 외지인으로 나뉜다. 유비는 다양한 지역과 출신 배경을 가진 사람들을 골고루 등용했다. 유비의 용인술을 잘 보여주는 대목이다.

## 조조, 마초와 한수를 토벌하고 관중을 차지하다 _____

종요가 사예교위가 되어 유지한 관중의 평화는 조조의 명령 하나로 금세 전쟁 분위기로 바뀐다. 조조는 211년 3월 종요에게 한중군을 지배하는 오두미도의 우두머리 장로를 토벌하라고 명령했다. 그러고는 하후연 등에게 하동군에 가서 종요와 만나 진격하라고 했다. 이때 고유高柔는 다음과 같은 이유를 제시하며 장로 공격을 반대했다.

대군이 서쪽으로 출정하면 한수와 마초 등은 그 움직임이 자신들을 습격하기 위한 것이라고 의심하여 반드시 서로 선동해 군사를 일으킬 것입니다. 먼저 삼보를 평정하십시오. 그러면 항복을 권하는 편지만으로 한중군을 평정할 수 있습니다.[*]

하지만 조조는 고유의 간언을 받아들이지 않았다. 그러자 과연 마초와 한수, 후선侯選, 정은程銀, 이감李堪, 장횡張橫, 양흥梁興, 성의成宜, 마완馬玩, 양추楊秋 등 관중의 장수 10명은 종요가 자신들을 습격한다고 생각하여 반란을 일으켰다.

여기서 대표적인 인물인 마초에 대해 살펴보자. 마초의 아버지 마등은 한수와 함께 량주 일대에서 동탁, 이각 등과 싸웠다. 이후 마등은 의형제를 맺은 한수와 사이가 틀어져 서로 싸웠다. 이에 조조는 사예교위 종요와 량주자사 위단韋端을 보내 한수와 마등을 화해시켰다. 그리고는 마등을 괴리현槐里縣에 주둔하도록 명령했다. 조조는 208년에 장기張旣를 마등에게 보내 무장해제하고 조정으로 돌아오라고 설득했다. 이때 한수에게 밀려난 마등은 군사를 마초에게 주고 조조에게 항복했다. 그는 조조가 거주하던 업으로 가서 조조와 신하들의 환대를 받았다. 마등은 위위衛尉에, 마등의 아들 마휴馬休는 봉거도위奉車都尉, 마철馬鐵은 기도위에 각각 임명되었다.** 이때 마초 등의 소수를 제외한 마등의 가족들은 조조의 본거지 업으로 이주했다. 그러나 마초가 반란을 일으키자 마등은 그다음 해인 212년 5월 가족들과 함께 살해되었다. 한편 정사와 달리 소설 삼국지에서는 마등이 반조조 세력과 쿠데타를 모의하다가 살해되었다고 서술했다(57회).

여기서 이상한 것은 마초의 행동이다. 왜 가족들이 업에 인질로 잡혀 있는데 반란을 일으켜 아버지와 아우 등 가족들을 죽음으로 몰아넣었을까? 후한 말 삼국시대에는 지방관이나, 군대를 이끌고 전쟁에

---

* 『삼국지/위서/고유전』.
** 위위는 궁전을 지키는 총책임자로 장관급인 구경이었고, 봉거도위와 기도위는 친위부대 장교에 해당한다. 마등 부자가 황제를 지키는 위위와 친위부대의 요직을 맡았으니 조조의 환대를 받은 것은 사실이다.

나서거나 지방에 주둔한 무장들은 가족이나 아들을 수도에 남겨두어야 했다. 이 밖에 군벌이나 소수민족도 복종의 뜻으로 상대방에게 인질을 제공했다. 이를 '질임質任'이라고 한다. 이렇게 정부가 '질임'을 한 이유는 물론 배신을 막기 위해서였다. 조조는 마초가 아버지와 형제들을 죽음으로 내몰면서까지 반란을 일으키진 않을 거라고 생각했을 것이다. 게다가 아버지를 내쫓은 한수와 연합해서 말이다.

마초가 사서에 처음으로 등장하는 것은 마등이 사예교위 종요의 요청으로 곽원郭援과 고간高幹의 토벌에 종군했던 202년 정월이다. 이때 마초의 부장 방덕龐德은 곽원을 참하는 전공을 세웠다.

마초는 마등이 조정의 부름을 받아 업으로 가자 남아서 마등의 군사를 지휘했으며 편장군 도정후都亭侯에 봉해졌다. 말하자면 조조에게서 대우를 받았다. 그런데 왜 그는 조조에게 반기를 든 것일까? 마등과 마초의 생애를 서술한 『후한서/동탁열전』이나 『삼국지/마초전』에는 그 이유가 나오지 않는다. 조조가 한중군의 장로를 공격하기 위해 사예교위 종요와 하후연의 군대를 동원한 것이 마초와 한수 등 여러 장수의 의심을 샀다는 『자치통감』의 기록 정도가 전부이다. 그래도 마초의 행동은 이해되지 않는다. 차라리 마등이 조조를 제거하려는 음모에 가담했다가 발각되어 처형당하자 이에 마초가 분노해 군대를 일으켰다는 소설 삼국지의 이야기(58회)가 논리적으로 자연스럽다. 나관중을 비롯한 소설가들과 출판인들은 이렇게 머리를 짜내 마초의 행동을 정당화하려고 했다. 이렇게 공들인 이유는 조조가 더 악인이어야 했기 때문이다(그에 반해 진수는 마초가 군사를 일으켜서 결국 아버지와 형제들이 살해되었음을 담담히 서술했고, 이를 통해 마초가 불효자임을 암시했다).

마초와 한수 등이 반란을 일으키자 부하들의 걱정에도 조조는 관중의 장수들이 험한 곳을 점거해 일일이 토벌하기 어려운데 적들이 하나로 뭉쳐 오히려 일거에 적들을 섬멸할 수 있다며 좋아했다. 그가 장로를 공격한 것도 관중 장수들의 반란을 유도해 이들을 격파하려는 고도의 유인책이었던 것이다. 이는 전설적인 미국의 기업가 록펠러가 적대 세력을 한꺼번에 합병하기 위해 쓴 전략이기도 했다. 록펠러는 반대파에 심복을 심어 이들이 반록펠러트러스트(독점을 위해 만든 회사)를 만들도록 한 뒤 반대파들이 모여든 회사를 접수하는 방식으로 독과점을 강화했다. 설마 록펠러가 조조의 전술을 베낀 것일까?

마초와 한수 등 10명의 장수와 10만 대군은 황하와 동관을 중심으로 군영을 설치했다. 소설 삼국지에서는 이들이 20만 대군을 거느렸으며, 종요가 지키는 장안성과 조홍이 지키는 동관을 점령했다고 서술했다(58회). 동관은 말 한 마리밖에 통과할 수 없다는 험한 요새였다. 훗날 고구려 유민인 고선지 장군이 당나라 군사를 이끌고 안록산의 반란군과 대치했던 곳이기도 하다. 조조는 군대를 이끌고 동관 동쪽에 주둔했다. 그는 211년 윤8월에 동관을 돌파하기 위해 군대를 동관 앞에 집결시키고 몰래 서황과 주령朱靈에게 4,000명을 거느리고 미리 황하를 건너 남북으로 흐르는 포판진蒲坂津에서 다시 황하를 건너 황하 서쪽에 군영을 설치하게 했다. 일종의 교두보를 둔 것이다. 서황과 주령은 양흥의 군대 5,000명을 격파했다.

조조는 군사들에게 황하를 건너도록 명령했다. 그리고 자신은 호사虎士라 불리는 호위 군사 100여 명과 함께 후방에 남아 엄호했다. 마초가 보병과 기병 1만여 명을 거느리고 공격하자 허저가 빗발처럼 쏟아지는 화살을 막으며 조조를 배에 태웠다. 이때 교위 정비丁斐는 마초 군사들의 주의를 분산시키기 위해 말과 소를 풀었다. 마초의 군사들이 탐욕에 눈이 멀어 말과 소를 잡으러 다니는 동안 조조 일행은 안전하게 배를 타고 황하를 건넜다. 황하를 건넌 조조는 포판에서 다시 황하를 건너 황하를 따라 수레와 나무로 용도甬道를 만들었다. '용도'는 식량을 운송하는 부대를 적의 침입으로부터 보호하기 위해 길 양쪽에 담을 쌓은 도로였다.

이어 부교를 만들었고, 밤에 위수渭水를 건너 위수 남쪽에 군영을 설치했다. 이를 알아챈 마초가 밤에 조조의 군영을 공격하자 조조는 미리 배치해둔 복병으로 마초군을 격파했다. 마초 등은 후퇴하여 위수 남쪽에 주둔하며 사신을 보내, 황하를 경계로 서쪽을 달라고 요구하며 화친을 청했지만 조조는 거부했다.

『삼국지』에 따르면 이후 조조는 동관을 우회하여 마초 등의 군대를 일방적으로 완파했다. 그런데 이를 그대로 쓰면 소설 독자나 설창 청중들이 좋아할 리 없다. 그래서 소설에서는 마초가 시종일관 이기다가 마지막에 패했다는 식으로 내용을 바꾸고, 다음과 같은 이야기를 추가했다. 마초가 동관에서 조조의 군대를 격파하니 조조는 홍포紅袍를 벗어던지고 수염까지 잘라가며 모습을 바꿔 도망친다. 그러다 마초가 문득 조조를 발견하고 뒤쫓아가 창을 찔렀으나 그만 나무에 박혀 조조를 죽이지 못한다(58회). 이 대목에서 독자나 청중들은 마초가 조조를 죽이지 못한 아쉬움을 느끼게 된다. 물론 이런 장면은 『삼국지』에 없다. 또 소설에서는 마초가 조조의 도강을 막고 괴롭혔다고 묘사했지만(59회), 이 또한 정사의 기록과 다르다. 조조의 상대방이 처음에는 이기다가 결국 조조가 이기는 것으로 끝나는 이러한 전쟁 장면 연출은 소설 삼국지에서 거의 공식이라 할 수 있다. 모두 작가와 이야기꾼들이 먹고살기 위해 만든 고육책이다.

같은 해 9월, 조조는 위수를 건넜다. 이에 마초는 다시 화친을 청하며 인질을 보내겠다고 제안했다. 이때 모사 가후가 조조에게 계책을

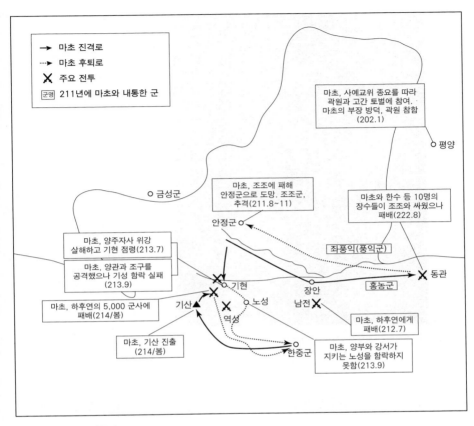

마초 진격로
마초 후퇴로
주요 전투
군명 211년에 마초와 내통한 군

마초, 사예교위 종요를 따라
곽원과 고간 토벌에 참여.
마초의 부장 방덕, 곽원 참함
(202.1)

○ 평양

○ 금성군

마초, 조조에 패해
안정군으로 도망. 조조군,
추격(211.8~11)

마초와 한수 등 10명의
장수들이 조조와 싸웠으나
패배(222.8)

안정군 ○

마초, 양주자사 위강
살해하고 기현 점령(213.7)

좌풍익(풍익군)

마초, 양관과 조구를
공격했으나 기성 함락 실패
(213.9)

○ 기현      장안      홍농군      × 동관

마초, 하후연의 5,000 군사에
패배(214/봄)

기산 ▲      × 노성
         역성      남전 ×

마초, 하후연에게
패배(212.7)

마초, 기산 진출
(214/봄)

○ 한중군

마초, 양부와 강서가
지키는 노성을 함락하지
못함(213.9)

11-8 마초의 활동.

올렸다. 거짓으로 화친을 허락한 뒤 이간책을 써서 마초와 한수를 갈
라놓자는 것이었다.

조조는 가후의 계책에 따라 한수를 만났다. 그러고는 원래 안면이
있던 한수에게 과거 낙양에서의 일들을 회상하며 잡담만 늘어놓았다.
또 일부러 글자를 지운 흔적이 남은 편지를 한수에게 보냈다. 이 두
사건에서 소외된 마초는 이간책에 걸려들었다. 마초는 한수와 조조가
무슨 대화를 나눴는지 의심했고, 누더기가 된 편지를 보자 한수가 뭔

11-9 쓰촨성 청두시 무후사의 마초 조상. 청나라 때 만들어졌다.

가를 숨기기 위해 편지를 고쳤다고 생각했다. 이후 조조는 단결이 깨진 마초와 한수 등의 연합군을 공격하여 승리했고, 성의와 이감 등을 참했다.

마초와 한수는 량주로 도망갔다. 조조는 그들을 더 이상 추격하지 않았다. 하지만 양추에 대해서는 추격을 계속해 211년 10월 안정군安定郡에서 그의 군대를 포위했다. 서황과 하후연도 견현汧縣과 유미隃糜에 있는 저氐를 격파한 뒤 조조의 군대와 합세했다. 결국 궁지에 몰린 양추는 항복했다. 조조는 양추에게 예전 작위를 회복시켜주고 이후 그곳 백성을 다스리게 했다. 12월, 그는 안정군에서 회군했다.

조조가 관중 세력과의 전쟁에서 승리한 가장 큰 이유는 물론 조조의 뛰어난 전략 때문이지만 하동태수 두기杜畿의 활약도 중요했다. 한수와 마초가 반란을 일으키자 홍농군과 풍익군(좌풍익)의 여러 현이 조조를 배반하고 마초 등에게 붙었다. 그러나 하동태수 두기만은 딴마음을 먹지 않고 조조 편에 남았고 묵묵히 조조군에게 식량을 보급했다. 어찌나 성실했는지 마초 등을 격파한 후 군량이 20여만 곡(석)이나 남았을 정도였다. 조조는 두기의 공을 인정해 등급을 중이천석으로 승격시켰다. 본래 태수의 등급이 이천석이므로 '2,000석'은 태수의 대명사라 할 수 있었다. 특히 전한시대부터 고과 성적이 뛰어난 태수들은 중이천석으로 승급된 예가 있는데, 중이천석은 장관인 구경과 동급이고 당연히 이천석인 태수보다 봉록이 많았다. 조조는 하동군의 중요성을 생각해 명관인 두기를 계속 유임시켰다. 두기는 16년 동안 하동태수로 근무했다.

조조는 업현으로 돌아가며 하후연에게 장안을 맡겼다. 하후연은 주령과 노초路招를 거느리고 장안에 주둔했다. 또한 조조는 장기張旣를 경조윤에 임명해 관중을 수습하게 했다.

장안에 남은 하후연은 마초와 한수의 패잔병들을 섬멸하는 공을 세웠다. 하후연은 남산적南山賊 유웅劉雄을 격파했고, 서황과 함께 부성鄠城에 웅거하던 양흥을 공격해 하양夏陽과 부성을 점령하고 3,000여 호를 항복시켰다. 그리고 212년 7월에는 장안의 동남쪽 남전현藍田縣에 주둔한 마초의 군대를 격파했다. 하후연은 214년 봄 장로에게 도망갔다가 다시 군대를 이끌고 기산祁山으로 진출해 재기를 노리는 마초의 군대를 격파했다. 하후연에게 결정타를 맞은 마초는 결국 장로에게 항복했다.

계속해서 하후연은 한양군의 현친현顯親縣에서 강羌과 호胡 1만여기를 거느린 한수의 군대를 격파하고 약양현略陽縣까지 추격했다. 한

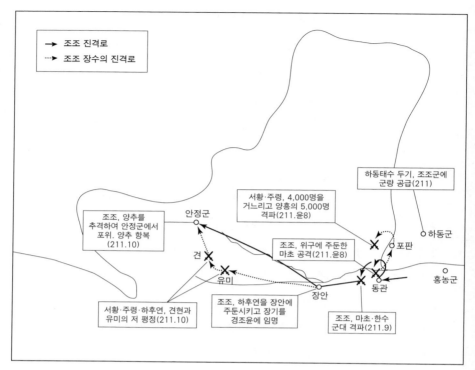

11-10 조조의 마초 정벌.

수는 금성군의 강인들에게 도망갔으나 결국 부하에게 살해당했다. 소설 삼국지에서는 한수가 마초에게 팔 하나를 잃은 뒤 조조에게 항복해 부귀영화를 누렸다고 썼다(59회). 그러나 실제로는 비참하게 죽었으니, 소설 삼국지는 한수를 두 번 죽인 셈이다. 하후연은 장리수長離水 일대에 거주하는 강羌도 공격하여 승리했고, 흥국興國의 저氐도 공격해 흥국을 점령했다. 패배한 저왕氐王 양천만楊千萬은 마초에게 도망갔다.

　승승장구한 하후연은 214년 10월 포한현枹罕縣에 웅거하며 황제를 자칭하고 있는 송건宋建을 공격하여 그를 참하고 반란을 평정했다. 이때 장합은 소황중小湟中으로 진격하여 하서의 여러 강인(諸羌)을 평정했다. 『삼국지/무제기』는 이 기사 뒤에 량주가 완전히 평정되었다고 전한다. 다시 말해 하후연은 관중과 량주를 평정하는 큰 공을 세운 것이다.

소설 삼국지의 독자들로서는 의아할 것이다. 여러 삼국지 판본에서 하후연은 조조의 친척이기 때문에 출세하고 중임을 맡았으나 무능한 장수로 묘사되기 때문이다. 또 하후연이 전쟁터에서 몸소 앞장서서 싸운 용장이 아니라고 평가하는 독자들도 있을지 모르겠다. 앞서 소개한 하후연의 전투들은 하후연 휘하의 서황이나 장합, 주령 등 맹장들 덕분이고 그는 명목상 총사령관이었을 뿐이라고 평가절하할지도 모르겠다. 그러나 훌륭한 선수들이 있어도 감독이 선수들을 장악하고 조율하지 못하면 그 팀은 이길 수 없듯이, 최소한 하후연은 리더십을 잘 발휘한 지휘관이었음을 알 수 있다. 그럼에도 불구하고 하후연이 훌륭한 장군이라는 평판을 얻지 못한 이유는 바로 한중군을 두고 싸운 정군산 전투에서 황충의 손에 목이 날아간다는 소설 삼국지의 묘사 때문인 것 같다.

마초는 어떻게 되었을까? 소설 삼국지에서는 마초가 조조를 사로잡을 뻔했으며 허저와 일대일 명승부를 벌였다고 서술한다(58~59회). 그러나 실제 역사에서 마초는 조조의 상대가 되지 못했다.

첫 전투에서 패한 마초는 다시 남전현藍田縣에 주둔하며 기회를 노렸으나 212년 7월 하후연에게 재차 패했다. 마초는 두 번째 패전에도 굴하지 않고 213년 7월 강과 호胡를 이끌고 농상隴上의 여러 군현을 공격했다. 여러 군현 관리들이 마초에게 항복했다. 하지만 량주자사의 치소가 있는 기현冀縣만은 항복하지 않았다. 량주자사 위강韋康은 별가 염온閻溫을 보내 하후연에게 구원병을 청했다. 그런데 염온이 돌아오는 길에 마초의 군사들에게 사로잡혔다. 마초는 염온을 기성冀城 앞에 내세우고 구원병은 없다고 말하라고 위협했다. 그러나 염온은 그와 반대로 구원병이 사흘 후에 온다고 소리쳤다. 마초는 염온을 회유하려고 했으나 끝내 듣지 않자 살해했다. 결국 구원병은 오지 않았고 위강은 항복했다. 마초는 항복한 위강과 태수를 죽였다.

이때 강서姜敍가 동향 사람인 조앙趙昻 등과 함께 기성 안에 있던 양관梁寬, 조구趙衢와 내응해 마초를 물리치려고 했다. 이에 양부楊阜와 강서가 노성鹵城으로 진격하여 먼저 점령하고 조앙과 윤봉尹奉이 기산祁山을 거점으로 마초를 압박했다. 이때 마초는 조구의 말을 듣고 성 밖으로 나갔다. 그러자 조구와 양관이 성문을 닫고 마초의 처자를 죽였다. 마초는 진격도 퇴각도 여의치 않은 상황에서 역성歷城을 습격해 강서의 어머니와 조앙의 아들을 잡아 죽였다. 자신의 가족을 죽인 원수의 가족을 죽여 복수한 것이다. 마초는 양부와 싸우다가 패해 장로에게 도망갔다.

다음 해인 214년 봄 마초는 장로의 구원병을 얻어 기산으로 진격했으나 하후연이 장합에게 5,000명을 주어 맞서게 했다. 마초는 장합의 군대에 패해 다시 장로에게 달아났다. 이때 한수도 조조의 군사에 패해 도망가다 살해되었다. 이로써 량주와 사예 일대는 조조의 지배하에 들어오게 되었다. 결국 마초는 장로에게 의탁했다가 후에 유비에게 항복하고 중용되었다. 소설 삼국지에서는 마초가 조조와 싸우다가 아슬아슬하게 패한 장면만 서술했을 뿐 패배와 도망으로 점철된 212~214년 전투는 빼버렸다. 그럴 법하다. 한때 조조를 괴롭혔던 마초가 패잔병이 되어 지방의 별볼일없는 무장들에게도 밀려서 쫓겨났다고 쓰면 용맹하고 싸움을 잘한다는 이미지가 깨지기 때문이다.

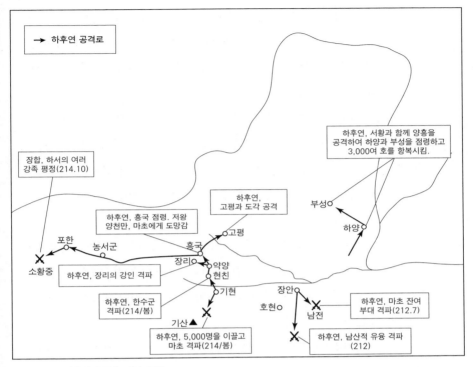

11-11 하후연의 마초, 한수 토벌.

## 회수 전선의 고착: 조조와 손권의 무승부 _____

조조는 212년 10월부터 217년 3월까지 세 차례에 걸쳐 손권을 공격
했다. 물론 손권도 일방적으로 공격만 당하지는 않았다.

적벽대전에서 대승을 거둔 손권은 208년 12월 합비를 포위 공격했
다가 실패했다. 이후 조조와 손권의 전투는 213년에 다시 본격적으로
시작된다. 사실 조조는 적벽대전에서 패한 다음 해인 209년부터 전쟁
준비를 시작했다. 그는 209년 3월 초현에 이르러 가벼운 배를 만들고
수군을 훈련시켰다. 7월에는 와수渦水에서 회수로 진입한 후 비수肥水

로 나와 합비에 주둔했다. 이어 양주의 고위 관리를 임명하고 작피芍
陂에 둔전을 설치했다. 당시 회수 이남의 땅은 조조의 지배가 미치지
않는 지역이나 다름없었지만, 지방관을 임명하고 파견한 것은 이 지
역을 본격적으로 지배하겠다는 의지를 천명한 것이었다.

사실 그보다 더 중요한 것은 작피의 둔전 경작이었다. 작피의 둔전
은 군사들을 변경에 주둔시키고 농사를 지어 군량을 자급하도록 하는
본래 의미의 둔전이었다. 당시 허에서 회수 이남까지 물자를 보급하
기 어려운 상황을 반영한 것이었다. 손권과의 전쟁이 일어나면 식량
을 빨리 조달하려는 의도도 있었다.

조조는 여강군 사람 진란陳蘭과 매성梅成이 209년 12월에 반란을
일으키자 장요를 보내 반란을 진압했다. 장요는 악진, 이전과 함께
7,000여 명을 거느리고 합비성에 주둔했다. 곧 살펴보겠지만, 장요는
손권의 북진을 계속 저지했다.

조조는 이처럼 손권을 공략하기 위한 사전 준비를 착착 진행하면
서, 한편으로는 앞에서 살펴본 것처럼 관중의 마초를 토벌해 후방을
안정시켰다. 그리고 212년 10월, 드디어 본격적으로 손권을 공격했다.

조조는 213년 정월 자칭 40만 대군을 거느리고 유수구濡須口로 진
격하여 손권의 강서江西, 즉 장강 북쪽에 있는 군영을 격파하고 도독
공손양公孫陽을 생포했다. 그러자 손권이 7만 명을 거느리고 유수구로
진격해왔고 이후 양측은 한 달 동안 유수구에서 대치했다. 유수는 소
호巢湖에서 장강으로 흘러가는 지류와 장강이 만나는 지점에 있었다.

조조는 이때 손권의 군함과 무기, 군대의 대오와 군율 등을 살펴보
며 이렇게 탄식했다. "아들을 낳으면 마땅히 손권 같은 자식을 낳아
야 한다. 유표의 자식들은 돼지나 개에 불과하다." 손권을 만만하게
보아왔는데 막상 대적해보니 이기기 어렵다는 사실을 깨닫고 내뱉은

탄식이었다. 손권이 "봄이 되면 물이 불어나니 공은 속히 돌아가셔야 합니다"라고 편지를 보내니 조조는 장수들에게 "손권이 나를 속이지 않을 것이다"라고 말하고는 회군했다.*

그런데 이때 조조는 한 가지 실수를 저질렀다. 그는 장강 이북의 백성들을 북쪽으로 이주시키려고 했다. 손권에게 빼앗기는 것을 미리 막으려는 의도였다. 그런데 이 사실이 해당 지역의 백성들에게 알려졌다. 그리하여 여강, 구강, 기춘**, 광릉의 10여만 호가 장강을 건너 손권에게 항복했다.

결국 회수 이남의 10여만 호가 장강을 건너 손권에게 도망가자 장강 이북과 합비 남쪽 사이에는 환성皖城만 덩그러니 남은 형세가 되었다. 조조는 여강태수 주광朱光에게 환성을 맡기며 대규모로 논을 개간하도록 했다. 이에 여몽은 손권에게 "환성은 토지가 비옥하니 곡식을 수확하면 조조의 군사들은 반드시 늘어나게 됩니다. 마땅히 일찍 제거해야 합니다"라고 말했다.*** 손권은 윤월에 환성을 공격하여 주광을 비롯해 남녀 수만 명을 생포했다. 이 전투에서 여몽은 몸소 성에 올라 성을 함락하는 공을 세우고 여강태수에 임명되었다. 이로써 손권은 선제공격을 통해 조조 측 최전선의 경제적 기반을 무너뜨렸다.

손권에게 한 방 먹은 조조는 214년 7월에도 손권을 정벌했지만 10월 합비에서 회군했다. 손권도 반격하여 같은 해 합비성을 공격했으나 함락하지 못하고 돌아갔다. 이때 장요가 손권의 군대를 습격해 격

---

* 『삼국지/오주전』의 배송지주에 인용된 『오력吳歷』.
** 기춘蘄春은 손권이 세운 군이라고 하며 손권 측 사서를 이용했기 때문에 생긴 지명의 오류라고 한다.
*** 『삼국지/오서/여몽전』.

파했는데, 능통 등이 죽음을 불사하며 손권을 지켜냈다. 손권은 겨우 준마를 타고 진교津橋를 건너 살아났다. 장요는 이때부터 손권을 괴롭혔다.

손권은 다음 해인 215년 8월 또다시 10만 대군을 이끌고 합비를 공격했다. 이때 장요가 거느린 군대는 고작 7,000여 명이었다. 손권군 10만 대 조조군 7,000. 병력이 무려 14배 이상 차이가 났다. "아군이 적군의 열 배이면 포위하고 다섯 배이면 공격하고 배이면 병력을 나누어 공격한다"라는 『손자병법(모공편)』의 명언대로라면 응당 적을 섬멸할 수 있는 병력이었다. 이때 조조는 장로를 정벌하기 위해 출정했다. 그는 호군 설제薛悌를 통해 문서가 든 함을 장요에게 전달했다. 조조의 전언인즉 적군이 오면 열어보라는 것이었다. 드디어 손권의 군대가 쳐들어오자 장요는 함을 열어 문서를 읽었다.

만약 손권이 침입하면 장, 이 두 장군은 출전해 싸우고 악 장군은 성을 지키며 호군 설제는 전투에 참여하지 말라.*

여러 장군이 군사 수가 너무 적었기 때문에 나가서 싸우라는 조조의 말을 의심했다. 이에 장요가 말했다.

공(조조)께서는 원정을 나가 밖에 계시니 구원병을 보내온다고 해도 그 전에 저들이 우리를 격파할 것이다. 이것은 힘을 합쳐 적을 역공하지 않음을 지적한 것이다. 손권군의 사기를 꺾어 군사들의 마음을 안정시킨 다음에야 합비성을 지킬 수 있다.**

*, **『삼국지/위서/장요전』.

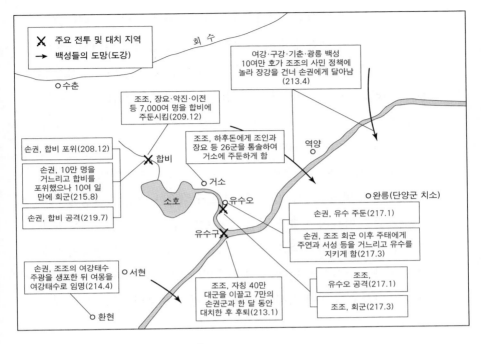

**지도 내 텍스트:**

✕ 주요 전투 및 대치 지역
→ 백성들의 도망(도강)

회 수

○ 수춘

조조, 장요·악진·이전
등 7,000여 명을 합비에
주둔시킴(209.12)

여강·구강·기춘·광릉 백성
10여만 호가 조조의 사민 정책에
놀라 장강을 건너 손권에게 달아남
(213.4)

조조, 하후돈에게 조인과
장요 등 26군을 통솔하여
거소에 주둔하게 함

역양

손권, 합비 포위(208.12)

손권, 10만 명을
거느리고 합비를
포위했으나 10여 일
만에 회군(215.8)

손권, 합비 공격(219.7)

✕ 합비

○ 거소

소호

유수오

유수구 ✕

완릉(단양군 치소) ○

손권, 유수 주둔(217.1)

손권, 조조 회군 이후 주태에게
주연과 서성 등을 거느리고 유수를
지키게 함(217.3)

손권, 조조의 여강태수
주광을 생포한 뒤 여몽을
여강태수로 임명(214.4)

○ 서현

조조, 자칭 40만
대군을 이끌고 7만의
손권군과 한 달 동안
대치한 후 후퇴(213.1)

조조,
유수오 공격(217.1)

조조, 회군(217.3)

○ 환현

11-12 조조와 손권의 회남·강북 유역 전투.

장군들이 아무 말도 못하고 있자 장요가 이를 꾸짖었다. 다만 이전은 장요와 함께하기로 약속했다. 장요는 밤에 지원자 800명을 모아 배불리 먹였다. 다음 날 아침, 그는 갑옷을 입고 창을 들고 병사들을 이끌고 적진으로 향했다. 그리고 직접 선봉에 나서 수십 명을 죽이고 손권의 대장 2명을 참했다. 그러고는 자기 이름을 크게 외치며 돌진해 손권의 대장기 앞까지 진격했다. 손권은 크게 놀라 황망히 높은 산 꼭대기로 올라가 긴 극戟을 앞세우며 방어하려고 했다. 이에 장요는 손권을 꾸짖으며 내려와 싸우자고 말했다. 손권은 감히 움직이지 못하다가 장요의 군사 수가 적음을 알고 군사들에게 장요를 겹겹이 포위하라고 명령했다. 이에 장요는 수십 명을 거느리고 포위망을 뚫고 나왔다. 그런데 중간에 나머지 군사들이 "장군은 저희들을 버리고 가십니까?"라고 울부짖자 다시 손권의 포위망을 공격해 나머지 군사들을 구출해 돌아갔다. 손권의 군사들은 감히 덤비지 못했다. 장요는 명령만 내리는 장수가 아니라 일당백의 무예 실력을 발휘했고, 자신이 위험에 처할 수 있었지만 다시 적진으로 돌진해 남아 있는 군사들을 모두 구하는 책임감도 보여주었다.

이런 장요가 돌아와 수비에 힘쓰니 군사들의 마음이 안정되었다. 죽을 위기에 빠진 부하들을 목숨 걸고 구해주는 광경을 직접 봤으니 장요를 믿고 따르며 목숨을 걸고 싸울 수밖에 없다. 결국 손권은 10배가 넘는 압도적인 병력의 우세에도 불구하고 합비성을 점령하지 못하고 포위한 지 10여 일 만에 후퇴할 수밖에 없었다. 이때도 장요는 군사들을 이끌고 추격에 나서 손권을 사로잡을 뻔했다. 장요는 이 공으로 정동장군征東將軍에 임명되었다.

조조는 손권의 패배 혹은 회군 소식을 듣고 216년 10월 손권 정벌에 나섰다. 그는 업현을 출발해 11월 초현에 도착했고, 217년 1월 여강군 거소현居巢縣에 이르렀다. 이에 손권도 대응에 나서 같은 달 유수오*로 들어가 조조의 군대를 기다렸다. 조조는 2월 유수오를 공격했으나 결국 함락하지 못하고 회군했다. 조조는 장요가 싸웠던 곳을 돌아보며 장요의 용맹과 전공에 경탄했다. 그는 장요에게 군사를 더 충원해주고 하후돈, 조인과 함께 거소로 옮겨 주둔하도록 했다.

손권은 219년 7월 다시 합비 공격에 나섰으나 함락하지 못했다.

적벽대전 이후 조조와 손권은 각각 세 차례씩 상대방을 공격했다. 그러나 조조는 유수구와 유수오를, 손권은 합비를 돌파하지 못했다.

---

* 유수오濡須塢는 손권군이 유수구를 방어하기 위해 212년에 만든 보루다.

회수 이남의 합비와 장강 북쪽에서 전선은 정체되었다.

217년의 장로 정벌을 제외하면, 조조가 이 시기에 직접 군사를 이끌고 공격한 곳은 모두 손권의 영토였다. 나중에 조조는 유비의 한중군 공략을 저지하기 위해 218~219년 서쪽으로 출정하지만 그 전까지는 유비를 공격하지 않았다. 왜 조조는 유비가 아닌 손권만 집중적으로 공격한 것일까?

아마 조조는 후한을 세운 광무제의 군웅 평정 과정을 답습한 듯하다. 광무제는 천하를 통일할 때 우선 왕랑, 유영, 교강, 동헌, 이헌, 장보, 팽총 등 동쪽의 군웅을 멸망시키고 관롱의 외효隗囂 부자와 익주의 공손술公孫述 등 서쪽의 군웅은 최후에 공격했다. 물론 유영과 교강, 장보 등의 지배 영역은 광무제가 수도로 정한 낙양과 가까운 곳이므로 안전을 위해 먼저 공격했을 것이다. 11-13 지도에서 공손술에 대한 공격 노선을 살펴보자. 광무제는 장안에서 남하해 한중군을 거쳐 공손술의 수도인 성도로 진격하는 방식 대신 형주에서 장강을 거슬러 올라가는 공격 노선을 택했다. 아마 조조는 이 같은 광무제의 방식을 취해 먼저 동쪽의 손권을 멸망시키면 익주의 유비를 쉽게 공략할 수 있을 거라고 생각한 것 같다.

만약 조조가 손권을 물리치고 장강 이남을 점령하면 유비는 후한초 공손술과 다름없는 처지가 된다. 북쪽과 동쪽 방면이 조조에게 포위된 형세가 되는 것이다. 그러면 조조는 유비의 익주를 공격할 방법이 관중에서 남하하는 공격로 외에 형주에서 익주로 공격하는 공격로를 추가로 얻는다. 수세에 몰린 유비를 북쪽과 동쪽의 양면 공격으로 손쉽게 이길 수 있다고 생각한 것이다.

조조의 군사적 중심지인 업현에서 장안을 거쳐 관중에서 한중으로 가는 길이 육안으로 보면 거리가 짧아 보인다. 그러나 업현에서 장안

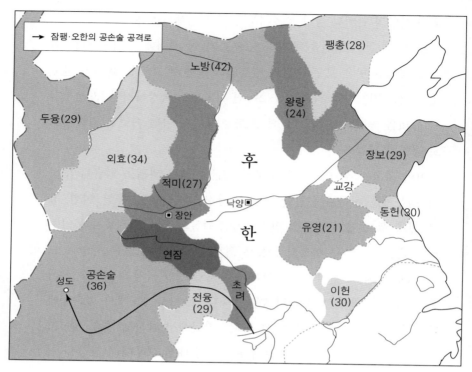

→ 잠팽·오한의 공손술 공격로

팽총(28)

노방(42)

왕랑
(24)

두융(29)

장보(29)

외효(34)

교강

후

적미(27)

낙양▣

▣장안

동헌(30)

유영(21)

한

연잠

공손술
(36)

성도

초
려

전융
(29)

이헌
(30)

11-13 광무제의 군웅 평정도.

까지 가는 길만 해도 험한 산세를 지나야 했고, 장안에서 한중으로 진
격하는 길도 험한 진령을 직접 넘거나 돌아가야 했다. 그 때문에 이보
다는 물리적인 거리가 길지만 형주에서 장강을 따라 상류인 익주로
공격하는 방법이 군대의 진격과 물자 보급에 용이했다. 물론 이 공격
로에도 단점은 있었다. 익주 세력이 익주와 형주의 경계선에 존재하
는 삼협三峽을 굳게 지키면, 형주에서 익주로 거슬러 올라가는 것이
불가능하거나 어려워진다.

다시 관심을 회수의 전장으로 돌리면, 결국 조조는 손권을 굴복시

키지 못했다. 회수 이남과 장강 북쪽 지역은 손권의 본거지인 건업과 가까운 지역이었다. 이곳에서 손권의 군대를 격파하면 건업까지 재빨리 진격할 수 있었다. 조조는 적벽대전의 패배가 약한 수군 때문이었으므로 장강에 도달할 때까지 육군으로 싸우면 손권을 이길 수 있다고 생각했다. 손권은 이러한 전략적 중요성을 알았기 때문에 조조의 남하를 결사적으로 방어했을 것이다. 통계적으로 보면 회수 이남에서 장강으로 진격하는 노선보다 형주에서 장강을 따라 공격하는 노선이 장강 하류에 있는 국가나 정권을 정복할 가능성이 높았다. 조조가 208년 형주를 정복한 후 손권을 공격했던 공격로가 바로 이 루트였다. 그러나 적벽에서 패한 트라우마 때문이었을까? 조조는 상대적으로 쉬운 장강 중류에서 하류로 진격하는 공격로보다 회수 이남에서 장강 하류로 바로 진격하는 공격로를 선택했다. 그 결과 조조와 손권은 합비와 장강 북쪽에서 교착상태에 빠졌다. 당연히 상대적으로 이득을 본 것은 유비였다.

## 유비와 손권, 형주를 두고 다투다 ____

익주를 점령했다고 해서 유비도 마냥 좋아할 수만은 없었다. 손권이 유비에게 익주를 점령했으니 자신들이 빌려준 형주를 내놓으라고 요구한 것이다. 하지만 유비가 요구를 받아들이지 않자 손권은 여몽을 보내 실력 행사에 돌입했다. 그 상황을 조금 자세히 살펴보자.

215년 5월, 손권은 동정호 남쪽의 장사, 계양, 영릉 3군에 관리를 임명해 파견했다. 하지만 당시 형주를 지키고 있던 관우는 당연히 이들을 내쫓았다. 이에 크게 노한 손권은 군대를 투입했다.

11-14 지도는 손권이 군대를 파견해 동정호 남쪽의 3군을 점령하고 유비 측과 충돌할 뻔한 상황을 요약한 지도이다. 손권은 여몽에게

선우단鮮于丹, 서충徐忠, 손규孫規 등의 장수들과 2만 명을 보내 장사, 영릉, 계양 3군을 취하게 하고, 노숙에게 1만 명을 거느리고 파구巴丘에 주둔하여 관우를 막게 했다. 그리고 자신은 노숙이 주둔했던 육구에 머물며 군사들을 지휘했다. 3군을 점령하기 위해 총력전을 펴겠다는 의지를 내보인 것이다.

여몽은 장사군과 계양군의 항복을 받았다. 오직 영릉태수 학보郝普만이 항복하지 않았는데, 여몽은 그의 친구들을 동원해 학보의 항복을 받아내는 데 성공했다. 그사이 유비는 익주에서 공안으로 가서 총사령부를 꾸린 후 관우에게 3만 명을 이끌고 익양益陽으로 진군하게 했다. 노숙도 익양으로 진군하여 양군이 대치했다. 손권은 여몽에게 손교孫皎와 반장潘璋을 이끌고 익양으로 진군하여 관우와 맞서도록 했다. 익양에서 일촉즉발의 위기가 발생했다. 지금까지 한 번도 싸운 적이 없었던 유비와 손권의 군사들이 과연 싸울 것인가? 만약 맞붙는다면 누가 이길 것인가?

결국 유비가 양보해야 하는 사건이 발생했다. 당시 조조는 장로 토벌을 내세우며 한중군으로 진격하던 중이었다. 조조는 4월에 진창에서 산관散關으로 나가 하지현河池縣에 도착했고, 7월 양평陽平에 도착한 후 한중군의 치소인 남정현을 점령했다. 유비로서는 조조가 한중군을 점령한 후 자신이 형주에서 발이 묶인 상황을 이용해 익주를 습격하는 최악의 상황에 몰릴 수 있었다. 결국 유비는 익주와 형주 3군 가운데 어느 하나를 포기해야 했다. 일종의 손절매였다. 유비는 손권에게 사신을 보내 형주 분할에 합의했다.

그런데 『삼국지/오서』와 『삼국지/촉서』에 기록된 형주 분할 연도가 다르다. 전자는 214년, 후자는 215년. 같은 사서에서 같은 사건이 벌어진 시기를 달리 표기하니 진수는 참 무책임하다(『자치통감』은 후

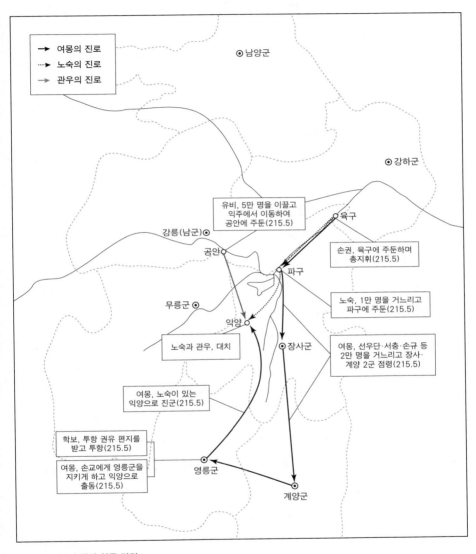

Legend and map labels:

- ━▶ 여몽의 진로
- ┈▶ 노숙의 진로
- ⟶ 관우의 진로

⊙ 남양군

⊙ 강하군

유비, 5만 명을 이끌고 익주에서 이동하여 공안에 주둔(215.5)

⊙ 육구

강릉(남군)⊙

공안⊙

⊙ 파구

손권, 육구에 주둔하며 총지휘(215.5)

노숙, 1만 명을 거느리고 파구에 주둔(215.5)

무릉군 ⊙

익양⊙

노숙과 관우, 대치

⊙ 장사군

여몽, 선우단·서충·손규 등 2만 명을 거느리고 장사·계양 2군 점령(215.5)

여몽, 노숙이 있는 익양으로 진군(215.5)

학보, 투항 권유 편지를 받고 투항(215.5)

여몽, 손교에게 영릉군을 지키게 하고 익양으로 출동(215.5)

영릉군⊙

⊙ 계양군

11-14 손권의 형주 진격.

자의 기록에 따랐고 필자 역시 사마광의 고증을 존중했다). 뿐만 아니라 기록에 따라 분할 후 경계선도 다르다. 형주의 장사, 강하, 계양 동쪽은 손권, 남군, 영릉, 무릉 서쪽은 유비가 영유하기로 합의했다는 기록이 있다. 그러나 동정호로 흘러가는 상수湘水를 중심으로 서쪽은 유비가, 동쪽은 손권이 나누어 갖기로 합의했다는 『삼국지/오서/여몽전』과 『자치통감』의 기록이 당시 상황에 부합하는 것 같다. 예컨대 관우는 손권 소유인 상관湘關의 쌀을 탈취했다. 장사군 전체를 손권에게 주었다면 남의 영토를 침입해 재산을 빼앗았다는 이야기가 되는데 이는 불가능하다. 상관이 두 세력의 경계선에 있어서 관우가 쉽게 경계선을 넘어 쌀을 탈취한 것으로 보는 것이 자연스럽다.

손권은 합의한 대로 영릉군을 유비에게 돌려주었다. 그러나 소속이 불확실한 지역이 있었다. 주릉현州陵縣이다. 주릉은 남군에 속한 현이었지만 『삼국지/여몽전』에 따르면, 215년 양자가 형주를 분할한 다음에도 여전히 한창태수 여몽의 봉읍 4현 중 하나였다. 이 기록이 사실이라면, 손권은 남군 가운데 동쪽의 주릉현은 반환하지 않았다는 뜻이 된다. 이를 뒤집는 사료가 없기 때문에 일단 이 기록을 사실로 인정할 수밖에 없다. 11-15 지도에서 주릉현에 해당하는 지역을 원래 손권의 영토에서 점선(---)으로 구분하고 분할 후에는 빗금으로 표시한 이유도 주릉현이 누구의 영토인지 알 수 없기 때문이다.

유비로부터 형주의 절반을 받아낸 손권은 관심을 조조의 땅인 회남으로 돌렸다. 그는 한 달 후 조조의 영토인 합비를 공격했으나 장요와 이전, 악진에게 패해 되돌아왔다. 유비는 손권에게 땅을 떼어주는 대가로 손권이 조조와의 싸움에 집중하기를 바랐을 것이다. 그래야 조조가 익주를 점령하려는 생각을 포기하고 손권의 공격을 막기 위해 돌아갈 것이기 때문이다. 유비 입장에서는 2개의 군을 팔아 1개의 주

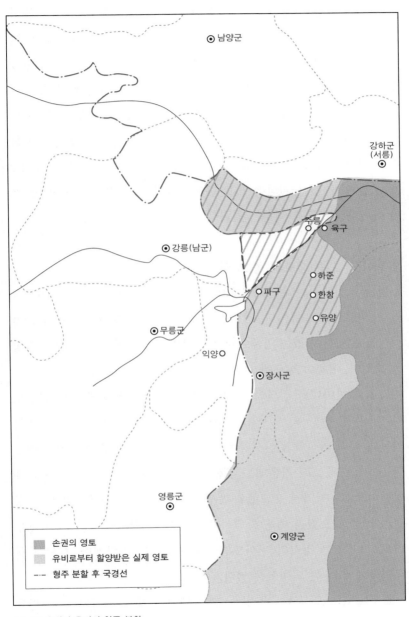

남양군

강하군
(서릉)

중릉 육구

강릉(남군)

하준
한창
파구
유양

무릉군

익양

장사군

영릉군

계양군

■ 손권의 영토
■ 유비로부터 할양받은 실제 영토
-‥- 형주 분할 후 국경선

11-15 손권과 유비의 형주 분할.

(익주)를 지키는 것이 손해보는 장사는 아니었을 것이다. 그러나 결과적으로 유비의 도박은 실패했다. 한중을 공격하여 장로의 항복을 받아낸 조조가 이참에 익주를 정복하자는 사마의와 유엽劉曄의 진언을 뿌리치고 회군했기 때문이다. 유비는 좀 더 기다렸어야 했다. 조조의 회군 소식을 알았다면 땅을 주지 않고 손권과 전쟁을 했을지도 모른다. 그렇다고 손권이 이득을 본 것도 아니었다. 2개 군을 얻었지만 합비 공격에 실패해 병력 손실이 컸기 때문이다. 그러나 장강 남쪽의 2개 군을 얻은 것은 결과적으로 형주의 나머지를 얻기 위한 교두보뿐만 아니라 형주를 견제하는 전략적 요충지를 얻은 셈이었다.

## 오두미도 교주 장로의 종교 왕국 _____

소설 삼국지에서는 유장과 유비의 잠재적인 적으로 등장하는 인물이 있다. 바로 장로張魯이다. 장로는 소설 삼국지와 실제 역사에서 군벌로서는 존재감이 없는 인물이지만 도교의 교주로서 중국 역사에 영향을 주었다. 이것이 장로에게 긴 지면을 할애한 이유이다.

도교를 한마디로 정의하기 어렵지만, 춘추전국시대에 유행하던 노자老子와 장자莊子의 도가道家 사상과 방중술, 불로장생술, 기타 중국인들의 여러 미신과 민간신앙이 합쳐져서 만들어진 중국의 전통 종교다. 초기 도교 조직 가운데는 후한 말 장각의 천사도天師道가 가장 유명했다. 넓은 지역에 포교했을 뿐만 아니라 후한을 전복하기 위해 황건의 난을 일으켰기 때문에 역사에 기록이 남았다. 장로 일가의 오두미도五斗米道는 장각의 천사도만큼 유명하지는 않았지만, 오히려 중국인들에게 더 큰 영향을 주었다.

오두미도는 도사들에게 병을 고친 병자나 새로 신자가 된 사람들이 5말(斗)의 쌀(米)을 납부했기 때문에 붙여진 명칭이다. 『삼국지』

등 사서에서는 오두미도 신자들을 미적米賊이라고도 표기했다. 이들은 성실하며 신의를 지키고 남을 속이지 않도록 교육받았고, 병이 있으면 자신의 잘못을 스스로 자백했다. 이 점은 태평도와 비슷했다. 또법을 위반하면 3번 용서를 받고 이후에도 다시 법을 어기면 처벌받았다. 병을 낳게 하는 방법으로 삼관수서三官手書라는 방법을 사용했다. 삼관三官은 하늘과 땅, 물의 신을 지칭한다. 병든 사람의 성명을 적고 자신이 지은 죄를 기록해 3통을 만들어 한 통은 하늘에 바치기 위해 산 위에 붙이고, 한 통은 땅에 묻으며, 한 통은 물속에 가라앉혔다. 병자의 집안은 쌀 다섯 말을 내도록 규정했다. 배송지주에 인용된 『전략典略』에서는 이러한 치료 방법이 실제로는 병을 치료하는 데 이로움이 없었고, 남을 속이고 거짓된 짓을 행했으나 백성들은 흐리멍덩하고 아주 어리석어서 다투어 함께 그 종교를 섬겼다고 비판했다. 하지만 사람들은 오두미도가 병을 치료한다는 소문을 듣고 몰려들었다.

병 치료에 대한 효험과 함께 오두미도가 교세를 확장할 수 있었던 것은 효과적인 조직과 일종의 자선사업 때문이었다. 오두미도의 조직 형태를 도식으로 나타내면 11-16의 표와 같다.

11-16의 표를 보면 오두미도 조직은 3개 등급으로 구성되어 있다. 먼저 처음 신자가 되면 '귀졸鬼卒'이라고 불렀다. 이후 독실하게 믿으면 '제주祭酒'라고 불렀으며 각각 귀졸들을 거느렸다. 신자들을 많이 거느린 제주를 '치두대제주治頭大祭酒'라고 불렀다. 위에서 살펴본 삼관수서를 이용해 병을 치료하는 실무자는 귀리鬼吏라고 불렀고, 그 위에는 『노자』 5,000자를 교육시키는 간령제주姦令祭酒가 있었다. 그리고 장로는 스스로를 사군師君이라고 일컬으며 여러 제주 위에 군림했다. 자료의 부족으로 치두대제주가 제주들을 통솔하는 직책인지 단순히 신자들을 많이 거느리는 제주의 명칭인지 불분명하고, '귀리'와

11-16 오두미도의 조직 형태.

'귀졸'이 동급인지도 불분명하다. 치두대제주가 사군과 제주 사이에 있고, 귀리가 제주와 귀졸 사이에 있다고 해도 5개 등급에 불과하다. 장로는 한중군을 점령한 다음 오두미도의 간단한 종교 조직을 실제 통치에도 적용했다. 그는 장리長吏, 즉 군과 현의 장관과 차관을 두지 않고 제주들이 백성들을 다스리게 했는데, 백성들과 이민족들이 그들의 지배를 달갑게 받아들였다고 한다. 문자 그대로 종교 조직이 세속을 통치한 종교 왕국이다.

어떤 종교나 조직이 복잡해지면 상하의 의사소통이 막히고 관료화하며 조직이 비대화하여 단점들이 드러나는 데 비해 오두미도는 간단한 형태로 효율적으로 다스렸다.

이들은 자선사업을 벌였다. 제주들은 공문서를 운반하는 사람이나 공무로 여행하는 사람이 머무는 숙소인 정전亭傳에 해당하는 의사義舍를 설치하고 이곳에 의미義米와 의육義肉을 준비해두고 길 가는 나그네들이 자기의 식사량만큼만 먹도록 했다. 만약 자신의 평소 음식량보다 많이 먹으면 귀신이 과식한 나그네를 병에 걸리도록 괴롭힌다고 경고했다. 귀신을 들먹인 것은 정량보다 많이 먹지 못하도록 겁

주기 위한 말일 것이다. 당시에는 공무나 교역을 위해 여행하는 사람들 외에도 가렴주구와 자연재해를 피해 다른 고을로 이동하는 유민들이 많았다. 여행을 해본 독자들은 잘 알겠지만 여행에는 교통비, 숙박비, 식비 등 많은 돈이 든다. 단순한 여행이 아니라 가족이 움직이는 장거리 이주는 더 많은 돈이 든다. 돈이 있는 사람들도 아니고 고향에서 쫓겨나듯 다른 곳으로 가는 이들에게 오두미도가 무료로 먹거리과 잠자리를 제공한 것은 훌륭한 사회복지 정책이었다. 배송지주에 인용된 『전략』에 따르면, 다른 곳으로 옮겨 사는 사람들은 오두미도를 받들지 않을 수 없었다. 일부 도교 학자들은 '의사義舍'가 오두미도의 사원 같은 역할을 했다고 보기도 한다. 즉 의사는 무료로 잠자리와 먹거리를 제공할 뿐만 아니라 포교를 하는 사원의 역할도 겸했다는 주장이다.

11-17 지도는 오두미도가 영향을 미친 지역을 표시한 것이다. 테두리 안쪽에 오두미도 신자들이 분포했는데, 북쪽은 사예, 남쪽은 익주에 속했다. 구체적으로 사예 가운데 경조윤, 좌풍익, 우부풍 등 삼보와 익주의 광한군, 광한속국廣漢屬國, 촉군蜀郡, 건위군犍爲郡 전부와 파군巴郡 북동부 지역에 오두미도 신자들이 거주했다. 그중 익주의 4군에는 태평도 신자도 있었기 때문에 두 종파의 활동 영역이 겹쳤다. 11-17의 지도를 요약하면, 오두미도는 파촉 지역을 중심으로 관중에까지 영향력을 행사했다. 이러한 저력은 앞에서 살펴본 것처럼 백성들의 기복신앙과 병 치료 능력, 일종의 사회복지 혹은 자선 행위의 영향이 컸다.

11-18 지도는 장로 일가가 파촉 지방에서 활동한 상황을 표시한 것이다. 패국沛國 풍현豊縣 사람인 장로의 할아버지 장릉張陵은 촉군에 있는 곡명산鵠鳴山에서 도道에 대해 공부했고, 도서道書를 만들어

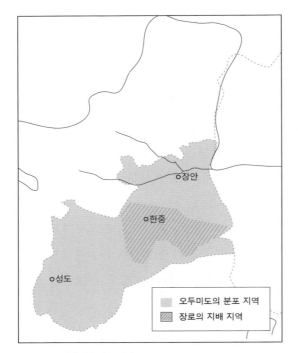

11-17 오두미도의 분포 지역.

백성들을 현혹했다고 한다.

　파촉은 본래 도교와 밀접한 관계가 있는 지역이었다. 서진 무제武帝 시기인 277년 익주자사 왕준王濬은 '천사天師'를 자칭한 도교 교주 진서陳瑞와 교도들을 주살했다. 또한 진서의 신도였던 파군태수 당정唐定 등을 면직하거나 제명했다. 당정은 진서와 마찬가지로 파촉 지역인 건위군 사람이었다. 왕준은 국가에서 인정하지 않는 제사와 종교, 즉 음사淫祀를 모두 금지하고 유가 사상을 보급하려고 노력했다. 서진 말 파촉에 국가를 세운 파저巴氐 이씨李氏 집안과 결탁한 범장생范長生도 곡명산 남쪽에 위치한 청성산靑城山에서 도를 닦으며 교주 행

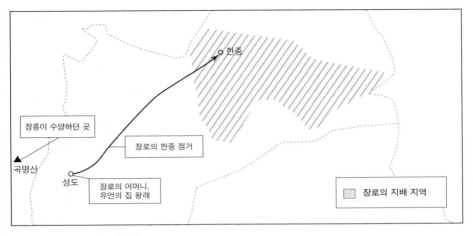

11-18 장릉과 장로의 활동.

세를 했다. 성도 서북쪽에 있는 청성산은 지금까지 도교의 주요 성지 중 한 곳이다. 그런데 파촉 지역 사람들이 도교를 신봉한 이유는 무엇일까? 곡명산과 청성산, 아미산 등에는 흐리고 구름이 많이 끼어서 뭔가 믿지 않으면 안 될 것 같은 종교적 분위기를 만들기 때문이라고 추정하기도 한다.

장릉의 아들 장형張衡과 장형의 아들 장로는 교주로서 오두미도를 포교했다. 또한 장로의 어머니는 사람들을 속이는 술법과 무술巫術에 능했을 뿐만 아니라 미모도 빼어났다. 그녀는 당시 익주를 지배하던 익주목 유언의 집에 드나들었다. 둘의 사이가 의심스럽지만 유언과 장로의 어머니가 간통했다는 기록은 없다. 어쨌든 장로가 두 사람의 '특별한' 관계 덕을 본 것은 사실이었다. 장로가 한중을 지배하게 된 계기는 유언의 후원 덕분이었기 때문이다. 유언은 장로를 독의사마督義司馬에 임명해 유언의 별부사마 장수張脩와 함께 한중태수 소고蘇固를 공격하게 했다. 이후 장로는 장수를 습격해 살해하고, 장수가 통솔하던 군대를 자기 휘하에 두고 한중군 일대에서 주둔했다. 그러나 이 때는 아직 유언의 명령을 받들며 독립하지 않았다.

장로가 독립하게 된 계기는 유언의 아들 유장이 익주목이 되며 둘 사이가 틀어졌기 때문이다. 유장은 장로가 교만방자하고 자신의 명령 에 순종하지 않자 성도에 남아 있던 장로의 어머니와 동생을 죽였다. 이로써 유장은 스스로 장로의 원수가 되었다. 이후 장로는 한중군을 점거하고 독립했다.

11-19 지도에서 빗금을 그은 지역(▨)이 장로가 지배한 곳이다. 한 중군 전체와 파군의 북서쪽 일부가 이에 해당한다. 장로는 파군과 한 중군을 30년간 지배했다. 후한 조정은 장로를 정벌할 수 없었기 때문 에 그에게 진민중랑장鎭民中郎將 한녕태수漢寧太守의 벼슬을 주어 회 유했다. 장로는 벼슬을 받은 대가로 후한 조정에 명목상 공물을 바쳤 다. 원래 한중군의 호수는 5만 7,334호였으나, 장로의 공조功曹였던 염포閻圃는 한천漢川, 즉 한중의 호수가 10만 호(가구)에 이른다고 했 다. 후한 말 동란 중에 관중과 남양군 등 다른 지역에서 한중으로 흘 러들어온 유민의 수가 많았음을 알 수 있다. 게다가 한수와 마등의 난 때 관서(관중)에서 자오곡子午谷을 통해 한중으로 피란 온 백성도 수 만 가구에 이르렀다. 장로는 이들을 받아들여 인구를 늘리고 경제력 을 확충할 수 있었다. 앞에서 설명한 대로 장로는 오두미도의 간단한 종교 조직을 통해 다스렸기 때문에 백성들 입장에서 보면 한중에 있 던 장로의 종교 왕국은 관리들의 간섭이 적은, 살기 좋은 땅이었다. 당시 지배층에게는 반역의 무리가 사는 땅이었겠지만 말이다.

장로는 유언처럼 야심 있는 군벌은 아니었다. 한 백성이 옥인玉印 을 땅속에서 파내어 바치자 부하들은 장로에게 한녕왕漢寧王이 되라 고 권했다. 당시 황실 일족이 아닌 일반 신하들이나 백성들이 왕이

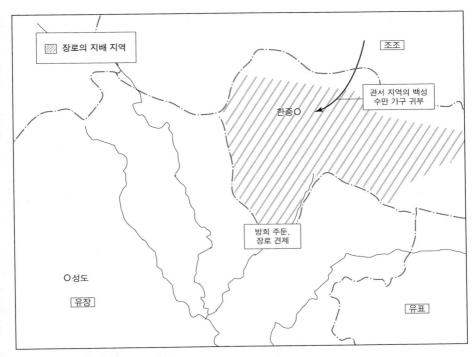

11-19 장로의 지배 지역과 그 주변.

되는 것은 사실상 천자가 되기 전 단계였으므로 찬탈 혹은 독립을
의미했다. 하지만 장로의 공조 파서巴西 사람 염포는 다음과 같이 진
언했다.

한천漢川, 즉 한중의 백성은 호수가 10만을 넘고 물자가 풍부하고
땅이 비옥하며 사면의 지형이 험하고 방비가 튼튼합니다. 사군께서
상책으로 천자를 보필하면 춘추시대 제齊나라의 환공桓公과 진晉나
라의 문공文公이 될 수 있습니다. 차선책으로는 후한 초 하서河西에
할거했던 두융竇融이 광무제에게 항복한 것처럼 정부에 항복하면

부귀를 잃지 않습니다. 지금처럼 황제의 명령을 받아 속리屬吏들을 임명하고, 세력은 족히 한 지역을 다스릴 만하니 번거롭게 왕이 될 필요가 없습니다. 원컨대, 왕을 칭하지 않으면 화가 먼저 미치지 않을 것입니다.*

장로는 비록 자립한 종교 왕국의 우두머리였지만 명목상 후한 헌제의 임명을 받은 지방관이었다. 다른 지역의 군웅이나 군벌들도 마찬가지지만, 왕이 되면 황제의 존재를 무시하는 것이므로 반역자로서 조정이나 다른 군벌들의 표적이 되어 공격을 받을 게 뻔하니 먼저 화를 불러올 짓을 하지 말라는 뜻이었다. 지방관으로 행세하며 적당히 조정의 명령을 어기고 독립을 즐기는 것이 낫다는 뜻이기도 했다. 장로는 염포의 진언을 따랐다.

장로는 염포의 말대로 주변 세력을 적대시하지 않고 조용히 살기를 바랐다. 그러나 그의 희망대로 되지는 않았다. 손권과 유비는 장로를 위협 세력으로 보았다. 유장 역시 스스로 장로와 원수가 되었지만 한편으로는 장로를 익주를 침공할 잠재적인 적이라고 생각했다. 유장이 유비를 파촉으로 불러들이라는 별가종사 장송의 계책에 동의한 것도 장로를 제거해야 자신의 권력이 공고할 것이라고 생각했기 때문이다. 소설 삼국지에서는 장로가 먼저 유장을 공격하려 했다고 나오지만(59회), 정사에서는 장로가 익주를 침입했다는 기록이 없다. 아마도 유비의 파촉 점령을 정당화하기 위해 애꿎은 장로에게 악역을 맡긴 듯싶다.

---

* 『삼국지/장로전』.

## 조조의 한중 정복과 장로의 '중원 정복'

조조는 215년 장로를 정벌하기 위해 군대를 일으켰다. 지도 11-20에서 볼 수 있듯 조조는 장안에서 바로 서남쪽의 한중군 치소인 남정현南鄭縣을 공격한 것이 아니라 장안의 서쪽인 위수를 따라 서진한 후 산관散關에서 서남쪽으로 남하한 다음 다시 동쪽으로 돌아 양평관陽平關을 통과하여 남정현에 이르렀다. 조조는 왜 가장 빠른 직선 코스로 가지 않고 먼 길을 돌아서 장로를 공격했을까? 장로가 북쪽을 지키느라 군사를 전진 배치한 허점을 이용해 후방을 공격한 것일까?

지형도를 통해 확인할 수 있듯 장안과 한중(남정) 사이에는 길고 험준한 진령산맥이 가로막고 있다. 그래서 평면적으로는 장안에서 한중까지 서남쪽 직선으로 가는 길이 빨라 보이지만 실제로는 산 사이의 평지로, 특히 강을 타고 거슬러 행군하는 것이 빠르고 안전했다. 게다가 우연의 일치인지는 몰라도 남정현은 조조가 산관을 통해 무도군으로 우회하여 양평군을 돌파하면 바로 공격을 받는 곳인 한중군 서쪽에 자리하고 있었다.

장로도 바보가 아닌 이상 이러한 전략적 상황을 모를 리 없었다. 그는 조조에게 항복하려고 했다. 하지만 동생 장위張衛가 동의하지 않고 수만 명의 군사를 이끌고 양평관으로 가서 조조의 군대에 대항했다. 배송지주에서 인용한 『세어』에 따르면 장위는 양평관 주변 산에 성을 쌓고 수비에 전념했다. 이에 조조의 군대가 군량이 다 떨어져 회군하려고 할 찰나, 돌연 장위가 항복했다. 그 과정이 약간 허무했다.

어느 날 밤 야생 사슴 수천 마리가 장위의 군영으로 돌진해 군인들이 크게 놀랐다. 이때 조조의 군대 일부가 잘못하여 장위의 군대와 마주쳤다. 조조의 군사들이 북을 치고 나팔을 불어 소란스럽게 하자 장위는 조조의 대군이 야습한다고 생각하고 두려워하여 조조에게 항복

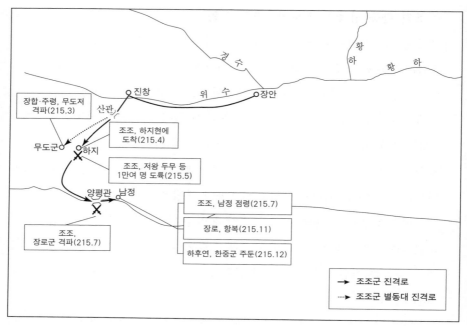

11-20 조조의 장로 토벌 과정.

했다는 것이다.\* 청일전쟁 당시 일본군이 총알이 떨어져 후퇴하려고
할 때 청군이 항복했다는 웃지 못할 이야기가 생각난다.

어쨌든 조조가 장위의 군대를 격파하고 양평관을 돌파했다는 소식
을 들은 장로는 한중 남쪽 경계에 있는 남산南山을 거쳐 파중巴中으로
도망갔다. 이때 부하들이 보화寶貨와 창고를 불태우고 가려고 했다.
그러나 장로는 "본래 국가에 귀의하려고 했으나 뜻이 미치지 못했을
뿐이다. 지금 달아나는 것은 예봉을 피하려고 하는 것이지 나쁜 뜻이
있는 것은 아니다. 보화와 창고는 국가의 소유이다"라고 말하고 창고
를 닫은 채 달아났다.\*\* 조조는 남정현을 점령한 뒤 장로가 창고를 불
태우지 않고 그대로 둔 채 도망간 사실을 알고 가상히 여겼다. 또 장

로가 항복하려는 뜻이 있었음을 알고 사람을 보내 항복을 권했다. 이에 장로는 조조에게 항복했다. 조조의 장로 정벌은 이렇듯 다소 심심하게 끝났다.

조조의 한중군 점령 소식을 듣고 파촉 지역의 이민족인 파巴와 한漢도 항복했다. 215년 9월 파巴의 칠성이七姓夷 박호朴胡와 종읍후賨邑侯 두호杜濩가 파이巴夷와 종민賨民을 이끌고 조조에게 항복한 것이다. 11월에는 장로가 파중에서 무리를 이끌고 항복했다. 말 그대로 일석삼조였다. 장로뿐만 아니라 파이와 종민까지 잡았으니 말이다.

조조는 한중군을 분할해 통치하는 방식을 도입했다. 그는 한중군의 2현을 나누어 서성군西城郡을 설치하고 태수를 임명했으며, 석군錫郡과 상용군上庸郡의 일부를 나누어 도위都尉를 설치했다. 또한 파군巴郡을 나누어 박호를 파동태수巴東太守, 두호를 파서태수巴西太守에 임명했다. 그런데 당시 파군은 유비가 막 지배하고 있는 상황이어서 실제 조조가 파군 일대를 점령하고 지방관을 임명한 것인지는 불확실하다.

주변의 이민족들이 항복하고 익주가 바로 코앞에 보였지만 조조는 한중을 차지한 것으로 만족했다. 사마의와 유엽이 내친김에 익주의 유비를 공격하라고 했지만, 조조는 "사람들은 만족이 없다. 이미 농隴을 얻었는데 다시 촉蜀을 바랄 것인가?"하며 듣지 않았다. 이 말은 200여 년 전에 후한의 광무제가 농서 지역에 할거하던 외효 부자를 멸망시킨 후 한 말이기도 하다.

당시 유비는 조조와 싸우자마자 일방적으로 패하던 서주와 여남

---

\* 『삼국지/장로전』의 배송지주에 인용된 『세어世語』.
\*\* 『삼국지/장로전』.

군, 형주 시절의 유비가 아니었다. 유비 공격에 찬성했던 유엽이 얼마 후 말을 바꾼 사실에서도 잘 드러난다. 조조가 사마의와 유엽의 진언을 무시한 지 일주일 후 촉에서 항복한 사람이 "촉에서는 하루에 수십 번 놀랍니다. 수장守將들은 비록 부하들을 참했지만 능히 안정시키지 못합니다"라고 말했다. 그제야 솔깃한 조조가 유엽에게 "지금도 여전히 유비를 공격할 수 있을까?" 하고 물었다. 그러나 유엽은 "지금 유비는 체제를 조금 안정시켰을 것입니다. 공격할 수 없습니다"라고 대답했다. 『자치통감』을 주해한 호삼성은 유엽이 유비의 방어 상태를 살펴보고 쉽게 이길 수 없음을 깨닫고 의견을 바꾸어 유비를 공격하지 말라고 진언했다고 보았다. 이 일화 전체를 보면, 파촉에 관심 없다는 조조의 말은 '신 포도'에 불과하다. 파촉 정복을 꾀했으나 유비의 방어가 철저하자 파촉 공격 포기를 합리화하는 수사였을 뿐이다.

결국 조조는 215년 12월 한중을 떠났다. 유비와 싸우기를 단념하고 업으로 돌아간 것이다. 떠나기 전 조조는 하후연을 도호장군都護將軍에 임명하고 장합과 서황 등을 감독해 한중군을 지키게 했다. 또한 승상장사丞相長史 두습杜襲을 부마도위駙馬都尉에 임명하여 한중군에 머물러 행정을 처리하도록 했다. 두습은 선정을 베풀었고, 이에 스스로 낙양과 업현으로 이주한 백성들이 8만여 명에 달했다고 한다. 하지만 이것은 현실을 미화한 기록이고, 실제로는 한중군 백성 8만여 명을 낙양과 업현으로 강제 이주시킨 것이다. 이는 변방인 한중군의 인구를 줄여 경제력을 약화하고 중심지인 낙양과 업현의 인구를 늘려 경제력 강화를 도모한 것이다. 이처럼 중국의 역사에서 중앙을 강화하고 지방을 약하게 하는 정책을 '강간약지強幹弱枝'라고 한다.

조조는 장로를 진남장군鎭南將軍에 임명하고 부하가 아닌 객례客禮로 대우했으며 낭중후閬中侯에 봉하고 1만 호를 주었다. 뿐만 아니라 장로의 다섯 아들과 염포 등 부하들을 모두 열후로 봉했다. 또 장로의 딸과 자기의 아들 조팽曹彭祖를 결혼시켰다.

조조가 장로를 우대한 것을 보면 유비나 손권, 유언의 과대평가와는 달리 장로가 그다지 위협적인 존재가 아니었다는 생각이 든다. 앞에서 말한 대로 이 세 사람은 정치적·군사적 목적으로 악용하기 위해 장로를 '잠재적인 강력한 적'이라고 과대평가했던 것 같다. 특히 유장은 장로의 세력을 지나치게 과대평가하여 스스로 익주를 유비에게 넘겨주는 우를 범했다.

장로가 순순히 조조에게 항복한 것은 나름대로 정치적 계산이 있었기 때문이다. 일부 학자들의 분석에 따르면 조조에게 항복한 후 장로는 조조와 부하들에게 오두미도를 포교했다고 한다. 훗날 조조의 아들이 세운 위魏나라와 사마의의 손자가 세운 진晉나라의 지배층 가운데 도교를 믿는 사람들이 꽤 많았다. 특히 동진과 남조 시대 최고 문벌인 낭야琅琊 왕씨王氏는 대대로 도교를 신봉했다. 유명한 서예가 왕희지王羲之와 그의 아들 왕응지王凝之처럼 낭야 왕씨와 진군陳郡 사씨謝氏 등 일부 가문 사람들의 이름 뒤에 '갈 지之' 자를 붙이는 관행도 있었는데, 이 역시 도교의 표지라고 한다. 이처럼 위진·남조 지배층 사이에 도교는 널리 퍼졌다. 장로가 한중 일대에서 포교한 대상은 가난한 백성들이었지만 위나라에서는 지배층을 상대로 포교하면서 교리와 의식에 변화가 있었음을 쉽게 짐작할 수 있다. 장로는 전투에서 패했지만 전쟁에서 이긴 셈이다. 오두미도의 교주였던 그에게는 넓은 땅을 차지하는 것보다 많은 사람들에게 도교(오두미도)를 전파시키는 것이 중요했을 테니 말이다. 장로는 미래를 보는 눈이 있었기 때문에 포교에 성공한 것이다.

장로의 후계자들은 지금까지도 도교 조직을 운영하고 있다고 한다.

일설에 따르면, 장로의 아들 장성張盛은 아버지의 뒤를 이어 도교의 교주인 천사天師가 되어 오늘날 장시성 구이시현貴溪縣 서남쪽에 위치한 용호산龍虎山에 거주하면서 교세를 확장했다. 이후 도교의 중심지는 모산茅山이 되었고, 장천사張天師 가문의 영향력은 별볼일없었다. 그러나 북송시대 이후 장천사 가문이 북송 황제들과 유착하고 조정의 우대를 받으면서 가장 영향력 있는 도교의 일파로 성장했다. 이러한 지위는 청나라 시대까지 계속되었다. 장천사 가문은 63대 천사인 장은부張恩溥가 1949년 장개석의 국민당 정권이 공산당에 밀려 타이완으로 쫓겨났을 때 함께 이주했다. 한 학자에 따르면, 장로의 혈통은 어느 시점에서 끊겼지만, 천사도天師道라고 불리는 이 도교 조직의 교주가 되면 장씨張氏로 성을 바꾸는 것이 관례라고 한다.

## 유비의 북벌과 절반의 승리: 한중군 점령 _____

유비는 결단의 순간이 너무 빨라 형주의 2군을 손권에게 내주었지만 차라리 속 편하게 북쪽의 조조 땅에 집중할 수 있는 장점도 있었다. 조조가 한중군을 점령한 후 돌아간 것도 유비에게는 기회였다.

조조는 한중의 장로를 평정한 후 파촉을 공격하지 않고 하후연에게 장합, 서황과 함께 한중을 지키도록 명령하고 업으로 돌아갔다. 언뜻 조조가 파촉에 대한 관심을 끊은 것 같지만 조조의 대리인인 하후연과 장합, 서황은 여러 차례 파서군 일대를 침범했다. 유비가 파촉(익주)을 평정한 다음 장비를 파서태수에 임명한 것도 조조의 군사를 막으려는 것이었다.

지형도를 보면 한중과 삼파三巴(파서군, 파동군, 파군) 사이를 험준한 산맥이 가로막고 있는 것처럼 보이지만 실제로는 두 지역이 편하게 교통했던 것 같다. 서진 이후 이 두 지역은 양주梁州에 속한다. 장합이 파서군을 점령하고 남쪽의 파군까지 진격하면 유비의 영토는 중앙부를 조조에게 빼앗겨 서쪽의 익주와 동쪽의 형주로 두 동강 날 수 있었다. 그 때문에 유비는 관우 다음으로 믿을 수 있는 장비를 파서에 보내 장합을 막게 한 것이다.

장비는 215년 탕거현宕渠縣 남쪽 와구瓦口에서 장합 등의 군대와 싸워 승리했다. 패한 장합은 군대를 수습해 한중군의 치소인 남정현으로 돌아갔다. 이때 장비의 후방에 있던 유비도 성도로 돌아갔다. 1차전은 유비의 승리였다. 유비가 장비 뒤에서 대비했다는 것은 이 전투가 실제로 유비 정권의 흥망을 결정할 정도로 중요했다는 증거다. 『삼국지』에는 장합이 졌기 때문에 평범한 전투로 축소되어 기록되었을 뿐이다.

유비는 217년 장비와 마초, 오란吳蘭에게 무도군武都郡의 치소인 하변현下辯縣을 공격하도록 명령했다. 그러나 장비와 마초는 218년 조홍의 군대에 패해 도망갔고, 이어 오란과 뇌동의 군대도 조홍에게 격파당했다. 2차전은 조조의 승리였다.

유비는 218년 4월 무렵 한중군의 서쪽 경계선에 있는 양평관을 공격하며 하후연, 장합, 서황의 군대와 대치했다. 이때 유비는 진식陳式에게 마명각馬鳴閣을 공격하여 도로를 차단하게 했으나 서황의 군대에 패했다. 부하들과 유비군의 일진일퇴를 지켜보던 조조 역시 유비를 직접 공격하기 위해 업을 출발하여 9월 장안에 도착했다. 한동안 양평관에서 손발이 묶였던 유비는 219년 소강상태를 타개하기 위해 강을 건너 정군산定軍山에 군영을 설치했다. 하후연은 유비의 본영이 있는 정군산을 공격했으나 유비의 장군 황충의 역습을 받고 패하여 전사했다. 수세에 몰렸던 유비는 정군산 전투에서 승리하면서 한숨 돌릴 수 있었다.

조조의 군대가 한중군의 치소인 남정에 도착하자 상황이 다시 바뀌는 듯했다. 그러나 조조는 한 번도 진 적이 없던 유비에게 밀리기 시작했다. 유비는 "조조가 비록 직접 온다고 해도 할 수 있는 일이 없다. 나는 반드시 한천漢川(한중)을 점령할 것이다"라고 결연하게 말하면서 험지를 사수하며 지구전으로 나갔다.*

한편 황충은 219년 3월 북산에서 조조의 군량 수송부대를 습격했다. 북산이 어디인지 정확히 알 수 없으나 한중군 북부 혹은 면양현沔陽縣 근처로 추정된다. 조운은 황충이 돌아오지 않자 수십 기를 거느리고 시찰을 나갔다가 조조의 대군을 만났다. 조운은 조조의 진영으로 돌진해 싸우면서 조금씩 후퇴했다. 조조의 군사들은 흩어졌다가 다시 합치길 반복하며 조운의 군영까지 도착했다. 조운은 군영 안으로 들어가 영문을 열고 깃발을 내려놓고 북소리도 멈추었다. 조조의 군사들은 조운이 복병을 숨겨놓았을 것이라고 의심하며 후퇴했다. 조운은 갑자기 하늘이 울릴 정도로 북소리를 크게 내며 군영 후방에서 날카로운 쇠뇌를 조조의 군사들에게 쏘게 했다. 조조 군사들은 놀라서 서로 짓밟았고, 심지어 한수의 물속에 빠져 죽는 군사들도 많았다. 유비는 다음 날 아침 조운의 군영에 이르러 전날 벌어진 전투 현장을 둘러보고 "자룡은 몸 전체가 담력이로구나!" 하며 감탄했다.** 일부 한글판 소설 삼국지에서는 "자룡은 도시담都是膽이로다"라고 번역되었는데, '도시담'은 한 단어가 아니다. '도'는 중국어로 '모두', '시'는 '-이다'의 뜻인데, 중국어를 몰라 한 단어로 잘못 번역한 것이다.

조조는 애써 한중까지 왔다가 군량도 빼앗기고 자꾸 지기만 하자

---

*『삼국지/선주전』.
**『삼국지/촉서/조운전』의 배송지주에 인용된 『조운별전』.

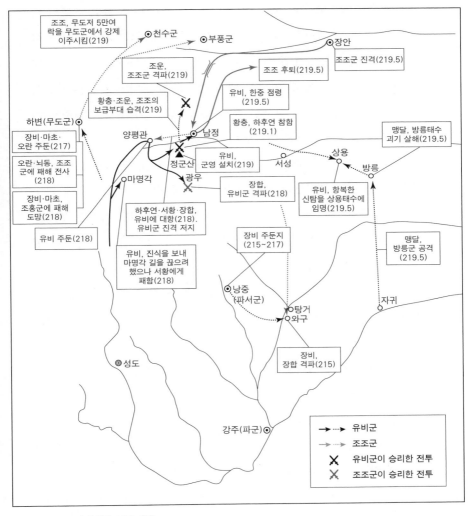

조조, 무도저 5만여
락을 무도군에서 강제
이주시킴(219)

천수군

부풍군

장안

조조군 진격(219.5)

조운,
조조군 격파(219)

조조 후퇴(219.5)

유비, 한중 점령
(219.5)

황충·조운, 조조의
보급부대 습격(219)

남정

황충, 하후연 참함
(219.1)

맹달, 방릉태수
괴기 살해(219.5)

하변(무도군)

양평관

유비,
군영 설치(219)

상용

서성

방릉

장비·마초·
오란 주둔(217)

정군산

장합,
유비군 격파(218)

유비, 항복한
신탐을 상용태수에
임명(219.5)

오란·뇌동, 조조
군에 패해 전사
(218)

광우

장비·마초,
조홍군에 패해
도망(218)

마명각

하후연·서황·장합,
유비에 대항(218).
유비군 진격 저지

장비 주둔지
(215~217)

맹달,
방릉군 공격
(219.5)

유비 주둔(218)

유비, 진식을 보내
마명각 길을 끊으려
했으나 서황에게
패함(218)

자귀

낭중
(파서군)

탕거
와구

장비,
장합 격파(215)

성도

강주(파군)

→┈▶ 유비군

→┈▶ 조조군

✕ 유비군이 승리한 전투

✕ 조조군이 승리한 전투

11-21 유비의 한중 점령 과정.

전투에 흥미를 잃었다. 버리기도 아깝고 먹기도 아까운 상황을 풍자한 '계륵鷄肋(닭 갈빗대)'이란 말이 바로 이 전투에서 나왔다. 소설에서는 하후돈의 부하 양수가 '계륵'이 암구호라는 말을 듣고 조조의 의중을 헤아려 곧 퇴각할 것을 알고 미리 철수 준비를 하다가 이 사실이 조조의 귀에 들어가 군기를 해친 죄목으로 참수되어 군문 밖에 내걸린다(72회). 짐작할 수 있듯이 이 이야기는 허구지만 절반은 사실이다. 즉 양수가 조조에게 살해된 것은 사실이나 그가 조조의 의중을 미리 알아챘기 때문인 것은 아니었다.

양수는 후한 중기의 유학자인 양진楊震의 현손(4세손)으로 태위 양표의 아들이다. 양진부터 양표까지 4세대에 걸쳐 삼공 가운데 가장 높은 태위를 지낸 홍농 양씨는 명문 중의 명문이었다. 하지만 조조와 양표, 양수 부자는 사이가 좋지 않았다. 조조는 197년 9월 양수가 원술의 사위인 만큼 양표가 자신의 말을 듣지 않을 것이라고 생각하고 황제를 참칭한 원술에 동조한 역적으로 몰아 양표를 죽이려고 했다. 이때 순욱과 공융이 재판을 맡은 허현령 만총에게 양표를 살려달라고 부탁했다. 만총은 그들의 청탁을 물리치고 공정히 심문했고, 조조에게 전국에서 가장 지명도 있는 양표를 죽이면 민심을 잃을 것이라고 간언했다. 만총 덕분에 양표는 살아났지만, 이후 정계를 은퇴했다.

양수는 장송의 인물됨을 알아보고 조조에게 그를 중용하라고 권할 정도로 인재 보는 눈이 뛰어났다. 하지만 조조에게 푸대접을 받은 장송은 유비에게 익주의 호구대장과 지도를 바쳤다. 조조는 익주를 거저 차지할 수 있는 기회를 놓쳤다. 문학적 재능이 뛰어난 양수는 조조의 셋째아들 조식과 정의丁儀, 정이丁廙 형제와 어울렸다. 하지만 그는 조식과 술 마시고 취해 수레를 타고 사마문을 나가는 실수를 저지르고 말았다. 법령에 따르면 모든 신하들은 사마문을 나갈 때 말이나 마차, 가마에서 내려 걸어서 나가야 했다. 이 소식을 들은 조조는 양수가 뛰어난 재능이 있는 데다 원술의 사위였기 때문에 후에 근심이 될 거라고 생각해 죽였다. 그때 그의 나이 45세였다. 하지만 설사 그때 죽지 않았어도 양수는 죽을 운명이었다. 양수와 어울렸던 정의, 정이 형제가 조비 즉위 후 살해되었기 때문이다. 양수가 살았어도 이때같이 죽음을 당했을 것이다.

결국 조조는 한중을 포기하고 철수했다. 이에 유비는 남정현에 입성하고 한중을 점령했다. 승승장구한 유비는 자귀현秭歸縣에 주둔하던 맹달孟達에게 방릉군房陵郡과 상용군을 공격하게 했다. 이 지역은 본래 한중군이었으나 조조가 한중에서 분리해 설치한 군들이었다. 맹달은 219년 방릉군을 점령하고 태수 괴기蒯祺를 살해했다. 그는 서쪽에 위치한 상용군으로 진격했다. 유비는 맹달 혼자 상용군을 공격하기 버겁다고 생각하고 양자인 유봉劉封을 한중에서 보내 동쪽과 서쪽에서 협공하게 했다. 이에 상용태수 신탐申耽과 아우 신의申儀는 항복했다. 유비는 신탐을 유임하고, 신의는 서성태수西城太守에 임명했다. 맹달과 유봉은 상용에 머물렀다. 한편 이 두 사람은 관우의 형주 상실과 관련하여 불행에 처하게 된다.

유비의 동선을 보면 유비의 목적은 한중군 점령처럼 보인다. 『삼국지』와 소설 삼국지에서는 그렇게 서술했다. 그러나 관우의 북벌과 같이 놓고 보면 사뭇 다르다. 유비를 만난 제갈량이 천하통일의 방법을 제시한 융중대가 생각난다. 익주와 형주에서 동시에 북벌을 추진하는 전략. 『삼국지/촉서』에서는 유비가 한중군을 점령한 219년 관우가 북벌을 추진했다고 기록했다. 위나라의 기록인 『삼국지/무제기』의 기사에 따르면, 관우는 한 해 전인 218년 10월 이전에 이미 번성과 양양에 주둔한 조인과 싸우고 있었다. 219년 장안에서 한중군으로 진격하던 조조가 양평(관)에서 막히자 회군한 것도 관우군의 기세가 만만찮았기 때문이다. 한중군에서 유비의 군대와 대치하고 있는 사이 관우가 양양과 번성을 점령한 후 낙양이나 허로 진격하는 것을 두려워해 회군한 것이다. 조조는 5월 장안으로 돌아왔고, 10월 낙양에 이르렀다. 조조의 동선을 보면 관우의 공격을 대비한 조치였다.

유비가 한중군 점령을 넘어 북벌의 의지를 보인 것은 장비와 마초, 오란 등을 보내 무도군을 공격한 사실에서도 확인된다. 무도군은 량주에 속한 군으로 익주와 상관없으므로 단순히 영토를 확장하기 위해 공격한 것이 아니었다. 한중군에서 장안으로 가는 직선 코스는 험한 진령(산맥) 때문에 진군하기 곤란했다. 따라서 서쪽으로 우회하는 진창도* 등 두 길이 비교적 평탄하여 공격로로 자주 활용되었다. 이 두 길이 지나가는 곳이 바로 무도군이었다. 따라서 유비는 군대를 둘로 나누어 자신은 한중군을 공격하고 장비와 마초, 오란에게 무도군을 공격하게 한 것이다. 게다가 무도군을 공격한 사령관이 바로 장비다. 유비가 믿을 수 있는 맹장 마초도 참전했다. 장비 등의 촉군이 무도군을 점령하면 그와 합류한 뒤 위수 상류로 진격하여 관중으로 쳐들어갈 수 있었다. 그러나 장비 등의 군대가 무도군을 점령하지 못하고 후퇴하면서 북벌 시도는 막혔다. 유비는 한중군을 점령하고 조조가 직접 이끄는 군대를 처음으로 격파해 생애 최고의 승리를 맛보았으나, 절반의 승리였다. 장안과 관중을 점령하지 못했기 때문이다. 결과적으로 한중군을 점령한 후 유비가 성도로 돌아온 것이 전략상 착오였다. 형주에서 북진하여 번성을 포위하고 있던 관우는 유비처

---

* 진창도는 남쪽에서 도수導水(현재는 청강하清姜河라고 한다)와 한수扞水(현재는 가릉강嘉陵江이라고 한다)의 물가를 따라 북쪽으로 산관을 거쳐 위수 상류와 진창현까지 이어졌다.

럼 철군할 수 없었기 때문이다. 관우의 고립. 그 결과는 관우의 죽음
이었다.

## 한중왕이 된 유비, 인생의 절정에 서다 _____

219년은 유비에게 최고의 해가 될 뻔했다. 관우만 죽지 않았다면. 유
비는 한중군을 점령하고 신하들의 간청을 받아들여 면양현에 단을 쌓
고 한중왕漢中王으로 즉위했다. 이미 조조도 216년 위왕魏王에 취임
했기 때문에 유비가 왕이 된다고 해도 별 문제가 없었다. 사실 '왕'은
황제 다음의 작위이지만 황제의 아들이나 형제, 혹은 그 자손들만 왕
에 봉해졌고 황실의 먼 일족이나 일반 신하들이 왕에 봉해지는 예는
없었다. 후한의 광무제가 즉위하고 군웅을 평정한 후 전한 제후왕들
을 후(열후)로 강등하고 가까운 일족과 아들들을 대신 왕으로 봉했다.
만약 일반 신하들이 왕에 봉해진다면 이는 황제의 자리를 찬탈한다
는 무언의 암시였다. 순욱이 조조가 위공魏公에 봉해지는 것을 반대
한 이유도 위공이 위왕, 위 황제로 승진하는 코스였음을 알아챘기 때
문이다. 유비가 한중왕이 된 것도 황제로 나아가기 위한 하나의 단계
였다.

유비의 기분을 더욱 좋게 만든 것은 한나라를 창업한 고조 유방의
행적을 먼 후손인 유비 자신이 재현했다는 점이었다. 유방도 항우와
맞설 때 한중, 파, 촉 3군을 영토로 하는 한왕漢王에 봉해져 남정현에
도읍을 정했던 역사가 있었기 때문이다. 한나라의 '한'도 한중군 혹은
한중군을 흐르는 한수漢水에서 유래한 것이다. 한중왕에서 '중' 자를
빼면 자신의 선조인 유방과 같은 호칭이었다. 말장난 같은 호칭보다
더 중요한 것은 유방이 파촉 3군을 근거지로 천하를 통일했던 것처럼
파촉 3군에 해당하는 익주를 차지한 자신도 선조처럼 다시 중원을 제

패할 수 있다는 자신감과 한나라의 뒤를 잇는다는 정통성을 주장할 수 있다는 점이었다.

여기에서 잠깐 유비가 차지한 지역을 지도로 살펴보자.

유비가 가장 먼저 차지한 지역은 208년에 점령한 동정호 남쪽의 장사, 영릉, 계양, 무릉 4군과 남군의 장강 이남 지역이었다. 이후 익주 점령을 두고 손권과 실랑이를 벌이다가 노숙의 건의로 210년 남군 일대를 넘겨받았다. 손권 측의 주장으로는 익주를 점령할 때까지 잠시 빌려주는 땅이었다.

유비는 214년 유장의 항복을 받아 익주를 접수했지만, 후한시대 익주 전체를 점령한 것은 아니었다. 익주 12개 군과 속국(9개 군과 3개 속국) 가운데 북쪽에 있던 한중군을 조조가 차지했기 때문이다. 유비가 조조와 싸워 최초로 승리를 거두며 한중군을 점령해 익주 전체를 완전히 지배하는 데는 5년의 시간이 걸렸다. 이때 유비의 나이 59세였다. 대기만성이란 말에 딱 어울리게 젊어서 고생하다가 늘그막에 겨우 성공했다. 그러나 유비가 서쪽에서 북벌을 시도하다 포기한 그때 동쪽에서 동시에 북벌을 시도하던 관우는 곤경에 처하고 말았다. 잘못된 결정을 내렸음에도 불구하고 유비는 성도에 머물러 한중왕의 기쁨에 도취되었다. 하지만 인생 최고의 절정기에서 추락하는 데는 1년도 채 걸리지 않았다.

---

**유비의 전성기를 이끈 참모 법정**

유비가 한때 제갈량보다 신임한 인물이 법정이다. 법정의 자는 효직孝直이며 부풍군 미현郿縣 사람이다. 건안 연간 초기에 기근이 발생하자 그는 동향 사람 맹달과 함께 익주로 가서 유장에게 의탁했다. 법정은 익주별가 장송과 친하게 지냈다. 당시 장송은 사자로 파견되어 조조를 찾아갔으나 조조의 푸대

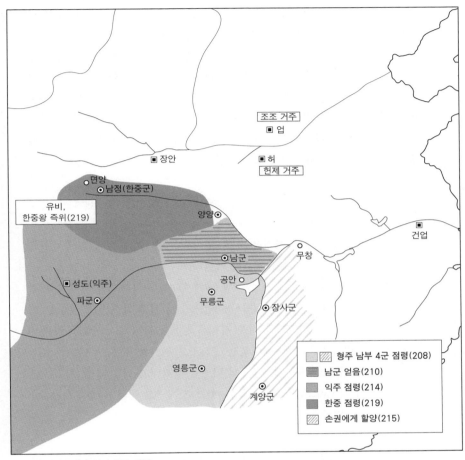

11-22 유비의 영토 확장 과정.

접을 받고 돌아와 유장에게 유비와 손잡을 것을 권했다. 그는 유비에게 파견
할 사자로 법정을 천거했다. 법정은 돌아와 유장에게 장송의 말대로 유비와
손잡아야 한다고 주장했다. 후에 다시 유비에게 파견된 법정은 유비에게 익
주를 취할 것을 권했다.

214년 익주의 치소 성도를 점령한 후 유비는 법정을 촉군태수 양무장군揚
武將軍으로 임명했다. 『삼국지/장비전』에 따르면 유비는 제갈량, 법정, 관우,

장비에게 각각 금 500근과 은 1,000근, 동전 5,000만 전, 비단 1,000필을 하사했다. 그런데 이 4명의 인물 가운데 제갈량과 장비가 유비를 따라 익주로 진격했고, 관우는 후방인 형주를 지켰던 데 반해 법정은 유장이 유비에게 항복하기 전까지 형식적으로는 유장의 부하였다. 실제로는 유비와 내통했지만 말이다. 유비가 법정을 제갈량, 관우, 장비와 동격으로 대우한 것은 법정이 익주 점령에 세운 공을 인정했기 때문이며, 동시에 그를 대단히 신임했다는 뜻이다. 이후의 상황을 보면 유비는 제갈량보다 법정을 우대했다. 217년 법정은 유비에게 한중을 공격할 것을 권했다.

> 조조는 한번 군사를 일으켜 장로를 항복시키고 한중을 평정했지만 이 기세를 이용해 파촉을 도모하지 않았습니다. 대신 하후연과 장합에게 한중을 지키도록 하고 조조 자신은 북쪽으로 돌아갔으니, 이는 조조의 지모가 모자라거나 힘이 부족하기 때문이 아니라 반드시 내부에 우환이 있기 때문입니다. 지금 하후연과 장합의 재주와 지략을 헤아려보면 뛰어난 장수는 아니므로 군대를 이끌고 토벌하면 반드시 이길 수 있습니다. 한중을 점령한 후 널리 농사를 짓고 곡식을 저축해 형세를 관망하고 기회를 엿봐야 합니다. 그러면 최상의 경우 적들을 물리치고 왕실을 높이고 도울 수 있습니다. 만약 차선의 경우라면 옹주와 량주를 잠식해 영토를 넓힐 수 있습니다. 최악의 경우라도 요해를 지킬 수 있으니 지구전을 펼 수 있습니다. 이는 하늘이 우리에게 준 기회이니 때를 놓쳐서는 안 됩니다.[*]

유비는 법정의 계책이 좋다고 생각해 군대를 이끌고 한중군으로 진격했다. 이때 법정도 동행했다. 유비는 하후연의 군대와 대치하며 교착상태에 빠졌다. 이를 돌파한 것은 하후연의 본진을 공격하여 하후연을 참한 정군산 전투였다. 유비는 양평陽平에서 남쪽으로 면수沔水를 건너 산을 따라 전진하여 정군定軍과 흥세興勢에 군영을 세웠다. 하후연이 군대를 이끌고 와서 정군과 흥세를 빼앗으려 하자, 법정은 돌격하는 하후연의 군사를 보더니 "가히 공격할 수 있습니다"라고 유비에게 말했다. 유비는 황충에게 명령하여 하후연을 공격하도록 했다. 유비군은 북소리를 높이고 함성을 지르며 하후연의 군대를 공격하여 대파했고 하후연 등을 참했다. 조조는 유비와 싸우기 위해 한중군으로 진격하면서 법정의 계책을 전해 듣고 다음과 같이 말했다고 한다.

나는 예전부터 현덕(유비)이 이와 같은 계책을 내놓을 위인이 아니라는 것을 안다. 반드시 가르쳐준 사람이 있었을 것이다.**

산전수전 다 겪은 조조조차 법정의 뛰어난 계책에 탄복한 것이다. 유비는 한중군을 점령하고 219년 한중왕으로 즉위한 후 법정을 상서령尙書令 호군장군護軍將軍에 임명했다. 상서령은 후한시대 권력기관으로 부상한 상서대의 장관이었으므로 법정은 행정을 좌우하는 사실상의 권력자가 된 것이었다. 그러나 법정은 다음 해 45세의 나이로 죽었다. 유비는 여러 날 동안 슬퍼하면서 익후翼侯라는 시호를 내리고 아들 법막法邈에게 관내후의 작위를 내렸다. 당시 제도로는 후侯 이상의 작위가 있어야 사후 시호를 얻을 수 있는데, 후에 봉해지지 않은 법정에게 시호를 준 것은 유비가 법정을 특별히 우대했음을 보여준다. 유비가 죽을 때까지 법정은 유일하게 시호를 받은 신하였다. 관우와 장비조차 받지 못한 시호였다.

법정은 제갈량처럼 법치주의에 투철했고 제갈량, 유파劉巴, 이엄李嚴, 이적伊籍과 함께 촉과蜀科라는 법률을 만드는 데 참여할 정도로 법률에도 밝았다. 전장에서 지략이 뛰어났을 뿐만 아니라 행정에도 유능한 인재였던 것이다. 그러니 유비가 총애하고 신임하지 않을 수 없었다. 유비가 법정의 말을 얼마나 신뢰하고 받아들였는가는 222년 유비가 손권을 공격하러 갔다가 이릉夷陵에서 대패하고 백제성白帝城으로 돌아왔을 때의 일화로도 알 수 있다. 제갈량은 다음과 같이 말했다.

법효직(법정의 자)이 살아 있었다면 능히 주상을 제어해 손권을 공격하러 가지 못하게 했을 것이다. 만약 손권을 공격하러 갔더라도 반드시 위태로운 상황에 빠지지 않았을 것이다.***

유비가 관우의 원수를 갚기 위해 손권을 공격하려고 했을 때 제갈량과 조

*, **, ***『삼국지/법정전』.

운을 포함한 신하들이 간언했지만 유비는 귀 기울여 듣지 않았다. 제갈량은 법정만이 유비의 마음을 돌릴 수 있는 인물이라고 보았던 것이다. 법정이 더 오래 살았다면 유비와 촉나라의 운명은 바뀌었을까?

# 12장

# 관우와 함께 퇴장한
# 영웅들

| 218년 | 관우, 조인과 대치하고 전투를 치르다. |
|---|---|
| 219년 | 유비, 정군산에서 하후연을 참하다. 이후 조조가 회군하고 유비는 한중군을 점령하다. |
| | 7월 관우, 번성을 포위하다. |
| | 8월 관우, 우금의 군대를 섬멸하다. 우금을 생포하고 방덕을 참하다. 양양성을 포위하다. |
| | 10월 관우, 서황의 군대에 패하다. 이후 손권의 장수 여몽이 형주(남군)를 점령하다. |
| | 가을, 유비, 한중왕에 즉위하다. |
| | 12월 관우, 반장의 부하 마충에게 생포되어 피살되다. |
| 220년 | 정월 조조가 사망하고 조비가 위왕이 되다. |
| | 10월 조비가 황제의 자리에 오르다. |
| 221년 | 4월 유비, 황제로 즉위하다. |
| | 7월 유비, 손권 정벌에 나서다. |
| 222년 | 2월 유비, 자귀에서 이릉의 효정으로 옮겨 주둔하다. |
| | 6월 육손이 촉한 군대를 효정에서 격파하다(이릉 전투). |
| 223년 | 3월 유비, 승상 제갈량과 상서령 이엄에게 태자 유선의 보필을 부탁하다. |
| | 4월 유비, 영안궁에서 사망하다. |

정사와 소설 삼국지에 등장한 인물 가운데 가장 극적인 삶을 산 사람이 바로 유비다. 평생 동안 확고한 지역 기반을 차지하지 못하고 쫓겨다니다가 형주와 익주를 차지하고 한중왕에 올라 인생의 절정기를 맞이했으나 바로 곤두박질쳤다. 손권에게 형주를 빼앗기고 명장 관우마저 피살된 것이다. 게다가 222년 이릉 전투에서 손권의 군대에 참패한 후 다음 해 비참한 최후를 맞았다. 12장에서는 이러한 과정을 구체적으로 살펴본다.

## 유비가 발 빼 실패한 관우의 북벌 _____

219년, 유비는 생애 처음으로 조조에게 승리를 거두고 한중군을 점령했을 뿐만 아니라 내친김에 한중왕의 자리에 올라 생애 최고의 전성기를 만끽하고 있었다. 『삼국지/촉서/관우전』에 따르면, 관우는 이보다 앞선 218년 전후에 북벌을 시도했다. 사실 필자는 관우의 북벌 전후 사정을 살펴보면서 관우가 왜 혼자 북벌을 감행했는지 잘 이해할수 없었다. 혹시 타이밍을 잘못 맞춘 것이 아닐까? 의문은『삼국지/무제기』의 기사를 보고 풀렸다.

218년 10월 이전 관우와 싸우며 번성에 있던 조인은 남양군의 치소인 완현의 무장 후음侯音이 남양태수를 사로잡는 등 반란을 일으키자 완현으로 진격했다. 「관우전」의 기록과 달리 관우는 이미 1년전에도 조인과 싸우고 있었다. 배송지주에 인용된『조만전』에 따르면, 후음이 요역에 시달리던 남양 백성들과 함께 반란을 일으킨 동기의 하나가 관우의 구원병이었다. 남양군의 공조 종자경宗子卿이 후음에게 한 말 가운데 "조조의 군대가 오면 관우의 군대도 올 것이다"라고 한 말도 관우가 이미 군대를 이끌고 북벌했기 때문에 나온 말이었을 것이다.

그 후 관우는 219년 7월 조인이 지키는 번성을 포위했다. 이때 조인을 돕기 위해 파견된 우금의 군대가 번성 북쪽에 주둔했다. 번성은한수 북쪽에 위치했다. 8월에 한수에 홍수가 발생하여 우금 군영이물에 잠기자 우금을 비롯한 조조군은 홍수를 피해 높은 곳으로 올라갔다. 관우는 이 틈을 놓치지 않고 군사들을 배에 태워 조조군을 섬멸하고 우금과 방덕을 생포했다. 번성 밖의 응원군을 물리친 관우는 번성을 포위하고 공격을 감행했다. 그는 여상呂常을 보내 한수 남쪽에있는 양양성을 포위했다. 그러자 고립무원이 된 형주자사 호수胡脩와남향태수 부방傅方이 항복했다. 관우의 군대는 더욱 사기가 올라갔다.남향군은 남양군의 서쪽을 나누어 설치한 군으로, 관우는 이때 양양의 서북쪽 지역인 남향군까지 손에 넣은 것이다.

게다가 같은 해 10월 조조의 땅인 육혼현陸渾縣의 백성 손랑孫狼이현의 관리를 살해하고 관우에게 사람을 보내 내응할 뜻을 비쳤다. 이

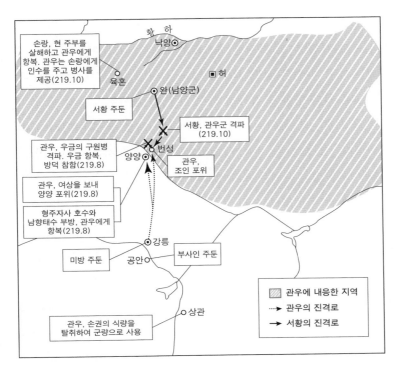

12-1 관우의 북벌.

에 관우는 손랑에게 관리의 신분을 상징하는 인수印綬를 주고 게릴라 활동을 하도록 지원했다. 이때 헌제가 있는 허현 남쪽의 사람들까지 관우에게 내응하여 관우의 위엄이 중원에까지 널리 떨쳤다. 지도 12-1에서 빗금으로 표시한 부분(▨)은 조조를 배신하고 관우에게 호응한 지역을 두루뭉술하게 나타낸다. 해당 지역 전체는 아니지만 상당수의 지역이 관우의 북진을 기다리고 있는 상황이었다. 조조가 한중군을 포기하고 낙양으로 돌아온 이유도 관우의 북벌 때문이었다. 그는 관우의 북진에 놀라 수도를 허에서 북쪽의 다른 곳으로 옮겨 관우의 예봉을 피하려고 했다. 이때 두 모사가 국면 전환의 묘책을 내놓았다. 사마의와 장제蔣濟였다. 두 사람은 조조를 만류하며 "유비와 손권은 겉으로는 친한 것 같지만 속으로는 소원합니다. 관우가 승리하여 잘되는 것을 손권은 결코 원하지 않을 겁니다. 지금 사람을 손권에게 보내 관우의 후방을 공격하게 하고 그 대가로 형주의 장강 이남 지역을 그의 식읍으로 봉하면 번성의 포위는 저절로 풀릴 것입니다"라고 조언했다.* 조조는 두 사람의 조언대로 손권에게 사자를 보내어 군사동맹을 타진했다. 손권은 조조의 제안을 받아들였다.

손권은 왜 적인 조조와 손을 잡은 것일까? 관우는 자신과 친해지려는 손권을 적으로 만들었다. 그는 자신의 딸을 며느리로 삼으려는 손권의 제안을 무시했을 뿐만 아니라 모욕까지 주었다. 게다가 북벌 과정에서 우금 등 조조의 군사들을 생포하여 식량이 부족해진 데다 후방에 있던 미방과 부사인의 무능과 태업으로 군량 조달이 여의치 않자 손권의 땅인 상관湘關의 곡식을 탈취했다. 상관은 장사군의 중앙을 흐르는 상수湘水 부근에 세워진 관소였다. 관우는 어쩔 수 없었겠지만 손권은 이를 계기로 관우를 공격할 생각을 굳혔다. 관우는 악수를 둔 것이다. 이런 상황에서 조조가 내민 손길은 손권에게 달콤한 유혹이었다. 관우가 조조의 군사들과 싸우느라 정신이 팔린 사이 형주를 점령할 수 있는 기회를 보장받은 것이다. 조조가 도와주면 손권의 형주 점령 가능성은 높아진다.

## 뒤통수 맞은 관우의 최후 _____

우금은 조조의 장수들 가운데 가장 뛰어난 전공을 올렸다. 우금이 관우에 사로잡히자 조조는 한중군에서 철수하면서 서황(승률 100%)과

---

* 『삼국지/관우전』.

악진(승률 92.3%), 장요(승률 90.9%)의 군대를 구원군으로 보냈다. 특히 회남에 주둔하여 손권의 군대를 막고 있던 장요까지 불러들인 것을 보면 당시 관우의 위세가 대단했음을 알 수 있다. 심지어 조조가 직접 관우와 싸우려고 했다. 조조의 맹장 5명 가운데 장합을 제외한 4명이 관우를 막기 위해 투입된 것이다. 조조가 관우의 북벌을 막기 위해 총력을 기울였던 사실에서 관우의 번성·양양 공격은 단순한 영토 확장이 아니라 유비가 제갈량의 융중대 계획대로 추진한 북벌의 한 축이었음을 알 수 있다. 익주와 형주에서 동시에 출정하는 전략 말이다.

서황은 219년 10월 완현을 거쳐 남하한 뒤 관우의 군대를 공격했다. 관우가 서황과의 싸움에서 밀리는 상황에서 손권의 장수 여몽이 이끄는 군대가 형주를 기습했다. 일련의 전쟁 상황을 구체적으로 살펴보자.

손권은 동정호 동북쪽에 위치한 장강 남쪽 육구陸口에 군대를 주둔하고 호시탐탐 형주를 노렸다. 노숙과 여몽, 그리고 이때 관우를 속이기 위해 여몽 대신 사령관으로 등용된 육손이 육구의 군대를 지휘했다.

원래 손권은 여몽을 총사령관으로 삼아 형주를 공격하려고 했다. 그러나 여몽은 관우의 경계를 늦추기 위해 어리고 이름이 알려지지 않은 육손을 육구의 지휘자로 추천했다. 관우가 육손이 사령관이 된 것을 알고 손권을 경계하기 위해 후방에 배치한 군사들을 전방으로 빼돌리면 그때 여몽이 군대를 이끌고 형주를 기습하겠다는 전략이었다. 과연 실제 실력보다 평판을 잘 믿는 관우는 여몽의 후임자인 육손을 경시해 후방의 군대를 최전선인 양양으로 차출했다. 결과적으로 관우의 패착이었지만 북벌의 승리를 눈앞에 둔 관우에게는 어쩔 수 없는 선택이었다. 그 틈을 노린 여몽은 심양을 거쳐 육구로 이동해 군사들을 정비했다. 그리고 정예병을 뽑아 상인으로 가장하여 관우가 설치한 감시초소를 습격해 초병들을 모두 체포했다.

원래 관우는 손권의 공격에 대비해 장강 연변에 감시초소를 세웠다. 손권의 군대가 형주로 진격하는 길은 배를 타고 장강을 거슬러 올라가거나 보병으로 장강을 따라가는 수밖에 없기 때문에 감시초소를 강가에 배치한 것이다. 『삼국지』에서는 구체적인 위치를 언급하지 않았는데, 여몽의 형주 공격로를 보면 육구와 남군 사이에 감시초소가 배치되어 있었을 것이다. 이 '감시초소'는 사료 원문의 '둔후屯候'를 중국의 대표적인 사전인 『한어대사전漢語大辭典』을 참고해 필자가 번역한 말이다. 이를 부연하는 이유는, 소설 삼국지 76회에서 이를 '봉화대'라고 기록하고 있기 때문이다. 당시 한 감시초소에서 후방의 다른 감시초소까지 연락하는 통신수단은 여러 가지였을 것이고, 그 가운데 가장 빠른 방법은 아마도 봉화였을 것이다. 다시 말해 관우가 설치한 감시초소에도 봉화대가 있었을지 모르며, 소설 삼국지의 '각색'이 사실과 일치할 수도 있다. 그러나 사료에는 '둔후', 즉 감시초소에 관한 구체적인 기록, 예를 들어 봉화대가 있었는지, 없었는지에 대한 기록은 없다.

어쨌든 여몽이 감시초소를 점령하자 관우는 여몽의 침입을 알 수 있는 정보망이 막혔다. 그 때문에 관우는 여몽이 형주를 공격한 사실을 알지 못하고 전쟁에 몰두했다. 감시초소를 점령한 여몽은 부사인이 주둔한 공안으로 진격하는 한편 우번虞翻을 보내어 부사인에게 항복을 종용했다. 당시 부사인은 군량 수송이 부진하다는 이유로 관우에게 찍혀서 전쟁이 끝난 후 처벌만 기다리는 신세였기 때문에, 순순히 항복했다. 공안성은 남군의 치소인 강릉현 남쪽에 있으며 장강을 통해 강릉현과 연결된 교통과 군사의 요지였다. 유비가 손권으로부터 남군을 할양받기 전 근거지로 삼았던 곳이기 때문에 많은 군사들이 주둔하고 있었을 것이다. 이런 공안성을 부사인이 넘겨주자 남군은 손권군이 점령했다고 봐도 무방했다. 공안성을 무혈점령한 여몽은 형주의 본거지인 남군으로 향했다. 남군태수 미방은 성을 굳게 지키고 있었으나 여몽이 항장 부사인을 보내 항복을 권유하자 역시 망설임 없이 항복했다. 이때가 219년 10월이었다. 여몽은 강릉성(남군의 치소)에 입성한 후, 관우의 포로가 되어 후방으로 압송되어 있던 우금을 풀어주는 한편, 관우와 함께 전방에서 싸우고 있는 장수 및 사졸의 가족들을 포로로 잡았다. 그는 점령군 행세를 하지 않고 군기를 엄격히 하면서 동시에 민심 수습에 주력했다. 동향(여남군) 출신의 군졸이 형주 백성의 물건을 훔치자 사형에 처할 정도였다.

한편 무릉군의 부종사部從事 반주潘伷는 여러 이민족을 회유해 여전히 손권에 저항했다. 이에 손권은 반준潘濬의 건의를 받아들여 그로 하여금 반주를 토벌하게 했다. 결국 반준은 무릉군을 평정하여 손권의 영토를 늘렸다.

여몽이 남군을 점령했을 때 육손은 군대를 이끌고 장강 상류 유역을 점령했다. 육손이 219년 11월 이릉현夷陵縣에 이르자 의도태수宜都太守 번우樊友는 도망갔고 다른 지방관과 이민족의 우두머리들은 그에게 항복했다. 의도태수에 임명된 육손은 일단 이릉현에 주둔했고, 부하 이이李異와 사정謝旌은 3,000명의 군사를 거느리고 장강 상류로 계속 진격하여 유비의 장수 첨안詹晏과 진봉陳鳳 등을 격파했다. 이들은 계속해서 자귀현秭歸縣으로 진군해 토호인 문포文布와 등개鄧凱를 격파했다. 한편 육손도 군대를 이끌고 북쪽으로 진격하여 유비의 방릉태수 등보鄧輔와 남향태수 곽목郭睦을 대파했다(12-2 지도에서는 육손이 이 두 사람을 공격한 곳의 정확한 위치를 알기 어려워 표시하지 않았다). 남향군南鄕郡은 본래 남양군의 서쪽 지역을 분할해 세운 군인데, 손권의 군대가 실제로 이 두 군을 공격했는지 장담할 수 없기 때문이다.

손권은 남군의 서쪽 지역을 점령하는 공을 세운 육손을 우호군右護軍 진서장군鎭西將軍에 임명하여 이릉에 주둔하며 서쪽 변경을 지키게 했다. 또한 유비에게 익주를 내주고 공안에 머물던 유장을 익주목에 임명하고 자귀현에 주둔시켜 여차하면 익주로 진격하게 했다. 그러나 유장은 12월에 자귀현에서 사망했다.

관우는 남군이 함락된 다음에야 여몽의 형주 침입 소식을 들었다. 관우가 보낸 사자들이 남군에서 군사들의 가족이 붙잡혔으며 무사하다는 사실을 전하자 군사들은 사기가 떨어졌다. 가족이 적군의 인질이 된 이상 여몽의 군대와 싸우면 자신들의 가족이 죽을 수 있기 때문이었다. 이에 관우는 하는 수 없이 소수의 군사를 거느리고 남군 당양현 동남쪽에 위치한 맥성麥城으로 후퇴했다. 여기까지는 「관우전」과 「여몽전」의 기록이다. 싸워보지도 않고 남군의 치소인 강릉성 탈환을 포기하고 맥성으로 후퇴한 것은 관우답지 않았다. 이 의문은 『원화군현도지元和郡縣圖志』의 기록을 보고 풀렸다. 『원화군현도지』는 당나라 후기의 재상 이길보가 정리한 당 헌종 시기 전국의 호구 기록이자 지리책이다. 이 책에 따르면 당나라 시대의 강릉성은 '날 일' 자 모양(日)으로 남성과 북성으로 이루어졌다. 북쪽의 성곽은 원래부터 있던 곳이었고, 남쪽 성은 관우가 축조했다. 관우는 강릉성을 구원하러 갔다가 미방이 이미 항복했다는 말을 듣고 9리(약 3.7km) 후퇴하며 "이 성은 내가 공격하기 어려울 정도로 잘 쌓았으니 함락하기 어렵다"고 말했다. 즉 맥성으로 후퇴한 것은 군사들이 흩어졌기 때문이라기보다 자신이 튼튼하게 증축한 강릉성을 함락시킬 자신이 없었기 때문이다. 손권을 막기 위해 신축한 남성이 강릉을 탈환해야 하는 관우의 장애

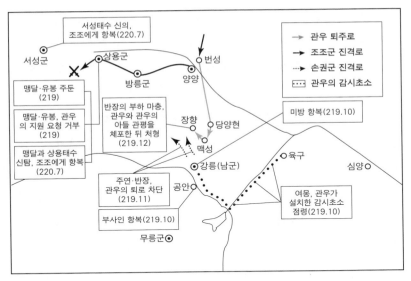

12-2 손권의 형주 점령 과정.

물이 된 것이다. 부질없는 가정이지만 그 반대로 생각하면, 즉 미방이 항복하지 않았다면 천하의 여몽이라도 결코 쉽게 강릉성을 점령할 수 없었을 것이다.

손권은 관우에게 사자를 보내 항복을 권했다. 관우는 거짓으로 항복하는 척하고 깃발을 성 위에 세워 사람처럼 보이게 만든 다음 달아났다. 하지만 관우 일행은 초라했다. 그의 군사들은 모두 흩어지고 없었고 겨우 10여 명의 기병만이 뒤따를 뿐이었다. 손권은 주연朱然과 반장을 보내 관우가 도망갈 길을 차단하도록 했다. 결국 관우는 12월 임저현 장향章鄉에서 반장의 부하 마충에게 사로잡혀 처형되었다.

유비에게 전해진 비보는 형주의 상실과 관우의 죽음에 그치지 않았다. 관우는 당시 상황이 불리해지자 상용군의 맹달과 유봉에게 구원병을 요청했으나 두 사람은 이를 거부했다. 아직 상용군을 점령한 지

얼마 안 되어 민심이 수습되지 않았고 치안이 불안하다는 게 그 이유였다. 상용군은 양양과 번성의 서북쪽인데, 장강의 지류인 한수를 따라오면 관우가 공격하는 번성과 양양에 쉽게 도달할 수 있었다. 형주에서 출동한 북벌군은 관우를 제외하면 거의 모두 수수방관했다. 나중에 유비는 이 사실을 알고 두 사람을 원망했다. 게다가 맹달과 유봉은 서로 반목했고, 유봉이 상관인 맹달을 무시하고 업신여기자 이에 분노한 맹달은 부곡 4,000여 가구를 이끌고 조조에게 항복해버렸다. 조조가 서황과 맹달을 보내 유봉을 공격하니 유봉은 패해 유비에게로 달아났다. 이때 상용태수 신탐과 아우인 서성태수 신의가 조조에게 항복했다. 결국 유비는 형주뿐만 아니라 후한시대 한중군의 동쪽 지역*마저 다시 조조에게 빼앗겼다.

유비의 불행은 여기서 그치지 않았다. 영토 상실뿐만 아니라 불행이 가족사에도 미쳤기 때문이다. 유봉은 본래 나후羅侯 구씨寇氏의 아들이지만 유비가 유선을 낳기 전에 양자로 삼았다. 유봉은 맹달의 항복 권유에도 굴하지 않고 서황과 맹달의 군대에 대항하다가 패하자 유비가 있는 성도로 도망쳤다. 유비는 유봉이 맹달을 자극하여 땅을 빼앗긴 일과 관우를 구원하지 않은 일을 책망했다. 하지만 거기서 그칠 생각이었다. 그러나 제갈량은 유봉의 성격이 강해 제어하기 어려운 데다 유비가 죽은 후에 양아들 유봉과 친아들 유선의 갈등이 생길 수 있다고 보고 유비에게 그를 죽일 것을 권했다. 이에 유비는 유봉에게 사약을 내려 죽게 했다.

손권은 조조와 유비 모두에게 결정적인 순간에 일격을 가했다. 그

---

* 이때 조조는 한중군의 동쪽을 나누어 서성, 상용, 방릉 3군을 설치했다. 중국 학자 전여경田餘慶은 이 지역을 '동삼군東三郡'이라고 불렀다.

는 적벽대전에서 조조의 군대를 물리쳐 조조의 천하통일 야망을 무산시켰다. 또한 유비로부터 형주를 빼앗고 2인자인 관우를 죽임으로써 유비의 북벌 계획에 큰 타격을 주었다. 두 사람이 천하를 차지할 수 있는 기회를 손권이 날려버린 것이다. 손권은 두 사람(조조와 유비)의 천하통일 시도를 막는 동시에 자신의 지지기반을 공고히 하는 데 성공했다. 한편으로 형주를 점령함으로써 조조의 공격을 막아내기 좋은 자연의 방어벽인 장강도 확보했다.

손권은 형주를 점령하는 최대 전공을 세운 여몽을 남군태수로 임명하고 잔릉후羼陵侯에 봉했으며, 1억 전과 황금 500근을 주었다. 여몽은 손권의 원수였던 황조를 토벌할 때도 최고의 전공을 세워 1,000만 전의 포상금을 받았다. 여몽은 손권이 내건 두 차례의 포상금을 모두 챙겼지만 잔릉후의 작위는 사양했다. 그러나 호사다마라고 했나? 얼마 후 여몽은 42세의 나이로 세상을 떠났다. 손권은 도사를 불러 여몽을 낫게 해달라고 빌었으나 효험이 없었다. 손권이 여몽을 끔찍이 아꼈음을 알 수 있는 일화다. 만약 신이 있다면 공평했다고 할까? 유비는 관우와 형주를 잃었고, 형주를 얻은 손권도 여몽이라는 최고의 명장을 잃었으니 말이다. 이렇게 손권 정권의 팽창도 마침표를 찍는다.

### 손권의 숙원인 형주 점령의 일등공신 여몽

진수는 『삼국지/여몽전』 말미에서 여몽을 다음과 같이 평가했다. "여몽은 용감하고 지모와 판단력이 있었다. 군사적 계책을 알아 학보를 속여 항복시켰고, 관우를 사로잡았으니 계책이 가장 기묘하다."

여몽은 본래 회수 이북의 여남군 부피현富陂縣 사람이다. 젊어서 장강을 건너 손책의 부하가 되었다. 매부妹夫 등당鄧當이 죽자 장소의 천거로 별부사마에 임명되었고, 단양의 도적을 평정하는 공을 세워 평북도위平北都尉 광덕

현장에 임명되었다.

여몽이 두각을 나타낸 것은 황조와의 전투에서였다. 208년 손권이 황조를 토벌할 때 선봉에 나선 여몽이 황조의 도독 진취陳就의 목을 베니 손권의 군대는 사기가 올라 강하성을 공격했다. 황조는 이 소식을 듣고 성을 버리고 도망가다가 풍칙에게 참수당했다. 손권은 진취를 잡은 여몽에게 승리의 공을 돌려 그를 횡야중랑장橫野中郎將에 임명했다.

손권이 33세이던 214년 5월 여강군의 치소인 환성皖城을 공격했을 때도 여몽은 큰 공을 세웠다. 여몽은 여강 공격의 필요성을 역설했을 뿐만 아니라 손권에게 감녕을 선봉장인 승성독升城督으로 천거했고, 자신은 감녕의 군대 뒤에서 정예 군사를 이끌고 직접 북을 울리며 사졸들을 독려했다. 여몽의 독려 덕분에 사졸들은 용감히 성벽을 넘어 공격했고 새벽에 시작된 전투는 식시食時(밥 먹을 시간) 이전에 끝났다. 손권은 환성 함락의 공을 가상히 생각해 여몽을 여강태수로 임명하고 전리품의 일부를 나눠줬을 뿐만 아니라 심양尋陽 둔전 600명과 관속官屬 30명을 나눠주었다.

여몽의 진가는 형주 점령 과정에서 드러났다. 214년 유비가 익주를 점령하자 손권은 제갈근을 파견해 형주를 돌려달라고 했다. 이는 오나라 측의 일방적인 주장이고 입장이었다. 유비가 형주 반환을 차일피일 미루자 손권은 실력행사에 들어갔다. 손권은 형주 동정호 남쪽의 3군에 지방관을 파견했다. 그러나 관우가 이들을 쫓아내자 손권은 여몽에게 2만 명을 지휘해 장사, 영릉, 계양 3군을 공격하도록 명령했다. 여몽은 장사군과 계양군을 쉽게 점령하고 영릉태수 학보郝普의 항복을 종용했다. 여몽은 학보와 친분이 있는 등현지鄧玄之를 데리고 가서 학보를 설득했다. 유비가 한중군에서 하후연에게 포위되었고 남군에 있는 관우는 최근 손규孫規에게 패했기 때문에 구원병이 오기 어렵다는 점을 부각시켰다. 학보는 등현지를 통해 잘못된 정보를 듣고 항복했다. 여몽은 입성한 후 학보에게 편지를 보여주었다. 유비가 공안, 관우가 익양益陽에 있다는 내용이었다. 유비와 관우가 영릉군에서 가까운 곳에 있었기 때문에 학보는 조금만 시간을 끌었어도 항복할 필요가 없었다. 여몽의 계략을 확인한 순간 학보는 섣부른 행동을 후회했을 것이다. 3군을 평정한 여몽은 관우와 노숙이 대치하는 익양으로 진격했다. 관우는 노숙과 여몽이 지휘하는 손권의 군사들을 좀처럼 물리치지 못했고 대치 상태는 지속되었다. 유비는 조조가 한중군을 공격한다는 소문을 듣고 익주를 잃어버릴 것을 두려워하여 손권과 타협했고, 상수 동쪽의 땅을 손권에게 넘겨주었다.

손권은 형주의 절반을 넘겨받자 육구에서 회군하면서 조조의 영토인 합비를 공격했다. 그러나 손권의 군대는 이기지 못하고 후퇴했으며 회군하던 중에 장료로부터 습격을 받았다. 이때 능통이 자기의 목숨을 바쳐 죽음으로써 손권을 지켰다. 여몽은 이전에 세워둔 방어 시설인 오塢에 강노 1만 대를 배치해 조조의 군대에 대항했다. 조조의 선봉군이 쇠뇌를 두려워해 머뭇거리자 여몽은 반격하여 조조의 군대를 격파했고, 조조의 군대는 물러났다. 덕분에 손권은 목숨을 구해 돌아올 수 있었다.

여몽은 217년 노숙이 죽자 대신 육구에 주둔해 형주 공격의 총사령관이 되었다. 앞에서 살펴본 것처럼 여몽은 관우가 양양과 번성을 공격한 사이 형주를 점령할 계획을 세웠다. 그러나 관우도 이를 대비하여 공안과 남군에 군사를 남겨두었다. 이에 여몽은 손권에게 상소했다.

관우는 번성을 토벌하러 나갔지만 후방을 대비하는 군대를 많이 남겨두었으니 이는 반드시 제가 후방을 공격할 것임을 두려워하기 때문입니다. 저는 늘 병이 있으니 군사를 나누어 건업으로 돌아가 병을 치료한다고 하겠습니다. 관우가 이 소식을 들으면 반드시 후방에 주둔시킨 군사들을 거둬들여 양양으로 진격시킬 것입니다. 이때 대군이 장강을 통해 비어 있는 형주의 본거지를 습격하면 가히 남군을 점령할 수 있고 관우도 사로잡을 수 있습니다."*

여몽의 말대로 육손을 사령관으로 임명하니 관우는 의심을 풀고 군대를 북방으로 옮겼고, 이 기회를 노린 여몽은 쉽게 형주의 치소가 있는 남군을 점령했다. 관우 역시 사로잡았다. 반장의 사마司馬 마충馬忠이 장향章鄉에서 관우와 관우의 아들 관평關平, 도독 조루趙累 등을 사로잡은 것이다. 처음에 손권은 관우를 살려주려고 했으나 어차피 유비에게로 돌아갈 것이라는 부하들의 말을 듣고 그를 죽였다. 이때가 219년 12월이었다. 손권은 드디어 형주를

---

*『삼국지/여몽전』.

점령했다.

여러 차례 전투에서 무공을 세워 가려졌지만 여몽은 뛰어난 전략가이기도 했다. 208년 적벽대전에서 승리한 후 형주를 공격하던 주유는 별동대로 이릉에 보낸 감녕이 조인의 군대에 포위되어 구원병을 청하자 고민에 빠졌다. 대부분의 장수들은 주유가 거느린 군대 수가 적기 때문에 둘로 나눠 구원병을 파견하기 어렵다고 주장했다. 그러나 여몽은 주유와 정보에게 다음과 같이 말했다.

> 능통에게 남군을 포위하는 군사들의 지휘를 맡기시고 저와 공(주유)께서 이릉으로 가서 조인군의 포위를 풀고 감녕을 구해야 합니다. 시간이 오래 걸리지 않을 것이고, 능통은 능히 열흘 동안 지킬 수 있을 것입니다.*

또 여몽은 300명을 보내 잡목을 험한 길에 놔두면 적들이 달아날 때 적군의 말을 노획할 수 있다고 말했다. 주유는 여몽의 계책을 따라 이릉에 진격하여 승리했다. 조인의 군사들은 밤에 도망가다가 잡목이 놓인 길에 들어서자 말을 버리고 도보로 달아났다. 주유의 군사들이 추격해 말 300필을 노획하고 배에 싣고 돌아왔다. 모두 여몽의 계책대로였다. 여몽은 주유 대신 육구에 주둔한 노숙을 위해서도 다섯 가지 계책을 알려주었고, 또 비밀리에 세 가지 계책을 전했다.

손권은 여몽이 육구에 주둔할 때 서주를 공격하는 전략에 대해 장단점을 물었다. 이에 여몽이 대답했다.

> 지금 조조는 멀리 하북에 있고 막 원씨 형제(원담과 원상)를 격파하고 유주와 기주를 위무하느라 동쪽을 돌아볼 겨를이 없습니다. 서주의 수비병은 듣건대 족히 말할 것도 없을 정도로 약하니 진격하면 이길 수 있습니다. 그러나 서주는 지세가 육로로 통해 날랜 기병이 말을 달려야 합니다. 지존께서 지금 서주를 얻는다고 해도 조조는 반드시 열흘도 안 되어 와서 서주를 되찾겠다고 싸울 것이니 비록 7~8만 명의 군사로 지키게 한다고 해도 걱정이 됩니다. 차라리 관우를 취해 형주를 점령하여 장강을 전부 소유하면 우리의 형세는 더욱 나아질 것입니다.**

여몽은 장강 이북의 서주를 공격하는 것보다 형주를 점령해 장강 중하류를 지배하면 방어와 북벌에 유리하다고 손권에게 진언했다. 손권은 여몽의 말을 옳다고 생각했다. 여몽은 육구에 주둔하며 속으로 형주를 점령할 마음을 품었지만 겉으로는 관우에게 잘 보이고 친하게 지냈다. 그리고 앞에서 살펴본 것처럼 관우가 방심한 틈을 타서 단숨에 형주를 점령했다.

이처럼 여몽은 명장일 뿐만 아니라 뛰어난 전략가였다. 주유와 노숙도 문무를 겸했다. 다만 주요 전투를 승리로 이끈 주유와 여몽은 '무'의 이미지가 '문'의 이미지보다 강하고, 노숙은 그 반대일 뿐이다. 이 세 사람 외에 육손과 제갈근도 정도의 차이가 있을 뿐 문무를 겸했다. 오나라 장군들이 학식을 갖춘 장군, 즉 유장儒將의 특징을 지녔다고 평가하는 학자들의 지적도 과장은 아니다. 반면 조조의 부하들은 장합처럼 예외는 있지만 '문'에 능한 지략가 참모와 '무'에 능한 용장이 확연히 구분된다. 어쨌든 문무를 겸비하고 손권의 부하 가운데 최고의 전공을 세운 여몽은 일찍 죽었다. 부질없는 가정이지만 그가 좀 더 오래 살았다면 오나라는 더 넓은 땅을 차지했을지도 모른다.

## 인간 관우 ___

소설 삼국지를 읽은 독자들 중에는 관우의 죽음을 클라이맥스 또는 가장 극적인 부분이라고 이야기하는 사람들이 많다. 관우의 죽음 이후에는 소설의 긴장감이 떨어지고 독자들은 맥이 좀 풀리는 것도 사실이다. 대중들에게 가장 친숙하면서도 과대 포장된 인물이 관우다. 관우의 일생과 북벌, 형주의 상실, 죽음 등 관우의 일대기를 살펴보자.

관우의 고향은 하동군 해현으로 황하 중류 북쪽에 있다. 원래의 자는 장생長生이지만 후에 운장雲長으로 바꾸었다. 『삼국지』에 따르면

---

*, **『삼국지/여몽전』.

관우는 '망명'하여 탁군涿郡으로 도망갔다. 탁군은 오늘날의 베이징 남쪽이지만 당시에는 북쪽 변경에 해당하는 곳이었다. '망명'은 현대에는 정부의 탄압을 피해 다른 나라로 도망간다는 뜻을 담고 있다. 전근대 중국의 주요 산업은 농업이었고 역대 왕조는 농민의 이동을 금지했다. 이를 어기고 다른 곳으로 이동하는 행위가 망명이다. 다른 곳으로 가서 정부의 명령, 즉 고향에 호구를 등록하고 세금과 요역을 부담하라는 정부의 명령을 어긴다는 뜻이다. 『삼국지』에는 관우가 왜 고향인 해현에서 쫓겨났는지 기록되어 있지 않다. 대개 학자들은 해현이 소금 산지로 유명하기 때문에 관우의 망명을 소금과 관련지어 설명한다. 관우가 고향의 악덕 소금 상인을 죽였다는 설, 관우가 소금 상인을 보호하는 경호원이었다는 설 등이 존재한다. 관우의 고향을 답사한 한 일본 작가는 관우가 용의 화신이었으며, 현재 운성현 상평촌에 살면서 호씨胡氏와 결혼해 첫째아들 관평關平과 둘째아들 관흥關興을 낳았고 상평촌을 떠나가 전에 목수, 혹은 대장장이, 두부장수 등의 일을 했다는 현지의 기록과 지역 사람들의 구전을 기록했다. 또한 현지에선 의협심 많은 관우가 토호에게 시달린 젊은 여성을 구해주기 위해 토호를 죽이고 고향을 떠나야 했다는 이야기도 전해진다. 그러나 이러한 구전은 관우에 대한 대중적인 인식에 따라 후대에 그때그때 윤색되었을 것이므로 사료적 가치가 부족하고, 사실로 받아들이기 어렵다.

다시 정사로 돌아가면, 관우는 탁군에서 유비를 만났고 장비와 함께 유비를 섬겼다. 유비는 관우, 장비와 함께 잘 정도로 친했고, 형제처럼 지냈다. 소설 삼국지에서 세 사람은 복숭아나무가 있는 정원에서 의형제를 맺기로 결의한다(1회). 하지만 진수의 『삼국지』에는 그런 기록이 없다. 그러나 관우가 장요에게 한 말 가운데 "유비와 함께 죽기로 맹세했다"는 구절이 있는 것을 보면, 유비와 관우의 관계는 단순한 상관과 부하의 관계가 아님은 분명하다. 서로를 위해 목숨을 내놓은 사이였다. 서로를 깊이 믿는 사이라는 뜻이다.

유비의 행적을 보면 관우는 유비 집단의 2인자 역할을 맡았던 것으로 보인다. 200년에 유비는 서주자사 차주를 죽이고 서주를 차지한 다음 관우를 하비태수(원래는 하비상下邳相이 적절한 표현이지만 사료의 표현을 따랐다) 대행에 임명하여 사실상 서주를 관할하게 했다. 앞에서도 살펴본 것처럼 당시 유비는 서주 가운데 팽성·하비·광릉 3군 정도를 영향력 아래에 두었으며* 온전한 곳은 하비국(군) 정도였는데, 그곳을 맡긴 것이다. 또 유비는 관우에게 자신의 가족을 지키는 임무도 맡겼다. 나중에 익주를 공격하러 떠나면서는 본거지인 형주를 맡겼다. 자신의 근거지를 맡긴다는 것은 웬만한 믿음과 능력이 없으면 불가능한 일이다. 그러다보니 독자들에게는 아쉽게도 『삼국지』에는 관우의 전투 장면이 적다. 거의 유일하다시피 한 전투 장면이 원소의 맹장 안량을 참한 것이다.

유비가 조조와의 싸움에서 패해 원소에게 도망갔을 때 관우는 하비를 지키다가 조조의 군대에 포위되어 항복했다. 조조는 관우를 편장군偏將軍에 임명해 후하게 대우했다. 당시 원소가 대장인 안량을 보내 조조의 동군태수 유연劉延을 공격하자 관우는 조조의 명령으로 장요와 함께 선봉에 서서 안량의 군대와 맞섰다. 관우는 안량의 위치를 확인한 다음 말을 채찍질해 군사들 사이를 헤치고 들어가 안량의 목을 베고 돌아왔다. 원소의 군대는 안량을 잃고 관우의 용맹함을 확인하자 전의를 상실하고 포위망을 풀고 돌아갔다. 관우는 이 공으로 한

---

* 만약 동해군을 포함한다면 유비는 4군을 통치했다.

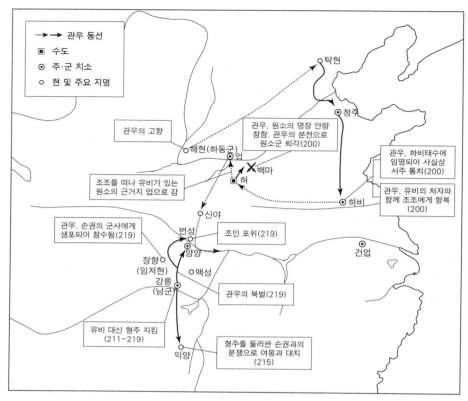

관우 동선
■ 수도
◉ 주·군 치소
○ 현 및 주요 지명

탁현
청주
관우의 고향
관우, 원소의 명장 안량
참함. 관우의 분전으로
원소군 퇴각(200)
관우, 하비태수에
임명되어 사실상
서주 통치(200)
해현(하동군)
업
백마
조조를 떠나 유비가 있는
원소의 근거지 업으로 감
허
하비
관우, 유비의 처자와
함께 조조에게 항복
(200)
신야
관우, 손권의 군사에게
생포되어 참수됨(219)
번성
조인 포위(219)
양양
장향
(임저현)
맥성
건업
강릉
(남군)
관우의 북벌(219)
유비 대신 형주 지킴
(211~219)
익양
형주를 둘러싼 손권과의
분쟁으로 여몽과 대치
(215)

12-3 관우의 주요 활동.

수정후漢壽亭侯에 봉해졌다. 조조는 관우가 공을 세운 후에 자신을 떠날 것임을 알고 관우에게 많은 상을 내렸다. 그러나 관우는 유비의 소재지를 알게 된 후 조조에게서 받은 재물을 창고에 넣고 봉한 다음 조조에게 작별의 글을 남기고 유비가 있는 원소의 진영으로 갔다. 조조는 그의 부하들이 관우를 추적하려고 하자 "사람들에게는 각자 주인이 있는 법이니, 관우를 추격하지 말라"고 명령했다.* 과연 조조다운 배포였다.

소설 삼국지에서는 관우가 유비를 찾아가기 위해 다섯 개의 관소를 돌파하고 관우의 일행을 제지하는 6명의 장수를 참한 무용담을 실감나게 서술했다(27~28회). 소설 삼국지를 읽은 독자들에게 미안하지만, 정사에는 이러한 기록이 없다. 또한 소설 삼국지에서는 '5관'이라고 하는데, 실제로는 동령관東嶺關, 기수관沂水關 2관과 낙양군, 형양군, 활주 3곳이며, 이 5곳을 지나 유비가 있던 여남군으로 갔다고 서술했다. 여남군은 허의 남쪽인데, 관우는 북서쪽의 동령관으로 가서 동쪽의 낙양군으로 간 다음 현재의 산둥성(산동성)에 있는 기수관을 거쳐 낙양 동쪽의 형양군으로 서진한 후 형양군에서 다시 동쪽으로 가서 활주에 도착했다. 그리고 활주에서 황하를 건너고 다시 남쪽의 여남군으로 갔다. 지도를 놓고 보면 방향 잃은 개미처럼 우왕좌왕하며 목적지인 여남군으로 한참 돌아갔다. 여기에서 소설 삼국지 창작자들의 지리 지식이 부족했음을 알 수 있다. 우선 후한시대에 기수관과 동령관은 존재하지도 않았다. 또 형양군은 당시 하남윤에 속한 현이었으며, 낙양군은 존재하지 않고 하남윤이라고 불렸다. 활주 역시 수나라 초에 붙여진 명칭이고, 활주태수라는 직책은 후한 말 존재하지 않았다.** 당시에는 동군태수가 적합한 관명이었다. 소설 삼국지의 작가들은 관우의 활약을 과장하기 위해 다섯 군데를 돌파하며 6명의 장수를 죽였다는 허구를 만들어냈다. 그런데 역사책을 꼼꼼히 읽지 않고 당시 지명이나 별칭을 사용했다. 무엇보다 방향감각을 무시하고 아무 지명이나 집어넣은 것은 옥의 티였다.

또 관우의 고향을 '포동蒲東'이라고 표기했다(27회). 포동은 행정구

---

* 『삼국지/관우전』.
** 군이 폐지된 당나라 이후 문학작품 등에서 태수는 자사, 지부의 별칭으로 사용되었다. 활주태수는 당나라 때 관명으로 활주자사이다.

역 명칭이 아니다. 청대에 산서성山西省 남부에 포주부蒲州府가 있었다. 관우의 고향인 하동군 해현은 청대에 해주解州였으며, 포주부 동쪽에 있었다. 이 때문에 소설 삼국지 27회와 본문에서는 해현이 포주부의 동쪽에 있다고 하여 포동으로 표기한 것이다. 서장에서 밝힌 것처럼 '과거와 현재의 대화'라는 이유로 청나라 때 작가들은 당시 지명, 혹은 별칭을 소설에 집어넣어 삼국지를 잡탕으로 만들었다.

유비 집단은 의리에 죽고 의리에 사는 임협 집단이었다. 조조에게 항복한 후 열후에 봉해지고 후한 대접을 받았을 정도였으니, 만약 관우가 그대로 눌러앉아 조조를 섬겼다면 고관대작이 되어 부귀영화를 누렸을 것이다. 그러나 관우는 보장된 출세를 버리고 미래가 불확실한 유비를 찾아갔다.

관우가 고생 끝에 찾아간 보람도 없이 유비는 여남군에서 조조의 군사에 패하여 유표가 다스리는 형주로 도망가는 불쌍한 처지였다. 설상가상 208년 조조가 형주를 공격하자 조조의 군대를 피해 도망가는 처량한 신세가 반복되었다. 이때 관우는 배 수백 척을 거느리고 강릉으로 가는 도중 조조의 군사에 쫓겨 한진漢津으로 도망치던 유비와 만나서 유비 일행을 데리고 함께 하구夏口로 이동했다. 같은 해 적벽

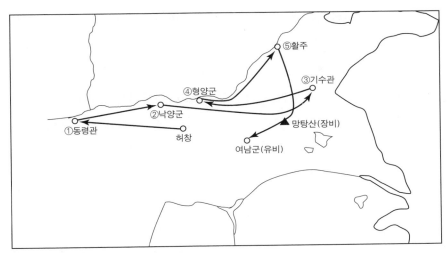

12-5 소설 삼국지(27~28회)에서 관우가 유비를 찾아간 행로.

대전에서 유비와 손권의 연합군이 승리함으로써 유비는 반전의 기회를 얻었고 형주의 일부를 점령해 재기의 기반을 마련했다. 소설 삼국지에서는 관우가 적벽에서 패해 달아나는 조조를 화용도에서 만났으나 전날의 은혜를 생각해서 살려주었다고 서술했지만(50회), 역시 사서에는 이러한 기록이 없다. 오히려 배송지주에 인용된 『촉기蜀記』에는 유비 일행이 하구에 도달하자 관우가 유비에게 예전에 허에서 조조와 사냥을 하다가 그의 부하가 흩어진 틈을 타서 유비에게 조조를 죽이자고 했다가 유비가 거절하여 죽이지 못한 일을 한탄한 기록이 보인다. 이 기록대로라면 관우가 조조를 만났다고 해도 그를 순순히 살려주었을까 의문이 든다.

관우는 유비가 형주를 점령한 후 장강 북쪽에 주둔했고 양양태수 탕구장군盪寇將軍에 임명되었다. 소설 삼국지에서는 적벽대전 이후 유비가 양양을 점령한 것처럼 기록했지만(52회), 당시 양양에는 조인의 군사들이 주둔했기 때문에 관우의 벼슬은 실제 양양군을 통치한 것이 아닌 명예직 또는 요령遙領에 불과했다. 후에 유비가 익주 정복을 위해 서쪽으로 출병하고 이어 제갈량, 장비, 조운이 형주를 떠난 다음에도 관우는 남아서 형주를 지켰다. 전투에서 승리해 전공을 세우는 장비와 조운을 보며 부러운 생각도 들었겠지만, 늘 그랬던 것처럼 유비는 관우를 가장 신임했기 때문에 최후의 본거지인 형주에 남겨둔 것이다. 유비가 보기에 관우는 장비와 조운 두 사람의 몫을 감당할 수 있는 무장이었다. 관우는 정식으로 형주자사에 임명된 적은 없지만 실질적으로 9년 동안 형주를 다스렸다.

그러나 관우는 형주를 다스리면서 여러 잘못을 범했다. 먼저 손권과의 혼인동맹을 거부했다. 손권은 관우에게 혼인동맹을 맺자고 청했다. 손권의 아들과 관우의 딸을 결혼시키자고 요청한 것이다. 그러나 관우는 손권의 사신에게 욕하고 모욕을 준 뒤 청혼을 거절했다. 손권은 이 때문에 크게 노했다. 이는 관우에게 유리한 결과를 안겨주지 못했다. 조조의 공격을 막고 형주를 지키기 위해, 최소한 조조와 손권이 손잡거나 전략적 목표를 공유하는 사태를 저지하기 위해서라도 손권의 협조가 필수적이었는데, 관우는 오히려 손권을 적으로 만들었기 때문이다. 관우는 내부의 적도 만들었다. 그는 평소 경시해온 남군 태수 미방과 장군 부사인이 북벌에 필요한 군수품을 원활히 조달하지 못하자 돌아와서 처벌하겠다고 말했다. 만약 유비였다면 부하들에 대한 실망감을 조용히 안으로 삭혔을 것이다. 그러나 관우는 그러지 않았고, 특히 남의 목숨이나 인사 문제에 대해 말을 함부로 내뱉었다. 미방과 부사인은 나중에 손권의 장군 여몽에게 투항함으로써 관우의 등에 제대로 칼을 꽂았다.

관우는 양양과 번성을 공격하는 와중에 형주가 점령되었다는 소식

12-6 춘추루. 관우가 조조의 신하로 활동하는 동안 살았다는 허(허현)의 저택. 관우가 춘추를 읽었다고 하여 '춘추루'라는 이름이 붙었다. 허난성 쉬창시에 있다. 현재 관성전關聖殿과 문묘文廟가 함께 배치되었다.

을 들었다. 그는 형주로 돌아가려 했으나 형세가 불리해졌고, 익주로 향하던 중에 임저현 장향에서 아들 관평과 함께 손권의 군사에게 잡혀 죽었다. 이로써 관우는 파란만장한 일생을 마감했다.

그의 파란만장한 인생은 자손들에게도 영향을 미쳤다. 북벌 도중 죽인 조조의 장수 방덕 때문이다. 앞서도 밝혔듯이 훗날 방덕의 아들 방회는 종회鍾會와 등애鄧艾가 촉한을 정복할 때 종군하여 촉한을 멸한 후, 관우의 일족을 전부 죽여버렸다. 이를 족주族誅 혹은 족멸族滅이라고 한다. 우리나라에서 자주 쓰는 표현인 '삼족을 멸한다'가 가까운 뜻일 것이다. 방회는 아버지의 원수인 관우의 후손들을 모조리 죽여 아버지의 원수를 갚은 것이다. 언젠가 신문에서 관우의 후손임을 주장하는 사람의 기사를 읽은 적이 있는데, 이는 사실이 아닐 가능성이 높다. 사실 방회가 관우의 후손들을 모두 죽였다는 기록은 『삼국지』 본문에는 나오지 않고 배송지주에 나오기 때문에 꼼꼼히 『삼국지』를 읽지 않은 사람은 관우의 일족이 세상에서 완전히 사라졌다는 사실을 알지 못할 것이다. 다만 송나라와 원나라 시대에 관우의 아들이라는 관색關索이 소설 등 문학 작품에 등장했고, 소설 삼국지도 이에 영향을 받아서 제갈량의 남만 정벌 때 관우의 셋째아들로 관색이 잠깐 등장한다(87~89회). 그러나 화관색花關索이라고도 불리는 관색은 허구의 인물이며 독자와 청중들에게 인기가 없어 퇴출되었다.

『삼국지』에서 관우의 기사는 965자에 불과하다. 이렇듯 짧은 기록으로 관우를 제대로 평가하는 것은 무리다. 그러나 현존 자료에 의지하여 관우를 평가하면, 그는 시기심이 강하고 남을 깔보는 성격이어서 적을 많이 만드는 스타일이었던 것 같다. 관우가 학문에 조예가 깊다는 학자 이미지는 말 그대로 이미지일 뿐이다. 『삼국지』에는 관우가 『춘추』를 공부했다는 기록이 없고, 배송지주에 인용된 『강표전』에 관우가 『좌씨전』(춘추좌전 또는 좌씨춘추)을 좋아했다는 구절이 보인다. 연암 박지원의 말을 들어보자.

한 사당에 들어가니 강희 황제의 어필로 쓴 편액에 '좌성우불左聖右佛'이라고 적혔다. 좌성이란 관운장을 말하는 것으로, 관우 주변에는 관운장의 도덕과 학문을 성대하게 찬양해놓았다. 관운장을 존숭해 떠받들기 시작한 것은 명나라 초부터인데, 이름인 관우關羽를 함부로 쓰고 부를 수 없다고 해 패관기서에는 모두 관모關某라고 일컬었다. 명나라와 청나라 시대에는 관운장을 성인으로 취급해 공문서라든지 장부 등에 관성關聖이라 하기도 하고, 혹은 학문적 스승으로 높여서 관부자關夫子라고까지 일컫기에 이르렀다. 이런 오류와 비루함이 그대로 답습되어 천하의 사대부들은 관운장을 정말 학문하는 학자로 인정하게 되었다.*

박지원은 관우에게 학자라는 이미지가 덧씌워지는 과정을 정확하게 기록하고 있다. 이처럼 관우는 주인을 향한 충성과 의리 등 존경할 만한 품성을 가진 인물이지만 여러 단점도 아울러 지닌, 지극히 '인간적인' 인물이었다. 그런 관우가 도대체 어떻게 우상화되고 심지어 신의 반열에 오르게 된 것일까?

## 신이 된 관우: 관제關帝, 재신財神 _____

우리나라 무당들은 억울하게 죽은 위인들을 영험한 존재라고 믿어 신으로 모시고 복을 빌었다. 그래서 최영 장군과 남이 장군이 특히 영험한 신으로 무당들 사이에서 인기가 높다고 한다. 관우가 죽은 후 사람들은 처음에는 우리나라 무당들처럼 단순하게 복을 빌기 위해, 몇몇 곳에서 관우의 사당을 만들어 제사를 지내는 수준이었다.

기록상 가장 오래된 사당은 남조 양梁나라(502~557년)와 진陳나라(557~589년) 시기에 오늘날 후베이성 당양현當陽縣 옥천玉泉 경덕선사景德禪寺에 세워진 관우묘關羽廟라고 한다.

국가에서 관우를 추앙하기 시작한 것은 당나라 때부터였다. 당나라 시대에는 관우를 강태공姜太公이 주신主神이었던 무묘武廟에 배향해 제사했다. 강태공은 주 무왕이 은(상) 주왕을 제거하고 천하를 차지하는 데 결정적인 공을 세운 신하다. 후에 강태공은 춘추시대 5패의 하

---

* 박지원 지음, 김혈조 옮김, 『열하일기 2』, 돌베개, 2009, 132쪽.

나인 제나라의 시조가 되었다. 지모가 뛰어나 현재도 전하는 병법서인 『육도삼략』의 저자로도 알려졌다. 평범한 무장이었던 관우가 주나라의 명재상이자 춘추시대 제나라의 군주였던 강태공과 동격이 된 것이다. 이처럼 당나라와 송나라 시대에는 유교와 불교, 도교에서 본격적으로 관우를 제사 지내거나 신처럼 모시기 시작했다. 국가에서 관우에게 높은 작위를 주기 시작했고 민간에서도 관우 숭배가 확대되었다.

관우에게 공公, 왕王, 제군帝君, 대제大帝 등 각종 작위가 주어진 것은 북송시대부터였다. 북송 휘종은 1102년 관우에게 충혜공忠惠公이라는 시호를 하사했다. 1108년 관우는 무안왕武安王에 봉해졌고, 1123년에는 '의용義勇'이 추가되어 의용무안왕義勇武安王에 봉해졌다. 또 휘종은 관우에게 숭령진군崇寧眞君이란 칭호를 내려 도교의 신으로 인정했다.* 남송시대인 1129년에는 장무의용무안왕壯繆義勇武安王, 1187년에는 영제왕永濟王에 봉해졌다. 영제는 관우의 고향인 하동군에 있던 지명 중 하나였다. 관우는 고향의 왕으로 봉해진 것이다. 원나라 시대인 1328년에는 현령무안제왕顯靈武安濟王에 봉해졌다. 명나라 시대에 들어서는 1590년 협천호국충의대제協天護國忠義大帝, 1595년에는 삼계복마대제三界伏魔大帝 신위운진천존관성제군神威運震天尊關聖帝君**으로 봉해져 황제의 대열에 들어섰다. 청나라 시대에는 1652년(순치 9년) 충의신무관성대제忠義神武關聖大帝, 1768년(건륭 33년) 충의신무영우관성대제忠義神武靈佑關聖大帝, 1879년에는 충의신무영우신용위현보민정성수정익찬선덕관성대제忠義神武靈佑神勇威顯保民精誠綏靖翊贊宣德關聖大帝라는 칭호가 주어졌다. 관성대제 앞에

---

* 역대 중국 황제들은 종교를 장악했기 때문에 종교 사제들에게 벼슬을 주거나 죽은 사람을 신으로 만들 수도 있었다.
** 기록에 따라서는 神威'遠鎭'天尊關聖帝君이라고 표기하기도 한다.

'충의' 등 좋은 뜻을 가진 한자를 잔뜩 붙여놓았다. 이로써 관우는 도덕적으로 뛰어난 인물로 칭송되었다.

생전에 겨우 '후侯'라는 작위를 받은 관우는 죽어서 '공公→진군眞君→왕王→제군帝君→대제大帝' 등 작위가 높아지더니 급기야 황제가 되었다. 명나라 신종 만력제(임진왜란 때 조선에 원병을 파견한 황제) 시기인 1594년에는 관우의 묘를 무묘武廟로 승격시켜 문묘인 공자묘와 함께 제사를 지냈다. 또 민국 시기인 1914년에는 남송 초기 비운의 명장 악비岳飛와 함께 무묘에 합사되어 '전쟁의 신'으로 추앙되었다.

"사람은 죽어서 이름을 남긴다"는 속담도 있지만, 관우가 사후에 이렇게 추앙받은 이유는 무엇일까? 전근대 중국 정부는 백성들이 믿는 종교를 국가권력 안으로 포섭하려고 했다. 조정은 불교의 승려나 도교의 도사들에게 관직을 주어 황제의 신하로 격하하는 작업을 꾸준히 벌였다. 관우는 점점 일반 백성들의 신앙 대상이 되어갔고, 국가 차원에서 그에게 보인 예우는 한편으로 '관우 신앙'을 통제하려는 시도였을지도 모른다. 현재 중국 정부는 달라이라마의 환생을 판단하는 권한을 가진 판첸라마를 친중국파로 세뇌시키고, 현 달라이라마 14세가 사망한 후 즉위할 달라이라마 15세를 친중국파로 만들 계획을 세워놓고 있다. 이를 우려한 달라이라마 14세가 더 이상 달라이라마의 환생은 없다고 못 박을 정도다. 공산당 정권이 차기 달라이라마를 조종할 싹을 자르려는 것이다. 어떻게 보면 정치와 종교를 분리하는 민주주의 시대에 역행하는 것처럼 보이지만, 전근대시대부터 내려온 국가의 종교 통제 전통을 생각해보면 이해하지 못할 것도 없다. 마찬가지로 중국공산당이 로마 교황청과 중국 추기경 선임 문제를 두고 실랑이를 벌인 것도 가톨릭교회를 통제하고 교황의 간섭을 막으려는 의

도다.

국가에서 황제의 칭호를 받은 군신軍神 관우는 불교에서는 가람신
伽藍神으로 추앙되었고, 도교에서는 관제성군關帝聖君이라 불리는 도
교의 신이 되었다. 특히 도교에서는 관제성군, 즉 관우의 이름을 빌려
여러 경전이 만들어져 백성들에게 선행을 강조하는 권선문勸善文으
로 사용되었다. 명나라 시대에는 관우신이 중국 어디서나 찾아볼 수
있을 정도로 인기가 많았다고 한다. 『열하일기』를 쓴 박지원이 압록
강을 건너 북경에 갈 때까지 지겹도록 본 것이 관제묘였다. 상인에게
재물을 안겨주고 과거를 보호하며 벽사辟邪와 권선징악을 행할 뿐만
아니라 가난하고 도움이 필요한 사람들을 도와주며 병과 재앙을 막아
주는 등 일반 백성에게 인기 있는 신이었다. 그뿐 아니라 관우는 각종
직업의 신으로도 추앙받았다. 예컨대 가축 도살, 두부 만들기, 장 담
그기, 소금 판매업, 주류 판매업, 가방 제조업, 피혁 제조업, 향·초 제
조업, 모직물 제조업, 비단 상인, 매춘, 무술(경호·공연·훈련), 분뇨업,
요식업, 군인·경찰, 전당포와 전장업(일종의 은행업) 등 다양한 직업에
종사하는 사람들과 직업 조합에서 관우를 신으로 섬기고 있다.

정부는 그렇다고 해도 일반 백성들 사이에서 관우신을 숭배하는 열
풍이 분 이유는 무엇일까? 명나라 이후 중국의 상권을 장악한 산서상
인山西商人의 '전도' 때문이었다. 산서상인은 산시성山西省 출신의 상
인들을 지칭하며, 산시성 중부의 기현祁縣·평요현平遙縣·태곡현太谷
縣·유차현榆次縣 출신이 가장 많다고 한다. 산서상인이 두각을 나타
낸 것은 1370년 실시한 개중법開中法 때문이었다.

개중법은 명나라 정부가 북쪽 변경에 주둔한 군대의 군량을 수송하
는 데 어려움을 겪자 상인들에게 군량 수송을 맡기고 그 대가로 차와
소금의 판매권을 준 제도다. 명나라 정부는 북쪽 변경까지 군량을 수

송하는 인력과 비용이 많이 들자 경비 절감 차원에서 군량 수송을 민간 상인들에게 아웃소싱한 것이다. 북쪽 변경 지역과 가까운 곳에 살았던 산서상인은 지리적 이점을 이용하여 개중법의 수혜자가 되었다. 산서상인들은 군량을 지정된 부대나 지역으로 수송하고 그 대가로 납부한 군량에 해당하는 소금 가격이 적힌 어음 증서를 받아 소금 판매 허가증으로 바꾼 후 소금 생산지에 이 허가증을 내고 소금을 받아 지정된 구역에서 판매했다. 이후 산서상인들은 당시 화폐로 사용되던 은을 납부하면 소금 판매 허가증을 주는 절색제折色制가 시행되면서 타격을 받았지만 소금 판매업뿐만 아니라 금융업(당시 용어로는 표호票號, 전장錢莊이라고 한다), 몽골과의 원격지 교역 등으로 업종을 다각화했다. 그래서 명청시대에는 휘주상인徽州商人(휘주의 옛 지명을 따서 신안상인新安商人이라고도 한다)과 함께 중국의 2대 상인 집단으로 경제계에 군림했다.

중국에서는 자기 지역의 유명한 인물을 신처럼 떠받들고 제사를 지내는 풍습이 있었다. 산시성 사람들은 산시성 출신 가운데 가장 유명한 관우를 제사 지냈다(관우의 고향인 하동군 해현은 후한시대 행정구역 명이고 오늘날에는 산시성 남부 윈청시運城市에 해당한다). 산서상인들은 고향뿐만 아니라 중국 각지에서 상업에 종사했다. 객지에 있던 산서상인들은 정기적으로 향우회를 열었는데, 산시성 출신이라는 정체성을 공유하기 위해 동향 사람인 관우에게 제사를 지냈다. 산서상인들이 부를 축적하자 다른 지역 사람들은 산서상인들이 돈을 잘 버는 이유가 관우에게 제사를 지냈기 때문이라고 생각했다. 그래서 너도나도 앞다투어 관우의 사당인 관제묘에서 제사 지내며 돈을 잘 벌게 해달라고 빌게 되었다. 이 덕에 관우는 산시성의 토착신에서 전국적인 재물의 신(財神)이 되었다.

12-7 관우상(표국박물관).

관우 신앙은 우리나라에도 영향을 주었다. 임진왜란에 참전한 명나라 장수들은 전쟁신이기도 했던 관우에게 승리를 빌기 위해 한양과 충청도, 경상도 등지에 관제묘 혹은 관왕묘關王廟를 세웠다. 1호선과 6호선이 지나는 서울의 지하철역 이름이기도 한 동묘는 동관왕묘東關王廟의 약칭이며 서울에 세워진 관왕묘의 하나였다.

관우를 재물의 신으로 섬기는 풍습은 지금까지 전해지고 있다. 필자가 2004년 한 학회의 답사에 따라갔을 때의 일이다. 현지 여행사가 일정의 마지막 날 베이징의 한 차茶 가게로 데려갔다. 가게 입구에는 유리 상자 안에 3개의 인형이 있었는데 자세히 보니 관우와 노자, 부처의 인형이었다. 너무 신기해서 디지털카메라로 사진을 찍으려고 하니 직원들이 사진을 찍지 못하게 했다. 인형들은 그들에게 단순한 인형이 아니라 기복의 대상인 신상神像, 즉 신의 대리물이었던 것이다. 노자는 도교의 신, 부처는 불교의 신, 관우는 재물의 신이므로, 중국인들은 복과 재물을 가져다주는 신이면 그 신의 국적을 가리지 않고

12-8 관우의 고향에 건축한 해주관제묘解州關帝廟. 황제만 사용할 수 있는 용을 새긴 벽을 사당 안에 두었고, 기둥과 계단에도 용을 새겼다. 해주관제묘는 베이징의 자금성보다 규모는 작지만 궁전의 형태를 갖췄다는 점에서 관우가 죽어 황제 대접을 받는다는 사실을 실감할 수 있다.

열심히 제사 지내고 빌었다는 것을 상징적으로 잘 보여주었다.

관우는 죽어서 신으로 추앙받았다. 관우에 대한 존경은 소설 삼국지에서도 그대로 드러난다. 소설 삼국지를 읽은 독자들은 대충 느꼈겠지만, 소설 삼국지 전반부의 주인공은 유비, 조조, 손권이 아니라 관우였다. 그게 다가 아니다. 소설 삼국지를 훑어보면 관우는 이름 대신 자字를 써서 관운장關雲長으로 표기되었다. 이는 다른 인물들도 마찬가지지만 관우의 경우에는 특별했다. 이름 대신 자를 사용했을 뿐만 아니라 '우羽' 자가 들어가는 관명까지 바꾸었다. 황제의 친위부대인 우림군羽林軍을 어림군御林軍으로 쓴 것이 대표적인 예이다. 참고로 중국어로 '羽'와 '御'는 모두 '위yü'로 발음된다.

이처럼 중국에서 이름 대신 자를 사용하는 것을 피휘避諱라고 한다. 피휘는 주로 황제의 이름이 들어가는 사람들의 이름과 지명, 관명을 다른 음이나 뜻을 가진 글자로 바꾸는 것을 말한다. 예컨대 한고조 유방劉邦의 이름인 '방邦' 자를 피휘해 '방' 자 대신 '국國' 자를 사용했다. 진나라와 한나라 시대 재상의 명칭이었던 상방相邦이 상국相國으로 바뀐 것도 이 때문이다(현재 출토 유물을 보면 상국이라는 관명 대신 '상방'이라는 관명이 보인다). 덕분에 나라 '국' 자는 알아도 나라 '방' 자는 잘 모른다. 관우는 피휘 면에서도 황제급 대우를 받은 셈이다.

## 삼국지의 관우 '죽이기'와 '살리기'

소설 삼국지에 기술된 관우에 대한 기록 가운데에는 잘못된 부분이 많다. 먼저 관우를 상징하는 청룡도와 적토마. 이 둘은 관우와 아무런 상관이 없다. 그리고 소설 삼국지에서 양자로 등장하는 관평關平도 사실 관우의 친아들이다. 또 28회에서 관우가 처음 만난 관우의 부하 장수이자 핵심 측근인 주창周倉도『삼국지』에서는 찾아볼 수 없는 허구의 인물이다. 그러나 주창은 관우 신상에 무장의 차림으로 서 있다.

『삼국지』에서 관우가 죽을 때 실제 관우의 부하였던 사람은 요화廖化다. 소설에서는 관우가 유비의 처첩을 데리고 조조에게서 원소 휘하의 유비를 찾아갈 때 그를 만났다는 허구를 설정했다. 관우가 조조의 장수들과 싸우는 사이 요화는 유비의 부인들을 지켜주었다. 요화가 관우의 부하가 되고자 했으나 관우는 거부했다(27회). 이후 요화는 유비가 익주를 공격할 때 유비를 찾아가 부하가 되었다(60회). 관우가 맥성에서 손권의 군대에 포위되었을 때, 요화는 포위망을 뚫고 상용군에 원병을 청하러 갔고(76회), 거절당하자 유비를 찾아 성도로 갔다(77회). 반면 『삼국지』에 따르면, 관우의 주부主簿였던 요화는 관우가 패한 후 오나라에 포로로 끌려갔다. 그러나 유비에게 돌아가려고 죽은 척하며 오나라 사람들을 방심하게 만든 뒤 그 틈을 타 늙은 어머니를 모시고 유비를 찾아갔다. 유비는 관우의 복수를 위해 진격할 때 자귀현에서 요화를 만나 그를 의도태수에 임명했다. 소설 삼국지에 서술된 요화는 『삼국지』의 기록과 달리 관우를 애타게 그리워하는 인물로 설정되었지만 관우와 함께 죽지 않았기 때문에 관우의 상 옆에 설 수 없었다. 따라서 관우와 함께 죽은 관평과 함께 허구의 인물 주창이 서 있게 된 것이다.

앞서 살펴본 것처럼 관우는 민간에서 점점 신처럼 추앙받았고 조정에 의해서도 역사적 지위가 격상되어갔다. 소설 삼국지는 그런 시대적 분위기에서 무르익은 작품으로, 관우에 관한 서술도 이 때문에 역사적 진실과는 상당히 거리가 멀어진 채 미화되었다. 예컨대 앞에서도 밝혔지만 관우가 반동탁연합군에 종군하는 동안 더운 술이 식기 전에 동탁의 부하 화웅의 목을 베었다는 이야기(5회)는 소설 초반부터 관우의 압도적인 용맹함을 보여주며 독자를 사로잡는데, 정작 『삼국지』에 따르면 화웅을 죽인 사람은 관우가 아니라 손견이었다. 게다가 당시에는 데워먹는 술, 즉 증류주(배갈, 소주)도 없었다. 증류주는 몽골이 중국을 지배하던 원나라 시대 아랍에서 중국으로 전파되었다. 또 유비가 서주에서 조조에게 패했을 때, 관우가 조조에게 항복한 후 원소의 맹장 안량과 문추를 참했다는 이야기(25~26회)도 절반만 사실이다. 『삼국지/관우전』에서는 관우가 안량을 참했다고 기록했지만 문추를 죽인 주체는 기록하지 않았다. 또 그렇게 조조의 휘하에서 공을 세우다가 유비가 원소 진영에 있다는 소식을 듣고 그를 찾으러 떠나는 도중에 5개의 관(五關)에서 자신을 막아서는 여섯 장수를 죽였다는 이야기(24~28회)도 사실이 아니다. 무엇보다 적벽대전 당시 대패한 조조를 화용도에서 사로잡거나 죽일 수 있는 기회가 있었지만, 예전에 조조가 자신을 거둬주고 신임해준 정 때문에 그를 살려주었다는 이야기(50회)도 사실이 아니다. 이런 예들은 모두 관우의 용맹과 의리를 강조하기 위해 만든 허구이다.

여기까지 꾹 참고 읽은 독자들은 관우가 생각보다 용맹하고 무예가 뛰어난 장수가 아닐 수도 있음을 깨달았을 것이다. 한 중국 학자는 관우가 실제 전투에서 승리를 거둔 적이 없음을 지적하며 훌륭한 장군은 아니라고 폄훼했다. 그의 주장에 따르면, 유비가 익주를 점령한 후 손권은 형주 땅을 내놓으라며 215년 여몽을 보내어 동정호 남쪽의 장사, 영릉, 계양 3군을 점령했고, 여몽은 관우와 익양에서 대치했다. 이때 관우는 3만 대군을 이끌고 출전했지만 여몽과 노숙의 군대를 이기지 못하고 익양에서 시간만 질질 끌었는데, 만약 관우가 용맹한 장군이라면 여몽과 노숙의 군대 정도야 쉽게 이길 수 있지 않았겠느냐는 주장이다.

또 관우가 형주를 상실하는 과정을 보면 그는 '지장'이라면 좀처럼 하지 않을 실수를 연달아 저질렀다. 화친을 맺자는 손권의 제안을 무시했고, 무명의 육손을 경시해 후방의 군대를 전방으로 차출하는 우를 범했으며, 손권의 기습에 허무하게 형주를 점령당했다.

『삼국지』에 실린 관우에 관한 기록들이 워낙 단편적이어서 한계가 있으나, 적어도 정사에 묘사된 관우는 뛰어난 전공을 세운 장군은 아니었던 것처럼 보인다. 그러나 관우의 행적으로 미루어 유비 진영의 2인자였음은 틀림없어 보인다. 유비는 자신의 전부라 할 수 있는 근거지인 서주와 형주를 한 차례씩 관우에게 맡겼다. 유비와 대부분의 부하들이 익주를 정복하기 위해 떠났을 때 형주를 지킨 사람이 바로 관우였다. 익주를 정복하러 가다가 도리어 근거지 형주를 잃을 수도 있는 위험이 있었기 때문에 가장 믿을 만한 사람에게 형주를 맡겼을 것이다. 형주에 남아 있던 장비와 조운이 두 번째로 차출되었으니 혼자 남아 형주를 지킨 관우의 전투력은 감히 말하건대 장비와 조운을 합쳤다고 볼 수 있으며, 이는 동시에 유비가 장군으로서 관우의 능력을 믿었다는 것을 뜻한다.

청대의 역사학자 조익은 『이십이사차기』에서 '관우와 장비의 용맹 (關張之勇)'이라는 항목을 두어 두 사람이 용맹한 장수임을 증명하는 글을 썼다. 예컨대 조조의 모사 정욱은 "유비는 영웅의 명성이 있고, 관우와 장비는 모두 1만 명을 대적할 만큼 용맹합니다"라고 평가했다. 그 밖에도 위나라와 오나라에서 관우와 장비의 용맹을 인정한 기록은 많다. 또 서진 이후의 역사책에서 용맹한 장군들을 관우나 장비에 견준 것으로 보아 후세 사람들도 장군으로서 관우의 자질을 인정했다. 북조시대 묘지명과 신도비에도 관우의 용맹에 찬사를 보낸 기록들이 있다. 성을 알 수 없고 이름만 환歡으로 알려진 사람은 관우와 장비 같은 용맹을 지녔다고 서술되었다. 예컨대 주주국대장군흘간홍신도비周柱國大將軍紇干弘神道碑에는 흘간홍紇干弘(전홍田弘이라고도 한다)의 용기와 무예가 관우에 비긴다고 했다. 불과 200~300년 지난 이 당시에도 관우와 장비의 용맹을 기억하는 사람들이 많았음을 알 수 있다. 조익의 평가는 빈말이 아니었다.

요컨대 관우는 장점과 단점을 동시에 가진 인물이었다. 오히려 그런 점 때문에 인간적인 매력이 있었을 것이다.

## 약방의 감초 장비 _____

장비하면 가장 먼저 떠오르는 단어가 술이다. 중국에는 "장비가 술을 마다해?"라는 속담까지 있다고 한다. 『삼국지』에 관우에 관한 기록이 적은 것처럼 장비에 대한 기록도 적다. 『삼국지/장비전』의 기록은 유비가 형주의 유표에게 의탁했을 때부터 본격적으로 시작된다. 그 이전의 기록은 장비가 관우를 형으로 섬겼고, 유비가 여포에게 쫓겨나 조조에게 투항했을 때 중랑장에 임명되었다는 기록뿐이다. 그에 비해 소설 삼국지에는 장비가 술 마시고 실수한 기록이 너무나 많다. 소설 삼국지에 묘사된 장비의 이미지와 『삼국지』를 비교하며 장비의 진면목을 살펴보자.

소설 삼국지에서 장비가 황건적 토벌군을 모집하는 방문을 보고 한숨을 쉬는 유비에게 자신을 소개하는 장면이다.

> 성은 장張, 이름은 비飛, 자는 익덕翼德이오. 대대로 탁군에서 살았고 장전莊田이 있으며 술을 팔고 돼지고기를 도살하며 먹고살고 있소. 그러나 오로지 천하의 호걸과 사귀기를 좋아하오(1회).

이 구절에서 힌트를 얻었을까? 중국의 잡극과 민간 설화에서 장비는 도살업자로 소개되었다.* 필자가 놀란 것은 장비에게 '장전'이 있다는 대목이다. 장전은 황제나 관료들이 가진 장원에 딸린 농토라는 뜻과 지주가 소작인에게 빌려주는 땅이라는 뜻이 있다. 전자의 뜻이라면 장비는 탁현에 장원을 가진 엄청난 땅부자라는 뜻이고, 후자의 뜻이면 농민들에게 농토를 빌려주며 사는 지주였다. 그런데 유비와

---

\* 반면 『삼국지/장비전』에는 장비의 직업에 대한 언급이 없다.

함께 들어간 술집에서 만난 관우를 자신의 장원으로 데리고 갔고, 그 장원에 도원桃園이란 정원이 있었다는 소설의 기록(1회)을 보면 장비의 '장전'은 전자의 뜻이다. 정원이 딸린 장원을 가진 것만으로도 엄청난 부자인데, 게다가 술을 빚고 돼지를 잡아 파는 일도 같이 하니 당시 탁현에서 떵떵거리는 부자였음을 알 수 있다. 이렇듯 돈이 많고 직접 일을 하지 않아도 되니 천하의 호걸들과 교제할 돈과 시간이 넘쳐났던 것이다.

소설 삼국지를 보면 장비는 술 먹고 여러 차례 실수를 저질렀다. 필자도 처음에는 그렇게 알았다. 그러나 『삼국지』에는 장비가 술 마시고 실수한 기록이 전혀 없다. 소설에서는 안희현령 유비를 달달 볶은 독우(군에서 파견한 감찰관)를 술 먹고 버드나무 가지로 때린 사람을 장비로 묘사했지만(2회), 배송지주에 인용된 『전략』에 따르면 독우을 묶고 200대를 때린 사람은 바로 유비였다. 소설에서 장비는 유비 대신 독우를 때린 인물로 누명을 뒤집어썼다. 또 유비가 원술과 싸우고 있을 때 서주 하비국에 주둔하던 장비는 도겸의 옛 부하 조표와 싸우다 여포에게 하비를 빼앗겼다. 그런데 소설 삼국지에서는 장비가 자신이 준 술 마시기를 거부한 조표를 매질하자 조표가 앙심을 품고 사위 여포와 내통했다고 바꾸었다(14회). 술 때문에 서주를 빼앗기게 되었다고 장비를 매도한 것이다. 또한 소설에서는 관우가 죽은 후 유비와 함께 관우의 원수 손권에게 복수를 맹세한 장비가 부하들에게 사흘 안에 흰색 깃발과 갑옷을 준비하라고 했는데, 범강과 장달이 이의를 제기하자 나무에 묶고 50대씩 매질한 탓에 장교들과 술 마시다가 원한을 품은 범강과 장달에게 살해되었다고 기술했다(81회). 술 좋아하던 장비가 술 먹다 죽은 것이다. 『삼국지』에는 범강과 장달이 장비를 죽인 이유를 술 때문이 아니라 부하들에게 자주 매질한 장비의 버

12-9 문학 작품과 대중들에게 장비는 도살업자나 정육점 주인으로 인식되었다. 쓰촨성 청두시 무후사 옆에 있는 금리錦里에는 장비의 후손이라는 사람이 고기를 팔고, '장비우육張飛牛肉'이라는 음식을 파는 업소도 있다.

룻 때문이라고 기록했다. 이처럼 소설은 장비에게 '술주정뱅이'라는 이미지를 덧씌웠다.

또 소설에서 장비는 성격이 급하고 머리보다 몸을 쓰는 장수로 묘사되었다. 『삼국지』에 따르면 유비가 조조에게 패해 양양에서 강하군으로 도망갈 때 장비는 20여 명의 기병을 이끌고 유비가 멀리 도망갈 수 있도록 조조군의 추격을 막는 역할을 맡았다. 그는 당양현 장판에 있는 다리(장판교라고 한다)를 끊은 뒤 눈을 부릅뜨고 창을 앞으로 향하게 한 다음 "내가 장익덕이다. 와서 나와 함께 싸우자!"라고 말했다. 적들은 이런 장비의 모습에 겁먹어 접근조차 하지 못했다. 그런데 소설에서는 조조군이 장비의 위세에 놀라 물러난 후 다리를 끊었다며 다리를 끊은 시점을 정사와 달리 서술했다(42회). 이에 유비는 다리를 그대로 두었다면 조조군이 매복이 있다고 여겨 쳐들어오지 못했을 것이라고 한탄했다. 장비가 용맹하지만 꾀가 부족하다는 뜻이다.

『삼국지』에 장비가 술을 많이 마시고 계략이 부족하다는 서술은 없다. 그러나 소설에서는 장비가 술을 많이 마시고 사고를 치며, 용맹하지만 머리는 부족한 인물로 묘사되었다. 이는 독자들과 청중들을 위해 장비의 이미지를 바꾼 것이다. 예컨대 원나라 때 잡극 〈망장비莽張飛〉에서 장비는 가는 곳마다 문제를 일으키는 인물로 묘사되었다. 한 연구에 따르면, 연극의 분장이나 민간 전설에서 장비의 얼굴은 검게 묘사되었다. 그에 비해 관우는 빨간색 얼굴이었다. 빨간 얼굴은 신神임을 보여주는 분장이라고 한다. 관우가 신의 위엄을 유지한 데 비해 장비는 전지전능한 신이 아니라 사고를 자주 치는 인간으로 격하된 것이다. 소설 삼국지에서 장비는 약방의 감초처럼 드라마의 분위기를 유쾌하고 코믹하게 만드는 역할을 맡았다. 나중에 황제가 되는 유비와 죽은 후 신이 된 관우는 근엄할 수밖에 없다. 셋 다 완벽하면 재미없으므로 인간이 할 수 있는 실수를 하는 역할은 장비의 몫이 된 것이다. 독자와 관객들도 실수하는 장비의 모습을 좋아하다보니 장비의 캐릭터는 실수투성이로 설정되었다. 그러다보니 술 취한 것처럼 위장해 장합을 속이거나(70회) 계교를 부려 엄안을 생포한(63회) 장비의 기지가 돋보이게 된다. 자신의 평소 캐릭터를 뒤집어 예상치 못한 반전으로 이뤄낸 성과들이기에 그렇다. 그러나 오히려 이런 모습이 장비의 진면목이 아닐까? 소설처럼 장비가 술을 많이 마시고 주정이 심하며 실수를 많이 하는 인물이라면 장비의 딸이 황후가 되는 일은 없었을 것이다.

12-10의 통혼 계보를 보면, 촉나라 황실과 혼인 관계를 맺은 사람

은 미축과 오일의 여동생(유비의 부인과 황후), 장비의 두 딸(후주의 황후), 제갈량의 아들 제갈첨과 관우의 손자(공주와 결혼), 마초의 딸 마씨(유비의 아들과 결혼) 등이다.

『삼국지/촉서』의 기록이 부족하여 12-10의 통혼 계보만으로 결론을 내리는 것은 위험하지만, 현재의 자료로는 촉나라 황실이 관우·장비·마초·제갈량의 가문과 혼인 관계를 맺은 것은 이들 후손들을 조상들처럼 촉나라 황실에 충성을 다하는 친위 세력으로 만들려는 의도로 볼 수 있다. 이미 후한에서 공신 집단과 정략결혼을 맺은 전례가 있다.

12-10의 통혼 계보에서 후주의 황후가 모두 장비의 딸인 점에 주목해보자. 경애황후敬哀皇后 장씨는 장비의 장녀로 유비가 즉위한 뒤 태자비가 되었다가 유선이 즉위한 후 황후가 되었다. 후주 장황후의 경우에는 237년 후궁이 되었다가 언니가 죽은 후 황후가 되었다. 유선의 선택이었다. 유비는 왜 장비의 딸을 며느리로 골랐을까? 유선도 왜 장비의 또 다른 딸을 황후로 택했을까? 유비와 장비의 사이가 관우보다 좋았기 때문일까? 지금 알 수 있는 유일한 실마리는 유비와 장비의 본적이다. 두 사람 모두 탁군 출신이었다. 중국은 예나 지금이나 땅이 넓어서 사투리가 심하다. 중국의 한두 개 성에 해당하는 한반도에도 여러 사투리가 있는데, 중국은 오죽하랴? 중국인들은 표음문자가 아닌 표의문자인 한자를 사용하기 때문에 말로 의사소통이 안 되더라도 글로는 정확히 의사를 전달할 수 있다. 그렇기 때문에 한문 사료에 매몰되다보면 언어의 다양성을 간과할 때가 있다. 아마도 유비는 같은 언어권에 있는 장비의 딸을 자신의 며느리로 택한 것이 아닐까? 적어도 부부 사이에 말은 통해야 하니까.

또 장비가 가정교육을 잘 시켰을 가능성을 생각해볼 수 있다. 황후

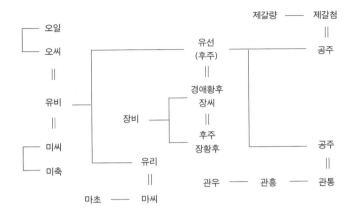

12-10 촉 황실의 통혼 계보.

라는 자리는 안으로 후궁을 거느리고 황제가 일찍 죽을 경우 태후로
서 섭정을 맡아야 하는 등 나름대로 친화력이 있어야 한다. 어차피 황
제는 예쁜 여성들을 후궁으로 둘 수 있었으므로, 황후를 고를 때는 미
모보다 덕성이나 집안을 고려했을 것이다. 유비도 같은 조건에서 유
선의 아내로 장비의 딸을 정했을 것이다. 만약 장비가 술꾼이며 성질
이 급하고 지혜롭지 못한 인물이었다면 아무리 친하고 믿는 부하라고
하더라도 그의 딸을 태자비, 즉 미래의 황후로 낙점하지는 않았을 것
이다.

　관우가 사병들에게 잘해주고 사대부에 교만했던 반면 장비는 군자
(사대부)를 공경했지만 소인(사병)들에게 잘 베풀지 못했다는『삼국
지』의 평가가 실마리가 될 수 있다. 장비는 당시 지식인들을 잘 예우
한 것으로 보아 우리의 '상식'과는 달리 학식과 교양을 갖춘 인물이었
을 것이라는 추정이 가능하다. 이는 장비의 아들과 손자의 관직에서
도 확인된다. 장비의 둘째아들 장소張紹는 벼슬이 시중·상서복야, 만

아들 장포張苞의 아들 장준張遵은 상서에 이르렀다. 시중, 상서복야, 상서는 모두 문관의 직책이다. 문서를 다루는 직책이다보니 학식을 갖춰야 맡을 수 있는 벼슬이었다. 즉 장비의 아들 장소와 손자 장준은 학식 있는 관료였던 것이다. 이는 장비와 장비의 후손들이 학식과 교양을 갖춘 인물이었다는 방증일 것이다.

반면 유비의 다른 부하들의 자손은 무관에 임명되었다. 예컨대 미축의 아들 미위糜威는 호분중랑장虎賁中郎將, 손자 미조糜照는 호기감虎騎監, 관우의 손자이자 부마인 관통關統은 호분중랑장虎賁中郎將, 조운趙雲의 아들 조통趙統 역시 호분중랑장, 법정의 아들 법모法邈는 봉거도위奉車都尉에 임명되었다. 이들이 역임한 관직은 모두 황제의 친위부대 장교들이다. 촉나라 황제들은 유비를 어려웠을 때부터 따라다닌 충신들의 후손을 중용했고 이들을 자신의 친위부대 장교에 임명하여 자신을 지키는 임무를 맡겼다. 여기에 장비의 아들과 손자들의 이름은 없다. 소설에서는 장포가 장군으로 활약하고(82~85회, 92~99회), 우호위사右護衛使 호익장군虎翼將軍의 직함까지 가졌다(91회). 우호위사와 호익장군이 촉한의 관직이 아니었던 점은 옥의 티지만, 소설에서는 장포를 아버지 장비의 뒤를 이은 무장으로 묘사했다. 그러나 『삼국지』에는 장포가 젊어서 죽었다는 기록만 있고 어떤 벼슬을 했는지 기록하지 않았다. 오늘날 참고할 수 있는 자료가 부족하지만, 장비의 자손들은 대부분 장비와 달리 무장이 아닌 문신으로 활약했음을 알 수 있다. 장비의 후손들이 문관, 관우·조운의 후손들이 무장으로 활동한 점을 비교하면 장비 역시 교양과 학식을 갖췄다고 봐도 무방하다. 이 점 때문에 장비의 딸들이 현모양처의 자질을 길러 황후에 임명될 수 있었을 것이다. 이것이 기록 이면에 감춰진 장비의 진면목이다.

# 조조의 죽음과
# 위나라의 건국

205년     정월 조조, 기주를 평정하다.
208년     6월 조조, 승상에 임명되다.
213년     정월 조조, 14주를 9주로 개편하다.
          5월 조조, 위공에 봉해지고 기주의 10군(하동·하내·위군·조국·중산·
          상산·거록·안평·감릉·평원)을 봉읍으로 받다.
          11월 위국에 상서·시중·6경 설치하다.
216년     5월 조조, 위왕에 봉해지다.
220년     조조가 사망하고 조비가 황제의 자리에 오르다.

13장에서는 조조와 조비 부자가 후한의 헌제로부터 황제 자리를 빼앗아 위나라를 세우는 과정을 살펴본다. 우리나라 역사에서는 익숙하지 않은 선양과 왕조 교체의 모범이 되었던 사례를 보게 될 것이다.

## 간이 부은 조조의 찬탈 준비 _____

조조는 관도 전투에서 원소의 군대를 격파한 뒤 원소 사후에는 원씨 정권마저 멸망시켰다. 이로써 조조는 사실상 화북을 통일했고, 권력의 무게중심은 조조에게 쏠렸다.

　오환을 정벌하고 돌아오면서 조조는 무슨 생각을 했을까? 208년 1월 업현으로 돌아온 조조는 두 가지 조치를 취했다. 하나는 현무지玄武池를 만들어 수군을 훈련시켰다. 다른 하나는 삼공(태위, 사도, 사공)을 없애고 승상과 어사대부御史大夫를 설치했으며(『자치통감』에는 6월 기사로 기록되었다), 6월 승상에 취임했다. 전자는 형주의 유표와 강동의 손권을 정복하려는 의도였고, 후자는 찬탈의 사전 정지 작업이었다. 진수는 조조의 찬탈을 정당화하는 복선을 『삼국지/무제기』에 깔아두었다.

예전 환제 시기에 황성黃星이 초楚와 송宋의 분야分野에서 나타났다. 요동군 사람 은규殷馗가 천문에 능해 50년 후 양국梁國과 패국沛國 사이에서 진인眞人이 나타나니 그 칼끝은 당해내기 어렵다고 예언했다. 이때에 이르러 모두 50년이 되었고 공이 원소를 격파했으니, 천하에 대적할 사람이 없었다.

은규라는 사람이 얼마나 대단한 점쟁이였는지 모르겠으나 양국과 패국 사이에서 태어난 진인이 기원후 150년으로부터 50년이 지난 때에 모습을 드러내리라고 예언했다는 것이다. 인용문에서 '진인'은 도교에서 신격화한 인간을 지칭하지만 문맥상 천자(황제)를 지칭한다. 조조의 본적이 패국 초현譙縣이므로 조조는 이 예언이 말하는 진인의 조건을 갖추고 있었다.

또 조조는 원소의 근거지인 업현을 점령한 후 204년 8월부터 줄곧 업현에 머물렀는데, 최고 권력자가 수도인 허에 머무르지 않고 업현에 머무른 것은 좀 이상하다. 특히 조조 일가가 세운 나라의 국호가 '위魏'였던 것과 업현이 속한 군 이름이 위군魏郡이었다는 사실은 우연이라고 보기 어렵다. 후한 말 세간에는 "한漢나라를 대신하는 자는 당도고當塗高다"라는 유언비어가 널리 퍼졌다.

그런데 '당도고'는 무슨 뜻일까? 사전적 의미로는 "높은 자리에 오르다"라는 뜻이다. 그런데 『자치통감』에서는 당도고를 '위魏'라는 뜻이라고 풀이했다. 배송지주에 인용된 장번張璠의 『한기漢紀』에 따르면, 왕립王立이 천상의 별자리를 보고 종정宗正 유애劉艾에게 "한나라의 수명은 끝났고 진晉과 위魏에서 반드시 흥할 것이다"라고 말했다고 한다. 진과 위는 춘추전국시대 국명이면서 중국인들이 만든 별자리군群 12개 가운데 하나이기도 하다. 중국의 분야설分野設에 따르면, 위나라와 진나라에 해당하는 주는 익주이다. 따라서 나라 이름에 주목하면 위나라 또는 진나라에 해당하는 지역을 점령한 조조가 권력을 장악한다고 해석할 수 있다. 반면 익주에 주목하면 유비가 천자가 된다는 뜻도 된다. 어쨌든 한나라를 멸망시키는 사람은 '위'나라와 관련이 있다는 것이다.

당도고가 '위'라는 뜻이라면 초기 군웅 가운데 같은 글자의 이름을 딴 위군의 업현을 근거지로 삼은 원소가 황제가 될 조건을 갖추었던 셈이 된다. 그러나 원소는 관도에서 조조에게 패한 뒤 화병이 나서 죽었고, 그의 자식들은 후계자 계승 분쟁을 벌여 망하고 말았다. 기주를 점령한 조조는 이러한 유언비어를 정치적으로 활용했다. 여기서는 줄곧 '유언비어'라고 쓰고 있지만, 당시에는 '참위讖緯'라고 불렀고 하늘의 뜻을 적은 글이라고 여겨 사실처럼 여겼다. 조조가 204년 8월 업성을 점령한 후 업현에 쭉 머문 것도 "당도고=위"의 등식을 이용하려는 정치적 의도 때문이었을 것이다.

조조는 공손강으로부터 원소의 아들 원상과 원희의 목을 전해 받고 하북을 완전히 평정한 뒤 208년 6월 승상에 취임했다. 승상이 폐지된 후한시대 이후 승상에 임명된 사람들은 대부분 황제의 자리에 올랐다. 그리고 그 선두주자는 조조였고, 바로 그 조조가 선양의 기본 공식을 만든 것이다. 승상 취임 이후 그가 취한 다음 조치는 위군의 확대였다.

13-1의 지도에서 볼 수 있듯 위군의 면적은 개편 전에 비해 2배 이

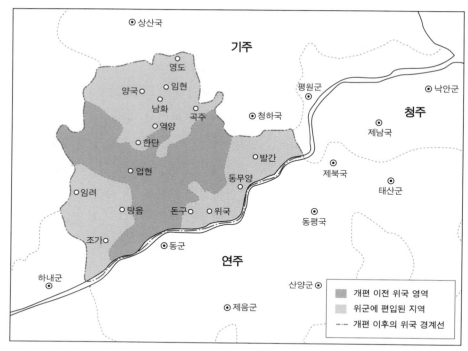

13-1 위군의 확대.

상 증가했음을 한눈에 알 수 있다. 조조는 212년 정월 하내군의 탕음
蕩陰·조가朝歌·임려林慮, 동군의 위국衛國·돈구頓丘·동무양東武陽·발
간發干, 거록군의 영도廮陶·곡주曲周·남화南和, 광평군의 임현任縣, 조
국趙國의 양국襄國·한단邯鄲·역양易陽 등 5개 군국의 14현을 위군에
편입시켰다. 후한시대 위군의 속현은 15현이었으므로 현의 수 또한
배로 늘었음을 알 수 있다. 당시 조조가 거주한 업현이 위군의 치소현
이었기 때문에 위군의 확대는 근거지의 확대로 해석될 수 있었다.
　　다음으로 조조는 213년 정월 14주를 9주로 개편하는 지방 행정구
역 개편을 추진했다. 당시 9주로 개편한 조치를 지도를 통해 살펴보

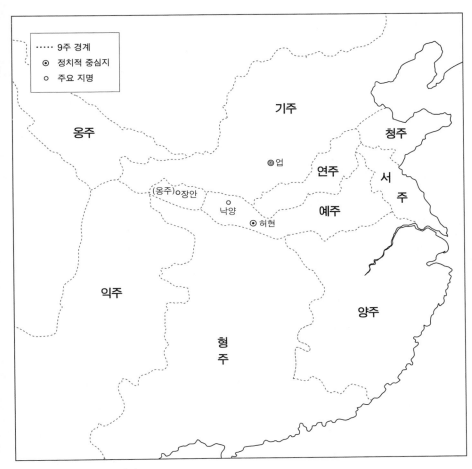

13-2 213년의 9주 개편.

면 13-2의 지도와 같다.

13-2의 지도는 『자치통감』을 주해한 호삼성의 설명을 바탕으로 복원한 것이다. 사예의 하동, 하내, 풍익, 부풍 4군과 유주, 병주 2주를 기주에 통합하고, 량주와 경조京兆는 옹주雍州로 편입했으며, 사예의 하남, 홍농 2군은 예주, 교지(교주)는 형주에 편입시켜 9주로 통폐합

했다.

그런데 13-2 지도에서 알 수 있듯 주별 관할구역의 편차가 크다. 기주와 형주의 면적이 가장 크고, 연주와 청주는 작다. 또한 당시 익주, 형주, 양주는 유비와 손권이 지배하고 있었기 때문에 교지(교주)를 형주에 편입시킨 조치는 실제로 실행될 수 없었다. 이를 반영하여 213년의 실제 정치적 상황을 바탕으로 9주 개편의 상황을 다시 그려 보면 13-3의 지도와 같다.

지도 13-3과 13-2를 비교하면 조조가 지배하는 영토 가운데 실제로 면적이 넓어진 지역은 기주뿐이다. 2주 4군이 새로 편입된 기주의 면적은 육안으로 봐도 조조 지배 영역의 2분의 1 내지 최소 3분의 1 이상이다. 이처럼 조조가 기주의 영역을 넓힌 이유는 무엇일까? 기주목을 겸하고 있었기 때문이다. 자기가 관할하는 기주의 면적을 넓혀 자신이 직접 지배하는 지역, 즉 본거지를 강화시키려는 의도임은 쉽게 파악할 수 있다.

청대 사학자 조익은 『이십이사차기』에서 이 문제를 다루었다. 조익에 따르면, 이름이 알려지지 않은 어떤 사람이 9주로 행정구역을 개편했던 213년보다 9년 전인 204년 조조에게 행정구역을 9주로 개편해야 한다고 주장했다. 그러나 순욱은 그렇게 하면 기주에 유주, 병주와 하동, 풍익, 부풍, 서하西河가 편입되는데, 그러면 관중에 해당하는 풍익과 부풍 일대의 장수들이 편입 의도를 의심하여 조정의 말을 듣지 않고 자립하게 되므로 천하를 도모하기 어렵다고 주장했다. 조조는 순욱의 말을 듣고 중지했다. 조익은 9주로의 개편이 선양을 위한 사전 정지 작업임을 지적한다. 조조는 결국 자신의 의도대로 9주로 개편했다.

자신이 관할하는 기주의 면적을 넓힌 다음 조조가 취한 정책은 무

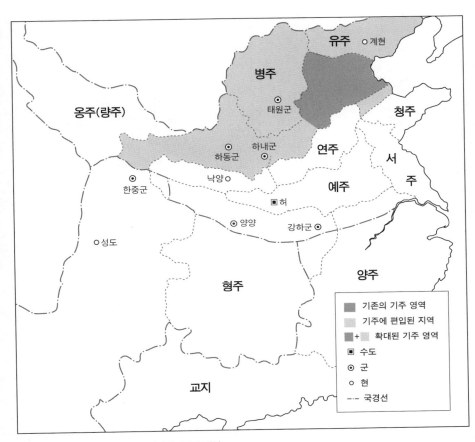

13-3 213년의 현실을 반영한 9주의 개편.

엇일까? 조조는 213년 5월 위공魏公에 봉해지고 황제의 특권인 구석九錫을 받았다. 위공을 위군에 봉해진 공公이라고 해석하면 13-1 지도에 보이는 위군을 봉읍으로 삼았을 것이라고 생각하겠지만 실상은 달랐다.

조조는 위공에 봉해지면서 식읍으로 하동, 하내, 위군, 조국, 중산, 상산, 거록, 안평, 감릉, 평원 등 기주 10군을 받았다. 13-4 지도는 9

13장 조조의 죽음과 위나라의 건국 **72I**

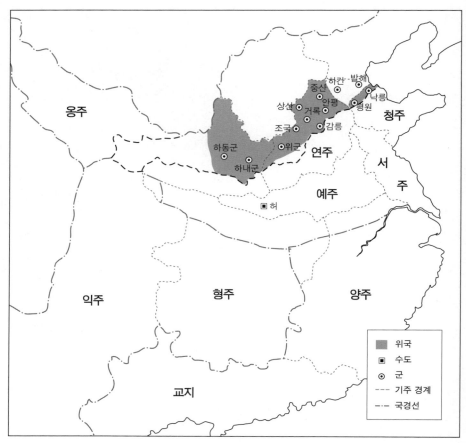

13-4 위국의 영역.

주 개편 이전의 행정구역 경계선에 위공의 식읍*에 편입된 지역을 표시한 것이다. 위국에 편입된 10군은 기주의 중앙과 남부에 해당한다.

위공에 봉해지기 전 조조의 작위는 무평후武平侯였다. 본래 무평후 국武平侯國은 4현이었으며 3만 호를 식읍으로 삼았다. 사실 식읍이 1

---

* 이를 위국魏國이라고 한다. 당시 공과 후侯에 봉해진 봉작자의 식읍을 국國이라고 불렀다.

만 호를 넘는 것은 예외적인 특별한 경우였다. 조조는 210년 12월 무평후국의 4현 가운데 양하陽夏, 자柘, 고苦 3현 2만 호를 국가에 반납하고 무평현 1만 호로 식읍의 수를 줄였다. 이렇게 겸손한 척했던 조조가 위공이 되자 10개 군을 식읍으로 삼았으니 몇 배나 늘어난 것인가? 이전 왕조의 예를 봐도 조조처럼 식읍을 많이 가진 사람은 없었다.

또한 '공'이라는 작위는 상징적인 의미가 있었다. 후한시대까지 신하가 받을 수 있는 최고의 작위는 후侯였다. 조조가 공이 된 것은 기존의 관례를 깬 것이다. 순욱은 조조가 위공이 된다는 것이 찬탈의 시작이라는 것을 알았기 때문에 반대했다. 그 결과는 조조의 암묵적인 협박으로 인한 순욱의 자살이었다.

조조는 213년 7월 위국의 사직社稷과 종묘宗廟를 세웠다. 사직과 종묘는 황제만 세울 수 있었으므로 명칭만 위'공'이지 사실상 황제나 다를 바 없었다. 또한 그는 세 딸을 귀인貴人(후궁의 명칭)으로 삼았다. 후궁이긴 하지만 헌제의 장인이 된 것이다. 이어 11월에는 위국에 상서, 시중, 6경六卿의 관직을 두었다. 상서와 시중, 6경의 관명을 보면 모두 황제가 임명하는 관직이었다. 작위는 황제보다 두 단계 낮은 공이었지만 관제는 황제국 체제와 유사했던 것이다.

조조는 모사였던 순유를 상서령, 양무涼茂를 상서복야, 모개毛玠, 최염崔琰, 상림常林, 서혁徐奕, 하기何夔를 상서, 왕찬王粲, 두습, 위개衛覬, 화흡和洽을 시중, 종요를 대리大理, 왕수王脩를 대사농大司農, 원환을 낭중령郎中令 행어사대부사行御史大夫事, 진군을 어사중승에 각각 임명했다. 어제의 부하들을 새로 만든 위국의 관직에 임명하거나 조정에 낙하산으로 내려보낸 것이다.

조조는 216년 5월 위왕魏王에 '봉해졌다'. 실상은 스스로를 위왕으

로 임명한 것이지만 말이다. 이제 조조에게는 황제로 즉위하는 일만
남았다. 그는 217년 4월 천자가 사용하는 정기旌旗를 사용하고 출입
할 때는 황제의 이동 때나 사용하는 경필警蹕(경호를 위한 통행 금지)을
칭하게 했다. 또한 천자가 쓰는 면류관과 수레를 사용할 권리를 얻었
고, 후계자인 조비를 '위태자魏太子'라고 불렀다. 태자는 황제의 후계
자를 지칭하는 용어였다. '왕의 후계자'는 '세자'라고 칭하는 것이 관
례였다. 이처럼 조조는 황제라는 단어만 안 썼지 실제로 황제였다. 그
러나 조조는 황제의 자리에 오르기 전인 220년 정월 죽었다. 조조가
차지하지 못한 황제의 자리는 조비가 차지한다.

### 시대마다 달라지는 조조 평가

소설 삼국지에 묘사된 조조는 허소의 표현처럼 간웅이며, 황제의 자리를 찬
탈한 역적이었다. 물론 조조 자신이 아니라 아들 조비가 헌제를 내쫓았지만.
소설 삼국지에서 조조가 악역을 맡아 열연했기 때문에 일반적으로 대중들
사이에서 조조에 대한 평판은 좋지 않다. 그러나 학자들 사이에서는 정반
대이다. 즉 조조는 인물 평가가 아닌 능력에 따른 인재 등용 정책을 폈으며,
둔전제를 실시해 경제적 안정을 꾀했다. 무엇보다 후한 말 군웅할거의 혼란
을 수습하고 화북 지방을 통일하는 등 훌륭한 업적을 남겼다. 사실『삼국지』
를 읽어보면 조조의 뛰어난 지략과 전술, 적을 포용하는 정치가의 아량 등
에 탄복하게 된다. 물론『삼국지』가 조조의 좋은 점만 기록했던 편향된 역사
책이었음을 감안해야 하지만 말이다. 이러한 평가는 대중들에게는 생소할
것이다.

  공산당이 대륙을 지배한 1949년 이후 조조에 대한 긍정적인 평가는 더욱
많아졌다. 마오쩌둥이 문화혁명 와중에 공자와 유교를 비판하면서 전통적으
로 천시되었던 법가法家를 중시하는 선전전을 폈던 것도 한몫했다. 마오쩌둥
을 비롯한 공산당의 선전전이건, 전통에 대한 재해석이건 대부분의 중국 학
자들은 조조를 긍정적으로 평가한다. 마르크스주의에 입각해 누가 인민을 위

13-5 허난성 조승상부曹丞相府 앞에 있는 조조의 석상. 호방한 영웅의 기개가 석상에 반영되었으며, 현재의 조조 평가를 이 석상에서 느낄 수 있다.

해 좋은 정치를 행했는가 따져보면 답은 조조라는 것이다. 공산당의 지시를 받았건, 눈치를 봤건 상관없이 『삼국지』라는 사료를 읽고 그 논리에 함몰되면 조조에 대해 긍정할 수밖에 없다. 따라서 중국 학자들뿐만 아니라 대만 학자들도 조조에 긍정적이다. 개인적인 감정과 삼국지에 등장하는 인물에 대한 호오好惡를 배제한다면 필자 역시 확실히 조조를 장점과 업적이 많은 인물로 평가하겠다. 그런데 왜 소설 삼국지에서는 조조를 악인으로 매도했을까?

무엇보다 시대 분위기를 지적하지 않을 수 없다. 중국의 전근대사를 두 시기로 나누라면 당나라와 그 이전의 시기, 송나라와 그 이후의 시기로 나눈다. 이 두 시기는 확실히 다르다. 대체로 후자의 시기에는 수나라 때 창시된 과거 제도가 정치뿐만 아니라 사회적으로 큰 영향을 끼쳤다. 당나라 시대까지 가문의 힘에 의해 출세하는 것이 가능했지만 송나라 이후에는 기본적으로 과거에 합격해야 관리가 될 수 있었다. 따라서 서민들이 지배층에 대거 편입되었다. 한때 우리나라에서 가난한 젊은이가 사법고시에 합격해 출세하고 집안이 좋은 여자와 결혼하는 등 개천에서 용 나던 시절이 있었던 것과 비슷했다. 세계사를 훑어봐도 지식인들이 지배층이 된 것은 송나라 이후 중국과 조선시대(혹은 고려 중기 이후) 우리나라밖에 없다(여기에 베트남의 일부 시기도 포함할 수 있을 것이다). 이는 문학과 문화에도 영향을 주어 송나라 이후 문학은 주로 서민 문학이 발달했다. 정치적으로는 과거제의 영향 때문인지 몰라도 이민족의 지배를 받았던 기간이 이전보다 길어졌다. 송나라 다음의 통일왕조는 몽골인들이 세운 원나라였다. 몽골인들을 몰아내고 한족이 세운 왕조인 명나라가 망한 후 중국을 지배했던 것은 만주인들이 세운 청나라였다. 송나라 이후 이민족이 중국 전체를 지배한 기간은 원나라 90년과 청나라 296년을 합쳐 모두 386년에 달한다. 이는 진 시황제가 중국을 처음으로 통일한 기원전 221년부터 신해혁명으로 청나라가 망한 1912년까지 2,143년 가운데 약 18%를 차지한다. 송나라 이후 왜 이민족이 중국 전체를 지배했는지 여러 이유가 제기되지만, 사회가 전반적으로 과거에 올인하여 문약文弱해지고 무武를 천시한 것도 중요한 이유다. 군사력이 약하니 전쟁에서 자주 지고 이민족에게 쉽게 나라를 빼앗겼던 것이다. 또 송나라 이후에는 신하가 황제를 몰아내고 대신 황제의 자리에 오르는 선양이 없었다.

중국에서 황제가 되는 방법은 '평화적 정권 교체'인 선양과 스스로 황제가 되는 방법으로 나눌 수 있다. 황제는 작위의 명칭이고 중국의 우두머리는 천자天子라고 불린다. 천자는 하늘의 아들이란 뜻이다. 세계 여러 나라의 역사와 신화를 비교해보면 누구나 다 하늘 혹은 신의 자손이라고 주장했다. 보통 유대인만 선민사상이 있다고 오해하기 쉽지만 선민사상은 단군신화에서도 발견될 뿐만 아니라 세계 여러 나라에서 거의 공통적으로 발견된다. 선민사상의 핵심은 인간이 신의 혈통을 이어받았다거나 신과 같은 형상을 타고났다는 것이지만 중국에서는 좀 달랐다. 하늘의 아들인 천자는 하늘과 혈연관계는 없고 천명天命, 즉 하늘의 명령을 받고 천하天下, 말 그대로 하늘 아래의 모든 세계를 다스리는 존재였다. 천자가 정치를 못하면 하늘은 다른 사람을 천자로 내세울 수 있었다. 선양은 유가에서 말하는 이상적인 정치 시대인 요순시대에 이미 요임금이 미련한 자기 아들 대신 사위로 삼은 순舜에게 천자의 자리를 물려주었다는 고사에서 유래했다. 혈통은 다르지만 덕이 있는 사람이 천명을 받아 부덕하고 포악한 전임자 대신 천자가 될 수 있다는 주장은 혈통만을 강조하는 다른 나라에는 없는 특이한 사상이다.

이러한 평화적인 정권 교체와 달리 스스로 황제가 되는 방법은 대개 반란을 일으킨 농민들이 전 왕조를 전복하고 선양이란 절차 없이 황제의 자리에 오르거나, 이민족이 한족 왕조를 멸망시킨 후 중국을 지배하면서 '황제' 또는 천자를 자칭한 경우이다. 농민 출신이었던 한고조 유방과 후한의 광무제, 십육국·북조의 이민족 왕조, 요, 금, 원, 청이 이에 해당한다. 오대십국시대의 여러 황제, 명태조 주원장 등도 선양의 절차 없이 황제가 되었다.

선양은 전한의 외척 왕망이 처음으로 시작했지만 본격적인 왕조 교체의 수단이 되었던 것은 조조 부자부터이다. 소위 위진남북조와 수당 시대 혹은 오대십국시대까지 이어지는 600~700년 동안 일부의 예외를 제외하고 선양을 통해 왕조가 바뀌었다. 선양의 장점은 무엇보다 정통성의 계승이다. 전 왕조의 천자로부터 옥새와 영토, 백성을 물려받았기 때문에 2개 이상의 왕조가 동시에 존재했을 때 정통성을 주장할 수 있었다. 대표적인 예가 조조 부자가 세운 위나라다. 진수가 『삼국지』를 썼던 시대인 서진은 사마씨가 선양이라는 방식을 통해 위나라를 대신하여 세운 나라였다. 『삼국지』의 주를 달았던 배송지가 활동했던 유송劉宋도 동진으로부터 선양을 통해 왕조를 개창했다. 이처럼 『삼국지』가 서술되었던 시대에는 선양을 통해 왕조가 바뀌었던 시대였다. 따라서 무조건 전 왕조를 나쁘다고 폄하할 수 없었다. 과거의 문제를 거론하다보면 자신이 살던 시대 문제와도 관련되기 때문이다. 또한 선양을 통한 정권 교체가 빈번하다보니 사람들도 무덤덤해졌을 것이다. 왕조의 마지막 황제를 폭군으로 매도하는 것을 제외하면 모두 악인으로 묘사할 필요가 없었고 대충 검열을 피해 역사를 기록하면 되었다. 이러한 분위기에서 조조에 대한 인물 평가 대신 장점과 단점을 보여주는 사료를 약간의 자기 검열을 거쳐 기록하면 되었다. 이 시기의 사서들을 보면 조조나 다른 찬탈자들을 그다지 나쁘게 기록하지 않았다.

그러나 선양이 더 이상 왕조 개창의 방법이 되지 못했던 송나라 이후에는 선양을 터부시했다. 게다가 과거제의 영향 등으로 천자에게 충성을 다하자는 분위기가 조성되었다. 송나라 시대에는 과거제에 전시殿試를 두었다. 전시는 황제가 직접 시험관이 되어 치르는 시험으로 합격자의 등수를 매겨 그에 따라 주어지는 관직에 차등을 두었다. 앞서 이야기했듯 본래 과거 합격자들은 자신의 시험 감독관을 스승처럼 받드는 관행이 있었다. 좌주문생 관계다. 전시를 실시한 원인 가운데 하나도 시험 감독관과 합격자가 좌주문생 관계로 얽혀 파벌과 파당을 만드는 것을 방지하기 위함이었다. 즉 황제가 시험 감독관이 되었으니 황제를 스승처럼 받들라는 뜻이다. 문자 그대로 '군사부일체君師父一體'였다. 전시를 실시한 이후에도 좌주문생 관계는 없어지지 않았지만, 자신이 과거에 합격하고 벼슬을 받은 것이 황제의 은혜라는 생각이 관리들의 뇌리에 깊숙이 박혔다. 따라서 송나라 이후의 관리들은 황제에 철저하게 복종하는 체제 순응적인 존재였다.

이를 보여주는 대표적인 예가 신하들이 황제가 되기를 거부한 사건이다. 여진인들이 세운 금나라는 송나라(북송이라고 한다)를 멸망시킨 후 송나라의 전 재상 장방창張邦昌을 황제로 옹립하여 괴뢰국가 초楚나라를 세워 옛 송나라 땅을 다스리게 했다. 장방창은 금나라 군대가 물러간 후 퇴위해 훗날 남송 고종이 되는 강왕 조구趙構에게 황제 자리를 넘겼다. 야심 있는 사람이라면 허수아비이긴 해도 폼나는 황제 자리를 계속 차지했겠지만 장방창은 양심과 송나라에 대한 충성심으로 그렇게 하지 않았던 것이다. 미담이라 할 수 있다. 그리고 이러한 미담은 보통 해피엔딩으로 이어져야 하는데, 불행하게도 장방창은 비참하게 죽었다. 무엄하게 황제의 자리에 올랐다는 죄명으로 사사賜死(사약을 내림)된 것이다. 이 사건은 선양과 찬탈에 대한 송나라 시대의 정치적 분위기를 보여준다. 신하는 결코 황제가 될 수 없다! 청나라를 위협했던 태평천국운동을 진압한 증국번曾國藩도 청나라를 무너뜨리고 황제가 되라는 유혹을 뿌리치고 청나라의 충성스러운 신하로 남았다. 이러한 정치적 분위기에서 신하가 황제를 협박하여 황제 자리를 내놓으라는 것은 꿈꿀 수 없는 일이었다. 게다가 명나라를 세운 주원장은 선양 자체가 불가능하도록 관련된 유가 경전의 내용을 삭제했다. 즉 천자가 덕이 없고 폭정을 행하면 백성들 혹은 덕 있는 신하가 대신 천자가 되어야 한다는 '과격한' 역성혁명을 주장한 『맹자』의 구절은 삭제된 채 과거 시험 교과서로 대중에 배포되었다. 그 시대에도 국정교과서의 사전 검열이 당연히 있었다.

소설 삼국지가 『삼국지평화』, 『삼국지연의』라는 이름으로 대중에게 유행한 것은 송나라 이후이다. 종이에 활자로 인쇄된 책 말고도 '강창講唱'이라고 하여 이야기꾼들이 시장에서 사람들을 모아놓고 돈을 받고 삼국지의 이야기를 해주었다. 공통점은 소설이건 이야기이건 선양과 찬탈을 터부시하는 정치적, 사회적 분위기로 인해 선양과 찬탈의 대명사인 조조를 긍정적으로 묘사하기 어려웠다는 것이다. 아무리 문학이라도 대중에게 영향력이 있다면 검열을 받아야 하는 것은 당대의 당연한 이치였다. 중국인들에게 소설 삼국지보다 인기 있는『수호전』도 보이는 혹은 보이지 않는 압력을 받았다.

　『수호전』은 이런저런 이유로 양산박梁山泊에 모인 108명의 두목들이 관군을 상대로 승리하고 악인을 혼내준다는 이야기를 담고 있다. 북송시대 송강宋江이라는 실존 인물의 활동을 모티브로 삼았다고 한다. 문제는『수호전』이 반체제적인 양산박의 108 두목들에 초점을 맞추어 반체제적 사상을 백성들에게 주입시킬 수 있다는 점이었다. 시종일관 관군들을 상대로 이기는 내용으로 전개하면 백성들에게 국가권력에 맞서라는 메시지를 주고 왕조의 전복을 부추기게 될 것이 아닌가? 그래서『수호전』의 작가는 원래의 내용에 송강이 송나라에 항복하여 관군으로 편입된 후 방랍方臘의 난 등 휘종徽宗 시기 주요 전투에 참전해 국가를 위해 봉사한 내용을 첨가했다. 여기에 주인공에 해당하는 송강이 독약을 먹고 자살한다는 내용도 추가했다. 추가된 내용을 보면 국가에 반항하지 말고 순종하라는 메시지를 백성들에게 심어줄 수 있다. 소설 삼국지도 마찬가지였다. 찬탈자인 조조가 결과적으로 승리하고, 조조의 후손들로부터 황제의 자리를 빼앗은 사마염司馬炎이 천하를 통일하는 내용이기 때문에 더욱 체제 불안을 조장하는 소설일 것이다. 따라서 조조와 사마의 등 찬탈의 주모자를 악인으로 몰아가야 했다.

　소설 삼국지 80회에서는 조비가 헌제로부터 황제 자리를 물려받는 장면을 다음과 같이 서술했다.

　문무백관이 조비에게 하늘과 땅에 사례할 것을 청해 조비가 무릎을 꿇고 절하려는데, 갑자기 수선대 앞에서 괴이한 바람이 일더니 모래를 날리고 돌을 굴려서 이것들이 소나기처럼 쏟아져 내렸다. 서로 마주 보아도 얼굴을 알아볼 수 없는 지경인데, 문득 대 위의 촛불들이 일시에 꺼져버렸다. 조비는 너무 놀라 수선대 위에 쓰러졌다. 문무백관이 급히 달려와 조비를 부축하여 수선대 아래로 내려왔다. 반식경 만에야 겨우 깨어난 조비는 시신들의 부축을 받고 입궁했으나 며칠 동안이나 병석에 누워 조회조차 열지 못했다. 병세가 다소 호전되고 나서 조비는 비로소 대전에 나와 신하들의 하례를 받았다. 그 자리에서 화흠을 사도에, 왕랑을 사공에 임명하는 등 대소 관원 모두에게 일일이 상을 내리고 벼슬을 올려주었다. 조비의 병은 좀처럼 완쾌될 기미를 보이지 않았다.

불충한 악인 조비가 헌제를 협박하여 황제가 될 때 하늘이 노해 모래·돌·바람이 조비와 간악한 신하들을 덮쳤고, 이 때문에 조비가 병에 걸렸다. 말 그대로 천벌이다. 남의 황제 자리를 빼앗으니 천벌을 받았다는 것이다.

우리나라의 역사에서 선양은 딱 한 번 있었다. 이성계가 고려 공양왕으로부터 왕위를 물려받을 때 선양의 경험이 적다보니 찬탈자 이성계에 대한 평가도 당시부터 찬반이 갈렸다. 고려가 망하자 조선에 벼슬하기를 거절한 집안이 많았던 것도 선양이라는 정치 문화가 거의 없던 탓이었다. 1,000년 동안 두 개의 왕조만 있었으니 왕조 교체도 드물었다. 이러한 역사 전통이 있는 나라였기에 우리나라에서도 조조는 좋은 평가를 받을 수 없었다.

여기에 또 다른 시대적 배경이 소설 삼국지에 녹아들었다. 소설이건 정사건 삼국지에서 중요한 것은 정통성의 문제였다. 소설 삼국지에서는 세 나라 가운데 유비의 촉 혹은 촉한이 정통성을 계승한 것으로 나온다. 중국의 변경 혹은 국경 밖에 있던 이민족들이 화북 지방으로 들어와 자신들의 나라를 세웠던 십육국시대에 옛 오나라의 땅인 강남으로 쫓겨난 한족들은 심한 정체성의 혼란을 느끼고 있었다. 정통성의 근간은 천명이었지만, 그보다 자신들의 역사적 무대인 화북 지방을 이민족에게 빼앗겼다는 상실감과 박탈감이 컸다. 당시에는 강남이 역사의 변방이었던 터라 비슷한 처지의 유비에 동질감을 느꼈다. 따라서 동진·남조 시대에는 유비와 촉나라를 긍정하는 역사서가 등장했다. 습착치의 『한진춘추』가 대표적이다. 남송南宋시대에도 상황은 마찬가지였다. 금나라에게 수도인 개봉開封과 화북 지역을 빼앗긴 터라 혈통상의 정통성은 주장할 수 있었지만 그마저 몽골제국에 망하면서 무의미하게 되었다. 조선시대에 절대적인 권위를 가졌던 주자朱子, 즉 주희朱熹(1130~1200년)는 이 남송시대에 활동했던 인물이다. 그는 주변 이민족에게 배타적인 시대적 정서와 대의명분에 입각한 역사의식을 가졌던 인물이었다. 여기에 남송의 사정을 가미하여 유비의 촉나라에 정통성을 부여할 수밖에 없었다. 주희가 사마광司馬光의 『자치통감』을 재편집한 『통감강목通鑑綱目』은 이러한 시대적·사상적 배경을 담아 유비의 촉나라를 정통 왕조로, 조조의 위나라를 비정통으로 분류했다. 이러한 정통성 문제와 역사의식은 명청시대에 완성된 현재의 소설 삼국지에 반영되었다.

요컨대 조조에 대한 평가는 시대에 따라 달랐다. 선양이라는 정권 교체 방식이 만연한 시대에 조조는 상대적으로 존중되었지만, 선양과 찬탈이 터부시되던 송나라 이후에는 악인으로 낙인찍혔다. 중국사에서 시대의 분위기가 바뀜에 따라 평가가 달라졌던 풍도馮道라는 사람이 있다. 풍도는 오대십국시대에 다섯 왕조의 11명의 황제를 섬겼으며 왕조 교체에도 살아남았던, 천재적인 수완을 발휘했던 인물이다. 오대십국시대에는 이런 인물들이 많았던 데다가 풍도가 정권 교체 와중에도 백성들을 잘 보살피고 피해를 최소화했다는 점이 부각되어 훌륭한 인물로 묘사되었다. 그러나 송나라 이후 풍도는 기회주의자로 매도되었다. 『신오대사新五代史』를 편찬한 구양수歐陽修는 기회주의적인 풍도를 평가절하한 대표적인 인물이었다. 풍도처럼 조조 역시 시대에 따라 평가가 달라졌지만, 최근 500년 이상 악인으로 낙인찍혔기 때문에 명예를 얼마나 회복할 수 있을지 궁금하다. 다만 적어도 학자들 사이에서는 조조의 명예가 회복된 상태이다. 그 영향을 받은 일반 중국인들도 조조를 긍정적으로 보는 것 같다. 한국의 대중들이 어떻게 받아들이느냐의 문제만 남았다.

소설 삼국지에서는 조조를 악인으로 만들기 위해 여러 장치를 만들었다. 동탁으로부터 도망가다가 머물렀던 여백사의 집에서 조조가 오해로 여백사의 가족들을 죽이자 그와 동행하던 진궁이 조조의 배은망덕한 모습에 헤어진다는 이야기(4~5회)도 그 한 예다. 여백사의 가족들을 죽인 것은 사실이지만 진궁을 끌어다 붙인 것은 허구이다. 어쨌든 이 이야기를 보거나 들으면 조조가 은인을 배신하는 파렴치한이라고 생각하게 된다. 한편으로 조조는 악인이어야 하기 때문에 대부분의 전투에서 초반에는 지는 것처럼 묘사된다. 이때 독자와 청중들은 가슴 졸이며 조조가 지기를 바라지만 거의 대부분 이긴다. 앞에서 통계수치를 내본 것처럼 조조는 대부분의 전투에서 승리했고, 관도 전투처럼 접전을 벌였던 적도 있지만 대부분 손쉽게 일방적으로 이겼다. 그러나 소설 삼국지에서 조조가 처음부터 손쉽게 이겼다고 기록하면 독자와 청중들은 얼마나 허무하고 재미없을 것인가. 독자와 청중들의 이목을 끌기 위해서도 이러한 허구적인 내용을 추가해야 했다. 조조는 소설 삼국지의 흥행을 위해 왜곡되어야 했다.

## 조조의 무덤

2009년 12월 27일 허난성문물국河南省文物局은 허난성 안양현 안펑향安豐鄉 시가오쉐촌西高穴村에서 발견된 한 무덤의 주인을 조조라고 발표했다. 이후 학자들의 찬반양론이 분분했지만 중국의 권위 있는 고고학 잡지『고고』에 발굴 보고서가 실리면서 학문적으로도 시가오쉐촌의 무덤이 조조의 고릉高陵으로 공인되었다.『베이징청년보』2018년 3월 26일 보도에 따르면, 허난성 문화재고고연구원도 9년 전 발견된 무덤군에서 조조와 조조 부인 2명의 무덤을 확인했다고 밝혔다. 그럼에도 호사가들 사이에서는 아직까지 설왕설래이다.

남북조시대 이후로는 무덤 안에 묘지명墓誌銘이 적힌 일종의 비석 등을 넣어두어 무덤 주인의 신원을 파악하기 쉽다. 묘지명은 무덤 주인의 성명과 출신지, 관명, 사망 시기, 무덤에 묻힌 날짜 등을 적어둔 기록이다. 학자들은 이장移葬이나 합장할 때 무덤 주인의 신원을 확인하기 위해 관과 함께 묘지명을 묻었다고 본다. 그런데 삼국시대에는 아직 묘지명을 매장하는 풍습이 없었다. 그래서 이 무덤의 주인이 조조인가를 가리기 위해서는 DNA 검사(효과가 있을지 모르겠지만) 등 다양한 과학적인 방법을 동원해야 한다.

일부 사람들은 관광 수입을 위해 서둘러 무덤의 주인을 조조로 단정했다는 의심의 눈초리를 거두지 않고 있다. 사실 이해관계가 없는 사람들에게 안양현에서 발견된 무덤이 조조의 것이건 아니건 상관없지만 해당 지역 사람들에게는 경제적 이권의 사활이 걸린 문제이다. 이 무덤이 조조의 무덤으로 확정되면 많은 관광객을 모을 수 있기 때문이다. 소설 삼국지는 중국에서도 유명하고 인기 있는 소재가 아닌가? 예전에도 제갈량이 살았다던 융중이 허난성 난양시南陽市(당시 남양군에 해당)인지 후베이성湖北省 샹양시襄陽市인지 지역 언론들이 학자들까지 동원하여 설전을 벌인 적이 있다.

조조의 무덤에 관한 논란은 이미 청나라 때에도 있었다. 연암 박지원은『열하일기』에서 조조의 수중 무덤에 대한 기록을 남겼다.

건륭 무진년(1748년) 장하漳河에서 물고기를 잡는 사람이 물속에 들어갔다가 허리가 두 동강으로 잘려서 물 위에 떠오르는 사건이 생겼다. 황제는 수만 명의 병졸을 풀어 강물 옆을 파서 물줄기를 돌리고 강바닥을 살펴보게 했는데, 1만여 개의 쇠뇌에 화살이 장착되어 있고 그 아래에는 무덤이 있었다. 그리하여 무덤을 발굴해 관을 찾아냈는데, 은으로 꾸민 바다에 물오리가 있었으며 황제의 면류관과 복장을 갖추고 있었으니, 바로 조조의 시신이었다.

황제가 친히 관운장 사당의 소열昭烈 황제 유비의 소상 앞에 나아가 조조의 시신을 무릎 꿇리고 나서 참수했다. 이 일은 사람과 귀신의 천고에 쌓인 분노를 씻어냈고, 아울러 후대에 자신의 묘가 발굴되는 것을 두려워하여 조조가 72개의 가짜 무덤을 만들었다는 소위 '칠십이 의총疑冢'을 통쾌하게 깨버린 조치이다.[*]

필자는 『열하일기』에서 이 기록을 우연히 발견하고 사실 여부를 검증했으나 적어도 『청사고淸史稿』에서는 이러한 기록을 찾을 수 없었다. 국내 한 주간지의 기사에 따르면 청나라 초에 장하의 강물이 말라 강바닥이 드러나자 한 어부가 강바닥에서 큰 석판을 발견했는데, 그것을 치우고 안으로 들어가 보니 '조맹덕(조조)'이란 글자가 새겨진 큰 비석과 함께 시신 한 구를 발견했다는 청나라 시대의 민간 고사가 전해진다고 한다.[**] 이 민간 고사는 박지원의 기록과 대략 비슷해 보인다. 박지원이 허위 사실을 기록한 것이 아니라면 조조의 시신은 이미 청나라 때 발견되었다는 이야기다. 이는 외국인인 필자보다 중국인들이 더 잘 알고 있을 것이다. 그러나 이에 대한 언급이 없는 것도 이상하다.

후한 말까지 중국인들이 무덤을 쓰는 장소는 주로 자기 고향 혹은 본적이었다. 이런 관례를 따랐다면 조조의 무덤은 고향인 패국 초현(현재의 안후이성에 해당)에 있어야 했다. 그러나 황제나 고위 관료들은 수도에 묻혔던 예들도 보이므로 조조도 수도에 묻혔을 가능성이 있다. 당시 공식적인 수도는 헌제

---

[*] 박지원 지음, 김혈조 옮김, 『열하일기 3』, 돌베개, 2009, 154쪽.
[**] 『주간조선』 2010년 1월 12일 기사, 「'조조 무덤' 진짜는 수중에 있다?」

가 있던 허현(나중에 허창으로 바뀜)이었고, 실질적인 수도는 조조의 위왕부魏王府가 있던 업현이었다. 하지만 조조는 낙양에서 죽었고, 조조의 아들 조비가 헌제로부터 황제의 자리를 빼앗은 후 낙양을 도읍으로 정했으므로 낙양도 조조 무덤의 후보지가 될 수 있다. 그래도 조조가 고향이 아닌 다른 곳에 묻혔다면 업현이었을 가능성이 높다. 조조는 원소 정권을 멸망시키고 하북을 점령한 후 업현에서 상주했기 때문이다. 현재로서는 안양현에서 발견된 무덤이 조조의 무덤이라고 단정하기 어렵지만 안양현 일대에 조조의 무덤이 있었을 가능성은 매우 높다.

그런데 조조가 자기의 무덤을 허술하게 만들었을까? 동탁은 낙양에서 장안으로 헌제를 강제로 옮기는 천도를 강행하면서 영제靈帝의 능을 비롯한 역대 후한 황제들의 능과 고관들의 무덤을 도굴하여 귀중품을 빼돌리고 배를 채웠다. 진림이 지적한 대로 조조도 남의 무덤을 파서 귀중한 부장품을 빼내 착복하거나 군자금으로 사용했다. 신나라 말기 지금의 산둥성에서 반란을 일으킨 적미적은 장안을 점령하고 한고조 유방의 황후 여씨(여치)의 무덤을 파헤친 후 마치 살아 있는 듯한 모습의 여씨를 시간屍姦하는 만행을 저질렀다. 아마도 옥을 시체와 함께 두었을 때 생기는 방부 효과 때문인 듯한데, 적미적이 여태후를 시간한 사료를 읽었을 때의 충격은 이루 말할 수 없다. 이처럼 도굴이 국민 스포츠였던 그 시대에 남의 무덤을 파헤쳤던 사람이 자신의 무덤은 안전할 것이라고 생각했을까? 조조는 자신의 무덤도 도굴될 것이라는 두려움이 있었다. 그래서 무덤을 간단히 만들라는 명령을 내렸다. 조조의 유언 가운데 일부를 옮겨본다.

> 내가 죽은 뒤 예복禮服은 살아 있었을 때처럼 갖추고 아무것도 버리지 마라. 백관 가운데 전중殿中에 와서 조문하는 자는 15번만 곡소리를 내고 장례가 끝나면 바로 상복을 벗도록 하라. 각 지방에 주둔하는 장병들은 모두 주둔 지역을 떠나 문상하러 오지 못하도록 하라. 관리들은 각각 하는 일을 열심히 하라. 염殮도 평소 입고 있는 의복을 사용해라. 관은 업鄴의 서쪽 언덕 위에 묻되 서문표西門豹의 사당과 가까운 곳으로 정하라. 금과 옥, 진귀한 보배를 무덤 안에 넣지 마라.*

필자는 유가의 장례 예법에 문외한이지만 사실상 황제나 다름없던 조조가 자신의 장례와 무덤을 비교적 간소하게 할 것을 명령했다는 정도는 파악할 수 있다. 특히 마지막 구절에서 금과 옥, 진보珍寶를 무덤 속에 넣지 말라는 박장령薄葬令을 반포한 이유도 남들이 자기 무덤을 도굴할까 두려웠기 때문이다. 그러나 조조의 유언이 사실대로 지켜졌는지 의문이다. 자기 무덤에 많은 물건을 넣지 말라고 했던 당태종의 무덤도 도굴되었는데, 부장품이 너무 많고 화려해 당태종의 유언이 사실인지 의심스러울 정도라고 한다. 조조도 마찬가지였지 않을까? 『베이징청년보』 2018년 3월 26일자에 따르면, 조조와 아내 변씨, 요절한 조앙 등의 무덤 규모가 커서 검소하게 장례를 치르라는 유언(박장령)은 제대로 지켜지지 않았다고 한다.

자신의 무덤이 도굴될 것을 의식해 값나가는 물건을 넣지 말라고 명령했던 조조가 자신의 무덤 위치를 공공연히 알려주고 남들의 눈에 띌 만큼 무덤을 허술하게 만들게 했을까? 유능한 지략가답지 않은 결정이다. 진 시황제처럼 병마용, 혹은 도굴꾼들을 막기 위한 화살 등 경호 조치를 취했거나 민간의 전설처럼 강물 속에 수중 무덤을 만들었을지도 모를 일이다.

## 선양: 평화로운 왕조 교체 _____

삼국시대가 언제 시작되었는지는 관점에 따라 다를 수 있다. 조조가 헌제를 받아들여 헌제를 끼고 천하에 명령을 내리게 된 196년을 삼국시대의 시작점으로 볼 수 있을까? 이는 『삼국지』를 쓴 진수가 받아들인 논리이다. 사실상 세 나라로 갈라진 시점을 강조한다면 유비가 형주와 익주를 차지하며 촉한을 세우는 계기가 된 적벽대전이 될 수도 있다. 이는 소설 삼국지 독자들이 선호하는 논리인 듯하다. 다만 형식적으로는 조조의 아들 조비가 황제가 된 220년이 삼국시대의

* 史孝貴 主編, 『古今家訓新編』, 華東師範大學出版社, 1992, 24쪽.

시작이다.

조조가 220년 정월에 죽자 위왕의 자리를 물려받은 조비는 남정南
征을 핑계로 군대를 이끌고 허 주변을 맴돌며 무력시위로 헌제를 협
박하여 결국 황제 자리를 물려받았다. 그는 10월 경오일 영천군 영음
현潁陰縣 번양정繁陽亭에 단을 쌓고 황제의 자리를 물려받는 선양 의
식을 거행하고 정식으로 제위에 올랐다. 헌제에게는 하내군의 산양현
山陽縣 1만 호를 주어 산양공으로 봉하고 한나라의 제사를 지낼 수 있
도록 했다. 조비는 낙양에 궁전을 짓고 수도를 낙양으로 옮겼다. 후한
이 망하고 위魏가 건국된 것이다.

'선양'은 평화적 정권 교체를 뜻한다. 이전 왕조의 황제皇帝가 덕이
있는 신하에게 황제의 자리를 물려주는 행위이다. 표면적으로는 평화
적 정권 교체이다. 하지만 실제적으로는 권력을 가진 신하들이 황제
를 협박해 자리를 빼앗는 찬탈이었다. 유가에서는 요임금이 순에게,
순임금이 우에게 천자의 지위를 넘겨준 고사를 인용해 선양을 합리화
했다. 최초로 선양을 통해 황제가 된 인물은 전한의 외척이었던 왕망
이다. 그는 유학자들의 지지를 얻어 반강제적으로 황제의 자리를 물
려받은 후 신新 왕조를 개창했으나 오래지 않아 망했다.

위진남북조시대 한족들이 세운 왕조는 선양을 통해 왕조가 교체되
는 형식이 되풀이되었다. 두 번째 선양이자 전형적인 선양 과정을 만
들어낸 것은 조조와 조비 부자였다. 조조 부자의 찬탈 과정을 살펴보
면 '승상→위공→위왕'의 순서를 밟아 결국 천자의 지위를 찬탈했다.
이러한 공식은 훗날의 찬탈자에게 교과서가 되어 위진남북조시대의
권신權臣은 황제로부터 권력을 빼앗은 이후 승상과 상국이라는 최고
벼슬과 함께 공公에서 왕王으로 작위가 상승하고 구석九錫을 받으며
단계적으로 황제의 지위에 접근했다. 그리고 선양 의식을 거쳐 전 왕

조의 마지막 황제로부터 황제 자리를 정식으로 물려받았다.

새 황제는 전 왕조의 황제 일족을 어떻게 대우했을까? 공이나 왕으로 봉해진 전 왕조의 마지막 황제는 종묘 제사를 지내며 평화롭게 살다 죽었다. 산양공이 된 헌제도 한나라의 제사를 지내며 천수를 누렸다. 하지만 위나라와 진나라의 예를 보면 황제를 제외한 황실의 주요 남성들(황제와 촌수가 가까운 사람들이며 대개 왕으로 봉해져 종실제왕이라고 한다)은 업성에 강제 구금되었다. 이들을 황제로 옹립해 전 왕조의 부활을 기도하는 반란을 막기 위한 조치였다.

그러나 이전 황제의 수명을 보장하던 '평화적 정권 교체'는 송宋의 창업자 유유가 즉위한 후 동진의 마지막 황제와 황실 일족인 사마씨를 거의 대부분 죽이면서 '학살을 동반한 정권 교체'로 바뀌었다. 이는 송宋에서 제齊로, 양梁에서 진陳으로 바뀌는 과정에서도 동일하게 반복되었을 뿐 아니라 북조와 수당隋唐의 선양에서도 보이는 '일반적인' 현상이었다. 다만 전 황제와 황실 일족을 죽이더라도 덜떨어진 한두 사람은 남겨두었다. 또한 전 왕조의 제사를 지낼 수 있도록 최소한으로 배려했다. 백성들에게 전 왕조를 우대하는 것처럼 연극해야 했기 때문이다.

예외적으로 양梁을 개창한 소연蕭衍(양무제)은 제齊의 황실이 자신의 일족이었던 소씨蕭氏였기 때문에 전 황제와 황실 일족을 살려주었다. 이는 훗날 송宋의 조광윤趙匡胤이 오대십국五代十國의 마지막 왕조인 후주後周로부터 정권을 물려받을 때 시씨柴氏를 살려준 것과 함께 선양 과정에서 관용을 베푼 보기 드문 예이다.

## 조비, 조식 형제의 권력투쟁 _____

조조는 원소나 유표와 달리 장남인 조비를 후계자로 삼았다. 그러나 그 과정은 순탄하지 않았다. 조조의 장남 조앙은 장수와의 전쟁 때 아버지를 지키다가 전사했다. 그래서 조비가 사실상 장남이 되었다. 하지만 조조는 조비보다 셋째아들 조식을 사랑했다. 조비가 모사 가후에게 사람을 보내 자문을 구하자 그는 아들의 도리를 지키라고 조언했다. 어느 날 조조가 가후에게 후계자 선정에 대해 물었다. 가후가 침묵을 지키자 조조가 "무엇을 생각하느냐?"며 대답을 재촉했다. 이에 가후는 "저는 원본초袁本初(원소)와 유경승劉景升(유표) 부자를 생각하고 있었습니다" 하고 대답했다. 조조는 가후의 말을 듣고 크게 웃었고, 태자는 조비로 정해졌다. 가후는 장남이 아닌 차남(유종)이나 삼남(원상)을 후계자로 택한 원소와 유표가 결국 망했음을 상기시킨 것이다. 그 대가로 가후는 나중에 조비가 즉위한 후 삼공 가운데 가장 높은 벼슬인 태위에 임명되었다.

조비가 암투 끝에 후계자의 지위를 차지했지만 아직 끝난 것이 아니었다. 무예가 뛰어난 조비의 첫째 동생 조창曹彰은 북방의 유목민인 오환의 침입을 격파해 용맹을 떨쳤다. 그는 조조가 죽었을 때 관중에 주둔하며 대군을 지휘하고 있었다. 조조는 조창의 용맹을 믿어 유비와 한중군을 두고 싸울 때 유비가 양자 유봉을 보내 싸우려 하자 노하며 "돗자리를 팔던 놈이 양자를 보내 나와 싸운단 말이냐? 그러면 나는 황수黃鬚(누런 수염)를 불러 싸우게 하겠다"고 말했다. 황수는 수염이 노란색이었던 조창을 가리키는 말이었다. 노란색 털 때문에 조창의 어머니가 백인 혈통을 가진 선비인이었다고 주장하는 학자도 있다.* 다만 조창이 조조의 부름을 받고 장안에 도착했을 때는 이미 조조가 회군해 조조와 유비의 아들 간의 맞대결은 성사되지 않았다. 조

---

* 선비의 여러 부족 중 고구려를 괴롭힌 모용부 사람들은 피부가 하얘 백부선비라고 불렀다.

조는 업으로 돌아가면서 조창에게 관중의 군대를 맡겼다.

조조는 낙양에 이르러 병에 걸리자 조창을 불렀다. 배송지주에 인용된 『위략』의 기록을 그대로 옮겨본다.

조창은 동생 조식에게 "선왕께서 나를 부른 것은 너를 세우려는 의도이다"라고 말했다. 조식은 "그럴 수 없습니다. 원씨 형제를 보지 못했습니까?" 하고 대답했다.

『위략』의 기록을 믿는다면 조창은 아버지가 죽자 동생 조식을 세우려고 군대를 이끌고 낙양으로 향한 것이 된다. 그러나 『자치통감』의 기록은 다르다. 『자치통감』에 따르면 조창은 장안에서 업으로 군대를 이끌고 와서 가규賈逵에게 선왕의 새수璽綬, 즉 옥새와 인수가 어디에 있는지 물었다. 이는 자신이 왕이 되겠다는 의지를 보인 것으로, 가규를 비롯한 여러 신하가 그를 꾸짖자 조창은 조비를 몰아낼 수 없었다. 신하들의 도움으로 조비는 동생 조창의 반란을 분쇄하고 위왕으로 즉위할 수 있었다. 상식적으로 생각해도 대군을 거느린 조창이 형도 아닌 동생을 후계자로 삼으려고 했다는 건 이상하다. 조창의 무력으로 형 조비를 몰아내고 그 자리를 차지하려다가 실패했다고 보는 것이 자연스럽다.

한편 중국의 명문들을 모아놓은 『고문진보古文眞寶』에는 조식이 쓴 소위 '칠보시七步詩'가 있다.

콩을 삶을 때 콩대를 때니 콩은 솥 가운데에서 울고 있네.
본래 한 뿌리에서 났거늘, 어찌 그리 심하게도 들볶는가?
(煮豆燃豆萁, 豆在釜中泣. 本是同根生, 相煎何太急.)

『세설신어』 문학편에는 이와 관련된 기록이 보인다.

문제(조비)가 한번은 동아왕(조식)에게 일곱 걸음 걷는 동안에 시를 지어 보이라고 명령했다. 그리고 시를 짓지 못하면 사형에 처하겠다고 말했다. 동아왕은 명령이 떨어지자 곧바로 시를 지었다.
"콩을 삶아 국을 만들고 콩을 걸러 즙을 만드네. 콩깍지는 솥 아래서 타고 콩은 솥 안에서 우네. 본래 같은 뿌리에서 나왔거늘 서로 지지고 볶는 것이 어찌 이리도 급한가!"(煮豆持作羹, 漉菽以為汁. 其在釜下然, 豆在釜中泣. 本是同根生, 相煎何太急.)
문제는 시를 보고 매우 부끄러워했다.

콩은 조비와 조식 형제를 은유한다. 조식은 같은 형제임에도 왜 콩 볶듯이 들볶느냐고 표현해 형인 조비가 자신을 괴롭히는 것을 풍자했다. 『세설신어』에는 전후 상황이 설명되지 않았지만 조비가 조식을 죽이려고 했던 것은 분명하다. 소설 삼국지에서는 조비가 위왕으로 즉위한 후 동생 조식을 죽이기 위해 불러와서 시를 짓게 했다고 기록했다(79회).
조식의 '칠보시'는 권력을 차지한 형이 자신을 죽이려고 박해하는 상황을 풍자한 작품이었다. 실제로 권력을 잡은 조비는 형제들과 조카들을 괴롭혔다. 위나라를 멸망시키고 진나라를 세운 사마염(서진 무제)은 위나라의 황제들이 황실의 일족들을 박해하고 정치적으로 소외시켰기 때문에 자신들에게 나라를 빼앗겼다고 생각했다. 그래서 위나라와 달리 황실 일족에게 권력과 군대를 나눠주었다. 그 결과는? 이들이 정권을 잡기 위해 싸우는 '팔왕의 난'이 일어났다. 황제의 일족에게 권력을 나누어줘도 문제였고 그러지 않아도 문제였다.

한편 조비는 동생 조식을 총애한 아버지에게 뒤끝이 남아 있었던 걸까? 조비는 죽은 아버지를 푸대접하고 조조의 정책을 뒤집었다.

## 조비의 찌질한 복수 _____

조비는 여러모로 조조를 증오했던 것 같다. 가장 중요한 원인은 조조가 자신보다 동생 조식을 더 사랑했기 때문이다.

조비는 조조의 모사 가후의 도움을 얻어 후계자가 되는 데 성공했다. 그러나 조조가 조식을 후계자로 삼으려고 했던 점이 그의 가슴에 깊은 상처로 남았다. 친동생인 조식과 조창을 박해했고, 조카들도 그의 박해를 피할 수 없었다.

조비의 증오는 죽은 아버지 조조에게까지 미쳤다. 그는 황제가 된 후 아버지를 박대했다. 위나라 황제로 즉위한 다음 해인 221년 8월, 조비는 낙양의 건시전建始殿에서 조조의 제사를 가인례家人禮, 즉 집안사람의 의례로 지냈다. 『자치통감』을 주해한 호삼성은 아버지가 신하이지만 아들이 천자인데 어찌 아버지를 천자가 아닌 가인家人, 즉 부모의 예로 제사 지냈느냐고 조비를 질책했다. 호삼성의 지적처럼 예의에 어긋난 일이었다. 조비가 이 사실을 몰랐을 리 없다. 그는 아마도 조식을 편애한 아버지에 대한 원망 때문에 뒤끝이 작렬해 예의에 어긋난 행동을 저질렀을 것이다.

조비의 빗나간 행동은 아버지의 은인인 포신鮑信의 아들 포훈鮑勛을 죽인 사실에서도 드러난다. 포신은 조조가 화북 통일의 첫 걸음을 떼는 데 기여했다. 제북상濟北相 포신은 지역 기반이 없던 조조에게 황하 이남에 가서 기회를 엿보라고 조언했다. 조조는 포신의 말을 듣고 연주로 가서 동군을 차지하고 동군태수가 되었다. 포신은 연주자사 유대가 죽자 유대의 후임으로 조조를 영입했다. 포신 덕분에 조조는 동군태수에서 연주목이 되어 연주를 지역 기반으로 가지게 되었다. 조조는 연주를 침입한 황건적을 공격하기 위해 출전했다. 조조는 겨우 1,000여 명의 병력으로 동평국의 수장현壽張縣에서 황건적과 싸워 이겼다. 이때 포신이 전사했다. 조조는 포신의 시체를 찾으려고 현상금까지 걸었으나 결국 찾지 못했고, 이에 그는 나무로 포신의 조각상을 만들어 시체 대신 관 속에 넣고 장사 지냈다. 조조는 승상이 된 후 포신의 아들 포훈을 승상연丞相掾에 임명했다. 승상연은 높은 벼슬은 아니었지만 승상의 비서였으므로 좌주문생 관계에 따라 승상 조조가 정치적 후견인이라는 의미였다.

배송지가 인용한 『위서』에 청렴결백하고 절개가 높으며 명망이 있었다고 평가된 포훈은 태자 조비를 섬겼다. 충성스러운 포훈은 여러 차례 조비에게 간언을 했고 이 때문에 조비와 틀어졌다. 결국 조비는 한 하급 관리가 포훈을 모함한 기회를 엿봐 그를 처형했다. 이때 태위 종요鍾繇, 사도 화흠華歆, 진군대장군鎮軍大將軍 진군陳羣, 시중 신비辛毗, 상서 위진衛臻, 정위 고유高柔 등이 포신의 공을 거론하며 포훈을 살려달라고 간언했다. 여기서 굳이 포훈을 변호한 사람들의 벼슬을 나열한 것은 이들이 모두 고관이었고 조비의 총애를 받는 인물이었음을 밝히기 위해서다. 특히 정위는 지금의 법무부 장관, 검찰총장, 대법원장을 겸한 벼슬인데, 재판의 당사자였던 최고 재판관인 고유마저도 포훈을 두둔했던 것이다. 그러나 조비는 자신에게 간언한 포훈이 미웠던 데다 아버지를 언급하니 더 죽이고 싶었을 것이다. 눈치 없이 조비에게 간언한 포훈의 행동을 잘했다고 할 수 없으나 처형될 정도는 아니었다. 게다가 포훈의 아버지가 조조의 은인이었음을 고려하면 사형도 사면해야 했다. 일반적인 부자 관계였으면 그렇게 했을 것이다. 특히 '효'를 강조하는 중국 사회에서. 그러나 조비는 그 반대의 조치를 취했다. 아버지에 대한 안 좋은 감정이 아니면 설명하기 힘든 조치다.

조비가 아버지의 정책을 뒤집은 것은 크게 두 가지다. 아버지의 정치적 근거지인 업을 버리고 수도를 낙양으로 정했다. 헌제가 있던 허현과 위왕국의 수도 업이 아닌 낙양. 낙양이 중원의 지리적 중심지이고, 정통성을 상징하므로 낙양 천도는 이해가 되기도 한다. 그러나 전란으로 폐허가 되어 새로 모든 걸 건설해야 하는 낙양으로 수도를 옮긴 것은 아버지가 만든 도시인 업이 싫었기 때문이 아닐까? 낙양은 조비의 아들 조예 시기에나 대규모 토목공사를 통해 수도의 구색을 갖추게 된다.

조비가 사람의 능력대로 인재를 등용하는 유재시거唯才是擧를 무시하고 정치적·사회적 지위를 세습할 수 있도록 한 구품관인법九品官人法을 도입한 것도 아버지 조조의 업적을 뒤집은 것이다. 구품관인법의 도입은 기득권층들이 자신들의 정치적·사회적 지위를 세습할 수 있도록 하는 장치였다. 학자들에 따라서는 조비가 후한 헌제를 내쫓고 황제로 즉위하는 것을 눈감아주는 대가로 기득권층의 이해를 반영한 관리 등용법인 구품관인법을 도입했다고 보기도 한다. 구품관인법은 위나라가 망한 이후에도 중국 사회에 큰 영향을 미쳤다.

## 후한의 신하로 남으려고 한 조조의 명참모 순욱 _____

영천군 영음현 사람인 순욱은 명문 출신이었다. 순욱의 할아버지 순숙荀淑은 현령에 불과했지만, 당시 정계의 유명 인사였고, 아버지 순곤荀緄은 태수급인 제남상, 숙부 순상荀爽은 삼공의 하나인 사공의 자리에 올랐다. 남양군의 명사였던 하옹何顒은 순욱을 보고 "왕(황제)을 도울 만한 인재(王佐才)"라고 평가했다.

순욱은 189년 출세를 보장하는 효렴으로 천거되었고, 수궁령守宮令에 임명되었다. 그러나 이때는 동탁이 권력을 잡고 있었기 때문에 수도인 낙양을 벗어나려고 했다. 그래서 현령에 임명되자 벼슬을 버리고 고향으로 갔다. 그는 고향의 어른들에게 "영천군은 사방이 개방되어 전쟁이 일어나기 쉬운 땅입니다. 천하에 변란이 생기면 늘 군대가 충돌합니다. 마땅히 다른 곳으로 옮겨야 합니다. 오래 머물러서는 안 됩니다"라고 조언했다. 동향 사람인 기주목 한복이 호위병을 보내주었지만, 다른 사람들은 고향을 떠나기 싫어해 머뭇거렸다. 그러나 순욱은 일족을 거느리고 한복에게 의탁하러 기주로 향했다. 남아 있던 사람들은 동탁의 장수 이각의 군사들에게 죽거나 약탈당했다. 여기서도 순욱의 뛰어난 판단력을 알 수 있다.

순욱이 기주에 도착했을 때는 동향 사람인 한복이 이미 원소에게 기주목의 자리를 빼앗긴 뒤였다. 원소는 순욱을 상빈上賓의 예로 예우했다. 상빈은 세 등급 가운데 '상등의 빈객'이란 뜻이니 원소가 순욱을 최고로 대우했음을 알 수 있다. 당시 순욱의 동생 순심荀諶, 동향 사람 신평과 곽도는 이미 원소 아래에서 벼슬을 하고 있었다. 『후한서/순욱전』에 따르면, 순욱은 한 황실이 무너지고 어지러워지자 이를 바로잡을 뜻을 지녔다. 순욱은 조조에게 웅대한 계략이 있다는 소문을 듣고 원소가 대업을 이루지 못할 것이라고 생각했다. 이에 원소를 떠나 조조에게 갔다.

조조는 순욱과 말을 나누더니 그의 진면목을 발견하고 기뻐하며 "나의 자방子房이다"라고 말했다. 자방은 한고조 유방劉邦을 도와 항우項羽를 물리치고 천하를 통일하는 데 공을 세운 장량張良의 자字이다. 유방은 자신이 항우를 물리치는 데 장량과 소하, 한신 세 공신의 도움이 컸다고 술회했다. 장량은 유방을 따라 전장을 오가며 전략을 구상했고, 소하는 후방에서 행정을 담당하며 군사물자를 제때 보급했으며, 한신은 항우의 군대를 물리치고 여러 제후국을 정복하여 많은 영토를 점령했다. 조조는 순욱이 장량처럼 자신의 최고 모사가 될 것이라고 평가했다. 실제로 순욱은 혼자서 소하와 장량 두 사람 몫을 했다.

순욱은 왜 원소 대신 조조를 택했을까? 열전의 기록처럼 원소보다 조조가 뛰어난 사람이라고 평가했기 때문일 것이다. 동탁을 응징하기 위해 모인 반동탁연합군의 군웅 가운데 동탁의 군대와 직접 싸운 인물은 조조와 손견뿐이었다. 총사령관인 원소는 고양이 목에 방울 다는 쥐처럼 동탁을 너무 무서워했다. 다른 사람들에게 비겁하게 보였을 일이다. 패했지만 동탁과 싸웠던 조조와 대조되는 점이다.

다음으로 조조를 택한 것은 일종의 분산투자를 행한 것이기도 했다. 순욱의 동생 순심이 이미 원소의 부하로 있었으므로, 자신은 다른 군벌의 부하가 되는 것이 일족 전체의 정치적 몰락 확률을 낮추는 길일 수 있었다.

또 하나의 이유로, 확신할 수는 없지만, 순욱은 동향 출신인 한복을 제거하고 기주를 차지한 원소를 좋게 평가할 수 없었을 것이다. 순욱 일가를 보호하기 위해 호위 기병까지 보내주는 호의를 베푼 한복은 원소에게 권력을 빼앗기고 결국 자살하고 말았다. 그 모습을 지켜본 순욱은 동향 사람을 사지로 몰아넣은 원소에게 좋은 감정을 가질 수 없었을 것이다. 그래서 한복의 복수를 위해 원수를 갚을 수 있는 사람 밑에 들어간 것이다.

세 가지 이유를 꼽았지만 결국 순욱은 조조의 성공 가능성을 높게 점쳤기 때문에 그를 선택했을 것이다. 그러나 이는 결과론적 해석이고, 당시 상황에서는 조조보다 원소를 택하는 것이 안전한 방법이었다. 비유하자면 원소는 어느 정도 안정된 직장인 대기업, 조조는 막 시작한 벤처기업에 해당했다. 망할 가능성이 적고 재계를 천하통일할 수 있는 대기업을 마다하고 성공을 장담할 수 없는 벤처기업에 취업하는 것은 쉽게 내리기 어려운 결정이었다. 물론 같은 벤처기업이라고 해도 조조가 유비나 여포 등 다른 군벌보다는 나은 상황이었다.

순욱은 최선보다는 차선의 선택을 했고 자신이 택한 조조가 화북을 통일하는 데 결정적인 공헌을 했다. 조조가 도겸을 공격하기 위해 연주를 비웠을 때는 여포에 대항해 끝까지 버티며 역전의 기반을 마련했다. 또 거지 신세인 헌제를 모셔와 "천자를 끼고 천하에 명령을 내릴 것"을 건의한 참모도 순욱이었다. 조조가 관도 전투 직전 식량 부족으로 후퇴를 고민할 때 이를 만류한 것도 순욱이었다. 순욱은 자신과 조조의 운명을 진취적으로 개척한 인물이었다.

무엇보다 순욱은 인재를 보는 눈이 탁월했다. 『후한서/순욱전』에 따르면, 그는 조카 순유, 동향 사람인 종요, 곽가, 진군, 두습, 희지재戲志才, 훗날 진나라의 토대를 세우는 사마의 등을 추천했다. 배송지주에 인용된 『순욱별전』의 기록을 보자.

(순욱은) 고향에서는 순유, 종요, 진군을, 전국에서는 사마의를 천거했다. 또 당시에 이름이 알려진 치려郗慮, 화흠華歆, 왕랑, 순열荀悅, 두습, 신비, 조엄趙儼의 무리를 추천했는데, 이들 가운데 10여 인이 결국 구경과 삼공이 되었다. 하나의 원칙으로 인재를 취하지 않아서 희지재와 곽가는 당시 평가가 안 좋았고 두기는 오만하고 학문이 부족했지만 모두 지혜와 전략에 능해 추천하니 각각 이름을 드러냈다.

『순욱별전』이 순욱을 찬양하는 글임을 감안해야겠지만 그가 추천한 인물 가운데 최소한 종요, 진군, 사마의, 화흠, 왕랑 5명은 삼공 이상의 벼슬에 올랐다. 혹 집안사람이나 동향 사람을 추천한 것을 정실 인사라고 비난할 사람이 있을 것이다.

순유는 대장군 하진이 천하의 인재 20여 인을 뽑을 때 포함되었고 황문시랑(비사백석)에 임명되었다. 그리고 동탁 밑에서 일하면서 정태, 하옹, 충집种輯, 오경 등과 동탁 암살을 모의할 정도로 배짱도 있었다. 후에 촉군태수에 임명되었으나 길이 막혀 가지 못하고 형주에 머물러 있었다. 순유는 이미 충성심과 능력이 검증된 관리였다. 그는 조조를 따라 종군하며 진중에서 12개의 계책을 진언해 조조의 신임을 얻었다. 조조는 오환 답돈을 멸망시키고 돌아올 때 순유의 공을 치하하며 "지금 천하의 일은 이미 정해졌네. 나는 현명한 사대부와 그 노고를 함께 보상해 누리고 싶으이. 예전에 한고조가 장자방(장량)에게 식읍 3만 호를 택할 기회를 주었던 것처럼 자네에게 식읍을 택할 기회를 주도록 하겠네"라고까지 말했다. 장량은 한고조와 처음 만난 유현留縣을 열후의 식읍으로 달라고 했다. 장량이 받은 3만 호와 달리 순유가 받은 식읍은 700호에 불과했지만 중요한 건 그것이 아니었다. 순유를 한고조의 최고 모사인 장량과 동급으로 올려놓은 것이다.

일찍 죽어서 업적을 남기지 못했지만 희지재도 뛰어난 인물로 조조의 신임을 얻었다. 희지재가 죽자 아쉬워하는 조조에게 순욱은 그를 대신할 인물로 곽가를 추천했다.

곽가는 조조의 여포 토멸과 유비 격파, 원소·원술과의 싸움에서의 승리, 오환 토벌 등에 관한 계책을 내놓아 조조의 화북 통일에 공헌했다. 『삼국지/위서/곽가전』을 보면 곽가는 고향 사람들에게 평판이 안 좋았다. 그러나 '능력만 좋으면 데려다 쓴다(唯才是舉)'는 원칙을 세웠던 조조는 곽가를 중용했다. 그리고 그런 곽가를 추천한 이가 바로 순욱이었다. 순욱은 배후에서 인사권을 장악하여 조조가 정복한 다양한 지역의 재능 있는 인물들을 추천하며 영향력을 행사했다.

다음으로, 순욱 자신이 뛰어난 모사였다. 순욱은 7회에 걸쳐 기묘한 계책을 내놓았다. 한 학자는 "칠출기계七出奇計"라고 표현했다. 최고의 조언은 원소가 개인적인 감정으로 헌제를 모시기 꺼려할 때 헌제를 데려다가 "천자를 끼고 제후들에게 명령을 내리는" 유리한 입지를 선점하라는 계책이었다. 조조는 폐허인 낙양에 있던 헌제를 허로 모시고 정통성을 확보했다. 이는 원소보다 열세인 상황을 극복하는 데 중요한 자산이 되었다.

조조가 북쪽 하북의 원소, 남쪽 서주의 도겸, 유비, 여포, 원술, 장수 등 적들로 둘러싸인 상황을 돌파해 화북을 통일하는 거시 전략을 제시한 사람도 순욱이었다. 순욱은 북수남공北守南攻, 즉 북쪽의 원소와 현상유지 정책을 취하고 서주와 회남, 남양군의 군웅을 먼저 격파하는 전략을 제안했다. 원소가 공손찬, 하북 일대의 도적들과 싸우느라 여념이 없는 사이 상대적으로 약한 적들을 쳐부수는 전략이었다. 조조는 순욱의 전략에 따라 후방의 적들을 제거했고, 덕분에 강적 원소와 최후의 결전을 벌일 수 있었다. 순욱은 또한 관중과 량주(서량) 지역을 안정시키기 위해 종요를 파견할 것을 제안했고, 과연 종요는 관중 일대의 안정에 기여했다.

순욱은 거시적인 전략뿐만 아니라 개별 전투의 계책도 내놓았다. 조조는 순욱을 신임하여 허에 머무르게 해 조정의 행정을 책임지게 했지만, 전선에서 순욱에게 편지를 보내 필요한 작전과 전략을 물었다. 『후한서』와 『삼국지』에 구체적인 사례가 많이 보이지 않기 때문에 순유나 곽가보다 활약이 적은 것처럼 비칠 뿐이다.

마지막으로 순욱은 뛰어난 행정가였다. 조조가 허로 천도한 후 순욱은 황제의 측근에서 자문을 담당하는 시중과 행정 사무를 사실상 총책임지는 상서령을 겸하며 조정의 중요한 정사를 잘 처리했다. 덕분에 조조는 직접 군대를 이끌고 나가 전투에 집중할 수 있었다. 일찍이 하옹이 순욱을 임금을 보좌할 인재라고 높이 평가한 것은 과찬이 아니었다.

그러나 순욱은 말년에 자신의 선택이 잘못되었음을 깨달았을 것이다. 그는 조조가 후한의 충신이 되기를 희망했을 것이다. 그러나 조조는 후한을 대신할 새 왕조를 세우려고 했고 위공이 되려고 했다. 순욱은 조조의 위공 취임이 찬탈로 가는 첫 단계라는 사실을 알고 그에 반대했다. 조조는 아무 음식도 담기지 않은 빈 그릇을 순욱에게 보냈다. 순욱은 그 뜻을 알아차리고 약을 마시고 자살했다. 순욱이 자살한 다음 해 조조는 위공이 되었다. 순욱의 죽음은 후한의 종말을 상징했다.

혹자는 순욱의 선택을 비판할 수 있다. 인재를 보는 눈이 탁월한 순욱이 조조의 야심을 모를 리 없었다는 주장이다. 필자 역시 이러한 비판에 동의한다. 조조는 위공이 되기 전에 승상에 취임했다. 후한시대에 없던 관직을 신설한 것은 정상적인 상황이 아니었다. 똑똑한 순욱이라면 이때 눈치챘을 것이다. 조조가 찬탈을 준비하고 있다는 사실을. 두 번째로 조조가 병주와 유주를 기주에 병합해 12주를 9주로 바꾸려고 할 때도 그는 그 정치적 의도를 알아채고 반대했다. 그러고는 최후의 묘책을 생각해냈을 것이다. 후한의 충신으로 남으면서 일족을 살릴 수 있는 계책. 그것은 자살이었다. 그러면서 포트폴리오를 짜서 순유 등 다른 집안사람들은 조조와 조비에게 충성하게 했다. 따라서 순욱의 집안은 충신의 집안이라는 명분과 위나라에서 누린 부귀영화라는 실리를 모두 취했다.

## 역사에서 지워진 황제, 헌제

헌제는 후한의 마지막 황제다. 『후한서/영제기』에 영제에 대한 주관적 악평이 연도별 역사 기록 중간중간에 끼어 있는 것과 달리 헌제에 대한 개인적 비평은 없다. 후한과 삼국 시대 역사 편찬자들은 헌제의 개인적인 면모를 알 수 있는 기록을 거의 지웠다. 그러다보니 헌제의 인간적인 면모에 관심과 호기심을 가지게 된다.

영제는 여러 아들을 낳았는데 대부분 어려서 죽었다. 살아남은 아들은 하황후가 낳은 첫째아들 유변과, 왕미인이 낳은 둘째아들 유협 둘뿐이었다. 영제는 여러 아들이 병으로 죽고 유변을 낳자 사史란 성을 가진 도인(도교의 성직자)에게 기르게 했다. 그 때문에 유변은 사후史侯라고 불렸다. 181년에는 유협이 태어났는데, 하황후는 유협의 생모 왕미인을 살해했다. 이때 영제는 화를 내며 하황후를 폐하려고 했으나 환관들이 말려 실행하지 못했다. 유협은 영제의 어머니 동태후가 길렀다. 그래서 유협은 동후董侯라고 불렸다. 영제는 사랑했던 왕미인이 하황후에게 살해된 연민 때문인지 유협에 더 호감을 가졌다.

영제는 유변보다 유협을 후계자로 생각했다. 하지만 태자를 결정하지 못하고 189년 세상을 떠났다. 죽음을 앞둔 영제는 총애하는 환관 건석을 불러 후사를 부탁했다. 유협을 황제로 옹립하라는 것이었다. 영제의 명령을 받든 건석은 외척인 대장군 하진을 죽이려고 했으나 실패했고, 결국 유변이 14세의 나이로 황제가 되었다.

유협은 황제는커녕 목숨이 위태로운 상황이었다. 자신을 길러준 할머니 동태후마저 외척 하진에게 피살되었다. 영제가 죽은 후 두 명의 태후가 권력을 잡기 위해 권력투쟁을 벌였다. 영제의 어머니 동태후와 영제의 아내 하태후다. 전자는 거기장군 동중, 후자는 대장군 하진이라는 친정오빠를 두었다. 두 외척의 싸움은 후자의 승리로 끝났다. 보통의 경우라면 패한 동씨 일족뿐만 아니라 동태후가 키운 유협도 살해 대상이 되어야 했지만 웬일인지 하진은 유협을 죽이지 않았다. 유협은 발해왕에 봉해졌다가 후에 진류왕으로 개봉되었다.

동태후 일족을 제거한 하진과 하태후의 권력은 오래갈 것 같았지만 1년도 못 갔다. 하진은 환관들에게 피살되었고, 하진의 부하 원소 등은 환관들을 주살했다. 이 난리 통에 동탁이 낙양에 무혈 입성하며 권력을 잡았다. 동탁은 황제 유변을 폐하고 9세의 진류왕 유협을 황제로 옹립했다. 이 이가 헌제다. 영제가 죽은 189년 두 명의 황제가 즉위하고 한 명의 황제는 폐위된 것이다. 동탁은 헌제가 똑똑하고 자신과 동성인 동태후가 길렀던 점을 참작해 호감을 가졌다고 한다. 필자는 나중에 동탁이 황제가 되려는 야심을 가졌음을 고려하면, 어린 황제를 협박하기 쉬운 점을 고려하여 14세인 소제 유변 대신 9세의 헌제를 택했다고 생각한다. 왕망이 황제로 즉위할 때 전한의 마지막 황제가 영孯이라는 어린아이였던 점과 같다. 또 위진남북조시대 마지막 황제들을 보면 정통성 있는 장남보다는 차남 이하의 동생이나 방계 일족을 골랐다. 정통성이 희박해야 황제 자리를 빼앗겨도 반발이 상대적으로 줄어들기 때문이다. 일제가 고종에게서 나라를 빼앗았다면 모든 국민들이 옥쇄를 각오하고 저항했을 것이다. 멍청한 아들 순종에게서 국권을 탈취했으니 반발이 적었던 것과 비슷한 이치다. 순종은 독약이 든 커피를 아버지 고종과 마시다가 죽을 뻔했다. 그 후유증으로 순종은 신체가 온전하지 않았고, 더불어 왕실의 인기와 신뢰도 많이 떨어졌다.

한편 폐위된 소제에게는 홍농왕弘農王이란 작위가 주어졌다. 소제의 어머니 하태후는 독살되었다. 반동탁연합군이 동탁을 제거하기 위해 군대를 일으킨 190년, 동탁은 홍농왕 유변마저 죽이려고 했다. 그는 낭중령郎中令 이유李儒를 보내 유변을 독살하려고 했다. 하지만 "이 약을 드시면 악을 피할 수 있습니다"라는 말을 들은 유변은 "나는 병이 없는데 무슨 약이냐? 이것은 나를 죽이려고 하는 것이 아니냐?" 하며 마시려고 하지 않았다. 이 일화를 보면 유변은 멍청하지 않았다. 이유가 강제로 약을 먹이려고 하자 유변은 어쩔 수 없이 아내 당희唐姬 및 궁녀들과 술을 마시고 아내와 노래를 주고받은 후 약을 마시고 죽었다. 유변의 아내 당희는 어린 나이에 과부가 되었다. 아버지 당모唐瑁가 개가를 권했지만 그녀는 거절했다. 동탁이 죽고 권력을 잡은 이각이 당희를 아내로 삼으려고 했으나 그녀는 거절하고 수절했다. 상서 가후가 이를 헌제에게 알리자 헌제는 마음 아파 하며 그녀를 불러 원園 안에 살게 하고 홍농왕비라는 칭호를 주며 예우했다. 외척들과 신하들의 권력투쟁 때문에 형제의 우애가 없어질 만도 했건만, 형 문제에서 동탁의 눈치를 봐야 했던 헌제는 형수 문제에서만큼은 눈치 보지 않고 성심껏 예우를 다했다. 헌제의 따뜻한 마음을 알 수 있는 대목이다.

다른 후한의 황제와 달리 헌제는 외척과 환관이 아닌 권력을 가진 신하인 동탁과 그의 부하 이각·곽사, 조조에게 시달린 허수아비였다. 동탁의 볼모가 되어 고향인 낙양에서 장안으로 끌려갔다. 천도라는 허울 좋은 이름으로. 장안에서는 사도 왕윤과 상서복야 사손서, 여포가 동탁을 죽여 폭정이 끝나는가 싶었더니 동탁의 부하 이각과 곽사가 다시 권력을 잡았다. 두 사람의 정치는 동탁보다도 심했다. 두 사람은 심지어 장안에서 시가전을 벌였을 뿐만 아니라 헌제와 대신들을 볼모로 잡고 군영에 억류하기도 했다. 헌제는 이각과 곽사에게 빌어 장안을 탈출하여 낙양으로 돌아왔지만 그를 보낸 걸 후회한 이각과 곽사의 군사들에게 많은 대신과 군사, 궁녀들을 잃었다. 또한 낙양에 도착해서도 조조에게 붙들려 허에 사실상 '감금'되었다.

영제의 둘째아들로 동탁이 형을 폐위시킨 후 즉위했다는 점 때문에 헌제는 정통성 시비에 시달리기도 했다. 동탁의 폭정에 항의해 190년 반동탁연합군을 결성한 주모자인 원소와 한복은 헌제 대신 유주목 유우를 황제로 옹립하려고 했다. 원소는 동탁과 대척점에 있던 대장군 하진의 부하였기 때문에 헌제보다 소제 유변을 지지했다. 후에 헌제가 장안을 탈출했을 때도 저수가 헌제를 업으로 데려와 헌제를 끼고 군웅에게 명령을 내리면 천하를 쉽게 장악할 수 있다고 조언했지만 원소는 헌제를 동탁이 세운 가짜 황제라고 여겨 탐탁잖게 생각했고, 결국 저수의 진언을 받아들이지 않았다. 원술과 유언 등도 헌제를 무시하고 황제를 자칭하거나 황제 코스프레를 했다.

최강의 군벌 원소와 일부 군웅이 헌제를 황제로 인정하지 않았지만 많은 신하들은 헌제를 받들고 모셨다. 사도 왕윤은 결국 이각과 곽사에게 패해 피살되었지만 역적 동탁을 주살했다. 원소와 한복에게 황제로 추대된 유우는 달콤한 유혹에 빠지지 않고 그들의 사신을 죽인 후 헌제에게 충성을 다했다. 헌제가 유우의 아들 유화를 통해 낙양으로 갈 수 있도록 도와달라고 부탁하자 유우는 수천 명의 기병을 보냈다. 공손찬과 원술의 농간이 아니었다면 정예 기병부대는 헌제를 안전하게 낙양으로 모셨을 것이다. 또한 유우가 직접 낙양으로 찾아갔다면 다시 조정의 위엄을 세우고 정상화할 수 있었을 것이다. 원소·원술과 쌍벽을 이루는 정치 명문인 홍농 양씨를 대표하는 양표도 이각과 곽사에게 수모를 당하면서도 끝까지 헌제를 모셨다. 동탁에게 비겁하게 꼬리 내리고 동탁 토벌을 포기한 왕년의 명장 황보숭과 주준도 초라하게나마 헌제 곁을 끝까지 지켰다. 헌제의 정통성을 의심하는 자들은 원소와 한복 같은 황제가 될 야심을 가진 역적 도당뿐이었다.

　권력을 빼앗겼으나 충성스러운 신하들을 곁에 둔 헌제는 조조로부터 권력을 찾기 위해 몸부림쳤다. 조조는 헌제를 '납치'해 허에 감금한 후 호위 무사들을 자기 사람으로 심었다. 그리고 의랑 조언趙彦처럼 헌제에게 계책을 아뢰거나 충성하는 신하들을 죽여버렸다. 이에 화가 난 헌제는 조조에게 한마디하기도 했다. 200년 정월 거기장군 동승, 편장군 왕복王服, 월기교위 충집이 헌제의 밀조密詔*를 받들어 조조를 주살하려고 했으나 조조에게 발각되어 피살되었다. 『헌제기거주』에 따르면, 본래 헌제가 옷에 밀조를 넣어 장인인 거기장군 동승에게 주었고, 유비와 함께 조조를 죽이려고 계획했다. 그러나 유비는 실패할 거라고 생각했는지 원술 토벌을 구실로 서주에 주둔했다. 동승은 왕복과 함께 논의하다 믿을 수 있다고 생각한 장수교위 충집과 의랑 오석吳碩을 끌어들여 거사를 논의했다. 이 사료에서 충집의 관명이 다르기는 하지만 월기교위나 장수교위는 모두 황제의 정예 호위부대를 거느린 무장이었으므로, 동승은 자신과 왕복, 특히 충집의 군대를 동원해 조조를 암살하려고 했던 것으로 보인다. 그러나 결과는 좋지 못했다. 조조는 동승 등 주모자와 삼족을 멸했다. 그리고 살아남은 유비를 토벌하기 위해 군사를 일으켰다. 예주와 서주에서 조조에 대항하던 유비는 원소에게 도망갔다.

　헌제는 황후 복씨를 통해 장인 복완伏完을 움직여 조조 주살을 꾀했다. 이 사실이 214년 발각되자 조조는 황후 복씨를 죽이고 삼족을 멸했다. 심지어 헌제의 두 아들마저 죽였다. 황후가 낳은 아들들이니 헌제의 뒤를 이을 후계자였다. 이때 복황후의 아버지 복완이 죽었는지는 『후한서/복황후전』과『후한서/복완전』의 기록이 다르다. 전자에서는 복완이 209년에 죽었다고 기록했고, 후자에서는 이때 살해되었다고 기록한 것이다. 하지만 『후한기』에도 복완 등 종족 100여 명이 피살되었다고 기록된 것을 보면, 이때 복완이 피살된 것으로 보인다. 헌제는 후궁 동귀인의 아버지 동승이 자기의 명령을 받고

---

* 비밀리에 쓴 황제의 명령서.

조조 제거를 계획하다 발각되어 죽을 때 동귀인이 비참하게 죽는 모습도 지켜보았다. 조조는 동승과 함께 동귀인을 죽이려고 했는데, 문제는 동귀인이 임신 중이었다는 점이다. 중국 법률에서는 임신 중인 여성은 사형수라도 아기를 낳기 전에는 죽이지 못하게 했다. 감옥에 수감되더라도 애를 낳을 때까지는 잘 대해주었다. 인지상정이다. 헌제는 동귀인이 임신했음을 이야기하며 여러 차례 조조에게 죽이지 말아달라고 청했다. 하지만 조조는 매정하게 거절하고 동귀인을 죽여버렸다. 자신이 좋아하는 법도 지키지 않은 잔인한 처사였다. 필자가 조조를 아무리 변호하려고 해도 이 점은 용서가 안 된다. 이 일 이후 복황후는 두려워하며 아버지 복완에게 편지를 보내 조조의 잔학상을 폭로하고 조조 제거를 권했던 것인데 복완이 미적거리다가 214년 발각된 것이다. 복완이 아무 일도 하지 않은 것은 아니었다. 『헌제춘추』에 따르면, 복황후는 조조가 동승을 살해한 일 때문에 헌제가 조조에게 원한을 품고 보복할 생각을 품었다고 알렸다. 복완은 이 편지를 순욱에게 보여주었다. 복완은 순욱이 비록 조조의 부하였으나, 당고의 화 때 피해를 입은 청류파를 배출한 집안 출신이었기 때문에 여전히 한나라를 위해 충성하고 있다고 믿었다. 순욱은 편지를 보고도 아무 말 하지 않았다. 이에 복완은 처남 번보樊普에게도 편지를 보여주었는데, 배신자 번보는 이를 조조에게 보여주었다. 이후 조조는 몰래 복완의 거사에 대비하고 있다가 이때 제거한 것이다. 나중에 조조는 순욱이 복완의 편지를 봤다는 사실을 알고 그에게 캐물었는데, 그 문답에서 복황후가 복완에게 편지를 보낸 시기가 관도 전투가 있던 200년임을 알수 있다. 동승 등이 주살된 바로 그해다.

복완이 14년 동안이나 미적거린 것은 그가 무능했거나 조조의 감시가 철저했기 때문일 것이다. 이 해는 또한 유비가 유장의 항복을 받고 파촉을 점령해 익주 전체와 형주의 절반을 지배하던 때였다. 『산양공재기山陽公載記』에 따르면, 유비는 이 사건을 듣고 복황후를 위해 발상發喪을 했다. 이 점을 보면 유비는 이때까지 헌제에게 충성했던 것 같다.

4년 뒤인 218년에는 소부 경기, 승상사직 위황이 군대를 동원해 조조를 죽이려 했으나 역시 패해 본인들뿐 아니라 삼족이 멸해졌다. 『삼보결록三輔決錄』에 따르면 이때 금위와 경기, 위황은 천자를 끼고 위를 공격하고, 남쪽으로부터는 유비의 구원을 받으려고 했다. 『후한기』에도 이와 관련한 기록이 있는데, 태의령 길평吉平, 소부 경희耿熙 등이 조조를 주살하려다 발각되어 피살되었다는 것이다. 경희는 경기의 오기誤記인 듯하다. 이때 헌제가 개입했다는 기록은 없다. 그러나 이들이 유비와 결탁하려고 했다는 점이 이채롭다. 218년은 유비가 파촉을 점령한 후 한중군으로 진격하고 하후연·장합과 양평관에서 대치하던 시기였다. 필자는 이 책의 11장과 12장에서 이때 유비가 단순히 한중군을 점령하려고 군대를 일으킨 것이 아니라 형주의 관우와 함께 두 갈래로 조조를 공격했던 북벌이었음을 밝혔다. 경기와 위황, 금위는 유비의 북벌이 자신들이 조조를 제거하는 데 좋은 기회라고 생각했음이 틀림없다. 만약 이들의 거사가 성공했다면 유비는 북벌에 성공했을 것이고 역사는 달라졌을 것이다.

그러나 복완의 음모가 발각되었을 때, 헌제는 이미 조조에게 기가 꺾여 의욕 상실인 상태였다. 이는 복황후가 죽었을 때 잘 드러난다. 복황후는 진정한 헌제의 조강지처였다. 복황후의 아버지 복완은 전한시대 저명한 유학자 복승伏勝의 후손이다. 복승은 복생伏生이라고 불리며 유가 경전의 하나인『상서尙書』의 권위자였다. 그의 9세손인 복담伏湛은 후한을 세운 광무제에게 등용되어 재상인 대사도大司徒에 임명되었고 양도후陽都侯에 봉해졌다. 복완은 이 복담의 7세손이었다. 복안의 조상들은 대대로 유명한 유학자였고 증조 복신伏晨의 손녀딸은 순제의 후궁이 되었다(귀인이라는 칭호를 받았다). 복완은 환제의 딸 양안장공주陽安長公主 유화劉華와 결혼했다. 둘 사이에 태어난 딸이 바로 헌제의 아내 복황후였다. 굳이 복완의 선조 이력을 시시콜콜 서술한 것은 복완의 가문이 유명한 유학자 가문이었을 뿐만 아니라 후한 황실과 혼인 관계를 맺었던 대단한 명문이었음을 밝히기 위해서다. 복완과 복황후는 자신의 가문을 위해서도 후한에 충성하는 존재였다.

복황후의 이름은 수壽였다. 그녀는 헌제가 장안으로 끌려가던 190년 후궁으로 입궁해 귀인이 되었고, 195년 황후로 책봉되어 214년 피살될 때까지 19년 동안 황후로 헌제 곁에 있었다. 그녀는 장안에서 낙양으로 돌아가는 길에 헌제가 이각과 곽사의 공격을 받을 때 비단 여러 필을 스스로 들고 갈 정도로, 어떻게 보면 억척스러웠다. 그녀는 남편을 위해 조조를 제거하려고 아버지 복완과 모의했으나 결국 실패했다. 조조는 어사대부 치려郗慮와 상서령尙書令 화흠에게 군사들을 거느리고 복황후를 체포하도록 명령했다. 복황후는 문을 닫고 벽 속에 숨어 있었으나 화흠에게 발각되어 끌려나왔다. 헌제는 황후가 흩트러진 머리로 맨발인 채 걸으며 "살려줄 수 없나요?"하며 울면서 묻자 "나 역시 언제 죽을지 모르겠소"하며 체념하듯 말하고는 옆에 앉아 있는 치려에게 "치공, 세상에 이런 법이 어디 있소?"라고 말할 뿐이었다. 복황후는 폭실(비단 등을 짜던 작업실)에 감금되었다가 살해되었다. 이때 그녀가 낳은 두 아들도 독살되었다. 당연히 복씨 일족 100여 명이 죽었고, 어머니 번영樊盈 등 19명은 탁군으로 쫓겨났다.*

헌제는 자신을 위해 충성을 다한 복황후를 죽음에서 구해줄 수 없었다. 다음 황제가 될 자격을 가진 정통성 있는 아들 둘도 죽었다. 헌제는 자신의 아내와 아들이 죽는 것을 지켜볼 수밖에 없었다. 자신을 죽이지 않는 것만 해도 다행이라고 생각해야 하는 불쌍한 처지였다. 조조는 반란의 배후 주모자인 헌제만 남겨놓는 것이 복수라고 생각했을지도 모른다. 화제 이후 황제들이 아들을 많이 낳지 못했지만 헌제는 최소 8명의 아들을 낳았다. 유풍劉馮은 200년 남양왕에 봉해진 후 얼마 후 죽었다. '왕'이라는 폼나는 지위를 살아생전에 주려는 아버지의 마지막 배려였을 것이다. 212년에는 네 아들이 왕에 봉해졌는데, 그중 한 명인 낭야왕 유희劉熙는 장강을 건너 도망가려고 했다는 죄목으로 조조에게 피살되었다. 214년에는 복황후 소생의 두 아들이 조조에게 죽음을 당했다. 아들 한 명이 병으로 죽고 세 명이 조조에게 죽음을 당했던 것이다. 그러고도 220년 황제 자리에서 쫓겨났을 때 아직 네 아들이 살아남아 왕에서 열후로 강등되었다. 헌제는 후한 황제들 가운데 가장 많은 아들을 낳았다. 평시였다면 아들이 없어 방계 혈통에서 새로 황제를 옹립해 외척들이 권력을 잡는 일은 없을 것이다. 그러나 망국의 상황에서는 아들이 많다고 해도 종묘사직을 유지하는 데 도움이 되지 않는다.

오히려 헌제는 복황후와 동귀인, 세 명의 아들, 동귀인의 배 속에 있던 태아까지 조조에게 죽음을 당하는 모습을 지켜봐야 했다. 남조 유송의 마지막 황제 순제順帝 유준劉準은 황제 자리를 빼앗기고 남제의 첫 황제 소도성의 부하 왕경칙에게 궁전에서 질질 끌려 나가면서 "내 자손들은 제발 제왕의 자손으로 태어나지 않았으면!"하고 말했다고 한다. 아들 셋과 복중의 태아를

---

*『후한서/헌제복황후기』.

잃은 헌제도 이런 심정이었을까? 차라리 자신이 죽으면 좋았으련만 조조는 헌제를 살려두었다. 살아 있을 때 황제 자리를 빼앗아야 했기 때문이다. 오히려 헌제를 자신의 사위로 삼았다. 조조는 복황후 사후를 대비해 213년 세 딸 조헌曹憲, 조절曹節, 조화曹華를 헌제의 후궁으로 입궁시켰고, 이들은 다음 해 귀인으로 승격되었다. 복황후가 죽은 다음 해에는 세 딸 가운데 조절이 황후가 되었다. 이제 헌제는 의지할 사람도, 마음을 터놓을 사람도 없었다. 따라서 더 이상 신하들과 조조 제거를 논의할 수 없었다. 조조 제거의 기치를 내건 경기와 위황 등이 218년 군사를 일으켰을 때 헌제와 사전에 연락을 주고받지 못한 것도 이 때문이었다. 이때 헌제의 심정은 어땠을까?

조조는 황제의 자리를 차지하기 위해 귀한 세 딸을 헌제의 황후와 후궁인 귀인으로 삼았다. 일종의 정략결혼이었다. 헌제가 복황후와 동귀인을 통해 장인들과 거사를 도모했으니, 자기 딸로 헌제 주변에 인의 장막을 쌓아 소통을 차단한 것이다. 조조의 세 딸이 아버지가 기대한 역할을 얼마나 잘 수행했는지는 모르겠으나, 황후 조절은 확실히 선양에 저항했다. 조비가 헌제를 내쫓고 황제로 즉위한 후 사신을 보내 옥새와 인수를 달라고 했을 때 조절은 화를 내며 주지 않다가 결국 사자를 불러 여러 차례 꾸짖고 옥새를 처마 아래로 던져버리고는 눈물을 흘리며 "하늘이 날 도와주지 않는구나!"하고 말했다. 전한 원제의 황후였던 왕태후도 자기 친정오빠와 동생, 조카가 권력을 잡고 외척 정치를 하도록 음으로 양으로 도왔으나 조카 왕망이 황제가 되려하자 이를 거부하며 옥새를 집어던졌다. 북주 선제의 황후 양씨도 선제가 죽은 후 아버지 양견(수문제)이 권력을 장악하자 기뻐했으나, 나중에 황제가 되려고 하자 싫어했고 겉으로 티를 내며 반대했다. 정략결혼으로 황후가 되고 황태후로 승격된 그녀들은 친정아버지와 오빠, 동생, 조카가 권력을 쥐는 것까지는 반겼으나, 그들이 황제가 되어 자신이 자리에서 내려와야 하는 상황은 싫어했다. 황후나 황태후의 자리가 그렇게 좋았을까? 왕조가 바뀐 후, 그녀들이 태후가 아닌 공주, 장공주, 대장공주로 격하되었음을 보면 그렇게 생각할 수도 있겠다. 헌제에게는 차라리 잘된 일일지도 모르겠지만 조조의 딸 조절과 조헌, 조화 역시 불행했다. 불행을 나누면 반이 될 수 있을까?

헌제는 나라를 넘겨준 황제였다. 헌제로부터 황제 자리를 물려받은 조비의 아들 조예는 시호에 바칠 '헌獻' 자를 써서 죽은 사람을 한 번 더 죽였다.

나라를 신하에게 바쳤음을 굳이 시호에 넣어 죽어서도 망신을 준 것이다. 중국 역사에서 헌제는 전한의 마지막 황제인 어린 유영劉嬰에 이어 두 번째로 선양을 통해 물러난 황제였다. 물론 9살에 동탁에게 등 떠밀려 황제로 즉위한 뒤 대부분의 시기를 동탁, 이각과 곽사, 조조 등 야심 많은 권신들에게 시달리며 기 한번 펴지 못하고 살았던 허수아비였다. 따라서 그의 잘못이라기보다 아버지 영제가 망쳐놓은 나라를 재수 없게 물려받은 것일 수도 있다. 형인 유변이 덤터기 쓸 수 있었지만, 형이 쫓겨나 죽는 바람에 대타로 황제가되어 억울하고 비참하게 살다 죽었다. 조조가 아니었어도 동탁이 황제 자리를 노렸을 것이다. 그랬다면 10대 초반에 죽었을 텐데 조조 덕분에 40여 년을 더 살았다고 자위해야 할까? 헌제는 선양으로 쫓겨난 황제들 가운데 가장 오래 산 황제였다. 189년 9살에 즉위하여 220년까지 31년 동안 황제의 자리에 있었고, 234년 죽을 때까지 55년을 살았다. 이후 선양한 황제들을 보면, 대개 나이 어려서 즉위한 것은 동일하지만 즉위한 지 얼마 안 돼 쫓겨났다. 심지어 유송을 세운 유유(무제)가 동진의 공제(사마덕문)를 죽인 이후로는 아예 선양으로 쫓겨난 황제는 얼마 후 피살되는 것이 관례가 되었다. 그 후로아예 선양을 위해 옹립된 황제들도 있었다. 용도가 끝나면 폐기 처분되는 신세. 고려의 공양왕도 이를 피하지 못했다. 그런 황제들에 비하면 헌제는 폐위된 후에도 15년이나 더 살았으니 다행이라고 할까? 그러나 그의 속을 누가알랴? 역사가들은 헌제에 관한 개인적인 기록을 남기지 않았다. 다만 주변인물들의 기록에서 헌제의 마음을 헤아려보려고 했으나 필자가 제대로 이해했는지 모르겠다. 타임머신이 발명된다면 헌제와 인터뷰라도 해보고 싶다. 그의 솔직한 심정을 알고 싶으니….

## 왕조 교체: 선택의 기로에 선 사람들 _____

우리나라 역사는 중국과 비교하면 상대적으로 간단하다. 통일왕조는 겨우 고려와 조선밖에 없다. '통일'신라를 넣어도 셋뿐이다. 반면 중국은 통일왕조만 11개다. 중국에서는 800년 동안 수많은 왕조가 '평화적 정권 교체'인 '선양'의 방식으로 교체되었지만 우리나라에서 이에 해당하는 경우는 고려에서 조선으로 바뀔 때 단 한 번이다. 그 한 번의 왕조 교체 때 조상들이 택한 결과 때문에 혜택을 받는 사람도 있고 반대인 사람들도 있다. 고려왕조에 충성을 다해 두문동으로 '두문불출'한 사람들도 있지만 대부분은 새 왕조 조선에서 벼슬하지 않고 낙향했다. 이들은 조선왕조의 정책에 따라 지방 호족에서 서리로 격하되었다. 그에 반해 중국인들은 학습 효과가 있어서 그런지 왕조 교체 때 구왕조의 편에 서서 자신의 목숨을 바치거나 새 왕조에서 벼슬하기를 거부하여 집안이 거덜나는 경우가 점점 줄어들었다. 앞서 살펴봤던 풍도는 오대십국시대에 5개 왕조 11명의 황제 밑에서 재상을 맡았다. 『신오대사』의 저자 구양수는 풍도를 변절자라고 평가했지만 왕조 교체가 심했던 오대십국시대의 백성들은 그를 선정을 베푼 훌륭한 재상이라고 기억했다.

그러나 후한에서 위나라로, 위나라에서 진晉나라로 바뀌는 과정은 아직 이러한 학습 효과가 있기 전이었다. 통일왕조 가운데 최초의 선양은 전한이 신나라로 바뀌는 과정에서 일어났다. 모두 멍한 상태에서 왕망이 신속하게 황제 자리를 가로챘기 때문에 일부를 제외하고 반항조차 못했다. 오히려 명망 있는 유학자들은 왕망의 즉위를 반기는 분위기였다. 나중에는 후회했지만.

200여 년 지속된 후한, 왕망의 신나라를 제외하면 사실상 400년간 지속된 한 왕조가 무너지고 새 왕조가 들어선다는 사실을 당시 사람들은 받아들이기 어려웠다. 동탁이 권력을 휘두르고 황제처럼 행동하자 왕윤, 오경, 사손서 등은 여포를 끌어들여 동탁을 살해했다. 후한 최고의 명문 출신 원술도 변변한 지역 기반을 갖추지 못한 상황에서 황제를 자칭하는 바람에 인심을 잃었다.

장안에서 탈출하여 초라하게 낙양으로 돌아온 헌제를 끼고 전국에 명령을 내렸던 조조. 조조가 헌제를 내쫓고 황제가 될 생각을 가지면서 신하들의 머릿속은 복잡해졌다. 조조의 찬탈을 지지할 것인가? 아니면 반대할 것인가?

원소와 조조 가운데 조조를 택해 그가 화북을 통일하는 데 가장 큰 공을 세운 순욱은 조조의 찬탈에 반대했다. 앞에서 살펴본 것처럼 찬탈의 첫 단계, 즉 조조가 위공이 되는 것을 반대한 것이다. 그 결과 순욱은 조조로부터 무언의 압력을 받고 자살했다. 순씨 가문은 이 과정에서도 포트폴리오를 짰다. 우리말로 양다리를 걸쳤다. 순욱과 쌍벽을 이루는 모사인 조카 순유는 조조의 찬탈을 지지했다. 조조가 위공으로 즉위하면서 위국의 관제를 만들자 순유는 위국의 상서령에 임명되었다.

소설에서는 순유를 순욱처럼 후한의 충신으로 만들기 위해 왕찬王粲, 두습, 위개衛凱, 화흡 네 사람이 조조를 위왕으로 승격시키자고 제안할 때 반대했다고 꾸며댔다. 이에 조조는 노하여 "이놈(순유)이 순욱을 본받으려 한다는 말이냐!"라고 말했다. 순유는 조조의 말을 듣고 걱정하다가 화병이 나서 죽었다(66회). 역사적 사실과 너무 달라 소설 삼국지 각색자들 가운데 순씨의 후손이 있었나 의심해보기도 한다. 그러나 『삼국지』와 『진서』의 재종손 순욱을 포함한 순욱 일족의 열전을 보면, 순욱을 제외하고 모두 위나라에서 벼슬했고, 사마씨의 진나라 건국에도 참여해 부귀영화를 누렸다.

순욱뿐만 아니라 후한 최고의 명문 중 하나인 홍농 양씨 집안의 양표도 조조, 조비 부자의 찬탈과 왕조 개창에 반대했다. 양표는 홍농 양씨와 쌍벽을 이루는 여남 원씨와 혼인 관계를 맺었다. 양표의 아들 양수와 원술의 딸이 결혼한 것이다. 조조는 양표를 다루기 어렵다고 생각하여 그가 원술을 따라 반역을 꾀했다고 모함해 처벌했다. 사실이 시대에는 연좌제가 너무나 당연했기 때문에 황제를 자칭한 반역자 원술의 사돈인 양표는 법률로도 처벌 대상이었다. 앞에서 살펴본 것처럼 양표는 만총의 객관적인 재판 덕분에 목숨을 부지했다. 그러나 그의 아들 양수는 조조의 셋째아들 조식과 친하게 지내다가 조조의 미움을 사서 피살되었다.

양표는 205년 제사와 의례를 관장하는 태상의 자리에서 물러났고, 다음 해 열후의 작위를 빼앗겼다. 양표는 후한이 망할 것을 예견하고 병을 핑계로 다시는 벼슬하지 않았다. 조비가 위나라의 황제로 즉위한 후 그를 태위로 임명하려고 했다. 태위는 삼공 가운데 가장 높은 벼슬이지만 실권은 없는 명예직이었다. 후한의 최고 문벌 가운데 원소와 원술이 제거되며 여남 원씨가 사라졌기에 홍농 양씨만 남아 있던 상태에서 후한의 태위를 역임한 최고 정치 명문 출신이자 충신인 양표에게 위나라의 태위 벼슬을 주면 찬탈(선양)을 싫어하는 민심을 끌어들일 수 있다는 꼼수였다. 양표는 이를 거부했다. 후한의 유신遺臣, 즉 망한 왕조의 충성스러운 신하로 남은 것이다. 양수는 첫 벼슬로 승상 조조의 주부主簿로 시작했기 때문에 양수가 살아 있었다면 좌주문생의 인연 때문에 위나라의 신하가 되었을 것이다. 그러나 양수가 죽었기 때문에 양표의 자손들은 위나라와 인연이 없었다. 그렇기 때문인가? 이후 양표의 자손들은 번창하지 못했다. 서진 무제의 외척 양준楊駿 일가는 양표와 본적이 같았지만 『진서』에 따르면 혈연 관계는 아니었다. 동진의 무장 양전기楊佺期가 양표의 증조할아버지인 양진楊震의 후손이라고 하지만 양표의 직계 자손은 아니었다. 북위의 고관을 배출한 양춘楊椿 집안과 수나라를 세운 양견楊堅(수문제)도 홍농 양씨 출신이라고 주장하지만 학자들은 반신반의한다. 족보 세탁 가능성이 높다. 명문 가운데 양표의 집안만 후한에 충성을 다했고, 그 결과는 가문의 몰락이었다. 같은 명문이라도 양다리를 걸쳐 진나라(서진) 때까지 권세를 누린 순욱의 영천 순씨와는 다른 행보였다.

사마의가 고평릉 사변을 일으켜 권력을 장악하고 아들 사마사와 사마소를 거쳐 손자 사마염이 진나라를 세웠다. 한나라(후한)에서 위나라로, 위나라에서 진나라로 반세기 만에 왕조가 또 바뀌었다. 이때 위나라의 신하들은 어떤 자세를 취했을까? 회남에 주둔한 위나라 군대를 지휘한 왕릉王淩, 제갈탄, 관구검은 사마의 부자에게 반기를 들었다가 실패하여 피살되었다. 그 가운데 왕릉의 집안도 기구하다. 왕릉의 작은아버지는 동탁을 죽인 사도 왕윤이었다. 동탁의 부하 이각과 곽사가 장안을 점령하고 왕윤과 함께 왕윤 집안사람들 대부분을 살해하는 동안 왕릉과 그의 형 왕신은 고향으로 도망가 겨우 살았다. 왕릉은 지방관을 거쳐 승상연속丞相掾屬에 임명되었고 위나라 건국 이후에도 순탄하게 승진했다. 삼공의 최고 자리인 태위 벼슬도 했다. 일족이 2대에 걸쳐 삼공을 배출한 것이다. 하지만 사마의가 황제 조방曹芳을 내쫓고 찬탈의 의지를 내비쳤을 때, 왕릉은 선택의 갈림길에 섰다. 그 결과는? 작은아버지 왕윤이 후한 황실을 위해 목숨을 바쳤던 것처럼 그 역시 위나라 황실을 위해 사마의 타도를 내걸었다. 결과는 비극으로 끝났지만.

왕릉을 배출한 태원 왕씨는 양표의 홍농 양씨처럼 최고의 문벌은 아니었지만 신흥 문벌로 부상하는 중이었다('태원군'을 본적으로 둔 왕씨는 많은데, 현이 다르거나 시조가 다른 경우가 많다). 하지만 전 왕조를 위해 충성을 바치면서 왕릉의 집안도 끝장났다.

순욱, 순유처럼 영천군 출신의 진군, 진태 부자도 서로 다른 길을 걸었다. 진군의 할아버지 진식陳寔은 벼슬이 현장에 불과했지만 당고의 화 때 피해를 입었다. 덕분에 지식인들 사이에서 명망 있는 인물이 되었다. 아버지 진기陳紀는 후한 말 구경의 하나인 대홍려*를 역임했다. 진군은 처음에 유비 밑에서 벼슬했다가 나중에 아버지 진기와 함께 여포 밑에 들어갔고, 여포가 조조에게 망하자 조조 밑에서 벼슬했다. 진군은 조조·조비 부자에 충성했고, 위나라에서 요직을 두루 거쳤으며, 삼공의 하나인 사공을 역임했다. 그는 부귀영화를 위해 주인이 누구건 가리지 않는 인물이었다. 그러나 그의 아들 진태陳泰는 달랐다. 진태는 아버지의 후광을 입어 순탄한 벼슬살이를 했다. 옹주자사가 된 후 곽회郭淮와 함께 촉나라 대장군 강유의 공격을 막아내며 전공을 세웠다. 곽회가 죽은 후에는 서쪽 변경의 총사령관이 되어 강유에게 수많은 패배를 안겼다. 오래전 박종화 삼국지를 읽으며 강유의 군대를 물리치는 진태 때문에 짜증을 냈던 기억이 있다. 그때는 강유 팬이었고 촉군이 위군을 이기기 바랐기 때문이다.

문무를 겸비한 진태는 요직인 상서좌복야**에 임명되었고, 죽은 후 사공에 추증되었다. 여기까지는 『삼국지』의 원문 기사이다. 그런데 배송지주에 인용된 간보의 『진기晉紀』, 『위씨춘추』, 『박물기』 등의 기록을 보면 어느 순간 진태의 인생이 꼬였음을 확인할 수 있다. 사마소가 위나라의 허수아비 황제 고귀향공을 죽였을 때 사마소의 반대편에 선 것이다. 『진기』에 따르면, 고귀향공이 피살된 후 상서좌복야 진태는 신하들의 회의에 참석하지 않았다. 사마소는 외삼촌인 상서 순의荀顗를 보내 회의에 참석하라고 종용했다. 진태는 구품관인법을 만든 진군의 아들, 순의는 조조의 모사 순욱의 아들이었다.

진태는 순의가 사마씨에 아부하는 것을 비난하며 자신은 위나라 황

---

* 주변국 및 국내 제후왕과의 관계를 다룬 벼슬로 현재의 외무장관에 해당한다.
** 상서대의 차관. 직급은 낮지만 지금의 부총리에 해당하는 역할을 담당했다.

실을 위해 목숨을 바칠 것임을 천명했다. 결국 주위 사람들의 강권으로 어쩔 수 없이 사마소를 만난 진태는 주모자 가충을 참해 천하에 사죄해야 한다고 주장했다. 『위씨춘추』에서는 진태가 고귀향공의 빈소에서 눈물을 흘리고 슬퍼하다 피를 토하고 죽었다고 적었다. 진태와 순의의 선조들은 후한 말 환관의 횡포에 저항한 소위 청류파에 속한 인물들이었다. 일본 학자들은 위진남북조의 지배층인 문벌 귀족들이 정신적으로 정의감에 불탔던 청류파를 계승했다고 주장했지만, 이 두 사람의 행동을 보면 이러한 주장이 사실이 아님을 알 수 있다. 『진기』와 『위씨춘추』는 여기까지만 기록을 남겼지만 나머지 내용은 추측할 수 있다.

고귀향공을 죽인 배후의 주모자가 사마소인데 가충을 죽이라는 진태의 주장은 사마소에게 "너도 역적이다!"라고 말하는 것과 같다. 소극적이지만 사실상 사마소의 찬탈에 저항한 것이다. 사마사, 사마소 형제와 사이가 좋았던 진태로서는 의외의 행보다. 따라서 진수는 『삼국지』에 이런 기사를 싣지 못하고 진태의 죽음을 간략하게 언급했을 뿐이다. 그리고 진태의 후손들이 열후의 작위를 세습했다는 짧은 기록만 남겼다. 벼슬을 했다는 기사는 없다. 배송지는 『박물기』의 기록을 인용하며 진식부터 진태까지 4대에 걸쳐 한나라와 위나라에서 이름을 떨쳤지만, 점차 집안의 벼슬은 공(삼공)에서 경(구경)으로, 경에서 장(현장)으로 떨어졌다고 기록했다. 사마씨의 진나라가 건국한 후 진태의 직계 후손들은 몰락의 길을 걸은 것이다. 반면 사마씨에 동조한 진태의 작은할아버지 진심陳諶의 일족은 여전히 떵떵거리며 잘살았다.

진태의 후손들은 서진과 동진 시대에 현달하지 못하고 하급 관료를 전전한 반면, 사마소에게 아부한 순욱의 아들 순의의 일족은 서진

시대에 부귀영화를 누렸다. 영천군 출신이며 서로 통혼한 두 명문 순씨와 진씨는 다른 길을 걸었다. 진군은 후한에 미련이 없었고 새 왕조 위나라에서 부귀를 누렸지만 그의 아들 진태는 위나라에 충성하다 집안이 쇠락했다. 순욱은 후한을 위해 스스로 목숨을 끊었지만 그의 아들 순의와 일족은 사마씨에 아부하며 부귀영화를 누렸다. 부자 사이의 다른 행보를 보면서 착잡하다. 사족을 달자면, 순씨 일족은 서진이 영가의 난으로 망할 때 같이 몰락했고, 동진시대에는 별볼일없는 가문으로 전락했다.

한국 현대사에서도 비슷한 행보를 보이는 집안이 있다. 안중근 열사는 침략의 원흉 이토 히로부미를 사살했지만 그의 조카들은 친일의 길을 택했다. 삼한 최고의 명문인 이시영 집안은 조선왕조로부터 받은 전 재산을 털어(이 가운데에는 명동의 금싸라기 땅도 있었다) 간도로 이주하여 신흥무관학교(현재의 경희대)를 세우고 독립운동가를 길러내며 독립운동에 헌신했다. 한때 거부였던 이시영 형제들은 생활고에 시달렸고 일부는 굶어 죽기까지 했다. 그러나 조카 일부는 일본 경찰에 삼촌들을 팔아먹는 친일 행각을 보였다. 한 집안이 같은 정치 행보를 보이기는 쉽지 않은가보다.

더 기구한 집안은 혜강嵇康과 혜소嵇紹 부자이다. 혜강은 완적阮籍, 산도山濤 등과 함께 죽림칠현竹林七賢의 한 사람이다. 죽림칠현은 사마씨의 찬탈에 소극적으로 반대하며 기행과 함께 벼슬을 포기하고 현실을 풍자하며 살던 사람들이었다. 죽림칠현의 대표자인 완적은 살기 위해 사마씨와 적당히 타협하며 가깝지도 멀지도 않은 관계를 유지하면서 천수를 다하고 죽었다. 반면 혜강은 반항기가 있었는지 사마씨에 저항했고, 결국 사마소의 부하 종회의 모함으로 처형되었다.

그의 아들 혜소는 그 사마씨가 세운 진나라에서 벼슬했다. 아버지를 죽인 원수의 자손들 밑에서 벼슬살이를 한 것이다. 혜강은 죽기 전에 절친인 산도와 절교한다는 글을 남기고 그와 의절했다. 겉으로는 사마씨에 아부하는 산도가 싫다는 것이 이유였지만 산도라도 목숨을 부지하고 순탄한 벼슬길에 오르도록 배려한 것이다. 연좌제가 서슬 퍼런 시대에 절친한 벗 산도를 위해 자신을 희생한 것이다. 그는 죽을 때 아들 혜소에게 "산도가 너를 거둬줄 것이다"라고 말했다.* 실제로 산도는 사마염(서진 무제)에게 "아버지의 죄는 아들에게 미치지 않습니다"라고 말하며 혜소를 비서랑에 추천했다.** 사마염은 한 단계 낮은 비서승에 임명했다. 비서랑은 저작좌랑과 함께 요직으로 나가는 첫 번째 관직이었다. 관직을 이 두 벼슬에서 시작하면 3품의 고관까지 보장되었다. 비서랑보다 낮은 비서승이지만, 혜소는 첫 단추를 잘 끼운 셈이다.

혜소가 본격적인 벼슬살이를 했던 서진 초기는 외척 양준의 발호, 가황후의 전횡, 팔왕의 난 등 정변과 권력투쟁으로 점철된 혼란기였다. 하지만 그 와중에도 혜소는 아슬아슬하게 줄타기하며 용케 살아남았고 관리를 감찰하는 어사대의 장관인 어사중승(우리나라의 감사원장에 해당), 황제의 측근인 시중侍中, 장군으로 승진했다.

사마염이 죽고 2대 황제가 된 혜제(사마충)는 말 그대로 멍청한 사람이었고 종실 제왕의 권력 다툼에 휘말려 여기저기 옮겨 다니는 탁구공 같은 신세였다. 304년에 동해왕東海王 사마월司馬越이 혜제를 데리고 정적인 성도왕成都王 사마영司馬穎을 공격하기 위해 출정했다. 이때 혜소는 혜제를 따라갔다. 사마월의 군대가 패해 신하들과 혜제

---

* 『진서/산도전』.
** 『진서/혜소전』.

를 지키는 호위 무사들이 모두 달아났을 때 오직 혜소만이 무기를 들고 혜제를 지켰다. 혜소는 쏟아지는 화살을 맞고 혜제의 곁에서 죽었다. 반대편인 사마영의 부하들이 혜제 곁에 와서 혜제의 피묻은 옷을 빨려고 했다. 그러나 혜제는 "이는 혜시중(혜소)의 피니 없애지 마라"라고 말했다. 바보의 대명사 혜제도 자신을 위해 목숨을 바친 혜소의 충성심과 고마움을 알았던 것이다. 『진서/효혜기』를 보면 이때 혜제도 화살 세 대를 맞았다. 혜소의 피뿐만 아니라 자신의 피도 곤룡포에 묻었을 것이다. 혜제는 가마에서 내리면서 울었다고 한다. 충신 혜소를 잃은 슬픔인가? 신하가 쏜 화살을 맞은 아픔인가?

상대가 힘이 센 황제이기 때문에 혜소가 자신의 아버지를 죽인 사마소의 후손들에게 복수하지 못했음은 이해할 수 있다. 그렇다면 아버지의 원수가 황제로 있는 나라에서 벼슬을 하지 않는 것이 아버지 혜강에 대한 효도가 아닐까? 아버지의 복수 대신 '원수를 사랑하라'는 가르침을 따른 혜소는 아버지의 원수 사마소의 손자인 혜제를 위해 자신의 목숨을 바쳤다. 20대 중반에 이 열전을 처음 읽었을 때도 이해가 되지 않았는데, 20여 년이 지난 지금도 혜소의 사고방식을 이해하지 못하겠다.

사마씨의 진나라 이후 왕조 교체는 빈번해졌다. 그때마다 신하들은 망해가는 왕조와 새 왕조 사이에서 어떤 줄을 잡을 것인지 고민했다. 대부분 후자를 택했다. 심지어 이민족 왕조가 들어서도 마찬가지였다. 그러나 왕조 교체가 아직 두세 번에 지나지 않았던 삼국시대 전후에 살았던 사람들은 자신의 거취를 두고 생각을 거듭했을 것이다. 진태처럼 한순간의 정의감을 발휘하다가 집안이 쇠락하는 경우도 있고, 순의처럼 권력자에 아부하며 부귀영화를 누리기도 했다. 다들 고민 끝에 한 선택이기에 이해한다. 자신이 섬기던 왕조가 망하고 새 왕조에 벼슬해서 부귀영화를 누린 한국과 중국의 옛 사람들을 모두 비난하고 싶지 않다. '일제시대가 좋았다', '일제 때문에 경제가 발전했고 근대화에 성공했다', '우리 조상들은 국가와 민족을 위해 일한 애국자다'라는 망발과 역사 왜곡을 일삼지 않는다면 친일파와 그 후손들을 탓하고 싶지 않다. 독립운동 투사인 할아버지나 아버지와 다른 길을 걸었다고 변절자라고 욕하고 싶지도 않다. 그들의 삶과 입장에서 보면 이해할 수 있기 때문이다. 그러나 망해가는 왕조를 위해 목숨을 바친 사람들은 존경하지 않을 수 없다. 자신의 집안이 결딴나는 희생까지 감수한 충성심이기에. 후한 말과 삼국시대에 어려운 선택을 했던 양표와 순욱, 진태, 그리고 고구려, 백제의 부흥운동과 대한민국의 독립운동을 위해 목숨을 바쳤던 분들에게 깊은 존경의 뜻을 표한다.

# 14장

# 실리보다 의리를 택한
# 유비의 비참한 최후

220년    조조가 죽고, 조비가 황제의 자리에 오르다.

221년    4월 유비, 황제로 즉위하다.

         7월 유비, 손권 정벌에 나서다. 유비, 손권의 화평 제의를 받아들이
         지 않고 오반과 풍습을 보내 무巫와 자귀에 주둔한 이이를 공격하
         게 하다.

222년    정월 유비, 자귀에 주둔하고 오반과 진식의 수군을 이릉에 머무르
         게 하다.

         2월 유비, 이릉의 효정에 주둔하다.

         6월 육손, 촉한 군대를 효정에서 격파하다(이릉 전투).

         10월 손권, 황무黃武 연호를 사용하다.

223년    4월 유비, 영안궁에서 사망하다.

인생 최고의 순간을 만끽하던 유비는 관우의 죽음 이후 한순간에 나락으로 떨어졌다. 제갈량과 조운도 말렸던 관우의 복수전을 감행하다 패하고 결국 비참하게 죽은 유비. 그는 바보라서 질 수밖에 없는 전쟁에 뛰어든 것일까? 14장에서는 유비의 인간적인 면모와 유비 집단의 특징에 대해 살펴본다.

## 유비, 관우의 복수를 위해 손권을 공격하다 _____

관우도 죽고 형주도 빼앗겨 눈 깜짝 하는 사이에 최고의 정점에서 추락한 유비. 그의 불행은 계속 이어졌다. 관우의 복수를 준비하던 장비도 잃고, 손권과의 싸움에서 진 뒤에는 그 충격으로 파란만장한 일생을 마감했다. 유비는 왜 질 확률이 높았던 손권과의 전쟁을 굳이 택했을까?

220년 조조가 죽자 조비가 뒤를 이어 위왕이 되었다. 하지만 조비는 왕에 만족하지 않고 후한의 마지막 황제인 헌제를 협박해 황제의 자리를 물려받았다. 다음 해 유비도 황제의 자리에 올랐다. 『삼국지』에서는 이 나라의 국호를 '촉蜀'이라고 부르지만 유비는 헌제의 뒤를 잇는다고 생각했기 때문에 여전히 국호를 '한漢'이라고 했다(사실 후한의 경우도 훗날 학자들이 '전한'과 구별하기 위해 앞에 '후' 자를 붙인 것이지 실제 국명은 '한'이었다). 이를 절충해 보통은 '촉한'이라고 부른다.

유비는 황제가 된 후 2년 동안 미뤄왔던 관우의 복수를 계획했다. 일부 신하가 반대했지만 유비는 손권 '응징'에 착수했다. 그런데 전쟁이 터지기도 전에 장비가 죽었다. 유비, 관우와 막역한 사이였던 장비는 관우가 죽었다는 소식을 듣고 손권 정벌의 선봉장을 자임했다. 그는 1만 명의 군사를 거느리고 주둔지인 낭중현(파서군의 치소)을 떠나 중간 기착지인 강주현(파군의 치소)으로 향했다. 하지만 221년 6월 강주현에서 그는 부하인 장달張達과 범강范疆에게 피살되었다. 평소 문인과 학자들에게는 친근하게 대했지만 무장인 부하들에게는 엄격하거나 가혹했던 것이 화근이었다.

7월, 손권이 사자를 보내 화평을 제의하자 유비는 대노하며 거부했다. 손권의 장수 육손과 이이李異, 유아劉阿 등은 촉한과의 국경인 무현巫縣과 자귀현秭歸縣에 주둔했다. 촉한의 장군 오반吳班과 풍습馮習은 무현에서 이이 등의 군대를 격파하고 4만 명의 군사를 이끌고 자귀현으로 진격했다. 촉한이 서전을 승리로 장식하자 무릉군에 살던 이민족들이 사신을 보내 촉한에 원병을 청했다. 이때까지 촉한군의 기세가 등등했다. 소설 삼국지에서는 겁이 난 손권이 장비의 목과 도망간 배신자 장달과 범강을 유비에게 보냈다는 장면을 추가했다. 장비의 아들 장포는 장달과 범강을 날카로운 칼로 능지처참의 방식으로 죽여 아버지의 원수를 갚았다. 관우의 아들 관흥도 이에 지지 않았다.

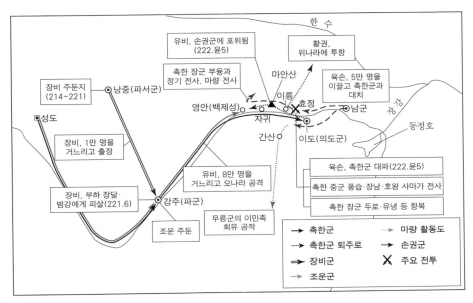

14-1 촉한의 오나라 공격 과정.

노장 황충이 반장潘璋을 추격하다 부상을 입어 진중에서 죽자\* 관흥은 황충도 죽이지 못한 반장을 죽이는 데 성공했다. 관우의 혼령을 보고 놀라 달아나던 반장을 죽인 것이다. 촉한군의 위세에 놀라 마충을 죽인 부사인과 미방이 항복하자 유비는 관흥에게 관우의 제단 앞에 마충의 목을 놓고 부사인과 미방을 죽여 제사 지내도록 했다(83회). 소설에서는 관우 및 장비의 살해와 관련된 주연, 반장, 마충, 부사인, 미방, 범강, 장달을 모두 죽였다(주연의 죽음은 84회에 나온다). 특히 관우의 아들인 관흥과 장비의 아들인 장포가 배신자인 부사인과 미방, 범강과 장달을 직접 죽여 아버지에게 제사를 지내고 원혼을 달랬다.

---

\*『삼국지』에 따르면 황충은 천수를 누리다 220년에 죽었다.

그러나 『삼국지』에 따르면 반장은 234년, 주연은 249년에 죽었다. 참고로 이릉 전투는 221년에 있었으니 반장과 주연은 이릉 전투 이후에도 살 만큼 살다 죽었음을 알 수 있다. 마충·부사인·미방·범강·장달이 언제 죽었는지는 기록이 없으나 이릉 전투에서 죽지 않았을 가능성이 높다. 소설 삼국지가 주는 메시지는 두 가지다. 첫째, 복수는 반드시 성공한다. 관흥과 장포는 자신들의 아버지를 죽인 원수들을 직접 죽여 제사 지냈다. 사족을 덧붙이면 장포는 능지처참으로 범강과 장달을 죽였는데, 능지처참은 명나라와 청나라의 잔인한 사형 방법이었다. '과거와 현재의 대화'를 빙자한 옥의 티다. 둘째, 사람이 잘못을 저지르면 반드시 벌을 받는다. '죄 없는' 관우와 장비를 죽이는 데 관여한 7명은 모두 죽임을 당했다. 인과응보. 소설 삼국지의 독자나 청중들에게 이들의 사례는 좋은 교훈이 되었을 것이다.

222년 정월, 유비는 자귀현에 주둔했고 장군 오반과 진식의 수군은 이릉夷陵에 주둔하며 장강의 양안에 포진했다. 2월에는 유비가 자귀현을 출발해 산과 산줄기를 파헤치고 길을 만들며 전진하여 의도군宜都郡의 치소인 이도현 북쪽의 효정猇亭에 군영을 설치하고 손환孫桓이 수비하는 이도성을 포위했다. 유비는 시중侍中 마량馬良을 보내 무릉군의 오활五谿 만이를 회유했다. 『삼국지/오서』를 보면, 이때 유비는 무릉·장사·영릉 등 예전의 자기 땅이었던 군에 거주하는 이민족 군장들을 설득하여 자신의 편에 서도록 했다. 이릉 전투에서 패하지 않았다면 적어도 형주 남부는 촉한의 땅이 되었을 것이다. 그러나 촉한군은 손권의 군대에 막혀 6개월간 전진하지 못하고 지루한 대치를 계속했다. 이에 유비는 오반에게 수천 명을 거느리고 평지에 군영을 세우는 한편 골짜기에 8,000명의 복병을 두어 손권의 군대를 유인하려고 했지만 손권의 총사령관 육손은 말려들지 않았다.

윤5월에 육손이 시험 삼아 촉한의 군영 하나를 공격했으나 도리어 전세가 불리했다. 하지만 육손은 싸움을 관전한 후 "승리의 비법을 찾았다"고 부하 장수들에게 말했다. 그는 군사들에게 마른 풀 한 묶음씩을 준비하도록 했다. 화공법으로 공격하려는 의도였다. 이제 전세가 역전되었다. 육손은 전군에 명령을 내려 화공법으로 촉한의 각 진영을 동시에 기습해 촉한의 사령관 풍습과 선봉장 장남張南, 호왕胡王 사마가沙摩柯 등을 참수하고 40여 군영을 격파했다. 촉한의 장수 두로杜路와 유녕劉寧 등은 수세에 몰려 항복했다. 유비가 패한 이 전투를 '이릉 전투'라고 부른다(이릉현의 구체적인 지명을 따서 효정 전투라고도 한다).

이때 육손이 찾은 승리의 비법은 무엇일까? 이릉 전투 때 촉한군의 군영 포진 지도를 살펴보자.

독자들에게 14-2 지도에 대해 먼저 양해를 구해야겠다. 자료의 부족으로 촉한군과 손권군의 구체적인 배치 과정은 알 수 없다.『삼국지/오서/육손전』과『자치통감』은 촉한의 군대가 장강 삼협三峽의 하나인 무협巫峽과 건평군建平郡\*에서 이릉까지 줄지어 수십 개의 둔영屯營을 설치했다고 기록했다. 또 오반과 진식이 이끄는 수군이 이릉에서 장강 남안과 북안에 주둔했다. 몇 개의 기록을 보면 촉한의 군대는 장강을 따라 길게 군영을 배치했고, 이릉과 이도 부근에서는 장강의 남쪽과 북쪽에 군영을 배치했던 것 같다.

14-2 지도를 다시 살펴보자. 유비의 전략적 착오가 눈에 들어오는가? 그렇지 않다면 다른 지도를 보자.

14-3 지도는 14-2와 비슷한 부분에 산맥 등의 지형을 첨가한 것

---

\* 후한시대 남군의 서쪽 지역이었으나 손권이 무현 일대에 설치한 군이다.

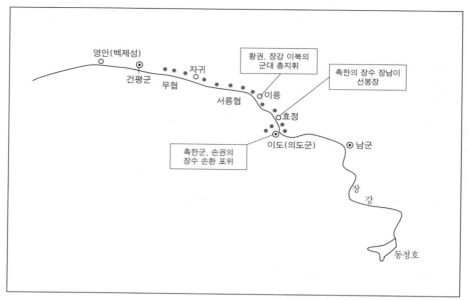

14-2 촉한군의 군영 배치.

이다. 두 지도를 비교하면 촉한의 군대가 어떤 곳에 진을 쳤는지 대략 감이 올 것이다. 지도 14-4는 14-3보다 자세한 지형을 표시한 것이다. 굵은 실선이 장강이다. 장강의 남안과 북안을 살펴보면 평지는 거의 없고 가파른 산처럼 보이는 지형들이 많다. 이 지역을 삼협이라고 부른다. 서쪽으로부터 구당협瞿塘峽, 무협巫峽, 서릉협西陵峽이라고 불린다. 촉한의 군대는 무협과 서릉협을 포함해 장강의 남북에 길게 군대를 배치했다. 혹시 실감나지 않는 독자들은 14-5의 사진을 참고하길 바란다.

14-5의 위쪽 사진에서 높은 산 사이를 흐르는 장강에 배 한 척이 지나가고 있는 모습을 볼 수 있다. 장강은 이러한 산 사이를 흘러가기 때문에 미국인과 영국인들은 장강 유역을 'Yangtze Valley'라고 부른

14-3 장강 협곡의 지형.

14-4 장강 협곡의 지형(세부).

다. 'Yangtze'는 장강의 다른 명칭인 양쯔강(양자강)의 알파벳 표기인데, 중요한 건 이 지역을 '계곡'이라고 부른다는 사실이다. 다시 말해 '강 유역'이라는 표현으로는 좀처럼 감을 잡을 수 없는 험한 산세를 이해해야 이릉 전투를 제대로 이해할 수 있는 것이다. 촉한에서 손권의 영토인 형주까지 군대가 진군할 수 있는 교통로는 장강밖에 없다. 그러나 장강 유역은 산이 많아 기병과 보병들이 다닐 길조차 없다. 그래서 『삼국지/선주전』에서는 촉한군이 산과 고개를 뚫어 길을 만들면

14-5 장강 삼협의 하나인 구당협瞿塘峽의 입구 기문夔門. 위는 싼샤댐(삼협댐)이 완공되기 전의 사진이고, 아래는 완공된 후의 사진이다. 두 사진을 비교하면 싼샤댐 건설 이후 장강의 수위가 대폭 상승했음을 확인할 수 있다.

서 진격했다고 기록했다. 장강 유역의 지형을 소주병과 맥주병 같은 유리병으로 비유해보자. 촉한의 영토인 파촉(사천 분지)이 병의 몸통에 해당한다면 삼협과 장강 계곡은 좁은 목에 해당한다. 물이 유리병의 좁은 목을 지날 때 시간이 걸리는 것과 같은 이치다. 이 목에 해당하는 곳을 막아버리면 유리병 안의 물은 밖으로 나올 수 없다.

어떤 기록에서는 이때 동원된 촉한의 군대가 모두 8만 명이라고 했다. 그에 비해 육손이 지휘하는 손권의 군대는 5만 명이었다. 하지만 촉한의 군대는 꼬불꼬불한 장강 유역에 길게 배치되었기 때문에 수적 우세를 과시할 수 있는 상황이 아니었다. 앞의 여러 지도를 본 독자들이라면 쉽게 이해할 수 있을 것이다.

게다가 촉한군의 군영은 주위에 나무를 세워 만든 목책이었다(사료에서는 수책樹柵이라고 표기했다). 육손이 촉한군의 군영 하나를 공격한 후 이길 수 있는 방책이 있다고 말한 이유가 이 목책 때문임을 알 수 있다. 위나라 문제文帝 조비는 촉한의 군대가 목책으로 700~800여 리(약 270~315킬로미터)에 걸쳐 군영을 세웠다는 말을 듣고 신하들에게 "유비는 병법을 모른다는 말이냐? 어떻게 700리에 걸쳐 군영을 세우고 적을 막을 수 있다는 말인가!"라고 말하며 유비의 패배를 예언했다. 소설 삼국지에서도 유비가 더위 때문에 고충을 겪는 군사들을 위해 나무가 많은 숲과 물가 근처의 시원한 곳으로 군영을 옮겼다고 서술했다. 촉한의 군영 배치표를 본 제갈량도 "누가 이러한 계책을 폐하께 아뢰었다는 말이냐?"라고 말했다(82~83회). 소설 삼국지에서는 목책 대신 숲이 화공의 빌미가 된 것으로 설정했다. 조비와 제갈량뿐만 아니라 약간의 군사 지식을 가진 사람이라면 촉한군의 군사 배치가 잘못되었음을 쉽게 알 수 있을 것이다. 그러나 이는 유비의 무식이나 노망 때문이 아니었다. 지형상의 한계 때문이었다.

요약하면 촉한군은 길게 늘어선 군영 때문에 8만 대군의 병력을 집중하여 전투를 벌일 수 있는 상황이 아니었다. 게다가 장강 지형도를 보면 그런 군영들이 고립된 지형에 있었음을 알 수 있다. 또한 군영을 목책으로 만들어 화공에 취약했다. 이러한 정보를 입수한 육손은 당연히 화공법으로 촉한의 군영을 동시에 공격했다.

육손은 부대를 나누어 각지에 고립된 촉군의 개별 군영을 동시에 화공으로 공격했다. 어차피 8만 군대(촉한군)나 5만 군대(손권군)나 수십 개로 나누면 한 부대당 병사 수에서는 별 차이가 없다. 따라서 3만 명이나 더 많은 촉한군의 수적 우세도 전세에 도움이 되지 않았다. 오히려 화공에 의해 죽는 병사 수만 늘어났을 뿐이다. 육손의 뛰어난 지략이 적중했다고 볼 수도 있지만, 분노 때문에 이성을 상실한 유비의 무모한 개전과 열등한 전략의 구사가 패전의 원인이었다.

마안산馬鞍山으로 패주한 유비는 군대를 자신의 주변에 포진하고 방어 태세를 취했으나 육손이 지휘하는 손권의 군사들이 사방에서 공격하자 다시 크게 패해 촉한군 1만여 명이 죽었다. 유비는 허둥지둥 밤을 틈타 달아났다. 역인驛人*들은 자신들이 소지한 징과 방울 등을 모두 버리고 불태워 길을 차단했고 그렇게 적군의 진격을 막은 후에야 비로소 유비는 겨우 백제성白帝城으로 들어갈 수 있었다. 백제성은 본래 어복현魚復縣에 있었으나 유비가 도망쳐온 후 현의 이름을 영안현永安縣으로 바꾸었다. 유비를 추격한 손권의 장수 이이와 유아 등은 남산南山에 주둔하다가 8월에 무현巫縣으로 퇴각했다.

유비가 총애하던 시중 마량은 손권의 병사에게 피살되었다. 장수 부융傅肜도 투항을 권유하는 적들에게 "오나라의 개들아, 어찌 한나라의 장군이 항복한단 말이냐?"라고 말한 뒤 장렬히 전사했다.** 정기程畿 역시 항복 대신 죽음을 택했다.

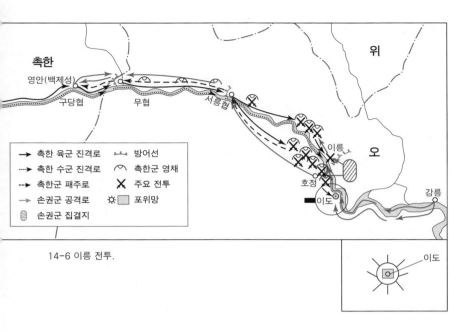

촉한

위

영안(백제성)

구당협   무협        서릉협                         오

                                        이릉

                                  호정            강릉

                               이도

→ 촉한 육군 진격로    ⌒⌒ 방어선
---→ 촉한 수군 진격로    ⌒ 촉한군 영채
⇢ 촉한군 패주로      ✕ 주요 전투
→ 손권군 공격로      ✿ 포위망
▨ 손권군 집결지

14-6 이릉 전투.

이도

유비의 참패였다. 배송지주에서 인용한 『조운별전』에 따르면, 이 때 조운은 파군 강주현에 주둔해 있다가 유비가 참패하고 백제성으로 도망갔다는 소식을 듣자 군사를 이끌고 그곳으로 달려갔다. 손권의 군사들은 백제성 부근까지 유비를 추격하다가 퇴각했는데, 이유는 사서에 기록되어 있지 않지만 조운의 군대를 두려워했기 때문일 것이다. 어쨌든 유비에게 조운의 군대는 가뭄 뒤의 단비처럼 고마운 존재였다.

소설 삼국지에서는 이릉 전투에 참여하지 못한 조운에게 무용을 발휘할 기회를 부여했다. 반장과 마충의 상관이었던 주연이 이릉 전투

---

* 역인은 말을 갈아타는 시설인 역驛에 근무한 사람들을 지칭한다.
** 『자치통감』 권69 「위기」1 문제황초 삼년조.

에서 패한 유비를 추격했다. 조운은 촉한군의 패배 소식을 듣고 파군의 치소인 강주현에서 촉한군을 구하기 위해 군대를 이끌고 나왔다. 육손은 조운이 온다는 소식을 듣고 퇴군했다. 하지만 조운은 아직 후퇴하지 못한 주연을 창으로 찔러 죽였고, 유비를 구출하여 백제성으로 돌아갔다(84회).

앞에서 언급한 것처럼 주연은 이릉 전투가 일어난 지 37년 후인 249년에 죽었다. 소설 삼국지는 관우를 생포한 지휘관 주연을 죽여 관우의 원수를 갚으려 한 것이다. 특히 유비의 용장 조운이 죽였으니 그 의미가 더욱 특별하지 않겠는가?

한편 손권의 장수 서성徐盛, 반장, 송겸宋謙 등은 내친김에 촉한의 영토 안으로 진격하면 유비를 사로잡을 수 있다며 진격을 주장했다. 유비가 죽을 때까지 머무른 백제성은 촉한과 손권의 국경지대에 있었기 때문에 거리상 유비를 사로잡을 수 있다는 주장은 과장은 아니었다. 그러나 육손과 주연, 낙통駱統은 위나라의 대군이 남하한 것은 유비 공략을 도우려는 것이 아니라 손권의 영토를 공격하려는 의도라며 확전을 경계했다. 과연 얼마 후 위나라는 세 방면에서 손권을 공격했다. 유비는 위나라의 남침 덕분에 한숨 돌릴 수 있었다.

한 학자는 이릉 전투가 끼친 영향을 다음과 같이 설명했다. 먼저 개와 고양이처럼 촉나라와 오나라가 싸우고 반목했지만 위나라의 강대함과 대비되는 촉나라의 쇠약, 오나라의 고립 때문에 두 나라는 감정을 버리고 도리어 연합해 위나라에 대항하는 구도가 만들어졌다. 두 번째로 오나라는 형주 방어에 성공하고 오나라와 촉나라의 연합을 통해 촉나라가 형주를 침입할 위험을 제거함으로써 위나라와의 싸움에 전념할 수 있었다. 마지막으로 오나라와 촉나라의 연합은 위나라와의 세력균형을 이루게 하여 삼국정립의 기틀을 마련했다.

인생의 마지막 전투에서 패한 유비는 병에 걸렸다. 그는 결국 223년 4월 백제성의 영안궁에서 63살의 나이로 숨을 거두었다. 유비는 죽기 전에 자신을 방문한 승상 제갈량에게 상서령 이엄李嚴과 함께 태자 유선劉禪을 잘 보필하라는 유언을 남겼다. 삼국지 독자들의 입장에서 보면 조조, 관우, 장비에 이어 유비까지 주요 등장인물이 사라지면서 재미가 떨어진다. 실제로 소설 삼국지는 관우의 죽음과 이어진 이릉 전투 이후 긴장감이 떨어진다. 내용이 비슷한 『삼국지』도 그 점에서는 마찬가지이다.

## 직언과 절대 충성의 야누스 조운

조운은 용맹하면서도 강직한 충신의 아이콘으로 여겨진다. 그러나 소설 삼국지에서의 무게감이 무색하게도 정사의 기록은 간략하다. 역사를 왜곡한 진수는 전쟁터에서 싸운 장수들의 기록을 줄였고, 비중도 낮췄다. 뭐든지 순서가 중요하다. 별것 아니라고 할 수 있으나 여러 사람의 이름을 일일이 호명할 때, 그 순서는 권력의 순서로 간주된다. 특히 정보가 부족하고 언론을 통제한 공산주의국가나 독재국가의 보도를 접할 때 이름순으로 권력 서열을 추정하기도 한다. 소설 삼국지에서 눈부신 활약을 했던 조조, 유비, 손권의 장수들은 『삼국지』의 열전 순서에서 밀렸다. 가장 억울한 사람은 주유다. 손책의 동업자나 다름없고 손권 정권을 지탱했던 주유는 장소, 장굉, 제갈근, 보즐의 열전보다 뒤에 배치되었다. 열전의 배치가 의미하는 바를 아는 필자는 적어도 주유만큼은 대접을 받을 줄 알았으나 푸대접도 이런 푸대접이 없다. 조운도 마찬가지다. 뒤에서 자세히 다루겠지만 후주 유선을 2번이나 구해주었는데도 유선은 생명의 은인을 푸대접했다. 그래서 더욱 조운이 궁금해졌다. 왜 이런 대접을 받았을까? 남아 있는 기록은 너무나 짧다. 따라서 이 글은 조운 팬들에게 좋은 평가를 받지 못할 것을 안다. 이 점 양해 바란다.

조운趙雲은 상산국常山國 진정현眞定縣 사람이다. 자가 자룡子龍이다. 소설 삼국지에서는 "상산 조자룡"이라고 자주 소개되는데, 『후한서』부터 이름 앞에 본적지의 군국 이름을 붙이는 관행이 생겨났다. 『조운별전』에 따르면 그의 키는 8척으로, 현재의 미터법으로 환산하면 약 189센티미터의 장신이다. 그는 '의종리병義縱吏兵'을 거느리고 공손찬을 방문했다고 하는데, '의종'은 이민족 병사들을 지칭하는 예가 많았으므로, 아마도 이민족 기병들을 데리고 갔던 것 같다. 상산국과 그 동북쪽의 중산국은 본래 춘추전국시대 중산국이 있던 곳이었다. 중산국은 투르크계 유목민이 세운 나라였는데, 기원전 296년에 조나라에 병합되었다. 따라서 중산국에 투르크계 유목민들도 일부 거주했을 것이다. 조자룡의 혈통을 정확히 알 수 없지만, 최소한 한족이라고 하더라도 이민족과 친했고, 말타기와 무예에 능했던 것으로 보인다. 그렇지 않았으면 중국어와 다른 말을 쓰는 오환 등 이민족 군사들을 거느릴 수 없었을 것이다.

상산국은 기주에 속한 지역이었지만 조운은 원소 대신 공손찬을 택했다. 공손찬이 기주를 지배한 원소 대신 자신을 택한 이유를 묻자 그는 원소가 정치를 잘할 것 같지 않아서라고 말했다. 정치에 관한 한 공손찬은 원소보다 못하므로, 조운의 사람 보는 눈이 의심스럽다. 공손찬은 전해와 유비를 청주로 보내 원소와 싸우도록 했는데, 이때 조운도 청주로 파견되었고 유비의 부하가 되었다. 『조운별전』에 따르면, 유비는 공손찬의 부하로 있을 때 조운을 자주 만났고, 조운은 유비에게서 좋은 인상을 받았다. 조운은 형이 죽자 초상을 치르기 위해 공손찬에게 작별 인사를 했다. 조운이 떠난다는 소식을 들은 유비는 그가 돌아오지 않을 것이라고 생각하며 작별을 했는데 조운은 "죽을 때까지 덕을 배반하지 않겠습니다"라고 말했다. 이 말을 보면, 유비가 조운에게 엄청 잘해준 것 같은데, 구체적인 사례가 기록되어 있지 않아 아쉽다. 이후 조운이 유비와 만난 곳은 원소의 수도 업이었다. 아마도 조운은 형의 초상을 치른 후 원소의 군대에 들어간 것 같다. 유비가 원소에게 간 것은 두 번째로 예주와 서주를 차지하고 조조와 싸우다가 패한 201년 무렵이었다. 이때 유비는 조운과 같은 침대에서 잠을 잤다고 한다. 유비의 잠자리를 경호할 정도로 사실상 조운은 유비의 핵심 심복이었던 것이다. 유비는 몰래 조운을 보내 수백 명의 군인을 모으게 했다. 조운은 나중에 유비를 따라 여남군에서 활동하다가 유표의 형주까지 따라갔다. 「조운전」에서는 '유비의 주기主騎'가 되었다고 기록했다. '주기'는 벼슬은 아니었는데, 유비의 기병대 중 최고의 자리를 차지했거나 최고 실력을 지녔다고 해석된다. 용맹과 싸움만큼은 관우와 장비보다도 뛰어났다는 것일까?

엄격하게 말하면, 조운은 공손찬, 원소, 유비 등 3명의 군웅을 섬겼고, 바꿔 말하면 2번 주인을 바꿨다. 그래서인지 유비 주변 사람들은 조운을 믿지 못했던 것 같다. 정확히 언제인지는 모르겠으나(아마도 조조가 형주를 공격하던 때로 추정된다) 유비가 패하자 조운이 북쪽으로 갔다고 말하는 이들에게 유비는 "자룡은 나를 버리고 간 것이 아니다"라고 말했다. 유비는 조운을 믿었다. 유비의 말대로 얼마 후 조운은 유비에게로 돌아왔다. 유비와 조운은 보통 사람들이 상상하기 어려울 정도로 깊고 단단한 믿음으로 뭉쳐진 사이였다. 그는 충성의 아이콘으로 그려졌다. 그 계기가 된 것은 유비의 아들을 구한 조운의 활약상이다.

『삼국지』에서도 조운은 유비의 아들 유선을 구해 대서특필되었다. 유비는 신야에서 조조의 형주 공격을 알고 남쪽으로 달아났는데 조조가 보낸 추격군에게 당양현 장판에서 크게 패했다. 이때 유비는 아내와 아들을 버리고 도망갔고, 조운은 유선을 품고 감부인을 데리고 무사히 빠져나왔다. 가족을 버리고 달아나는 유비의 무책임한 행태는 먼 조상인 한고조 유방과 닮았다. 유방은 항우와 싸우다 패해 달아날 때 적군에게 잡힐 것 같자 아들과 딸을 수레에서 내리게 한 후 달아나려고 했다. 이때 하후영이 둘을 다시 태우고 결사적으로 달렸다. 조운은 하후영처럼 유비가 버린 가족들을 챙기느라 고생했다.

소설 삼국지에서는 이 일화에 『삼국지』에 없는 미부인을 집어넣었다. 부상당한 미부인이 아두를 맡기고 우물에 빠져 자살했다는 비극적인 내용도 추가했다. 극적인 효과를 더하기 위해 조운이 유선과 감부인을 데리고 장비가 있는 장판교에 도착하는 장면도 추가했다. "익덕은 날 도와주오"라고 말하자 장비는 "자룡, 빨리 오시게. 추격병은 내가 맡겠네" 하고는 조조의 추격병을 막았다. 조운이 나무 아래에서 쉬는 유비에게 아두를 바치자 유비는 아두 때문에 좋은 장수를 잃을 뻔했다며 땅에 던졌다. 조운은 아두를 일으켜 세웠다(42회).

이후 조운은 한 번 더 유선을 구한다. 유비가 익주를 점령했을 때 손권은 유비와 결혼한 여동생 손부인을 데려오려고 했다. 손부인은 유선을 데려가려고 했다. 유비로부터 형주를 반환받는 데 이용할 인질로 삼기 위해서다. 조운

14-7 조운의 고향인 허베이성 스좌장시 정딩현(하북성 석가장시 정정현)에 세워진 조운의 조각상. 정딩현은 시진핑이 초기에 지방 관을 지낸 곳이기도 하다.

은 이 사실을 알고 장비와 함께 손부인을 막아서며 유선을 데려왔다. 유선에 게 조운은 2번이나 목숨을 구해준 생명의 은인이었다.

이후의 『삼국지/촉서/조운전』 기록은 유비가 익주를 점령한 후의 승진 기 사와 제갈량의 1차 북벌에 참여했던 내용밖에 없다. 조운은 위나라의 대군과 싸우다 기곡箕谷에서 패하고 진동장군에서 진군장군으로 강등되었다. 그리 고 1년 후인 229년 죽었다. 진수는 조운에게 억하심정이 있었는지 조운의 활 약상을 제대로 기록하지 않았다. 「조운전」만 보면 그는 평범한 장수처럼 보 인다. 그러나 『조운별전』을 보면, 그는 용맹한 장수였다. 조운은 유비가 한중 군을 점령할 때 수십 명의 기병을 거느리고 황충을 구했으며, 다친 장저張著

를 구해왔다. 또 조조군이 군영으로 추격하자 군문을 열고 적군을 기다렸다가 조조군이 복병이 있다고 의심하고 퇴각할 때 북을 울리고 쇠뇌를 쏴 조조군을 격파했다. 이때 유비는 전투 현장을 둘러보며 "자룡은 몸 전체가 담력이로구나!"라는 유명한 말을 남겼다. 군사들은 조운을 호위장군虎威將軍이라고 불렀다고 한다. 호랑이처럼 위엄이 있고 두려워할 만한 용맹을 지닌 장군이란 뜻이다. 또 이릉 전투 당시에는 후방에 머물렀지만 오나라 군사들이 쳐들어오자 유비가 주둔한 영안까지 군대를 이끌고 가니 오나라 군사들이 더 이상 공격하지 못하고 후퇴했다. 조운의 용맹을 알기 때문이었다. 1차 북벌 때도 후퇴하면서 군수물자를 버리지 않고 모두 가지고 왔다. 『조운별전』이 조운의 일대기를 과장했다고 비판하는 학자들도 있지만 무미건조한 『삼국지/조운전』보다 오히려 신뢰가 간다. 소설 삼국지의 작가들도 『삼국지』에 조운의 활약상이 너무 적은 것이 아쉬웠는지, 각 전투마다 조운의 무용이 드러나는 장면을 만들어냈다. 용맹한 조운의 이미지는 소설 덕분이다.

조운은 용맹스럽고 충성스러운 무장이었을 뿐만 아니라 사심 없고 강직한 신하였다. 유비는 손부인이 교만하고, 그녀가 데리고 온 오나라 군사들이 불법을 저지르자 엄격하고 사심 없이 일을 잘 처리하는 조운에게 이 일을 담당하게 했다. 다른 사람들 같으면 유비의 아내이기 때문에 눈치를 보며 손부인에게 아부할 테지만 그는 그러지 않을 거라는 걸 알기 때문이었다. 손부인이 유선을 강동으로 데리고 가더라도 다른 이라면 눈치 보며 아무 일도 못했을 텐데, 조운은 그녀로부터 유선을 데려왔다. 쉽지 않은 행동이었다. 조조가 형주를 공격하기 전에 하후돈과 남양군 박망현에서 싸울 때 하후란夏侯蘭을 생포한 이후의 일도 그의 성품을 잘 보여준다. 하후란은 조운과 동향 사람이었고 젊을 때부터 잘 알던 사이였다. 조운은 유비에게 아뢰어 하후란을 살려주도록 했고, 그가 법률에 밝다며 추천하여 군정軍正에 임명되도록 했다. 이처럼 그는 동향 사람을 살려주고 군의 헌병 장교로 추천했지만, 자기 가까이에 두지는 않았다. 동향 사람을 중용한다는 의심을 피하기 위해서다. 그는 공평하고 사심이 없는 사람이었다.

조운은 유비에게 쓴소리를 마다하지 않는 사람이었다. 유비는 파촉을 정복한 후 성도성의 집과 성 밖의 과수원과 농지, 뽕나무밭을 여러 장수에게 나눠주려고 했다. 성도 사람들의 재산을 빼앗아 나눠주는 것이니 점령군 행세를 하려고 한 것이다. 이에 조운은 약탈을 금지하도록 간언했고 유비는 이를 받아들였다. 옛날에는 병사들이 자기 목숨을 걸고 전투에서 이겨 성을 점령하면 약탈하는 것이 일반적인 관행이었다. 조운은 다른 장수들과 병사들의 불만을 알고서도 이를 금지시킨 것이다. 중국의 역사책에는 기록되지 않았지만 그리스, 로마 등 유럽과 아랍의 기록을 보면, 적국의 성이나 도시를 점령하면 최소 사흘 동안 약탈할 수 있는 권리가 보장되었다. 아마 중국도 마찬가지였을 것이다. 피정복민의 사유재산을 보호하는 행위는 파촉 사람들에게는 미담이지만, 유비의 부하들에게는 원성을 사는 행동이었다. 그러나 조운은 눈치를 보지 않고 자기 소신대로 말했다. 조운은 이전에도 비슷한 '사고'를 쳤다. 적벽대전 이후 계양군을 점령하고 계양태수에 임명되었을 때 전임 태수인 조범이 과부인 형수 번씨의 미모를 운운하며 조운에게 결혼할 것을 권했다. 그러나 조운은 조범과 동성임을 거론하며 거절했다. 용자는 미인을 좋아한다고, 점령지이고 조범도 권하니 미인 번씨를 취할 법도 했지만 조운은 그러지 않았다. 이런 조운의 성품을 알았던 유비이기에 그의 진심을 믿고 그의 진언이나 간언을 받아들였을 것이다. 또한 조운은 제갈량과 함께 유비의 복수전에 대해서도 반대했다. 조운 역시 관우·장비와 생사고락을 함께했다. 동료 혹은 선배 장군 두 사람이 비명횡사했으니 당연히 복수심이 일었을 것이다. 하지만 유비와 달리 조운은 감정보다 이성을 앞세웠고 먼저 위나라를 공격해야 한다고 주장했다. 그는 복수는 위나라를 정복한 후에 해도 늦지 않다며 관중부터 점령해야 한다며 간언했다. 물론 이성을 상실한 유비는 조운의 간언을 듣지 않았고, 오히려 조운에게 서운했는지 그를 원정군에서 제외하고 후방인 파군의 강주현을 지키게 했다.

조운은 심지어 독재 권력을 휘두른 제갈량에게도 간언을 서슴지 않았다. 1차 북벌 때 조운은 무기와 물자를 버리지 않고 온전히 지켜 돌아왔다. 제갈량은 조운이 가져온 비단을 비롯한 물자를 장수와 사병들에게 나눠주려고 했다. 이에 조운은 "군대가 패했는데 어찌 물자를 하사하려고 합니까? 이 물자들을 적안赤岸의 창고에 넣어두고 시월이 되면 월동 물자로 나눠주십시오"라고 간언했다. 제갈량은 조운의 간언을 따랐다.

여기까지가 『삼국지/조운전』과 『조운별전』을 바탕으로 재구성한 조운의 일대기다. 조운은 유비에게 충성스럽고 믿음직스러운 신하였지만 유비가 싫어하는 직언도 마다 않는 강직한 사람이었다. 황제나 왕, 상관들은 충성스러운 신하나 부하를 원하지만 자기에게 대놓고 간언하는 사람을 좋아하지 않는다. 조자룡은 바로 그런 사람, 직설적이고 신랄한 직언을 아끼지 않은 충직한 사람이었다.

## 유비의 딜레마: 관우의 복수와 촉오동맹 ____

유비의 전쟁은 너무 무모했다. 평가가 다소 과격할지 모르겠으나 역사적인 예들을 찾아봐도 유비의 공격은 무리였다.

파촉(익주)에 존재한 국가와 왕조, 정권, 군벌은 여럿이지만 그 가운데 장강 중류 지역을 점령하거나 장강 중류 지역의 군대와 싸워 이긴 세력은 별로 없다. 굳이 꼽자면 춘추전국시대 파巴나라가 초楚나라의 서쪽 변경(장강 중류)을 공격해 몇 개 고을을 점령한 경우뿐이다. 그마저도 국지적인 승리였다. 오히려 222년 유비의 손권 정벌, 5세기 초 초종譙縱 정권의 동진 공격, 533년 익주자사 무릉왕武陵王 소기蕭紀의 상동왕湘東王 소역蕭繹(양원제) 공격 등 실패한 사례가 더 많다.

반면 장강 중류 지역의 정권이나 군대가 장강 상류의 파촉(익주와 사천) 지역을 점령한 사례는 많다. 36년 후한의 장군 잠팽岑彭과 오한吳漢의 공손술公孫述 정권 정복, 346년 동진東晉의 형주자사 환온桓溫의 성한成漢 정복, 533년 양梁나라 원제元帝의 익주자사 무릉왕 소기 공격 및 살해, 1371년 명나라 장군 탕화湯和와 부우덕傅友德의 명승明昇 정복, 1640년 명나라 말 농민 반란의 우두머리 장헌충張獻忠의 사천 입성 등이 그러한 예이다. 물론 유비의 파촉 정복도 빼놓을 수 없다.

이는 화북이나 관중의 국가, 왕조들이 파촉(익주, 사천)과 다른 지역에서 동시에 장강 유역의 국가, 왕조를 공격한 예들은 생략한 것이다.

이러한 예들을 포함한다면 서진의 오 정복과 당나라 이정李靖의 소선蕭銑 격파 등 장강 상류에서 장강 중류 지역에 승리를 거둔 예가 있기는 하다. 그러나 이 경우 화북과 장강 상류를 동시에 지배한 것이며, 장강 상류의 지역 정권만의 힘으로 이긴 것은 아니었다.

어쨌든 역대 전적을 살펴봐도 장강 상류의 파촉 세력이 장강 중류 세력에 이긴 예보다는 진 예가 많았다. 물론 유비 생전에는 1승 1패였으므로 유비로서는 해볼 만했을 것이다. 그러나 그 후 2,000년 동안의 승률을 계산해보면 이기기 어려운 싸움이었다. 그렇다면 221년 손권을 공격하기로 결정한 61세의 유비는 노망이나 치매에 걸리기라도 한 것일까? 그렇지는 않을 것이다. 유비 자신도 오나라 정벌의 현실적 어려움을 모르지 않았을 것이다. 그럼에도 정벌에 나선 것은 단순한 판단 착오가 아닌 유비의 성격이나 유비 집단의 속성 때문이었다.

유비를 따라다닌 부하들은 몇몇 사람들을 제외하면 별볼일없는 사람들이었다. 원환, 진군, 진등 등 당시 정치적, 사회적으로 능력 있고 이름이 알려진 사람들은 유비가 패하자 미련 없이 조조에게 항복해 출셋길을 걸었다. 너무나 당연한 것 아닌가? 제대로 된 지역 기반 하나 없이 여기저기 떠돌아다니는 유비보다는 황제를 볼모로 잡고 화북을 통일해 확고한 기반을 다진 조조의 편이 되는 것이 자신과 가문의 출세와 성장에 도움이 될 것임은 누구나 알 수 있었다. 그런 이유로 유비 진영에는 권력도 배경도 없던 시절부터 함께해온, 의리로 뭉친 사람들이 많았다. 한때 조조에게 항복했지만 결국 부귀영화와 출세라는 달콤한 유혹을 뿌리치고 유비를 찾아간 관우, 유비의 안전한 퇴각을 위해 장판의 다리를 끊고 수십 명의 기병으로 조조의 대군과 맞선 장비, 유비의 처자를 구하기 위해 목숨을 건 조운, 유비를 성공시키기 위해 고향의 막대한 재산과 농토까지 버리고 따라다닌 미축 등등이다. 자신에게 충성하는 부하들에게 자신은 의리 있는 놈이라는 사실을 유비는 보여줘야 했다. 유비가 황제로 즉위했을 때는 60을 바라보는 나이. 언제 죽어도 자연스러운 나이였다. 죽을 때가 가까웠으니 살아남은 신하들에게 뭔가 교훈을 남겨줘야 했다. 충신에게는 어떠한 방법으로도 보답한다는 것을. 설사 그 결과가 최악이더라도 말이다.

미국 메이저리그에서는 종종 빈볼 시비 때문에 집단 난투극이 벌어지고 일부 선수들은 퇴장을 당하곤 한다. A팀의 투수가 B팀의 중심타자를 맞혀 몸에 맞는 공으로 내보낸다. 만약 고의성이 있다고 판단되면 B팀의 투수도 A팀의 타자를 맞히는 보복을 감행한다. 일종의 치졸한 신경전이지만, 동업자 정신을 발휘해 동료 선수가 몸에 맞아 부상을 당할 수 있는 상황이고 그런 식의 행위가 계속되면 팀의 공격이나 사기에도 영향을 주기 때문에 투수들은 자기 팀을 위해 퇴장을 감수하고 보복성 공을 던진다. 그리하여 두 팀 선수들끼리 싸우게라도 되면 벤치에 앉아 있는 선수들도 운동장에 나와 같이 싸워야 한다(벤치 클리어링). 이때 싸움을 피하는 선수들은 왕따가 된다. 지금은 은퇴한 박찬호 선수가 메이저리그에 데뷔한 후 '신참 신고식'에 과민 반응했다가 선수들로부터 왕따 비슷한 것을 당했지만 유명한 이단옆차기를 선보인 라이벌 팀과의 벤치클리어링으로 LA 다저스 선수들에게는 오히려 '동료'로 대접받은 일도 있다. 몇 경기 출장 금지 처분은 감수해야 했지만.

유비의 상황도 메이저리그 선수들과 같았다. 가장 믿었던 2인자 관우가 자기를 위해 싸우다가 죽었다. 게다가 함께 북벌하려다 자신이 회군하는 바람에 일어난 일이라는 죄책감과 마음의 빚도 있었다. 관우의 복수를 위해 1만 명의 군대를 거느리고 손권을 공격하는 선봉장을 자임했던 3인자 장비도 부하들의 손에 죽었다. 자신을 위해 충성하던 왼팔과 오른팔이 비명횡사했는데 손권의 화의 요청이나 조운의 간언을 듣고 보복하지 않는다면 남아 있는 부하들이 유비를 어떻게 보겠는가? 의리로 뭉쳐진 임협 집단의 성격이 강한 유비와 부하들의 관계에서는 어떤 정치적, 경제적 이익보다 의리를 지키는 것이 더 중요했다. 적어도 조조의 부하가 되어 잘 먹고 잘살 수 있었던 관우가, 다시 일어설 가능성이 낮았던 시절의 자신을 찾아온 사실을 유비가 기억한다면 말이다.

후대의 역사학자로서 필자가 보기에도 유비가 손권을 공격한 것은 외형적으로는 무리한 짓이었다. 그러나 이 전쟁은 대외용이기 이전에 대내용이었다. 소수의 외지인이 파촉(익주)을 지배하는 상황에서 소수가 다수를 이기려면 단결하는 수밖에 없었다. 유비는 부하들의 단결과 충성을 보장받기 위해서라도 부하의 원수를 반드시 갚아준다는 지도자의 의리를 부하들에게 입증해야 했다. 유비와 그 부하들에게 중요한 것은 결과가 아니었을 것이다.

물론 필자의 견해에 반대할 사람이 있다. 바로 제갈량과 조운이었다. 하지만 유비는 두 사람의 반대를 무시했다. 제갈량은 법정이 살아 있었다면 유비가 그의 간언은 들었을 것이라고 생각했다. 그러나 제갈량과 조운의 간언도 듣지 않은 유비가 법정의 말이라고 들었을까? 필자는 아니라고 본다.

이러한 평가에 대해, 어떤 독자는 그렇다고 해도 어떻게 높은 패전의 가능성, 수많은 장수와 병사들이 죽을 피해를 감수할 수 있느냐고 반문할 수 있을 것이다. 필자가 너무 유비의 편에서 좋게 해석했는지도 모른다. 그러나 유비가 의리를 과시했기 때문에 촉한의 신하들은 함부로 유비와 유비의 아들 유선을 배반하지 않았다. 예컨대 장강 북쪽의 군대를 지휘하다가 전세가 불리해 어쩔 수 없이 위나라에 항복한 황권은 위나라의 신하로 살았지만 유비와 촉한을 옹호했다. 오히려 황권의 아들 황숭黃崇이 촉한에서 요직인 상서랑尙書郞에 임명되었던 것으로 보아 용서 차원을 넘어 황권 일족은 여전히 우대를 받았다. 그 결과는 어떠했을까? 황숭은 위나라의 등애鄧艾가 촉한을 공격하자 제갈량의 아들인 위장군衛將軍 제갈첨諸葛瞻을 따라 전쟁터에 나갔다. 부현涪縣까지 간 제갈첨이 진격하기를 주저하자 황숭은 "먼저 험한 곳을 점거하여 적군의 진격을 막고 적군이 평지로 나오지 못하도록 해야 합니다"라고 계책을 올렸다. 그러나 제갈첨이 이를 받아들이지 않자 황숭은 전쟁에서 질 것을 예감하고 눈물을 흘렸다. 촉한의 군대가 면죽현綿竹縣까지 진격하여 등애의 군대와 싸우게 되었을 때, 황숭은 군사들을 독려해 죽을 것을 각오하고 싸우다가 결국 전쟁터에서 죽었다. 유비가 황숭과 그 가족들에게 관용을 베풀지 않았다면 황숭은 목숨을 걸고 싸우지 않았을 것이다. 질 것이 분명한 전쟁에서 자기 목숨을 걸고 싸우기는 쉽지 않다. 장비의 손자 장준도 제갈첨을 따라 등애와 싸우다 전사했다. 사마광이 말한 대로 '음덕'은 자손 대대로 이어진다.* 이런 예들을 보면 유비는 전쟁에서 패해 많은 군사들을 사지로 몰아넣어 죽게 만들고 또 자신의 수명까지 단축시켰지만, 살아남은 부하들과 그 자손들의 충성심을 이끌어냈다. 전술은 실패했지만, 전략은 성공한 것이다.

## 관습에 얽매이지 않은 유비 _____

소설 삼국지를 읽은 독자 가운데 유비가 관우, 장비와 의형제를 맺는

---

* 사마광은 재물이나 책을 자손들에게 물려줄 생각을 하지 말고 음덕을 쌓으면 후손들에게 도움이 된다고 강조했다.

모습을 가장 인상 깊은 장면으로 꼽는 분들도 많을 것이다. 유비와 관우, 장비는 복숭아나무가 있는 정원에서 의형제가 되고 같은 날 죽기로 맹세했다(1회). 도원결의. 하지만 맹세와 달리 세 사람은 같은 날 죽지 못했다.

『삼국지』에는 유비가 관우, 장비와 도원결의했다고 오해할 만한 내용이 있다. 『삼국지/관우전』은 "유비와 두 사람은 잘 때 같은 침상에서 잘 정도였으니 인정이 형제와 같았다"고 했다. 중국 성풍속에 대한 책을 쓴 미국 학자는 이 구절을 인용하며 유비와 관우, 장비가 동성애 관계에 있었다고 주장했다. 물론 동의하기 어렵다. 일단 이 사료를 보면 유비, 관우, 장비가 형제처럼 친한 사이였음을 알 수 있다. 게다가 『삼국지/장비전』에서도 장비가 관우보다 나이가 몇 살 어렸기 때문에 관우를 형으로써 섬겼다고 기록했다. 이 정도면 소설 삼국지에서 말한 대로 도원결의가 기정사실 같지 않은가? 아마도 소설 삼국지의 작가들은 이 두 기록을 바탕으로 세 사람을 의형제로 만들어냈을 것이다.

독자들에게 미안하지만, 복숭아나무는 연평균 15도 전후의 온도에서 자라며, 우리나라의 경우 소백산맥 이남에서 주로 생존했다(지구온난화가 진행되는 지금은 휴전선 이북에서도 자란다고 한다). 중국의 화이허강(회수)이 우리나라의 차령산맥이나 소백산맥과 비슷한 농작물과 나무의 북한계선이므로 중국에서는 회수 이남에서 복숭아가 재배되었을 것이다. 유비와 장비의 고향인 탁현은 지금의 북경 동남쪽인데, 도저히 복숭아나무가 자랄 수 없는 곳이었다. 복숭아나무가 자라지 않으니 복숭아나무 정원인 '도원桃園'이 있을 수 없고, 따라서 도원결의는 불가능했다. 여기까지는 말장난처럼 느껴지지만 당시 가족제도에서도 의형제는 상당히 드물었다.

지금 우리나라에서는 가족 사이에 통용되어야 하는 '형', '언니', '오빠', '동생', '형제', '자매'라는 말이 피가 전혀 섞이지 않은 사람들에게도 붙이는 호칭이 되었다. 이런 용어에 익숙하다보니 의형제가 자연스럽게 들릴 것이다. 그러나 당시 분위기에서는 의형제가 자연스러운 현상이 아니었다. 당시 사회적 분위기 때문이다. 후한 말부터 위진남북조시대까지 문벌門閥이라 불리는 특정 가문이 정치·경제·사회를 지배했다. 즉 이웃과의 관계보다 가족 혹은 친족과의 관계가 중요했다. 후한 말부터 국가에 대한 충성보다 부모에 대한 효孝가 강조되었던 것도 이러한 분위기 때문이다. 즉 충과 효 가운데 하나를 택해야 하는 상황이면 효를 택해야 자신의 출세에도 긍정적으로 작용했다. 구한말 13도 의병이 서울의 동쪽에 모여 수도 진격 작전을 펼칠 때 당시 의병장이 부모의 상을 당하자 그는 지휘를 포기하고 초상을 치르러 고향으로 갔다. 고등학생 때 이러한 내용을 처음 접했던 필자는 '세상에 저런 바보가 있나?'라고 생각했지만, 당시 기준에선 부모의 초상을 치르지 않으면 불효의 낙인이 찍혔다.

소설 삼국지에서 세 사람이 의형제를 맺었다고 묘사한 것은 오대와 송원 시대 이후, 특히 군인들 사이에서 의형제를 맺었던 관습이 소설에 투영되었기 때문일 것이다. 혹자는 유목민들의 풍습이라고 보기도 한다. 송원 혹은 명청 시대에는 의형제를 맺는 풍습이 널리 퍼져 있었기 때문에 세 사람을 의형제로 묘사하는 것이 현실감 있었을지도 모른다.

명청시대에 상공업과 화폐경제가 발달하면서 도시로 몰려든 건달들이 무술을 배우고 서로 호형호제하는 분위기가 있었다. 또 명 말 농민 반란 당시 여러 반란 집단들이 자신의 집단을 '가家', 즉 '집'이라고 불렀던 사실에서 알 수 있듯이, 혈연보다 의형제를 맺는 의사혈연

擬似血緣을 중시하는 분위기가 있었다. 소설 삼국지의 의형제 이야기는 명청시대 사회 분위기에 영합하기 위해 만든 허구일 뿐 실제와 달랐다.

이런 사회적 분위기를 보면 유비와 관우, 장비가 의형제를 맺었다는 내용은 사실이 아니었다. 필자의 주장을 뒷받침하는 증거가 『삼국지/위서/유엽전』에 보인다. 조비가 신하들에게 유비는 과연 관우를 위해 오나라에 보복 전쟁을 할 것인지를 묻자 유엽만이 그렇다고 대답했다. 유엽의 대답 가운데 "관우와 유비는 의義로는 군신 관계이고 은恩은 부자父子와 같습니다"라는 구절이 있다. 유비와 관우의 관계가 군신 관계이기도 하고 부자 관계이기도 하다는 뜻이다. '군신'과 '부자'가 대구로 제시된 것을 보면 유비와 관우는 의형제가 아니라 주종 관계이다. 유가 사상에 따르면 부자 관계도 아들이 아버지에게 철저히 복종하는 관계이다. 따라서 유비와 관우·장비는 서로 친하고 믿으며 의지하는 사이이긴 하지만 군신 관계 혹은 상관과 부하의 관계라는 틀을 벗어나지 못했다.

그러나 소설 삼국지의 작가들이나 독자, 청자 모두 유비와 관우·장비를 군신 관계로 이해하기보다는 의형제로 보고 싶었을 것이다. 관우의 복수를 위해 장비와 유비가 차례로 죽었으니 스토리도 자연스럽지 않은가. 의형제를 맺는 습속이 자연스러웠던 원대 혹은 명청시대에 도원결의를 맺었다는 내용이 세 사람의 친밀하고 아름다운 관계를 잘 설명해주었기 때문에 이때 소설에 첨가되었을 것이다. 하지만 그렇다고 해도 유비는 부계 혈통의 가족을 중시하던 당시 분위기에서 뭔가 좀 이질적인 사람이었던 것은 사실이다. 그는 같이 공부한 공손찬을 형으로 섬겼고, 아두(유선)를 낳기 전에 유봉이란 젊은이를 양자로 맞이했다. 이 두 예를 보면, 유비가 가족 중심 질서에 함몰되지 않은 자유로운 영혼을 가지고 있었음은 분명하다. 이 때문에 후세 소설 삼국지의 작가들이 유비가 관우, 장비와 의형제를 맺었다고 사실을 비틀어도 별다른 반론 없이 자연스럽게 받아들여졌을 것이다.

게다가 이들의 관계는 형제나 친구처럼 가깝고 친했으며, 서로를 아꼈다. 그리고 잇따라 세 사람이 비극적으로 죽었고, 그 계기가 관우의 죽음 때문이었다는 점이 사람들에게 큰 감동을 주었다. 양양을 공격하던 관우가 손권의 배신으로 형주를 빼앗기고 죽었다. 그 과정에서 유비가 믿었던 미방(미축의 동생)이 배신했다. 복수를 좋아하는 중국인인 유비가 관우를 위해 복수의 칼날을 갈았던 것은 어쩌면 당연해 보인다. 그러나 임금인 유비가 신하인 관우를 위해 복수할 이유는 없었다. 복수는 핏줄이 섞인 가족이거나 학연, 문생고리라는 권력 관계에만 해당되었다. 스승과 제자, 상관과 부하의 경우 제자나 부하가 스승과 상관을 위해 복수하지, 그 반대의 경우는 거의 없었다. 황제나 왕에게 신하는 장기의 말이나 바둑판의 돌처럼 버릴 수 있는 존재였다. 필자의 중국사 지식이 부족하기는 하지만, 황제나 왕이 신하를 위해 보복 전쟁을 벌인 사례는 거의 보지 못했다. 따라서 유비의 보복전은 무척이나 특이한 사례다. 앞에서 필자는 유비가 관우와 함께 두 갈래로 북벌을 시도하다가 한중군만 점령하고 되돌아왔다고 설명했다. 통설과 전혀 다른 주장이다. 병진 작전을 포기하고 혼자 회군하는 바람에 결과적으로 관우가 죽게 되어 유비는 깊은 죄책감을 느꼈을 것이다. 이러한 죄책감 때문에 관우의 복수를 위해 전쟁을 시도했을지도 모른다.

그러나 황제나 왕의 가장 큰 자질이자 덕목은 무책임함이다. 역설적으로 들릴 수도 있겠지만 불편한 진실이다. 자기는 책임을 지지 않고 남 탓하는 것이 황제와 왕의 최고의 덕목인 것이다. 이 분야의 최고는 당唐고종이다. 그는 재상 상관의를 불러 황후 무씨(무측천)를 황후에서 폐한다는 조서를 작성하게 했다. 하지만 무씨가 현장을 덮쳐 이 조서를 발견하자 그는 "상관의가 짐을 협박해 이 조서를 쓰게 했소. 내 진심이 아니오"라고 말하며 모든 책임을 충신 상관의에게 돌렸다. 그 결과 상관의는 모든 책임을 뒤집어쓰고 역적으로 몰려 사형당했고, 상관씨 남자들은 사형, 여성들은 관청의 노비가 되는 최악의 형벌을 받았다. 당고종보다는 책임감이 있는 명 숭정제는 이자성의 반란군이 북경을 함락할 것이 분명해지고 도망갈 곳이 없자 자금성 북쪽 산에 올라 스스로 목숨을 끊었다. 환관 왕계은이 숭정제가 나무에 목매달아 죽는 것을 도와줬지만, 자살이라고 하자. 이때 숭정제는 유언을 남겼는데, 명나라의 사직이 끊겨 조상 볼 면목이 없다고, 하지만 이는 자신을 보필하지 못한 신하들 탓이라고 했다. 망국의 군주가 자살한 유일한 예라서 엄숙해야 하지만 남 탓하는 모습에 쓴웃음이 나온다. 조선의 선조도 임진왜란이 터지고 신립이 탄금대에서 자멸하자 가장 먼저 도망갔다. 압록강을 건너 명나라로 도망가려고 했다. 명나라가 거부해서 실패했을 뿐이다. 이순신 장군과 각지의 의병들이 분투해 결국 나라를 빼앗기지 않았지만 임진왜란 도중 선조가 한 일은 없었다. 뒤치다꺼리는 세자 광해군이 다 했다. 선조가 한 일이라고는 공을 세운 사람들을 처단한 것이다. 국가와 민족을 위해 자기 재산을 털어 의병을 일으킨 의병장들은 공신이 되기는커녕 역적으로 몰려 죽거나 귀양 갔다. 이순신 장군도 노량해전에서 전사'당했다'. 만약 이순신 장군이 노량해전에서 죽지 않았다면 질투심 많은 선조의 모함으로 멸문지화를 당했을 것이다.

권력은 이런 것이다. 중국의 황제와 한국의 왕들은 이처럼 무책임했고 그렇게 권력을 유지했다. 이 글을 읽는 독자들 가운데 직장에서 이런 상관들을 많이 봤을 것이다. 자신이 명령을 내리고 일이 잘못되면 모두 부하들 책임으로 돌리는 야비한 상관들. 유비는 드물게 자기가 책임졌다. 관우의 죽음을 정치적으로 풀어갈 수도 있었지만 그는 질 확률이 높은 전쟁을 감행했다.

장비도 합세했다. 소설 삼국지처럼 장비가 관우의 죽음을 애통해했는지는 알 수 없다. 『삼국지』에는 그에 대한 기록이 없기 때문이다. 다만 유비의 복수전에 참가하기 위해 주둔지인 낭중에서 강주(파군의 치소)로 이동한 후 부하 장달과 범강에게 피살되었다는 기록이 있을 뿐이다. 장비가 부하들을 심하게 다뤘다는 바로 앞 문장을 보면 두 사람이 장비에게 심한 처벌을 받아 그에 대한 복수로 장비를 살해했을 것이라는 추정만 가능하다. 필자보다 많은 지식과 풍부한 상상력으로 무장한 소설 삼국지의 작가들은 장비가 사흘 동안 흰색의 깃발과 갑옷을 만들게 하자 부하 범강과 장달이 간언했고, 두 사람을 매질한 장비가 술 취한 상태에서 두 사람에게 피살되었다는 허구를 만들었다(81회). 충분히 있을 법하다. 어쨌든 짧은 기록이지만 『삼국지/장비전』을 보면 장비가 관우를 위한 복수전 직전에 죽었음은 분명하다.

가장 신임하는 부하 관우와 장비를 잃은 유비. 그렇다고 해도 일반적인 황제나 왕이라면 복수전을 생각하지 않았겠지만 유비는 일반적인 황제가 아니었다. 그는 부하를 위해 복수전을 감행했다가 실패했고, 겨우 살아 영안(백제성)으로 도망친 뒤 거기서 죽었다. 부하를 위해 자기 목숨을 거는 지도자라니. 복수를 '사랑'하는 중국인들이 반할 수밖에 없는 캐릭터다. 이에 착안한 삼국지의 작가들은 상상의 나래를 펴서 유비가 관우와 장비의 복수를 감행했던 이유를 형제애에서 찾았다. 피 한 방울 섞이지 않았지만 의형제였기에 피가 섞인 형제와 다름없다고. 게다가 의형제를 당연시하던 사회 분위기와 맞물려 이들의 상상력은 기정사실처럼 굳어졌다. 소설의 작가나 청중 혹은 독자들은 세 사람이 의형제라는 '사실'을 자연스럽게 받아들였다. 복수는 가족과 이해관계가 있는 사람들을 위해 하는 것이기 때문이다. 황제인 유비가 일개 신하들을 위해 자신의 목숨을 건 복수전을 감행한 것을 보면 세 사람 사이는 보통 관계가 아니라고 생각할 수밖에 없다. 도원결의가 사실이 아니라고 생각하면서도 그렇다고 완전히 날조된 허구가 아니라고 생각하는 이유다.

### 유비의 유랑과 의리의 부하들

유비는 한나라 황실의 자손이라고 하지만 잘나가는 집안 출신은 아니었다. 유비의 할아버지 유웅劉雄은 기껏해야 현령에 머물렀고, 아버지 유홍劉弘도 지방의 말단 관리에 불과했다. 물론 당시의 관행대로 지방 관리를 거쳐 중앙에 추천되어 벼슬하는 과정을 밟았겠지만, 유홍은 중앙에 추천되기 전에 죽었다.

유비는 어려서 아버지를 여의고 어머니와 돗자리를 짜고 신발을 만들어 팔며 생계를 유지했다. 벼슬도 황건적을 토벌하는 의병을 일으켜 말단인 현위縣尉에 임명되며 겨우 시작했다. 미래의 경쟁자인 원소나 원술, 조조가 고관대작의 가문에서 태어난 덕에 젊은 시절에 이미 높은 벼슬에 오른 것과 비교하면 차이가 컸다. 그러다보니 이름도 알려지지 않고 변변한 벼슬도 하지 못해 확고한 지역 기반을 얻는 데 실패했다. 유비가 이리저리 떠돌아다닌 이유다. 14-8 지도는 유비가 활동한 지역을 모두 모아 정리한 것이다.

14-9 표는 각 주와 군의 면적과 하위 행정조직의 변화를 무시한 자료이다. 따라서 수치의 정확성보다 대강의 추세를 파악하는 데 유용한 자료이다. 또 알다시피 유비가 서주목, 예주자사, 형주목에 임명되었다고 해서 해당 관할 구역의 군현을 모두 지배한 것은 아니었다. 사료에서 이를 밝히기 어려운 점이 있다. 일단 해당 지역을 모두 장악했다고 가정하고 살펴보자.

14-10 지도는 14-9 표에서 언급된 지역을 표시한 것이다.

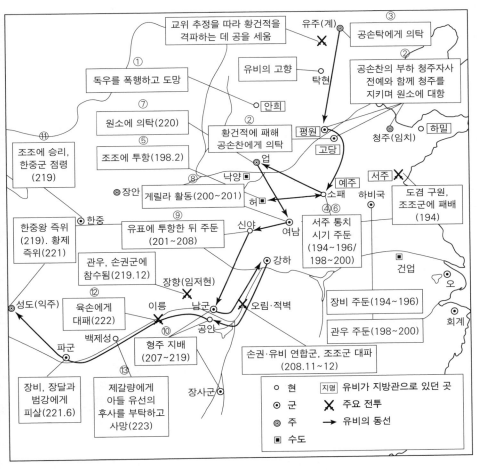

교위 추정을 따라 황건적을
격파하는 데 공을 세움

유주(계)

③ 공손탁에게 의탁

② 공손찬의 부하 청주자사
전예와 함께 청주를
지키며 원소에 대항

유비의 고향

탁현

① 독우를 폭행하고 도망

안희

⑪ 원소에 의탁(220)

② 황건적에 패해
공손찬에게 의탁

평원

고당

청주(임치)

하밀

⑪ 조조에 승리,
한중군 점령
(219)

⑤ 조조에 투항(198.2)

⑧ 게릴라 활동(200~201)

낙양

업

예주

서주

도겸 구원,
조조군에 패배
(194)

장안

허

소패

하비국

한중왕 즉위
(219). 황제
즉위(221)

한중

⑨ 유표에 투항한 뒤 주둔
(201~208)

신야

여남

④⑥ 서주 통치
시기 주둔
(194~196/
198~200)

관우, 손권군에
참수됨(219.12)

장향(임저현)

강하

건업

오

성도(익주)

⑫ 육손에게
대패(222)

이릉

남군

오림·적벽

공안

장비 주둔(194~196)

회계

파군

백제성

⑩ 형주 지배
(207~219)

관우 주둔(198~200)

장비, 장달과
범강에게
피살(221.6)

⑬ 제갈량에게
아들 유선의
후사를 부탁하고
사망(223)

장사군

손권·유비 연합군, 조조군 대파
(208.11~12)

○ 현    지명 유비가 지방관으로 있던 곳
◉ 군    ✗ 주요 전투
◎ 주    → 유비의 동선
■ 수도

14-8 유비의 활동.

| 주군명 | | 군현 수 | 호수 | 인구수 |
|---|---|---|---|---|
| 서주 | 전한 | 7군 138현 | 1,150,238호(9.3%) | 5,241,242명(9.1%) |
| | 후한 | 5군 62현 | 476,054호(5.1%) | 2,791,683명(5.8%) |
| 예주 | 전한 | 4군 102현 | 1,341,866호(10.9%) | 6,944,353명(12%) |
| | 후한 | 6군 99현 | 1,142,783호(12.2%) | 6,179,139명(12.9%) |
| 여남군 | 전한 | 37현 | 461,587호(3.7%) | 2,596,148명(4.5%) |
| | 후한 | 37현 | 404,448호(4.3%) | 2,100,788명(4.4%) |
| 형주 | 전한 | 7군 115현 | 668,597호(5.4%) | 3,597,258명(6.2%) |
| | 후한 | 7군 117현 | 1,399,394호(15%) | 6,265,952명(13.1%) |
| 익주 | 전한 | 9군 128현 | 1,024,159호(8.3%) | 4,784,214명(8.3%) |
| | 후한 | 12군 118현 | 1,525,257호(16.3%) | 7,036,581명(14.7%) |

14-9 유비가 활동한 지역의 호수와 인구통계. 괄호 안의 비율은 전국 호수 혹은 인구수 대비 해당 주군의 비율이다.

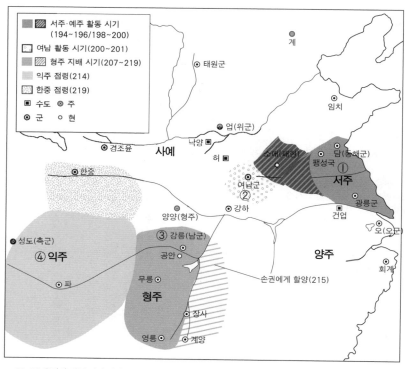

14-10 유비의 지역 기반 변화.

전한이나 후한 시대 자사부(주)는 13~14개였으므로, 호수와 인구수가 전국 대비 10%를 넘는다는 것은 평균보다 많다는 뜻이었다. 후한시대의 호수와 인구를 보면 예주와 형주, 익주는 인구가 많았기 때문에 경제적으로 부유한 지역이었을 것이다. 다만 서주는 전한에 비해 후한시대에 호수와 인구가 감소하고 전국에서 차지하는 비중도 크게 감소했다. 여남군은 전한시대에 인구가 가장 많았던 군이며 후한시대에는 남양군에 이어 전국에서 두 번째로 인구가 많았던 군이다.

유비가 거쳐간 곳이 최소 5곳이라는 것은 유비가 한 곳에 뿌리내리지 못했음을 보여준다. 유비가 역마살이 있는 것이 아니라 힘이 없어 자꾸 쫓겨났기 때문이다. 이런 별볼일없는 유비 밑에 인재가 모일 리가 없다. 14-11 지도는 유비의 부하가 되었던 인물들이 처음 유비와 합류한 지역을 표시한 것이다.

유비가 황건의 난을 진압하며 처음으로 역사의 무대에 등장했을 때부터 유비와 생사를 함께한 인물은 관우와 장비 그리고 간옹이다. 이후 유비가 청주자사 전예를 돕기 위해 청주의 평원상으로 근무할 무렵 조운이 유비의 부하가 되었다. 이후 유비가 서주목이 되어 괜찮은 지역 기반을 얻었을 때 노비 1만 명을 거느린 거부 미축·미방 형제와 손건이 합류했다. 미축은 자기 여동생을 유비와 결혼시켰고, 노비 2,000명과 금은 등 재물을 유비에게 바쳐 군자금으로 사용하도록 했다. 얼핏 정경유착을 노린 듯하지만 꼭 그렇지도 않았다. 후에 조조가 미축을 영군태수嬴郡太守, 미방을 팽성상에 임명했지만 그들은 조조가 준 벼슬을 버리고 고향을 떠나 유비를 따라다녔다. 후에 미방이 관우와의 원한 때문에 손권에게 항복하지 않았다면 미축 형제는 파촉에서 부귀영화를 누렸을 것이다.

반면 이 시기에 유비와 결별한 주요 인물은 원환袁渙과 진군, 진등 등이다. 원환은 삼공의 하나인 사도를 지낸 원방袁滂의 아들이었다. 즉 잘나가는 정치 명문가 출신이었다. 그는 유비가 예주를 다스릴 때 유비의 부하로 근무하다가 무재茂才로 천거되었다. 난을 피해 회수 이남으로 이사를 갔던 그는 원술의 관리로 발탁되었고, 후에는 여포에게 억류되었다. 여포가 유비를 매도하는 글을 쓰라고 하자 원환은 "만약 내가 조조나 유비에게 잡혀 당신을 욕하는 글을 쓰라고 한다면 어떻게 할 것인가?"라고 말하며 여포의 명령을 거부했다. 한때 유비가 죽었다는 소문이 퍼지자 여러 신하가 조조에게 축하의

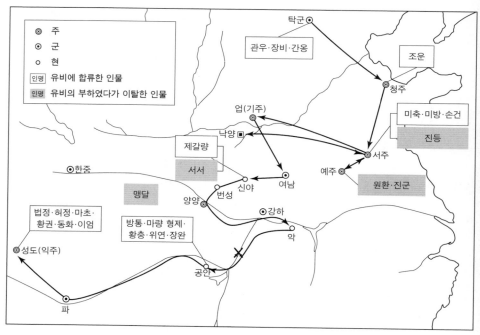

지도 내 텍스트:

◎ 주
⊙ 군
○ 현
인명 유비에 합류한 인물
인명 유비의 부하였다가 이탈한 인물

탁군
관우·장비·간옹
조운
청주
미축·미방·손건
진등
업(기주)
낙양
제갈량
서주
서서
한중
예주
신야
여남
원환·진군
맹달
양양
번성
법정·허정·마초·
황권·동화·이엄
방통·마량 형제·
황충·위연·장완
강하
악
성도(익주)
공안
파

14-11 유비 부하들의 합류와 이탈.

말을 올렸지만 원환은 아무 말도 하지 않았다. 이처럼 원환은 유비에 대한 충
성심과 존경심을 가지고 있었지만, 유비와 정치적인 행보를 함께하지는 않았
다. 고생길을 함께할 용기가 없었기 때문이다. 도리어 철새처럼 원술과 여포
를 거쳐 조조 밑에서 벼슬을 하며 훗날 고관이 되었다.

영천군 출신인 진군은 명사名士라 하여 당시 정치계에서 명망이 높았던 할
아버지와 아버지를 두었다. 진군 역시 유비가 예주자사였을 때 별가종사가
되어 유비를 보필했다. 그는 도겸이 죽은 후 여러 사람이 유비를 서주자사로
옹립하려고 하자 이에 반대했다. 결과적으로 진군의 판단이 옳았음이 입증되
었다. 제갈량이나 순욱 등에 가려서 그렇지 진군도 판단력과 지모가 뛰어난
인물이었다. 그는 유비가 서주로 가자 유비와의 관계를 끊고 조조 정권에서
벼슬했다. 훗날 위진남북조시대에 큰 영향을 끼친 관리 임용 제도인 구품관
인법을 만들고 사공으로 승진했다.

서주 하비국 출신인 진등도 유비에게 서주를 차지하라고 부추기며 유비를 도운 인물이었다. 하지만 유비가 패해 서주를 떠나자 그를 따라가지 않고 조조 밑에서 벼슬했다.

요컨대 원환은 유비에 대한 정과 예가 깍듯했지만 자신의 정치적 미래를 유비에게 걸지 않았다. 진군과 진등도 마찬가지였다.

유비가 형주에 머무는 동안에는 서서, 제갈량과 방통, 마량馬良·마속 형제, 장완蔣琬 같은 참모와 황충과 위연魏延 같은 무장들이 유비의 부하가 되었다.

이 시기에 유비와 결별한 인물로는 서서가 있다. 서서는 본래 별볼일없는 집안 출신이며 젊어서 임협과 칼 쓰기를 좋아했다. 중평 연간(184~188년) 말에 어떤 사람을 위해 복수하고 달아났다. 아마도 청부 살인을 한 것 같다. 관청에 잡혀 죽을 뻔하다 살아난 후에는 열심히 학문에 정진했다. 헌제 즉위 초에 중원에 내란이 발생하자 형주로 피란 왔으며 제갈량과 친했다. 소설 삼국지에서는 서서가 조조의 꼬임에 빠져(어머니가 아프니 돌아오라고 서서 어머니의 편지를 위조함) 제갈량을 추천하고 자신은 어머니를 찾아 유비를 떠났다고 서술했다(36~37회). 그러나 『삼국지』에 따르면, 그는 제갈량을 추천하고도 한동안 유비를 섬겼다. 그러나 자신의 어머니가 조조군에 생포되자 유비에게 "저는 본래 장군과 함께 왕패王霸의 업을 도모하고자 했지만 지금 노모를 잃었으니 여기서 작별하고자 합니다" 하고 조조의 군중으로 떠났다.*

앞에서 설명한 대로 중국에서는 일부 시기를 제외하면 효를 충보다 우위에 두었다. 어떤 이유로도 효를 충보다 가벼이 여기는 행위는 인정받지 못했다. 예컨대 서진 말에 온교溫嶠라는 사람이 후에 동진을 세우는 사마예司馬睿를 방문하라는 상관의 명령을 받들기 위해 찾아갔다. 그는 어머니 최씨崔氏가 말렸음에도 강남으로 향했다. 개인적인 효를 버리고 대승적인 충을 택한 것이다. 그러나 동진의 지배층들은 온교를 불효자로 매도했고, 그는 승진 심사 때마다 곤혹을 치러야 했다. 극단적인 예는 명나라 만력제 시기의 재상이었던 장거정張居正이다. 그는 아버지의 3년상을 치르지 않고 재상의 집무를 맡아 처리했다. 황제가 공무를 이유로 3년상을 면제하는 행위를 '탈정奪情'이라고 하는데, 장거정은 어린 황제를 꼬드겨서 탈정 명령을 얻어냈다. 자신이

---

* 『삼국지/제갈량전』.

3년상을 치르는 동안 권력을 빼앗길지 모른다는 두려움 때문이었다. 그 결과는? 장거정의 정적들은 그의 사후 장거정을 싫어했던 신종 만력제에게 그가 불효자라고 공격했고, 결국 장거정은 죽어서 부관참시를 당하고 집안 재산은 모두 국가에 귀속되었다.

불효는 그 자체로 처벌이 가능한 범죄였다. 그러니 조조가 그처럼 효를 강조하는 분위기에서 소설 삼국지에서처럼 서서 어머니의 편지를 위조하여 서서에게 보낼 리는 결코 없었다. 하지만 어쨌든 서서는 눈물을 머금고 유비를 떠나 조조를 찾아갔다. 그는 황제 호위군을 지휘하는 무관인 우중랑장과 관리 감찰을 맡은 어사중승에 임명되었으므로 꽤 성공했다. 그러나 제갈량이 보기에는 서서가 그 재능에 비해 낮은 관직에 있다고 생각한 모양이다. 어사중승은 한국에서는 부총리급인 감사원장에 해당하는 자리였지만 제갈량은 옛 친구의 소식을 듣고 "위나라에는 뛰어난 선비들이 많다는 말인가? 왜 이 두 사람(서서와 석도石稻를 지칭)을 중히 쓰지 않는단 말인가?"하며 안타까워했다고 한다.*

유비가 파촉을 점령한 후에는 파촉의 토착민과 외래인들이 유비의 수하가 되었다.

14-12의 표는 중국의 한 학자가 촉한의 지배계급을 지연을 바탕으로 분류한 표인데 14-11의 지도 내용과 비슷하다.

이 학자는 유비의 수하들, 즉 촉한의 통치 집단을 네 개의 지역 집단으로 분류했다.

첫째, 유비가 고향에서 삼국지의 첫 무대에 등장하여 서주에서 활동할 때까지 유비의 부하로 활동한 관우, 장비, 간옹, 미축 형제 등 22명이다(전체의 11.6%). 이를 고구 집단故舊集團이라고 했다. 제1기 가신 집단이라고도 이름을 붙였다. 앞에서 설명한 대로 임협적 관계로 맺어졌으며, 유비와 부하들의 관계는 '형제간'이라고 할 정도로 견고했다. 이러한 관계는 조조와 손권의 부하들에게서는 보이지 않는다고 한다.

둘째, 유비가 형주에 있을 때 부하가 되었던 집단이다. 형주는 춘추전국시대의 초나라가 있던 지역이라 형초라고도 불리기 때문에 학자는 이들을 형

*『삼국지/제갈량전』의 배송지주에 인용된 『위략』.

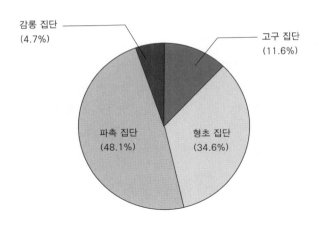

14-12 촉한 통치 집단의 구성 비율.

초 집단荊楚集團이라고 불렀다. 이 집단에 속하는 인물은 66명이며 전체의 34.6%를 점한다.

셋째, 유비가 파촉을 점령한 후 등용된 사람들이다. 대부분은 파촉(익주) 지역의 토착민이고, 일부는 형주와 옹주, 량주 등 파촉 이외의 지역 출신인데, 여러 이유로 파촉에 이주해 살던 사람들이다. 가장 많은 92명이며, 전체의 48.1%를 차지한다.

마지막으로, 사예(경기) 서쪽의 삼보와 량주 출신 인물들이다. 대표적인 인물로 강유姜維가 있다. 가장 적은 9명이 이 집단에 속했다(전체의 4.7%)

14-12의 표대로라면 유비의 촉한 정권에서 파촉 집단이 절대적인 우위를 점했을 것 같다. 하지만 실제 상황은 그렇지 않았다. 일단 관우, 장비, 조운처럼 의리 있는 맹장이 고구 집단에 있었다. 간옹과 손건, 미축은 후에 정치와 행정에서 두각을 나타내지 못했지만 유비의 신뢰로 높은 관직에 올랐으며, 중요한 정책 결정에 참여했다. 또 유비의 신임이 깊었던 제갈량, 방통, 서서 같은 참모와 제갈량의 후계자 장완과 비위費褘도 형초 집단 출신이었다. 대체로 유비가 형주와 익주에서 활동하던 시기에는 형초 집단의 정치적 발언력이 강했다. 촉한 건국 이후 상서와 승상 속관, 장군, 자사, 태수 등 주요 관직 비율을 보면 형초 집단이 두각을 나타냈음을 확인할 수 있다.

오히려 수적 우세에도 불구하고 관계에서 두각을 나타내지 못했던 무리가 파촉 집단이었다. 파촉 집단은 토착민과 외지인들이 섞여 있었고, 유비가 파촉(익주)을 점령할 당시 파촉 사람이라는 점에서 하나로 묶였지만, 동질적인 집단은 아니었다. 이들 가운데서는 외지인 출신이 두각을 나타냈다. 그러나 유비가 죽은 뒤에는 뛰어난 외지인들이 사망하면서 점차 파촉 토착민들이 중용되었다. 하지만 주요 관직의 점유율을 보면 이들은 정권의 하층부를 이루었다. 다행히 이들의 시각을 담은 『화양국지』가 현존해 이들의 생각을 엿볼 수 있다.

어떤 지방의 토착 세력이나 마찬가지겠지만 파촉의 토착 세력들도 자신들의 경제력을 축내고 물자를 다른 곳으로 가져가는 '강탈' 행위를 싫어했다. 『화양국지』를 보면 파촉의 토착민들이 유비 사후 정치를 주도한 승상 제갈량과 제갈량의 후계자인 장완, 비위, 강유 가운데 유독 강유를 싫어했던 분위기를 읽을 수 있다. 자주 북벌했지만 파촉 사람들에게 피해를 덜 주려고 했던 제갈량과 위나라의 공격을 방어하며 평화 분위기를 이어가려고 했던 장완과 비위와 달리 강유는 북벌을 한답시고 자주 위나라와 싸웠지만 이기지도 못하고 재정만 축냈으며 내정을 소홀히 하여 촉한을 멸망으로 이끈 책임을 뒤집어써야 했다. 『화양국지』에서 강유에 대한 평가는 지극히 인색했다.

확실한 지역 기반이 없어 중국 각지를 떠돌아다닌 유비. 그를 떠난 이들도 많았고 합류한 이들도 많았다. 하지만 원환, 서서, 황권의 예에서처럼 유비를 떠난 이들도 설령 적국에서라도 유비를 저버리지는 않았다. 유비가 인덕이 있었다는 말이다.

### 유비의 인간관계와 처세

『삼국지』에 따르면, 유비는 독서를 그다지 좋아하지 않았고 개와 말, 음악, 아름다운 옷을 좋아했다. 키는 7척 5촌(약 178센티미터)의 장신이었으며, 팔은 늘어뜨리면 손이 무릎에 닿을 정도로 길었고 고개를 돌리면 자기 귀를 볼 수 있을 정도로 귀가 컸다. 필자는 관상을 믿지 않지만 큰 귀는 제왕帝王이 될 상징이라고 한다. 신라의 어느 왕처럼 '당나귀 귀'만큼 귀가 커도 고민할 필요는 없었다. 오히려 큰 귀는 권위의 상징이었을 테니까.

그보다 유비의 장점은 말수가 적었고, 아랫사람들을 잘 대해주었으며, 얼굴에 감정을 잘 드러내지 않았다는 점이다. 인간관계에서 성공할 수 있는 장점을 갖춘 셈이다. 『논어論語』에서는 말을 적게 할 것을 거듭 강조했다. 그래야 실수가 적고, 적을 덜 만들며, 남에게 호감을 준다. 그래서 그럴까? 호협豪俠, 지금으로 말하면 깡패 혹은 동네 건달들과도 잘 사귀었고, 건달들이 그에게 몰려들었다. 고향에서도 그랬고, 유표에게 몸을 의탁한 형주에서도 그랬다.

유비가 남들에게 호감을 주는 인물이었다는 것은 그를 죽이러 온 자객이 결국 그를 죽이지 못했다는 이야기에서도 알 수 있다. 유비가 평원상으로 있을 때였다. 그 지방의 유평劉平이란 토호가 유비가 자기 고향의 지방관인 것에 수치를 느끼고 자객을 보내 죽이려 했다. 유비는 유평이 보낸 자객을 몰라보고 후하게 대우해주었다. 이에 자책감을 느낀 자객은 유비에게 자초지종을 털어놓고 돌아갔다. 배송지주에 인용된 『영웅기英雄記』에는 이 일화와 더불어 유비가 선비를 잘 대우하여 자신보다 지위가 낮은 사람도 같은 자리에 앉게 하고 같은 음식을 먹게 하며 차별하지 않았다는 일화도 있다. 이처럼 남에게 잘하니 사람들이 따를 수밖에 없다. 청대 역사학자 조익도 유비가 사람들에게 호감을 주고 마음을 얻는 능력이 뛰어났다고 지적했다.

노식, 공손찬과의 학연은 유비가 벼슬하는 데 도움이 되었다. 노식의 집안은 수당시대 최고 문벌의 하나인 범양 노씨였다. 노식 생전에는 아직 사회적·정치적으로 인정받을 만한 지위에 오르지 못했지만 북쪽 변방에서 노식의 제자라는 게 꽤 통했다. 게다가 유비의 선배인 공손찬은 후배 유비를 잘 챙겨줬다. 막말로 공손찬이 없었다면 유비는 역사의 전면에 등장할 수 없었다. 또 고향에 살던 동족 유원기劉元起는 가난한 유비가 공부할 수 있도록 재정적으로 도와주었다. 또 중산국 출신 대상인 장세평張世平과 소쌍蘇雙 등은 말을 팔러 탁군涿郡에 갔다가 유비를 만나보고 인물에 반해 가지고 있던 대부분의 재물을 그에게 주었다. 유비는 장세평과 소쌍의 경제적 지원 덕분에 무리를 모을 수 있었고, 후에 황건의 난에 의병을 이끌고 출전할 수 있었다.

어쨌든 유비는 남들에게 잘했고, 한번 친해지면 관계를 계속 유지했다. 비록 자신을 잘 대해준 조조나 원소를 배신했지만 이는 큰 꿈을 펴기 위한 임기응변이었다고 좋게 봐주자. 유비가 조조에게 패하고 가족마저 잃고 원소에게 도망갔을 때 관우는 조조에게 항복했다. 조조는 그를 후하게 대우했다. 관우는 적진으로 뛰어들어가 원소의 명장 안량의 목을 베어 돌아오는 공을 세웠다. 이 전투에서 원소군은 조조군을 백마현에서 포위했지만, 관우의 용맹 탓에 포위를 풀고 후퇴해 조조의 군사들이 무사했다. 조조가 관우를 한수정 후漢壽亭侯에 봉하며 더욱 후대했지만, 관우는 부귀영화와 출세의 기회를 버리고 유비를 찾아 조조의 원수인 원소 진영으로 찾아갔다. 관우의 의리에 감탄하지만, 유비의 인간적 매력을 빼고 생각할 수 없는 일이다.

유비의 행적을 봐도 마찬가지이다. 사실 유비에게 내세울 자산은 황제의 먼 친척이라는 것밖에 없었다. 전근대시대 중국과 우리나라에서는 임금이 많은 여인을 거느리고 아들을 많이 낳았기 때문에 황족 혹은 왕족의 수가 많았다. 게다가 공을 세운 신하에게 황제의 성을 하사하는 예도 있었다. 당시에 유씨劉氏가 도처에 흔했기 때문에 황제의 먼 친척이라는 스펙은 큰 자산도 아니었다.

앞에서 본 것처럼 유비는 중국 본토의 동북쪽인 탁군 탁현에서 태어나 여러 지역을 전전하며 자기의 독자적인 지역 기반을 가지지도 못했다. 이런 그에게 어떤 인재가 자신의 미래를 맡기겠는가? 오히려 자신의 목숨을 걸고 유비를 찾아오는 관우가 비정한 이해타산을 따지는 당시 분위기에서 보면 이상하다. 따라서 유비 주변에 남은 사람들은 관우, 장비, 조운, 미축, 간옹처럼 의협심이 강했거나 정치적·사회적으로 별볼일없는 사람들이었다.

유비와 생사고락을 했던 사람들 가운데 미축처럼 서주의 거부였던 사람도 있지만 대개 다른 정권에서 출세할 가능성이 적거나 유비와의 인간관계에 이끌린 사람들이었다. 중국과 일본 학자들이 이미 지적한 대로 유비 정권의 인물을 분석하면 초기 유비의 부하들은 임협任俠 관계, 즉 좋게 말하면 의협심, 나쁘게 말하면 깡패의 의리로 모인 집단이었다.

유비의 돋보이는 능력 중 하나는 어떤 땅을 차지하건 약탈자 혹은 찬탈자가 되는 것이 아니라 자연스럽게 얻어 주변의 불만을 잠재운다는 점이었다. 유비가 도겸의 유언으로 서주목에 추대되었을 당시, 사실 유비는 마음만 먹으면 군대를 동원해 서주를 강탈할 수 있었다. 하지만 그는 도겸의 환심을 사서 결국 도겸이 스스로 그의 아들이 아닌 자신에게 서주를 물려주도록 만들었다. 유비의 겸손한 태도는 이 과정을 더욱 아름답게 장식했다. 그리하여 도겸의 부하인 미축과 당시 정계에 영향력을 가진 공융, 서주의 토착 호족인 진

등의 목소리가 멋지게 어우러지는 가운데, 유비 스스로는 마지못해 서주목에 취임하는 모습을 연출함으로써 명분과 실리를 동시에 얻었다.

유비가 형주를 접수할 때도 마찬가지였다. 유표가 죽어 형주의 주인 자리가 공석인 가운데, 조조가 형주를 삼키기 위해 남하는 상황이 펼쳐지고 있었다. 이때 조조의 예봉을 피해 남쪽으로 철수하는 와중에, 제갈량은 유비에게 유표의 둘째아들 유종이 있는 양양을 공격하여 형주를 취할 것을 진언했다. 하지만 유비는 그렇게 하지 않았다. 심지어 적벽대전에서 승리해 형주의 상당 부분을 차지한 다음에도 유표의 첫째아들 유기를 형주자사로 삼았다. 유비가 공식적인 형주의 주인이 된 것은 유기가 죽은 후였다.

중요한 판단의 순간에 유비의 이런 모습은 제갈량이나 주변 사람들의 눈에 너무나 답답하게 비쳤을 것이다. 하지만 장기적인 관점에서 보면, 유비는 자신의 망명을 받아준 유표 부자를 배신하지 않으면서도 결국 목표로 삼은 형주를 취하는 데 성공했다.

유비가 익주를 점령하는 과정에서도 비슷한 모습이 보인다. 유장이 장로의 군대를 막기 위해 유비에게 원병을 청하자 유비는 이를 받아들여 익주로 향한다. 장송과 유비의 모사 방통 등은 유비에게 곧장 유장을 공격해 익주를 차지하라고 권했지만 유비는 그렇게 하지 않았다. 나중에 장송의 음모가 들통 나서 유장이 먼저 유비에게 적대적인 태도를 취하자 그제야 유비는 유장을 공격했다. 유비는 유장의 항복을 받은 뒤 그에게 명예직을 주는 것으로 예우해 끝까지 신사적인 태도를 잊지 않았다.

이러한 유비의 '기다림의 미학'은 소설 삼국지의 독자들을 지치게 할 정도이다. 그러나 생각해보라. 어쨌든 유비는 원래 의도했던 목적을 성취했고, 그 과정에서 자신의 명예와 인심을 잃지 않았다. 언제나 두 마리 토끼를 잡는 데 성공했던 것이다. 어떻게 보면 유비야말로 진정한 고단수인지 모른다.

## 유비의 조상은 중산정왕인가? _____

소설 삼국지에는 유비가 헌제를 알현하는 장면이 나온다. 곁의 신하가 유비의 족보를 확인해 유비의 선조들 이름과 작위, 관직을 나열하자 듣고 있던 헌제는 유비가 자신의 숙부뻘이라며 기뻐한다. 이후 유비는 황숙皇叔이라 불린다(24회).

『삼국지』는 유비를 전한 경제景帝의 아들 중산정왕中山靖王 유승劉勝의 자손이라고 기록했다. 유승의 아들 유정劉貞은 육성정후陸城亭侯에 봉해졌다가 후에 작위를 잃었다. 그러나 이 인연으로 가문이 그 지역에 뿌리를 내렸다. 유비의 할아버지 유웅은 효렴으로 천거되어 동군 범현의 현령을 역임했다. 아버지 유홍은 지방의 하급 관리에 머물렀고 출세하기 전에 죽었다.

그런데 배송지는 『전략』을 인용해 유비가 본래 임읍후臨邑侯의 방계 혈통이라고 기록했다. 임읍은 동군의 속현이므로 배송지가 인용한 『전략』의 기록이 옳다면 유비의 선조는 중산정왕이 아니다. 그렇다면 유비가 한나라 황실의 자손이 아니라는 뜻인가? 그럴 가능성은 없어 보인다. 유비의 고향인 탁현에는 유씨 일족들이 살고 있었다. 그러니 족보를 위조하는 것이 쉽지 않았을 것이다. 그러나 찜찜하다. 『전략』의 기록이 맞다면 유비는 중산정왕의 후예는 아니고 연주 일대에 있던 제북왕濟北王의 후손이었을 것이다. 전한 무제는 추은령推恩令을 발표하여 제후왕의 아들들을 열후로 봉해 제후왕의 영토 일부를 떼어 식읍으로 나눠주도록 했다. 그렇게 하면 한 세대 이후 제후왕국의 규모가 줄어들기 때문에 제후왕의 세력을 약화시키는 효과가 있었다. 이때 열후의 식읍으로 봉해진 지역은 제후왕국에서 분리시켜 주변 군에 포함되게 했다. 후한시대 지도를 보면, 임읍은 동군의 동남쪽 끝에 위치하는데 제북(국)과 가깝기 때문에 배송지는 임읍을 제북왕의 후손에게 나눠준 지역으로 본 것이다. 그러나 동군에 살던 유비 일족이 변방인 탁군으로 이주할 만한 이유가 기록되지 않았기 때문에 이 기록도 신뢰할 수만은 없다.

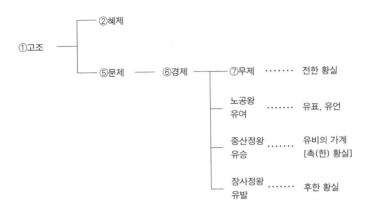

```
                ┌──── ②혜제
    ①고조 ───┤
                │
                └──── ⑤문제 ──── ⑥경제 ──┬── ⑦무제  ·······  전한 황실
                                          │
                                          ├── 노공왕    ·······  유표, 유언
                                          │   유여
                                          │
                                          ├── 중산정왕  ·······  유비의 가계
                                          │   유승              [촉(한) 황실]
                                          │
                                          └── 장사정왕  ·······  후한 황실
                                              유발
```

14-13 한 황실의 계보.

    유비의 선조가 중산정왕의 후예이든 임읍후의 후예이든 황실의 후손이라는 사실에는 변함이 없다. 그러나 배송지는 왜 『전략』의 기록을 인용하며 유비가 마치 계보를 조작한 것처럼 기록한 것일까?

    14-13의 황실 계보를 보면 무엇이 떠오르는가? 경제의 아들 13인 가운데 세 사람의 후손이 각각 전한과 촉(한), 후한의 황실이 되었다. 공교롭게 후한 말 군웅 유표와 유언의 선조 노공왕 유여도 경제의 아들 중 하나다. 후한 황실은 경제의 아들 가운데 가장 푸대접을 받았던 장사정왕長沙定王 유발劉發의 후손이다. 유발의 어머니 당희唐姬는 경제의 총애를 받았던 정희程姬의 시녀였다. 경제가 정희를 불렀을 때 정희가 월경 기간이었기 때문에 당희가 대신 경제와 성관계를 맺고 '우연히' 임신해 유발을 낳았다. 경제는 당희를 총애한 것이 아니었기 때문에 유발에게 가장 가난하고 안 좋은 땅인 장사국을 봉지로 주었다. 그러나 그의 후손들은 후에 남양군으로 이주해 호족이 되었고, 후한을 세웠다.

중산정왕 유승은 매우 사치스러운 인물이었고 아들만 120여 명을 두었다. 그래서 중산정왕의 후손이라고 속이기 쉬웠을 것이다. 만약 『전략』의 기록이 맞다면, 유비가 중산정왕의 후손이라고 계보를 조작한 것은 정치적인 이유에서일 것이다. 경제의 아들인 무제와 장사정왕 유발의 후손이 각각 전한과 후한의 황실로 이어졌기 때문에 경제의 또 다른 아들 중산정왕 유승의 후손이 새로운 한나라를 세워도 된다는 논리가 성립하지 않을까? 유비는 후한이 망한 후 자신이 황제가될 명분을 계보에서 찾았을 것이다. 황제의 옷과 모자, 수레를 사용하며 황제를 꿈꾸던 유언과 유표도 자신의 선조가 경제의 아들이었기 때문에 장사정왕의 후손이 후한 황제가 된 것을 보며 자신들의 행동을 정당화했을 것이다. 반면 광무제의 아들 동해공왕東海恭王 유강劉疆의 후손이었던 유우는 후한에 충성하고 황실을 지켜야 하는 입장이었다.

유비는 헌제가 조비에게 황제의 자리를 물려준 다음 해(221년) 황제의 자리에 올랐다. 그는 헌제가 살해되었다는 정보가 전해지자 헌제의 상을 치른 뒤 헌제에게 효민황제孝愍皇帝라는 시호를 올리고 신하들의 간청을 받아들여 황제의 자리에 올랐다. 그러나 헌제는 황제의 자리를 물려준 후 바로 살해되지 않았다. 유비가 이 사실을 알았는지 여부는 알 수 없다. 그러나 현재의 기록을 보면 유비가 거짓 정보를 사실로 믿었거나 사실을 속이고 황제가 되었다는 인상을 준다. 『전략』의 기록을 사실로 믿는다면 이러한 추리가 가능하다.

그러나 어떤 기록이 맞는지 모르겠다. 『자치통감』에서는 배송지의 주장을 무시하고 『삼국지/선주전』의 기록을 실었지만 현재로서는 자료 부족으로 판단하기가 쉽지 않다. 다만 유비가 계보를 조작했건 그러지 않았건 간에 중산정왕의 후손이라는 것이 유비가 황제가 되는 명분이 될 수 있었다는 필자의 추측이 반드시 억측만은 아닌 것 같다.

## 제갈량에게 힘을 실어주려 한 유비의 유언 _____

이릉의 전투에서 패한 유비는 223년 4월 계사일 백제성 영안궁永安宮에서 63세의 나이로 파란만장한 생을 마감했다. 그는 죽기 전에 자신을 방문한 승상 제갈량에게 상서령 이엄李嚴과 함께 태자 유선을 잘 보필하라는 유언을 남겼다.

『삼국지/제갈량전』을 보면 당시 상황을 다음과 같이 기록했다.

장무 3년(223년) 봄에 선주(유비)는 영안에서 병이 심하자 성도에 있는 제갈량을 불러 후사를 부탁했다. 선주는 제갈량에게 "공의 재주는 조비의 열 배가 넘으니 반드시 나라를 안정시키고 대사를 성취할 것이오. 만약 내 아들을 도울 만하면 보필하시오. 만약 아들 유선의 재주가 미치지 못하면 공이 황제의 자리를 취하시오"라고 말했다. 제갈량은 눈물을 흘리고 울며 "신은 감히 고굉股肱의 힘을 다하고 충정忠貞을 바치려 합니다. 죽음으로써 받들겠습니다"라고 말했다. 선주는 후주(유선)에게 "너는 승상(제갈량)과 함께 일을 처리할 것이며, 승상을 아버지처럼 섬기거라"라는 조서를 내렸다.

소설 삼국지에서도 이 구절을 볼 수 있다. 많은 독자들은 아들 유선의 능력이 부족하면 제갈량에게 유선을 밀어내고 스스로 황제가 되라는 유비의 유언에 깊은 인상을 받았을 것이다. 하지만 제갈량은 유비의 제안을 거부하고 후주 유선을 위해 열심히 봉사하는 충신으로서 삶을 마감했다.

그런데 유선의 재능이 부족하면 대신 황제가 되라는 유비의 말은

14-14 백제성 탁고당託孤堂 내의 모습. 현지 중국인들은 탁고당이 유비가 죽기 전에 승상 제갈량에게 유선의 후사를 부탁한 곳이라고 말한다. 그러나 『삼국지』와 『화양국지』에 따르면, 유비가 제갈량을 만난 장소는 백제성 옆의 영안궁이었다.

진심일까? 위, 촉, 오 세 나라 가운데 촉한이 정통을 자임한 명분은 후한 황실의 정통성을 계승한다는 데 있었다. 즉 후한의 황실 유씨의 먼 친척인 유비와 후손들이 황제가 되었다는 점이 촉한이 정통성을 주장할 수 있는 유일한 명분이었다. 만약 제갈량이 유비의 아들 유선을 몰아내고 황제가 된다면 촉한은 더 이상 정통성을 주장할 명분이 사라진다. 또 제갈량이 주위의 반대를 물리치고 황제가 되었다고 해도 다른 신하들이 황제 자리를 넘보지 말라는 법이 없다. 실제 위나라도 신하인 사마씨에게 권력을 빼앗겼고, 사마씨의 진晉나라도 신하인 유유劉裕에게 황제 자리를 빼앗겼다. 삼국시대부터 남조의 진陳나라가 수나라에 망할 때까지의 시기를 위진남북조시대라고 부른다. 이 시대에 대부분의 왕조 교체는 대개 힘 있는 신하가 힘없는 황제를 협박하여 황제의 자리를 넘겨받는 방식, 즉 선양을 통해 진행되었다. 제갈량이 선양을 통해 황제가 된다고 해도 후손들이 선양을 통해 권력을 빼앗길 것이라는 사실을 예측하지 못했을 리 없다.

유비는 진심으로 제갈량에게 황제가 되라고 권한 것이 아니었다. 당시 제갈량은 정부 조직상 가장 높은 지위인 승상이었지만 최고 권력을 갖고 있지는 못했다. 적벽대전 전후에는 서서와 방통이 유비의 신임을 얻었고, 유비가 익주를 점령한 후에는 법정이 권력을 행사해 제갈량은 운신의 폭이 좁았다. 법정이 죽은 후 이엄이 중용되었고, 제갈량과 권력을 양분했다. 그사이 마량이 한때 제갈량과 권력을 나눴는지도 모른다. 제갈량은 유비 밑에서 독보적인 2인자였던 적이 없다. 제갈량과 경쟁 관계에 있던 서서, 방통, 법정, 관우가 사라지자 마침내 독보적인 존재가 되었다. 물론 이때 제갈량의 경쟁자는 이엄이었다. 이러한 상황에서 유비는 제갈량에게 힘을 실어주기 위해 황제 운운한 것이다. 제갈량은 황제가 될 정도의 실력을 갖춘 인물이니 다른 신하들은 제갈량에게 복종하라는 무언의 암시였다. 특히 제갈량과 권력을 다투던 상서령 이엄에게.

유비가 제갈량에게 힘을 실어주었지만 이엄은 제갈량의 말을 듣지 않았다. 그는 제갈량의 4차 북벌 때 촉군에 군량을 보내지 않고 후주 유선과 제갈량에게 모두 거짓말한 것으로 유명하다. 그는 그 전에 촉나라를 양분해 동쪽을 차지하려고 했다. 『화양국지』에 따르면, 이엄은 유비가 죽자 파동군, 즉 유비가 죽은 영안 일대에 주둔하다가 후에 파군巴郡으로 옮겼다. 당시 이엄은 파군 일대에 주둔하면서 오나라의 공격을 대비하는 동시에 북벌 중인 제갈량의 군대에 군량을 제공하는 임무를 맡았다. 그는 이때 익주의 동쪽 지역을 나누어 파주巴州를 설치하자고 했다. 승상 제갈량은 이엄의 건의를 받아들이지 않았다. 겨우 익주 한 주에 불과한 영토에 한 개의 주를 더 설치하면 아마도 파주자사를 맡을 이엄이 파촉의 땅을 양분해 조정을 대표하는 자신과 대립할 것을 우려했을지도 모른다. 그런 이유로 이엄이 제갈량에게 군량을 보내지 않고, 제갈량은 이를 이유로 이엄을 파면하고 귀양 보낸 사건을 두 사람의 권력투쟁으로 이해하기도 한다. 제갈량이 절대 권력을 행사한 것도 이엄을 제거한 이후이다. 그러나 그 기간은 길지 않았다.

# 15장

# 삼국시대
# 정치

| 220년 | 조조가 죽고, 조비가 황제의 자리에 오르다. |
| 221년 | 4월 유비, 황제로 즉위하다. |
| 222년 | 6월 육손이 촉한 군대를 효정에서 격파하다(이릉 전투). |
| | 10월 손권, 황무 연호를 사용하다. |
| 223년 | 4월 유비, 영안궁에서 사망하다. |
| 225년 | 제갈량, 남중(남만)을 정벌하다. |
| 226년 | 위나라 군주 조비가 죽고, 조예가 즉위하다. |
| 228년 | 1월 제갈량, 1차 북벌에 나섰으나 가정 전투에서 패한 후 후퇴하다. |
| | 12월 제갈량, 2차 북벌에 나섰으나 진창을 돌파하지 못하고 후퇴하다. |
| 229년 | 봄, 제갈량, 3차 북벌에 나서 무도와 음평 2군을 점령하다. |
| | 손권, 황제를 자칭. 촉한과 맹약을 맺고 천하를 양분하다(天下中分). |
| 231년 | 2~6월 제갈량, 4차 북벌에 나섰으나 식량이 다해 회군하다. |
| 234년 | 2월 제갈량, 5차 북벌에 나서다. |
| | 8월 제갈량, 위수가에서 죽음을 맞다(다른 기록에는 오장원). |
| 239년 | 위나라 군주 조예가 죽고, 조방이 즉위하다. |
| 249년 | 사마의가 쿠데타(고평릉 사변)를 일으키다. |
| 250년 | 오나라 군주 손권, 태자 손화를 폐하고 후계자 분쟁을 마무리하다. |
| 252년 | 오나라 군주 손권이 죽고, 손량이 즉위하다. |
| 254년 | 사마사, 조방을 폐위하고 조모를 옹립하다. |
| 260년 | 위나라 군주 조모, 사마소에게 피살되다. 사마사, 조환을 옹립하다. |
| 263년 | 10월 사마소, 상국 진공晉公에 오르다. |
| | 11월 위나라 장군 등애, 촉한 후주 유선의 항복을 받다. |
| 264년 | 3월 사마소, 진왕에 즉위하다. |
| | 7월 손휴가 죽고, 손호가 즉위하다. |
| 265년 | 사마소가 죽고, 사마염이 황제의 자리에 오르다. |
| 280년 | 서진, 오나라를 정복하고 삼국을 통일하다. |

220년 정월 경자일 조조의 뒤를 이어 위왕으로 즉위한 조비는 9개월 후 헌제로부터 황제 자리를 물려받았다. 219년 한중왕에 즉위한 유비도 조비가 '찬탈'한 다음 해인 221년 황제를 칭하고 국호를 한漢이라고 했다. 손권은 229년에야 비로소 무창에서 제위에 올라 국호를 오吳라고 정했다. 하지만 사실 손권은 일찍이 222년에 황무黃武라는 연호를 사용했다. 연호는 황제만이 사용할 수 있었으므로 황제국이나 다름없었다. 그래서 보통은 오나라가 건국한 해를 222년이라고 본다.

일반적으로 이 세 나라의 등장을 삼국의 '정립鼎立'이라고 표현한다. '정鼎'은 다리가 셋인 청동기를 본뜬 글자이다. 따라서 '정립'에는 세 나라의 경쟁과 각축이 마치 '정'이 세 다리로 서 있는 것과 같다는 의미가 담겨 있다. '3'은 여러모로 의미 있는 숫자이다. 수학에서 도형을 만들기 위해 필요한 선의 최소 개수도 3이다. 책상이나 의자도 다리가 2개일 때는 불안하지만 3개부터는 안전하다. 자식이 3명이면 사회성이 좋다고 한다. 자기들끼리 이합집산하며 인간관계를 배우는 것이다. 우리나라의 삼국시대에도 한 나라가 강해지면 나머지 두 나라가 동맹하여 견제했다. 백제가 강한 때에는 고구려와 신라가 연합했고, 고구려가 강한 때에는 백제와 신라가 동맹했으며, 신라가 강한 때에는 고구려와 백제가 손을 잡았다.

중국의 삼국시대도 세 나라가 천하를 삼분하며 균형을 유지했다. 어떤 한쪽이 강대하면 나머지 두 나라가 동맹해 대항했다. 예컨대 관우가 양양과 번성을 공격하자 손권은 그때까지 친했던 유비를 배신하고 몰래 조조와 동맹을 맺었다. 그러고는 관우의 후방을 급습했고 끝내 형주를 손에 넣었다. 그러나 대부분의 시기 동안 강대국은 위나라였다. 따라서 약소국인 촉나라와 오나라는 생존을 위해 과거의 감정과 원한을 잊고 동맹하여 위나라에 대항해야 했다. 그래서 삼국의 대결 구도는 세 나라가 상호 견제하는 구도가 아니라 대체로 위나라에 맞서 촉나라와 오나라가 연합하는 구도였다. 즉 이 시대에는 위나라 대 촉오동맹, 곧 남북 대립의 양상이 기본적인 구도였다. 이런 구도이다 보니 후한 말 군웅할거시대보다 전쟁도 적었고 국경선도 크게 바뀌지 않았다. 전쟁을 좋아하는 독자들에게는 매우 심심하겠지만 제갈량의 5차례 북벌을 제외하면 재미있거나 극적인 전투도 별로 없었다.

## 삼국시대 정통론 _____

소설 삼국지에서는 조조와 유비, 손권 가운데 유비를 정통성 있는 인물로 묘사한다. 유비가 전한 경제의 아들인 중산정왕 유승의 후손이라는 이유에서다. 헌제를 내쫓고 황제가 된 조비보다 헌제와 혈연적으로는 멀지만 황실 일족인 유비가 정통성을 가지고 있다고 보는 것이다. 촉나라를 정통으로 삼은 학자로는 『한진춘추』의 저자 습착치를 들 수 있는데, 나중에 주희朱熹도 같은 입장을 취했다. 촉한 정통론에 따라 왕조의 계승 관계를 표기하면 다음과 같다.

한(전한＋후한)→촉한(계한)→서진→동진

그러나 역사학자들의 입장은 예나 지금이나 위 정통론에 손을 들어 준다. 『삼국지』의 저자 진수, 『자치통감』의 저자 사마광 등은 위나라 를 정통으로 본 대표적인 학자이다. 그리고 현재 역사학계의 일반적 인 견해도 위나라를 정통으로 본다. 위 정통론에 따라 왕조의 계승 관 계를 표기하면 다음과 같다.

한(전한＋후한)→위→서진→동진

현재 학자들은 한나라를 '전한→신→후한'으로 세분하여 구분한다. 하지만 위나라를 정통으로 본다는 데는 차이가 없다. 그래서 중국 중 세사의 전반부를 '위진남북조시대'라고 부르는 게 정석이 되었다. 위 나라와 진나라(서진), 남조와 북조가 정통성을 지닌 왕조라는 뜻이다. 남조와 북조는 어느 쪽을 정통이라고 단정하기 어려워서 병칭한 것이 다. 따라서 '위진남북조'시대의 유일한 정통 왕조는 위나라와 진나라 인 셈이다.

어쨌든 역대 역사가들은 위나라와 촉나라 가운데 어느 쪽에 정통성 을 부여할 것인가를 놓고 '정윤 논쟁正閏論爭'을 벌였다. '정윤 논쟁'은 중국 역사에서 두 사람 이상의 황제를 인정하지 않기 때문에 어느 쪽 을 정통으로, 어느 쪽은 윤위閏位, 즉 비정통으로 정할 것인지에 관한 논쟁을 말한다. '윤閏'은 불필요한 것이 중간에 삽입되었다는 뜻이다.

가장 먼저 정통성 문제를 제기한 것은 진수였다. 그는 비록 촉나라에서 태어났지만 진나라(서진)에서 벼슬을 했기 때문에 위나라를 정통으로 한 역사를 기술했다. 조익은 『이십이사차기』의 「삼국지서법三國志書法」에서 『삼국지』를 분석하면서, 진수가 위나라와 촉나라, 오나라의 관계를 대등한 관계가 아닌 황제국과 제후국 관계로 설정해 황제들의 칭호나 피휘避諱, 찬탈 문제를 합리화하는 체례體例 문제를 잘 해결했다고 평가했다.

그러나 동진시대가 되면 사정이 달라진다. 동진을 세운 사마예는 서진 황실의 일원이었다. 서진의 마지막 황제가 흉노인들에게 사로잡힌 후 그는 황제로 즉위하며 정통성을 지닌 천자를 자처했다. 동진과 그 뒤를 이은 남조의 여러 왕조는 이전까지 중국의 정치, 경제, 군사의 중심지이자 정신적 고향인 중원을 흉노와 선비, 갈, 강, 저 등 이민족에게 빼앗기고 강남으로 도망간 사람들이 세운 피란 정권이었다. 따라서 혈통상으로는 이전 왕조를 계승했지만 중원을 빼앗겨 정통성을 주장하기 어려운 동진·남조 시대에는 비슷한 처지의 촉나라에 대한 동정이 강했다. 이런 분위기에서 동진시대의 습착치는 『한진춘추』에서 촉나라를 정통으로 보고 삼국의 역사를 다시 썼다.

반면 북조 계열인 수나라와 당나라 그리고 오대십국 가운데 북쪽의 정통 왕조인 오대를 계승한 송나라(북송)는 정신적 고향인 중원을 장악했기 때문에 정통성의 기준을 혈통보다 중원의 장악에 두었다. 따라서 북송시대의 사마광은 이전의 역사를 사실상 재정리한 『자치통감』에서 위나라를 정통 왕조로 기술했다. 북송까지는 선양이야말로 정통성을 부여하는 절차라고 생각했기 때문이다.

하지만 또 다른 반전이 찾아왔다. 북송이 여진인들이 세운 금나라에 망하고 휘종의 아들 가운데 유일하게 포로가 되지 않은 강왕 조구

趙構가 남쪽으로 도망가 송나라를 재건한 것이다. 이를 남송이라고 한다. 남송도 촉나라나 동진처럼 이전의 통일왕조 후손이 황제 자리에 오른 경우였다. 따라서 남송시대에도 속지주의보다 속인주의를 정통성의 기준으로 삼으면서 다시 위나라보다 촉나라를 정통으로 간주하는 분위기가 생겼다. 이러한 시대적 저류는 주자학의 아버지 주희가 쓴 『통감강목通鑑綱目』에 반영되었다. 즉 주희는 촉나라를 다시 정통 왕조로 본 것이다. 이때 촉나라는 촉한蜀漢 혹은 계한季漢이라고 불렸다.

그리고 이 시대에 나온 소설 삼국지는 주희의 『통감강목』에 반영된 정통성을 그대로 계승했다. 주희의 성리학이 청나라가 망할 때까지 국가의 지배 이데올로기가 되었으니 이러한 관점은 계속 유지되었다. 여기에 당시 정치적 입장도 반영되었다. 북송 이후 중국의 왕조 교체는 더 이상 선양에 의해 이루어지지 않았고, 전쟁과 정복으로 이민족 왕조와 한족 왕조의 교체가 반복되는 식으로 이루어졌다. 게다가 황제권의 강화와 함께 선양은 불충으로 간주되었다. 이러한 정치적 요소가 정통성 문제와 결합되었고 이런 배경 아래 소설 삼국지는 승자인 조조를 역적으로 묘사하고 약자인 유비를 정통성을 지닌 인물로 기술했다.

사실 정통성은 대의명분이나 국민들의 희망에 의해 결정되기보다는 힘의 논리에 따라 결정되곤 한다. 게다가 대의명분이나 국민들의 희망이 승리를 거둔 것 같은 경우에도 사실 그쪽이 더 큰 '힘'을 가졌기 때문인 경우가 많다. 우리나라의 예를 들어보자. 만주를 지배한 고구려와 발해를 한국사의 정통 왕조라고 주장해봐야 두 나라는 망하고 없고 그들의 후손들도 역사에 기록을 남기지 못했으며 다시 제대로 된 국가를 세우지 못했다. 게다가 이 두 국가가 정통 왕조라면 발해가 멸망한 이후 만주를 상실하고 한반도로 국한된 한국 역사의 정통 왕조 자리는 공석이 되고 만다. 다시 말해 정통은 온데간데없고, 정통이 아닌 신라와 그 뒤를 이은 고려, 조선의 역사가 덩그러니 우리의 역사를 채우는, 어색한 논리와 상황이 만들어진다. 중국의 삼국시대 경우에도 삼국의 통일은 촉나라가 아닌 사마씨의 진나라에 의해 이루어졌는데 이 진나라는 위나라의 뒤를 이은 왕조이므로, 삼국 가운데 위나라를 정통 왕조로 규정하는 것은 여러모로 합당한 관점일 것이다.

## 중국의 전통적인 천하관 _____

삼국시대는 세 명의 황제가 동시에 존재한 시기였다. 신나라가 붕괴하고 후한의 광무제가 통일하기 전에 일부 군웅이 황제를 자칭하기는 했지만 그 기간은 짧았다. 중국 정치에서는 오직 한 사람만이 황제가 되었고, 또 되어야 했다. 두 명(촉 멸망 이후) 또는 세 명의 황제가 있던 삼국시대에 당시 사람들은 이 문제를 어떻게 해결했을까?

중국의 지배자인 황제皇帝는 천자天子라고도 불린다. 천자는 '하늘의 아들'이란 뜻으로 명칭만 보면 하늘(신)과 혈연적인 관계를 가진 존재로 인식되기 쉽다. 예컨대 우리나라의 단군과 주몽은 모두 천손天孫이다. 즉 이 두 사람의 아버지는 하늘의 아들이며, 지상의 여성(웅녀와 유화)과 결혼하여 단군과 주몽을 낳았다. 그러나 중국의 천자는 '하늘 아래 모든 땅'을 다스리라는 명령, 즉 천명天命을 부여받은 존재였다. 천자는 천명을 받아 하늘 대신 천하를 통치할 권력을 위임받았고 왕도 혹은 덕으로써 천하를 통치해야 했다.

이렇듯 하늘로부터 통치권을 위임받은 천자는 오직 한 사람만 존재해야 했다. 주나라 때의 기록을 보면 천자는 "여일인余一人", 즉 '오직 나 한 사람'이라고 자칭했다. '여일인'은 자신만이 유일한 통치자라는 주장이었다. 『예기』에 "하늘에는 해가 두 개가 있지 않고 땅에는 두 명의 왕이 존재하지 않는다(天無二日 土無二王)"라는 구절이 있다. 이 구절은 왕, 즉 천자는 오직 한 명만 존재한다고 규정했다. 이처럼 온 세상에 오직 한 명만 존재하는 천자는 당연히 하늘 아래 모든 땅을 통치하는 존재였다. 『시경』에서도 "천하에 왕의 땅이 아닌 곳이 없고, 사해 안에 왕의 신하가 아닌 사람이 없다(溥天之下 莫非王土 率土之濱 莫非王臣)"라고 하여 천자가 온 세상을 홀로 통치하는 존재임을 밝혔다.

이렇듯 중국인의 정치관 혹은 세계관에서 왕자王者 혹은 천자로 불린 중국의 황제는 천명을 받아 통합된 천하를 일원적으로 지배하는 혹은 지배해야 하는 존재였다. 이 때문에 구주九州와 사해四海, 해내海內, 사방四方, 중국中國은 천하와 동일어로 사용되었다. 그러나 실제로 이러한 천하관은 이상적인 것에 불과했다. 중국이 지구의 모든 지역을 통치한 것은 아니었기 때문이다. 중국의 천하관을 연구한 한 학자는 이념상의 천하관과 실제 천하관이 다름을 밝혔다. 먼저 아래의 공식을 보자.

광의의 천하관: 천하＝중국＋중국 이외의 지역

이 공식은 중국뿐만 아니라 중국 이외의 모든 지역도 중국의 천자가 지배해야 한다는 뜻을 담고 있다. 천자가 하늘로부터 천하, 즉 지상의 모든 지역을 지배하라는 천명을 받았다면 당연한 일일 것이다. 그러나 중국의 황제(천자)가 지배한 지역은 중국뿐이었다. 따라서 위 공식은 이상적인 상황이었고, 중국의 여러 왕조에서 대외 팽창을 시도할 때 등장한 천하관일 뿐이었다.

전 세계를 지배하지만 실제적으로 중국만 지배하는 황제들의 입장을 고려하면, 현실적인 천하관이 필요했을 것이다.

협의의 천하관: 천하＝중국

위 공식은 중국의 황제들이 실제 지배하는 중국을 천하와 동일시했음을 보여준다. 이는 주로 중국의 여러 왕조가 대외 팽창을 단념하고 중국만을 통치할 때 나타났다. 따라서 자신이 지배하지 않는 지역의 군주들이 자신에게 복종한다는 허위 관념을 가지고 주변의 군주들에게 천자 혹은 황제로서 속국의 신하들에게 작위를 주는 책봉冊封을 통해 자신이 상위에 있음을 합리화하려고 했다. 그리고 주변국들의 외교 사절을 조공朝貢이라고 불렀다.

이처럼 중국은 주변국들에게 중국 황제에게 복종하라는 일원적인 천하관을 강요했다. 중국뿐이건, 중국 주변 지역을 포함하건 간에 중국의 황제들은 홀로 천하를 통치하는 존재였다. 그런데 삼국시대에는 3명의 황제가 등장했다. 매우 난감한 상황을 맞은 것이다. 당시 사람들은 이러한 상황을 정치적으로 어떻게 설명하고 합리화했을까? 하나씩 짚어보자.

**위나라의 천하관** _____

삼국 가운데 정통성을 가진 나라는 위나라였다. 우선 조조의 아들 조비는 후한의 마지막 황제 헌제로부터 황제의 자리를 물려받았다. 유학자들은 요임금이 순임금에게, 순임금이 우에게 천자의 자리를 물려준 것을 대표적인 선양의 예로 기술하며 찬양했다. 조비가 이러한 선양을 통해 황제가 된 후, 선양은 정통성을 강조하는 왕조 교체 방식으로 송나라 건국까지 애용되었다.

다음으로 위나라는 중국인들의 정신적인 고향인 화북 지방을 지배했다. 당시 정치, 경제, 문화의 중심지인 화북 지방, 그 가운데서도 황하 중류의 중원을 지배했기 때문에 정통성을 인정받을 수 있었다. 오나라가 지배하는 강남(강동)과 촉나라가 지배하는 파촉은 중원 사람들이 보기에 미개한 오랑캐들의 땅이 아닌가?

마지막으로 위나라를 계승한 진나라가 오나라를 멸망시키고 천하를 통일했다. 통일왕조에 정통성이 부여되는 만큼 이 통일왕조 이전에 존재했던 위나라는 당연히 정통성을 지닌 왕조로 기술되었다. 따라서 진나라의 관료였던 진수는 진나라의 정통성을 합리화하기 위해 이전 왕조인 위나라를 정통으로 하여 『삼국지』를 썼다.

위나라가 가지고 있던 천하관을 지도로 구현해보면 15-1과 같다. 15-1 지도에는 두 개의 천하관이 있다. 하나는 위나라를 중국, 천하, 사방, 사해(해내)로 인식하는 천하관이다. 이를 협의의 천하관이라 부를 수 있다. 이 관념을 현실 정치에 적용하기 위한 방식이 '사방'장군*이었다. 또 하나의 천하관은 아직 지배하지 못한 촉나라와 오나라의 땅을 천하에 포함시키는 것이다. 이를 광의의 천하관이라고 한다.

조비가 황제가 된 이후 '위나라＝천하＝해내＝사방＝중국'이라는 등식이 사용되었다. 이는 위나라 황제가 반포한 조서에서 흔히 발견된다. 또 『자치통감』에서도 위나라를 '중국'이라고 칭하는 용례가 자주 발견된다. 다양한 천하 관념 가운데 중국 전체를 천하로 규정한 통일제국 후한과 달리 위나라는 통일하지 못한 상태에서 '위나라＝천

---

* 사방장군은 정동장군, 진서장군, 안남장군, 평북장군처럼 동·서·남·북 방위명을 붙인 장군 칭호이다.

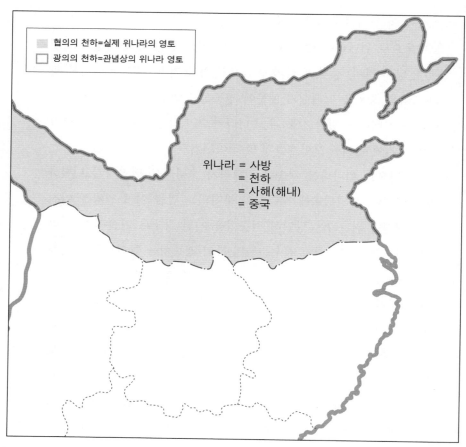

위나라 = 사방
= 천하
= 사해(해내)
= 중국

협의의 천하=실제 위나라의 영토
광의의 천하=관념상의 위나라 영토

15-1 위나라의 천하관.

하'라는 관념을 대내외에 과시했다. 물론 이는 정통성 주장과도 관련
이 있었다.

위나라를 천하와 동일시한 '협의의 천하관'과 더불어 위나라의 지
배를 받지 않은 촉나라와 오나라의 영토도 자신들의 영토로 간주한
'광의의 천하관'도 존재했다. '요령'과 '허봉虛封'은 그러한 천하관을
분식하기 위해 사용되었다.

요령은 실제로 지배하지 못한 지역의 지방관을 임명하는 관행을 뜻한다. 즉 임지에 부임하지 못하고 감투만 받은 지방관이다. 예컨대 조비는 이릉 전투에서 유비가 패하자 위나라에 항복한 황권에게 익주자사의 벼슬을 내렸다. 익주는 당시 촉나라가 지배하는 땅이었고, 따라서 조비가 황권에게 내린 것은 실제 지배하지 않은 지역의 지방관 자리, 이름뿐인 임명이었다. 이러한 임명 방식을 요령이라고 한다. 현재 대한민국에서 이북5도청을 두어 평남지사, 해주시장, 평양시장을 임명하는 것도 일종의 요령이다. 즉 헌법에 명기된 것처럼 "대한민국은 한반도의 합법 정부"이기 때문에 비록 휴전선 이북의 영토를 실효 지배하지는 못하지만 형식적으로 해당 지역의 도지사와 시장, 군수를 임명하여 휴전선 이북 지역을 지배하고 있는 것처럼 흉내 내는 것과 기본적으로 동일하다.

허봉 또한 요령처럼 지배하지 않은 지역의 열후나 왕으로 봉하는 것을 말한다. 예컨대 위나라는 오나라로부터 항복해온 손일孫壹과 전역全懌에게 오후吳侯와 임상후臨湘侯라는 작위를 내렸다. 오와 임상은 당시 오나라 땅이었다. 이 역시 자기 땅이 아닌 지역을 봉토로 준다는 점에서 공수표 남발이지만 광의의 천하관 시각에서 보면 그 지역 역시 위나라 땅이니 문제 될 게 없는 조치인 것이다.

## 촉나라의 천하관 _____

여러모로 정통성을 가진 위나라가 자신들이 천하의 주인임을 과시하기 위해 천하 관념을 정치에 이용한 것을 살펴보았다. 그렇다면 한 황실의 후예를 자처한 유비의 경우는 어떨까?

앞에서 언급한 것처럼 유비는 한 황실의 후예라는 명분으로 정통성을 주장할 수 있었다. 조비가 220년 헌제를 몰아내고 황제가 되자, 헌제가 살해되었다는 유언비어를 좇아 유비는 국상을 발표하고 상복을 입은 후 헌제를 효민황제孝愍皇帝로 추존했다. 『삼국지』에 따르면, 헌제는 천수를 누리다가 위명제 시기인 234년 사망했지만 유비는 황제가 되려는 욕심에 사기를 쳤다는 것이다. 그 후 유비는 상서祥瑞, 도참圖讖, 참위설 등 유비가 황제가 되어야 하는 당위성을 나타내는 자연현상과 여러 이상 현상, 신하들의 간청이라는 형식을 통해 황제의 자리에 올랐다.

촉나라는 현실적으로 익주를 근거지로 하는 지방 정권이었지만 천하를 지배한다는 관념적 의식이 뚜렷했다. 유비는 즉위 후 큰아들 유선을 태자로 세우고 아들 유영劉永을 노왕魯王에, 유리劉理를 양왕梁王에 봉했다. 또 장비와 마초, 이회李恢를 각각 사예교위와 량주목涼州牧, 교주자사로 임명했다.

15-2의 지도를 살펴보면, 언급한 지명들의 공통점이 발견된다. 먼저 노왕의 봉읍인 노국과 양왕의 봉읍인 양국은 모두 예주에 속한 군국이었으며, 당시 모두 위나라의 영토였다. 장비와 마초가 임명된 사예와 량주도 위나라의 영토였으며, 교주는 오나라의 영토였다. 즉 이 지명들을 보면 유비는 당시 촉나라가 실제 지배하지 않은 지역의 지방관에 신하들을 임명하고, 아들들을 왕에 봉했다. 다시 말해 전자는 '요령'이고, 후자는 '허봉'이다. 유비가 자신의 영토가 아닌 지역의 지방관과 왕을 임명한 것은 천하관과 관련이 있다. 앞에서 설명한 것처럼 황제, 즉 천자는 "천하에 왕의 땅이 아닌 곳이 없고, 사해 안에 왕의 신하가 아닌 사람이 없다"는 『시경』의 구절처럼 온 천하를 가진 존재였다. 적어도 유비는 그렇게 생각했기 때문에 실제 지배하는 땅은 아니지만 관념적으로는 자기 땅임에 틀림없는 위나라 땅에 지방관과 왕을 임명한 것이다. 촉나라는 이런 식의 허봉과 요령을 통해 정통

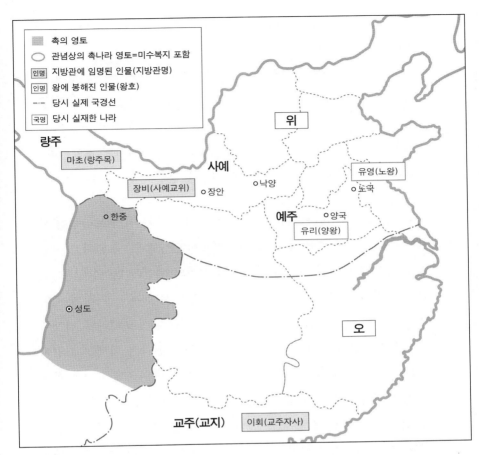

지도 내 라벨:

촉의 영토
관념상의 촉나라 영토=미수복지 포함
인명 지방관에 임명된 인물(지방관명)
인명 왕에 봉해진 인물(왕호)
-·- 당시 실제 국경선
국명 당시 실재한 나라

위

량주

마초(량주목)

사예

장비(사예교위) ○장안 ○낙양

○한중

유영(노왕)
○초국

예주 ○양국
유리(양왕)

⊙성도

오

교주(교지) 이회(교주자사)

15-2 촉나라 초기의 천하관.

성이 취약한 지방 정권의 한계를 극복하고 천하를 지배한다는 관념적 의식을 분명히 했다.

유비가 사망하고 손권과 국교를 회복한 이후에도 촉나라는 자국의 황제만이 중국 혹은 천하에서 유일한 황제라는 생각을 견지했다. 촉나라는 223년 국교 회복을 위해 등지鄧芝를 오나라에 파견했는데, 이때 등지와 손권이 주고받은 대화가 『삼국지/촉서/등지전』에 보인다.

손권: 만약 천하가 태평하면, 두 명의 군주(손권과 유선)가 나누어 다스리는 것이 어찌 즐겁지 않겠는가?

등지: 무릇 하늘에 두 개의 해가 있을 수 없고, 땅에는 두 명의 왕이 없습니다. 만약 위를 멸한 후 대왕이 아직 천명을 깊이 알지 못하신다면 군주가 각기 덕을 성대하게 하고, 신하는 각자 충성을 다하며, 장수가 북채와 북을 들면 전쟁이 바야흐로 시작될 것입니다.

손권: (크게 웃으며) 군(등지)의 참된 마음은 당연하지 않겠는가?

등지는 손권이 촉나라에 제안한 '두 명의 군주가 천하를 나누어 통치한다'는 주장을 한漢나라, 즉 촉나라로서는 수용할 수 없다고 주장했다. 정통성을 지닌 한나라 입장에서 손권의 제안은 받아들일 수 없고, 촉나라와 오나라가 연합해 위나라를 멸망시킨 후, 오나라가 촉나라와 대등하게 천하를 다스리려고 하면 촉나라는 오나라와 전쟁에 임할 것이라고 위협한 것이다. 그러나 이러한 완강한 자세는 손권이 229년 제위에 오른 후 바뀐다. 229년 이전까지 촉나라의 유선은 황제였고, 오나라의 손권은 왕이었다. 그런데 229년에 손권도 황제가 된다. 혼자서 북벌을 할 수 없는 촉나라로서는 오나라와의 연합이 절실했고, 뜻을 이루려면 손권의 즉위를 인정할 수밖에 없었다. 그렇다면 그에 걸맞게 천하관을 수정할 필요가 있었다.

## 천하를 둘로 나누다: 촉나라와 오나라의 천하관 _____

손권이 황제의 자리에 오르자 촉나라의 일부 신하들은 감히 황제를 참칭한 손권을 정벌해야 한다고 비분강개했다. 그러나 당시 권력자인 승상 제갈량은 현실적으로 생각하지 않을 수 없었다. 그는 229년까지 세 차례나 북벌을 감행했지만 음평과 무도 2군만 점령했을 뿐 가시적인 성과가 없었다. 혼자서 위나라를 공격하는 것보다 오나라와 협공하면 북벌이 성공할 확률이 높았다. 따라서 제갈량은 눈물을 머금고 손권의 황제 즉위를 인정할 수밖에 없었다. 그는 위나라를 협공할 것을 주장하며 진진陳震을 보내 손권과 맹약을 맺었다.

6월 촉나라는 위위衛尉 진진을 파견하여 손권이 제위에 오른 것을 경하했다. 손권은 이에 천하를 나누는 일에 참여했다. 예주, 청주, 서주, 유주는 오나라에 속하고, 연주, 청주, 병주, 량주는 촉나라에 속한다. 사주司州의 땅은 함곡관을 경계로 분할한다.*

위의 맹약을 지도로 표시하면 15-3과 같다.

15-3 지도에서 볼 수 있듯 위나라의 형주와 양주 부분에 대한 처리는 누락되었다. 두 나라가 후한시대 주의 경계로 땅을 분할하기로 합의한 것으로 보아 위나라의 형주 가운데 후한시대 익주의 일부를 편입시킨 부분**은 촉나라가, 후한시대의 양주와 형주 일부는 오나라가 차지하는 것으로 합의했다고 보는 것이 합당할 것 같다.

대부분의 학자들은 229년에 진진과 손권이 맺은 조약에 대해 촉나라와 오나라가 동맹을 맺고 미래에 함께 위나라를 공격하여 멸망시킨 후 천하를 반으로 나누려고 했다고 해석했다. 그러나 이러한 해석은 촉오동맹으로 양국의 기존 주목, 자사, 허봉에 변동 사항이 있었음을 설명할 수 없다. 다음의 기록을 보자.

---

*『삼국지/촉서/진진전』.
** 조조는 장로의 한중군을 점령한 후 한중군을 나누어 서성군과 신성군을 설치했다. 이 2군은 나중에 위나라 땅이 되었다.

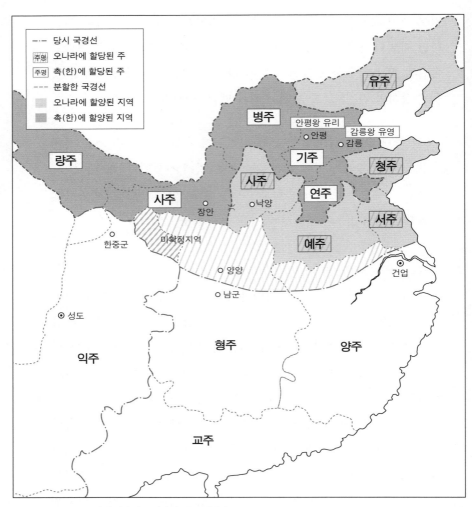

15-3 229년 촉나라와 오나라의 영토 분할안.

①노왕 유영을 감릉왕甘陵王으로, 양왕 유리를 안평왕安平王으로
바꾸어 봉했다. 모두 노(국)와 양(국)이 오나라의 분계分界에 있었
기 때문이다.

②229년에 교주가 오나라에 속하게 되어 이회를 (교주)자사에서 해임했다.

③보즐을 표기장군驃騎將軍 기주목에 임명했다. 이해 보즐은 서릉도독西陵都督이 되어 육손을 대신하고 두 국경을 안무했다. 이윽고 기주가 촉나라에 있게 되어 기주목에서 해임되었다.

④주연朱然은 거기장군車騎將軍 우호군右護軍 연주목에 임명되었다. 후에 연주가 촉나라의 몫이 되어 연주목에서 해임되었다.


①과 ②에서 노국과 양국, 교주가 오나라의 세력권이 되자 유비의 아들인 유영과 유리가 감릉왕과 안평왕으로 다시 봉해졌고, 이회는 교주자사에서 해임되었다. ③과 ④에서 보즐은 기주목에, 주연은 연주목에 임명되었지만 진진과 손권이 각자의 영역을 분할한 후, 지도 15-3에서 볼 수 있듯 기주와 연주가 촉나라의 관할 지역이 되어 본 직책에서 해임되었다. '촉나라의 세력권이 되어 기주목 혹은 연주목의 직책에서 해임되었다'는 내용은 본래 손권이 황제 즉위 후 자신을 천하의 지배자로 상정하고 신하들을 주목으로 임명했으나, 촉오동맹으로 양국이 천하를 관념적으로 반분하면서 변경된 관념적 세력권에 맞게 이를 수정했다는 것을 뜻한다.

다시 말해 이 기록들은 촉오 두 나라가 현실에서 지배하지 못한 위나라 땅을 두고 협공한 것이 아니라 천하관을 바꾸어 둘로 분할했다는 것을 말해준다. 즉 천하에 오직 한 사람만 존재해야 하는 황제가 아니라 두 명의 황제가 동시에 존재한다는 것을 인정하고 그에 따라 황제가 통치하는 땅(천하)도 둘로 나눈 것이다. 이는 필자의 독자적인 주장임을 밝힌다. 필자는 이를 '중분구주中分九州' 관념이라고 명명했다. 촉나라와 오나라의 맹약은 단순한 군사동맹이 아니라 서로를 황

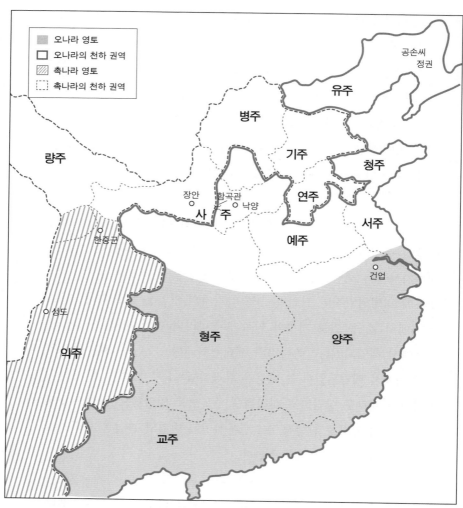

15-4 촉나라와 오나라의 '중분구주' 관념.

제국으로 인정하기로 했다는 데 중요한 의미가 있다. 촉나라와 오나라의 '중분구주' 관념을 지도로 구현하면 15-4와 같다.

혹여 독자들이 잊었을까 상기해보면, 촉나라와 오나라는 아직 점령하지 않은 위나라도 마치 자신들이 통치하는 천하의 일부분인 양 분식했다. 그렇다면 이러한 '중분구주' 관념은 단순히 천하관의 분할에만 그쳤을까? 필자의 연구에 따르면 '중분구주' 관념에 부합하는 지방관의 임명은 촉나라와 오나라에서 나름 쓸모가 있었다.

촉나라의 경우 '요령'으로 임명된 자사나 주목 대부분 승상 제갈량과 후계자인 장완, 비위 등의 직속 부하가 겸했다. 이는 북벌을 자주 수행했던 제갈량과 후계자들이 주요 장군들에게 자사나 주목의 관직을 주어 우대한 조치이며 이를 통해 충성을 담보하려고 했던 것으로 보인다. 그리고 일부는 지방에 주둔했던 도독에게 주어졌다.

오나라에서 '요령' 자사나 주목으로 임명된 인물들은 대개 도독이나 독督이었다. 오나라의 도독과 독은 각 지역에 주둔하면서 대대로 군사들을 지휘하는 세습 장군들이었다. 연대장이나 사단장 정도로 보면 될까? 즉 오나라의 요령 자사와 주목은 이러한 군사 조직, 사회 조직과 밀접한 관계가 있었다.

그러나 이러한 '중분구주' 관념은 촉나라와 오나라에만 적용되는 것이었다. 하지만 손권은 이러한 '중분구주' 관념이 공손연이나 고구려에도 적용된다고 생각했다. 그는 요동의 공손연에게 사신을 보내 '사지절使持節 도독유주都督幽州 영청주목領靑州牧 요동태수遼東太守 연왕燕王'이라는 관직과 작위를 내렸다. '사지절'은 이천석 이하의 관리들을 임의로 죽일 수 있는 권리였다. 요동군 일대만 지배한 공손연에게 유주와 청주의 사령관과 지방관 벼슬을 준 것이 좀 이상하다(유주와 청주는 '중분구주' 관념에 따라 오나라의 천하에 해당하는 지역이었다). 손권은 공손연이 자신의 천하에 속하는 지역에 있으므로 당연히 자신에게 복속할 것이라고 생각하며 이러한 관직을 주었다. 그러나 공손연은 오나라와 위나라 사이에서 양다리를 걸치다가 이익이 큰 쪽으로 움직였다. 결국 공손연은 오나라 사신들의 목을 잘라 위나라에 보냈고 손권이 보낸 재물은 가로챘다.

고구려의 동천왕도 236년 손권이 보낸 사신의 목을 잘라 위나라로 보냈다. 중국 기록에서는 고구려가 요동군 혹은 현도군에 속했다고 보았다. 손권은 요동군과 현도군이 자신의 천하에 포함되므로, 고구려도 자신의 천하에 포함되는 속국이라고 생각했을 것이다. 그러나 고구려는 전혀 그렇게 생각하지 않았고 공손연과 마찬가지로 자국의 이해관계에 따라 행동했다.

지도 15-4에서 볼 수 있듯 '중분구주' 관념에 따르면 공손연의 관할 지역과 고구려는 오나라의 영토나 속국이었다. 손권 말년의 외교적인 실수는 단순히 손권이 치매에 걸리거나 판단력이 흐려져서 생긴 문제로 치부하기 어렵다. 그보다는 촉나라와 오나라에서만 통용되는 '중분구주' 관념에 도취되어 순진하게 다른 지역이나 사람들도 당연히 자신의 천하관에 따를 거라고 착각했기 때문으로 보인다.

## 위나라의 정치사 ＿＿＿＿

위나라는 조비가 220년 후한의 헌제로부터 황제의 자리를 물려받아 건국했다. 그러나 이는 형식적 차원에서 '건국'을 완료한 것이고, 질적인 차원에서는 조조가 헌제를 허로 모셔와 소위 '천자를 끼고 천하에 명령을 내리는' 정치적 입지를 구축한 196년에 이미 시작되었다고 보거나, 조조가 찬탈을 계획하고 실천에 옮긴 것으로 이해되는 213년 (조조가 위공에 봉해진 해)을 위나라 건국의 계기가 마련된 해로 본다.

위나라 황제 계승을 보면 정치의 안정과 불안정을 알 수 있다. 중국과 우리나라에서는 황제나 왕의 계승이 부자 세습을 통해 계속 이루어지면 정치가 비교적 안정된 시대였고, 그러지 못하고 방계에서 나

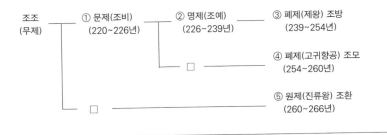

조조
(무제)
- ① 문제(조비) (220~226년) ── ② 명제(조예) (226~239년) ── ③ 폐제(제왕) 조방 (239~254년)
  - □ ── ④ 폐제(고귀향공) 조모 (254~260년)
- □ ── ⑤ 원제(진류왕) 조환 (260~266년)

15-5 위나라 황제 계보.

오면 무언가 어그러진 시대였다고 생각하면 대개 맞다. 위나라는 조조부터 증손자인 조방까지 4대에 걸쳐 부자 세습이 지속되었다. 이후 4대 고귀향공高貴鄉公 조모曹髦와 5대 상도향공(원제) 조환曹奐이 방계에서 영입되어 황제가 되었는데, 무언가가 잘못된 결과라고 추정할 수 있다. 249년 고평릉 사변 때 조상曹爽을 제거하고 권력을 잡은 사마의의 아들 사마사司馬師는 254년 조방을 황제 자리에서 몰아내고 방계 혈통의 조모를 황제로 세웠다. 사마씨에 의해 황제가 된 조모는 이후 사마사의 동생 사마소가 진공晉公에 올라 사실상 찬탈의 단계가 시작되자 사마소를 제거하기 위해 군대를 일으켰으나 도리어 그의 군대에 피살되었다. 그리고 나서 조환이 새로운 황제로 즉위했다.

초대 황제인 조비가 후계자가 되는 과정은 순탄하지 않았다. 조비는 형인 조앙曹昂이 197년 남양군의 군벌 장수를 공격할 때 전사한 이후 사실상 장남이었다. 따라서 장자 상속의 원칙에 따라 후계자가 될 수 있었다. 그러나 조조는 문학적 재능이 뛰어난 조식을 더 사랑해 그를 후계자로 삼으려고 했다. 조비는 가후의 조언에 따라 아버지에게 효도하는 아들인 양 연기했다. 이에 감명받은 조조는 원소와 유표가 장남을 후계자로 세우지 않아 망했다는 가후의 진언을 들은 후 조비를 후계자로 낙점했다. 이에 불복한 조창曹彰이 조조 사후 군대를 끌고 조비와 한판 승부를 벌이려고 했으나 주변의 만류로 군대를 조비에게 넘기고 숙청되었다. 동생들과의 권력투쟁에서 이기고 조조의 후계자가 된 조비는 동생과 조카들을 철저히 탄압했다. 가까운 직계 혈족을 경시하는 정책은 조비의 아들 조예曹叡 대에서도 이어졌다. 나중에 진나라(서진)의 초대 황제 사마염은 조씨가 사마씨에게 권력을 빼앗긴 원인을 가까운 친척들을 경시하고 권력을 주지 않았기 때문이라고 보고 이를 반면교사로 삼아 상반된 정책을 취했지만, 오히려 권력을 잡은 황실 일족이 서로 싸우다가 나라를 말아먹었다.

조비는 조조의 정책을 이어받아 먼저 오나라를 정복하고 촉나라를 마지막으로 정벌하는 전략을 취해 천하통일의 대업을 달성하려고 했다. 그래서 여러 차례 오나라 정벌에 나섰으나 바다처럼 넓은 장강에 가로막혀 돌아올 수밖에 없었다. 조비의 뒤를 이은 조예는 소설 삼국지에서 명장 사마의의 도움 없이는 제갈량의 북벌조차 막지 못하는 무능력자로 묘사된다. 그러나 『삼국지』의 기록대로라면 그는 상당한 수준의 전략가였으며, 그가 세운 전략이나 판세에 대한 이해가 들어맞는 경우가 많았다. 다만 조예는 총명했지만 촉나라의 제갈량이 사망한 이후에는 점차 정치를 게을리하고 사치에 빠져 토목공사를 남발하여 신하들에게 비난을 받았다.

다음으로 위나라의 영토 확장 과정을 살펴보자. 위나라는 호구 수가 삼국 가운데 으뜸이었고 강력한 군대까지 보유한 가장 강한 나라였다. 비록 촉나라의 제갈량과 오나라 손권의 협공을 받기도 했지만 두 나라의 공격 때문에 나라가 망할 위기에 처한 적은 없었다. 대체로 위나라는 줄곧 영토를 확대했다.

15-6 지도에서 볼 수 있듯 229년에 위나라는 옹주 서남쪽에 있는

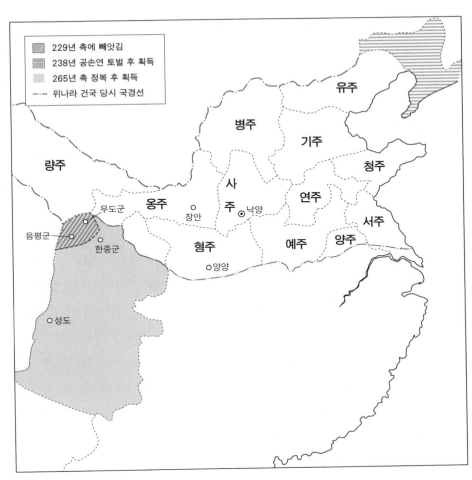

15-6 위나라의 영토 확장.

무도와 음평 2군을 촉나라에 빼앗겼다. 이 지역은 파촉에서 관중으로 가는 교통로였으므로 촉나라 입장에선 군사적으로 중요한 땅이었다. 이후 촉나라 군대가 여러 차례 옹주의 서부 지역까지 진격했지만, 위 나라의 손실은 2군을 빼앗기는 데 그쳤다. 전체적으로 위나라가 촉나 라의 공격을 잘 방어했다고 평가할 수 있다.

위나라는 238년 요동군을 지배하던 공손연을 토벌했다. 공손씨는 공손탁부터 공손연까지 48년 동안 요동군을 비롯한 유주의 동쪽을 지배했다. 공손씨는 위나라 건국 이후 형식상 위나라에 복속했지만 사실 독립 왕국이나 다름없었다. 위나라는 건국한 지 18년이 지난 238년에야 사마의를 보내어 자립을 공식적으로 선언한 공손연을 정벌하는 데 성공했다. 사실 위나라의 입장에서 요동 일대는 본래 자신들의 영토였으므로 반란을 일으킨 지방관을 토벌하는 것쯤으로 여겼을 것이다.

20여 년 후 위나라는 공손씨 정권보다 더 큰 촉나라를 멸망시킬 기회를 얻었다. 전쟁광 강유와 환관 황호의 정치적 갈등을 틈타 263년 종회와 등애를 보내 공격했고, 등애의 분전에 힘입어 촉나라를 멸망시킨 것이다. 위나라가 촉나라를 멸망시켜 익주를 점령함으로써 삼국 가운데 한 나라가 없어졌다. 그리하여 오나라는 북쪽과 서쪽에서 위나라의 군대를 막아야 하는 어려움에 처하게 되었다. 익주를 점령한 위나라는 장강을 따라 상류에서 하류로 내려가 오나라를 공격할 수 있었다. 적벽대전 전에 손권의 참모 장소가 지적한 것처럼 장강이 방어막이 아니라 교통로가 됨으로써 오나라의 중요한 지형지물이 무력화될 가능성이 있었다.

이 무렵 위나라는 사마씨의 손에 정권이 넘어갔다. 그리하여 위나라는 조조 이래 겨우 촉나라를 멸망시키고 천하통일의 기회를 얻었지만, 정작 이야기의 대미를 장식하는 일은 사마씨의 진나라에 넘겨주었다. 위나라가 망하게 된 계기는 조예가 죽기 전에 어린 아들 조방을 보좌할 후견인을 잘못 정한 데 있었다. 조예는 본래 조조의 아들이었던 연왕燕王 조우曹宇와 조휴의 아들 조조曹肇, 조진의 아들 조상에게 조방을 보좌하게 하고 사마의를 바깥으로 내보내 관중에 주둔하도록 하는 계획을 세웠다. 그러나 병이 들어 정신이 혼미해져 측근인 유방劉放과 손자孫資의 말을 듣고 조우와 조조를 내치고 조상과 사마의에게 공동으로 조방을 돕도록 했다. 조상은 사마의를 권력이 없는 명예직인 태부에 임명하고 권력을 빼앗았다. 사마의는 기회를 엿보다가 249년 조방과 조상이 고평릉에 사냥을 나간 틈을 타서 낙양성을 점거하는 쿠데타를 일으켰다(고평릉 사변). 결국 조상은 사마의에게 항복했고, 조상 일파는 제거되었다. 정권을 잡은 사마의는 권력을 아들들에게 물려주었고, 결국 손자 사마염이 마지막 황제 조환을 내쫓고 진나라를 세우기에 이른다.

## 촉나라의 정치사 ____

촉나라의 공식 건국은 221년이지만 사실상 214년 유비가 익주를 점령함으로써 건국의 토대가 마련되었다고 할 수 있다. 이후 유비는 219년 한중왕이 되었고, 이로써 실질적으로 독립을 이루고 자립했다. 손권에게 형주를 빼앗긴 후 유비가 지배한 땅은 익주 1개 주에 불과했지만, 그보다 4세기 전에 그의 선조인 한고조 유방이 항우에 의해 한왕漢王에 봉해진 뒤 같은 지역을 근거로 천하를 도모한 예가 있었다. 유비는 한중왕이 되면서 자신도 유방처럼 천하를 통일할 것이라는 희망에 부풀었을 것이다. 그는 조비가 220년에 위나라를 세우자 다음 해 황제 자리에 오르고 나라 이름을 한漢이라 했다. 그러나 보통은 이 나라를 촉蜀 또는 촉한蜀漢이라고 칭한다.

```
① 선주(소열제) 유비 ———————— ② 후주 유선
   (221~223년)                    (223~263년)
```

15-7 촉나라의 황제 계보.

촉나라는 42년 동안 단 2명의 황제가 재위했다. 유비는 222년 관우와 장비의 원수를 갚기 위해 오나라를 공격했다가 이릉(정확히는 효정)에서 육손의 군대에 대패한 후 병에 걸려 223년 63세의 나이로 죽었다. 그는 고작 2년 동안 재위했을 뿐이다. 반면 유선은 223년 17세의 나이로 즉위해 40년 동안 황제의 자리를 지켰다. 소설 삼국지에는 유비가 죽고 유선이 즉위하자 조비가 사마의의 계략을 받아들여 손권, 선비의 군주 가비능 등과 함께 촉나라를 다섯 갈래로 공격한다는 대목이 있다(85회). 그러나 이는 『삼국지』에는 보이지 않는 허구이고 유선 재위 시기에 외부의 침입은 적었다. 망국의 군주와 아둔하다는 이미지가 덧칠해졌지만 유선의 치세는 안정된 '태평성대'였다.

촉나라는 유비가 황제로 즉위하기 직전 손권에게 형주(정확히는 형주의 서쪽 부분)를 빼앗기고 영토가 익주 하나로 줄어들었다. 그러고는 망할 때까지 고작 2군을 추가하는 데 그쳤다.

15-8 지도에서 짙은 음영으로 표시한 익주의 남부, 즉 소위 '남중'이라고 불린 지역은 명목상 촉의 땅이었지만 촉나라의 손길이 잘 미치지 않는 지역이었다. 옹개雍闓와 주포朱褒, 고정高定, 맹획孟獲 등 토착 세력은 촉나라의 간섭에서 벗어나기 위해 지방관들을 죽이고 반란을 일으켰다. 이에 제갈량은 225년 3월 이 지역의 정벌에 나서 익주, 장가, 월수, 영창 4군을 평정한 뒤 익주군益州郡을 건녕군建寧郡으로 고치고, 건녕建寧, 영창永昌 2군을 나누어 운남군雲南郡을, 건녕, 장가牂牁 2군을 나누어 흥고군興古郡을 새로 만들었다.

229년에는 제갈량이 진식陳式을 보내 위나라 량주에 속한 무도와 음평 2군을 점령했다. 이 지역은 익주에서 관중으로 나가는 지역 가운데 그나마 평탄한 지형이 있는 교통의 요지였다. 제갈량은 무도와 음평을 점령함으로써 북벌에 필요한 교통로와 교두보를 확보한 셈이었다.

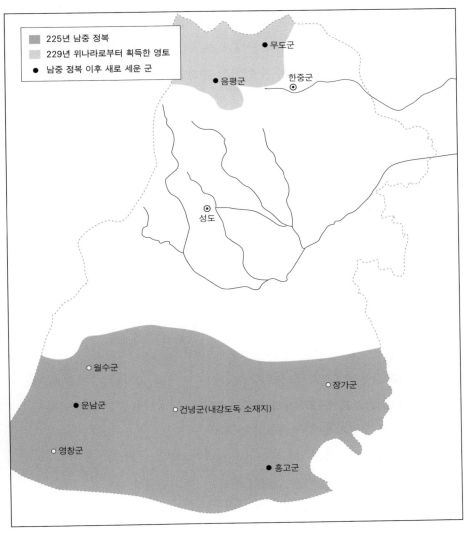

촉나라의 정치는 황제와 무관하게 제갈량의 생전과 사후로 구별할 수 있을 만큼 제갈량의 영향력이 컸다. 제갈량은 221년 승상에 임명된 이래, 잠깐 승상 자리를 내놓은 적이 있지만, 234년에 죽을 때까지 13년 동안 촉나라의 정치와 군사를 좌우했다. 유비는 죽기 전에 제갈량에게 "아들 유선의 재주가 미치지 못하면 공이 황제의 자리를 취하시오"라는 유언을 남겼다. 그러나 제갈량은 죽을 때까지 후주 유선에게 충성을 다했다. 제갈량에 대한 평가, 특히 군사령관으로서의 자질에 대해서는 평가가 엇갈리지만 그가 뛰어난 재상이었음은 누구도 부인하지 않는다. 제갈량이 장군의 능력이 부족하다고 비판한 진수도 재상의 자질이 장수의 자질보다 뛰어났으며, 제갈량이 제나라 환공을 패자로 만든 관중管仲 및 전한 초기의 명재상 소하蕭何와 견줄 만하다고 했다. 역대급 명재상의 반열에 오를 만하다는 것이다. 제갈량이 죽기 전 촉나라 사신이 위나라의 사령관 사마의에게 말한 것처럼 그는 아침 일찍부터 밤늦은 시각까지 정무 처리에 열중할 정도로 성실했다. 또한 제갈량에 의해 파면되거나 귀양 간 사람들조차 그의 죽음을 슬퍼할 정도로 공평한 인물이었다.

제갈량이 죽은 후 촉나라에서는 승상 관직이 폐지됐고, 장완과 비위가 대장군 혹은 대사마의 직책으로 국정을 처리하고 군대를 지휘했다. 소설 삼국지에서 제갈량의 수제자로 낙점된(93회) 강유는 비위의 집정 시기에 북벌을 감행하여 5승 8무 7패를 기록했다(승률은 25%였다). 비위가 죽고 권력을 장악한 강유는 자주 위나라 북벌에 나섰으나 대부분 군량 부족으로 회군하거나 진태陳泰, 등애 등 위나라 장군들과의 전투에서 패했다.

강유가 전쟁에 신경 쓰는 동안 후주 유선은 간신 진지陳祗와 환관 황호를 중용하여 정치가 점차 문란해졌다. 262년 등애에게 패한 후

성도를 방문한 강유가 후주 유선에게 황호를 내치라고 간언했지만 유선은 받아들이지 않았다. 이에 강유는 황호에게 모함을 받을 것을 두려워하여 북쪽 변경인 답중沓中으로 피했다. 위나라는 촉나라 정치의 문란과 지배층의 분열이라는 절호의 기회를 놓치지 않았다. 강유가 대군을 이끌고 답중에 주둔하는 틈을 타 다음 해인 263년 위나라는 대군을 보내 촉나라를 공격했다. 강유는 한중군 등 영토 일부를 잃었지만 검각劍閣을 지키며 종회鍾會의 군대를 막아냈다. 하지만 종회가 후퇴하려는 순간 등애가 산간 지역으로 우회하여 성도를 기습해 촉나라를 멸망시켰다. 촉나라의 멸망에는 직간접적으로 강유에게 책임이 있었다.

위나라는 촉나라를 멸망시킨 후 262년 겨울, 촉나라의 영토를 익주와 양주梁州로 분할했다. 그리고 후에 남중 지역에 영주寧州를 설치했다. 촉나라의 영토를 3주로 분할한 것은 이 지역의 재기를 막고 파촉 사람들의 분열을 초래하여 통치하는 방식, 즉 일종의 분할통치를 위해서다.

한편 촉나라 정벌 총사령관이었던 종회는 촉나라 정복의 일등공신인 등애를 모함하여 투옥하고 파촉을 지배해 자립할 음모를 꾸몄다. 종회에게 항복한 강유는 종회의 반란에 동조하는 척하며 촉나라의 부활을 계획했다. 그러나 종회가 강유의 부하들을 무장으로 임명하고 옛 부하들을 제거하려 하자 위나라 무장들이 반란을 일으켜 종회와 강유 등을 죽였다. 이 난리 이후 위나라는 264년 후주 유선과 촉나라의 황실 일족, 관리들을 위나라의 수도 낙양으로 이주시켰다. 또한 촉나라의 장군 종예宗預와 요화廖化, 제갈량 일족 등 3만 가구도 하동군과 관중으로 강제 이주시켰다. 이러한 조치로 옛 촉나라 땅을 다스리기 쉬워졌다.

## 제갈량의 남중 정벌 _____

제갈량의 북벌은 17장에서 자세히 다룬다. 여기서는 제갈량의 '남중' 정벌, 흔히 말하는 남만 정벌을 살펴보자.

촉나라가 건국한 후 익주, 장가, 월수, 영창 4군에 내강도독庲降都督을 두어 소위 '남중'이라 불리는 지역을 관리하도록 했다. 그런데 유비가 223년에 죽자 이 지역의 토착 세력이 반란을 일으켰다. 익주군의 토호 옹개는 익주태수 정앙正昂을 살해하고 당시 교지(베트남 북부)를 지배하는 사섭士燮을 통해 오나라에 귀순할 뜻을 밝혔다. 또 촉나라 조정이 보낸 후임 익주태수 장예張裔를 잡아 오나라에 보냈다. 이에 오나라는 옹개를 영창태수永昌太守에 임명했다. 영창군永昌郡의 공조功曹 여개呂凱와 부승府丞 왕항王伉은 관리와 군사들을 이끌고 영창군을 지키며 옹개의 진입을 봉쇄했다. 옹개는 영창군으로 진입하지 못하자 영창군 사람 맹획에게 여러 이민족을 선동하여 반란을 일으키도록 사주했다. 이에 여러 이민족이 모두 호응해 반란에 참여했다. 또 장가태수牂牁太守 주포와 월수군越巂郡의 이민족 우두머리 고정도 223년 여름에 반란을 일으켜 옹개의 반란에 호응했다. 승상 제갈량은 223년 유비(소열제)의 상을 당했기 때문에 이들의 반란을 진압하는 대신 월수군의 영관靈關을 폐쇄하여 남중 4군과의 교통을 차단하고 남중 반란이 익주에 미치지 않도록 했다. 더불어 농경에 힘쓰고 곡식을 비축하며 훗날을 도모했다.

옹개 등이 반란을 일으킨 지 2년 후인 225년 3월, 마침내 제갈량은 남중의 반란을 정벌하기 위해 군대를 일으켰다. 지도 15-9에서 볼 수 있듯 제갈량 자신은 남중 가운데 가장 가까운 월수군으로 진격했고, 장가태수로 임명한 문하독門下督 마충馬忠에게는 장가군의 주포를 토벌하게 했다. 평이현에 주둔한 내강도독 이회李恢에게는 익주군의 반

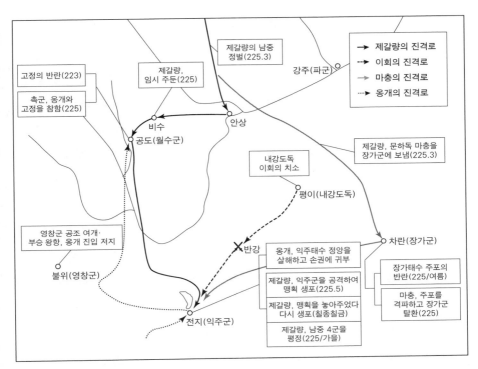

15-9 제갈량의 남중 정벌.

란 세력을 평정하게 했다. 제갈량은 월수군에서 옹개와 고정을 참하며 반란군의 주력을 섬멸했다. 마충도 주포를 죽이고 장가군을 회복했으며, 이회 역시 한때 곤명昆明에서 포위되었으나 성 밖으로 출격해 대파하고 반강槃江까지 진격했다. 월수와 장가를 평정한 뒤 제갈량과 마충, 이회는 군대를 합쳐 익주를 공격했다.

반란을 일으킨 주모자 옹개와 고정, 주포가 제거되어 반란이 끝나는 것처럼 보였으나 맹획이 옹개의 남은 무리를 수습하자 세력이 강대해졌다. 앞의 세 사람이 전반부를 주도했다면 맹획은 후반부의 주역이었다. 제갈량은 225년 5월 익주군의 치소인 전지滇池로 진격하여 맹획과 싸웠고 그를 생포했다. 제갈량은 맹획이 이민족과 한족에게 민심을 얻고 있음을 알고 촉군의 진영을 구경시켜준 후 촉군에 대한 느낌을 말해보라고 했다. 맹획은 "예전에는 촉군의 허실을 알지 못했기 때문에 패했습니다. 지금 승상께서 촉군의 군영을 구경시켜주셔서 촉군의 사정을 알았으니 제가 쉽게 승리할 수 있습니다"라고 말했다.* 제갈량은 웃으면서 맹획을 놓아주고 다시 싸웠다. 소설 삼국지의 스토리(87~90회)처럼 제갈량은 맹획은 일곱 번 놓아주고 일곱 번 다시 사로잡았다. 이를 칠종칠금七縱七擒이라고 한다.

제갈량이 여덟 번째로 맹획을 놓아주자 맹획은 마침내 부끄러움을 느꼈는지 가지 않고 "공은 하늘의 위엄을 보여주셨습니다. 남쪽 사람들은 다시 반란을 일으키지 않을 것입니다" 하며 복종을 맹세했다.

225년 가을, 남중 4군을 평정한 제갈량은 반란 이전처럼 내강도독과 군현의 군사들 이외에 군대를 배치하지 않고 회군했으며 토호들을 지방관에 임명했다. 외형상 애써 점령한 남중을 방기한 것이다. 이에 한 부하가 간언하자 제갈량은 세 가지 불리한 점을 제시했다.

첫째, 외지인을 관리로 임명해 남중에 머무르게 하면 군대를 주둔시켜야 하는데 식량이 없다. 둘째, 전쟁에 패해 아버지와 형이 죽거나 다친 상황에서 군대를 배치하지 않고 외지인만 관리로 임명해 남겨두면 반드시 화가 생기고 근심이 생길 것이다. 셋째, 이미 지방관을 폐하고 살해한 죄를 지은 오랑캐들은 스스로 불평하고 허물이 무거우니 외지인을 남겨두면 마지막까지 서로 믿지 않을 것이다. 군대를 주둔시키지 않으면 군량을 내지에서 운송할 필요가 없고 기강이 서면 오랑캐와 한족들은 편안해질 것이다.**

제갈량의 말을 종합하면 남중의 이민족을 군사적으로 복속시켰지만 군사적, 경제적으로 통치 비용이 많이 들기 때문에 이들의 자치를 인정하고 자발적인 복종을 이끌어내는 소위 기미 정책을 실시한 것이다. '기미'는 말과 소에 꿰는 고삐를 지칭하므로 기미 정책은 어느 정도 자치를 인정하지만 촉나라의 지배를 벗어나지 않도록 통제한다는 뜻으로 해석할 수 있다.

제갈량은 남중을 평정한 후 앞서 언급한 것처럼 익주군의 이름을 건녕군으로 바꾸고 운남군과 흥고군을 새로 설치했다. 이어 맹획에게 관직을 주고 옹개의 영창군 진입을 저지한 토착민 여개와 왕항을 운남태수와 영창태수로 임명했다. 여기에 『화양국지』에 따르면, 남중의 용맹한 병졸과 청강 1만여 가구를 촉군으로 이주시켰다. 이들을 비군飛軍이라 했다. 청강의 1만 가구는 단순한 백성들이 아니라 말타기와 싸움에 능한 티베트계 이민족이었고 '비군'이라는 명칭으로 보아 촉나라는 이들을 군인으로 편성했음을 알 수 있다. 또 토착 세력을 부곡으로 삼아 5부 도위를 설치했다. 제갈량은 남중을 수습한 후 수도인 성도로 회군했다.

제갈량의 조치는 그의 의도대로 되었으면 좋았으련만 이상에 치우쳤다. 남중의 이민족들은 다시 반란을 일으켰고 주둔군의 지휘관들을 죽였다. 이때 내강도독 이회가 반란을 토벌하고 우두머리들을 성도로 강제 이주시켰다. 그리고 복濮과 유叟 등 이민족들로부터 농사용 소(耕牛)와 전투용 말, 금은, 물소 뿔, 가죽 등을 징수해 군자금으로 충당했다. 이러한 착취 때문인지 몰라도 이후에도 남중의 여러 군에서 반란이 발생했고 그때마다 내강도독에 임명된 마충과 장억張嶷 등이 여

---

*, ** 『삼국지/제갈량전』의 배송지주에 인용된 『한진춘추』.

러 차례 반란을 진압했다. 제갈량의 관대한 조치는 결과적으로 효과가 없었던 것이다.

## 오나라의 정치사 _____

오나라의 정치사를 살펴보기 위해 먼저 오나라 황실의 계보를 살펴보자.

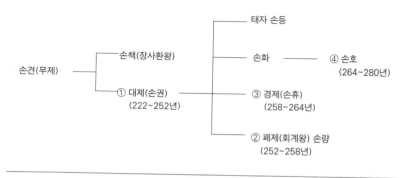

15-10 오나라의 황제 계보.

오나라 황제 계보를 보면 이상한 점이 몇 가지 있다. 손권은 229년 황제 자리에 오른 후 아버지 손견에게 무제武帝라는 시호를 바쳤다. 시호는 황제나 신하가 죽은 다음에 바치는 칭호이다. 그런데 형인 손책에게는 장사환왕長沙桓王이라는 시호를, 손책의 아들에게는 왕이 아닌 후의 작위를 주었다. 손책 가문을 푸대접한 것이 노골적으로 드러난다. 어느 모로 보나 오나라의 기틀을 세운 사람은 손책이다. 아버지 손견이 전사한 후 손책은 말 그대로 무에서 유를 창조하여 원술에 의탁하는 나그네 신세에서 강동 6군의 지배자로 떠올랐다. 손권이 황제가 된 것은 형인 손책의 업적 덕분이었다. 그럼에도 불구하고 손권은 손책과 그 후손들을 무시했다. 형 손책에 대한 열등감과 시기심도 있었겠지만, 황제 자리를 자기 후손들만 이어받기를 원하는 독점욕 때문이었을 것이다.

오나라의 존속 기간인 58년 동안 손권이 재위한 기간은 그 절반이 넘는 약 30년이었다. 한마디로 손권을 빼놓고 오나라의 역사를 생각할 수 없다. 그런데 2대 황제부터 형제 상속으로 이어진 것은 무엇인가 일이 벌어졌음을 시사한다. 이는 나중에 다시 살펴보기로 하겠다.

손권은 초기에는 정치를 잘했지만 말년으로 갈수록 실수를 거듭했다. 가장 중요한 실수는 태자 손화孫和와 동생 손패孫覇의 후계자 다툼을 수수방관한 것이다. 15-10의 계보에서 볼 수 있듯 본래 태자는 손등孫登이었으나 241년에 병들어 죽고 만다. 그러자 손화가 242년 태자가 되었다. 손화와 손패가 파당을 만들어 정쟁을 벌이자 손권은 손화를 태자의 자리에서 밀어내고 손패에게 자결 명령을 내렸다. 이때 육손과 고담顧譚, 오찬吾粲 등이 태자 손화를 옹호했으나 고담과 고승顧承은 교주로 귀양 갔고, 오찬은 피살되었으며, 육손은 손권의 질책을 받고 화병으로 죽었다. 250년에도 손화를 폐위하는 데 반대한 인물들이 피살되거나 좌천되었다. 손패의 일당도 처벌되었다. 이러한 정치적 격변이 끝난 후 손권은 8살의 손량孫亮을 태자로 삼았다. 태자를 내치고 막내를 세운 점은 전한의 무제와 비슷했다. 그는 제갈근諸葛瑾의 아들 제갈각諸葛恪을 태자태부太子太傅에 임명하여 후견인으로 삼았다. 이 역시 신임하던 곽광에게 섭정을 맡긴 한무제의 조치와 같다. 장남 손등이 일찍 죽어 생긴 문제였지만 제대로 처리하지 못한 후계 문제는 결국 오나라가 패망할 때까지 두고두고 화근이 되었다.

손권은 황제권 강화를 위해 여일呂壹에게 사정(감찰)을 맡겨 오나라판 공안 정치를 실시했다. 이 때문에 조정 대신들이 벌벌 떨었지만 손권에 대한 반감도 커졌다. 또 손권은 당시 신망을 얻고 있던 장온張溫과 기염暨艷을 탄압했다. 무엇보다 손권이 권력을 잡았을 때부터 모사로 활동한 장소를 푸대접했다. 손권은 장소가 208년 적벽대전 직전 항복을 주장한 이후부터 그를 멀리했다. 그는 황제에 즉위한 후 장소를 최고위직인 승상으로 임명하는 대신 보오장군輔吳將軍이라는 한직을 주었으며, 233년 공손연에게 사신을 보내려고 할 때 장소의 반대를 무시했다.

손권은 젊어서 정권의 안정을 위해 인재를 올바르게 등용하고 지배층의 화학적 결합을 위해 애썼다. 그러나 황제가 된 후에는 지배층을 탄압하고 그들과 사이가 틀어졌다. 이 같은 지배층의 분열은 손호 재위 시기까지 보이며, 오나라 멸망의 큰 원인이 되었다.

252년 손권이 죽은 후 손량이 황제로 즉위했다. 황제를 보좌하게 된 제갈각은 같은 해 12월 무오일 동흥제東興堤에서 위군을 대파했다. 물론 정봉丁奉의 활약 덕분이었다. 제갈각은 숙부 제갈량처럼 253년 북벌을 감행했다가 합비신성 포위전에서 사실상 패했다. 설상가상으로 오나라 군사들의 3분의 2가 질병으로 죽은 후에 퇴각했다. 이 때문에 관리들 사이에 불만이 커지자 무위장군武衛將軍 손준孫峻이 제갈각을 죽이고 권력을 잡았다. 손권이 벤치마킹한 전한 소제 시기의 섭정 곽광과 달리 제갈각은 권력을 공고히 하지 못했던 것이다. 이는 제갈각 본인뿐만 아니라 오나라의 파멸을 초래했다. 256년, 손준 사후 권력을 잡은 손침孫綝은 258년 자신을 제거하려 한 손량을 폐위하고 손권의 다른 아들 손휴孫休를 황제로 옹립했다. 하지만 손휴는 즉위한 지 2달 만에 손침을 죽였다. 손휴가 손침을 죽인 후 정치는 어느 정도 안정되었으나 263년 촉나라가 망함으로써 이후 오나라의 존망 또한 위태로운 상황으로 바뀌었다.

264년 손휴가 죽자 오나라 사람들은 손휴의 아들 손령孫靈 대신 연장자를 황제로 세우려고 했다. 이에 태자 자리에서 밀려났던 손화의 아들 손호孫皓가 아버지에 대한 동정 여론 덕분에 황제가 되었다. 손호는 비록 포악하고 사치스러웠지만 육손의 조카인 육개陸凱를 승상으로 임명해 정사를 처리하게 하고, 육손의 아들 육항陸抗에게 형주를 지키게 했다. 육항은 아버지처럼 뛰어난 무장이었기 때문에 위나라와 진晉나라의 위협으로부터 오나라를 잘 지켜냈다. 그러나 육항이 274년에 죽은 이후 오나라에 더 이상 쓸 만한 지휘관이 없자 진나라에서는 오나라를 공격하자는 주장이 지속적으로 제기되었다. 결국 280년 진나라가 여섯 갈래로 오나라를 공격하고, 익주(옛 촉나라 땅)에서 출동한 왕준王濬이 장강을 따라 수도 건업으로 진격하자 손호가 항복하고 오나라는 망했다.

### 수성의 군주 손권

손책은 허공의 옛 부하들에게 화살을 맞아 죽기 전에 장소 등의 신하들과 아우 손권을 불러 유언을 남겼다. "중국(중원, 화북)이 현재 어지러우니 오吳, 월越의 무리를 이끌고 삼강*을 굳게 지키면 족히 성공과 실패를 살펴볼 수 있다. 공들은 내 아우를 잘 보살피도록 하시오." 그러고는 손권에게 인수를 차도록 명령하고 "강동의 무리를 이끌고 두 군대의 진영 사이에서 싸울 계책을 결정하며 천하와 더불어 각축을 벌이는 일은 네가 나보다 못하다. 그러나 현명하고 능력 있는 사람들을 임용하며 각자 그들의 충성심을 이끌어내고 강동을 보존하는 것은 내가 너보다 못하다"고 말했다.

손책은 아우인 손권을 자신처럼 전쟁에서 승리하고 영토를 넓히며 천하를

---

* 『자치통감』에 따르면 삼강三江은 오송강吳松江과 전당강錢塘江, 포양강浦陽江을 지칭한다.

차지할 야심과 능력을 가진 인물로 보지는 않은 것 같다. 그도 그럴 것이 손책이 죽은 200년에 손책은 26세, 손권은 19세였다. 손책은 물론 자신이 그토록 젊은 나이에 죽을 것이라고 생각하지 않았기 때문에 아우인 손권을 후계자로 생각하지 않았다. 다만 자기가 갑자기 죽게 되어 권력을 손권에게 넘겼을 뿐이다. 권력을 잡기 전에 손권이 역임한 관직을 보면 양선현장陽羨縣長과 봉의교위奉義校尉에 불과했다. 후계자 수업을 받았다고 보기 어렵다. 손책이 195년에 강동 정복을 위해 장강을 건너 남하했을 때 그의 나이 21세였다. 손책은 195년의 자신보다 2살이나 어리고, 특히 군 지휘자로서 검증되지 않은 어린 손권이 자신처럼 조조와 자웅을 겨룰 능력이 있을지 확신하지 못했을 것이다. 게다가 전쟁터에서 살다시피 하며 후방의 가족들에 신경 쓸 틈이 없었던 손책이 아우의 장단점을 자세히 파악할 수 있었을까? 손책이 손권에게 강동을 보존하는 능력이 자신보다 낫다고 말한 것은 정확한 판단이라기보다 자신이 죽은 다음에 그렇게 하라는 바람이 담긴 말이었을 것이다.

결과론적이지만, 손권은 아버지 손견이나 형 손책보다 장군의 자질은 부족했다. 이 삼부자를 비교해보자. 손견은 당시 최강이었던 동탁의 군대와 싸워 한 번을 제외하고 계속 승리했다. 필자가 계산해본 바로는 손견은 자신이 총사령관으로 지휘한 전투에서 10승 1패를 기록했다. 승률이 9할이 넘는다. 여포와 두 차례 싸워 이겼고, 동탁도 한 차례 물리쳤다. 이러한 결과를 보면 당시 군웅 가운데 최고의 명장이었다.

손책은 자신이 총사령관으로 참전한 전투에서 16승 1무 1패의 성적을 거두었다. 승률이 88.9%, 역시 9할에 달했다. 1패는 아직 강동을 정복하기 전에 당한 것으로, 그가 단양군에서 군대를 모아 회남의 원술에게 돌아가던 중 조랑祖郎에게 기습을 받아 수백 명의 군사를 잃은 것이었다. 아버지 손견보다 승률이 조금 낮지만, 조조의 승률 79.7%보다 높다. 물론 조조의 전쟁 횟수가 많기 때문에(조조는 74번 싸워 59승 8무 7패의 전적을 기록했다) 손책이 조조보다 군사적 재능이 뛰어나다고 단정하기는 어렵다. 그러나 손책 또한 아버지 손견에 못지않은 뛰어난 군사령관이었음은 분명하다.

반면 손권이 203년부터 234년까지 직접 참전하여 지휘한 전투 18회 가운데 승리한 전투는 4회였다. 승률 22.2%였다. 이를 조조와의 전투에 한정하면, 209년부터 234년까지 총 11회 가운데 이긴 전쟁은 214년 환성皖城을 점령한 전투밖에 없었다. 나머지 10회는 무승부거나 패배였다. 약 9.1%의 저조한 승률이다. 손권은 상대적으로 약한 황조를 상대로 3승을 거두었으므로, 전적으로 보았을 때 훌륭한 장군이라고 보기 어렵다. 게다가 아버지나 형과 달리 직접 지휘한 전투의 승률이 좋지 못했다. 이것이 손권의 능력 부족인지, 상대방인 조조의 강성함 때문인지는 판단하기 어렵다. 다만 손권의 군대는 홈에서는 절대 강자였지만 원정에서는 너무 약했다. 운동 경기에서 강팀의 공통점은 원정 경기 승률이 높다는 점이다. 익숙한 홈그라운드에서는 어떤 팀이든 이길 확률이 높기 때문이다. 땅을 넓히기 위해 혹은 상대방을 정복하러 가는 전쟁(원정)에서 승리하지 못한다면 영토를 넓히기는 쉽지 않을 것이다. 이것이 손권이 영토를 넓히지 못한 이유였다.

그나마 부하 장수들은 뛰어났다. 조조와 싸운 적벽대전은 주유가, 형주 점령은 여몽이, 유비를 격파한 이릉 전투는 육손이 군대를 지휘하여 승리했다. 주유는 11승 1패, 승률 91.7%의 전적을 올렸다. 여몽은 9승, 육손은 13승 전승을 거두었다. 소설 삼국지에서 아둔하고 무능한 인물로 묘사되는 노숙도 유비의 최강 장수 관우와 비겼다. 이 가운데 육손이 가장 오랫동안 살아남았지만 그는 공격보다 방어에 능한 장군이었다. 영토 확장에 기여한 주유와 여몽이 일찍 죽자 손권에게 영토를 넓혀줄 장수가 사라졌다.

확실히 이러한 성적표만 보면 손권은 지키는 데 익숙한 지도자의 면모를 보이는 듯하다. 하지만 그렇다고 손권은 장군의 자질이 부족한 인물이었다고 하는 것은 너무 팍팍한 평가이다. 조조가 소호 일대에서 손권과 대적하는 동안 "손권 같은 아들이 있으면 좋겠다"고 말할 정도로 손권은 용맹한 인물이었다. 다만 영토 확장에 실패하여 방어에 능한 장수로 비칠 수밖에 없었다. 그러다보니 '수성의 군주'라는 이미지가 강해졌다.

형보다 낮은 승률을 거둔 손권이지만 그는 형보다 넓은 영토, 즉 형주의 일부와 교지를 점령했다. 그럼에도 '수성의 군주'라는 콤플렉스 때문일까? 앞서도 이야기했지만 죽은 형에 대한 대접이 너무 박했다. 황제가 된 후 아버지 손견에게는 무열황제武烈皇帝라는 시호를 올렸지만 형 손책에게는 장사환왕이라는 시호를 준 것이 대표적인 예다. 손견이 명장이었지만 강동 지역의 땅을 한 치도 점령한 적이 없었다. 강동의 땅은 손책이 정복했다. 그럼에도 손책은 황제가 아닌 왕의 칭호를 받았다. 그리고 손책의 아들 손소孫紹는 오후吳侯, 상우후上虞侯에 봉해졌다. 조카에게 왕의 작위를 줄 법도 했지만 고작 후에 봉했을 뿐이다. 오나라의 토대를 닦은 형과 조카에게 너무나 박한 대우였다. 이는 서진의 사마씨와 대비된다. 사마의의 첫째아들 사마사가 아들 없이 죽자 권력은 동생 사마소가 이어받았고, 사마소의 아들 사마염이 진나라를 세웠다. 사마염은 할아버지 사마의에게 선제宣帝, 아버지 사마소에게 문제文帝라는 시호를 바쳤고, 큰아버지 사마사에게는 경제景帝라는 시호를 올렸다. 형제 상속이라는 점에서 오나라와 서진(진나라)은 같았지만, 서진이 황제 시호를 바친 데 반해 손권은 자기 형을 박대했다. 비슷한 상황의 유수(광무제)는 갱시제更始帝 유현劉玄에게 살해된 형 유연劉縯을 왕으로 추존하고, 조카 유장劉章을 왕으로 봉하여 최소한의 성의는 보였다. 게다가 손권의 손자 손호(오나라의 마지막 임금)는 손책의 손자 손봉孫奉을 역모를 꾀한다는 죄목으로 죽였다. 손책만 불쌍할 따름이다. 물론 손권은 살아 있는 조카들도 견제하고 괴롭혔다. 속이 좁은 인물이다.

### 현군과 암군 사이의 야누스적 인물

손권의 일생을 보면 젊었을 때는 용맹하고 현명한 군주였으나 늙어서는 어리석은 폭군으로 변했다. 나이별로 손권의 중요한 사건을 살펴보자.

군사적인 면에서 손권의 전성기는 아버지의 원수인 황조를 죽이고 조조의 군대를 적벽대전에서 격파한 208년부터 유비의 형주를 기습 점령하고 관우를 죽인 219년 사이였다. 27~38세였다. 물론 손권 개인의 군사적인 재능에 의한 결과라기보다는 명장 주유와 여몽의 활약 덕분이었다. 이 기간에 조조는 손권을 극찬했다.

정확한 날짜는 알 수 없지만 공교롭게 손권이 황제로 즉위한 229년, 즉 48세 이후로 손권은 요샛말로 점차 맛이 갔다. 그는 230년에 무리하게 지금의 타이완으로 추정되는 '이주'와 '단주'(위치 불명)에 군대를 보냈다가 성과를 거두지 못하자 책임자인 위온과 제갈직을 죽였다. 52세인 233년에는 요동의 공손연을 왕으로 봉하려고 사신을 보냈으나 공손연은 오나라 사신의 목을 베어 위나라에 바쳤다. 이 두 사건은 손권의 외교정책의 실패 사례로 거론되며, 어떤 학자는 손권이 정신이 혼미해져 발생한 사건이라고 혹평한다.

손권의 가장 큰 실책은 후계자 문제였다. 태자였던 맏아들 손등이 현명하여 기대를 모았고, 후계자가 되기 위한 수업을 받았다. 그러나 손권의 나이 60세인 241년 33세의 손등이 태자가 된 지 21년 만에 죽고 말았다. 비통에 빠진 손권은 살아 있는 아들 가운데 나이가 가장 많은 손화를 태자로 삼았다. 그러나 손권은 69세였던 250년 8월 태자 손화를 폐했다. 태자 자리를 노리고 형과 싸웠던 노왕魯王 손패는 사사賜死했다. 당시 일부 신하들이 손패에 붙어 손화를 험담했고, 태자(손화)파와 손패파가 서로 당을 만들어 싸웠는데, 이를 보다 못한 손권이 당사자인 손화는 태자 자리에서 내쫓고 손패는 죽인 것이다. 그러고는 막내아들인 손량을 태자로 삼고 제갈근의 아들 제갈각을 후견인으로 삼았다. 이러한 가정 참극은 오나라 정치에 부정적인 영향을 주었다. 이후 오나라에서는 황제가 바뀔 때마다 정변이 발생했다.

생각해보면 후계자 문제는 성군이라도 마음대로 못하는 문제였다. 유가의 이상적인 군주상을 실현했다던 당태종도 형과 아우를 죽이고 황제가 되었고, 태자 이승건李承乾을 한 차례 폐위시켜 자극을 주었지만 결국 이승건과 위왕 이태李泰의 후계자 다툼 때문에 이승건을 두 번째로 내쫓고, 두 형에게 보복을 하지 않을 것 같은 유약한 진왕晉王 이치李治를 후계자로 삼았다. 이 사람이 대표적인 공처가 고종이다. 청나라의 강희제도 성군이라는 평가를 받지만 태자 문제 때문에 마음고생이 심했고, 결국 태자를 내쫓은 후 다시 후계자를 임명하지 않았다. 강희제의 뒤를 이은 옹정제는 아예 태자밀건법太子密建法이라고 하여 건청궁乾淸宮의 '정대광명正大光明'이란 액자 뒤에 후계자의 이름이 든 봉투를 두고 내무부內務府에도 문서를 남겨 황제 사후에 양자를 대조하여 맞으면 해당 인물이 황제로 즉위하게 하는 제도를 실시했다. 이렇듯 후계자 계승 분쟁은 손권만이 겪은 문제가 아니었던 것이다. 하지만 당나라나 청나라와 달리 후계자 계승 분쟁이 오나라에 미친 영향은 너무나 컸다.

무엇보다 손권은 나이 들면서 군사적인 재능도 빛이 바랬던 것 같다. 조조의 화살을 공짜로 얻어올 정도로 지략과 용기가 있었지만 말년에는 겁쟁이로 변했다. 53세인 234년 5월 위나라를 공격했으나 위나라 황제 조예(명제)가 직접 친정에 나섰다는 소식을 듣고 후퇴했다. 『자치통감』의 기록을 보면 손권은 31세의 젊은 조예를 두려워해 도망친 듯한 느낌을 준다. 무엇보다 69세인 250년 11월에 군인 10만 명을 동원해 당읍堂邑과 도수塗水에 제방을 쌓은 조치는 오나라의 전략이 공격이 아닌 방어로 전환했음을 상징적으로 보

15-11 건청궁 안의 옥좌와 옥좌 위의 편액. '정대광명'이란 액
자 뒤에 후계자의 이름이 적힌 종이가 보관되었다.

여주는 사건이었다. 이 제방은 위나라의 남하를 막기 위해 쌓았으며 사실상
장성의 역할을 하도록 만든 것이다. 『자치통감』을 주해한 호삼성은 자신은
늙은 데다 유능한 장군들도 대부분 죽었기 때문에 손권은 위나라를 공격할
생각을 포기하고 방어 전략을 취했다고 풀이했다. 여러 차례 북벌에 나서 위
나라를 공격했지만 계속된 실패 때문에 손권은 좌절했을 것이다. 또한 69세
의 나이에 직접 군대를 이끌고 전쟁을 하는 것도 무리였을 것이다.

　손권이 말년에 군사적인 측면에서 고생한 것은 그의 무능 때문이라기보다
훌륭한 장군들이 없었기 때문이다. 적벽대전의 영웅 주유(175~210년)는 손권
이 29세인 210년 36세에 세상을 떠났다. 삼분지계의 계책을 내놓은 모사이
자 장군인 노숙(172~217년)은 손권의 나이 36세인 217년 46세로 타계했다.
형주를 점령한 여몽(178~219년)은 손권의 나이 38세인 219년 42세의 나이로

죽었다. 대부분의 사람들은 노숙을 명장이라고 평가하지 않지만, 형주의 분할을 두고 관우와 대치한 용기와 관우가 노숙의 군대를 쉽게 이기지 못한 것을 보면 군사적 재능이 있었다. 노숙을 제외한다고 해도 주유와 여몽이 너무 일찍 죽었다. 손권에게는 큰 손실이었다. 말년에 육손(183~245년)과 제갈근(174~241년) 등이 최고위 군 수뇌부로 존재했지만, 이들은 주유와 여몽의 명성이나 실력, 전공에 비교할 만한 인물은 아니었다. 육손이 주유나 여몽 같은 명장이었음에는 틀림없다. 하지만 그는 영토를 넓히기보다 촉나라와 위나라로부터 오나라를 지키면서 능력을 발휘한 수비형 장군이었다.

젊었을 때는 유능한 지도자였지만 늙어서 암군暗君으로 변한 손권. 사실 견제를 받지 않고 무소불위의 권력을 휘두르는 최고 권력자가 빠지기 쉬운 함정이다. 손권은 229년 정식으로 황제가 된 후 252년까지 23년 동안 황제의 자리에 있었다. 형 손책에게서 강동을 물려받은 200년(19세)부터 계산하면 52년간 권력자의 자리에 있었다. 중국에서 가장 오랫동안 제위에 있는 황제는 건륭제와 강희제로 60년이 넘었다. 손권은 두 황제만큼은 아니지만 장기간 최고 권력자였다.

장기간 제위에 있었던 황제들은 치세의 전반부와 후반부가 다르다. 오래 권력을 쥐고 있다보니 후반기로 갈수록 정치를 등한시하고 간신들이 설치기 마련이다. 대표적인 인물이 당현종이다. 현종은 45년(712~756년)간 제위에 있었다. 현종의 치세 중 전반부인 개원 연간은 '개원의 치'라고 불릴 정도로 태평성대였다. 반면 후반부인 천보 연간은 당나라의 여러 문제가 표면 위로 드러나고 이림보와 양국충 등의 간신이 활동하며 정치를 좀먹었다. 결국 총신이었던 안녹산이 반란을 일으켜 당나라를 사지로 몰아넣었다. 손권의 치세도 마찬가지였다. 오랫동안 권력을 쥐다보니 자신감이 충만하기도 하고 나이가 많아 정신이 혼미해져 내정과 외교, 군사 등 여러 방면에서 실패를 거듭했다. 물론 북벌 실패는 손권의 잘못이 아니라 위나라가 강했기 때문이지만.

선거제로 지도자를 뽑는 오늘날에는 임기가 끝나면, 혹은 오래 집권했으면 그만 권좌에서 내려오라고 압력을 넣을 수 있지만, 황제 지배 체제에서 누가 그런 말을 할 수 있을까? 악정과 폭정을 일삼는 황제는 일찍 죽어주기를 기도하는 것밖에 방법이 없었다. 황제는 너무 일찍 죽어도 안 되고 너무 오래 살아도 안 되었다. 적당히 살다 죽으면 본인뿐만 아니라 국가를 위해서도 좋지만 그것이 말처럼 쉬운가? 그것이 황제 지배 체제의 딜레마였다.

## 사람들이 주목하지 않는 군벌: 요동의 공손씨 정권 _____

소설 삼국지에서는 중요하게 다뤄지지 않지만 군웅 가운데 가장 오랫동안 존속했던 집단이 요동의 공손씨公孫氏 정권이다. 공손탁이 190년에 요동태수가 된 이후 손자 공손연이 238년 위나라의 사마의에게 패해 망할 때까지 48년 동안 유주의 동쪽 지역을 지배했다.

공손탁公孫度의 선조는 본래 요동군 양평현 사람이었으나 그의 할아버지 공손연公孫延이 요동군의 관리들을 피해 현도군玄菟郡으로 도망갔다(이 때문에 『자치통감』에서는 공손연과 동탁의 부장 서영을 모두 현도군 사람이라고 기록했다). 공손탁은 현도군의 관리로 생활하다 현도태수 공손역公孫域 덕분에 출세의 기회를 잡았다. 공손역의 아들 공손표公孫豹가 18세의 나이로 요절했는데 마침 공손탁의 어릴 적 이름이 '표'였던 데다 나이도 같아 공손역의 총애를 받았다. 덕분에 낙양에 가서 공부하고 결혼도 할 수 있었다. 이후 공손탁은 출세가 보장되는 요직인 상서랑尙書郎에 임명되었고 기주자사를 역임했으나 모함때문에 면직되었다. 그가 다시 재기할 수 있었던 것은 동향 사람 서영덕분이었다. 서영은 동탁의 부하로 중랑장이었다. 그는 반동탁연합군이 결성된 190년 동탁에게 공손탁을 요동태수로 추천했다.

공손탁은 본래 현도군의 하급 관리였기 때문에 요동군 사람들로부터 무시당했다. 양평현령襄平縣令 공손소公孫昭는 공손탁의 아들 공손강公孫康을 오장伍長으로 임명했다. 오장은 5명으로 구성된 오伍의 우두머리라는 뜻인데, 지금의 동네 반장 혹은 부분대장 정도의 직책이었다. 명색이 상서랑과 자사를 지낸 사람의 아들을 말단 관직에 임명하자 공손탁은 이를 모욕으로 받아들였다. 아니나 다를까 공손탁은 요동태수에 부임하자마자 공손소를 체포해 양평현의 저잣거리에서 때려 죽였다. 또한 요동군의 토호 전소田詔 등 100여 가구도 멸족시켰다. 이에 놀란 요동군 사람들은 공손탁에게 복종하게 되었다. 개인적인 원한이기도 하겠지만 공손탁 입장에서 요동군을 지배하려면 반대 세력인 토착 세력을 없앨 필요가 있었기 때문일 것이다.

공손탁은 동쪽의 고구려와 서쪽의 오환을 공격했고 바다 건너 산동반도 동북쪽 해안에 위치한 동래군東萊郡의 여러 현을 점령했다. 그는 요동을 요서遼西·중요中遼·요동 3군으로 나누고 각각 태수를 임명했다. 또 이미 점령한 바다 건너 동래군 지역에 '영주營州'를 설치하고 영주자사營州刺史를 임명했다. 그러고는 자립하여 스스로를 요동후遼東侯 평주목平州牧이라고 지칭했다.『삼국지/위서/공손탁전』에 따르면, 공손탁은 2주 3군을 거느렸다.

15-12 지도에서 보이는 빗금 친 지역은 기록이 없으나 공손탁의 지배 지역으로 추정되거나 정확한 범위를 알 수 없는 경우이다. 유주에 요서군이 있음에도 불구하고 공손탁이 요서군을 설치한 것은 요서군도 지배했기 때문이라는 추정도 가능하다. 요동반도 맞은편의 산동반도에 설치한 영주의 경우에는 구체적으로 어느 현을 점령했는지 알 수 없다. 그리고 언제 다시 위나라에게 빼앗겼는지도 불분명하다. 그래서 지도에는 빗금으로 표시했다. 또한 우리나라의 역사와 밀접한 현도군과 낙랑군을 지배했다는 기록은 없지만 사마의가 238년 공손탁의 손자 공손연을 죽인 후 요동·대방·낙랑·현도 4군을 평정했다는 기록으로 보아 이들 2군(대방군은 낙랑군을 나눠 설치함)은 공손씨의 영향력 아래에 있었을 것으로 보인다.

한편『삼국지』와『자치통감』에서는 공손탁이 평주목을 자칭했다고

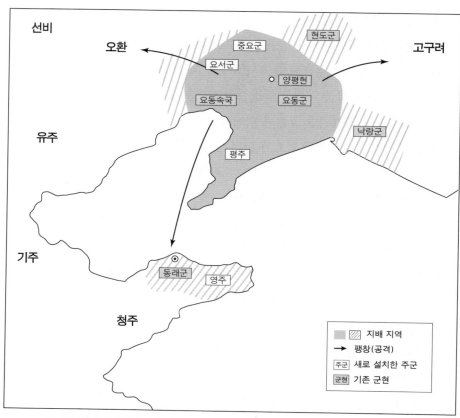

선비

오환

중요군

현도군

고구려

요서군

양평현

요동속국

요동군

유주

낙랑군

평주

기주

동래군

영주

청주

지배 지역

팽창(공격)

주군 새로 설치한 주군

군현 기존 군현

15-12 공손씨의 팽창과 지배 영역.

기록했으나 천지에 제사(이를 교사郊祀라고 한다)를 지내고, 자전藉田
의식을 행했으며, 황제가 사용하는 탈것과 황제의 호위병인 우림기羽
林騎를 둔 것으로 보아 공손탁은 실제적으로 황제와 다름없는 생활을
누렸음을 알 수 있다.

　공손씨 정권의 몰락은 4대째인 공손연公孫淵 시기에 찾아왔다. 237
년 위나라의 유주자사 관구검毌丘儉이 공손연을 정벌하러 왔지만 실
패하고 돌아갔다. 공손연은 이에 고무되어 연왕燕王이라고 자칭하고

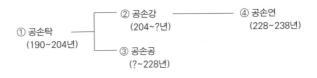

```
              ┌──── ② 공손강 ──────────── ④ 공손연
① 공손탁 ─────┤      (204~?년)              (228~238년)
  (190~204년) └──── ③ 공손공
                     (?~228년)
```

상국相國 등 조정의 관제를 만들어 관리들을 직접 임명했고 선비인들을 꼬드겨 위나라의 북쪽 변경을 공격했다. 공손연의 전성기는 그것으로 끝이었다. 238년 사마의가 직접 군대를 이끌고 신속히 진군하여 공손연의 본거지 양평을 점령하자 공손연은 수산首山으로 도망갔다. 그러나 사마의가 산을 겹겹이 포위하고 시간을 끄는 지구전 전법을 구사하자 공손연의 군대는 포위망을 뚫으려다 실패했고 공손연도 사로잡혀 참수되었다.

　요동의 공손씨 정권은 소설 삼국지에서도 중요한 역할을 하지 못했다. 한국 고대사에서는 고구려의 숙적이었고, 낙랑군을 나누어 대방군을 설치했기 때문에 중요하게 다뤄지는 것 같다. 다만 사마의의 요동 공손씨 정권 원정은 공교롭게도 명제(조예)의 죽음과 시간상 겹쳤고, 정치적으로도 중요했다. 사마의가 대군을 지휘하고 승리를 거두어 무장들과 신하들 사이에서 신망을 얻었고, 이는 나중에 사마 부자가 쿠데타를 성공하는 정치적 자산이 되었다고 평가되기 때문이다.

16장

# 삼국시대
# 경제와 지리

16장에서는 위·촉·오 세 나라의 전쟁을 살펴보기에 앞서 각국의
영토, 인구, 군사, 경제, 병력 배치 등 다양한 정보를 소개한다.

## 삼국의 지리와 인구 _____

위나라(220~265년)는 중국의 북쪽에 위치했다. 위문제(조비)는 220년
헌제로부터 황제 자리를 넘겨받은 후 수도를 낙양으로 옮겼다. 헌제
가 거주하던 허(허창)와 조조의 거처인 업현을 버리고 제3의 지역에
자신의 수도를 건설한 것이다. 위나라는 후한시대의 사예(교위부)와
예주, 연주, 청주, 서주, 기주, 병주, 유주, 량주 등 9주 전부와, 형주와
양주 일부를 지배했다. 다만 229년에 위나라는 량주 남쪽에 해당하는
음평군과 무도군 2군을 촉나라에 빼앗겼다. 위나라는 후한시대의 사
예를 동서로 나누어, 서쪽의 경조와 풍익, 부풍 3군(삼보)은 량주의 동
부 지역과 합쳐 옹주雍州를 설치했고, 동쪽의 하남과 하동, 하내, 홍농

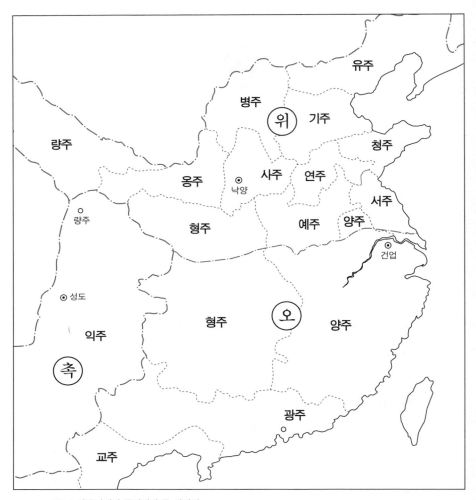

16-1 삼국시대의 국경선과 주 경계선.

4군은 사주司州에 편입시켰다. 그리하여 위나라는 전국을 12주로 나

누어 통치했다.

촉나라(221~263년)는 익주를 지배하였으며 익주의 치소인 성도成

都를 수도로 삼았다. 유비는 본래 형주의 일부도 지배했으나 손권에

게 빼앗기고 관우마저 잃었다. 그 때문에 황제가 된 221년 당시에는 겨우 익주만 지배하고 있었다. 허울뿐인 황제였던 것이다. 제갈량이 229년 위나라의 음평군과 무도군을 점령한 후 량주를 설치했지만 빛 좋은 개살구에 불과했다. 16-1 지도에서 량주의 경계선을 그리지 않고 'ㅇ량주'라고 표시한 것은 이 때문이다.

오나라(222~280년)는 건업을 수도로 정했지만 잠깐잠깐 무창이 수도가 되기도 했다. 오나라는 형주와 양주 대부분과 교지 전부를 지배했다. 한때 교지를 분할해 광주를 설치했으나 일시적인 행정구역에 그쳤다.

16-1 지도를 보면 위나라보다 오나라의 영토가 더 넓어 보인다. 또는 세 나라의 영토 면적이 그다지 큰 차이가 없어 보인다. 특히 오나라 영토에는 오늘날 상하이와 항저우, 홍콩, 선전 등 대도시와 장쑤, 저장, 광저우처럼 경제적 선진 지역이 포함되어 있어 위나라에 비해 전혀 꿀릴 게 없어 보인다. 그러나 오늘날의 경제지리를 잠시 잊고 당시 사람들의 인식을 짐작해보면, 이 시대 경제적 선진 지역은 위나라 쪽에 있었다.

16-2 지도에서 볼 수 있듯 촉나라의 인구는 221년 90만 명에서 263년에는 94만 명이 되어 42년 동안 4만 명이 증가했다. 그에 비해 오나라의 인구는 242년 240만 명에서 280년에는 230만 명으로, 38년 동안 도리어 인구가 줄어들었다. 이처럼 삼국시대의 인구 증가는 미미하다고 가정하고 세 나라의 호수와 인구를 비교해도 별 무리는 없을 것이다.

이러한 가정 아래 위나라의 인구는 443만 명, 촉나라는 90~94만 명, 오나라는 230~240만 명이었다. 호수는 각각 66.3만 호, 20~28만 호, 52.3만 호였다. 통계상의 최솟값을 기준으로 세 나라의 인구비를

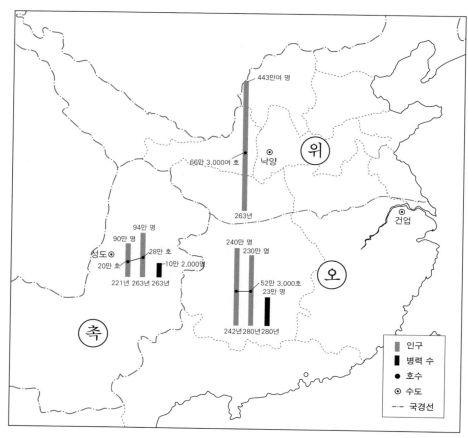

16-2 삼국의 호수와 인구 비교. 나라별로 인구통계를 낸 시점에는 차이가 있다.

계산하면, 위나라 대 오나라 대 촉나라의 인구비는 4.9 대 2.6 대 1이었다. 최댓값을 기준으로 계산하면, 4.7 대 2.6 대 1이었다. 호수 비율은 3.3 대 2.6 대 1 혹은 2.4 대 1.9 대 1이었다. 위나라의 인구는 촉나라와 오나라의 인구를 합친 것보다 많았다. 전근대에는 인구수가 경제력과 군사력의 척도였으므로 위나라의 국력이 촉나라와 오나라를 합친 것보다 강했으리라고 추측할 수 있다. 실제로 당시 농토로 개발된 지역은 대부분 위나라 영토에 있었다.

16-2 지도에서 유의할 점은 촉나라의 호수 통계이다. 통계 표기가 다른 나라와 다르기 때문이다. 배송지주에 인용된 왕은王隱의『촉서蜀書』에 따르면, 촉나라가 망하던 263년의 호수와 인구뿐 아니라 군사와 리吏에 대한 통계 수치도 존재했다. 그에 따르면 촉나라의 갑옷 입은 군사(帶甲將士)는 10만 2,000명, 리는 4만 명이었다. 오나라가 서진에 의해 멸망하던 280년의 통계에 따르면, 오나라의 군사 수는 23만 명, 리는 3만 2,000명이었다. 이 기록에 보이는 군사와 리의 해석을 두고 상반된 주장이 존재하지만, 어쨌든 일단 전자를 군사 수라고 한다면 촉나라는 10만 2,000명, 오나라는 23만 명의 군사를 보유했음을 알 수 있다. 촉나라와 오나라의 군사 수와 인구수의 비율은 각각 1 대 9, 1 대 10이다. 북조시대의 수학책인『손자산경孫子算經』에 성인 남성 가운데 병사를 징병하는 문제가 있는데, 성인 37인당 군사 1명 또는 25인당 1명을 징병하였다. 이 비율이 실제 군인으로 차출하는 비율이었는지 확신할 수 없으나 참고 자료가 되었을 것이다. 촉나라와 오나라의 비율은 이보다 높다. 징병제를 실시하는 우리나라의 군사 수와 인구수의 비율이 1 대 100인 점을 감안하면 촉나라와 오나라의 높은 징병률이 더욱 실감날 것이다. 다시 말해 촉과 오, 두 나라는 위나라 공격과 방어를 위해 인구수 대비 많은 군사를 보유했음을 알 수 있다. 두 나라의 군사 수 비율은 약 1 대 2.3이었다. 아쉽게도 위나라 군사 수는 기록이 없어 알 수 없다. 방덕龐德이 관우에게 생포되었을 때 그는 조조의 군사가 100만 명이라고 말한 바 있는데, 이 수치를 그대로 믿기는 어렵다. 공교롭게도 촉나라와 오나라의 인구 대비 군사 수 비율이 비슷하다. 따라서 위나라의 경우도 이와 비슷하다고 가정하면 위나라의 군사 수는 48~50만 명이라고 추정할 수 있다.

삼국시대의 호수와 인구, 군사 수에 대해 대략적으로 살펴본 것처럼 호수와 인구를 보면 위나라가 나머지 두 나라를 압도했다. 위나라가 보유한 군사 수는 통계가 존재하지 않지만, 촉나라가 오나라보다 열세였다는 사실은 자료로 확인이 가능하며, 인구 규모로 미루어 볼 때 위나라는 촉·오의 군사를 합친 것보다 강한 군사력을 갖추고 있었을 것이다. 다시 말해 객관적인 지표로 볼 때, 세 나라의 국력은 위나라가 가장 강하고, 오나라와 촉나라순이었을 것이다. 그러나 객관적으로 가장 약하다고 평가받는 촉나라가 가장 강한 위나라와 가장 많이 싸웠다.

## 위나라의 행정구역과 통치 _____

16-3의 지도는 위나라 시대의 행정구역을 보여준다. 가장 큰 지방 행정구역인 주의 경계선과 주의 치소가 있었던 현(치소현), 5도를 확인할 수 있다. 『삼국지』에는 지리지地理志가 없어서 위나라의 주와 군의 수를 정확히 알기 어렵다. 삼국시대의 기록을 항목별로 정리한 『삼국회요/여지輿地』에 나열된 주와 군의 수를 세어보면(복수의 기록이 있다), 위나라는 12주 95군, 혹은 13주(진주秦州를 포함할 경우) 101군이었다. 또 위나라가 촉나라를 멸망시킨 263년 당시에는 12주와 93개 군국, 720개의 현과 후국이 있었다. 어느 쪽이건 주와 군국의 수만 보면 전한이나 후한과 거의 비슷했다. 그러나 이는 군의 수를 늘렸기 때문에 나타난 현상이다.

16-3 지도에서 음영으로 표시한 부분은 전한과 후한 시대의 사예(사예교위부) 지역으로, 이곳과 위나라 시대 사주司州를 비교해보자. 사예와 사주는 모두 수도와 인근의 경기 지방이란 뜻이다. 양자를 비교하면 위나라의 사주가 전한·후한의 사예보다 규모가 작았음을 알

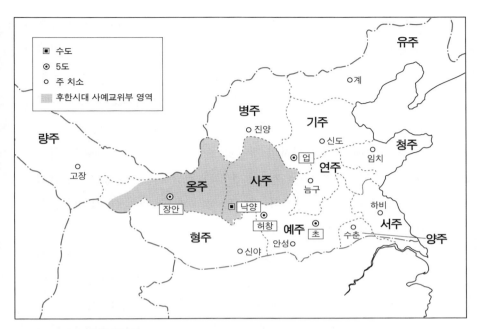

16-3 위나라의 행정구역.

수 있다. 위나라는 사예를 둘로 나누어 삼보三輔, 즉 경조·풍익·부풍
3군과 량주 동쪽의 군들을 합쳐 옹주雍州를 설치했다. 이는 낙양과 장
안이 서로 다른 행정구역으로 갈라졌음을 보여준다. 이후 두 지역이
하나의 행정구역으로 묶인 적은 없다.

16-3 지도에서 확인할 수 있는 특이한 점은 5도都의 존재이다. 배
송지주에 인용된 『위략魏略』에 따르면 장안, 초, 허창, 업, 낙양을 5도
로 삼았다. 중도中都, 즉 낙양과 경기 지역은 서쪽으로 의양宜陽, 북쪽
으로 태항산太行山, 동북쪽으로 양평陽平, 남쪽으로 노양魯陽, 동쪽으
로 담현郯縣 안쪽의 지역이었다. 이 기록과 16-3 지도의 사주 경계를
비교하면 동쪽의 경계를 서주 동해군 속현인 담현으로 본 것은 오류

인 듯하다. 사주의 실제 동쪽 경계가 낙양 동쪽의 형양군이었기 때문이다. 만약 동쪽 경계를 담현으로 본다면 연주와 서주가 경기 지역인 사주에 포함되는데, 이는 당시 행정구역과 어긋난다. 이보다 중요한 것은 5도 자체이다. '도'는 본래 수도를 뜻하지만 이 5도가 다섯 개의 수도를 의미하는지는 구체적인 기록이 없어서 알 수 없다.

5도의 존재에 대한 필자의 개인적인 생각을 피력하면 이렇다. 위나라의 수도인 낙양(위문제 조비가 천도)과 위왕국의 수도였던 업, 헌제가 머물렀던 허창은 정치적·경제적·군사적으로 중요한 지역이었다. 업과 허창에는 궁전이 여전히 남아 있었으며, 대군이 주둔하고 무고(무기고)가 있는 군사적 요충지였다. 『자치통감』을 주해한 호삼성은 허창이 동쪽과 남쪽을 통제하는 중요한 군사적 거점이었다고 기록했다. 그렇다면 황하를 사이에 두고 지리적으로 대칭적 위치에 있던 업은 기주, 병주, 유주 등 하북을 통제하는 거점의 역할을 맡았을 것이다. 반면 초현은 조조의 본적 혹은 조비의 고향이었지만, 위나라 때에는 정치·군사적으로 중요한 지역은 아니었다. 또한 장안은 옹주雍州의 치소가 있던 지역이었고 관중의 중심지였지만 위나라 때 중시되지 않았다. 따라서 5도는 아마도 오행설에 따라 낙양·업·허창에 조비의 고향인 초현과 장안을 억지로 집어넣은 듯하다. 이는 3황 5제의 5제에 황제黃帝, 요堯, 순舜은 확실히 포함되지만 나머지 2명은 존재감이 없는 것과 같다. 춘추시대를 주름잡았던 5패에도 제환공齊桓公, 진문공晉文公, 초장왕楚莊王은 확실하지만 나머지 2명은 기록마다 설이 분분하다. 5제와 5패는 '5'라는 숫자를 중시하는 오행설에 따라 억지로 2명을 끼워 맞춘 것이다. 위나라의 5도도 5제와 5패처럼 5라는 수를 맞추기 위해 초현과 장안을 끼워넣었을 것이다. 실제로 중요한 도시는 낙양과, 하북과 하남 통치의 중심지였던 업과 허창, 이 세 도시였다.

위나라의 호구를 살펴보면 263년 통계로 호수는 663,422호, 인구는 4,432,891명이었다. 이는 후한시대 호구와 비교하면 너무 적다. 위나라의 삼공을 지낸 진군陳羣과 장제蔣濟는 위나라의 호구는 전한시대 대군大郡, 즉 인구가 가장 많았던 군들보다 적었음을 지적했다. 배송지는 전한 말 인구가 가장 많았던 군이 여남군이며 호수는 30여만 호였던 반면, 위나라와 인구가 비슷했던 진나라의 호수가 377만 호였던 것과 비교하면 진군의 주장이 과장이라고 주장했다. 반면 두서杜恕는 위나라는 10주(12주 또는 13주로 보는 견해도 있음)의 땅을 지배하고 있지만 호구는 후한시대 1주보다 적었다고 기록했다. 학자들은 두서의 주장이 사실에 부합할 가능성이 높다고 본다.

어쨌든 위나라에 해당하는 후한시대 지역의 호구와 비교해도 위나라의 호수와 인구수는 너무 적다. 황건의 난과 군웅할거, 촉오와의 잦은 전쟁 때문에 백성들이 많이 죽었다고 해도 조조가 화북을 통일하고 적벽대전에서 패한 이후 전쟁은 소강상태에 접어들었고, 따라서 단순히 전쟁만으로 인구가 줄었다고 보기는 어렵다. 또 뒤에서 살펴볼 것처럼 흉노·강·저 등 이민족들이 위나라 영토 안으로 이주했기 때문에 전란으로 줄어든 인구를 보충하는 효과가 있었다.

따라서 호구 수가 줄어든 것은 국가가 백성들의 호구를 제대로 파악하지 못했기 때문이라고 보는 것이 사실에 부합할 것이다. 즉 지방의 토호 세력들이 군현에 호구를 제대로 보고하지 않았고, 지방 관리들도 이를 묵인할 수밖에 없었을 것이다. 십육국·북조 시대의 예를 보면 30가 혹은 50가를 1호戶로 등록하기도 하고, 1,000가구가 1개의 가구(호)로 등록하기도 했다(이를 천실공적千室共籍이라고 한다). 이 정도까지는 아니더라도 지방 관리들이 지방 토호들이나 백성들의 저항 때문에 호구 수를 제대로 파악하지 못했을 것이다. 조조가 도입한 호조라는 조세는 호, 즉 가구당 동일한 세율로 세금을 거두는 징세 방법이다. 만약 50호가 1호로 등록했다면 실제 각 호가 납부해야 하는 세금은 1/50로 줄어든다. 세금 내기 싫은 백성들에게 솔깃할 수밖에 없는 유혹이다.

위나라의 호구 파악이 이전의 후한시대보다 부실한 사실에서 알 수 있듯이 시황제 이후 중앙집권적인 권력, 즉 중앙정부가 지방을 강력하게 통제하던 시스템(이를 군현 지배 체제라고 한다)이 제대로 작동하지 못한 모습을 확인할 수 있다. 중앙정부는 지방을 통제하기 위해 지방 행정조직의 장관(군수〔태수〕와 현령·현장)과 차관(군위〔도위〕·군승과 현위·현승)을 직접 임명해 파견했고, 인사고과를 통해 인사권을 행사했다. 지방관을 임명할 때 해당 지방의 토착민들을 임명하지 않는 본적지 회피제를 적용하여 이들이 중앙정부로부터 독립하거나 토착 세력과 유착하는 것을 막았다. 또한 군과 현에는 행정을 담당하는 군수郡守와 현령縣令 및 이들을 보좌하는 군승郡丞과 현승縣丞, 군사를 지휘하는 군위郡尉와 현위縣尉를 두어 지방 행정조직을 민정民政과 군정軍政으로 나눔으로써 지방관에게 모든 권력이 집중되는 것을 막았다. 이처럼 지방관의 권력을 분산하고 중앙정부가 지방관을 통해 각 지방을 철저히 지배하는 방식은 2,000여 년 동안 기본 골격을 그대로 유지하면서 중국의 통일과 중앙집권화에 기여했다.

그러나 분열의 시대였던 위진남북조시대에는 군현 지배 체제의 원리 가운데 본적지 회피제와 민정과 군정의 분리라는 중요한 원칙이 깨졌다. 188년 태상 유언의 건의 이후 지방 장관인 자사나 태수가 군사 지휘권을 가지면서 민정과 군정을 모두 장악했다. 이는 전쟁이 만연했던 시대적인 상황 때문에 발생했던 불가피한 현상이기도 했는데,

삼국시대, 특히 위나라에서도 마찬가지였다.

따라서 중앙정부는 군권을 장악한 지방관들을 통제하고 충성심을 확보하기 위한 방법을 찾아야 했다. 가장 손쉬운 방법은 인질을 잡아두는 것이었다. 사실 중앙정부가 지방 세력으로부터 인질을 확보하는 정책은 어느 나라에서나 존재했다. 군현 지배를 통해 강력하게 지방을 통제했던 중국의 역대 왕조는 지방관에게는 인질을 요구하지 않았으나, 군현 지배를 할 수 없었던 주변 이민족들에게는 복속의 표시로 우두머리의 자제들을 인질로 요구했다. 후한시대나 삼국시대에도 자주 사용했던 방법이었다. 위나라 중앙정부(조정)는 이를 지방관들에게도 적용했다. 『자치통감』 권79 무제태시 원년조와 권80 무제함녕 오년조의 기사에 따르면, 진나라 무제(사마염)는 위나라 시대에 있었던 질임을 없앴다. 바꿔 말하면 그 이전에는 질임이 있었다는 뜻이다. 앞서 말했듯 질임은 전쟁에 참전하거나 지방에 주둔하던 장수들과 주요 지방관들에게 배반하지 않겠다는 약속의 표시로 가족이나 친척을 수도에 인질로 남겨놓는 것이다. 위나라 중앙정부는 인질을 통해 장수들과 지방관들의 충성심을 확보하고 지방을 효과적으로 통제하려 했던 것이다.

## 위나라의 병참 체계와 둔전 _____

위나라의 경제적 상황을 알아보기 앞서 먼저 16-4 지도를 통해 위나라의 둔전 분포 상황을 살펴보자. 여기에는 조조 때 설치된 뒤 계속 유지되어온 둔전도 포함되어 있다.

먼저 민둔民屯을 살펴보자. 민둔의 주요 분포 지역은 낙양과 허창 지역이다. 이는 조조가 처음에 대규모 민둔을 설치한 지역이 허창을 중심으로 한 영천군 지역이었기 때문이다. 그런데 5도 가운데 중앙의

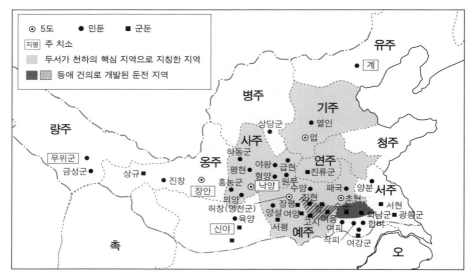

16-4 둔전 분포 상황.

낙양을 제외하고 북쪽의 업과 서쪽의 장안, 남쪽의 허창, 동쪽의 초현을 선으로 그어보면 대개의 민둔은 이 삼각형 혹은 사각형 안에 몰려 있는 것을 알 수 있다. 지리적으로 보았을 때 5도는 위나라의 경제적 핵심 지역을 관리하는 기능이 있었던 것 같다.

군둔軍屯은 주로 오나라와의 국경선이 있는 형주와 양주, 그리고 양주와 인접한 예주에 많았다. 또 촉나라와의 변경에 가까운 상규현에도 있었다. 이는 두 나라의 공격을 방어하기 위한 불가피한 조치로 여겨진다. 즉 변경에 주둔하는 군사들이 일부는 변경의 수비를 담당하고 일부는 농경에 종사하여 후방으로부터 운송되는 군량을 최대한 줄이려고 했던 것이다.

『삼국지/위서/두서전』에 따르면, 형주와 양주, 청주, 서주, 유주, 병주, 옹주, 량주 8주는 변방이라서 군대가 주둔했다. 따라서 국고를 충당하고 사방의 이민족을 제압할 경제력을 제공하는 지역은 천하의 복심腹心, 즉 경제적 핵심이라고 불린 연주와 예주, 사주, 기주였다. 이 4주는 지도 16-4에서 옅은 음영으로 표시한 지역이다. 또한 이 지역과 민둔의 분포 지역을 비교하면 사주와 예주는 겹친다. 기주 남부인 위군(업현)과 광평군(열인현)에도 민둔이 있지만 예주와 사주에 비해 많지 않고, 연주에는 아예 없다. 두서의 말이 맞다면, 기주와 연주도 많은 세금을 거둘 정도로 국가에서 파악한 호수와 인구가 많았으며 경작 가능한 농토도 많았다고 추측할 수 있다. 또한 당시 위나라는 사주와 예주에서 직접 백성들을 관리해서 경작하는 민둔에서 곡물을 안정적으로 공급받았음을 확인할 수 있다.

우리나라 고려와 조선 시대에도 평안도와 함경도에 해당하는 북쪽 변방은 세금을 중앙에 바치지 않았고 그 수입을 변경 방어와 사신 접대에 지출했다. 이는 중국에서도 마찬가지였을 것이다. 두서의 말대로라면 연주와 예주, 사주, 기주만이 국가 재정에 기여하고 다른 변경 지역의 군사비를 충당했으며, 나머지 8주는 중앙정부의 재정에 기여하기보다 변경에 주둔한 군대를 유지하기에 급급했던 것으로 보인다.

위나라는 촉나라와 오나라의 협공을 받는 형세였기 때문에 여러 변경 가운데 서쪽과 동남쪽 지역에 군대를 주둔시켜야 했다. 이러한 군사비를 어떻게 충당했을까? 두 변경 지역의 둔전(군둔)과 수리 시설 확충, 농토 개간을 정리한 것이 16-5 지도이다.

먼저 위나라를 건국한 220년 조비는 기주의 사민 5만 호를 업을 거쳐 낙양으로 이주시켰다. 다른 기록에는 사민을 '사가土家'라고 표기했다. '사가'는 일종의 세습 군인, 즉 군호를 뜻한다. 조비는 이들을 수도인 낙양으로 옮겨 방어와 농경에 종사하도록 했다. 수도를 강화하기 위한 조치였다.

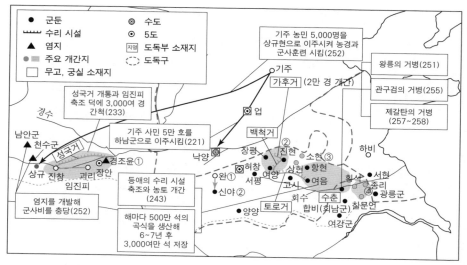

16-5 위나라의 군사지리적 상황.

지도 16-4와 16-5에서 군둔의 분포 지역을 살펴보면 주로 오나라와의 접경 지역인 양주와 예주에 많았다. 이 지역의 개발에는 등애의 힘이 컸다. 차례대로 살펴보자.

243년 위나라는 등애가 주도하여 진현陳縣과 항현項縣에서 회수 남쪽의 수춘에 이르는 지역(지도 16-5의 ③지역)에 수로를 만들어 물을 대고 농토를 개간하여 많은 곡물을 생산했고 조운이 가능한 수로를 개통했다. 또한 등애는 회북에 주둔한 2만 명과 회남에 주둔한 3만 명을 경작에 동원하자고 주장했다. 결국 해마다 500만 석을 수확해 군사비로 충당했고, 6~7년 동안 회수 지역에 3,000여만 석을 저장할 수 있었다. 이 곡식은 10만 대군이 5년 동안 소비할 수 있는 식량이었다.

이어 회수 남쪽의 종리鍾離 남쪽과 횡석橫石 서쪽의 400여 리에 달하는 지역(지도 16-5의 ④지역)에는 5리마다 60명으로 편제된 영營을 설치하고 방어와 농경에 종사하도록 했다.

마지막으로 회수 이북 지역(지도 16-5의 ②지역)에는 가후거賈侯渠(회양거淮陽渠라고도 한다)와 백척거百尺渠를 뚫어 회수와 영수潁水가 이어지게 했으며 2만 경의 농토를 개간했다.

　전체적으로 지도 16-5의 ②, ③, ④ 지역은 수춘에서 낙양까지 둔전을 관할하는 농관農官과 병사들이 농토를 경작하는 지역이 되었다. 등애의 노력으로 위나라는 오나라와의 전쟁 때 군량과 수해 걱정을 하지 않아도 되었다. 이처럼 대대적으로 개발된 회수 북쪽과 남쪽을 통제하는 역할은 허창이 맡았다. 『자치통감』을 주해한 호삼성에 따르면, 허창에는 별궁別宮이 있었고 대규모 군대가 주둔하여 동쪽과 남쪽을 방어했다. 또한 허창은 별고別庫라고 불린 대규모 무기고가 있던 군사적 요충지이기도 했다.

　위문제와 위명제(조예)는 허창에 자주 순행하여 위문제는 532일, 위명제는 709일 동안 체류했다. 누락된 기록까지 포함하면 위문제는 연평균 76일, 위명제는 51일 허창에 체류했을 것으로 추산된다. 이처럼 두 황제가 허창에 장기간 체류한 것은 오나라 공격 준비를 점검하고 허창의 군대와 군사시설을 시찰하는 목적 때문이었을 것이다. 예컨대 위문제는 손권이 아들 손등孫登을 인질로 보내지 않자 허창으로 가서 둔전을 정비하고 오나라 정벌을 준비했다.

　또한 촉나라의 승상 제갈량과 장군 강유가 여러 차례 북벌을 시도해 관중을 침입하자 이곳을 지키기 위한 조치도 필요했다. 지도 16-5의 ①지역은 위나라가 관중을 지키기 위해 조성되었다. 위나라는 233년 관중을 대규모로 개발했다. 먼저 진창에서 장안의 동쪽에 이르는 위수渭水 북쪽 지역에 성국거成國渠라는 수로를 만들었다. 그리고 진창에서 괴리槐里로 이어지는 위수 남쪽에 임진피臨晉陂라는 수리 시설을 만들어 낙수洛水와 견수汧水를 끌어들여 3,000여 경을 개간해

국가의 수입을 늘렸다. 또한 252년 관중에 기근이 들자 기주의 농부 5,000명을 상규현上邽縣으로 이주시켜 둔전을 경작하도록 했다. 여기에 경조와 천수天水, 남안南安 3군의 염지를 개발하여 소금을 생산하고 판매한 수입으로 군사비를 충당하도록 했다.

지도 16-4에 보이는 민둔과 군둔, 지도 16-5의 수리 시설 확충과 농토 개간, 소금 생산 등으로 위나라는 관중을 개발하여 촉나라를 방어하는 데 필요한 군사비를 충당할 수 있었다. 후한 말 전란으로 황폐화된 관중은 소금기가 많은 산성 토양이 많았기에 물을 끊임없이 대주어 중화해야 비옥한 토지로 바꿀 수 있었다. 하지만 위나라는 관중에 수도를 정한 왕조는 아니었기에 진秦나라나 전한처럼 대규모로 관중을 개발하지는 않았다. 이런 한계는 있지만 그럼에도 위나라가 촉나라의 침입을 방어할 정도의 경제력을 갖추도록 관중을 개발했음은 부인할 수 없을 듯하다.

사실 교통이 불편한 전근대시대에 후방의 물자를 전방으로 수송하기 위해서는 많은 시간과 노동력, 비용이 소요되었다. 위나라는 이러한 점을 고려해 촉나라와 오나라의 변경 지역에 군사들을 주둔시키고 이들에게 변경 방어뿐 아니라 농경에 종사시켜 군량의 자급자족에 힘쓰도록 했다. 그리하여 위나라는 자급자족에 가까울 정도로 현지 조달에 성공함으로써 촉나라와 오나라의 협공도 막을 정도의 경제력을 갖출 수 있었다.

한편 지도 16-5에서 볼 수 있는 특이점은 회남에서 세 차례 반란이 발생했다는 점이다. 태위 왕릉王淩이 251년, 관구검이 255년, 제갈탄諸葛誕이 257~258년 양주의 치소인 수춘현에서 거병했다. 이 세 사람은 공통적으로 당시 정권을 잡고 있던 사마씨의 제거를 반란의 명분으로 내세웠다. 이들의 군사적, 경제적 자립 기반은 충분했다. 당시 회남 일대에 주둔했던 군대의 수를 정확히 알 수는 없지만 둔전 경작을 통해 식량이 충분했고, 오나라를 방어하는 군대였던 만큼 강력한 전투력을 가지고 있었을 것이다. 회남의 지방관 혹은 장군들은 그러한 회남의 경제력과 자신이 장악한 군대에 의지하여 찬탈을 꾀하던 사마씨에 대항했다. 사마의와 사마사, 사마소는 회남의 군사적 비중을 이해했기 때문에 친히 군대를 이끌고 진압에 나섰다. 특히 사마소는 황제 조모와 태후까지 데리고 출정하여 제갈탄 군대의 사기를 꺾으려고 했다.

## 촉나라의 행정구역과 통치 _____

먼저 촉나라의 군현 수와 호구를 살펴보자. 위나라를 살펴볼 때 밝혔듯이 『삼국지』에는 지리지가 없어서 촉나라의 군현 수와 호구를 정확하게 파악할 수는 없다. 위나라의 경우처럼 후대 사람들이 치밀한 고증을 통해 정리한 『삼국회요』를 통해 간접적으로 살펴볼 수밖에 없는데, 그에 따르면, 촉나라의 군현은 20군 139현 혹은 21군 130현이었다. 최종적으로 촉나라가 위나라에 망했던 263년에는 지방 행정조직이 22군 100현이었고, 리吏 4만 명, 갑옷을 입은 장사가 10만 2,000명이었으며, 호수는 28만 호, 인구수는 94만 명이었다.

263년의 군현·호구를 후한시대의 군현·호구와 비교해보자. 후한시대 익주는 9개 군과 3개의 속국, 118개의 현·도道로 구성되어 있었다. 속국을 군급 행정구역으로 보면 12군 118현이 존재한 셈이다. 263년의 군현 수와 비교하면 촉나라는 량주에 속한 무도·음평을 제외하면 20군이었으므로 8개 군이 증가했고, 현의 수는 오히려 줄어들었다.

호구를 비교하면 후한시대 익주의 호수는 1,525,257호, 7,036,581명이었던 데 비해 촉나라는 28만 호, 94만 명이었다. 촉나라의 호수는 후한시대의 18.3%, 인구는 13.4%에 불과했던 것이다. 영토는 오히려 2군이 늘었는데 인구가 급감한 이유는 무엇일까? 제갈량과 강유의 북벌 등 잦은 전쟁 때문에 백성들이 피폐했고 전쟁에서 죽은 군사들이 많았을 가능성이 있다. 필자는 촉나라의 지배층이 익주 이외의 외지인들이었기 때문에 이들이 익주의 토착민들과 타협하기 위해 대토지 소유와 호구 은닉을 눈감아주었을 것이라고 추론했다.

이러한 통계 수치를 바탕으로 촉나라의 행정구역을 나타낸 16-6 지도를 살펴보자. 『중국역사지도집』을 바탕으로 군 단위 경계선을 표시했는데, 이는 촉나라의 영토가 사실상 후한시대의 익주 1주에 불과하기 때문이다. 16-6 지도의 22군은 촉나라가 망할 때의 상황을 반영한 것이다.

16-6 지도에서 볼 수 있는 특이점은 량주와 내강도독의 존재이다. 대부분 촉한의 주는 익주 1주라고 보지만 일부 학자들은 무도·음평 2군에 량주가 설치되었다고 본다. 위연魏延과 강유姜維가 량주자사에 임명되었으므로 충분히 근거가 있지만 소수설이기 때문에 16-6 지도에서는 빗금으로 처리했다.

또한 『중국역사지도집』에서는 익주의 남부를 분할해 내강도독의 관할 지역으로 표시했다. 즉 내강도독이 거주했던 건녕군을 중심으로 7군이 내강도독의 관할 지역이었다는 것이다. 당시 이 지역이 주와 동등하며 독립된 행정구역이었다고 보기 어렵지만, 중국 역사지리학계의 견해를 받아들여 16-6 지도에서는 별도의 행정구역으로 표시했다. 촉나라는 소위 '남중南中'이라고 불리는 7군을 통할하는 내강도독과 부도독을 임명해 이 지역의 이민족들을 관리·감독하게 했다.

16-6 지도에서 동쪽의 짙은 음영 지역은 이엄李嚴이 파주巴州를 설치하자고 주장한 곳이다. 이엄은 유비가 죽자 파동군, 즉 유비가 죽었

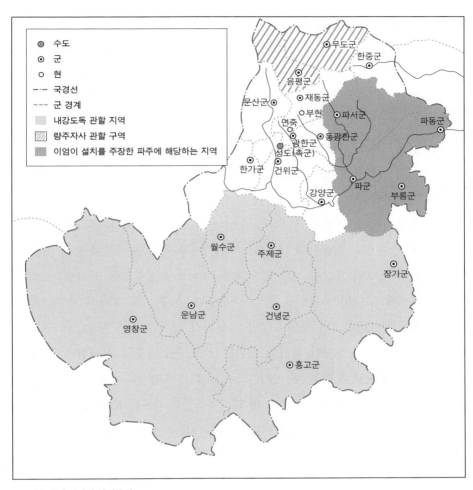

16-6 촉나라의 행정구역.

던 영안 일대에 주둔했다가 후에 파군巴郡으로 옮겼다. 당시 이엄은 파군 일대에 주둔하면서 오나라의 공격에 대비함과 동시에 북벌 중인 제갈량의 군대에 군량을 제공하는 임무를 맡았다. 승상 제갈량은 이엄의 건의를 받아들이지 않았다. 겨우 익주 1주에 불과한 영토에 1개의 주를 더 설치하면 아마도 파주자사를 맡을 이엄의 권력이 강해질 것을 우려했던 것이다. 촉나라가 망한 후에 위나라와 진나라(서진)는 익주를 셋으로 분할해 파·파서·파동·부릉·한중 등의 지역은 양주梁州로, 남중 지역은 영주寧州로, 나머지 지역은 익주로 구분했다. 익주의 역사와 지리를 다룬 『화양국지』에서는 익주 지역을 한중·파·촉·남중으로 구분했는데, 이러한 지역 구분에 기초해 한중과 파 지역을 하나로 묶은 뒤 3개의 주로 분할했음을 알 수 있다.

촉나라의 주요 지역 가운데 수도인 성도 다음으로 중요한 곳은 한중군이었다. 한중은 촉나라의 북벌 전진기지였다. 제갈량은 227년 봄에 한중으로 진출하여 북벌을 준비한 이후 죽을 때까지 한중에 머물렀다. 234년 제갈량 사후에는 좌장군左將軍 오일吳壹이 거기장군車騎將軍에 임명되어 한중에 잠시 주둔했다. 이후 제갈량의 후계자였던 장완이 238년 11월부터 243년 10월까지 약 5년 동안 한중군에 주둔했다. 이때 2인자인 상서령 비위는 성도에서 실무를 처리했다. 장완이 부현으로 후퇴한 후 비위는 245년 12월부터 246년 6월까지 한중에 주둔했다. 이어 246년 11월 대사마大司馬 장완이 죽은 후 1인자가 된 비위는 248년 5월부터 251년 여름까지 약 3년 동안 한중에 머물렀다. 비위는 잠깐 성도를 방문했다가 251년 겨울부터 253년 정월 위나라의 항인降人 곽순郭循에게 피살될 때까지 검각 남쪽의 한수현漢壽縣에 머물렀다.

장완과 비위가 한중에 오랫동안 머물렀던 것은 북벌을 추진했던 제갈량과 달리 위나라의 공격을 막기 위해서였던 것으로 보인다. 장완이 후퇴했던 부현涪縣과 비위가 주둔했던 한수현은 한중에서 성도로 진격하는 것을 막는 요지였다. 비위의 뒤를 이어 권력을 잡은 강유가 한중에 머물렀는지는 『삼국지/촉서』의 기록만으로 추적하기 어렵다.

한 가지 단서는 강유가 2명의 전임자와 달리 열심히 북벌을 추진했다는 사실이다. 4명의 권력자의 동향으로 볼 때 한중은 북벌과 방어에서 중요한 역할을 담당한 곳이었음을 알 수 있다.

## 촉나라의 경제지리와 군사지리 _____

촉나라가 지배한 파촉, 즉 익주는 경제적으로 부유한 지역이었다. 제갈량이 융중대에서 처음으로 익주를 '천부天府', 즉 하늘의 창고라고 칭한 이후 『화양국지』에서도 익주를 천부라고 불렀다. 『화양국지』를 중심으로 『삼국지』 등의 자료를 보충하여 촉나라의 경제, 군사와 관련된 사항을 모아 정리하면 16-7의 지도와 같다.*

촉나라에는 소금 생산지가 여러 지역에 분포했다. 이 지역의 소금인 '정염井鹽'은 우물을 파서 땅속의 짠물을 퍼올린 후 불로 가열해 졸여 만든 소금이었다. 한대의 화상석을 보면 정염을 만드는 과정이 자세히 나와 있다.

16-8 화상석의 왼쪽 부분에서는 사람들이 땅속에서 소금물을 퍼올리는 장면을, 오른쪽 부분에서는 사람들이 불을 때서 소금물을 끓여 수분을 증발시킨 뒤 소금을 채취하는 모습을 볼 수 있다. 일부 과학사 연구서에 따르면, 이미 이때 천연가스를 연료로 사용했다고 한다. 산업혁명의 발상지인 영국에서 연료로 사용한 석탄과 증기기관이 제조업 발전에 크게 기여했다는 사실은 상식이다. 그런데 산업혁명보다 2,000여 년 이전에 파촉 지역에서는 석탄보다도 고급 에너지원인 천연가스를 사용했던 것이다. 이것이 산업혁명으로 발전하지 못한 점이

---

*『화양국지』에 기술된 주요 도전稻田(무논) 혹은 비옥한 지역, 철관과 철 생산지, 염관과 염정鹽井 등 소금 생산지, 기타 광물 생산지 등을 표시했다.

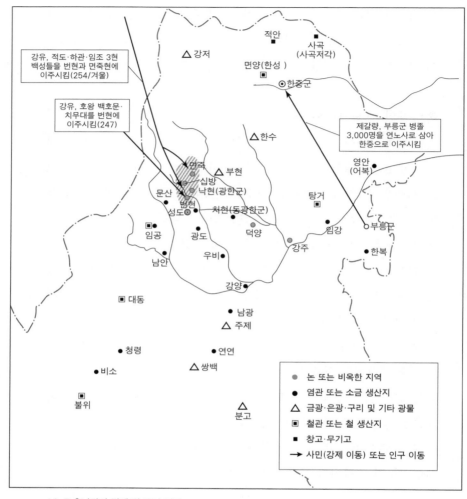

강유, 적도·하관·임조 3현
백성들을 번현과 면죽현에
이주시킴(254/겨울)

강유, 호왕 백호문·
치무대를 번현에
이주시킴(247)

제갈량, 부릉군 병졸
3,000명을 연노사로 삼아
한중으로 이주시킴

적안

사곡
(사곡저각)

강저

면양(한성 )

한중군

한수

부현

영안
(어복)

십방

문산

낙현(광한군)

탕거

범현

성도

처현(동광한군)

임강

부릉군

임공

광도

덕양

강주

한복

남안

우비

강양

대동

남광

주제

청령

연연

비소

쌍백

불위

분고

● 논 또는 비옥한 지역
● 염관 또는 소금 생산지
△ 금광·은광·구리 및 기타 광물
◼ 철관 또는 철 생산지
▪ 창고·무기고
→ 사민(강제 이동) 또는 인구 이동

16-7 촉나라의 경제 및 군사 지리.

근현대 중국의 불행이었다.

남중이라고 불린 남방에는 철광석을 비롯해 금, 은, 구리 등 다양한
광물이 많았다. 225년 3월, 제갈량이 남중 4군을 평정한 후 4군의 금

16-8 정염 생산 과정을 보여주는 한대의 화상석.

과 은, 단사丹沙, 옻, 경우耕牛, 전마戰馬를 징발하여 재정에 보탬이 되었다는 기록이 있다. 이러한 기록은 16-7 지도의 금과 은, 구리 등의 광물 분포 내용과 일치한다.

철광석은 주로 산지에 분포했다. 그 가운데 한중군 서북쪽에 있던 면양현과 성도 서남쪽에 있던 임공현臨邛縣의 철광석은 수요지와 가까워서 무기 제조와 다른 철제 기물을 만드는 데 도움이 되었을 것이다.

『화양국지』에는 벼농사가 가능한 지역인 강주와 번현, 비옥하다고 특기한 십방과 덕양 등 농경과 관련된 지역도 언급되었다. 파군의 치소인 강주현에서 생산된 어미御米는 황제와 관련된 단어에 넣는 '어' 자가 붙은 것으로 보아 황제에게 진상되었을 것이다. 또 광한군의 면죽현과 낙현雒縣에서는 벼가 생산되었다. 이 두 현은 1무畝당 30석을 생산할 정도로 비옥했으며, 어떤 토지는 1무의 토지에서 50석을 생산했다. 이회가 전국시대 위나라의 평균 생산량을 기록한 『한서/식화지』에 따르면, 당시 토지 1무의 산출량은 평균 1.5석이었다. 전국시대와 후한시대 혹은 위진남북조시대의 도량형이 조금씩 달랐지만, 그런 오차를 감안하더라도 면죽현과 낙현의 단위 면적당 쌀 생산량은 전국시대 평균의 20~30배였음을 알 수 있다. 이처럼 파촉에는 매우 비옥한 땅이 많았다. 그리고 지도 16-7에서 확인할 수 있듯 이러한 무논과 비옥한 땅은 성도 북쪽에 몰려 있었다. 이 지역은 익주, 즉 촉나라의 경제적 핵심 지역이었을 것이다. 강유가 247년 위나라에 반란을 일으킨 호왕胡王 백호문白虎文과 치무대治無戴 등의 이민족을, 254년에는 위나라 땅인 농서군의 적도, 하관, 임조臨洮 3현의 백성들을 번현과 면죽현으로 옮긴 것도 노동력을 추가 투입해 비옥한 지역에서 생산량을 더욱 증가시키려는 의도였을 것이다.

16-7 지도에는 표시되지 않았지만 성도와 주변 지역에서는 비단도 생산되었다. 전국시대 진나라 때부터 이미 국가에서 성도의 비단 생산을 감독했을 정도였다. 한나라 시대에도 성도의 비단은 '촉금蜀錦'이라고 불리며 유명했고, 이 때문에 성도는 비단의 도시, 즉 '금성錦城'이라는 별칭으로 불렸다. 한무제의 명령으로 서역(중앙아시아)에 파견된 장건은 파촉에서 생산된 비단이 중앙아시아 각지에서 매매되는 장면을 목격했다. 이미 파촉의 비단은 중국뿐 아니라 중앙아시아에까지 알려진 국제적인 교역 상품이었다. 촉나라 시대에도 성도에서 생산된 비단은 위나라와 오나라에도 팔렸을 정도로 인기가 있었다.

그 밖에 마포麻布와 칠기漆器가 촉나라에서 생산되었다.

16-7 지도에서 보이듯 현재 역사책에서 확인 가능한 촉나라의 창고는 북쪽 변경인 적안赤岸과 사곡斜谷에 있었다. 228년 제갈량의 1차 북벌 때 별동부대를 이끌고 기곡箕谷으로 진격했던 조운은 군자금으로 사용한 비단을 군사들에게 나눠주라는 제갈량의 명령을 거부하고 적안의 창고에 보관했다.『자치통감』을 주해한 호삼성은 적안의 창고가 북벌을 위한 촉나라의 물자 저장 창고였다고 기록했다.

사곡의 창고는 사곡저각斜谷邸閣이라고 불렀다. 저각은 물자를 저장하는 대규모 창고를 지칭하던 단어이다. 제갈량은 마지막 북벌을 준비하면서 군량 부족으로 후퇴했던 과거의 잘못을 되풀이하지 않기 위해 233년 겨울, 쌀을 운반하여 사곡구斜谷口에 모으고 이곳에 사곡저각을 만들었다. 그리고 다음 해(234년) 2월에 군대를 이끌고 사곡으로 진격했고, 처음으로 유마流馬로 식량을 운반했다. 전후 사정을 살펴보면 사곡저각은 위나라 영토 안으로 진격한 촉나라 군사들에게 수송하기 위해 운반한 식량을 임시로 저장하고 중개 역할을 하던 창고였음을 알 수 있다.

한편 제갈량은 부릉군의 용맹한 병졸 3,000명을 뽑아 연노사連弩士로 편제하여 한중군으로 이주시켰다. 연노사는 연로, 즉 쇠뇌를 쓰는 군사이다.『화양국지』에 따르면 부릉군 사람들은 용맹하여 이미 한나라 때도 이 지역 사람들을 군인으로 징발한 바 있다. 한중군은 제갈량이 북벌을 준비하는 거점이었으므로, 부릉군의 연노사들은 위나라와의 전쟁에 참전했을 것이다. 국의가 3,000명의 쇠뇌부대로 1만 명의 기병을 포함한 4만 명의 공손찬군을 격파한 예를 상기하면, 이 쇠뇌부대가 위나라와의 전투에서 촉군에 큰 도움이 되었음을 상상하기 어렵지 않다. 한편 부릉군의 백성 일부는 사렵관射獵官이 되어 촉군으로 옮겨졌다.

## 오나라의 행정구역 ____

『중국역사지도집』에 따르면 오나라는 3주, 38개 군급, 262개의 현급 행정구역이 있었다. 그와 달리『삼국회요』에서는 4주 43군 331현, 혹은 4주 47개 군급, 339개 현급의 행정구역이 있었다고 말한다. 군급 행정구역은 군과 전농교위典農校尉, 부도위部都尉, 현급 행정구역은 현과 전농도위典農都尉, 독농교위督農校尉를 가리킨다.

16-9의 지도를 보면 대체적인 주의 경계가 후한시대와 비슷하다. 굵은 점선(---)은『삼국회요』의 기록에 따른 교주와 광주의 경계선을 그린 것이다. 현재 중국의 지도와 비교하면 대만과 해남도(하이난섬)는 오나라가 지배한 것 같지 않다.『중국역사지도집』에 따르면 심지어 해남도에는 군현이 설치되지 않았다. 행정력이 미치지 않았다는 뜻이다. 다만 베트남 북부 지역은 오나라 땅이었다.

『중국역사지도집』의 행정구역을 반영한 16-9 지도에서 오나라가 지배한 주는 양주와 형주, 교주 3주였다. 반면『삼국지/오서』에서는 교주를 교주와 광주로 나누었다가 합친 기사가 반복된다. 그 때문에 『삼국회요』에서는 두 개의 주로 분할한 것으로 기술했다.『삼국회요』의 기록을 따른다면 오나라의 주는 양주·형주·교주 이외에 광주까지 4주이다.

16-9 지도에서는 비릉전농교위부毗陵典農校尉府의 존재가 두드러져 보인다. 위나라에서도 전농중랑장典農中郎將이 군의 장관인 태수와 동급이었지만『중국역사지도집』에서 군과 별도의 행정구역으로 독립하여 표기하지는 않았다. 하지만 오나라에서는 독립된 군급 행정구역으로 표기했다. 명칭에서 알 수 있듯이 비릉전농교위부는 둔전을

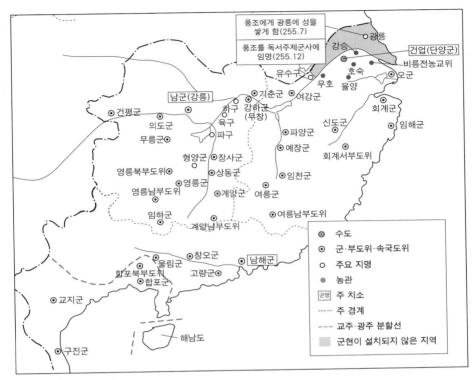

풍조에게 광릉에 성을
쌓게 함(255.7)

풍조를 독서주제군사에
임명(255.12)

강승 ◉광릉

건업(단양군)

유수구 ○ 호숙 ○비릉전농교위
무호 율양 ○오군

남군(강릉) ◉ 기춘군 ◉ 여강군

건평군 ◉ 하구 강하군 회계군
의도군 ◉ 육구 (무창) 신도군 ◉ 임해군
무릉군 ◉ 파구 파양군 ◉
형양군 ◉장사군 예장군 ◉ 회계서부도위
영릉북부도위 ◉ ◉상동군 임천군 ◉
영릉남부도위 ◉ 영릉군 ◉ 계양군 ◉ 여릉군 ◉
임하군 ◉ 계양남부도위 ◉ 여릉남부도위 ◉

◎ 수도
◉ 군·부도위·속국도위
○ 주요 지명
● 농관
군명 주 치소
----- 주 경계
--- 교주·광주 분할선
군현이 설치되지 않은 지역

울림군 ◉창오군 남해군
합포북부도위 ◉고량군 ◉
◉합포군
교지군 ◉
해남도
◉구진군

16-9 오나라의 행정구역.

관리하던 행정구역이었다. 그 밖에 단양군에는 강승·호숙·율양의 3
개 전농도위와 무호에 설치된 독농교위 등 둔전을 관장하는 현급 행
정구역이 있었다.

  비릉전농교위부는 서진시대에 비릉군毗陵郡으로 바뀌었고, 동진·
남조 시대에는 이곳에 남연주南兖州 혹은 남서주南徐州가 설치되었
다. 오나라 때는 중요했는지 알 수 없지만 동진·남조 시대에는 화북
지역의 유민들이 이곳에 거주했으며, 동진 말에 이들을 군대로 편제
했다. 북부병北府兵이라고 불린 이 군대 덕분에 동진은 수도인 건강

(오의 수도 건업의 바뀐 명칭)을 지키고 지역 대결 구도에서 형주를 제압할 수 있었으며, 북벌에 성공할 수 있었다.

16-9 지도에서 특이점은 양주의 장강 이북 지역 일부에는 군현이 설치되지 않았다는 사실이다. 음영으로 표시한 지역이다. 『자치통감』을 주해한 호삼성에 따르면 위나라와 오나라는 접경 지역인 회수 이남과 장강 북쪽에 군현을 설치하지 않았고, 심지어 백성들을 다른 곳으로 옮기고 군대만 주둔했다. 오나라의 권력자 손준孫峻은 255년 7월 장군 오양吳穰을 광릉태수, 유략留略을 동해태수로 임명했다. 당시 오나라는 동해군을 지배하지 않았기 때문에 오양과 유략이 태수에 임명된 것은 명목상의 조치였고, 이들은 무장으로서 실제적으로는 장강 이북 지역에 주둔하여 방어하는 역할을 맡았을 것이다.

수도인 건업 다음으로 중요한 지역은 무창이었다. 무창은 손권이 즉위식을 올린 곳이었고 221~229년, 265~266년 두 차례나 오나라의 수도였다. 어떤 학자들은 무창을 행도行都 혹은 서도西都라고 불러 건업과 동급으로 보기도 한다. 16-9 지도를 통해서도 알 수 있듯, 무창은 형주에 속하지만 형주와 양주 중간에 위치하여 두 주를 통제할 수 있는 지리적 중심지였다. 그러나 오나라 백성들은 무창 천도를 싫어했다. 손호가 무창에 천도했을 당시 양주의 백성들은 물자를 무창으로 운송하는 문제 때문에 고통을 당했다고 한다. 이것이 다음 해 건업으로 환도한 원인의 하나였다.

형주는 대개 2인자가 관할했다. 특히 육손과 육항 부자가 형주를 맡아 위나라의 공격을 막아냈다. 그중에서도 육손은 손권의 옥새를 보관해 촉나라로 가는 외교문서를 검열하고 잘못한 부분이 있으면 손수 고쳐서 보낼 정도로 막강한 권력을 행사했다. 한편 『중국역사지도집』에서는 형주의 치소가 남군 강릉현에 있었다고 본 반면 『삼국회요』에서는 낙향樂鄕이라고 보았다. 16-9 지도에서는 전자의 견해를 따랐다.

다음으로 오나라의 인구와 호수이다. 현재 두 개의 인구, 호수 기록이 있다. 손권 재위 시기인 242년 호수는 523,000호, 인구는 240만 명이었다. 오나라가 망했던 280년의 호수는 523,000호, 인구는 230만 명이었다. 호수는 같지만 38년 후에 인구가 오히려 감소했다. 후한시대 오나라의 영토에 해당하는 형주와 양주의 대부분,* 교주 전체 호구는 1,912,074호, 8,128,014명이었다. 오나라의 호수는 후한시대의 27.4%, 인구는 29.5%(242년) 혹은 28.3%(280년)에 불과했다. 이는 오나라 지배층의 절반 이상이 대토지를 소유한 강동의 토호 세력이었기 때문에 제대로 호구를 파악할 수 없었기 때문일 것이다. 예컨대 오군 태수 하소賀邵가 오군의 토호 고씨顧氏와 육씨陸氏를 조사했더니 관병과 도망간 농민들을 동원하여 불법적으로 자신의 토지를 경작했다. 이 문제는 육개陸凱의 간언으로 무마되었지만, 도망간 농민들은 아마도 국가의 호구대장에서 누락되었을 것이다. 손호가 274년 사자들을 파견해 호구 파악을 한다고 했음에도 6년 후의 호구가 242년의 호구보다 적었다는 것은 호구 파악이 어려웠음을 보여준다. 호구 파악이 어려운 또 다른 이유는 수많은 산지 때문이었다. 광활한 황회해평원(화북평원)과 달리 장강 유역에는 산이 많았다. 관청의 수탈에서 벗어나고자 하는 사람들이 도망갈 수 있는 산간 지역이 도처에 널려 있었다. 오나라의 행정력이 산지 곳곳에까지 미치지 못했을 것이다. 이처럼 호구의 감소와 호구 파악의 부진은 위나라와 촉나라에서도 비슷한

---

* 양주에서는 구강군 전체와 여강군의 1/2을, 형주에서는 남양군 전체와 남군과 강하군의 1/2을 제외했다.

경향을 보인다. 뿐만 아니라 위진남북조시대 내내 계속된 문제이기도 하다.

## 오나라의 경제지리 _____

16-10 지도에서 음영으로 표시한 지역은 둔전과 주요 곡창지대이다. 사실상 오나라의 경제적 핵심 지역이라고 할 수 있다. 앞에서 언급한 비릉전농교위 관할 지역은 국가에서 공식적으로 둔전을 경작한 지역이었다. 이 지역의 요지인 경성에서 수도인 건업까지 파강독破岡瀆이라는 수로를 만들어 곡식과 물자를 배로 운송했다. 이 물자들은 궁원宮苑 안의 창성倉城에 저장되었다.

16-10 지도의 검은색 네모는 오나라의 제철, 제련 관련 시설 혹은 무기 공장을 표시한 것이다. 현존하는 자료가 부족하여 한대의 철관鐵官과 공관工官들도 이 시대까지 존재한다고 가정하고 지도에 표시했다. 주로 구리와 철의 산지로 유명한 건업(단양군)과 무창(강하군), 회계군 지역에 제철과 제련, 무기 공장이 있었고, 야령冶令을 두어 공장을 감독하도록 했다. 최대의 제련, 주조 기지는 건업과 무창이었는데, 건업성 남쪽 석성문石城門 밖에 야성冶城이 있었다. 야성은 동진·남조 시대까지 제련과 주조 공업의 중심지였다. 『태평어람』에 따르면, 손권은 225년에 무창산武昌山의 구리와 철을 캐서 무창에서 길이 3척 9촌(후한의 도량형으로 약 92cm)의 천구검千口劍과 만구도萬口刀를 만들었다.

오나라는 무장한 선박 100척을 요동과 고구려, 대만 등지로 보낼 정도로 조선업이 발달했다. 16-10 지도에서 알 수 있듯이 무창을 제외하면 모두 연안 지역에 조선소를 만들었고 전선도위典船都尉를 두어 관리하도록 했다. 특히 건안군建安郡 후관현候官縣의 조선소는 주

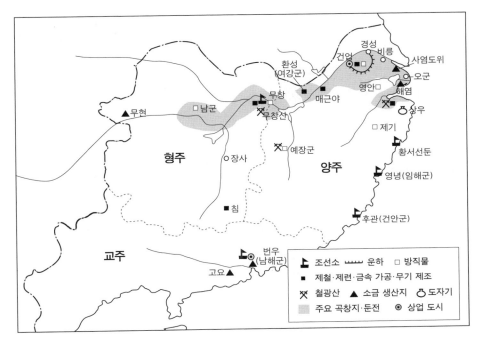

16-10 오나라의 경제지리.

로 죄수들을 동원하여 배를 만들었다. 장강 중류에 위치한 무창의 조
선소에서는 군사 3,000명을 수용할 수 있는 큰 군함을 건조했다. 오나
라가 망할 때 서진이 접수한 배가 5,000여 척이었다고 한다. 이는 오
나라의 선박 건조 능력이 어느 정도였는지 잘 보여준다.

오나라는 마포麻布와 갈포葛布 생산으로도 유명했다. 회계군 제기
현諸暨縣과 오군 영안현永安縣은 품질 좋은 사직물 생산지로 유명했
다. 또 손권은 궁궐 안에 직물을 생산하는 공장을 만들었다. 손권 시
기에 각종 직물 생산에 종사한 사람은 100여 명이었으나 손호 시기에
는 1,000명에 달했다. 그 밖에 예장군도 직물 생산지로 유명했다.

소금은 오군의 해염현海鹽縣과 남해군 치소인 번우현番禺縣, 창오

군蒼梧郡의 고요현高要縣이 주요 산지였다. 또 오군 북쪽에 사염도위司鹽都尉의 치소가 있었다. 오나라는 동쪽과 남쪽이 바다로 둘러싸여 있었지만 소금 생산지는 적었다. 그 밖에 도자기는 오늘날 저장성에 해당하는 회계군 일대에서 주로 생산되었는데, 그중 상우현上虞縣이 가장 유명했다.

## 오나라의 군사 배치와 군사시설 _____

오나라의 군사 수와 배치 상황에 대해 알아보자. 먼저 오나라의 병력 수를 살펴보자. 오나라의 전체 병력은 시대에 따라 다르다. 244년에는 병호가 13만 2,000호 있었다. 여기에서 병호 1호당 1명씩 군인으로 차출했다고 하면 13만 2,000명, 2명씩 군인으로 차출하면 26만 4,000명의 병력이 있었다고 볼 수 있다. 오나라가 망할 때의 총 병력은 23만 명이었다. 대체로 20만 명 전후의 병력을 보유했다고 볼 수 있다. 지역별 병력을 살펴보면 형주에 5만 명, 양주에 13만 명, 그 중간에 위치한 무창에 수만 명이 주둔했다. 16-11 지도는 오나라 군대의 주둔 지역과 주요 군사시설을 표시한 것이다.

16-11 지도에서 볼 수 있는 검은색 점은 오나라가 설치한 독구督區이다. 여러 학자의 고증에 따르면, 오나라에는 각 지방에 주둔하여 독립된 전투부대를 지휘하는 독督 20여 명과 몇 개의 독을 지휘하는 도독都督이 있었다.

서릉도독西陵都督은 낙향도독樂鄕都督이라고도 불리며 신릉信陵, 서릉西陵, 이도夷道, 낙향樂鄕, 강릉江陵, 공안公安, 파구巴丘의 독을 지휘했다. 오나라 말기에 이 도독구는 서릉도독과 낙향도독으로 나뉘었다. 또 장강 중류 지역의 도독구는 무창을 중심으로 하구夏口, 면중沔中, 포기蒲圻의 독구를 관리하는 무창우부독武昌右部督과 무창, 반주半

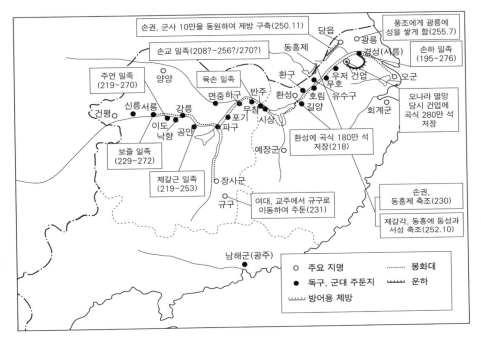

지도 내 텍스트:

손권, 군사 10만을 동원하여 제방 구축(250.11)

풍조에게 광릉에 성을 쌓게 함(255.7)

손교 일족(208?~256?/270?)

손하 일족(195~276)

동흥제

당읍

광릉

경성(서릉)

주연 일족(219~270)

육손 일족

환구

우저 건업

무호

오군

양양

면중하구

반주

환성

호림

유수구

신릉서릉

강릉

무창

길양

회계군

건평

이도

낙향

공안

포기

파구

시상

오나라 멸망 당시 건업에 곡식 280만 석 저장

보즐 일족(229~272)

환성에 곡식 180만 석 저장(218)

제갈근 일족(219~253)

예장군

장사군

여대, 교주에서 규구로 이동하여 주둔(231)

손권, 동흥제 축조(230)

규구

제갈각, 동흥에 동성과 서성 축조(252.10)

남해군(광주)

주요 지명 ········ 봉화대

독구, 군대 주둔지 ┗┛ 운하

┗┛ 방어용 제방

16-11 오나라의 군사지리.

州, 시상의 독을 지휘하는 무창좌부독武昌左部督으로 나뉘었다. 마지
막으로 장강 하류는 길양吉陽, 환구皖口, 유수濡水 등의 독을 지휘하는
부주이상독扶州以上督과 우저牛渚, 서릉徐陵 등을 관할하는 부주이하
독扶州以下督으로 나뉘었다.

서릉도독 혹은 낙향도독은 신릉, 서릉, 이도, 낙향, 공안, 강릉의 군
대를 지휘하여 촉나라의 공격을 막거나 위나라가 양양에서 남하하는
것을 방어하는 역할을 맡았다. 건업 서남쪽의 우저牛渚, 무호蕪湖, 호
림虎林, 길양吉陽과 장강 북쪽의 유수구, 환구는 위나라의 공격을 방
어하는 요새였다.

16-11 지도에서 볼 수 있듯, 독구는 서로 가까운 곳에 위치했는데,

이 몇 개의 독구를 지휘하는 도독의 명령하에 적들의 침입을 막기 위해 협력 수비를 폈다. 축구에서 공격수가 공을 잡으면 주변의 상대방 선수들이 그 공격수를 에워싸서 수비하는 방식과 비슷했다. 또한 독구가 서로 가까이 있었기에 적들을 공격할 때 도독구에서 군대를 차출해 원정군을 꾸리기도 편했다. 특이점은 몇 개의 독은 특정 가문이 세습했다는 것이다. 보즐 일족은 43년 동안(229~272년) 서릉독西陵督, 주연朱然 일족은 51년 동안(219~270년) 낙향독樂鄕督, 제갈근 일족은 34년(219~253) 동안 공안독公安督, 손교孫皎 일족은 수십 년 동안 하구독夏口督, 육손 일족은 무창독武昌督, 손하孫河 일족은 81년 동안 (195~276년) 경성京城 일대의 독에 임명되어 해당 지역에 주둔했다. 이는 세병제世兵制 혹은 세습영병제世襲領兵制라고 하여 장군들이 사병들을 대대로 지휘한 군사 제도 때문이었다.

자료가 불충분하지만, 278년 진나라의 공격을 받았을 때 환성과 그 일대에는 180만 곡의 식량이, 건업에는 280만 곡의 식량이 저장되어 있었다. 환구는 관개시설을 확충하여 비옥한 곡창지대로 바뀐 곳이고, 건업은 주변의 농경 지역과 각 지역의 곡물을 수송해 저장하던 곳이었다. 이런 점을 고려할 때 다른 독구에 환구의 2분의 1 정도의 곡물이 저장되었다고 하더라도 전체적인 군량은 많았을 것으로 추정된다.

오나라는 위나라와 촉나라의 침입에 신속히 대처하기 위해 봉화대를 만들었다. 16-11 지도에 보이는 봉화대는 『태평어람』의 기록에 따라 위치를 표시한 것이다. 서쪽 변경인 서릉에서 해질 무렵 봉화를 올리면 장강과 상수를 따라 설치된 봉화대에 전달되어 3경(밤 11~1시) 무렵에는 동쪽의 오군과 남쪽의 장사군에까지 도달했다. 한편 16-11 지도에 표시된 봉화대 외에도 위나라와의 접경 지역에서 주요 독구 혹은 도독구로 연결되는 봉화대도 존재했을 것이다.

장강 하류 북쪽에 두 개의 제방을 쌓은 점도 눈에 띈다. 손권은 250 년 11월에 군인 10만 명을 동원하여 당읍堂邑과 도수塗水에 제방을 쌓았다. 이 제방은 위나라의 남하를 막기 위해 쌓았으며 사실상 장성 의 역할을 했다. 북진 정책을 포기하고 방어에 치중하겠다는 손권의 뜻이 담긴 상징물이었다. 손권은 이 제방을 만들고 2년 후에 죽었다.

손권은 230년에도 소호巢湖에서 장강으로 흘러가는 유수 연변에 동흥제東興堤라는 제방을 쌓았다. 동흥제는 이후 방치되었다가 손권 이 사망한 이후인 252년 10월 제갈각諸葛恪이 다시 축조했다. 제갈각 은 산과 산 사이에 제방을 쌓고 동쪽과 서쪽에 성을 만들어 장군 전단 全端과 도위 유략留略에게 각각 1,000명을 거느리고 서성西城과 동성 東城을 지키게 했다. 이 방어 시설은 실제 전투에 큰 효과를 발휘했다. 252년 12월 위나라가 손권이 죽은 틈을 이용해 3개 방면에서 쳐들어 왔는데, 위나라의 장군 제갈탄諸葛誕과 호준胡遵 등이 7만 명을 거느 리고 동흥을 공격했으나 정봉丁奉의 분전으로 위군을 대파하는 전과 를 거두었다.

그 밖에 장강 하류 북쪽에 위치한 광릉 일대는 군현을 설치하지 않 고 군대를 배치했다. 오나라 권력자 손준은 255년 7월 위위衛尉 풍조 馮朝에게 광릉에 성을 쌓게 했으나 완성하지 못했다. 그는 255년 12 월 풍조를 감군사자監軍使者 독서주제군사督徐州諸軍事에 임명하여 장강 이북의 군대를 지휘하도록 했다.

# 17장

# 삼국시대 전쟁사 1:
## 제갈량의 북벌

| | |
|---|---|
| 225년 | 제갈량, 남중(남만)을 정벌하다. |
| 226년 | 5월 정사일 조비가 사망하고 조예가 즉위하다. |
| 228년 | 정월 제갈량의 1차 북벌(위나라의 군주 조예가 장안으로 행차). 가정 전투에서 패한 후 후퇴하다. |
| | 12월 제갈량의 2차 북벌. 진창을 돌파하지 못하고 후퇴하다. 위나라 장수 왕쌍 참하다. |
| 229년 | 봄, 제갈량의 3차 북벌. 진식, 무도·음평 2군을 점령하다. |
| | 손권, 황제를 자칭하고 촉나라와 맹약하다. 천하 양분(中分). |
| 230년 | 가을, 위나라 조진·사마의·장합이 촉나라를 공격하다. 홍수로 길이 끊기자 위군 회군하다. |
| | 촉나라의 위연, 위나라 옹주자사 곽회를 양활에서 격파하다. |
| 231년 | 2월 제갈량의 4차 북벌. |
| | 6월 촉군, 식량이 다해 회군하다. 위나라 장군 장합이 청봉까지 추격했으나 촉군의 화살을 맞고 사망하다. |
| 234년 | 2월 제갈량의 5차 북벌. |
| | 8월 제갈량 위수가에서 사망하다(다른 기록에는 오장원). |
| 240년 | 강유의 1차 북벌. |
| 244년 | 위나라 대장군 조상, 10만 군사를 이끌고 촉나라를 공격했으나 왕평과 비위의 반격으로 후퇴하다. |
| 254년 | 강유의 7차 북벌. 하관, 적도, 임조 3현을 점령하다. |
| 262년 | 촉나라의 후주 유선이 강유의 환관 황호 제거 주장을 받아들이지 않자 강유는 답중에 주둔하다. |

제갈량은 한 황실 부흥, 즉 위나라와 오나라를 멸망시키고 다시 한
나라가 천하를 통일한다는 원대한 꿈을 실현하기 위해 228년부터
234년까지 약 7년 동안 5차례 북벌을 시도했다. 그 과정과 결과를 하
나하나 확인해보자.

## 제갈량의 1차 북벌 _____

제갈량은 228년에 1차 북벌을 시작했다. 이는 촉나라가 건국한 때로
부터 7년 후, 유비가 죽은 때로부터 5년 후였다. 위나라의 초대 황제
조비가 죽은 때로부터는 2년이 지난 후였다. 촉나라가 남중(남만) 정
벌을 제외하고 현상유지에 만족한 것처럼 보이자 위나라는 점차 촉나
라에 대한 경계심을 누그러뜨렸다. 제갈량은 위나라의 이러한 방심을
틈타 일격을 가해 위나라를 정복하려고 했다.

　제갈량은 꽤 오랫동안 1차 북벌을 준비한 것으로 보인다. 225년의

남중 원정은 북벌을 위해 후방을 안정시키고 전투 경험을 쌓기 위한 전략으로 이해할 수 있다. 다음 해인 226년 제갈량은 오나라와의 국경과 가까운 파동군 영안현에 주둔한 이엄에게 파군 강주현으로 옮기라고 했다. 파군 일대에서 한중이나 북쪽 변방으로의 물자 보급 임무를 맡기기 위한 배치였다. 다음 해인 227년 봄 제갈량은 직접 한중군으로 가서 면수沔水 북쪽 양평陽平 석마石馬에 군영을 세웠다.

　　이때 촉군의 구성은 『삼국지/촉서』와 제갈량의 후출사표를 통해 대략을 그려볼 수 있다. 촉군은 한족(중국인)뿐만 아니라 중앙아시아의 유목민인 월지月氏와 강거康居, 파촉의 이민족인 종수賨叟, 남만을 평정한 후 데려온 청강靑羌 등 여러 종족으로 구성된 혼성부대였다. 여기에 전한시대부터 용맹을 떨쳤던 부릉군 출신 3,000명의 쇠뇌부대도 포함되었을 것이다. 마속馬謖을 참할 때 10만의 무리가 울었다는 기록을 보면 이때 최소 10만 명의 병력을 동원했을 것으로 추정된다. 이 군대는 제갈량이 후출사표에서 밝힌 것처럼 정예부대였다.

　　전쟁 준비를 끝낸 제갈량은 위나라에 항복한 맹달을 회유하는 작업에 나섰다. 맹달은 위나라에 항복한 후 조비의 총애를 받았고 환계桓階, 하후상과도 친했다. 그런데 이 세 사람이 죽자 자신의 지위에 불안을 느끼기 시작했다. 이에 제갈량은 맹달에게 다시 촉나라로 귀순할 것을 권유했다. 맹달이 부임한 신성군은 후한시대 한중군에 속한 지역이었다가 맹달과 신의 형제가 위나라로 귀순하면서 떨어져나간 지역이었다. 또한 이 지역은 촉나라 입장에서는 한중군을 방어하는 데, 반대로 위나라 입장에서는 한중군을 침입하는 데 용이한 지리적 요충지였다. 맹달의 귀순은 촉나라 입장에서 위나라가 한수를 거슬러 올라오는 공격로를 차단한다는 의미가 있었다. 게다가 맹달이 위나라 땅을 공격해준다면 위나라의 시선이 분산되어 북벌군 진격에 도움이 될 터였다.

그러나 맹달과 사이가 나쁜 위흥태수魏興太守 신의가 이를 고자질했고, 이 사실을 전해들은 맹달은 반란을 일으키려고 했다. 227년 6월 표기장군驃騎將軍 도독형예주제군사都督荊豫州諸軍事에 임명되어 남양군의 치소인 완현에 주둔하며 형주와 예주의 군대를 지휘하던 사마의는 먼저 맹달에게 회유하는 편지를 보냈다. 맹달이 편지를 받고 머뭇거리는 동안, 사마의는 228년 1월 재빨리 군대를 이끌고 맹달의 영토에 도착하여 그를 격파하고 살해했다. 맹달은 사마의가 신성군까지 오려면 한 달 정도 걸릴 것이라고 보았지만 사마의는 8일 만에 신성군에 도착하여 그를 놀라게 했다. 소설 삼국지에서는 완성(남양군의 치소)에서 소일하던 사마의가 조예의 명령을 받자마자 맹달을 공격해 그를 격파한 후 제갈량의 북벌군을 맞으러 달려갔다고 기술했다(94회). 그러나 『삼국지』를 보면 소설 삼국지의 서술과 달리 사마의는 당시 벼슬자리에서 쫓겨나거나 좌천된 것이 아니었다. 오히려 사마의는 형주에 주둔한 지 6개월이 지난 상태였고 조예의 토벌 명령을 받고 재빨리 움직였다. 소설 삼국지에서는 제갈량의 '북벌'을 제갈량과 사마의의 대결 구도로 몰고 가기 위해 1차 북벌 당시 사마의를 주인공처럼 묘사하여 역사적 사실을 왜곡했다. 사실 사마의는 1차 북벌 때 형주에 머무르고 있었던 것이다.

지금까지 1차 북벌 전의 상황을 알아보았다. 지금부터는 본격적으로 제갈량의 1차 북벌에 대해 살펴보자.

지도 17-1의 촉군 진격로를 보면 제갈량은 두 갈래로 위나라를 공격했다. 그는 사곡斜谷을 지나 미현郿縣을 공격할 것처럼 떠벌리고 진동장군鎭東將軍 조운과 등지를 보내 기곡箕谷에서 미현 일대를 공격하는 것처럼 위장했다. 그리고 주력부대를 이끌고 서쪽의 기산祁山으

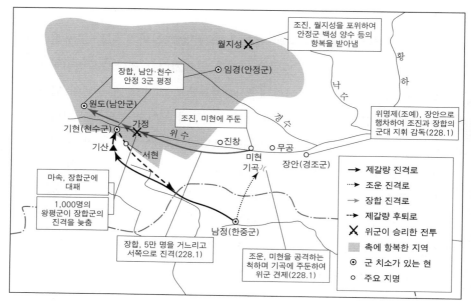

17-1 제갈량의 1차 북벌(228년).

로 진격했다. 이때 위연이 정병 5,000명을 거느리고 포중褒中을 거쳐 진령을 돌아 자오곡子午谷을 통과하여 장안을 습격하겠다고 건의했다. 그러나 제갈량은 이러한 모험을 거부했고 농우隴右를 먼저 점령한 후 위수를 따라 장안으로 진격하는 방법을 선택했다.

제갈량이 228년 정월 위나라로 진격하여 기산을 점령하자 천수天水와 남안南安, 안정安定 3군의 관리와 백성들(吏民)이 반란을 일으켜 촉군에 호응했다. 이에 제갈량은 3군을 손쉽게 차지할 수 있었다.

당시 위나라는 오나라에 신경을 집중하고 있었다. 조조가 적벽대전에서 패한 후 강남을 먼저 정복하고 마지막으로 익주를 점령하는 전략을 세웠고, 조비와 조예도 이 전략을 따랐기 때문이다. 조비는 두세 차례 오나라 정벌을 진두지휘했다. 이처럼 촉나라에 대한 방비를 소홀히 한 상황에서 위나라는 기습을 당한 것이다. 그러나 촉군의 기습 소식에도 조예(위명제)는 당황하지 않았다. 조예는 조진을 미현에 주둔하게 하여 촉군이 사곡을 통해 미현을 점령하는 것을 원천봉쇄했다. 또 장합에게 보병과 기병 5만 명을 거느리고 제갈량의 촉군에 대항하도록 명령했다. 이어서 조예는 228년 정월 장안으로 순행했는데, 말이 순행이지 직접 정예의 친위부대를 포함한 군대를 이끌고 장안에 주둔한 것이었다. 그는 전방의 조진과 장합에게 명령을 내리며 진두지휘했고, 두 장군이 패할 경우 자신이 직접 장안에서 촉군을 막겠다는 의지와 전략을 보였다. 소설에서는 다르게 묘사했다. 그에 따르면, 조예는 제갈량의 북벌에 크게 놀라 신하들에게 대책을 물었다. 이때 사도 왕랑이 조진을 총사령관으로 추천했고, 조진은 곽회를 부도독으로 추천했다. 왕랑은 군사軍師에 임명되어 조진과 함께 출정했다. 왕랑은 제갈량과 말싸움을 하다가 제갈량의 독설을 듣고 분을 참지 못해 말에서 떨어져 죽었다. 소설에서는 "가벼이 세 치 혀를 놀려 늙은 간신을 꾸짖어 죽게 했다네"라는 시를 덧붙이며(93회) 왕랑을 늙은 간신이라고 표현했다. 그런데 『삼국지』에 따르면 왕랑은 같은 해 11월에 죽었다. 이때는 제갈량의 1차 북벌이 실패로 끝나고 9개월이 지난 후였다. 왕랑이 같은 해 죽었다는 데에 착안해 제갈량의 독설을 듣고 죽은 것으로 바꾼 것이다. 소설 삼국지의 저자는 무슨 억하심정이 있었는지 모르겠지만 왕랑을 두 번 죽였다. 소설 삼국지에서 자주 사용하는 수법이다.

조예의 빠른 대처와 함께 위나라는 심리적 안정을 찾고 전세를 전환시킬 기회를 엿보았다. 기회는 빨리 찾아왔다. 장합의 군대가 촉장 마속의 군대와 가정에서 만난 것이다. 당시 마속은 제갈량의 명령을 어기고 물가가 아닌 산 위에 군영을 설치했다. 그러자 장합은 물길을 끊어 촉군이 먹을 물을 얻지 못하게 했고, 촉군이 갈증과 사기 저하로 전투력을 상실하자 촉군을 공격해 대파했다. 당시 왕평은 마속에게 산 위에 군영을 두면 안 된다고 주장했으나 마속이 간언을 묵살하자 1,000명을 거느리고 따로 진을 쳤다(대포가 파괴력을 발휘한 근대 이후에는 지대가 높은 곳을 점령하여 적진으로 대포를 쏘는 전략이 최선이었으나, 대포가 없던 시기에 산 위에 주둔하는 것은 위험했다). 왕평은 장합의 공격을 받았지만 침착하게 대응해 큰 피해 없이 후퇴할 수 있었다.

17-1 지도에는 따로 표시하지 않았지만 『삼국지/위서/곽회전郭淮傳』에 따르면, 곽회는 촉의 장수 고상*을 열류성列柳城에서 격파했다. 그런데 이 기사는 『자치통감』에도 없고, 지명 또한 『중국역사지도집』에서 찾을 수 없어 17-1 지도에는 표시할 수 없었다.

가정 전투에서 패하자 제갈량은 군대를 물려 한중군으로 돌아갔다. 이때 촉나라와 가까운 천수군 서현西縣 백성 1,000여 가구를 한중군으로 옮겼다. 한편 조운과 등지도 기곡에서 조진의 군대에 패했지만 조운이 굳게 지켜 피해는 크지 않았다. 제갈량은 패전의 책임을 지고 승상의 자리에서 물러났고 스스로 우장군右將軍으로 강등했다. 하지만 관직 강등과 무관하게 여전히 촉나라의 국정을 처리했다.

장합은 가정 전투에서 승리한 후 안정, 천수, 남안 3군으로 진격하여 반란 세력을 평정했다. 조진도 안정군 백성 양조楊條 등이 웅거한 월지성月支城을 포위해 항복을 받아냈다. 이로써 제갈량의 1차 북벌은 위나라의 완벽한 승리로 끝이 났다.

전쟁의 분수령이 된 가정 전투. 하지만 지도에서 제갈량이 후퇴할 정도로 가정이 군사적으로 중요한 이유를 찾기 어려웠다. 다만 가정

---

* 「곽회전」에서는 '高詳'이라 표기했지만 '高翔'의 오기로 보인다.

이 천수군의 동쪽 경계에 있었던 것으로 보아 천수군을 지키는 중요한 군사적 요충지였다고 추정해볼 수 있다. 소설 삼국지에서는 사마의의 말을 빌려 가정의 전략적 중요성을 다음과 같이 묘사했다.

나는 본래 진령 서쪽에 한 갈래 길이 있음을 아는데 땅 이름은 가정이오. 곁에 열류성이라는 성이 있소. 이 두 곳은 한중의 목구멍에 해당하는 지역이오. 제갈량은 자단(조진)이 준비가 되지 않았음을 알고 이곳으로 진격하기로 정했소. 나와 공(장합)이 나아가 가정을 취한다면 양평관은 멀지 않소. 만약 제갈량이 우리가 가정의 요로를 끊어 식량 운송로를 단절함을 안다면, 농서를 능히 안전히 지킬 수 없을 것이고 반드시 밤에 한중으로 달아날 것이오. 그들이 돌아간다면 우리는 작은 길에 군대를 배치한 후 습격하면 완전히 이길 수 있소. 만약 촉군이 달아나지 않는다면 나는 여러 작은 길에 모두 영루를 세워 길목을 막고 군사들에게 지키게 할 것이오. 한 달 후에 식량이 없으면 촉군은 모두 굶어 죽게 될 것이니 제갈량은 반드시 나에게 사로잡힐 것이오(95회).

사마의의 말은 맞을 수도 있고 틀릴 수도 있다. 가정의 위치를 모르기 때문이다. 청대 역사지리학자 고조우顧祖禹가 명대의 행정구역에 맞춰 쓴 지리책인 『독사방여기요讀史方輿紀要』에는 두 개의 가정이 언급되어 있다. 하나는 평량부平涼府 장랑위張狼衛 남쪽의 가정성街亭城이고(권63 섬서12 장랑위조), 다른 하나는 공창부鞏昌府 진주秦州 서남쪽 120리에 있는 서현성西縣城이다(권59 섬서8 공창부·진주·서현성조). 둘 다 현재 간쑤성(감숙성)에 속한다. 고조우는 이 두 개의 가정 가운데 후자를 촉나라와 위나라가 싸운 곳이라고 보았다. 지형도에서 이곳의 위치를 확인해보면, 소설 삼국지에서 사마의가 말한 지리적·지정학적 위치와 대략 맞는 것처럼 보인다. 그러나 현재 중국의 역사지리학계는 전자를 지지한다.

현재 중국 학자들이 가정으로 추정하는 지역은 위수 북쪽이었고, 촉나라의 한중군과 멀리 떨어져 있다. 하지만 이곳은 두 나라가 싸우기 뜬금없는 위치이다. 따라서 위치상으로는 현재의 중국인이 주장하는 텐수이시 마이지구의 지에팅구전(가정고진街亭古鎭)이 마속의 촉군과 장합의 위군이 싸운 곳으로 적합해 보인다. 이곳은 위수 남쪽에 위치하여 제갈량의 촉군이 장안으로 진격하는 교통로이기 때문이다. 제갈량은 조운과 등지에게 기곡을 통해 미현을 공격하라고 명령했는데, 제갈량의 촉군이 위수를 따라 동쪽으로 진격하면 조운의 군대와 만날수 있다는 장점도 있었다.

이곳이 가정이라는 증거는 촉군의 배치와도 관련 있다. 배송지주에서 인용한 『원자袁子』에 따르면 가정 전투 당시 제갈량도 있었다. 『원자』에서는 촉의 선봉군이 대패했을 때 제갈량이 몇 킬로미터 떨어진 가까운 곳에 있었으나 선봉군을 구하지 않았다고 했다. 이는 제갈량이 지휘하는 촉군 대부분이 가정과 그 주변에 있었다는 뜻이다. 그렇다면 장합이 5만 대군으로 가정을 공격한 이유는 촉군의 본진을 공격하기 위한 전략이었다. 진격 도중에 마속이 지휘하는 촉군의 선봉부대를 만난 것이다. 마속은 선봉장이 되어 물이 부족한 산 위에서 위나라 장합의 군사와 싸우다가 자멸했다. 선봉군이 패한 후 가까이 있던 후방 부대에도 영향을 주어 패배는 커졌을 것이다. 필자는 코로나 사태가 터지기 직전인 2019년 12월 말 텐수이시의 지에팅춘(가정촌街亭村)을 답사했다. 이곳은 간쑤성 텐수이시와 산시성 바오지시, 시안시를 지나는 30번 고속도로 옆에 있다. 물론 마속이 멍청하게 진을 쳤을 법한 산도 평지 주변에 우뚝 솟아 있었다. 텐수이시에서 시안시로 가려면 긴 골짜기 사이를 지나는 북쪽의 310번 고속도로와 남쪽의 30번 고속도로가 있는데, 지에팅춘은 상대적으로 평탄한 30번 고속도로에 있다. 제갈량의 촉군이 장안으로 진격하다 장합의 위군과 만나는 위치였다. 즉 제갈량은 천수군에서 장안으로 진격하다가 관중으로 진입하기 전에 장합의 위군을 만나 패한 것이다.

『원자』에서는 제갈량이 농우로 진격했을 때 남안·천수·안정 3군이 항복했으나 제갈량이 천천히 진군하는 바람에 점령하지 못했다고 비판했다. 제갈량은 위나라 사정을 잘 몰랐기 때문에 신중히 대처하려다가 기회를 놓쳤다고 기록한 것이다. 당시 정황을 보면 이는 가장 적합한 비판인 듯하다. 텐수이시 마이지구 지에팅춘의 위치를 보면 가정 전투가 장합의 위군이 신속히 서쪽으로 진격하여 천수군 치소와 가까운 곳에 이르러 막 출발하려는 촉군과 싸운 전투였음을 알 수 있다. 속도전에서 위군이 역시 이겼다. 이곳에서 촉군이 위군을 이겼다 하더라도 긴 골짜기를 거쳐 관중평원의 입구까지 도착할 때 이미 곳곳에 배치된 위군과 만나게 되었을 것이다. 험악한 산지의 요소에 미리 주둔한 위군과 싸워 촉군이 이기고 전진할 확률은 낮았을 것이다. 제갈량의 1차 북벌은 위나라가 촉나라의 공격을 예상하지 못한 상태에서 허점을 찔렀기 때문에 성공할 확률이 가장 높았다. 중앙아시아 유목민인 월지와 강거 군사들까지 동원한 총력전이었기 때문이다. 그러나 1차 북벌이 실패하자 이후 북벌은 더욱 어려워졌다. 위나라가 촉나라의 공격을 대비하게 되었기 때문이다. 1차 북벌은 결국 두 나라와 제갈량의 운명을 결정지었다.

## 제갈량의 2차 북벌 _____

1차 북벌에서 패한 제갈량은 같은 해 12월 다시 위나라를 공격했다. 당시 위나라의 장군 조휴는 228년 8월(『자치통감』에는 9월)에 오나라의 장군 육손과 석정石亭에서 싸워 대패했다. 제갈량은 조휴가 패해 위나라의 분위기가 어수선하고 위군이 동쪽으로 이동하여 관중이 허약해졌다고 보고 다시 위나라를 공격한 것이다. 또한 제갈량의 후출사표에 따르면 1차 북벌에서 촉군은 양군陽羣 등 7명의 장수와 70여 명의 장교, 1,000명의 병사를 잃었는데, 제갈량은 정예부대이지만 피해가 적다고 판단했다. 이것이 같은 해에 두 번째 출병을 한 이유였다.

17-2 지도를 보면 17-1 지도보다 단순함을 알 수 있다. 17-2 지도에서 보듯이 1차 북벌과 달리 제갈량은 산관散關을 통해 위수를 따라 진창陣倉으로 진격했다. 진령과 농산 사이의 산지가 평지로 바뀌는 진창은 관중평원 서쪽 끝자락에 위치했다. 진창현은 가운데에 위수가 흘러 위수를 따라 장안까지 도달할 수 있는 교통의 요지였다. 1차 북벌 때는 농우 지역을 점령해 식량과 물자 이동로를 확보한 후 위수를 따라 진격했지만, 이 전략은 위나라에게 대비할 시간을 주는 단점이 있었다. 따라서 제갈량은 가정보다 훨씬 동쪽에 있는 진창을 돌파한 뒤 바로 장안으로 진격하는 속전속결을 시도했다.

그러나 위나라에 그 정도 전략을 읽어낼 인물이 없었던 것은 아니었다. 1차 북벌 당시 위나라 총사령관이었던 조진은 제갈량이 다시 북벌하면 반드시 진창을 공격할 것이라고 예상했다. 진창은 산지와 평지 사이에 있는 지역이고 교통의 요지였지만, 지형을 이용해 지키기 쉬운 곳이기도 했다. 그는 장군 학소郝昭 등에게 진창에 성을 쌓고 방어에 만전을 기하도록 명령했다. 명말청초에 고조우가 펴낸 중국의

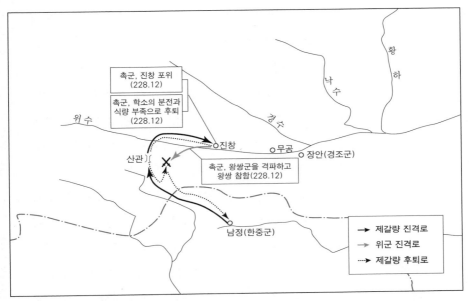

17-2 제갈량의 2차 북벌(228년).

역사지리서인 『독사방여기요』에 따르면 진창에는 두 성이 서로 이어져 있었다. 상성上城은 춘추시대 진秦문공文公이 쌓았고, 하성下城은 위나라 시대에 학소가 축조했다. 두 성이 붙어 있었는지 성벽으로 이어져 있었는지는 사료만으로 알 수 없지만, 위수와 산 사이의 좁은 평지에 두 성이 있었기 때문에 제갈량은 이 두 성을 점령한 후에야 비로소 동쪽으로 진격할 수 있었다. 성 하나가 아닌 둘을 점령하기 위해 시간과 노력이 많이 허비되어 촉군에 불리했다. 학소는 겨우 1,000여 명의 군사로 수만 명의 촉군을 막아냈다.

촉군은 모든 수단과 방법을 동원해 진창성을 공격했다. 하지만 촉군이 성 위로 넘어가기 위해 만든 운제雲梯를 성벽에 밀착시키면 위군은 불화살을 날려 운제를 불태웠다. 촉군이 충차衝車를 동원해 성문을 부수려고 하면 위군은 돌을 날려 충차를 박살냈다. 촉군이 땅굴을 파서 성안으로 잠입하려 하자 학소는 땅을 파서 땅굴을 끊어버렸다. 이처럼 촉군과 위군이 장군 멍군을 반복하며 20여 일을 끌었다. 제갈량은 성을 함락할 방법이 없고 군량이 다하자 결국 후퇴할 수밖에 없었다. 당시 조진은 비요費曜를 보내 학소를 구원하게 했고, 조예도 형주에 주둔한 장합을 불러 관중으로 진격하게 했다. 하지만 장합의 군대가 도착하기도 전에 제갈량의 촉군은 물러났다.

공성전에서 성을 포위한 군대가 유리한 점은 식량 공급이다. 최악의 경우 성안의 식량이 바닥날 때까지 기다리면(지구전) 이길 수 있다. 그러나 촉군은 그럴 만한 식량이 없었다. 겨우 20일 만에 식량이 부족해진 것은 촉군의 전쟁 준비가 부족했거나 군량 보급이 여의치 않았음을 뜻한다. 반대로 생각하면, 제갈량은 진창을 쉽게 점령한 후 현지에서 식량을 조달(사실상 약탈)하고 장안으로 진격할 계획이었다. 때문에 적은 양의 식량만 가지고 출정했다고 볼 수도 있다. 그렇다고 해도 준비가 부족했음은 부인할 수 없다.

위나라 장수 왕쌍王雙은 후퇴하는 촉군을 공격했다. 하지만 공성에 실패한 제갈량도 위군의 추격 정도는 미리 예상했고 그에 대비하고 있었다. 그는 왕쌍의 군대를 격파하고 왕쌍을 참한 뒤 한중으로 회군했다.

## 제갈량의 3차 북벌 _____

제갈량의 3차 북벌은 229년 봄에 벌어졌다. 하지만 이 3차 북벌은 변경의 영토를 확보하는 데 그쳐 북벌에 포함시키지 않는 사람들도 있다.

17-3 지도에서 볼 수 있듯이 제갈량은 229년 봄, 진식(『자치통감』에

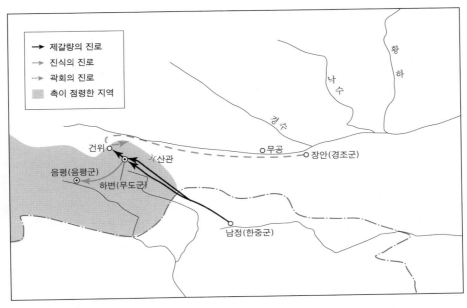

17-3 제갈량의 3차 북벌(229년).

서는 '진계陳戒'라고 표기했다)을 보내 무도와 음평 2군을 공격했다. 이
때 위나라의 옹주자사 곽회郭淮가 진식의 군대를 공격하려고 진격했
다. 제갈량은 직접 군대를 이끌고 무도군 북쪽에 있는 건위建威로 진
격하여 곽회군의 진격을 막으려 했다. 제갈량의 군대가 곽회와 싸우
는 동안 진식이 무도군과 음평군을 점령하도록 시간을 벌려는 의도도
있었다. 곽회는 제갈량의 군대가 건위에 주둔해 자신을 기다린다는
소식을 듣고 진격을 포기하고 돌아갔다. 이미 유비는 한중군을 공격
할 때 장비 등을 보내 무도·음평을 공격한 바 있다. 제갈량이 2군 점
령에 목을 맨 이유는 이곳에 관중으로 군사와 물자를 수송할 때 반드
시 지나야 하는 평탄한 지형이 있었기 때문이다. 다음 북벌을 위한 포
석으로 볼 수 있다.

후주 유선은 2차 북벌에서 왕쌍을 참하고 3차 북벌에서 2군을 점령했으며 이민족 저와 강을 항복시킨 공로를 인정해 제갈량을 다시 승상으로 복직시켰다. 부하들이 제갈량에게 영토 확장의 공을 치하하자 제갈량은 "천하를 통일하거나 역적들을 제거하지 못했는데 기뻐할 일이 무엇인가?"라고 말했다. 부하들은 제갈량의 꿈이 천하통일임을 알고 탄복했다고 한다.

## 위나라의 촉 침공과 제갈량의 대응 _____

위나라는 촉나라의 공격에 당하고만 있지 않았다. 제갈량 생전에 촉나라가 겪은 유일한 위나라의 침공은 230년 가을에 있었다.

위나라의 침입이 있기 1년 전인 229년 겨울에 제갈량은 군영을 남산으로 옮기고 면양현에 한성漢城, 성고현成固縣에 악성樂城을 쌓았다. 17-4 지도에서 두 성의 위치를 찾아보면 한중군의 치소인 남정의 서쪽과 동쪽에 있었다. 즉 이 두 성은 한중을 지키기 위한 방어용 시설이었다. 230년 위나라의 침입을 고려하면 제갈량이 위나라의 공격을 예견하고 그에 대한 대비책으로 만들었다는 생각이 든다.

위나라는 네 갈래로 나누어 촉나라로 진격했다. 먼저 조진은 사곡을 지나 한중의 서쪽으로 진격했다. 또 장합은 장안에서 자오곡을 지나 한수 상류로 거슬러 올라갔다. 형주에 있던 사마의는 한수를 따라 상류로 진격했다. 17-4 지도에서 볼 수 있듯 위나라는 한중군 점령을 목적으로 한중군의 동쪽과 서쪽에서 동시에 협공하려고 한 것이다. 정사에서는 이 세 갈래 공격만 언급했다. 하지만 중국의 저명한 역사지리학자 사염해史念海는 무위군武威郡 방면에서도 곽회에 의한 진격이 있었다고 주장했다.

이에 대해 제갈량은 어떻게 대처했을까? 그는 파군에 있던 이엄에

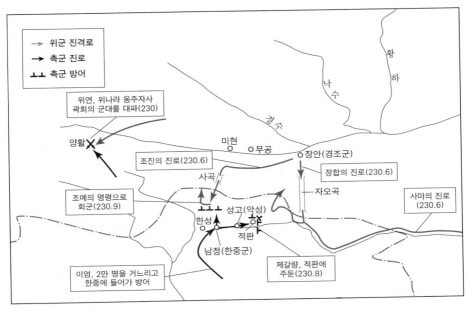

17-4 위나라의 촉 공격(230년).

게 2만 명을 거느리고 한중군으로 가서 지키도록 했다. 그리고 자신은 성고현 동쪽에 있는 적판赤阪에 주둔하며 위나라 군대를 기다렸다. 『자치통감』을 주해한 호삼성에 따르면 제갈량이 적판에서 기다린 이유는 장합과 사마의의 군대를 동시에 막을 수 있는 곳이 적판이라고 판단했기 때문이다. 즉 위나라가 세 갈래로 공격했지만 적판을 지키면 하나로 합친 장합과 사마의의 군대를 능히 막을 수 있다고 판단했다는 것이다. 당시 2인자였던 이엄을 한중군에 주둔시킨 것도 조진의 군대를 방어하기 위한 포석처럼 보인다. 또 사염해의 주장처럼 곽회가 서쪽에서 공격했다면 제갈량은 위연을 보내 곽회를 막도록 했을 것이다. 위연이 230년에 위나라의 옹주자사 곽회를 양활陽谿에서 격파했다는 기록은 그에 부합한 것으로 보인다.

위나라의 촉 공격은 비 때문에 중지되었다. 큰비가 내려 길이 끊기자 조진 등 위나라 군대는 조예의 명령에 따라 후퇴했다. 소설 삼국지에서는 이때 제갈량이 도망가는 위군을 추격했다고 서술했다. 계교를 부려 조진을 편지 한 장으로 죽이고 사마의의 군대도 격파했다. 이때 제갈량은 명령을 어긴 진식을 참했다. 제갈량은 승승장구했다. 하지만 후주 유선이 위나라의 간첩 구안의 유언비어에 속아 제갈량을 소환하자 어쩔 수 없이 후퇴하여 좋은 기회를 놓치고 말았다(99~100회). 한마디로 소설 삼국지에서는 멍청한 유선 때문에 제갈량의 북벌이 실패했다고 서술한 것이다. 소설 삼국지를 미리 읽은 독자들의 흥을 깨는 것 같아 미안하지만 『삼국지』와 『자치통감』에는 제갈량이 위군을 추격했다는 기록이 없다. 그리고 기록이 산만해 사실을 꿰어 맞추는 것도 쉽지 않다.

## 제갈량의 4차 북벌 _____

제갈량의 북벌 가운데 가장 재미있는 것이 4차 북벌인 듯하다. 적어도 세 차례의 전투가 있었으니 말이다.

제갈량은 231년 2월 기산을 포위했다. 이때 제갈량은 군량을 운반하기 위해 만든 목우木牛를 처음으로 사용했다. 또 선비의 우두머리 가비능軻比能을 회유해 위나라를 협공하려고 했다. 가비능은 북지군北地郡까지 진격했으나 위군에 패해 돌아갔다.

위나라의 총사령관은 새로 임명된 사마의였다. 조진이 병들자 조예는 사마의를 조진의 후임으로 발탁한 것이다. 소설 삼국지가 마치 1차 북벌 때부터 사마의가 총사령관이었던 것처럼 서술했지만 사실 제갈량의 1~3차 북벌 상대자는 사마의가 아니라 조진이었다. 사마의는 장합과 비요, 대릉戴陵, 곽회 등을 거느리고 촉군을 방어했다.

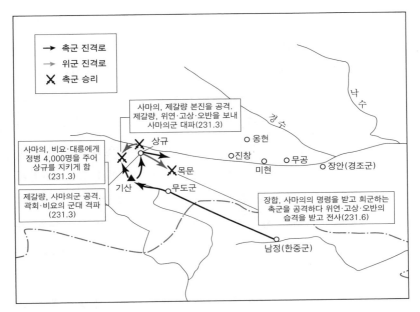

17-5 제갈량의 4차 북벌(231년).

17-5 지도에서 볼 수 있듯이 4차 북벌 당시 세 차례의 전투가 있었다. 장합은 군대를 나누어 부풍군의 옹현雍縣과 미현에 주둔시켜 후방의 방어를 강화하고 지구전을 벌이자고 했다. 그러나 사마의는 전진과 전투를 고집했다. 결국 231년 3월 천수군 상규현上邽縣에서 벌어진 첫 전투에서 제갈량은 곽회와 비요가 지휘하는 군대를 대파했다. 이어서 5월에는 제갈량이 위연과 고상, 오반을 보내 사마의가 직접 지휘한 위군을 대파했다. 세 번째 전투는 촉나라로 회군하는 촉군을 위군이 추격할 때 벌어졌다. 위연과 고상, 오반은 장합의 추격군을 요격해 대파했고 장합이 전사하는 전과를 올렸다. 4차 북벌에서 촉군은 세 차례 전투를 모두 승리로 이끌었다. 하지만 땅 한 조각 점령하지 못하고 후퇴했는데, 고질적인 병폐인 군량 부족 때문이었다.

4차 북벌 때 벌어진 전투를 한 지도에 담을 수 없어 각각 나누어 살펴보자. 먼저 3월에 벌어진 1차전이다.

사마의는 231년 3월 비요와 대릉에게 정병 4,000명을 거느리고 상규현을 지키게 하고 나머지 군사들은 기산을 구하러 보냈다. 17-6 지도에서 볼 수 있듯 이때 광위군廣魏郡 약양현略陽縣에 주둔하던 장합이 기산으로 진격했다. 제갈량은 군대를 나누어 기산을 공격하게 하고 자신은 상규현으로 진격했다. 사마의는 곽회와 비요 등을 보내 제갈량을 공격하도록 했으나 제갈량의 촉군은 위군을 격파하고 보리를 베어 돌아갔다. 그런데 상규현 동쪽에서 사마의의 본진 군사들을 만났다. 제갈량은 전투를 준비했으나 사마의가 험한 곳에 의지하여 군사들을 배치하고 싸우려들지 않자 본진으로 돌아갔다.

그사이 사마의는 제갈량의 촉군을 추격해 노성鹵城에 도착했다. 하지만 제갈량의 군대를 발견하고도 근처 산에 올라 땅을 파 군영을 세웠을 뿐 싸우려 하지 않았다. 가허賈栩와 위평魏平이 여러 차례 제갈량의 군대와 싸우자고 했지만 사마의는 움직이지 않았다. 소설 삼국지에서는 싸움이 없어서 싱겁다고 생각했는지 촉나라의 장수 강유, 위연, 마충, 마대가 노성을 포위해 화포까지 쏘아대며 맹공격을 펼쳐 위군을 격파했다고 서술했다(101회). 사족을 달자면 이때는 화포가 발명되어 사용되기 1,000여 년 전이다.

2차전은 두 달 후에 벌어졌다. 17-7 지도에서 볼 수 있듯 촉군은 1차전 승리에도 불구하고 여전히 기산을 포위하고 있는 상태였던 것 같다. 사마의는 여러 장군이 촉군과 싸우자고 건의하자 231년 5월 신사일 장합을 보내 기산의 남위南圍에 주둔한 왕평과 싸우게 했다. 남위는 기산 남쪽에 있는 촉군의 군영 혹은 방어 시설이었다. 이어 자신은 중도中道로 제갈량을 공격했다. 사마의는 군대를 두 갈래로 나누

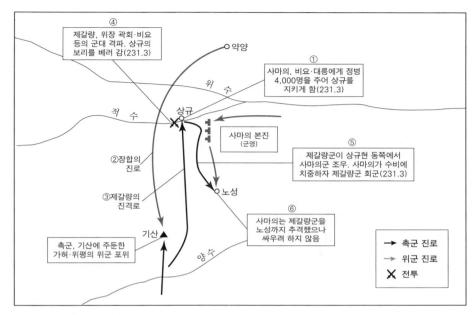

④
제갈량, 위장 곽회·비요
등의 군대 격파. 상규의
보리를 베러 감(231.3)

○ 약양

위 수

①
사마의, 비요·대릉에게 정병
4,000명을 주어 상규를
지키게 함(231.3)

적 수

상규

사마의 본진
(군영)

⑤
제갈량군이 상규현 동쪽에서
사마의군 조우. 사마의가 수비에
치중하자 제갈량군 회군(231.3)

②장합의
진로

③제갈량의
진격로

○ 노성

⑥
사마의는 제갈량군을
노성까지 추격했으나
싸우려 하지 않음

기산

촉군, 기산에 주둔한
가허·위평의 위군 포위

양 수

→ 촉군 진로
→ 위군 진로
✕ 전투

17-6 4차 북벌 1차전.

어 촉군을 공격해 기산의 포위망을 풀려고 했다. 그러나 제갈량은 호
락호락하지 않았다. 제갈량은 위연과 고상, 오반을 보내 사마의의 위
군을 대파했다. 촉군은 적군 3,000명의 목을 베고 갑옷 5,000령, 쇠뇌
3,100장을 노획했다. 패한 사마의는 돌아가 군영을 지켰다. 지금까지
소개한 4차 북벌 1, 2차전의 내용은 『삼국지』에는 없고 배송지가 인
용한 『한진춘추』에 보인다.

그런데 소설 삼국지에서는 이 전투 대신 노성에서 제갈량의 촉군
과 사마의의 위군이 싸웠다고 서술했다. 당시 촉군은 100일마다 군사
를 교대했는데 노성의 8만 가운데 4만 명이 교대 대상이었다. 그런데
교대 즈음 사마의가 노성을 공격했고, 여기에 위장 손례가 이끄는 20
만 명도 노성으로 진격했다. 양의는 제갈량에게 군사들의 교대를 전

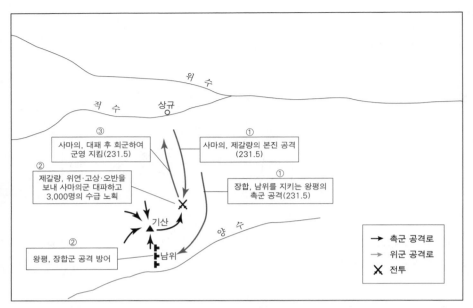

위 수

적 수　　상규

③
사마의, 대패 후 회군하여
군영 지킴(231.5)

①
사마의, 제갈량의 본진 공격
(231.5)

②
제갈량, 위연·고상·오반을
보내 사마의군 대파하고
3,000명의 수급 노획

①
장합, 남위를 지키는 왕평의
촉군 공격(231.5)

기산

양 수

②
왕평, 장합군 공격 방어

남위

→ 촉군 공격로
→ 위군 공격로
✕ 전투

17-7 4차 북벌 2차전.

쟁 이후로 미루자고 건의했다. 하지만 제갈량은 "안 될 소리요. 내 군
사를 부리고 장수들에게 영을 내리는 데 오로지 신의를 근본으로 삼
아온 터에 이리 내린 명령을 어찌 어길 수 있겠소? 돌아가야 할 자들
은 속히 준비해 떠나 보내도록 하시오. 그들의 부모와 처자식들이 사
립문에 기대어 서서 기다리고 있을 터인데, 내 아무리 큰 어려움에 처
했다 할지라도 그들을 붙잡아둘 수는 없소"라고 말했다. 이에 감동한
군사들이 "승상께서 저희들에게 이렇게 큰 은혜를 베푸시니, 저희들
은 이대로 돌아갈 수 없습니다. 저희 모두 목숨을 내놓고 위군을 무
찔러 승상의 은혜에 보답하고자 합니다"하며 결전의 의지를 다졌다.
제갈량은 사기충천한 군사들을 지휘해 손례가 이끄는 서량 군인을 대
파했다(101회). 이 전투는 『삼국지』에는 없고 배송지주에 기록되었다.

그에 따르면, 조예는 장안으로 가서 사마의에게 장합의 군대 등과 옹주·량주의 30여만 명을 이끌고 검각으로 향하도록 했다. 제갈량은 이때 8만의 군대를 거느리고 있었는데, 일부가 교체 대상이었다. 제갈량은 나중에 교체하자는 장수들의 말을 물리치고 법대로 하도록 했다. 군사들은 "제갈공의 은혜는 죽어서도 갚지 못할 겁니다"라고 말하며 싸우기를 원했다. "싸우는 날 칼을 빼들고 앞을 다투어 싸우지 않은 군사들이 없었으니, 한 군사가 10명의 군사를 대적하여 장합을 죽이고 사마의를 물리쳐서 한 번 싸워 크게 이긴 것은 이 신의(믿음) 때문이다." 마지막 인용문은 배송지주에 인용된 「곽충오사郭沖五事」를 그대로 번역한 것이다. 그러나 배송지는 애써 곽충郭沖의 오사五事 기록을 인용한 후 위명제(조예)는 당시 장안에 없었고 제갈량이 관롱에 있는 상태에서 이를 넘어 위군이 검각으로 갈 수 없었음을 지적하며 사실이 아니라고 주장했다. 전투 자체가 사실이 아니라는 것이다. 배송지의 주장이 맞는지는 알 수 없다. 다만 소설 삼국지는 제갈량이 약속과 믿음을 중시하는 지도자임을 부각하며, 독자들의 흥미를 끌기 위해 촉군이 위군을 대파하는 내용을 추가하고 장소도 기산에서 노성으로 바꾸어 실감난 전투 장면을 이끌어냈다.

두 차례나 제갈량에게 패한 사마의는 궁지에 몰렸다. 그런 사마의를 구해준 것은 아군이 아닌 적군이었다. 바로 촉나라의 이엄이었다. 당시 한중군에 머물며 촉군에 군량과 무기를 공급하던 이엄은 군량 보급이 여의치 않아 책임을 추궁당할 궁지에 몰렸다. 이엄은 잔머리를 굴려 급한 일이 생겼으니 제갈량에게 회군할 것을 청했다. 그리고는 후주 유선에게도 거짓 보고를 했다.

결국 제갈량은 231년 6월 식량이 다하자 회군했다. 그는 목우를 만들어 식량 수송을 원활히 하려고 애썼다. 그것만으로는 부족하다고 생각했는지 전쟁 틈틈이 위나라 군대를 격파한 후 보리를 베어 군량으로 충당하려고도 했다. 하지만 이러한 노력에도 불구하고 승리했음에도 군량 부족 때문에 후퇴하는 불운이 반복된 것이다. 그러자 사마의는 장합에게 후퇴하는 촉군을 추격하라고 명령을 내렸다. 배송지주에 인용된 『위략』에 따르면 사마의의 명령을 하달받은 장합은 "'병법에 따르면 성을 포위하면 반드시 적군이 도망갈 길을 터주어야 하고 돌아가는 군대는 추격해서는 안 된다'는 말이 있습니다. 촉군을 공격해서는 안 됩니다" 하며 반대했다. 그러나 사마의는 장합의 반대를 묵살하고 기어이 그에게 추격을 명령했다. 소설 삼국지에서는 그와 정반대로 장합은 후퇴하는 촉군에 대한 공격을 자원하고 사마의는 이를 만류했다고 서술했다. "그대는 성미가 급하니 보낼 수 없다."(101회) 소설에서 사마의가 말한 것과 달리 장합은 신중한 장군이었다. 그리고 진수가 이 사실을 기록하지 않은 의도는 명확하다. 사마의의 잘못을 덮으려는 것이다.

장합은 촉군을 청봉靑封까지 추격하여 공격했다. 제갈량은 위연과 고상, 오반을 보내 위군을 공격하도록 했다. 촉군은 높은 곳에 매복해 있다가 위군을 보자 화살과 쇠뇌를 어지럽게 쏴댔다. 위나라 병사들은 화살과 쇠뇌에 맞아 죽었고 장합도 오른쪽 다리에 화살에 맞고 전사했다. 제갈량의 촉군은 4차 북벌 3차전도 승리로 마감했다.

한중군으로 돌아온 제갈량은 진상을 파악했다. 이엄이 잔머리를 굴려 자신에게는 사자를 통해 급한 일이 생겼으니 돌아오라고 전하고, 동시에 성도에 있는 후주에게는 "신이 군량을 충분히 마련해 보내려고 하는데 승상이 군대를 물려 돌아왔습니다"라고 허위 보고를 한 것이다. 이엄이 자신의 책임을 회피하고자 촉군의 성공 가능성이 어느 때보다 높았던 북벌을 망쳐놓은 것이다. 제갈량은 대노해 231년 8월

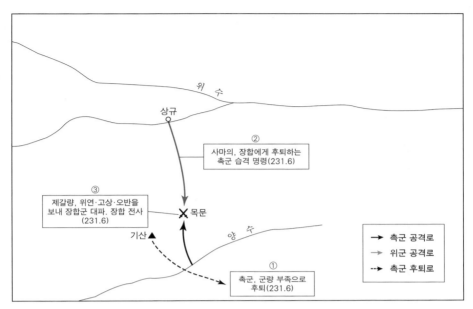

위 수

상규

② 사마의, 장합에게 후퇴하는
촉군 습격 명령(231.6)

③ 제갈량, 위연·고상·오반을
보내 장합군 대파. 장합 전사
(231.6)

✕ 목문

기산

양 수

→ 촉군 공격로
→ 위군 공격로
--► 촉군 후퇴로

① 촉군, 군량 부족으로
후퇴(231.6)

17-8 4차 북벌 3차전.

도호都護 이엄을 파면하고 재동군梓潼郡으로 유배 보냈다.

중국 학자 전여경은 이 해프닝을 1인자인 제갈량과 2인자인 이엄 사이에 벌어진 권력투쟁으로 해석했다. 보통 유비가 익주를 점령한 후 제갈량이 계속해서 1인자의 자리를 지킨 것으로 알고 있다. 하지만 유비의 익주 점령 이후 실세는 유장의 옛 부하였던 상서령 법정이었다. 법정이 죽은 뒤에는 이엄이 실세였다. 유비가 죽기 전에 제갈량에게 '태자(유선)가 어리석으면 승상이 황제의 자리에 오르시오'라고한 것은 제갈량에게 찬탈을 부추긴 것이 아니었다. 오히려 제갈량은 황제가 될 정도로 능력이 있는 인물이라는 사실을 신하들에게 환기시켜 그에게 힘을 실어준 것이라고 해석하기도 한다. 유비가 제갈량을 전폭적으로 밀어주니 2인자인 이엄은 1인자인 제갈량이 잘되는 꼴을 두고 볼 수 없었을 것이다. 하지만 그로 인해 촉나라는 북벌에 성공할 수 있는 좋은 기회를 놓쳤다.

4차 북벌을 다룬 사료들이 서로 어긋나서 북벌의 진면목을 알기가 쉽지 않다. 『삼국지/곽회전』에서는 사마의가 촉군을 추격하여 노성에서 만난 것이 아니라 촉군이 노성으로 진출했다고 기록했다. 문제는 그다음이다. 당시 농우(농서) 지역에는 곡식이 없어 관중에서 식량을 대규모로 운반해야 하는 상황이었다. 곽회는 농우 지역에 사는 강과 호胡를 타일러 집집마다 곡식을 거두었다. 사료에서는 점잖게 곡식을 내놓도록 했다고 기록했지만 실제로는 강탈이었다. 다시 말하면, 위군도 식량 사정이 좋지 않았다. 이엄이 장난치지 않았다면 굶주린 두 나라 군대가 벌인 싸움이 볼 만했을 것이다. 청일전쟁 당시 성안에 포위된 청군이 항복했을 때 일본군 역시 총알이 떨어져서 후퇴하려던 상황이었다고 한다. 일본군은 여순에서도 비슷한 상황에서 러시아군의 항복을 받았다. 타이밍이 중요한데, 제갈량은 타이밍이 안 좋았다.

## 제갈량의 5차 북벌: 제갈량의 최후 _____

제갈량은 지친 군사들을 쉬게 하고 3년 후 다시 북벌에 나설 것임을 선언했다. 그는 232년 황사黃沙에서 군사들을 휴식하게 했다. 그러고는 한편으로 농사를 짓고 군사훈련을 시켰으며 군량을 운반하기 위해 유마와 목우를 만들었다. 또한 233년 겨울 사곡구에 사곡저각을 만들고 군량을 저장했다. 제갈량이 234년 사곡을 거쳐 위수 남쪽으로 진격한 것을 보면 그는 사곡으로 진격할 계획을 세우고 사곡을 통해 군량을 운반하기 위해 사곡저각을 만든 것이다. 미리 사곡저각에 군량을 저장한 후 전방의 촉군에 공급하는 것이 효율적이라고 판단한 것으로 보인다.

제갈량은 234년 2월 10여만 명의 대군을 이끌고 사곡을 거쳐 위수 남쪽으로 진격했다. 5차 북벌에 나선 것이다. 이때 처음으로 식량을 유마로 운반했다.

제갈량은 군량 확보를 위해 노력했을 때, 운 좋게 오나라의 도움도 얻었다. 손권은 육손과 제갈근 등을 보내 강릉과 면구沔口에 주둔하도록 하여 위군의 남하를 막도록 하고 손소孫韶와 장승張承 등에게 광릉廣陵과 회양淮陽으로 진격하게 한 후 몸소 대군을 이끌고 합비신성合肥新城을 포위했다. 오나라가 위나라를 공격한 동선을 보면 제갈량은 손권에게 함께 위나라를 공격하자고 제의했고 손권은 이를 받아들인 것으로 보인다. 처음에는 분위기가 좋았다. 다섯 번째 북벌은 성공할 것인가?

그런데 여기서 엇갈리는 기록이 있다. 제갈량은 어디까지 진격했는가? 어리석은 질문일까? 사서에 따르면 제갈량은 미현에 이르러 위수 남쪽에 주둔하고, 사마의는 위수를 등지고 영루를 만들어 배수진의 형태로 촉군에 맞섰다. 이때 사마의는 다음과 같이 말했다고 전해진다.

제갈량이 만약 무공현으로 나아가 산을 따라 동쪽으로 진격하면 우리에게 걱정거리가 될 것이다. 그러나 서쪽의 오장원五丈原으로 간다면 여러 장군은 걱정할 필요가 없다.*

통설에 따르면, 제갈량은 사마의가 걱정할 필요가 없다고 한 오장원에 주둔했다. 17-9 지도에서 볼 수 있듯 무공현은 제갈량과 사마의

_____

* 『진서/선제기』.

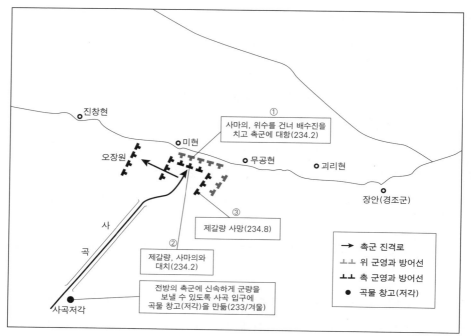

①
사마의, 위수를 건너 배수진을
치고 촉군에 대항(234.2)

진창현

미현

오장원

무공현

괴리현

장안(경조군)

③
제갈량 사망(234.8)

사

곡

②
제갈량, 사마의와
대치(234.2)

→ 촉군 진격로
⊥⊥ 위 군영과 방어선
⊥⊥ 촉 군영과 방어선
● 곡물 창고(저각)

전방의 촉군에 신속하게 군량을
보낼 수 있도록 사곡 입구에
곡물 창고(저각)을 만듦(233/겨울)

사곡저각

17-9 제갈량의 5차 북벌(234년).

가 대치했던 위수 이남의 동쪽이었고, 오장원은 서쪽이었다. 사마의
의 말과 17-9 지도를 비교해보면, 제갈량이 동쪽으로 진격하면 위나
라에 해가 되지만 서쪽으로 후퇴하면 위나라가 한숨 돌릴 기회와 시
간을 얻을 수 있다는 뜻으로 해석하는 것이 나을 것 같다. 그리고 『진
서』에서는 사마의의 예측대로 제갈량은 오장원에 주둔했다고 기록했
다. 제갈량이 오나라의 보즐에게 보낸 편지의 일부가 『수경주』에 보
이는데, 여기서도 오장원이 무공현의 서쪽이라고 기록했다. 그런데
과연 그럴까?

오장원의 위치가 좀 불분명하다. 『수경주』에 따르면 오장원은 17-9
지도에서처럼 미현의 서쪽에 있었다. 일반적으로 이곳을 제갈량이 죽

은 곳이라고 한다. 그러나 『삼국지/촉서』에서는 제갈량이 죽은 곳을 위수 강변 혹은 무공현이라고 기록했다. 배송지주에 인용된 『한진춘추』에 따르면, 제갈량이 죽은 곳은 곽씨오郭氏塢이다. 17-9 지도는 현재 역사지리의 최고 권위를 자랑하는 『중국역사지도집』의 지명 고증에 따른 것이지만 뭔가 이상하다.

제갈량이 사곡저각에서 사곡을 지나 촉군 진영에 군량을 운반할 때 사곡 서쪽에 촉군 진영이 있다면 위군의 공격을 받을 가능성이 있었다. 촉나라의 치중부대가 사곡을 지나 촉군이 있는 무공현 서쪽으로 가면 위군을 등지고 행군하는 모양새가 되기 때문이다. 따라서 위군의 촉군 치중부대 기습을 막으려면 적어도 촉군의 일부가 사곡의 동쪽에 주둔하고 있어야 했다. 또 제갈량이 죽고 후퇴할 때도 사곡의 서쪽에 있었다면 사곡으로 들어서기 전에 위군이 먼저 사곡에 도달할 수도 있었다. 실제로 사마의는 별똥별이 촉군 진영에 떨어지는 것을 보고 제갈량의 죽음을 예언하고 촉군을 공격했다.* 이렇게 신속하게 진격한 위군보다 먼저 사곡으로 진입하려면 촉군이 사곡의 동쪽에 있어야 가능했을 것이다.

필자는 2018년 9월 중국인들이 오장원이라고 주장하는 곳을 답사했다. 시안베이역에서 고속철을 타고 51분 만에 바오지시寶鷄市에 있는 치산역岐山站에 내렸다. 내리기 직전 보이던 위가 평평한 대지臺地가 바로 오장원이었다. 옆에 있는 차이자포蔡家坡와 함께 위쪽에 넓은 평지가 있는 특이한 지형이었다. 역에서 직접 가는 버스는 없고 택시나 자가용을 타고 가야 했다. 현재는 제갈량의 사당과 '제갈량이 등을 달고 제사를 지내던 제단에 세운 사당(諸葛亮祭燈臺廟)'이란 이름

---

* 『진서/선제기』.

을 가진 작은 도관(도교 사원)이 있을 뿐이다. 제갈량이 죽기 전에 제사 지냈다는 제단 위치까지 표시되어 있다. 당시에는 공사가 한창 진행 중이었는데, 각지에 붙어 있는 조감도를 보면, 인공 폭포와 옛 촉군의 군영 등을 포함한 오장원 테마파크가 조만간 들어설 예정이었다. 지역 사람들에게는 오장원 테마파크가 주요 관광 수입이 될 것으로 기대되었다. 하지만 그들에게는 미안하게도 그곳이 오장원이라는 직접적인 근거는 없었다. 위가 평평한 대지에 군사를 주둔시킨다는 것은 공격이 아닌 방어 목적이다. 사마의에게 싸워달라고 애걸한 제갈량이 수비에 적합한 곳에 주둔했다? 비싼 차비와 시간을 들여 오장원을 답사한 결과 사람들이 주장하는 그곳이 설사 실제 오장원이라고 해도 촉군의 본진이 있을 만한 자리는 아니었다. 오히려 그곳은 천수군 등 진주秦州 일대의 위나라 군대가 후방에서 급습하는 것을 막기에 적합한 곳이었다. 일부 촉군이 후방을 지키는 곳으로는 적합해도 동쪽으로 진군하는 곳으로는 부적합했다. 요컨대 촉군의 본진은 현재의 오장원에 없었고, 장안으로 진격하는 미현이나 무공현 등지에 있었을 것이다. 『삼국지/촉서/양희전』 뒤에 있는 「계한보신찬季漢輔臣贊」에서 배송지는 『익부기구잡기益部耆舊雜記』를 인용했는데, "제갈량이 무공현에서 병이 심하자 후주(유선)는 이복李福으로 보내 병간호를 하도록 하고 결국 국가의 대계를 묻도록 했다"는 구절이 있다. 이 기록이 맞다면, 제갈량이 병들었을 때 있던 곳은 오장원이 아닌 무공현이었다. 죽기 전 환자가 쉽게 이동할 수 없음을 고려하면 병든 제갈량은 무공현에서 죽었을 게 분명하다.

촉군이 오장원뿐 아니라 미현과 무공현에도 군영을 세워 포진했음은 문헌으로도 입증된다. 『삼국지/오주전』에서는 제갈량이 무공으로 진출하는 틈을 타서 손권도 군대를 이끌고 합비신성으로 향했다고 기록했다. 『삼국지/촉서/장익전』에서는 "제갈량이 무공으로 진격할 때 장익張翼을 전군도독前軍都督으로 삼고 부풍태수扶風太守를 겸임하게 했다"고 했다. 무공현은 후한시대에는 우부풍, 위나라 때는 부풍군에 속했다. 미현과 무공현은 모두 부풍군에 속한 현이니, 당시 촉군이 부풍군 전체를 점령하지는 못해도 최소한 이 2현은 점령했을 것이다. 따라서 촉군의 선봉인 전군도독 장익에게 무공현 일대를 다스리는 부풍군의 태수로 임명한 것이다. 『삼국지/제갈량전』에서 촉나라 군사들이 위수 부근에서 농민들과 섞여 농사지었다고 기록한 것을 보면, 이미 촉군이 관중평원으로 진입했음을 알 수 있다.

이처럼 촉나라와 위나라의 기록이 엇갈리지만 필자는 촉나라의 기록이 옳다고 생각한다. 즉 제갈량은 무공현에 있던 촉군의 군영(위수의 남쪽)에 머물다가 죽었을 것이다. 제갈량이 오장원에서 죽었다는 통설에 익숙한 독자들에게 제갈량이 주둔하고 죽은 장소가 현재의 바오지시 우장위안전(오장원진)에 있는 오장원이 아닌 부풍군 무공현(의 오장원)이라는 필자의 주장이 어색하거나 불편할 수 있을 것이다. 선입견 때문이다. 진나라의 신하였던 진수가 권력자들을 위해 역사를 왜곡하고 사실은 난도질하고 기록을 누락했던 『삼국지』의 기술 태도를 보면 이해하지 못할 법도 없다. 제갈량과 싸운 위나라의 총사령관 사마의는 고평릉 사변의 쿠데타를 일으켰고, 그의 손자는 진나라를 세우고 황제가 되었다. 그러니 진수는 사마의에게 불리한 기록을 쓸 수 없었을 것이다. 실제로 제갈량이 무공현까지 진격했지만 『삼국지/위서』에서는 미현 일대의 오장원으로 후퇴했다고 기록하여 이를 예측한 사마의가 뛰어난 전략가였음을 강조한 것이다. 어차피 제갈량이 죽은 후 촉군이 후퇴했으니 촉군이 가장 멀리 진격한 지역이 무공현인지 아닌지까지 기록할 필요도 없었다. 하지만 최소한 촉군이 무공현까지 진격했다는 사실을 알고 보니 제갈량이 죽은 후 위연의 반응이 이해된다. 위연은 "승상이 비록 죽었지만 나는 아직 살아 있소. 승상부 속관들은 승상의 관을 가지고 돌아가 장사를 지내시오. 나는 군사들을 이끌고 적을 공격하겠소. 어찌 한 사람이 죽었다고 천하의 일을 그만두려고 하는 거요?"라고 말했다.* 위연은 승상장사 양의와 싸우다 죽어 역적으로 기록되었다. 따라서 위연이 말한 대목은 양의와 권력투쟁에서 승리하기 위해 군대를 지휘하겠다는 월권으로 비칠 수 있다. 그러나 위연 역시 선봉이 되어 최전선에 주둔했고, 당시 상황이 유리하다고 생각해서 자신이 군대를 이끌고 위나라 군대와 싸우겠다고 말한 것이다. 그는 제갈량이 북벌할 때마다 자신에게 1만의 군사를 주면 우회해 동관으로 진격하겠다고 말했다. 그의 제안은 모험이었고, 제갈량뿐 아니라 제갈량의 부하들도 좋아하지 않았을 것이다. 그러나 5차 북벌에서 무공현까지 진격했고 장안이 바로 코앞에 보이는 상황에서 위연이 후퇴하고 싶어하지 않았다고 해석하면 위연의 말이 이해된다. 따라서 5차 북벌은 우리가 아는 사실과 달랐을지도 모른다.

『삼국지』의 기록에 따르면, 제갈량의 5차 북벌은 4차 북벌에 비해 매우 심심하게 진행되었다. 제갈량이 기대했던 것과 달리, 오나라 군대는 위나라를 견제조차 하지 못했다. 촉나라와 오나라의 협공 소식을 들은 조예는 사마의를 보내 제갈량을 막도록 하고 스스로 수군을 이끌고 손권의 군대를 막기 위해 출동했다. 조예가 대군을 이끌고 온다는 소식을 들은 손권은 그가 수춘에 이르기도 전에 '도망'갔고 손소 역시 회군했다. 젊을 때 '자식을 낳으려면 손권 같은 아들을 낳아야

---

* 『삼국지/위연전』.

한다'는 찬사를 들었던 손권은 조조의 손자가 군대를 이끌고 온다는 소식을 듣고 두려워 후퇴했다. 늙었기 때문일까? 자기보다 못한 조조의 아들이 낳은 조예와 싸우지도 않고 도망가다니. 어쨌든 오나라가 후퇴하자 제갈량이 기대했던 협공은 물거품이 되었다. 이제 그는 혼자서 위나라와 싸워야 했다. 그나마 전투라도 있었으면 좋으련만 전투는 거의 없었다. 사마의는 수비전에 치중했다. 이미 위나라는 제갈량의 침입에 대비하여 관중 지역의 농토를 대규모로 개발해 식량을 비축했을 뿐만 아니라, 황하 중하류 지역으로부터 군량과 무기를 운반해 저장해뒀다. 지구전을 펼치면 무조건 이기는 상황이었다. 사마의의 부하들이 방어 위주의 전략에 불만을 표시하자 사마의는 조예에게 사자를 보내 공격 여부를 물었다. 조예는 공격하지 말라는 명령을 내렸고 사마의는 이를 지켰다. 사마의는 황제의 명령을 이용해 부하들의 불만을 억누른 것이다. 모두 『삼국지/위서』의 기록이다.

그런데 유일하게 「곽회전」에서 촉군과 위군이 전투를 벌였다고 기술했다. 당시 사마의는 위수 남쪽에 주둔했는데, 곽회는 제갈량이 위수를 건너 북원에 올라 북산으로 진격하여 농서로 가는 길을 끊으면 위나라에 불리하다고 말했다. 이에 사마의는 곽회를 먼저 북원으로 보내 주둔하도록 했다. 하지만 곽회가 진지를 완성하기도 전에 많은 촉군이 도착하니 곽회가 공격했다. 이어 제갈량이 서쪽을 공격하는 척하다가 밤에 양수陽遂를 공격했으나, 미리 대비한 곽회에 막혀 오르지 못했다. 북원의 '원'은 넓은 벌판을 뜻하는데 원문에는 오를 등登 자와 상上 자를 썼다. 아마도 북원은 높은 곳에 있는 평지 지형을 뜻하는 것 같다. 중국인이 오장원이라고 주장하는 치산역 주변에 이러한 지형이 많다. 특히 치산역에서 시안 방향으로 왼쪽, 즉 위수 북쪽에 아주 긴 산맥 같은 지형이 있다. 아마도 북산은 이를 지칭하는 듯하다. 「곽회전」의 이 일화에서 곽회는 선견지명이 있는 장수로 그려지는데, 두 차례의 전투에서 누가 이겼는지는 알 도리가 없다. 너무 모호하게 쓰여 있기 때문이다. 일단 2번 비겼다고 하자. 그럼에도 이를 제외하면 『삼국지』에 전투다운 전투는 기록되지 않았다.

그에 반해 소설 삼국지 작가들은 전투 장면을 원하는 독자들을 위해 제갈량을 그냥 보내지 않았다. 그들은 차마 제갈량이 오장원에서 죽은 후 전쟁이 끝났다는 식으로 끝낼 수 없어 촉군이 여러 차례 위군을 격파하는 허구의 전투 신을 집어넣었다(102~105회). 특히 목우와 유마를 이용해 군량과 마초를 운반하던 위군을 공격하여 적의 식량을 빼앗은 장면은 인상적이었다. 위군은 촉군의 목우와 유마를 가져다 베꼈으나 촉군들만 제대로 작동법을 알았다고 설정했다(103회).

사마의가 싸울 생각이 없자 제갈량은 마음이 급해졌다. 배송지주에 인용된 『위씨춘추魏氏春秋』에 따르면 제갈량은 사자를 보내 싸우자는 편지를 사마의에게 전달했고, 부녀자들이 입는 두건과 옷을 함께 보내 사마의의 비겁한 태도를 넌지시 빗대었다. 그러고는 사마의가 화를 내고 싸우러 나오기를 기다렸다. 그러나 이미 제갈량과 싸워 3패를 기록한 사마는 제갈량의 실력을 실감한지라 쉽게 싸움에 응하지 않았다. 오히려 사마의는 제갈량의 사자에게 그의 수면 시간과 음식량, 근무량을 물어 필요한 정보를 얻어냈다.

사자는 "제갈공께서는 아침 일찍 일어나 밤늦게 주무십니다. 매를 20대 이상 때리는 재판은 모두 친히 주관하십니다. 하루에 드시는 밥은 몇 승升을 넘지 못합니다"라고 말했다. 이 말을 들은 사마의는 밥을 적게 먹고 잠도 적게 자며 일에 열중하는 제갈량이 과로사로 죽을 것이라고 예측했다.

결국 제갈량은 234년 8월에 위수가에서 죽었다(『삼국지/촉서/후주

전後主傳』의 기록). 총사령관이 죽자 촉군은 회군했다. 소설 삼국지에서는 제갈량이 자기 수명이 얼마 남지 않았음을 알고 제단을 만들어 하늘에 빌어 수명을 늘리려고 하다가 위연이 촛불을 쓰러뜨리는 바람에 실패했다고 묘사한다(103~104회). 그러나 『삼국지』에는 제갈량이 자기 수명을 늘리기 위해 하늘에 빌었다는 기록이 없다. 또 소설 삼국지에서는 촉군이 제갈량의 유언대로 제갈량의 인형을 만들어 옷을 입힌 후에 수레에 태워 제갈량이 살아 있는 것처럼 위장했다고 했다(104회). 제갈량이 죽었다고 믿는 사마의와 위군을 속이기 위한 속임수였다. 역시 『삼국지』에는 이러한 기록이 없다. 소설 삼국지의 작가 중 한 사람이 역사에 밝았다고 하면 십육국시대 전진前秦의 5대 군주 부등苻登의 예를 차용했을지도 모른다. 부등은 화북 통일의 과업을 달성했다가 죽은 부견苻堅*의 신상을 마차에 두고 군사들에게 지키게 하며, 전쟁 때는 중요한 사실을 부견의 신상에 아뢰고 허락을 받는 형식을 취했다.

소위 '죽은 제갈량이 산 사마의를 달아나게 했다(死諸葛走生仲達)'는 이야기는 『삼국지』 원문에는 없지만 배송지주에 인용된 『한진춘추』에 기록되었다. 제갈량이 죽고 양의 등이 군대를 정돈하여 후퇴하자 위나라의 백성들이 사마의에게 이 사실을 알렸다. 이에 사마의는 촉군을 추격했다. 강유는 양의에게 북을 울리게 해 사마의의 군대를 향해 진격하는 모습을 취했다. 사마의는 후퇴하는 촉군 가까이 가지도 못했다. 앞에서도 나왔지만 제갈량은 2차와 4차 북벌에서 후퇴하면서도 추격하는 위군을 2번이나 격파했다. 이 사실을 잘 아는 사마

---

* 부견은 전진의 3대 군주로 동진東晉과 싸운 비수의 전투에서 패한 후 전진이 붕괴되는 과정에서 강인羌人 요장姚萇에게 살해되었다. .

의는 위장 후퇴로 인식하고 신중하게 행동했을 것이다. 백성들은 "죽은 제갈량이 산 사마의를 달아나게 했다"고 떠들고 다녔다. 부하들로부터 이런 소문을 들은 사마의는 "나는 살아 있는 사람의 생각은 읽을 수 있지만 죽은 사람의 생각은 파악할 수 없다"고 말했다.

이때 정서대장군征西大將軍 위연과 승상장사丞相長史 양의가 권력을 다투어 반목했고 서로 공격했다. 결국 위연이 패해 도주하자 양의는 그를 추격하여 참한 후 성도로 돌아왔다. 소설 삼국지에서는 위연을 나쁜 놈으로 묘사했지만 양의라고 해서 착한 사람은 아니었다. 제갈량의 자리를 이어받을 것이라고 생각했던 양의는 승상유부장사丞相留府長史 장완이 상서령에 임명되어 국정을 총괄하고 자신은 중군사中軍師라는 허울 좋은 명예직에 임명되자 실망했다. 그는 비위에게 "차라리 승상이 죽었을 때 위나라에 항복했으면 이렇게 푸대접을 받지 않았을 것이오"라고 불평을 털어놓았다. 비위는 양의의 말을 후주와 장완에게 보고했다. 결국 양의는 파면되고 귀양 갔다가 자살했다.

### 제갈량, 전투에서 이기고 전쟁에서 진 실패한 명장

제갈량은 181년에 태어났다. 『삼국지/제갈량전』에 따르면 그의 본적은 낭야국 양도현陽都縣이다. 황제가 아닌 이상 출생지를 잘 기록하지 않기 때문에 일반적으로 본적을 출생지로 간주한다. '제갈'이란 2자 성은 중국에서도 드물다. 배송지주에 인용된 『오서』와 『풍속통』에 성의 유래에 대한 이야기가 나오는데, 그 내용이 조금 다르다. 전자에서는 제현諸縣에 살던 갈葛씨가 양도현으로 이주하며 양도현에서 살던 갈씨와 구별하기 위해 고향의 '제' 자를 붙여 제갈씨라 칭했다고 했다. 후자에서는 중국 최초의 대규모 농민반란인 진승의 난에 참여한 갈영葛嬰의 손자가 제현후諸縣侯에 봉해지며 제갈씨라고 불렸다고 한다. 내용은 다르지만 제현에 살았던 갈씨였기 때문에 '제갈'이란 성씨를 취했다는 기록은 같다.

제갈량은 전한시대에 사예교위를 지낸 제갈풍諸葛豊의 후예라고 하며, 아버지 제갈규諸葛珪는 후한 말에 태산군승泰山郡丞을 지냈다. 군승은 군의 차관에 해당하는 벼슬이다. 제갈량은 아버지가 일찍 죽어 어려서부터 고아가 되었다.

제갈량은 원술에 의해(일설에 의하면 유표에 의해) 예장태수에 임명된 숙부 제갈현諸葛玄의 부임지인 예장군으로 갔다가 제갈현이 벼슬을 버리고 형주의 유표에게 의탁한 후 형주의 치소인 양양현으로 옮겼다. 그러나 제갈현이 197년에 죽자 남양군의 등현鄧縣으로 다시 이주했다. 흔히 융중이라고 불리는 곳이다. 이곳은 양양 서북쪽에 있었다. 현재 중국에서는 제갈량의 거주지인 융중이 어느 성省에 속하느냐를 두고 허난성과 후베이성이 다투고 있다. 관광산업의 입지를 선점하기 위해서다(유비가 기거하던 신야현도 융중과 마찬가지로 남양군에 속했고, 신야현 서쪽에 융중이 있었다). 융중은 분명 지금의 허난성에 있는 곳이지만 현재 허난성과 후베이성 모두에 제갈량이 살았다는 '고융중' 테마파크가 있다. 중요한 것은 진실이 아니라 돈이다!

제갈량은 박릉군 사람 최주평崔州平과 영천군 사람 서서와 친하게 지냈다. 그는 자신을 춘추시대에 제나라 환공(齊桓公)을 춘추 5패의 첫 번째 패자霸者로 만든 재상 관중管仲과 전국시대에 연나라가 제나라를 제압하는 데 공을 세운 장군 악의樂毅에 비유했다. 한마디로 자신이 큰 인물이라는 것이다. 그러나 세상 사람들은 이를 인정하지 않았다. 후에 유비의 참모가 된 서서가 유비에게 제갈량을 추천했고, 유비가 제갈량을 찾아가 초빙해왔다. 유명한 삼고초려의 고사다. 유비가 3번이나 제갈량이 사는 초가집을 방문했다는 뜻이다. 이때 제갈량은 유비가 취할 전략을 제시했다. 제갈량이 살던 지역 이름을 따서 '융중대'라고 부른다. 유비가 제갈량을 신임하자 관우와 장비 등은 기뻐하지 않았다. 그러자 유비는 "내가 공명(제갈량의 자)을 만난 것은 물고기가 물을 만난 것과 같다"고 하며 제갈량을 두둔했다. 유명한 수어지교水魚之交의 고사다.

제갈량은 조조가 형주를 공격하자 손권이 있는 시상柴桑을 찾아가 유비와 손권의 군사동맹 그리고 연합군 편성이라는 외교 성과를 이끌어냈다. 유비와 손권의 연합군은 208년 적벽에서 조조의 군대를 대파하는 기적을 연출했다.

17-10 쓰촨성 청두시 무후사의 제갈량 조상. 소설 삼국지
의 묘사처럼 부채를 들고 있다.

제갈량은 적벽대전 승리 이후 유비를 도와 형주와 익주를 점령해 유비가 지
역 기반을 가지는 데 큰 공을 세웠다. 이때까지 제갈량이 보여준 전략과 신공
은 아주 뛰어났다. 제갈량은 유표의 용병대장으로 전략한 유비를 2주를 지배
하는 군벌로 바꿔놓았다.

　　그러나 양양을 정벌하러 간 관우가 219년에 형주를 빼앗기고 손권의 군사
들에게 잡혀 죽자 유비의 상승 기세는 꺾였다. 한중왕에 이어 221년 제위에
오른 유비는 곧바로 관우와 장비의 원수를 갚기 위해 손권과 싸웠으나 이릉
(효정)에서 대패하고 다음 해인 223년 백제성에서 사망했다. 이때 유비는 승
상 제갈량에게 어린 아들 유선(즉위 당시 17세)을 잘 보필해줄 것을 당부하고
죽었다.

　　221년 승상이 된 제갈량은 후주 유선이 즉위한 223년부터 5차 북벌 도중

병으로 죽는 234년까지 11년 동안 촉나라를 사실상 통치했다. 그는 법가적인 정치를 실시해 신상필벌信賞必罰의 원칙을 잘 지켰다. 자기가 총애해 중용했던 마속이 가정 전투에서 패하자 울면서 마속을 죽였다는 '읍참마속泣斬馬謖'의 고사는 제갈량의 공평한 인사와 법치를 보여주는 대표적인 예다. 그래서인지 제갈량에게 벌을 받아 관직에서 쫓겨나 변방에 유배되었던 요립廖立과 이엄도 제갈량이 죽자 슬퍼했다. 특히 군량 수송의 책임을 제갈량에게 돌리려다 책임 회피가 발각되어 쫓겨난 이엄은 제갈량의 공평무사함을 신뢰했기에 그가 다시 자신을 기용해줄 것이라고 기대했다. 하지만 제갈량이 죽어 정계 복귀의 희망이 물거품이 되자 낙심하여 곧 죽고 말았다. 정적과 처벌을 받은 사람들도 존경할 정도로 제갈량은 공평무사한 선정을 폈다.

그러나 제갈량의 군사적 재능과 업적에 대해서는 평가가 엇갈린다. 진수는 두 차례나 제갈량을 평가했다. 제갈량의 글을 모은 『제갈씨집諸葛氏集』의 평가를 보자.

제갈량의 재능은 무기를 만들고 관리하는 데 능하지만 기묘한 모략을 짜내는 것은 부족하고 백성을 다스리는 재주는 장수로서의 지략과 능력보다 뛰어났다. (…) 옛날에 소하는 한신을 천거했고, 관중은 왕자 성보城父를 추천했으니, 모두 자기의 장점이 능히 무장의 능력을 겸할 수 없음을 헤아렸기 때문이다. 제갈량의 능력과 정무 처리는 관중이나 소하에 필적하지만 성보나 한신 같은 명장이 없었다. 따라서 제갈량이 시도한 북벌의 성과는 처음에는 성했으나 나중에는 쇠했고, 대의가 미치지 못한 것이 아닌가? 무릇 천명이 돌아갈 곳은 지력으로써 다툴 수 없다.

관중은 앞서도 이야기했듯 제나라 환공을 도와 환공이 제후들의 우두머리, 즉 패자로 군림하는 데 결정적인 공을 세운 명재상이다. 소하 역시 후방에서 조정의 일을 도맡아 처리하며 전방의 한군에게 군량과 무기, 군사들을 보내는 보급의 총책임자로, 한고조 유방이 항우를 꺾고 천하를 통일하는 데기여한 명재상이었다. 한마디로 진수는 명재상 관중과 소하는 스스로 재상의 자질이지만 장수의 자질이 없음을 알고 장수를 천거해 제나라 환공과 한고조 유방의 성공을 도운 데 반해 제갈량은 장수의 자질이 부족함에도 명장을

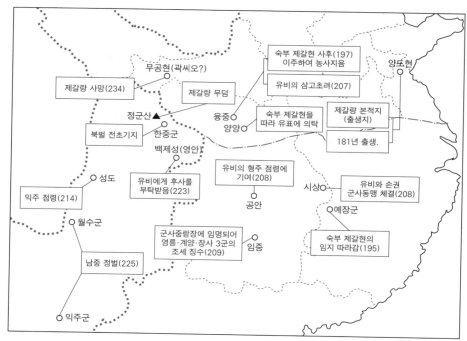

무공현(곽씨오?)

제갈량 사망(234)

숙부 제갈현 사후(197)
이주하여 농사지음

유비의 삼고초려(207)

양도현

제갈량 무덤

정군산▲

북벌 전초기지

융중

양양

숙부 제갈현을
따라 유표에 의탁

제갈량 본적지
(출생지)

한중군

181년 출생.

백제성(영안)

성도

익주 점령(214)

월수군

남중 정벌(225)

익주군

유비에게 후사를
부탁받음(223)

유비의 형주 점령에
기여(208)

공안

군사중랑장에 임명되어
영릉·계양·장사 3군의
조세 징수(209)

임증

시상

예장군

유비와 손권
군사동맹 체결(208)

숙부 제갈현의
임지 따라감(195)

17-11 제갈량의 활동.

발굴해내지 못했다고 지적한 것이다. 진수는 『삼국지/제갈량전』 마지막의 평
활評曰에서 명재상 제갈량을 칭송한 후 다음과 같이 매듭지었다.

가히 다스릴 줄 아는 좋은 재목이고 관중과 소하에 필적한다. 그러나 해마
다 군사들을 동원했지만 전공을 세우지 못했으니, 아마 그때그때 사정이
나 형편에 따라 명령을 내리는 능력과 장수의 지략은 그가 가진 장점이 아
니었지 않겠는가?

앞의 평가와 다르지 않다. 제갈량은 명재상이지만 명장은 아니라는 평가
다. 굳이 제갈량을 위해 변명하자면, 제갈량 생전에 제나라의 왕자 성보나 한
나라의 대장군 한신 같은 명장이 주변에 없었다. 관우와 장비, 마초, 조운 모

두 맹장 혹은 용장이라고 할 수 있으나 북벌을 시도할 때 조운을 제외하고 모두 이 세상 사람이 아니었다. 조운도 1차 북벌에만 참전했다. 비록 위연이 분전했으나 성보나 한신만 못했다. 물론 조운이나 위연에게 군대를 맡겼으면 성과를 냈을 것이라는 반론도 가능하다. 인재의 능력을 제대로 판단하고 기용하는 제갈량의 성격을 보면 조운이나 위연, 기타 장수들에게 그런 능력을 발견하지 못했을 수도 있다. 결과론적으로 진수의 말이 옳다. 필자는 이 책의 초고를 썼을 때만 해도 진수의 판단을 믿었다. 그러나 『삼국지』가 역사적 사실을 "제대로" 기록한 역사책이라기보다는 당시 지배층에게 아부하기 위해 역사적 사실을 감추고 왜곡한 정치 평론집에 가깝다는 것을 확인하면서 생각이 바뀌었다. 제갈첨이 진수를 무시했기 때문에 제갈첨의 아버지 제갈량을 폄하한 것은 아니라는 사학사의 통설을 믿었다. 그러나 앞에서 살펴본 것처럼 제갈량의 숙부인 제갈현을 예장태수로 임명한 사람이 유표가 아닌 원술이라고 쓴 『삼국지/제갈량전』의 기록은 역적 원술에 줄을 대서 벼슬한 기회주의자 또는 역적이라는 이미지를 덧씌우기 위한 장치였다. 유표가 제갈현을 예장태수로 임명했다는 『헌제춘추』의 기록을 무시하면서까지 말이다. 이 점을 고려하면 진수의 평가를 액면 그대로 믿을 수는 없다.

또한 응변, 즉 순발력과 장수의 지략이 부족하다는 비판은 공교롭게 배송지주에서 인용한 『원자』에서도 확인할 수 있다. 동진 때 관리였던 원준袁準이 편찬한 책으로 추정하는 『원자』에 따르면, 제갈량은 1차 북벌 당시 위나라의 남안·천수·안정 3군이 촉군에 항복하려고 했으나 늦게 진격하는 바람에 점령하지 못했다. 또 유명한 가정 전투 당시 제갈량도 가정에 있었으며, 선봉군이 대패했을 때 가까운 거리에 있었는데도 구원하지 않았다고 했다. 즉 가정 전투 당시 마속만 보낸 것은 아니라는 것이다. 이 기록이 사실이라면, 제갈량은 실전에서의 상황 판단력이 부족하다고 볼 수 있을 것이다.

그러나 통계적으로 보면 제갈량은 무능한 장수가 아니었다. 그는 다섯 차례 북벌을 감행했고, 한 차례 위나라 군대의 침입을 막아내며 위나라와의 전투에서 9승 1무 3패를 기록했다. 싸우지 않았지만 적군이 물러나거나 적의 군현이 항복한 경우에는 승리한 것으로 보고, 반대로 후퇴하면 패배로 간주했으며, 군량이 떨어져 후퇴한 것은 무승부로 보았다. 여기에 부하들의 승패까지 포함했다. 69.2%의 승률을 기록했으니 승률이 높았다. 또 남중 원정, 속칭 남만 원정에서 10승을 거두었으니 이를 포함하면 19승 3무 1패가 되어 승률이 82.6%가 되니, 이는 조조보다도 높은 승률이었다. 약한 적들과 싸운 전적이라 승률이 과장되었다고 비판할 독자들도 있을 것이다. 하지만 이를 제외한 최솟값인 69%의 승률도 조조에 버금가는 것이었다.

230년부터 촉나라와의 전쟁에 투입된 사마의는 같은 기준으로 3패를 기록했다. 소설 삼국지에서는 사마의가 227년 제갈량의 1차 북벌부터 참전해 제갈량이 죽을 때까지 맞수로 활약한 것처럼 기록했으나(94~104회) 실제로는 그렇지 않았다. 제갈량도 실제 싸운 전투를 기준으로 4승 2패였으니 수치로 보면 제갈량이 사마의보다 뛰어난 군사령관이었다. 배송지주에서 인용한 오나라 대홍려(외교 담당 장관) 장엄張儼의 『묵기默記』도 사마의보다 제갈량이 낫다고 평가했다. 앞서 살펴본 제갈량의 북벌 이야기에서 확인할 수 있듯이, 사마의가 제갈량을 이긴 것은 위나라의 압도적인 경제력과 군량 수송, 제갈량의 과로사 때문이었지 그의 군사적 재능 때문은 아니었다. 소설 삼국지에서는 사마의를 제갈량에 필적하는 군사령관으로 묘사하지만 이는 소설 전개의 재미를 위해서 만들어낸 허구일 뿐 그는 제갈량보다 못했다. 그러나 결과적으로 승자는 제갈량이 아니라 사마의였다. 그럼에도 『묵기』의 지적처럼 위나라의 1/9에 불과한 땅과 5만 명도 안 되는 군대로 위나라와 싸워 국지전에서 이긴 것도 기적이었을 것이다.

소문은 요란했으나 결과적으로 보면 제갈량은 228년부터 234년까지 다섯 차례 북벌하는 동안 고작 2개 군을 점령하는 데 그쳤고, 위나라 정복과 천하통일이라는 숙원을 이루지 못하고 죽었다. 이 때문에 진수를 비롯한 역대 역사가들은 제갈량의 용병술에 의문을 제기했다. 당시 상황을 보면 1차 북벌의 실패로 이후 북벌은 실패가 예정되었다. 위나라는 촉나라가 공격하리라고 생각하지 않았고 방심했다. 그러나 1차 북벌에서 촉나라에 덴 뒤 촉나라의 공격을 대비해 지세가 험한 곳을 지키거나 요새를 만들어 대비하니 천하의 제갈량이라도 준비가 된 적들과 싸워 이길 확률은 줄어들었다.

『삼국지/제갈량전』에는 제갈량의 북벌 기사가 승패 정도만 간략하게 기록되었다. 이 기사만 보면, 제갈량이 유능하지 않다는 느낌마저 준다. 배송지주에 인용된 『원자』나 『묵기』에서도 제갈량이 명장의 자질은 없었다고 기록했지만, 구체적인 전투 장면을 보면 제갈량이 무능했다고 볼 수도 없다. 오히려

『묵기』에서 주장한 것처럼 1/9의 영토와 5만도 안 되는 군사가 실제 촉의 국력이었다면 위나라 군사들을 격파한 점은 제갈량의 유능함을 말해주는 것이 아닐까?

소설 삼국지에서 제갈량은 도술을 부리고 점을 치며 기계를 잘 만드는 인물로 묘사되었다. 도술과 점술은 모르겠으나 연노(쇠뇌)와 목우, 유마의 발명 혹은 개량은 제갈량이 불리한 환경을 딛고 일어서려고 한 몸부림이었다.

배송지주에 인용된 『위씨춘추』에 따르면, 제갈량이 개량한 연노는 원융元戎이라고 불렸으며, 화살대는 철로 만들고 화살의 길이는 8촌, 즉 18.88cm였다. 또 한 번에 10발의 화살을 쏠 수 있었다. 현재 남아 있는 쇠뇌의 유물을 보면, 한 번에 한 발을 쏠 수 있는 것과 비교하여 대단한 화력이었다. 화살대를 철로 만들었다고 특별히 기록한 것을 보면, 쇠뇌의 화살은 일반 화살처럼 철이 아닌 나무나 다른 소재를 썼음을 알 수 있다. 또 길이가 약 19cm라고 기록한 것을 보면 이전의 쇠뇌는 길이가 짧았음을 추측할 수 있다. 아마도 제갈량이 개량한 쇠뇌는 한 번에 10발을 쏘고, 기존의 쇠뇌보다 멀리 날라갔을 것이다. 이 개량된 쇠뇌와 『화양국지』의 기록을 결합하면 제갈량의 전략을 알 수 있다. 제갈량은 부릉군 병졸 3,000명을 연노사로 편제했다. 쇠뇌를 쏘는 군사가 3,000명이니 이들이 개량된 쇠뇌를 쏜다면 한 번에 3만 발의 쇠뇌를 날릴 수 있었다. 현재로 비유하면 3,000명의 기관총 사수가 전쟁에 참여한 것이다. 군대는 궁수병, 즉 화살과 쇠뇌를 쏘는 군인, 보병, 기병, 전차병 등 다양한 역할을 맡은 군인으로 구성되었다. 촉나라뿐만 아니라 위나라도 마찬가지였다. 최소 3,000명으로 구성된 쇠뇌부대가 기존의 쇠뇌보다 멀리 나가고 많이 쏠 수 있는 쇠뇌를 발사한다면, 전투에서 매우 중요한 초반의 기싸움에서 유리할 수밖에 없다.

제갈량은 북벌 내내 자신을 괴롭힌 군량 수송 문제를 해결하기 위해 목우와 유마도 개발했다. 배송지주에 인용된 『제갈량집』의 기록에 따르면 목우는 나무로 만든 소 형태의 운송 장치였다. 사람이 6척, 약 1.42m를 가는 동안 목우는 약 5.64m를 움직인다고 했다. 사람보다 약 4배 빨랐고, 1년 치 식량을 싣고 하루에 20리, 약 8.28km 이동할 수 있었다.* 소가 끄는 수레는 1대에 25석을 싣고 하루에 50리, 약 20.7km를 이동했다. 한 사람이 1년 동안 소비하는 식량이 30석**이니 목우는 소가 끄는 수레보다 2.5배 느리지만 5석 더 싣고 갈 수 있었다. 어차피 절벽에 나무를 박아 만든 잔도에서 소가 끄는 수레로 식량을 운반할 수는 없었으니, 목우는 속도를 고려하지 않으면(하루 이동 거리 8.28km를 빠르다고 볼 수는 없다) 더 많은 양의 식량을 운송할 수 있다는 특장점이 있었다.

코끼리처럼 생겼다는 유마는 두 자루의 주머니를 휴대하고 갈 수 있었다. 한 자루에 쌀 2석 3말, 모두 4석 6말의 식량을 운반할 수 있었다. 유마는 목우가 싣는 짐의 15%를 운반했다. 운반 효율을 생각하면 유마보다 목우가 나았다. 이처럼 제갈량은 무기와 운송 수단을 개량해 군대의 전투력과 보급을 보강하려고 노력했다. 그러나 험준한 검각과 진령(산맥)은 제갈량의 노력을 물거품으로 만들었다. 허무하게도 자연 앞에서는 천재도 무릎을 꿇을 수밖에 없었다.

제갈량의 실패는 융중대에서 밝힌 전략의 전제인 형주를 잃어버림으로써 이미 예견되어 있었다. 형주와 익주에서 각각 낙양과 장안으로 진격하는 전략 자체가 불가능했다. 물론 한고조 유방처럼 익주에서 관중으로 진격하는 방법도 있었다. '한왕' 유방이 관중으로 진격할 때 관중은 진나라의 항장 세 사람이 왕이 되어 나눠 가졌다. 서로 힘을 합칠 수 없는 구도였고, 항우는 제나라 등 자신에게 반기를 든 동쪽의 제후들과 싸우느라 서쪽의 유방에게 신경 쓸 겨를이 없었다. 반면 위나라의 관중 지역은 1차 북벌을 제외하면 똘똘 뭉쳐 촉나라에 저항했다. 또 가끔 오나라가 공격했지만 회수도 넘지 못하는 상황인지라 위나라는 제갈량의 북벌에 대비할 여유가 있었다. 1차 북벌을 제외한다면, 준비된 적과 싸워 완승을 거두기에는 여러모로 역부족이었다. 제갈량의 실패는 누구나 예측할 수 있었다.

제갈량은 이 사실을 몰랐을까? 그럴 리가 없다. 지키기 쉽다고 방어에만 치우치다보면 적의 공격 한 번에도 쉽게 무너진다. 촉나라를 제외한 파촉(익주) 지역의 군벌이나 나라는 그렇게 쉽게 무너졌다. 제갈량은 '공격이 최선의 방어'라는 격언을 충실히 지켰다. 덕분에 제갈량이 죽은 후 촉나라는 20여

---

* 한대의 1리는 약 414m였다.
** 북조시대 수학서 『손자산경』에서는 하루 사람의 소비 곡물량을 9승升, 7승, 5승으로 계산했는데, 최고치인 9승을 기준으로 하면 1달에 약 2.5석이며 1년에 30석이다.

년을 더 존속할 수 있었다. 촉군의 용맹에 놀란 위나라가 감히 공격할 생각을 못했기 때문이다. 또 다른 이유는 한 황실의 부흥이다. 그는 후한의 황제를 내쫓은 조비의 후손들을 내쫓고 다시 '한'나라를 복원해야 하는 사명을 짊어졌다. 그러나 그 짐을 혼자 지기에는 너무 버거웠다. 유비와 비슷한 상황, 즉 파촉(익주) 지역을 기반으로 천하를 통일한 한고조 유방에게는 세 사람의 공신이 있었다. 전쟁터에 나가 싸워 이기는 명장 한신, 유방을 따라 다니며 계책을 내놓은 장량, 후방에서 식량과 군인 보급을 완벽하게 수행한 소하. 한신 말고도 영포, 팽월, 번쾌, 조참, 관영, 주발 등 대단한 장수가 있었다. 장량 이외에도 진평이란 모사가 있었다. 다재다능하여 만기친람한 제갈량은 소하와 한신, 장량 세 사람의 몫을 하려고 했다. 소하와 장량의 몫은 충분히 했지만, 진수와 원준, 장엄의 비판처럼 제갈량은 한신의 역할을 감당할 정도로 '전능'하지는 않았다. 제갈량의 짐을 나눠 질 수 있는 장수가 있었다면 어땠을까? 물론 소설 삼국지에서 제갈량의 제자로 묘사된 강유는 제외해야 한다.

### 제사를 잇기 위한 가문의 분산투자

위진남북조는 중간의 서진시대 30여 년을 제외하면 기나긴 분열의 시기였다. 그 이전에도 왕조 말기 군웅할거의 시대가 도래하면 전란을 피해 사방으로 피란 갔다. 그 가운데 투자의 기본 개념인 '분산투자'를 실천한 가문들도 있다.

가장 먼저 떠오르는 가문은 제갈씨諸葛氏이다. 제갈씨는 사마司馬, 호모胡母, 구양歐陽, 황보皇甫, 숙손叔孫 등과 더불어 중국에서 보기 드문 2자 성씨이다. 17-12의 가계도에서 언급된 제갈씨 사람들은 모두 위, 촉, 오와 서진에서 한자리 차지했다.

후한 말 제갈량의 숙부 제갈현이 예장태수에 임명되자 제갈량과 제갈균諸葛均 형제는 제갈현을 따라갔고, 장남 제갈근은 강동으로 피란 갔다가 손권을 섬겼다. 그와 달리 제갈량과 제갈균은 유비를 섬기며 파촉으로 들어갔다. 제갈량의 먼 친척들은 고향에 남았다.

손권 정권에서 벼슬했던 제갈근은 대장군 좌도호左都護 예주목豫州牧이라는 고위직에 올랐다. 제갈근의 아들 제갈각도 어려서부터 능력을 인정받아 손권의 신임을 얻었다. 한번은 손권이 제갈근의 긴 얼굴을 풍자하려고 당나

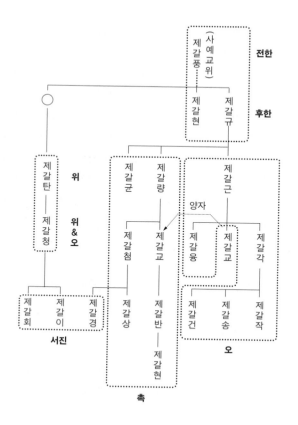

전한

후한

위

위 & 오

서진

촉

오

17-12 제갈씨 가계도.

귀를 끌고 와서 당나귀 얼굴에 '제갈자유諸葛子瑜'라고 써놓았다. 자유子瑜는 제갈근의 자字였으므로 당나귀가 제갈근이라는 뜻이었다. 그러자 제갈각은 붓을 빌려 글자 밑에 '지려之驢'라고 써넣었다. '제갈자유지려諸葛子瑜之驢', 즉 '제갈자유(제갈근)의 당나귀'라는 뜻이었다. 똑똑하고 순발력 있는 아들 덕분에 제갈근은 당나귀 한 마리를 얻을 수 있었다.

252년 손권이 죽은 후 위군이 침입하자 제갈각은 총사령관이 되어 같은 해 12월 위군을 격파했다. 이 공으로 제갈각은 대장군에 형주목과 양주목을 겸하게 되었다. 그러나 다음 해 위나라를 공격했다가 실패한 후 손준孫峻에게 제거되었다. 이때 제갈근의 자손들이 모두 멸족되었다. 그나마 제갈근의 셋째아들이었던 제갈교諸葛喬가 제갈량의 양자로 입적되어 있던 것이 다행이라면 다행이었다. 본래 제갈량은 융중에서 머물 때 양양 일대의 명사인 황승언黃承彦의 딸과 결혼했다. 그러나 아들을 낳지 못하자 형 제갈근에게 셋째아들인 제갈교를 양자로 달라고 하여 제갈량의 양자가 되었던 것이다. 오나라에서 제갈근의 자손이 모두 죽었지만 다행히 촉에 머물렀던 제갈교 후손들은 살아남아 제갈근의 후사를 이어 제사를 지낼 수 있게 되었다.

위나라 말 사마씨를 제거하기 위해 군사를 일으켰던 제갈탄은 오나라에 구원을 요청하며 아들 제갈청諸葛靚을 인질로 보냈다. 제갈탄은 사마소의 공격을 받고 피살되었지만 오나라에 머물렀던 제갈청은 살아남아 오나라 장군으로 활약했다. 후에 오나라가 망하자 제갈청은 낭야왕 사마주司馬伷의 아내였던 누이의 집으로 도망갔다. 제갈청과 친분이 있던 사마염은 제갈청을 불러 시중侍中의 벼슬을 주었지만, 제갈청은 고향으로 돌아가 조정을 향해 앉지 않았다고 한다. 망국의 유민을 자처한 것이다.

제갈량 일족의 활동을 보면 가족들을 분산시켜 멸족을 면했고 제사를 이어갈 수 있었다. 이러한 예는 동진·남조의 최고 문벌이었던 낭야琅邪 왕씨王氏에게서도 발견된다. 서진시대 하남윤, 상서, 중서령, 상서복야, 상서령, 사공, 사도 등의 요직과 고관을 거쳐 태위가 된 왕연王衍은 아우 왕징王澄을 형주자사, 친척 동생 왕돈王敦을 청주자사로 임명했다. 그러고는 두 사람에게 "너희 두 사람이 밖에 있고 내가 낙양에 머물렀으니 족히 세 개의 굴이 될 것이다"라고 말했다. 왕연은 당시 어지러운 정국을 보고 일족을 셋으로 나누어 한쪽이라도 살아남기를 바랐던 것이다.

후에 왕연이 석륵石勒의 공격을 받아 피살되었을 때 왕연을 따라갔던 서진의 지배층 다수가 피살되었다. 그러나 형주에 있던 왕징과 청주에 있다가 사촌동생 왕도王導 등과 건업으로 피란 갔던 왕돈은 살아남았을 뿐만 아니라 동진의 권력을 장악했다. 동진 초 정치는 '왕여마공천하王與馬共天下'라는 말이 나돌 정도로 낭야 왕씨와 사마씨가 공동으로 지배하는 상황이었다. 재상이 되어 별다른 업적을 남기지 못하고, 석륵과 싸우지 않고 동해왕 사마월의 제사를 지낸다며 피해 다니다가 석륵의 공격을 받고 서진군을 전면에 몰아넣어 오히려 서진이 망하는 데 기여한 왕연은 자기 가문만은 살리는 데 성공했다.

중국인들은 제사가 끊기는 것을 가장 두려워했다. 남성들의 육체노동이 필요한 농경사회 특성에다 제사 문제가 중요했기 때문에 그들은 아들을 원했다. 아들이 없거나 환관처럼 아들을 낳을 수 없는 처지의 사람들은 양자라도 들였다.

본래 분산투자 기법은 중세 말 이탈리아의 베네치아와 제노바 등과 '대항해시대' 네덜란드에서 비롯되었다고 한다. 당시 선주들은 배를 구입해 아시아에 보냈는데, 자신의 배가 후추나 도자기 등 동방의 특산품을 싣고 돌아오면 일확천금을 벌 수 있었다. 그러나 항해 도중 해적에게 나포되거나 배가 난파되면 투자금을 잃을 수 있었다. 위험이 컸다. 특히 네덜란드 사람들은 이러한 위험을 피하기 위해 여러 배에 분산해 투자했다. 동방으로 향하는 배의 '1/2, 1/4, 1/8 (…) 1/256, 1/512, 1/1024' 식으로 지분의 일부에 투자했다. 그러면 배 한 척에 투자할 돈으로 여러 척에 투자하니 위험은 줄어들고 수익은 늘어났다.

주식 투자의 기본은 달걀을 한 바구니에 담지 않는 것이라고 한다. 한 회사 주식에 몰빵하지 말라는 뜻이다. 중국인들이 이러한 분산투자 기법을 알아서 행했는지는 알 수 없지만 제사를 받들 후손을 남기기 위해 그들은 여러 갈래로 나누어 피란 가거나 여러 나라에서 벼슬하는 지혜를 발휘했다. 모든 사람이 그런 것은 아니지만 제갈량과 왕연의 가문은 이를 실천하여 대를 잇고 당시에 정치적으로 두각을 나타냈던 가문으로 역사에 이름을 남겼다.

## 강유의 북벌 _____

강유는 천수군 기현冀縣 사람이다. 아버지 강경姜冏은 강과 융의 반란 진압 때 전사했다. 위나라는 강경의 충성을 참작해 강유에게 중랑中郞의 관직을 제수하고 천수군 참군參軍에 임명했다. 강유는 228년 제갈량의 1차 북벌 당시 위나라의 천수태수를 따라 위군으로 종군했으나 천수태수는 그가 딴마음을 품고 있다고 의심하여 상규현으로 도

17-13 쓰촨성 청두시 무후사 한소열묘漢昭烈廟에 나열된 강유의 조상.

망갔다. 이에 강유도 천수태수를 따라 상규현으로 갔으나 위군은 그를 저지하며 성안으로 들이지 않았다. 갈 곳이 없어진 강유는 고향인 기현으로 갔으나 역시 입성을 거부당했다. 이에 그는 하는 수 없이 제갈량을 방문해 항복했다. 소설 삼국지에서는 강유가 제갈량의 계략을 미리 알아채고 역공하여 촉군을 물리쳤으며, 맹장 조자룡과도 일대일로 싸워 이길 정도의 무예를 지녔다고 묘사했다. 이에 제갈량은 위나라에 강유가 항복했다는 거짓말을 퍼뜨려 그를 고립시켰다. 결국 강유는 촉나라에 항복했다(93회). 소설 삼국지에서는 제갈량이 강유가 뛰어난 인재임을 간파하고 자기편으로 만들었다고 둘러댔지만 결과만 놓고 보면 강유는 장군의 재목이 아니었다. 강유는 촉나라에서 벼슬살이를 하며 중감군中監軍 정서장군征西將軍을 거쳐 247년 위장군衛將軍에 임명되어 당시 권력자인 비위와 함께 상서대의 업무를 관장했다.

강유는 240년 처음으로 군대를 이끌고 위나라 장군 곽회와 맞붙어 전투를 치른 이후 262년까지 모두 11차례 위나라 정벌에 나섰다. 강유의 북벌 횟수는 너무 많아 이를 일일이 지도에 표시하기가 어렵다. 17-14 지도에는 강유의 북벌 과정에 등장하는 지명들을 표시했다.

강유가 공략한 지역은 위나라 옹주 서쪽의 농서, 남안, 천수 3군에 집중되었다. 량주의 서평군과 옹주 동쪽의 경조군도 공격 대상이었지만 주요 공격 지역은 옹주 서쪽의 3군이었다. 17-14 지도의 음영으로 표시한 지역은 강유가 적도현장狄道縣長 이간李簡의 항복을 계기로 위장 서질徐質과 싸워 이기고 하관河關, 적도, 임조臨洮 3현을 점령한 254년의 7차 북벌 당시의 상황을 반영한 것이다. 강유의 전성기라고 할 수 있다.

강유는 서쪽 변방의 풍속에 익숙하고 자신이 무장의 재능을 갖추고 있다고 자부하여 서쪽 변경의 강과 호 등 유목민들을 회유하면 농서 지역을 점령할 수 있다고 주장했다. 그러나 비위는 북벌을 주장하는 강유를 제지하려고 노력했고, 그에게 1만 명 이상의 병력은 내어주지 않았다. 비위가 촉나라에 거짓으로 항복한 위나라 자객 곽순郭循에게 피살된 253년 이후에야 강유는 비로소 군 지휘권을 장악해 본격적으로 대군을 이끌고 북벌에 나설 수 있었다. 강유는 총사령관이 되기 전인 253년 이전에는 위나라를 상대로 5차례 북벌에 나섰다가 3무 3패의 초라한 전적을 거두었다. 그나마 253년 이후 6차례의 원정에서는 5승 5무 4패(승률 35.7%)를 기록했다. 강유는 모두 11차례의 북벌 동안 5승 8무 7패를 기록했다. 승률 25%에 불과했다. 손권 수준이었다.

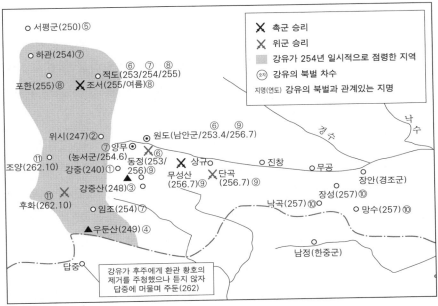

○ 서평군(250)⑤

○ 하관(254)⑦

⑥  ⑦  ⑧
○ 적도(253/254/255)

○               ✖ 촉군 승리
포한(255)⑧  조서(255/여름)⑧      ✖ 위군 승리

                    강유가 254년 일시적으로 점령한 지역
                  ㉝ 강유의 북벌 차수
                지명(연도) 강유의 북벌과 관계있는 지명

위시(247)②○        ◉ 원도(남안군/253.4/256.7)   ⑥  ⑨

        ⑦양무
        ✖⑥         낙
(농서군/254.6)○   ✖ 상규○      수
조양(262.10)  강중(240)①○동정(253/ ✖ 단곡      ○ 진창      ○ 무공
            256)  무성산  (256.7)⑨                장안(경조군)
        △         (256.7)⑨            ○
    ✖ 강중산(248)③                      낙곡(257)⑩  장성(257)⑩
후화(262.10)  ○ 임조(254)⑦                      ○ 망수(257)⑩
        △우둔산(249)④

    답중    강유가 후주에게 환관 황호의
            제거를 주청했으나 듣지 않자
            답중에 머물며 주둔(262)            ○
                                남정(한중군)

17-14 강유의 북벌.

　강유는 제갈량의 후계자인 장완과 비위처럼 수비에 치우치지 않고 적극적으로 위나라를 공격하려고 했다. 그러나 11회의 북벌에서 25%의 승률을 기록하고, 7차 북벌 때 잠깐 정복한 3현도 그나마 빼앗겼기 때문에, 잦은 북벌에도 불구하고 실제로는 아무런 성과도 얻지 못했다. 강유가 북벌에 실패한 이유는 곽회와 진태, 등애 등 위나라의 장군들을 이길 수 있는 실력이 없었기 때문이다. 또한 제갈량이 북벌에 실패했던 가장 큰 원인인 군량 수송에 신경 쓰지 않고 위나라 땅에서 식량을 조달하려고 했던 무모함도 한몫했다. 위나라 장군들은 강유의 속셈을 파악하고 촉군에 식량을 빼앗기지 않도록 신경 썼다. 그 때문에 강유는 위군과의 전투에서 이기지 못하거나 식량 부족으로 후퇴해야 했다. 제갈량이 군량 부족으로 고생했던 사실을 반면교사로 삼았다면

그 문제를 해결한 후 북벌에 나서야 했지만 강유는 보급 문제에 소홀했다. 이는 준비 부족과 강유 자신의 만용, 과신이 빚어낸 실패였다.

나아가 강유는 결과적으로 촉나라가 위나라에 망하는 원인을 제공했다. 259년 이후 강유는 유비가 위연을 시켜 만들어놓은 요새(원문에서는 '위圍'라고 쓰여 있다)의 주둔 병사들을 한성과 악성으로 후퇴시켰다. 적군이 침입하지도 않는데 요새에 병사를 두는 것은 병력과 군량의 낭비라는 게 그 이유였다. 대신 그는 한성과 악성, 한수漢壽에 주요 무장들을 주둔시켰고, 서안西安, 건위建威, 무위武衛, 석문石門, 무성武城, 건창建昌, 임원臨遠 등지에 요새를 세우게 했다. 이때는 강유의 대안이 당시 상황에 부합하는 것처럼 보였지만 263년 위나라의 종회鍾會가 한중군을 점령하는 과정을 보면 결과적으로 잘못된 선택이었다. 강유가 요새의 병력을 철수시키지 않았다면 촉나라는 위나라에게 한중군을 빼앗기지 않았을 것이기 때문이다.

종회가 한중군을 점령하자 강유는 위나라 군대가 검각을 거쳐 성도로 진격하는 것을 막기 위해 답중에서 검각으로 이동하여 종회군의 진격을 막았다. 그러나 강유가 총력을 기울여 종회군을 막는 데 신경을 쓰는 사이, 등애는 그 허점을 틈타 험한 산악지대로 우회하여 촉나라의 수도 성도로 진격했다. 그는 결국 후주 유선의 항복을 받아냈고, 촉나라를 정복하는 데 성공했다.

강유의 또 다른 실책은 북벌에 신경 쓰느라 내정을 소홀히 했다는 것이다. 그는 비위가 죽은 후 권력을 장악했고 256년 대장군에 임명되어 명실상부한 권력자로 인정받았다. 그러나 그가 위나라와의 전쟁에 신경을 집중하는 동안 후주 유선의 총애를 받은 간신 진지와 환관 황호가 정치를 어지럽혔다. 강유는 262년에야 성도로 돌아가 황호의 제거를 요구했으나 유선이 거부하자 도리어 신변에 위험을 느끼고 답중으로 돌아갔다. 간신을 제거하려고 마음먹었으면 끝까지 관철시켜야 했지만 강유는 도리어 꽁무니를 빼고 무책임하게 도망쳤다. 위나라는 강유가 황호의 참소를 피해 촉나라 서북쪽 구석인 답중에 칩거한 틈을 이용해 군대를 일으켜 촉나라를 멸망시킬 수 있었다. 답중은 구석에 있어서 위나라의 공격에 대처하기 불리한 지역이었다.

강유는 유선의 명령으로 종회에게 항복한 후 종회의 환심을 사서 재기를 노렸다. 종회가 익주를 기반으로 독립할 생각을 꿈꾸자 그에 동조해 종회의 부하들을 옛 촉나라 무장들로 바꾸도록 획책했다. 그런데 이는 위나라 무장들의 반발을 초래했고, 결국 그들의 반란으로 강유는 종회와 함께 전사했다. 강유의 계책대로 실행되었다면 촉나라의 부흥운동이 성공했을 수도 있겠지만, 결과적으로 강유의 도박은 11차례의 북벌처럼 성공하지 못했다.

## 제갈량의 북벌이 실패한 이유(1): 융중대의 잘못된 가정 ____

제갈량이 5차례, 강유가 11차례 북벌을 감행했지만 모두 실패했다. 실패한 이유는 무엇일까? 그 이유를 살펴보자.

제갈량은 207년 유비의 방문을 받고 천하삼분지계를 제시했다. 그 가운데 북벌에 관한 부분을 살펴보자.

①형주와 익주를 점령하고 험한 지세에 의존해 지킵니다. ②그리고 서쪽으로는 여러 융(諸戎)과 화친하고 남쪽으로 이夷, 월越을 어루만져야 합니다. ③바깥으로 손권(오나라)과 결탁하고 안으로 정치를 바로잡아야 합니다. ④그런 연후 천하의 상황이 바뀌면 ⑤상장上將을 보내 형주의 군대를 이끌고 완현(남양군의 치소)과 낙양으로 진격하고, 장군께서는 몸소 익주의 군대를 이끌고 진천秦川으로 나

아가면, 백성들이 어찌 광주리에 밥을 담고 병에 물을 담아 장군의 군대를 환영하지 않겠습니까? 이렇게 된다면 패업을 가히 이룰 수 있고 한나라 황실은 부흥할 수 있습니다.

결국 ①→②→③→④→⑤의 순서대로 단계를 밟으면 패업을 실현할 수 있다는 말이다. 이 가운데 북벌 전략은 결국 ⑤이다. 이를 지도로 구현하면 17-15와 같다.

제갈량이 애초에 생각한 북벌의 대전제는 형주와 익주에서 동시에 출격해 위나라를 압박하는 것이었다. 그러나 제갈량이 1차 북벌을 시도한 228년에 형주는 이미 촉나라의 땅이 아니라 오나라의 땅이었다. 제갈량의 북벌 전략의 가장 큰 전제가 무너진 것이다.

중국의 저명한 역사지리학자 사염해에 따르면, 제갈량의 전략이 실패한 것은 형주와 익주에서 동시에 공격할 수 있는 조건이 아님에도 불구하고 북벌을 시작한 데 있다. 그것도 형주에서의 공격은 관우 혼자 감당해야 했다. 그런데 관우는 손권과 사이가 틀어져 ③단계를 망쳐놨다. 게다가 ④단계, 즉 천하 정세에 큰 변화가 생긴 상황이 아닌데도 ⑤단계인 북벌을 시도하다가 실패했다. 필자는 12장에서 유비가 한중군을 공격한 217년에 한중군을 점령하기 위해 진격하면서 다음 해인 218년 ⑤단계를 추진했다고 주장했다. 유비는 한중군 점령만을 노린 것이 아니라 관중 지역으로 진격하기 위해 우회하지만 군대의 진격에 평탄한 교통로가 있는 무도군을 점령하려다가 실패했다. 그래서 한중군 점령에 만족했다. 관우도 형주에서 동시에 북벌했지만 조인에게 막혀 번성을 돌파하지 못하고 후방을 공격한 여몽에게 형주를 빼앗겼다.

관우의 북벌과 형주 상실, 그리고 그의 죽음은 제갈량의 북벌 전략

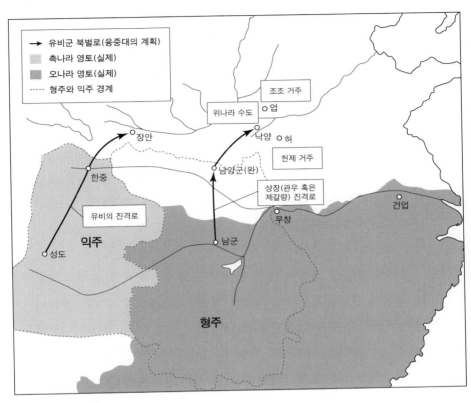

17-15 융중대의 북벌 전략.

을 완전히 엉클어놓았다. 한편 중국 학자들은 형주에서 진격하는 상
장을 관우라고 했는데 여기에도 다른 설이 있다. 사염해는 제갈량이
직접 형주에서 남양군과 낙양으로 진격하려 했다고 주장했다.

　제갈량의 북벌 과정을 살펴보면 엉클어진 전략을 다시 수습하고 일
부 수정했음을 알 수 있다. 우선 제갈량은 ③단계, 즉 오나라와 화친
해 위나라를 고립하는 외교 전술을 폈다. 이어서 ②단계, 즉 남중(남
만) 정복으로 남방의 이민족을 복속시켜 후방을 안정시켰다. 그리고
나서 1차 북벌에 나섰는데 이러한 상황을 보면, 제갈량은 ④단계의

도래를 기다렸다고 볼 수 있다. 2~3년의 시간 차가 있지만 제갈량은 조비의 죽음과 조예의 즉위라는 어수선한 상황을 이용해 북벌을 감행했기 때문이다.

문제는 ⑤단계, 즉 양쪽에서 협공하는 방법이었다. 17-15 지도에서도 확인할 수 있듯 양쪽에서 협공하는 것이 한쪽으로 공격하는 것보다 적의 주의를 흐트러뜨릴 수 있다는 점에서 당연히 상수였다. 그러나 형주를 오나라에게 빼앗김으로써 촉군이 형주에서 진격하는 그림은 불가능해졌다. 그렇다면 제갈량은 이를 어떻게 해결했을까? 제갈량이 손권의 오나라와 관계를 개선한 것은 결국 두 나라가 협공하는 것을 계산에 둔 것이었다.

'오나라가 장강 중류의 형주 혹은 하류의 양주에서 위나라의 영토로 진격해 위나라의 시선을 분산시키면, 촉나라는 관중으로 진격해 장안을 점령한 후 위나라 수도인 낙양으로 진격한다.' 제갈량은 이를 최상의 전략이라고 생각했을 것이다. 그러나 제갈량의 전략대로 되려면 두 나라가 동시에 협공해야 했다. 하지만 협공은 생각대로 되지 않았다. 229년 두 나라의 동맹을 협공 전략의 시작이라고 본다면 제갈량의 1~3차 북벌은 그 전의 일이므로 협공 전략의 준비 없이 일어난 일이다. 그렇다면 229년 동맹 이후만의 사정을 보면 두 나라의 위나라 협공은 제갈량의 5차 북벌 때에만 진행되었다.

제갈량은 234년 2월 사곡을 통해 관중으로 진격했다. 손권은 234년 5월 그 틈을 보아 육손과 제갈근 등을 보내 위나라 영역의 형주로, 손소와 장승張承 등을 서주로, 손권 자신은 합비신성으로 진격했다. 그러나 두 달 후인 7월 오나라 군대는 모두 패하고 후퇴했다. 그러자 제갈량의 촉군은 오나라의 도움 없이 단독으로 싸워야 하는 상황이 되었다. 오나라가 동쪽에서 위나라를 견제해줘야 하는데 그러지 못했

고, 제갈량과 맞선 사마의는 지구전을 폄으로써 북벌의 성공 가능성
은 더욱 낮아졌다.

강유의 북벌 당시 오나라와의 협공 상황도 살펴보자. 253년 4월 강
유가 6차 북벌을 감행했을 때 오나라의 제갈각은 253년 3월 위나라
공격을 추진하여 4월 합비신성을 포위했지만 8월 후퇴했다. 255년 여
름 강유의 8차 북벌은 255년 정월 관구검과 문흠文欽의 반란, 오나라
의 구원, 2월 위나라 제갈탄 군대의 오나라 유찬留贊 격파 등 위나라
의 내란과 위, 오 두 나라의 전쟁이 끝난 다음에 시도된 것이었다. 256
년 7월 강유의 9차 북벌은 오나라의 회남 공격(8월, 계획은 2월)과 거
의 동시에 진행되었다. 257년 강유의 10차 북벌은 5월 위나라 제갈탄
의 반란과 오나라의 구원 사실을 알고 진행했다. 그러나 강유는 등애
의 군대에 막혀 회군했다.

강유가 시도한 11차례 북벌 가운데 오나라와 협공한 것은 3차례에
불과했다. 두 나라가 협공해도 위나라를 당해내지 못하는 상황에서
강유는 대부분 혼자 진행하다 실패했다.

결과적으로 제갈량과 강유의 북벌은 16회나 실행되었지만 한 번도
성공하지 못했다. 익주를 지배하는 촉나라만의 힘으로 화북을 지배하
는 위나라를 공격해 이긴다는 것은 매우 어려웠음을 보여주었다. 제
갈량의 북벌 전략, 소위 융중대는 실패한 셈이다. 그렇다면 제갈량은
왜 실패할 가능성이 높은 전략을 유비에게 제시하고 유비는 그 전략
을 받아들였을까?

당시 유비가 선택할 수 있는 카드가 별로 없었다는 점이 어쩌면 가
장 중요한 이유일 것이다. 화북은 이미 조조가 지배하고 있고, 유비는
서주와 예주를 빼앗기고 형주로 도피한 상황이었다. 유표에게 의탁
한 일개 용병대장이 다시 조조를 상대로 화북을 뺏는다는 것은 거의

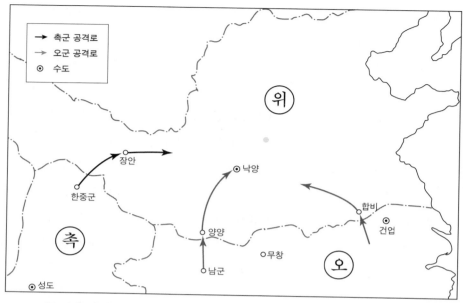

17-16 촉오동맹을 통한 위나라 협공 개념도.

불가능한 일이었다. 그런 가운데 강동, 즉 장강 하류는 손권이 장악했다. 그렇다면 남은 것은 형주와 익주이고, 두 곳의 유표와 유장은 확실히 조조나 손권보다 쉬운 상대였다. 따라서 형주와 익주를 차지해 지역 기반으로 삼는 것이 그나마 가장 성공 가능성이 높은 전략이었을 것이다.

그렇다면 제갈량의 융중대 가운데 ④단계는 위나라의 내분이나 오나라의 위나라 침공 등 내우외란이 발생한다는 것을 전제로 한 것이 된다. 그러나 위나라에 아무 일이 없다면 이 전략은 어긋날 수밖에 없다. 이를 보면 제갈량이 모델로 삼은 것은 한중으로 쫓겨났던 유방(한고조)의 북벌이었던 것 같다. 유방의 북벌 상황을 살펴보자.

## 융중대의 모델: 유방의 북벌 _____

진 시황제가 죽고 다음 해인 기원전 209년 7월 진승陳勝과 오광吳廣이 전국시대 초나라 땅인 사수군泗水郡 기현蘄縣 대택향大澤鄉에서 반란을 일으켰다. 이를 진승·오광의 난이라고 하며, 중국에서 발생한 최초의 대규모 농민반란(봉기)이었다. 이후 진나라에 정복된 구舊육국 지역에서 반란이 일어났다. 그 가운데 초나라 부흥운동 세력이 제일 강했다. 부흥운동을 이끈 항량項梁과 항우에 의해 옹립된 회왕懷王*은 관중으로 진격해 진나라를 멸망시킨 사람을 관중의 왕으로 봉하겠다고 공언했다. 이에 초나라의 여러 장수가 진나라를 향해 돌격했으나 최초로 진나라 수도 함양을 점령한 이는 유방이었다. 유방은 기원전 207년 삼세황제 자영子嬰의 항복을 받았다. 그러나 항우는 군사력의 우세를 내세워(당시 유방의 군대는 20만 명, 항우의 군대는 40만 명이었다) 회왕의 약속을 깨버리고 함양에 입성한 후 왕처럼 행동했다. 결국 항우는 기원전 206년 서초西楚의 패왕霸王이라고 자칭하며 회왕이 있던 팽성에 도읍을 정한 후 회왕을 명목상 황제로 승격해 의제라고 불렀다. 그러고는 의제(회왕)를 동정호 남쪽인 상수 유역으로 내쫓았다. 항우는 "파촉도 관중"이라고 변명하면서 사실상 유방에게 한중과 파, 촉 3군을 주어 한왕으로 삼은 뒤 파촉으로 내쫓았다. 그와 동시에 관중을 분할해 항복한 옛 진나라의 장군 장감章邯, 사마흔司馬欣, 동예董翳를 왕으로 삼아 유방을 견제하도록 했다.

유방은 기원전 206년 4월 한중으로 가면서 한중에서 관중으로 가는 유일한 길인 잔도를 불살랐다. 항우는 이 이야기를 듣고 유방이 관

---

* 원래는 전국시대 진나라에 끌려가 죽은 왕의 시호였으나 항량 등이 그의 후손을 찾아 즉위시킨 후 회왕이라고 불렀다. 후에 의제義帝로 높여졌다.

중을 공격할 의사가 없다고 생각하고 관중 지역과 유방에게 신경 쓰지 않았다. 한편 항우는 당시 반란을 일으킨 옛 육국 세력 등에게 공평하게 땅을 나눠주거나 왕으로 봉하지 않았기 때문에 불만 세력이 생겼다. 기원전 206년 5월 전영田榮이 반란을 일으켰다. 앞서 항우는 제齊나라 땅을 셋으로 나누어 전시田市를 교동왕膠東王, 전도田都를 제왕齊王, 전안田安을 제북왕濟北王으로 임명했는데, 전영은 자신도 왕이 될 자격이 있었으나 제외되었다고 생각해 반란을 일으킨 것이었다. 그는 세 사람을 내쫓고 제나라 땅 전체를 차지하여 항우가 진나라를 정복한 후 만든 분봉체제를 깨버렸다. 당연하게도 전영은 항우의 응징 대상이 되었다.

유방은 그 틈을 타 기원전 206년 8월 관중으로 진격했다.

17-17 지도에서도 볼 수 있듯이 유방은 한중군으로 갈 때 한중군에서 관중으로 가는 자오도子午道의 잔도를 불태웠기 때문에 서쪽의 진창으로 돌아가서 옹왕雍王 장감의 수도인 폐구廢丘와 새왕塞王 사마흔의 수도인 약양櫟陽을 점령했다. 그리고 적왕翟王 동예를 공격하여 삼진三秦을 평정하고 관중을 점령했다. 이어 다음 해인 기원전 205년에는 진여陳餘가 상산왕常山王 장이張耳를 내쫓고 조헐趙歇을 조왕으로 옹립했다. 항우의 적이 둘(제왕 전영과 조나라 진여)로 늘어났다. 유방은 항우가 제나라를 공격하는 틈을 타서 한때 항우의 본거지인 팽성을 점령했다. 하지만 팽성을 점령한 후 방심하다가 항우의 기습을 받고 패해 도망갔다. 그러나 본래의 영토인 파촉 3군 이외에도 관중과 하남 등지를 점령하여 항우와 싸울 지역 기반을 확대했다. 결국 유방은 명장 한신과 영포, 팽월 등의 활약과 모사 장량의 전략, 승상 소하의 군수품 조달에 힘입어 자신보다 강한 항우를 격파하고 천하를 차지했다.

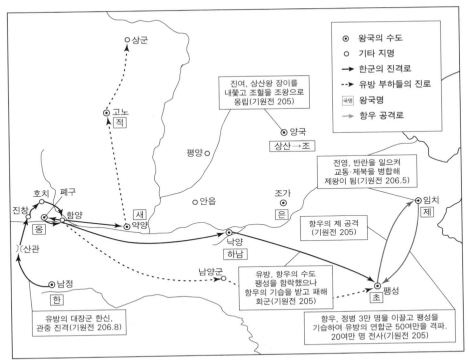

상군 ○

왕국의 수도 ◉
기타 지명 ○
한군의 진격로 →
유방 부하들의 진로 ┈▶
왕국명 [국명]
항우 공격로 ⇒

진여, 상산왕 장이를
내쫓고 조헐을 조왕으로
옹립(기원전 205)

고노 ◉
적

양국 ○
상산→조

전영, 반란을 일으켜
교동·제북을 병합해
제왕이 됨(기원전 206.5)

평양 ○

안읍 ○

조가 ○
은

임치 ◉
제

호치 폐구
진창 ○ 함양
옹 ◉
산관 )

새
약양 ◉

낙양 ◉
하남

항우의 제 공격
(기원전 205)

팽성 ◉
초

남정 ◉
한

남양군 ○

유방, 항우의 수도
팽성을 함락했으나
항우의 기습을 받고 패해
회군(기원전 205)

유방의 대장군 한신,
관중 진격(기원전 206.8)

항우, 정병 3만 명을 이끌고 팽성을
기습하여 유방의 연합군 50여만을 격파.
20여만 명 전사(기원전 205)

17-17 기원전 206~205년 유방의 진격로.

유방과 항우의 전쟁을 살펴보면, 유방은 항우가 동쪽에서 반란이 일어나 서쪽을 돌아볼 여유가 없는 점을 최대한 이용했다. 처음에는 관중을 점령했고, 다음으로 팽성을 기습했다. 제갈량의 ④단계, 즉 '그런 연후 천하의 상황이 바뀌면(天下有變)'이라는 단서는 항우가 동쪽의 반란을 진압하느라 자리를 비운 동안 기습하여 성공했던 유방의 전술을 참고한 전제일 것이다.

유방과 유비는 같은 상황이었다. 둘 다 파촉을 지역 기반으로 삼았고 항우와 조조는 대적하기 버거운 존재였다. 하지만 유방은 제후들이 항우에게 반기를 들어 항우가 반란을 진압하는 데 신경을 쏟는 사이 세 왕이 나눠서 통치하는 관중을 점령하고 하남으로 진출했고, 한 때나마 항우의 본거지인 팽성을 점령했다. 따라서 같은 처지인 유비도 위나라에 내우외란이 발생해야 관중과 낙양으로 진출할 수 있다는 희망을 가질 수 있었다. 논리적으로는 이상하지만, 유비와 제갈량에게는 실현 가능한 희망처럼 보였을 것이다.

그러나 제갈량의 모델이었던 초한전처럼 위나라에 대규모 반란이 발생하거나, 오나라의 침입 때문에 곤경에 처하거나, 선비 등 이민족이 위나라를 침입하는 등의 촉나라에 유리한 상황은 제갈량 생전에 일어나지 않았다. 또 촉나라가 오나라와 동시에 위나라를 협공하는 전략도 제대로 먹히지 않았다. 오나라의 군사력이 약했거나 회남에 주둔한 위나라의 군사력이 강했기 때문이다. 게다가 오나라의 공격은 위나라에 큰 타격이 되지 않았다. 즉 제갈량의 촉군은 홀로 전력을 다하는 위나라 군대와 싸워야 했다. 융중대의 전제부터 현실에서 어긋났으니 결론이 맞을 수가 없었다.

### 제갈량의 북벌이 실패한 이유(2): 지형적 장애물, 진령 _____
제갈량이 북벌에 실패한 또 다른 이유를 살펴보기에 앞서 제갈량의 북벌 과정을 하나로 모아보면 17-18의 지도와 같다.

17-18 지도에서 알 수 있듯 제갈량은 5차례 북벌 가운데 서쪽으로 두 차례, 한중군에서 바로 북쪽으로 두 차례 진격했다. 당시 위연은 기산으로 진출하는 전략을 취한 제갈량에게 자오곡으로 돌파하자고 주장했다.

군사 5,000명을 이끌고 포수褒水를 따라 나가 진령을 따라 동쪽으로 간 후 자오곡으로 나가면 바로 열흘도 안 되어 장안으로 진격할

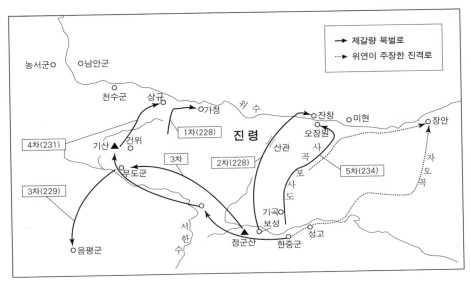

17-18 제갈량의 북벌 종합.

수 있습니다. 현재 장안을 지키는 하후무夏侯楙는 제가 진격한다는
소식을 들으면 반드시 장안성을 버리고 달아날 것입니다. 그러면
장안에는 독군어사督軍御史와 경조태수京兆太守만 남을 것입니다.
장안과 가까운 곳에 있는 횡문저각橫門邸閣과 백성들이 버리고 간
곡식들을 취하면 군량을 걱정할 필요가 없습니다. 동쪽에서 상황을
수습하는 데 20여 일이 걸리므로 승상께서는 사곡斜谷으로 나와 진
격하시면 일거에 함양 서쪽을 평정할 수 있습니다.*

17-18 지도를 보면 위연이 주장한 진격로가 한중에서 장안으로 가
는 가장 짧은 거리인 것처럼 보인다. 그렇다면 제갈량은 왜 최단 거리

---

\* 『삼국지/위서/위연전』의 배송지주에 인용된 『위략』.

인 자오도를 통한 진격을 포기하고 서쪽으로 멀리 돌아갔을까?

이러한 궁금증은 17-19의 지형도를 살펴보면 풀릴 것이다. 17-19 지형도는 관중과 한중의 지형을 보여준다. 한중과 관중의 장안 사이에 있는 험준한 산지는 진령이다. 친링산맥(진령산맥)이라고도 불린다. 이 진령 사이를 흘러가는 강과 계곡 사이에 몇 개의 길이 있다. 17-19 지형도에 진창도와 주요 계곡 이름을 표시했다.

위연이 제안한 공격로는 진령을 가로질러야 했다. 즉 지형이 험한 곳을 지나야 한다는 의미였다. 이는 사곡과 낙곡, 진창도도 마찬가지였다. 그에 반해 제갈량이 1차와 4차 북벌 때 진출했던 기산과 천수군일대는 지대가 낮았고, 산지도 험하지 않았다. 제갈량이 위연이 제안한 최단 거리, 즉 자오곡을 통하는 진격로보다 서쪽으로 한참 우회하는 '한중→서한수西漢水→양수漾水→기산→천수군'의 진격로를 택했는지 이해할 수 있는 부분이다. 강유의 11차례 북벌의 대부분이 이 지역에 집중된 것도 교통로와 지형, 행군의 용이함 등을 고려한 선택이었을 것이다.

안전한 행군로를 택할 정도로 신중한 제갈량은 1차 북벌을 성공으로 이끌기 위해 여러 가지를 준비했다. 먼저 위나라의 황제와 신하들을 방심시키기 위해 조용히 지내다가 기습하는 전략을 취했다. 또 모험보다 안정적인 전략을 취했다. 제갈량은 기산을 통해 천수군으로 진격한 뒤 위수 상류의 여러 군을 점령해 식량과 군사력 등을 제공받을 배후지를 확보한 후 동쪽으로 진격하면 관중 전체를 평정할 수 있다고 보았다. 과정을 보면 그의 전략은 인구와 군사력, 보급로가 부족한 촉나라의 입장에서 취할 수 있는 최선의 방법이었다. 그러나 이 전략은 위나라의 신속한 대처에 막혔다. 촉군이 관중평원에 도달하기 전에 위나라는 이미 여러 겹의 방어선을 구축

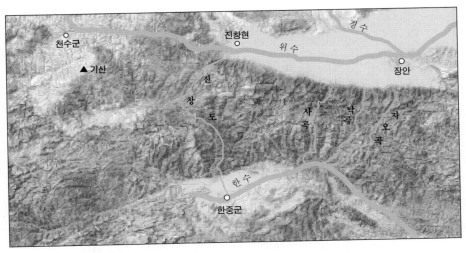

17-19 관중과 한중 사이의 지형.

했다. 마속이 가정에서 장합의 위군을 이겼어도 촉군이 관중평원의 서쪽 입구인 진창까지 진격하기 위해서는 많은 장애물을 넘어야 했을 것이다.

한편 17-19 지형도와 17-18 지도를 비교해 살펴보면 2차 북벌의 진격로인 진창도, 즉 산관에서 진창현으로 진격하는 길과 5차 북벌의 진격로인 사곡을 통과하는 길 모두 쉽게 진격할 수 있는 경로가 아니었다는 것을 알 수 있다. 만약 위군이 이곳에 군대를 주둔시켰다면 촉군은 전진하지도 못하고 도리어 복병에 대패할 수 있는 상황이었다. 따라서 사곡을 통과한 제갈량의 5차 북벌은 계획 자체만으로도 쉬운 일이 아니었다.

위나라의 입장에서는 기습을 당한 1차 북벌을 제외하면 제갈량이 쳐들어올 길을 대략 짐작할 수 있었다(1차 북벌도 멀리 돌아오느라 시간이 걸렸기 때문에 위나라는 시간을 벌 수 있었다). 17-19 지형도에서도 확인할 수 있듯 제갈량의 진격로는 고도故道(진창도), 포사도褒斜道*, 기산 3방향이므로 이 세 지역 주위에 군대를 배치하면 촉군의 진격을 저지할 수 있었다. 조진이 제갈량이 2차 북벌 당시 진창현으로 진격할 것을 알고 성을 쌓고 학소에게 진창성을 지키게 해 미리 대비했던 것이 대표적인 예다. 4차 북벌 때도 위나라는 제갈량이 기산으로 진출할 줄 알고 미리 기산에 군대를 배치했다. 제갈량은 이를 격파하기 위해 기산을 포위했고 구원 나온 위군과 싸웠다. 몇 차례 승리하기는 했지만, 위나라가 후방인 상규현 등에 포진했기 때문에 제갈량의 촉군이 파죽지세로 진격하기에는 장애물이 많았다.

제갈량은 대부분의 북벌에서 진령의 험한 산세를 가로질러 가는 것보다 덜 험한 곳으로 우회하는 길을 택했다. 이는 위연이 비판한 것처럼 제갈량의 전략적 실수일까? 이를 검증해보기 위해 역대 파촉(양한시대에는 익주, 명청시대에는 사천) 지역에 존재했던 왕조와 할거 정권, 지방관들이 관중으로 행군했던 진격로별 수치를 살펴보았다.

파촉에서 관중을 공격한 횟수는 모두 27회이다. 하지만 17-20 통계도에서는 두 개 이상의 진격로로 관중을 공격한 경우 각각 공격한 것으로 계산하여 30회로 보았다.

파촉에서 관중을 공격할 때 가장 많이 이용한 진격로는 진령을 우회하여 양수漾水와 기산 등지를 통해 위수 상류로 이동하는 길이었다 (17-20 통계도에서 ①로 표시한 화살표). 제갈량의 1차, 3차, 4차 북벌을 포함해 모두 17회였으며 전체의 56.7%에 해당한다. 강유는 11차례 북벌 가운데 10차례를 이 길로 진격했다. 이 두 사람 때문에 많아 보

---

* 사곡을 통과하는 길을 말한다. 포수와 사수 혹은 사곡을 통과한다고 하여 포사도라고 불렸다.

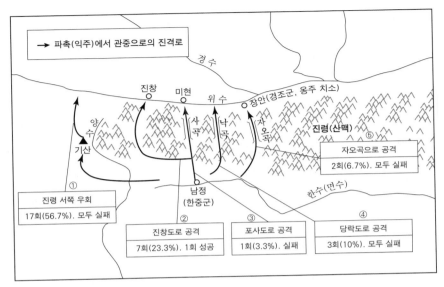

17-20 파촉에서 관중으로 진격한 진격로별 통계.

이기도 하지만 그 외에도 전촉과 후촉 등 여러 왕조에서 이 길로 관중
을 공격했다.

17-20 통계도에서 두 번째로 많이 이용한 진격로는 진창도였다
(17-20 통계도에서 ②로 표시한 화살표). 진창도는 '고도'라고도 불렸으
며, 산줄기와 계곡 등 지형의 변화로 인해 세부적인 길은 시대에 따
라 달라졌다. 이 길을 통해 북쪽으로 7차례 진격했으며, 이는 전체의
23.3%에 해당한다. 주목할 것은 파촉에서 최초로, 또한 이 진격로로
관중 공략에 나선 최초의 인물인 전한의 유방(한고조)만이 유일하게
관중 공격에 성공했다는 것이다.

세 번째로 많이 이용한 진격로는 낙곡을 통과하는 것이었다(17-20
통계도에서 ④로 표시한 화살표). 낙곡駱谷을 통과하는 길을 '당락도儻駱
道'라고 한다. 당곡수儻谷水와 낙곡수駱谷水 혹은 낙곡을 지난다고 해

서 붙여진 이름이다. 이 길은 3번 사용되었고(10%), 모두 실패했다.

네 번째로 많이 이용한 진격로는 자오곡을 통과하는 것이었다(17-20 통계도에서 ⑤로 표시한 화살표). 이 길은 '자오도'라고도 불리며 두 차례 이용되었다(6.7%).

가장 덜 이용된 진격로는 사곡을 통과하는 것이었다(17-20 통계도에서 ③으로 표시한 화살표). 포수와 사수 혹은 사곡을 통과해 '포사도'라고 불렸다. 234년의 마지막 북벌 때 제갈량은 사곡을 통해 미현과 무공현 일대로 진출했으나 과로사로 죽는 바람에 북벌에 실패했다.

파촉에서 관중을 공격했던 진격로별 통계를 살펴보면, 대부분 험준한 진령을 우회하거나 진령에서 덜 험한 곳을 택해 진격했음을 알 수 있다. 이는 제갈량과 강유도 마찬가지였다. 다만 앞에서 살펴본 것처럼 덜 험한 경로를 선택하면 상대적으로 행군에는 편했지만 상대방의 입장에서도 진격로를 예측할 수 있고, 시간을 벌 수 있다는 단점이 있었다.

## 험한 지형과 군량 수송 문제 _____

험한 진령을 통과해 관중으로 행군하는 것도 어려웠지만 식량을 운반하는 일도 쉽지 않았다. 제갈량이 북벌에서 9승 1무 3패, 직접 위군과 벌인 전투에서도 4승 2패라는 뛰어난 전적을 기록했지만 결국 북벌에 성공하지 못한 가장 큰 이유도 군량 부족 때문이었다.

17-21 지도의 교통로는 전한시대 관중과 파촉의 교통로가 당시에도 같았을 것이라고 가정하고 표시한 것이다. 현재의 자료로는 후한과 삼국시대의 교통로를 지도로 구현할 수 없기 때문이다.

17-21의 지도에서 볼 수 있듯 북벌 기지인 한중군에서 촉군이 작전 지역으로 이동하기 위해서는 진령을 통과해야 했다.

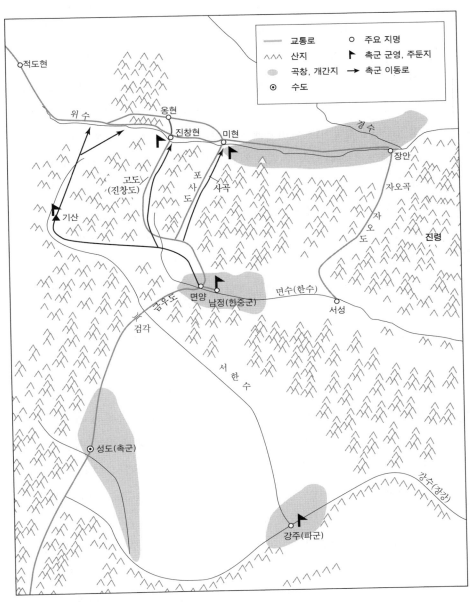

17-21 관중과 한중, 파촉의 지형 및 교통로.

전근대 중국의 교통로는 하천이나 계곡을 따라 가는 자연발생적인 길이 일반적이었다. 우리나라의 도로나 철도도 물길이나 계곡을 따라 가도록 만든 경우가 많다. 물길과 계곡이 평지로 이어지면 다행이지만 중간에 산이 나오면 돌아가거나 올라갔다가 내려와야 했다. 물가나 계곡에 평지가 적으면 길이 생기기 어려웠다. 이처럼 평지가 아닌 지역, 특히 절벽이나 산비탈에 나무로 만든 도로를 잔도라고 한다. 유방은 함양에서 한왕의 수도로 정해진 남정현으로 가면서 잔도를 불살랐다. 소설 삼국지에도 강유가 후퇴할 때 위군의 공격을 막기 위해 잔도를 불태웠다는 내용이 있다.

도로가 불탄다는 게 이해가 잘 안 될 수도 있다. 하지만 잔도는 17-22의 사진처럼 절벽에 나무를 박아 만든 길이어서 만드는 것은 힘들지만 불에 잘 타는 나무의 성질 때문에 불을 질러 쉽게 제거할 수 있다.

다시 17-21의 지도로 돌아가보자. 촉나라의 지형을 보면, 한수(면수) 유역의 한중군과 장강 유역의 촉군, 파군 등지 사이에 파산巴山이 가로막고 있다. 한중군과 수도 성도(촉군), 파군 일대는 평지가 많고 물이 풍부해 농산물이 풍부한 지역이었다. 그러나 파촉에서 관중으로 진격하는 군인들과 배후에서 군량과 무기를 수송해야 하는 치중부대 혹은 백성들에게는 이러한 지형이 큰 재앙이었다. 먼저 성도 주변에서 거둔 곡식을 한중까지 옮기기 위해서는 험한 검각을 지나 파산을 관통하는 금우도를 거쳐야 했다. 또한 한중군에서 기산(1차와 4차 북벌 주둔지)이나 진창현(2차 북벌 주둔지), 미현 혹은 무공(5차 북벌 주둔지)으로 식량을 옮기려면 앞서 살펴보았던 험준한 진령의 물길과 계곡, 잔도를 통과해야 했다. 군량 수송이 쉽지 않았음을 알 수 있다. 요컨대 '성도→한중→북벌 주둔지' 혹은 '한중→북벌 주둔지'로 곡식과

17-22 잔도. 절벽에 나무 말뚝을 박아 만든 길로 대규모 병력 이동과 군량 수송이 어려웠다.

무기를 수송하는 작업이 성도와 한중 사이의 파산, 한중과 관중 사이의 진령 때문에 대단히 어려웠다.

게다가 운송비도 만만치 않았다. 『구장산술九章算術』과 『거연한간居延漢簡』 등의 자료에 따르면, 두 사람의 인부와 소가 끄는 수레 1대에 실을 수 있는 곡물은 25곡(석)이었다. 이때 수레를 모는 사람들은 하루 1말, 한 달에 2.5석을 소비했으며, 수레를 끄는 소의 하루 식량은 6.6되로 추정된다. 반면 화물을 실은 수레는 하루 동안 50리 이동할 수 있었다.

운송비가 실감나지 않으면 더 구체적인 예를 들어보자. 제갈량이 5차 북벌 때 동원한 촉군은 10만 명이다. 전한시대 조충국趙充國이 서강西羌과 싸울 때의 예를 보면 병사 1만 281명이 달마다 2만 7,363석,

소금 308석을 소비했다. 이를 원용하면, 촉군 10여만 명이 한 달 동안 소비한 곡물은 이보다 10배 많은 27만 3,630석에 달했을 것이다. 그렇다면 한중군에서 제갈량의 5차 북벌 당시 주둔지인 미현 혹은 무공현까지 운반해야 하는 촉군의 한 달 식량은 27만 3,630석이다. 당대唐代의 지리 정보를 담은 『원화군현도지元和郡縣圖志』에 따르면, 삼국시대 한중군에 해당하는 흥원부(량주)에서 미현이 속한 봉상부(기주)까지의 거리는 600리였다. 한대의 1리는 약 414미터이고 당대의 1리는 약 540미터였으므로, 이를 한나라 시대의 거리로 환산하면 약 780리이다. 따라서 소와 사람들이 수레로 한중군에서 5차 북벌 주둔지까지 물자를 운반하는 데는 15.6일(780/50)일이 걸렸다. 한 사람당 16일 동안 1.6석, 소 한 마리는 약 1.6석을 소비했으므로 소와 인부가 소비하는 곡물까지 운반하는 데 필요한 수레는 1만 3,191대, 수레를 모는 소는 1만 3,191마리, 사람은 2만 6,382명이다.

요컨대 10만 대군의 한 달 식량을 수송하는 데 수레 1만 3,191대와 소 1만 3,191마리, 2만 6,382명의 인부가 필요했고 이들의 식량까지 포함한 곡물 수송량의 합계는 32만 9,771곡(석)이었다. 여기에 소금과 고기, 술, 야채 등 각종 먹거리와 무기를 포함해야 한다. 그러면 수송에 동원되는 수레와 소, 인부의 수는 더욱 늘어난다.

제갈량은 필자가 대략적으로 계산한 것보다 더 정확한 통계를 가지고 있었을 것이다. 한중에서 위수 남쪽의 미현과 무공현까지 약 780리의 험한 길로 한 달에 수레 1만 3,191대와 인부 2만 6,382명을 동원하여 32만 9,771곡(석)을 운반하는 것이 어렵다는 사실도 알고 있었을 것이다. 5차 북벌 때 제갈량은 이러한 수송 부담을 어떻게 줄이려고 했을까?

먼저 제갈량은 위수 남쪽에 주둔한 후 군사들이 직접 농사를 지어 식량을 현지 조달하려고 했다. 다음으로 군량을 운반하기 위해 목우와 유마를 만들었다. 목우와 유마의 외형과 크기에 대한 기록이 배송지주와 『자치통감』의 호삼성주에 보이지만 각각 바퀴가 4개, 1개 달린 수레로 보기도 한다. 제갈량은 4차 북벌 때 군량을 목우로 운반했고 5차 북벌 때는 유마로 운반했다. 목우는 하루에 20리, 즉 약 8.28km 움직이며 한 사람의 1년 치 식량인 30석(2.5석×12개월)을 운반했다. 유마는 두 자루에 쌀 4.6석의 식량을 운반할 수 있었다. 유마는 목우가 싣는 짐의 15%를 운반했다. 운반 효율을 생각하면 유마보다 목우가 나았다. 그런데 제갈량은 군량 부족 때문에 회군했던 4차 북벌에 사용한 목우 대신 5차 북벌 때는 운반 효율이 떨어지는 유마를 사용했다. 자세한 이유는 알 수 없지만 좁고 험한 길을 가는 데는 목우보다 유마가 용이했기 때문일 것이다. 또는 식량 운송보다 현지에서 농사짓는 현지 조달 방식이 더 쉬운 방법이었거나. 마지막으로 제갈량은 233년 겨울 군량을 운반해 사곡구에 모으고 사곡저각을 만들었다. 이는 곡물의 운송 거리를 최대한 단축하려는 의도였다.

이처럼 제갈량은 5차 북벌, 즉 자신의 마지막 북벌에서 모든 수단을 동원해 병참 문제를 해결하려고 했다. 하지만 불행하게도 제갈량이 과로사하고 촉군이 후퇴한 사실에 역사 기록이 초점을 맞춰 이러한 대안들이 실제로 효과가 있었는지는 자세히 알 방법이 없다.

지금까지 살펴본 것처럼 촉군은 배후에 비옥한 농경지대를 끼고 있었지만 험한 진령을 넘어 물자를 수송하는 데 곤란을 겪었다. 따라서 제갈량은 2차와 4차 북벌 당시 군량 부족으로 후퇴해야 했다. 여기에 이엄은 군량을 제대로 조달하지 못해 제갈량과 유선에게 거짓 보고를 하여 4차 북벌을 망쳐놓기도 했다. 필자가 도출한 통계를 보면 이엄도 군량을 모으고 운반하는 임무가 버거웠을 것이다. 제갈량은 이러한 군량 부족을 현지 조달로 해결하려 했다. 4차 북벌 당시 위군과 싸우며 한편으로 보리 수확에 열중했던 것이 대표적인 예이다. 강유도 여러 차례 군량 부족으로 후퇴했다. 그럼에도 제갈량처럼 병참 문제에 신경 쓰지 않고 현지 조달로 군량 부족을 해결하려다가 실패를 거듭했다.

제갈량의 북벌은 외형적 혹은 결과적으로 실패했다. 이 때문에 그는 진수와 후세 학자들로부터 군사령관으로서는 무능하다는 평가를 받았다. 그러나 앞에서 살펴본 것처럼 제갈량은 위군을 이기지 못했다기보다 군량 수송 문제라는 복병을 만났고, 이를 해결하지 못한 탓에 결과적으로 패장이 되었다. 진령이라는 험준한 산맥은 한 인간이 쉽게 해결할 수 없는 문제였다. 역대 파촉 지방에서 관중을 공격한 많은 사례 가운데 성공한 예가 한고조 유방뿐이라는 것은 이러한 어려움을 방증한다.

## 통계가 증명하는 제갈량 북벌의 실패 _____

파촉의 왕조와 지방 정권, 지방관이 관중을 정복하기 위해 군대를 일으킨 적은 꽤 있었다. 한고조 유방의 관중 정복(기원전 206년), 제갈량의 5차례 북벌(228~234년), 강유의 북벌 11회(240~262년), 동진 사마훈司馬勳의 북벌 3회(349~354년), 오대십국시대 전촉前蜀의 북진 3회(916~920년), 후촉後蜀의 관중 공격 3회(948~?년), 청 말 남대순藍大順의 북벌(1863년) 등이다. 그러나 단 한 차례만 성공했을 뿐이다.

21세기 시점에서 보면 제갈량의 융중대는 실현 가능성이 없는 전략이었다. 파촉 지역에서 단 한 차례 관중을 정복했고, 그 확률이 3.7%에 불과하다면 유비와 제갈량은 형주에서 파촉(익주)을 정복하는 것보다 조조와 맞서거나 손권의 강동을 공격하는 것이 현명한 전략 아니었을까? 그러나 두 사람이 살았던 2세기 말과 3세기 초의 상황에서 살펴보면 그렇지 않다. 유비가 익주를 점령하기 전까지 파촉에서 관중을 공격한 사례는 단 한 차례에 불과했고, 그것도 유방의 성공 사례였다. 물론 그와 반대로 관중에서 파촉을 점령한 예도 있었다. 전국시대 진秦혜왕(혜문왕)에 의해서다. 서로 1차례씩 공격해 모두 성공했다. 따라서 당시 상황에서는 관중을 정복할 성공 가능성과 조조의 공격으로 익주가 점령될 가능성 모두 100%였다.

결과를 미리 알고 있는 후세 사람들이 보기에 역사서 속의 등장인물들이 어리석게 보일 수도 있다. 그러나 이들이 현재의 우리보다 뛰어나지 않다고 할 근거는 많지 않다. 오히려 뛰어난 인물들이 더 많을 것이다. 제갈량이 결과적으로 북벌에 실패한 것은 맞지만 그것만으로 그의 능력이 부족하다고 단정하는 것은 현대인들의 오만이다.

# 삼국시대 전쟁사 2:
## 중원 왕조의 파촉·강남 정복

| | |
|---|---|
| 230년 | 가을, 위나라의 조진·사마의·장합이 촉나라를 공격했으나 홍수로 길이 끊기자 회군하다.<br>촉나라의 위연, 위나라 옹주자사 곽회를 양활에서 격파하다. |
| 244년 | 위나라 대장군 조상, 10만 군사를 이끌고 촉나라를 공격했으나 왕평과 비위의 반격으로 후퇴하다. |
| 262년 | 촉나라의 후주 유선이 강유의 환관 황호 제거 주장을 받아들이지 않자 강유는 답중에 주둔하다. |
| 263년 | 여름, 위나라가 촉나라 정벌을 시작하다.<br>겨울, 등애가 촉나라의 위장군 제갈첨을 면죽에서 격파하고, 후주 유선이 등애에게 항복하다. |
| 264년 | 정월 등애가 체포되고, 종회는 반란을 일으켰다가 죽다. |
| 279년 | 겨울, 진나라의 사마주, 왕혼, 주준, 왕융, 호분, 두예, 왕준, 당빈이 오나라를 공격하다. |
| 280년 | 서진의 장군 두예가 강릉을 점령하다.<br>3월 임인일 오나라 군주 손호, 진나라 군대에 항복하다. |

유구한 중국 역사에서도 남방 세력이 북방 세력을 꺾고 통일한 것은 주원장이 세운 명나라와 장제스의 남경국민정부뿐이었다. 거의 대부분의 경우 북방 세력이 남방을 정복하고 중국을 통일했다. 18장에서는 이러한 사실과 통계를 바탕으로 위나라의 촉 정복, 진나라의 오 정복 과정과 의의를 살펴본다.

## 244년 위나라의 촉나라 침공 ____

제갈량과 강유가 모두 합해 16차례나 북벌에 나섰지만 결국 관중도 점령하지 못한 반면 위나라는 3번 공격해 결국 촉나라를 멸망시켰다. 먼저 위나라에 의한 촉나라 멸망 과정과 역대 관중 세력의 파촉 정복 통계를 살펴보자.

제갈량의 3차와 4차 북벌 사이에 위나라는 230년 조진을 총사령관으로 삼아 네 곳에서 동시에 촉나라를 공격했으나 큰 비 때문에 물러

날 수밖에 없었다. 13년 후 조진의 아들 조상曹爽이 대를 이어 촉나라를 공격했다. 조상은 명장인 아버지의 후광을 등에 업은 한편, 총명했던 명제(조예)가 죽기 전에 정신이 혼미해져 총신 유방劉放과 손자孫資의 잘못된 추천을 받아들이는 바람에 대장군에 임명되었다. 그는 위나라의 최고 권력자가 되어 나이 어린 조방(폐제)을 보좌했다. 낙하산으로 고위직을 꿰차면 주변의 질시를 받는 것은 예나 지금이나 똑같다. 조상은 자신이 무능한 낙하산이 아님을 입증하기 위해서라도 공을 세워야 했다. 가장 좋은 방법은 전쟁이었다. 한무제가 중용한 외척이자 총신인 위청衛青과 곽거병霍去病은 흉노 토벌의 공을 세워 낙하산이라는 우려를 불식시켰다. 후한 초에 외척 두헌竇憲도 두태후의 후원으로 흉노 토벌의 총사령관이 되어 무공을 세워 자신의 능력을 입증했다. 조상도 같은 심리였을 것이다. 게다가 조상 일파인 이승李勝과 등양鄧颺이 조상에게 공을 세워 천하에 위엄과 이름을 드높일 기회라며 촉나라 정벌을 부추겼다. 결국 244년 위나라의 촉나라 침공은 촉나라의 분열이나 쇠약을 이용한 공격이 아니라 조상 개인의 사심 때문에 일어난 전쟁이었다.

조상은 낙곡을 통과하여 한중군으로 진격했다. 『삼국지』와 『자치통감』의 날짜가 서로 다르지만 후자에 따르면, 244년 3월에 조상은 10여만 명을 이끌고 인척 하후현夏侯玄 등과 함께 촉나라 정벌에 나섰다. 이때 한중에 주둔한 군사는 3만 명도 되지 않았다. 이에 촉군의 장수들은 3배가 넘는 위군의 기세에 눌려 남정성(한중군의 치소)을 지키며 부현으로부터 구원병을 기다리자고 했다. 이때 왕평이 다음과 같이 말했다.

한중은 부현으로부터 1,000리 밖에 있고 적들이 만약 관성關城을

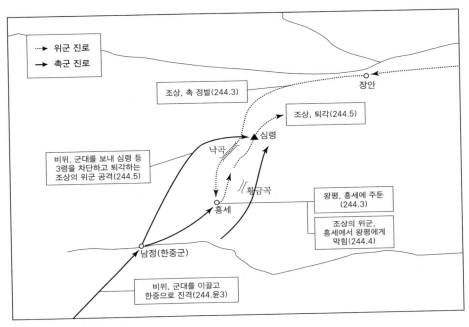

18-1 조상의 촉나라 공격.

점령하면 우리에게 큰 화가 될 것입니다. 지금 유호군(유민劉敏을 지
칭한다)께서 흥세를 지키고 제가 뒤에서 막으면 됩니다. 적들이 황
금곡黃金谷으로 나간다면 제가 1,000명을 거느리고 그곳으로 나아
가 지키고 부현에 있는 군대가 올 때까지 기다리면 됩니다. 이것이
상책입니다.

왕평은 주변의 험한 지형과 방어 시설을 이용하면 적은 수의 군대
로도 위군을 막을 수 있다고 주장했다. 왕평의 주장에 동조한 유민은
그와 함께 군대를 이끌고 '흥세위興勢圍'로 가서 위군을 막았다. 촉나
라 대장군 비위는 244년 윤3월에 군대를 이끌고 한중으로 진격해 위

군의 공격에 대비했다. 조상의 군대는 흥세를 지키는 왕평에게 막혀 진격하지 못했다. 게다가 관중의 위군과 저, 강 등은 군량과 무기를 수송하는 데 실패했을 뿐만 아니라 소와 말, 나귀 등이 대부분 죽자 백성들과 저인, 강인의 고통과 원망이 커졌다. 결국 조상은 회군하라는 사마의의 조언을 전해들은 하후현의 진언을 받아들여 244년 5월 후퇴했다.

촉군은 회군하는 위군을 그냥 내버려두지 않았다. 촉군의 총사령관 비위는 삼령三嶺으로 나가 위군의 퇴로를 차단했다. 삼령은 심령沈嶺, 오령衙嶺, 분수령分水嶺을 말하는데, 현재는 심령의 위치만 알 수 있어 18-1 지도에서는 심령만 표기했다. 조상은 촉군의 끈질긴 반격 때문에 고전하다가 겨우 목숨만 건져 돌아갈 수 있었다.

이 전투에서는 '위圍'라는 방어 시설이 위군을 막는 데 결정적인 역할을 했다. '위'는 유비가 한중군 일대의 험한 지형에 설치한 방어 시설이었다. 각각의 방어 시설을 촘촘히 배치해 잘만 지키면 적은 수의 군대로도 적들을 물리칠 수 있었다. 촉군은 위를 적절히 활용하자는 왕평의 전략을 따라 위군을 물리칠 수 있었다.

## 위나라, 촉나라를 정복하다 _____

위나라는 세 번째 공격에서 결국 촉나라를 멸망시켰다. 촉나라가 망한 계기는 강유와 황호의 정쟁이었다. 강유가 11회에 걸쳐 북벌을 감행하는 동안 후주 유선은 간신 진지와 환관 황호를 중용했다. 두 사람은 촉나라의 정치를 어지럽혔다. 진지는 곧 죽었지만, 황호는 후주 유선의 신임을 바탕으로 계속해서 전횡을 일삼았다. 황호는 강유가 북벌에서 공을 세우지 못하자 그를 제거하고 자신과 친한 우대장군右大將軍 염우閻宇에게 병권을 넘기려고 했다. 유능하고 충성스러운 무장이라는 이미지의 강유와 간신 및 환관이라는 부정적 이미지를 가진 황호라는 이분법의 논리를 벗어던지면, 성과 없는 북벌로 군사와 전쟁 비용을 허비하는 것보다 주전과 강유를 제거하고 방어에 전념하는 것도 나쁜 선택은 아니었다.

이에 강유는 262년 성도를 방문해 유선을 알현하고 황호를 제거할 것을 주청했다. 그러나 유선은 황호에 대한 신임을 거두지 않았다. 강유는 유선이 자신의 간언을 받아들이지 않자 오히려 황호에게 모함을 받을까 두려워했다. 그는 황호의 역공을 피하는 방법은 성도를 떠나는 것뿐이고, 적어도 변경에서 군대를 지휘하고 있으면 자신을 해칠 수 없을 것이라고 생각했다. 그는 서북쪽 변경인 답중으로 가서 북벌 준비를 명분으로 그곳에 주둔했다. 그러나 그것이 촉나라를 멸망시키는 결정적 계기가 될 줄을 강유도 몰랐을 것이다. 어차피 황호와 강유의 갈등과 반목이 밖으로 표출된 이상 한쪽이 제거되어야 했다. 그러나 후주 유선과 황호, 강유뿐만 아니라 다른 문무 관리들도 갈등을 봉합하려고만 했다. 당시로는 어정쩡한 타협이 좋았을지 모르겠으나 결과는 파국, 즉 촉나라의 멸망이었다.

먼저 강유가 주둔했던 답중의 위치를 살펴보자. 답중은 촉나라 서북쪽에 위치했다. 위나라를 공격하기도 쉽고, 둔전에서 경작한 식량을 옮기기에도 편한 곳이었다. 그러나 촉나라의 전진기지인 한중군에서 한참 떨어진 곳이었다. 촉나라의 정예부대가 답중에 주둔하면 위나라는 답중과 한중 사이의 교통로를 차단하고 한중을 점령할 수 있는 전략적 이점을 얻을 수 있었다. 위나라는 촉나라에서 내분이 발생했고 총사령관 강유가 변방에 머물고 있다는 첩보를 입수했다. 이에 당시 권력자였던 사마소司馬昭는 촉나라를 공격하려고 했으나 대부분의 신하가 반대하고 종회만이 찬성했다. 사마소는 종회의 찬성에

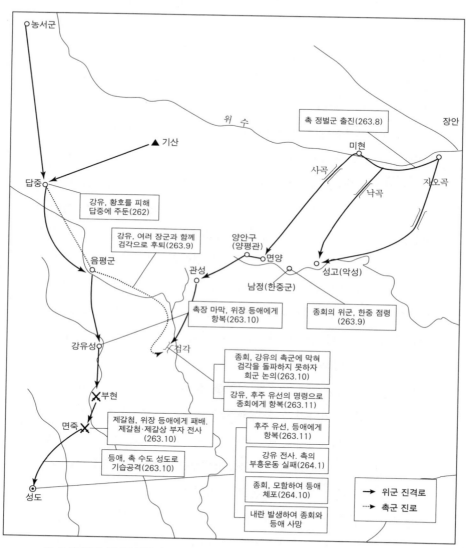

농서군

위 수

촉 정벌군 출진(263.8)

장안

▲ 기산

미현

사곡

낙곡

자오곡

답중

강유, 황호를 피해
답중에 주둔(262)

강유, 여러 장군과 함께
검각으로 후퇴(263.9)

양안구
(양평관)

면양

음평군

성고(악성)

관성

남정(한중군)

촉장 마막, 위장 등애에게
항복(263.10)

종회의 위군, 한중 점령
(263.9)

강유성

검각

종회, 강유의 촉군에 막혀
검각을 돌파하지 못하자
회군 논의(263.10)

부현

강유, 후주 유선의 명령으로
종회에게 항복(263.11)

면죽

제갈첨, 위장 등애에게 패배.
제갈첨·제갈상 부자 전사.
(263.10)

후주 유선, 등애에게
항복(263.11)

강유 전사. 촉의
부흥운동 실패(264.1)

등애, 촉 수도 성도로
기습공격(263.10)

종회, 모함하여 등애
체포(264.10)

성도

내란 발생하여 종회와
등애 사망

→ 위군 진격로

····▶ 촉군 진로

18-2 위나라의 촉나라 정복 과정.

용기를 얻어 그를 진서장군鎭西將軍 도독관중제군사都督關中諸軍事로 임명해 출정하게 했다. 그는 정서장군征西將軍 등애와 옹주자사 제갈서諸葛緒에게도 각각 3만여 명을 거느리고 답중에 있던 강유를 공격하게 했다. 등애와 제갈서가 강유의 군대와 맞붙어 한중군으로 진격하지 못하도록 견제하고 그동안 종회가 이끄는 군대가 한중군을 공격하여 점령하는 전략이었다(이는 『삼국지/위서/진류왕기』의 조서詔書 내용인데, 「등애전」을 보면 두 사람이 진격한 지역은 답중만이 아니었다. 두 사람의 자세한 작전 지역은 뒤에 설명한다).

위나라는 공격 루트를 어떻게 정했을까? 앞서 보았듯 10여만 명의 종회군이 선택한 사곡과 낙곡, 자오곡 루트는 진격하기 어려운 곳이었다. 결과적으로 성공했으니 다행이지 위나라는 사실 위험한 공격로를 선택한 것이다. 물론 이는 이 험지의 요새에 있던 군대를 빼간 강유의 실책 덕분이기도 하다.

종회는 먼저 아문장牙門將 허의許儀에게 진격로를 만들도록 명령했다. 하지만 군대의 후방에서 진격하다가 '다리'에 구멍이 생겨 말의 발이 빠지자 종회는 그 책임을 물어 진격로를 만든 허의를 참했다. 허의는 조조의 친위대장을 지낸 허저의 아들이었다. 장수와 병사들은 종회가 개국공신의 아들인 허의를 참하는 것을 보고 바짝 긴장했다. 그런데 진격로에 왜 다리가 있는 걸까. 진령과 파산 등 파촉 주변 산지에는 평지가 적은 곳의 절벽 위에 나무로 길을, 즉 잔도를 만들었다. 문맥상 허의는 위군의 진격로로 사용할 수 있게 산지에 잔도를 만드는 임무를 맡았던 것으로 보인다.

강유는 견제하러 온 등애와 제갈서의 군대를 피해 음평군陰平郡으로 후퇴했다. 그리고 위군이 한중군을 점령했다는 소식을 들었다. 이에 강유는 관성關城(관구關口라고도 한다)을 지키려고 했으나 그곳마저 점령당했다. 그는 차선으로 검각으로 후퇴해 위군을 막았다. 한중군을 점령한 위군은 검각으로 진격했으나 강유에게 막혀 진격하지 못했다. 종회는 검각을 돌파하지 못하고 수송로가 험해 군량 공급이 원활하지 않아 군사들이 굶주리는 곤경에 처하자 어쩔 수 없이 철수하려고 했다.

그런데 이때 극적인 반전이 일어났다. 당시 음평군을 점령한 등애는 강유가 검각을 지키느라 다른 곳의 방비가 허술해진 틈을 타서 산지를 따라 우회하여 성도로 진격하는 전략을 짰고 실행에 옮겼다. 후주 유선은 성도에 남아 있던 수비 병력도 얼마 안 되는 데다 방심하고 있다가 기습을 받자 당황했다. 그는 제갈량의 아들 제갈첨에게 등애의 위군을 막도록 했으나 오히려 제갈첨은 부현과 면죽에서 잇달아 패하고 전사했다. 결국 유선은 등애에게 항복했다. 이로써 촉나라는 유비가 황제가 된 지 43년 만에 망했다.

구체적인 전투 상황을 이해하기 위해 위나라의 촉 정복 과정을 전반부와 후반부로 나누어 자세히 살펴보도록 하자.

위나라가 종회와 등애, 제갈서를 보내 촉나라를 공격하자 촉나라는 좌거기장군 장익張翼과 우거기장군 요화廖化, 보국대장군輔國大將軍 동궐董厥 등을 보내 막게 했다.

앞에서 서술한 것처럼 263년 5월 사마소는 등애로 하여금 3만여 명을 거느리고 농서군 적도현狄道縣에서 감송甘松과 답중으로 나아가 강유를 공격하고, 옹주자사 제갈서에게는 3만여 명을 거느리고 기산에서 출격해 무도군의 고루高樓*를 공격하여 강유가 다른 곳으로 움직이지 못하게 하라는 계획을 하달했다. 그리고 실제 총사령관 종회

---

* 『자치통감』에서는 무가武街, 교두橋頭라고 했다.

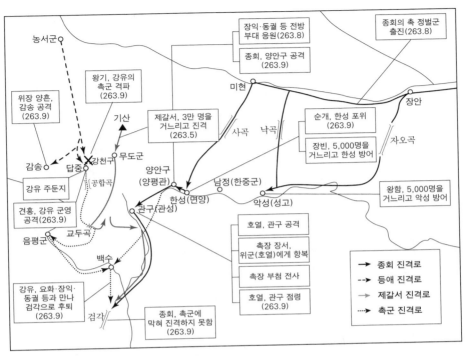

18-3 위나라의 촉나라 정복 과정(전반부).

가 이끄는 위군 본대가 출동한 것은 3달 후인 8월이었다.

사곡과 낙곡, 자오곡으로 진격한 위군은 진격에 큰 어려움을 겪지 않았다. 18-1 지도와 비교하면 종회의 위군이 수월하게 진격할 수 있었던 데는 강유의 전략적 실수도 있었다. 244년의 전쟁을 다루면서 설명한 것처럼 유비는 한중군을 점령한 후 한중을 방어하던 위연을 시켜 험한 지형과 요로에 방어용 진지를 구축했고 군사들을 주둔시켰다. 왕평은 이 요새들을 이용해 조상의 위군이 진격하는 것을 막을 수 있었다. 그러나 강유는 적들이 침입하지 않는 상황에서 이러한 요새가 병력과 식량을 축낸다고 생각했다. 그래서 전방 요새의 병사들을 빼내어 한중 방어의 요지인 한성(원래 지명은 면양이었다)과 악성(원래 지명은 성고였다)에 주둔하며 수비에 임하도록 했다. 이는 당시 상황에서는 적합한 전략처럼 보였다. 그러나 덕분에 종회의 위군은 별다른 피해 없이 진령을 돌파해 한중군 일대에 닿을 수 있었다.

후주의 명령을 받은 요화는 군대를 이끌고 답중으로 가 강유군과 합세하려고 했다. 장익과 동궐 등은 양안관구陽安關口(원래 양평관이라고 한다)로 이동해 그나마 남아 있는 부대를 지휘해 튼튼한 방어막을 구축하고자 했다. 그러나 후주는 강유의 계책대로 모든 부대에 명령을 내려 한성과 악성으로 후퇴하게 했다. 전방 군대까지 끌어모은 결과 이제 한성과 악성에는 각각 5,000명의 군사가 있었다.

종회는 군대를 이끌고 한중군으로 진격했다. 그는 9월에 전장군前將軍 이보李輔에게 1만 명을 거느리고 악성에서 촉장 왕함王含을 포위하게 하고, 호군護軍 순개荀愷에게는 한성에서 촉장 장빈蔣斌을 포위하게 했다. 그리고 자신은 양안구陽安口로 진격하며 호군 호열胡烈을 보내 검각으로 향하는 군사적 요지인 관구(관성)를 공격하게 했다. 종회는 여러 지역을 동시에 공격했다. 특히 한중군 서남쪽에 있는 관구는 검각으로 진격하는 길목으로, 전략적 요충지였다.

이때 관구는 장서蔣舒와 부첨傅僉이 지키고 있었다. 장서는 무흥독武興督으로 근무하다가 근무 성적이 나빠 교체되어 부첨과 함께 관구를 지키라는 인사 조치를 받은 것에 원망을 품고 있었다. 그래서 호열의 위군이 진격하자 그는 출격하여 위군을 공격하자고 부첨을 꼬드겼다. 하지만 부첨은 명령대로 수비에 치중해야 한다고 답했다. 장서는 자신이 군대를 이끌고 나갈 테니 부첨에게 성을 지키라고 말한 뒤 성을 빠져나가 위장 호열에게 항복했다. 부첨은 장서가 위군과 싸울 것이라고 믿고 수비에 신경 쓰지 않고 있다가 공격을 받자 당황했다. 그는 군사를 이끌고 위군과 싸웠으나 크게 패하고 전사했다. 소설 삼국지에서는 장서가 양안관을 지키고 부첨이 3,000명을 거느리고 싸우러 나갔다가 여의치 않아 양안관으로 되돌아왔지만 장서가 문을 닫고 위나라에 투항하자 결국 위군에게 포위되어 전사했다고 서술했다(116회). 정사와 달리 공격한 장수와 수비한 장수를 바꾸고, 부첨은 장렬하게 전사한 것이 아니라 어이없이 패하여 죽은 것으로 서술한 것이다. 하지만 이 정도는 눈감아주자. 여하튼 위군은 이 전투로 관구를 함락하고 진격에 필요한 군량을 확보했다.

종회의 위군이 진격할 수 있게 바람잡이 역할을 맡았던 등애는 천수태수 왕기王頎에게 강유의 군영을 공격하고, 농서태수 견홍牽弘에게는 강유 군영의 전방으로 진격하며, 금성태수金城太守 양흔楊欣은 감송으로 출동하도록 명령했다.

강유는 종회가 한중군을 침입했다는 소식을 듣자마자 군대를 돌려 후퇴하다가 위나라의 천수태수 왕기 등에게 추격을 받고 강천구强川口에서 패했다. 강유는 제갈서의 후방을 공격하는 척하며 제갈서의 군대를 유인한 후 제갈서가 막았던 교두橋頭로 들어가 음평군으로 후퇴했다. 관구로 진격하려다 백수현白水縣으로 가서 요화와 장익, 동궐 등과 만난 강유는 군대를 합쳐 최후 방어선인 검각을 지키며 종회의 위군에 대항했다. 계속된 후퇴에도 불구하고 촉군은 검각을 잘 지켜 위군의 진격을 막았다.

전반부는 위나라의 일방적인 공격이 지속되다가 전열을 정비한 촉군의 저항으로 전쟁이 소강상태에 접어드는 것처럼 보였다. 그런데 전혀 예기치 못했던 반전이 일어났다.

18-4 지도에서도 볼 수 있듯이 종회는 263년 9월에 관구에서 검각으로 진격했으나 강유의 군대에 막혔다. 여기에 지세가 험해 군량 수

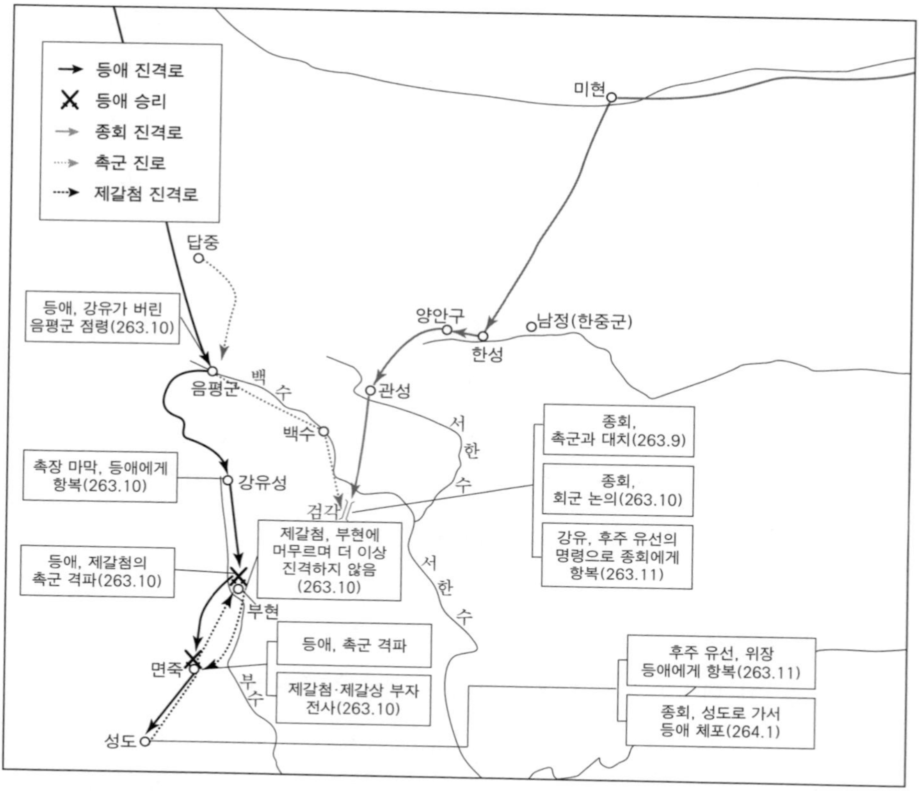

등애 진격로
등애 승리
종회 진격로
촉군 진로
제갈첨 진격로
미현
답중
등애, 강유가 버린 음평군 점령(263.10)
양안구
남정(한중군)
한성
음평군
백수
관성
백수
서한수
종회, 촉군과 대치(263.9)
촉장 마막, 등애에게 항복(263.10)
강유성
종회, 회군 논의(263.10)
검각
제갈첨, 부현에 머무르며 더 이상 진격하지 않음(263.10)
강유, 후주 유선의 명령으로 종회에게 항복(263.11)
등애, 제갈첨의 촉군 격파(263.10)
서한수
부현
등애, 촉군 격파
후주 유선, 위장 등애에게 항복(263.11)
면죽
부수
제갈첨·제갈상 부자 전사(263.10)
종회, 성도로 가서 등애 체포(264.1)
성도


18-4 위나라의 촉나라 정복 과정(후반부).

송에 어려움을 겪고 군사들이 굶주리자 10월에는 회군까지 논의했다. 위나라의 세 번째 촉 정벌이 실패할 수 있는 상황이었다. 그러나 등애의 반전이 시작되었다.

263년 10월 등애는 강유가 버리고 간 음평군을 손쉽게 점령한 후 음평군에서 성도 부근까지 쉽게 진격할 수 있음을 알았다. 그는 제갈서에게 함께 산을 통해 강유江油를 점령한 후 성도로 진격하자고 제안했다. 제갈서는 본래 촉장 강유를 막는 것이 자신의 임무이기 때문에 명령을 어기고 진격할 수 없다고 대답했다. 그는 등애의 군대에 합류하기를 거부하고 백수현으로 나아가 종회의 군대에 합류했다. 그런데 종회는 제갈서가 겁이 많고 나약하여 진격하지 못했다고 상부에 보고해 그를 감옥에 가두고 그의 군대마저 빼앗아 자신의 지휘 아래 두었다. 허의를 죽이고 제갈서를 가두고, 종회는 심하다고 할 정도로 인정사정없이 처벌했다.

등애는 음평군에서 사람이 살지 않는 땅 700여 리를 돌아가며 산을 뚫고 교각橋閣(개천이나 골짜기에 놓인 다리)을 만들어 길을 내며 진격했다. 등애의 진격로는 산이 높고 골짜기가 깊은 험지였다. 등애와 군사들은 자기 몸을 가죽으로 감싸고 낭떠러지로 굴러 험한 산을 내려갔다. 다시 험한 산과 절벽을 만나면 나무를 붙잡고 절벽을 올라갔으며 줄줄이 늘어서서 전진했다. 이 같은 고생 끝에 등애는 결국 강유에 도착했다.

18-4 지도에서 확인할 수 있듯 강유성은 강유가 지키고 있던 검각의 서쪽, 그리고 부수涪水 옆에 있었다. 또한 티베트고원 동쪽의 험준한 산지와 평지가 접하는 곳에 있었기 때문에 이곳을 지키면 산지에서 평원으로 진격하는 군사를 막을 수 있었다. 등애의 입장에서 보면 강유성을 점령하면 부수를 따라 부현으로 진격할 수 있었고, 부현마저 점령하면 그다음부터는 비교적 평탄한 지역으로 행군할 수 있었다.

이처럼 군사적 요충지인 강유성을 지키고 있던 마막馬邈은 등애의 위군이 기습하자 싸울 뜻이 없었는지 쉽게 항복했다. 운도 실력이라지만 등애는 지나치다고 할 정도로 운이 좋았다. 지형적으로 등애의 위군을 막을 수 있는 유일한 요새가 강유성이었지만 마막이 항복함으로써 촉나라의 멸망도 사실상 결정되었다. 『삼국지/위서/등애전』의

18-5 검문관. 검문관은 검각의 현재 이름이다. 1935년 도로 건설 때 파괴되었다가 1992년 다시 검문관의 관루를 만들었다. 그러나 2006년 화재와 2008년 대지진으로 다시 무너졌는데, 2009년 명나라 건축양식에 따라 재건하였다. 따라서 현재의 검문관은 삼국시대의 검각 위치와 다른 곳에 있다. 그러나 검문관 공원을 둘러보면 이곳이 파촉으로 들어가는 험지이자 요지임을 알 수 있다.

기록은 여기서 끝나지만 소설 삼국지에서는 마막의 아내 이씨가 항복하겠다는 마막에게 침을 뱉고 자살했다는 이야기를 추가했다(117회). 소설 삼국지의 작가들은 이곳을 지키면 등애의 군사를 물리치는 것이라고 생각했는지, 혹은 싸워보지 않고 항복한 마막을 단죄하기 위해서였는지 마막 아내의 순국이라는 허구를 덧붙였다. 등애는 마막의 항복 덕분에 손쉽게 강유성을 점령하고 부수를 따라 진격했다.

한편 촉나라의 수도 성도에 있던 후주 유선은 위장군衛將軍 제갈첨에게 군대를 주어 등애의 위군을 막도록 했다. 진수는 제갈첨에게 모욕을 당한 적이 있어서인지 그를 부정적으로 기술했다. 진수의 평가 요지는 이렇다. 제갈첨은 제갈량의 아들이기 때문에 명성이 높았던 것이지 실력은 부족했다는 것이다. 실제 제갈첨의 작전 능력만을 보면 틀린 말은 아니었다.

제갈첨은 부현에 도착한 후 더 이상 진격하지 않았다. 이때 제갈첨과 함께한 상서랑 황숭黃崇은 제갈첨에게 속히 전진해 험한 곳을 먼저 점거한 후 적군이 평지로 나오지 못하도록 해야 한다고 진언했다. 하지만 제갈첨은 황숭의 제안을 묵살했다. 황숭은 포기하지 않고 세 차례나 거듭 진언하며 제갈첨 앞에서 눈물까지 흘렸다. 그럼에도 제갈첨은 요지부동이었다. 강유성과 부현 사이의 지형을 살펴보면, 부수 주변에 산지와 평지가 혼재되어 있다. 황숭은 그 가운데 평지가 적은 지역을 막으면 위군이 진격하기 어렵다고 보고 제갈첨에게 방어에 유리한 곳으로 진격해야 한다고 말한 것이다. 하지만 아버지와 달리 지략도 부족했고 듣는 귀도 없어 황숭의 진언을 받아들이지 않은 제갈첨은 결국 패하고 목숨마저 잃었다. 그에 반해 등애는 천운을 타고 났다고 할 만큼 당시 운이 좋았다.

등애는 제갈첨의 선봉을 부현에서 격파했다. 이에 제갈첨은 면죽현으로 퇴각했다. 부현에서 면죽현까지 얕은 산이 있었지만 이를 지나면 광활한 평원이 펼쳐졌다. 지형상 그나마 유리한 부현에서 패하고 평지로 후퇴한 제갈첨의 촉군이 등애의 위군을 막기는 어려워 보였다. 등애는 제갈첨에게 항복을 권하는 편지를 보냈다. 항복하면 반드시 표를 올려 낭야왕琅邪王으로 봉하도록 주선하겠다는 내용이었다. 낭야는 제갈량의 고향이니, 촉나라를 멸망시킨 후 고향으로 돌려보내 여생을 편하게 살게 해주겠다는 야유의 뜻도 내포되어 있었다. 무능했지만 촉나라에 대한 충성심만은 강했던 제갈첨은 모욕적인 편지 내용에 화를 내며 위나라 사자를 목 베어 죽였다. 그는 군사들을 배치하고 등애의 위군과 결사적으로 싸웠다. 덕분에 등충鄧忠과 사찬師纂의 선봉군을 격파할 수 있었다. 이에 등애가 아들 등충과 사찬을 질책하

18-6 제갈첨(좌)과 제갈상(우)의 조상(쓰촨성 청두시 무후사). 제갈첨은 문신, 제갈상은 무장의 복장이다. 장군으로 출정해 등애에게 패하고 죽었지만 제갈첨은 그 전에 문신이었고, 문약한 이미지가 강했기 때문에 문신의 복장을 입혔다. 반면 제갈상은 한(촉)을 위해 장렬히 전사했기 때문에 용감한 무장의 복장으로 꾸몄다. 제갈량의 사당에는 대부분 제갈첨과 제갈상 부자의 조상도 같이 배치되어 있다.

니 그들은 죽음을 각오하고 다시 제갈첨의 군대와 싸워 대파하고 제갈첨과 황숭을 참했다. 이때 제갈첨의 아들 제갈상은 "부자가 국가로부터 은혜를 입었다. 일찍이 황호를 참하지 못해 국가를 망하게 하고 백성들을 죽게 만들었으니 살아서 무엇하랴!" 하고 외치고는 말에 채찍질해 적진으로 달려들어 싸우다가 전사했다.

황숭은 본래 222년 이릉 전투에서 촉군이 오군에게 패하자 위나라에 항복한 황권의 아들이다. 유비는 황권이 장강 이북의 군대를 지휘하다가 진퇴양난의 상황이 되자 위나라에 항복했음을 알고 황권의 가족들을 죽이지 않고 오히려 후대했다. 황숭은 지략이 있었던 황권의 아들답게 제갈첨에게 중요한 전략을 진언했고, 제갈첨이 듣지 않았지만, 그와 함께 끝까지 위군과 싸우다 죽었다. 유비의 관용과 포용 덕분에 배신자(황권)의 아들이 나라를 위해 싸우다 장렬히 전사한 인물이 된 것이다. 만약 결과가 좋았다면 황권과 황숭 부자의 이야기는 미담으로 전해졌을 것이다. 그러나 결과는 그렇지 못했다. 필자가 황숭의 미담을 발굴하지 않았더라면 황숭의 죽음은 여느 죽음처럼 취급되었을 것이다.

면죽현부터 성도까지는 말 그대로 탄탄대로였다. 비유법이 아니라 실제로 몇 개의 하천을 제외하면 평지밖에 없었다. 게다가 그나마 남아 있던 주력부대마저 면죽현에서 거의 살상되었으니 성도의 촉나라 조정은 말 그대로 속수무책이었고, 고민과 불안에 휩싸였다. 결국 후주 유선은 263년 11월 등애에게 항복했다. 등애는 후주의 항복을 접수하고 유선에게 각지의 촉군에게 항복 명령을 내리도록 지시했다. 이때 검각을 지키던 강유도 유선의 명령을 받고 종회에게 항복했다.

위나라는 263년 12월 임자일 촉나라 땅인 익주를 분할하여 양주梁州를 설치했다. 촉 멸망의 일등공신인 등애는 태위로 임명되고 식읍 2만 호를 받았다. 총사령관인 종회는 사도에 임명되고 식읍 1만 호를 받았다. 총사령관 종회보다 촉을 멸망시킨 등애가 상으로 받은 벼슬이 높고 식읍도 많았다.

종회는 이러한 논공행상에 만족하지 않았다. 그는 등애를 제거하고 파촉을 점거해 독립하려고 생각했다. 강유는 종회가 반역을 꾸밀 것이라는 사실을 알고 그에게 적극적으로 접근했다. 그는 종회의 자립을 돕는 척하며 기회를 엿봐 종회를 죽이고 촉나라를 부흥시키겠다고 계획했다. 그렇게 친해진 두 사람은 동상이몽을 꿈꾸었다. 종회는 계획에 따라 등애가 반란을 일으키려 한다고 모함했다.

조정에서 등애를 체포하라는 명령을 내렸으나 사마소는 등애가 명령에 불복할 것을 염려해 종회에게 성도로 진격하도록 명령했다. 이어 심복인 가충賈充에게도 군대를 이끌고 사곡으로 진격하도록 했고, 사마소 자신도 몸소 대군을 이끌고 허수아비 황제 원제元帝를 데리고 장안으로 가며 산도山濤를 행군사마行軍司馬로 임명해 업성을 지키게 했다. 사마소가 직접 장안으로 간 것은 등애나 종회가 반란을 일으킬 상황에 대비하려는 것이었다. 둘 중 하나라도 파촉과 관중의 교통로를 차단하면 공손술이나 유언처럼 파촉에서 독립할 수 있기 때문에 미리 장안에서 대처하려는 의도였다. 또한 산도에게 업성을 지키게 한 것은 원제가 수도 낙양을 비운 사이 업성에 감금된 위나라 황실 일족들이 반란을 일으키거나 반란군에게 황제로 추대되는 것을 막기 위해서였다.

종회는 성도로 진군하며 위관衛瓘을 보내 등애를 사로잡도록 명령했다. 결국 등애는 체포되어 압송되었다. 종회는 성도에 입성한 후 야심을 드러내어 위장들을 감옥에 가두고 강유와 촉장들을 등용했다. 강유는 종회에게 위나라 장수들을 모두 죽이도록 사주하고 수족이 잘린 종회를 죽인 후 위나라 군사들을 모두 파묻어 죽일 계획을 세웠다. 또 유선을 다시 황제로 옹립하려는 계획을 세웠고, 유선에게도 비밀리에 편지를 보내 내통했다.

종회는 위나라 장수들을 죽이자는 강유의 말에 주저하며 결정을 내리지 못했다. 종회 자신이 반란을 일으킬 경우 위나라 장수들이 그의 명령을 따르지 않을 가능성이 많으므로 그들을 제거해야 한다는 말에 타당성이 있다고 생각했지만 그렇다고 위나라 장수들을 다 쳐내면 종요 자신이 촉나라 장수들에 둘러싸인 허수아비로 전락할 우려도 있었다. 막 항복한 촉나라 장수들의 충성심을 어디까지 믿을 수 있을지도 모를 일이었다. 이때 호열의 아들 호연胡淵이 감옥에 있던 아버지의 명령을 받고 군대를 일으켜 종회를 공격했다. 종회와 강유는 위나라 군사들에 맞서 싸웠으나 피살되었다. 이때 위나라 군사들은 유선의 아들 태자 유선劉璿과 강유의 가족들도 모두 죽였다.

성도에서 한바탕 살육전이 벌어지고 있을 때 등애의 군사들은 등애를 실은 함차檻車를 추격해 등애를 석방시키려고 했다. 그러나 당시 군사들의 소동을 마무리하고 질서를 유지했던 위관은 그 자신도 등애를 모함했던 처지여서 그가 석방되면 자신에게 불리할 것이라고 생각하고 군사들을 보내 면죽현 서쪽에서 등애를 살해했다. 그리하여 권력자 사마소와 그를 따라 종군했던 문무 관리들에게 유리한 그림이 그려졌다. 총사령관 종회와 촉 정복의 일등공신 등애가 제거된 덕에 그 공을 나머지 사람들이 나눠 가질 수 있게 된 것이다. 264년 정월 모든 반란이 끝나고 촉나라 정벌에 공을 세운 등애와 종회가 제거되자 사마소는 2월 낙양으로 돌아갔다.

위나라는 촉나라 부흥운동을 겪은 다음 그것의 재발을 막기 위한 조치를 강구했다. 결론은 지배층과 백성 일부를 강제 이주시키는 것이었다.

파촉의 지배층과 백성들은 크게 세 지역으로 강제 이주되었다. 먼저 위나라는 264년 3월 후주 유선과 황실 일족, 관리들을 위나라의 수도 낙양으로 이주시켰다. 유선의 아들들을 도위에 임명했고, 옛 신하들에게도 열후의 작위를 주었다. 장군 종예宗預와 요화, 제갈량의 후손 등 3만 가구는 하동군과 관중의 각 지역으로 이주시켰다. 필자가 조사한 바에 따르면 종예와 요화, 제갈량, 장완, 비위 등의 자손, 또 북조 수당 시대에 문벌로 성장하는 설씨薛氏, 유은柳隱 등이 하동군으

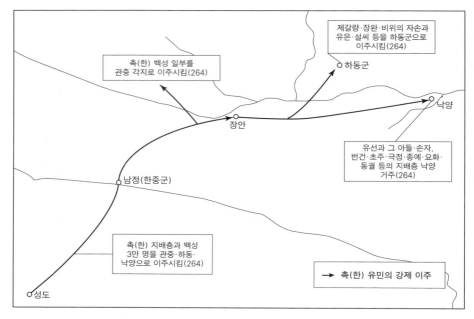

18-7 촉나라 지배층과 백성들의 강제 이주.

로 강제 이주되었다. 관중으로 이주한 사람들의 기록들은 남아 있지 않다. 아마도 정치적으로 중요하지 않은 사람들이 옮겨진 것으로 보인다. 이들에게는 20년 동안 조세 면제의 혜택이 주어졌다. 이는 언뜻 큰 혜택처럼 보이지만 그렇지 않다. 반대로 생각하면 20년 동안 조세를 면제시켜주어야 할 정도로 이들은 경제적으로 어려웠다는 뜻이다. 이들은 아마 종회의 난 당시 위나라 군사들의 약탈 때문에 경제적인 피해를 입은 데다 강제 이주 때문에 막대한 비용이 지출되어 경제적으로 회복하기 어려운 상태였을 것이다.

### 관중 세력의 교통로별 파촉 남진 _____

결과적으로 위나라가 촉나라를 정복했지만 그것은 등애의 기지와 마막의 항복, 제갈첨의 자충수 등 많은 우연이 겹친 결과였다. 이번에는 앞서 파촉에서 관중으로 공격한 진격로와 그 통계를 살펴본 것처럼 관중에서 파촉을 공격한 사례들을 살펴보자.

18-8의 지도에서 볼 수 있듯 가장 서쪽의 ①번 루트, 즉 진령 서쪽을 우회한 진격로는 모두 7회였으며(20.6%), 다섯 개의 진격로 가운데 두 번째로 공격 횟수가 많았다. 앞에서 살펴본 등애의 촉 정벌로가 대표적인 예다. 그 밖에 북조시대 서위西魏의 여러 장군이 이 길로 한중과 위흥魏興을 공격했고, 이는 금과 몽골의 남송 공격로이기도 했다. 7회 가운데 4회 성공했다(성공률은 57%).

②번 루트는 고도(진창도)를 통한 진격로로, 16회를 시도했을 정도로 가장 많이 이용한 길이었으며 전체 공격 횟수의 47.1%를 차지했다. 북위 후기 원영元英이 이 길로 진군해 양주梁州를 점령했고, 금나라와 몽골도 이 길로 남송을 공격했으며 명나라 초기 부우덕傅友德이 사천의 군벌 명옥진明玉珍의 아들 명승明昇을 토벌할 때도 이 길을 통과했다. 이 길을 지나 영토를 점령하거나 왕조 또는 지방 정권을 멸망시키는 데 성공한 예는 6.5회였다(40.6%).*

③번 루트는 사곡을 통과하는, 포사도를 이용한 진격로이다. 전국시대 진혜왕惠王의 촉 정벌, 조조의 유비 공격, 종회의 촉 공격, 당나라 중기 고숭문高崇文의 유벽 토벌 등 모두 4회 이용되었고(11.8%), 성공 횟수는 0.5회였다(성공률 12.5%). 종회는 263년 촉나라를 공격할 때 당락도와 함께 이 포사도를 이용했고, 결국 성공했다.

④번 루트는 낙곡을 통과하는 진격로이다(당락도). 이 길을 통한 남

---

* 횟수를 계산할 때 두 개의 길로 나누어 공격한 경우에는 0.5회로 계산해 소수점 이하의 숫자가 나왔다.

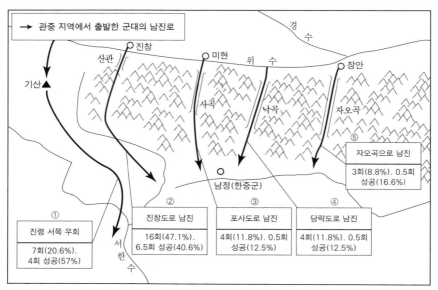

18-8 관중 세력의 교통로별 남진 통계.

진은 위나라 조상의 촉 공격과 종회의 촉 공격, 당 중기 이원혁李元奕
의 유벽 토벌 등 4회(11.8%)였고 성공 횟수는 0.5회에 불과했다(성공
률 12.5%). 이 길도 종회가 263년 촉나라를 공격할 때 이용했고, 결과
적으로 성공했다.

　⑤번 루트는 자오곡을 통과하는 자오도 진격로다. 모두 3회 이용되
었고(8.8%), 성공 횟수는 0.5회에 불과했다(성공률 16.6%). 삼국시대
위나라의 장합과 종회의 일부 군사들이 이 길로 촉나라를 공격했다.

　요컨대 교통로로 많이 이용했던 진창도(고도)와 진령 서쪽의 상대
적으로 평탄한 곳으로 우회하는 길이 관중에서 파촉으로 남진하는 주
요 교통로였고 성공 확률도 높았다. 오히려 사곡과 낙곡, 자오곡을 통
해 한중군을 점령했던 종회의 경우가 예외적인 성공 사례였다. 즉 포
사도, 당락도, 자오도를 이용한 진격로는 험한 진령 때문에 성공할 확

률도 낮았고 실제로도 덜 이용되었다. 그래서 촉나라가 더 허를 찔렸는지도 모르겠다.

## 파촉의 정복과 피정복 통계 _____

사방이 폐쇄적인 파촉 지역이 외부의 공격에 얼마나 취약했는지 살펴보기 위해 파촉이 외부로부터 공격을 받아 점령된 횟수와 외부를 공격하여 점령한 횟수를 계산해보았다.

18-9 지도에서 볼 수 있듯 관중에서 파촉을 공격해 점령한 횟수가 가장 많았다. 관중의 왕조나 정권이 파촉을 공격한 횟수는 모두 25회이고, 그 가운데 11회 성공했다. 전국시대 진나라의 촉국蜀國과 파국巴國 정복, 위나라의 촉나라 정복, 오대십국시대 후당의 전촉 정복, 북송의 후촉 정복이 대표적인 성공 사례이다. 관중에서 파촉을 공격해 성공할 확률은 44%였다.

반면 파촉 세력이 관중을 점령한 것은 1회밖에 없다. 최초의 공격이었던 진한 교체기 한고조 유방의 관중 진격이다. 삼국시대 촉나라는 제갈량이 5회, 강유가 11회 북벌했지만 한 차례도 성공하지 못했고, 오대십국시대 이곳을 점거한 전촉前蜀과 후촉後蜀도 관중을 공격했지만 성공하지 못했다.

장강 중류와 하류를 지배한 왕조와 세력이 파촉을 점령한 횟수는 5.5회이다. 후한의 광무제가 장강 중류에서 군대를 보내 파촉을 점거하던 공손술公孫述을 정복했고, 동진시대 환온桓溫이 장강 중류의 형주에서 성한成漢을 공격해 멸망시켰다. 0.5회로 계산한 것은 명나라 초기에 관중과 장강 중류에서 동시에 이곳으로 진격해 군벌 명진을 멸망시킨 일을 가리킨다.

반면 파촉의 왕조와 정권이 장강 중류를 공격해 성공한 적은 거의

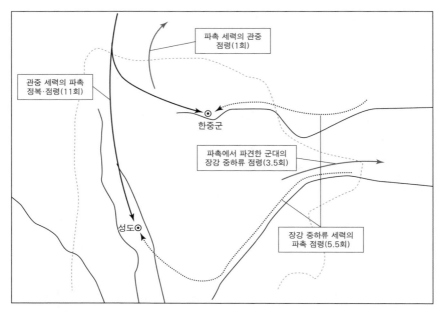

18-9 파촉 세력의 정복과 피정복.

없었다. 전국시대 초에 파나라가 초나라의 변경을 침입해 이긴 정도
이다. 유비도 222년 손권을 공격했다가 실패했다. 그에 반해 파촉 지
역을 지배한 북방 왕조가 이곳에서 군대를 보내 장강 중하류를 점령
한 것은 3.5회에 달한다. 서진이 오나라를 멸망시킬 때 익주자사 왕준
王濬이 군대를 이끌고 장강 하류로 진격해 오나라의 도성 건업을 점
령한 것이 대표적이다. 그러나 이때 한 곳에서만 출동한 것이 아니었
기 때문에 0.5회로 계산했다. 화북 지방과 파촉을 지배한 왕조, 예컨
대 통일 이전의 서진, 북주, 수, 당, 북송 등은 장강 중류를 공격할 길
이 하나 더 생긴 셈이기 때문에 장강 중하류 지역을 정복하는 데 더
용이했다.

　통계적으로 보면 파촉은 북쪽과 동쪽 지역, 특히 북쪽 관중 세력에

게 일방적으로 당했다. 관중과 파촉 사이에 있는 험준한 진령은 모두에게 상대방 지역을 공격하는 데 장애가 되었다. 따라서 지형지물을 핑계 삼기는 어려울 것이다. 또한 배후의 곡창지대에서 남진하는 군대나 북벌하는 군대로 식량을 수송하려면 지나야 하는 험한 산지가 많은 것도 양쪽 모두에게는 위험 부담이었다. 이처럼 자연 조건이 비슷한 상황에서 관중 세력은 일방적인 우세를 보였다. 이러한 현상은 관중 지역에 사는 사람들이 상대적으로 체격이 크고 사납고 용맹했거나 관중을 지배하는 왕조의 군사력이 강했기 때문이라고 해석할 수도 있다. 파촉, 현재의 사천(쓰촨성) 사람들은 중국인들 가운데 키가 작은 편에 속한다고 한다. 즉 파촉의 일방적인 패배는 총과 대포가 전쟁에 사용되지 않은 시대에 왜소한 신체를 가졌고 상대적으로 온화한 지역에 살아 성격이 온순한 파촉 사람들이 전장에서 투지가 부족하고 무예에 능하지 못했기 때문이라고 볼 수도 있을 것이다. 하지만 필자가 보기에 파촉의 일방적인 패배는 두 진영 간의 현격한 군사력 차이보다는 내부의 정치적 분열이 더 중요한 요인이었다.

삼국시대 위나라의 촉한 정복을 비롯하여, 서위의 양梁나라 파촉 지역 정복(무릉왕 소기 공격), 오대 후당의 전촉 정복, 송나라의 후촉 정복 등 관중의 파촉 정복 사례를 보면, 모두 파촉에 있던 나라들의 내분을 틈타 성공했다는 공통점이 있다. 따라서 관중 지역이 일방적으로 파촉 지역을 정복한 이유를 단순히 군사적, 체제적 우월성으로 설명할 수는 없다. 외형상 양자의 대결은 내부 결속력의 차이 때문에 승패가 결정되었으며, 팽팽한 접전 속에서 상대방의 내분을 이용한 속공을 펼친 관중 지역의 우세로 나타난 결과만을 설명할 수 있을 뿐이다.

예로부터 파촉은 야심이 없고 험한 교통로를 지켜 지방 정권의 지배자로 만족하는 사람들에게는 낙원이었다. 그러나 천하통일을 꿈꾸는 사람들에게는 좋은 땅이 아니었다. 유비가 파촉을 정복한 후 다시 형주로 돌아와 허창을 공격하고 관우와 장비에게 관중 공격을 맡겼으면 어땠을까 하는 부질없는 가정을 해본다.

## 모함을 당해 살해된 촉한 정복의 명장 등애 ＿＿＿

박종화의 삼국지를 읽고 제갈량의 수제자인 강유를 괴롭혔던 등애를 무척 싫어한 적이 있다. 북벌하는 강유의 군사들을 보는 족족 쳐부쉈기 때문이다. 그러나 『삼국지』를 보면서 생각이 바뀌었다. 등애와 필자가 비슷한 점이 많음을 발견했기 때문이다. 일단 지도 보기를 좋아했다. 등애는 늘 지도나 지형을 보면서 군영을 세울 곳을 열심히 찾았다.

등애는 언어장애 때문에 별볼일없는 말단에서 시작했지만 후에 상계리上計吏가 되고 사마의에게 잘 보여 출세 가도를 달렸다. 그의 업적은 크게 네 가지다.

첫째, 회수 유역에 둔전과 수리 시설 확충을 건의했다. 오나라와 싸우는 변경에 둔전을 실시해 회수 북쪽에 2만 명, 남쪽에 3만 명을 주둔시키고 조를 나눠 일부는 농사를, 일부는 변경 방어에 힘쓰게 했다. 그 결과 1년에 500만 석을 거둬들였고 6~7년에 3,000여만 곡을 회수가에 비축할 수 있었다. 등애의 건의 덕분에 위나라는 오나라의 공격을 막아낼 경제적 기반을 마련했다. 또 광조거廣漕渠*를 개통시켜 수운에 편리하게 했다.

---

* 광조거는 241년 회양淮陽, 백척百尺 2거를 확장하고 회수, 영수潁水까지 연결한 운하이다. 전체 길이는 300여 리(약 130.2km)에 달한다.

둘째, 등애는 그 유명한 강통江統의 사용론徙戎論보다도 먼저 중국 내지의 이민족을 변경으로 내쫓을 것을 주장했다. 당시 흉노의 우현왕右賢王 유표劉豹가 강성하자 그의 집단을 변경인 안문군鴈門郡으로 이주시켜 세력을 약화시키자고 제안했다. 강인 역시 점차적으로 내쫓자고 했다. 『삼국지』를 보면 당시 권력자인 사마의의 아들 사마사는 이를 받아들였다고 한다. 그러나 서진시대에 강통과 곽흠이 이민족을 변경 밖으로 내쫓아야 한다고 주장한 것을 보면(사용론) 등애의 주장이 제대로 집행된 것 같지는 않다. 그렇다고 해도 등애의 혜안에 감탄하게 된다.

셋째, 등애는 서쪽 변경에 주둔할 때 방어 시설을 수리하고 성과 오塢를 만들었다. 서진 무제(사마염) 태시 연간에 강인들이 반란을 일으켜 량주자사를 살해했다. 이때 등애가 축조한 오에 주둔한 관리와 백성들만 안전했다.

넷째, 촉나라의 북벌을 막고 촉나라를 멸망시켰다. 등애는 249년과 255년, 256년, 262년 등 촉나라 장군 강유의 북벌을 여러 차례 막아냈다. 게다가 조진과 장합, 사마의도 하지 못한 촉나라를 멸망시키는 공을 세웠다.

그러나 등애의 최고 업적인 촉나라 정복은 그의 목숨을 앗아갔다. 조연의 역할을 해야 하는 등애가 주인공을 맡았으니 원래 주연인 종회와 그 부하들이 시기와 질투를 한 것이다. 공을 세우지 못하면 승진도 안 되고 상도 받을 수 없기 때문이다. 종회는 등애를 모함했고, 심지어 등애가 조정에 바치는 문서를 가로채 위조까지 했다. 결국 등애는 역모죄를 뒤집어쓰고 죄수가 되어 낙양으로 압송되었다. 그사이 종회는 항복한 촉나라 장군 강유와 모의해 위나라 장수들을 구금하고 반란을 일으키려고 했다. 이를 안 호열胡烈 등 위나라 장수들은 기회를 틈타 종회에게 반기를 들고 종회와 강유를 죽였다. 이때 등애의 부하들은 그를 다시 모셔오려고 했다. 그러나 종회와 함께 등애를 모함한 위관衛瓘이 후환을 없애기 위해 전속田續을 보내 등애와 맏아들 등충을 살해했다. 낙양에 있던 아들들도 모두 주살되었고, 등애의 처자와 손자는 서역으로 유배되었다. 등애는 전장에서 이겼으나 정치에서 졌다.

촉나라를 정벌하기 위해 출정했던 등애와 종회가 죽고 위관과 두예 등이 포상을 받았다. 물론 최후의 승자는 사마소였다. 사마소는 후방에서 명령만 내렸지만 촉나라 멸망의 공을 인정받아 진왕晉王으로 승진했다.

사마소의 아들 사마염은 즉위한 해인 265년 등애를 신원했다. 그리고 8년 뒤에는 후손을 낭중으로 임명했다. 사실 산 사람보다 죽은 사람을 표창하는 것이 정치적으로 이익이라는 것은 권력의 속성이다. 그러나 죽은 사람은 말이 없다.

등애의 죽음을 보면 '재주는 곰이 부리고 돈은 되놈이 챙긴다'는 속담이 떠오른다. 이는 촉나라를 멸망시킨 위나라의 등애뿐만 아니라 오나라를 멸망시킨 서진의 두예杜預가 출세하지 못한 것을 보면 더욱 그런 생각이 든다. 등애는 모함으로 죽었고, 두예는 권력의 핵심에 끼지 못했다. 두 사람 모두 위나라의 경제 발전과 재정 확충에 공헌한 유능한 관리였고, 군사적 재능도 보여줬다. 그러나 논공행상은 능력이 부족하지만 권력의 중심부에 있던 사람들이 차지했다. 능력이 부족한 사람은 관리직으로 승진하고 능력 있는 직원들은 여전히 실무를 맡아야 조직이 굴러간다는 딜버트의 법칙 때문이라고 좋게 봐줘야 할까. 영민한 독자들은 이들이 살던 사회가 소설 삼국지에서 많은 장수가 능력을 마음껏 펼치던 것과 사뭇 다르다는 것을 느낄 수 있을 것이다. 어쩌면 조조 생전과도 논공행상의 문화가 달라졌을지 모른다.

『삼국지/등애전』의 배송지주에는 등애에 대한 기록이 별로 없다. 이는 등애가 중요하지 않은 인물이어서가 아니라 지배층이 등애에 대해 별로 할 말이 없었기 때문이다. 그러나 일반 백성들은 달랐다. 등애를 제사 지내는 사당이 강회(장강과 회수 사이 지역)와 관중, 연주, 파촉에 널리 퍼져 있었다. 이들 지역은 등애가 지방관 혹은 군사령관으로 주둔한 곳들이다. 등애를 경험한 백성들은 그를 동정했고 그의 억울한 영혼을 달래어주었으며 심지어 신으로 숭상했다. 비록 지배층에게는 외면받았지만 백성들에게는 어느 정도 사랑을 받은 인물이 등애였다.

## 유선은 멍청한 군주인가?

유선은 자가 공사公嗣이며, 아명은 아두이다. 『삼국지』에는 '아두阿斗'라는 단어가 「유봉전」에 단 한 번 등장한다. 소설 삼국지에서는 감부인이 유선을 낳기 전에 꿈에서 북두칠성을 삼켰다고 해서 '아두'라는 아명이 붙여졌다고 했다(34회). 「유봉전」에 이 이름이 언급된 것을 보면 유선의 아명이 아두인 것은 분명하다. 또 '두斗'라는 한자가 북두칠성을 연상시키기 때문에 소설 삼국지의 설명은 적절해 보인다. 북두칠성은 우리나라에서도 신처럼 숭상되었지만 중국에서도 특히 도교에서 북두진인北斗眞人이라는 신으로 승격되었을 정도로 백성들의 신앙 대상이었다. 아명 자체가 범상찮다.

아버지 유비가 219년 한중왕이 되자 유선은 왕태자가 되었고, 221년 황제로 즉위하자 태자로 책봉되었다. 유비가 이릉 전투에서 패한 후 백제성이라고도 하는 영안궁永安宮에서 죽자 그는 223년 황제로 즉위했다. 그는 17세에 즉위해 40년 동안 황제 자리를 지켰다.

망국의 군주였기 때문에 유선은 멍청하고 아둔하다는 이미지가 덧씌워졌다. 촉나라가 망한 후 그는 낙양으로 끌려가 안락현공安樂縣公에 봉해졌다. '안락'은 현 이름이기도 하지만 근심이나 걱정 없이 몸과 마음이 평안하고 즐겁다는 뜻을 가지고 있다. 아무 생각 없이 사는 사람이라는 비꼬는 뜻의 작위를 준 것이다. 실제로 유선이 아무 생각 없이 살았던 것처럼 보이는 예가 『한진춘추』에 보인다.

사마소가 유선을 잔치에 초대하고 그를 위해 촉나라의 음악과 무용을 상연하도록 했다. 좌우에서 함께 구경하던 사람들은 유선을 위해 동정의 눈물을 흘렸으나 유선은 기쁘게 웃으며 태연해했다. 사마소가 심복 가충에게 "제갈공명이 있어도 이런 상태의 군주로는 도저히 보좌할 수가 없을 정도인데 하물며 강유야 어쩔 도리가 있었겠는가!"라고 말했다. 나중에 사마소가 유선에게 "촉나라가 생각나지 않습니까?"라고 물었다. 유선은 "이곳 생활이 즐거워 촉나라가 생각나지 않습니다"라고 대답했다. 극정은 이를 듣고 유선을 알현해 "만약 사마소가 나중에 또 물으면 울면서 '아버지의 무덤이 멀리 농롱·촉촉에 있으니 마음이 서쪽에 있어 슬프며 생각나지 않은 날이 없습니다'라고 말하고 눈을 감으십시오" 하고 간언했다. 나중에 사마소가 다시 묻자 유선은 극정이 시킨 대로 대답했다. 사마소는 "공의 말이 어찌 극정의 말과 똑같소?"라고 말했다. 유선은 놀란 눈으로 "진실로 대왕의 말씀이 맞습니다"라고 말했다. 좌우에 있던 사람들이 모두 웃었다.

소설 삼국지에서는 『한진춘추』의 인용문을 그대로 베끼며 연회에 촉나라 관리들도 있었다고 서술했다. 또 별도의 자리 대신 유선이 화장실에 다녀오는 사이 극정이 따라가서 대답할 말을 알려주었다고 기록해 한날의 일이었다고 서술했다(119회). 그리고 다음의 내용을 삽입했다.

사마소는 이 때문에 후주 유선의 꾸밈없는 태도를 깊이 기뻐하며 더 이상 의심하지 않았다. 후세 사람이 한탄하여 다음과 같은 시를 지었다. "쾌락을 쫓고 즐거우니 웃는 얼굴이 펴지고, 잠시도 망한 나라를 슬퍼할 생각이 없네. 타향에서 쾌락을 즐겨 옛 나라를 잊어버리니, 바야흐로 후주(유선)가 어리석음을 알겠도다."

사마소나 후세 시인이나 후주 유선을 어리석다고 평가했다. 이 대목을 접한 독자나 청중도 후주 유선의 어리석음을 한탄한다. 유비는 죽기 전에 제갈량에게 '내 아들 유선이 어리석으면 승상이 아들을 내쫓고 제위에 오르시오'라는 유언을 남기지 않았던가! 두 일화를 결합하면 유선의 어리석음은 부인할 수 없다? 필자도 처음에는 그렇게 생각했다. 하지만 한 중국 학자의 유선 평가를 보고 생각이 바뀌었다.

『한진춘추』와 소설 삼국지의 인용문을 보면 사마소는 유선과 극정의 대화 내용을 이미 알고 있었다. 이는 극정이 사마소나 그 측근에게 고자질했거나 주변에 감시하는 밀정이 있었기 때문에 가능했다. 유선은 사마소의 말을 듣는 순간, 자기 주변에 자신을 감시하는 사람들이 있음을 직감했을 것이다. 이 상황에서 벗어나는 방법은 자신을 희화화하는 방법, 즉 멍청하다는 연극밖에 없었다. 유비가 유선을 어떻게 가르쳤는지는 사서에 기록이 없어서 자세히 알 수 없으나, 유비는 절망과 같은 상황에서 오뚝이처럼 우뚝 섰다. 유비는 평생 싸움터에서 최소 18승 3무 15패로 50%의 승률을 거뒀다. 예주·서주를 차지해 군웅의 반열에 오른 후에는 9승 3무 14패로 34.6%의 저조한 승률을 기록했다. 여포에게 서주를, 조조에게 예주·서주, 여남군를 각각 빼앗겼고 원소·유표에게 몸을 의탁하기도 했다. 적벽대전에서 승리하기 전에는 형주에서도 쫓겨나 거의 밑바닥이나 다름없는 경험도 했다. 유선이 여러 차례 지역 기반을 빼앗기고도 포기하지 않았던 유비의 노하우를 전수받았다면 그는 언제가 됐든 재기할 생각을 품었을 것이다. 사마소도 당연히 그 점을 알았기 때문에 망국의 군주인 유선을 철저히 감시했다. 그렇기에 사마소의 감시망을 느슨하게 하거나 죽음에서 벗어나는 방법은 유선 스스로 멍청함을 공공연히 선전하는 방법밖에 없었다.

유비의 유언은 이미 제갈량에 대해 서술할 때 설명했다. 유비는 유선이 아둔하다는 데 방점을 둔 것이 아니라 승상 제갈량에게 전권을 위임하며 힘을 실어준 것이다. 제갈량은 서서, 방통, 법정, 이엄 등의 견제를 받았다. 유비는 황제 자리를 들먹거렸지만, 제갈량에게 황제가 되라고 말한 것이 아니라 전권을 줄 테니 꿈을 실현해보라고 한 것이다. 제갈량의 자리를 넘보는 이엄 등에게 준 무언의 메시지였다.

유선이 즉위한 지 11년이 지난 234년 승상 제갈량이 죽었다. 다음 해 대장군으로 승진한 장완蔣琬은 239년 대사마에 임명되었지만 246년에 죽었다. 이후 243년 대장군에 임명된 비위費禕가 장완의 후계자가 되었다. 그런데 『위략』에서는 장완이 죽은 후 후주 유선이 스스로 정사를 처리했다고 기록했다. 이 기록이 맞다면 243년 이후 비위(243~253년)와 강유(256~263년)가 대장군이 되었지만 유선이 친정했다는 것이다. 후한시대에는 주로 외척들이 대장군과 녹상서사錄尚書事(상서 혹은 상서대의 사무를 총괄한다는 뜻으로 벼슬 이름은 아니다)를 겸해 권력을 행사했는데, 유선은 제갈량과 장완을 제외한 신하들에게는 전권을 부여하지 않았다는 뜻이다. 즉 243년부터 촉이 망한 263년까지 20여 년 동안 유선은 직접 나라를 다스렸다. 최고 벼슬인 대장군에 임명된 비위와 강유는 위나라의 공격을 막거나 북벌을 위해 한중과 기타 지역에 있었으므로 성도의 조정에 영향력을 행사하기 어려웠다. 후주는 이 틈을 타서 국정을 직접 장악한 것이다.

『삼국지/후주전』에 따르면, 258년부터 환관 황호가 국정을 농단했다. 이는 역으로 적어도 그 이전 약 15년 동안은 후주 유선이 비위, 동윤, 동화 등의 보좌를 받으며 선정을 폈다는 뜻이다. 황호가 유선을 현혹했던 258년 유선의 나이는 52세였다. 이미 35년이라는 긴 시간 동안 황제의 자리에 올랐으니 점차 정사를 등한시할 법도 했다. 유선과 비슷한 나이에 즉위한 전한 무제도 50세가 넘은 말년에 무리하다가 흉노와의 전쟁에서 더 이상 이기지 못하고 가정의 참극을 겪으며 나라를 말아먹을 뻔했다. 장수한 남조의 양무제, 당현종도 말년에 판단 착오와 간신을 잘못 등용한 실수를 저질러 나라를 망쳤다. 청나라의 강희제와 건륭제도 나라를 망치지는 않았지만, 말년에 국정을 등한시해 옹정제와 가경제가 뒤치다꺼리하느라 고생했다. 노쇠에 따른 자연스러운 현상이었다.

게다가 유선이 후한 화제·순제·환제·영제처럼 전적으로 환관에 의지해 통치한 것도 아니었다. 유선이 황호를 신임했지만, 상서령 진지陳祗는 황호와 협력하면서도 견제했다. 또 위나라와 싸우느라 바빴던 강유나 여러 문무 대신도 자기 맡은 일을 열심히 했다. 후한 말처럼 환관만이 권력을 독점하는 상황이 아니었다. 황호는 유선이 부리는 여러 장기말 중 하나였을 뿐이다.

환관이 국정을 농단할 수 있는 것은 황제가 그만큼 힘이 셌기 때문이다. 후주 유선이 제갈량 시기처럼 가만히 있는 힘없는 황제였다면 환관을 신임해봤자 별 문제가 되지 않는다. 유선이 황제가 지닌 권력을 행사했고 일부를 신임하는 환관에게 나눠줘서 문제가 되었다. 즉 유선은 허수아비 황제가 아니었다.

요컨대 유선이 친정을 했던 20여 년 동안은, 비록 위나라의 공격으로 나라가 망했지만, 비교적 평화로웠다. 이는 유선의 정치력과 행정 능력이 뛰어났음을 보여준다. 다만 황호뿐 아니라 강유를 지나치게 신임한 점은 큰 잘못이다. 『삼국지/강유전』에서는 비위가 자기 능력을 과신하는 강유의 북벌을 견제했고, 따라서 강유는 비위가 죽은 253년부터 병권을 장악해 북벌을 시도했다고 서술했다. 그러나 앞에서 살펴본 것처럼 유선은 그 이전부터 권력을 장악했기 때문에 강유의 북벌은 곧 강유뿐만 아니라 유선의 뜻이었을 것이다. 그는 최소 5승 8무 7패, 승률 25%의 별볼일없는 무장인 강유에게 군대의 지휘권을 맡기고 256년에는 대장군으로 승진시켰다. 같은 해 강유가 패전을 이유로 제갈량처럼 강등을 요청하자 후장군으로 강등시켰지만 다음 해 다시 대장군으로 승진시켰다. 이후 촉나라가 망할 때까지 강유가 여러 차례 북벌에 실패했지만 다시 강등시키지는 않았다. 비록 황호를 내치라는 강유의 간언을 받아들이지 않았지만, 유선은 무장으로서 강유를 신임했다. 문제는 강유가 무능해서 나라가 망했다는 것이다.

다만 유선에게 아쉬운 것은 배려심 부족이다. 그는 260년 9월에야 관우·장비·마초·방통·황충에게 시호를 추증했다. 다음 해 3월에는 조운에게도 시호를 추증했다. 죽은 신하에게 시호를 준다는 것은 큰 영광이었다. 『삼국지/조운전』에 따르면, 유비 생전에는 법정만이 시호를 받았다. 그리고 이 두 해 전인 258년에는 제갈량과 장완, 비위, 진지, 하후패夏侯霸가 시호를 받았다. 제갈량·장완·비위는 명재상이었고 진지는 총신이라서, 하후패는 위나라에서 망명했고 황후 장씨의 친인척이었던 사실이 참작되어 각각 시호가 주어졌다. 그리고 260년에야 비로소 유비의 신하인 관우·장비·마초·방통·황충 5명에게 시호를 준 것이다. 유비는 관우·장비의 복수에 정신이 팔리고 이릉 전투에서 패한 후 병들었기 때문에 이들을 챙기지 못했다고 해도 유선은 그래서는 안 되었다. 촉나라가 건국한 지 39년이 지나, 유선이 즉위한 지도 37년이 지나서야 개국공신을 개국공신으로 대접해줬다. 게다가 장비는 유선의 장인이었다. 돌아가신 장인에게도 37년이 넘도록 시호조차 주지 않은 무신경이란. 더 황당한 것은 이 명단에 조운이 빠진 것이다. 유선도 잘못됐음을 알았는지 다음 해 조운에게도 시호를 내렸다.

조조가 형주를 점령했을 때 유비는 조조군에 쫓기자 처자를 버리고 도망 갔다. 이때 조운은 유비가 버리고 간 아들 유선을 품에 안은 채 감부인을 데 리고 탈출하는 데 성공했다. 또한 『삼국지/조운전』에는 없지만 배송지가 인 용한 『조운별전』과 『한진춘추』에 따르면, 손권은 유비가 파촉 정벌에 나섰다 는 소문을 듣고 배를 보내 유비와 결혼한 누이동생을 데려오려고 했고, 이때 손부인이 유선을 오나라로 데려가려고 했으나 제갈량이 조운과 장비를 보내 이를 제지하고 유선을 데리고 왔다고 기록했다. 소설 삼국지에서는 손부인이 아두를 데리고 오라는 어머니의 편지를 받고 아두(유선)를 데리고 갔다고 서 술했지만(61회), 『조운별전』에서는 손부인의 의지라고 서술했다. 이때 유선 이 손권에게 납치되었더라면, 어떤 일이 벌어졌을지 모를 일이다. 최소한 유 선이 유비의 뒤를 이어 촉나라의 황제가 되는 일은 없었을 것이다. 이처럼 2 번이나 자신의 목숨을 살려줘서 황제로 즉위하는 데 큰 공을 세운 조운을 유 선은 제대로 챙기지 않았다. 심리학에서 권력자들은 공감 능력이 부족한 경 향이 있다고 한다. 유선 역시 17세에 최고의 자리인 황제로 즉위했으니 공감 능력이 부족했을 것이다. 그래도 자신을 살린 은인을 오랫동안 잊고 있었다 는 사실은 공감 능력 부족만으로 설명되지 않는다. 우리가 모르는 사정이 있 나보다. 아버지 유비는 사람들의 마음을 사로잡고 그에게 충성하도록 하는 매력을 지녔지만 유선은 그렇지 못했던 것 같다. 등애가 촉나라의 수도로 진 격할 무렵 초주를 비롯한 신하들이 결사항전이 아니라 위나라에 항복하자고 진언했으니 말이다. 나라를 위해 희생하기는 싫고 위나라에서도 벼슬살이하 겠다는 말인데, 바꿔 말하면 유선에게 절대적으로 충성하지 않았다는 뜻이 다. 유비의 은혜에 감복한 황권의 아들 황숭은 등애의 군사들과 싸우다 전사 했는데, 유선에 감복해 죽기로 싸우기로 한 신하들은 없었나보다. 조운을 대 하는 태도를 보면 충분히 이해된다.

사족을 달자면, 유선은 망국 군주의 칭호에 교과서 역할을 했다. 분열의 시 대에 망국의 마지막 군주의 칭호를 '~제'가 아닌 후주로 칭하는 관례가 유선 의 예에서 생겨났다. 고위(북제), 진숙보(남조 진), 이욱(남당), 왕연(전촉), 맹 창(후촉), 유장(남한) 등도 유선처럼 '후주'라는 칭호를 얻었다. 시호나 묘호

없이 '후주'라고 지칭하는 것은 조롱과 멸시의 표현이다. 유선도 죽어서 이 치욕을 감내해야 했다.

---

## 위나라와 오나라의 일진일퇴 공방전 _____

오나라는 수전과 방어에는 능했지만 북벌을 할 만한 공격력을 갖추지 못했다. 그렇다고 해서 북벌을 단념한 것은 아니었다. 손권은 여러 차례 직접 북벌을 지휘했다. 하지만 11회의 전투 가운데 단 1차례만 성공했고, 그나마도 214년의 환성 점령이었으니 전적치고는 너무나 초라했다.

『삼국지/오서』에는 오나라가 위나라의 영토를 점령한 기록이 애매하게 기록되어 있다. 18-10 지도에서 볼 수 있듯 건업 북쪽의 장강이북은 구체적인 연도를 알 수 없지만 오나라의 영토로 편입되었다. 223년 5월에는 반란을 일으키고 위나라에 항복한 희구戱口의 수장 진종晉宗을 토벌하기 위해 오나라의 하제賀齊가 그다음 달에 기춘군蘄春郡을 공격하여 진종을 사로잡았다. 또 육손은 241년 4월부터 6월 사이에 주성邾城을 함락하고 3만 명을 주둔시켜 지키게 했다. 아마도 이 무렵에 기춘군 지역이 오나라의 영토로 편입된 것 같다.

오나라는 양양 남쪽의 사중祖中도 두 차례에 걸쳐 점령했다. 제갈근이 241년 4월에, 주연이 246년 2월에 점령했다. 그러나 『중국역사지도집』에는 사중이 위나라의 영토로 표기된 것으로 보아 오나라는 일시적으로 사중을 점령했다가 포기하고 후퇴했을 것이다.

오나라와 위나라의 전쟁은 222년부터 264년까지 42년 동안 모두 23차례 일어났다. 여기에 오나라와 진나라의 전쟁도 진나라의 오 정복 전쟁을 제외해도 15년 동안 최소 다섯 차례 발생했다. '최소'라는 표현을 쓴 것은 구체적인 날짜와 공격 장소의 기록이 없고 오나라의 손호가 진나라 변경을 여러 차례 공격했던 기록을 제외했기 때문이다. 18-10 지도에는 그 가운데 오나라와 위나라의 주요 전투만 표시했다.

18-10 지도의 실선 화살표는 222년 오나라와 촉나라가 전쟁하는 동안 위나라가 오나라를 기습한 것을 표시한 것이다. 위나라의 조비는 222년 9월 군대를 보내 세 방향에서 오나라를 공격했다. 즉 동쪽의 조휴와 장요, 장패는 동구洞口를, 중앙의 조인은 유수를, 서쪽의 조진, 하후상夏侯尙, 장합, 서황은 남군을 공격하게 했다. 손권은 여범呂範 등을 보내 5군을 지휘하여 수군을 이끌고 조휴 등을 공격하고, 제갈근, 반장, 양찬楊粲에게는 남군을 구하게 했으며, 주환朱桓을 유수독濡須督으로 임명해 조인에게 대항하도록 했다.

같은 해 11월 큰바람이 불어 여범 등 오나라 선박에 탔던 군사 수천 명이 익사하고 나머지 군사들은 강남으로 돌아왔다. 조휴는 이 기회를 놓치지 않고 장패에게 날래고 가벼운 배(輕船) 500척과 결사대 1만 명을 보내 서릉徐陵을 공격하여 성과 수레를 불사르고 수천 명을 죽였다. 그러나 전열을 정비한 오나라 장군 전종全琮과 서성徐盛이 추격하여 오히려 위나라 장수 윤로尹盧를 참하고 수백 명을 죽이거나 사로잡았다. 한편 가운데 방향으로 진격한 조인은 223년 3월 상조常彫 등 5,000명을 배에 태워 아침에 유수濡須의 중주中洲를 공격하게 했다. 당시 오나라는 유수에 주둔하던 오나라 군사들의 가족들을 유수에 있는 섬인 중주에 머물도록 했는데, 위나라 군대는 이 정보를 알고 이곳을 공격한 것이다. 또한 조인의 아들 조태曹泰도 군사를 이끌고 주환을 공격했는데, 주환은 이에 맞서 싸우며 한편으로 장군 엄규嚴圭 등을 보내 상조의 위군을 격파했다. 이에 위나라 군대는 철수하

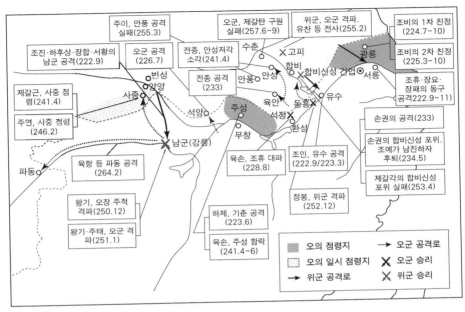

18-10 오나라의 북벌과 공방전(222~264년).

고 돌아갔다.

　당시 위나라가 오나라를 공격한 루트는 위나라와 오나라의 전체 전쟁 기간 동안의 공격로와 대략 일치한다. 서쪽부터 살펴보면 위나라의 양양에서 남하해 남군의 치소인 강릉을 공격하는 진격로가 있었다. 또 소호巢湖에서 유수오濡水塢 혹은 유수구로 진격하는 중앙 진격로는 조조 생전부터 위나라가 오나라를 공격하던 주된 공격로였다. 그 밖에 동쪽으로 조비가 두 차례 친정했을 때 광릉에서 장강을 건너는 진격로도 있었다. 그 가운데 위나라는 앞의 두 가지 공격로를 주로 애용했다.

　오나라가 위나라를 공격하는 진격로도 앞에서 언급한 두 공격로와 일치했다. 즉 오나라 군대는 형주 남군의 강릉에서 양양으로 진격하

는 길과 유수에서 소호를 거쳐 시수施水를 거슬러 올라가서 합비신성
合肥新城을 공격하는 진격로를 주로 애용했다. 합비를 돌파하면 비수
肥水를 따라 회남 지배의 본거지인 수춘까지 진격할 수 있었다. 그 밖
에 육안六安도 두 차례 공격했다.

즉 두 나라는 상대방이 어느 쪽을 공격할지 미리 예측할 수 있었다.
따라서 적들의 공격로 주변에 방어에 유리한 시설을 만들고 군대를
대거 배치했기 때문에 서로 상대방의 수비망을 뚫기 어려웠다. 18-10
지도에서 볼 수 있듯 위나라와 오나라는 모두 자신들의 본거지에서
주로 승리했다. 프로 스포츠를 보면 대개 홈팀의 승률이 높다. 팬들의
응원과 홈구장에 익숙하다는 점이 유리하게 작용하기 때문이다. 마찬
가지로 자기 나라 땅에서 싸울 때 주요 지형지물에도 더 익숙할 테니
적군을 물리칠 확률이 높았다.

전체적으로 오나라와 위나라는 국경선 부근에서 일진일퇴를 거듭
했다. 필자가 조사한 바로는 위나라가 오나라를 8차례 공격해 단 한
번 승리했다. 반면 오나라는 15차례 위나라를 공격해 3차례 승리했다.
상대방 성을 점령하거나 약탈에 성공한 것을 승리의 기준으로 삼았
다. 사실상 두 나라 모두 상대방을 공격해 점령하거나 큰 타격을 주는
데 실패한 것이다. 그 이유는 앞에서 말한 대로 상대방의 철저한 대비
때문이다.

한편 18-10 지도에서 설명할 필요가 있는 전투가 264년 2월에 벌
어진 오나라의 파동군巴東郡 공격이다. 촉나라는 바로 전해에 패망했
다. 이때 오나라 조정에서는 익주를 정복해야 한다는 의견이 대두되
었다. 여러 이유가 존재하지만 중요하게는 익주를 확보해야 위나라의
공격을 막아낼 수 있기 때문이었다. 이에 육항과 유평留平, 성만盛曼
등 오나라 장군들은 군대를 이끌고 파동군을 공격하여 파동 수장 나

헌羅憲의 군대를 포위했다. 하지만 이기지 못하고 물러났다.

265년 위나라 조환(위원제)이 사마염司馬炎에게 황제의 자리를 물려줌으로써 위나라가 망하고 진나라(西晉)가 들어섰다. 오나라는 진나라와 다섯 차례 공격을 주고받았다. 오나라는 진나라를 세 차례 공격해 2번 승리했고, 진나라는 두 차례 공격해 모두 이겼다. 마지막 여섯 번째 전투에서 결말이 났고, 결국 진나라가 오나라를 정복했다. 결과적으로 오나라는 18회 공격에서 5회 성공했지만 단 한 번도 위나라에 치명적인 상처를 입히지는 못했다. 복싱으로 치면 가벼운 훅이나 잽을 맞힌 것에 불과했다. 북방의 위나라와 그 후신인 진나라가 가벼운 펀치를 맞고 아파할 리 없었다.

오나라의 실패 원인은 여러 가지가 있겠지만, 위나라가 촉나라보다 오나라 공격에 관심을 가진 것이 컸다. 촉나라를 멸망시킨 것까지 포함해 위나라가 촉나라를 공격한 것은 세 차례에 불과했지만 오나라는 여덟 차례 공격했다. 게다가 전쟁 중이 아닌 때에도 위나라는 대규모 군대를 회남의 합비와 인근에 주둔시키고 회남과 회수에 둔전을 경작하여 식량까지 자급자족하니, 오나라로서는 병력이나 군량 면에서 모두 불리했다. 여기에 또 다른 전쟁터인 양양 일대는 낙양으로 통하는 관문이었기 때문에 위나라가 대군을 주둔시켜 방어한 탓에 오나라 군사들이 쉽게 점령하기 어려웠다.

장강 하류를 근거지로 둔 정권이나 왕조가 자신의 지역을 지키기 위해서는 중요한 요충지인 장강 중류를 지켜야 했다. 장강 중류, 즉 형주에서 배를 타고 하류로 진격하면 장강은 군대의 진격을 막는 장애물에서 자연적인 교통로로 변한다. 그러니 장강 하류에 있던 세력은 장강 중류를 지배해야 자신을 안전하게 지킬 수 있었다. 손권이 형주를 점령하기 위해 노심초사한 이유다.

조조의 손권 공격 3회(조조가 214년 7월에 손권을 정벌하려다가 10월에 합비에서 회군한 것은 제외)와 위 건국 이후의 공격 8회를 합해 위나라의 오나라 공격 방향을 18-11 지도에 표시했다.

18-11 지도에서 볼 수 있듯 총 11회의 공격 가운데 형주, 즉 장강 중류로 진격한 것은 4회에 불과했다. 만약 무창도 장강 중류에 포함하면 5회이다. 반면 장강 하류를 공격한 것은 9회이다(위군이 오나라를 공격할 때 두세 곳에서 동시에 출병한 예도 있기 때문에 중복 계산되었으므로 양자의 공격 횟수가 총 공격 횟수보다 많다). 통계상 위나라는 장강 중류보다 장강 하류 공격을 선호했다.

구체적인 공격 지점으로 살펴보면 조조와 위나라는 소호 남쪽의 유수濡水 일대를 4회 공격했다. 위군의 남군(강릉) 공격은 3회 혹은 4회였다(208년 적벽대전 당시 조조가 남군을 점령한 것까지 포함할 경우). 광릉은 2회이며, 모두 조비의 친정 때 진격한 곳이다.

조조는 208년 적벽대전에서 패한 이후 장강 중류로 공격하는 것보다 장강 하류로 공격하는 것을 선호했다. 이는 아들 조비와 손자 조예 시기에도 마찬가지였다. 반면 위나라 건국 이후 8차례의 오나라 공격 가운데 단독으로 장강 중류를 공격한 예는 많지 않다. 위군의 왕기王基, 왕창王昶, 주태州泰 등이 무현巫縣과 자귀秭歸, 이릉夷陵, 강릉을 공격했던 250년의 오나라 공격뿐이었다. 여기에 208년 적벽대전을 포함하면 두 차례이다.

어떤 공격로가 유리한지는 당시 정보와 군대의 상황을 바탕으로 판단했을 것이다. 위군이 장강 하류로 공격하는 것을 선호한 이유는 국경선에서 수도 건업으로 진격하는 데 필요한 거리가 짧기 때문이었을 것이다. 그러나 그 대신 바다처럼 넓은 장강을 건너야 했다.

반면 장강 중류에서 진격하면 수도 건업까지 가는 거리는 길지만

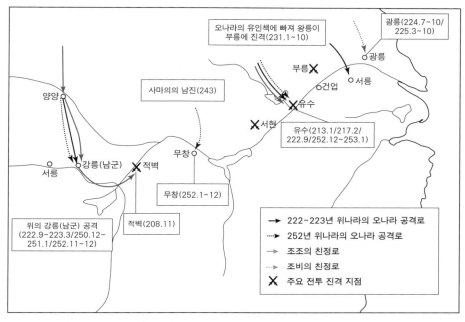

18-11 위나라의 오나라 공격로 분석.

장강을 교통로로 삼아 진격할 수 있다는 장점이 있었다. 장소가 208
년 적벽대전 이전에 손권에게 항복을 주장한 근거도 바로 이것이었
다. 즉 장소는 장강이 북방 군대의 진격을 막는 자연적인 보호막 역할
도 하지만, 일단 조조가 형주를 장악하면 장강을 따라 남하할 수 있으
므로, 그렇게 되면 장강은 방어에 유리한 지형이 아니라 진격에 편한
교통로로 바뀐다고 주장했다. 그러나 역사로 보건대, 위나라는 이 진
격로보다 하류로 진격하는 루트를 선호했다. 그리고 결과론이긴 하지
만 장강 하류 진격로를 선호하는 동안에 위나라는 오나라를 정복하지
못했다.

## 서진의 오나라 정복 _____

서진은 결과적으로 장강 상류와 중류에서 오나라를 공격하여 성공했다. 서진을 세운 사마염은 오나라를 멸하려는 생각으로 양호羊祜를 형주로 파견했다. 양호는 오나라를 정복할 준비를 착실히 했다. 그러나 오나라 장군 육항은 아버지 육손처럼 뛰어난 군사령관이었기 때문에 양호는 육항이 죽기 전까지 오나라를 대대적으로 공격하지 못했다. 양호의 뒤를 이어 오 공격의 중임을 맡은 사람은 두예였다.

서진 조정에서 오나라 정벌 논의가 있었을 때 당시 권력자였던 가충賈充과 재종손 순욱 등은 반대했지만 양호와 두예, 장화張華, 왕준은 찬성했다. 장화는 사마염과 바둑을 두다가 오나라 정벌을 주장하는 두예의 상소문이 올라오자 바둑판을 치우고 두예의 주장을 받아들일 것을 주장했다. 결국 사마염은 오나라 정복을 결정하고 두예와 왕준 등에게 군대를 이끌고 오를 공격하도록 했다.

서진은 오나라를 공격하기 위해 여섯 갈래로 진격했다. 사마염은 279년 11월 동쪽으로부터 낭야왕 사마주司馬伷, 안동장군安東將軍 왕혼王渾, 건위장군建威將軍 왕융王戎, 평남장군平南將軍 호분胡奮, 진남대장군鎮南大將軍 두예, 용양장군龍驤將軍 왕준과 파동감군巴東監軍 당빈唐彬에게 장강 하류와 중류, 상류로 동시에 진격하게 했다. 이때 동원한 군대는 모두 20여만 명이었다. 또 사마염은 심복인 가충을 총사령관, 외척인 양제楊濟를 부관으로 임명하여 양양에 주둔하며 명목상 오 정벌군을 총지휘하도록 했다. 한편『진서』를 보면 호분에게 하구夏口로 진격하도록 했지만『자치통감』에 따르면 호분은 강릉 남쪽의 강안江安(원래 지명은 공안公安이다)을 공격했다. 지도 18-12에는『자치통감』의 기록에 따라 호분의 진격로를 하구가 아닌 강안(공안)으로 수정했다.

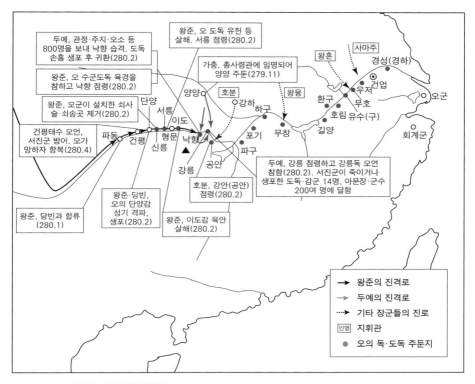

18-12 서진의 오나라 정복(전반부).

서진의 오나라 정벌군 가운데 가장 활약이 컸던 부대는 양양에서
강릉으로 진격한 두예의 군대와 익주에서 형주로 진격한 왕준의 군대
였다. 18-12 지도에서도 이 둘의 활약을 볼 수 있다.

280년 정월 두예와 왕혼은 각각 강릉과 횡강橫江으로 진격해 오군
을 격파했다. 장강 상류인 익주에서 출발한 왕준도 같은 달에 성도에
서 출발해 파동감군 당빈과 합류한 뒤 장강 중류로 진격하여 다음 달
인 2월에 오나라의 단양감丹陽監 성기盛紀의 군대를 격파했다.

오나라는 장강의 험한 곳에 가로 방향으로 쇠사슬(철쇄)을 설치해

서진의 수군이 진격하는 것을 막으려고 했다. 배들이 쇠사슬에 걸려 전진하지 못하거나 좌초되도록 한 것이다. 또 서진의 함선을 손상하는 장치로 일종의 쇠송곳(철추)을 물속에 집어넣었다. 쇠송곳은 배에 박히도록 고안된 것으로 일단 배에 상처가 나면 물이 배 안으로 스며들어 가라앉게 만들었다.

사실 이 정도면 상류로부터 내려오는 수군을 대비하기에 적합했다. 그러나 왕준은 오나라의 방패를 부술 창을 가지고 있었다. 서진은 첩보전에 능했다. 이미 서진의 양호가 오나라의 간첩을 사로잡아 오군이 쇠사슬과 쇠송곳을 설치했다는 정보를 입수했다. 이 정보를 접한 왕준은 쇠사슬과 쇠송곳을 무력화할 방책을 찾았다. 그는 길이가 10여 장이나 되는 큰 뗏목 수십 개를 만들고 풀로 된 사람 형상에 갑옷과 무기를 착용케 해 군선으로 위장했다. 그런 다음 뗏목을 앞세워 전진했다. 오군이 설치한 송곳은 군함이 아닌 뗏목에 박혀 뗏목과 함께 장강 하류로 떠내려갔다. 또 왕준은 삼(麻)을 짠 기름을 칠한 후 불을 붙인 횃불을 군선 앞에 두었다. 횃불은 기름을 칠해 물을 만나도 꺼지지 않았고 쇠사슬을 불태웠다. 쇠가 불에 녹아 쇠사슬이 끊어지자 왕준의 수군은 장애물 없이 전진할 수 있었다.

쇠사슬과 쇠송곳을 제거한 왕준은 서릉西陵을 공격해 오나라의 진남장군鎭南將軍 유헌留憲, 정남장군征南將軍 성거成據, 의도태수宜都太守 우충虞忠을 죽였다. 이어 형문荊門과 이도夷道 2성을 함락한 뒤 감군監軍 육안陸晏을 죽였다.

왕준이 낙향을 점령하기 전, 두예는 아문장牙門將 관정管定, 주지周旨, 오소伍巢 등 기병奇兵 800명을 보내 장강을 건너 낙향을 습격하고 파산巴山에 불을 놓도록 했다. 주지의 군사들은 낙향성 밖에 숨어 있다가 오장 손흠孫歆이 왕준의 군대와 싸우다 패하고 낙양성 안으로 돌아갈 때 몰래 일행 속에 숨어 성안으로 들어가서 손흠을 생포하여 귀환했다.

왕준은 지휘관을 잃은 낙향성을 공격해 수군도독 육경陸景을 생포하고 평서장군 시홍施洪 등의 항복을 받았다. 이는 『진서/왕준전』의 기록인데 「왕준전」은 왕준이 점령지의 장군들을 생포했다고 했지만 『진서/무제기』와 『자치통감』에서는 오나라의 장군들을 모두 죽였다고 기록했다. 후자의 기록이 맞는 것처럼 보인다.

두예는 강릉성을 점령하고 강릉독 오연伍延을 참했다. 이 소식을 들은 오의 지방관들은 인수를 두예에게 바쳤다. 강릉성을 점령할 때까지 두예가 생포하거나 참한 오의 도독과 감군이 14명, 아문장과 군수가 120여 명에 달했다. 한편 호분은 강안(공안)을 점령했다.

형주, 정확히 말하면 후한시대의 남군 지역을 점령한 서진은 이 지역에 주둔한 오나라 병사 10여만 명을 제압해 오나라에 큰 타격을 주었다. 주력부대가 격파되고 장강 중류에서 하류로 진군할 수 있는 교통로를 내어줌으로써 오나라는 적벽대전 전야처럼 위기에 처했다. 그러나 이때 오군에는 주유 같은 명장이 없었다.

형주의 본거지인 강릉 일대를 점령한 뒤 서진 조정은 작전을 약간 바꾸었다. 두예에게는 동정호 남쪽의 여러 군을 평정하게 하고, 두예의 일부 병사를 할당받은 왕준과 당빈은 호분, 왕융과 함께 하구와 무창을 공격해 점령한 후 수군을 거느리고 수도인 건업으로 진격하도록 했다. 공격 지역이 장강 하류로 바뀌면서 총사령관 가충은 양양에서 항현項縣으로 사령부를 옮겼다.

오나라 정복전 전반부의 주인공이 두예와 왕준 투 톱이었다면 후반부의 주인공은 왕준 원 톱이었다. 그리고 조연을 꼽을 수 있는데 바로 왕혼이었다.

지도 18-13에서 볼 수 있듯 여섯 갈래의 서진군 가운데 두예는 무릉과 형양, 장사, 영릉, 계양 등 동정호 남쪽의 군현을 접수하기 위해 남하했다. 왕준, 당빈과 호분, 그리고 왕융이 보낸 나상羅尚과 유교劉喬의 세 부대는 함께 하구와 무창을 공격했다. 이에 오의 강하태수 유랑劉朗과 장군 우병虞昺이 서진군에 항복했다. 왕준 등 서진의 군대는 파죽지세로 장강 하류를 향해 진격했다.

한편 오의 군주 손호는 왕혼이 남하한다는 말을 듣고 승상 장제張悌에게 단양태수 심영沈瑩과 호군護軍 손진孫震, 부군사副軍師 제갈청諸葛靚 등 3만 명을 이끌고 장강을 건너 왕혼의 군사와 싸우도록 했다. 장제가 통솔한 오군이 우저牛渚에 이르렀을 때 심영은 장제에게 다음과 같은 계책을 내놓았다.

진나라가 촉(익주)에서 수군을 조련한 지 오래되었습니다. 상류의 군사들은 본래 적을 막을 대비책이 없고 명장들이 모두 죽어 어리고 젊은 사람들이 방어 임무를 맡았으니 아마 적군을 막기 어려울 것입니다. 진나라 수군이 반드시 이곳에 도착할 테니 마땅히 군사들의 힘을 모아 진나라 수군이 오기를 기다려 일전을 벌여야 합니다. 만약 다행히 승리하면 강북은 쉽게 평정할 수 있을 것입니다. 그러나 지금 장강을 건너 진나라 대군과 싸웠다가 불행히 패한다면 큰일을 그르칩니다.*

장제는 이 말의 의미를 잘 알았다. 하지만 서진의 수군이 도착하기 전에 병사들이 달아나 흩어져버릴 것이 두려워 그는 패배를 예감하면

---

*『삼국지/오서/손호전』의 배송지주에 인용된 『양양기襄陽記』.

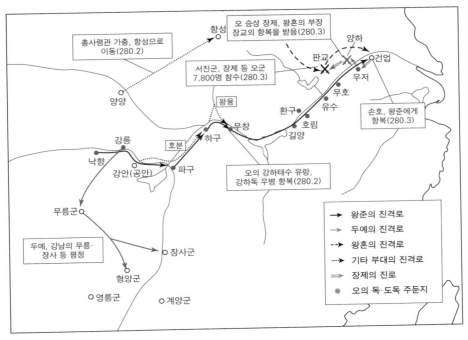

18-13 서진의 오나라 정복(후반부).

서도 비장하게 장강을 건넜다.

　장제의 오군은 280년 3월 양하楊荷에서 왕혼의 부장인 장교張喬의 군대를 포위했다. 장교는 겨우 7,000명밖에 안 되는 군대로 이길 수 없어 목책을 닫고 항복을 청했다. 제갈청이 장제에게 서진군을 도륙하자고 했으나 장제는 항복을 받아들였다.

　서전에서 승리한 장제는 서진의 양주자사 주준周浚의 군대와 맞섰다. 오장 심영은 단양의 정예부대와 도刀와 방패로 무장한 군사 5,000명을 거느리고 서진의 군대를 공격했다. 서진의 진영을 3번 공격했으나 서진군은 흩어지지 않고 버텼다. 이에 심영은 후퇴했다. 그런데 후퇴하는 오군이 소란스럽자 진나라 장군 설승薛勝과 장반蔣班이 이러한 소란을 이용해 오군을 기습했다. 그러자 오군은 무너져 달아났다. 장수들이 병사들의 사분오열을 제지하려 했지만 소용이 없었다. 이때 앞서 장제에게 항복했던 서진의 항장 장교가 후방에서 오군을 공격해 판교版橋에서 대파했다. 이는 배송지주에서 인용한 간보干寶의 『진기晉紀』 기록인데, 『진서/세조기』에서는 왕혼과 주준이 승리했다고 기록했다.

이때 제갈청은 수백 명을 거느리고 도망가다가 장제도 함께 데려가려고 했다. 그러나 장제는 울면서 거부했다. 제갈청이 두 번 세 번 끌고 가려 해도 움직이지 않았다. 장제는 결국 서진의 군사들에게 살해되었다. 장제는 오나라 최고 지위의 관리였다. 그의 순국은 보는 이들을 숙연하게 했다. 그러나 심영의 계책을 받아들이지 않았고, 장교의 군대를 제거하자는 제갈청의 전략을 거부해 후환을 만드는 등 그에게는 총사령관으로서의 자질이 없었다. 전략 없이 싸우다가 죽은 제갈량의 아들 제갈첨과 다를 바 없었다. 그래도 항복하지 않고 전사했으니 무능하지만 충신으로 이름을 남겼다. 이 또한 제갈첨과 같다.

왕준은 무창에서 승승장구하며 건업으로 쇄도했다. 손호는 유격장군游擊將軍 장상張象에게 수군 1만 명으로 막게 했으나 장상은 서진군의 깃발을 보자 항복했다. 광주에서 난을 일으킨 곽마郭馬를 토벌하러 갔다가 건업으로 돌아온 도준陶濬은 손호에게 "촉의 배는 모두 작습니다. 신이 지금 2만 명을 얻어 우리의 큰 배에 태울 수 있다면, 능히 적군과 싸워 이길 수 있습니다"라고 말했다. 그리고 군사들을 모아 왕준의 수군에 맞서려고 했다. 그러나 밤사이에 병사들이 모두 달아나버렸고 싸울 군사들이 남아 있지 않았다. 『자치통감』을 주해한 호삼성은 도준이 서진군에 대한 정보 없이 손호에게 호언장담하다가 패했다고 비판했다.

왕준은 8만 대군을 거느리고 석두성으로 진격했다. 이에 손호는 두 손을 등 뒤로 돌려 묶고 사람들에게 보이도록 얼굴을 앞으로 쳐들고는 관을 가지고 서진의 군대를 찾아 항복했다(죽어서 관에 넣어달라는 뜻이다). 왕준은 결박을 풀고 관을 불태운 후 손호를 접견하는 한편 오의 지도와 호적을 거두어들였다. 오가 망할 때 행정구역은 4주 43군이었고, 호수는 52만 3,000호, 군사는 23만 명이었다.

오나라는 손책이 196년 강동 3군을 점령해 자립 기반을 마련한 후 손권이 229년 제위에 오른 지 50여 년 만에 패망했다. 손책이 강동을 지배했을 때부터 계산하면 85년이었다. 하지만 오나라가 멸망한 후에도 그 유산은 이어졌다. 서진이 멸망한 후 강동(강남)으로 이주한 동진과 소위 남조南朝라고 불리는 송宋, 제齊, 양梁, 진陳 네 나라가 이 땅에 다시 등장한 것이다. 오나라의 수도 건업은 동진에 의해 이름이 건강建康으로 바뀌었지만 오나라를 포함해 모두 여섯 나라의 수도가 되었다. 따라서 이 여섯 왕조를 묶어 '육조六朝'라고 부른다. 육조는 '위진남북조'라는 명칭이 등장하기 전까지만 해도 후한이 망하고 수나라가 통일하기까지 300~400년간의 분열의 시기를 지칭하는 용어이기도 했다.

여기서 잠시 서진이 오나라를 멸망시킬 수 있었던 이유를 살펴보자. 먼저 정보전의 승리다. 두예에 앞서 서진의 형주에 주둔하며 오 정벌을 주장했던 양호는 오의 척후병을 붙잡아 오나라가 쇠사슬과 쇠송곳을 장강에 설치했다는 사실을 알았다. 그 덕분에 왕준은 쇠사슬과 쇠송곳을 제거할 계책을 세울 수 있었다.

다음으로 지도 18-12와 18-13에서 볼 수 있듯 서진군은 도독과 독이 지휘하는 주둔지를 각개 격파했다. 17장에서 살펴본 것처럼 오나라의 주둔지는 장강의 남쪽 연안에 점점이 배치되었다. 장강을 건너

18-14 석두성. 장쑤성 난징시 친화이허(강소성 남경시 진회하)의 칭량산淸凉山 공원에 남아 있는 성벽
유적이다. 석두성은 장강에서 진회하로 거슬러 올라가 남경을 공격하는 진격로에 있기 때문에 매우
중요한 군사적 요충지였다.

북쪽에서 남쪽 방향으로 진군하여 이를 격파하는 것은 어려웠지만,
장강 상류에서 배를 타고 내려오며 하나하나 격파하는 것은 결과적으
로 쉬웠다. 또한 초반에 형주의 주요 요새가 서진군에 격파되자 오군
은 전의를 상실했다.

여기에 여섯 군데에서 동시에 출격하여 주변 주둔지에서 인근의 오
군을 도와줄 여유가 없었다. 협력 수비가 불가능했다는 뜻이다. 결과
적으로 왕준의 군대가 장강 상류에서 하류까지 진격할 수 있도록 나
머지 다섯 갈래의 군대가 바람잡이 역할을 하며 오군의 주의를 흩어
놓았다.

## 북방 세력의 강남 정복 통계

서진의 오나라 정복전은 북쪽 세력이 장강을 지배한 왕조 혹은 정권을 공격하는 교본이 되었다는 역사적 의의가 있다. 조조나 조비처럼 대군을 이끌고 한 곳을 공격하는 것보다 여러 갈래로 나누어 동시에 공격하며 시선을 혼란시킨 후 주력부대가 진격하여 강남 정권의 수도(오의 건업, 동진·남조의 건강, 명의 남경)를 점령하는 것이 최선의 방법임을 발견한 것이다.

서진의 오나라 정복 이후 중국의 역대 북방 세력이 남방 세력을 정복하는 과정을 살펴보자. 먼저 수나라가 남조의 마지막 왕조였던 진陳나라를 정복하는 과정이다.

북조인 서위西魏가 남조인 양梁나라의 수도 강릉(원제元帝 때 건강에서 강릉으로 옮겼다)을 점령하며 양나라를 괴뢰국으로 삼고, 진陳나라가 장강 중하류 남쪽을 지배하는 소국으로 전락하면서 남북 세력의 관계는 북쪽의 우세로 바뀌었다. 서위의 뒤를 북주가 잇고, 북주의 뒤를 이은 수나라가 진나라를 정복하고 통일할 것이라는 점은 자명했다. 시기가 문제였다. 수문제는 588년 세 갈래로 진을 공격했다.

18-15 지도에서 볼 수 있듯 장강 상류 영안에서 양소楊素가, 장강의 지류인 한수漢水 유역의 양양에서 진왕秦王 양준楊俊이, 장강 하류의 북쪽인 육합六合에서 진왕晉王 양광楊廣(훗날의 수양제)이 각각 군대를 지휘해 진陳나라로 진격했다. 이 가운데 하류로 진격한 양광이 총사령관이 되었으며, 전쟁에 동원한 군사는 51만 8,000명이었다.

18-15 지도에서 알 수 있듯이 진陳나라를 정복한 것은 양광의 지휘계통에 있던 하약필賀若弼과 한금호韓擒虎의 활약 덕분이었다. 하약필은 광릉廣陵에서 장강을 건너 동진·남조의 군사적 중심지인 경구京口를 점령했고, 이어 건강으로 진격해 진나라의 10만 대군을 격

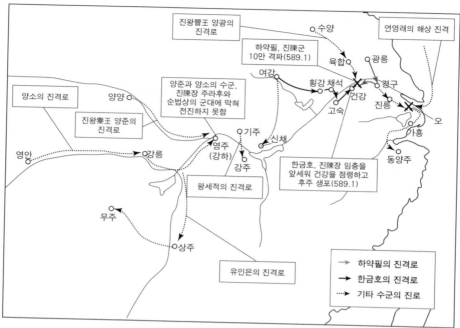

18-15 수나라의 진陳나라 정복.

파했다. 또한 한금호는 여강에서 남하하여 횡강橫江과 채석采石을 거쳐 장강을 건너 고숙姑孰을 점령했다. 한금호는 하약필보다 늦게 진나라의 수도 건강에 도착했으나 항복한 진나라 장군 임충任忠의 도움으로 먼저 건강을 점령해 진나라 후주를 사로잡았다.

이때 장강 상류와 중류에서 진격한 수군은 영주郢州에서 진나라 장군 주라후周羅睺와 순법상荀法尙에 막혀 전진하지 못하고 있었다. 양광은 항복한 후주에게 두 장군에게 항복하라는 조서를 내리라고 명령했다. 후주의 조서를 받은 주라후와 순법상은 항복했다.

한편 수나라가 진나라를 정복할 때는 장강 하류 북쪽에서 장강을 건넜던 군대가 주류를 차지했다. 이는 서진의 오 정복과는 다른 패턴이었다.

다음으로 북송의 남당 정복 과정을 살펴보자. 당나라가 망한 907년부터 북송北宋이 북한北漢을 정복한 979년까지의 분열의 시기를 오대십국시대五代十國時代라고 한다. 화북을 지배한 5개 왕조, 즉 오대五代를 정통 왕조, 화북의 1개(북한)와 장강과 그 이남의 9개 소국을 십국이라 하여 지방 정권으로 간주했다. 오대의 마지막 왕조인 후주後周를 계승한 북송은 십국 가운데 가장 센 남당을 포위하는 전략을 취했다. 먼저 963년 장강 중류에 있던 형남荊南(남평南平이라고도 한다)의 항복을 받았고, 이어 장강 상류 파촉에 있던 후촉을 공격해 965년 멸망시켰다. 오늘날 광둥성 일대에 웅거한 남한南漢은 971년 정복했다. 이로 인해 장강 하류를 지배하던 남당은 북쪽과 서쪽, 남쪽 3면이 북송에게 포위되었다. 여기에 동쪽에 있던 오월吳越도 남당의 적대국이었으니, 남당은 사실상 사방이 적들로 포위된 셈이었다.

18-16 지도에서 볼 수 있듯이 북송의 태조 조광윤이 974년 9월 계해일 남당을 정벌하라고 명령하자 10월 임진일에 북송의 장군 조빈曹彬이 장강 중류 강릉부江陵府에서 진격했다. 조빈은 다음 달인 윤10월 기유일에 장강 하류의 지주池州를 점령했고, 동릉銅陵에서 남당의 군대를 격파했다. 그는 남당의 수도 강녕부江寧府(『송사』에서는 승주昇州로 표기했다) 근처에 주둔하며 주요 요새를 평정했다. 다음 해인 975년 11월 을미일 그는 강녕부를 함락하고 후주 이욱李煜을 사로잡아 남당 정복을 완료했다.

한편 조광윤이 974년 9월에 남당 정벌을 명할 때 장강 하류 이북에서도 군대를 출발하도록 했으나, 북송군은 장강 중류에서 장강을 따라 진격하는 방법으로 강남에 자리잡은 남당을 정복했다.

다음으로 살펴볼 것은 몽골제국의 남송 정복 과정이다. 몽골제국의

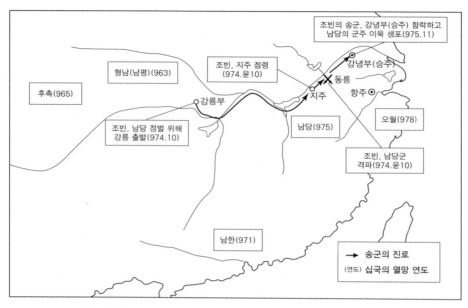

Inside the map:
조빈의 송군, 강녕부(승주) 함락하고
남당의 군주 이욱 생포(975.11)

형남(남평)(963)

조빈, 지주 점령
(974.윤10)

강녕부(승주)

후촉(965)

동릉

지주

항주⦿

강릉부

조빈, 남당 정벌 위해
강릉 출발(974.10)

남당(975)

오월(978)

조빈, 남당군
격파(974.윤10)

남한(971)

→ 송군의 진로
(연도) 십국의 멸망 연도

남송 정복로는 복잡하지만 18-17 지도에는 몽골제국이 남송의 수도 임안臨安(오늘날 항저우에 해당한다)을 점령할 때까지만 표시했다. 필자가 복잡하다고 표현한 것은 몽골제국이 임안을 점령한 이후 남송의 유신遺臣들이 황실 일족을 황제로 세우고 몽골제국에 저항했기 때문이다. 몽골군은 각지의 부흥운동을 진압하느라 사방으로 바쁘게 움직였다. 이 때문에 실제 몽골군의 동선은 복잡했다.

어쨌든 몽골제국은 남송을 정복하기 위해 1267년 군대를 보내 양양을 포위했다. 양양을 지키던 여문환呂文煥은 6년 동안 몽골군의 포위 공격을 막아냈다. 그러나 몽골군이 1273년 한수 북쪽에 위치한 번성樊城을 함락한 데다 구원병도 오지 않자 여문환은 결국 항복했다. 난공불락의 요새인 양양을 점령한 몽골군은 한수를 따라 진격하여

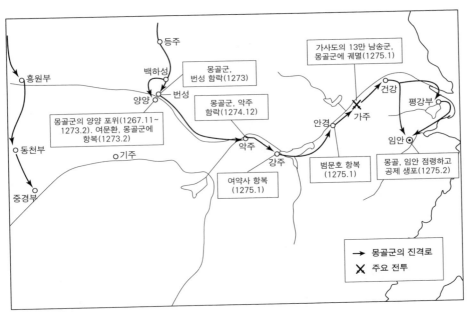

18-17 몽골의 남송 정복.

1274년 12월 악주鄂州를 함락했고, 이어 장강을 따라 진격해 가주家洲에서 가사도賈似道가 지휘하는 남송의 군대와 만났다.

한편 가사도는 몽골의 뭉케 칸이 남송 정벌 도중 1259년 7월에 조어성釣魚城에서 죽자 칸의 자리를 노리고 북쪽으로 돌아간 쿠빌라이와 조약을 맺은 바 있다. 그는 몽골에 은과 비단을 각각 20만 량씩 주고 칭신稱臣하기로 했다. 그러나 가사도는 이러한 굴욕적인 조약을 숨기고 전쟁에서 몽골의 군대를 격파했다고 거짓으로 보고했다. 그는 이 공으로 조정의 권력을 장악했다. 그리고 몽골군이 재침공한 이때 '다시' 물리칠 수 있다고 호언장담하며 13만 명을 거느리고 장강을 거슬러 올라갔으나 제대로 싸워보지도 못하고 가주에서 궤멸당했다. 몽골군은 1275년 정월 건강을 점령한 데 이어 다음 달 임안을 점령해 공제恭帝를 생포했다.

한편 몽골 군대는 사천 지역으로도 진격했으나 남송 정벌에 큰 영향을 주지는 못했다. 결국 몽골제국의 남송 정복 과정을 보면 양양성 전투가 남송 멸망을 좌우하는 결정적인 전투였음을 알 수 있다. 유목민인 몽골군은 장강을 건너 공격하는 것보다 한수 유역의 양양성을 함락한 뒤 한수와 장강을 따라 진격하는 공격로를 선호했음을 알 수 있다.

서진의 오나라 정복로를 비롯해 북방 세력이 강남을 정복한 공격로를 살펴보았다. 이 밖에도 금金이 1127~1130년 남송 고종을 추격해 임안부와 경원부를 점령했다가 물러난 전쟁, 명대 정난의 변(1399~1402년)* 당시 연왕(훗날 영락제)의 남경 점령, 1645년 청군淸軍의 남명南明 정권**의 수도 남경 함락 등도 회수 이남에서 장강을 건너 장강 하류를 점령한 예이다. 그 가운데 강남 지역을 지배할 의사가 없어 강북으로 후퇴한 금을 제외한다고 해도 세 차례나 성공했다. 하지만 이 공격로는 단순해서 생략했다.

18-18 지도는 진격로의 방향을 통계적으로 살펴본 것이다. 유의할 점은 명나라 초 연왕(영락제)의 군대와 청나라 등 극소수를 제외하고 대부분 2개 이상의 진격로로 강남을 지배하던 왕조를 공격했으나 수도에 입성한 공격로만 통계 대상으로 삼았다.

---

* 건문제建文帝가 군대를 지휘하며 지방에 주둔하던 숙부들을 제거하는 정책을 펴자 이에 반발한 연왕燕王 주체朱棣가 일으킨 반란이다. 결국 연왕 주체가 명의 수도 남경을 점령하고 즉위했다(영락제).
** 이자성李自成이 1644년 북경을 점령하고 숭정제崇禎帝가 자살하자 회안淮安으로 피란 갔던 복왕福王 주유숭朱由崧이 마사영馬士英 등의 추대로 1644년 5월 남경에서 즉위했다. 이 정권은 1645년에 패망했지만 이후 명의 유신遺臣들이 절강·복건·광동 정권에서 명의 종실을 황제로 옹립하고 청에 대항했다. 반청운동을 벌인 여러 정권을 합쳐 남명南明 혹은 남명 정권이라 한다.

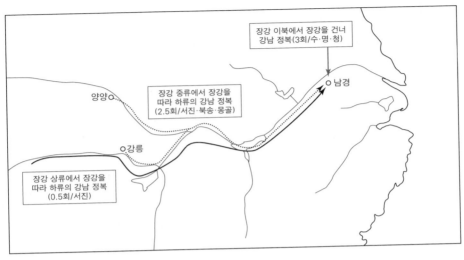

18-18 진격로별 강남 정복 추세.

　　18-18 지도에서 볼 수 있듯 장강 하류 이북에서 장강을 건너 수도
인 건강(남조) 혹은 남경(명)을 함락한 것은 수문제의 진 정복, 명나라
초 연왕 주체(영락제)가 조카인 건문제를 공격한 정난의 변, 명말청초
청군의 남명南明 정권 정복 등 모두 세 차례였다. 여기에 정복은 아니
지만 금이 남송 고종을 공격하기 위해 장강을 건너 항주(임안)까지 쳐
들어갔다가 후퇴했던 것(1127~1130년)을 성공으로 간주한다면 네 차
례가 된다.

　　반면 장강 중류에서 하류로 진격해 멸망시키는 데 성공한 경우는
두 차례였다. 북송의 조빈은 강릉에서 진격하여 남당을 정복했고, 몽
골군은 양양성을 점령한 후 장강을 따라 진격해 남송을 정복했다.

　　장강 상류에서 진격한 군대가 장강 하류까지 공격했던 예는 서진의
왕준 경우 한 번뿐이다. 왕준은 장강 상류 익주에서 중류인 형주로 진
격할 때 양양에서 강릉으로 진격하여 강릉을 점령한 두예의 도움을

받았다. 왕준은 수군을 이끌고 하류로 진격하여 장강을 건너려던 왕혼의 군대보다 먼저 오의 수도 건업을 점령했다.

통계적으로 보면 장강 중류에서 시작하거나 거쳐서 하류로 진격하는 공격로와 장강을 건너 공격하는 루트는 각각 4회와 3회였다. 그러나 사실상 단독 공격이나 다름없었던 몽골제국의 남송 정복(장강 중류)과 청의 남명 정권 공격(장강 하류)을 제외하면 여러 갈래의 바람잡이나 견제용 공격의 엄호를 받으면서 한두 군데의 부대가 정복에 성공했기 때문에 통계적 의미는 없다. 그러나 기원후 첫 번째 1,000년 동안(1~10세기) 장강 중류에서 하류로 진격하는 공격로는 4회 가운데 3회, 두 번째 1,000년 동안에는 장강 하류의 강북에서 강을 건너 공격하는 공격로가 3회였다. 시대에 따라 이러한 공격로의 변화가 발생한 원인을 여러 각도에서 찾아봐야 하지만, 양제가 만들었던 대운하와 몽골제국시대 강남에서 오늘날 베이징(북경)까지 연결한 경항대운하京杭大運河가 북방 세력의 남방 정복에 도움을 주었을 것이다. 즉 북방 세력의 강남 지역 공격 때 약점 중 하나였던 물자 수송이 이 운하들 덕분에 용이해진 것이 영향을 주었을 것이다.

현재의 상황에서 보면 장강 하류로 공격하는 진격로의 성공 횟수가 많았기 때문에 장강 하류의 방어가 중요했을 것이다. 하지만 앞에서 살펴본 것처럼 1,000년 단위로 끊어보면 삼국시대나 남조시대까지는 형주, 즉 장강 중류 지역이 북방 세력을 막는 데 더 중요했다. 따라서 장강 하류에 수도를 둔 왕조나 정권은 방어를 위해 장강 중류나 상류 지역을 지배해야 했다. 장강을 사이에 두고 강의 북쪽과 남쪽에서 대치하면 바다처럼 넓은 장강은 천애의 방어물이 되어 공격하는 쪽보다 방어하는 쪽이 유리했다. 그러나 장강의 상류나 중류에서 배를 타고 내려오면 장강은 적군을 막는 방어물이 아니라 공격을 도와주는 교통로가 되었다. 이는 208년 적벽대전 직전 장소가 손권에게 항복하자고 주장한 근거이기도 했다. 또한 손권이 유비와의 동맹을 깨고 원수였던 조조와 손을 잡고 관우가 양양과 번성을 공격하러 나간 사이에 형주를 습격해 점령한 이유도 바로 이러한 전략적인 중요성 때문이었다.

그러나 서진의 공격로를 보듯이 장강 중류의 형주만 지배하는 것으로는 부족했다. 오나라가 위나라로부터 독립을 유지하기 위해서는 장강 상류를 지배한 세력, 즉 촉과의 동맹이 필요했다. 두 나라가 동맹을 맺어 북쪽의 위에 대해 공동으로 대처하면 두 나라의 독립을 지킬 수 있었다. 오나라가 촉나라가 망한 다음에 쉽게 무너진 것도 바로 장강 상류가 가진 지정학적 중요성을 보여준다.

후에 장강 하류, 즉 건강에 수도를 정한 동진과 남조의 여러 나라는 이 점을 고려해 장강 중류뿐 아니라 장강 상류를 지배하에 두려고 했다. 동진이 건국했을 때 장강 상류에는 파저巴氐가 세운 성한成漢이 있었지만, 동진의 장군 환온桓溫이 성한을 멸망시킨 후 북방 세력을 막을 수 있는 유리한 지역을 확보했다. 반면 후경의 난을 평정하고 황제가 된 양원제梁元帝(소역蕭繹)는 형제들과의 다툼 때문에 서위西魏가 장강 상류의 파촉을 지배하도록 부추기거나 방조했다. 그 결과, 서위 군대의 공격을 받아 장강 중류에 있던 수도가 함락되고 자신은 서위의 포로가 되어 참수당하는 신세가 되었다.

## 북방과 남방의 대결과 징크스 _____

중국 역사에서 오늘날 난징(남경) 혹은 임안에 수도를 정한 남방 세력(오, 동진·남조의 여러 나라, 남송, 남명)과 북방 세력의 각축은 대개 북방 세력의 승리로 끝났다(위진남북조시대라는 장기 분열의 시기에는 동진과 십육국, 남조와 북조 등 남방 세력과 북방 세력이 남북에서 대결했다). 중국의 저명한 역사학자 진인각陳寅恪은 그 이유를 ①남쪽의 경제력이 북쪽보다 부족했고, ②남쪽의 군사력이 북쪽보다 약했으며, ③군량과 군수품의 수송이 곤란했고, ④강남 사람들의 북벌 의지가 부족했기 때문에 북벌에 실패했다고 보았다. 반면 십육국·북조에서도 남정南征을 시도했으나 성공하지 못했다. 북방 유목민으로 편성된 군대가 남방의 더위와 풍토에 적응하지 못했고, 유목민 위주의 기병이 강과 호수, 늪이 많은 강남 지역 전투에 부적합했기 때문이다.

회수를 중심으로 황하 유역과 화북 지역의 십육국·북조와 장강 유역의 동진·남조는 일진일퇴를 거듭했다. 처음에는 동진·남조가 우세했다. 하지만 점차 북조의 우세로 바뀌었고, 결국 북조 계열의 수나라가 통일했다. 이처럼 북방 세력이 우세했던 이유에 대해서는 유목민 위주의 막강한 군사력과 체제의 개혁, 피정복민인 한족漢族의 포용 등이 제기되는 반면, 동진·남조는 군사력 미약 등 객관적인 실력이 부족했을 뿐만 아니라 문벌門閥을 중시하고 폐쇄적인 지배층이 통치하는 등 포용력이 부족했다고 평가된다.

구체적인 원인은 다르지만 다른 시대에도 북방 세력이 남방 세력에게 이겼다. 앞서 살펴본 것처럼 그 횟수는 6회였다.* 반면 전근대시대에 남방 세력이 북방 세력을 이긴 것은 단 한 차례였다. 원나라 말 회수 유역에서 활동한 주원장이 1356년 장강을 건너 집경로(남경)를 점령한 후 이곳을 근거지로 삼아 강남을 평정하고 북벌을 감행하여 몽골인들을 막북으로 쫓아냈던 것이 강남 정권 혹은 왕조가 북방을 제

---

* 장강 유역을 지배했던 전국시대 초楚와 진한 교체기 항우의 초는 수도가 장강 중류와 회수 이북 지역이었으므로 통계에서 제외했다. 만약 이를 포함하면 북방 세력이 남방 세력을 정복한 것은 8회로 증가한다.

압한 유일한 예이다. 근현대까지 포함하면, 1920년대 광동의 국민당 정권이 군벌들을 제거하고 명목상 중국 본토를 재통일한 국민혁명도 해당될 수 있겠다.

그러나 남경에 수도를 정한 통일왕조 혹은 통일국가는 오래가지 못했다. 남경이 명나라의 수도 역할을 했던 것은 태조 주원장과 2대인 건문제 시기, 즉 명나라 초기 35년(1368~1402년) 혹은 1356년부터 계산해도 47년에 불과하다. 명나라가 북경으로 정식 천도한 것은 훨씬 이후지만, 영락제 즉위 이후 사실상 수도는 북경이었다. 남쪽에서부터 북벌을 성공한 국민당 정권은 1927년부터 시안西安 사건으로 공산당 토벌을 포기하고 2차 국공합작을 체결했지만 결국 일본에게 난징(남경)을 빼앗긴 1937년까지, 그리고 2차 대전 종전 이후 공산당에게 본토를 빼앗기고 타이완(대만)으로 쫓겨나기까지 5년(1945~1049년) 등 20년도 채 되지 않는 기간 동안만 천하를 주름잡았을 뿐이다. 진시황제가 처음으로 통일한 기원전 221년부터 20세기 전반기까지 통일왕조 혹은 통일정부가 남경에 수도를 정한 기간이 모두 합해 100년도 되지 않는다는 것은 너무나 이상한 징크스이다. 남경이 통일제국의 수도로 부적합하다는 뜻일까? 아니면 금릉(남경의 옛 이름)에 있던 제왕의 기운을 끊은 진시황의 저주 때문일까?

# 19장

# 서진의
# 통일과 자멸

| 226년 | 조비가 사망하고 조예가 즉위하다. |
|---|---|
| 228년 | 정월 제갈량의 1차 북벌. 사마의가 맹달을 공격하여 참하다. |
| 229년 | 봄, 제갈량의 3차 북벌. |
| 230년 | 가을, 위나라의 촉한 공격에 사마의가 참전하다. |
| 231년 | 2월 제갈량의 4차 북벌. 사마의가 위나라 총사령관이 되다. |
| 234년 | 2~8월 제갈량의 5차 북벌. 사마의, 싸우지 않고 수비로 일관하다. |
| 238년 | 8월 사마의, 공손연을 공격하여 요동을 평정하다. |
| 239년 | 위나라 군주 조예가 사망하고 조방이 즉위하다. |
| 249년 | 사마의가 쿠데타(고평릉 사변)를 일으키다. |
| 251년 | 위나라 태위 왕릉이 회남에서 사마의 토벌군 일으키다. |
| 254년 | 사마의의 장남 사마사가 조방을 폐위하고 조모를 옹립하다. |
| 255년 | 관구검이 회남에서 사마사 토벌군 일으키다. |
| | 사마사의 뒤를 이어 동생 사마소가 정권을 장악하다. |
| 257년 | 제갈탄이 회남에서 사마소 토벌군 일으키다(~258년). |
| 260년 | 4월 사마소, 상국에 임명되고 진공晉公에 봉해지나 이를 거절하다. |
| | 5월 기축일 위나라 군주 조모, 사마소를 토벌하다 피살되다. |
| | 사마소, 조환을 옹립하다. |
| 263년 | 10월 사마소, 상국 진공에 오르다. |
| | 11월 촉나라 멸망하다. |
| 264년 | 3월 기묘일 사마소, 진왕에 즉위하다. |
| 265년 | 사마소가 사망하고 사마염이 황제의 자리에 오르다. |
| 280년 | 서진, 오나라를 정복하고 삼국을 통일하다. |
| 290년 | 사마염이 죽고, 혜제가 즉위하다. |
| 291년 | 가황후, 외척 양준을 죽이고 권력 장악하다. 팔왕의 난이 시작되다 (~306년). |
| 311년 | 흉노 유총, 낙양을 함락하고 회제를 생포하다. |
| 316년 | 흉노 유요, 장안을 함락하고 민제를 생포하다. |
| | 서진 멸망하다 |

후한 말부터 군웅이 천하를 차지하기 위해 다퉜다. 최종 승자는 조조, 유비, 손권 혹은 그들의 후손이 아닌 사마의의 손자 사마염이었다. 19장에서는 위나라의 신하였던 사마의가 권력을 탈취하고 그의 손자 사마염이 제위에 오른 후 중국을 다시 통일했으나 곧 붕괴하는 과정을 살펴본다.

### 사마의의 활동 ＿＿＿＿＿

이제 독자 여러분과 함께한 이 긴 여정, '삼국지'라는 장대한 드라마의 대단원이 가까워 온다. 동탁이 권력을 잡은 이후 원소를 비롯한 군웅이 천하를 차지하기 위해 자웅을 겨루다가 조조가 화북을 통일했고, 장강 유역을 유비와 손권이 나누어 차지했다. 위, 촉, 오 세 나라는 서로 천하통일의 주역이 되고자 노력했으나 최후의 승자는 이 세 나라가 아니라 사마염이 세운 서진이었다. 서진이 건국하는 데 결정적인 공헌을 한 사마의가 권력을 잡으면서 손자인 사마염이 천하를 통일했던 과정을 살펴보자.

사마의의 본적은 하내군 온현溫縣이다. 하내군 온현은 낙양에서 황하를 건너 동북쪽에 있었다. 사마의는 이곳에서 사마방司馬防의 둘째 아들로 태어났다.

사마의는 201년 하내군의 상계연上計掾이 되었다. 이어 조조가 그를 참모로 초빙하려 했으나 거절했다. 조조가 승상에 취임한 후 다시 사마의를 문학연文學掾으로 임명하려 했으나 사마의는 또다시 거부했다. 그러자 조조는 그를 체포하겠다고 협박해 강제로 자신의 부하로 삼았다. 『진서/선제기宣帝紀』에서는 사마의가 후한이 쇠망할 것을 알고 조조에게 굽히기 싫어 병을 핑계로 벼슬에 나서지 않았다고 기록했다. 사마씨의 입장에서 기록한 것인데 상당히 건방진 표현이다. 사마의가 조조보다 잘난 것이 무엇이기에 조조에게 굽히기 싫다고 한 것인가?

조조의 참모가 된 사마의는 몇 차례 중요한 조언을 했다. 조조가 장로를 토벌하자 사마의는 승세를 타고 익주를 공격할 것을 주장했다. 그러나 조조는 "사람들은 족함이 없다. 이미 농우隴右를 얻었으니 어찌 다시 촉을 얻으려 한다는 말인가?"라는 광무제의 말을 되풀이하며 사마의의 말을 듣지 않았다.* 결과론적으로 보면 조조는 사마의의 말을 들었어야 했다.

이보다 더 중요한 조언은 관우가 번성과 양양을 공격하고 우금과 방덕 등 구원병을 격파해 기세를 올리고 있을 때였다. 당시 조조는 관우를 두려워해 수도를 황하 이북의 다른 곳으로 옮기려 했다. 사마의

---

*『진서/선제기』.

는 천도를 만류하며 손권과 비밀리에 동맹을 맺어 그에게 형주를 습격하도록 하자는 계책을 내놓았다. 조조는 사마의의 계략에 따라 손권과 동맹을 맺었고, 손권은 형주를 점령하고 관우를 생포했다. 조조는 손가락 하나 까딱하지 않고 형주와 양양을 지켰을 뿐만 아니라 유비에게서 형주와 관우를 빼앗는 일거양득의 효과를 얻었다.

사마의는 조비가 헌제로부터 황제의 자리를 빼앗고 위나라를 세운 후 상서, 어사중승, 시중, 상서우복야 등 요직을 거쳤다. 조비는 224년과 225년에 친히 군대를 이끌고 오나라를 정복하러 나서면서 사마의에게 후방의 군사적 요지인 허를 지키게 할 정도로 그를 신임했다.

이후 사마의는 남방인 형주를 오나라로부터 방어하는 임무를 맡았다. 19-1 지도에서 볼 수 있듯이 사마의는 제갈근이 이끄는 오군이 226년 6월(혹은 7월) 양양을 침입하자 격파했고 장패張覇를 참했다. 이어 명제(조예)가 즉위한 후인 227년 6월에는 완현에 주둔하여 형주와 예주의 군대를 지휘하며 오나라의 공격을 막는 임무를 맡았다.

같은 해 12월 신성태수 맹달이 반란을 일으켰다. 맹달은 조비의 총애를 받았고 환계, 하후상과 친했으나 이들이 모두 죽자 자신의 정치적 입지에 불안함을 느꼈다. 이때 제갈량이 이 정보를 듣고 맹달에게 촉으로 항복할 것을 권했다(원래 맹달은 촉나라 태수였으나 위나라로 투항한 인물이었다). 이에 맹달은 다시 촉으로 돌아갈 생각을 했다. 그러자 평소 사이가 안 좋던 위흥태수 신의申儀가 이 사실을 조정에 고발했다. 이에 조예는 사마의에게 맹달을 토벌할 것을 명령했다. 사마의는 맹달에게 편지를 보냄과 동시에 신속히 행군하여 8일 만에 신성에 도착했다. 결국 사마의는 228년 정월 신성을 공격하는 데 성공했고 맹달을 참했다.

사마의는 230년 7월 위나라가 촉나라를 공격할 때 형주에서 한수

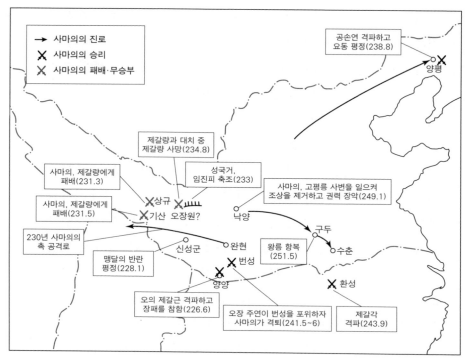

19-1 사마의의 활동.

를 거슬러 올라가 한중으로 진격했다. 『진서/선제기』는 사마의가 이 때 면수沔水(한수의 다른 이름)를 거슬러 올라가 구인朐忍에 이르러 신풍현新豐縣을 점령하고 단구丹口까지 진격했다고 기록했다. 그러나 이는 사실이 아닌 것으로 보인다. 구인현은 면수, 즉 한수에 있지 않았고 장강 상류에 있는 지명이며, 신풍현과 단구는 『중국역사지도집』과 『중국역사지명대사전』에서도 보이지 않는다. 아마도 『진서』의 편찬자가 잘못 기록했을 것이다.

사마의가 제갈량의 맞수가 된 것은 231년 3월 대사마 조진이 사망한 이후였다. 이때 제갈량이 천수군을 침입하자 대장군 사마의는 제갈량의 촉군과 싸웠다. 그러나 19-1 지도에서 보듯이 사마의는 231년 3월과 5월에 각각 상규현과 기산에서 제갈량의 촉군에 대패했다. 게다가 제갈량이 군량 부족으로 후퇴할 때 장합을 보내 촉군을 추격했으나 촉군의 복병에 장합이 화살을 맞아 사망하고 위군 또한 대패했다.

소설 삼국지에서는 사마의가 제갈량의 1차 북벌 때부터 제갈량을 괴롭힌 것처럼 묘사했다(94회 이후). 그러나 실제로 사마의가 제갈량의 호적수로 부상한 것은 231년 4차 북벌 때부터였다. 그나마도 이때 사마의는 3패를 기록했다. 이엄의 농간으로 제갈량이 회군하지 않았다면 패배한 횟수는 더 늘어났을지도 모른다. 이후 234년 2월 제갈량이 5차 북벌에 나서자 사마의는 싸우지 않고 수비로 일관했다. 결국 234년 8월 제갈량이 죽고 촉군이 물러남으로써 사마의가 '승리'했다. 공식적으로 사마의는 제갈량과 싸워 3패 혹은 1무 3패(오장원 일대에서 대치한 것을 무승부로 볼 경우)를 기록했다. 전투에서 한 번도 제대로 이겨보지 못하고 전쟁에서 승리한 것이다.

소설 삼국지에서 역사적 사실을 왜곡하면서까지 제갈량의 북벌을 제갈량과 사마의의 대결 구도로 몰고 간 것은 독자들에게 재미를 주기 위해서였을 것이다. 한편으로는 제갈량의 패배를 합리화하기 위한 허구적 장치였다. 앞서 살펴본 것처럼 제갈량은 북벌에서 9승 1무 3패의 전적을 거두었다. 실제 위군과 싸운 전투에서는 4승 2패, 사마의와의 전투에서는 3승을 기록했다. 그러나 제갈량은 전투에서는 많이 이겼지만 전쟁에서 승리하지 못했다. 이러한 모순을 해결하기 위해 훗날 손자에 의해 황제로 추존된 사마의를 등장시킨 것이 아닐까? 제갈량의 맞수로 황제급인 사마의를 등장시켜 제갈량이 아무리 노력해도 성공할 수 없었던 운명임을 독자들에게 암시했을 것이다.

제갈량이 사망한 후 사마의는 승승장구했다. 그는 238년 8월 사실상 자립 상태였던 요동의 공손연을 정벌해 참했고, 241년 오나라 장군 주연이 번성을 포위했을 때 이를 격파했으며, 243년에는 제갈각이 지휘하는 오군을 환성皖城에서 물리쳤다. 촉군과 2무 3패를 기록한 후 3승을 거두어 모두 6승 2무* 3패의 전적을 올렸다. 승률 5할을 간신히 넘겼다. 그러나 사마의는 최후의 승자였다. 그는 전투에서는 졌지만 사실상 전쟁에서 승리했다. 게다가 사마의는 249년 조예의 아들 조방과 권력자 조상이 고평릉高平陵으로 사냥을 간 사이 낙양을 점령하고 조상 일파를 제거했다. 사마의는 소위 고평릉 사변에서 승리하며 서진 개창의 터전을 닦았다.

**고평릉 사변: 사마의의 쿠데타와 권력 장악** _____

일찍이 조조는 사마의가 낭고狼顧의 상이라며 신임하지 않았다고 한다. '낭고의 상'이란 이리처럼 몸을 움직이지 않은 상태에서 얼굴을 뒤로 돌릴 수 있다는 뜻이다. 그러나 사마의는 조비와 조예 재위기에 탄탄대로를 달렸고 대사마와 태위 등 가장 높은 벼슬에 올랐다. 그러나 조예가 죽자 사정이 바뀌었다.

조예는 본래 연왕 조우曹宇와 조휴의 아들 조조曹肇, 조진의 아들 조상에게 어린 조방을 도와 국정을 다스리게 할 생각이었다. 그러나 총신인 유방劉放과 손자孫資의 말을 듣고 조우를 내쳤다. 그러고는 조상과 사마의에게 조방을 맡겼다. 중국의 한 학자는 비록 『삼국지』와 『자치통감』에는 두 사람이 공동으로 국정을 보좌하라고 기록되어 있

---

* 233년 촉군 공격 도중 비를 만나 후퇴한 것과 234년 제갈량의 죽음으로 촉군이 회군한 것을 무승부로 보았다.

지만 이는 승자인 사마의를 높인 기록이고 실제로는 조상이 사마의보다 우위에 있었다고 주장했다.

237년 조상은 권력을 잡자 사마의를 태부로 임명했다. 태부는 최고의 벼슬이었지만 실권이 없는 명예직이었다. 이에 사마의는 병을 핑계로 집에 눌러앉으며 조상을 제거할 기회를 노렸다.

기회는 황제 조방과 조상이 조예의 무덤인 고평릉을 참배하러 간 249년 정월 갑오일에 찾아왔다. 배송지주에서 인용한 『위세보魏世譜』에 따르면, 고평릉은 낙수 남쪽의 대석산大石山에 있었으며 낙양성에서 90리 떨어진 거리에 있었다. 19-2 지도에서 볼 수 있듯 낙양에서 멀리 떨어진 곳이었다.

사마의는 조방과 조상이 낙양성 밖으로 나간 틈을 타서 쿠데타를 일으켰다. 우선 아들 중호군中護軍 사마소가 거느린 군대를 동원해 사마문(대궐의 외문)에 주둔하도록 한 다음 낙양성 성문을 걸어 잠갔다. 낙양성을 접수한 것이다. 그런 다음 무고武庫를 점거해 무기를 꺼내 병사들을 무장한 후 태위 장제蔣濟 등을 거느리고 낙수洛水의 부교浮橋에 주둔했다. 그러고는 고유高柔와 왕관王觀을 보내 각각 조상과 그의 아우 조희曹羲의 군영을 접수하게 하고, 조방에게 상주문을 보내 조상의 잘못을 탄핵했다.

조상은 이 사실을 듣고 군대를 이끌고 이수伊水 남쪽에 머물렀다. 그는 둔전병 수천 명을 징발해 군영을 지키게 했다. 이때 대사농大司農 환범桓範이 낙양성을 탈출해 조상의 진영으로 도망갔다. 장제는 이 소식을 듣고 사마의에게 "꾀주머니(智囊)가 나갔습니다"라고 보고했다. 사마의는 조상이 환범의 계략을 사용하지 않을 것이라며 부하들을 안심시켰다.

조상을 찾아간 환범은 조상 형제에게 허창으로 가서 사방의 군사를

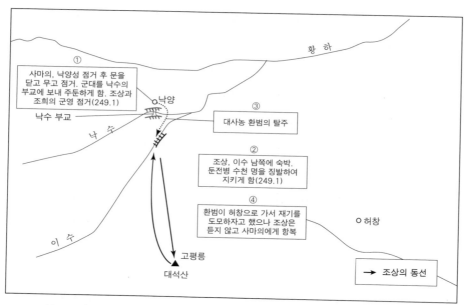

19-2 고평릉 사변.

모아 훗날을 도모하자고 권했다. 그는 조상이 전농중랑장이 지휘하
는 둔전병을 징발할 수 있으니 이들을 데리고 허창으로 간 다음 허창
의 별고別庫(수도 이외의 무기고)에 있는 무기를 지급하여 무장하라면
서 대사농인 자신은 직권으로 식량 문제를 해결할 수 있다고 주장했
다. 그러나 환범이 꾀주머니였는지는 몰라도 조상과 조희는 판단력이
부족했다. 과연 두 사람은 환범의 말을 듣지 않았다. 환범은 낙양성을
탈출한 보람이 없었고, 결과적으로 줄을 잘못 섰다.

　사마의는 조상과 친한 전중교위殿中校尉 윤대목尹大目을 조상에게
보내 열후의 지위는 보장해주겠다고 설득했다. 윤대목에게 설득당한
조상은 "사마공은 내 권력을 빼앗으려 할 뿐이다. 내가 권력을 내놓
고 열후의 자격으로 집으로 돌아간다면 부잣집 노인으로 생을 마칠

수 있을 것이다"라고 말했다. 그러나 사마의는 약속을 지킬 위인이 아니었다. 그는 순진한 조상을 속여 항복하게 한 후 조상 형제를 체포했다. 그리고 일당인 상서 장당張當, 하안何晏, 정밀丁謐, 등양鄧颺, 사예교위 필궤畢軌, 형주자사 이승李勝, 대사농 환범 등을 체포하고 조상 형제와 일당의 삼족을 멸했다. 권력 다툼에서 상대방을 믿는 것은 자멸 행위임은 고금의 진리인가?

조상파와 사마의파의 대결은 단순한 파당 싸움이 아니라 후한 말의 환관파와 청류파, 혹은 신흥 세력과 문벌, 부화파浮華派와 사공파事功派 등의 대립 구도로 보기도 한다. 환관파와 청류파의 대립 구도는 조조가 환관 조등의 손자임에 착안해 조조를 환관 세력으로 보고 사마의 일파를 청류파로 보아 이분법적으로 나눈 것이다. 신흥 세력과 문벌의 대립은 문벌이 아닌 신흥 세력인 위나라 황실, 조상 일파와 문벌 세력인 사마의 세력으로 나누어 고평릉 사변을 분석한 것이다. 부화파는 당시 청담 사상에 몰입했던 세력을 지칭하며, 사공파는 실무에 관심을 가졌던 관리들을 지칭한다. 이러한 이분법은 각각 단점이 있다. 하지만 조상파와 사마의파가 정치, 문화 등 다양한 차이를 지닌 두 개의 집단이었음은 분명한 듯하다.

정적을 제거한 사마의는 실권을 장악했다. 그러나 사마의의 쿠데타에 동조하지 않은 위나라 신하들도 있었다. 19-1 지도에서도 확인할 수 있듯 그들 중 일부는 사마의에 반기를 들었다. 대표적 인물이 회남을 지키던 태위 왕릉王淩이었다. 그는 251년 4월 병오일 초왕楚王 조표曹彪를 황제로 옹립하고 사마의에 반기를 들었다. 왕릉은 동탁을 주살한 사도 왕윤의 조카였다. 동탁의 부하들이 장안을 점령한 후 왕윤의 일족을 모두 죽였을 때 왕릉은 형 왕신王晨과 함께 성을 넘어 달아나 목숨을 건졌다.

19-3 사마의의 무덤. 허난성 뤄양시 북쪽에 있다. 현재 주택가 부근에 있으며, 정상에는 전봇대가 있는 초라한 모습이다. 원래 황제릉이나 왕릉에는 나무가 자라지 못하도록 벌채를 해야 하지만 나무가 자라도록 놔둘 정도로 관리가 허술했다. 서진이 단명한 탓에 사실상 창업 군주인 사마의의 무덤이 초라해진 것이다.

이전부터 왕릉은 조카인 연주자사 영호우令狐愚와 함께 사마의에 대항한 반란을 일으킬 계획을 세웠다. 영호우가 죽자 왕릉은 단독으로 거사를 진행했다. 왕릉이 반란을 일으켰다는 소식을 들은 사마의는 지체 없이 왕릉을 공격했다. 왕릉은 5월 갑인일에 사마의의 군대에 항복한 후 자살했다. 사마의는 초왕 조표를 사로잡은 후 6월에 사사賜死했다. 사마의는 왕릉의 난을 거울삼아 신하들이 위나라 황실 일족을 황제로 추대하고 반란을 일으키는 것을 미연에 방지하고자 황실 일족들을 모두 업鄴에 모아 감금했다.

## 사마씨의 찬탈 _____

서진의 기틀을 세운 사마의는 251년 7월에 죽었다. 사마의의 장남인 위장군衛將軍 사마사가 무군대장군撫軍大將軍 녹상서사에 임명되어 권력을 승계했다. 사마사는 252년 정월 계묘일 대장군에 임명되었다. 19-4 지도는 사마의의 아들들인 사마사와 사마소 집정 시기에 벌어진 사건들을 나타낸 것이다. 지도에서 볼 수 있듯 사건들은 주로 위나라 수도인 낙양과 수춘에서 발생했다. 수춘은 회수 이남에 위치했으며 양주의 치소가 있는 곳이었다. 그뿐 아니라 오나라의 공격을 막기 위해 수십만 병력이 주둔했다. 따라서 수춘에서 군대를 지휘한 인물들 가운데 사마씨를 제거할 생각을 가진 사람들은 군대를 일으켰다. 공교롭게도 사마의와 사마사, 사마소 집권 시기에 한 차례씩 회남에서 반란이 일어났다.

사마사 시기에 발생한 중요한 사건은 이풍李豐의 반란과 소제少帝 조방의 폐위, 관구검과 문흠文欽의 반란이다. 이풍은 정시 연간에 상서복야에 임명되었지만 조상파와 사마의파 사이에서 중립을 지켜 251년 사마의가 죽고 사마사가 권력을 잡은 이후에도 요직인 중서령 中書令에 임명되었다. 중국의 역대 왕조에서는 황제의 조서를 작성하는 비서 기관이 실질적인 권력기관이었다. 위진남북조시대에는 중서성이 상서성을 대신해 권력기관으로 부상했다. 중서령이라는 요직을 맡은 이풍은 조상 일파가 처형되었을 때 살아남았던 하후현과 결탁했다. 하후현은 하후상의 아들이자 조상의 고모의 아들이다. 조조의 아버지 조숭이 본래 하후씨였다는 기록도 있지만, 어쨌든 조씨와 하후씨는 서로 통혼하며 위나라의 권력 집단으로 군림했다. 이풍과 하후

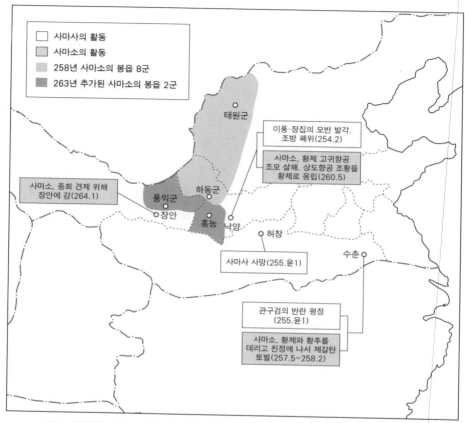

19-4 사마사와 사마소의 활동.

현은 황후의 아버지 장집張緝과 힘을 합쳐 소제 조방과 함께 사마사 일파를 제거하려는 계획을 세웠다. 그러나 사마사는 이를 미리 알아채고 254년 2월 경술일 이풍을 심문했다. 사마사는 이풍이 사실을 털어놓지 않자 그를 죽이고 하후현과 장집도 체포했다. 그는 황제인 조방을 협박해 두 사람을 죽이고 삼족을 멸했다.

조방은 장인과 측근들이 사마사에게 피살되자 몹시 불평했다. 배송지주에 인용된 『세어』와 『위씨춘추』에 따르면, 당시 안동장군安東將軍 사마소는 허창을 지키고 있다가 촉장 강유를 토벌하는 임무를 맡고 254년 9월 낙양에 입성하여 조방을 알현했다. 조방은 평락관平樂觀에 행차해 사마소의 군대가 지나가는 모습을 살펴보았다. 이때 조방의 측근들은 사마소의 알현을 이용하여 사마소를 죽이고 사마사를 공격하자는 건의와 함께 이러한 계략을 담은 조서까지 이미 작성해놓은 상태였다. 그러나 겁 많은 조방은 실행할 생각을 못했다. 오히려 사마소는 형 사마사와 상의하여 조방을 내치고 하내군의 중문重門에 가둔 뒤 고귀향공 조모를 황제로 옹립했다.

이러한 사마사 형제의 전횡을 참다못한 진동장군鎭東將軍 관구검과 양주자사 문흠이 255년 정월 을축일 회남에서 사마씨 제거를 위해 군사를 일으켰다. 관구검은 한국 고대사에서 고구려의 수도 국내성을 함락하여 동천왕을 북옥저로 도망가게 만든 인물로 유명하다. 문흠은 조상과 동향 사람이었기 때문에 조상의 총애를 받았고, 관구검은 사마사에게 피살된 이풍, 하후현과 친했다. 관구검은 두 사람이 죽은 후에 정치적 입지에 대해 고민하던 중에 비슷한 처지의 문흠과 의기투합했다.

사마사는 군대를 이끌고 토벌에 나서 다음 달인 윤1월 기해일에 문흠의 군대를 낙가樂嘉에서 격파했다. 문흠은 오나라로 도주했고, 관구검은 끝내 피살되었다. 이로써 관구검의 반란은 끝났다. 그런데 관구검의 반란을 진압하고 돌아오는 길에 사마사는 평소 앓고 있던 안질이 악화되어 255년 같은 달 임자일 허창에서 죽었다. 이에 동생 사마소가 255년 2월 정사일 대장군 녹상서사에 임명되어 권력을 이어받았다.

사마소의 집권 시기에 발생한 반란도 회남에서 일어났다. 관구검의 난을 평정한 후 회남에 주둔했던 진동대장군鎭東大將軍 제갈탄이 257

년 5월 을해일 양주자사 악침樂綝을 죽이고 반란을 일으켰다. 제갈탄은 낭야군琅邪郡 양도현陽都縣 사람으로 제갈량의 먼 친척이었다. 이상하게도 중국사에서는 분열의 시기에 제갈씨가 나타나 활약했다. 삼국시대와 동진 말, 당 말에 '제갈'이란 성을 가진 인물들이 역사책에 이름을 남겼다.

당시 제갈씨는 위, 촉, 오 세 나라에서 모두 활약했다. 제갈량은 촉나라에서 승상이 되어 북벌에 일생을 바쳤다. 제갈량의 형인 제갈근은 오나라의 명장 중 한 사람이었고, 제갈근의 아들 제갈각諸葛恪은 손량을 보좌했다. 제갈탄도 이부랑吏部郎과 어사중승, 상서 등 요직을 역임했고 일찍이 등양, 하후현과도 사이가 좋았다. 이 두 사람은 고평릉 사변과 이풍의 반란 때 사마사에게 피살되었다. 관구검처럼 자신의 미래에 대해 고민한 제갈탄은 낙양으로 돌아오라는 조서를 받자 자신을 죽이려는 음모라고 판단하고 10여만 명의 군사와 악침이 거느린 4~5만 명을 합해 반란을 일으킨 것이다. 이때 제갈탄은 아들 제갈청諸葛靚을 오나라에 인질로 보냈고 오나라는 3만 명의 군사를 파병했다. 전역全懌과 전단全端, 당자唐咨 등에게 군대를 이끌고 오에 망명한 문흠과 함께 제갈탄을 구원하도록 한 것이다.

사마소는 허수아비 황제인 조모와 태후를 데리고 친정에 나섰다. 황제와 태후를 대동한 것은 정통성이 자신에게 있음을 제갈탄의 군사들과 천하에 내보이려는 것이었다. 사마소는 26만 명을 거느리고 구두丘頭에 주둔했고 왕기王基와 진건陳騫이 수춘을 포위했다. 결국 위군은 258년 2월 수춘성을 함락하고 제갈탄을 참했다.

왕릉과 관구검, 제갈탄은 위나라 황실의 부흥과 사마씨 제거를 위해 회남에서 군사를 일으켰다가 모두 실패했다는 공통점을 가지고 있다. 사실 선양이라는 평화적 정권 교체가 발생하기 직전에는 옛 왕조에 충성을 다해야 하는지, 아니면 새 왕조에 붙어 부귀영화를 누려야 하는지 선택의 기로에 서게 된다. 그런데 이 세 사람은 권력과의 타협 대신 옛 왕조인 위나라에 충성했고, 그 결과는 자신과 일족의 죽음이었다. 반면 사마씨에게 협력한 사람들은 개국공신이 되어 잘 먹고 잘 살았다. 어디서 많이 들어본 이야기 같지 않은가?

사마소는 258년 5월 진공晉公에 봉해지며 병주의 태원太原, 상당上黨, 서하西河, 악평樂平, 신흥新興, 안문鴈門, 그리고 사주의 하동, 평양平陽 등 8군을 식읍으로 받고 구석九錫도 받았다. 그러나 사마소는 9번 사양했고, 없던 일이 되었다. 260년 4월에는 상국相國에 임명되고 진공에 봉해졌다. 그러나 사마소는 또다시 거절했다.

사마소가 식읍으로 받은 8군은 병주 전체와 사주의 2군이다. 이 지역은 춘추시대 진晉이 지배한 영역과 대부분 겹친다. 현재의 산시성(산서성)과 일치한다. 사마소의 작위인 진공의 '진晉'은 사마씨의 본적인 하내군 온현이 춘추시대 진나라 땅이었기 때문에 그가 옛 진晉나라 사람이었음을 강조한 것이다. 이후 260년과 262년에 옹주의 풍익군과 사주의 홍농군을 합쳐 진공 사마소의 식읍은 10군으로 늘어났다. 이 10군은 춘추시대 진나라가 지배했던 영역의 대부분에 해당한다. 물론 이때도 사마소는 진공의 작위를 사양했다.

허수아비 황제 조모도 가만히 있을 수 없었다. 그는 260년 5월 평소 신임하던 시중 왕침王沈과 상서 왕경王經, 산기상시散騎常侍 왕업王業 세 사람을 불러 사마소 일당을 제거하려는 본심을 털어놓았다. 이때 왕경은 조모를 말렸고 나머지 두 사람은 침묵을 지켰다. 왕침과 왕업은 이 사실을 사마소에게 알렸다. 그들은 왕경에게도 행동을 함께하자고 했지만 왕경은 거부했다. 한편 당시 조모는 왕침을 문적선생文籍先生이라고 부르며 예우했는데, 왕침은 출세를 위해 자기를 총애한 황제를 배신한 것이다.

조모는 칼을 꺼내들고 가마에 올라 전중殿中의 숙위宿衛 무사들과 창두蒼頭, 관동官僮 등을 거느리고 궁궐 밖으로 나가려고 했다. 이때 사마소의 부하 중호군中護軍 가충이 군대를 이끌고 궁궐 안으로 들어오다가 남궐南闕에서 조모의 군사들과 싸우게 되었다. 황제가 칼을 꺼내들고 싸우려 하자 가충의 군사들은 허수아비라도 황제를 보고 차마 싸우려 하지 않고 물러나려고 했다. 가충은 부하 성제에게 조모를 제거할 것을 지시했고, 성제는 창(戈)을 들고 조모를 찔러 죽였다. 조모의 나이 불과 20세였다.

사마소는 조모가 피살되었다는 소식을 듣고 신하들을 모아 회의를 열었다. 신하들 중 일부는 가충을 죽일 것을 주장했지만 가충의 부하 성제를 죽이는 선에서 사건은 매듭지어졌다. 그리고 업에 유폐되었던 상도향공常道鄕公 조황曹璜을 황제로 옹립했다. 15세의 조황은 이름을 조환曹奐으로 바꾸었다. 그리고 263년 10월 사마소는 드디어 진공에 올랐다.

그때 멀리 익주에서 등애가 촉나라를 정복하는 데 성공했다. 등애가 총사령관 종회의 모함을 받자, 사마소는 264년 정월 갑자일 황제를 거느리고 장안으로 갔다. 외형상 등애의 모반을 조사한다는 명분이었지만 사실상 종회를 견제하기 위한 포석이었다. 결국 촉 정벌에 공을 세운 등애와 종회가 죽자 찬탈에 방해가 되는 걸림돌이 완전히 제거되었다. 같은 해 3월 기묘일 사마소는 사실상 스스로 진왕晉王이 되었다. 그러나 다음 해 죽고 말았다. 진왕의 자리를 이어받은 장남 사마염은 265년 12월 임술일 조환을 위협해 황제의 자리를 빼앗았다. 그는 조환을 낙양성 서북쪽에 위치한 금용성金墉城으로 추방했다. 조환은 진류왕陳留王에 봉해진 뒤 업으로 옮겨져 감시를 받았다.

이로써 위나라는 촉나라가 망한 지 2년 만에 망하고 서진이 위와 촉의 영토를 지배했다. 이제 삼국 가운데 남은 나라는 오나라밖에 없었다.

## 서진의 오나라 정복 뒷담화

서진이 오를 정복하는 과정은 앞에서 이미 자세히 설명했다. 여기서는 당시 서진 관료들의 추태를 살펴보자.

서진이 오나라를 정복하는 과정을 보면 손발이 따로 놀았다. 전방에서 왕준과 두예, 왕혼 등이 오군을 격파하고 건업으로 진격하여 오나라의 목을 죄여가고 있을 때 서진 무제의 측근들은 철군을 주장했다. 서진 조정의 대신들은 자학적인 생각을 가졌는지 군대를 가볍게 진격시켜서는 안 된다고 주장했다. 유일하게 장화만이 오나라를 정복할 수 있다고 주장했다.

명목상 총사령관인 가충은 "오나라의 땅은 평정하기 어렵습니다. 여름이 되면 장강과 회수는 습기가 많고 전염병이 반드시 번질 것인즉 마땅히 군대를 소환해 훗날을 도모해야 합니다. 비록 장화를 요참하더라도 천하에 사죄하기 부족합니다"라는 상소문을 올렸다.* 당시 권력자인 재종손 순욱도 상소문을 올려 가충의 의견에 동조했다. 두예는 이 소식을 듣고 공세를 멈춰서는 안 된다는 상소문을 올렸다. 두예의 상소문이 낙양의 동쪽인 환원轘轅에 도착했을 때 오나라가 항복했다. 결국 장화와 두예의 판단이 옳았고 가충과 재종손 순욱의 주장이 틀렸던 것이다.

이 일화는 탁상행정의 부실을 그대로 보여준다. 현장에 있는 장군

---

* 『자치통감』.

들은 오나라를 정복할 수 있다고 생각한 반면 조정 대신들은 패배주의에 젖어 있었다. 가충을 비롯한 조정 대신들이 오나라로부터 뇌물을 받았을 것이라고 추정하는 학자들도 있다. 이처럼 지배층이 분열한 상황에서 서진이 오나라를 정복한 것은 기적이나 다름없었다.

더 어이가 없는 것은 오나라를 정복한 공을 두고 왕준과 왕혼이 서로 다툰 것이다. 건업에 먼저 입성해 손호의 항복을 받은 사람은 왕준이었다. 그러나 왕혼은 다음 날 장강을 건너 왕준이 자기를 기다리지 않고 손호의 항복을 받았다는 소식을 듣고 화가 나서 왕준의 군대를 공격하려고 했다. 위나라가 촉나라를 정복했을 때 총사령관 종회가 등애를 모함하여 제거한 것보다 정도가 심한 일이었다. 이때 하반何攀이 왕준에게 오나라 황제 손호를 왕혼에게 넘겨주라고 진언하고 왕준이 따름으로써 두 사람의 분쟁은 끝이 났다.

두 사람이 오나라를 정복한 공을 다투자 사마염(서진 무제)은 정위廷尉 유송劉頌을 보내 옳고 그름을 가리도록 했다. 그 결과 왕혼이 1등, 왕준이 2등이라는 보고가 들어왔다. 사마염은 유송의 판결이 잘못되었다고 생각해 좌천시켰다. 왕준은 보국대장군輔國大將軍에 임명되었지만 현후縣侯에 봉해졌고, 왕혼은 군공郡公으로 승진하고 식읍이 8,000호 더 늘어났다. 오의 정복을 주장한 장화는 식읍이 1만 호 늘었다. 기묘한 것은 오나라 공격에 반대한 신하들도 상을 받았다는 점이다. 재종손 순욱의 아들 1명에게 정후亭侯의 작위가 내려졌고, 역시 반대한 가충도 식읍이 8,000호 더 늘어났다. 사실상 오군을 무력화한 두예와 왕융은 현후, 오나라 정벌에 참여한 사마주의 아들 2명은 정후에 봉해졌다.

오나라 정복을 둘러싼 논공행상을 보면 실제 전공과는 별 상관이 없었다. 오나라 정복의 일등공신인 왕준과 두예보다 오나라 정복을 반대한 가충과 재종손 순욱, 왕준보다 늦게 건업에 진격한 왕혼이 더 큰 상을 받았다. 신상필벌이라는 논공행상의 원칙이 지켜지지 않은 데서 이미 서진의 운명이 어떨지는 드러나 있었다.

## 서진의 정치와 팔왕의 난 _____

서진은 지방을 19주로 나누었다. 『진서/지리지』에 따르면, 군은 모두 172개, 현은 1,232개였다. 비슷한 면적을 지배한 후한이 13개의 자사부와 105개의 군급 행정구역, 1,160개의 현급 행정구역을 설치한 것과 비교하면 주와 군의 수가 대폭 증가했음을 알 수 있다.

주와 군의 수는 늘었지만 서진시대의 호구는 후한시대보다 줄어들었다. 서진이 오나라를 평정한 280년 호수는 약 246만 호, 인구는 1,616만 명이었다(『진서/지리지』 군현의 호수를 합한 것은 247만 305호였다). 후한시대의 호수는 약 934만 호, 인구는 4,789만 명이다. 서진의 호수는 후한시대에 비해 26.3%, 인구는 33.8%에 불과했다.

서진과 후한을 비교하면 지배 면적이 비슷했음에도 불구하고 서진시대에 행정구역의 수는 늘었고, 호수와 인구는 줄어들었다. 이러한 현상의 배후에는 지배계급의 이해관계가 개입되어 있었을 것이다. 주와 군의 수가 늘어나면 장관과 차관을 비롯한 관리들의 수가 대폭 늘어난다. 이는 벼슬을 원하는 지배계급의 이해와 맞아떨어진다. 또한 삼국시대 세 나라의 공통된 특징이기도 한, 즉 대토지와 노비, 소작인 등을 소유한 지배계급의 이해를 반영하여 국가가 호구 파악을 철저히 하지 않았을 것이다. 이는 지배계급에게 세금 면제, 탈세의 기회를 제공했다.

다른 각도에서 생각하면 분열의 시대에 행정구역의 수가 늘어나고 호구가 줄어드는 것은 이해할 수 있는 일이다. 그러나 분열을 수습한

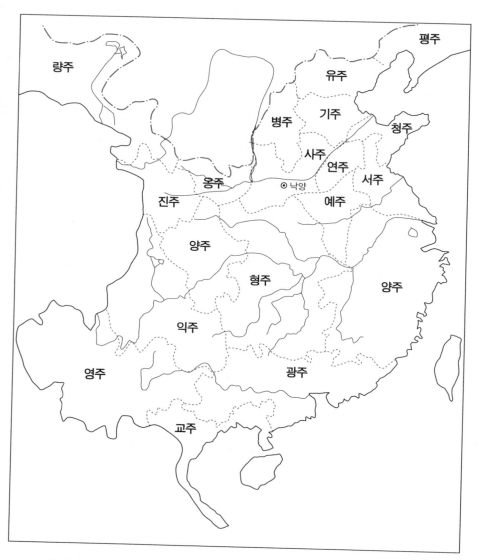

19-5 서진의 행정구역.

통일왕조라면 분열의 시대에 발생한 비정상적인 일들을 정상적으로 바꾸어야 한다. 그러나 서진은 그렇게 하지 않았다.

무엇보다 통일을 위해 군사력을 확충하고, 특히 지방관들이 군대를 지휘하는 관행을 없애야 했다. 군현 지배 체제의 기본 원리를 깬 지방관의 군 통수권을 중앙정부가 회수해야 했지만 서진 조정은 그렇게 하지 않았다. 오히려 서진 무제 사마염은 종실 일족을 우대해 종실 제왕에게 군대를 거느릴 수 있도록 허용했고, 이들을 군사령관과 지방관으로 임명했다. 사마염은 자신의 할아버지 사마의가 조씨의 위나라로부터 권력을 빼앗은 이유가 조비 이후의 황제들이 친척들을 정치적으로 홀대했기 때문이라고 생각했다. 그래서 위나라의 여러 황제와 반대로 친척들을 중용하는 정책을 취했다. 역대 중국의 한인 왕조에서는 황제의 부계 혈족, 즉 종실에게 벼슬을 주어 정치에 참여하는 것을 막았다. 설사 벼슬을 주더라도 품계만 높고 실권은 없는 명예직만 주었다. 그러나 사마염은 일족들에게 실권이 있는 벼슬을 주었다. 자신의 자손들이 황제의 자리에 있다가 성씨가 다른 신하들이 권력을 위협하면 일족이 황제를 도와줄 것이라 기대했기 때문이다. 그러나 사마염의 기대는 그가 죽자마자 깨졌다.

사마염의 뒤를 이어 황제가 된 혜제 사마충司馬衷은 중국 역대 황제들 가운데서도 멍청하기로 유명하다. 시호에서도 이 사실이 드러나는데, 대개 2대 황제 가운데 멍청하고 무능한 황제들에게 '혜제惠帝'라는 시호가 붙었다. 사마충은 혜제들 가운데서도 가장 무능했다. 백성들이 기근으로 굶주린다는 말을 듣고 "먹을것이 없으면 고기를 먹으면 될 것이 아니냐?"고 할 정도였다.* 혹 이 말을 들은 적이 있는 독

---

*『진서/혜제기』.

자라면 프랑스 대혁명 때 마리 앙투와네트 왕비나 해방 후 미 군정의 하지 중장을 떠올릴 것이다. 그러나 이 말의 원조는 서진의 혜제였다.

한편 사마충의 황후는 가충의 딸인 가남풍賈南風이었다. 가황후는 음흉하고 질투가 많은 부모의 성격을 이어받았다. 가황후는 남편인 혜제가 황제의 자리에서 쫓겨날까 두려워해, 더 정확히는 자신이 황후의 자리를 빼앗기게 될 것을 두려워해 여러 정치적 음모를 꾸몄다. 먼저 시어머니 태후 양씨楊氏와 양준楊駿을 몰아내기 위해 시동생 초왕楚王 사마위司馬瑋를 선동해 양씨 일파를 제거했다. 그리고 이로부터 '팔왕의 난'이 시작되었다.

팔왕의 난은 서진의 붕괴에 크게 기여했다. 19-6의 계보에서 볼드체로 굵게 표시된 것이 8명의 종실 제왕이다. 팔왕의 난에 대해 일일이 서술하려면 많은 지면이 필요하므로 생략하겠다. 간략하게 요약하면 권력투쟁에 참여한 가황후 일파와 7명의 왕이 차례로 제거되고, 최후에 승리한 동해왕 사마월이 권력을 잡았다. 그러나 사마월은 3대 황제 회제懷帝의 질시를 받아 화병으로 죽었다. 사마월이 흉노가 세운 한漢나라의 장수 석륵을 토벌하러 출정했을 때, 회제가 장군 구희에게 사마월을 암살하라는 명령을 내렸는데, 사마월이 이 사실을 알고 분노하다 화병으로 죽은 것이다. 이때 서진의 지배계급이 사마월의 장례를 치르러 동해국으로 가던 도중 석륵의 공격을 받고 지배계급 대부분이 몰살되는 '비극'이 발생한다.

## 흙수저 조지의 절규

20세기 중국의 위진남북조사 최대 거봉인 당장유는 『진서晉書/조지전趙至傳』에 실린 조지趙至의 열전을 바탕으로 신분제의 굴레를 잘 고증했다. 대학원에 입학한 첫 학기에 이 논문을 읽고 짠하고 먹먹한 감정을 느꼈던 기억이

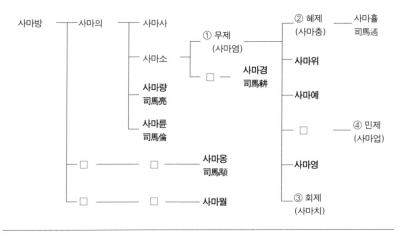

19-6 서진의 황실 계보.

난다. 『진서/조지전』의 일부다.

조지의 자字는 경지景眞이고, 대군代郡 사람이며 낙양으로 이주해 살았다. 구지緱氏의 현령이 처음 현의 관청에 도착했을 때, 13살의 조지는 어머니와 함께 현령의 행차를 구경했다. 어머니는 "너희 조상 때에는 본래 미천하지 않았는데, 세상에 난이 일어나 고향을 떠나 떠돌아다니다가 드디어 사오土伍가 되었을 뿐이다. 너는 후에 능히 구지의 현령처럼 성공할 수 있겠느냐?" 하고 말했다. 조지는 어머니의 말을 듣고 느끼는 바가 있어 스승을 찾아가 배웠다. 아버지가 밭을 갈고 소를 꾸짖는 소리를 듣고 조지가 책을 던지고 울었다. 스승이 이상하게 여겨 조지에게 그 이유를 묻자 "저는 아직 어려 능히 지위와 명망이 높아져서 부모를 영화롭게 봉양하지 못했는데, 나이 드신 아버지는 아직도 힘들게 일하십니다" 하고 대답했다. 스승은 조지의 말을 듣고 그를 매우 비범하다고 여겼다.

14살 때 낙양을 방문해 태학太學에서 노닐다가 혜강嵇康이 석경石經을 베끼며 공부하고 있는 모습을 봤다. 조지는 혜강 주변을 배회하며 가지 않더니 그의 이름(성명)을 물었다. 혜강은 "연소한 사람이 왜 남의 성과 이름을 묻는 건가?" 하고 물었다. 조지는 "공의 풍모와 그릇이 비범함을 봤기 때문에 묻습니다"라고 답했다. 혜강은 기이하게 생각하고 알려주었다. 조지는 후에 도망가서 산양山陽에 이르러 혜강을 만나려고 했으나 뜻을 이루지 못하고 돌아왔다. 또 먼 곳에 가서 공부하려고 했으나 어머니가 못 가게 막았다. 조지는 일부러 미친 척하고 15리를 도망가다가 추격자에게 체포되었다. 16세에 업鄴을 방문해 다시 혜강을 만나 그를 따라 산양으로 갔고 이름을 준浚, 자를 윤원允元으로 고쳤다. 혜강은 매번 "그대의 머리는 작지만 총명하고, 눈동자는 흰색과 검은색이 뚜렷하니 백기白起(전국시대 진秦나라의 명장)의 풍모가 있도다" 하고 말했다. 혜강이 죽은 후 조지는 위흥魏興에 이르러 태수 장사종張嗣宗을 만나 후하게 대접받았다. 장사종이 강하상江夏相에 부임하자 그를 따라 운천滇川에 갔다가 오나라로 갈 생각도 했지만 장사종이 죽자 요서遼西로 가서 호적을 바꾸었다. (…) 조지의 키는 7척 4치(약 180cm)였고 주장하는 말이 논리적이어서 전국시대 종횡가처럼 재능이 있었다. 요서군에서는 그를 상계리上計吏로 천거하니, 그는 낙양에 도착해 아버지와 만났다. 이때 어머니는 이미 죽었지만, 아버지는 아들 조지가 벼슬할 수 있도록 배려해 조지에게 알리지 않아 조지가 자기를 만나러 오지 않도록 했다. 조지는 요서군으로 돌아왔다. 유주幽州에서는 세 차례 주의 관리인 종사從事로 임명하니, 아홉 차례 재판을 해 잘한다는 평판을 얻었다. 태강太康 연간에 양리良吏로서 천거되어 낙양에 갔는데 그제야 어머니가 돌아가신 소식을 들었다. 예전에 조지는 자신이 사오임을 부끄러워하여 공부하고 벼슬해 이름을 날리고 부모님을 영화롭게 봉양하고자 했다. 그러나 어머니가 돌아가셨다는 소식을 알고 자신의 소망이 이뤄질 수 없다는 사실에 너무 슬퍼 소리 내어 울다가 피를 흘리고 죽었다. 이때 조지의 나이 37살이었다.

당장유의 논증과 필자의 견해를 바탕으로 위의 글을 독자들에게 이해하기 쉽게 설명해본다.

조지의 신분은 사오士伍였다. 사오의 '사'는 선비가 아니라 군사이다. 사오의 집안을 사가士家 혹은 병호兵戶, 군호軍戶라고 한다. 대대로 군인이 되는 집안이다. 후한 말부터 삼국시대를 거쳐 남북조시대까지 대대로 전쟁에 나가야 하는 군인을 세습하는 집안이 있었다. 이민족이 지배층이 된 십육국과 북조의 여러 나라에서 군호의 상당수는 지배층이었으나 한족이 다스린 삼국시대와 동진·남조에서는 사회적으로 천한 사람들로 치부되었다. 군대 갔다 온 독자들은 이미 경험했겠지만 일단 군인이 되면 소대장 등 장교들과 고참들의 노예가 된다. 힘들지만 그래도 1~2년만 참으면 된다. 그러나 사오는 죽을 때까지 장교들에게 노예처럼 취급당했고, 대물림되었다.

조지가 낙양과 그 주변인 하남군에 살게 된 것은 조비가 업성에 있던 사가들을 낙양과 그 주변으로 옮겼기 때문이다. 또한 조지 모자가 구지현령의 행차 모습을 구경한 것을 보면 하남군 구지현으로 이주했을 것이고, 조지 아버지가 농사지었다는 것으로 보아 그는 전쟁보다 둔전 경작을 담당했을 것이다. 변방에서 보초를 서고 군사훈련을 받으며 전쟁에 나가야 하는 사람들보다는 나은 편이었다.

조지는 천민이나 노비와 다름없는 자신의 신분에서 벗어나기 위해 미친 척하고 도망갔으며 이름을 바꾸고 본적까지 바꾸었다. 멀리 유학 가는 것을 막은 어머니의 손까지 냉정하게 뿌리쳤다. 불효도 이런 불효가 없다. 당장유에 따르면, 조지가 미친 척하고 도망간 이유는 그의 부모에게 화가 미치지 않게 하려는 의도였다. 대를 이어 군인으로 복무해야 하는데 도망쳤으니 부모가 대신 처벌받을 수 있기 때문에 미친 척한 것이다. 미친놈이 도망가면 정상 참작 혹은 무죄가 되었을 테니까. 성과 이름을 바꾼 것은 추쇄꾼, 즉 자신을 잡으려는 관리와 군인들의 체포를 피하기 위해서였다.

조지가 도망간 나이가 16세인 것도 의미가 있다. 당시에는 16세 혹은 17세에 정丁, 즉 법적인 성인 남성이 되었다. 법적으로 성인이 되어 토지를 경작하고 세금과 요역을 부담해야 하는 나이다. 조지는 일반 농민이 아니라 군인 집안이므로 죽을 때까지 군인으로 복무해야 했다. 그는 성과 이름을 바꾸고 면 변방인 요서군으로 가서 호적을 등록해 신분을 세탁했다. 즉 조지는 천민 혹은 노비와 같은 세습 군인에서 일반 농민이 된 것이다.

조지는 출세하고 싶어서 죽림칠현의 한 사람인 혜강과 태수 벼슬을 한 장사종과 친하게 지내며 줄을 대려고 했다. 혜강은 조지를 전국시대 진나라의 명장 백기처럼 장수의 그릇으로 평가했다. 여기에서 조지가 무인의 자질을 갖췄음을 알 수 있다. 만약 혜강이 잘나갔다면 조지도 출세했겠지만 혜강은 서진을 세운 사마소에게 역적으로 몰려 처형되었다. 썩은 동아줄을 잡은 것이다. 그래서 성공하지 못했다. 그 후 요서군에서 지방 관리가 되어 출세하려고 했다. 조지가 상계리가 되어 수도 낙양에 출장한 것은 출세할 수 있는 기회였다. 상계리는 군의 호구 통계와 각종 문서를 가지고 중앙정부에 가서 바치고 보고하는 역할을 맡은 속리이다. 대개 군의 공조功曹나 주부主簿가 상계리로 뽑혀 올라가는데 수도에 가서 고관들에게 잘 보이면 좋은 자리로 영전한다. 예컨대 익주별가 장송은 상계리로 조조를 만나러 갔으나 그에게 푸대접을 받자 유비에게 익주를 바칠 생각을 했다. 장송의 형 장숙이 상계리로 갔다가 조조에게 잘 보여 태수 벼슬을 했던 것과 정반대였다. 여하튼 조지가 요서군으로 돌아간 것으로 보아 윗사람들에게 잘 보이지 못했고 장송처럼 빈손으로 돌아간 것이다. 이후 조지는 요서군의 상위 행정구역인 유주에서 벼슬하며 재판과 심문에 유능해 좋은 평판을 받았다. 그리고 능력 있는 관리로 추천되어 다시 낙양에 갔다. 이번에 윗사람들에게 잘 보이면 벼슬을 할 수 있는 절호의 기회였다.

독자들은 오랜만에 아들을 본 조지 아버지의 행동이 의아할 것이다. 조지가 요서군의 상계리가 되어 낙양에 갔을 때 조지의 아버지는 그를 알아보았다. 그러나 아버지는 아들에게 알은척하지도 않고, 아내, 즉 조지 어머니의 죽음도 알리지 않았다. 왜 그랬을까? 조지의 아버지가 조지를 알은척하고 두 사람이 부자 관계임이 알려지는 순간 조지의 신분 세탁이 들통 나기 때문이다. 자신은 천민과 같은 삶을 살았지만 아들은 벼슬하기 바라는 아버지의 자식 사랑을 엿볼 수 있다.

여기까지 보면 조지는 해피엔딩으로 끝날 수 있었다. 하지만 벼슬 자리를 얻을 수 있었던 마지막 방문에서 조지는 어머니가 죽었다는 소식을 들었다. 부모로부터 달아나는 불효를 저지른 것도 나중에 출세해 부모님을 호강시키려고 한 행동이었다. 신분의 굴레를 체험한 조지의 부모도 그것을 알았기에 조지를 응원했다. 그러나 어머니가 돌아가신 이상 그에게는 출세도 부질없었다. 효의 최고는 입신양명, 즉 관리로 출세하여 자신뿐만 아니라 부모의 이름을 알리고 풍요롭게 봉양하는 것이다. 그런데 어머니는 이미 돌아가셨다. 나중에 몰아서 효도하겠다는 조지의 꿈은 물거품이 되었다. 당장유는 신분 상승을 위해 세탁한 신분을 노출시켜서는 안 되는 현실과 불효를 했다는 자책감이 어우러져 조지가 슬프게 울다가 피를 토하고 죽었다고 해석했다.

조조는 유재시거唯才是擧, 즉 인성과 평판에 상관없이 능력이 있는 사람을 등용하는 인사 원칙을 천명했고 실천했다. 그에 비해 조비는 황제가 된 후 아버지의 인재 등용 정책을 180도 뒤집어 관리 집안의 자손이 관리가 되는 데 유리하게 설계된 구품관인법을 도입했다. 현실은 별도로 하더라도 이 부자의 인사 제도는 평민, 즉 농민부터 적용되었다. 조지는 농민보다 못한 사가, 즉 사회에서 천민이나 노비로 치부하는 세습 군인 집안이었기 때문에 조조 시대나 그 이후에도 벼슬할 수 있는 기회조차 잡지 못했다.

조지의 키는 약 180센티미터로 외모는 일단 준수했고 언변이 좋았을 뿐만 아니라 관리로서 능력도 인정받았다. 그러나 그는 출세할 수 없는 천한 신분이었고, 신분 세탁을 거쳐 관리가 될 수 있는 바로 그때 죽었다. 37살. 금수저들과 비교하면 늦은 나이였다. 극단적인 예지만 위나라에서 삼공보다 높은 태부太傅 벼슬에 올랐던 종요鍾繇의 아들 종육鍾毓은 14살에 5품 산기시랑散騎侍郎에 임명되었다. 당시에는 정5품과 종5품의 구별이 없었으니 위에서 다섯 번째 품계였다. 비슷한 금수저인 진수의 아들 진태와 순욱의 아들 순의는 나이는 알 수 없으나, 열전에 따르면 첫 벼슬이 산기시랑이었다. 아마도 산기시랑은 고관대작의 자제들이 차지하는 관직이었을 것이다. 5품이니 낮지도 않았다. 만약 조지가 피를 토하고 죽지 않았다고 해도 37살에 벼슬을 하는 것은 늦어도 한참 늦었다. 그리고 종육처럼 처음부터 5품 벼슬을 얻을 수 있었을까? 잘해봐야 9품에서 시작했을 것이다. 참고로 헷갈릴 독자들을 위해 설명하면, 조지가 임명된 주·군·현의 속리인 공조·주부 등은 정식 관리가 아닌 별정직이었다. 조선시대 지방 관아의 육방처럼 무보수였다. 따라서 관리의 등급(또는 품계)이 없었다.

후한 말 혼란기에는 인재가 필요했다. 조조는 정치적으로 왜곡된 평판 조회를 믿지 않고 능력에 따라 인재를 등용했다. 그러나 사회가 안정되고 위나라가 들어서자 사정은 달라졌다. 시스템이 갖춰지니 유능한 인재는 필요하지 않았다. 위나라의 뒤를 이은 진나라(서진) 때도 마찬가지였다. 조지와 비슷한 상황이었던 등애는 운 좋게 출세했고 촉나라를 멸망시킨 일등공신이 되었지만 그의 공을 시기하는 지배층의 집단 담합으로 피살되었다. 오나라를 멸망시킬 때 사실상의 총사령관이었던 두예도 지방관에 머물렀을 뿐 고관이 되지 못했다. 능력보다 그들끼리 해먹는 사회로 바뀌었다. '금수저 집안에서 금수저가 나고 흙수저 집안에서 흙수저가 난다.' 서진 초 고관이었던 유의劉毅는 이를 유식하게 "낮은 품계에는 가문 좋은 사람이 없고, 높은 품계에는 집안 나쁜 사람이 없다"고 말했다. 어디서 많이 본 풍경 아닌가? 1997년 IMF 금융 위기 이후 빈부의 격차가 심해지고 취직과 출세에 이미 집안, 문벌이 중요해진 우리나라와 닮았다. 조지는 '개천에서 난 용'이 되려고 노력했으나 신분제의 멍에를 벗어날 수 없었다. 흙수저는 흙수저가 될 수밖에 없는 닫힌 사회로 변해버렸기 때문이다.

## 영가의 난과 서진의 멸망 _____

율곡 이이가 임진왜란을 예견했는지 10만 양병설을 주장했다고 한다. 그러나 대비하지 못했던 조선은 왜군에게 일방적으로 당했다. 서진의 벼슬아치들 가운데서도 이민족의 위험을 감지한 사람이 있었다. 강통과 곽흠은 안보를 위해 이민족들을 국경 밖으로 내쫓아야 한다는 사융론을 주장했다. 이는 위나라의 등애가 했던 말을 되풀이한 것에 불과했다. 사마사는 등애의 말을 받아들였다고 한다(그러나 강통과 곽흠이 똑같은 주장을 한 것을 보면 『삼국지』의 기록이 잘못된 듯하다). 안타깝게도 강통과 곽흠의 말에 귀 기울이는 황제나 정치가는 없었다. 팔왕의 난으로 불리는 정치 투쟁과 내란 때문에 이민족을 몰아낼 여유도 없었다.

강통의 사용론과 당시 사료들을 바탕으로 주요 이민족의 분포를 표시하면, 19-7의 지도와 같다. 강통의 사용론에는 고구려인도 언급되는데, 이 책의 맥락에서나 역사적으로나 중요하지 않았기 때문에 제외했다.

당시 흉노는 병주 일대를 중심으로 사주 북쪽에 위치한 평양군 일

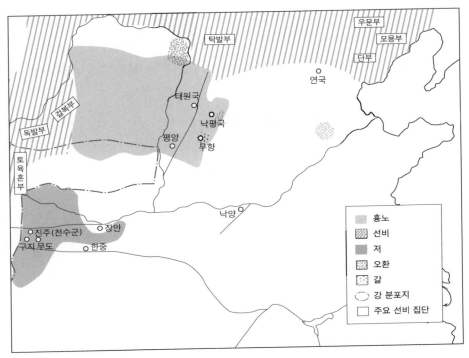

19-7 서진시대 이민족의 분포.

대까지 분포했다. 당시 흉노인은 서진의 군대에 차출되었고 일부는
노비로 끌려가 농경에 종사하는 등 비참한 생활을 했다. 그러나 이들
은 점차 북쪽 변경에서 중국 내지로 이주해 거주했기 때문에 이들이
단합하면 서진에 큰 위협이 될 수 있었다. 반면 기주와 병주 일대에
흩어져 살던 오환인은 서진의 용병으로 활동했고, 본래 단합이 되지
않은 집단이라 흉노만큼 위협적이지는 않았다.

저인은 장안의 서쪽과 남쪽에 분포했다. 강인은 저인과 흉노인, 선
비인 사이에 거주했다. 선비인은 흉노인이 중국 변경으로 남하한 후
흉노의 옛 땅을 차지했고, 걸복부乞伏部와 독발부禿跋部, 토욕혼부吐

谷渾部가 황하 상류로 이주했다. 거주 면적으로 보면 선비인의 거주지가 가장 넓었다. 물론 유의할 점은 이들이 거주하는 지역은 농경 지역이 아니라 대부분 양과 말을 풀어놓고 풀을 뜯게 하는 초원이라는 것이다.

낙양 서쪽에 위치한 옹주, 진주秦州, 량주에는 저, 강, 선비 등 다양한 이민족이 거주했고, 이들이 간헐적으로 반란을 일으켜 소란을 피웠다. 296년 저인 제만년齊萬年을 중심으로 일어난 반란이 대표적인 예다.

이민족의 소란이 변경의 일로 그쳤다면 서진은 한숨을 돌렸을 것이다. 그러나 19-7 지도에서 볼 수 있듯 낙양 북쪽의 흉노가 독립을 꾀한다면 서진의 안보에 영향을 줄 수 있었다. 그러한 가능성은 현실이 되었다. 위나라와 서진에서는 흉노의 반란을 막기 위해 흉노를 5부로 나누고 한족 관료들을 보내 감시했으며 남흉노의 선우를 낙양에 억류해 인질로 삼았다. 반란을 일으키면 죽이겠다는 협박이었다. 그러나 팔왕의 난 원흉 가운데 한 사람인 성도왕 사마영은 억류하고 있던 흉노의 지도자 유연을 풀어주는 실수를 저질렀다. 이는 서진 붕괴의 직접적인 단초가 되었다.

19-8 지도는 유연이 세운 한(전조)이 서진을 멸망시키는 과정을 나타낸 것이다. 지도를 보면 서진을 굴복시킨 것은 흉노의 군대지만 흉노보다 먼저 독립한 세력이 있다는 것을 알 수 있다. 파저巴氐 이웅李雄의 집단이다. 본래 관중으로 강제 이주된 파저는 서진 말 기근 때문에 진주와 량주 일대의 한인 호족들과 함께 익주로 피난을 갔다. 이를 당시 사료에서는 '취식就食'이라고 했다. 기근 발생 시 다른 지역으로 이주해 먹고살 수 있도록 허용한 것이 취식이었다. 익주로 들어간 파저와 한인 호족들은 토착민인 익주 사람들과 갈등을 빚었다. 결

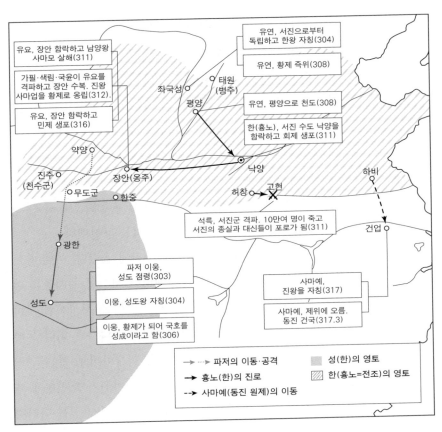

**지도 내 텍스트:**

유요, 장안 함락하고 남양왕 사마모 살해(311)

가필·색림·국윤이 유요를 격파하고 장안 수복. 진왕 사마업을 황제로 옹립(312).

유요, 장안 함락하고 민제 생포(316)

유연, 서진으로부터 독립하고 한왕 자칭(304)

유연, 황제 즉위(308)

유연, 평양으로 천도(308)

한(흉노), 서진 수도 낙양을 함락하고 회제 생포(311)

좌국성

태원 (병주)

평양

약양

진주 (천수군)

장안(옹주)

낙양

하비

허창 고현✕

무도군 한중

석륵, 서진군 격파. 10만여 명이 죽고 서진의 종실과 대신들이 포로가 됨(311)

건업

광한

파저 이웅, 성도 점령(303)

이웅, 성도왕 자칭(304)

이웅, 황제가 되어 국호를 성成이라고 함(306)

성도

사마예, 진왕을 자칭(317)

사마예, 제위에 오름. 동진 건국(317.3)

→ ⋯⋯▶ 파저의 이동·공격
━▶ 흉노(한)의 진로
--▶ 사마예(동진 원제)의 이동

■ 성(한)의 영토
▨ 한(흉노=전조)의 영토

19-8 영가의 난(서진 멸망 과정).

국 이들은 파저 이특李特을 중심으로 단결했고, 이웅李雄이 303년 익주의 치소인 성도를 점령했다. 이웅은 304년 성도왕成都王을 자칭했고, 306년 황제가 되어 국호를 성成이라고 했다. 후세에 이웅이 세운 나라는 성한成漢이라고 불렸다. 성한은 서진으로부터 최초로 독립한 이민족 국가였다. 그러나 당시 정치적 영향력은 없었다.

반면 흉노의 독립은 서진에 치명적인 파괴력을 가져왔다. 흉노의 지도자 유연은 성도왕 사마영을 따라 업鄴에 거주했다. 그는 종실 제왕과 싸우느라 군대의 부족을 절감하던 사마영에게 흉노 병사들을 이끌고 돕겠다고 약속했다. 그는 업을 떠나 흉노의 본거지에 도착한 후 바로 무리를 규합해 304년 좌국성左國城에서 독립을 선언했다. 흉노의 선우는 한고조 유방의 공주와 결혼했기 때문에 중국식으로 유씨劉氏를 자칭했다(사실 묵돌 선우가 결혼한 여성은 유방의 딸 노원공주가 아니라 궁녀였다). 그 때문에 한나라 부흥의 의미로 국호를 한漢이라 칭했다. 이어 308년에는 황제를 자칭했고, 같은 해 수도를 좌국성에서 분수汾水 유역의 평양平陽으로 옮겼다. 이후 아들 유총劉聰과 석륵, 왕미王彌 등을 보내 낙양을 포함한 서진의 각 지역을 공격했다.

310년 유총이 유화劉和를 죽이고 황제의 자리에 올랐다. 이때 흉노는 화북의 동쪽 지역 대부분을 지배했다. 게다가 서진의 지배층은 현실을 직시하지 못하고 반목을 거듭했다. 팔왕의 난을 종식시킨 사마월은 311년 흉노군을 격파하겠다며 군대를 이끌고 낙양을 떠나 동쪽의 항현項縣에 주둔했다. 이때 회제는 자기를 허수아비로 만든 권력자 사마월을 제거하기 위해 장군 구희苟晞에게 사마월을 토벌하게 했다. 사마월은 이 소식을 듣고 화병으로 죽었다. 이때 사마월을 따라갔던 태위 왕연王衍은 사마월이 지휘하던 군대를 수습해 흉노군과 싸우기는커녕 사마월의 제사를 지낸다는 이유로 사마월의 봉국인 동해국으로 갔다. 이때 서진의 고관대작들도 왕연을 좇아갔다. 당시 허창에 주둔한 석륵은 장례식을 치르러 가는 서진군의 행렬을 고현苦縣에서 공격했다. 이 공격으로 서진군은 약 10만 명이 전사하고, 종실과 대신들은 대부분 포로가 되었다. 서진군의 주력이 전멸하다시피 한 이 사건으로 서진은 결정적인 타격을 받았다.

설상가상으로 311년 낙양 일대에 기근이 들었다. 이에 관리들과 백성들이 사방으로 흩어졌다. 유총은 군사적, 경제적으로 타격을 입은 서진의 수도 낙양을 공격하게 했다. 결국 흉노의 군대는 낙양을 함락하고 회제를 포로로 잡았다. 유총은 유요劉曜를 보내 관중도 점령하게 했다. 그러나 312년 관중 일대 지방관들의 공격을 받고 관중을 빼앗겼다.

312년 안정태수 가필賈疋과 풍익태수 색림索琳, 안이호군安夷護軍 국윤麴允 등이 연합해 유요가 있던 장안을 공격하여 유요의 흉노군을 몰아냈다. 그들은 진왕秦王 사마업司馬業을 옹립해 피란 정부를 세웠다. 다음 해인 313년 회제가 평양에서 피살된 후 사마업은 제위에 올랐다. 서진 최후의 황제 민제愍帝였다. 그러나 유요는 다시 관중을 공격해 316년 장안을 함락하고 민제를 생포했다. 이로써 서진은 완전히 망했다. 이러한 일련의 사건을 회제의 연호를 따서 '영가永嘉의 난(喪亂)'이라고 한다.

진 시황제가 기원전 221년 중국을 통일한 이후 중국의 황제가 이민족 군대에 포로가 된 것은 이때가 처음이었다. 따라서 당시 중국인들이 받은 충격은 엄청났다. 하지만 충격도 한순간, 일단 선례가 만들어지면 같은 일이 반복되는 것일까? 이후 북송의 휘종徽宗과 흠종欽宗이 여진(금)의 군대에 포로가 되었으며 남송의 공종恭宗과 명의 영종이 몽골군에 사로잡혔고 피란 정권인 남명의 '황제'가 청군에 생포되었다. 이 가운데 영종만이 송환되어 다시 황제가 되었고 나머지 황제들은 망국의 한을 맛보았다(분열의 시기까지 포함하면 선비 탁발부가 세운 서위가 남조 양원제를 사로잡은 후 죽인 사례가 있다. 또한 이민족으로 추정되는 후경이 양무제를 유폐하여 굶겨 죽인 예도 있다).

흉노 등 이민족이 이후 수백 년 동안 화북을 지배하자 일부 중국인은 장강 이남으로 피란 갔다. 19-8 지도에서 볼 수 있듯 오른쪽 부분을 보면 하비에 있던 낭야왕 사마예도 오의 옛 수도 건업으로 피란 가서 피란민들과 토착민들을 수습한 뒤 317년 진왕晉王을 자칭했다. 이후 민제가 피살되었다는 소식을 듣고 같은 해 3월 제위에 올랐다. 이이가 동진의 원제元帝다. 동진과 후속 왕조인 송宋, 제齊, 양梁, 진陳 등 남조는 강남으로 피란한 중국인들이 세운 피란 정권이었다. 그러나 이들은 북조의 뒤를 이은 수나라에 의해 멸망했다.

## 1. 사료

### 원 사료

『史記』(司馬遷 撰, 裴駰 集解, 司馬貞 索隱, 張守節 正義, 北京: 中華書局, 1959)

『漢書』(班固 撰, 顏師古 注, 北京: 中華書局, 1962)

『後漢書』(范曄 撰, 李賢 等注, 北京: 中華書局, 1965)

『三國志』(陳壽 撰, 裴松之 注, 北京: 中華書局, 1959)

『晉書』(房玄齡 等撰, 北京: 中華書局, 1974)

『資治通鑑』(司馬光 編著, (元) 胡三省 音注,『資治通鑑』, 北京: 中華書局, 1956)

『華陽國志』(任乃强,『華陽國志校補圖注』, 上海: 上海古籍出版社, 1987)

『廿二史箚記』(趙翼·王樹民 校證,『廿二史箚記校證』, 中華書局, 1984)

『讀史方輿紀要』(顧祖禹 撰, 賀次君·施和金 點校, 中華書局, 2005)

『三才圖會』

『三國會要』(錢儀吉 撰, 上海: 上海古籍出版社, 2006)

『世說新語』(劉義慶 著, 劉孝標 注, 余嘉錫 箋疏,『世說新語箋疏』, 上海: 上海古籍出版社, 1996)

『九章算術』(郭書春 譯註, 瀋陽, 遼寧敎育出版社, 1998)

『孫子算經』(郭書春・劉鈍 交點, 『算經十書』(二), 瀋陽: 遼寧教育出版社, 1998)

『元和郡縣圖志』(北京: 中華書局, 2005)

『漢魏南北朝墓誌彙編』(趙超, 天津古籍出版社, 1992)

『新出魏晉南北朝墓誌疏證』(羅新・葉煒, 北京: 中華書局, 2005)

『庾子山集注』(庾信 撰, 倪璠 注, 許逸民 交點, 北京: 中華書局, 1980)


**번역 사료**

『이십이사차기』 1(조익 지음, 박한제 옮김, 소명출판, 2009)

『이십이사차기』 2(조익 지음, 박한제 옮김, 소명출판, 2009)

『古文眞寶』(金學主 譯, 『新完譯 古文眞寶前集』, 明文堂, 2000)

『(原本)노걸대』(정광 역주·해제, 김영사, 2004)

『열하일기』 3(박지원 지음, 김혈조 옮김, 돌베개, 2009)


## 2. 저서

**국문**

高國抗 지음, 오상훈·이개석·조병한 옮김, 『중국사학사』, 풀빛, 1998

구보 노리타다 지음, 최준식 옮김, 『도교사』, 분도출판사, 1990

김한규, 『古代中國的 世界秩序의 研究』, 일조각, 1981

김문경, 『삼국지의 영광』, 사계절, 2002

김상엽, 『삼국지를 보다-인문과 그림으로 본 한·중·일 삼국지의 세계』, 루비박스, 2005

김학주, 『중국문학사』, 신아사, 1997

니콜라 디코스모 지음, 이재정 옮김, 『오랑캐의 탄생-중국이 만들어 낸 변방의 역사』, 황금가지, 2005

다니가와 미치오·모리 마사오 펴냄, 송정수 옮김, 『중국 민중 반란사』, 혜안, 1996

도나미 마모루 지음, 임대희·허부문 옮김, 『풍도의 길』, 소나무, 2003

로이드 E. 이스트만, 이승휘 譯, 『중국사회의 지속과 변화-중국사회경제사 1550 ~1949』, 돌베개, 1999

박병석, 『중국 상인 문화』, 교문사, 2001

傅樂成 著, 辛勝夏 譯, 『中國通史』, 우종사, 1989

사와다 이사오, 김숙경 옮김,『匈奴: 지금은 사라진 고대 유목국가 이야기』, 서
　　울: 아이필드 2007(澤田勳,『匈奴』, 東京: 東方書店, 2004)
세오 다쓰히코 지음, 최재영 옮김,『장안은 어떻게 세계의 수도가 되었나』, 황금
　　가지, 2006
스기야마 마사아키 지음, 이진복 옮김,『유목민이 본 세계사』, 학민사, 1999
이마이즈미 준노스케 지음, 이만옥 옮김,『관우-삼국지의 영웅에서 의리와 부의
　　신이 되기까지』, 예담, 2002
이에인 딕키, 마틴 J. 도헤티, 필리스 J. 제스티스, 크리스터 외르겐센, 롭 S. 라이
　　스 지음, 한창호 옮김,『해전의 모든 것-전략, 전술, 무기, 지휘관 그리고
　　전함』, 휴먼앤북스, 2010
존 킹 페어뱅크·멀 골드만 지음, 김형종·신성곤 옮김,『신중국사』, 까치, 2005
최진열,『대륙에 서다-2천 년 중국 역사 속으로 뛰어든 한국인들』, 미지북스,
　　2010
키쿠치 요시오 지음, 김숙이 옮김,『용병 2000년의 역사』, 사과나무, 2011


**중문**

葛劍雄,『中國移民史』第二卷 先秦至魏晉南北朝時期, 福州: 福建人民出版社,
　　1997
金毓黻,『中國史學史』, 石家莊: 河北敎育出版社, 2001
羅開玉,『四川通史』第二冊, 成都: 四川大學出版社, 1993
羅肇前,『三國征戰史』, 長沙: 岳麓書社, 2009
羅宗眞 主編,『魏晉南北朝文化』, 上海: 學林出版社·上海科技敎育出版社, 2000
馬植傑,『三國史』, 北京: 人民出版社, 1997
馬長壽,『烏桓與鮮卑』, 桂林: 廣西師範大學出版社, 2006
馬長壽,『氐與羌』, 桂林: 廣西師範大學出版社, 2006
萬繩楠,『魏晉南北朝文化史』, 上海: 東方出版中心, 2007
方詩銘,『三國人物散論』, 上海: 上海古籍出版社, 2002
白玉林·曾志華·張新科 主編,『三國志解讀』, 北京: 華齡出版社, 2006
白翠琴,『魏晉南北朝民族史』, 成都: 四川民族出版社, 1996
嚴耕望,『中國地方行政制度史』上編, 卷中下冊 北朝地方行政制度史, 臺北: 臺
　　灣商務印書館, 1963

王日根, 『明淸民間社會的秩序』, 長沙: 岳麓書社, 2003

姚漢源, 『中國水利發展史』, 上海: 上海人民出版社, 2005

于民雄, 『道敎文化槪說』, 貴陽: 貴州人民出版社, 1991

袁庭棟, 『巴蜀文化』, 瀋陽: 遼寧敎育出版社, 1998

袁庭棟, 『巴蜀文化』, 瀋陽: 遼寧敎育出版社, 1998

殷淑燕·黃春長, 「兩漢時期長安與洛陽都城水旱災害對比硏究」, 『自然災害學報』
    17-4, 2008

李潔萍, 『中國歷代都城』, 哈爾濱: 黑龍江人民出版社, 1994

李潔萍, 『中國歷代都城』, 哈爾濱: 黑龍江人民出版社, 1994

張國維, 「關羽の故鄕と關帝廟」, 『アジア遊學』 45(山西省-黃色い大地の世界), 東
    京: 勉誠出版, 2002

張正明, 『晉商興衰史』, 太原: 山西古籍出版社, 1996

趙令揚, 『關於歷代正統問題之爭論』, 香港: 學津出版社, 1976

周振鶴, 『中國地方行政制度史』, 上海: 上海人民出版社, 2005

陳業新, 『災害與兩漢社會硏究』, 上海: 上海人民出版社, 2004

趙令揚, 『關於歷代正統問題之爭論』, 香港: 學津出版社, 1976

陳連慶, 『《晉書·食貨志》校注 《魏書·食貨志》校注』, 長春: 東北師範大學出版
    社, 1999

陳仲安·王素, 『漢唐職官制度硏究』, 北京: 中華書局, 1993

陳仲安·王素, 『漢唐職官制度硏究』, 北京: 中華書局, 1993

祝總斌, 『兩晉魏晉南北朝宰相制度硏究』, 北京: 社會科學出版社, 1990

胡阿祥, 『六朝政區』, 南京: 南京出版社, 2008

黃今言, 『秦漢軍制史論』, 南昌: 江西人民出版社, 1993


**일문**

吉田龍司·安田峰俊, 『三國志ミステリー』, 東京: 綜合圖書, 2008

渡邊義浩, 『「三國志」 最高のリーダーは誰か』, 東京: ダイヤモンド社, 2010

東晉次, 『後漢時代の政治と社會』, 名古屋: 名古屋大學出版會, 1995

狩野直禎, 『後漢政治史の硏究』, 同朋舍, 1993

**영문**

Barfield, Thomas J., The Perilous Frontier: Nomadic Empires and China,
    Cambridge: Basil Blackwel Inc, 1989


## 3. 지도·도록·통계 자료

**중문**

郭沫若 主編,『中國歷史地圖集』上 北京: 中國地圖出版社, 1996

羅宗眞 主編,『魏晉南北朝文化』, 上海: 學林出版社·上海科技敎育出版社, 2000

譚其驤 主編,『中國歷史地圖集』第三冊(三國·西晉時期), 上海: 地圖出版社, 1990

譚其驤 主編,『中國歷史地圖集』第二冊(秦·西漢·東漢時期), 上海: 地圖出版社,
    1982

梁方仲,『中國歷代戶口·田地·田賦統計』, 上海: 上海人民出版社, 1980

王仁波 主編,『秦漢文化』, 上海: 學林出版社·上海科技敎育出版社, 2001

中國國家博物館 編,『文物春秋戰國史』, 北京: 中華書局, 2009

張道一,『畫像石鑑賞』, 重慶: 重慶大學出版社, 2009


**일문**

滿田剛 監修,『圖解三國志: 群雄勢力マップ』, 東京: インフォレスト株式會社,
    2009

坂口和澄,『三國志の全貌』, 東京: 靑春出版社, 2008


## 4. 논문

**국문**

김호동,「北아시아 遊牧國家의 君主權」, 東洋史學會 編,『東亞史上의 王權』, 도
    서출판 한울, 1993

김석우,「魏晉時期 水軍 활동과 자연재해-造船과 環境의 관계를 중심으로」,
    『中國古中世史硏究』24, 2010

이성규,「中國歷史의 人物評價-馮道評價의 實際와 意味」,『又山論叢』1, 1974

_____,「中國帝國의 分裂과 統一-後漢解體 以後 隋·唐 統一의 형성과정을 中
    心으로」,『歷史上의 分裂과 再統一』(上), 一潮閣, 1992

_____,「中國 古代 皇帝權의 性格」,『東亞史上의 王權』, 東洋史學會編, 한울아

카데미, 1993

_____, 「中國分裂體制의 模式과 東亞諸國」, 『韓國古代史論叢』 8, 1996

_____, 「前漢末 郡屬吏의 宿所와 旅行-尹灣漢 簡〈元延二年日記〉의 分析」, 『慶北史學』 21, 1998

_____, 「前漢末 地方資源의 動員과 配分-尹灣漢簡〈東海郡下轄長吏不在署名籍〉의 分析」, 『釜大史學』 23, 1999

_____, 「中華帝國의 팽창과 축소: 그 이념과 실제」, 『歷史學報』 186, 2005

박한제, 「後漢末·魏晉時代 士大夫의 政治的 指向과 人物評論」, 『歷史學報』 143, 1994

_____, 「魏晉南北朝時代 각 왕조의 首都 선정과 그 의미-洛陽과 鄴都」, 『歷史學報』 168, 2000

_____, 「遊牧國家와 城郭-坊墻制의 出現과 그 背景」, 『歷史學報』 200, 2008

신성곤, 「魏晉南北朝時期 吏役之戶의 등장 배경」, 『分裂과 統合-中國 中世의 諸相』, 知識産業社, 1998

최진열, 「三國時代 天下觀念과 그 현실적 변용-遙領·虛封·'四方'將軍의 수용을 중심으로」, 『서울大東洋史學科論集』 23, 1999

_____, 「後漢末·魏晉時期 僑人政權과 巴蜀社會」, 『서울大 東洋史學科論集』 25집, 2001

_____, 「北魏의 華北支配와 그 性格」, 서울大學校 大學院 東洋史學科 文學碩士學位論文, 2002.8

_____, 「前漢 宣帝시기 穀物購買政策의 실시와 그 배경-'七郡'선정배경의 分析을 중심으로」, 『서울大 東洋史學科論集』 24집, 2000

_____, 「漢初 郡國制와 지방통치책-張家山漢簡〈二年律令〉을 중심으로」, 『東洋史學研究』 89, 2004

_____, 「漢初 內史의 기능과 성격-張家山漢簡〈二年律令〉의 분석을 중심으로」, 『中國古代史研究』(『中國古中世史研究』로 변경) 11집, 2004

_____, 「中國 周邊國이 수용한 '王'의 이미지-北朝의 異姓王 濫封과 百濟·新羅의 複數王출현현상의 비교사적 이해」, 『中國古中世史研究』 17, 2007

_____, 「『삼국지』의 연대·지명의 오류-후한말 손책·손권 정권의 기록, 적벽대전과 제갈량의 마지막 북벌 기록을 중심으로」, 『동북아역사논총』 66, 2019

_____, 「後漢末 黃巾賊 봉기와 流民-財政과 자연재해·내란·유민의 상호영

향」, 『동양사학회동계워크샵자료집』, 2021년 1월 28일(목)


중문

高敏, 「東吳屯田制略論」, 『中州學刊』, 1982-6, 1982

_____, 「孫吳奉邑制考略」, 北京: 『中國史研究』, 1985-1, 1985

_____, 「孫吳世襲領兵制度深討」, 大同: 『北朝研究』, 1990

_____, 「東漢·魏·晉時期"州郡兵"制度的歷史演變」, 『魏晉南北朝兵制研究』, 鄭
　　　州: 大象出版社, 2000

_____, 「漢魏之際的幾支特殊世兵」, 『魏晉南北朝兵制研究』, 鄭州: 大象出版社,
　　　2000

_____, 「再論曹魏屯田制的幾個問題」, 『魏晉南北朝史發微』, 北京: 中華書局,
　　　2005

_____, 「曹魏屯田的分布地區與經營年代考略」, 『魏晉南北朝史發微』, 北京: 中
　　　華書局, 2005

權家玉, 「試析曹魏時期許昌政治地位的變遷」, 『魏晋南北朝隋唐史資料』 25,
　　　2009

雷近芳, 「試論蜀漢統治集團的地域構成及其矛盾」, 『信陽師範學院學報 哲社版』
　　　1992-4, 1992(復印報刊資料 魏晉南北朝隋唐史 1993-4, 1993)

段鵬琦, 「漢魏洛陽城的幾個問題」, 杜金鵬·錢國祥 主編, 『漢魏洛陽城遺址研
　　　究』, 北京: 科學出版社, 2007

譚其驤, 「秦郡新考」, 『長水粹編』, 石家莊: 河北教育出版社, 2000

_____, 「晉永嘉喪亂後之民族遷徙」, 『長水粹編』, 石家莊: 河北教育出版社,
　　　2000

唐長孺, 「孫吳建國及漢末江南的宗部與山越」, 『魏晋南北朝史論叢』, 三聯書店,
　　　1955

_____, 「晉書趙至傳中所見的曹魏士家制度」, 『魏晋南北朝史論叢』, 三聯書店,
　　　1955

_____, 「西晉田制試釋」, 『魏晋南北朝史論叢』, 三聯書店, 1955

_____, 「魏晉戶調制及其演變」, 『魏晋南北朝史論叢』, 三聯書店, 1955

馬良懷, 「曹操的自卑與超越」, 『士人 皇帝 宦官』, 長沙: 岳麓書社, 2004

馬寶記, 「曹魏時期許昌政治地位的變遷」, 『許昌學院學報』 28-3, 2009

馬植傑, 「軍閥混戰局面的展開」, 『三國史』, 北京: 人民出版社, 1997

_____, 「官渡之戰與曹操統一北方」, 『三國史』, 北京: 人民出版社, 1997

_____, 「孫策·孫權兄弟和劉備的興起與赤壁之戰」, 『三國史』, 北京: 人民出版社, 1997

_____, 「劉備托孤與諸葛亮的治蜀和北伐」, 『三國史』, 北京: 人民出版社, 1997

_____, 「孫權對吳國的統治」, 『三國史』, 北京: 人民出版社, 1997

_____, 「曹魏的政治與司馬氏專政」, 『三國史』, 北京: 人民出版社, 1997

_____, 「曹魏的屯田」, 『三國史』, 北京: 人民出版社, 1997

_____, 「士家制度」, 『三國史』, 北京: 人民出版社, 1997

_____, 「曹魏扶植自耕農政策與田租戶調制」, 『三國史』, 北京: 人民出版社, 1997

潘伟斌, 「尖于曹操高陵的几个问题」, 『学术研究』 2010-7, 2010

房春艷·王曉霞, 「論東漢時期的自然災害與道教形成之關聯」, 『安康學院學報』 23-3, 2011

傅樂成, 「孫吳與山越之開發」, 『漢唐史論集』, 臺北: 聯經, 1977

付火水·羅亨江, 「東漢經濟與邊防定策」, 『滄桑』 2011-2, 2011

付開鏡·董坤玉, 「東漢末年天下州郡的迅速私有化」, 『天水師範學院學報』 37-6, 2017

史念海, 「論諸葛亮的攻守策略」, 『河山集』, 三聯書店, 1963

_____, 「秦嶺巴山間在歷史上的軍事活動及其戰地」, 『河山集』 4, 西安: 陝西師範大學出版社, 1991

薛軍力, 「州的地方化與曹魏時期中央地方關係」, 北京: 『中國史研究』, 1992-3(K22 魏晉南北朝隋唐史 1992-10, 1992)

孫金玲, 「論曹操"唯才是擧"的用人政策」, 『科敎文匯』 2006.7(下半月刊), 2006

孫麗萍, 「試論曹操的用人政策」, 『宿州敎育學院學報』 第5卷 第3期, 2002

宋杰, 「漢末三國時期的"質任"制度」, 『北京師院學報:社會科學版』 1984-1, 1984

宋中選, 「從漢靈帝變刺史爲州牧分析東漢末諸侯割據成因」, 『新鄕學院學報(社會科學版)』 23-6, 2009

安忠義, 「先秦騎兵的誕生及演變」, 西安: 『考古與文物』 2002-4, 2002(K21 先秦秦漢史 2002-6, 2002)

楊志昆, 「論漢靈帝末年的政治危機」, 『南都學壇(人文社會科學學報)』 39-6, 2019

王永平,「荀彧與漢魏之制的社會變遷-兼論曹操與東漢大族之關係」,『漢晉間社會階層升降與歷史變遷』, 北京: 社會科學文獻出版社, 2011

_____,「漢末流寓遼東士人之遭遇及其影響-兼論遼東公孫氏之出身及其與士大夫社會之關係」,『漢晉間社會階層升降與歷史變遷』, 北京: 社會科學文獻出版社, 2011

_____,「曹操立嗣及其與儒學世族的衝突」,『漢晉間社會階層升降與歷史變遷』, 北京: 社會科學文獻出版社, 2011

_____,「曹魏苛禁宗室之政策及其影響」,『漢晉間社會階層升降與歷史變遷』, 北京: 社會科學文獻出版社, 2011

_____,「世族勢力之復興與曹叡顧命大臣之變易」,『漢晉間社會階層升降與歷史變遷』, 北京: 社會科學文獻出版社, 2011

_____,「曹爽·司馬懿之爭與正始年間政局的變化」,『漢晉間社會階層升降與歷史變遷』, 北京: 社會科學文獻出版社, 2011

_____,「諸葛誕之活動與琅邪諸葛氏"姓族"形成的關係」,『漢晉間社會階層升降與歷史變遷』, 北京: 社會科學文獻出版社, 2011

_____,「夏侯玄之政治活動·思想表現及其與司馬氏之衝突-兼論魏晉之際譙地夏后氏門風之變化與門第之上昇」,『漢晉間社會階層升降與歷史變遷』, 北京: 社會科學文獻出版社, 2011

_____,「孫權立嗣及其與儒學世族的鬪爭」,『漢晉間社會階層升降與歷史變遷』, 北京: 社會科學文獻出版社, 2011

王子今,「再议曹操高陵葬制-以对曹丕黄初三年诏的分析为中心」,『南都学坛』2010-4, 2010

王仲犖,「曹操」,『嶧華山館叢稿續編』, 濟南: 山東大學出版社, 1995

王仲殊,「中國古代都城概說」, 杜金鵬·錢國祥 主編,『漢魏洛陽城遺址研究』, 北京: 科學出版社, 2007

牛润珍,「西高穴大墓是否为曹操墓?-高陵地望·朝向与墓葬类型之推证」,『中国人民大学学报』2010-4, 2010

袁延勝,「東漢"大疫"與人口」,『青海民族研究』31-3, 2020

刘庆柱,「曹操高陵的考古发现与研究」,『中原文物』2010-4, 2010

_____,「曹操高陵的考古确认与释疑」,『学术研究』2010-7, 2010

劉靜夫,「潁川荀氏研究-魏晉南北朝士族門閥個案研究之一」, 南充:『南充師院

學報:哲社版』1987-3, 1987(K22 魏晉南北朝隋唐史 1987-12, 1987)

柳春藩,「關于曹魏屯田的規模問題」,『秦漢魏晉經濟制度研究』, 哈爾濱: 黑龍江
　　人民出版社, 1993

_____,「曹操用人政策考實」,『漢末晉初之際政治研究』, 長沙: 岳麓書社, 2006

殷琛,「論漢代軍事支出」,『地方財政研究』2011-10, 2011

李純蛟,「陳壽生平考述」,『三國志研究』, 成都: 巴蜀書社, 2002

_____,「陳壽生平事迹年表」,『三國志研究』, 成都: 巴蜀書社, 2002

_____,「陳壽新傳」,『三國志研究』, 成都: 巴蜀書社, 2002

_____,「"直書"的嬗變-《三國志》研究中的一個重要理論問題」,『三國志研究』,
　　成都: 巴蜀書社, 2002

李凭,「应该就曹操高陵的真实性明确表态」,『学术研究』2010-7, 2010

李則芬,「曹操面面觀」,『中國歷史論文集(上)』(從先秦到南北朝), 黎明出版, 1998

李曉蘇,「靈帝賣官考論」,『南京曉莊學院學報』2007-4, 2007

張大可,「官渡之戰及袁紹集團的覆滅」,『三國史研究』, 蘭州: 甘肅人民出版社,
　　1994(1988)

_____,「董卓及其涼州兵團」,『三國史研究』, 蘭州: 甘肅人民出版社, 1994(1988)

_____,「東漢末年的軍閥混戰」,『三國史研究』, 蘭州: 甘肅人民出版社,
　　1994(1988)

_____,「論孫權」,『三國史研究』, 蘭州: 甘肅人民出版社, 1994(1988)

_____,「論孫吳政權對江南的開發」,『三國史研究』, 蘭州: 甘肅人民出版社,
　　1994(1988)

_____,「論二荀程郭」,『三國史研究』, 蘭州: 甘肅人民出版社, 1994(1988)

_____,「論曹魏屯田」,『三國史研究』, 蘭州: 甘肅人民出版社, 1994(1988)

_____,「論曹操」,『三國史研究』, 蘭州: 甘肅人民出版社, 1994(1988)

_____,「夷陵之戰與三國鼎立的地理均勢」,『三國史研究』, 蘭州: 甘肅人民出版
　　社, 1994(1988)

_____,「赤壁之戰考辨」,『三國史研究』, 蘭州: 甘肅人民出版社, 1994(1988)

_____,「赤壁之戰與三國鼎立」,『三國史研究』, 蘭州: 甘肅人民出版社,
　　1994(1988)

張大可 等著,「東漢末年的軍閥」,『三國人物新傳』, 北京: 華文出版社, 2003

張承宗,「吳地人士與東吳興亡」,『蘇州大學學報(哲社版)』, 1991-4, 1991

張喆,「東漢末期大規模宗教運動暴發原因探析」,『雞西大學學報』9-4, 2009

張捷,「秦漢時期財政運作研究」, 華東師範大學博士學位論文, 2012.3

錢國祥,「漢魏洛陽故城沿革與形制演變初探」, 杜金鵬·錢國祥 主編,『漢魏洛陽城遺址研究』, 北京: 科學出版社, 2007

田餘慶,「關于曹操的幾個問題」,『秦漢魏晉史探微』, 北京: 中華書局, 1993

_____,「東三郡與蜀魏歷史」,『秦漢魏晉史探微』, 北京: 中華書局, 1993

鄭欣,「論孫權」,『魏晉南北朝史探索』, 濟南: 山東大學出版社, 1997

_____,「曹操的歷史功績」,『魏晉南北朝史探索』, 濟南: 山東大學出版社, 1997

趙昆生,「析曹操"破浮華交會之徒"與"唯才是舉"」,『重慶師院學報(哲學社會科學版)』2002-4, 2002

赵小勇,「論長江防線與東吳政局」, 安徽师范大学 2006年硕士论文, 2006

朱大渭,「千古名將獨一人-關羽人神辨析」,『六朝史論續編』, 北京: 學苑出版社, 2007

周德貴,「論漢代國家財政與帝室財政管理體制-與加藤繁先生商榷」,『江西師範大學學報(哲學社會科學版)』39-1, 2006

周琍,「論漢代的財政危機及其對策」,『西南民族大學學報(人文社科版)』2004-12, 2004

_____,「論漢代財政危機的特點及影響」,『求索』2007-8, 2007

周士龍,「試論魏晉的質任制」,『天津師大學報』1987-3, 1987

朱衛華,「漢代的中央財政與地方財政」,『江西藍天學院學報』2-2, 2007

周一良,「要從曹操活動的主流來評價曹操」,『周一良集』第一卷(魏晉南北朝史論), 瀋陽: 遼陽教育出版社, 1998

朱海仁,「略論曹魏鄴城·北魏洛陽城·東魏北齊鄴南城平面布局的幾個特點」, 杜金鵬·錢國祥 主編,『漢魏洛陽城遺址研究』, 北京: 科學出版社, 2007

陳可畏,「東越·山越的來源和發展」, 中國社會科學院歷史研究所 編,『古史文存(秦漢魏晉南北朝卷)』, 北京: 社會科學文獻出版社, 2004

陳連慶,「孫吳的屯田制」,『社會科學輯刊』, 1983-1, 1983(復印報刊 K.7 1983-1)

陳寅恪,「西晉末年的天師道活動」, 萬繩楠 整理,『陳寅恪魏晉南北朝史講演錄』, 北京: 黃山書社, 1987

_____,「天師道與濱海地域之關係」,『金明館叢稿初編』, 北京: 三聯書店, 2001

陈长琦,「关于曹操墓的幾點看法」,『学术研究』2010-7, 2010

蔡宗憲,「鄧艾祠廟的跨域分布及其祭祀爭議-中古神祀的個案研究之一」, 中國
　　中古史研究編委會 編,『中國中古史研究』第2卷, 北京: 中華書局, 2011

河南省文物考古研究所·安陽縣文化局,「河南安阳市西高穴曹操高陵」,『考古』
　　2010-8, 2010

河南省文物局,「曹操高陵考古发掘主要收获」,『中原文物』2010-4, 2010

胡寶國,「對復客制與世襲領兵制的再檢討」, 北京:『中國史研究』, 1991-4

胡阿祥,「孫吳"限江自保"述論」,『金陵職業大學學報』18-4, 2003

**일문**

關尾史郎,「曹魏政權と山越」, 西嶋定生博士追悼論文集編輯委員會 編,『東アジ
　　ア史の展開と日本』, 東京: 山川出版社, 2000

久慈大介,「黃河下流域における初期王朝の形成-洛陽盆地の地理的·生態的環
　　境」, 鶴間和幸 編,『黃河下流域の歷史と環境-東アジア海文明への道』, 東
　　京: 東方書店, 2007

多田狷介,「黃巾の亂前史」,『漢魏晉史の研究』, 東京: 汲古書院, 1999

丹羽兒子,「魏晉時代の名族-荀氏の人々について」, 中國中世史研究會 編,『中
　　國中世史研究-六朝隋唐の社會と文化』, 東京: 東海大學出版會, 1970

大川富士夫,「三國時代の江南豪族について」,『六朝江南の豪族社會』, 東京: 雄
　　山閣出版, 1987

　　　　,「孫吳政權の成立をめぐって」,『六朝江南の豪族社會』, 東京: 雄山閣出
　　版, 1987

　　　　,「後漢代の會稽郡の豪族について」,『六朝江南の豪族社會』, 東京: 雄山
　　閣出版, 1987

渡邊義浩,「後漢時代の宦官について」,『史峯』3, 1983(渡邊義浩,「宦官」,『後漢國
　　家の支配と儒教』, 東京: 雄山閣出版, 1995에 수록)

　　　　,「蜀漢政權の成立と荊州人士」,『東洋史論』6, 1988

　　　　,「蜀漢政權の支配と益州人士」,『史境』18, 1990

　　　　,「後漢時代の外戚について」,『史峯』5, 1990(渡邊義浩,「外戚」,『後漢國家
　　の支配と儒教』, 東京: 雄山閣出版, 1995에 수록)

渡邊信一郎,「漢代の財政と帝國編成」,『中國古代の財政と國家』, 東京: 汲古書
　　院, 2010

滿田剛,「劉表政權について-漢魏交替期の荊州と交州」,『創價大學人文論集』

20, 2008

上谷浩一, 「劉備玄德の青年時代-『三國志』研究ノート〈1〉」, 『東洋史訪』 13, 2007

石井仁, 「黑山・白波考-後漢末の村塢と公權力」, 『東北大学東洋史論集』 9, 2003

狩野直禎, 「蜀漢政權の構造」, 『史林』 42-4, 1959

榊原文彦, 「蜀漢政權と豪族」, 『鎌田博士還暦記念歴史學論叢』, 1969

安部健夫, 「中國人の天下觀念」, 『元代史研究』, 東京, 1972

川本芳昭, 「六朝における蠻の理解についての一考察-山越・蠻漢融合の問題を中心としてみた」, 『魏晋南北朝時代の民族問題』, 東京: 汲古書院, 1998(原載 「六朝期における蠻の理解についての一考察-山越・蠻漢融合の問題を中心としてみた」, 『史學雜誌』 95-8, 1986)

川勝義雄, 「貴族制社會と孫吳政權下の江南」, 中國中世史研究會, 『中國中世史研究』, 東京: 東海大學出版會, 1976

平松明日香, 「後漢時代の太后臨朝とその側近勢力」, 『東洋史研究』 72-2, 2013

## 5. 잡지와 신문

이종환, 「관우 67대손 찾았다」, 『동아일보』 2001년 2월 26일자

노형석, 「국내 최초 '삼국지연의' 나왔다」, 『한겨레신문(인터넷판)』 2010년 1월 19일자

이동훈, 「'조조 무덤' 진짜는 수중에 있다?」, 『주간조선』 2089호, 2010

허윤희, 「중국인보다 더 삼국지에 열광하는 한국인」, 『조선일보』 2008 년 5월 17일자

능통 531, 569, 584, 632, 683, 684

## 다

단경 70, 261, 298, 299, 330, 336

단규 115~117

단석괴 67, 93

단훈 173, 277

답돈 65, 467, 478, 480, 481, 747

당빈 1026, 1027, 1029, 1030

당자 1062

도겸 65, 179, 180, 183, 185~187, 192,
    201~204, 232, 234, 235, 243, 284,
    298, 308~310, 312, 315, 320~322,
    326~333, 336~338, 341, 344, 358,
    410, 487, 488, 529, 530, 707, 746,
    748, 804, 810

도준 1032

동궐 992, 994, 995

동습 531, 569

동승 163, 365, 378~381, 383, 386, 390,
    403, 434, 559, 753, 754

동중 114, 115, 159, 750

동탁 71, 75, 76, 89, 92, 94, 98, 99,
    101, 109, 113, 116~132, 138~141,
    144, 145, 147, 148, 150~161, 164,
    166~169, 176~180, 183~186, 193,
    195, 222, 223, 225, 227, 229, 240,
    242, 243, 245, 251, 253, 256, 257,
    279, 281, 292, 296~298, 301, 302,
    313, 314, 316, 328~330, 333, 344,
    352, 354, 367, 377, 381, 387~391,
    403, 415, 416, 418, 425~429, 442,
    443, 471, 476, 483, 486, 491, 492,
    600, 619, 703, 731, 734, 744, 745,

747, 751~753, 758, 759, 762, 858,
    864, 1049, 1057

동태후 114, 115, 159, 750, 751

두무 104, 128

두서 879, 883

두예 16, 1012, 1026~1030, 1033, 1041,
    1065, 1066, 1075

등애 394, 544, 693, 793, 844, 848, 849,
    884, 885, 957, 958, 963, 991, 992,
    995~999, 1001~1005, 1010~1013,
    1018, 1064, 1066, 1075, 1076

등지 833, 834, 911, 914, 916

등충 999

## 마

마등 71, 92, 107, 162, 222, 223, 240,
    328, 396, 411, 429, 430, 432, 433,
    600, 601, 619, 620, 648

마량 580, 774, 780, 805, 817

마막 997, 998

마상 220, 595~598

마속 805, 910, 913, 914, 916, 945, 947,
    971

마완 619

마원의 86

마초 222, 223, 234, 242, 269, 271, 432,
    433, 490, 493, 537, 618~628, 630,
    657, 662, 710, 832, 940, 946, 1017

마충 679, 683, 773, 774, 781, 850, 851,
    853, 926

만총 660, 761

매성 630

맹달 661, 664, 679, 680, 910, 911, 1051

맹획 846, 850~853

원봉 250, 301

원상 65, 285, 372, 409, 432, 462~465, 467, 469, 473, 478~482, 485, 684, 717, 738

원성 249, 250, 301

원소 65, 98, 100, 115, 117, 125, 128, 130, 131, 134, 137, 139~141, 151, 154, 157, 159, 164, 168, 172, 173, 183, 185, 186, 188, 191~193, 195~197, 201, 222~226, 230~232, 234, 235, 239~245, 249~255, 257~268, 275, 276, 278~287, 291, 292, 298, 300~303, 313~315, 323~325, 330, 332, 333, 335~337, 351, 368, 369, 377, 378, 387~389, 398, 402, 405, 408, 410~412, 416, 421, 423, 426~428, 430, 432, 435~437, 441~464, 467, 471~474, 476~479, 482, 483, 485~488, 498, 506~508, 530, 537, 558, 571, 587, 588, 590, 687, 688, 702, 703, 715~717, 734, 737, 738, 744~748, 751~753, 760, 761, 784, 785, 800, 809, 810, 841, 1015, 1049

원술 131, 140, 146, 147, 149~152, 154, 166, 168, 173, 185~187, 193, 194, 196, 201, 222~224, 227, 232, 234, 240, 242, 243, 245, 250, 257~259, 275, 291, 298~308, 313, 321, 322, 330, 333, 335, 338, 341, 344, 346~356, 359~362, 364, 369, 377, 382, 384, 387, 389, 396, 398, 402, 410, 412, 413, 416~429, 434, 441, 471~473, 476, 485~487, 497~500,

504, 505, 515, 530, 581, 588, 590, 660, 661, 707, 747, 748, 752, 753, 759~761, 800, 804, 854, 858, 943, 947

원외 165, 313

원유 131

원희 65, 285, 409, 462, 467, 478, 479, 481, 482, 717

위강 627, 628

위고 432, 469

위연 805, 888, 912, 923, 925~927, 930, 938, 941, 942, 947, 958, 968~970, 972, 993

유괴 613, 614

유기 194, 373, 537, 550, 575, 576, 579, 586, 811

유대 128, 130, 131, 140, 154, 185, 186, 193, 253, 292, 294, 353, 362

유범 162, 600, 601

유벽 382, 436, 446

유봉 661, 679, 680, 738, 796

유선 15, 30, 31, 68, 533, 541, 545, 550, 680, 710, 783, 785~787, 792, 796, 815~817, 834, 846, 848, 849, 922, 924, 929, 931, 936, 944, 958, 959, 979, 988, 989, 992, 998, 1001~1003, 1013~1019

유순 465, 614

유언 94, 99, 101, 113, 169, 183, 185, 187~189, 191, 213, 220~222, 225, 226, 234, 240, 241, 243, 365, 427~429, 558, 597~603, 606, 607, 647, 648, 655, 752, 813, 814, 880, 1002

지은이  최진열

서울대학교 동양사학과를 졸업하고 동 대학원에서 석사와 박사 학위를 받았다. 현재 한국전통
문화대학교 연구교수이다. 저서로 『북위황제 순행과 호한사회』(2011), 『발해 국호 연구』(2015),
『효문제의 '한화' 정책과 낙양 호인사회』(2016), 『중국 북조 지방통치 연구』(2019) 등이 있으며,
이 가운데 『효문제의 '한화' 정책과 낙양 호인사회』는 2017년 대한민국학술원 우수학술도서로
선정되었다. 그 밖에도 『대륙에 서다: 2천 년 중국 역사 속으로 뛰어든 한국인들』(2010), 『마주
보는 세계사 교실 2』(2008) 등의 대중 교양서를 썼다. 앞의 책은 2010년 문화체육관광부 우수교
양도서, 뒤의 책은 2008년 대한출판문화협회 올해의 청소년도서로 선정되었다.

# 역사 삼국지
## 歷史 三國志
### 군웅할거에서 통일전쟁까지 184~280

| | |
|---|---|
| 발행일 | 2022년 4월 25일 (초판 1쇄) |
| | 2024년 4월 15일 (초판 2쇄) |
| 지은이 | 최진열 |
| 펴낸이 | 이지열 |
| 펴낸곳 | 미지북스 |
| | 서울시 마포구 잔다리로 111(서교동 468-3) 401호 |
| | 우편번호 04003 |
| | 전화 070-7533-1848  팩스 02-713-1848 |
| | mizibooks@naver.com |
| | 출판 등록 2008년 2월 13일 제313-2008-000029호 |
| 편집 | 이지열 |
| 본문디자인 | 정연남 |
| 지도 | 김은정, 정연남 |
| 출력 | 상지출력센터 |
| 인쇄 | 한영문화사 |
| ISBN | 979-11-90498-25-8 03910 |
| 값 | 43,000원 |

블로그 http://mizibooks.tistory.com
트위터 http://twitter.com/mizibooks
페이스북 http://facebook.com/pub.mizibooks